KB210126

삼귀의三歸依

귀의불歸依佛 양족존兩足尊

귀의법歸依法 이욕존離欲尊

귀의승歸依僧 중중존衆中尊

우리말
팔만대장경

신편

대한불교청년회 편 | 월운 큰스님 감수

진현종 해제

발 간 사

"나라의 말소리가 중국과 달라서 서로 잘 통하지 아니하므로, 이런 까닭으로 어리석은 백성이 말하고자 할 바가 있어도 마침내 그 뜻을 표현할 수 없는 사람이 많다. 내가 이를 위하여 불쌍히 여겨서 새로 스물여덟 글자를 만드니 사람들로 하여금 쉽게 익혀서 날마다 씀에 편안하게 하고자 할 따름이다." – 世宗御製訓民正音 序文

성군 세종의 깊은 뜻과 훈민정음의 창제 원리를 일일이 헤아릴 수는 없지만, 우리는 위 서문을 통해 훈민정음이 백성을 편안케 하려는 대자비심에서 시작되었음을 보게 됩니다.

1963년, 최초의『우리말 팔만대장경』을 간행하시던 편찬위원들의 마음이 그러했을 것입니다.

부처님의 말씀을 집대성한『고려대장경』(八萬大藏經)은 '병든 이에게 어진 의원과 같고, 가난한 이에게 보배와 같고, 어두운 밤길을 헤매는 이에게 등불과 같다.' 했습니다. 그러나 그 같은 보경寶經이 한문으로 되어 있고 또한 방대하기 그지없어, 수백년 동안『팔만대장경』은 일반대중과는 팔만사천 리는 떨어져 있었습니다.『우리말 팔만대장경』은 이를 온전히 뭇 중생에게 회향하여 대중의 보배가 되게 하려는 대비원력의 결실이었던 까닭입니다.

올해는『고려대장경』 간행 일천년을 맞는 해입니다. 이 뜻 깊은 해를 맞아『우리말 팔만대장경』'개정신판'을 세상에 내놓게 되었습니다.

부처님의 말씀은 시방 삼세에 두루하여 미치지 않는 곳이 없고 대자비의 문은 시공을 떠나 닫혀 있는 적이 없건마는, 보고 듣고 믿고 받아 지녀 행하는 것은 중생의 문제라, 근기와 방편의 인연이 화합해야 온전해지는 것이라 믿는 까닭입니다. 근현대 한국 사회를 대표했던 고승대덕과 석학의 눈으로 밝혀 준 최초의『우리말 팔만대장경』의 의미를 되짚고, 그 공덕을 오늘을 살아가는 이들에게 쉽게, 오롯이, 널리 전하고 싶은 간절함도 있었음을 밝힙니다.

1960년대 초반 어려운 시기에도 불구하고 최초의『우리말 팔만대장경』을 편찬하신 권상로權相老 위원장을 비롯해 운허耘虛, 청담靑潭, 성철性徹, 석진錫珍, 탄허呑虛, 추담秋潭, 자운慈雲, 관응觀應, 일타日陀, 법정法頂 스님 등 고승대덕 큰스님과 김동화金東華, 김달진金達鎭, 김대은金大隱, 김법린金法麟, 김잉석金芿石, 서경수徐景洙, 우정상禹貞相, 이은상李殷相, 이종익李鍾益, 조명기趙明基, 홍정식洪庭植, 황의돈黃義敦 박사님 등 당대의 대석학께 불자와 국민의 한 사람으로 머리 숙여 공경의 예를 올립니다.

또한 감수의 노고를 마다하지 않으신 역경제일 월운 큰스님, 역출 경전 해제를 해 주신 진현종 님, 기획에서 출간까지 밤낮을 잊고 애써 주신 도서출판 <모시는사람들> 박길수 대표를 비롯하여 개정신판이 나오기까지 애쓰신 모든 분들께 깊이 감사드립니다.

『우리말 팔만대장경』 개정신판을 인연으로 일체중생을 안심입명케 하려는 부처님의 대비원력을 보고, 듣고, 믿고, 받아 지녀 행하는 이들이 많아지고, 세상이 맑고 향기로워지기를 발원합니다.

대한불교청년회 제26대 회장
정우식

추 천 사

『팔만대장경』은 말 그대로 부처님의 가르침인 팔만사천 법문이 오롯이 담겨 있는 우리 불교문화의 정수입니다. 또한 장구한 시간을 들여 완성하였고 오랫동안 인류와 숨결을 함께해 온 세계 정신문화의 보고이기도 합니다.

더욱이 올해 간행 일천 주년을 맞는 고려대장경은 몽골의 침략에 대응한 우리 선조의 불굴의 의지의 표현이며, 민족의 평안과 풍요의 발원을 담은 생명 불사의 결정체입니다.

국가의 재앙을 미연에 막고, 기아와 질병, 재난 등을 치유하며, 동시에 국가의 평안과 풍요를 염원하는 것은 우리 민족의 한결같은 기원이었습니다. 우리 민족의 현시대 화두는 자유와 평화, 정의와 평등, 번영과 분배의 실현에 있습니다.

『팔만대장경』에 담긴 지혜와 자비라는 부처님의 가르침이 오늘의 시대정신인 자유, 평등, 평화, 정의의 가치 실현으로 되살아나야 합니다. 시대를 넘어 부처님의 말씀을 다시 한번 되새김으로써 선조들의 간절한 서원과, 나아가 인류의 염원이 창조적으로 계승되어야 합니다.

우리 불교계에서는 대한불교청년회 성전편찬위원회가 1963년 최초로 『우리말 팔만대장경』을 간행한 이래 지속적으로 한글 대장경을 펴내고 있습니다. 이러한 때에 다시 한번 대한불교청년회가 개정신판으로 『우리말 팔만대장경』을 출간하는 의미가 크다고 하겠습니다.

사부대중 모두가 『우리말 팔만대장경』을 접하고 가르침을 저마다의 마음에 깊이 새기어 부처님의 크나크신 지혜의 바다를 체험했으면 합니다. 이 경전을 신수봉독信受奉讀하는 모든 인연들께 부처님의 가피가 함께 하시길 기원합니다.

고려대장경 천년의 해를 맞이하여

한국불교종단협의회 회장
대한불교조계종 총무원장
자승

발간 취지

(1963년 초판 발행 당시의 취지문)

귀의삼보歸依三寶

무량억겁無量億劫의 삼계三界가 변이變移하여도 불타佛陀의 금구金口는 법계法界에 편만遍滿하여 무구無垢한 광명光明으로 예토穢土를 조광섭수照光攝受하옵니다.

세존世尊이 일대사인연一大事因緣으로 출현하시어 삼계의 법왕法王이 되심도 구원실성久遠實成의 자비慈悲의 대원大願이 방편方便으로 성취되심이니, 그 오현奧玄 여래如來의 진심眞心은 해량解量하기 심심난득甚深難得이옵니다.

구담瞿曇 구도求道의 정진精進이 쉼 없는 혜지慧智에 밝혀 온, 우주적인 대각大覺이 무명중생無明衆生의 현전現前에 개현開顯됨은 아승지阿僧祇가 다하도록 연등燃燈이 되옵니다.

초전初轉의 법륜法輪이 해동海東 근역槿域에 섭화攝化하여 삼국三國의 장엄莊嚴을 현발顯發하고, 원융圓融의 무애일심無碍一心은 지합知合의 정화精華를 이루었고, 국난이 거듭되는 고려는 호국護國의 정성精誠이 원일圓一하여 대장경大藏經 판각板刻의 난사지사難事之事를 국력을 총결總結하여 성취하였으니, 불타佛陀의 가호加護를 무등無等히 응감應感함이 허虛가 됨이 아니옵니다.

순후醇厚한 신해信解 속에 극치를 이루는 불은佛恩의 가피加被는 무변無邊하고, 무대無對한 귀입歸入 속에 무애無碍를 이루는 불타의 원각圓覺은 자비가 되옵니다.

이 무대하고 분신奮迅의 진리가 먼 역사로 개전開展하여 이 민족의 문화발전에 그 기여함이 무비無比의 것이지만 이젠 한갓 물질적인 국보國寶만으로서 해인사海印寺 장경각藏經閣에 비장秘藏됨은 실로 참괴慚愧의 죄를 참懺

하기 어렵나이다.

오탁五濁의 말법악세末法惡世는 불법난득佛法難得의 시인時因이고 정법正法을 득견得見 신해하기 어려운 말세末世인데, 그나마 그 금구일해金口一咳가 모두 한문으로 되어 있으므로 참으로 화중지병畫中之餠이 되어 있으니 세존 출현의 일대사인연에 누累를 범犯함이 어찌 후학後學의 소임所任이 되옵니까!

말세로 함께 무명하게 된 무량무변無量無邊의 중생을 안양安養의 정토淨土에 도승度乘하기 위하여 쉬이 볼 수 있는 『우리말 팔만대장경』을 만드는 것입니다.

이로 인연하여 무한히 뻗어 나갈 반야般若 혜지慧智의 광명光明을 개오開悟하여, 어제의 업집業執을 정업正業으로 전의轉依하여, 내일의 복덕福德을 만듦이 이 경經 역출譯出의 소연所緣이 되옵니다.

이 팔만대장경은 본래로 원돈圓頓의 성법聖法이 심오방대深奧尨大히 비장된 것이어서 어느 일해一咳의 법성法聲도 첨삭을 불허하는 것인데 전역全譯은 쉬움이 있을지 모르나 전체를 한 권으로 압축하여 수록하기란 참으로 용이容易한 일이 아니옵니다.

선인연善因緣의 훈습薰習에서 구도求道의 염念을 한곳에 가다듬어 성법聖法을 광선유포廣宣流布하여 중생을 개안開眼하여 차원 높은 새 경지의 세계에 진입하여 화和의 세계를 이룩하여 이 사바娑婆가 곧 정토淨土됨에 주안목主眼目을 하여 오차五次에 긍亘한 편찬회의 고심 끝에 결국 압축적 번역 방법을 사용하게 되었으나, 가능의 한限을 지나 원전原典에 충실함은 물론 더욱이 번역에 있어서도 최선의 신해를 다하여 오류가 없기를 노력하였사옵니다.

이제는 열려진 문으로 사생四生이 평등한 지혜로 들어오게 되어, 묻혀온 보장마니주寶藏摩尼珠를 함께 닦아, 진眞의 광명을 구현하게 됨은 실로 세존의 응공應供이 아닙니까.

혼돈混沌이 가실 길 없는 이 오탁악세五濁惡世가 성법의 수지受持로 정화하여, 무구無垢한 청정淸淨 해탈심解脫心은 반야의 방편과 무애의 화합和合으로 이 예토穢土 길이 성불成佛할 선인연善因緣을 소작所作하기 위하여 일체불一切佛의 공덕功德과 일체제중생一切諸衆生의 선심善心의 복전福田 앞에 현현現顯할 신심信心을 믿고, 이 『우리말 팔만대장경』을 내어 놓음이니, 숙세宿世의 악연惡緣도 선법善法의 가피加被로 모두 회향廻向하옵기 기원하오며 이 정법이 미래세무수겁未來世無數劫토록 중생의 자광慈光이 되기를 사루어 부처님께 드리며 일체의 중생과 함께 광선유포하기 다짐하오며 합장귀경合掌歸敬하옵니다.

성전편찬위원회聖典編纂委員會 근지謹識

우리말 팔만대장경 편찬위원

(이 명단은 초판 발간 당시 편찬위원 명단임, 소속 및 직함은 초판 편찬 당시)

위원장	철학박사 전 동국대 총장	권상로權相老
부위원장	봉선사주지	이운허李耘虛
	서울대, 동국대, 고려대, 성균관대 강사	김동화金東華
위원(가나다順)		
	불교문화연구원 원장	김달진金達鎭
	전 중앙포교사	김대은金大隱
	철학박사, 전 문교부장관	김법린金法麟
	해인사 한직	김일타金日陀
	동국대 교수	김잉석金芿石
	전 해인사 주지	김자운金慈雲
	월정사 주지	김탄허金呑虛

해인사 한직 박법정朴法頂

법주사 주지 박추담朴秋潭

전북대 교수 서경수徐景洙

동국대 교수 우정상禹貞相

대선사 이성철李性徹

청구대 교수, 충무공기념사업회 이사장

이은상李殷相

동방학연구소장, 건국대강사 이종익李鍾益

대선사, 도선사주지 이청담李青潭

전 총무원장, 동국대 교수 박석진朴錫珍

중앙포교사, 용주사주지 전관응全觀應

문학박사, 경기대학장 동국대교수 조명기趙明基

동국대 교수, 보문학원이사장 홍정식洪庭植

철학박사, 대한불교조계종전국신도회장

황의돈黃義敦

편역 원칙 및 부호

(원전의 〈편역 원칙 및 부호〉에 개정 신판에서 적용한 원칙 및 부호 설명을 수정 보완함)

1. 석존釋尊의 전기傳記를 경經으로 하고 전법도생傳法度生하신 대소승大小乘의 경전經典을 위緯로 하였다.
2. 복음福音을 한 권에 수록하여 광선유포하자는 요구에 따라 압축적 번역이라고 할 수 있는 방법을 채택하였다.
3. 종교적인 숭엄성崇嚴性, 신비성을 무시하거나 말살하지 않으면서 철리적哲理的, 교훈적, 실천적인 교의教義를 엄밀히 정리하였다.
4. 문체는 평이하면서도 부드러운 표현으로 하여, 복음을 오래 보유保有하고 널리 대중에게 보급하고자 하였다. 신역 개정판으로 교정함에 있어, 원전(1964년판)의 사어死語나 옛말은 고쳐 적되, 고전적 우리말 어투는 가급적 보존하였다. 원어는 우리말(한자어)로 바꾸되 국어사전에 등재된 용어는 그대로 두고, 색인에 원어를 부기하였다. 단, 2쇄부터 '중'은 현대 언어 습관에 따라 '스님' 또는 '비구'로 수정하였다.
5. 훈화訓話, 설화說話, 교계教戒 등에 대장경大藏經의 내용을 인용할 수 있도록 생활, 건명件名, 출전 등의 색인을 상세하게 작성하였다.
6. 원전(1963년판)의 내용 중 석탄 전前의 인도사상 및 불교유통사佛教流通史는 앞으로 별책으로 증보 발행키로 하여 제외하고, 개정신판에는 『우리말 팔만대장경』의 역출 경전에 대한 해제를 보론하였다.
7. 본서에 사용된 부호는 다음과 같다.
   - 『 』: 경전명經典名, 혹은 책명冊名
   - " ": 대화
   - ' ': ① 대화 속 인용어 ② 혼잣말 ③ 특수한 술어 또는 주의 환기
   - ( ): 음音이 다른 한자漢字-물거울(水鏡)
   - … : 말줄임표
   - — : 다시 말하면

내용 개관

『우리말 팔만대장경』은 여섯 편으로 나누어 부처님이 세상에 나오심으로부터 열반에 드실 때까지 여든 해나 긴 햇수 동안의 살아 계신 부처님의 발자국입니다.

그 가운데는 긴요한 교의를 아로새긴 위없는 설법이 있는가 하면 또한 그때 그 인연을 빠짐없이 응감하여 갖가지 병에 알맞은 약을 주심과 같은 알뜰한 가르침이 담겨져 있습니다.

이 성전에는 부처님의 말씀이 충실히 수록되어 있어 이를 정독함에 어려움이 있으니 여섯 편의 대요를 아래와 같이 간추려 봅니다.

우리말 팔만대장경 내용 개관

무량겁의 선인공덕善因功德을 지으신 부처님이 연등불의 수기를 받아 도솔천내원궁의 호명보살의 화현化現으로 마야摩耶 부인에 입태하여 룸비니(藍毘尼) 동산에서 '하늘에나 땅에나 홀로 나 하나'라는 사자후를 외치며 정반왕의 태자로 탄생하셨다.

태자로 태어난 싯다르타(悉達多)이지만 인생의 무상은 떠나지 않아 언제나 생로병사의 근본적인 사고四苦의 번심煩心은 날로 더하여 어쩔 수 없는 고뇌에 사로잡혀 부유함도 사랑하는 아내도 일체의 장애를 모두 버리고 수행 수도의 길에 나섰다.

육 년이란 긴 고행도 증득證得한 바 없이 최후로 보리수菩提樹 아래에 정좌하여 마음의 악마를 항복받아 동녘하늘의 샛별을 보고 인천人天의 진리인 무상무등정등정각無上無等正等正覺을 이루었다.

그 깨달음은 불교의 근본 교리인 인연의 원리로 명경의 물처럼 맑은 심안의 법열을 가르침이며 암흑한 이 세상의 구원의 광명이라. 왕의 귀의로부터 노예에 이르기까지 사민평등의 대도에 귀의하지 않는 자 없다.

기원정사祇園精舍의 건립은 불교 유포流布의 제일 처음의 강당講堂이며 자비의 덕화德化됨이 무수無數기수라. 그 과덕果德도 한량없이 태양의 밝음처럼 일체의 무명중생無明衆生을 섭화攝化함이 감우甘雨와 같다.

<제2편 아함경 법문>

세존의 교화敎化, 초전初轉의 법륜法輪은 전 인도에 퍼져 고집멸도苦集滅道의 사성제四聖帝, 진리를 오득悟得하는 제자 수없이 불어가고 사견邪見의 눈은 정견正見으로 돌아와 수많은 외도外道가 귀의하여 육체적 욕망은 고苦의 근본이라 깨달아 알고, 생사연기生死緣起의 묘리妙理로서 고대 인도의 전통으로 내려온 사견적邪見的인 영혼 문제를 예리하게 비판 논증하여 불교 특유의 무아설無我說을 주장하였다.

삼세가 없다고 주장하는 외도 파야시를 위하여 수많은 비유와 상세한 논증으로써 삼세의 인과론을 변증하여 일체중생이 사견邪見으로 선악을 부정함을 돌이켜 자비심을 일으켜 해탈을 얻을 수 있는 방법을 내어놓았고, 또한 그 수행의 공덕과 과보는 어김없는 회향인 것이다.

특히 지만 외도의 구원救援은 실감 있는 이야기며 오무기 왕자의 이야기며, 실로 무명한 인생 문제를 해결하는 진지혜眞智慧의 힘을 나타내신 부처님의 교화 방편은 실제적인 것이며, 더욱이 알맞은 비유의 풍부가 번뇌에 사로잡힌 인간을 위하여 무한히 쉬운 정법수행의 길을 가르치고 있다.

<제3편 방등경 법문>

재가생활자의 종교와 도덕을 교설敎說하여 재가생활을 청정히 하여 혼란한 정신이 맑게 되어 안락한 생활을 이루게 하고, 서로를 공양 보시하는 사회 복지를 위한 정신을 얻을 수 있도록 『보적경』을 설하였다.

그리고 유명한 『유마경』의 설법으로서 유마거사의 문병의 가르침은 반야의 지검智劍으로 생사화복의 두 머리를 절단하여 사람으로 하여금 치우친 견해를 대오大悟하게 하는 것이다.

삼계유일심三界唯一心, 심외무별법心外無別法, 유식만변唯識萬變의 철리를 이루는 『능가경』愣伽經은 여기서 팔식八識의 전의轉依를 현전現前하고 또한 단상이견斷常二見의 우치愚痴를 해탈하는 진리를 가르쳐 유식철학唯識哲學의 근본을 요해了解하도록 하였다.

얼음이 크면 물도 많은 것이고 장애障碍가 많음으로써 깨달음이 많을 수 있는 것이다. 악에 강한 자는 선에도 강할 수 있음을 구체적으로 표현한 것은 저 유명한 『능엄경』愣嚴經의 마등가녀摩鄧伽女의 연심戀心인데 아난阿難을 사모한 그 정이 지나치게 사악邪惡으로 흘렀으나 끝내 진선眞善의 깨달음을 얻어 선한 수도자가 된 것이다. 이는 참으로 불교문학의 극치極致를 이루는 것이며 그 정교精巧한 표현은 치밀 섬세한 것이다.

『대무량수경』에 의하면 여래의 본원本願은 구제에 있다고 하겠다. 우리들 무명중생無明衆生의 업業은 쇠사슬에 얽매인 듯 죄의 짐을 벗어날 수 없다. 현실의 어두움은 자각의 눈이 없기 때문이다. 여래는 이 어두움을 밝혀 주는 빛을 내리고 있다.

먼 겁으로부터 법장보살法藏菩薩로 하여금 본원을 일으켜 중생의 고뇌가 나의 고뇌 중생의 기쁨은 나의 기쁨이라 하여 중생 구제의 책임을 한 몸에 지고 인욕행을 계속하여 끝내는 아미타여래阿彌陀如來가 되어 중생구제衆生救濟를 약속하는 소원은 지극한 것이다.

업보業報에 시달리는 사람, 죄악에서 벗어날 수 없는 사람, 앙화에 시달리는 사람, 죽음의 무상에 흔들리는 사람 이와 같은 일체의 중생의 고뇌를 대신하려는 법장 비구法藏比丘의 대원이 이 사바를 위하여 자비광명이 되지 않을까.

끝으로 『대집경』을 중심하여 왕도王道를 설하여 왕도의 정신을 선양하고 모든 중생이 각각 그 분수에 맞추어 선행의 인과를 짓도록 설하였음은 정녕 세존이 사회적 평화를 이룩하려는 자비의 은덕이라 할 수 있다.

<제4편 반야 계율부>

대승불교사상大乘佛敎思想은 반야혜공般若慧空의 진리를 깨달아 실수實修하는 것으로 이 우주와 모든 객관적인 사물은 모두 상대적인 인과율因果律로 이루어지는 것이니 '나'라든가 '사람'이라든가 '중생'이라든가 '목숨'이라는 것이 절대적으로 존재하는 것이 아니다.

실상實相은 상대적 연쇄작용에서 나타나는 것이므로 '이것은 절대다,

저것은 상대다' 하는 개념은 존재하지 않는다. 다만 반야의 공이 이를 관조하여 두루 실다이 할 수 있는 것이면 일체의 미망이 전도 개오開悟하며 실상 반야의 지혜가 생기生起하여 대립 없는 세계가 이루어져 무애자재無碍自在한 묘공妙空이 밝아지는 것이다.

공반야空般若의 방편은 지혜와 우치愚痴, 선과 악, 행복과 불행의 집착執着을 벗어나 유유자재한 자아自我에서 오입悟入하는 길인 것이다.

또한 본편에는 불교교단의 법률이라고 할 수 있는 계율戒律을 수록하였다. 이 계율이라고 하는 것은 일면에서 보면 법률이라고 할 수 있으나 다른 면으로 보면 인간의 도덕률인 것이다. 법 없는 나라는 도덕이 문란하고 도덕이 없는 사람은 파렴치한이다.

법과 도덕이 합일하여 인간을 순화醇化하고 덕스럽게 받드는 데 사회적인 도덕보다 더욱 적극적인 것은 양심을 참회시키는 종교적 도덕, 즉 계율이라고 하겠다. 그리하여 세존은 도덕률의 우위성에서 교단을 이끌고 사회 정화의 규범을 마련하여 산란한 정신을 가다듬어 능히 선행을 할 수 있도록 계율을 제정한 것이라고 하겠다.

<제5편 법화 열반부>

법화경은 오탁악세의 중생을 제도하기 위하여 여래가 일대사인연으로 출현하심을 말씀한 것인데, 모든 중생은 일승의 방편으로 여래지견도如來知見道를 오입悟入하여 성불하심을 설한 것이다. 평등하고 심오한 그 묘법은 청정무구하여 해탈지견의 실상을 십여시十如是로 현현하고, 말법 중생의 근기와 악연을 염려하여 관세음보살의 대원을 이루게 하였고, 일체중생에게 차별 없는 묘법妙法으로 일승도一乘道를 이루게 한 것이다.

이 사바, 예토穢土의 염구染垢인 악견惡見을 제하여 선연을 맺어 국토성불國土成佛, 국토장엄國土莊嚴을 주장하고 있다.

부처님의 열반은 참으로 모든 제자의 슬픔인 동시에 법의 광명을 잃어버림이라 할 수 있는 것이다.

진리의 법등인 부처님이 열반에 드심을 예고하였을 때 모든 제자의 실망은 비유할 수 없는 큰 타격이었다. 그러나 부처님은 열반경을 설하실 때 자기만이 성불의 묘리를 가진 것이 아니라 일체중생이 모두 진리를 깨달아 부처가 된다는 교설을 하였으니, 즉 개유불성설皆有佛性說인 것이다. 참으로 부처님은 중생의 어두움을 염려하여 여래의 진보眞寶를 일체중생一切衆生이 다 가지고 있지만 깨닫지 못하고 무명함을 탄식하였다.

일체중생실유불성一切衆生悉有佛性, 개실성불皆悉成佛. 이것은 두고두고 우리 중생이 자각自覺하여야 할 무량겁의 진리이다.

<제6편 화엄부>

제1장 성불과 보살의 노래

제2장 문수보살과의 문답

제3장 깨끗한 행과 보리심 찬탄

제4장 십주 법문과 초발심 공덕

제5장 부처님, 야마천궁에 올라가시다

제6장 십회향 법문

제7장 십지 법문

제8장 보현보살의 행과 원

제9장 선재동자가 선지식을 찾다

제10장 바라문들의 법문

제11장 밤차지 하늘들의 법문

제12장 구이 부인과 마야 부인의 법문

제13장 미륵보살과 보현보살의 법문

화엄은 부처님이 성도하시고 참으로 법의 희열과 두려움을 가진 경으로 그 오현奧玄한 철리哲理를 설할 수 없어 부처님이 삼칠일이나 묵언하신 것이라 한다.

사사무애事事無碍와 이사무애理事無碍의 원융사상圓融思想이 오십삼五十三 선지식善知識의 문법問法으로 이루어짐은 구도의 일념에서 정진한 선재동자善財童子의 수행의 결정인 것이다.

우주의 본원을 여실히 밝혀 십주十住, 십행十行, 십지十地 등의 계차적階次的인 수행은 우리들 중생을 위하여 무한한 광명이 된 것이다.

일체의 장애와 불의에 굽히지 않고 걸림 없고 쉼 없는 정열로 신행信行함은 보현普賢의 행과 원願이 될 것이다.

신편 우리말 팔만대장경

차례

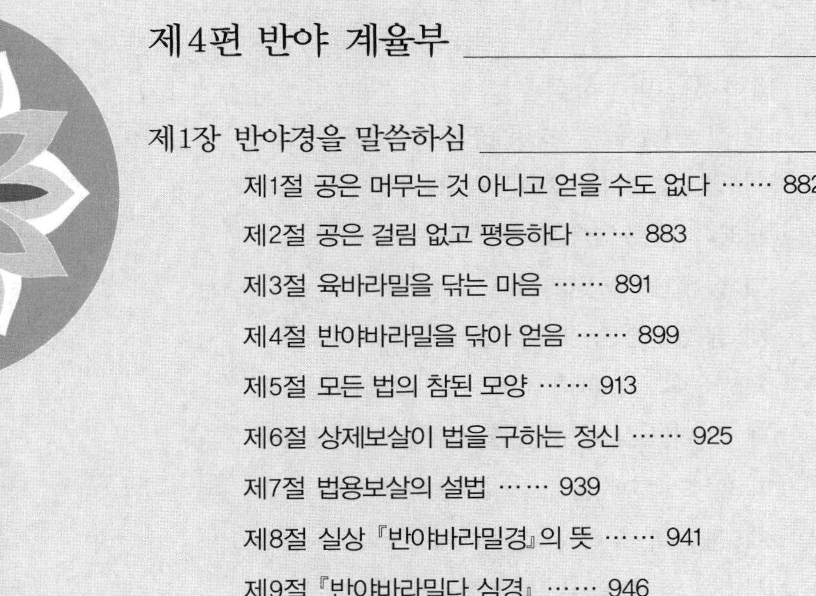

신편

제1편

부처님의 나타나심

석가모니 부처님의 전생담과 탄생 및 성도成道의 이야기를 비롯해서
불교 역사의 가장 초기 부분을 전기류의 백미라고 할 수 있는
『불본행집경』 등등의 경전에 근거하여 읽기 쉽게 서술하고 있다.

제1편 부처님의 나타나심

이러한 것들의 가르침은 올바로 세상을 구제하는 청정한 도다. 너희들은 중생의 복을 위하여, 또는 인간과 천상의 번영을 위하여 이것을 닦고 이것을 전하라. 비구들이여, 이 삼십칠조도품三十七助道品은 모든 선행의 근원이다. 이것으로써 마음을 닦아, 탐하지 말고 다투지 말며, 속이지 말고 희롱하지 말며, 질투하지 말고 교만하지 말며, 지혜와 자애와 공경의 눈으로써 나의 육체 이상의 정법의 진신眞身을 보는 것이 좋다. 자세히 나의 정법의 진신을 보아서야, 내가 현재 이 세상에 있어서 항상 너희들의 곁을 여의지 않고 있음을 알게 될 것이다. …

마음을 쓸데없는 곳에 써서 목숨을 쓸데없이 허비하지 말고, 깨달음의 꽃의 정기를 마시고 도의 과실을 이루어, 드디어 세상으로 하여금 다 이 과실을 먹고 배부르도록 하기에 힘쓰라.

제1장 부처님의 지나간 세상

제1절 오랜 보살의 원과 행

1 부처님이 사위성舍衛城의 기원정사에 계실 적이다. 비구들은 이른 아침에, 가사袈裟를 입고 바리때를 들고 사위성 안에 들어가 밥을 빌고 돌아와, 식사를 마치고 옷과 바리때를 거두고, 손발을 씻고, 강당에 모여 이렇게 의논했다.

"부처님이 이 세상에 나타나심은 참으로 기특하고 보기 드문 일이다. 부처님의 몸은 서른두 가지 기특한 대인의 형상(大人相)과 여든 가지의 미묘한 모습을 갖추셨으며, 모든 번뇌를 끊으시고 해탈의 도(解脫道)를 얻으시고, 가장 올바른 깨달음을 성취하시어 이른바 여래니, 응공이니, 부처님이니, 세존이니 하는 열 가지 명호를 갖추어 천상이나 인간의 모든 세계에 가장 높으신 스승이시다. 끝없는 지혜와 자비와 신통력으로 천상 인간의 모든 중생을 위하여 법을 설해 교화하시고, 또는 모든 외도外道와 악마를 감화시키고 항복 받으시는 자재한 위신력을 구족하셨으니, 이것은 정녕 간단한 인연으로써 이룩할 수 없는 일이요, 오랜 지나간 세상으로부터 쌓아 오신 수행의 공덕으로써 성취한 것이리라."

그래서 부처님이 이 세상에 부처님으로 나타나시기까지 지나간 세상의 인연을 듣고 싶어했다.

그때 부처님은 홀로 기원정사 뒤꼍, 대숲 조용한 곳에 앉아 선정에 들어, 깨끗한 타심지력他心智力과 듣는 데 걸림 없는 천이통으로 비구들이 생각하는 바와 의논하는 말을 다 알아 들으시고, 조용히 자리에서 일어나 강당으로 나아가 대중 가운데 앉으시며, 비구들에게 말씀하셨다.

"너희들은 이 자리에 모여 무슨 법 듣기를 의논하였는가?"

"부처님, 저희들은 식사를 마친 뒤에 이 자리에 모여, 부처님께서 천상 인간에 가장 거룩하신 스승이 되심은 간단한 인연으로써 이룩된 것이 아니라 생각하옵고, 부처님께서 지나간 세상에 도 닦던 인연을 듣고자 의논하였습니다."

"잘 생각했다. 너희들이 여래의 지나간 세상의 일을 듣고자 하거든 자세히 들어라. 너희들을 위하여 말하리라."

하시고, 부처님은 지나간 세상으로부터 오늘에 이르기까지의 도를 닦아 성취하신 인연을 말씀하셨다.

2 "너희들이 생각한 것과 같이 여래가 이 세상에서 모든 번뇌를 다 끊고 위 없는 정각을 이루어, 나고 죽음의 바다를 건너, 인간 천상에 가장 높은 스승인 부처가 된 것은 간단한 인연 인과로써 성취된 것이 아니다.

비구들이여, 여래도 당초에는 보통사람과 같은 범부였다. 그러나 오랜 그 옛적에, 나고 죽음의 바다 속에서 스스로 깨달은 바 있어, 참다운 도의 마음을 일으켜 길이 생사를 초월하는 해탈의 도를 구하고자, 중생으로서 가장 거룩한 보리심을 일으켜 넓은 보살의 원행을 닦았더니라.

3 비구들이여, 지나간 세상에 참된 도심을 일으키어 진실히 수행하던 보살이 한 분 있었으니, 그 이름을 선혜善慧라 했더니라(혹은 '護明').

선혜보살은 나고 죽음의 바다를 초월하는 부처의 도를 구하려는 가장 높은 도심을 일으킨 뒤에, 위로 부처님의 지혜를 구하고 아래로 중생을 교화하는 보살의 큰 원행을 닦기에 게으르지 않았다.

선혜보살은 보살의 원행을 닦을 때에 깨끗한 범행梵行(맑은 계행)을 닦되, 중생을 교화하기 위하여 나고 죽음을 회피하지 않고, 천상 인간으로 바꾸어 나기를 한량없이 되풀이했다. 예를 들면, 천하의 풀과 나무를 다 베어 셈을 놓더라도 그 수를 다 세지 못할 것이다.

선혜보살은 오랜 그 옛날로부터 수많은 모든 부처님을 뵙고 받들어 섬겼고, 부처님의 법을 듣고 꾸준히 실천했으며, 또한 의복 · 음식 · 침구 · 의약으로 수도 승단을 공양하였다. 그는 이렇게 선근종자善根種子를 심어 왔다.

4 선혜보살은 생각하기를 모든 중생이 길이 나고 죽음의 바다에 빠져 헤어나지 못함은 그 근본이 탐내는 마음, 성내는 마음, 어리석은 마음(貪 · 瞋 · 癡心)의 세 가지 번뇌가 종자가 되고, 이 세 가지 번뇌는 눈 · 귀 · 코 · 입 · 몸 · 마음의 여섯 가지 감각기관을 발동시켜, 빛깔 · 소리 · 냄새 · 맛 · 감촉 · 지각의 여섯 가지 감각 작용을 따라 뜻에 맞을 경우에는 탐욕과 애착심을 일으키고, 뜻에 맞지 않을 경우에는 성내는 마음을 일으키며, 그 욕정을 채우기 위하여 갖은 죄악을 짓게 되나니, 이것이 곧 어리석음이다. 이같이 탐욕 · 성냄 · 어리석음 때문에 갖은 죄업을 지을 것을 그윽이 관찰하고, 이 중생을 이러한 번뇌와 죄업에서 벗어나게 하리라 서원하고, 어떤 세계에 날지라도 이 생각을 버리지 아니하였다.

선혜보살은 모든 것을 베풀어 주는 행(布施行)으로 스스로의 탐심을 버리고 또한 가난한 중생을 안아 들이며, 깨끗한 계행(持戒行)을 닦아 스스로의 비행을 다스리고 비행하는 중생을 안아 들이며, 모든 욕됨을 참아(忍辱行) 스스로의 성냄을 다스리고 성내는 중생을 안아 들이며, 끊임없이 정진(精進行)하여 스스로의 게으름을 다스리고 게으른 중생을 안아 들이며, 마음을 통일하는 선정을 닦아 스스로의 산란한 마음을 다스리고 산란한 중생을 안아 들이며, 모든 이치를 바로 보고 깨닫는 지혜를 닦아 스스로의 어리석음을 다스리고 어리석은 중생을 안아 들였다.

이같이 스스로 닦고 남을 교화하는 데 게으르지 않아 중생의 의지처가 되고 지도자가 되었다.

5 선혜보살은 모든 중생을 널리 사랑하는 마음(慈), 모든 중생을 널리 불쌍히 여기는 마음(悲), 모든 중생을 다 기쁘게 하려는 마음(喜), 모든 중생을 친하고 미워함 없이 평등하게 생각하는 마음(捨)의 사무량심四無量心과 또는 모든 것을 다 베풀어 주며(布施) 사랑하는 말로써 교화하며(愛語), 남에게 이익될 일을 하며(利行), 남의 일을 내 일같이 보살펴 주는(同事) 사섭법四攝法으로써 널리 모든 중생을 교화하고 안아 들였다.

제2절 연등불의 수기

1 부처님은 다시 말씀하셨다.

"비구들이여, 선혜보살이 그와 같이 가장 거룩한 도의 마음을 일으킨 뒤에는, 위로 삼보를 받들어 섬기고 아래로 중생을 교화함을 그 근본 업으로 하여, 때로는 한 구절의 법문을 얻어 듣기 위하여 그 목숨을 바치기도 하며, 한 중생을 구제하기 위하여 수없이 목숨을 내던지기도 하였다.

이렇게 한량없는 겁劫을 두고 수행할 때에, 일찍이 연등불燃燈佛이 세상에 나오셨을 무렵의 일이다. 선혜보살은 연등불께 공양을 올리고자 꽃을 구하려 하였다. 그러나 나라의 명령으로 모든 꽃을 다 사들이므로, 사사로이는 꽃을 구해 얻을 수가 없었다. 때마침 어떤 궁녀가 부처님께 바치려고, 푸른 연꽃 일곱 송이를 가만히 감추어 가지고 가는 것을 발견한 선혜보살은 그 꽃 한 송이에 은전 백 냥씩 주고 다섯 송이를 간신히 사서 연등불께 올렸다. 그리고 연등불의 행차가 진흙탕에 다다르자 선혜보살은 부처님의 발을 진흙이 더럽힐까 염려하여, 그 입었던 옷을 벗어 길게 펴고 또 그 머리털을 깎아 폈다. 그래도 모자라 몸으로 진흙에 엎디어 다리를 놓아 밟고 건너가시게 하였다.

2 이때 연등불께서는 선혜보살의 그 뼈에 사무치게 도를 구하는 정성을

찬탄하셨다.

'아, 장하다. 선혜여! 너의 도를 구하는 정성은 참으로 갸륵하도다. 이 같은 지극한 도를 구하는 정성으로 너는, 오는 세상에 반드시 부처의 도를 성취하리니 호를 석가모니釋迦牟尼라 하리라'고, 수기授記하셨다.

비구들이여, 선혜보살은 연등불께 이러한 결정적인 부처될 증언을 받은 뒤에는 보살도菩薩道를 닦되 더욱 용맹스럽게 정진하여, 육바라밀六波羅密(布施·持戒·忍辱·精進·禪定·智慧)과 사무량심四無量心(慈·悲·喜·捨)과 사섭법四攝法(布施·愛語·利行·同事)으로 인간·천상의 수없는 중생을 교화하였다.

3 다음에 선혜보살이 승일체불勝一切佛을 모셔 섬길 때에는 승일체불께서는 '너는 일억 겁劫 뒤에 부처가 되리니 호를 석가모니라 하리라.' 증언하시고, 다음 최상행불最上行佛을 모셔 섬길 때에는 최상행불께서 너는 오백 겁 뒤에 부처가 되리라 증언하셨고, 다음 석가모니불을 모셔 섬길 때에는 일백 겁 뒤에 부처될 것을 증언하셨고, 다음 불사불佛沙佛은 구십사九十四 겁 뒤에 부처될 것을 증언하셨고, 다음 견의불見義佛은 구십삼九十三 겁 뒤에 부처될 것을, 비바시불毘婆尸佛은 구십일九十一 겁 뒤에 부처될 것을, 시기불은 삼십일三十一 겁 뒤에 부처될 것을, 비사부불은 삼십三十 겁 뒤에 부처될 것을 수기하였고, 다음 현재의 현겁賢劫에는 처음에 나타나신 구나함모니불을 모셔 섬겼고, 다음 가섭불을 모셔 섬길 때에도 다 '현겁 말년에 부처가 되리니 호를 석가모니라 하리라'고 수기하셨다."

4 부처님은 또 말씀하셨다.

"선혜보살은 연등불께 수기를 받은 뒤, 보살의 행원력行願力으로 이곳에서 몸을 버리고 저곳에 몸을 받아 나기를 수없이 하였으나, 도를 구하는 마음은 금강같이 굳어서 모든 악마가 능히 파괴할 수 없었으며, 도법을 배우기에 신명을 아끼지 아니하고, 모든 중생을 위해서는 나고 죽는 바다의 큰 배가 되었고, 어두운 밤거리의 지혜 횃불이 되었으며, 병든 사람에게는 좋은 약이 되었고, 길을 잃고 헤매는 사람에게는 착한 길잡이가 되었으니, 이렇게 한량없는 중생을 구제하였다.

이 선근 공덕으로 때로는 도리천 · 야마천夜摩天 · 도솔타천兜率陀天 왕이 되어 모든 하늘 사람을 교화하고 지도하였으며, 또는 범중천梵衆天 · 범보천梵輔天 · 대범천大梵天의 왕이 되어 그 하늘 사람을 교화하였고, 때로는 인간에 나서 국왕 · 대신 · 사문沙門 · 바라문婆羅門 · 장자 · 거사가 되어 널리 백성을 이익하게 하고 교화하였다.

5 이렇게 끊임없이 보살도菩薩道를 닦아 나중에는 보살 최후의 지위인 십지위十地位에 올라 부처님의 후보자인 보처보살補處菩薩로서 도솔타천에 몸을 받아나게 되었다.

이 도솔타천은 지혜와 복덕이 구족한 십지보살이 그 왕이 되며 십선법十善法을 닦아 이곳에 나기를 원하는 자가 이 천상에 나게 되는 것이다. 선혜보살은 이 도솔타천의 왕으로서 십선법과 한량없는 법문으로 이 천상사람을 교화하고 그 천상의 수명을 누리게 되었다. 이 하늘의 미묘한 장엄과 복락은 다른 하늘보다 우수하여 세상 사람으로서는 헤아릴 수가 없었다.

6 선혜보살은 온갖 하늘 꽃이 미묘한 향기를 풍기고 기이한 새들이 아름다운 노래를 자아내는 하늘 동산에서, 하늘아가씨들이 연주하는 음악에 둘러싸여 모든 하늘을 위하여 법을 설하고 있었다. 우리 인간의 시간으로는 몇억 만년이나 되었는지 도솔타천에서 보살의 누릴 수명이 다할 무렵, 어느 날 하늘 놀이의 모임에 저절로 울려오는 음악은

일찍이 연등불께서 성자님 부처될 것을
똑똑히 증언하셨네。
꾸준히 보살도 닦고 가없는 공덕을 쌓아
마음 때 씻어 버리고 지혜의 빛을 놓으사
몸과 말 깨끗할시고 범행梵行을 성취하셨네。

생사해生死海 뛰어넘어서 할 일을 마치실 날이
이제야 다가왔나니 가여운 우리 중생을
성자님 버리지 마소서。
목마른 사람들에게 감로수甘露水 뿌려 주시고
번뇌의 타는 불꽃에 법비(法雨)를 내려 주소서。
악마의 무리 깨뜨리시고 외도들 교화하시며,
보살도 펴 보이시어 구원한 보살 원행을
마침내 끝맺으소서。

이 노래를 들은 선혜보살은 스스로 보살 원행을 이제야 원만히 성취할 최후의 사명을 느끼고, 다섯 가지로써 인간에 내려가 부처될 인연을 관찰하였다. '첫째, 모든 사람이 불법에 들어올 근성根性이 익었는가? 둘째, 인간계에서 부처될 때가 되었는가? 셋째, 모든 나라 가운데서 어떤 나라에 날 만한가? 넷째, 모든 종족 가운데 어떤 종족이 가장 깨끗한가? 다섯째, 과거의 인연으로 보아 누가 진정한 나의 부모가 될 것인가?'를 잘 보아 선택하였다."

제2장 부처님의 탄생

제1절 룸비니 동산의 서광

1 옛날, 일종日種을 성씨로 한 크샤트리아(刹帝利)가 있어, 많은 토지를 관리하고 그 토지를 수호하여 백성으로 하여금 편안히 농사를 짓게 하니, 크샤트리아는 곧 지주地主라는 뜻이었으나, 그 뒤에는 왕자・통치자로 불리게 되었다.

일종을 성씨로 한 크샤트리아는 일찍이 보타락가補陀落迦(남인도에 있다고 전설적으로 믿고 있는 관세음보살의 신령스런 도량)에 나라를 세우고 농지를 개척하고 인민을 다스려 왔다. 그 후손 모초왕茅草王은 구담瞿曇(Gautama)을 성씨(혹은 家號)로 하였고, 모초왕의 자손 감자왕甘蔗王은 두 왕비가 있었으니, 제일第一 왕비의 소생에 장수長壽 왕자가 있고, 제이第二 왕비 소생에 거면炬面, 금색金色, 상중象衆, 별성別成의 네 왕자가 있었다. 제일 왕비는 제이 왕비의 소생인 네 왕자를 시기하여, 왕에게 간청하여 죄 없는 네 왕자를 나라 밖으로 내쫓게 했다. 부왕의 버림을 받은 네 왕자는 동쪽으로 또 북쪽으로 설산雪山 남쪽 산록 지대를 더듬어 갔다. 그곳에는 로히니 하수가 흐르고, 지세가 평탄하고 부드러우며, 토지가 기름져서, 사라 나무・니구다尼拘陀 나무・야자나무・다라 나무(多羅樹) 등 온갖 나무숲이 구름처럼 우거지고, 비니肥膩초・아데무타・첨파瞻波・바다라・바리삭가・구란타俱亂吒(紅色華)・구비다라拘鞞陀羅 등 향기롭고 부드러운 풀이 비단같이 짜여 있으며,

백일홍 · 영산홍 · 목련 · 소말나蘇末那 · 우발라優鉢羅(青蓮華) · 바두마波頭摩(紅蓮華) · 구물두拘物頭(地喜花) · 분다리分陀利 등 온갖 꽃은 향기를 풍겼다. 육지에는 사자 · 코끼리 · 들소 · 사슴 등 짐승들이 득실거리고, 숲에는 백학 · 공작 · 앵무 · 사리 · 가릉빈가迦陵頻伽 등의 기이한 새들이 떼를 지어 지저귀며, 강물에는 거북 · 자라 · 남생이 · 잉어 · 붕어 등 온갖 수족이 우글거리고, 오리 · 기러기 · 거위 · 백로 · 갈매기 · 원앙 등이 물결을 희롱하는 아름다운 대자연이 있었다.

네 왕자는 이 아름다운 자연을 발견하고 기뻐하여 그곳에 새 살림을 차리게 되었다. 이곳은 옛날 가비라迦毘羅라는 선인仙人이 수도하던 곳이다. 이곳에 성을 쌓고 나라를 세우게 되었으니 곧 가비라성이었다. 그 뒤에 감자왕은 네 왕자를 찾아보고 "아, 우리 아들 석가釋迦!"라고 하였으므로 석가를 성씨로 하였다. '석가'는 곧 '능하고 어질다'는 뜻이다.

2 세 왕자가 죽은 뒤에 넷째 별성왕이 가비라성을 맡아 다스렸으며 구로왕, 구구로왕을 거쳐 사자협왕에 이르렀다.

사자협왕에 네 왕자가 있었으니, 곧 정반淨飯, 백반白飯, 곡반斛飯, 감로반甘露飯이다. 정반이 왕위를 계승하니 곧 정반왕淨飯王이다.

3 이 가비라성은 로히니 하수를 사이에 두고 한 성이 있었으니 곧 데바바다(天臂)이다. 이 성주는 구리拘利를 성씨로 하니, 근본은 석가족으로서, 나누어 세운 나라이다.

그때 구리 성주인 선각왕善覺王에게 여덟 명의 딸이 있었는데, 제일 공주인 마하마야摩訶摩耶와 제팔 공주 대애도大愛道 두 분을 정반왕의 비로 맞이하였다.

4 정반왕은 불행히도 나이 마흔이 되도록 한 왕자도 얻지 못하였으므로, 왕비 마야 부인은 그 책임을 느끼고 걱정하여, 때로는 천지신명에게 지성으로 빌기도 하였다.

어느 날 밤 마야 부인은, 황금으로 장식한 여섯 어금니가 돋친 코끼리가 하늘에서 내려와 오른쪽 옆구리로 들어가는 꿈을 꾸었다. 정반왕은 거룩한 태자를 나을 몽조라는 점쟁이의 말을 듣고 기뻐하였다. 그때 왕비는 과연 임신했다.

5 열 달이 차서 해산기가 나타났을 때, 마야 부인은 그 친정인 구리성에 가서 몸을 풀려고 행차하는 도중, 룸비니 동산에 이르렀다. 때는 청화한 4월 초승, 우발라 · 바두마 · 구물두 · 분다리 등 온갖 꽃이 향기를 뿜고 앵무 · 공작 · 난 · 봉 · 가릉빈가 등의 새들은 지저귀며, 또한 봄바람이 동산을 스쳐갈 때는 나무숲에서 하늘 음악 소리가 흘러나왔다. 마야 부인은 심신이 매우 유쾌함을 느끼며 오른손으로 무우수無憂樹 가지를 잡고 무한한 희열에 잠겼을 때, 태자는 자연스레 탄생하였다(전설에는 오른편 옆구리로 났다 함).

6 그때 룸비니 동산에 오색의 상서로운 구름이 덮이고 향기로운 바람이 나부끼며 서른네 가지 상서가 나타났다. 태자는 태어나자마자 사방으로 일곱 자국씩 걸어가서 한 손으로는 하늘을 가리키고 한 손으로는 땅을 가리키며

> 하늘 위와 하늘 아래 나 하나 홀로 높네.
> 끝없는 나고 죽음 이에서 다하리라.
> 내 이제 이 세상에서 모든 중생 건져내리.

이와 같이 외쳤다. 마치 사자가 처음 나서 뛰어 움직이며 소리치는 것(獅子吼)과 같이.

7 늦게 귀여운 태자를 얻은 정반왕은 기쁨에 넘쳐 먼저 나라에서 이름 높은 예언자 아사선阿私仙 선인仙人을 맞이하여 태자의 상을 보이려 생각했을 때, 아사선 선인은 벌써 스스로 왕궁을 찾아왔다. 왕궁을 둘러싼 서기를 보고 왔다는 것이다.

아사선 선인은 태자를 안고 그 골상을 살펴보더니, 문득 눈물을 떨어뜨렸다. 정반왕 그 까닭을 묻자,

"이 왕자는 서른두 가지 대장부의 몸매와 여든 가지 미묘한 모습을 갖추었습니다. 이 세속에 있으면 전륜성왕轉輪聖王이 되어 온 천하를 통치할 것이요, 세속을 떠나 도를 닦으면 반드시 큰 도를 깨달아 부처가 되어 널리 중생을 건지오리이다. 그런데 태자는 반드시 집을 떠나 부처가 될 것인데, 나는 나이가 늙어 부처님의 법을 듣지 못하게 될 것이므로 슬퍼하나이다."

라고 했다. 그리고 태자의 이름을 '싯다르타'라고 명명했다. 곧 '모든 것이 모두 바로 성취된다'라는 뜻이다.

8 그런데 불행하게도 태자가 난 지 이레 만에 그 어머니 마야 부인은 세상을 떠났다. 마야 부인의 동생 되는 대애도 부인에게서 태자는 양육되었다. 그도 정반왕의 왕비였던 것이다.

제2절 싯다르타의 고독

1 싯다르타 태자는 매우 총명하고 영특하며 또한 인자하였다. 일곱 살 되던 해에 나라에서 가장 이름 높은 바다라니와 비사딧다라라는 두 바라문 학자를 스승으로 초빙하여 성명聲明(문자, 문법, 문학), 인명因明(논리학), 내명內明(종교, 철학적인 것), 의방명醫方明(의술, 약학), 공교명工巧明(공업, 기술)의 오명五明 등 육십여 종의 경전을 배워 모두 통달하고, 또 찬디데바를 스승으로 칼 쓰기, 활쏘기, 말타기, 군사 쓰는 법 등 이십구 종 무술을 다 통달했다. 열다섯 살 되던 해에는 모든 석가족의 자제들과 무술 경기를 시합하여 신기한 기술을 보여 나라 사람을 놀라게 했다.

이렇게 문·무·예술을 정통하고 또 지혜와 총명과 용력과 덕행이

모두 뛰어났으므로, 그 명성이 여러 나라에 떨쳤다.

2 싯다르타 태자가 십여 세 되었을 때이다. 태자의 사촌 되는 제바달다가 제 동산에서 놀다가 공중에 날아가는 기러기를 쏘아 싯다르타 태자의 동산에 떨어지는 것을 보고, 태자는 그 생명을 가엾게 여겨 곧 그 화살을 뽑고 약을 발라 싸매 주고, 제바달다가 자기의 화살로 쏘아 떨어진 기러기를 내어놓으라고 독촉하였으나 마침내 돌려보내지 않았다.

3 봄 농사철이었다. 정반왕은 태자와 모든 석가족의 동자들과 함께 들에 나가 백성들의 밭가는 광경을 구경하였다. 그때 파리한 농부들이 보습 메인 소를 몰고 땀을 흘리며, 소를 채찍질하면서 밭을 갈아엎을 때, 보습 날에 찢기어 다치고 끊어진 땅 속의 벌레들을 까막까치가 재빨리 날아들어 쪼아 먹는 것을 보고 크게 놀랍게 여기고, 태자는 홀로 나무 밑에 고요히 앉아 생각하였다. '모든 생명들은 다같이 제가 살기 위하여 세상에 난 것인데, 어째서 국왕은 백성을 부려먹고, 농사짓는 백성은 소를 부려먹고, 약한 놈의 생명은 밭가는 보습에 찢기고 또 날래고 힘센 날짐승에게 쪼아 먹히고…. 이것은 있을 수 없는 일이다. 차마 볼 수 없는 현상이다.' 그래서 한동안 생각에 잠겨 일어나기를 잊었다.

4 이렇게 태자는 날짐승 · 길벌레도 하나의 생명으로서의 그 존엄성과 존재성을 소중히 관찰하며, 인생의 나고 죽음의 문제까지 파고들기 시작하였다.

5 그때 정반왕은 태자가 세속의 오락에 뜻이 없고 깊이 명상에 잠기기를 좋아하는 것을 보고, 아사선 선인의 예언이 생각나서, 태자는 장차 세속을 떠나지 않을까 염려했다. 그래서 태자를 위하여 여름철엔 서늘하고 겨울철엔 따뜻하고, 봄 · 가을철엔 차지도 덥지도 않은 세 가지 별전別殿(=三時殿)을 지어 철따라 거처하게 하고, 화려한 동산, 정갈한 수석에 기화요초琪花瑤草며, 진금괴수珍禽怪獸로써 찬란하게 꾸미고, 향탕에 목욕하고 보배 옷과 금 · 옥 · 진주로 몸을 꾸미게 하며, 수많은 어여쁜 소녀를 뽑

아 모시게 하고, 노래와 춤과 음악으로 즐겁게 하였다. 그러나 태자는 그런 향락에 마음이 끌리지 않았다.

6 태자의 나이 십오 세 되던 해 봄에는 항가 강물로 그 이마를 씻고 태자를 봉하는 의식을 올렸다.

십칠 세(혹은 십구 세) 되는 해에는 천비성天臂城 선각왕善覺王의 따님 야수다라耶輸陀羅 공주를 선택하여 태자비로 맞이하였다.

왕은 다시 많은 궁녀들에게 태자를 시위하고 노래와 춤, 갖가지 기예와 유희로써 밤낮으로 태자를 즐겁게 하도록 했다. 그러나 태자는 깊은 방에 홀로 앉아 명상에 잠기곤 하였다. 궁녀들은 싯다르타 태자는 부부의 도를 모른다고 정반왕에게 보고하므로 왕은 더욱 걱정하였다.

7 봄철이었다. 태자는 오랫동안 궁중에 갇혀 있기가 울적하여 들에 나가 구경하고 싶었다. 이 뜻을 안 정반왕은 신하들에게 명하여 가비라성 안팎을 깨끗이 청소하고 길을 닦고, 소풍할 동산에 꽃을 심고 향수를 뿌려 아름답게 치장시켰다. 그리고 총명한 신하로 하여금 시종하여 나가게 하였다. 태자는 궁성 동쪽 대문으로 나가 들 밖으로 향하였다. 길가에서 머리에는 서리를 이고 팔다리에는 푸른 버들가지가 얽히고 얼굴에는 검버섯이 돋친 채로, 활등같이 굽은 허리를 지팡이에 의지해 걸어가는 노인을 만났다. 보기에도 매우 상서롭지 못했다. '이것은 늙은 사람. 사람은 늙으면 다 저 꼴이 되고 만다는 것….' 태자는 그것을 보고 깊은 명상에 잠겨 수레를 돌려 되돌아왔다.

8 그 다음에 태자는 다시 여러 시신侍臣과 함께 궁성 남문으로 나가 들에서 바람을 쐬고 있을 때, 한 사람이 살가죽은 말라붙고 뼈만 앙상한 채로, 배는 북통처럼 부어오르고 숨기운은 톱질 소리가 나며, 길가 더러운 땅에 쓰러져 "나를 좀 일으켜 달라"고 목메인 소리로 외치는 병자를 만났다. "사람은 늙어 병들면 다 저 꼴이 된다"고 시신은 아뢰었다. 태자의 가슴은 더욱 불안하였다.

9 그 다음 태자는 다시 궁성 서쪽 대문을 나서 들 밖에서 소풍하고 있었다. 한 시체를 상여 위에 싣고 네 사람이 메고 가는데, 처자와 친척은 그 뒤를 따르면서 가슴을 치고 울부짖으며, 혹은 사지를 되는 대로 내흔들고 혹은 진흙과 먼지에 뒹굴며 목메어 울부짖는 처참한 광경을 보았다. '부귀한 사람이나 빈천한 사람이나, 총명한 사람이나 어리석은 사람이나 다같이 죽으면 저 꼴이 된다'는 것이다. 이것을 본 태자의 마음은 더욱 불안하기만 하고 세상에 마음 둘 곳을 몰랐다.

10 이것을 본 태자는 궁에 돌아와 이레 동안 명상에 잠겨 있었다. 그리고 그 다음에 궁성 북문으로 나가 소풍하고 있었다. 길에서 어떤 집 떠난 사문沙門을 만났다. 그는 머리를 깎고 오른손에 긴 지팡이를, 왼손에 바리때를 잡고, 아무것도 걸릴 것 없이 저 맑은 허공을 바라보고 훨훨 걸어가고 있었다. "이것은 집을 떠나 수도하는 사문"이라고 시신은 아뢰었다. "어떤 것이 집 떠난 사람이며 그가 하는 일은 무엇이냐?"고 태자는 물었다. "이 세상 모든 것은 시시각각으로 변화하고 있다. 사람은 나고 늙고 병들고 죽으며, 세계는 이룩되고 또 무너지고…. 나는 이것을 보고 세속의 모든 것—처자며 재산이며 명예며 권리를 다 버리고 집을 떠나, 그 나고 죽음에서 벗어나는 도를 닦고 있노라"고 사문은 말했다. 태자는 이 말을 듣고 수레에서 내려 머리를 숙여 경례했다(이것은 저 淨居天이 네 가지 모양을 나타냈다고도 함).

제3장 도를 구하다

제1절 왕궁을 떠나다

1 싯다르타 태자는 북문으로 나가 집 떠난 사문을 보고 돌아온 뒤로는, 집 떠날 뜻이 더욱 굳어지며, 하루빨리 궁중에 갇힌 생활을 벗어나고 싶었다. 하루는 부왕께 아뢰었다.

"부왕이시여, 이 세상에 만나는 자는 반드시 이별하게 되옵니다. 아무리 은혜와 사랑이 지중한 부모와 자식 사이라 하더라도 이별하고야 마는 것입니다. 소자는 길이 이별을 여의는 법을 배우고자 하오니, 부왕은 소자의 뜻을 살피시어 집을 떠나 도 닦는 길을 허락하여 주소서."

이 말을 들은 정반왕은 무엇이 머리를 내려치는 듯 정신이 아찔하고 온몸이 떨렸다. 눈물을 흘리면서 목메인 소리로

"태자여, 그것이 웬말인가. 태자가 나를 버리고 집을 떠나겠다는 말이 웬 말인가? 나는 이미 늙고 태자는 아직 후사도 없으니, 이 나라와 백성을 누구에게 맡기란 말인가?

태자여, 태자는 이 아비를 위하여 나라를 맡아 다스리고 세상에서 할 일을 다한 뒤에 집을 떠나 수도해도 좋지 않는가. 어찌하여 이 늙은 아비를 버리고 집을 떠나려 하는가?"

하면서, 가슴이 무너지는 듯 슬퍼하며 그런 생각을 버리기를 애원하였다. 그러나 태자는

"부왕님, 이 세상의 오욕락五欲樂은 한정이 있고 세속 일은 끝이 없사오며, 무상無常의 귀신은 예고가 없고 은혜와 사랑은 마침내 이별하고야 마는 것이오니, 그 무엇을 더 믿고 기다리오리까? 나고 죽음이 없는 도道와 이별이 없는 법法을 찾아 닦는 것만이 오직 참의 길이옵니다. 그 밖에 또 무슨 참됨이 있으리까?"
하며, 뼈에 사무친 진정을 고백하였다. 이렇게까지 하니, 부왕은 다시 무어라 할 말이 없어서 그저 몸이 무너지는 듯 괴롭기만 하였다. 태자도 차마 아버지를 버리고 갈 수는 없었다.

2 태자는 죽음의 귀신이 시각을 다투어 쫓아오는 것을 바라보면서, 타들어가는 불집 속에 누워 있을 수는 없었다.

이렇게 두세 번 집 떠나기를 애원하는 태자가 궁중에 그대로 있으리라고는 믿어지지 않았다. 왕은 비상 경비병을 동원하여 궁성의 안팎을 지키게 하고 성문을 단속하였다. 그러나 태자는 궁중의 하루가 일 년같이 지루하고 집을 떠나지 않고는 살 수 없는 결정적인 운명에 부딪쳤다.

3 이십구 세(혹은 십구 세)되던 해 이 월 팔 일 밤이다. 반달이 서천에 기울고 궁중은 씻은 듯 고요했다. 야수다라 비도, 모든 궁녀도 잠들어 있었다. 부왕도, 대애도 부인도 잠들어 있었다. 오직 하나의 혈통인 어린 라후라羅睺羅도 야수다라 부인의 품에 안긴 채 잠들어 있었다.

그때 태자는 가만히 몸을 일으켜 시종관 차닉車匿을 불러 건보犍步라는 영리하고 용감한 말을 내어 안장 지어 타고, 성문을 열고 궁중에서 벗어났다. 차닉은 울며 말고삐를 잡고 태자의 뒤를 따랐다.

제2절 도를 묻다

1 가비라성을 떠난 싯다르타 태자는 동쪽으로 향했다. 밤새도록 말을

달려 일백칠십여 리를 전진하여, 날이 밝아 라마 시에 이르렀다. 다시 후와미 하수를 건너 깊은 숲에 들어가, 가장 고요한 곳에 자리 잡고 앉아, 눈을 감고 명상에 들었다. 명상에서 깨어나자, 가엾은 차닉과 건보를 바라보며 말했다.

"차닉車匿아, 너무나 애썼다. 너는 저 건보犍步를 데리고 궁성으로 돌아가거라. 차닉아, 너는 나의 부왕께 이렇게 여쭈어라. '내가 만일 나고 늙고 병들고 죽음의 근심 · 슬픔 · 괴로움을 끊지 못하면 왕궁에 돌아가지 않으리라.' 하더라고. '내가 만일 가장 올바른 깨달음을 얻지 못하면 결코 부왕을 찾아뵙지 않으리라.' 하더라고. 그리고 '은혜와 사랑의 정이 다 없어지지 않을 때에는 대애도大愛道 부인과 야수다라를 다시 만나지 않으리라.' 하더라고."

그때 차닉은 땅에 쓰러져 울며

"소인이 어찌 태자님을 이곳에 두고 홀로 돌아가오리까?"

"응, 이 세상 법은 홀로 났다가 홀로 죽는 것이다. 어떻게 나고 죽음을 같이 하겠느냐? 나고 늙고 병들고 죽음의 모든 괴로움을 지니고서 어찌 좋은 너희들의 동무가 되겠느냐? 나는 이제 모든 고苦를 끊어 없애고자 이곳에 온 것이다. 이 괴로움이 끊어져 없어진 뒤에야 비로소 모든 사람의 좋은 동무가 될 것이다. 나는 이제 모든 괴로움을 여의지 못했거니 어떻게 너희들의 좋은 동무가 되겠느냐?"

"태자님, 궁중에서 자라나신 연약한 몸과 수족으로 어떻게 이 산 숲 속, 가시밭, 자갈 위에 거처하실 수 있으리까? 또한 사나운 짐승과 독한 벌레의 침범을 어찌하오리까?"

"진실로 네 말과 같다. 궁중에 있으면 이 가시밭의 괴로움은 면할 수 있으리라. 그러나 늙고 병들고 죽음의 괴로움이야 어찌 면할 수 있겠느냐. 또한 사나운 짐승과 독한 벌레의 침범의 두려움은 없을지 몰라도, 늙고 병들고 죽는 두려움이야 어떻게 면할 수 있겠느냐?"

차닉은 다시 할 말이 없어 울기만 했다. 그때 태자는 머리에 쓴 보배관의 귀중한 보물과 몸을 장식했던 황금, 진주, 영락瓔珞 등의 패물들을 끌러 차닉에게 주며 말했다.

"차닉아, 보관寶冠 속의 보배는 부왕께 바치고, 목걸이는 대애도 부인께, 가슴걸이는 야수다라에게, 그 나머지는 여러 권속에게 나누어 주어라. 그리고 부왕과 대애도 부인과 야수다라에게 이렇게 여쭈어라. '내가 궁성을 떠난 것은 부왕과 대애도 부인과 야수다라를 이별하기 위함이 아니며, 또는 천상에 나기 위함도 아니다.'라고 하더라고. '다만 나고 죽음을 두려워하고 그것을 끊어 없애기 위함이라.' 하더라고. 그리고 부왕께서 '태자는 아직 젊었으니 세상에서 할 일을 하다가 집을 떠나도 늦지 않다'고 하시거든, 너는 나의 말로써 이렇게 여쭈어라. '죽음이란 정해 놓은 때가 없다.' 하더라고. '사람이 젊어서 건강하다고 해서 늙고 병듦을 면할 수 없다.' 하더라고. 그리고 '내가 해탈의 도를 이루지 못하고는 결코 궁성에 다시 돌아가지 않으리라.' 하더라고. 그리고 '도를 이루면 곧 집에 돌아가 부왕님과 대애도 부인을 찾아 뵐 것이니, 근심 걱정 마시라.' 하더라고. 야수다라에게도 그와 같이 여쭈어라."

이렇게 부탁하고, 태자는 허리에 차고 있던 보배 칼로 머리털을 끊었다. 그리고 마침 어떤 사냥꾼이 짐승을 속이기 위하여 사문의 가사 옷을 입고 있는 것을 빌려 입었다. 가사 입은 사문은 짐승이 해치지 않기 때문이다.

차닉은 목메어 울며 하는 수 없이 싯다르타 태자의 처소를 떠나 궁성으로 돌아갔다.

2 태자는 거기서 발가바跋伽婆 선인仙人을 비롯한 여러 수행자가 모여 도를 닦는다는 숲을 찾아갔다. 멀리서 태자의 모습을 바라본 여러 수행자는 태자의 그 비범한 골격과 혁혁한 위덕에 눈을 집중했다. 태자는 발가바 선인을 찾아 인사하고 그 수행하는 광경을 관찰하였다. 혹은 풀을 엮

어 옷을 만들고, 혹은 나무껍질과 잎으로 옷을 만들어 입었으며, 혹은 하루에 한 끼, 이틀에 한 끼, 사흘에 한 끼를 먹으며, 또는 나무 열매나 꽃으로 요기하고, 혹은 물과 불을 신神으로 받들어 섬기며, 혹은 해와 달을 신으로 섬기고, 혹은 한 다리를 들고 서 있으며, 혹은 진흙 먼지 속에 누워 있고, 혹은 가시덤불에 누우며 또는 물과 불에 누워 있기도 했다. 태자는 그것을 보고 발가바 선인에게 물었다.

"당신들이 하는 고행은 매우 기특하오. 그런데 고행으로 어떤 과보果報를 구하려 하오?"

"이 고행으로 장차 천상에 나고자 하노라."

"모든 것이 하늘에 나면 비록 즐겁다 하지만, 그곳도 복이 다하면 다시 육도에 윤회하게 되나니, 어찌 고행을 닦아서 마침내 고苦의 과보를 구하려 하는가?"

발가바 선인은 말이 막혔다.

3 그때 가비라성에서는 큰 소동이 일어나 성 안팎이 진동했다. 정반왕은 자리에 쓰러지고 대애도 부인과 야수다라 부인은 정신을 잃고 우는 소리에 궁중이 떠나갈 듯했다.

차닉이 태자의 보관과 의복과 패물들을 건보에 싣고 돌아오자, 정반왕과 대신들은 차닉을 태자를 도피시킨 죄로 죽이려고 했다. 그러나 차닉이 태자의 간 곳을 알므로 차닉을 앞세우고 대신 우다이優陀夷가 말을 달려, 다시 라마 시를 더듬어 후아미 하수 건너, 발가바 선인의 처소까지 찾아갔다. 거기서 어느 나무 밑에 고요히 앉아 있는 태자를 발견하고, 우다이는 태자 앞에 나아가

"태자시여, 태자를 잃으신 대왕께서는 은애恩愛의 정에 타는 불이 몸을 사르고 있소. 태자가 궁에 돌아가지 않고는 대왕의 몸에 타는 불을 끌 수 없소. 대애도 부인과 야수다라 부인, 그리고 모든 권속은 다 근심과 고뇌의 바다에 빠져 있소. 태자시여, 이 가엾은 부모와 권속을 타는

불과 같은 바다 속에서 구원하여 주소서."

하고 애원하였다. 그러나 태자는

"내가 부왕과 대애도 부인과 야수다라 부인의 은애의 지성을 모르는 것이 아니요. 그러나 그 은혜와 사랑의 모임은 언제나 반드시 이별하고야 마는 것이오. 조금 먼저 이별하나 늦게 이별하나 살아서 이별하나 죽어서 이별하나 반드시 이별하고야 마는 것이오. 내가 이제 부왕과 대애도 부인과 야수다라와 이별하는 것은, 이번의 이별로 말미암아 다시 이별이 없는 법을 닦으려 하는 것이오. 칠보 궁전 속이 매우 안락한 듯하지만 그 속에는 무서운 불이 타고 있소. 나는 한때의 이별·괴로움·근심을 견디고, 길이 이별이 없고 나고 죽는 근심 슬픔이 없는 길을 찾아 궁성을 떠난 것이니, 내가 그 길을 찾기 전에는 다시 궁성에 돌아갈 수 없소. 한때의 안락은 영원한 고통이며, 한때의 고통은 영원한 안락이 되는 것이니, 이 말로써 부왕께 또는 대애도 부인과 야수다라 부인에게 전하여 주오."

대신 우다이는 눈물을 흘리며

"태자의 말씀은 잘 알아들었습니다. 그러나 옛적에 도道 높은 선인의 말씀을 들으면, 한 분은 '미래세의 과보가 있다.' 하고, 한 분은 '그런 과보가 없다.' 하였습니다. 미래에 과보가 꼭 있는지 없는지 확실하지 않은데, 이제 현세의 낙을 버리시고 미래의 낙을 찾는다는 것이 그 어찌 꼭 믿을 수 있는 일입니까? 어서 궁성으로 돌아가십시다."

"저 두 선인이, 하나는 미래의 과보가 있다 하고 하나는 없다 하니, 둘이 다 의심되는 말이지 확정한 말이 아니오. 나는 이제 그런 말을 좇는 것이 아니오. 나는 어떤 과보를 바라고 이곳에 온 것이 아니오. 눈앞에 있는 나고 늙고 병들고 죽음, 그것은 반드시 겪지 않으면 아니 되는 것이니, 나는 이것을 해탈하고자 하는 것이오. 나는 오래지 않아 나의 도道를 보일 것이오. 나의 뜻은 마침내 뒤집을 수 없는 것이오. 돌아가서 부왕께 이렇게 전하여 주오."

하고 태자는 자리에서 일어나 대신과 차닉을 작별하고 당시에 가장 이름 높은 도인 아라라가란阿羅邏迦蘭를 찾아갔다.

4 대신과 차닉은 울며 왕의 사명을 완수하지 못한 채 돌아갔다. 태자는 남쪽으로 항가 하수를 건너 마가다摩伽陀 국에 들어, 그 수도인 왕사성을 지나갈 때이다. 시민들은 가비라성 태자가 지나가는 것을 보려고 파도처럼 몰렸다. 그 나라 빈바사라頻婆娑羅 왕은 높은 누각 위에서 태자를 바라보고, 수레를 몰고 나가 태자를 맞이하여

"인자仁者여, 어찌하여 궁성을 떠났소? 당신은 일종씨日種氏의 후예로 전륜성왕의 덕상德相을 갖추었다 하는데, 당신이 만일 부왕이 계시기 때문에 왕위를 얻기 어려워서라면 내가 이 나라의 반을 나누어 주겠소. 그것이 적다면 이 나라를 다 내맡기겠소. 만일 내 나라를 가지기 싫다면 내가 이 나라 군사를 내줄 터이니, 다른 나라를 정벌하여 그 땅의 왕 노릇을 하도록 하오. 태자의 요구라면 무엇이든 다 들을 터이오."

라고 간청하였다. 태자는 왕의 호의에 감격하였다. 그러나 대답하기를

"대왕이시여, 왕은 본래 월종씨月種氏로서 성품이 고상하며, 하는 일이 탁월하다더니 과연 그러합니다. 대왕의 나라를 저에게 내어 주시겠다는 말씀은 너무나 고맙습니다. 그러나 저는, 내 나라도 버리고 나왔는데 어찌 대왕의 나라를 차지할 것이며, 하물며 군사를 일으켜 다른 나라를 빼앗겠소. 저는 이제 나라보다, 재산보다 귀중한 도를 위하여 집을 떠나 온 것이오. 세속의 오五욕락을 구하기 위함은 아닙니다."

태자는 왕의 지나친 호의에 감격하여 세상 오욕을 탐하지 말고 바른 도로써 나라를 다스리기를 부탁하고, 왕을 작별하려 하였다. 왕은

"당신은 해탈의 큰 도를 구하려고 세상의 왕위도, 오욕도 다 버리고 집 떠난 사람이 되셨으니, 도를 이루시거든 나를 먼저 제도하여 주오."

하며 은근히 작별을 슬퍼했다.

5 태자는 빈바사라 왕을 작별하고 아라라가란 선인의 거처를 찾았다. 선인은 태자의 상호가 원만하고, 심신이 맑고 고요함을 보고 스스로 공경하는 마음이 났다.

"존자여, 먼 길 오느라고 너무 피로하겠소. 나는 존자가 오기를 기다렸소. 타는 불무더기 속에서 스스로 깨닫고 뛰어나오는 것은, 마치 비단 밧줄 올가미에 얽어 매인 코끼리가 스스로 벗어 치우고 뛰어나온 것 같군요. 옛날의 왕자王者로서, 장년 적엔 오욕을 누리다가 늘그막에 나라와 향락을 버리고 떠나 도를 배운 것은 그리 기이할 것이 없지만, 태자는 아직 젊은이로서 능히 오욕을 버리고 이곳에 온 것은 참으로 기특하오. 어서 힘써 도를 닦아, 나고 죽음의 바다 저쪽 언덕으로 건너가야 하오."

"고맙습니다. 나를 위하여 나고 죽음을 끊는 법을 말씀해 주시오. 그 법 듣기를 원합니다."

그때 선인은 우주와 인생의 원리를 말했다.

"태자여, 모든 생명이 비롯한 곳을 명초冥初라 하오. 혼돈 상태로서 무엇인가 분별이 없는 자리요. 그곳이 아만我慢, 곧 '나'(我)라는 생각을 일으키고 이 아만을 좇아 우치심愚癡心을 내고 우치심을 좇아 애욕愛欲을 내며, 애욕을 좇아 오미진기五微塵氣(=地 · 水 · 火 · 風 · 空의 要因)를 내고 오미진기를 좇아 오대五大(=地 · 水 · 火 · 風 · 空)를 내고 오대를 좇아 탐욕貪欲, 진심瞋心 등 모든 번뇌를 내며, 이 번뇌로 인하여 나고 늙고 병들고 죽음에 굴러 떨어지게 되는 것이오. 이제 태자를 위하여 대략 이것을 말하려오."

이 말을 들은 태자는 다시

"내 이제 당신이 말씀한 이치를 알겠소. 나고 죽음의 근본은 어떤 방법으로 끊게 되오?"

"만일 나고 죽음의 근본을 끊고자 하거든, 먼저 세속을 떠나 계행을 지켜 마음을 잘 조복調服 받고, 욕됨과 고통을 참고, 고요하고 한적한 곳에 머물러 선정禪定을 닦아, 모든 세속적인 욕심과 좋지 못한 것을 여의고 마음을 살펴보아, 초선初禪 경계에 들어가며, 다음 모든 생각을 가라앉혀 감각 · 지각의 분별을 없애고 제이二선에 들어가며, 제이二선에서 얻은 기쁜 마음을 여의고 오로지 한 생각 고요함을 얻어 제삼三선에 들어가며, 다음 그 한 생각도 놓아 모두가 고요하고 맑은 경계에 도달하여 제사四선에 들어가게 되오. 어떤 도인은 이것을 해탈이라고 하오. 그러나 이것이 참된 해탈은 될 수 없는 것이오.

이 제사四선에서 다시 모든 상대의 경계(객관 경계)를 여의고 공처정空處定에 들어가며, 다시 상대의 정신(주관) 경계를 여의고 식무변처정識無邊處定에 들어가며, 다음 식무변경계를 뛰어넘어 무소유처정無所有處定에 들어가게 되오. 존자여, 나는 이 무소유처정에 머물러 있소. 이 법을 지혜로운 이는 오래지 않아서 스승과 같이 스스로 알고 스스로 깨치게 될 것이오."
라고 했다. 태자는 그 가르침에 따라 선정을 닦아 오래지 않아 무소유처정을 얻었다. 그리하여 아라라가란 선인 처소에 갔다.

"당신이 스스로 알고 깨친 법을 나도 이제 깨달았소."

선인은 태자가 비상히 총명하여 그 법을 체득한 것을 알았다. 선인은

"존자와 같은 좋은 동행자를 얻은 것은 참으로 기쁘오. 진실로 행복하오. 내가 얻은 법을 존자가 스스로 얻었고 존자가 얻은 법을 내가 스스로 얻었소. 오시오, 나와 같이 우리 제자를 지도하여 주시오."
하고 최상의 경례를 하며 존숭했다.

이때 태자는 생각했다. '이것은 나고 죽음을 벗어나는 최상의 깨침과 열반涅槃은 아니라'는 것을. 그리고 선인에게

"이 무소유처정에 '나'라는 것이 있습니까, 없습니까? 만일 '나'가 있다면 그 '나'는 앎이 있습니까, 없습니까? 만일 앎이 있다면 그것은 다시 생각을 일으킬 것이요, 생각을 일으키면 다시 번뇌를 일으킬 것입니다. 만일 생각이 없다면 목석木石과 같을 것이니, 목석과 같다면 무엇이 열반을 체득할 것인가요?"라고 물었다. 아라라가란 선인은 대답할 바를 몰

랐다. 태자는 다시

"당신은 몇 살에 집을 떠나서 범행梵行을 닦은 지는 몇 해나 되었소."

"내 나이 열다섯 살 적에 집을 떠나서 범행을 닦은 지 일백사 년이 되었소. 나는 오랫동안 닦았어도 닦아 얻은 도가 이것뿐인데, 존자는 얼마 되지 않아 나의 얻은 바를 얻었으니 참으로 기특하오. 그리고 왕궁에서 자라난 몸으로 우리가 닦는 고행을 닦을 수 있겠소?"

"당신 닦는 고행보다 더 어려운 고행이라도 나는 닦을 것이오."

선인은 태자의 지혜와 또 그 철저한 결심을 살펴보고 결단코 최상의 도를 성취할 줄을 알았다. 그리고 태자에게

"존자여, 존자가 만일 도를 얻거든 먼저 나를 제도하여 주오."

"좋소, 그리하리다."

하고, 태자는 아라라가란 선인을 작별하고 다시 울두람불鬱頭藍佛이라는 선인을 찾아갔다.

6 태자는 울두람불의 처소로 갔다.

"존자여, 존자는 어떤 법을 스스로 알고 깨쳤소?"

"나는 공처정 · 식무변처정 · 무소유처정을 뛰어넘어 모든 인식을 초월한 비상 비비상처정(非想 非非想處定)을 얻었노라."

태자는 그 정定을 익혀 오래지 않아 그 정을 체득했다. 그러나 태자는, 이 비상 비비상처정은 아직 번뇌가 다한 것이 아니요, 또한 일체종지一切種智를 성취한 것이 아님을 깨달았다.

"이 삼매三昧 밖에 더 훌륭한 삼매는 없습니까?"

"그보다 더 훌륭한 삼매를 나는 알거나 또 얻은 바도 없노라."

"이 삼매를 얻으면 나고 죽음을 길이 벗어나게 됩니까?"

"그것은 나도 모르거니와, 이 삼매를 얻으면 팔만사천 겁劫 동안은 나고 죽음을 면할 수 있지마는, 그 뒤에는 나도 알 수 없노라."

태자는, 그것은 참으로 열반에 이르는 법도 아니며, 번뇌의 뿌리가 다

끊어진 도도 아님을 알고, 울두람불 선인을 작별하였다.

7 태자는 또 앞으로 나아가 우루빈라가섭優樓頻螺迦葉, 나제가섭, 가야가섭이라는 모든 수행자를 찾아보았다. 그들은 삼형제로서 천 명의 제자를 거느리고 수행하고 있었다.

"그대들은 어떤 도를 닦는가?"

"우리는 물과 불, 또는 해와 달과 범천梵天을 받들어 섬기노라."

"그것은 참다운 도라 할 수 없다. 물은 늘 차 있지 않고, 불은 늘 덥지 않으며, 해는 때를 따라 옮겨 가고 달은 찼다가 기울며, 또한 범천도 길이 변하지 않는 것이 아니다. 그것들은 다 변화하는 법이며 떳떳함이 없는 법이다."

하고 그곳을 떠났다.

제3절 육년 고행

1 모든 고행자와 또는 선정을 닦는 선인과 물과 불 또는 해와 달 · 천신天神 등을 섬기는 교인들을 찾아보았으나, 그것은 다 참다운 해탈의 법인 열반의 도가 아님을 알게 된 싯다르타 태자는 스스로 생각했다.

'이 세상에 진정한 도를 얻은 자는 없다. 이 도는 내 스스로 판단할 것이요, 사람을 좇아 얻을 것이 아니다. 세상 사람은 애욕 · 번뇌에 탐착하지 않으면 사견邪見과 아집我執에 얽매여 있다. 모든 사견과 아집을 여의고 또 애욕 · 번뇌의 뿌리를 뽑아, 길이 나고 죽음을 벗어나 가장 높은 정각正覺을 이룸은 오직 나에게 있을 뿐이다'라고 결의하고, 마가다 국 서쪽으로 니련선하泥連禪河 하수 동쪽 가야성을 향하여 가야산으로 들어갔다. 이 산은 옛날에 많은 수행자들이 머물던 곳이다.

2 이 산 위, 숲 속에서 풀을 자리로 하고 앉아 태자는 생각했다.

'세상의 사문이나 바라문들이 몸과 마음을 멋대로 드러내놓고 탐욕에 시달리고 번뇌를 따라가면서, 아무리 고행을 닦은들 무슨 도를 얻을 수 있으랴. 마치 나무를 비벼 불을 구하는 사람이, 젖은 나무를 물 가운데 두고 서로 비벼 불이 나기를 구하는 것과 같다. 탐욕과 번뇌에 시달리면서 고행을 닦는 것도 그와 같다.

만일 사문・바라문이 그 몸과 마음을 잘 단속하여, 몸으로 탐욕에 끌려가지 않고 오욕 경계에 애착하지 않으며, 모든 번뇌를 여의고 그 마음이 고요하여 움직이지 않으면서 고행을 닦는다면, 곧 세간을 초월하는 큰 지혜를 얻을 것이다. 마치 그것은, 불을 구하는 사람이 마른 나무를 마른 땅에 두고 서로 비비면 결단코 불을 얻는 것과 같으리라.'
고 생각하고, 몸은 방일하지 않고 마음은 모든 탐욕・번뇌를 여의어, 늘 고요한 선정에 머무르면서, 그리고 모든 고행자들이 아직 경험하지 못한 고행을 닦기로 결심했다.

3 그때 가비라성에서는 태자를 모셔 오려고 갔다가, 빈 걸음으로 돌아온 대신과 차닉을 보고 더욱 슬픔과 걱정에 잠겼다. 정반왕은 다시 아야교진여阿若憍陳如, 알비頞鞞, 발제리가跋提梨迦, 마하야마摩訶耶摩, 바습바婆濕波 등 다섯 사람을 뽑아 보내 태자가 있는 곳을 찾았다. 그래서 태자가 이 가야산에 정주定住하고 있는 것을 알게 된 정반왕은 가끔 대신과 인마人馬를 보내, 음식물이며 의복이며 거처하는 편리를 도울 모든 준비를 해 보냈다. 그러나 태자는 그것을 다 물리쳤다.

4 태자는 이때, 다른 스승 없이 홀로 도를 닦아 해탈의 법을 얻고자 했다. 그것은 첫째로 모든 세속의 탐착・번뇌를 끊어 없애려는 이욕행離欲行과 둘째로는 한마음이 움직이지 않는 적정寂靜한 선정과 셋째로 이 몸과 마음에서 일어나는 고苦의 원인이 되는 탐착심을 떨쳐 버리기 위한 고행이었다.

이 같은 이욕離欲 적정寂靜 고행苦行의 세 가지를 아울러 닦는 태자는, 곁으로 보아서는 하나의 고행일 뿐이었다.

태자는 숲 속에 고요히 앉아 선정을 닦되, 하루 쌀 한 순갈과 참깨 한 순갈만을 먹으며, 또는 하루 쌀 한 낟, 깨 한 알씩만 입에 넣고, 그냥 굶고 앉아 있었다. 옷은 몸을 겨우 가리는 베옷 한 벌이며 몸을 씻거나 머리를 깎지도 않았다. 바람이 불거나 비가 오거나, 겨울이나 여름이나 한 모양으로 한 자리를 뜨지 않았다.

5 이렇게 한 해 두 해를 지나니 살갗 속의 살과 피는 다 말라 버리고, 오직 종잇장 같은 살갗이 뼈를 싸놓은 인형만 남았다.

손으로 몸의 먼지를 털려면 몸의 털이 말라 떨어지고, 손으로 배를 만지려면 문득 등뼈가 만져지는 것이었다. 마른 나무깽이가 되어 앉았노라면, 나무하는 아이들은 쑥대로 콧구멍도 찔러 보고, 혹은 입과 귓구멍도 찔러 보며, 또는 흙과 먼지를 끼얹기도 하였다. 그러나 태자는 죽은 듯이 조금도 까딱하지 않았다.

6 가야산에서 오 년간 고행을 닦고, 거기서 내려와 평지에 이르러, 우루빈라優樓頻螺라는 못 가에 앉아 동쪽으로 향하여 니련선하 하수를 바라보았다. 그 물은 굽이쳐 돌아가는데, 맑고 깨끗하며, 양쪽 언덕은 평평하고 나무숲이 울창하며, 각색 꽃과 과일이 풍성하고, 하수가에는 촌락이 듬성하고 집들이 연접하여 있었다.

태자는 한쪽 한적한 곳으로 갔다. 너무 높지도 낮지도 않은 곳을 가려 심신을 쉬게 했다. 옛날 성자들이 수행하던 곳이었다.

태자는 이곳에서도 모든 욕심과 번뇌를 여의고 고요한 선정에 들어, 사람이 견디기 어려운 고행을 닦았다.

아래 위 이를 맞물고 혀를 입천장에 고이고, 마음을 거두어 한 생각에 매고, 숨 쉬는 것을 세며, 때로는 코와 입을 닫아 호흡의 길을 막으면, 두 귓구멍에서 북치는 소리가 나기도 하며, 또는 온 몸에 뜨거운 기운이 가득 차고 겨드랑이와 이마에서 땀이 흐르기도 했다.

7 태자가 이런 고행을 닦은 지 육 년째 되던 해 봄이다. 정반왕은 동산에 나갔다가 새로 피는 나뭇잎과 뻗어 나는 가지며, 향기를 뿜는 꽃을 보고 화창하게 지저귀는 새소리를 들었다.

"아, 내 아들 싯다르타가 나를 버리고 간 지 벌써 육 년. 이 훌륭한 동산과 궁녀와 풍류 · 쾌락을 버리고 저 호랑이 · 사자 · 독사들이 들끓는 숲 속에 들어가서 죽었는지 살았는지 소식조차 아득하구나." 하고 탄식하고 있었다.

그때 태자는 우루빈라優樓頻螺 촌에 나아가 고행을 하다가 너무나 오장이 마르고 기력이 다하여, 땅에 쓰러진 채 다시 일어날 수 없었다. 다섯 시자와 또 그것을 본 촌민들은 '인제는 태자가 죽는다'고 슬퍼했다.

그때 정반왕도 불길한 예감이 들어, 대신 우다이를 불러, 말을 달려 태자의 처소를 찾게 하였다. 태자는 땅에 쓰러져 누운 채, 머리에서 발까지 진흙과 먼지를 둘러쓰고, 신체는 살을 깎아 낸 듯, 가죽에 싸인 뼈만 앙상하며, 눈동자는 우물 속에 비친 별 그림자 같고 갈빗대는 지붕 벗겨진 집의 서까래와 같았다. 이것을 본 우다이는 두 손을 들고 크게 외쳤다.

"아이구, 이것이 웬일이오! 석가 왕족의 태자가 어찌 이렇게 되었소? 그처럼 단정하고 미묘하시던 몸이 흙덩이가 되었군요!"

하고 부르짖으며 울었다. 그리고 태자를 억지로 업고 가비라성으로 돌아가려 했다. 태자는

"우다이여, 내 몸이 이 땅에 부딪쳐 가루가 될지라도 내가 맹세한 처음 마음은 부서지지 않을 것이오. 만일 내가 도를 이루지 못하고 이곳에서 죽거든, 우다이는 내 시체를 메고 가비라성에 들어가서 '이 사람은 끝까지 정진하던 사람이며, 처음 마음을 버리지 않고 큰 서원誓願을 세운, 바른 마음 바른 뜻을 지닌 이의 해골'이라고 말해 주오."

라고 말했다. 우다이는 하는 수 없이 홀로 돌아갔다.

제4장 도를 이루다

제1절 선생녀의 유미죽

1 육 년이란 세월을 하루같이, 모든 욕심과 번뇌를 여의고 적정한 선정에 머무르며, 사람으로는 견디지 못할 고행을 닦아 온 태자는, 모든 번뇌의 뿌리를 뽑아, 다시는 어떠한 경계에도 마음이 움직이지 않을 경지에 도달하였다. 그러나 다만 세간을 초월하는 해탈의 성도聖道와 '온갖 것에 자재한 지혜'는 아직 성취하지 못했다. 태자는 이렇게 생각했다.

'나는 육 년의 고행으로, 이 몸으로 인연하여 일어나는 모든 중생의 죄악의 뿌리와 나쁜 습성의 종자를 다 뽑아 버렸다. 이 이상 더 몸을 학대한다면 다만 신명이 없어질 뿐, 세간을 초월하는 해탈의 성도와 모든 데에 자재한 일체종지一切種智를 성취할 수는 없으리라. 나의 고행은 이에 끝났다. 이 몸의 힘을 길러서 해탈 · 지혜를 성취할 때가 왔다'고.

그래서 음식물의 분량을 차츰 늘렸다. 콩 삶은 국물이나 밀가루 부침 같은 것을 받아 드시고, 차츰 기력을 차려 우루빈라 촌으로 들어가다가, 길가에 버린 헌옷을 주워 물에 빨아 입었다. 그리고 니련선하 하수에 들어가 목욕하고, 물가에 늘어진 나뭇가지를 잡고 겨우 나왔다.

2 그리고 머리를 깎고 숲 속에 앉아 선정에 들었다. 그때 우루빈라 촌장 세나파티의 딸 선생녀善生女(수자타)는 일찍이 가비라성의 태자가 집을 떠나 수도한다는 말을 들었고, 또 그는 세상에 볼 수 없이 잘난 사내라는 소

문도 듣고 있었다. 이때 니련선하 하수 가의 숲에 와서 수신樹神에게 기도를 드리다가, 어떤 수행자가 숲 속에서 선정에 든 것을 발견했다. 그는 비록 피골이 상접하였지마는 골격이 보통 사람보다 뛰어난 것을 보고 이내 싯다르타 태자임을 알았다. 그 거룩한 고행에 감격할 뿐 아니라, 또한 일찍부터 흠모하던 터라, 수신에게 바치려던, 우유와 꿀에 쌀을 넣어 끓인 유미죽乳糜粥을 만들어 올리며, 받기를 애원했다. 태자는 이미 생각한 바가 있어 그 음식을 받아먹었다. 그리고 태자는 그 여인에게

"그대가 내게 이 유미죽을 주는 것은 무슨 원하는 바가 있는가?"

"석가족의 태자이시여, 나는 태자님의 높으신 이름과 도덕을 흠모하여 왔나이다. 모쪼록 몸 건강하시와 장차 나의 남편이 되어 주소서."

"나는 왕궁과 부모처자를 버리고 집을 떠나 이러한 고행을 닦는 사람이다. 그것은 당치 않은 소원이다. 나는 장차 나고 죽음을 초월하는 도를 이루려 한다."

"그러면 태자님은 반드시 큰 도를 성취하시리니, 도를 성취하시면 나를 한 제자로 삼아 주소서."

"그것은 뜻대로 하라."

고 허락했다. 선생녀는 지성껏, 날마다 우유와 꿀 기름으로 끓인 최상의 음식을 태자에게 공양했다. 얼마 동안 이러한 음식을 받아먹은 태자는 기력도 생기고 또 본래의 신상이 차츰 회복되어 갔다.

3 그때 육 년 동안 같이 고행하던 아야교진여, 알비, 발제리가 등 다섯 시자는, 태자가 갑자기 고행을 버리고 목욕을 하고 머리도 깎으며, 또 선생녀善生女라는 처녀의 유미죽을 받아 드시는 것을 보고, '아, 태자는 이제는 타락했다. 우리는 이제 이곳에 있어 보아야 바랄 것이 없다.' 하고, 태자를 버리고 바라나波羅奈의 사슴의 동산(鹿野苑)으로 떠나가고 말았다.

제2절 악마를 항복받다

1 시자侍子 다섯 사람으로부터 버림을 받은 태자는 홀로 걸어서 동쪽으로 전정각산前正覺山의 서쪽 붓다가야에 이르렀다. 그곳은 매우 정결하고 부드러운 풀이 비단처럼 깔려 있고, 그 가운데 필발라畢鉢羅 나무가 일산같이 솟아 있었다. 그 나무 밑에는 네모반듯한 바위가 좌대 모양으로 놓여 있었다.

태자는 그 나무 밑에 나아가 그 바위를 좌대로 하고, 어떤 장자가 베어다 준 부드러운 길상초吉祥草를 깔고 앉았다. 그리고 스스로 맹세했다.

'나는 이 자리에서 일체지一切智를 얻지 못하면 다시 일어나지 않으리라'는 최후의 결심을 했다. 두 다리를 엇걸어 가부좌를 틀고 앉아 선정에 들었다. 이때 태자 양미간의 흰 털에서 미묘한 광명이 흘러나와, 색계色界의 가장 높은 하늘인 마혜수라천摩醯首羅天(大自在天)에 비치니, 그 하늘에 있는 마왕魔王의 궁전이 흔들렸다. 마왕은 어떤 독약이나 마신 듯이 정신이 혼미해지며 공포에 떨었다.

이때 마왕은, 인간의 싯다르타 태자가 장차 모든 장애물을 정복 받고 정각正覺을 성취하여 불타佛陀(붓다)가 될 징조임을 알았다. 그래서 마왕궁의 요염한 미녀 셋을 뽑아 태자 앞에 보내, 미묘한 노래와 춤이며 갖은 애교와 재롱으로 태자를 유혹하려 시험했다. 미녀는 미묘한 음성으로

"따뜻한 봄볕 아래 온갖 초목 싹트나니 가여운 태자님은 어찌하여 봄이 온 줄 모르시고 젊음의 즐거움을 버리시고 머나먼 깨달음을 구하시는가? 아, 태자님아! 우리들은 오직 태자님을 즐겁게 하려 하네."

이렇게 유혹했다.

그러나 나고 죽음의 뿌리를 기어이 뽑고 말 금강정金剛定에 든 태자는 끝내 흔들리지 않았다. 이 '선정'의 도력으로, 그들은 조금 뒤에 흰 머리털에 주름 잡힌 얼굴, 뼈만 앙상한 노파로 변하고 말았다. 마녀들은 놀라

서 참회했다. 태자는 그들에게

"너희들은 착한 과보로써 하늘 몸을 받았다. 그러나 덧없는 늙음이 덮쳐왔구나. 너희 모양은 고운데, 그 마음은 단정치 못하구나. 마치 채색 그림 병 속에 독약을 담은 듯, 탐욕은 몸을 망치는 근본, 죽으면 악도에 떨어지리라. 아귀 축생의 몸을 받은 뒤에야 후회한들 어찌하랴."

라고 설교했다. 노파로 화한 마녀들은 다시 천궁으로 돌아갈 수도 없었다. 태자는 이에 나고 죽음의 근본인 애욕의 뿌리를 뽑은 것이다. 이것이 애욕마愛慾魔의 항복이다.

2 다음, 이런 꼴을 당한 마왕은 크게 두려워하여, 모든 신하를 불러, 마군의 장병 일억 팔천을 동원하여, 가지각색의 험악한 형상으로 창·칼·활이며 맹수·독사·악귀 등이며 칼비·돌바람·벼락불을 일으켜, 허공에 가득 채우고 천지를 뒤흔들며, 정定에 든 태자를 습격해 왔다.

그러나 태자는 금강정에 든 채 어떤 경계에도 다시 움찔 하지 않았다. 그리고 그 정에서 크게 사랑하고 슬퍼하는 큰 힘을 발휘하여, 그들을 불쌍히 여기고 싸안아 주었다. 이와 같은 대선정大禪定과 대자비大慈悲의 위없는 법력으로 그들의 상대적인 경계를 초월하여, 그들의 힘은 사자 앞의 사슴인 양, 부모 앞의 어린애인 양 상대가 되지 않았다. 모든 무기는 미묘한 꽃으로 또 하늘 일산으로, 모진 비바람은 향기 바람으로 또 상서 구름으로 변했다.

이것은 무량겁으로 쌓아 온, 끝없는 진에심瞋恚心의 인연으로 인하여 일어나는 원한, 대적의 악마경을 이에 뿌리 뽑은 것을 말함이다. 이에 천신天神은 허공에서

"보살은 이미 모든 원한의 생각을 다 놓아 버렸다. 모든 악마여, 너희들의 독한 마음은 불을 큰 바닷물에 던지는 것과 같도다. 마땅히 진에瞋恚의 마음을 버릴지어다. 불을 차게 만들고 수미산을 무너뜨릴지라도 보살의 마음은 다시 움직일 수 없도다."

라고 찬탄했다.

이같이 끝없는 그 예로부터 나고 죽음의 근본이 된 탐애貪愛와 진에의 뿌리를 뽑은 것이 곧 마녀와 마군의 항복이다.

제3절 샛별이 빛날 때

1 때는 십일 월 초이레. 모진 비바람은 씻은 듯이 개었다. 하늘에는 초승달이 걸리고 뭇 별은 초롱초롱 빛나며, 이상한 하늘 향기가 풍기고 미묘한 음악이 울리며 대지가 적이 흔들렸다.

태자는 모든 욕심을 여의고 잡념을 떠나서 초선初禪에 머물러, 다시 이선二禪, 삼선三禪, 사선四禪에 들었다. 고요하고 맑은 선정에서 초야初夜에는 숙명지宿命智가 열려, 지나간 세상의 모든 중생들이 그 지은 바 선악법을 따라, 이곳에서 죽어 저곳에 나되, 그 부모 권속이며 빈 · 부 · 귀 · 천 · 수 · 요 · 장 · 단의 과보를 다 비추어 보게 되었다. 다음에는 맑은 하늘눈(天眼)이 열려, 모든 중생이 이곳에서 죽어 저곳에 나되, 그 선악 업을 따라 천상 · 인간 · 지옥 · 축생 등 세간의 과보를 받아 나는 것을 거울 속의 그림자 보듯 했다. 그리고 대비심大悲心을 일으켜 그것을 구호하기를 생각했다.

2 다음 한밤중에는, 지혜의 눈으로 모든 중생의 나고 죽음의 인연을 관찰하여, 이것은 고苦요, 이것은 고의 원인이요, 이것은 고의 없어진 것, 이것은 고의 없어지는 곳으로 이르는 길임을 보았다. 다시 관찰하되 '늙고 죽음'의 결과는 남(生)을 인연하고 그 '남'은 삼유三有(=欲界 · 色界 · 無色界)를 인연하며, 삼유는 사취四取(=欲取 · 見取 · 戒禁取 · 我語取)를 인연하고, 사취는 애착愛着을 인연하며, 애착은 감수感受 작용을 인연하고, 감수 작용은 접촉接觸(=감각기관과 바깥 경계)을 인연하며, 접촉은 육입六入(=귀 · 눈 · 코 등 여섯 가지 감각기관)을

인연하고, 육입은 명색名色(=정신과 육체로 구성된 생명체)을 인연하며, 명색은 식識을 인연하고, 식은 업행業行을 인연하며, 업행은 무명無明을 인연하고, 이 같은 십이十二인연을 인연하여, 모든 중생은 이 세상에서 나고 또 죽고 한다는 것을 관찰하였다.

그러므로 만일 무명이 없어지면 행업이 없어지고, 행업이 없어지면 식이 없어지고, 식이 없어지면 명색이 없어지고, 이렇게 육입·촉·수·애·취·유(六入·觸·受·愛·取·有)가 없어지면 나고 늙고 죽음이 없어지는 이치를 관찰하였다.

3 이 월 팔 일 새벽이었다. 나고 죽음의 근본 종자인 무명의 뿌리가 끊어지면서, 동쪽 하늘에서 샛별이 떠오르는 찰나, 활연히 깨달음을 얻어, 모든 법의 가장 높은 정각을 성취하였다. 이때 태자는 스스로 감탄했다.

"아! 기특하도다. 모든 중생들이 다 이와 같은 지혜와 덕상德相을 갖추었건만, 다만 망상에 집착하여 스스로 체득하지 못하는구나. 만일 이 망상의 집착만 여읜다면 바로 일체지一切智·자연지自然智·무사지無師智를 얻게 되는 것을!"

이것이 곧, 아뇩다라삼먁삼보리阿耨多羅三藐三菩提(위없는 올바른 깨달음=無上正徧正覺最正覺)를 성취하여 불타의 지위에 나아간 것이었다. 곧, 석가모니 부처요, 때는 삼십오 세 되는 해 이 월 팔 일이었다.

그때 하늘에는 상서 구름이 가득 차고 향기 바람이 나부끼며, 하늘 음악이 울리고 찬란한 광명이 둘러싸며, 하늘의 보배 일산 가운데 모든 하늘과 선신들이 나타나 부처님의 도 이루심을 경찬慶讚하였다.

제5장 법륜을 굴리다

제1절 삼칠일의 법열

1 부처님은 보리 나무 밑, 금강좌金剛座 위에서 단정히 가부좌를 틀고 앉은 채, 정定 속에서 미묘한 깨침의 세계, 끝없는 법열法悅 속에 들어 계셨다. 모든 하늘과 천신들은 보배 일산 · 보배 꽃 · 상서 구름 · 꽃비로 하늘을 가득 채우고, 끝없는 광명이 시방세계에 두루 하며, 미묘한 음악이 창공을 울리는 서광 속에, 모든 하늘과 인간에서는 상상도 할 수 없는 해탈 경계의 법락法樂을 스스로 수용하였다.

그리고 이 선정삼매禪定三昧 속에서, 십이인연을 아래서 위로, 또 위에서 아래로 관찰하기도 하며, 모든 법이 인연을 따라 나고, 인연을 따라 소멸하는 우주의 진리를 남김없이 사무쳐 관찰하셨다. 이렇게 이 선정 속에서 이레가 지나갔다(이 선정 속에서 시방세계의 불 · 보살이 나타나서 큰 법회를 벌이고 화엄경華嚴經을 설했다 한다).

칠 일을 지낸 뒤에 몸을 일으켜 마리지 경행처經行處에 이르러 또 선정에 드시어, 끝없는 법열 속에서 다시 칠 일을 지내셨다.

그 선정에서 몸을 일으켜 앗사푸라 물가의 목지린다目支隣陀 용굴龍窟 곁에서 선정에 드시어 다시 칠 일을 지내셨다. 이때 이 법열의 경계를

모든 하늘이나 인간 세상의 누릴 수 있는 오욕의 즐거움을

이 선정의 즐거움에 견준다면 그것은 애당초 비유도 안 되도다.

라고 하셨다. 이렇게 도를 이루신 뒤에, 삼칠일 동안 끝없는 법열을 수용하셨다.

2 이렇게 도를 이루신 뒤, 선정 삼매 속에서 끝없이 미묘한 해탈의 법열을 받으시면서 생각하기를

'이곳에는 모든 번뇌가 다하고 나의 할 일은 마쳤다. 나고 죽음의 바다는 마르고 구원겁에 쌓아온 원행願行은 다 찼다. 그러나 내가 얻은 법은 매우 깊고 알기 어려워 오직 부처와 부처가 서로 증명할 뿐, 저 어둡고 혼탁한 인간에서, 탐욕 · 진심 · 우치愚痴 · 사견邪見 · 교만 등에 덮이고 막혀서, 복은 엷고 근성은 둔하여 지혜와 선근善根이 없는 인간들로서야 어떻게 내가 얻은 법을 알 수 있을 것인가. 이제 내가 그들에게 법을 바로 설한다면, 그들은 반드시 미혹하여 믿어 받아들이지 못할 것이요, 도리어 비방함 때문에 장차 악도에 떨어져 모든 고통을 받게 될 것이니, 나는 차라리 잠자코 열반에 드는 것이 옳으리로다.'

하고, 다시 노래를 읊으셨다.

내가 얻은 지혜는 미묘하고 또 깊어라.

어리석은 중생들은 오욕과 사견으로

나고 죽는 흐름 따라 그 근원을 모르나니,

이러한 사람들을 어떻게 건져내리.

이렇게 생각하실 때에 대범천왕大梵天王은, 부처님은 이미 정각을 이루시어, 인 · 천의 도사(人天導師)가 되었으되, 잠자코 법을 설하지 않으시고 열반에 들려고 함을 알고 매우 걱정했다.

3 '부처님은 옛적부터 무량겁 동안을 오직 중생을 위하여, 나고 죽음의 바다에 나고 빠지시면서, 나라와 처자와 재산과, 나아가서는 몸까지도 버려 갖은 괴로움을 받으시면서 도를 닦아, 이제 비로소 그 원을 이루어 최상의 정각을 성취하셨는데, 어찌하여 이제 그 법을 설하지 않으시는가? 내 부처님께 나아가 그 법을 설하시기를 청하리라.'
하고서 범천왕은 곧 신력으로 천궁에서 몸을 숨기어 부처님 앞에 나타나 최상의 예경을 드리고, 한쪽 무릎을 땅에 붙이고 합장하고 부처님께 사뢰었다.

"부처님이시여, 지난 세상 오랜 동안을, 나고 죽음의 바다에 나고 빠지시면서, 나라와 처자와 몸까지 버리시어 널리 원행을 닦으심은 다 중생을 위하심이니, 이제 최상의 도를 이루시고 어찌 잠자코 법을 설하지 않으시려 하십니까? 중생이 길이 나고 죽음의 바다에 빠져 나올 기약이 없사오니, 원컨대 부처님은 대비원력大悲願力을 저버리지 마시고, 미묘한 법의 수레바퀴를 굴리시옵소서."

이렇게 제석천帝釋天과 타화자재천他化自在天 등 모든 하늘은 부처님께서 중생을 위하여 법의 수레바퀴 굴리시기를 간청했다. 부처님은

"나는 중생을 위하여 법을 설하고자 했으나, 내가 얻은 법은 미묘하고 매우 깊어, 알기 어렵고 들어가기 어려우므로, 중생이 믿어 받아들이지 못하고, 도리어 비방함 때문에 악도에 떨어질 것이다. 그러므로 설할 수 없노라."

그때 제석·범천 등은 세 번이나 간청했다. 부처님은 잠자코 받아들이시고, 칠 일 동안 '정' 속에 드시어 끝없는 법열을 받으셨다.

4 그때 부처님은 범천 등의 청을 받으시고 정 속에서 부처눈(佛眼)으로 모든 중생의 근성根性을 관찰하셨다. 중생들은 그 선근·복덕의 있고 없음과, 번뇌·죄업의 두텁고 엷음을 따라, 상·중·하의 품성의 차별이 있었다.

먼저 이 국토 위에서 법을 듣고 깨침을 얻을 사람을 관찰했다. 육 년 전에 도를 묻던 아라라가란 선인은 지혜와 총명이 뛰어나고 오랫동안 도를 닦았으므로, 법을 들으면 곧 깨침을 얻을 것이요, 또 먼저 약속한 바가 있었으므로 그를 찾고자 하늘눈(天眼)으로 관찰했다.

그러나 그는 불행히도 이레 전에 세상을 떠났다. 다음 울두람불 선인을 제도하고자 했다. 그러나 그도 이미 세상을 떠났다.

5 부처님은 그 두 선인은 인연이 없어 서로 만나지 못함을 탄식하시고, 다음으로 먼저 제도 받을 사람을 생각하셨다. 육 년 동안 같이 지내면서 온갖 고통을 겪고 고행하던 아야교진여, 알비, 발제리가, 마하야마, 바습바 등 다섯 사람을 생각했다. 그들은 매우 총명하고 숙세의 선근이 있는 이들이다. 이 다섯 사람을 위해 법을 설하기로 했다. 그때, 다섯 사람은 바라나 사슴의 동산이라는 옛 선인들이 수도하던 곳에 머물러 있었다. 부처님은 곧 자리에서 일어나 거기를 향해 떠나셨다.

6 부처님이 바라나波羅奈를 향해 가시는 도중이다. 발타라사나와 발타라리라는 두 상인은, 많은 인마를 거느리고 장삿길을 떠나 넓은 들을 지나다가 부처님을 만났다. 그들은 부처님의 그 거룩한 신상身相과 위의威儀를 바라보고, 스스로 기쁘고 존경하는 마음이 나서, 꿀에 볶은 밀을 내어 부처님께 드렸다. 부처님은 이것을 받으시고

"너희는 깨끗한 마음으로 이것을 주는구나. 이 선근 인연으로 말미암아, 마음의 삼독三毒이 맑아지고 모든 재난이 사라지며, 늘 천상 · 인간의 과보를 받을 것이다. 사견邪見을 여의고 공덕을 쌓아 항상 부처님을 만나 묘한 법을 듣고, 장차 도를 깨닫게 되리라."

라고 그 선근 인연을 증언하셨다. 두 상인은 기뻐하여 부처님께 예배하고, 부처님의 가르침을 받들어 행하기를 발원했다. 부처님은 그들에게

"너희는 부처와, 부처의 가르침인 법에 귀의함을 얻었다. 언제나 이 귀의하는 마음을 버리지 말라."

고 가르치시고 떠나셨다. 이 두 상인은 인간으로 부처님께 최초의 공양을 올린이요, 또한 최초의 귀의자歸依者이다.

제2절 다섯 비구와 야사의 구원

1 부처님은 두 상인과 작별하고 다시 앞으로 나아가 바라나의 사슴의 동산에 이르셨다. 그때 다섯 사람들은 멀리서 걸어오는 부처님을 바라보고

"아, 사문沙門 구담瞿曇은 고행을 버리고 좋은 음식을 받아먹더니, 다시도 닦을 마음도 없이 저렇게 돌아다니는구나. 이제 이리로 오더라도 우리는 일어나 맞이하지도 말고 예경도 하지 말자. 그리고 앉을 자리를 찾거나 앉고자 하더라도 자기 마음대로 하게 내버려 두자."

라고 의논하고 있었다. 부처님은 이미 다섯 사람들 앞에 나타나셨다. 다섯 사람은 얼결에 벌떡 일어나 예배하고 받들어 맞이했다. 그것은 부처님이 앞서와는 딴판으로 광채가 사람을 쏘고 위덕이 사람을 위압한 까닭이다. 다섯 사람은 혹은 자리를 준비하고, 혹은 발 씻을 물을 떠오고, 혹은 옷과 발을 씻기고 신발을 정돈했다. 부처님은 그들을 향해

2 "너희들이 먼저는 나를 버리고 갔고, 이제도 나를 보더라도 일어나지 말자고 서로 약속했으면서, 어찌하여 일어나 나를 맞이하고 또 나를 위해 시봉하는가?"

다섯 사람은 매우 부끄러워하며

"장로長老 구담瞿曇이시여, 신색과 위의가 매우 깨끗하고 빛나시며, 또 좋아지셨습니다."

"너희는 나에게 아직도 교만한 생각을 갖고 있구나. 나는 이미 끊을 것을 끊고 깨칠 것을 깨치어 나의 할 일을 마쳤다. 너희는 이제부터 사

문 구담瞿曇이라 부르지 말고 불타·여래如來·세존世尊이라 불러라. 나는 일체종지一切種智를 성취하였느니라."

아야교진여 등은 이 말을 듣고 더욱 부끄러워하며

"우리들은 어리석어 싯다르타 태자가 이미 정각을 이루신 줄을 몰랐습니다. 육 년 동안을 하루같이 쌀 한 알, 깨 한 알을 잡수시다가 별안간 처녀가 드리는 유미죽을 받아 드시기에, 우리는 '타락했다'고 생각했습니다."

"너희들의 작은 지혜로 내가 하는 일을 헤아리지 말라. 도는 오직 몸을 괴롭게 함으로써만 이루어지는 것이 아니며, 또한 몸과 마음을 편안케 하고 즐겁게 함으로써만 이루어지는 것도 아니니라. 고苦와 락樂의 두 변두리를 여의고 중도中道를 행하는 자만이 도를 얻는 것이니라."

이 설교를 비롯하여 널리 도 닦는 법을 말씀하셨다. 다섯 사람은 기뻐 날뛰었다.

3 이때에 부처님은 다섯 사람을 위하여 설하셨다.

"아야교진여여, 여래가 체득한 법에 네 가지 성제(四聖諦)가 있으니, 곧 고성제苦聖諦·고집성제苦集聖諦·고멸성제苦滅聖諦·고멸도성제苦滅道聖諦가 그것이다.

고성제라 함은, 모든 중생의 삶의 존재는 곧 '고'의 존재다. 나고 늙고 병들고 죽는 것이 고요, 사랑하는 사람을 이별하는 것이 고요, 원수를 만나는 것이 고요, 구하는 것이 뜻대로 되지 않는 것이 고요, 통틀어 정신과 육체로 된 이 신명 자체가 고의 존재다. 이것을 고성제라고 한다.

고집성제라 함은, 고의 결과를 가져오는 원인을 말하니, 모든 중생이 무명無明으로부터 '나'라는 생각(我想)을 일으켜 그것이 탐貪·진瞋·치癡의 행업行業을 일으키고, 그 행업으로부터 나고 죽음의 끝없는 흐름에 들어가게 되는 것이다.

고멸성제라 함은, 고의 원인인 무명·행업을 끊어 버리고 고에서 벗어나 해탈의 결과를 받는 것이다.

고멸도성제라 함은, 고가 없는 해탈에 이르는 길이니 그 길에는 바로 보는 것(正見), 바로 생각하는 것(正念) 등의 여덟 가지 정도正道가 있다.

아야교진여여, 이 성인의 도에 마땅히 알 것, 마땅히 끊을 것, 마땅히 얻을 것, 마땅히 닦을 것이 있으니, 고성제는 마땅히 알 것이요, 고집성제는 마땅히 끊을 것이요, 고멸성제는 마땅히 얻을 것이요, 고멸도성제는 마땅히 닦을 것이다.

그러므로 이것이 고苦인 줄 알고, 그 원인인 집集을 끊고, 멸滅을 얻기 위하여 도道를 닦는 것이니라.

4 만일 사람이 이 사성제를 알지 못하면 해탈을 얻을 길이 없다.

'성제'라는 말은, 진실하여 틀림없다는 뜻이니, 고苦는 정녕코 이 삶의 존재요, 집集은 정녕코 이 고의 원인이며, 멸滅은 정녕코 이 고를 여윈 결과요, 도道는 정녕코 이 멸에 이르는 길이니라."

이 법문을 듣고 다섯 사람은 당장에 그 깨달음을 얻어 법안法眼이 깨끗하여 도를 본 성자가 되었다.

이 다섯 사람은 부처님께 경례하고, 부처님의 제자가 되어 수도하기를 청원했다. 그때 부처님은 그들의 머리를 깎고 법복을 입혀 사문으로 만드셨다. 이것이 승가僧伽의 처음이었다.

5 바라나와 항가 하수를 사이에 둔 건너편에는 마가다 국이 있었다. 하수 저쪽 언덕에 장자長者가 있었다. 그 장자의 아들 야사耶舍가 밤에 잠이 깨었을 때, 하수 건너 사슴의 동산 숲에 이상한 빛이 서려 있는 것을 보고, 하수를 건너 그곳을 찾아 갔다. 그곳에는 거룩한 도인이 앉아 있었다. 그는 매우 기뻐하여 머리를 땅에 조아려 예배했다. 그리고 청했다.

"거룩하신 성자시여, 나에게 도를 가르쳐 주소서."

부처님은 그가 총명하고 선근이 두터움을 관찰하시고 그를 위하여 설하셨다.

"잘 왔다. 착한 사내여, 나는 너에게 법을 말하리니, 잘 들어라. 네 몸과 네가 생각하는 마음은 원래 빈 것(空)이요, 나(我)라는 주체는 없는 것이요, 시시로 변화하여 덧없는 것이요, 마침내 고苦의 존재니라."

야사는 그 법을 듣고 마음이 열리고 눈이 밝아져 도를 보았다. 그리고 그도 집을 떠나서 수도하기를 청하여 머리를 깎고 사문이 되었다.

6 밤사이에 그 아들의 종적을 잃은 야사의 아버지는, 아들을 찾아 헤매다가 사슴의 동산에 이르러, 이미 집 떠난 사문의 몸이 된 야사를 발견했다. 그는 부처님에게, 야사는 오직 하나뿐인 혈통인 외아들임을 호소했다. 부처님은 그를 위해 사람의 존재란 고苦요, 공空이요, 무상無常·무아無我이니, 이것을 깨닫고 참다운 도를 닦는 것만이 참된 것임을 말씀하셨다. 장자는 그 인격과 설법에 감화되어 부처님께 귀의歸依하여 우바새優婆塞(男信徒)가 되었다. 그리고 그는 부처님과 오五비구에게 공양을 올렸다.

7 야사 비구의 친구 오십 명은, 부처님이 나타나시고 또 야사가 출가하여 사문이 되었다는 말을 듣고, 사슴의 동산으로 달려갔다. 거기서 부처님의 그 빛나는 색신과 거룩한 위덕에 감화되고, 또한 식심과 색신으로 된 이 생명체는 고요 공이요 무상·무아임과, 사성제의 법을 듣고, 다같이 집을 떠나 도 닦기를 청하여, 머리를 깎고 사문이 되었다.

여기서 오五비구와 야사 비구와 그들을 따라 출가한 오십 인을 합하여 오십육五十六 비구가 되었다.

제6장 새 교단이 이루어짐

제1절 세 가섭의 구원

1 부처님은 성도하시던 해 여름 우기雨期에 바라나 국 사슴의 동산에서 오십육 비구와 함께 한 철을 지냈다.

그리고 다음의 인연 있는 사람을 제도하려고 생각했다. 처음 육 년 고행 전에 불(火)을 섬기는 우루빈라가섭 삼형제를 만나 도를 의논한 일과, 그리고 마가다 국 빈바사라 왕과도 약속한 일이 있었음을 생각하고 마가다 국으로 발길을 돌리셨다.

우루빈라가섭은 오랫동안 선도仙道를 닦아 마가다 국왕과 백성의 존경과 신앙을 받으며, 매우 총명하고 학행이 높았다. 그러나 그가 사견邪見에 빠져 바른 길을 찾지 못함을 불쌍히 여기시고, 그곳을 향해 가셨다. 날이 저물 무렵이었다.

2 우루빈라가섭은, 신상이 원만하고 위의가 구족한 부처님을 바라보고, 크게 기뻐하며 맞이했다. 부처님은 이곳에서 하룻밤 쉬어 가기를 청했다. 그러나 가섭은, 여러 방이 있지마는 이미 제자들이 벌써 머물러 있고, 오직 석굴의 빈 곳이 있어 매우 정결하여 그곳에 머물러 쉴 수는 있으나, 다만 사나운 용이 있어, 혹 해칠 염려가 있다고 했다.

"사나운 용 따위는 두려울 것 없으니 빌려 주기만 하라."

"그것의 침해가 무섭지 않으면 마음대로 하시오."

부처님은 승낙을 얻어, 그 밤을 그 석굴 속에서 쉬시게 되었다. 부처님은 가부좌를 틀고 정에 들어 계셨다. 그때 독룡毒龍은 독한 기운을 내어, 몸에서 검은 연기를 내뿜었다. 부처님은 화광삼매火光三昧에 들어 타는 불꽃으로 석굴을 불타게 했다. 가섭의 제자들은 이것을 보고 스승에게 말했다. 스승과 제자는 '젊은 사문은 독룡 불길의 박해를 입는다'고 생각하고 몹시 두려워했다. 이튿날 아침에 부처님은 그 용을 바리때 속에 넣어 가섭의 제자들에게 보였다. 가섭은 그 도력에 놀랐다. 그러나 자기의 도력을 믿고 오히려 자만심을 내어 불법에 귀의하지는 않았다. 그때 그들은 섶을 꺾어 불을 일으키려 하였으나, 부처님의 법력으로 불이 일어나지 않고 도리어 물이 흘러내렸다. 가섭은 드디어 항복했다.

"그대는 성자가 아니다. 그대의 가르침은 성자의 도가 아니다. 사도를 버리고 정법으로 돌아오라."

그때 우루빈라가섭 삼형제는, 그 제자 천 명과 함께 부처님께 귀의하여 계戒를 받고 제자가 되었다.

3 우루빈라가섭 삼형제와 그 제자 천 명이 다 부처님께 귀의하여 제자가 되자, 부처님은 그들과 함께 그 나라 수도인 왕사성을 향해 나아가셨다. 그런데, 우루빈라가섭은 원래 이 나라 빈바사라 왕의 존경과 보호를 받아, 왕은 그 수도하는 지역을 비워 주고 받들어 섬겨 왔던 것이다. 이때 우루빈라가섭은 빈바사라 왕을 찾아 자기의 삼형제와 제자 천 명이 사문 구담瞿曇의 제자가 되었다는 소식을 전하자, 왕은 놀랐다.

그때 부처님은 왕사성에 이르러 장림杖林에 머물러 계셨다. 우루빈라가섭이 부처님의 제자가 되었다는 말을 들은 시민들은, 구담이 우루빈라가섭의 제자가 될지언정 우루빈라가섭이 구담의 제자가 될 리는 없다고 떠들었다. 세 가섭은 지혜와 덕행과 도력이 높아, 온 나라의 존앙을 받았고, 또한 나이도 노숙하였기 때문이다.

4 빈바사라 왕은 우루빈라가섭의 이 말을 듣고 곧 수레를 몰아, 대신과

함께 부처님을 찾아뵙고 최경례를 드렸다. 그리고 육 년 전에 싯다르타 태자로서 왕사성을 지나갈 때에, 서로 주고받은 이야기를 추억하며, 왕은 매우 감개했다.

그때 우루빈라가섭은, 자기가 부처님의 제자가 된 것을 의심하는 시민들을 위하여, 부처님 앞에 나와, 부처님 발밑에 이마를 땅에 대어 경례하고 "부처님은 실로 인간, 천상의 스승이십니다. 나는 이제 부처님의 제자요, 부처님은 나의 스승이십니다"라고 세 번 선언했다. 빈바사라 왕과 모든 대중은 우루빈라가섭의 이 선언을 듣고 크게 기뻐하며, 부처님께 깊이 경앙심을 냈다.

부처님은 대중의 마음이 이미 결정됨을 아시고 설법하셨다.

"대왕이여, 사람의 오음신五陰身(=色·受·想·行·識)은 식識이 그 근본이 되오. 식識에 의하여 의근意根을 내고 의근에 의하여 색법色法(=四大·六塵 等)을 내나니, 색법이란 났다 꺼졌다 하여, 떳떳함이 없는 것이오. 대왕은 이렇게 몸을 보아, 이 몸에 집착하지 말고, 나와 내 것이라는 생각을 여의시오. 법에는 원래 '나'가 없나니, 범부는 이것을 '나'라고 보아 미혹을 일으켜, 끝없는 고苦에 얽매이는 것이오. 그러므로 '나' 없는 이치를 통달하는 자, 곧 뒤바뀐 생각을 끊을 것이니, 이것이 해탈의 인因이 되는 것이오."

이렇게 널리 설법하매, 왕은 그 이치를 깨닫고, '부처님'과 '법'과 '승'에 귀의하여 우바새가 되었다. 이것이 국왕으로서 귀의의 처음이다.

그 뒤로 마가다 국 대신·장자·시민들도 다 불법에 귀의하게 되었다.

5 빈바사라 왕은 부처님께 귀의하여 신자가 되자 부처님께 아뢰었다.

"내가 옛날, 싯다르타 태자가 이곳을 지나실 때에 나라를 내드려도 받으시지 않고, 오직 나고 죽음을 벗어나는 도를 닦으러 가신다 하시기에, '도를 얻은 뒤에는 나를 먼저 제도하소서.' 하고, 약속하였더니, 이제 그 언약을 받아 주시니 감사하옵니다. 나는 지금부터 평생 동안 부처님을 받들어 모시겠나이다."

하고, 부처님과 그 교법과 제자를 힘껏 보호하기를 선언했다.

그때, 카란다迦蘭陀 촌의 큰 부호 장자가 부처님께 귀의했다. 그 장자의 소유인 죽림원竹林園이란 동산은 매우 정결하고 풍경이 아름다웠다. 그 장자는 그 동산을 부처님께 바치고, 빈바사라 왕은 그곳에 수천 명을 수용할 큰 절을 지어, 부처님과 제자들이 거주하여 수도할 도장을 설치하고, 그것을 대숲절(竹林精舍)이라고 하였다. 이것이 절의 시초이다.

부처님은 천여 명 제자를 데리고 이 대숲절에 계시게 되었다.

제2절 큰 제자들과 교단의 성립

1 그때 왕사성 동북 멀지 않은 카란다 촌에 두 바라문 학자가 있었다. 그들은 매우 총명하고 큰 지혜가 있으며, 사四베다, 오명五明의 경론經論과 여러 학파의 학설을 다 통달하여, 변재와 이론을 대적할 자가 없었다. 한 분의 성은 구율이고 이름은 우파팃사인데, 그 어머니 이름이 사리舍利이므로 세상 사람은 그를 사리불舍利佛이라고 불렀다. 샤리는 '새매'라는 말이니, 우파팃사의 눈이 새매처럼 검푸르고 빛났으므로 그 어머니의 이름과 함께 사리불이라고 불렀다 한다. 한 분의 이름은 목건련目建連이었다. 이 두 분은 각기 일백 명의 제자를 거느리고 있었다. 온 나라 사람의 존경을 받으며, 또한 두 사람은 매우 친한 벗으로 서로 애중하는 처지였다.

2 이때 사슴의 동산에서 처음으로 제도를 받은 오五 비구의 한 사람인 알비가 성중에 들어가 걸식할 때에 몸가짐이 매우 단정하고 행동이 침착함을 사리불은 발견했다.

"당신의 스승은 누구며 무슨 법을 말하던가요?"

"나의 스승은 석가족의 왕자로 집을 떠나 도를 이루어, 여래 · 세존이 되신 구담 사문이시며 그의 말씀하시는 법은 '모든 법은 인연을 따라 나고 모든 법은 인연을 따라 사라진다. 만일 누가 있어 이 법을 깨달으면 그는 곧 참된 도를 얻은 이니라'라고 말씀하셨소."

사리불은 이 법문을 듣고 곧 그 이치를 깨달아 지혜의 눈이 열렸다.

3 사리불은 자기의 처소에 돌아가 목건련에게 이 법을 말했다. 목건련도 또한 그 이치를 깨달아 지혜의 눈이 열렸다.

사리불과 목건련은 그 제자들에게

"오늘, 인간 · 천상의 눈이신 큰 도사 여래 · 세존이 이 세상에 나타나셨으니, 나는 집을 떠나 그분을 스승으로 도를 닦겠노라."

라고 했다. 그 제자들도 모두 그 스승을 따라가기로 했다.

두 바라문은 드디어 부처님을 찾아갔다. 부처님은 멀리서 두 바라문이 오는 것을 보시고 비구들에게

"비구여, 이제 두 사람의 친구가 온다. 그는 나의 큰 제자가 되리라."

라고 하셨다. 그들은 부처님 앞에 나와 예배하고, 집을 떠나 제자 되기를 청했다. 부처님은 그것을 승낙하셨다. 그 제자 이백 명도 함께 머리를 깎고 사문이 되었다.

4 이때 부처님의 제자는 일천이백오십여 명이 되었다. 이것을 보통 천이백 제자라고 한다. 이 제자를 중심으로 하여 새 교단이 성립되었으므로, 교단의 기본이 되는 대중이라는 뜻이다.

5 부처님이 성도하시던 날, 마가다 국 마하뎃다 바라문 촌의 한 청년 핍팔라야나가 집을 떠났다. 그 아버지는 가유라라고 부르는데, 나라에서 제일가는 부호였다. 그 어머니가 임산기臨産期가 되어 어느 날, 넓은 정원을 거닐면서 큰 필발라 나무의 그림자 아래 쉬고 있을 때, 어디선가 한 폭 하늘 옷이 나무 위에 내려 덮이는 것을 보고, 그 나무 밑에서 아기를 낳았다. 그래서 이름을 핍팔라야나라고 하였다. 그는 큰 가섭 종족에서 났으므로, 뒤에 마하가섭이라 불렀다. 그 아기는 매우 총명하였고, 성장해서는 모든 학술을 통하고 변재가 뛰어나서, 누구나 그 앞에서 혀를 내

둘렀다. 어려서부터 세속적인 부귀·향락을 싫어하고 홀로 명상하기를 좋아했으나, 부모의 권고로 멀리 북방 맛타 국 사가라 시의 발다비라니라는 미녀에게 장가들었다. 그러나 그는 늘, 염욕染欲을 여의고 범행梵行 닦기를 원하며 지내 왔다. 그는 양친이 죽은 뒤에는 집을 떠나 동서로 돌아다니며 도를 묻고 있었다.

부처님이 왕사성에 계실 때다. 어느 날은 '속세에 깊은 인연 있는 사람을 만나리라.' 생각하시고, 왕사성 동북으로 나아가서 나라니那羅泥 촌 다자탑多子塔 앞, 니구류수尼拘類樹 아래에 앉아 계셨다. 이때 마하가섭이 그 앞을 지나다가, 나무 아래 단정히 앉아 계시는 부처님의 의용儀容이, 마치 하늘에 빛나는 태양과 같음을 바라보고, 희유한 생각을 내어, 한마음으로 부처님을 우러러 바라보면서, 이마를 땅에 대어 부처님의 발에 예배하고, 길게 꿇어앉아서

"당신은 반드시 내가 찾으려는 스승인 여래·세존이시며, 일체종지를 성취하신 부처님인 줄 믿습니다. 당신은 나의 스승이 되어 주소서. 나는 당신의 제자 되기를 원하나이다."

라고 아뢰었다. 그때 부처님은 다음과 같이 선언하셨다.

"잘 왔다. 너는 나의 제자요, 나는 너의 스승이다. 만일 어떤 도를 구하는 자가 있어, 깨끗한 한마음으로 '당신은 나의 스승'이라고 할 때에, 저 스승 될 자가, 알지 못하는 것을 안다 하고, 보지 못한 것을 보았다고 한다면 저 사람은 반드시 그 머리가 쪼개지리라. 그는 큰 거짓말을 하였기 때문이다. 그러나 나는 이제 진실로 아는 것을 안다 하고, 본 것을 보았다고 말하는 것이다."

부처님이 처음 탄생하셨을 때 아사선 선인은, 싯다르타 태자는 장차 집을 떠나 부처가 되어 인간·천상에 큰 이익을 주실 것이지만, 그러나 자기는 그 가르침을 받지 못할 것을 슬퍼하고, 그 생질 나라다에게, 장차 부처님의 법을 듣고 구제를 받으라고 부탁했다.

이때 나라다는 아사선 선인의 유언을 기억하고, 대숲절에 나와 법을 듣고 집을 떠나 스님이 되었다.

6 부처님이 처음으로 가섭과 천 명 제자를 거느리시고 왕사성으로 들어오실 때이다. 그 밤에 천 명 제자와 같이 가야산의 어느 작은 언덕에 오르셨을 때에, 왕사성의 어느 쪽에서 불이 타오르는 것을 보시고 법을 설하셨다.

"비구여, 모두가 불타고 있다. 비구여, 눈에서도 불이 타고 마음에서도 불이 타고, 이 마음과 눈이 물건에 접촉할 때에 감각에서도 불이 타고 있다. 비구여, 어떤 불에 의하여 타게 되는가? 탐욕의 불, 진심瞋心의 불, 어리석음의 불로 인하여 타고 있다. 나고 늙고 병들고 죽고, 근심·슬픔·괴로움의 불로 인하여 타고 있다.

이와 같이 귀가 소리를 들을 때, 코가 향기를 맡을 때, 혀는 맛에, 몸은 촉각으로 인하여 불타고 있다. 눈·귀·코 등 감각기관이 빛깔·소리·냄새 등의 경계에 접촉하여, 감각·지각의 의식을 일으킬 때, 삼독三毒의 불이 일어나며, 나고 늙고 병들고 죽고 근심·슬픔·괴로움·번민의 불이 타고 있다.

비구여, 만일 이 가르침과 같이, 눈·귀 등의 여섯 가지 감각기관이 빛깔·소리·냄새 등의 경계에 접촉하여, 감각·지각의 의식을 일으킬 때에 삼독의 불이 일어나며, 나고 늙고 병들고 죽고 근심·슬픔·괴로움·번민의 불이 타고 있다.

비구여, 만일 이 가르침과 같이 눈·귀 등의 여섯 가지 감각기관이 빛깔·소리 등 여섯 가지 경계를 좇아 타는 불이 일어남을 알고, 그것을 멀리 여읠 줄을 알아, 삼독의 불을 떠나면 '나는 해탈했다'는 지혜가 나며, 번뇌가 다하고 깨끗한 범행梵行은 성취되어, 나고 죽음의 수레바퀴는 머물게 되리라."

제7장 펴져 가는 교화권

제1절 다시 찾은 가비라성

1 부처님은 대숲절에 계시면서 항상 북쪽을 향하여 앉으셨다. 하루는 사리불이 그 뜻을 물었다.

"사리불이여, 나는 부왕이 계시는 가비라성 쪽을 바라보는 것이다. 늙으신 부왕은 나를 기다리고 계신다. 여래가 이 세상에 나옴은 다섯 가지 일을 위하여서이다. 첫째는 그 아버지를 제도함이요, 둘째는 그 어머니를 제도함이요, 셋째는 모든 중생을 위하여 법을 설함이요, 넷째는 모든 보살을 위하여 법을 설함이요, 다섯째는 모든 보살에게 장차 부처될 것을 수기授記함이 그것이다. 나는 부왕께 아직 할 일을 하지 못했다."
라고 말씀하시고, 하루바삐 가비라성에 돌아가서 부왕 뵙기를 생각하셨다. 그러나 새로 교단에 들어온 모든 비구의 교화에 겨를이 없으시고, 또 가비라성의 석가족들이 교만하여 아직 교를 받을 때가 되지 않았으므로 그 때를 기다리신 것이다.

2 부처님이 도道를 이루셨다는 소문은 널리 온 나라에 퍼졌다. 이 소식을 듣고 가장 기뻐한 사람은 그 아버지 정반왕(淨飯王)이었다. 일찍이 육년 동안을 한창 고행할 때, 그 태자太子가 죽었다는 소문이 났지마는, 정반왕은 그것을 믿으려 하지 않았다. 이제 태자는 도道를 이루어 부처가 되었다. 왕은 하루빨리 태자의 얼굴이 보고 싶어 몇 번이나 사신을 남

방으로 보냈다. 그러나 한 사람도 돌아오지 않았다. 그들은 모두 부처님의 가르침에 귀의해, 도 닦기에 바빠서, 그 사명을 잊어버리고 있었다. 그래서 그 아버지의 간절한 마음을 부처님에게 전하는 이가 없었다. 정반왕은 드디어 가류타이迦留陀夷를 재촉해서, 남방 육십 유순由旬의 길을 날아 왕사성으로 가게 했다. 가류타이는 부처님과 동갑으로서 어릴 때부터의 친구였다. 그는 왕에게 말하기를

"왕이 만일 신臣이 스님 되는 것을 허락하신다면 신臣도 그 명령을 받겠나이다."

라고 했다. 왕은 이것을 허락하고, 어쩌든지 부처님을 가비라성으로 돌아오도록 하라고 명령했다. 가류타이는 부처님을 뵈옵고 법을 들어 스님이 되어 깨침이 있었지마는, 파륵루나(頗勒蠹那月:孟春) 달 보름날에 부처님을 다시 뵈옵고, 노래로써 부처님의 마음을 움직이게 하고자 했다.

부처님이시여, 나무들은 이제 단풍이 들어 불꽃처럼 빛나고,
가지마다 열매를 맺으려고 묵은 잎사귀들을 떨어뜨리나이다.
덥지도 춥지도 않은 지금 이 철은 두루 노니시기에 즐거운 계절,
고향 사람 애타게 기다리오니 서쪽 로히니의 저 강을 건너소서.
희망이 있어 밭 갈고 씨 뿌리고 보물 캐러 상인들은 바다로 가네.
다만 이 일 위해 내 여기 있었나니 내 소원 어찌 이뤄지지 않으리.

3 부처님은 이 노래를 들으시고, 가족들을 교화할 때가 온 줄을 알았다. 그래서 많은 비구들을 거느리고, 북방 육십 유순의 고향으로 향했다. 부처님은 하루에 한 유순씩을 걸어가기로 하고, 가류타이는 공중을 날아 곧 정반왕 앞에 나타나, 부처님이 오시는 날짜를 알렸다.

가비라성의 석가족 사람들은 부처님을 맞이할 준비에 바빴다. 우선 니구류수 동산을 깨끗이 치우고, 부처님과 비구들을 거기에 청했다. 원

래 석가족은 교만한 성질이 있어서, 그 때문에 여러 가지 문제를 일으켰는데, 이날도 그 성질에 사로잡혀 부처님이 자리에 앉으셔도, 그 일족一族의 장로들은 예배하기를 즐겨 하지 않았다. '구담은 우리보다 젊으니까, 우리가 먼저 절할 수는 없다. 그가 먼저 우리 앞에 나와 절해야 한다'고 생각했다. 부처님은 그들의 마음을 알아차리시고, 그 교만한 마음을 꺾어 주고자, 공중에 올라가 신통神通을 나타내었다.

정반왕은 이 기적을 보고, 부처님의 발에 절했다. 다른 여러 석가족들도 또한 머리를 숙여 공손히 절했다. 이에 부처님은 공중에서 내려와 자리에 앉으시고, 여러 친족들에게 둘러 싸여 폐삼다라吠參多羅 이야기를 하셨다. 마침 그때, 부처님의 힘으로 소나기가 내렸다. 그러나 비에 젖고 싶어하는 것에는 비를 주고, 비에 젖고 싶어하지 않는 것에는 한 방울도 주지 않았다. 이것을 보고 이상해 하는 여러 사람들을 위해, 부처님은 이 이야기를 하신 것이다.

4 "옛날 시비 왕은 시비 국國의 제토타라 시에 살고 있었다. 왕에게는 산사야라는 왕자王子가 있었는데, 나이가 차서 맛다 왕의 딸 푸사티에게 장가들여, 나라를 물려주었다.

푸사티는 산사야 왕의 사랑을 받아, 많은 왕비 중에서 제일 왕후로 뽑혔다. 그때, 제석천帝釋天은 생각했다. '이제 나는 푸사티 전생에 내가 주겠다고 약속한 열 가지 중에서, 아홉 가지는 성취시켜 주었다. 이제는 아기를 주겠다는 약속을 이행하자'고. 제석천은 삼십삼천에서, 천상 세계의 목숨이 다된 보살에게 가서, 인간 세계에 내려가기를 권했다.

'존자尊者여, 인간 세계에 내려가서 산사야 왕의 왕비 푸사티 뱃속에 들어가소서.'

이 보살이 왕비의 뱃속으로 들어간 때에, 육 만의 여러 하늘도 각각 육 만의 여러 나라로 갈려 이 세상에 내려왔다. 왕비는 아기를 배자 동시에 보시布施할 마음이 왕성하게 일어나, 성城의 사四문과, 시市의 중앙과,

뒤 궁宮의 성문에 여섯 개의 큰 시장施場을 만들고, 날마다 육십만 전錢으로 보시하기를 원했다. 그리고 또 점쟁이도 보시하기에 마음을 쏟아, '쉴 줄 모르는 보살이, 뱃속에 들었습니다'고 아뢰었기 때문에, 임금도 기뻐서, 왕비의 소원대로 큰 보시를 행하게 했다.

열 달이 찬 뒤에, 왕후는 왕의 허락을 받아, 마차를 시중市中으로 몰았다. 마차가 바이샤(吠舍) 계급이 사는 구역에 이르렀을 때, 갑자기 산기產氣가 있어 임시의 산옥產屋에 들어가 보살을 낳았다. 바이샤 거리에서 난 것을 인연으로, 그 이름을 폐삼다라라고 지었다. 왕자는 나서 자라자, 그 어머니에게 청해 천금千金을 보시하고, 또 가지고 있는 모든 것을 기울여, 여러 사람에게 보시하기를 즐겨 했다. 여덟 살 때는, 혼자 의자에 걸터앉아 생각했다. '내가 보시하는 것은 모두 밖에서 온 것이다. 나는 이것으로써 만족할 수 없다. 나는 내 자신의 무엇을 남에게 주지 않으면 안 된다. 만일 누가 내 심장을 원하는 이가 있다면, 나는 그것을 내어 주리라. 또 눈을 원하는 이에게는 눈을, 살을 원하는 이에게는 살을 베어 주리라'고. 이때, 대지는 진동하고 산은 기울며, 하늘은 울고 바다는 솟아오르며, 제석천과 대범천大梵天은 그 원願을 칭찬했다.

십육 세 된 때에는 모든 기술에 능통했다. 맛다 왕가王家의 처녀 맛디를 맞아 아내로 삼고, 태자의 위位에 나아가, 하루에 육십만금씩을 보시했다. 얼마 안 되어 왕자를 낳아 사리라 이름하고, 다음에는 한하사리라는 딸을 낳았다.

폐삼다라는 자기와 동시에 난 팟차라 부르는 흰 코끼리를 타고, 날마다 여섯의 큰 시장施場을 돌아보며 다녔다. 이 흰 코끼리에게는 이상한 덕德이 있어서, 그 발로 밟는 땅에는 마음대로 비를 내릴 수 있었다. 그때 마침, 카링가 국國에 가뭄이 계속되어 흉년이 들었다. 백성들은 굶주림과 도둑들에게 시달림을 받다가, 고통이 너무 심해 왕궁王宮으로 달려가 임금을 꾸짖었다. 임금은 계戒를 지키고 보시를 행해, 그 공력功力으로 비를 내리게 하려 했으나, 뜻대로 되지 않았다. 그래서 백성들의 권勸을 따라, 바라문을 폐삼다라에게 보내, 흰 코끼리를 청하기로 했다. 임금의 명령을 받은 바라문은 일부러 먼지를 뒤집어쓰고 흙탕에 빠지며, 여러 날 만에 제토타라 시에 들어갔다. 보름날, 성 남문에서 태자를 보고, '비사국의 번영의 보배요, 세상을 구제하는 흰 코끼리'를 주기를 원했다. 태자는 '내 몸도 보시할 원이거늘, 하물며 내 몸 이외의 것이랴.' 하고, 그 자리에서 흰 코끼리의 등에 많은 재물을 실어 코끼리와 함께 바라문에게 주었다. 이 소문을 들은 시민들의 놀람과 분노는 여간이 아니었다. '우리는 이제 망했다, 우리는 이제 망했다'고 부르짖으면서 태자를 비난했다. 흰 코끼리를 탄 바라문들은 하늘의 힘으로 겨우 성문을 빠져 나갔다. 그러나 백성들의 분노는 드디어 소요로 화해, 가라앉힐 수 없었고, 백성들의 강력한 요구는 드디어 임금의 마음을 움직여, 태자를 완카 산으로 쫓아내게 되었다.

5 태자는 하기 어려운 보시를 행하고, 마음이 기뻐, 쫓겨난 것쯤은 마음에 걸리지 않았다. 이튿날, 왕비 맛디에게 하직을 고하고, 히말라야 산 깊이 들어가고자 했으나, 왕비는 다음과 같은 노래로 이별을 거절했다.

> 내 아기들 모습 때문에 우거진 숲도 빛나고,
> 그 맑은 노래 소리에 우리는 함께 웃음지리라.
> 사슴은 모여들고 공작은 춤추어라.
> 꽃 숲에 코끼리 떼 짓고 샘물 소리에 긴나라는 노래하리.
> 비록 이 나라는 버릴지라도 아기들 있는 곳은 내 집,
> 어떠한 깊은 산골이라도 그대와 함께 살리라.

폐삼다라는 드디어 아내와 함께 가는 것을 허락했다. 부모에게 이별을 아뢴 뒤, 네 마리 마차에 두 아이를 싣고, 산길을 바라보고 나그네길

을 떠났다. 길에서 어떤 바라문을 만나, 그의 원대로 말과 수레를 주고, 아내는 딸의 손을 잡고, 자기는 아들을 업고, 길을 서둘러 완카 산으로 들어갔다. 그 산에는 독사와 맹수가 많았지마는, 다 태자의 덕을 따라 서로 의좋게 지냈다. 그래서 태자의 온 집안은 칠 개월 동안의 편안한 세월을 보냈다.

6 그때, 카링가 나라에 토시니윗타라는 바라문 촌村이 있고, 거기에 주파카라는 바라문이 살고 있었다. 그는 그 아내의 청을 들어, 한 사람의 여종을 사들이려 했으나 돈이 없었다. 그래서 폐삼다라의 보시의 마음을 이용하려 했다. 곧 여러 날을 걸어 완카 산에 올라가, 나무 열매를 주우러 간, 그 아내가 없는 틈을 타서, 태자 앞에 나타났다.

"저 큰 강물이 언제나 목마른 사람의 요구를 만족시켜 주는 것과 같이 존자尊者는 반드시 우리에게 그 두 아기를 주시겠지요."

태자는 도망쳐 숨어 있는 두 아기를 붙들어다 바라문에게 주었다.

"자리여, 캉하여, 숨지 말라. 이 바라문과 함께 산을 내려가서, 그들의 심부름꾼이 되어 다오. 나로 하여금 피안彼岸에 이르는 행行을 만족하게 하고, 나를 위하여 나고 죽는 바다를 건너는 배가 되어 다오. 아아, 아들·딸은 사랑스러운 것이다. 그러나 일체의 지혜는 자식에 대한 사랑보다 백천억 곱이나 더 훌륭한 것이다."

태자는 이렇게 말하고, 가엾게도 칡넝쿨에 묶여 떠나가는 아이들을 바라보았다. 바라문은 아이들을 재촉해 가끔 매질도 했다. 살갗은 벗겨지고 피가 흘렀다. 그들은 몇 번이나 쓰러졌다. 그러다가 문득, 바라문이 돌에 채여 넘어졌다. 칡넝쿨이 부드러운 몸에서 풀리자, 아이들은 죽어라고 달려 태자에게로 돌아갔다. 아버지의 다리를 두 팔로 감아 잡고, 아쉬운 대로 어머님이 돌아올 때까지만 보내지 말아 달라고 애원했다. 그러나 태자는 아무 말이 없었다. 캉하는 부르짖었다.

"아버지, 나는 죽음을 두려워하지 않습니다. 그것은 모든 것의 운명입니다. 다만 두렵기는 어머님입니다. 어머님은 언제나 언제나 우실 것입니다. 우리들을 잃어버린 슬픔을 안고, 눈물은 언제나 시냇물처럼 흐를 것입니다."

바라문은 이 광경을 보면서 무정히도, 아이들을 사납게 잡아끌었다.

"아버지, 어머니, 안녕히 계십시오. 소도 코끼리도 말도, 우리들의 모든 것은 어머님 것이 되어라. 그것들이 아쉬운 대로 어머님의 슬픔을 덜어 주려나!"

아이들은 이렇게 울고 부르짖으며, 끌려갔다. 태자의 가슴은 뜨거워, 온몸이 떨리기 시작했다. 그래서 견딜 수 없어 초막으로 들어가 엉엉 울었다. 곧 일어나 칼을 들고 바라문을 쫓아가 죽이고도 싶었다. 그러나 태자의 지혜는 태자의 정情을 억눌렀다. 바라문이 두 아이를 몰아, 산을 무사히 내려가기는 곤란했다. 과연 자리는 또 묶음을 끊고, 아버지에게로 도망쳐 돌아갔다. 겨우 자리를 붙들어 끌고오면, 이번에는 누이동생 캉하가 빠져나가, 아버지의 다리를 껴안았다.

"아버지, 부디 살려 주십시오. 저 사람은 나를 때립니다. 저이는 바라문이 아닙니다. 귀신입니다. 아버지 부디 도와주십시오."

태자의 마음은 높이 물결치고, 눈에서는 눈물 대신 피가 번져 나왔다.

"이 고통은 다 애정의 목마름에서 일어나는 것이다. 사랑을 없애 버리는 마음을 가지지 않으면 안 된다."

이 지혜의 광명으로 말미암아 태자는 못 견딜 고통을 참으면서, 고요히 앉아 있었다.

그 아내 맛디는 깊은 산에 들어가, 나무 열매도 줍고 나무 뿌리도 캐어, 저녁때나 되어 초막으로 돌아왔다.

그러나 두 아이가 보이지 않았다. 그는 마침 어젯밤 꿈을 생각하고, 미친 듯이 설치면서 아이들을 찾았다. 태자는 잠자코 일러 주지도 않았다. 그 아내는 밤새껏 찾아 돌아다니다가, 새벽녘에야 초막으로 돌아와 그대로 쓰러졌다. 그러나 태자의 돌봄으로 겨우 숨은 돌렸다.

7 이 처참한 보시의 큰 행行은 제석천을 놀라게 했다. 제석은 다시 태자의 뜻을 시험하기 위해, 바라문 모양으로 바꿔 꾸며 그 아내를 청했다. 여기에 대해서 태자는, '어제는 두 아이조차 주었는데, 이제 또 어떻게 아내까지 주겠는가'라고 대답할 수는 없었다. 그는 천금千金 뭉치를 던져 주듯이, 조금도 집착 없이 물 항아리에서 물을 떠서 바라문의 손에 붓듯이, 그대로 아내를 주었다. 아내는 부드러이 거기에 순종했다. 이는 모두 도道를 성취하기 위해서였다. 제석은 태자의 굳은 뜻과 그 아내의 깨끗한 지조에 감동하여, 곧 하늘 신神의 모양을 나타내어, 그 아내를 태자에게 돌려보냈다. 자리와 캉하를 끌고 가던 바라문도 하늘 신神에게 끌려, 카링가로 가려던 것이 제토타라 시市로 갔다. 그래서 두 아이는 그 할아버지의 손으로 돌아가고, 또 태자도 그 비妃도 백성들의 마중을 받으며 돌아갔다. 거기서는 보다 성대한 보시회布施會가 열렸었다."

이 이야기를 듣고, 석가족들은 모두 크게 기뻐하며 하직하고 돌아갔다. 그러나 아무도 이튿날의 공양으로, 부처님을 초대하는 이는 없었다.

제2절 야수다라와 달아가씨

1 부처님은 다음 날, 바리를 들고 가비라성으로 들어가셨다. 아무도 부처님을 집으로 청하는 이도 없고, 또 바리를 받아 밥을 담아 주는 이도 없었다. 부처님은 거리를 지나시면서 집집마다 밥을 빌으셨다.

"싯다르타 태자가 밥을 빌러 다닌다."

사람들은 창을 열고, 이상한 듯이 바라보고 있었다. 이 소문을 들은 정반왕은 슬프고 놀라워, 옷을 손에 쥔 채로 거리로 뛰쳐나와 부처님 앞에 섰다.

"그대는 왜 우리 집안을 욕되게 하는가. 왜 밥을 빌며 돌아다니는가. 우리 집에서는 이만한 비구들의 밥을 얻을 수 없다고 생각하는가?" 고 나무랐다.

"부왕이시여, 우리 조상들도 이렇게 걸식하고 지냈습니다."

"그것은 무슨 말인가? 우리는 마하삼마다 왕의 후손으로, 우리 집안에는 한 사람의 거지도 난 일이 없지 않는가?"

"부왕이시여, 그 임금의 계통은 석가 집안의 계통입니다. 내 계통은 연등불燃燈佛 이래의 부처의 계통입니다. 그 부처님들은 모두 밥을 빌어, 목숨을 이어간 분들입니다."

그리고 부처님은 다시 길에서, 노래를 부르셨다.

떨쳐 일어나라 교만을 버려라 그리고 바른 법을 힘써 닦아라.
바른 법을 닦아 힘써 행하면 이승에도 저승에도 즐거우리라.
바른 법을 닦아 힘써 행하여 모든 악한 행실 멀리 여의고,
그 마음 오로지 바로 가지면 이승에도 저승에도 즐거우리라.

정반왕은 이 노래를 듣고 마음이 열려 기뻐했다. 부처님의 바리를 받아 들고, 부처님과 비구들을 높은 다락집으로 인도해, 맛난 음식을 공양했다. 공양이 끝난 뒤, 야수다라 부인을 제외한 다른 모든 궁전의 부인들은, 모두 나와 부처님께 예배했다. 그러나 야수다라만은 '만일 내게 조금이라도 취할 만한 덕이 있다면, 부처님은 내게로 오실 것이다. 나는 그때 예배하리라.' 하고, 여러 사람의 권고를 듣지 않았다. 부처님은 왕에게 바리를 맡기고, 사리불과 목건련을 데리고, 후궁으로 들어갔다.

"야수다라가 어떠한 예배 형식을 취하더라도, 아무 말도 하지 말라." 고 당부하신 뒤, 곧 준비된 자리에 앉으셨다. 야수다라 부인은 구르는 듯 달려와서, 부처님의 발에 머리를 비비면서, 마음껏 예배했다. 왕은 태자

비太子妃의 부처님에 대한 정절貞節을 이야기했다.

"부처님이여, 우리 야수다라는, 태자가 누른 옷을 입는다는 말을 듣고는 자기도 항상 누른 옷을 입고, 태자가 하루에 한 끼를 먹는다는 말을 듣고는 자기도 하루에 한 끼를 먹으며, 태자가 큰 침대를 폐했다는 말을 듣고는 자기도 집 방석 위에서 자고, 태자가 향화香華를 쓰지 않는다는 말을 듣고는 자기도 향화를 멀리하며 다른 친족의 왕들이 재연再緣을 권해 맞아들이려 해도 눈도 거들뜨지 않고, 굳이 자기를 지키고 있었습니다. 우리 야수다라는 이런 덕성을 갖추고 있습니다."

"대왕이여, 진실로 기특한 일입니다. 이 야수다라는, 지금은 대왕이 보호하고 있기 때문에, 그의 단련된 지혜로써 자기를 지키겠지마는, 옛날에는 누구의 보호도 받지 않고도, 산길을 걸으면서 단련되지 않은 지혜 그대로 자기를 지키고 있었습니다."

그리고 부처님은 다음의 달 긴나라緊那羅의 전생 이야기를 하셨다.

2 "옛날, 범달왕이 바라나를 다스리고 있을 때 히말라야 산의 찬드라라는 긴나라(音樂神)는 그 아내 달아가씨와 함께 은월산銀月山에 살고 있었다. 그때, 바라나의 왕은, 나라의 일을 대신에게 맡기고, 자기는 두 벌의 누른 옷을 입고, 다섯 가지 무기를 몸에 지니고, 히말라야 산을 자주 여행했다. 어느 날, 왕은 식사를 마친 뒤에 물이 먹고 싶었다. 그래서 언젠가 본 개울물이 생각나서, 조그만 산을 오르고 있었다. 긴나라는 원래, 장마철(雨季) 동안에는 산에 박혀 있다가, 더운 철에는 산에서 내려오는 습성이 있다. 그런데, 마침 그때, 긴나라는 그 아내 달아가씨를 데리고 산에서 내려왔다. 몸에는 향을 바르고, 꽃 같은 엷은 옷을 입고 꽃가루를 따 먹으며, 부드러운 소리로, 노래를 부르면서 그 개울가로 왔다. 거기서 긴나라는 그 아내와 함께 물에 들어가, 꽃을 뿌리고 물장구를 치다가 다시 개울을 나와, 은빛 같은 모래밭 위에 꽃자리를 펴고 누워, 통소를 불기도 하고 또 고운 목소리로 노래도 불렀다. 그 아내도 그를 따라 춤추고 노

래했다. 범달왕은 이 노래 소리를 듣고 가만히 다가갔다. 달아가씨를 한 번 보자, 그는 그만 애정에 사로잡혀, '저 사내를 죽이고 아내를 빼앗자'고 생각했다. 그래서 긴나라를 활로 쏘았다. 활에 맞은 긴나라는 고통에 신음하면서

죽음은 가까워왔다, 달아가씨여, 피는 흐르고 숨길은 가쁘구나.
몸은 끝없이 가라앉는데 마음은 너를 향해 그리워 떤다.

이렇게 노래를 마치자, 꽃자리에 쓰러져, 그대로 숨을 지웠다. 달아가씨는 처음에는 즐거움에 취해 이런 일이 일어난 줄 몰랐다가 나중에야 비로소 깨닫고, 놀라움과 슬픔을 못 이겨 소리를 질렀다. 조금 뒤에 그 무서운 범달왕의 얼굴을 발견한 달아가씨는 두려움과 분노에 떨면서 나는 듯 내달아, 산꼭대기에 서서 노래를 불렀다.

악마여, 내 임은 땅에 쓰러졌구나. 아아, 이 슬픔 네 계집에게 주라.
자식도 못 보고, 남편도 잃어 끝없는 이 슬픔 네 계집에게 주라.

범달왕은 여러 가지로 왕궁의 영화를 말해 꾀었지마는 달아가씨의 슬픔과 분노는 풀리지 않았다. 할 수 없이 그를 버리고 떠나자, 달아가씨는 다시 남편의 온몸을 끌어안고

나무마다 꽃은 아름답게 절로 피고 실개울 물은 맑고 잔잔히 흘러가고,
히말라야 봉우리는 황금으로 빛나지만 그 님 없이 내야 어찌 날을 보낼까.

달아가씨는 이렇게 노래를 부르며 슬퍼했다. 그러다가 긴나라의 가슴 가장자리에 약간 따스한 기운이 도는 것을 깨닫자, 이번에는 다시 신

神을 꾸짖으며 부르짖었다.

> 이 세계를 지키는 신神은 없는가? 여행을 떠났는가, 죽어 버렸나?
> 어찌 하여 알뜰한 이 우리 님을 지킬 줄을 모르고 죽게 하는가?。

이 간절한 슬픔이 신神에게 감응되어, 갑자기 제석천의 자리가 뜨거워졌다. 제석천은 그 이유를 물어 알고, 곧 바라문으로 행색을 고쳐 내려와서, 긴나라의 몸에 물병의 물을 뿌렸다. 긴나라의 상처는 깨끗이 나아 곧 일어났다. 제석천은 그에게

"지금부터는 이 달산을 떠나서 인간 세계에 내려가지 말라. 항상 여기서 살아야 한다."

고 타이르고, 곧 하늘로 올라갔다. 그러자 달아가씨도 또한

> 쿠스마 꽃 흩날리는 산 속 개울가 나무 사이로 지나가는 시원한 바람,
> 그러나 이제 이곳 떠나야 하리, 영원한 사랑 속, 님의 품으로。

라고 노래 부르고, 남편과 함께 그곳을 떠났다."

부처님은 이 이야기를 마치시고 "대왕이여, 야수다라 부인은 지금뿐 아니라, 먼 옛날에도 이처럼 내게 알뜰했습니다."

하시고 말을 맺으셨다.

제3절 집 떠나는 석가족들

1 그 이튿날은 이모의 아우 난타難陀가 태자太子가 되고 또 결혼하는, 두 가지 식이 있는 행복한 날이었다. 부처님은 난타의 집에 가서, 마중 나온

난타에게 축복의 인사말과 함께, 바리를 주고 돌아왔다. 난타는 할 수 없어 바리를 들고 부처님을 따라 밖으로 나왔다. 마침 그때, 손다리孫陀利 색시는 머리를 빗질하고 있다가 이것을 보고 놀라, 머리를 손에 잡은 채

"그대여, 어디로 가시나이까?"

하고 물었다. 바리를 받으라는 난타의 말은 들은 체도 않고, 부처님은 난타를 이끌고 니구류수 동산으로 갔다. 거기서 난타가 언짢아하는 것에도 불구하고, 난타를 스님으로 만들었다. 이것은 부처님이 돌아오신 지 사흘째 되는 날이었다.

2 이레 만에 부처님은 걸식하기 위해 성안으로 들어가셨다. 야수다라는 그 아들 라후라를 잘 꾸며 부처님께 가까이 오면서 말했다.

"아가, 보아라. 저 많은 비구들에게 둘러싸여, 황금살빛으로, 범천梵天처럼 빛나는 사문이 너의 아버지다. 아버지는 많은 보물을 가지고 계셨지마는, 집을 떠난 뒤로는 전연 볼 수가 없구나. 너는 저 아버지에게 가서 그 물림 재산을 받아야 한다. '아버지, 나는 당신의 아들입니다. 나는 장차 왕이 되려 합니다. 부디 그 보물들을 주십시오'라고, 가서 말해야 한다."

라후라는 어머니가 시키는 대로 부처님 곁에 가자, 저절로 부자간의 애정이 느껴져 "사문이여, 당신의 그림자는 즐겁습니다"라고 말했다. 부처님이 식사를 마치고 일어서자, 그대로 그 뒤를 따르면서

"그 물림 재산을, 그 물림 재산을…." 하고, 따라붙었다. 부처님은 라후라를 돌려보내지도 않고, 천천히 함께 걸어 니구류수 숲으로 들어갔다. '이 아이는 내게 재산을 요구한다. 그러나 그것은 항상됨이 없고 괴로움을 가져오는 것이다. 나는 차라리 보리 도량의 거룩한 보물을 주어, 저로 하여금, 세상을 초월한 물림 재산의 상속자가 되게 하리라.' 생각하시고, 곧 사리불을 불러 명령했다.

"이 라후라를 스님을 만들라."

"부처님이시여, 어떻게 만들면 좋겠습니까?"

부처님은 이 일로 말미암아 여러 비구들을 부르셨다.

"비구들이여, 삼귀의三歸依로써 사미沙彌가 스님 되는 것을 허락하라. 먼저 머리를 깎이고 누른 옷을 입혀라. 한쪽 어깨에 윗옷을 걸치고, 비구들의 발에 절하고, 한쪽 무릎을 땅에 붙여 앉게 하라. 그리고 합장해서 이렇게 말하게 하라. '부처님께 귀의합니다. 법法에 귀의합니다. 승가僧伽에 귀의합니다.' 이 삼귀의를 세 번 되풀이하게 하라."

3 사리불은 부처님의 명령에 따라, 라후라를 스님으로 만들었다. 이 소문을 듣고 정반왕은 매우 슬퍼하여, 곧 부처님에게 가서 여쭈었다.

"부처님이여, 내게 은혜를 베풀어 주소서."

"대왕이여, 여래는 은혜를 베푼다는 것 따위는 벌써 초월하였습니다."

"부처님이시여, 내가 원하는 은혜라는 것은, 죄악의 더러움이 없는 적당한 것입니다. 부처님이 집을 떠났다는 것은, 내게 적지 않은 고뇌를 주었습니다. 난타가 집 떠난 것도 또한 그렇습니다. 그런데 오늘은 또, 라후라가 집을 떠났습니다. 자식을 사랑하는 생각은 내 살을 베고, 가죽을 찢고, 살갗을 벗기고, 뼈를 부수고, 속심을 찌르면서 나를 괴롭게 합니다. 부처님이시여, 부디 지금부터는 부모의 허락 없이 자식을 집 떠나게 하는 것은 금해 주소서."

부처님은 이것을 허락하시고, 그 뒤로부터는 부모의 허락 없이 자식의 집 떠남을 금하셨다.

그때, 아직 얼마 안 되는 사미 가운데는, 얼마만한 계戒를 지키지 않으면 안 되는가에 대해서, 의혹을 일으키는 사람도 있었다. 부처님은 이것을 아시고, 사미의 십계十戒를 정하였다.

"비구들이여, 나는 사미들에게 십계를 명령한다. ① 산목숨을 죽이지 말라. ② 주지 않는 것은 앗지 말라. ③ 여자를 범하지 말라. ④ 거짓을 말하지 말라. ⑤ 술을 마시지 말라. ⑥ 때가 아니거든 먹지 말라. ⑦ 노래나 춤 따위를 가까이 말라. ⑧ 꽃을 꽂거나, 향수를 바르는 따위의 화장을 말라. ⑨ 잘 꾸민 침대에 눕지 말라. ⑩ 금이나 은을 받지 말라. 이것이 사미의 십계다. 사미는 이 십계를 지키지 않으면 안 된다."

4 부처님은 오랜만에 고향에 돌아와, 미리 뜻했던 가족과 성城 사람들의 교화를 마치시고, 다시 왕사성으로 들어가시려고 말라족末羅族의 마누비야까지 나아가셨다. 여기서는 젊고 유명한 석가족의 많은 사람들이 스님이 되었다.

일찍이 석가족에 마하야마와 아나율阿那律이라는 형제가 있었다. 아나율은 몸이 약해서, 항상 방 안에 박혀 있었다. 그래서 그 형 마하야마는 생각했다. '이제 이름 있는 석가족 사람들은 다 부처님을 따라 집을 떠났다. 우리 형제 중에서도 누가 스님이 되지 않으면 안 된다'고. 그래서 이것을 아나율과 의논했다. 아나율은 몸이 약한 것을 핑계로 집을 떠나려 하지 않았다.

"집에 있는 생활도 편한 것은 아니다. 밭 갈기에서 곡식을 거둘 때까지, 먼 조상 때부터 계속해 오는 노동, 이것은 해마다 되풀이되어 언제 끝날지 모르는 것이다."

형의 이 말을 듣고, 아나율은 스스로 집 떠나기를 결심해, 그 어머니에게 허락을 빌었다. 어머니는 몇 번이나 이것을 거절하다가, 마지막에는 그 뜻을 버리게 하기 위해

"만일 발제 왕이 스님이 된다면, 네 소원도 들어 주리라."

고 했다. 아나율은 곧 발제에게 가서, '나의 집 떠나는 장애가 되지 말라'고 간절히 권해, 드디어 왕의 마음을 움직이게 했다. 그 밖에도 아난阿難 · 발구 · 겁빈나劫賓那 · 제바 들을 꾀고, 또 이발사 우바리優婆離를 데리고 성을 나와, 이웃나라에 들어가 몸의 장식품들을 떼어, 모조리 우바리에게 주어, 집으로 돌아가게 했다.

우바리는 돌아오면서 생각했다.

'석가족은 사나운 종족이다. 만일 내가 이 보물들을 가지고 돌아간다면, 그들은 반드시, 내가 저 공자公子를 죽이고 빼앗은 것이라 생각해서, 나를 죽일는지도 모른다. 이미 저런 분들도 스님이 되었는데, 내가 스님이 되어 무엇이 나쁘랴'고. 그래서 그는 그 물품들을 '발견한 사람의 선물'로서 보자기에 싼 채로 나무에 걸어 두고, 공자들의 뒤를 따랐다.

생각지도 않은 우바리가 따라오는 것을 보고, 그들은 몹시 기뻐했다. 그래서 여럿이 함께 부처님께 나아가 스님 되기를 원했다.

"부처님이시여, 우리 석가족들은 교만합니다. 이 우바리는 이발사로서 오랫동안 우리들에게 봉사해 왔습니다. 우리가, 우리들이 가진 교만한 마음을 부수고 이 우바리를 존경할 수 있도록, 저 우바리를 제일 먼저 스님이 되게 해 주소서."

여기서 부처님은 우바리를 제일 먼저로 하고, 다음으로 여러 공자들을 스님이 되게 하셨다.

5 장마철의 안거安居를 마치자, 발제는 지견智見이 열리고, 아니룻다는 하늘눈(天眼)을 얻고, 아난阿難은 예류과預流果에 들고, 제바는 신통을 얻었다. 발제는 혼자 숲 속에 들어가, 나무 밑에 단정히 앉아서, 성자聖者의 즐거움을 맛보고, 자기도 모르게 '아, 즐겁다! 아, 즐겁다!'고 외치게 되었다. 비구들은 이 소리를 듣고, 세속의 즐거움을 되씹는 것이라 생각하고, 부처님께 사뢰었다. 발제는 부처님께 불려 나아가 여쭈었다.

"부처님이시여, 내가 이전에 왕으로 있을 때에는, 방의 안팎, 성의 안팎, 나라의 안팎--이렇게 곳곳마다 지기를 두었지마는, 그런데도 내 마음은 항상 두려워하고 있었습니다. 그러나 이제 나는 숲 속의 나무 밑에서 혼자 있으면서도, 사슴처럼 편안한 마음을 가지고 있습니다. 이것을 생각하고 '아, 즐겁다! 아, 즐겁다!'고, 나도 모르게 외친 것입니다."

마음이 불평과 분노를 떠나 있고 없음을 모두 뛰어넘으면,

언제나 그 즐거움은 한이 없나니 하늘도 그 상태를 알지 못한다.

부처님은 이렇게 노래하시고, 이들을 이끌고 왕사성으로 돌아가셨다.

제4절 기원정사

1 교살라僑薩羅국, 사위성에 사는 수달다須達多 장자는 그 아들의 혼사를 위하여 왕사성의 부호 백근伯勤 장자의 집을 찾았다. 그때 백근 장자는 모처럼 찾아온 손님을 접대할 겨를도 없이, 집 안팎을 소제하고 깨끗이 꾸미며 무엇을 준비하기에 매우 분망했다. 수달다 장자는 그 까닭을 물었다. 백근 장자는

"내일 세상에서 가장 귀중한 손님을 초청하여 대접하기 위해서다."

라고 대답했다.

"세상에서 가장 귀중한 손님이 누구냐? 임금이냐, 어떤 사문이냐, 바라문이냐?"

"임금도, 어떤 사문도 바라문도 아니요, 가비라성 정반왕의 태자로 집을 떠나 육 년 수도하여 깨달음을 성취하신 부처님을 맞이하오."

그 말을 들은 수달다 장자는 가슴 벅차게 기뻐서 밤새 잠을 이루지 못하고 날 새기를 기다리다가, 창문이 밝아옴을 보고 일어나서 성문을 향해 나갔다. 얼마를 가도 날은 새지 않고 아직 어두웠다. 그때, 한 줄기 광명이 대숲절에서 비춰 왔다. 장자는 그 빛을 찾아 나아가 멀리 부처님의 원만한 상호를 바라보고 달려가 부처님께 예배했다. 그리고

"밤사이 안녕히 주무셨습니까?"

"근심도 여의고 기쁨도 여의고, 빈 마음이 맑고 편안하여, 길이 나고 꺼짐이 없는 도를 깨달아 열반에 이른 자만이, 길이 편안한 잠자리를 얻

느니라."

부처님의 말을 들은 수달다는 문득, 마음이 맑아지고 눈이 열려, 감격에 넘쳐 오체五體를 땅에 던져 예배했다. 부처님이 일러 주시는 삼귀의와 오계를 받아 우바새優婆塞가 되었다.

"원하옵건대 부처님은 사위성에 오셔서 설법하시어, 사람들을 제도하여 주소서."

"그곳에 비구 대중을 수용할 절이 있겠느냐?"

수달다는 부처님을 위하여 절을 세우기를 서원하고, 그것을 감독할 분을 가려 보내 주시기를 청했다. 부처님은 사리불을 그 절을 건축하는 감독으로 명했다.

2 수달다 장자는 사위성으로 돌아가 절 지을 장소를 선택했다. 그 나라 임금의 태자 기타祇陀(제타)가 소유한 동산은 풍경이 좋아, 숲과 꽃과 샘과 못, 수석水石과 기이한 새・짐승이 그림처럼 아름다웠다. 장자는 기타 태자에게 그 동산을 팔라고 청했다. 그러나 그는 그것을 팔 뜻이 없었다. 장자는 여러 번 청했다. 기타 태자는 귀찮은 듯 성내어

"만일 그 동산을 사려거든, 금전으로 그 동산을 한번 펴서 덮어 보라."
고 했다. 그 말을 들은 장자는 이튿날 금전을 수레에 싣고 가서 그 동산에 펴서 덮었다. 이것을 본 기타 태자는 놀랐다. 지나가는 농담을 실행했기 때문이다. 기타 태자는

"그처럼 금 한 치(寸)로 땅 한 치씩을 사서 무엇 할 것인가?"
고 묻자,

"일체종지를 성취한 부처님을 맞아 모실 절을 짓겠다."
고 했다. 기타 태자는 크게 감격하여 드디어 그 땅을 내주었다. 그리하여 수달다 장자는 그 동산에 크고 웅장한 절을 지었다. 이것이 곧 기타 숲 '외로운 이 돕는 절'(給孤獨園)이다. 또는 기원정사祇園精舍라고도 한다. 급고독원給孤獨園이라 함은 수달다 장자가 세운 절이라는 뜻이다(수달다는 한역으로

給孤獨이니, 고독한 이를 많이 구제한다는 뜻이다).

3 부처님이 성도하시던 해 여름은 사슴의 동산에서 지내시고, 다음해 여름은 왕사성의 대숲절에서 지내시고, 삼 년째의 여름은 왕사성의 기사굴산耆闍崛山(靈鷲山)에서 지내시고, 사 년째 되던 해에는 수달다 장자가 큰 절을 창건하고, 부처님을 그 절로 초청하므로, 부처님은 비사리毘舍離(廣嚴城)성을 거쳐 일천이백 대중과 함께 교살라국 사위성으로 가셨다.

그 뒤로 부처님은 이 기원정사에 많이 계셨으며, 사위성의 임금인 바사닉波斯匿도 부처님에게 돈독히 귀의하여, 왕사성의 빈바사라 왕에 못지 않는 신자가 되어, 삼보의 신봉과 외호外護에 힘썼다.

4 부처님이 성도하신 지 육 년, 비사리성 대림정사大林精舍에서 여름의 안거를 지내셨다. 그때 부왕이 병환에 계심을 아시고 가비라성으로 돌아가셨다. 부처님은 난타와 함께 정반왕의 머리맡에 앉아 병을 위로하며 법을 설하셨다.

"부왕이시여, 모든 근심 걱정을 다 놓아 버리소서. 부왕께서는 평생에 높은 덕과 맑은 행을 쌓으시어 조금도 결함이 없었사오며, 국왕으로서 백성을 사랑하시고, 바른 법으로 나라를 다스리어 하실 일을 다 하셨으니, 또 무엇을 근심하오리까. 사람의 명은 반드시 끝이 있고 오는 세상에 더 거룩한 복덕을 받으시리니 안심하시옵소서."

하시고, 손으로 부왕의 이마를 만지시니, 정반왕의 몸과 마음은 안온하고 고요하여, 자는 듯이 숨을 거두었다. 왕의 춘추는 팔십칠 세였다.

5 부처님은 왕족과 궁녀들에게, 인생이란 마침내 고苦요 공空이요 무상無常 무아無我인 진리를 말씀하셨다. 장삿날에는 부처님이 손수 관을 들어 섶나무 위에 모시고 불을 대어 화장을 지냈다. 그때 많은 백성들은 부처님의 법을 듣고, 혹은 출가하여 사문이 되고 혹은 제자나 신자가 되었다.

제5절 여성의 출가

1 부처님은 부왕의 장례를 치르시고, 잠깐 가비라성 니구류수 동산에 계셨다. 그때, 부처님의 양모 되는 대애도大愛道 부인이 부처님 앞에 나와 말하기를

"부처님, 나는 부처님의 교법에, 부인도 집을 떠나 도 닦기를 허락해 주시기를 원합니다."

"그것은 될 수 없소."

하고, 부처님은 물리치셨다. 이렇게 세 번 청하는 것을 세 번 다 물리치셨다. 부인은 하는 수 없이 부처님 앞에서 물러갔다.

2 부처님은 가비라성을 떠나 비사리성毘舍離城에 돌아오셔서 대림정사에 계셨다. 대애도 부인은 스스로 머리를 깎고 누른 옷을 입었다. 그리고 많은 석가족의 귀부인을 데리고 비사리성을 향하여 맨발로 걸어서, 눈물을 흘리면서 대림정사에 들어와 강당 문 앞에 서 있었다.

그때 아난 존자는 그것을 보고, 그 뜻을 가엾게 여겨 부처님에게 나아가 그 사실을 아뢰었다. 그리고

"모쪼록 여인도 출가하여 스님 되는 것을 허락하여 주옵소서."

"아난아, 여인의 출가를 청해서는 아니 된다."

아난은 두 번 청했지마는 두 번 다 허락되지 않았다.

"부처님이시여, 비록 여인이라도 부처님 법에 출가하여 지성으로 도를 닦으면, 또한 깨달음을 얻을 수 있지 않겠나이까?"

"그러하다. 여인도 이 법에 들어와 지성으로 도를 닦으면 깨달음을 얻을 수 있을 것이다."

"만일 여인도 깨달음을 얻을 수 있으면, 부처님의 이모이시며 또한 양모이시니, 그 은덕이 크거늘, 어찌 허락하여 주시지 않나이까?"

"집을 떠난 사문은 청정한 계율을 닦고, 세속의 애착을 떠나야 한다.

그런데, 여인은 세속의 애착이 깊으므로 도에 들어가기 어려우니라. 그리고 여인이 출가하면 청정한 정법正法이 세상에 오래 머무르지 못하리라. 그것은 마치 잡초가 무성한 논밭에는 곡식이 자라지 못하는 것과 같으니라. 이제 대애도 부인을 위하여 여인의 출가를 허락한다면, 그들은 마땅히 다음과 같은 여덟 가지 공경하는 계법을 받아 가져야 할 것이다. ① 비록 법랍法臘(=스님이 된 나이)이 백 세 된 여승이라도, 그날에 계 받은 비구에게 합장 예배해야 한다. ② 여승은 비구의 처소에서 안거安居해서는 아니 된다. ③ 반달만큼, 비구승에게 계법의 강설을 들어야 한다. ④ 안거를 마치고는, 여승은 비구・비구니比丘尼(=女僧)의 앞에 나아가, 자기의 죄를 고백하고 참회해야 한다. ⑤ 무거운 죄를 지은 여승은, 대중 처소에서 떠나 반달 동안 별거해야 한다. ⑥ 식차마나式叉摩那(스님이 되려는 여자)는, 이년 동안 기초 수행과 의식儀式을 닦아 익힌 뒤에 계戒를 받아야 한다. ⑦ 여승은 어떤 일이 있더라도 비구를 나무라거나 욕질해서는 아니 된다. ⑧ 여승은 비구의 죄를 들어 말해서는 아니 된다. 그러나 비구는 비구니의 죄를 들어 말할 수 있다.

아난아, 대애도 부인이 이 여덟 가지 법을 지키기로 한다면 출가를 허락하리라."

라고 선언하셨다.

3 아난은 이 뜻을 대애도 부인에게 전했다.

"존자여, 마치 몸 꾸미기를 좋아하는 여인이 좋은 꽃을 얻으면, 두 손으로 받들어 머리 위에 이는 것처럼, 나는 이 여덟 가지 계법을 받들어 이고 평생 범하지 않으리다."

아난은 이 뜻을 부처님께 여쭈었다.

"아난아, 만일 여인이 여래의 교법에 출가하지 않는다면, 이 법은 길이 청정하여 정법正法이 천년 동안을 전할 것이다. 그러나 여인이 출가함으로 말미암아 나의 정법은 오백 년밖에 전하지 못하리라. 아난아, 사람의 집에 여인이 많고 사내가 적으면 도둑이 들기 쉽고, 벼논에 잡초가 무성하고 황달 같은 병이 일어나면 추수를 제대로 하지 못하는 것과 같이, 이 교에 여인이 출가하면, 정한 교법은 오래 보전하지 못하게 될 것이다. 아난아, 그러므로 물이 넘치지 않게 하기 위하여 큰 호수에 둑을 쌓는 것과 같이, 비구니에게 여덟 가지 계법을 가지게 하는 것이다."

이때 야수다라 부인을 비롯한 많은 석가족의 부인들도 대애도 부인을 따라 출가했다.

제6절 놀란 사자와 토끼

1 부처님은 도를 이루신 지 제사四년에, 비사리국 대림정사에 잠깐 계시다가, 다시 교살라국 사위성에 드시어 기원정사에 계셨다. 그해 여름에 가뭄이 오랫동안 계속되어 강물도 말라들어 전답에 물 대기가 매우 어려웠다.

가비라성과 구리성 두 나라 사이에 흘러가는 로히니 하수를 두고, 두 나라 백성 사이에 물싸움이 벌어졌다. 그 하수 물을 전답에 대어 곡식을 거두게 될 두 나라 백성들은 서로 물을 뺏기 위해 욕설을 퍼붓다가, 나중에는 몽둥이나 칼을 들고 난투하여, 장차 큰 피를 흘리게 되었다. 부처님은 기원정사에 계시면서 그 소문을 들으시고 곧 가비라국에 돌아가시어, 막 난투하려는 두 나라 군중을 헤치고 한복판에 계셨다. 양쪽 군중들은 서로 부처님, 부처님하고 소리치면서

"이제 부처님을 뵈었으니, 어떻게 적에게 화살을 쏠 수가 있겠는가?" 하고, 모두 무기를 내던졌다. 부처님은 그 광경을 보시고, 곧 두 군대의 괴수들을 불러 말씀하셨다.

"어찌 여기 모였는가?"

"싸우기 위해서입니다."

"왜 싸우려는가?"

"전답에 댈 물 때문입니다."

"사람의 생명과 물을 비교하면 어느 것이 더 소중한가?"

"그것은 말씀할 것도 없이, 물은 사람의 생명에 비교할 것도 아닌 줄 생각합니다."

"그러면 어찌하여 몇 푼어치 되지 않는 물을 위하여, 값으로 따질 수 없는 사람의 생명을 서로 상해하여 없애려 하는가?"

그들은 다시 말이 없었다. 이에 부처님은 설하셨다.

"이것은 옛날이야기이다. 깊은 산골에 검은 사자 한 놈이 있었는데, 언제나 바나다 나무 밑에 누워서 다른 짐승이 오기를 기다리고 있었다. 어느 때, 바람에 바나다 나무 마른 가지가 부러져 내려오면서 사자 등을 후려쳤다. 이에 놀라 깨어 사자는 날 살리라고 도망치다가, 뒤를 획 돌아다보니, 아무도 자기를 쫓아오는 것은 없었다. 이것은 다만 나무귀신이 나를 미워하여, 그 나무 밑에서 자고 있는 나를 내쫓기 위한 것이라 생각하고, 사자는 성이 나서 도로 돌아가 그 나무를 물어뜯으며 '나는 너의 잎 하나도 먹은 일이 없으며 한 가지도 꺾은 일이 없지 않은가? 그런데 너는, 다른 짐승은 여기 있는 것을 허락하면서 나는 허락하지 않으니, 내게 무슨 잘못이 있는가? 좋다! 나는 네 뿌리를 잡아 뽑아 버리리라.' 하고, 사람을 찾아갔다. 마침 수레 만드는 공인工人이 목재를 구하러 왔다. 사자는 그 사내에게 바나다 나무가 있는 곳을 알려 주어, 공인은 그 나무를 베어 수레를 만들려 했다. 사내는 톱으로 그 나무를 베어 냈다. 이에 나무귀신도 화가 나서 사람 모양을 나타내어 말하기를 '너는 이 나무를 베어 수레를 만들려 하는구나. 그런데, 그 수레바퀴에는 검은 사자 목에 있는 가죽을 감으면 매우 튼튼하니라. 저 검은 사자를 잡아 가죽을 벗겨라.' 하고 꾀었다. 사내는 기뻐서 나무귀신이 시키는 대로 검은 사자를 잡아 가지고 갔다 한다. 그대들이여, 이 이야기의 내용과 같이, 사람들은 변변치 않은 오해로 인하여 다투게 되며, 또 서로 해치고 죽이기까지 하니 얼마나 어리석은가."

2 "또 이런 이야기도 있다. 종려나무 숲 속에 살고 있는 토끼는 우연히 이런 생각을 하고 있었다. '이 세계가 무너지면 어찌할까?' 하고. 그때 마침 도토리 한 알이 종려나무 잎 위에서 툭 하고 소리를 내면서 떨어졌다. '아하, 세계는 그예 무너지는구나!' 하고, 화닥닥 뛰어, 뒤도 돌아다보지 않고 도망쳐 달아났다. 그때 다른 토끼가 그것을 보고 '왜 이렇게 급히 도망질치느냐?'고 물었다. 토끼가 '큰일 났다, 세계가 무너진다'고 대답하였다. 다른 토끼는 '아, 그것 큰일이로구나.' 하고, 같이 뛰어 도망쳤다. 다음 제삼, 제사의 토끼도 도중에서 이에 어울려 도망쳤다. 나중에는 수천만 마리 토끼가 다같이 떼를 지어 도망쳤다. 이 광경을 보고, 그 말을 듣고는 사슴도, 돼지도 어울리고, 물소 · 들소 · 범 · 사자 · 코끼리 등 모든 짐승은 다 거기 어울려, 몇 리의 길이로 떼를 지어, 세계가 무너진다고 도망치는 것이다. 그때, 한 마리의 늙은 사자가 이것을 보고, '저것들이 반드시 무엇에 놀라서 저렇게 쫓겨 오는 모양이다. 아마 무슨 소리를 잘못 듣고 그런가 보다. 만일 내가 보고만 있으면 저들은 달아나다가 모두 기진하여 죽을 것이다'라고 생각하고, 그 사자는 뛰어 그들 앞에 나타나 큰 소리를 질렀다. 앞에서 달리던 토끼가 멈췄다. 몇 만이나 되는 짐승들도 오는 대로 멈췄다. 사자는 그 한복판에 나아가 물었다. '너희들 왜 이렇게 뛰어 도망치는 것이냐?' 무리 중 누군가가 대답했다. '세계가 무너지기 시작했다.' '누가 그것을 보았느냐?' '코끼리가 알고 있다.' 코끼리에게 물으니, 코끼리는 사자한테 들었다는 것이다. 사자는 범에게, 범은 물소에게, 물소는 사슴에게…. 이렇게 나중에는 맨 처음 도망치던 토끼가 보았다는 것이다. 사자는 그 토끼에게 '너는 참으로 세계가 무너지는 것을 보았느냐?' '나는 틀림없이 보았습니다.' '너는 어디서 보았느

나?' '내가 서해안에 있는 종려나무 숲에 살고 있을 때, 세계가 무너지느라고, 막 후닥닥 후닥닥 소리를 내는 것을 듣고 도망쳤습니다.' 사자는 짐작이 가서, 다른 짐승들은 그곳에서 쉬며 기다리게 하고, 그 토끼를 등에 업고 그 종려 숲을 찾아가서, 그 소리 들리던 곳을 자세히 조사했다. 그러나 떨어진 도토리가 있을 뿐, 세계는 아무런 이상이 없음을 알았다. 거기서 다시 여러 짐승들이 있는 곳에 와서, 도토리 한 개를 내보이며 저들의 두려움을 풀어 주었다 한다. 만일 사자의 가르침이 없었더라면 그 무수한 짐승들은 도망질쳐 가다가 가다가 큰 하수에 빠져 죽고 말았을 것이 아닌가.

여러분들이여, 사람은 올바른 견해를 가져야 한다. 변변치 않은 오해로써 만인이 같이 비참한 최후를 부른다는 일이 있다는 것을 주의하지 않아서는 아니 된다."

라고 말씀하셨다.

두 나라 사람들은 부처님의 간곡하고 미묘한 가르침을 받고 기뻐하여, 서로 뉘우쳐 사과하고, 이로 인하여 명문 귀족 자제들이 불법에 귀의했다. 부처님은 그 사람들을 거느리고 두 나라에 교화를 펴시며, 잠깐 동안 가비라성의 니구류수 숲에 머무르셨다.

3 이때 대애도 부인은 어느 날, 새로 지은 옷 두 벌을 가지고 니구류수 숲에 찾아와서 말했다.

"부처님, 새로 지은 이 두 벌의 옷은, 내 손으로 부처님을 위하여 실을 뽑고 짜내 만든 것이오니, 그 성의를 생각하시어 받아 주소서."

"예, 그것은 여러 비구에게 공양하시는 것이 좋습니다. 그러면 승가(스님들)와 나에게 공양하는 것이 됩니다."

부인은 두세 번 청원했다. 부처님은 똑같이 말씀하셨다. 그 옆에 서 있던 아난이

"부처님이시여, 모처럼 대애도 부인이 바치시는 옷을 받아 주소서.

저 어른은 부처님께 큰 공이 계시는 어른이십니다. 부처님의 이모이시며 양육자이십니다. 부처님 생모가 돌아가신 뒤, 자기의 젖으로 받들어 기르신 어른이십니다. 부처님께서는 저 어른께 큰 이익을 베풀어 주옵소서. 저 어른은 이미 부처님께 귀의하여 오계를 받아 가지고, 삼보에 흔들림 없는 신앙을 가졌으며, 사제의 도리에 의심이 없는 분입니다. 부처님께서는 저 어른에게 큰 이익을 주기 위하여 그 원을 받아 주옵소서." 라고 간청했다. 부처님은 아난의 원에 따라, 그 시물施物을 받으시고, 이어서 보시 공덕을 말씀하셨다.

제7절 도리천의 설법

1 부처님이 사위성 기원정사에 계실 때이다. 제석천왕이 부처님 앞에 나타나

"부처님 여래가 세상에 출현하심은, 반드시 다섯 가지 큰일을 위하심이니, 곧 첫째는 법을 설하여 인·천을 교화하심이요, 둘째는 부모를 제도하심이요, 셋째는 믿지 않는 자를 믿게 하심이요, 넷째는 아직 보살의 마음을 일으키지 못한 자를 보살의 마음을 일으키게 하심이요, 다섯째는 보살에게 어느 때에 부처가 될 것을 증언하시기 위해서입니다. 이 다섯 가지 일은 부처님께서 반드시 하실 일입니다. 그런데 이제 부처님의 어머니께서 도리천에 계시어 법 듣기를 생각하시거늘, 어째서 부처님은 이 염부제를 떠나시지 못하시나이까? 부디 부처님은 도리천에 오르시어 어머니를 위하시어 설법하여 주소서."

부처님은 잠자코 그 청을 허락하시고, 또한 생각하시기를 '요즈음 비구들이 게을러 법을 듣고자 하지도 않고 힘써 정진하지도 않으니, 그것은 여래와 늘 같이 거처함을 믿고 그러함이라. 잠깐 몸을 숨김도 한 방

편이 되리라.' 하시고, 기원정사에서 몸을 감추어 도리천에 나타나셨다.

도리천 선법강당善法講堂 앞에 사방 유순쯤 되는 황금석黃金石이 있었다. 부처님은 그 돌 위에 단정히 앉으셨다. 그 위풍이 천상에 제일이었다. 그때 마야 부인은 많은 천녀를 거느리고 부처님 앞에 나타났다. 부처님은 어머니를 맞아 은근히 예경하시고, 그를 위하여 법을 설하셨다. "삼계 중생이 경험하는 것은, 괴로움과 즐거움 두 가지 길입니다. 모후께서 이때까지 지나신 것도 그것입니다. 이제부터는 고苦와 락樂의 구렁에서 떠나 주소서. 세상 사람이나 하늘 사람이나 그 받아난 몸은, 다 사대四大와 사온四溫이 화합하여 거짓 신명身命을 구성한 것입니다. 그것은 체가 본래 비어서, '나'라는 주체가 없는 것이며, 늘 있는 것이 아니며, 나고 죽음의 존재며, 마침내 고통의 근본이 되는 것입니다. 깊이 이 이치를 보아 깨닫는 이는, 바로 삼계의 굳은 감옥을 깨뜨리고 열반의 저 언덕에 이르게 되는 것입니다."

이 법을 들은 마야 부인은 속세의 깊은 인연으로 곧 번뇌의 얽힘에서 풀려 나와 깨달음을 얻어, 길이 물러남이 없는 지위에 들어갔다.

"부처님, 나는 부처님의 법을 듣고, 나고 죽음의 감옥을 벗어나 깨달음을 얻었습니다. 비하건대, 불에 타는 쇳덩이에 접촉하는 자는 몸이 타는 것과 같이, 번뇌의 불에 타는 중생은 다 나고 죽음의 구렁에 빠집니다. 세상 사람이 번뇌의 흐름을 따라 구르는 것은, 마치 빠른 바람 앞의 나뭇잎같이 흔들리고 있습니다."

하고, 다시 게송으로

> 나에게 법의 비를 부어 주어 타는 목을 적셔 주시고
> 마른 싹을 틔워 냄이여, 이 싹을 길러 지혜 열매 맺으리。
> 어두운 밤에 길이 헤매며 무명의 잠 속에 갇히어
> 나아갈 길도 찾을 줄 몰랐나니 부처님은 이제 길을 보여주셨네!。

부처님은 큰 의왕醫王이시라 병을 따라 좋은 약 베푸시나니,
사람이 그것 믿고 받아먹으면 반드시 병 없는 몸이 되리라。
끝없는 그 옛적부터 불타던 사람의 번뇌를 꺼 없애 주시고,
가없는 희망을 베풀어 주심은 오직 부처님 한 분뿐일세!。

2 부처님은 다시 모든 하늘 사람들을 위하여 법을 설하셨다.

"세상 사람이 미혹의 세계에서 벗어나지 못함은, 욕심과 성냄과 어리석음의 세 가지 독한 마음이 있기 때문이다. 이것으로 인하여, 하늘이나 인간에 나기도 어렵거든, 하물며 나고 죽음을 벗어날 수 있겠는가? 이 삼독을 녹여 버리고, 하늘의 복락을 길이 누리고자 하거든, 언제나 남에게 베풀어 주기를 좋아하며, 어떤 욕됨과 어려운 일이라도 참으며, 그리고 법을 들어 지혜 닦기를 즐겨 하라. 그리고 이 몸은 오온五蘊이 화합한 거짓의 것임을 알아, 그것에 탐착하지 말라. 이 탐착을 여읜 이는, 장차 나고 늙고 병들고 죽는 근심 · 걱정 · 괴로움을 벗어나게 될 것이다."

그때 대중 가운데 월씨月氏라는 하늘 사람은, 부처님께 예배하고 게송으로 노래했다.

모든 사람을 불쌍히 여기시어 집을 떠나 깨침을 구하심이여,
오랜 시간 고행을 닦으시어 인간 천상에 복발을 이루셨네。
아아, 지극하신 성자시여, 모든 악마를 다 이기시고
길이 어두움을 여의시어 세상을 초월하는 도 이루셨네。

이와 같이 많은 하늘 사람을 위하여 법을 설하시고 또 그들의 많은 찬송을 받으시며, 인간의 시간으로 석 달 동안 계셨다.

3 그때, 지상에서는 부처님이 가신 곳을 알지 못하여 소동이 일어났다. 아나율 존자는 하늘눈으로 부처님이 도리천에 계심을 보았고, 삼 개월

동안 대중들은 하루를 삼추같이 기다렸다.

그때, 교상미僑賞彌국 우전왕優塡王은, 부처님을 그리워하여, 전당향나무로 부처님의 모습을 조각하여 등상을 만들어 놓고 예배하였다. 이것이 불상의 기원이 되었다.

그때 목건련 존자는 신통력으로 도리천에 올라가 부처님을 뵙고, 인간에 내려오시기를 청했다. 약속한 칠 일이 되던 날, 바사닉 · 우전왕 · 악생왕惡生王 · 우전왕 · 빈바사라 왕 등의 모든 대왕들은 신민들과 함께 부처님을 맞이하였다.

제8절 미녀 마간디야

1 감마사담마 촌에 마간디야라고 하는 바라문이 있었다. 그 딸 마간디야는 뛰어나게 아름다웠다. 바라문은 딸의 용모를 믿고 세상에서 가장 빼어난 사내를 구하여 딸의 짝을 지어 주려고 생각했다. 그는 마침 걸식하시는 부처님을 도중에서 만나, 그 빛나고 빼어난 모습을 보고 '이 사문이야말로 우리 딸의 배필이 될 만하다.' 생각하고, 급히 집으로 돌아가 그 아내와 딸을 데리고 부처님의 뒤를 좇았다. 그러나 부처님은 이미 마을을 벗어나 어느 숲에 들어 계셨다. 그 부처님의 발자국만 보고 아내는 말하기를

"이분은 반드시 욕심을 여읜 사람임에 틀림없소. 그렇지 않고는 이렇게 안정하고 착 가라앉은 발자국을 남기지 못할 것이오. 당신은 부질없는 말씀을 하지 마시오."

라고 했다. 바라문은 아내의 말은 듣지 않고, 부처님을 찾아, 어떤 나무 아래 앉아 계심을 보고, 그곳에 달려가 여쭈었다.

"사문이여, 당신의 몸은 이미 도와 덕행이 찼으니, 세속에 돌아가도

좋을 것이오. 이것이 내 딸이오. 보시다시피 아름답지요. 당신이 만일 이 딸을 받아들여 아내로 삼으신다면 우리 부부는 매우 기쁘겠소."
라고 청했다. 부처님은 빙그레 웃으시며, 조용히 대답하셨다.

"바라문, 나는 하늘 아씨도 쓸데없노라. 하물며 그 더러운 피고름을 담은 주머니를 어디 쓰겠는가."
라고 말씀하시고, '애욕은 모든 고苦의 근본이니, 사람으로서 모든 세속적인 애욕을 버리고, 계행을 닦는 것만이 참으로 아주 행복한 길이라'고 갖가지로 설법하셨다. 이 말씀을 들은 바라문 부부는 감격하여 눈물을 흘리며, 먼저는 함부로 무례한 말을 한 것을 스스로 책망하고, 부처님께 귀의하여 제자가 되기를 원했다.

그런데 공작과 같이 교만한 그 딸의 가슴은, 부처님의 감로법甘露法으로도 축여지지 않았다. 가장 아름다운 자기의 몸을 '피고름을 담은 주머니'라고 한 데 비위가 거슬려, 가만히 보복하기를 별렀다.

그 뒤 두 부부는 부처님 제자가 되었으나, 그 딸은 교상미국 우전왕의 눈에 들어, 그 아름다움을 팔아 그의 제일第一 왕후가 되었다.

그 뒤에 부처님이 교상미국에 들어가 포교하실 때, 이 마간디야 왕후는 부처님에 대한 가지가지 음해로, 나쁜 소문을 만들어 낸 일이 있었다.

2 앙가鴦伽 나라 밧디야라는 거리의 멘다카 장자長者의 손녀 비사거毘舍佉는, 부처님이 밧디야에 노실 때에, 그 할아버지와 함께 부처님의 법을 듣고, 부처님과 인연을 맺은 몸이 되었다. 어떤 사정이 있어, 그 아버지 다난자나와 함께 교살라국 사케타로 옮겨가 살다가, 사위성의 미가라彌迦羅 장자의 아들 푼나밧타나의 아내로 들어갔다. 미가라 집안은 원래, 니르그란다의 가르침을 받들었으나, 비사거가 들어간 뒤로 차차 그에게 이끌리어, 부처님의 가르침을 믿게 되었다. 미가라는 스스로 그 기쁨을 나타내는 표로서, 미가라의 딸이라 하지 않고 미가라의 어머니라 불렀기 때문에, 그만 미가라의 어머니 비사거라고 불리게 되었다.

비사거는 이렇게 해서, 시집의 온 집안을 인도해 모두 부처님을 믿게 하고, 자기는 항상 기원정사에 나아가 법문 듣기와 공양 올리기로 날을 보냈다. 그러는 동안에, 스스로 절을 세울 생각을 가지게 되었다.

먼저 터를 정하는 데는 말리 부인의 힘을 빌렸다. 성밖의 동남, 기원정사 동북에 임금님의 소유인 동산을 얻어, 각 층마다 사백의 방을 가진 이 층 다락을 세웠다. 그 건축의 감독은 목건련이 맡았다. 막대한 돈과 구九 개월의 시일이 걸려 절은 이룩되었다. 부처님은 곧 그곳에 들어가시어 사四 개월의 안거를 마치셨다. '동원정사녹자모강당'東園精舍鹿子母講堂이라 불렀다.

제9절 우전왕의 감화

1 부처님이 도를 이루신 지 십여 년 뒤의 일이다. 존자 빈두로賓頭盧는 부처님의 가르침에 따라 깨달음을 얻고 고향의 은혜를 갚고자 교상미국에 돌아갔다. 자기의 힘으로, 그 나라에도 차츰 부처님 법의 종자를 심을 밭이 마련되었다. 교상미 들 밖 항가 하수 언덕에 우거진 우다가 숲은 그 나라 임금의 동산이다. 줄지어 선 장엽수掌葉樹의 나무들은 어디까지 연속되어, 양양한 항가 하수 물결은 시원한 바람을 불어 보냈다 한낮 뜨거운 햇볕을 피해 빈두로는 이 나무숲 그늘에서 좌선坐禪하고 있었다. 마침, 이날 우전왕은 그 왕비와 궁녀들을 데리고 이 동산에서 놀다가 피로하여 서늘한 그늘에 잠자고 있었다. 왕비와 궁녀들은 왕이 잠든 사이에 이곳저곳 거닐다가 문득, 나무 아래 단정히 앉아 있는 빈두로 존자를 발견하고 설법을 청했다. 그들은 존자의 설법에 귀를 기울이고 있었다. 잠깐 뒤에 잠을 깬 왕은, 왕비와 궁녀들이 보이지 않음을 괴이하게 여겨 뒤를 밟다가, 여자들에게 둘러싸인 비구를 발견하고, 음락婬樂에 지친 왕은 앞

뒤 생각할 겨를이 없이 질투의 불길이 타올라 소리쳐 말했다.

"그대는 집을 떠난 사문의 몸으로서, 부녀들에게 접근하여 잡담으로 희롱하니, 해괴하지 않는가?"

존자는 눈을 감은 채 잠자코 말이 없었다. 미친 듯 성난 왕은 칼을 빼어 존자의 목을 겨누었다. 존자는 그래도 아무 소리가 없었다. 왕은 불개미집을 헐어 불개미 떼를 존자의 몸에 흩어 물게 했으나, 존자는 오히려 털끝도 까딱하지 않았다. 그때 왕은, 자기가 함부로 횡포했음이 부끄러워 정상의 태도로 돌아갔다. 다음에, 그가 거룩한 석가모니의 제자 빈두로임을 알게 되자, 부끄러운 마음을 견디지 못하여, 여인들과 함께 사죄하며 존자의 양해를 얻었다. 이 일로 말미암아, 왕비의 한 사람인 사마바티는 독실한 신앙을 얻게 되었으며, 따라서 우전왕도 부처님께 귀의하게 된 인연이 되었다.

2 며칠 뒤 우전왕은 빈두로 존자가 거처하는 숲을 찾아와 물었다.

"대덕이여! 젊은 비구가 청춘의 몸으로, 새파랗게 머리털을 깎고, 주어진 오욕락五欲樂을 맛보지도 않으며, 깨끗한 생애의 몸을 가져 나감은 무슨 힘에 의함입니까?"

"대왕이여, 이 세상의 눈(眼)이신 석가모니께서는 우리들에게 가르쳐 주시기를 '비구들이여! 나이 많은 여인은 어머니로 보라. 나와 비등한 나이의 여인은 나의 누이로 보라. 그리고 나이 어린 여인은 딸로 보라'고. 그러므로 젊은 비구들은 청춘의 몸이지마는, 애욕을 좇지 않고 깨끗한 몸을 갖게 되는 것입니다."

"대덕이여, 사람의 마음이란 그런 것이 아니오. 어머니 같은 여인에게도 비열한 생각을 내는 것이고, 누이 같은 여인이나 딸 같은 여인에게도 불결한 음심을 일으키게 되는 것이오. 어찌하여 젊은 비구로서, 붉은 피를 몸에 담아 있으면서도 깨끗한 몸을 지킬 수가 있겠소?"

"대왕이여, 이 세상의 광명이신 부처님께서는 우리들에게 보여 주시기들 '비구들이여, 이 몸은 발꿈치로부터 이마에 이르기까지 부정不淨한 것으로 채워져 있다. 터럭, 손톱, 발톱, 이빨, 콧물, 눈물, 침, 담痰, 피, 땀, 대소변 등이 가득 차 있다'고. 그러므로 젊은 비구는 젊은 몸이지만 깨끗한 행을 지키게 되는 것입니다."

"대덕이여! 몸과 마음을 단련하고 지혜를 연마한 비구로는, 혹 그렇게 될는지 모르겠지만, 미숙한 비구로는 쉽지 않은 일이라고 생각하오. 부정하다고 관觀해도 어느새 깨끗하다는 생각을 낼 것이며, 불결한 쪽만을 보고자 해도 어느새 아름답다는 마음이 붙어 다닐 것이오. 젊은 비구로서 몸을 깨끗이 가지는 것은 별 다른 이유가 있지 않겠소?"

"대왕이여, 바른 지혜와 바른 눈을 지니신 부처님께서는 우리들에게 말씀하시기를 '비구들이여! 감각기관의 문호를 잘 단속하지 않아서는 아니 된다. 눈으로 빛을 보고, 귀로 소리를 들으며, 코로 냄새를 맡고 입으로 맛을 보며, 몸으로 물건에 부딪칠 때에, 그 상을 취하거나 그 경계에 집착하지 말라, 감각기관의 문호를 단속하라. 탐욕 · 번뇌는 바로 그 단속 없는 틈을 타서 들어오느니라'라고. 그러므로 젊은 비구는, 청춘의 몸이지만 그 욕을 따라가지 않고 깨끗한 몸을 가지게 되는 것입니다."

"대덕이여, 부처님의 교훈은 실로 기특하십니다. 진실로 그것이 젊은 비구의 몸으로 붉은 피가 움직이고 있으면서도, 깨끗한 금욕 생활을 하는 소이로구려. 대덕이여, 나의 경험으로서도 몸과 말과 뜻을 잘 단속하지 않고, 바른 생각을 지니지 않고 감각기관에 맡긴 채 후궁에 들어가면, 곧 비루한 욕심에 사로잡히게 되었습니다. 그와 반대로, 감각기관을 잘 단속하고 바른 생각을 지니게 되면, 결코 거친 욕심에 사로잡히지 않았습니다. 진실로 밝고 거룩하신 말씀을 하여 주셨습니다."
라고 찬탄했다.

3 부처님은 차츰 나아가 교상미국에 들어가시어 구사다瞿師多 장자가 새로 세운 절에 드셨다. 마간디야는 이제 우전왕의 제일 왕후로서, 보복의

기회를 기다리고 있었다. 부처님이 행차하셨다는 소식을 듣고, 거리의 악한들에게 뇌물을 주어 여러 가지로 부처님의 나쁜 소문을 퍼뜨리게 했다. 비구들은 걸식하러 시내에 들어갈 때마다 부처님을 비방하는 소리를 귀담아 듣기가 곤란했다. 아난은 부처님께 여쭈었다.

"부처님이시여, 우리는 시내에 머물러 있을 수 없다고 생각합니다. 다른 마을로 옮겨 가는 것이 좋겠습니다."

"아난아, 만일 다른 마을로 옮겨 가도, 그 마을에서 또 비난이 일어나면 어찌할 것이냐?"

"부처님이시여, 또 다른 마을로 옮겨 가옵지요."

"아난이여, 그렇게 되면 어디까지 가더라도 한이 없지 않은가? 나는 비방을 받는 곳에서, 진득이 그 비방을 받다가, 그 비방이 그친 뒤에 다른 데로 옮겨가는 것이 좋다고 생각한다. 아난이여, 여래는 이로움과 해로움, 훼방과 칭찬, 성하고 쇠함, 괴로움과 즐거움, 이 여덟 가지에 움직이는 것이 아니니라. 이 비방도 이레를 지나면 없어지리라."

마간디야 왕후의 계획은 거짓이 되고 부처님을 믿는 사람은 더 많게 되자, 그 비방은 자취를 감추고 말았다.

4 사마바티 왕후는 구사다 장자의 양녀요, 구사다는 그 아버지의 친구였다. 원래 큰 부호였으나, 그 고을이 심한 기근으로 고통을 받을 때, 양친이 세상을 떠나게 되자, 구사다 장자에게 의탁하여 자라났던 것이다. 그러다가 우전왕 후궁에 들어가, 장자의 부처님을 신앙하는 인연으로 가만히 마음으로 부처님을 존중하게 되었다.

사마바티의 시녀에 웃다라라는 꼽추가 있었다. 이 여인은 항상 왕후를 위하여 꽃 사오는 일을 맡고 있었다. 어느 날은 꽃집에 갔더니 주인의 말이

"오늘은 몹시 바빠서 꽃도 볼 수 없소. 부처님께 시봉해야 되겠으니, 당신도 좀 도와주오."

했다. 그 여인은 부처님이 계신 곳에 가서 부처님의 설법을 들었다. 이 여인은 타고난 총명과 기억력으로, 부처님의 말씀을 그대로 암기하고 돌아와, 사마바티 왕후에게 외워서 바쳤다. 그 뒤로 두 사람은 불법에 귀의하였다.

마간디야는 이 사정을 알고 자주 왕에게 참소했다.

"사마바티는 구담에게 마음을 붙이고 있는데, 웃다라가 그 심부름을 하고 있습니다"라고, 가지가지 간사한 술책으로 왕에게 고자질했다. 왕은 매우 화를 내어 사마바티와 그 시녀를 불러 놓고, 독한 화살로 쏘려 했다. 사마바티는 그 일의 내용을 살피고, 고요히 마음을 안돈한 뒤, 시녀 웃다라에게도 죽음의 준비를 하게 하여, 조용히 왕의 앞에 나아가 화살을 받게 했다. 왕은 활을 쏘았다. 그러나 화살은 왕의 손에서 떠나지 않았다. 놀라워하는 왕의 얼굴에서는 기름 같은 땀이 흐르고 몸은 바람 앞의 갈대처럼 떨리며, 입으로는 거품을 내 불면서 죽어가는 소리로 사마바티의 보호를 청했다.

"화살을 밑으로 땅을 향하게 해 주오."

그제야 화살은 그의 손을 떠났다. 왕은 이상히 생각하고, 자기도 부처님의 법에 마음을 기울이게 되었다. 그 뒤로는 가끔 절에 나아가 부처님의 설법을 듣기도 하고 또 비구들을 궁중에 초청하기도 했다.

5 부처님은 구사다 정사에서 여름 안거에 드셨다. 우기雨期의 삼 개월 동안을 사마바티 왕후는 자유로이 절에 나가 공양을 드리고, 날마다 비구 한 사람씩 후궁에 초청하여 보시했다. 주로 아난이 그 공양에 응했다.

어느 날 빈두로 존자는 정사에서 자기의 깨달음을 고백했다.

"번뇌가 다하고 맑은 행을 성취하여 할 일을 다 했도다. 이 뒤로는 미몽迷夢 속의 나고 죽음은 없으리로다."

부처님은 비구들에게 말씀하셨다.

"비구들이여! 빈두로는 정념正念과 정定과 지혜의 세 가지 도로써 '번뇌가 다하고 맑은 행을 성취했다'고 깨달음을 고백했다."

빈두로는 그 깨달음의 기쁨을 노래로 불렀다.

6 안거를 마칠 때에 사마바티 왕후는 오백 벌의 옷을 아난에게 공양했다. 아난은 이것을 승단의 여러 비구들에게 나누어 주었다. 이 일을 들은 우전왕은 아난을 찾아보고

"대덕이여! 사문으로서 너무 많은 공양을 받는 것은 너무 욕심이 깊은 까닭이 아닌가. 그처럼 많은 옷을 어떻게 처치하오?"

"대왕이여! 그것은 옷이 해어진 비구들에게 나누어 주오."

"그 해어진 옷은 무엇에 쓰오?"

"해어진 옷은 좌상座床 덮개로 하오."

"낡은 좌상 덮개는 무엇에 쓰오?"

"베개 주머니로 쓰오."

"낡은 베개 주머니는 무엇에 쓰오?"

"자리깔개로 쓰오."

"낡은 자리깔개는 무엇에 쓰오?"

"발걸레로 쓰오."

"낡은 발걸레는 무엇에 쓰오?"

"걸레로 쓰오.

"낡은 걸레는 무엇에 쓰오?"

"대왕이여, 우리들은 해어진 걸레는 잘게 썰어 진흙에 섞어서 벽 바르는 데 쓰오."

"좋소! 부처님 제자는 물건을 잘 이용하는 방편이 있구려!"

왕은 이에 감복하고 돌아갔다.

제10절 마등기, 전차녀, 손다리

1 부처님이 사위성의 기원정사에 계실 때의 일이다. 아난 존자는 이른 아침에, 바리때를 들고 사위성으로 들어가 걸식을 마친 뒤에, 어느 마을을 거쳐오다가 목이 말랐다. 마침 우물에서 물 긷는 여인을 보고,

"아씨, 내게 물 한 그릇 주오."

하고 말했다. 그러나

"소녀는 천한 종족 마등가摩登伽의 딸이옵나이다."

하고, 자못 주저했다.

"아씨, 나는 사문이라, 마음에 귀·천, 상·하의 구별을 두지 않소."

하고, 다시 물을 청했다. 마등기는 기뻐하며, 맑은 물을 떠 바쳤다. 아난 존자는 그 물을 천천히 마시고, 기원정사로 돌아갔다.

2 존자가 돌아간 뒤에, 존자의 그 숭고한 용모와 그 우아한 말소리가 마등기의 가슴에 깊이 새겨졌다.

마등기는 그녀의 어머니 마등가에게 아난 존자를 만난 인연과, 그를 사모하는 심정을 고백하고, 기어이 그를 남편으로 맞이하게 해 달라고 호소했다.

그녀는 어머니에게, 특수한 주술로써 아난 존자를 자기 집으로 끌어오도록 청했다. 그러나 어머니는

"아가, 내 주술도, 욕심을 여읜 사람과 죽은 사람에게는 베풀 수가 없다. 하물며 존자의 스승 부처님은 덕이 높아서, 바사닉도 존앙하고 신봉하는 터이다. 만일 주술로써 존자를 끌어왔다가 일이 발각되면, 우리 종족은 멸망을 당할는지도 모른다."

라고 거절했다. 그 딸은 불타는 가슴을 억제할 수 없었다. '그러면, 죽는 수밖에 없다.' 하면서 울고 울었다.

어머니는 그 딸을 위하여, 드디어 주술을 베풀기로 했다. 땅에 흰 소

의 마른 똥을 펴서 단을 만들고, 그 위에 흰 띠풀을 쌓아 불을 붙이고, 타오르는 불꽃에 백팔 개의 연꽃을 던지며 천지신명에게 빌었다. '아난 존자가 이곳에 와지이다'라고.

3 이때 아난 존자는 마음이 어지러워지며 불현듯이 마등가의 집을 향해 걸어갔다. 마등가는 이것을 바라보고 곧 딸에게 말했다. 딸은 미칠 듯이 기뻐하며, 존자를 위하여 좌상과 침대를 준비했다. 존자가 마등가 집에 이르자 그 모녀는 향을 사르고 꽃을 흩으며, 그를 맞이하여 화려한 좌상에 앉게 했다.

4 그때, 아난 존자는 악몽을 꾼 듯, 큰 공포를 느껴 울면서, 부처님의 구원을 빌었다.

부처님은 하늘눈으로 아난가 마등기의 주술에 빠진 것을 보시고, 다음과 같은 게송을 외우셨다.

> 계戒의 못물은 맑고 시원하여라 모든 사람의 번뇌를 씻어 주나니
> 지혜로운 자는 이 못으로 들어오라, 무명의 어두움은 길이 소멸되리라。
> 이것은 삼세 모든 성인의 외우신 말씀,
> 나 이제 이 못 속에 있나니 나의 제자는 곧 이리로 돌아오라。

이때, 마등가의 주술은 그 위력이 사라졌다. 아난 존자는 정신이 맑아지자, 곧 그녀의 희롱을 물리쳐 뿌리치고 뛰어나갔다. 그녀는 어머니에게 다시 호소했다. 가는 존자를 잡아 달라고.

"이것은 필시, 부처님이 구원하신 것이다. 나의 주술의 힘이 사라지고 말았다."

"부처님의 주술이 어머니의 주술보다 더 위력이 있습니까?"

"그렇다. 부처님의 주술은 우리들의 주술에 비교할 것이 아니니라. 모든 인간 · 천상의 주술은 부처님의 한 생각에 소멸되고 마는 것이다."

아난 존자는 부처님 처소에 나아가 울며, 자기의 계와 정과 지혜의 힘이 부족하여, 마등가의 주술에 떨어지게 된 것을 참회했다.

5 잡혀 왔던 아난 존자를 다시 놓아 보낸 후 마등가의 딸 마등기는 밤새 울었다. 이튿날 아침에 아난 존자가 걸식하러 나오는 기회를 노려, 그녀는 화려한 새 옷에 꽃다발의 갖가지 장식으로 몸을 꾸미고, 존자가 지나가는 길목을 지키다가 존자를 발견하고, 등불을 쫓아가는 여름 벌레처럼 존자의 뒤를 따라갔다. 존자가 발을 멈추면 그도 멈추고, 걸어가면 따라 걸어갔다. 그리하여 마을에서 성밖으로, 마침내 기원정사까지 따라오게 되었다.

존자는 그 광경을 보고 부끄러워, 곧 부처님께 그 사실을 사뢰고 구원을 빌었다. 부처님은 그녀를 부르셨다.

"네가 만일 아난의 아내가 되기를 원하거든, 너의 부모의 승낙을 얻어오너라."

그녀는 기뻐서 집으로 뛰어가 그 부모와 함께 부처님 앞에 나왔다. 부처님은

"아난은 머리를 깎은 사문이니, 네가 만일 그의 아내가 되려면, 먼저 머리를 깎고 집을 나와야 한다."

그녀는 그 가르침을 따라, 곧 머리를 깎고 꽃다발 따위의 장식물을 벗어 버리고 법복을 입고 스님이 되었다. 그때 부처님은

"마등기야, 애욕이란 모든 죄의 근본이며 고의 종자니라. 그 단맛보다 그 쓴맛이 몇만 갑절이 되느니라. 이 애욕 때문에, 모든 생명은 길이 지옥·아귀·축생의 세계를 벗어나지 못하는 것이다. 마치, 여름밤 부나비와 벌레들이 타는 등불에 몸을 던져 죽는 것과 같이, 어리석은 범부들도 욕심의 불꽃에 몸을 던지는 것이다. 그러나 지혜 있는 이는 그와 달라서, 욕심을 멀리하여 애욕의 불속에서 벗어나는 것이다."

이렇게 여러 가지로 설법하시는 부처님 말씀이, 하얀 포목에 물이 드

는 것처럼 스며들어, 그녀의 마음은 깨끗해지고 욕심의 장애에서 벗어나, 도를 얻게 되었다.

6 부처님이 사위성에서 교화를 펴신 지 여러 해가 되자, 사람들의 신앙은 더욱 높아지고, 부처님에게 귀의·공양하는 자는 물밀 듯했다. 그때, 이교도異敎徒들은 이것을 시기하여 여러 가지로 방해할 음모를 하였다. 전차녀戰此女라는 바라문의 딸은, 얼굴이 매우 아름답고 또 이교를 신봉하고 있었다. 외도外道들은 전차녀에게

"구담瞿曇은 여러 사람을 유혹하여 우리들의 교도와 공양을 뺏어간다. 네가 능히 구담의 위신을 타락시켜, 사람들의 존경을 받지 못하게 한다면, 너는 우리 교도 가운데 큰 공을 세우게 되리라."

고 꾀었다. 전차녀는 그것을 책임지기로 약속하고, 그 뒤부터 그녀는 불교의 신도로 가장하고, 저물게는 기원정사 안으로 들어가고, 새벽이면 기원정사에서 나오는 자취를 여러 사람에게 보여, 그가 기원정사에서 밤을 새우고 나오는 척 꾸몄다. 그 뒤에 전차녀는 배가 점점 불러 가므로 여러 신자들은 의심하게 되었다. 어느 날 부처님이 법을 설하실 때에, 그 여인은 법회 한복판에 나서서 부처님을 향하여

"당신은 어찌하여 법만 설하시고, 우리 아기 낳을 집은 만들어 주지 않소. 당신은 큰 시주가 많아서, 욕락을 탐하던 그 결과를 두려워하는 것이 아닙니까?"

라고 발표했다. 부처님은

"이 일의 진위眞僞는 너와 내가 알 뿐이니라."

라고 말씀하셨다. 그때 한 마리 노랑 쥐가 전차녀의 허리띠를 물어 끊으매, 갑자기 바람이 일어나 그 여인의 옷을 불어 뒤집었다. 그녀의 배에서는, 나무바가지 한 개가 나와 땅에 떨어졌다.

전차녀는 그 음모가 폭로되자 정사에서 뛰어나와 달아났다.

7 또 이교도에 순다리라는 미녀가 있었다. 그녀도 외도들에게 이용을

당했다. 외도들은 그 여인과 부처님은 서로 은밀히 통한다고 소문을 냈다. 그리고 뒤에, 그 여인을 죽여 기원정사 쓰레기터에 내버렸다. 부처님이 나쁜 소문이 날까 두려워서 그 여인을 죽인 것이라고 선전했다. 그때, 어떤 악한이 술에 취하여 서로 싸우다가 그 여인이 죽은 사실을 폭로함으로써, 그 흉계를 꾸민 이교도들은 극형을 받게 되었다. 이런 일로 인하여, 부처님의 위력은 더욱 멀리 뻗게 되고, 외도의 집단은 스스로 파멸하게 되었다.

제8장 부처님의 과덕

제1절 부처님의 교화와 위신력

1 "비구들이여, 여래는 이 세상의 괴로움을 깨달아, 이 세상의 속박을 떠났고, 이 괴로움의 원인을 깨달아 이 괴로움의 원인을 버렸으며, 이 괴로움의 없어짐을 깨달아 이 괴로움의 없어짐을 나타냈고, 이 괴로움을 없애는 길을 알아 이 괴로움을 없애는 길을 닦았다. 비구들이여, 이 세계의 모든 물질과 모든 정신작용은, 모두 여래에 의해서 깨쳐졌다. 그러므로 여래라고 불리는 것이다. 여래는 바른 깨달음의 새벽부터 열반의 저녁에 이르기까지, 그 말씀한 바에는 거짓이 없다. 그러므로 여래라고 불리는 것이다.

비구들이여, 여래는 말과 같이 행동하고, 행동과 같이 말하는 사람이다. 그러므로 여래라고 불리는 것이다. 비구들이여, 여래는 이 세계의 승리자로서, 어느 것에도 지는 일이 없으며, 또 모든 것을 바르게 보는 자요, 모든 것을 통치하는 자다. 그러므로 여래라고 불리는 것이다."

2 어느 때에 아난은 부처님께 여쭈었다.

"부처님이시여, 저는 일찍이 부처님 앞에서 이렇게 들었습니다. '아난아, 아비무라고 하는 시기불尸棄佛의 제자는, 범천에 서서 그 음성으로 천세계를 진동시켰다'고. 부처님이시여, 그러면 여래의 음성은 얼마마한 세계를 진동시킬 수 있습니까?"

"아난아, 아비무는 제자이다. 여래의 힘은 헤아릴 수가 없다. 아난아, 너는 일찍이 소천세계小千世界라는 것을 들은 일이 있는가?"

"예, 일찍이 들어 압니다."

"아난아, 한 일월이 비치는 세계의 천 배를 소천세계라 한다. 이 소천세계는 천 개의 일월, 천 수미산, 천 사주세계四州世界와 천 개의 이십팔천이 있다. 아난아, 이 소천세계의 천 배를 중천세계中千世界라 하고, 이 중천세계의 천 배를 대천세계大千世界라 한다. 아난아, 여래가 하고자 한다면, 이 대천세계에 음성을 떨치게 할 것이다. 하고자 한다면 더 넓은 세계에도 떨치게 할 것이다."

"부처님이시여, 부처님께서는 어떻게 하시어, 이 대천세계에 음성을 떨치게 하시나이까? 또 하시고자 하면 더 넓은 세계를 떨치게 하실 수 있습니까?"

"아난아, 이에 여래는 먼저 이 대천세계에 광명을 비추어 가득 채워 그로 하여금 중생에게 보게 한 뒤에, 음성을 내어 이것을 듣게 한다. 이같이, 대천세계에 그 음성을 떨치게 하고, 하고자 한다면 더 넓은 세계에도 떨치게 하느니라."

그때 아난은 말했다.

"이와 같은 대위신력大威神力이 계신 스승을 모신 우리들은 얼마나 훌륭한 일입니까?"

우다인이 곁에서 듣다가,

"아난이여, 비록 그대의 스승님이 그 같은 대위신력을 나타내신다 한들, 그것이 그대에게 무슨 관계가 있겠는가?"

그때 부처님은 우다인에게 말씀하셨다.

"우다인이여, 그렇게 말해서는 아니 된다. 아난은 설사, 지금 세속의 욕정을 여의지 못했다 할지라도, 죽어서는 그 믿는 힘에 의해, 일곱 번 천상에 나서 천왕이 되고, 일곱 번 인간의 왕으로 날 것이다. 우다인이여! 그러나, 아난은 현세에 기어코 열반을 얻을 것이다."

3 부처님은 성도하신 뒤에, 세 가지 일로써 교화 방편을 삼으셨으니, 이른바 신족교화神足敎化, 설법교화說法敎化, 훈회교화訓誨敎化가 그것이다.

첫째, 신족교화라 함은, 가지가지 신통을 나타내어, 믿지 않는 사람이 그것을 보고 믿어 들어가게 하는 것이다. 때로는 몸을 여러 곳에 나타내기도 하고, 때로는 몸을 숨겨 보이지 않기도 하며, 혹은 석벽도 걸림이 없이 왕래자재하고, 혹은 땅에 들어가기를 물에 들어가는 것같이도 하며, 혹은 허공에 가부좌로 앉기도 하고, 혹은 큰 불이 타는 듯 연기가 솟기도 하며, 혹은 손으로 해와 달을 만지기도 하고, 혹은 몸이 범천에 오르기도 하는 등이다. 부처님은 이 같은 신통을 나타내시는 것이다.

둘째, 설법교화라 함은, 모든 인·천 대중에게, 모든 법은 아我가 없고, 모든 행行은 떳떳함이 없으며, 열반은 생사를 뛰어넘는 법이라는 따위의 사제四諦·십이인연十二因緣·팔정도八正道 등의 법을 설하시어, 그 이치를 깨쳐 들어오게 하시는 것이다.

셋째, 훈회교화라 함은, 비구 및 모든 인연 있는 인민에게 '이것은 버려라, 이것을 가져라. 이것은 가까이하라, 이것은 멀리하라. 이것은 하고, 이것은 하지 말라'는 따위의 훈계와 교화로서 지도하시는 것 등이다.

4 부처님이 왕사성으로부터 북쪽으로 올라가시는 도중, 비사리국(廣嚴城) 서쪽 숲에 머물러 계셨을 때의 일이다. 리차離車 사람의 아들로서 일찍이 부처님께 귀의했다가, 이 사이 부처님 교단에서 벗어나간 수나거타須那佉他라는 사람이 광엄성 사람에게 이렇게 선전했다.

"사문 구담에게는 사람들을 초월한(超人) 법이 없다. 그리고 훌륭한 지견도 없다. 그는 자기가 생각하는 것, 생각나는 대로를 말하는 것이다. 그런데 그 법에 의하면, '생각만이라도 하는 자는 어려운 수행은 하지 못하더라도, 고통이 없는 경계에 이른다'고 한다."

사리불이 이른 아침에 걸식하러 비사리성에 들어갔다가 이런 말을

듣고, 부처님께 사뢰었다. 부처님은

"사리불이여, 수나거타는 화가 나서 그런 말을 하고 있는 것이다. 그가 여래를 비방한다는 것은 도리어 찬양하고 있는 것이다. '그 법에 의하면 생각이라도 하는 자는 바로 고통이 없는 경지에 이른다고 한다'라고 함은, 여래를 찬양하는 것이다. 사리불이여, 저 어리석은 사람은 내게 대하여 '저 부처님은 여래如來 · 응공應供 · 정등각正等覺 · 명행족明行足 · 선서善逝 · 세간해世間解 · 무상사無上士 · 조어장부調御丈夫 · 천인사天人師 · 불세존佛世尊이라고 이르는 사람이다'라고 하는 믿음이 없으며, 또 세 가지 신통 변화가 있는 것을 알지 못하기 때문이다.

5 사리불이여, 여기 여래에게 열 가지 힘이 있다. 이 힘에 의하여 여래는 모든 것을 알고, 사람들을 위하여 설법하는 것이다. 이 열 가지 힘이라 함은, 도리와 도리 아닌 것을 아는 지혜, 중생의 과거 · 현재 · 미래의 업보의 인과를 아는 지혜, 중생의 행업行業의 지어 나가는 바가, 어떤 결과를 불러오게 되는가를 아는 지혜, 중생의 가지가지 욕구를 아는 지혜, 중생의 가지가지 다른 성질을 아는 지혜, 중생의 가지가지 근기의 우열을 아는 지혜, 무량한 선정, 삼매 경계를 아는 지혜, 과거 생의 숙명을 아는 지혜, 하늘눈(天眼)으로 중생의 생사 업보를 사무쳐보는 지혜, 모든 번뇌가 다 끊어진 지혜다. 이것이 열 가지 지혜의 힘이다. 사리불이여, 그는 이 같은 것을 알지 못한다. 그러므로 '사문 구담은 사람들을 초월한 법도 없고, 훌륭한 지견도 없다'고 하는 것이다. 그 말을 버리고 그 생각을 버리지 않으면 반드시 지옥에 떨어질 것이다.

6 사리불이여, 여래는 네 가지 두려움이 없는 바가 있다. 세상 사람이 여래에 대하여, '당신은 정각자라고 하지만, 사실은 법을 바로 깨닫지 못하였다'라고 한다든가, 또 '당신은 번뇌를 없앴다고 하여도 실로 없애지 못하였다'라고 비난하지마는, 그것은 옳지 못한 일이다. 여래는 이런 비난을 할 이유를 인정하지 않는다. 이유를 인정하지 않으므로 안온하여

두려워하지 않는다.

사리불이여, 이에 여덟 가지 집단이 있으니 크샤트리아(찰제리) 중衆, 바라문 중, 장자 · 거사 중, 사문 중, 사왕천 중, 도리천 중, 마라魔羅 중(魔衆) · 범천 중의 집단이 그것이다.

사리불이여, 너에게 고하노니, 나는 몇 번이나 크샤트리아 사람들의 집회에 가서 같이 이야기한 일이 있지마는, 나는 거기에 두려움이 없었다. 이것은 인간 · 천상 어느 집회에 가도 마찬가지이다.

사리불이여, 여기 네 가지 중생의 무리가 있다. 알로 나는 것, 태로 나는 것, 습기에서 나는 것, 변화로 나는 것(化生)이 그것이다. 이 네 가지 중생계는 천취天趣 · 인취 · 아수라阿修羅 · 축생 · 지옥 · 아귀의 육취六趣로 벌어졌으니, 여래는 이것을 모두 잘 알고, 또 이런 세계에 이르는 길을 알며, 또 열반에 이르는 길에 들어가는 행업을 잘 안다.

사리불이여, 여래는 이에 어떤 사람의 마음을 사무쳐 보고 '이 사람은 이같이 행동하여 이 같은 길을 걷고 있으므로, 죽은 뒤에는 지옥에 떨어지리라'고 알고, 잠깐 하늘눈(天眼)으로 바라보면, 과연 그 사람은 지옥에 들어가 극히 혹독한 고를 받고 있는 것이다. 그 나머지 모든 취趣에 들어가는 중생에 대해서도 다 그런 것이다.

사리불이여, 여래를 비방하되, '사문 구담은 사람을 초월한 법이 없다. 훌륭한 지견이 없다. 자기가 생각해 내고, 생각나는 대로 법을 설한다'고 비방하는 그 생각을 버리지 않으면, 반드시 지옥에 떨어질 것이다"
라고 증언하셨다.

7 부처님은 비사리성(廣嚴城)에서 다시 남하하시어 왕사성에 들어가셨다. 그때 이교도들은 맹렬하게 요망한 모략을 퍼뜨렸다. "사문 구담의 교에는 초인超人의 법이 없다. 저도 이제는 끝장이 났다. 보일 만한 신통을 가지지 못했다"라고. 부처님은 다른 교도들과의 충돌을 면하지 못할 것을 깨달으시고 이렇게 선언하셨다.

"지금부터 사 개월 뒤에 사위성 동쪽 암라 숲에서 신통을 보이리라."

그로부터 우기雨期의 끝에 왕사성을 떠나 비사카 달(음력 7월) 후반에 사위성에 도착하셨다.

성 남쪽 기원정사 동쪽에 한 동산이 있다. 부처님은 비구들을 데리고 그 동산에 들어가셨다. 사위성 사람들과 이교도들은 제각기 흥미를 가지고 부처님의 뒤를 따랐다. 동산지기가 큰 암라 열매를 부처님께 바쳤다. 부처님은 그 열매를 잡수시고, 그 씨를 아난에게 주시며, 한쪽에 심게 했다. 씨가 땅에 떨어지자 부처님은 그 위에 손 씻은 물을 뿌렸다. 문득 땅이 갈라지며 두 잎새가 나왔다. 그 싹은, 보고 있는 동안에 무럭무럭 크더니, 가지가 뻗고 잎이 번성하자, 꽃이 피어 열매를 맺었다. 사람들은 멍하니 놀라, 부처님의 힘의 부사의不思議함을 경탄했다. 이교도의 스승들은 이것을 보고, 달아날 차비를 했다.

이때 부처님 몸에서 물과 불의 두 줄기가 흘러나오더니, 낱낱 털구멍에서 같은 모양의 부사의한 변화를 나타내고, 낱낱이 말할 수 없는 광경을 보였다. 그리고 부처님은 두 분으로 나타나더니, 혹은 서고 혹은 앉으며, 혹 걸어가기도 하고, 또 서로 문답하는 말은 모두 법의 깊은 이치에 대한 것이었다.

사람들은 우러러 이 부사의함을 보고, 또 법의 매우 깊은 이치를 듣고, 모두 사제의 진리를 이해하여, 한결같이 부처님의 덕을 찬양했다.

부처님은 이러한 신통을 나타내신 뒤에, 사람들만 남겨 두고, 어느 천상계로 사라지셨다.

제2절 서른두 가지 대인상

1 부처님이 사위성의 기원정사에 계실 때에, 어느 날 비구들은 강당에

모여 서로 의논했다.

“삼십이종 대인상이란 매우 기특한 것이다. 이 삼십이종 대인상을 갖춘 분은, 이 세상에 나면서부터, 두 가지 결정적인 숙명을 지니게 되는 것이니, 하나는 세속에 있으면 전륜성왕轉輪聖王이 되어, 사해를 통치하고 칠보가 구족하게 된다. 칠보는 금수레(金輪寶) · 상서 코끼리(瑞象) · 상서 말(祥馬) · 주珠 · 옥녀玉女 · 거사居士 · 병兵이다. 전륜왕은 위덕이 사해에 떨치어, 병기兵器와 형구刑具를 쓰지 않고, 바른 법으로 천하를 통치한다. 그러나 그가 집을 떠나 도를 닦으면, 여래 · 세존이 되어, 세상의 모든 장애를 벗어 버리고 이름이 시방세계에 들린다.”

이런 이야기를 부처님은 조용한 곳에서 맑은 하늘귀(天耳)로 들으시고 강당에 나아가시어, 비구들이 하던 이야기를 다시 들으신 뒤, 이내 말씀하셨다.

“너희들은 여래의 삼십이종 대인상의 인연을 듣고자 하거든 자세히 들어라.”

2 비구여, 삼십이종 대인상은 ① 발바닥이 평편하고 꽉 차서 굳은(빈) 곳이 없다(足下平滿相). ② 발바닥에 가는 금이 뱅뱅 돌아, 천 폭의 수레바퀴와 같다(足千輻輪相). ③ 발뒤꿈치가 둥글고 단정하다(足跟圓滿相). ④ 손 · 발가락이 가늘고 길고 윤택하다(諸指纖長光澤相). ⑤ 손 · 발이 부드럽고 연하여 도라면兜羅綿이란 솜과 같다(手足柔軟相). ⑥ 손 · 발에 그물 같은 무늬가 둘러 있다(手足網縵相). ⑦ 발등이 단정하고 두텁다(足趺端厚相). ⑧ 엉덩이가 둥글고 단정하여, 에니라는 사슴의 엉덩이와 같다(腨伊尼鹿相). ⑨ 바로 서서 허리를 굽히지 않아도, 손이 무릎을 지나간다(垂手過膝相). ⑩ 음근陰根(=腎莖)은 말의 그것과 같이 밖으로 드러나지 않았다(馬陰藏相). ⑪ 몸빛은 황금과 같이 누르고 광택이 난다(身眞金色相). ⑫ 살갗은 가늘고 윤택하여, 때와 티끌이 묻지 않는다(皮膚細滑相). ⑬ 터럭은 한 구멍에 하나씩 나 있다(一孔一毛相). ⑭ 터럭은 위로 쓰러지고, 감청색紺青色으로 오른쪽을 향해 돌아 올라갔다(毛上靡右旋相).

⑮ 몸 사지가 쪽 곧고 골라서, 범천 사람과 같다(身直梵天相). ⑯몸의 두 손・두 발・두 어깨・목 일곱 곳이 다 원만하고 골라서 빠진 데가 없다(七處圓滿相). ⑰몸의 용감한 모습이 사자와 같다(身獅子威相). ⑱두 어깨 사이가 충실하여 빈 데가 없다(兩肩充實相). ⑲ 몸 둘레가 둥글고 쪽 곧아서, 니구류수 나무와 같다(身周圓直相). ⑳ 두 어깨가 쪽 곧고 둥글게 보인다(兩肩平圓相). ㉑ 턱의 넓죽한 모습이 사자의 턱 윤곽과 같다(獅子頷輪相) ㉒ 입에는 사십 개의 이가 갖추어 있다(口四十齒相). ㉓ 이가 쪽 고르고 가지런하다(齒均齊平相). ㉔ 이가 조밀하여 사이 틈이 없다(齒密無隙相). ㉕ 이가 희고 깨끗하다(齒牙潔白相). ㉖ 입에는 최상의 미각味覺을 얻게 되어 있다(得上味覺相). ㉗ 혀가 크고 길어, 밖으로 내어 코와 귀를 덮을 수 있다(舌大廣長相). ㉘ 음성이 청아하고 웅장하여, 범천의 음성을 갖추어 있다(聲梵音聲相). ㉙ 눈빛은 감청색이다(眼紺青色相). ㉚ 눈썹은 암소의 눈썹 모습이다(牛王眉睫相). ㉛ 두 눈썹 사이에 흰 털이 있으되, 부드럽기가 도라솜과 같다(眉間白毫相). ㉜ 머리 위에 살(肉)로 된 상투가 솟아나 있다(頂上肉髮相). 비구들이여, 이것이 삼십이종 대인상이다.

이 상을 갖춘 분은 그 결정된 숙명이 두 가지가 있으니 만일 세속에 있으면 전륜성왕이 되어 칠보가 구족하고 정법으로써 사해를 통치할 것이요, 만일 집을 떠나 수도하면, 여래・세존이 되어 세상 모든 장애를 다 벗어나게 되는 것이다.

3 비구들이여, 이러한 삼십이 대인상은 외도의 현인들도 잘 알고 있지마는, 그러나 그들은 어떤 업보로 이런 상을 얻는지는 알지 못한다.

비구들이여, 여래는 일찍이 과거세에 몸・말・마음으로 선행을 닦으며, 보시하고 계를 지니고 재계齋戒를 행하며, 부모에 효도하고 사문・바라문을 존경하고 어른을 공경하며, 그 밖에 여러 가지 선행을 닦아 쌓았으므로, 몸이 무너져 목숨을 마친 뒤에는 천상에 나게 되는 것이다. 저곳에는 다른 하늘보다 우월한 열 가지 복덕을 얻나니, 곧 수명・미모・안락・명예・위력・자태・음성・훈향熏香・진미珍味・접촉이 그것이다. 그는 그곳에서 명을 마치면. 이 세상에 나서 대인상을 얻나니, 발바닥이 평편하여, 발로 땅을 밟으면 다 땅에 대이게 되는 것이다.

비구들이여, 여래는 일찍이 과거세에 많은 사람을 안락하게 하기 위하여, 모든 공포를 없애고 그들을 수호하고 방위하며, 또 보시를 행하였다. 이런 업을 쌓음으로써 목숨을 마친 뒤에는 천상에 나고, 다시 인간에 나서 대인상을 얻었으니, 발바닥에 천 폭 바퀴와 같은 그물무늬가 있게 되었다. 이 상을 갖추면 세속에서나 세속을 떠나서나, 항상 모든 인간·천상 대중이 둘러싸고 수호하게 되는 것이다.

비구들이여, 여래는 과거세에 살생하는 일이 없고 살생하는 도구를 쓰지 않았으며, 모든 생명을 불쌍히 여기고 이익하게 함으로써 모든 좋은 곳에 나고, 이 세상에 나서는 세 가지 대인상을 얻었으니, 발뒤꿈치가 단정하고 둥글며, 손·발가락이 가늘고 길고 또 윤택하며, 사지가 쪽 곧고 고른 대인상이 그것이다.

비구들이여, 여래는 과거세에 풍부하고 아름다운 맛난 음식물을 사람에게 베풀어 줌으로써 이 세상에 나서 대인상을 얻었으니, 손·발·어깨·목 따위 일곱 곳이 원만하고 고른 대인상이 그것이다.

비구들이여, 여래는 과거세에 남에게 보시하고, 또 사랑스러운 말(愛語), 남을 이롭게 하는 행동, 남을 위해 동사同事하는 등, 사섭법四攝法을 닦은 공덕으로 말미암아, 손·발이 부드럽고 윤택하며, 손·발에 그물 같은 가는 무늬가 얽혀 돌게 된 대인상을 얻게 된 것이다.

비구여, 발등이 단정하고 두텁고, 몸 털이 위로 쓰러진 대인상은, 과거세에 많은 사람을 위하여, 진리에 맞는 말을 설명하고 이익을 준 법보시法布施를 행한 까닭이며, 엉덩이의 에니록(伊泥鹿)과 같은 상은, 과거세에 학문과 기술과 행업을 사람에게 가르쳐 성취시킨 공덕의 과보요, 피부가 윤택하여 때와 티끌이 묻지 않는 것은, 과거세에 사문·바라문을 가까이하여, 선과 불선, 죄와 복되는 모든 이치와 행업을 물어 배워, 모든 불선과 죄의 때를 깨끗이 씻어 버린 공덕의 과보니라.

비구들이여, 몸이 황금색과 같은 것은, 과거세에 모든 중생에게 성내고 분해하고 미워하고 불만한 마음이나 표정의 빛을 보이지 않고, 겸하여 부드럽고 아름다운 의복을 베풀어 준 과보요, 음근이 '마음장상'과 같은 것은, 과거세에 오랜 동안에 걸쳐, 혹은 부자간이나 모자간이나 형제・자매간이나 친척・친구 간에, 서로 이별하여 만나고자 더듬어 헤매는 자들을 위하여, 서로 만나 한곳으로 돌아가도록 주선하고 노력하여, 다 서로 만나 기쁘게 하고, 또한 남녀의 성적 접촉接觸은 다 부정・예악穢惡・불선법임을 알려, 음란한 마음, 음란한 행동을 크게 부끄럽게 여기어, 깨끗한 성행性行을 닦아 쌓은 인연인 것이다.

과거세에, 여러 사람의 성질과 취미와 욕구를 잘 알아 그에 맞도록 비위를 맞추어 주며, 지도하고 교화한 인연으로 말미암아, 이 세상에 나서는, 몸이 둥글고 가지런해서 니구류수와 같으며, 손을 드리우면 무릎을 지나가는 과보를 얻은 것이다.

과거세에, 많은 사람을 이롭게 하고 안락하기 위하여 지식과 지혜와 진리의 가르침을 베풀어 주고, 또한 금・은 보화며, 노비・전택을 베풀어 주는 행업을 쌓음으로써 이 세상에 나서는, 사자같이 위엄스러운 대인상과, 두 어깨 사이가 충실하고 고르고 둥근 대인상을 얻게 된 것이다.

과거세에, 손으로나 돌이나 칼 따위로, 모든 생물을 해치는 일이 없는 행업을 쌓음으로 말미암아, 입에 최상의 미각을 얻었으니, 목구멍에 미각의 특수한 기관이 생겨, 음식물을 잘 조절하고 소화시키는 기능을 갖추어 소화기관을 도움으로, 무병건강하게 된 것이다.

과거세에, 게눈처럼 가로 보거나, 곁눈질이나 흘겨보는 일이 없고, 바로 또는 넓게 보고 평등하게 사랑하는 눈으로 사람을 둘러보는 행업을 쌓은 인연으로 말미암아, 이 세상에 나서는, 눈알은 감청색이요, 암소의 눈썹과 같은 대인상을 얻게 된 것이다.

과거세에, 수많은 사람에 앞서서 모든 선행을 실천하여 사람 가운데 가장 우수하며, 보시를 행하고 계율을 지키고 재계를 닦고, 부모에게 효도하고 사문·바라문·존장을 존경한 인연으로 말미암아, 머리 위에 살상투(肉髻)가 솟은 대인상을 얻게 된 것이다.

과거세에, 거짓말을 여의어 참되고 거짓 없는 말로써 사람을 대하는 행업을 쌓음으로써 한 구멍에 오직 하나의 털이 나고, 두 눈썹 사이에 난 흰 털이 도라솜처럼 부드러우며, 또 과거세에, 이간질 하는 말을 여의어, 사람을 화합시키고 기쁘게 하고 친밀하게 하는 행업을 닦음으로 말미암아, 사십 개나 난 이가, 쪽 고르고 결백하고 또 빈틈이 없는 대인상을 얻게 된 것이다. 또 과거세에, 추악한 말, 사람이 듣기 싫어하는 말을 여의어, 듣고 기뻐할 말, 사랑하고 좋아하고 우아한 말, 사람의 마음속에 깊이 들어갈 말을 한 인연으로 말미암아, 음성이 아름답고 명랑하고 청아하여, 가릉빈가 새의 음성 같은 범음성梵音聲을 성취하게 된 것이다. 과거세에, 쓸데없는 말, 이치에 맞지 않는 말을 버려, 때에 맞는 말, 사실에 맞는 말, 의리에 맞는 말, 법에 맞는 말을 함으로써 사자의 턱과 같은 대인상을 얻게 된 것이다.

비구들이여, 이와 같은 행업行業의 인연·과보로 말미암아, 이와 같은 삼십이종 대인상을 얻게 된 것이니 이러한 대인상을 갖추어 세속에 있으면, 전륜성왕이 되어 칠보가 구족하고, 정법正法으로 사해를 통치하여 위엄이 천하에 떨치고 백관과 만민이 시위하고 앙망하게 되는 것이다. 그러나 만일, 집을 떠나 도를 닦으면, 여래·세존이 되어, 천天·룡龍·팔부八部 신중神衆이 수호 시위하고, 국왕·대신·장자·거사·사문·바라문이 순종하여 교화를 받느니라.

4 배화교拜火敎의 케니야도, 또 부처님이 안굿타라바에 계신다는 말을 듣고, 부처님을 찾아 가르침을 들은 뒤, 부처님과 그 비구들을 초대했다.

"케니야여, 내 제자는 천이백오십 명이나 된다. 그리고 너는 바라문을 믿고 있지 않느냐?"

"부처님이시여, 비록 제가 바라문을 믿고 있더라도, 또 부처님의 제자가 천이백오십 명이나 되더라도, 부디 내일 제 공양을 받아 주소서."

부처님은 잠자코 이것을 허락하셨다.

케니야는 바삐 집으로 돌아가, 친척과 친구와 또 하인들을 재촉해, 내일의 공양 준비를 시켰다. 어떤 자는 부엌을 파고, 어떤 자는 장작을 패고, 그릇을 씻고, 물병을 챙기고, 자리를 준비하고, 케니야 자신은 둥근 꼴의 집을 지었다. 그때, 케니야가 깊이 믿는 세라 바라문이 오백 명의 제자를 데리고 산보 왔다가, 이 광경을 보고 놀랐다. '무슨 혼인이 있는가, 큰 제사가 있는가. 혹은 마가다의 빈바사라 왕을 맞이하기 위해서인가'라고 물었다.

"세라여, 그런 아무것도 아니다. 큰 공양을 위해서다. 석가족으로서 집을 나가 부처가 된 사문 구담을, 그 제자들과 함께 초대하는 것이다."

"케니야여, 너는 부처라고 말했나?"

"세라여, 그렇다. 나는 부처라고 불렀다."

세라는 부처라는 이름에 놀라움을 느꼈다.

"부처라고 하면 그 이름을 듣기도 어려운 일이다. 우리 책에는 삼십이종의 대인의 모양을 갖춘 사람은, 세속에 있으면 전륜성왕이 되어, 온 세계를 칼을 쓰지 않고 평정하고, 만일 집을 떠나면 세상의 모든 번뇌를 없애는 부처가 된다고 기록되어 있다. 케니야여, 지금 그 부처는 어디 계신가?"

케니야는 오른손을 펴 저쪽 푸른 숲을 가리켰다. 세라는 오백 명의 제자를 이끌고 부처님 계시는 곳으로 갔다. 거기서 부처님의 원만하고 거룩한 삼십이종의 대인상을 보고 기뻐해서, 곧 부처님의 제자가 되었다. 다음날은 부처님과 함께 케니야의 공양을 받고, 용맹정진한 지 이레 만에 큰 지견이 열렸다.

제3절 코끼리 발자국

1 사위성의 사노소인闍奴蘇仁 바라문은 어느 날, 흰 천막을 덮어씌운 마차를 타고, 오백 제자를 데리고 들 밖에 나가다가, 도중에 유행자遊行者 필로티카를 만나서 물었다.

"오늘 어디로 가오?"

"사문 구담을 찾아가오."

"그는 지혜 있는 현자인가요?"

"내가 어떻게 구담의 지혜와 현명을 알 수 있겠소? 다만 그분과 동등한 사람만이 비로소 그 지혜와 현명을 알 것이오."

"당신은 너무 구담을 지나치게 찬미하는 것 아니오?"

"천만에, 내가 어떻게 사문 구담의 덕을 찬미할 수가 있겠소. 그분은 인천人天 중에서 가장 거룩하신 분이신데!"

"사문 구담의 어디가 그처럼 거룩하게 보이던가요?"

"코끼리가 노는 숲에 들어간 사냥꾼이, 큰 코끼리의 발자국을 보고 '아, 그 코끼리는 확실히 크다'고 하는 것과 같이, 사문 구담의 네 가지 발자국을 보고 '아! 그는 정각자이다. 그 설법은 매우 훌륭할 것이며, 그 제자는 올바른 수행을 하는 사람들일 것이다'라고 알 수가 있소. 네 가지 발자국이라 함은, 현명하고 변론을 잘 하는 크샤트리아 족들이 사문 구담의 이론을 깨뜨리고자 가지가지로 재주를 부렸으나, 그를 만나 그 설교를 듣고는 곧 제자가 되니 그것이 첫째 발자국이요, 또 말 잘하는 현명한 바라문들이 그와 대결해 보겠다고 벼르다가, 그 교를 듣고는 그만 기꺼이 제자가 되는 것이 그 둘째 발자국이며, 또 이론을 잘하는 어떤 학파의 스승들이 저것을 깨뜨리고자 벼르다가도, 그를 만나면 그 설교에 감복하여 제자가 되니 이것이 셋째 발자국이요, 또 털끝도 쪼갤 정도로 영리한 사문들이, 내가 꼭 사문 구담의 학설을 깨뜨리겠다고 여러 가지로 머리를 쓰다가 드디어 그 교에 끌려 들어가 제자가 되어, 옛날에는 사문도 아니면서 사문이라고 생각하던 것이 이제는 참으로 사문이 되었다고 기뻐하는 형편이니 이것이 그 넷째 발자국이오. 나는 이 네 가지 발자국을 보고 부처님은 실로 정각자며, 그 설법은 참으로 훌륭하고, 그 제자들은 올바른 수행을 하는 사람들이라고 알고 있소."

이때 사노소인은 마차에서 내려, 한쪽 어깨에 옷을 벗어 메고, 부처님이 계신 쪽을 향해 합장하고

"저 거룩하신 부처님, 정각자에 귀명歸命합니다."

라고 세 번 외쳤다. 그리고 '거룩하신 부처님을 만나 뵙고 그 설법을 듣자'고 마음으로 다짐하고, 그는 곧 부처님 계신 곳에 나아가 예배한 뒤에, 유행자 필로티카가 하던 말을 여쭈었다.

2 부처님은 말씀하셨다.

"바라문이여, 이 코끼리의 발자국의 비유가 아직 충분하지 못하다. 내가 이제 비유를 들 것이니 들어 보라. 코끼리의 숲에 들어가 넓고 큰 발자국을 보고, 만일 익숙한 코끼리 사냥꾼이라면, 바로 '이것은 큰 코끼리다'라고 생각하지 않는다. 왜냐하면, 바마니카라는 암코끼리는, 키는 아주 작아도 발만은 큰 것을 가지고 있기 때문이다. 또 다시 나아가, 큰 발자국이 있고 그 옆에 높은 나뭇가지가 부러져 있어도, 이것은 큰 코끼리라고 생각할 수 없다. 그것은 키가 높고 발자국이 큰 가리리카라고 하는 코끼리가 있기 때문이다. 다시 나아가, 큰 발자국을 보고 그 옆에 높은 나뭇가지가 부러져 있고 나무 등걸에 어금니의 흔적이 있어도 또한 큰 코끼리라고 생각할 수 없다. 가네루카라고 하는 큰 암코끼리가 있기 때문이다. 더 나아가, 큰 발자국과 부러진 나뭇가지와 이빨 자국이 난 나무 등걸과 그리고 공지에 갔다가 돌아왔거나 또는 누워 있는 큰 코끼리를 보고야 '이것은 큰 코끼리다'라고, 비로소 판정할 수 있는 것이다."

3 바라문이여, 이 비유와 같이, 여래가 세상에 나타나서 법을 설하여,

좋은 집 자제들이 믿음을 얻어 출가하여 깨끗한 행을 닦아, 마치 나는 새가 다만 날개만 몸에 가지고 나는 것과 같이, 욕심을 여의어 족한 줄 알며, 계를 갖추고 선정을 닦고 지혜를 연마하여, 오개五蓋를 제하고 제일 선禪에 들어가나니, 바라문이여, 이것이 여래의 발자국으로서, 코끼리 어금니의 흔적이라고 할 것이다. 그런데, 이 가르침을 받은 제자는 이것만 보고 '부처님은 정각자이시다. 부처님은 좋은 법을 설하시고, 부처님의 제자는 올바른 수행을 하는 사람들이다'고 결론하지 않는다.

바라문이여, 이 제자는 점차로 도를 닦아, 제이선禪·제삼선·제사선에 들어 숙명통宿命通·타심통他心通 누진통漏盡通을 얻는다. 바라문이여, 이것도 다 여래의 발자국에 코끼리의 어금니 흔적이라고 이르는 것이다. 그러나 이 제자들은 이것만 보고 '부처님은 정각자이시다!'라고 판정하지는 않는다.

그와 같이 나아가, 모든 욕심과 번뇌와 근본무명根本無明에서 벗어나 큰 지혜를 얻어, 생사의 근본이 다 없어지고 청정한 행을 성취하여, 할 일을 다해 마쳐 생生 뒤에는 다시 미몽의 생이 없는데 이르게 되나니, 바라문이여, 이것은 여래의 발자국, 여래의 어금니 흔적이라고 이르는 것이다. 이것을 아는 제자는 비로소 '부처님은 정각자이시다!'라고 판정할 수가 있는 것이다.

사노소인은 부처님의 이러한 가르침을 듣고, 어둠에서 광명을 얻은 듯, 덮였던 것이 홀짝 벗겨진 듯 기뻐하며, 일생에 우바새(남신도)가 되기를 서약했다.

4 어느 날 바사닉왕은 부처님을 뵈옵고

"부처님께서는 스스로 깨달음을 증證하셨다고 생각하십니까?"

"대왕이여, 만일 이 세상에 정각자가 있다고 한다면, 그것은 나일 것이요, 나는 정각자요."

"그런데, 세상에는 부처님과 같이 제자들을 거느리고 교를 펴며, 사람들에게 존경을 받는 많은 사문과 바라문이 있습니다.

나는 그들에게도 같은 물음을 해 보았습니다. 그러나 그들은 정각자라고 말하지 않았습니다. 그런데, 부처님은 나이 젊고 새로 출가한 분으로서, 그처럼 힘차게 말씀하십니까?"

"대왕이여, 나이 적다는 이유로써 가벼이 여길 수 없는 것이 네 가지가 있으니, 왕자와 뱀과 불과 비구가 그것이오. 이 네 가지는 어리다고 해서 업신여길 수 없소."

왕은 부처님의 권위와 지혜에 눌려서 감복하며, 그날도 즐거운 마음으로 궁으로 돌아갔다.

5 부처님이 대숲절에서 교화를 펴고 계실 때에, 이웃 나라인 비사리국에서 흉년이 들고 겸하여 염병이 크게 유행하여, 죽는 사람이 많았다. 그래서 사람들은 공포에 떨며 어찌 할 바를 몰랐다. 더구나 나라 정사에 참여한 귀족들은 당시에 이름 높은 육사외도六師外道를 초빙하여, 이 염병을 퇴치하려 했으나 효력이 없었다. 그래서 국왕과 대신은 서로 의논하고, 마가다 국 빈바사라 왕과 부처님에게 사신을 보내어 그 비참한 상태를 호소하고, 부처님께서 행차하기를 빌었다. 부처님은 이것을 허락하셨다. 빈바사라 왕은 항가 하수 언덕까지 길을 닦고 부처님을 전송했다. 부처님이 항가 하수를 건너 한 삼십 리 가시어 비사리 땅을 밟으시자, 모든 염병의 독기는 맑아지며, 병의 기운은 문득 힘을 잃기 시작했다. 아난은 부처님의 말씀대로 『보경』寶經을 외우면서 성벽을 돌아 맑은 물을 뿌릴 때에, 모든 악기惡氣는 스스로 쫓겨 가고 염병은 그치게 되었다. 부처님은 두 달 동안 비사리에 머물며 법을 설하셨다. 이때에 비사리 국왕과 신민은 거의 부처님과 그 교법을 신봉하게 되었다. 유명한 대림정사도 건립되었다. 그러자, 부처님은 다시 대숲절로 돌아오셨다.

제2편

아함경 법문

방대하고 심오한 부처님 가르침의 시원始原이 되는 근본 교리를 초기 경전의 대표 자리를 차지하고 있는 남북 소전所傳 『아함경』을 비롯하여 기타 중요한 원시 경전에 의거하여 간략하고도 체계적으로 정리하고 있다.

제2편 아함경 법문

비구들이여, 여래가 이 세상에 출현하기는 드문 일이다. 사람의 몸은 얻기 어려운 일이다. 여래를 따라 신심을 일으키고, 참기 어려운 것을 잘 참으며, 계戒를 지켜 깨뜨리지 않고 무학위無學位를 얻는 것도 또한 어려운 일이다. 비유하면, 금싸라기 같은 모래가, 우담바라 꽃을 찾는 것과 같은 것이다.

너희는 나를 만나 허송세월해서는 안 된다. 나는 옛날의 수행에 의하여 이제 이 무상無上의 힘을 얻은 것이다. 너희들을 위하여 과거 무량겁 동안에 손과 발과 머리와 골수와 뼈다귀까지 보시하여 버리기를 한없이 하였다. 너희들은 방일하여서는 안 된다. 비구들이여, 바른 법의 성城에는 공덕과 보배가 갖추어져 있는데, 계戒와 정定과 혜慧가 담이 되고 참호塹壕가 되어 있다. 너희들은 지금 이 불법의 보배 성城에 있으면, 다른 거짓 것을 취하여 가져서는 안 된다.

제1장 근본 교리

제1절 여래의 결정법과 사제

1 부처님이 기원정사에 계실 적이다. 제자들을 위하여 외도의 사견을 깨뜨리시고 부처님이 깨친 정법을 널리 연설하신 뒤, 다시 제자들을 돌아보며 말씀했다.

"비구들이여, 여래가 스스로 깨쳐 얻은 법을 너희들을 위해 말하겠노라. 이 법은 모든 사문이나 바라문이나 또 하늘이나 마군 등 모든 세간은, 이법을 비방하거나 모독하거나 파괴할 수 없다. 내가 깨닫고 너희들을 위하여 설하는 법은, 육대六大며 육처六處며 십팔심소연경十八心所緣境이며, 사성제四聖諦며 십이인연十二因緣 등이다.

육대라 함은 곧 지대地大・수대水大・화대火大・풍대風大・공대空大・식대識大의 여섯 가지로서, 모든 중생과 세계는 이 육대의 인연으로써 구성하는 것이다.

육처라 함은, 사람과 같은 중생들이 가지고 있는 감각기관으로 눈・귀・코・입・몸・뜻의 여섯 가지 기관이다. 모든 중생은 이 여섯 가지 감각기관으로 바깥 세계를 비추어 보고 느끼고 알고, 그리고 그 느끼고 아는 작용으로 활동하고 있는 것이다.

십팔심소연경이라 하는 것은, 사람의 여섯 가지 감각기관과 그 대상이 되는 바깥 경계인 빛깔・소리・냄새・맛・닿음(觸感)・의식경계의 여섯 가지가 서로 맞대어, 그로 인하여 일어나는 여섯 가지 분별작용(六識)을 합하여 십팔심소연경이라 한다. 모든 법이란, 이 육대 · 육처 · 십팔심소연경을 벗어나서 있을 수 없는 것이다.

비구들이여, 사성제라 하는 것은 고제苦諦 · 집제集諦 · 멸제滅諦 · 도제道諦요, 십이인연이라 하는 것은, 무명無明 · 행行 · 식識 · 명색名色 · 육처六處 · 촉觸 · 수受 · 애愛 · 취取 · 유有 · 생生 · 노사老死의 열두 가지 인연이다.

비구들이여, 육대는 원래 '나'와 '나의 것'이 없건만, 중생이 그것을 집착하여 '나'라는 생각을 일으켜, 그것이 부모의 태에 들어가 명색名色(=정신과 육체)이 있게 되고, 명색으로 인하여 육처가 있고, 육처로 인하여 외계와의 접촉이 있고, 접촉으로 인하여 감수 작용이 있고, 감수로 인하여 쾌 · 불쾌, 고 · 락을 느끼고, 그로 인하여 길이 나고 늙고 죽는 고통을 받게 되는 것이다.

나는, 어떤 것이 고제이며, 어떤 것이 고의 원인인 집제이며, 어떤 것이 고의 원인이 없어진 멸제이며, 어떤 것이 멸을 얻는 길인 도제인가를 여실히 깨달아 얻고, 너희들을 위하여 열어 보이려 하는 것이다.

비구들이여, 어떤 것이 고제인가? 나(生)는 것이 고요, 늙고 병들고 죽는 것이 고요, 근심 · 걱정 · 슬픔 · 번민이 고이며, 구하는 것을 뜻대로 얻지 못함이 고요, 사랑하는 자와 서로 이별하게 되는 것이 고요, 원수가 서로 만나게 되는 것이 고이다. 어떤 것이 집제인가? 무명으로 인하여 행이 있고, 행으로 인하여 식이 있고, 식으로 인하여 명색이 있고, 명색으로 인하여 육처가 있고, 육처로 인하여 촉이 있고, 촉으로 인하여 수가 있고, 수로 인하여 애가 있고, 애로 인하여 취가 있고, 취로 인하여 유가 있고, 유로 인하여 생이 있고, 생으로 인하여 늙고 병들고 죽음과, 근심 · 슬픔 등의 고통이 있나니, 이것을 고의 원인인 집제라 한다. 어떤 것이 멸제인가? 무명이 깨끗이 없어지면 행이 없어지고, 행이 없어지면 식이 없어지고, 이와 같이 생 · 노사 · 근심 · 고통이 다 없어지는 것이다.

이것을 고의 원인이 없어진 멸제라 한다. 어떤 것이 도제인가? 곧 여덟 가지 성도聖道를 말함이니, 바른 지견(正見)·바른 생각(正思惟)·바른말(正語)·바른 행(正業)·바른 생활(正命)·바른 정진(正精進)·바른 심념(正念)·바른 선정(正定)이 그것이다.

비구들이여, 이 육대, 육처, 십팔심소연경·사제·십이인연은 내가 늘 말하는 법으로서, 진실로 양심을 지닌 사문·바라문은 악구惡口로 이것을 비방하거나 모독하거나 파괴할 수 없는 것이다."

2 부처님이 사위성의 기원정사에 계실 때, 모든 비구에게 말씀하셨다.

"비구들이여, 마땅히 사성제 법을 닦아 행하라. 사성제라 함은, 첫째는 고성제苦聖諦니, 그 뜻은 다함이 없으며 그것은 다 말할 수도 없는 것이다. 다음의 집성제·멸성제·도성제도 또한 그러한 것이다.

고제苦諦라 함은, 이른바 모든 중생이 나는 것이 고요, 늙는 것이 고요, 병드는 것이 고요, 죽는 것이 고요, 근심·슬픔·번민이 고요, 원수와 미운 이가 서로 만나는 것이 고요, 은혜와 사랑하는 사람이 서로 이별하는 것이 고요, 원하고 구하는 것을 얻어 이루지 못하는 것이 고다. 요컨대 오온五蘊(=色·受·想·行·識)으로 구성된 이 몸과 마음은 모두가 고의 덩어리이니, 이것을 고제라 한다.

집제集諦라 함은, 사랑하는 마음과 욕심내는 마음이 서로 호응하여 마음이 늘 염착染着되나니, 이것을 집제(=習諦)라 한다.

멸제滅諦라 함은, 애욕과 탐착과 번뇌가 길이 다하여 남음이 없고, 다시 일어나거나 짓지 않는 것이니, 이것을 멸제(=苦盡諦)라 한다.

도제道諦라 함은, 곧 고를 없애고, 나고 죽음에서 벗어나는 길을 말하는 것이니, 곧 팔품성도八品聖道에 이르는 것이다.

비구들이여, 이 사제법은 진실하여 헛되지 않으며, 깨침을 얻은 여래가 말한 바이므로 제諦라고 하나니, 진실한 도리라는 뜻이다. 두 발 가진 중생이나 세 발, 네 발 가진 중생이나, 욕심 있는 중생, 욕심 없는 중생,

형상 있는 중생, 형상 없는 중생, 생각 있는 중생, 생각 없는 중생 세계 가운데서 여래가 가장 높음이 되나니, 여래로서 이 사제법을 깨달아 말하였으므로, 이 법이 가장 진실한 것이다.

비구들이여, 여기 사제법이 있건마는, 중생들은 이것을 깨달아 알지 못하고, 길이 생사 바다에 빠져, 오도五道(=六道에서 天道를 제함)에 굴러다니는구나. 그러므로 내 이제 사제법을 얻어, 이쪽 언덕(生死苦海)에서 저쪽 언덕(涅槃의 경지)에 이르도록 하는 것이다. 다시 게송으로

> 여기 참된 사제법 있건만 그 도리를 아는 이 없어
> 끝없이 생사에 헤매고 있다. 내 이제 이 이치를 깨달아
> 중생에게 이 도리를 열어 주어 길이 나고 죽음을 벗게 하리라.

이 법을 들은 비구들은 모두 기뻐 받들어 행했다.

제2절 생사 연기의 묘리

1 언젠가 부처님이 구루 국 감마사담마라고 하는 성읍에 계실 적에, 장로 아난은 부처님께 예배하고 여쭈었다.

"부처님이시여, 연기의 법은 매우 깊고 미묘하여, 배우는 이로서 생각하고 의논하기 어렵다 하셨습니다마는, 우리들은 도리어 명백히 눈앞에 보는 것 같습니다."

"아난이여, 그렇게 말하지 말라, 그렇게 말하지 말라. 연기의 법은 매우 깊고 미묘한 까닭이 있다. 아난이여, 이 법을 깨닫지 못하고 사무쳐 보지 못함으로 말미암아 모든 중생들은 얼크러진 실과 같이, 새삼 넝쿨과 같이, 그 속에 얽혀 스스로 벗어나지 못하고, 악취惡趣에 윤회輪廻하여

해탈할 길이 없는 것이다."

2 아난이여, 만일 어떤 사람이 '어떠한 결정적인 인연이 있어서, 늙고 죽음이 있게 되느냐?'고 물으면, '있다'고 대답하리라. '어떠한 인연으로 늙고 죽음이 있느냐?'고 물으면, 남(生)의 인연으로 늙고 죽음이 있다고 대답하리라.

아난이여, '어떤 인연으로 남(生)이 있게 되느냐?'고 물으면, '유有(=存在)의 인연으로 남이 있다'고 대답하리라. '어떤 인연으로 유가 있느냐?'고 물으면, 취取(=取得)의 인연으로 유가 있다고 대답하리라. 이와 같이, 취는 애愛의 인연으로, 애는 감수感受의 인연으로, 감수는 접촉接觸(=감각기관이 경계와 교섭하는 것)의 인연으로, 접촉은 명색名色(=정신과 육체)의 인연으로, 명색은 식의 인연으로, 식은 또 명색의 인연으로 있게 되는 것이다."

3 "아난이여, 명색의 인연으로 식이 있고, 식의 인연으로 명색이 있게 되며, 명색의 인연으로 접촉이 있고, 접촉의 인연으로 감수가 있고, 감수의 인연으로 애가 있고, 애의 인연으로 취가 있고, 취의 인연으로 유가 있고, 유의 인연으로 남이 있고, 남의 인연으로 늙고 죽음이 있고, 늙고 죽음이 있으므로 근심·걱정·슬픔·괴로움이 있는 것이다. 이것이 모든 괴로움의 덩어리(滥聚)이다. 아난이여, 만일 모든 중생이 남이 없었다면 늙고 죽음이 있겠느냐?"

"부처님이시여, 그럴 수가 없나이다."

"아난이여, 모든 중생이 남이 없다면, 남이 없으므로 또한 늙고 죽음이 있을 수 없으리라. 이것이 남의 인연으로 늙어 죽음이 있다는 것이다.

아난이여, 유의 인연으로 남이 있다 함은, 모든 유가 없을 때, 예컨대 욕유欲有(=欲界)·색유色有(=色界)·무색유無色有(=無色界)의 모든 존재가 없다면, 그것이 다 없음으로써 모든 중생이란 생의 존재가 없을 것이니, 이것이 유의 인연으로 남이 있다는 것이다. 유의 인연이 없으면 남이 없는 것이다.

아난이여, 취의 인연으로 유가 있다 함은, 만일 무엇이든지 어떤 곳에서도, 모든 것을 취함이 없을 때, 예컨대 욕취欲取(=모든 번뇌의 집착) · 견취見取(=모든 견해의 집착) · 계금취戒禁取(=계금법에 대한 그릇된 집착) · 아어취我語取(=나라는 주관의 집착) 등 모든 집착이 없을 때, 이런 집착이 없음으로써 나와 나의 것이란 존재가 있을 수 없는 것이다. 이것이 취의 인연으로 유가 있다 한 것이다. 취의 인연이 없으면 유가 있을 수 없는 것이다.

아난이여, 애의 인연으로 취가 있다 함은, 만일 무엇이든지 어떤 곳에서도 모든 애착이 없을 때, 예컨대 색色 · 성聲 · 향香 · 미味 · 촉觸 · 법法의 여섯 가지 감각기관의 대상에 애착이 없을 때, 애착이 없으므로 나와 나의 것이란 취착이 있을 수 없는 것이다. 이것이 애의 인연으로 취가 있게 된다는 것이다. 애의 인연이 아니면 취가 있을 수 없는 것이다.

아난이여, 감수의 인연으로 애가 있다 함은, 만일 무엇이든지 어떤 곳에서도 모든 감수 작용이 없을 때, 예컨대 눈 · 귀 · 코 · 입 · 몸 · 마음의 모든 감각기관에 감수 작용이 없을 때, 그 감수 작용이 없으므로 이것저것에 대한 애착이 있을 수 없는 것이다. 이것이 감수의 인연으로 애가 있게 된다는 것이다.

아난이여, 감수의 인연으로 애가 생기고, 애의 인연으로 구하는 마음이 생기고, 구하는 인연으로 이익심이 생기고, 이익심의 인연으로 용用(=需用)이 생기고, 용의 인연으로 탐욕이 생기고, 탐욕의 인연으로 착심着心이 생기고, 착심의 인연으로 시기심이 생기고, 시기심의 인연으로 지키려는 마음이 생기고, 지키려는 마음으로 보호하는 마음이 생기며, 이 보호(자기보호)하는 마음으로 몽둥이를 들고 칼을 잡고, 서로 다투고 싸우고 송사하고, 악담하고 거짓말하는 등 무수한 죄악이 생기는 것이다."(아상 · 구함 · 이익 · 수용 · 탐욕 · 착심 · 시기심 · 지킴 · 보호 등은 愛支에서 따로 분파된 것)

4 "아난이여, 만일 모든 중생이 자기를 보호하려 하는 마음이 없다면, 어찌 몽둥이와 칼을 잡고, 다투고 싸우고 송사하고, 악담하고 거짓말하는 등의 죄악을 짓겠느냐?

아난이여, 지키기 위한 마음의 인연으로 보호함이 있다 함은, 만일 중생이 자기 것을 지켜 보존하고자 하는 마음이 없다면, 보호한다는 것이 또한 따라서 없게 될 것이니, 이것이 지킴을 위하는 인연으로 보호가 있게 된다는 것이다.

아난이여, 시기심의 인연으로 지킴이 있다 함은, 모든 중생이 나와 남을 갈라 나의 것을 더 사랑하고 남의 좋은 것을 내 것으로 만들려는 마음에서 시기하고 미워하는 마음을 일으키나니, 이 마음으로 내 것을 더 지키려 하는 것이다. 만일 중생이 이러한 시기 · 질투하는 마음이 없다면, 나를 위하는 지킴의 마음도 또한 없을 것이다. 이것이 시기하는 마음의 인연으로 지킴이 있게 된다는 것이다.

아난이여, 집착심의 인연으로 시기심이 있다 함은, 만일 중생이 무엇이든지 어느 곳에서도 모든 것에 착심이 없다면, 그는 또한 자기를 편벽되게 집착하는 시기심이 없을 것이다. 이것이 집착심의 인연으로 시기심이 있게 된다는 것이다.

아난이여, 탐욕의 인연으로 집착심이 있다 함은, 만일 중생이 무엇이든지 어느 곳에서도 탐욕이 없을 때는 집착심이 또한 없게 될 것이다. 이것이 탐욕의 인연으로 착심이 있게 된다는 것이다.

아난이여, 용用의 인연으로 탐욕이 있다 함은, 만일 중생이 무엇이나 어느 곳에서도 모든 것의 소용됨이 없을 때에는 용의 필요가 없게 되며, 또한 탐욕이 없게 될 것이다. 이것이 용의 인연으로 탐욕이 있게 된다는 것이다.

아난이여, 이익의 인연으로 용이 있다 함은, 만일 중생이 무엇이든지 어느 곳에서도 이롭다는 것이 없을 때 이것을 필요로 하지 않는다면, 용도 또한 필요하지 않을 것이다. 이것이 이익의 인연으로 용이 있게 된다는 것이다.

아난이여, 구함의 인연으로 이익이 있다 함은 만일 중생이 무엇이든지 어느 곳에서도 모든 것을 구할 것이 없다면, 구함이 없으므로 또한 이익도 있을 수 없는 것이다. 이것이 구함의 인연으로 이익이 있게 된다는 것이다.

아난이여, 애의 인연으로 구함이 있다 함은, 만일 중생이 무엇이든지 어느 곳에서도 애착이 없을 때, 예컨대, 욕계의 애착, 색계色界・무색계無色界의 애착이 없어질 때에는, 구하는 것도 또한 없어질 것이다. 이것이 애의 인연으로 구함이 있게 된다는 것이다.

아난이여, 접촉의 인연으로 감수가 있다 함은, 만일 중생이 무엇이든지 어느 곳에서도 감각기관이 밖의 경계와 접촉하지 않았을 때, 예컨대 눈・귀・코・입・몸・뜻 등이 어떤 대상과의 접촉이 없을 때, 그 접촉이 없으므로 감수 작용도 또한 없을 것이다. 이것이 접촉의 인연으로 감수가 있게 된다는 것이다.

아난이여, 명색의 인연으로 접촉이 있다 함은 만일 중생이 그 형색・상모相貌가 없다면, 이 몸에 눈・귀・코・입 등이 있을 수 없을 것이니, 이런 몸의 명색이 없을 때는, 밖의 경계와 접촉할 수 없을 것이다. 이것이 명색이 없으므로 접촉이 없게 된다는 것이다(여기에 육입을 생략하였으나 명색은 곧 육입이 의존하는 바탕이 되기 때문이다).

아난이여, 식의 인연으로 명색이 있다 함은, 만일 식이 모태에 들어가지 않았다면, 명색은 모태에서 구성될 수 없을 것이다. 또 식이 비록 모태에 들었더라도 그것이 소멸된다면, 명색의 형태는 이루어질 수 없을 것이다. 아난이여, 이와 같이 부모의 정혈精血이 있다 하더라도, 식 자체가 화합하지 않으면, 모태 중에서 명색이 구성되지 못하는 것이니, 어린 동남・동녀에게 식 작용이 끊어졌다면, 그 아기는 성장 발달하지 못할 것이다. 이것이 식의 인연으로 명색이 있게 된다는 것이다.

아난이여, 명색의 인연으로 식이 있다 함은, 식이 만일 명색의 근거를 얻지 못하면 식이 의존할 데가 없게 될 것이니, 미래의 나고 늙고 죽음의 고통과 존재가 의거할 근거도 없게 될 것이다.

아난이여, 사람이 나고 늙고 죽고, 또 다시 나고…. 이렇게 바퀴 돌 듯 하는 한, 명색은 식과 함께 하는 것이다."

제3절 사견 · 정견과 바로 보는 법

1 부처님이 기원정사에 계실 때, 비구들에게 이렇게 말씀하셨다.

"비구들이여, 이 세상에 세 가지 그릇된 견해를 가진 교인들이 있으니, 현명한 사람은 그것을 밝게 증명하여 그를 따르지 말아야 할 것이다. 만일 그런 견해를 좇아간다면, 그는 이 세상에 하는 일을 모두 부인하게 될 것이다. 세 가지 그릇된 견해란 어떤 것인가? 어떤 사문이나 바라문이 말하기를, '사람이 이 세상에서 경험하는 것은, 괴롭든 즐겁든 또 괴롭지도 즐겁지도 않든 간에, 다 전생의 업業에 의한 것이다.' 하고, 또 어떤 사문이나 바라문은 '그 모든 것은 다 자재천이 창조한 원인에 의한다.' 하고, 또 어떤 이는 '인因도 연緣도 없다'고 한다.

비구들이여, 나는 '무엇이나 전생의 업에 의한다'고 주장하는 사문이나 바라문들의 처소에 가서 '그 의견이 꼭 옳다고 생각하느냐?'고 물었다. 그들은 '그렇다'고 대답했다. 그래서 나는 "제현들이여, 그러면 이 세상에서 사람을 죽이는 것이나 도둑질하는 것이나, 간음하고 거짓말하고 탐심 · 진심 · 사견을 내는 것도 다 전생의 원인이라고 아니 할 수 없을 것이니, 그와 같이 모두가 전생에서 정해진 업이라면, 모든 사람들은 '이것은 해서는 아니 된다, 이것은 하지 않아서는 아니 된다'고 하는 욕망도 노력도 필요 없게 될 것이다. 그렇다면 '이것은 해야 된다, 해서는 아니 된다'는 참된 이치를 알지 못하고, 함부로 욕망대로 하는 사람을 정당한 사문이나 바라문이라고 하지 않겠는가?"라고, 비평했다.

비구들이여, 또 모든 것은 '자재천이 창조한 원인에 의한다'고 주장하는 사문 · 바라문들의 처소에 가서는, "만일 제현들이 주장하는 바와 같다고 한다면, 살생하는 것도 자재천이 창조한 원인에 의한 것이요, 도둑질하고 간음하고, 사견을 일으키는 것도 자재천이 창조한 원인에 의한 것이라고 하여, 이와 같이 모든 것이 자재천이 창조한 원인에 의한 것이라면, 사람들은 '이것은 하지 않아서는 아니 되고, 이것은 해서는 아니 된다'는 욕망도 노력도 필요 없게 될 것이다. 그렇다면 '이것은 해야 된다, 해서는 아니 된다'의 참된 이치를 알지 못하고, 함부로 욕망대로 하는 사람을 정당한 사문 · 바라문이라고 하지 않겠는가?"라고 비평했다.

비구들이여, 또 '인'도 없고 '연'도 없다고 주장하는 사문 · 바라문들의 처소에 가서 "여러분, 여러분이 주장하는 바와 같다고 한다면, 살생하는 것도 인도 연도 없고, 사견을 일으키는 것도 인도 연도 없을 것이다. 이와 같이, 모든 것이 인연이 없다고 하면 사람들은 '이것은 하지 않아서는 아니 된다, 이것은 해서는 아니 된다'는 욕망도 노력도 필요 없게 될 것이다. 그렇다면, '이것은 해야 된다, 해서는 아니 된다'의 참된 이치를 알지 못하고, 함부로 욕망대로 하는 사람을 정당하다고 하지 않겠는가?" 라고 비평했다.

비구들이여, 이것은 그와 같은 의견을 가지고 그와 같이 주장하는 사문 · 바라문들에 대한 나의 비평이다. 비구들이여, 만일 그와 같은 주장대로 마구 해 나간다면, 이 세상에서 하는 모든 일을 부정하는, 크게 그릇된 결과를 가져오게 될 것이다. 비구들이여, 현명한 사람은 이러한 그릇된 의견을 확인해서, 남에게 버림받지 않도록 해야 할 것이다."

그래서 이치로 설복하여, 그들로 하여금 사견을 버리고 정도로 돌아오게 하셨다.

2 부처님이 사위성의 기원정사에 계실 때에, 존자 사리불은 모든 비구에게 말하셨다.

"제현들이여, 정견正見이라 하니 어떤 것이 부처님 제자의 정견이며, 그 보는 것이 바르고, 법에 대하여 절대적인 깨끗한 신심을 가지고, 이 정법에 통달하게 되는 것인가?"

"존자여, 우리들은 이 뜻을 존자에게 묻고자 먼 곳에서 왔습니다. 존자가 이 말 뜻을 밝혀 주시면 우리들은 다행하겠소."

"제현이여, 그러면 잘 듣고 생각하시오. 내가 말하겠으니.

제현이여, 부처님 제자로서는 어떤 것이 불선법不善法인지 알고 또 불선법의 근본을 알며, 선법善法을 알고 또 선법의 근본을 알면, 이것이 부처님 제자의 정견으로서 그 보는 것이 올바르고, 법에 대하여 절대적인 깨끗한 신심을 가지고 이 정법에 통달하게 될 것이오.

제현이여, 불선법이라 함은, 산목숨을 죽이는 것, 주지 않는 것을 취해 가지는 것, 사음·망어·악구·양설兩舌·잡담·간탐심·성냄·사견 등을 말하는 것이오. 불선법의 근본이라 함은, 탐심·진심·치심(貪·瞋·癡)을 말하는 것이오.

선법이라 하는 것은, 산목숨을 죽이지 않는 것, 주지 않는 것을 가지지 않는 것, 사음·망어·악구·양설·잡담·간탐·진에·사견을 여읜 것을 말하는 것이오. 다시 선법의 근본이라 하는 것은, 탐하지 않는 것, 성내지 않는 것, 어리석지 않는 것, 이것이 선법의 근본이 되는 것이오.

제현이여, 부처님 제자로서 이같이 불선법을 알고 불선법의 근본을 알며, 선법을 알고 선법의 근본을 알면, 그는 탐의 번뇌와 진의 번뇌를 제하고 '나는 있다'고 하는 아견我見·아만我慢을 버리고, 무명無明을 끊고, 지혜의 등불을 밝혀, 현실의 고苦를 면하리니, 이것이 성제자의 정견으로서, 깨끗한 신심을 가지고, 정법을 통달하게 되는 것이오."

3 여러 비구들은 이 말을 듣고 기뻐하며, 다시 묻기를

"존자여, 부처님 제자로서 위에 말씀한 것 외에, 정견으로서 깨끗한 신심을 가지고 정법을 통달할 다른 법문이 있습니까?"

“그렇소. 제현이여, 부처님 제자로서 고苦를 알고 고의 원인을 알며, 고를 없앨 줄 알고 고를 없애는 도를 알면, 이것이 성제자의 정견으로서, 깨끗한 신심을 가져 정법을 통달하게 되는 것이오.

고라 하는 것은, 나는 것이 고며, 늙고 병들고 죽는 것이 고며, 근심·슬픔·번민이 또한 고며, 구하는 것이 얻어지지 않는 것이 고며, 거두어 말하자면, 정신과 육체의 모임(五蘊)이 전부가 고인 것이오. 이것을 고라고 이르오.

다음, 고의 원인이라 하는 것은, 저 목마른 사랑이 근본 원인이 되어, 애욕·탐욕을 끌어내어, 그 인연으로 나고 죽는 고가 있게 되오. 이것을 고의 원인이라 하오.

다음, 고를 없앤다 하는 것은, 목마른 사랑을 완전히 끊어 버리면, 고를 없애게 되는 것이오. 고를 없애는 도道라 하는 것은 이른바 팔정도八正道이니, 곧 정견 내지 정정正定이 그것이오.

이것이 고를 알고 고의 원인을 알며, 고를 없애고, 고를 없애는 도를 알아, 탐심의 번뇌와 진심의 번뇌를 끊어버리고 현실의 고를 없애게 되는 것이오. 이것이 정견으로서, 깨끗한 신심을 가지고 정법을 통달하게 되는 것이오.”

4 비구들은 존자 사리불의 이 말을 듣고 기뻐하며 다시 물었다.

“존자여, 위에 말씀하신 것 외에, 정견으로서 깨끗한 신심을 가지고 정법을 통달하는 다른 법문이 있습니까?”

“제현이여, 부처님 제자는 늙고 죽는 것을 알고 그 원인을 알며, 그것을 없앨 줄 알고, 그것을 없애는 도를 알며, 나는 것(生)·있는 것(有)·취하는 것(取)·사랑하는 것(愛)·감수하는 것(感受)·접촉하는 것(接觸)을 감각기관(六處=눈·귀·코·혀·몸·뜻)·의식과 육체의 기관(名色)·식識·업행業行·무명無明(十二因緣)에 있어서 그 자신(無明·行等)을 알고 그 원인을 알며, 그것을 없앨 줄 알고 그것을 없애는 도(八正道)를 알아서, 탐심의 번뇌와 진심의 번뇌를 끊어 버리고 현실의 고를 없애나니, 이것이 부처님 제자의 정견으로서, 깨끗한 신심을 가지고 정법을 통달하게 되는 것이오."(十二因緣을 낱낱이 풀어서 설명하지 않고, 이에 거두어서 그 요지만 표시)

제4절 최상의 법륜과 네 가지 진실

1 어느 때 부처님은 대숲절을 떠나 바라나波羅奈로 가셨다. 사슴의 동산에 계시면서, 제자들에게 이르셨다.

"비구들이여, 여래는 이 사슴의 동산에서 일찍이 어떤 사람도 또 어느 곳에서도 아직 굴리지 않은 최상의 법륜을 굴렸으니, 그것은 곧 사제법륜을 분명히 말했고 분명히 나타낸 것이다. 사제라 함은, 곧 고제 · 집제 · 멸제 · 도제(苦 · 集 · 滅 · 道)가 그것이다. 비구들이여, 실로 이 최상의 법륜은 여래에 의하여, 이 동산에서 처음으로 굴리게 되었노라.

비구들이여, 사리불과 목건련을 잘 섬겨 받들라. 그들은 현명하고 또 맑은 행을 닦는 이의 보호자가 될 것이다.

비구들이여, 사리불은 생모生母와 같고, 목건련은 양모養母와 같다. 사리불은 처음 발심하여 수행하는 자를 잘 길러 주고, 목건련은 그것을 끌어 올리어 깨달음에 이르게 한다. 또 사리불은 사제법을 널리 나타낼 수가 있을 것이다."

라고 말씀하시고, 일어나 딴 방으로 들어가셨다.

2 그때 사리불은 대중을 돌아보고

"벗들이여, 부처님께서는 이 사슴의 동산에서 아직 어떤 사람도 또는 어떤 곳에서도 말씀하시지 않은 최상의 법륜을 말씀하셨으니, 곧 고제 · 집제 · 멸제 · 도제의 사제법을 나타내신 것이오.

벗들이여, 고제라 했으니 어떤 것이 고苦인가? 나는 것, 늙는 것, 병들고 죽는 것이 고요, 원수를 만나게 되는 것이 고요, 사랑에는 이별이 있는 것이 고요, 구하는 것은 얻어지지 않는 것이 고요, 근심·걱정·슬픔·번민이 모두가 고다. 줄여서 말하면, 인생의 존재 그대로 고의 집합체라는 것이오.

나는 것(生)이 고라 함은 무슨 뜻인가? 모든 중생들이 각기 그 종류를 따라, 오음五陰(=五蘊)이 화합하여 명근命根을 이룬 뒤에, 세상에 그 삶을 받아나게 되는 것이다. 한 생명이 이 세상에 나와, 그 생명을 보존하고 육성하기 위해서는, 천만 가지 고통을 고루 겪게 되는 것이니, 이것을 나는 것의 고라고 하는 것이오. 늙음의 고라 함은 무슨 뜻인가? 머리털이 희어지고 이가 빠지며, 얼굴이 쭈그러지고 등이 굽어지며, 기력이 날로 쇠약하고 몸이 점점 무거워지며, 앉으면 허리가 아프고 다닐 적에는 지팡이에 의지하게 되나니, 이것을 늙음의 고라고 하는 것이오. 병듦의 고라 함은 무슨 뜻인가? 사대가 고르지 못하고 기혈이 순하지 못하여, 혹은 두통·치통·요통이며, 눈이 어둡고 귀가 먹으며, 혹은 열병·냉병·풍병·습병으로 사지백체가 칼로 오리는 듯, 몽둥이로 치는 듯, 입이 마르고 혀가 오그라지며, 천촉喘促·해소·번민·혼몽昏懜 등 가지가지의 고통이 침노하나니, 이것을 병듦의 고라고 하는 것이오. 죽음의 고라 함은 무엇인가? 중생들이 그 몸의 기력이 다하고 수명이 끝나는 날, 아직 끊어지지 않은 잔명이 죽음의 막다른 골목에 부딪혀, 몸이 무너지고 숨이 끊어지려고 할 때에 가지가지의 참혹한 고통을 받게 되는 것이오. 원수가 서로 만나는 고라 함은 무엇인가? 일찍이 서로 미워하고 원한을 품고 서로 해치고 죽이려 하던 자와 서로 만나게 되는 고통이 그것이오. 사랑하는 이와 이별함이 고라 함은 무엇인가? 부모·처자라도 필경은 서로 이별하고 말게 되는 고통이 그것이오. 구하는 것이 얻어지지 않는 것이 고라 함은 무엇인가? 모든 중생은 나지 않기를 원해도, 업業을 따라 나게 되며, 나거든 늙고 병들어 죽지 말든지 죽으면 나지 말기를 원해도 뜻대로 되지 않으며, 또 사는 동안은 부귀·영화·명예와 향락이 있기를 원하고, 모든 재액災厄·근심·걱정·슬픔이 없기를 원하지만 뜻대로 되지 않는 고통이 그것이오. 이와 같이, 이 세상에 삶을 받아 태어난 것은 필경 모든 고통의 집합체임을 알게 되는 것이오. 이것이 곧 고제라 하는 것이오.

3 다음 집제라 함은 무엇인가? 미래에 또 남(生)의 업보業報를 부르게 되는 애욕, 곧 번뇌를 말하는 것이오.

멸제라 함은 무엇인가? 애욕과 번뇌를 남김없이 없애 버리는 것이오.

도제라 함은 무엇인가? 멸제에 이르게 하는 팔성도八聖道, 곧 바른 지견, 바른 생각, 바른말, 바른 행동, 바른 생활, 바른 정진, 바른 심념心念, 바른 선정禪定이 그것이오. 바른 지견이란 사제의 도리를 바로 보는 지혜요, 바른 생각이란 번뇌·망상을 멀리하고 진심과 원해심怨害心이 없는 생각이요, 바른말이란 거짓말·이간하는 말·부질없는 잡담 등을 여의고 도리에 맞는 참된 말이요, 바른 행동이란 살생·도둑질·음행 등을 여의고 바른 계행戒行을 지키는 것이요, 바른 생활이란 출가한 이의 생활 방법은 부정한 장사·복술卜術 등의 수단을 떠나서 정당한 도로써 의식을 얻어 그 신명을 보존하는 생활이요, 바른 정진이란 아직 나지 않은 나쁜 마음을 나지 못하게 하고 이미 난 나쁜 마음은 없애 버리며, 아직 나지 않은 착한 마음은 나게 하고 이미 난 착한 마음은 둥글게 키워 나가기를 끊임없이 노력하는 것이요, 바른 심념이란 오직 마음을 한곳에 집중하여 몸과 마음과 법을 바로 관찰하고, 탐욕에서 일어나는 번뇌를 없애는 것이요, 바른 선정이란 모든 욕심과 어지럽고 흐트러진 마음을 여의어 제일선第一禪에 들어가고, 다시 나아가 제이선·제삼선·제사선에 들어감을 말함이오. 벗들이여, 이것이 부처님께서 말씀하신 사제법이오."
라고 연설했다.

4 부처님이 기사굴산에 계실 때이다. 이름 높은 다수의 유행자들이 삿

비야라는 호숫가에 있는 유행자遊行者도장에 모였다. 하루는 부처님이 그곳에 나아가셨다. 유행자들 가운데는 이때까지 '바라문의 진실한 것이란 무엇이냐.' 하는 것을 의논하고 있다가, 부처님께 이것을 여쭈었다. 부처님은,

"유행자들이여, 나는 바라문의 네 가지 진실한 것을 스스로 깨달아 알고 있다. 첫째, 바라문이 만일 모든 생명체로 살고 있는 물건은 무명無明으로부터 났다고 말한다면, 그것은 진실한 것이요 허망한 것이 아니다. 둘째, 모든 오욕의 대상이 되는 것은, 무상한 것이요 괴로운 것이요 변화하는 것이라고 말하면, 그것은 진실한 것이요 허망한 것이 아니다. 셋째, 욕계·색계·무색계라는 모든 존재도 다 무상한 것이며 괴로운 것이요 변화하는 것이라고 말한다면, 그것은 진실한 것이요 허망한 것이 아니다. 넷째, 나와 나의 것이 없다고 말한다면, 그것은 진실한 것이요 허망한 것이 아니다. 그들은 이와 같은 생각으로 말미암아, 남보다 낫다는 생각을 일으키지 않고, 다만 진실로 무소유처無所有處에 들어가 머물게 되는 것이다. 유행자들이여, 나는 이 네 가지 바라문의 진실한 것을 스스로 깨닫고 말해 보이노라."

제5절 사제법과 삼세에 대한 정견

1 부처님이 사위성의 기원정사에 계실 때이다. 사리불은 모든 비구들을 불러 말하였다.

"제현들이여, 마치 모든 동물의 발자국은 다 코끼리 발자국 속에 들게 되며, 코끼리 발자국은 모든 동물의 발자국 중에서 제일이라고 이르는 것과 같이, 모든 선법은 다 사제법에 포섭되는 것이오. 사제라 함은, 곧 고성제·고집성제·고멸성제·고멸도성제가 그것이오.

고성제라 함은 나고 늙고 병들고 죽는 것이 고요, 근심 · 걱정 · 슬픔 · 번민 등이 고다. 줄여 말하자면, 오취온五取蘊이 고인 것이오. 제현이여, 오취온이라 함은, 색 · 수 · 상 · 행 · 식(色=물건의 형체 · 受=감각작용 · 想=사고작용 · 行=의지작용 · 識=인식 능력)이 그것이오.

색에는 지地 · 수水 · 화火 · 풍風의 사대四大가 있으니, 이 사대는 안으로 우리의 몸에 있어서 사지 · 백체 · 오장 · 육부 · 눈 · 귀 · 코 · 입 등의 모든 기관이 되는 것이요, 호흡하고 혈맥이 뛰고 도는 더운 기운이 되며, 밖으로는 산과 바다와 땅과 더운 기운과 바람이 되었소.

2 제현이여, 목재와 돌과 흙, 풀 등의 인연으로, 빈 땅에 집이 세워지는 것과 같이, 이 몸은 뼈 · 힘줄 · 피 · 살 · 가죽 등의 인연으로, 원래 없는 곳에 몸이라는 형체가 이루어진 것이오.

제현이여, 눈이 성하더라도 바깥 물색의 경계를 대하지 않거나, 또는 바깥 경계를 대할지라도 주의하여 마음의 분별을 일으키지 않으면, 의식작용은 나타나지 않는 것이오. 안으로 눈이 성하고 밖으로 경계를 대하며, 그리고 주의하여 마음의 분별을 일으킬 때 비로소 의식이 나타나니, 이 같은 상태의 색을 색취온色取蘊이라 하오. 이렇게 해서, 그 다음으로 감수 작용을 일으키는 것을 수취온受取蘊이라 하고, 사고 작용을 하는 것을 상취온想取蘊이라 하며, 의지 작용(취하고 버리는 것)을 하는 것을 행취온行取蘊이라 하고, 그것을 인식하는 작용과 그 능력을 식취온識取蘊이라 하오. 이리하여 밖으로의 세계와 안으로의 이 몸의 모든 기관은 이 오취온에 다 포섭되며 집합된다는 것을 알 것이오.

부처님은 말씀하셨소. '모든 것이 인연으로 좇아 나는 이치를 본 자는 법을 볼 것이요, 법을 본 자는 연생緣生의 이치를 볼 것이라'고. 저 오취온은 연생의 법이오. 이러한 오취온에 대해 탐욕과 집착을 내는 것은 곧 고의 인연을 쌓는 것이오. 이 오취온에 대해 탐욕과 집착을 놓아 버리는 것은 고를 없애는 인연이 되는 것이오.

3 제현이여, 이와 같이, 귀가 저 소리에, 코가 저 냄새에, 입이 저 맛에, 몸이 저 접촉에, 의식이 저 상대의 법에 있어서도 그 기관이 온전하고, 또 상대경에 부딪쳐 주의함으로써 의식을 일으켜, 감수感受・사고思考・의지意志・인식認識 작용을 하는 것이니 그것이 곧 오취온이오. 이 오취온은 인연을 따라 나는 것이니, 이 오취온에 대해 탐욕하고 집착하는 것은 고가 일어나는 인연(집제)이요, 그 탐욕과 집착을 놓아 버리는 것은 고를 없애는 인연이오."

존자 사리불이 이렇게 말할 때에, 비구들은 기뻐하여 존자의 말씀한 바를 믿어 받아 가졌다.

4 "주타야, 저 외도 바라문들은 말한다. '사문 구담은 과거의 일에 있어서는 끝없는 지견智見을 가졌지만, 미래의 일에 있어서는 끝없는 지견이 없는 것은 무슨 까닭이냐?'고. 그러나 그것은, 그들이 스스로 무지無智에 가리어 여래의 지견을 다 보고 알지 못하기 때문이다. 여래는 저 지나간 세상의 일에 대해서도, 눈앞에 마주 대한 듯이 보고 알지 못함이 없으며, 미래에 있어서도 '이것은 최후의 몸이다. 다시 나는 일이 없으리라'고, 밝게 아는 지혜를 가지셨다.

주타여, 과거의 일로서, 만일 그것이 허망하여 실답지 못하거나, 의리義理에 맞지 않고 이익이 될 바 없는 것은 여래는 말하지 않는다. 과거의 일로서, 만일 참된 사실이 있고 또 의리에 맞고 이익될 바 있는 것은 여래는 때를 알아 저 묻는 자에게 대답한다. 주타여, 미래의 일로서 만일 그것이 허망하고 실답지 못하며, 의리에 맞지 않으면 여래는 말하지 않는다. 미래의 일로서 참된 사실이 있을지라도 의리에 맞지 않으면 여래는 또한 말하지 않는다. 주타여, 미래의 일로서 참된 사실이 있고, 의리에 맞으며, 이익될 바 있으면 여래는 때를 알아 저 묻는 자에게 대답한다.

주타여, 현재의 것도 또한 그러하니라. 이와 같이 과거・현재・미래의 법에 있어서, 여래는 때를 알고 말하며, 사실대로 말하며, 의리에 맞는 말을 하며, 율법에 맞는 말을 하여 헛됨이 없는 것이다.

5 주타여, 여래가 최초에 성도한 뒤로부터 최후에 열반에 들 때까지, 그 중간에 한 바 모든 말은 다 실다운 것이다. 그러므로 여래라고 이름하는 것이다. 주타여, 여래는 말한 바와 같이 행하고, 행한 바와 같이 말한다. 그러므로 여래라 일컫는 것이다.

주타여, 외도 바라문이 너에게 묻되 '친구여, 여래는 죽은 뒤에도 존재한다고 하더냐? 그리고 이 말만이 진실하고 다른 말은 헛되다고 하더냐?'고 묻거든, 너는 그에게 이렇게 대답하라. '여래는 그렇게 말씀하시지 않았다.'

다음에 또 외도 바라문이 너에게 '여래는 죽은 뒤에 존재하지 않는다고 하더냐?'고 묻거든, '그렇게 말씀하시지 않았다'고 하라.

또 '여래는 그 죽은 뒤에 존재하기도 하고 존재하지 않기도 하다고 하더냐? 그 죽은 뒤에 존재하는 것도 아니요 존재하지 않는 것도 아니라고 하더냐?'고 묻더라도, 너는 '여래는 그렇게 말씀하시지 않았다'고 하라.

'왜 여래는 그런 말씀을 아니 하였느냐?'고 묻거든 '그것은 의리에 맞지 않고, 법에 맞지 않으며, 근본 범행梵行도 아니요 번뇌를 여의는 법도 아니며, 적정寂靜과 정각正覺과 열반으로 인도하는 법도 아닌 희론戱論이므로, 부처님은 말씀하시지 않았다'고 하라.

또 주타여, 외도 바라문이 너에게 '사문 구담은 어떤 법을 말씀하더냐?'고 묻거든 너는 '이것은 고苦다. 이것은 고의 원인이다. 이것은 고가 없어진 것이다. 이것은 고를 없애는 길이다'라고 말씀하셨다고 대답하라.

또 주타여! 외도 바라문이 그 말을 듣고 너에게 '무슨 이유로 사문 구담은 그런 법을 말씀하셨느냐?'고 묻거든, 너는 '그것은 의리에 맞고 법에 맞고 근본 범행이며, 번뇌를 여의고 적정 · 정각 · 열반으로 인도하는 법이므로, 부처님은 그렇게 말씀하셨다'고 하라.

6 주타여, 과거에 관하여 견해의 근거가 될 만한 모든 것으로서, 너희에

게 말할 만한 것은 나는 말한다. 그러나 말하지 않을 것은 내가 어찌 말하겠느냐? 미래에 관하여서도 또한 그러하니라.

주타여, 어떤 것이 과거에 관한 견해의 근거가 될 만한 모든 것으로서, 너희에게 말할 만한 것을 여래는 말하더냐?

주타여, 어떤 사문·바라문은 이러이러한 학설과 견해를 가지고 있다. 곧 '나(我=생의 주체)와 세계는 상주常住한다. 이것만이 진실하고 다른 말은 헛되다'고. 또 '나와 세계는 무상하다.' '나와 세계는 상주하면서 무상하다.' '상주도 아니요 무상도 아니다.' '나와 세계는 스스로 창조되었다.' '어떤 조물주로부터 창조되었다.' '자조自造이면서 또 타조他造이다.' '자조도 아니요 타조도 아니다. 이 말만 진실하고 다른 말은 헛되다'라고.

또는 '고苦와 락樂은 상주한다.' '고와 락은 무상하다.' '상주하면서 무상하다.' '상주도 아니요 무상도 아니다.' '고와 락은 저절로 지어진 것이다, 다른 것으로부터 지어진 것이다,' '자조이면서 타조이다, 자조도 아니요 타조도 아니다, 홀연히 난 것이다.' 이 말만 진실하고 다른 말은 헛되다'라고.

주타여, 저 사문·바라문이 이러한 학설, 이러한 견해를 가지고 '나와 세계는 상주한다. 이것만이 진실하고 다른 것은 헛되다'고 하면, 나는 저희들에게 가까이 가서 '그대는 그런 주장을 하였는가? 만일 그렇게 말했다면, 나는 승인하지 않는다'고 말한다. 왜냐하면 나의 지혜로는 그것을 승인할 수 없기 때문이다. 대개, 모든 다른 생각을 가진 어떤 중생이건, 나의 지혜에 미치는 자를 보지 못했다. 하물며 나보다 우수한 자 있으랴! 그런데 나는 이런 견해의 잘못됨을 확실히 알기 때문이다.

이와 같이, '나와 세계는 무상하다. 고와 락은 자조도 아니요 타조도 아니요 홀연히 난 것이다'라는 주장도, 나는 승인하지 않는다. 나는 그들이 미치지 못하는 나의 지혜로 보아 알기 때문이다.

주타여, 여래는 이와 같이 과거에 관한 견해의 근거가 될 모든 것으로, 너희들에게 말할 만한 것은 다 말한다. 그러나 말하지 않을 것은 말하지 않는다.

7 주타여, 어떤 것이 미래에 관한 견해의 근거될 만한 모든 것으로서, 너희들에게 말할 만한 것은 말한 것이냐? 어떤 사문·바라문은 이렇게 말하고 주장한다. '나(我)는 색신色身(=물질로 된 형체)이면서 죽은 뒤에는 병이 없다. 이 말만이 진실하고 다른 것은 헛되다'라고. 이와 같이 '나는 색신이 아니다. 나는 색신이 아니면서 또 색신이다. 나는 색신도 아니요 색신 아닌 것도 아니다. 나는 생각이 있는 것이다(有想). 생각이 없는 것이다. 생각이 있으면서 또 없기도 하다. 생각이 있는 것도 아니요 없는 것도 아니다. 나는 무너져 없어지는 것으로서 죽은 뒤에는 존재하지 않는다. 이것만이 진실하고 다른 것은 헛되다'고 각각 주장한다.

주타여, 어떤 사문·바라문이 '나는 색신이다. 나는 없어지는 것으로서, 죽은 뒤에는 존재하지 않는다'고 주장할 때, 나는 그에게 가까이 가서 '그대의 이러이러한 주장을 나는 승인하지 않는다'라고 말한다. 그가 보는 것이 나에게 미치지 못하며, 나는 이런 이치를 바로 보아 깨달은 수승한 지혜가 있기 때문이다. 주타여, 이것이 미래에 관한 견해의 근거가 되는 모든 것으로서, 너희들에게 말할 것은 다 말한다. 그러나 말하지 않을 것은 말하지 않는다.

주타여, 이와 같은 과거에 관한 삿된 견해의 근거가 되는 것과 미래에 관한 삿된 견해의 근거가 되는 것을 내버리고, 그것을 뛰어넘기 위하여 나는 사념처四念處를 말하노니, 사념처라 함은 무엇인가? 비구가 그 몸을 관찰하되 열심히 정진하여, 바른 생각(正念)·바른 지혜(正智)로써, 세속의 탐욕과 근심거리를 끊고, 또 감수 작용(고·락의 감수)과 마음의 작용과 모든 법(주·객관의 경계)의 관찰(身·愛·心·法의 네 가지 관찰)에 열심히 정진하여, 바른 생각·바른 지혜로써, 세속의 탐욕과 근심거리를 끊도록 하라. 이것이 과거·미래의 모든 사견을 놓아 버리고, 그것을 뛰어넘기 위하여 이 사념처를 말하는 까닭이다."

제6절 사대의 다함과 번뇌의 인연

1 부처님이 마가다 국, 나란타 성에 계실 때에, 견고堅固 우바새를 위하여 세 가지 신통을 연설하시고, 이어서

"견고여, 일찍이 한 비구가 대중 가운데서 생각했다. '이 세계와 만물을 구성하는 요소인 지 · 수 · 화 · 풍의 사대는 필경 어느 곳에서 어떻게 길이 없어질 것인가?'라고. 그때 저 비구는 정신을 한데 모아 천상에 나아갈 삼매에 들어, 사왕천에 나타나, 사천왕에게 그것을 물었다. '지 · 수 · 화 · 풍의 사대는 어떠하여 길이 없어지느냐?'고. 사천왕은 말했다. '비구여, 우리들은 실로 이 사대가 어떻게 길이 없어질는지 알 수 없노라. 우리보다 우수한 도리천이 있으니 그곳에 가서 물어보라'고. 비구는 다시 도리천에 올라가 그 뜻을 물었다. 그들도 '알 수 없노라. 보다 우수한 야마천에 가서 물어보라'고 말했다. 비구는 야마천에 가서 물었다. 그들도 '알 수 없노라. 보다 우수한 도솔천에 가서 물어보라'고 했다. 비구는 다시 도솔천에 가서 물었다. 그들도 '알 수 없노라. 보다 우수한 화락천化樂天에 가서 물어보라'고 했다. 비구는 화락천에 가서 물었다. '우리는 알 수 없노라. 보다 우수한 타화자재천他化自在天에 가서 물어보라…!' 이렇게 욕계의 모든 하늘을 거쳐, 색계의 천상인 범중천梵衆天에 가서 물었다. '나는 그것을 알 수 없노라. 이 위에 대범천大梵天이 있으니, 이 하늘의 최승자最勝者요 만물의 창조자며, 세계의 지배자요 모든 것을 다 아는 자며, 대자재자다. 그곳에 가서 물어보라'고 했다. 비구는 삼매력으로 대범천에 가서 '지 · 수 · 화 · 풍 사대는 어떻게 길이 없어질 것이냐?'고 물었다. 대범천왕은 '나는 최승자요 만물의 창조자며, 세계의 지배자요 모든

것을 아는 자며, 모든 것에 자재한 자이다'라고 하면서, 묻는 것은 대답하지 않았다. 비구는 다시 '사대는 어떻게 길이 없어질 것이냐?'고 물었다. 대범천왕은 또한 앞서와 같은, 자기의 권위만 찬양했다. 비구는 '그것을 물은 것이 아니라, 사대가 길이 없어지는 뜻을 물었노라!'고, 다잡아 물었다. 그때에, 범천왕은 비구의 손을 잡고, 은근한 곳에 가서 그윽이 말하기를 '모든 범천왕들이 다 나를 가리켜 이르기를 대범천왕은 지혜가 제일이라, 알지 못하고 보지 못하는 것이 없다고 하기에, 나는 당신에게 그것을 모른다고 말하지 못한 것이다. 비구여, 당신은 매우 어리석구나. 여래가 계시거늘 여래를 내어놓고, 모든 하늘에게 이 일을 추궁하니, 우리가 어떻게 그것을 알겠는가? 당신은 마땅히 저 여래께 가서 이 일을 물어보라. 그리고 여래의 가르침을 받들어 가지라'고 했다. 그때 비구는 장사가 팔을 굽혔다 펴는 사이에 범천계에서 사라져 여래 앞에 나타났다. 여래에게 경례하고 묻기를 '부처님, 사대종四大種은 어떻게 길이 없어질 것입니까?' '비구여, 옛날에 어떤 항해자가 매 한 마리를 잡아가지고 배를 타고 멀리 육지가 보이지 않는 바다에 나아가, 그 매를 놓아 주었다. 그 매는 사방으로 육지를 찾았으나 발견하지 못하고 배로 도로 돌아왔다고 한다. 비구여, 너도 또한 이와 같아서, 의심나는 것의 해답을 구하여, 범천 세계에까지 갔다가, 아무 얻은 바 없이 다시 내 앞에 왔구나.'

그런데 비구여, 너는 '어느 곳에서 어떻게 이 사대가 길이 없어질 것이냐?'고 묻지 말고, 먼저 이렇게 물어라. '어느 곳에서 지·수·화·풍은 존재할 수 없는가? 어느 곳에서 길고 짧고 가늘고 굵고 깨끗하고 부정한 것이 존립할 수 없는가? 어느 곳에서 정신과 물질이 남김 없이 길이 없어질 것인가?'라고. 그러면 나는 해답하리라.

'식識은 볼 수도 없고 한량이 없으면서, 모든 곳에 두루하다. 이것이(識) 없으면 사대는 존재하지 못한다. 이것이 없으면, 길고 짧고 가늘고 굵고 깨끗하고 부정한 것도 없다. 이것이 없으면, 정신도 물질도 남김없이 길이 없어지리라!'고 대답했다 한다."

부처님이 이와 같이 미묘한 법을 설하시니, 견고 우바새는 기뻐 날뛰며 물러갔다.

2 부처님이 니구류수 동산에 계실 때의 일이다. 부처님은 아침 일찍 가비라성에서 걸식을 마치시고, 그날 낮을 큰 숲 속의 위루와 나무 밑에서, 더위를 피하며 앉아 계셨다. 그때에, 석가족의 단타바니가 허튼 걸음으로 숲 속에 들어와, 위루와 나무 밑의 부처님을 보고 인사를 나눈 뒤, 지팡이에 기대어 한쪽에 서서, 부처님에게 여쭈었다.

"사문이여, 당신은 어떤 주의를 주장하고 있습니까? 어떤 법을 설하고 있습니까?"

"벗이여, 내 주의란 것은, 천계天界나 마계魔界나 범계梵界나 일체 인천人天의 어떠한 세계도 의지하지 않고 선(立)다는 것이다. 그리고 욕심에 집착하지 않고, 의심을 떠나고, 의혹을 벗어났으며, 살고 죽는 사랑의 탐욕을 벗어난 바라문은, 벌써 이것 저것이라는 생각에 시달리지 않는다. 이것이 내가 설하는 것이다."

이 말을 들은 단타바니는 머리를 끄덕이고, 혀를 내두르며, 석 줄 주름살을 얼굴에 지우면서, 지팡이에 의지해 그곳을 떠났다.

3 부처님은 저녁나절에 자리에서 일어나, 니구류수 숲으로 돌아가셨다. 준비된 자리에 나아가 비구들에게 위의 일을 전부 말씀하셨다. 그때, 한 비구가 여쭈었다.

"부처님이시여, 그것은 아직 저희들에게는 완전한 이해가 가지 않습니다. 이제 저희들을 위해, 좀 더 자세히 말씀해 주소서."

"비구들이여, 어떠한 연緣이 있으면 곧 실없는 생각이 사람에게 작용해 오는 것이다. 그러나 만일, 말할 만한 것, 즐길 만한 것, 집착할 만한 것이 없으면, 이것은 실로 탐욕의 번뇌가 마지막이다. 또 그것은 성냄의 번뇌 · 소견의 번뇌 · 의혹의 번뇌 · 교만의 번뇌 · 유탐有貪의 번뇌 · 무명無明의 번뇌의 마지막인 것이다. 몽둥이나 칼을 휘두르는 싸움·다툼·욕설, 그리고 서로의 아첨과 거짓의 마지막인 것이다. 여기에는 모든 악이 남음 없이 소멸하는 것이다."

부처님은 이렇게 말씀하시고, 자리에서 일어나 거처하시는 방으로 들어가셨다. 비구들은 부처님이 떠나시는 것을 보고 저희끼리 말했다.

"벗들이여, 부처님은 이 가르침을 간단히 말씀하시고, 방으로 들어가셨다. 누가 이 부처님의 가르침을 좀 더 자세히 넓게 설명해 줄 사람은 없는가?"

그들은 다시 생각했다. '저 가전연迦栴延은 스승님에게도 칭찬을 받고, 우리 동문同門의 지혜로운 사람에게도 존경을 받고 있다. 그분 같으면 이 부처님의 가르침을 좀 더 자세히 설명해 줄 것이다. 우리는 거기 가서 이 뜻을 물어보자'고.

4 그래서 그들은 모두 가전연에게 가서 그들의 뜻을 말했다. 가전연은 대답했다.

"벗들이여, 비유하면, 나무의 붉은 심芯을 구하는 사람이 있어, 그것을 찾아다닌다. 그 사람은 붉은 심이 있는 큰 나무를 보았지만, 그것을 찾기 위해 그 나무에 올라가 줄기를 젖혀 보기도 하고, 가지를 타고 다니기도 하며, 또 가지나 잎사귀에서 그 심을 찾고 있는 것처럼, 그대들은 스승을 떠나 내게 그 뜻을 물으려 하는구나. 벗들이여, 우리 부처님이야말로 아는 사람 중의 아는 사람, 보는 사람 중의 보는 사람이시다. 바로 눈 그것이요, 지혜 그것이요, 법 그것이다. 그는 모든 것을 가르쳐 보이시고, 모든 뜻을 열어 나타내시는 이시다. 죽지 않음을 주시는 손이요, 모든 법의 왕인 여래이시다. 앞서 부처님이 친히 말씀하셨을 때에, 당신들은 나아가 그 뜻을 듣고, 그 말씀을 그대로 기억했어야 할 것이 아니었던가?"

"가전연이여, 실로 그렇습니다. 그러나 당신도 부처님의 칭찬을 받고, 동문들의 지혜로운 사람들에게 존경을 받으며, 부처님의 말씀을 널리 설명할 수 있는 분입니다. 모쪼록 우리들의 마음을 살펴 주십시오."

"그러면 설명하지요. 잘 들어 보시오. 벗들이여, 부처님은 말씀하셨소. 곧 '어떠한 연이 있으면 곧 실없는 생각이 사람에게 작용해 온다. 그러나 만일, 기뻐할 만한 것, 즐길 만한 것, 집착할 만한 것이 없으면 거기에는 나(我)나 내 것(我所)이라는 기쁨도 볼 수 없고, 나나 내 것이라는 즐거움도 볼 수 없다. 그렇게 되면, 그것은 곧, 탐욕의 번뇌 · 성냄의 번뇌 · 소견의 번뇌 · 의심의 번뇌 · 교만의 번뇌 · 유탐의 번뇌 · 무명의 번뇌의 마지막이다. 또 몽둥이나 칼을 휘두르는 싸움 · 다툼 · 욕설의 마지막이요, 서로의 아첨과 거짓의 마지막이다. 여기에는 모든 악의 착하지 못한 법이 남김 없이 소멸하는 것이다'라고.

벗들이여, 나는 이 간략한 말씀을 더 넓혀, 이렇게 생각하고 있소. 눈과 빛 사이에 눈의 식識이 생긴다. 이 눈과 빛과 눈의 식 세 가지가 부딪쳐 촉觸이 생기고, 그 촉에 의해서 감각이 생긴다. 감각에 의해서 인정認定해 알고, 인정해 알면 생각하게 되고, 생각하게 되면 분별하게 된다. 이 분별하는 연緣에 의해서 과거 · 미래 · 현재의 눈에 대상이 되는 빛에 대해서, 실없는 생각이 사람에게 작용해 오는 것이오.

벗들이여, 또 귀 · 코 · 혀 · 몸뚱이의 경우도 이와 같고 또 뜻의 경우도 이와 같은 것이오. 곧 뜻과 법에 대해서 뜻의 식識이 생긴다. 이 뜻과 법과 뜻의 식 세 가지가 부딪쳐 촉이 생기고, 그 촉에 의해서 감각이 생긴다. 감각에 의해서 인정해 알고, 인정해 알면 생각하게 되고, 생각하게 되면 분별하게 된다. 이 분별의 연緣에 의해서, 과거 · 미래 · 현재의 뜻에 대상이 되는 법에 대해서, 실없는 생각이 사람에게 작용해 오는 것이오.

그래서 눈과 빛과 눈의 식識이 있기 때문에, 촉이 일어나고, 촉이 있으므로 감각感覺이 생기며, 감각이 있으므로 인정해 알게 되고, 인정해 알므로 생각이 일어나며, 생각이 있으므로 실없는 생각의 작용이 나타나는 것이오.

귀와 소리와 귀의 식, 코와 냄새와 코의 식, 혀와 맛과 혀의 식, 몸과 닿음과 몸의 식, 뜻과 법과 뜻의 식의 경우도 또한 이와 같은 것이오.

그러므로 눈과 빛과 눈의 식이 없으면 촉이 생기지 않고, 촉이 없으면 감각이 생기지 않으며, 감각이 없으면 인정해 아는 것이 없고, 인정해 아는 것이 없으면 생각이 일어나지 않으며, 생각이 없으면 실없는 생각의 작용이 나타날 수 없는 것이오. 귀와 소리와 귀의 식, 코와 냄새와 코의 식, 혀와 맛과 혀의 식, 몸과 닿음과 몸의 식, 뜻과 법과 뜻의 식 경우도 또한 이와 같은 것이오.

벗들이여, 나는 부처님이 설하신 간략한 가르침을 이렇게 이해하고 있소. 그러나 당신들에게 부르심이 있거든 부처님에게 나아가 이 뜻을 여쭈어 부처님의 말씀을 잘 들어, 그대로 기억해야 할 것이오."

5 비구들은 가전연의 설명을 기쁘게 듣고 부처님에게 나아가 이 뜻을 여쭈었다.

"부처님이시여, 우리들은 저 가전연에게 나아가, 부처님의 간략하신 가르침의 뜻을 물었습니다. 그랬더니, 그는 우리들에게 이렇게 그 뜻을 설명해 주었습니다."

"비구들이여, 가전연은 큰 학자요 큰 지자智者다. 비록 너희들이 내게 그 뜻을 물었다 하더라도 나도 또한 그렇게 설명했을 것이다. 왜냐하면, 그 설명은 바른 뜻이기 때문이다. 너희들은 그렇게 기억해 가지라."

그때에 아난이 부처님께 여쭈었다.

"부처님이시여, 비유컨대 여기 사람이 있어 굶주리고 피로해, 거의 죽게 되었을 때에, 벌꿀로 만든 환약을 얻었습니다. 그는 그것을 맛보기 시작하자 갈수록 단맛을 맛볼 수 있듯이, 마음이 있고 지혜로운 비구는 이 가르침에서 지혜에 의해, 그 뜻을 물을수록 더욱 마음의 기쁨과 만족을 얻었습니다. 부처님이시여, 이 가르침은 무엇이라 이름해야 합니까?"

"그러면 아난아, 이 경經을 『밀환유경』蜜丸喩經이라 하면 좋으리라."

제7절 욕심은 괴로움의 뿌리

1 그 뒤에 부처님은 다시 북으로 석가족의 가비라성 밖에 있는 니구류수 숲으로 들어가셨다.

석가족의 임금 마하야마는 부처님에게 나아가 여쭈었다.

"부처님이시여, 나는 오랫동안 부처님께서 '탐욕과 성냄과 어리석음은 마음의 더러움이다'라는 말씀을 고맙게 받들고 있습니다. 그러나 아직도 가끔 이들의 번뇌가 내 마음을 사로잡는 때가 있습니다. 그래서 나는, 그것은 무언가 아직 내 마음에서 버려져야 할 것이 버려지지 않고 있는 때문이 아닌가 하고 생각하고 있습니다."

"마하야마여, 그렇다. 그것은 그 탐욕과 성냄과 어리석음이 아직 네 마음에서 버려지지 않았기 때문이다. 만일 네 마음속에 그러한 번뇌가 버려졌더라면, 너는 가정에서 살지 않을 것이요, 또 모든 탐욕에 허덕이지 않을 것이다. 탐욕은 어디를 가도 만족할 줄 모르는 것이다. 그 자체는 고통으로 가득 차 있어, 사람을 절망으로 이끌고, 무서운 재화를 부르는 것이다. 비록 바른 지혜로써 그것이 그런 줄을 알더라도, 이 탐욕 밖에 어떤 행복에 이르지 못하면, 탐욕에 쫓기는 일은 면할 수 없는 것이다. 그것이 그런 줄을 바르게 아는 동시에 이 탐욕 밖에 어떤 행복에 이르러서만, 탐욕의 구박을 면할 수 있는 것이다.

2 마하야마여, 이것은 나의 경험이다. 내가 아직 깨달음을 얻기 전에 '탐욕은 어디를 가도 만족할 줄 모른다. 그 자체는 고통으로 가득 차 있어, 사람을 절망으로 이끌고, 무서운 불행을 가져오는 것이다'라고, 바르게 알기는 알았지만, 이 탐욕 밖의 어떤 행복에 이르지 못했기 때문에, 그

탐욕에 쫓기면서 지내왔던 것이다. 그러다가 그 뒤에, 그것이 그런 줄을 바르게 아는 동시에 이 탐욕 밖의 어떤 행복에 이르렀기 때문에, 이제는 그 탐욕의 구박을 면하게 된 것이다. 마하야마여, 탐욕의 즐거움이란 무엇인가? 탐욕에는 다섯 가지가 있다. 곧 마음에 맞는 빛과 소리와 냄새와 맛과 몸의 닿음이다. 이 다섯 가지 탐욕에 대해서 기쁨과 즐거움이 생긴다. 이것이 탐욕의 즐거움이다.

마하야마여, 탐욕의 재화란 무엇인가? 사람이 여러 가지 직업을 가지고 생활해 나간다. 추위와 더위와 바람 · 비 · 벼룩 · 모기 · 뱀들에게 시달림을 받고, 굶주림과 목마름의 고통을 받는다. 그러나 이처럼 부지런히 힘쓰고 고생을 해 보아도 바라던 부자는 되지 않는다. 그래서 지친 끝에, 가슴을 치면서 슬피 운다. '아아, 내 노력은 헛것이었다. 내 고생도 헛것이었다!'고.

3 마하야마여, 또 그처럼 노력하고 고생해 부자가 되었다 하자. 그는 이제 그 부자를 지키기 위해서 온갖 고통을 겪어야 한다. '어떻게 하면 임금에게 몰수를 당하지 않을까? 도둑에게 빼앗기지 않을까? 불에 태우지 않을까? 물에 떠내려 보내지 않을까? 미운 친척들에게 뜯기지 않을까?' 이렇게 온갖 걱정을 하지만, 그러나 마침내는, 임금에게 몰수를 당하기도 하고, 도둑에게 빼앗기기도 하며, 물에 떠내려 보내기도 하고, 불에 태우기도 하며, 미운 친척들에게 뜯기기도 한다. 그래서 그는 지친 끝에, 가슴을 치면서 슬피 운다. '아아, 모두가 내 것이던 것이, 이제는 하나도 내 것이 아니다'라고. 이것이 탐욕의 재화다. 현재의 고통은 모두 탐욕을 원인으로 하고, 탐욕에 의한 것이다.

마하야마여, 또 다만 탐욕 때문에 임금은 임금과 다투고, 바라문은 바라문과 다투며, 부모는 자식과 다투고, 형제는 형제와 다투며, 자매는 자매와 다투고, 친구는 친구와 다툰다. 다투고 싸우고 욕질하다가 마지막에는 몽둥이를 쥐거나 칼을 휘둘러 서로 죽인다. 이것이 탐욕의 재화다.

마하야마여, 또 탐욕 때문에, 양쪽 군사는 갈려, 창과 칼과 화살로써 서로 맞붙는다. 화살은 날고, 창은 달리고, 칼은 번쩍인다. 서로 쏘고, 서로 찌르고, 서로 목을 비튼다. 이것이 탐욕의 재화다.

4 마하야마여, 또 탐욕 때문에 사람들은 몸을 망치고, 함부로 빼앗으며 도둑질을 하고, 간음을 행한다. 임금은 이들을 잡아 온갖 형벌을 가한다. 채찍으로 갈기고, 지팡이로 때리며 몽둥이로 친다. 팔을 끊고 다리를 끊으며, 귀를 자르고, 코를 깎는다. 머리뼈를 쪼개어 달군 쇠로 지지고, 머리 가죽을 벗기며, 머리뼈를 돌로 갈아 조개껍질처럼 빛내고, 불로써 입안을 지지며, 입에서 귀까지 째고, 베로 몸을 덮어 기름을 부어 태우며, 목에서 발끝까지 가죽을 벗긴다. 또 가슴에서 발끝까지 가죽을 벗기고, 팔꿈치와 무릎을 쇠기둥에 못 박아 사방에 불을 지르며, 날카로운 갈고리로 피부와 혈관을 찢고, 잘 드는 칼로써 몸뚱이를 썰며, 몸뚱이를 칼질해 소금물로 씻고, 몸을 땅에 눕히어 사방으로 늘어 친다. 철사로 두 귀를 꿰어 몸을 감고, 몸뚱이를 두들겨 짚단처럼 만들며, 몸에 끓는 기름을 부어 굶주린 개에게 주고, 몸에 말뚝을 쳐 칼로 목을 벤다. 이러한 고통은 모두 탐욕의 재화다.

또 마하야마여, 탐욕 때문에 사람들은 몸과 말과 뜻으로 온갖 악을 지어, 죽은 뒤에는 지옥에 떨어져 가지가지 고통을 받는다. 이것이 모두 탐욕의 재화로서, 미래의 고통도 또한 탐욕을 원인으로 하고, 탐욕에 의하는 것이다.

5 마하야마여, 어느 때 나는 왕사성의 기사굴산에 머물러 있었다. 그때 또 이시기리 산모퉁이에 있는 검은 바위에는, 많은 니건다야제자尼乾陀若提子의 무리들이, 계속해 서 있는 고행을 하면서, 못 견딜 고통을 받고 있었다. 어느 날 저녁 때, 나는 선정禪定에서 일어나 그들에게 가서 말했다.

'그대들이여, 무엇 때문에 그대들은 언제나 그대로 서 있는 행行을 행하면서 그러한 고통을 받는가?'

그들은 대답했다.

'우리들의 스승이신 니건다야제자는 모든 것을 알고 모든 것을 보는 한없는 지혜를 갖추고 있습니다. 우리 스승님은 자기 마음에는 걷거나 섰거나 앉았거나 누웠거나 언제나 지견智見이 깨어 있다고 말씀하시면서 '제자들이여, 너희들은 전 세상에 악한 업業을 지었다. 이 고행으로 그것을 벗어나지 않으면 안 된다. 이제 몸과 말과 뜻을 제어해, 고행으로 묵은 업業을 부수고, 다시는 새로운 업을 짓지 않으면, 미래에는 번뇌의 고름이 나오지 않을 것이다. 번뇌의 고름이 나오지 않게 되면 업은 다한 것이다. 업의 다함으로 고통은 다할 것이요, 고통의 다함으로 모든 고뇌에서 벗어날 수 있는 것이다'라고 가르치십니다. 이 스승님의 말씀을 우리는 기쁘게 지키고 있습니다.'

마하야마여, 그때 나는 이렇게 말했다.

'그대들이여, 그대들은 그대들이 과거에 존재했던가, 존재하지 않았던가를 알고 있는가?'

'우리는 모릅니다.'

'너희들은 과거에 악한 업業을 지었던가, 짓지 않았던가를 알고 있는가?'

'우리는 모릅니다.'

'너희들은 과거에 어떤 악한 업을 지었다고 생각하고 있는가?'

'우리는 모릅니다.'

'너희들은 자기에게 얼마만한 고뇌가 없어졌고, 얼마만한 고뇌가 남았으며, 얼마만한 고뇌가 없어지면 모든 고뇌가 모두 없어질까를 알고 있는가?'

'우리는 모릅니다.'

'그렇다면, 너희들은 전 세상에 존재했던가, 존재하지 않았던가도 모른다. 전 세상에 악한 업을 지었던가, 짓지 않았던가도 모른다. 어떠한 악한 업을 지었던가도 모른다. 또 얼마만한 고뇌가 없어졌고, 얼마만한 고뇌가 남았으며, 얼마만한 고뇌가 없어지면 모든 고뇌가 없어질까도 모른다. 그러고 보면 가혹하게도 손에 피칠을 한 사람만이 니건다야제자의 무리로서 집을 떠나오게 되는 것이구나'라고.

6 '부처님이시여, 행복은 행복에 의해서 얻어지는 것이 아닙니다. 행복은 고뇌에 의해서 얻어지는 것입니다. 만일 행복이 행복에 의해서 얻어지는 것이라면, 빈바사라 왕은 행복하게 될 것입니다. 왜냐하면 빈바사라 왕은 부처님보다 현재 행복한 생활을 하고 있기 때문입니다.'

'너희들은 아무 생각 없이 함부로 지껄여서는 안 된다. 과연 빈바사라 왕은 이 나보다 행복한 생활을 하고 있는가?'

'오오, 부처님이시여, 우리들이 다소 생각 없이 함부로 말한 것 같습니다. 이제 우리들은 부처님에게 여쭈어 보고 싶습니다. 그 두 사람 중에 행복한 생활을 하는 이는 누구이겠습니까?'

'니건다야제자의 무리들이여, 거기 대해서 내가 먼저 물으리라. 거리낌 없이 대답해 보라. 너희들은 어떻게 생각하는가? 빈바사라 왕은 몸도 움직이지 않고, 말도 하지 않고, 이레 낮 이레 밤을, 완전한 행복을 깨달으면서 살 수 있겠는가?'

'그것은 안 될 겁니다.'

'또 너희들은 어떻게 생각하는가? 빈바사라 왕은, 엿새 낮 엿새 밤을, 닷새 낮 닷새 밤, 나흘 낮 나흘 밤, 사흘 낮 사흘 밤, 이틀 낮 이틀 밤, 혹은 하루 낮 하룻밤 동안이나마 몸도 움직이지 않고 말도 하지 않고 완전한 행복을 깨달으면서 생활할 수 있겠는가?'

'그것은 안 될 겁니다.'

'그대들이여, 나는 하루 낮 하룻밤을 몸도 움직이지 않고 말도 하지 않고, 완전한 행복을 깨달으면서 생활할 수가 있다. 또 이틀 낮 이틀 밤에서 사흘 낮 사흘 밤, 나흘 낮 나흘 밤, 닷새 낮 닷새 밤, 엿새 낮 엿새 밤,

이레 낮 이레 밤에 이르기까지 몸도 움직이지 않고 말도 하지 않고, 완전한 행복을 깨달으면서 생활할 수가 있다. 이렇게 볼 때, 두 사람 가운데 보다 행복한 생활을 할 수 있는 사람은 빈바사라 왕이겠는가, 혹은 나이겠는가?'

'부처님이시여, 그렇게 듣고 보면, 그것은 부처님인 것은 여쭐 것도 없습니다.'

마하야마여, 이것이 니건다야제자의 무리들과 나와의 문답이었다."

마하야마는 부처님의 말씀을 듣고, 기뻐하며 돌아갔다.

제8절 욕심 · 색신 · 감수의 맛과 걱정

1 부처님이 사위성의 기원정사에 계실 때의 일이다. 비구들이 아침 일찍이 바리때를 들고, 사위성에 들어가 걸식하려 하였다. 그러나 때가 너무 이르므로, 어떤 외도의 수도원에 들어가, 인사로서 친의를 베풀고, 한쪽에 앉았다. 그때 외도들은 비구들에게

"제현들이여, 사문 구담瞿曇은 욕심에 대하여 지혜로운 법을 보이고, 우리들도 욕심에 대하여 지혜로운 법을 보이며, 사문 구담은 색色과 수受(=고락의 감수)에 대하여 지혜로운 법을 보이고, 우리도 또한 색과 수에 대하여 지혜로운 법을 보인다. 그러면 사문 구담과 우리들과의 사이에, 어떠한 구별이나 취지의 다를 것이 있는가?"

라고, 대질러 물었다. 비구들은 그 말을 받아들이지도 않고, 또 반박하지도 않은 채 자리를 떠났다. 걸식을 마치고 돌아와 부처님에게 그 이야기를 사뢰었다.

"비구들이여, 그렇게 말하는 외도에게는 다음과 같이 물을 것이다. '제현들이여, 어떤 것이 욕심의 맛(味)이며 욕심의 걱정이며 욕심에서 벗

어나는 것인가? 어떤 것이 색과 수의 맛이며, 그것의 걱정이며 그로부터 벗어나는 것인가?'라고, 이렇게 물으면 외도들은 대답하지 못할 것이다.

비구들이여, 나는 사문 · 바라문 · 인간 · 천상 · 마계 · 범천 등, 모든 세계에서 여래와 여래의 제자로서, 여래에게 이런 말을 들은 자를 제하고는, 위와 같은 물음에 만족한 대답을 하는 자를 보지 못했노라.

2 비구들이여, 어떤 것이 욕심의 맛인가? 욕심에 다섯 가지가 있으니, 눈은 좋은 빛을, 귀는 좋은 소리를, 코는 좋은 냄새를, 입은 좋은 맛을, 몸은 좋은 촉감을 반연攀緣하여 욕정을 일으켜, 그 욕정의 향유享有로부터 나는 기쁨과 즐거움, 이것을 욕심의 맛이라고 한다.

3 비구들이여, 욕심의 걱정이라 함은, 세속 사람은 가지가지 기술과 예능과 장사 · 농업 · 목축 · 문 · 무 따위의 기술로써, 비바람과 차고 더움을 가리지 않고 맹수 독사 악어 등과 싸우며, 그 욕망을 달성키 위하여 활동하니, 이것은 욕심의 걱정이요 현실의 괴로움 덩어리이다. 불가피한 현실의 사정이므로 이것을 부정하지는 않는다.

비구들이여, 이같이 활동하고 노력하고 분투해도 재물을 얻지 못할 때에는, 저는 근심하고 슬퍼하고 지쳐서 가슴을 치고 울며 말한다. '그처럼 애써도 쓸데없고, 싸워도 무효'라고. 이것이 욕심의 걱정으로서 현실의 괴로움덩어리이다.

4 만일 이러한 활동과 노력으로 재물을 얻으면, 재물을 수호하기 위하여 괴로움과 걱정이 생긴다. 곧, '내 재산을 국가에게나 도둑에게 빼앗기지나 않을까, 불에 태우거나 물에 띄우지나 않을까, 사랑하지 않는 친족에게 빼앗기지나 않을까?' 이같이 걱정하고 감시하던 것이, 혹은 국가 · 도둑에게 빼앗기고, 혹은 불에 태우고 물에 띄우며, 혹은 사랑치 않는 친족에게 빼앗기게 되면, 그때는 근심하고 지쳐서 가슴을 치고 울며 '내 재산이 없어지다니!' 하고 탄식한다. 이것이 욕심의 걱정으로서 현실의 괴로움덩어리이다.

5 비구들이여, 욕심의 인연으로 모든 왕은 왕과, 왕족은 왕족끼리, 바라문은 바라문과, 장자는 장자와, 부모는 자식과, 형제 · 자매 · 친구는 형제 · 자매 친구끼리 서로 다툰다. 말로 싸우다가 손으로 치며, 흙덩이로, 몽둥이로, 칼로…. 이렇게 그들은 죽음에 이르거나 혹은 죽음과 비등한 고통을 받게 된다. 이것이 욕심의 걱정으로서 현실의 괴로움덩어리이다.

비구들이여, 욕심의 인연으로 칼과 창과 활을 잡고, 방패와 갑옷으로서 몸을 굳게 단속하고, 양쪽이 가까운 전진戰陣에 나아가, 화살을 날리고 창을 던지고 큰 칼이 번뜩이는 속으로 돌진하며, 화살로 쏘고 창으로 찌르고 끓는 물로 끼얹으며, 타는 불에 몰아넣으며 칼로 머리를 벤다. 그래서 저들은 죽거나 죽을 고통을 겪는다. 이것이 욕심의 걱정이며 현실의 괴로움덩어리이다.

비구들이여, 다시 욕심의 인연으로, 사람의 집을 뚫고 들어가 재산을 약탈하고, 다른 부녀를 겁탈하다가 법관에게 잡혀, 왕법으로 갖은 벌을 당한다. 회초리로, 볼기채로, 몽둥이로 잡아 치며, 혹은 손을 끊고 발을 끊으며, 귀를 베고 코를 베고 머리를 베며, 두개골을 깨고 불에 단 쇳덩이를 집어넣기도 하며, 입술과 귀를 가죽으로 꿰기도 하며, 기름에 젖은 베를 몸에 감아 불사르기도 한다. 이와 같은 갖가지 형벌을 받아, 죽거나 혹은 죽음과 비등한 고통을 받는다. 이것이 욕심의 걱정이며 현실의 괴로움덩어리이다.

비구들이여, 또한 욕심의 인연으로, 몸과 말과 마음으로 악한 짓을 행하고, 몸이 무너지고 목숨이 마친 뒤에는 지옥 · 아귀 · 축생의 악도에 떨어진다. 이것이 욕심의 걱정이며 현실의 괴로움덩어리이다.

6 비구들이여, 어떤 것이 욕심에서 벗어나는 것인가? 성도聖道에 의하여 욕탐欲貪을 없애고 탐욕을 버린다. 이것이 욕심에서 벗어나는 것이다.

비구들이여, 만일 사문 · 바라문으로서, 이와 같이 욕심에 대하여 그 맛과 그 걱정과 그 벗어나는 법을 여실히 알지 못하고는, 자기를 욕심에서 제도하고, 다른 이를 욕심에서 제도할 수 없는 것이다.

7 비구들이여, 어떤 것이 색의 맛인가? 여기 왕족이나 바라문의 딸로서, 나이는 열대여섯쯤 되고, 키는 너무 크지도 작지도 않으며, 몸은 너무 홀쭉하지도 너무 뚱뚱하지도 않으며, 살빛이 너무 검지도 너무 희지도 않다고 하면, 그 계집은 그때에 가장 아름답고 묘하고·단정한 색신이라고 할 것이다. 이 단정 미묘한 인연으로 생기는 즐거움이 곧 색의 맛이 되는 것이다.

8 비구들이여, 어떤 것이 색의 걱정인가? 여기, 저 계집의 나이가 혹 팔십·구십이 되어, 몸은 서까래처럼 마르고 등은 곱사등이 모양 굽은 것이 지팡이에 의지하여 벌벌 떨며 걸어가고, 살빛은 파리하고 시들어, 이는 빠지고 머리에는 서리를 이거나 털은 다 벗어지고 짧으며, 살은 쭈그러지고, 얼굴과 사지에는 검버섯이 난 것을 볼 때에 너희들은 어떻게 생각하겠느냐? 일찍이 미묘하고 단정하던 저 여인이 늙어 기울어져 저 꼴이 된 것이다. 비구들이여, 이것이 색신의 걱정이다.

또 비구들이여, 저 여인이 병들어 누워 중태에 빠졌을 때, 자기 대소변 속에 파묻혀 다른 사람에 의지하여 일어나거나 또 침대에 눕게 됨을 볼 적에, 너희들은 어떻게 생각하겠느냐? 일찍이 젊고 미묘하고 단정하던 그 여인이 늙어 기울어져 저 꼴이 된 것이다. 비구들이여, 이것이 색신의 걱정이다.

또 비구들이여, 저 여인의 시체를 묘지에 버려 두어, 혹 하루나 이틀이나 사흘이 지나면, 부풀어 올라 검푸르며 물러 터지는 것을 볼 적에, 너희들은 어떻게 생각하겠느냐? 일찍이 미묘하고 단정하던 저 여인이 저 꼴이 된 것이다. 비구여, 이것이 색신의 걱정이다.

또 비구들이여, 저 여인의 시체를 묘지에 버려 두어, 혹은 까마귀·독수리나 혹은 개 여우 또는 뭇 벌레들이 쪼아먹고 뜯어먹는 것을 볼 적에, 너희들은 어떻게 생각하겠느냐? 일찍이 미묘하고 단정하던 저 여인이 저 꼴이 된 것이다. 비구여, 이것이 색신의 걱정이다.

또 비구들이여, 저 묘지에 버려진 여인의 시체가 살가죽이 다 썩고 힘줄만이 해골을 연결시키고 있는 것을 보거나, 또 힘줄조차 녹아버리고, 사지백체의 뼛조각만이 마디마디 흩어진 것을 보거나, 나중에는 달팽이나 조갯빛 같은 뼛조각이, 그나마 비바람에 녹아지고 부서진 것이, 한 무더기 쌓여 있는 것을 볼 적에, 너희들은 일찍이 미묘하고 단정하던 저 여인이 저 꼴이 되었다고 생각하리라. 비구여, 이것이 색신의 걱정이다.

9 비구들이여, 어떤 것이 색신에서 벗어나는 것인가? 그것은 색신에 대하여 탐욕을 버리고 욕탐을 여의는 것이니, 이것이 색신에서 벗어나는 것이다.

비구들이여, 만일 사문·바라문으로서 이같이 색신에 대한 맛과 그 걱정과 그 벗어나는 법을 여실히 알지 못하고는, 색신에서 스스로를 제도하고 다른 사람을 제도할 수 없는 것이다.

10 비구들이여, 어떤 것이 감수의 맛인가? 여기 한 비구가 있어 욕심을 여의고 불선법을 여의어, 세밀한 관찰과 사색이 있어서, 이 여읨에서 생기는 기쁨을 얻어 초선初禪에 들며, 이 초선을 성취했을 때에, 자기나 남에게 대하여 화를 내거나 해롭게 할 마음이 없나니, 이때에는 모든 불평과 원수와 친함이 없는 감수를 맛보게 되는 것이다.

또 비구는, 세밀한 관찰과 사색을 없애고 속마음이 고요하여 적정한 선정에 들어, 정定에서 생기는 즐거움을 얻어 제이二선을 성취하며, 다시 제이二선의 즐거움을 여의고 더 미묘한 즐거움을 얻어 제삼三선을 성취하며, 다시 고苦와 락樂을 다 여의고 가장 맑고 깨끗한 경계에 들어 제사四선을 성취하나니, 이때는 모든 상대적인 기쁨·성냄·사랑·미움이 다 끊어져 가장 안온하고 미묘한 감수를 성취한다. 비구여, 이것이 최상의 안온한 감수 작용의 맛이다.

11 비구들이여, 어떤 것이 감수의 걱정인가? 이 감수는 영원한 것이 아

니다. 때를 따라 변하는 덧없는 것이다. 그것은 다시 고苦로 옮겨가는 것이다. 멸진정을 성취하지 못했으므로 이것이 감수의 걱정이다.

12 비구들이여, 어떤 것이 감수에서 벗어나는 것인가? 감수에 대하여 탐욕을 버리고 탐욕을 여의어 버리나니, 이것이 감수에서 벗어나는 것이다.

"비구들이여, 만일 사문 · 바라문으로서 이와 같이 감수의 맛과 걱정과 그 벗어나는 법을 여실히 알지 못하고는, 감수에 있어서 스스로를 제도하지 못하고 또 남도 제도할 수 없으리라."

제9절 생사와 부처님의 설법

1 부처님은 다시 북으로 사위성에 돌아가, 기원정사에 계셨다.

어느 날, 바사닉왕은 나라 일을 위해, 수레를 몰아 성밖에 있었다.

그때 임금의 할머니는 그 왕후가 죽은 뒤에도 아직 살아 있어, 백이십 세의 나이로 매우 노쇠해 있었다. 그러나 왕은 효성이 지극해, 그 늙은 할머니를 섬기는 것으로써 즐거움을 삼고 있었다. 그런데, 이날 불행하게도 그 할머니는 여러 사람의 간호에도 보람이 없이, 마른 나무처럼 갑자기 돌아가셨다. 대신의 한 사람인 불사밀은 이렇게 생각했다. '왕이 이 불행한 소식을 들으시면 얼마나 슬퍼하실까! 어떤 방편을 써서라도, 왕의 슬픔을 덜어 드리지 않으면 안 되겠다.' 그래서 불사밀은 수많은 코끼리와 말과 수레를 장식하고, 수많은 보물과 기생들을 거기에 싣고, 깃대를 벌려 세우고 풍악을 울리면서 상여를 둘러싸고 성밖으로 나갔다. 꼭 임금의 일행이 돌아오는 도중에서 만나도록 했다. 임금은 이 광경을 보고, 마침 가까이 온 불사밀을 불러서 물었다.

"이것은 누구의 공양供養인가?"

"대왕이시여, 이 거리의 장자長者 아무의 어머니가 돌아가서 그 때문입니다."

"그러면 이 코끼리와 말과 수레는 무슨 까닭인가?"

"코끼리와 말과 수레가 각각 오백씩인데, 이것을 염라대왕에게 보내어, 어머니의 생명을 대신하겠다는 것입니다."

"어리석은 일이다. 생명은 멈출 수도 없는 것이요, 대신할 수도 없는 것이다. 악어의 아가리에 떨어지면 반드시 죽는 것처럼, 염라왕의 손아귀에 들면 죽음은 면할 수 없는 것이다."

"그러면 여기 기생이 오백 명이나 있는데, 이것으로 저 죽은 생명을 대신하겠다는 것입니다."

"기생도 보물도 쓸데없는 것이다."

"그러면 바라문의 주술이나, 덕이 높은 스님의 힘으로 구원하겠다고 합니다."

바사닉은 웃으면서 말했다.

"그것은 다 어리석은 생각이다. 한번 악어 아가리에 들어가면 나올 수 없는 것이다. 한 번 나면 한 번 죽는다는 것은 정한 일이 아닌가? 부처님 말씀도 그러한 것을…."

2 이때 불사밀은 임금 앞에 꿇어 엎드려 사뢰었다.

"대왕이시여, 말씀하신 바와 같이, 모든 생명이 있는 것은 반드시 다 죽는 것입니다. 부디 너무 서러워 마소서. 대왕이시여, 오늘 왕태후王太后께서 돌아가셨습니다."

바사닉은 이 말을 듣고, 매우 슬퍼하며 한숨지었다. 한참 만에

"착하다. 불사밀이여, 너는 묘한 수단으로써, 내 마음의 터짐을 막았다. 너는 진실로 방편을 아는 자다."

하시고, 곧 성으로 돌아가, 향화香華와 등명燈明으로써 태후에게 공양하고, 한낮임에도 불구하고 곧 부처님을 절로 찾아가 뵈었다.

"대왕은 이 한낮에 어디서 오십니까?"

"부처님이시여, 내 할머니가 오늘 돌아가셨습니다. 백이십 세로서 매우 노쇠해 있었습니다. 나는 할머니를 못내 사랑하고 있었습니다. 만일 이 임금의 자리를 주어 할머니의 죽음을 바꿀 수 있다면, 나는 이 임금만이 아니라 거기에 따른 말과 수레와 보물과 이 가시나라까지도 바치겠습니다. 그러나 부처님이 언제나 하시는 말씀과 같이, 모든 생명은 반드시 죽는 것이요, 반드시 다 없어지는 것입니다."

"대왕이여, 진실로 그러합니다. 모든 생명은 반드시 죽는 것이요, 반드시 모두 없어지는 것입니다. 마치 질그릇은, 그대로 구운 것이나 약으로 구운 것이나, 반드시 한 번은 부서지는 것과 같은 것입니다.

> 모든 생명은 죽어 가는 것이다. 죽음을 끝으로 하기 때문에,
> 그것은 모두 그 업業을 따라서 공덕의 결과와 죄의 갚음을 받나니,
> 악을 행한 사람은 지옥에 들고 덕을 쌓은 사람은 천상에 난다.
> 부디 착한 일 행해 뒷세상 준비하라 공덕은 뒷세상의 나룻배니라.

3 부처님은 또 남으로 내려가, 교상미의 신사파 숲에 들어가, 나뭇잎을 손에 쥐고 말씀하셨다.

"비구들이여, 이 숲의 나뭇잎과 이 손 안의 나뭇잎 중 어느 쪽이 많다고 생각하는가?"

"부처님이시여, 그것은 말할 것도 없이, 저 숲 속의 나뭇잎이 몇억 배나 많습니다."

"비구들이여, 마치 그와 같이, 내가 알고도 말하지 않은 것이 저 숲 속의 나뭇잎같이 많고, 아는 데서 말한 것은 이 손 안의 나뭇잎처럼 적다. 왜 말하지 않는가? 그것은 아무 이익됨이 없기 때문이다. 즉 깨끗한 수행에 필요하지도 않고, 번뇌를 없애고 지혜를 열며, 깨달음을 얻어 열반

에 들어가는 데에 이익됨이 없기 때문이다. 그러나 내가 말한 법은 고苦·집集·멸滅·도道의 네 가지 진리로서, 그것은 이익이 되고 깨끗한 수행에 필요하며, 번뇌를 없애고 지혜를 열며, 깨달음을 얻어 열반에 들어가게 하기 때문이다. 그러므로 비구들이여, 이 네 가지 진리를 따라 힘써 공부하지 않으면 안 된다."

제10절 난다가의 법문

1 어느 날 대애도大愛道 비구니는 오백 명의 비구니를 데리고 부처님에게 나아가, 비구니들에 대한 가르침을 청했다.

그때는 윗자리의 비구들이 차례로 비구니들을 가르치게 되어 있었다. 난다가難陀迦는 자기 차례가 되었지마는, 비구니들을 가르치기를 좋아하지 않았다. 부처님은 아난을 불러 누구의 차례인가를 물어보셨다. 그러나 그 차례인 난다가가 가르치기를 좋아하지 않는다는 말을 들으시고, 다시 난다가를 불러 법문을 하라고 말씀하셨다.

난다가는 부처님의 명령을 받고, 다음날 아침 비구 한 사람을 데리고, 비구니들이 있는 왕사王寺로 갔다. 비구니들은 난다가가 오는 것을 보고, 자리를 만들고 발 씻을 물을 준비했다. 난다가는 발을 씻고 준비한 자리에 나아가, 비구니들에게 법을 설했다.

"누이들이여, 질문이라는 말이 있다. 질문을 받았을 때, 아는 것은 안다고 하고, 모르는 것은 모른다고 하지 않으면 안 된다. 또 만일 어떤 의심이 있을 때에는 '이것은 무엇입니까? 이 뜻은 어떤 것입니까?'라고, 내게 묻지 않으면 안 된다."

이것으로써 비구니들은, 난다가 비구에게는 자유로이 질문해도 좋다는 것으로 생각하고, 매우 기뻐했다.

"누이들이여, 눈(眼)은 항상됨이 있는 것인가, 항상됨이 없는 것인가?"

"항상됨이 없는 것입니다."

"항상됨이 없는 것은 괴로움인가, 즐거움인가?"

"괴로움입니다."

"항상됨이 없고, 괴로움이요, 또 부서지는 법을 '이것은 내 것이다. 이것은 나다. 이것은 나의 나다'라고 볼 수 있을까?"

"대덕大德이시여, 그것은 될 수 없습니다. 또 귀·코·혀·몸·뜻에 대해서도 꼭 같은 것입니다. 왜냐하면, 우리들은 이전부터 바른 지혜에 의해, 이런 것들의 육내처六內處는, 항상됨이 없는 것이라고 실다이 보고 있기 때문입니다."

2 "착하다, 누이들이여. 이것은 이 가르침의 제자에 의해서, 바른 지혜에 의해서, 실다이 보여진 것이다.

누이들이여, 물질은 항상됨이 없는 것인가, 항상됨이 있는 것인가?"

"항상됨이 없는 것입니다."

"항상됨이 없는 것은 괴로움인가, 즐거움인가?"

"괴로움입니다."

"항상됨이 없고, 괴로움이요, 부서지는 것을 '이것은 내 것이다. 이것은 나다. 이것은 나의 나다'라고 볼 수 있는가?"

"대덕이시여, 그것은 될 수 없습니다. 또 소리·냄새·맛·닿음·법에 대해서도 꼭 같은 것입니다. 왜냐하면, 우리들은 이전부터 바른 지혜에 의해서, 이들의 육외처六外處는 항상됨이 없는 것이라고 실다이 보고 있기 때문입니다."

"착하고 착하다, 누이들이여. 이것은 이 가르침의 제자에 의해서, 바른 지혜에 의해서 실다이 보여진 것이다. 누이들이여, 눈의 알음알이는 항상됨이 있는 것인가, 항상됨이 없는 것인가?"

"항상됨이 없는 것입니다."

"항상됨이 없는 것은 괴로움인가, 즐거움인가?"

"괴로움입니다."

"항상됨이 없고, 괴로움이요, 부서지는 법을 '이것은 내 것이다. 이것은 나다. 이것은 나의 나다'라고 볼 수 있는가?"

"대덕이여, 그것은 될 수 없습니다. 그에 따라, 귀의 알음알이 · 코의 알음알이 · 혀의 알음알이 · 몸의 알음알이 · 뜻의 알음알이도 똑같이 될 수 없습니다. 왜냐하면, 우리는 이전부터 바른 지혜에 의해, 이들 여섯 알음알이는 항상됨이 없는 것이라고, 실다이 보고 있기 때문입니다."

"착하고 착하다, 누이들이여. 이것은 이 가르침의 제자들에 의해서, 바른 지혜에 의해서, 실다이 보여진 것이다. 누이들이여, 이를테면, 타고 있는 등불의 기름도 항상됨이 없는 것이요, 심지나 불꽃이나 빛도 항상됨이 없는 것이다. 만일 어떤 사람이 있어, 기름과 심지와 불꽃은 항상됨이 없는 것이지만 빛만은 항상됨이 있다고 한다면, 그것은 바른 소견이라고 하겠는가?"

"아닙니다. 기름과 심지와 불꽃이 항상됨이 없는 것이라면, 빛도 또한 항상됨이 없는 것은, 말할 것도 없습니다."

"그렇다면 누이들이여, 항상됨이 없는 육내처六內處에서 생기는 괴로움과 즐거움과 괴로움도 아니요 즐거움도 아닌 감각을 항상 머무는 것이라고 한다면, 그 말은 정당한 것이겠는가?"

"대덕이시여, 정당하지 않습니다. 거기에 의해서 생긴 것은, 그것이 없어지면 저절로 없어지기 때문입니다."

"착하고 착하다, 누이들이여. 실로 그렇다. 다시 이를테면, 나무의 뿌리와 가지와 잎사귀는 항상됨이 없는 것이지마는, 그 나무의 그림자가 항상되다 한다면, 그 말은 정당한 것이겠는가?"

"대덕이시여, 정당하지 않습니다. 뿌리와 줄기와 가지와 잎사귀가 항상되지 아니하다면, 그 그림자도 항상되지 아니하는 것은 말할 것도 없습니다."

"그러면 누이들이여, 그 항상됨이 없는 육외처六外處에서 생기는 괴로움과 즐거움과 괴로움도 아니요 즐거움도 아닌 감각을 항상되다고 한다면, 그 말은 정당한 것이겠는가?"

"대덕이시여, 정당하지 않습니다. 거기에 의해서 생긴 것은 그것이 없으면, 저절로 없어지기 때문입니다."

"착하고 착하다. 누이들이여, 진실로 그렇다. 다시 이를테면, 익숙한 백정이 소를 죽여, 날카로운 칼로 속살의 몸뚱이와 겉껍질의 몸뚱이를 상하지 않고 갈라내어 살 속에 있는 막膜과 힘줄과 힘줄 밑동을 끊어 살을 발리고, 겉껍질로 그 소를 싸놓고 말하기를 '이 소는 원래와 같이, 껍질이 떠나 있지 않았다'고 한다면, 그 말은 정당한 것이겠는가?"

"대덕이시여, 그렇지 않습니다. 그 소는 껍질과 떠나 있는 것입니다."

"누이들이여, 이 비유는 그 뜻을 알기 위한 것이다. 속살의 몸뚱이라는 것은 안의 육처六處요, 겉껍질의 몸뚱이라는 것은 밖의 육처六處요, 살 속의 막 · 힘줄 · 힘줄 밑동은 탐욕을 이름이요, 날카로운 칼은 마음속의 번뇌를 끊는 지혜를 이름이다. 누이들이여, 정념正念 · 택법擇法 · 정진精進 · 희喜 · 경안輕安 · 정定 · 사捨의 칠각지七覺支를 닦으면, 번뇌를 없애고 마음의 해탈, 지혜의 해탈을 이 현재 세상에서 이룰 수 있는 것이다."

난다가는 비구니들에게 이렇게 설법하고

"그러면 누이들이여, 이제 돌아가라."고 권했다.

3 비구니들은 난다가의 설법을 듣고 마음으로 기뻐하면서 자리에서 일어나, 부처님에게 나아가 예배했다. 부처님은 비구니들을 보낸 뒤에 비구들에게 말씀했다.

"비구들이여, 십사十四 일의 포살布薩 날 밤의 달이 이지러져 있는지 꽉 차 있는지를 의심할 사람은 없다. 물론 달은 이지러져 있을 것이다. 그와 같이, 난다가의 설법을 듣고 비구니들은 기뻐하고 있지만, 아직 그 생각이 원만해 있지 않다."

다음 날 부처님은 다시 난다가에게 비구니들을 가르치라고 말씀하셨다.

난다가는 그 이튿날, 다시 사위성에서 걸식을 마친 뒤, 왕사로 가서, 어제와 같이 질문에 대한 이야기를 했다. 비구니들도 설법을 들은 뒤, 어제와 같이 부처님에게 나아가 예배했다. 비구니들이 돌아간 뒤, 부처님은 비구들에게 말씀하셨다.

"비구들이여, 십오 일의 포살 날 밤에는, 달이 이지러져 있는가 꽉 차 있는가에 대해서, 아무도 의심할 사람은 없을 것이다. 달은 물론 차 있을 것이다. 그와 같이, 난다가의 설법을 듣고 비구니들은 기뻐하고 또 그 생각도 원만해 있다. 이 오백의 비구니들은 최후의 한 사람까지도, 반드시 깨달음을 얻기로 결정된, 물러나지 않는 예류과預流果에 들어가 있다."

제11절 질다 장자와 이시닷타

1 맛치카산다의 질다質多 장자長者는 안바타카 숲에 사는 비구들을 가끔 자기 집으로 초대했다. 어느 날, 그는 윗자리의 비구에게 물었다.

"존자尊者여, 이 세상에는 여러 가지 이론이 떠돌고 있습니다. 이를테면, 세간은 항상 존재한다거나 항상됨이 없다거나, 한정이 있다거나 한정이 없다거나, 또 여래는 죽은 뒤에 존재한다거나 존재하지 않는다거나, 또는 존재하면서 존재하지 않는다거나, 존재하는 것도 아니요 존재하지 않는 것도 아니라거나, 혹은 영혼과 육체는 하나이라거나 다르다거나 해서, 이러한 여러 가지 이론이 있어, 부처님은 『범망경』梵網經에 육십이六十二 종의 견해를 말씀하셨습니다. 대체, 이러한 각각 다른 소견은 어떻게 일어나는 것이며, 또 무엇에 근거하고 있는 것이겠습니까?"

이 질문에 대해서 윗자리 비구는 침묵하고 있었다. 두 번 세 번 질문을 받고도 여전히 침묵하고 있었다. 그때에, 비구 중에서 제일 젊은 이시닷타 비구가 앞으로 나와, 윗자리 비구의 허락을 얻어 대답했다.

"장자여, 그것은 신견身見이 있기 때문입니다. 이 신견만 없다면 여러 가지 다른 소견은 일어나지 않을 것입니다."

"대덕이여, 그 신견이란 어떤 것입니까?"

"장자여, 신견이란, 이 몸을 만들고 있는 다섯 가지 요소를 나라고 보는 소견입니다. 거룩한 진리에 어두운 범부들이 일으키는 소견입니다. 부처님의 가르침에 통하고, 부처님의 가르침으로 마음을 닦은 사람은 이 다섯 가지 요소를 나라고 보지 않습니다."

"대덕이여, 당신은 어디서 오셨습니까?"

"나는 아반데라는 나라에서 왔습니다."

"대덕이여, 아반데에는, 아직 내가 만나지 못한 친구 이시닷타라는 사람이 스님이 되었습니다. 대덕님은 혹 그이를 만난 적이 있습니까?"

"장자여, 나는 만난 일이 있습니다."

"그 스님은 지금 어디서 살고 있습니까?"

이 물음을 받자, 이시닷타는 잠자코 말이 없었다.

"대덕이여, 당신이 이시닷타이십니까?"

"그렇습니다."

"대덕이여, 부디 오랫동안 이 맛치카산다의 즐거운 숲에서 지내소서. 내 비록 힘이 모자라지만, 스님의 옷이나 음식이나 침구나 약물을 보살펴 드리겠습니다."

"장자여, 그 고마우신 말씀, 즐거이 따르겠습니다."

질다 장자는 매우 기뻐하며, 비구들에게 공양을 올렸다. 숲으로 돌아온 여러 비구들은, 이시닷타의 수고를 고마워했다. 그러나 그는 좌구坐具를 챙기고 바리때를 들고 어디론지 떠나가, 다시는 맛치카산다에 나타나지 않았다.

2 나형외도裸形外道의 가섭은, 속가에 있을 때부터 질다 장자와 친한 사이였다. 가섭이 맛치카산다에 왔다는 소문을 듣고, 질다는 가섭을 찾아가 인사를 마친 뒤, 집을 떠난 지 몇 해나 됐느냐고 물었다.

"장자여, 집을 떠난 지 삼십 년이 되었습니다."

"대덕이여, 집 떠난 지 삼십 년에, 무슨 세상을 초월한 법과 훌륭한 지혜와 편안한 심경을 얻었습니까?"

"장자여, 그동안 삼십년이 지났지만, 맨몸과 까까머리와 말재주만 늘었을 뿐, 아무것도 변한 것 없습니다."

"대덕이여, 집을 떠나 삼십년 동안에, 맨몸과 까까머리와 말재주만이 늘었을 뿐이라면, 스님의 교법은 참으로 이상한 것입니다."

"장자여, 당신은 우바새가 된 지 몇 해나 됩니까?"

"삼십 년이 되었습니다."

"그 삼십 년 동안에, 당신은 어떤 인간을 초월한 법과 훌륭하고 신성한 지견과 편안한 심경을 얻었습니까?"

"대덕이여, 그럼 아무것도 얻지 못해서야 어쩌겠습니까? 나는 초선初禪·이선·삼선·사선으로 자유로이 드나들 수 있습니다. 또 만일 내가 부처님보다 먼저 죽는다면, 부처님은 나를 이 세상에 다시 태어날 근본인, 번뇌가 없어진 사람이라고 설명하실 것입니다."

"장자여, 속가에 있으면서 이처럼 훌륭한 결과를 얻을 수 있다면, 그것은 얼마나 훌륭한 교법이겠습니까? 나도 그 교법 안에 들어가 스님이 될 수 있겠습니까?"

질다 우바새는 가섭을 데리고 비구들이 있는 곳으로 가서, 교법을 들어 인연을 맺게 했다.

제12절 이론보다 실제를

1 부처님은 기사굴산을 떠나 다시 북쪽으로 항가 강을 건너 여행을 계속하다가 기원정사로 돌아오셨다. 어느 날, 만동자鬘童子 비구는 고요한 곳에서 혼자 생각했다. '세계는 항상 있는 것인가, 그렇지 않은 것인가? 세계는 한정이 있는 것인가, 없는 것인가? 영혼은 육체와 따로 있는가, 하나인가? 중생은 죽은 뒤에도 존재하는가, 존재하지 않는가? 부처님은 이런 문제는 설명하시지 않는다. 나는 여기에 견딜 수 없다. 오늘은 부처님에게 가서 이것을 여쭈어 보자. 만일 부처님이 설명해 주신다면, 나는 부처님 밑에서 수행을 계속하겠지만, 아무 설명이 없으시면, 나는 수행을 그만두자.' 그래서 그는 부처님에게 나아가 그 문제를 물었다.

"부처님이시여, 부처님의 아시는 대로 설명해 주소서. 만일 설명해 주시지 않는다면, 저는 부처님 곁을 떠나 속세로 돌아가겠습니다."

부처님은 말씀하셨다.

"만동자여, 나는 너에게, '내게로 오너라. 내 밑에서 수행하라. 그러면 세계는 항상 있는 것인가, 그렇지 않은 것인가? 세계는 한정이 있는 것인가, 한정이 없는 것인가? 영혼과 육체는 하나인가, 다른 것인가? 중생은 죽은 뒤에 존재하는가, 존재하지 않는가를 설명해 주리라'고 약속한 일이 있는가?"

"부처님이시여, 그렇게 말씀하신 적은 없나이다."

"너는 또 내게, '나는 부처님이 이런 문제를 설명해 주시면, 부처님 밑에서 수행하겠습니다'라고 약속한 일이 있는가?"

"부처님이시여, 그런 일도 없나이다."

"만동자여, 나도 약속하지 않았고, 너도 약속하지 않았다. 그런데 너는 무슨 약속을 지키지 않겠다고 하는 것인가?"

만동자여, 만일 그와 같이 내가 그 문제를 설명하기 전에는 내게서 수행하지 않겠다는 사람이 있다면, 그는 그동안에 죽고 말 것이다. 비유하면, 사람이 독한 화살에 맞았다고 하자. 친척이나 친구들이 와서, 의사에게 그 화살을 뽑자고 하는데, 그 사람은 '나는 이 화살을 쏜 사람이 남자인가, 여자인가? 어떤 성질을 가진 사람인가? 얼굴이나 모습은 어떤 사람인가? 어디 사는 사람인가를 알기 전에는, 이 화살을 뽑지 않겠다'고 한다든가, 또 '그 활은 큰 것인가 작은 것인가? 그 줄은 등넝쿨인가 실인가 짐승 힘줄인가? 그 화살은 등藤인가 갈대인가? 그 깃은 독수리 · 해오라기 · 매 · 공작의 어느 것인가? 그 화살은 소 힘줄 · 물소 힘줄 · 사슴 힘줄 · 풀의 어느 것으로 감겨 있는가? 활촉은 말발굽 모양인가, 쇠창 모양인가, 송아지 이빨인가, 새 깃인가를 알기 전에는, 이 화살을 뽑지 않겠다'고 한다면, 만동자여, 그 사람은 그동안에 죽고 말 것이다."

2 "만동자여, 세계는 항상 있는 것이라는 견해를 가졌다고 해서, 맑고 깨끗한 수행이 되는 것은 아니다. 또 세계는 항상 있는 것이 아니라는 견해를 가졌다고 해서, 맑고 깨끗한 수행이 되는 것도 아니다. 세계는 한상 있다, 혹은 항상 있지 않다는 견해를 가졌다고 해도, 삶과 늙음과 죽음과 격정과 슬픔과 고통과 번민은 닥쳐오는 것이다. 나는 이러한 것들을 이 현재에서 없애기 위해 법을 설하는 것이다.

세계는 한정이 있다, 한정이 없다든가, 중생은 죽은 뒤에 존재한다, 존재하지 않는다든가 하는 어떠한 견해를 가졌다 해도, 맑고 깨끗한 수행이 되는 것은 아니요, 여전히 삶과 늙음과 죽음과 근심과 슬픔과 고통과 번민은, 우리에게 닥쳐오는 것이다. 나는 이런 것들을 이 현재에서 없애기 위해 법을 설하는 것이다.

만동자여, 그러므로 나는 설명해야 할 것을 설명하고, 설명하지 않을 것은 설명하지 않는다고 생각하는 것이 좋다.

설명하지 않을 것이란, 이런 문제들의 설명이다. 왜냐하면 이런 문제의 설명은 이익이 없기 때문이다. 그것은 맑고 깨끗한 수행을 위해서나,

번뇌를 없애고 뛰어난 지혜를 얻는다거나, 깨달음을 얻어 열반에 들어가는 길이 되지 않기 때문이다. 또 설명해야 할 것이란, 괴로움과 그 괴로움의 원인과 그 괴로움을 없애야 할 것과 그 괴로움을 없애는 길을 말하는 것이다. 왜냐하면 그것은 이익이 되고, 맑고 깨끗한 수행을 위해서나, 번뇌를 없애고 뛰어난 지혜를 얻는다든가, 깨달음을 얻어 열반으로 들어가는 길이 되기 때문이다."

만동자는 이 부처님의 말씀을 듣고 매우 기뻐하며 먼저의 소견을 놓아 버렸다.

제13절 고행과 불법

1 이때 부처님은 우준냐 국 칸나캇타라의 사슴의 동산에 계셨다. 나형외도의 가섭은 부처님을 찾아와 여쭈었다.

"부처님이시여, 당신은 모든 고행을 싫어하고, 또 고행자를 비방한다는 말을 들었는데, 사실입니까?"

"가섭이여, 그것은 내 의견이 아니다. 또 나를 바르게 전한 것도 아니다. 가섭이여, 나는 하늘눈(天眼)으로써, 고행자가 죽은 뒤에 지옥에 떨어지는 것도 보고, 천상天上에 나는 것도 본다. 또 조금 고행한 사람이, 죽은 뒤에 지옥에 떨어지는 것도 보고, 천상에 나는 것도 본다. 이렇게 고행자에게는 지옥에도 떨어지고 천상에도 나는 사람이 있는 줄을 아는데, 어떻게 통틀어 고행을 싫어하고, 고행자를 비방할 수 있겠는가?"

가섭은 말했다.

"부처님이시여, 알몸이라든가, 공양을 받지 않는 것과 반달씩 음식을 끊는 것과 소똥을 먹는 것과 나무껍질이나 짐승 가죽의 옷과 항상 서 있는 것과 하룻밤에 세 번씩 목욕하는 따위의 고행은, 사문에게도 바라문에게도 적당한 것이라고 일컫습니다."

"가섭이여, 아무리 이러한 고행을 하더라도, 그 사람에게 계戒와 정定과 지혜가 없으면, 그것은 참된 사문이나 바라문과는 거리가 먼 것이다. 성내지 않고, 남을 해칠 뜻이 없으며, 자비심을 닦고, 번뇌가 없어, 현재에 깨달아 있으면, 이야말로 진정한 사문이요 바라문이라 할 것이다."

"부처님이시여, 사문이나 바라문이 된다는 것은 얼마나 어려운 일입니까?"

"가섭이여, 그 어려움이란 고행을 닦는다는 뜻은 아니다. 고행쯤이야 물항아리를 허리로 운반하는 식모도 할 수 있는 일이 아닌가? 성내지 않고, 남을 해칠 뜻이 없으며, 자비심을 닦고, 번뇌가 없어, 현재에 깨닫는다는 것이 참으로 어려운 일이다."

"부처님이시여, 그러면 사문이나 바라문이라는 것은 알기가 어려운 일입니다."

"가섭이여, 그 알기 어렵다는 것도 고행하는 것을 보고, 사문이나 바라문인 것을 알기는 어려운 것이 아니다. 고행이라면, 물항아리를 허리로 운반하는 식모도 할 수 있는 일이 아닌가? 성내지 않고, 남을 해칠 마음이 없으며, 자비심을 닦고, 번뇌가 없어, 현재에 깨닫는 일에 있어서, 사문이나 바라문을 알기가 어려운 것이다."

2 "부처님이시여, 그러면 그 계와 정과 혜의 성취란 어떤 것입니까?"

"가섭이여, 계의 성취란, 여래가 이 세상에 나타나 스스로 깨달아 남을 가르칠 때에, 사람이 그것을 듣고 신심信心을 일으켜 스님이 된다. 그래서 계를 따라 몸을 지키고, 바른 행실로 즐거움을 삼으며, 조그만 죄에도 두려움을 볼 줄 알고, 감각기관을 지켜 바른 지혜를 갖춘다. 거기서 산목숨을 죽이지 않고, 남이 주지 않는 것은 빼앗지 않으며, 남의 여자를 범하지 않고, 거짓을 말하지 않으며, 거친 말을 쓰지 않고, 바른 생활을 경영해 가는 것이다. 또 정定의 성취란, 비구가 눈으로 물건을 볼 때라도,

그 감각기관을 잘 지켜, 그 모양에 집착하지 않고, 가나오나 앉을 때나 누울 때나, 언제나 마음눈을 밝혀 바른 마음, 바른 생각에 머물며, 새가 제 몸에 날개 이외에는 아무것도 가지지 않는 것처럼, 몸을 싸는 옷과 배를 채우는 밥으로 만족하고, 나무뿌리·동굴 속·숲·넓은 벌판·묘지 따위의 조용한 곳을 찾아 고요히 앉으며, 탐욕과 성냄과 게으름과 덤빔과 의심을 버리고, 건전하고 자유롭고 안전한 사람이 되어, 기쁨과 즐거움으로 초선과 이·삼·사선에 들어가는 것이다. 또 지혜의 성취란, 위의 정에 의해서 고요하고 맑고 환해, 아무것에도 시달리지 않는 마음으로써, 이 세상의 덧없음과 나 없음을 알고, 다섯 가지 신통을 얻고 네 가지 도리를 알아, 번뇌를 없애고 깨달음을 열어, 해탈했다는 분명한 자각을 가지는 것이다.

가섭이여, 이보다 더 훌륭한 계戒·정定·혜慧의 성취는 없다. 계와 고행과 염리厭離와 지혜와 해탈을 칭송하는 사문·바라문이 있다. 그러나 나처럼 맑고 높은 계와 고행과 염리와 지혜와 해탈을 갖춘 사람은 없다. 그 최상에 도달한 자가 나다.

가섭이여, 나의 이 사자후에 대해서, 어떤 사람은 말할는지 모른다. '사문 구담은, 사람이 없는 곳에서 사자후하고 있지만, 그 사자후는 신념으로써 하는 것이 아니다. 아무도 그것을 듣고 질문하지 않는다. 질문을 받으면 대답하지 못한다. 비록 대답하더라도 그것은 사람을 만족시키거나, 믿게 하지 못한다'고. 가섭이여, 그러나 그렇게 생각해서는 안 된다. 나는 뭇사람 앞에서 사자후한다. 신념을 가지고 사자후한다. 많은 사람의 질문에 대답하고, 만족시키고, 믿게 한다. 가섭이여, 일찍이 왕사성의 기사굴산에서, 너와 같은 고행자 냐그로다는, 염리厭離의 최고 형식에 대해서 내게 물었다. 그는 내 대답을 듣고 매우 기뻐한 일이 있다."

3 "부처님이시여, 부처님의 설명을 듣고, 위없이 기뻐하지 않는 자가 있겠나이까? 나도 이제 위없는 기쁨을 얻었나이다. 부처님이시여, 나는 이

제 삼보에 귀의하고 부처님 밑에서 스님이 되고자 하나이다. 부디 허락해 주소서.”

“가섭이여, 다른 가르침(敎)을 믿는 사람이, 우리의 가르침 가운데에 들어와 스님이 되고자 하는 사람은, 사 개월 동안을 따로 살다가, 사 개월이 지낸 뒤에, 우리 교단에 들어오게 되어 있다. 물론 특별한 경우도 있겠지만, 그것이 규칙이다.”

“부처님이시여, 사 개월 동안 따로 사는 것이 규칙이라면 나는 그대로 하겠나이다. 부디 사 개월 뒤에는 교단에 들게 해 주시기 원하나이다.”

가섭은 이렇게 스님이 되는 허락을 얻어 교단에 들어왔다. 그래서 부지런히 힘써 공부해, 얼마 안 되어 깨달음을 얻었다.

제14절 바른 법

1 부처님이 기원정사에 계실 때의 일이다. 독수리 잡기를 직업으로 하는 아리타(阿梨吒) 비구는 이런 악한 소견을 가지고 있었다. ‘부처님이 말씀하시는 장애라는 법도 그것을 직접 실행해 보니, 그다지 장애도 되지 않는다’는 소견이다. 다른 여러 비구들은 그의 이 악한 소견을 고치기 위해서, 여러 가지로 토론도 하고 타이르기도 해 보았으나, 아무 보람이 없었다. 부처님은 이 말을 듣고 아리타를 불러 꾸짖으신 뒤에, 여러 비구들에게 말씀하셨다.

“비구들이여, 비유하건대, 어떤 땅꾼이 큰 뱀 한 마리를 발견하고, 곧 그 몸뚱이나 꼬리를 붙잡았다고 하자. 그때 그 뱀은 몸을 틀어 그 사람의 손이나 팔이나 또 다른 데를 물 것이다. 그 때문에 그 사람은 죽거나 혹은 죽을 만큼의 고통을 받을 것이다. 그것은 왜 그런가? 그 뱀을 잡는 방법이 잘못되었기 때문이다. 그와 같이, 어떤 미련한 사람은 부처님의 가르침을 배우면서도, 그 법의 뜻을 깊이 생각하지 않기 때문에 그 법의 뜻을 분명히 알지 못하는 것이다. 그들은 남과 토론할 때에, 그 말의 권위를 세우기 위해서 부처님의 말씀을 끌어오는 것이다. 그러므로 그들은 법을 배우면서도 그 뜻을 모르는 것이요, 뜻을 모르기 때문에 길이 고통을 받는 것이다. 왜 그런가? 그들은 법을 잘못 알았기 때문이다.

비구들이여, 그런데 여기 어떤 지혜로운 사람은 부처님의 가르침을 배워 그 뜻을 깊이 생각하고, 그 법을 바르게 알아 길이 행복을 누리고 있다. 왜냐하면 그들은 법을 바르게 알기 때문이다. 비유하면, 땅꾼이 큰 뱀을 발견하자 곧 막대기로써 뱀의 대가리를 꽉 누르는 것 같은 것이니, 그때 그 뱀은 아무리 그 사람의 손이나 팔이나 또 몸을 감더라도, 그 사람은 그 때문에 죽거나 혹은 죽을 만큼의 고통을 받지 않는 것이다. 왜냐하면, 그는 그 뱀을 잘 잡을 줄 알았기 때문이다.

2 비구들이여, 나는 또 너희들로 하여금 집착을 떠나게 하기 위해, 떼배의 비유를 말하리라.

비유하건대, 어떤 사람이 오랜 여행을 하다가, 어느 곳에서 큰 바다를 만났다. 그는 이렇게 생각했다. '이 바다의 이쪽 언덕은 위험하지만, 저쪽 언덕은 편안할 것이다. 그러나 여기는 다리도 없고 배도 없다. 갈대나 나뭇가지나 나뭇잎을 모아 떼배를 만들어, 그 떼배로써 저쪽 언덕으로 건너가자.' 그는 곧 떼배를 만들어, 그것으로써 저쪽 언덕에 이르러 다시 생각했다. '이 떼배는 내게 큰 공이 있는 것이다. 이 떼배 덕에 나는 안전하게 이쪽 언덕에 올 수 있었다. 나는 이것을 내 머리에 이거나 어깨에 메고, 내가 가야 할 데로 가자'고.

"비구들이여, 너희들은 어떻게 생각하는가? 이 사람은 이렇게 함으로써, 이 떼배에 대해서 자기의 할 일을 다 한다고 생각하는가?"

"부처님이시여, 그렇지 않습니다."

"비구들이여, 그러면 그 사람은 어떻게 하면 자기 할 일을 다 하게 되겠는가? 비구들이여, 이 사람은 저쪽 언덕에 이르러 이렇게 생각한다. 곧 '이 떼배 덕분에 나는 안전하게 이쪽 언덕에 이르렀다. 나는 이 떼배를 언덕에 올려놓거나 또는 물에 띄워 보내 버리고, 나는 내가 가야 할 데로 가자'고. 이래서 이 사람은 그 떼배에 대해서 자기 할 일을 다 하게 되는 것이다.

비구들이여, 나는 이 떼배를 비유로 들어, 법은 버려야 할 것으로서, 집착할 것이 아니라는 것을 말하는 것이다. 너희들은 이 떼배와 같이, 법까지도 내버리지 않으면 안 된다. 하물며 법 아닌 것이야 말할 것 없다.

3 비구들이여, 여기 나와 내 것이라는 잘못된 소견이 일어날 수 있는 여섯 가지의 경우가 있다. 곧 색色과 수受와 상想과 행行과 견문각지見聞覺知되는 것과 식識이 그것이다.

비구들이여, 무지해서 착한 사람을 가까이하지 않고 거룩하고 착한 사람의 법을 모르는 사람은, 이 여섯 가지의 경우에 대해서 '이것은 내 것이다', '이것은 나다', '이것은 나의 나다'라고 인정해서 그것에 집착한다. 그러나 많이 배우고 착한 사람을 가까이하며, 거룩하고 착한 사람의 법에 훈련된 사람은, 이 여섯 가지의 경우에 대해서, 그렇게 인정하거나 집착하지 않는다. 따라서 그것이 없어졌다고 해서, 바른 정신을 잃거나 두려움에 떨지 않는다."

그때 어떤 비구가 여쭈었다.

"부처님이시여, 어떤 바깥 물건 때문에 바른 생각을 잃어 버리거나 두려움에 떠는 일이 있겠습니까?"

"비구여, 여기 어떤 사람이 있어, 이렇게 생각한다고 하자. 곧, '이것은 전에는 내 것이었지만 이제는 내 것이 아니다. 다시 내 것으로 만들 수 있을까? 아마 다시는 그런 일이 없을 것이다.' 그래서 그는 슬퍼하고 탄식하고 가슴을 치면서 운다. 이것이 바깥 물건 때문에 바른 생각을 잃거나 두려움에 질리는 것이다. 그러나 그렇게 생각은 하더라도, 슬퍼하지도 않고 탄식하지도 않으며, 가슴을 치면서 울지 않는다면, 이것은 바깥 물건으로 말미암아, 바른 생각을 잃거나 두려움에 질리지 않는 것이다."

"부처님이시여, 그러면 마음속의 어떤 무엇으로 말미암아, 바른 생각을 잃거나 두려움에 질리는 일이 있겠습니까?"

"비구들이여, 여기 어떤 사람이 있어, '이 세계와 나는 영원히 변하지 않고 존재하는 것이다'라고 생각하고 있다. 그러다가 여래의 '내가 없다'는 가르침을 듣고 '만일 이 가르침이 옳다면 나는 끊어져 없어지는 것이다. 나는 존재하지 않는 것이다'라고 해서, 그는 슬퍼하고 탄식하며 가슴을 치면서 울 것이다. 이것이 마음속의 무엇으로 말미암아, 바른 생각을 잃거나 두려움에 떠는 것이다. 그러나 여래의 '내가 없다'는 가르침을 듣고도 '나는 없어지는 것이다. 나는 존재하지 않는다'고 해서, 슬퍼하지도 않고 당황하지도 않는다면, 그는 마음속의 무엇으로 말미암아 바른 생각을 잃거나 두려움에 떠는 것이 아니다."

4 "비구들이여, 너희들은 영원히 변하지 않고 계속하는 것을 가진 일이 있는가, 혹은 그것을 본 일이 있는가?"

"부처님이시여, 없습니다."

"착하다. 비구들이여, 나도 그렇다. 이 세상에 영원히 존재하는 것은 없다. 그러므로 '나'에 집착하면 언제나 걱정과 번민과 고통이 생기는 것이다. 비구들이여, 내가 있으면 내 것이 있을 것이요 내 것이 있으면 내가 있을 것이다. 그런데 나나 내 것은 어디서도 발견되지 않는다. 그러므로 이 세계와 나는 영구히 변치 않고, 영원히 존재한다는 소견은 어리석은 것이다."

"또 비구들이여, 물질은 항상 존재하는 것인가, 항상 존재하지 않는 것인가?"

"부처님이시여, 그것은 항상되지 않은 것입니다."

"그러면 항상되지 않은 것은 고통인가, 행복인가?"

"부처님이시여, 그것은 고통입니다."

"항상됨이 없어 괴롭고, 언제나 변천하는 법에 대해서 '이것은 내 것이다, 이것은 나다, 이것은 나의 나다'라는 주장은 옳은 것인가?"

"부처님이시여, 그것은 옳지 않습니다."

5 "비구들이여, 그것은 물건에 대해서 뿐만이 아니다. 우리 마음에 대해서도 또한 그렇다. 그러므로 과거 · 미래 · 현재나 안과 밖이나, 굵고 가는 것이나 낫고 모자람이나 멀고 가까운 어떠한 것도, '모든 물건은 모두 내 것이 아니다. 나가 아니다, 나의 나가 아니다'라고 바르게 알지 않으면 안 된다. 또 마음에 대해서도 또한 그런 것이다.

비구들이여, 이 가르침을 아는 제자들은 이렇게 보고 이렇게 들어서, 물건과 마음을 싫어해 욕심을 떠나 해탈하는 것이다. 그래서 '해탈했다'는 지혜가 생긴다. '내 삶은 다했다. 깨끗한 행行은 성취되었다. 해야 할 일은 다해 마쳤다. 이 삶의 끝에는 다른 삶은 없다'고 안다. 이러한 비구는 장애를 벗어난 자, 장애를 부순 자, 번뇌의 기둥을 빼어 끊은 자, 걸림이 없는 자, 장막을 벗어난 자, 무거운 짐을 내려놓은 자, 속박을 벗어난 성자聖者라 불린다.

비구들이여, 장애를 벗어난 비구란 무명을 없애되, 마치 뿌리가 끊기고 줄기 속까지 끊긴 다라 나무와 같아서 다시는 나지 않게 하는 비구다. 장애를 부순 비구란 다음의 목숨을 감돌며 받게 하는 종자를 부수고 그 뿌리를 끊은 비구다. 번뇌의 기둥을 빼어 끊은 비구란 번뇌의 근본인 애욕을 부수어 그 뿌리를 끊은 비구다. 걸림이 없는 비구란 사람을 이 세상에 매어 두는 다섯 가지의 번뇌를 부수어 그 뿌리를 끊은 비구다. 장막을 벗기고 무거운 짐을 내려놓고 속박을 떠난 비구란 교만의 깃대를 쥐어 그 뿌리를 끊은 비구다.

비구들이여, 이렇게 해탈한 비구는 하늘의 신들도 그 자취를 찾지 못한다. 그것은 실로 여래의 지혜에 의하지 않으면 안 되는 것이다. 왜냐하면, 번뇌가 없는 마음을 아는 것은 번뇌 없는 마음에 의하지 않으면 안 되기 때문이다.

6 비구들이여, 이렇게 나에 대해서, 어떤 사문이나 바라문은 아무 근거도 없이, 함부로 나를 비방한다. '저 사문 구담은 사람의 몸과 마음이 없어져 버린다고 가르치는 자라'고. 그러나 비구들이여, 나는 그렇게는 말하지 않는다. 나는 이전이나 지금이나, 이 현세의 고뇌와 그 고뇌를 끊어 없애기를 가르치고 있다. 아무리 남이 여래를 비난하고 꾸짖고 욕하더라도, 여래는 조금도 마음을 태우거나 원한을 품지 않는다. 또 남이 아무리 여래를 존경하고 공양하더라도, 여래는 조금도 기뻐하거나 즐거워하거나 또 뽐내지 않는다. 만일 남이 여래를 존경하고 공양할 때에는 여래는 이렇게 생각한다. 곧 '저들이 내게 이렇게 하는 것을 나는 이전부터 알고 있다'고. 그러므로 비록 남이 너희들을 비난하고 꾸짖고 욕하더라도, 너희들은 마음을 태우거나 노염을 품어서는 안 된다. 또 남의 존경을 받더라도 기뻐하거나 뽐내서도 안 된다. 그것은 이전부터 알고 있는 일이라고 생각하지 않으면 안 된다.

비구들이여, 그러므로 너희들은 너희들의 것이 아닌 것은 그것을 버려라. 그것을 버리면 너희들은 영원한 행복을 누릴 것이다. 비구들이여, 너희들의 것이 아니란 것은 무엇인가? 색色은 너희들의 것이 아니다. 그 색을 버려라. 수受는 너희들의 것이 아니다. 그 수를 버려라. 상想은 너희들의 것이 아니다. 그 상을 버려라. 행行은 너희들의 것이 아니다. 그 행을 버려라. 식識은 너희들의 것이 아니다. 그 식을 버려라. 그것들을 버리면, 그것은 너희들의 영원한 이익과 행복이 될 것이다.

비구들이여, 너희들은 어떻게 생각하는가? 여기 어떤 사람이 있어, 이 기타 숲에 와서, 풀과 나뭇가지와 나무 잎사귀를 날라다 불사른다고 하자. 너희들은 이때에 '이 사람은 우리 물건을 날라다 제 마음대로 불사른다'고 생각하겠는가?"

"부처님이시여, 그렇지 않습니다. 왜냐하면, 그것들은 나도 아니요 내 것도 아니기 때문입니다."

"비구들이여, 꼭 그와 같이, 너희들의 것이 아닌 것은 버려라. 그것을 버리면 너희들은 영원한 행복을 얻을 것이다."

제2장 삼세인과론의 변증

제1절 파야시와 저세상

1 구마라가섭拘摩羅迦葉 존자가 교살라국을 순회하여, 오백 비구와 함께 세타부야라는 도시의 북쪽 신사파 숲에 머물렀을 때이다. 교살라국 왕족인 파야시는 세타부야 성의 영주로 있었다.

이 영주 파야시는 평소에, 다른 세상이라는 것도 없고, 다시 태어난다는 것도 없고, 선악업의 과보도 없다고 주장하여 왔다. 그때 세타부야의 바라문과 장자들은, 구마라가섭 존자가 신사파 숲에 머물러 있다는 소식을 듣고 떼를 지어 몰려갔다.

그때 파야시는 높은 누각에 있다가, 바라문과 장자들이 신사파 숲으로 모여 가는 것을 보고, 종에게 그 이유를 물었다. 종은

"성주님이시여, 사문 구담의 제자 구마라가섭이 신사파 숲에 머물러 있었는데, 그는 총명 예지하고 박식 다문하며, 변재와 담론에도 자유자재한 아라한이라고 큰 이름이 있어, 이제 저들은 그분을 만나러 가는 것입니다."

"응, 그렇다면, 저 세타부야의 바라문과 장자들 가는 편에, 세타부야의 영주인 파야시도 같이 간다고 일러라. 그 이유는, 구마라가섭은 어리석고 몽매한 세타부야 시의 바라문과 장자들에게, '내세가 있느니, 선악업보가 있느니.' 하고 말하지 말라고. 실은 타세他世도 없고 선·악보도

없기 때문이라고."

2 이렇게 먼저 통고하고, 파야시는 세타부야의 바라문 장자들과 함께 구마라가섭 존자를 찾아보았다.

수천 명의 바라문 장자들은 각기 구마라가섭 존자에게 예경하고 한쪽에 앉았다. 파야시는 구마라가섭 존자에게

"구마라가섭 존자여, 나는 타세도 없고 죽어서 다시 나는 일도 없고, 선·악 업보도 없다고 주장하는 자요."

"성주여, 그렇게 보고 주장하는 분을 나는 아직 보고 듣지 못했소. 무슨 까닭에 그렇게 주장하는지. 성주여, 나는 이제 당신에게 물을 터이니, 마음대로 대답하오. 성주여, 저 해와 달은 우리 인간에 있는 것인가? 다른 세상에 있는 것인가?"

"구마라가섭 존자여, 해와 달은 인간에 있는 것이 아니고 저 하늘에 있는 것이 아니겠소?"

"그러면 성주가 다른 세상은 없다는 것이 논거가 서지 않는 것이오. 이와 같이, 다른 세상도 있고 내생도 있고 선·악 업보도 있는 것이오."

"존자는 그렇게 주장해도 나는 그것을 믿지 않소."

3 "성주여, 그것은 어떤 논거가 있소?"

"논거가 있소. 존자여, 이제 나의 친구와 친척으로서 '살생·도둑질·음행·거짓말·이간하는 말·악담·쓸데없는 말·탐심·진심·사견의 악업을 지었다고 하고, 그가 병에 걸려 죽게 될 적에, 내가 그 사람 옆에 가서 그대가 평소에 살생·도둑·음행… 등의 악업을 지었으니, 어떤 사문·바라문의 말과 같이, 내세가 있고 선악 업보가 있다면 그대는 반드시 지옥·아귀의 악도에 날 것이다. 그대가 만일 그런 악도에 나거든, 내게 와서 그 사실을 보고해 달라'고 부탁했소. 그랬더니 그는 '그러마.' 하고 약속했소. 그러나 죽은 뒤에는 와서 보고하는 자가 하나도 없고, 또 그 사자를 보내는 일도 없었소. 이런 논거로, 나는 다른 세상

은 없고, 다시 나는 일도 없고, 선악 업보도 없다고 생각하오."

"성주여, 당신에게 묻겠소. 이제 성주의 신민이 있어 도둑이나 악한들을 잡아왔을 때, 성주는 그 도둑과 악한에게 형벌을 주어 손발을 얽어 매고 머리를 깎고 북을 울리며, 거리에서 거리로 끌고 다니다가 남문성 밖의 형장에 내세우고, 목을 베이거나 목을 매어 죽이고자 할 때에, 그 죄인은 형리刑吏를 보고 '형리들아, 아무 고을 아무 마을에 나의 친척 · 친구가 있으니, 내가 저희들을 만나 보고 올 때까지 기다려 달라'고 애원하면, 그 형리들은 그것을 들어 주겠소?"

"존자여, 형리는 그것을 들어 주지 않을 것이오."

"성주여, 저것은 도둑이라고 해도 인간이오. 인간으로 인간인 형리에게 그런 사정을 해도 듣지 않는데, 하물며 인간에서 갖은 죄를 다 지은 당신의 친척이나 친구가, 저 지옥에 가서 극형을 받는데, 옥졸을 보고 '내가 인간에 가서 친척이나 친구를 찾아보고, 이런 사정을 얘기하고 오겠다'면 그것을 들어 주겠소? 성주여, 그런 이유로 다른 세상이 없고 선악 업보도 없다고 하여서는 아니 되오."

4 성주는 이렇게 말했다.

"아무리 존자는 이런 말을 해도, 나는 '다른 세상은 없고 선악보도 없다'고 생각하오.

"성주여, 그런 이유가 있는가요?"

"존자여, 그 이유는, 여기 나의 친척이나 친구가 살생도 하지 않고 도둑질 · 음행 · 거짓말 · 이간질하는 말 · 악담 · 탐심 · 진심 · 사견을 다 여의었다고 하면, 그가 병에 걸려 죽음에 이르게 되었을 때에, 내가 그 옆에 가서 '그대는 평소에 모든 선업을 닦았으니, 어떤 사문 · 바라문의 말과 같이, 내세가 있고 선 · 악 업보가 있다 할진대, 그대는 반드시 목숨을 마친 뒤에 천상에 날 것이니, 그대가 과연 천상에 나거든 내게 와서 그 사실을 보고해 달라'고 부탁했소. 그랬더니, 그는 '그러마.' 하고 약속했소. 그러나 한번 가서는 다시 소식도 없고 사자도 보내지 않았소. 이런 이유에서, 실로 내생은 없고 선·악도 없다고 생각하오."

"그렇다면 성주여, 비유컨대, 어떤 사람이 똥구덩이에 떨어져 몸과 머리가 함께 빠졌다고 합시다. 그때 성주가 신하를 명하여 그 사람을 끌어내어 빗자루로 그 더러운 것을 세 번 쓸고, 다시 황토를 세 번 바르고, 그 위에 향유를 바르고, 향 가루를 문지르고, 머리털과 얼굴을 깨끗이 씻고, 화환과 향수가 풍기는 의상으로 장식하여, 높은 누각에 올라 오욕락을 누리게 한 뒤에, 그 사람에게 다시 저 똥구덩이로 가라고 한다면, 과연 그는 들어가려고 하겠습니까?"

"그럴 리가 없소, 존자여."

"성주여, 저 천상에서 우리 인간계를 바라보면 똥구덩이와 꼭 같은 것이오. 인간계는 아주 부정하고 악취가 날 것이오. 인간계의 악취는 천계에 올라가기를 백 유순이나 된다 하오. 변소 같은 인간 세계에서 벗어나, 천상에 난 사람이 어찌 인간에 돌아와서, '다른 세상이 있다, 선악 업보가 있다'고 보고하겠소? 이런 이유로서, 내생이 없고 선악 업보가 없다고 할 수는 없는 것이오."

5 성주 파야시는 또 말하기를

"존자여, 나의 친척·친구로서 나의 부탁을 받고 천상에 난 자가 있다면, 그래도 사자라도 보내어 나에게 '다른 세상이 있다, 나는 천상에 났다, 선악 업보가 있다'고 알림직한데, 예로부터 그런 일이 없으니, 실은 다른 세상이 없는 것이오."

"성주여, 나는 성주에게 묻겠소. 성주여, 인간의 백 년이 도리천의 일 주야가 된다 하오. 그 삼십 주야는 한 달이 되고, 그 열두 달은 일 년이며, 그 천년은 도리천 사람의 수명이 되나니(인간의 삼백육십만 년), 성주의 친척이나 친구가 선업의 과보로 도리천에 났다고 합시다. 그 천상에서 이삼 주야 동안 쾌락을 받고 성주에게 온다 하더라도, 인간의 이삼백 년이 지나갈 것이니, 무슨 수로 그를 만날 수 있겠소. 그런 이유로써 다른 세상이 없다고 할 근거는 되지 않소."

"존자여, 그것은 그렇다 치고, 도대체 도리천이 있느니, 도리천 사람은 그렇게 장수하느니 하고 말하는 자는 누구요? 나는 그 말을 믿지 않소."

"성주여, 예컨대, 나서부터 소경인 자가 희고 검고 붉고 푸른빛을 보지 못하고, 해와 달과 별도 보지 못한다고 해서, '희고 검은 빛도 없고, 해와 달과 별도 없다'고 하면, 성주는 그것을 정당하다고 하겠소?"

"그것은 제가 보지 못하는 것이라고 해서 없다고 하는 것이니, 정당하다고 할 수 없소."

"성주여, 성주가 생각하는 것도 저 색맹과 같은 것이오. 이러한 다른 세상은 범부의 육안으로 볼 수 없는 것이오. 모든 소리가 없는 적정한 산림 속에 거주하면서 정진하여, 한마음이 통일되어, 깨끗한 하늘눈(天眼)을 얻은 사문·바라문은, 이 하늘눈으로써 다른 세상을 보고 또 그곳에 태어나는 중생을 보게 되나니, 성주가 생각하는 육안으로써는 볼 수 없는 것이오. 이런 이유로써 다른 세상이 없다고 할 근거는 되지 않소."

제2절 나는 못 믿겠다

1 "존자여, 아무리 해도 나는 믿지 못하겠소. 다른 세상도 없고, 다시 태어나는 일도 없고, 선악 업보도 없다고 나는 생각하오."

"성주여, 그렇게 주장할 만한 근거가 있는가요?"

"존자여, 그 이유는 아무리 계행을 잘 닦고 선업을 갖춘 사문·바라문이라도, 살기를 바라고 죽기를 싫어하며, 즐거움을 요구하고 괴로움을 기피하는 것을 보게 되나니, 존자여, 계행과 선업을 갖춘 사문·바라문이 죽어서 좋은 세상에 난다는 것을 안다면, 이 세상에 오래 살기보다 하루라도 빨리 좋은 곳에 가서 나기 위하여 독약이라도 먹고, 또는 칼로나 벼랑에 떨어져서라도 어서 죽을 터인데, 그런 사람을 볼 수 없으니, 다른 세상은 없고 선악 업보도 없는 것이 아니오?"

"성주여, 비유로써 이 뜻을 밝히겠소. 옛적에 한 바라문이 두 부인을 두었소. 큰 부인은 열댓 살짜리 아들이 있고, 작은 부인은 임신 중인데, 그 바라문이 죽었소. 그때에 큰 부인의 아들은 작은 어머니에게, '아버지의 아들은 나뿐이니 아버지의 유산은 전부 나의 것이라'고 주장했소. 작은 부인은 '나도 임신 중이니, 이것을 낳아 보아 그가 아들이면 그 재산을 나누어 줄 것이고 딸이면 너의 뜻대로 하겠다'고 했소. 그러나 아들은 두 번, 세 번 졸라대므로, 그 부인은 성급하게 그 태에 든 아기가 사내인가 계집인가 알고자 칼로 배를 갈라 버렸소. 그래서 자기도 죽고 아기도 죽고 말았다고 하오. 성주여, 그 부인은 어리석게 재산을 탐내어 그런 참화를 받은 것이오. 계행과 선업을 닦은 사문·바라문이 내세의 쾌락을 탐하여 자살하는 것도 그러하오. 유덕한 사문·바라문은 이 세상에서 괴로움을 참으면서 자꾸 덕행을 닦아 그 성숙하기를 기다리며, 또한 세상 사람에게 이익과 안락을 주기 위하여 사는 날까지 노력하는 것이오. 성주여, 그런 이유로써 선악 업이 없다고 할 수는 없는 것이오."

2 "존자여, 그래도 나는 믿어지지 않소. 나는 그래도 다른 세상은 없고 내생의 선악 업보도 없다고 생각하오."

"성주여, 그렇게 주장할 만한 근거가 있는가요?"

"존자여, 여기 백성이 도둑이나 악한을 잡아와서 '이놈을 처벌하소서.'하면, 나는 그놈을 산 채로 큰 가마 속에 넣고, 그 뚜껑을 젖은 가죽으로 꼭 봉하고 진흙으로 단단히 바른 뒤에, 부엌에 올려놓고 불로 끓여 죽은 뒤에 뚜껑을 열고 그 생명이 나가는 것을 보라고 하면, 아무리 찬찬히 보아도 그 생명이 나가는 것을 볼 수 없다는 것이오. 존자여, 이런 근거로써, 이곳에서 죽어서 저곳에 나는 생명도 없고 선악 업보도 없다고 생각하오."

"성주여, 성주는 일찍이 대낮에 동산에서 쉬다가, 잠이 들어 꿈을 꿀 때에, 동산이나 들이나 성읍에서 놀아 본 경험이 있소?"

"존자여, 그런 경험이 있소."

"그때 시종이며 광대며 소녀들이 성주의 곁을 시위하고 있지 않았소?"

"그러하오."

"그러면, 그때 그 시종 · 광대 · 소녀들이 성주의 심령이 꿈속에서 그 동산이나 들이나 성읍에 나가 노는 것을 본 일이 있소?"

"아니오. 그런 일은 없었소."

"성주여, 저 시종들은 살아 있는 자로서, 살아 있는 성주의 생명이 그 신체로부터 나고 드는 것을 보지 못하는데, 하물며 성주로서 죽은 자의 생명이 나고 드는 것을 볼 수가 있겠소? 성주여, 그런 이유로써 내생이 없다는 것은 근거가 되지 않소."

3 "존자여, 아무리 해도 나는 믿어지지 않소. 나는 다른 세상은 없고 선악 업보도 없다고 생각하오."

"성주여, 그렇게 주장하는 근거가 있는가요?"

"존자여, 여기 백성이 도둑이나 악한을 잡아와서 '이놈을 처벌하소서.'하면, 나는 그놈을 저울에 달아 보고 목을 매어 죽인 뒤에, 다시 저울에 달아 보았더니, 저것이 살았을 적에는 몸이 부드럽고 움직이던 것이, 죽은 뒤에는 뻣뻣하고 단단하여 오히려 더 무거웠소. 몸에 있던 그 생명이 간 뒤에 어찌하여 더 무거운 것이오? 나는 그런 이유로 내생이 없다고 생각하오."

"성주여, 비유컨대, 발갛게 달군 쇳덩이를 저울에 달아 보고, 그것이 차게 식은 뒤에 저울에 달아 보면, 달궜을 때는 쇠가 부드럽고 단 기운이 위로 올라 가벼운 듯 하던 것이, 그것이 식었을 때에는 굳어져 무거운 것이오. 사람도 그러하오. 사람이 살았을 때는 목숨과 더운 기운과 식識이 갖추어 있으므로 부드럽고 가볍지만, 죽으면 목숨과 더운 기운과 식이 몸에서 떠나므로 뻣뻣하고 무거워지는 것이오. 그런 이유로써 내생이 없고 선악 업보가 없다고 할 근거는 되지 않소."

4 "그래도 나는 믿어지지 않소. 내세가 있고 선악 업보가 있는 것이…."

"성주여, 어떤 이유에서요?"

"존자여, 무엇이 이 몸에 있다가 죽을 적에 다른 곳으로 옮겨 간다면, 이 몸 어느 곳에 잠복했다가, 그곳을 다칠 때에는 그것이 떠나갈 것이오. 그런데, 여기 사람이 도둑·악한을 잡아 와서 '이놈을 처벌하소서.' 하여, 그놈의 가죽·살·근육·골수를 차례로 깎아내면서, 그 생명이 잠복한 당처를 찾아보아도 드러나지 않는 것이오. 어느 한 끝만 칼이나 송곳으로 찔려서 죽는 것이 아니오. 그리고 반죽은 놈을 젖혀 누이고 보거나, 엎어 누이고 보거나, 또는 옆으로, 바로, 거꾸로 세우고, 그 생명이 언제 막 몸에서 떠나가 없어지는가를 찾아보아도, 사람마다 그 막 죽을 때가 다르며, 어느 곳에 그 죽어가는 생명이 붙어 있는지 알 수 없었소. 그러므로 이곳에서 죽어 가서 저곳에 난다는 생명이 있을 수 없는 것이오."

"성주여, 나는 비유로써 그 뜻을 밝히겠소. 옛적에, 불을 섬기는 바라문이 어떤 먼 곳으로 떠날 때에, 어린 제자에게 '만일 불이 꺼지거든, 이를 일으키는 나무공이를 서로 비비어 불을 다시 일으키라'고 부탁하고 떠났소. 그가 떠난 뒤에 불이 꺼지자, 그 어린 제자는 불을 일으키다 못해, 불 일으키는 나무공이를 도끼로 쪼개고, 그 속에서 불이 나오기를 구했다 하오. 아무리 쪼개 보아도 불은 나오지 않았소. 사람의 생명이 이 몸에 있는 것도, 저 불이 불 일으키는 나무공이 속에 있는 것과 같은 것이오.

성주여, 또한 비유컨대, 옛적에 어떤 고동(螺貝)을 잘 부는 자가, 고동을 가지고 어떤 촌에 가서 고동을 세 번 불고, 그 고동을 위에 놓고 앉았더니, 그 촌 백성이 그 소리가 나는 고동을 보고 그 소리를 찾았소. 손으로 두드려 보고 꼬집어보며 안으로, 밖으로, 또는 이쪽으로 저쪽으로 뉘어 보고, 바로 거꾸로 세워 보며, 그 우렁차고 마음을 홀리던 소리가 어디 숨어 있나 찾아보아도, 마침내 찾지 못하였다 하오. 그때 그 고동 주인이 고동을 입에 대고 힘주어 바람을 불어 넣으니, 소리가 났던 것이오.

성주여, 그 고동은 사람과 노력과 바람에 의하여 비로소 소리가 나는 것이오. 사람의 몸은 목숨과 더운 기운과 심식心識이 갖춰질 때에, 비로소 눈으로 보고, 귀로 듣고, 코로 냄새를 맡고, 입으로 맛을 보고, 몸으로 차고 덥고 아프고 편한 것을 감촉하고, 의식으로 좋고 나쁘고 즐겁고 슬픔을 분별하게 되는 것이오.

성주여, 그런 이유로써, 이곳에서 죽어 저곳에 나는 생명이 없다고 하여서는 아니 되오. 성주는 이렇게 믿으시오. '다른 세상도 있고 내생도 있고 선악 업보가 있다'고. 그리고 그 사견을 버리시오. 그리하여, 긴 밤에 무한한 고뇌를 받지 마시오."

이렇게 구마라가섭 존자는 갖가지 비유와 변재로써 파야시를 위하여 설교했다.

제3절 바른 법으로 돌아오다

1 "아무리 존자는 설교해도 나는 아직 내 주장을 버릴 수 없소. 교살라국 바사닉도 내가 다른 세상도 없고 내세도 없고 선악 업보도 없다고 주장하는 논자論者며 사상가라는 것을 잘 알고 있소. 내가 이제 이 주장을 버리면 사람들은 비웃으며 '파야시는 어리석어, 제 주장을 버리고 믿기 어려운 것을 믿는다'고 할 것이니, 그런 소리를 들으면 나는 분하고 괴로

울 것이오. 나는 내 주장을 굳게 가질 수밖에 없습니다."
하고 성주는 말했다.

"성주여, 그것은 더욱 어리석은 생각이오. 예를 들어 그 뜻을 밝히겠소. 옛적에 큰 상주商主가 둘이 각각 오백 수레를 거느리고, 먼 나라로 장사를 떠났다 하오. 빈들의 사막지대였소. 앞서 떠난 상인은 길에서, 손에 꽃을 들고 비에 젖은 옷에, 진흙에 빠진 나귀 수레를 끌고 오는 사람을 만나, '이 앞에 풀과 섶과 야채와 물이 있느냐?'고 물었소. '광야에 비가 잘 와서, 물도 있고 풀도, 야채도, 섶나무도 있다'고, 그는 대답했소. 상주는 싣고 간 모든 마초 · 야채 · 섶 · 물을 몇 푼어치 되지 않는 것이라 버리고, 빈 수레를 몰고 앞으로 나아갔소. 하루 · 이틀 · 사흘 · 나흘 · 닷새를 가도 풀과 야채와 물은 없었소. 그들은 오도 가도 못하고, 그곳에서 말과 사람이 다 굶고 목말라 죽고 말았소.

그 다음에 떠난 상인은 길에서, 손에 꽃을 들고 비에 젖은 옷에 진흙에 빠진 나귀 수레를 끌고 오는 사람을 만나, 전방에는 마초와 야채 · 물도 있다는 말을 듣고도 '지나가는 사람의 말을 믿을 수 없다.' 하여, 마초며 야채 · 물 · 섶을 단단히 준비하여 싣고 떠났소. 그는 앞으로 하루 · 이틀 · 닷새를 갔지만 마초도 물도 없고, 먼저 떠난 오백 수레가 다 참화를 당한 것을 보았소.

성주여, 한 사람의 어리석은 지휘자로 인하여 인 · 마 각 오백이 참화를 당하고, 한 사람의 지혜 있는 지휘자로 인하여 오백의 인 · 마가 모두 무난히 환난을 통과하고 먼 목적지에 당도하여, 큰 이익을 얻고 안온한 곳에 도달하게 된 것이오.

성주여, 남들이 하는 말을 비판 없이 믿는 것은 저 상인이 지나가는 사람의 말만 믿는 것과 같은 것이오. 그대는 사견을 버리고 긴 밤의 고뇌를 받지 않도록 하시오."

2 "존자여, 아무리 해도, 이때까지 고집하던 나의 주장은 버릴 수가 없

소. 온 세상 사람이 나를 비웃기 때문이오."

"성주여, 옛적에 어떤 돼지 치는 사람이, 먼 곳을 가는 길에, 길가에 많은 마른 똥이 버려진 것을 보고 '이것을 돼지의 사료로 할 것이다.' 하고, 윗옷을 벗어 그것을 싸서 머리 위에 이고 갔소. 가는 도중에 소낙비가 쏟아져, 그 이고 가는 거름 싸개에서, 더러운 물이 흘러 온몸을 적셨소. 그것을 본 사람들은 '그놈 미친놈이다, 정신이 돈 놈이다'라고 욕했소. 그러나 이제까지 가지고 오던 것을 도중에 버릴 수 없다 해서 그냥 이고 갔다고 하오.

성주여! 그대가 이때까지 주장하던 사견을 버릴 수 없다 함도 그와 같소. 어서 버리시오, 어서 버리시오."

3 "존자여, 아무리 해도 나는 이때까지 고집하던 나의 주장을 버릴 수 없소. 여러 사람들이 비웃기 때문이오."

"성주여, 어떤 나라가 매우 풍성하여, 모든 것이 흔하기가 흐르는 물과 같았다 하오. 그 소문을 들은 어떤 나라에서 두 친구가 서로 약속하고, 그 나라에 가서 길가에 내버린 물건을 주워 오기로 하고 떠났다 하오. 그 나라에 들어가서 길가에 내버린 삼(麻)을 보고, 두 사람은 그것을 묶어서 한 짐씩 지고 가는데, 또 길가에 삼실(麻絲)을 버린 것을 보고, 한 친구는 '여기 실이 있으니 삼을 버리고 이 실을 지고 가자'고 하고, 한 친구는 '이제껏 지고 오던 삼을 어찌 버리겠느냐'고 그대로 지고 갔소. 한 친구는 삼을 버리고 삼실을 지고 갔소. 또 가다가 길에 삼베(麻布)를 버린 것을 보고, 실을 지고 오던 친구는 실을 버리고 베로 바꾸어지고 갔소. 그러나 한 친구는 이제껏 지고 오던 것이라 해서, 삼을 그대로 지고 갔소.

이리 해서, 다음엔 모시 길삼거리를 보고 한 친구는 삼베를 버리고 모시로 바꾸어지고, 또 모시실을 보고는 실로 바꾸어지고, 모시베를 보고는 모시베로 바꾸어 졌소. 그래서 다음에는, 철鐵을 보고는 모시를 버리고 철을, 구리쇠를 보고는 철을 버리고 구리쇠를, 은을 보고는 구리쇠를 버리고 은을, 황금을 보고는 은을 버리고 황금을 바꾸어지고 가는데, 한 친구는 끝까지 삼만을 한 짐 지고 자기 고향에 돌아갔다 하오.

이와 같이, 한 사람은 가껏 삼 한 짐을 지고 오니, 부모와 처자는 기뻐하지 않고 친척 · 친구도 기뻐하지 않았소. 그러므로 자기도 기쁠 수가 없었소. 한 친구는 황금을 지고 돌아왔소. 부모도 기뻐하고, 처자도 친척도 친구도 다 기뻐했소. 그러므로 자기도 기뻐했소.

성주여, 성주는 저 끝까지 삼을 지고 가는 사람과 같이 하겠다고 대답하오. 성주여, 어서 그 사견을 버리시오. 어서 버리시오. 긴 밤에 부질없이 고뇌를 받지 않도록 하시오."

4 "존자여, 실로 나는 존자가 최초에 대답하는 비유의 말씀을 듣고, 마음으로 기뻐하고 만족하였습니다. 그러나 나는 오히려 그런 신기한 말씀을 더 듣고 싶어서 자꾸 반문하였습니다. 존자여, 참으로 감탄하여 마지않습니다. 엎어진 사람을 일으켜 주시고, 가린 것을 벗겨 주시고, 길 잃은 사람에게 길을 보여 주시고, 어두운 밤에 등불을 밝혀 주심과 같습니다. 이와 같은 가지가지 비유로 깨우쳐 주시므로, 나는 이제 사견을 버리고 부처님 구담께 귀의합니다. 그 법에 귀의합니다. 그 교단에 귀의합니다. 존자여, 나는 이제로부터 이 목숨이 다할 때까지, 우바새가 되겠사오니, 받아 주소서. 존자여, 나는 이제 큰 공양을 베풀고자 합니다. 기꺼이 받아 주소서."

"성주여, 공양하는 것은 좋으나, 소를 죽이고, 산양을 죽이고, 돼지 · 닭을 잡거나, 가지가지 생물을 죽이거나, 또는 삿된 견해(邪見) · 삿된 생각(邪思) · 삿된 말 · 삿된 행동 · 삿된 생활 · 삿된 정신 · 삿된 심념 · 삿된 선정을 버리지 않는 사람은 공양을 하여도 큰 공덕이 없는 것이오. 비유컨대, 농부가 봄에 곡식 종자를 풀과 나무가 무성한 황무지에 갈지도 않고 되는 대로 뿌리는 것과 같은 것이오. 그것은 큰 수확을 거두지 못하는 것이오."

5 그 뒤에 파야시는 불법을 신봉하고 보시를 행해, 사문 · 바라문 · 부랑자 · 걸인에게 의복 음식을 베풀어 주었다. 그러나 그것은 썩은 밀 · 보리나, 콩 찌꺼기 같은 것으로 죽이나 밀죽을 만들어 주고, 굵고 상하고 낡은 옷들만을 보시했다. 그것도 자기 손수 베풀어 주는 것이 아니라, 웃타라라는 동자를 시켜 분배해 주었다. 웃타라는

"이 세상에서는 성주 파야시를 만나, 그 보시하는 일을 맡아 보지만, 다른 세상에서는 다시 만나지 않기를 원한다."

라고 했다. 파야시는 이 말을 듣고, 웃타라를 불러 어찌하면 좋으냐고 물었다.

"성주는 발로 차버릴 것을 남에게 베풀어 주니, 그것이 어찌 인사가 되느냐?"고 했다. 그 뒤로 파야시는 자기가 먹을 만한 것, 입을 만한 것을 베풀어 주었다.

그 뒤, 파야시는 목숨을 마친 뒤에 사왕천의 권속으로 태어났으나, 거친 나무 숲 빈 궁전에 나게 되었고, 파야시가 보시하는 것을 성심으로 맡아 나누어 주던 웃타라는 죽은 뒤에 도리천에 나서, 훌륭한 복락을 누리게 되었다. 그때에 우수牛首 존자는 가끔 낮에 쉴 때에 선정에 들어, 사왕천 파야시 궁전에 나타났다. 파야시 동자는 존자에게 가까이 와서, 경례하고 한쪽에 섰다. 존자는 파야시에게

"그대는 누구인고?"

"인간에 있을 때의 파야시입니다."

"그대는 다른 세상은 없고, 후생도 없고, 선악 업보도 없다고 주장하지 않았던가?"

"존자여, 나는 그런 주장을 해 왔더니, 그 뒤 구마라가섭 존자의 법을 듣고, 사견을 버리게 되었소."

"그러면 동무여, 그대가 보시할 적에 열심히 나누어 주던 웃타라는 어느 곳에 났는가?"

"존자여, 웃타라는 내가 보시하는 것을 나누어 주는 일을 하였지만, 친히 손으로 공경스럽게 지성으로 아까운 마음 없이 나누어 주었으므로, 목숨을 마친 뒤에 사왕천보다 수승한 도리천에 났소. 나는 그렇게 하지 못하였으므로 겨우 이곳에 난 것이오. 그러므로 존자는, 인간에 가거든 이 말을 전하되, '보시는 마땅히 친히 손으로 공경스럽게 정성스럽게 아끼는 마음 없이 행하여야 그 복이 큰 것이다. 파야시는 그렇지 못하였으므로 사왕천의 거친 나무 숲 빈 궁전에 났다'고 하여 주오."

그때에, 우수 존자는 인간에 내려와 이 말을 전파했다.

제3장 도 닦는 법

제1절 사념처관

1 부처님이 구루 국, 감마사담마라는 도시에 계실 적에 비구들에게 말씀하셨다.

"비구들이여, 여기 중생의 죄악을 깨끗이 하고, 근심과 슬픔에서 벗어나고, 괴로움과 번민을 없애고, 진리를 깨닫고, 열반을 체득하게 하기 위한 유일한 길이 있으니, 곧 사념처법四念處法이니라. 과거세의 모든 여래도 이 법에 의하여 최상의 열반을 증득하였고, 현재 · 미래세의 모든 여래도 이 법에 의하여 최상의 열반을 증득하리라.

어떤 것이 넷이냐? 비구여! 비구는 그 몸과 몸으로 감수感受하는 것과 마음과 법(身 · 受 · 心 · 法) 이 네 가지에 대해 똑바로 관찰하고 끊임없이 정진하여, 바른 생각 · 바른 지혜로써 세상의 허욕과 번뇌를 놓아 버려야 하는 것이다."

2 "비구들이여, 어떤 것이 몸을 바로 관찰하는 법인가? 비구가 숲 속이나 나무 밑이나, 혹은 고요한 곳에 다리를 포개고 몸을 바로 하고 앉아, 오직 한 생각으로 숨 쉬는 것을 고르게 하고 숨을 들이쉬고 내쉬되, 길게 들이쉬고 내쉴 적에는 그 길다는 것을 알고, 짧게 들이쉬고 내쉴 적에는 그 짧다는 것을 알라. 이렇게 온 몸으로 숨을 들이쉬고 내쉬는 것을 감득感得하여, 마음을 다른 데로 달아나지 못하게 하라.

이와 같이 이 몸을 관찰하되, 몸이 어디 갈 적에는 가는 줄 알고, 머물 적에는 머무는 줄 알며, 앉았을 적에는 '나는 앉았다', 누울 적에는 '나는 누웠다'는 상태를 바로 보아, 생각이 그 몸의 동정 밖에 흘러가지 않게 하라. 세상 어떤 물건에도 집착하지 말고, 오직 이 몸을 관찰하는 데 머물게 하라.

이렇게 이 몸의 굽히고 펴며 움직이고 머무는 상태를 여실히 보아, 한 생각이 흩어지지 않게 하면, 어떤 지식이나 생각으로 드러나는 경계와 같이, 몸에 대한 현상이 눈앞에 드러나 바른 지혜가 나타나며, 세상 어떤 경계에도 집착하지 않게 되리라.

다음에는 비구여, 몸의 가죽 속에 덮여 있는 가지가지 부정물로 채워진 이 몸을 머리털로부터 발꿈치에 이르기까지 관찰하되, 이 몸은 밖으로 긴 털・잔털・가죽・손・발톱으로부터, 안으로 이(齒)・살・피・뼈・힘줄・골수・지방・핏줄・신장・심장・간장・폐장・위장・비장・담・늑막・대장・소장・방광 등이며, 거기에 부속 또는 배설되는 액체로서, 담즙・림프액・담・가래・침・눈물・땀・대소변 등이, 혹은 몸속으로 흘러 통하고 혹은 몸 밖으로 흘러나오는 현상을 명확히 보아 드러내니, 비구여, 마치 자루 속에 벼나 조・밀・보리・콩・팥・깨・쌀 등 가지가지 곡식이 담겨 있는 것을 눈 있는 자가 풀어 보고, '이것은 벼다, 이것은 조・밀・보리・콩・팥이다'라고 드러내는 것과 같이, 비구는 그 가죽에 덮여 있는, 가지가지 부정물로 채워진 그 몸이, 머리털로부터 발꿈치에 이르기까지, 그 안팎에 싸여 있는 모든 물건을 다 보아 드러내야 한다.

이와 같이, 일심으로 몸을 관찰하고 그 실상이 눈앞에 나타나면, 세상 어떤 경계에도 집착하지 않게 되는 것이다.

비구여, 비구는 이 몸이 당초에 무엇으로써 구성되었는지 그 사실대로 관찰해야 한다. 이 몸은 지대・수대・화대・풍대(地・水・火・風大)의 사대 요소가 한데 뭉쳐 된 것을 밝게 보아야 한다. 마치, 능숙한 백정이 소를 잡아 사각을 조각조각 떼어 땅 위에다 펴 놓은 것과 같이, 비구가 이 몸을 사대로 갈라 눈앞에 드러내 놓는 것도 그러하니라.

비구여, 마치 숲 속에 내버린 시체가, 죽은 뒤 하루 이틀 사흘을 지나서, 부어 터지며 검푸른 빛으로 썩어 무너지는 것을 보는 것과 같이, 이 몸을 주시하되 '이 몸도 저렇게 되고야 만다'고 밝게 알아야 한다. 그 현상이 눈앞에 현저하면, 세상 모든 허욕虛慾 경계에 집착하지 않게 되는 것이다.

비구여, 숲 속에 내버린 시체를, 혹은 까마귀가 혹은 소리개나 독수리가 쪼아 먹으며, 혹은 개나 이리나 여우가 뜯어 먹는 것을 보는 것과 같이, 비구도 그 몸을 주시하되 '이 몸도 마침내 저 꼴을 면할 수 없다'고 생각하면, 세상의 어떤 허욕에도 집착하지 않게 되는 것이다.

비구여, 숲 속에 내버린 시체가, 처음에는 살과 피와 힘줄에 연결된 해골이었으나, 다음에 살은 없어지고 힘줄만 연결된 해골, 다음에는 힘줄도 다 녹아지고 마디마디 떨어지고 흩어져, 손뼈는 저기 발 뼈는 여기, 여기는 갈비뼈 저기는 다리뼈 · 엉덩이뼈 · 두개골 등이 사방 팔면에 이리저리 흩어져 있는 해골을 보는 것과 같이, 비구도 이 몸을 주시하여 '이 몸도 저 꼴을 면치 못하리라'고, 밝게 눈앞에 나타나면, 세상의 모든 허욕 · 망상을 내버리게 될 것이다.

또, 비구여! 숲 속에 버린 시체의 조갯빛 같은 백골, 일 년 이 년을 지나 무더기로 쌓인 백골이나, 다 삭아 무너져 가루가 된 해골을 보는 것과 같이, 비구도 그 몸을 주시하되 '이 몸도 저 꼴을 면치 못하리라'고 관찰하면, 세상의 모든 집착을 버리게 될 것이다.

비구들이여, 비구는 이와 같이 몸에 대하여 관찰하는 것이다."

3 "비구들이여, 비구는 우리의 몸과 마음이 때와 곳을 따라, 그 감수하는 작용에 대하여 어떻게 관찰할 것인가?

감수 작용에는 세 가지가 있다. 곧, 괴로움을 느끼는 작용과, 즐거움을 느끼는 작용과, 괴롭거나 즐겁지도 않음을 느끼는 작용이 그것이다.

비구여, 여기 비구가 즐거움을 느낄 적에 '나는 즐거움을 느낀다'고 알고, 괴로움을 느낄 적에 '나는 괴로움을 느낀다'고 알며, 괴롭거나 즐겁지도 않음을 느낄 적에 '나는 괴롭거나 즐겁지도 않음을 느낀다'고 알아야 할 것이다.

혹은 몸으로 즐거움을 느낄 적에 '내 몸은 즐거움을 느낀다'고 알고, 마음으로 즐거움을 느낄 적에는 '내 마음이 즐거움을 느낀다'고 알라. 이와 같이, 괴로움의 감수와 괴롭거나 즐겁지도 않은 감수도 그러할 것이니라. 이와 같이, 자기 몸과 마음으로 좇아 일어나는 괴로움, 즐거움, 괴롭지도 즐겁지도 않은 세 가지 감수를 여실히 관찰하고, 또한 어떤 사람의 이와 같은 감수 작용을 객관적으로 관찰하되, 혹은 그 작용이 일어나는 것을 관찰하고 혹은 그 작용이 꺼지는 것을 관찰하면, 그 감수가 눈앞에 나타나나니, 감수가 시시로 변천하여 고정한 괴로움 · 고정한 즐거움 · 고정한 불고不苦 · 불락不樂이 없음을 알아, 세상의 어떤 것에도 집착하지 않는 것이다.

비구여, 이것이 비구가 감수에 대하여 바로 관찰하는 법이다."

4 "비구들이여, 어떤 것이 마음을 관찰하는 법인가? 비구가 마음에 탐심이 있거든, '이것은 탐심이로구나!' 알고, 탐심을 여의었거든 탐심의 여읜 줄을 알며, 진심이 있거든 진심이 있는 줄을 알고, 진심을 여의었거든 진심을 여읜 줄을 알고…. 이와 같이, 어리석은 마음 · 뒤바뀐 마음 · 넓은 마음 · 좁은 마음 · 고요한 마음 · 산란한 마음 · 해탈한 마음 · 해탈하지 못한 마음을 낱낱이 스스로 관하되, 안으로 관하고 밖으로(객관적으로) 관하며, 그 마음이 나는 것을 관하고 또 꺼지는 것을 관하여, 눈앞에 대한 듯하게 되면, 세상의 어떤 집착이라도 놓아 버리게 되는 것이다. 비구들이여, 이것이 마음을 바로 관찰하는 법이다."

5 “비구들이여, 어떤 것이 법을 관찰하는 법인가? 비구들이여, 비구는 다섯 가지 덮임(五蓋)에 나아가 법을 관찰하나니, 어떤 것이 다섯 가지 덮임인 것인가?

비구가 안으로 탐욕이 있으면 있는 줄을 알고, 탐욕을 여의었으면 여읜 줄을 알며, 탐욕이 일어나지 않았더라도 일어난 것으로 관하고, 이미 일어났을 때에는 없어진 것으로 관하며, 또 이미 없어진 것은 앞으로도 일어나지 않을 것으로 관하는 것이다.

혹은 안에 성내는 마음이 있으면 성내는 마음이 있는 줄을 알고, 없으면 없는 줄을 알며, 일어나지 않은 것은 일어난 것으로 관하고, 이미 일어난 것은 없어진 것으로 관하며, 또 이미 없어진 것은 미래에도 일어나지 않을 것으로 관하는 것이다.

만일 마음이 혼침昏沉하여 조는(수면) 상태에 있거든 혼침 상태인 줄을 알고, 그것을 여의었으면 여읜 줄을 알 것이며, 나아가 이미 없어진 것은 미래에도 일어나지 않을 것으로 관하는 것이다.

혹은 마음이 소란할 때에는 이것이 소란한 것인 줄 알고, 없어졌으면 없어진 줄을 알며, 일어나지 않았거나 일어났거나 이미 없어진 때에도, 또한 위와 같이 관해야 하는 것이다.

혹은 마음에 의혹이 있거든 의혹이 있는 줄을 알고, 없으면 없는 줄을 알며, 일어나지 않았거나 이미 일어났거나 이미 없어진 때에는, 또한 위와 같이 관해야 하는 것이다.

이와 같이 안으로 관하고 밖으로 관하며, 일어나는 것 꺼지는 것을 관하여, 그것이 명료하게 눈앞에 드러날 때에는, 세상의 모든 집착을 여의게 되는 것이다.

비구들이여, 이것이 다섯 가지 덮임에 대하여 법을 관하는 것이다.”

6 “비구들이여, 비구는 오온법五蘊法(色·受·想·行·識의 存在)에 대해서 관찰해야 하나니, 비구여, 색色(=물질)은 이러이러한 것이며, 색이 나는 것은 이러

이러한 것이며, 꺼지는 것은 이러이러한 것이다. 이렇게, 이것은 감수 작용이며, 이것은 감수 작용이 나고 꺼지는 것이며, 상想(=사고 작용)과 행行(=의지적 활동)과 식識(=인식 · 관념 작용)도 또한 그러하다고 관하는 것이다.

이와 같이, 오온의 성질이 무엇인 것과, 그것이 나고 꺼지는 실상에 관하여 눈앞에 드러나면, 세상 어떤 것에도 집착하지 않나니, 이것이 오온법에 대하여 관찰하는 법이다.

비구들이여, 비구는 안팎의 여섯 곳에 대하여 법을 관찰해야 하나니, 눈 · 귀 · 코 · 입 · 몸 · 뜻은 안에 있는 여섯 가지 감각기관이요, 빛 · 소리 · 냄새 · 맛 · 닿음 · 법(분별의 대상)은 밖의 여섯 가지 경계이다.

비구들이여, 이것은 눈이요 이것은 빛이며, 또 그 두 가지의 인연으로 나는 감각 지각으로 인한 집착(좋고 나쁨과 쾌 · 불쾌의 집착)을 알고, 아직 일어나지 않은 집착은 일어난 것으로 관하고, 이미 일어난 집착은 없어진 것으로 관하며, 이미 꺼진 집착은 미래에 나지 않을 것으로 관하는 것이다.

이와 같이 귀와 소리에 있어서, 코와 냄새에 있어서, 입과 맛에 있어서, 몸과 닿음에 있어서, 의식과 분별법에 있어서도 또한 그러한 것이다.

이와 같이, 안팎으로 여섯 곳의 법을 관찰하여, 그 나고 꺼짐을 여실히 보아 눈앞에 드러나면 세상의 어떤 것에도 집착하지 않나니, 이것이 안팎으로 여섯 곳을 관찰하는 법이다.

비구들이여, 비구는 이와 같이, 칠각지七覺支와 사성제四聖諦와 십이十二인연과 팔성도八聖道를 관찰하여 초선 · 이선 · 삼선 · 사선의 정정正定을 성취하는 것이다.

7 "비구들이여, 어떤 사람이든지 이 사념처관을 칠년 동안 법대로 닦는 자는, 이과二果(須陀洹 · 斯陀含, 곧 預流果 · 一來果) 중에 일과를 얻을 것이요, 좀 더 나아가서는 제삼 불환과不還果를 얻을 수 있는 것이다.

비구들이여, 어떤 사람이든지, 이 사념처관을 육년이나 오년 또는 사년이나 일 년 간이라도 철저히 닦는 자는 이二과 중에 일一과, 혹은 우수한 자면 제삼三 불환과를 얻을 수 있는 것이다.

비구들이여, 어떤 사람이든지, 이 사념처관을 칠 개월이나 육 개월 · 오 개월 · 사 · 삼 · 이 · 일 개월 동안이라도 법대로 닦으면, 다 악욕惡欲 · 불선법을 여의고 성인의 도에 들어가게 될 것이다. 혹은 반 달 · 칠일 · 육일 · 오일 · 사일 · 삼일 · 이일 · 일일 · 일야一夜 사이라도 지극히 닦으면, 아침에 닦아 저녁에 그만한 좋은 과보를 얻게 될 것이다.

비구들이여, 이것은 중생의 죄악을 깨끗이 하기 위하여, 근심과 슬픔에서 건져내고, 괴로움과 번민을 없애고, 정법을 깨달아 열반을 증득하기 위한 유일한 길이니 이것이 곧 이 사념처관이다."

이 경을 설하실 때, 비구 · 비구니는 다 기뻐하여 받들어 행하였다.

제2절 팔 해탈법

1 "아난이여, 해탈하는 방법이 여덟 가지가 있으니 어떤 것이 여덟인가?

첫째는, 자기 마음속에 애욕 곧 색욕이 있더라도 그것에 따라가지 아니하고 상대의 색상, 곧 저 어떤 여인의 몸의 실상을 바로 관찰하는 것이다. 사람은 여인에 대하여 그것이 아름답고 깨끗하고 욕심낼 만한 것이라고 생각하므로 애욕 번뇌를 일으키는 것이다. 그러나 실상은 여인의 몸은 가장 부정한 것, 추(醜陋)한 것임을 직관하라. 여인은 간탐 · 음욕 · 애착심이 강한 죄보罪報의 업상業相이다. 이렇게 관하는 것이 바른 관찰법이다.

그리고 마침내 부정하고 누추하여, 가히 멀리 여의어야 할 그 모양을 관찰하는 것이니, 여인의 시체를 관상觀想하라. 어떤 죽은 여인의 시체는 온 몸이 검푸르게 멍들어 퉁퉁 부어 터지며, 검붉은 피가 흐른다. 그리고 악취를 뿜으며 구더기가 득실거린다. 이것이 아름답고 깨끗하고 욕심내던 여인의 몸이다. 어리석은 범부는 이런 실상을 보지 못하고 확인하지 못한다.

이렇게 관하므로 여인은 사랑할 만한 것이 아니며, 애욕은 탐착할 것이 아니라는 것을 사무쳐 깨닫고, 애욕은 나고 죽음의 근본이라는 것을 깊이 체득하면, 애욕·번뇌가 맑아지고 그 마음의 안온을 얻게 된다. 이것이 안으로 색욕이 있을 때, 상대의 색신을 관하여 제일一 해탈을 얻게 되는 것이다.

둘째, 마음으로 색욕의 번뇌는 없으되, 아직 색에 대한 생각이 남아 있는 자는, 다시 상대의 색신色身의 부정·패괴敗壞의 상을 관하여, 그 남은 생각을 깨끗이 끊어 버리나니, 이것이 안으로 색욕이 없으되, 밖으로 상대의 색신을 관찰하는 제이二 탈이 되는 것이다.

셋째, 범천이나 아라한과 같은 깨끗한 행을 성취한 몸을 관찰하여, 탐욕을 일으키지 못하게 하나니, 이것이 구족 청정에 주하여 제삼三 탈을 얻게 되는 것이다.

넷째, 모든 색욕의 생각을 벗어나, 상대의 색신에 대한 애착에 초연하여, 모든 애욕의 생각을 일으키지 않고, 공空의 끝없는 경계에 들어가, 그 선정을 성취하여, 공무변처空無邊處에 주하나니, 이것이 제사四 해탈이 되는 것이다.

다시 공무변처를 뛰어넘어, 주관적인 자기의 정신 자체인 식識이, 한량이 없는 식무변처識無邊處에 들어 그 선정을 성취하나니, 이것이 제오五 탈이 되는 것이다.

다시 식무변처를 뛰어넘어, 주관·객관 경계가 다 끊어진 무소유처無所有處에 달하여 주하나니, 이것이 제육六 해탈이 되는 것이다.

무소유처를 뛰어넘어, 생각이 있는 것도 아니요 생각이 없는 것도 아닌 비상 비비상처非想非非想處에 달하여 주하나니, 이것이 제칠七 해탈이 되는 것이다.

비상 비비상처를 뛰어넘어, 모든 생각과 감수 작용이 다 멸진되어, 적정 부동하는 절대 경지에 들어가니 이것이 제팔八 해탈이 되는 것이다.

2 아난이여, 비구는 이와 같은 팔八 해탈에 제일 · 제이의 순서로 들어가기도 하고, 혹은 제팔 · 제칠의 순서로 거슬러 들어가기도 하며, 혹은 순으로 역으로 같이 들어가기도 하여, 그 때와 곳을 따라 들고 나기를 마음대로 하되, 이와 같이 유루有漏(=생사번뇌)가 없어짐으로부터 무루無漏(=생사번뇌가 없는 경지)의 심해탈心解脫 · 혜해탈慧解脫에 도달하나니, 이것을 비구의 구해탈俱解脫(=모두 해탈)이라고 이름하는 것이다.

아난이여, 이 구해탈 밖에 더 우수한 해탈은 있을 수 없는 것이다."

제3절 공해탈과 번뇌를 맑히는 법

1 부처님이 사위성 동쪽 녹자모강당鹿子母講當에 계실 때이다. 어느 날 저녁에 아난 존자는 부처님께 나아가 예배하고 사뢰었다.

"부처님이시여, 일찍이 석가족의 나가라가라는 작은 마을에서, 부처님은 저를 부르시며, '아난이여, 나는 이제 대부분 공의 정(空定)에 머무노라'고 말씀하신 것을 기억하고 있습니다. 그 기억은 바른 것입니까?"

"아난이여, 기억은 바른 것이다. 나는 이전이나 지금이나 한결같이 공의 정에 머물고 있다. 비유컨대 대림大林의 중각강당重閣講堂에는 코끼리 · 소 · 말 · 염소 등이 없다는 뜻에서 '비었다' 하고, 금 · 은이 없다는 뜻에서 '비었다' 하며, 남 · 여가 없다는 뜻에서 '비었다' 한다. 다만 한 가지 비지 않은 것은 비구 대중이다.

꼭 이와 같이, 비구가 어떤 마을의 생각을 일으키지 않고, 세속살이의 생각을 일으키지 않고, 다만 숲에서 수행하는 일을 생각하면, 그 숲의 생각에 마음이 기뻐서, 마을이나 세속살이의 괴로움도 없어지고, 숲에 대한 생각만이 있을 뿐이다. 그래서 마을 또는 세속이라는 생각도 비어 버리고, 숲이란 생각 하나가 비지 않을 것이다. 이와 같이 거기에 없으므로 공空을 보고, 저기에 있으므로 유有라고 아는 것이다.

나아가 비구가 숲의 생각을 버리고, 다만 땅만 생각한다. 산도, 물도, 숲도 있어서 높고 낮은 대지를, 마치 소가죽을 펴 놓아 주름살도 없는 것과 같이 평편한 땅이라고 생각하여, 이 생각에 마음이 즐거울 때에, 숲에 대한 생각도 없어지고 다만 땅에 대한 생각뿐이 된다. 이와 같이 땅이란 생각을 버리고, 차례로 허공이 끝없는 공무변처空無邊處, 식의 경계가 끝없는 식무변처識無邊處, 주관·객관이 다 텅 빈 무소유처無所有處, 감각이 끊어지고 또 의식이 아주 없어진 것도 아닌 비상 비비상처非想非非想處, 전혀 식상識想이 끊어진 무상정無想定에 들어가, 이 무상정에 머물 때에는 무소유처에 관한 모든 노고도 없어지고, 다만 살아 있는 동안의 신체에 대한 노고가 있을 뿐이다. 비구가 이와 같은 무상정에 들더라도, 이 무상정도 지어서 된 것이요 생각하여 된 것이므로, 무상無常한 것이요 없어지는 줄 알고, 욕계의 번뇌와 색계·무색계의 번뇌와, 모든 번뇌의 근본되는 무명無明을 다 끊어 거기서 해탈하여, 나의 할 일을 다 해 마치고, 다시는 나고 죽음을 받는 일이 없음을 알게 되리니, 이 사람은 살아 있는 동안의 몸에서 일어나는 괴로움은 있을지언정, 무명 번뇌로부터 일어나는 괴로움은 길이 없어진 것이다. 이와 같이, 그곳에 없기 때문에 공을 보고, 그곳에 남아 있으므로 '유'라고 알아서, 공의 정(空定)을 닦아 그에 합치되면, 그것은 뒤바뀐 소견이 아니라 할 것이다.

아난이여, 이 맑고 수승한 공의 정에 머무는 법을 누구나 마땅히 배워야 할 것이니라."

라고 말씀하셨다.

2 부처님이 교살라국의 여러 지방을 순회하시고 사위성에 돌아오셔서

기원정사에 계실 때다. 어느 날, 비구들에게 이렇게 말씀하셨다.

"비구들이여, 나는 이제 모든 번뇌를 정화하는 법을 말하리니, 잘 들어라. 비구들이여, 나는 아는 데에 의하여, 보는 데에 의하여 번뇌를 정화시키는 법을 말하리라. 보는 것이라 함은, 바른 생각과 바르지 못한 생각이 그것이다. 바른 생각이라 함은, 아직 나지 않은 번뇌를 나지 않게 하고, 이미 난 번뇌는 놓아 버리는 것이다. 바르지 못한 생각이라 함은, 아직 나지 않은 번뇌를 나게 하고, 이미 난 번뇌를 길러가는 것이다.

비구들이여, 번뇌는 바로 봄에 의하여 놓아 버리는 것과, 방호防護하여 놓아 버리는 것과, 수용受用에 의하여, 참음에 의하여, 도피함에 의하여, 구축驅逐함에 의하여, 닦아 익힘에 의하여 놓아 버리는 것이 있다.

첫째, 봄에 의함이라 함은, 비구들이여, 여기 성자의 법을 알지 못하고, 성자의 법을 익히지 않고 또 모든 선인善人의 법을 알지도 못하고 익히지도 못한, 식견이 천박한 사람이 있다고 하자. 그는 생각할 것과 생각하지 않을 것을 알지 못하고, 따라서 생각해서 안 될 것은 생각하고 생각할 것은 생각하지 않는다. 그 때문에 아직 나지 않은 번뇌는 나게 되고, 이미 난 번뇌는 더 길어지게 되는 것이다.

생각할 것을 생각하는 사람은 아직 나지 않은 번뇌는 나지 않게 하고 이미 난 번뇌는 놓아 버린다.

생각하지 않을 것을 생각한다 함은, 예컨대, '나는 과거에 있었던가 없었던가. 있었다면 어떻게 있었던가? 또 나는 미래에 실로 있을 것인가, 없을 것인가. 나는 미래에 어떻게 될 것인가? 또 나는 현재에 실로 있는 것인가, 없는 것인가? 나라는 존재는 어디서 왔다가 어디로 가는가?' 이 따위 부질없는 생각을 하는 것이다. 이리하여 '나(我)는 실로 있는가, 없는가?' 이렇게 나(我)에서 '나'가 있다는 생각을 일으키고, '나'에서 '나'가 없다는 생각을 일으키며, 무아無我에서 아상我想을, 아주 없어진다는 단견斷見을, 늘 있다는 상견常見 등을 일으켜, 마침내 사견의 숲, 막다른 뒷골목, 사견의 결박에 빠져서, 남(生)과 늙음과 죽음과, 근심 · 걱정 · 고통을 벗어나지 못하게 되는 것이다.

비구들이여, 이와 반대로, 성자의 법을 보고 익히며 선인의 법을 보고 익힌 자는, 생각할 것과 생각하지 않을 것을 알아 익히게 되나니, 따라서 '이것은 고苦다, 이것은 고의 원인이다, 이것은 고의 없어짐이다, 이것은 고의 없어짐에 이르는 도이다.' 등의 이치를 바로 보아 바로 생각하므로, 모든 사견을 여의고 번뇌를 정화하여 가게 되는 것이다.

둘째, 방호에 의함이라 함은, 바른 생각을 잃지 아니하는 비구는 언제나 눈 · 귀 · 코 · 입 · 몸 · 뜻의 감각기관을 오롯이 수호하여, 보고 듣는 경계에 끌려가지 않으며, 미혹과 고뇌의 근본이 되는 번뇌를 나게 하지 않는 것이다.

셋째, 수용에 의함이라 함은, 바른 생각을 지닌 비구는 음식과 의약 의복 등을 수용하되, 그것은 향락과 안락 · 장수 등을 위함이 아니요, 단순히 이 신명을 유지하기 위하여 배고픔과 목마름과 병환을 막으며, 차고 더운 것, 모기 · 벌레 · 독사의 침해를 방지하고 몸을 보존하여, 거룩한 도를 성취하기 위하므로, 미혹과 죄악의 근본인 번뇌와 탐욕을 일으키지 않는 것이다.

넷째, 참음에 의함이라 함은, 바른 생각을 지닌 비구는, 차고 더움과 목마름과 배고픔도 견디어 참고, 사람의 모욕 · 조소도 견디어 참으며, 생명에 대한 고통도 견디어 참음으로 말미암아, 미혹과 죄악의 근본인 번뇌를 일으키지 않는 것이다.

다섯째, 도피에 의함이라 함은, 바른 생각을 지닌 비구는 광폭한 코끼리 · 소 · 말 · 개가 있는 데거나, 앉는 데 적당치 못한 장소라거나, 갈 만한 장소가 되지 못하는 곳이라거나, 사귀어서는 되지 않을 나쁜 벗 따위를 피함으로써 부질없는 미혹과 고통의 근본이 되는 번뇌를 일으키지 않는 것이다.

여섯째, 구축에 의함이라 함은, 바른 생각을 지닌 비구는 일어나는 욕심 · 성냄 · 어리석음 따위의, 모든 나쁜 마음을 다 몰아내고 쫓아내어 남겨 두지 않나니, 이러므로 미혹과 고통의 근본 되는 번뇌를 일으키지 않는 것이다.

일곱째, 닦아 익힘에 의함이라 함은, 바른 생각을 지닌 비구는 항상 조용한 곳에 홀로 거주하며, 욕심을 여의고 마음의 때를 씻으며, 성인의 도를 일심으로 닦아 익힘으로써 미혹과 고통의 근본인 번뇌를 내지 않는 것이다.

비구여, 비구가 이와 같이, 바로 보는 것 · 방호 · 수용 · 인욕 · 도피 · 구축 · 수습修習에 의하여 번뇌를 깨끗이 정화하여 나가면, 이 비구는 애욕을 떠나고 번뇌의 결박을 끊어, 모든 고苦가 다하는 열반의 도에 이르게 될 것이다."

제4절 물 건너는 비유

1 부처님은 거기서 북으로 항가 강을 건너 발기국拔耆國으로 들어가, 항가 강기슭인 웃트카라에 머물러 계셨다. 어느 때, 항가 강의 흘러가는 물을 바라보시면서, 부처님은 비구들에게 말씀하셨다.

"비구들이여, 옛날 마가다에 어떤 미련한 소치는 사람이 있었다. 그는 장마철(雨季)의 마지막 달, 가을 물이 넘쳐흐르고 있을 때, 항가 강 양쪽 기슭을 조사해 보지도 않고, 얕은 여울이 없는 곳에서, 스비데바의 북쪽 언덕을 향해, 소떼를 몰아넣은 일이 있었다. 그래서 소떼는 항가 강 중간쯤에서 소용돌이에 휩쓸려 모두 죽고 말았다. 왜냐하면, 그 미련한 사람은 아무 데도 조사해 보지도 않고, 소떼를 끌어넣었기 때문이다.

비구들이여, 꼭 이와 같이 이 세계와 다른 세계의 일도 모르고, 악마의 영계領界의 안팎일이나 염라의 영계의 안팎일도 모르는 사람을, 배울 만한 사람, 믿을 만한 사람이라고 생각한다면, 그것은 그 사람에게 영원한 손실과 불행이 될 것이다.

비구들이여, 또 마가다에 어떤 영리한 소치는 사람이 있었다. 그는 장마철의 마지막 달 어느 가을날에, 항가 강의 양쪽 기슭을 모두 조사해서, 얕은 여울이 있는 곳을 가려, 스비데바의 북쪽 언덕을 향해 소떼를 끌어넣은 일이 있었다. 그는 먼저 소떼의 앞장인 황소 떼를 강에 몰아넣었다. 그 황소들은 항가의 물결을 가로 끊고, 저쪽 언덕에 안전히 도착했다. 다음에는 힘센 암소, 훈련된 암소를 몰아넣었다. 그들도 항가의 물결을 가로 끊고 저쪽 언덕에 안전히 도착했다. 그래서 그는 그 다음에는 송아지의 숫놈·암놈을 몰아넣었다. 그들도 항가의 흐르는 물살을 가로 끊고 저쪽 언덕에 안전히 도착했다. 최후로 제일 약한 송아지를 몰아넣었더니, 그들도 항가의 흐르는 물살을 가로 끊고 저쪽 언덕에 안전히 도착했다. 비구들이여, 그 송아지 중에는 어미 앞에서 코 울음을 울면서 실려 가는 갓난 송아지도 있었지만, 그들도 항가 강의 흐르는 물결을 가로 끊고, 안전히 저쪽 언덕에 도착했다. 어찌하여 그렇게 되었는가? 저 영리한 소치는 사람은, 모든 것을 시험해 본 뒤에, 소들을 끌어넣었기 때문이다.

2 비구들이여, 마치 그와 같이, 이 세계와 다른 세계의 일을 익히 알고, 악마의 영계의 안팎이나 염라왕의 영계의 안팎일을 익히 알고 있는 사람을 배울 만한 사람, 믿을 만한 사람이라고 생각한다면, 그것은 그 사람에게 영원한 이익과 행복이 되는 것이다.

비구들이여, 비유하면, 그 소들의 앞장인 황소가 항가 강의 흐르는 물결을 가로 끊고, 저쪽 언덕에 안전히 도착하는 것처럼, 번뇌를 없애 다하고, 깨끗한 행行을 완전히 이루고, 해야 할 일을 해 마치고, 무거운 짐을 내려놓고, 자기의 목적을 완전히 이루어, 바른 지견知見이 열려 아라한과를 얻은 사람은, 악마의 물결을 가로 끊고 안전히 저쪽 언덕에 도착할 것이다. 또 비유하면, 저 힘센 암소, 훈련된 암소가 항가의 흐르는 물결을 가로 끊고 저쪽 언덕에 안전히 도착하는 것처럼 사람을 이 세상에 얽매어 두는 다섯 가지의 번뇌를 없애 버리고, 하늘에 나서 거기서 깨달아, 다시 이 세계에 돌아오지 않는 과보(不還果)를 얻은 비구는, 악마의 물결을 가로 끊고 저쪽 언덕에 안전히 도착할 것이다. 또 비유하면, 송아지의 숫놈·암놈이 항가의 흐르는 물결을 가로 끊고 저쪽 언덕에 안전히 도착하는 것처럼, 탐욕과 성냄과 어리석음의 세 가지 번뇌를 없애고 일래과一來果를 얻어, 이 세계에 한 번 돌아와 거기서 모든 고뇌를 벗어나는 비구는, 악마의 물결을 가로 끊고 저쪽 언덕에 안전히 도착할 것이다. 다음에 힘이 약한 송아지가 항가의 물결을 가로 끊고 저쪽 언덕에 안전히 도착하는 것처럼, 세 가지 번뇌를 없애고, 예류과豫流果에 들어가, 악한 세계에 떨어지지 않는 몸이 되어, 기필코 바른 깨달음을 얻게 될 비구는, 악마의 물결을 가로 끊고 저쪽 언덕에 안전히 도착할 것이다.

비구들이여, 나는 이 세계와 다른 세계를 익히 알고, 악마의 영계의 안팎과 염라왕의 영계의 안팎을 익히 알고 있다. 그러므로 나를, 배울 만하고 믿을 만한 사람이라고 생각하는 사람이 있다면, 그것은 그 사람의 영원한 이익과 행복이 될 것이다."

3 부처님이 비사리국, 대림정사에 계실 때이다. 그때에, 교살라국과 마가다 국에서 어떤 일로 많은 바라문들을 비사리에 보냈다.

그들은 부처님이 대림정사에 계신다는 말을 듣고 찾아왔다. 그때에 리차 족 웃타다 마하리가 많은 리차 사람들을 데리고 먼저 와 있었다. 바라문들은 착실히 부처님께 경례하고 옆에 앉았다. 웃타다 마하리는 부처님께 사뢰었다.

"부처님, 이삼 일 전에, 리차 사람 시나가타가 저의 처소에 와서 말하기를 '마하리여, 나는 부처님 곁에 머무른 지 삼 년밖에 안 되었다. 그런데, 그동안에 인간의 욕망을 만족시킬 만한 즐거운 하늘의 형상은 볼 수가 있었지만, 아직 하늘의 음성은 들을 수가 없었다'고 하였습니다. 부처님, 제가 말한 바와 같은 하늘의 음성이 있습니까?"

"마하리여, 물론 그러한 하늘의 음성이 있다."

"그러면 어찌하여 시나가타는 들을 수가 없습니까?"

"마하리여, 여기 한 비구가 있어, 아름다운 하늘의 형상을 보기 위하여, 마음을 모아 정定에 들면 아름다운 하늘의 형상을 볼 수 있고, 하늘의 음성을 듣기 위하여 정에 들면 하늘의 음성을 들을 수 있을 것이다."

"부처님, 그러면 비구들이 부처님 밑에서 깨끗한 수행을 하는 것은, 이 정定을 얻기 위함입니까?"

"그런 것은 아니다. 더 미묘한 법을 체득하기 위하여 수행하는 것이다. 마하리여, 비구는 먼저 굵은 세 가지의 근본 번뇌(貪·瞋·痴)를 끊고 '예류과'預流果(=사과의 첫째)에 들어가, 다시는 악도에 떨어지지 않고, 마침내 깨침에 이르게 되는 것이다. 마하리여, 다시 중품中品의 세 가지 번뇌를 끊어 탐(貪慾)·진(瞋恚)·치(愚癡)가 희박해지면, 일래과一來果(=제이과)를 얻어 천상에 났다가 한 번 이 인간에 나서 고苦가 다한 도를 얻게 되는 것이다. 마하리여, 하품下品의 다섯 가지 번뇌(貪·瞋·身見·戒禁取見·疑)를 끊고 불환과不還果(=제삼과)에 들어가 천상에 나서, 다시는 인간에 돌아오지 않고 열반에 이르는 것이다.

마하리여, 비구는 다시, 욕계·색계의 번뇌와, 모든 사견邪見과, 번뇌의 근본인 무명無明, 이 네 가지를 없애 버리고, 현세에서 깨침을 얻어 아라한과阿羅漢果(=제사과)를 얻게 되는 것이다.

마하리여, 이러한 특수한 경계에 도달하기 위하여, 비구들은 나의 밑에서 깨끗한 수행을 하는 것이다."

"부처님, 그러한 특수한 경계에 도달하기 위하여, 닦는 도는 어떤 것입니까?"

"마하리여, 그것은 다만 정견正見·정사유正思惟·정어正語·정업正業·

정명正命 · 정정진正精進 · 정념正念 · 정정正定의 팔정도八正道가 그것이다."

4 부처님이 비사리국, 대림정사에 계실 때다. 어느 날 부처님은, 교살라 · 마가다 두 나라에서 온 여러 바라문과, 또 리차 족 마하리가 데리고 온 수많은 대중을 위하여, 세간을 초월하는 도를 말씀하시고 이어서

"마하리여, 내가 일찍이 교상미국의 구시라 정사에 있을 때이다. 이교도 만뎃사와, 다루바뎃카의 제자 사리야가 나의 처소에 와서, '정신과 육체가 하나이냐, 다르냐?'고 물었다. 나는 그때 다음과 같이 말했다. '사리야여, 여래는 이 세상에 나와 스스로 깨달아 다른 이를 가르친다. 여기 사람이 있어서, 그 가르침을 듣고 믿음을 일으켜 출가하여, 계戒로써 몸을 다스리어 바른 행을 즐거워하고, 적은 죄도 두려워하여 감각기관의 문을 닫아 바른 지혜를 갖추고, 살생을 그치어 인자한 마음을 행하며, 도둑질하는 버릇을 없애고, 마음을 깨끗이 하여 음란한 마음을 버리고, 거짓말과 포악한 말을 내지 않고, 바른 생활을 경영하며, 탐욕 · 진심을 피하고 흐리멍텅한 마음, 시끄러운 마음(掉擧), 의심하는 생각을 여의어, 그 마음을 맑고 깨끗하게 한다. 비구가 이렇게 수행하여, 기쁨과 즐거움을 얻어 초선에 들어갔다. 그때 그에게 '정신과 육체가 하나인가, 다른가 하는 문제가 일어나겠는가?'라고 묻자, 그는 '그곳에는 그런 문제가 있을 수 없다'고 했다. 사리야여, 나도 저렇게 알고 저렇게 보므로, 정신과 육체가 하나이냐, 다르냐의 문제를 말하지 않는 것이다.

5 사리야여, 또 저 비구가 초선으로부터 이선 · 삼선 · 사선에 나아가, 몸과 마음 모두가 맑고 깨끗하고 투명해져서, 그 맑고 고요한 곳에서 아무것도 성가시게 하는 것이 없는 마음으로써, 그 몸을 생각해 볼 때 이 몸은 사대로써 만들어졌고, 부모에 의하여 났으며, 음식물에 의하여 보존되는 것이요, 덧없이 무너지는 물건이라는 것을 알게 되는 것이다.

거기서 다시 나아가서 고 · 집 · 멸 · 도의 이치를 여실히 알고, 번뇌로부터 떠나, 번뇌의 근본인 무명으로부터 벗어나서 나는 해탈했다는

지견이 나는 것이다. 사리야여, 그 비구는 이렇게 알고 이렇게 보았다. '거기서 정신과 육체가 하나이냐, 다르냐를 문제 삼을 것이냐?'고 물으매, 사리야는 '그곳에는 그런 것이 문제가 되지 않는다'고 하였다. '사리야여, 나는 이렇게 알고 이렇게 보았으므로, 정신과 육체가 하나이냐, 다르냐? 그런 것은 도무지 말할 것이 없다'고 말한 것이다.

마하리여, 이렇게 문답함으로써 사리야는 나의 말에 만족하여서 돌아갔다."

이때에, 마하리를 비롯한 교살라 · 마가다에서 온 여러 바라문은 다 부처님의 가르침을 받고 기뻐하였다.

제5절 삼명을 얻는 법

1 어느 때 사노소인闍奴蘇仁은 부처님 앞에 나아가 사뢰었다.

"부처님이시여, 이 세상의 참다운 공양은, 모두 삼명三明의 바라문에게 공양하는 것입니까?"

"바라문이여, 삼명의 바라문이란 어떤 사람을 가리킴인가?"

"부처님이시여, 삼명이라 함은 삼三 베다(세 가지 바라문의 성전)에 밝은 것을 말합니다. 아버지 편이든 어머니 편이든, 칠七대 전부터 종성種姓이 순결한 내림을 받아 오며, 다른 사람에게 업신여김을 받지 않고, 그 가문이 깨끗하며, 성교聖教에 익고, 비밀주秘密呪를 외우며, 삼 베다에 있어서는 그 어귀 · 의식 · 음운 · 주석 · 설화를 다 통하고, 어원과 문법에 밝은 순세파順世派(=육파 철학의 하나)의 학문을 배워서, 그 대인상大人相의 법을 통하면, 이 바라문을 삼명 바라문이라 합니다."

부처님은 짐짓 그에게 물어서, 스스로 그 정체를 밝히게 한 것이다.

"바라문이여, 그것도 삼명이기는 하지만 바른 교에서 말하는 삼명은 아니다.”

2 “부처님이시여, 바른 교의 삼명이란 어떠한 것입니까?”

“바라문이여, 마음을 기울여 잘 들어라. 도를 닦는 비구는 욕심을 여의어 모든 악업을 버리고, 깊이 관찰하여 세밀히 찾아 들어가, 모든 분요한 번뇌에서 벗어나, 이 욕심과 불선법을 여읜 경지로부터 나는 즐거움을 맛보며, 제일선에 들어간다. 다음에는 무엇을 찾아 생각하는 마음을 여의고, 선정으로부터 나는 희락喜樂을 맛보며 제이선에 들어간다. 다음에는 나아가, 이러한 기쁨과 즐거움도 여의고 평등한 경지에 들어가 바른 마음, 바른 생각에 머물러 미묘한 선열禪悅을 맛보며 제삼선에 들어간다. 다시 나아가, 즐거움과 괴로움과 기쁨과 근심을 다 여의고, 아주 고요하고 청정한 경지에 이르러 제사선에 들어간다. 이렇게 비구의 마음은 고요하고 맑아 욕심을 멀리하고, 모든 번뇌를 여의어 움직임 없는 선정에 들어가는 것이다. 비구는 이 마음을 과거의 일에 향해서 숙명을 알게 되니, 일생・이생・삼생・사생이나 백생・천생, 그보다도 먼 과거의 일을 밝게 알 수 있는 것이다. 그 생의 성명이며 성질이며 직업이며 수명 등을 자세히 알게 되는 것이다. 이렇게 숙명통이라는 제일의 혜안이 열리고 무명의 어두움이 사라져 지혜의 광명이 나타나는 것이다.

다음, 사람들의 생사를 알기 위하여 그 마음을 기울이면, 인간을 초월한 천안天眼을 얻게 되어, 사람들의 귀하고 천함, 곱고 미움, 행・불행 등이 그 업業을 따라 일어남을 밝게 알게 되며, 이 사람은 몸・말・마음으로 악업을 짓고 성자를 비방하고 사견을 가짐으로써 악업을 따라 악취에 떨어졌다든가, 이 사람은 몸・말・마음으로 선업을 짓고 성자를 비방하지 않고 바른 견해를 가짐으로써 그 선업의 인연으로 선취善趣에 났다고, 이렇게 이 비구는 천안통이라는 제이의 혜안이 열리며 무명의 어두움이 사라져 지혜의 광명이 나타나는 것이다.

다음, 그는 번뇌를 없애기 위하여 그 마음을 기울이되, 이것은 고요,

이것은 고의 원인이요, 이것은 고가 없어진 것이요, 이것은 고를 없애는 도라는 것을 밝게 안다. 그러므로 그 마음은 욕심과 번뇌에서 벗어나고, 나고 죽음의 근본이 되는 무명에서 벗어나며, 자유자재한 해탈 지혜를 얻어 꿈 세계의 삶이 끝나고, 맑은 행이 성취되어 다시 미혹의 세계에 들지 않는, 누진통漏盡通이라는 제삼의 혜안이 열리고, 무명의 어두움이 사라져 지혜의 광명이 나타나는 것이다.

바라문이여, 정교正敎에서 말하는 삼명이란 이와 같은 세 가지 지혜를 가진 사람을 일컫는 것이다."

그때 사노소인은 이 말씀을 듣고

"부처님이시여, 제가 말한 삼명을 부처님의 그것과 비교하면, 참으로 어쭙잖은 것입니다. 그 십육 분의 일에도 당치 못할 것입니다. 부처님이시여, 참으로 훌륭한 가르치심인가 합니다."

3 어느 때, 부처님이 큰 비구들과 함께 교살라국에 행차하셔서 베나가부라라고 하는 바라문의 마을에 드셨다. 그 마을 사람들은 일찍부터 부처님의 도덕을 경앙하고 있었다. 한 바라문이 말하기를

"저 구담은 세상 사람의 존경을 받을 만한 부처이시며 인천의 큰 도사이시다. 그분은 이 세상에서 스스로 깨치고, 처음이나 마지막이나 최상의 법을 말씀하시고, 둥글고 맑은 덕행을 보여 주셨다. 이 같은 어른을 뵙게 됨은 분에 넘치는 일이다."

하고, 부처님 처소에 모여 와서 한쪽에 앉았다. 그때 와샤 바라문은

"부처님, 참으로 거룩하십니다. 부처님의 몸은 고요하게 조화되었고, 안색은 맑고 빛나시어 노랗게 익은 과일과 같이 윤택하시며, 염부단금閻浮檀金의 장식품같이 빛나시고, 그 앉으신 모습은 보배로 꾸민 좌상坐床과도 비슷합니다. 또한 이런 좌상은 부처님이 가지시고 싶어하는 대로 얻어지실 것입니다."

라고 찬미했다. 부처님은

"바라문이여, 그 같은 장엄한 좌상은 유행자로서는 얻기 어려울 것이다. 또한 얻을 수가 있다 하더라도 사용하는 것을 금하는 것이다. 여기 내가 하고픈 대로 되는 세 가지의 장엄한 좌석을 얻을 수 있으니 하늘의 좌상·바라문의 좌상·성자聖者의 좌상이 그것이다. 이 세 가지 좌상은 내가 하고자 하는 대로 얻어지는 것이다."

"부처님이시여, 그것은 어떠한 것입니까?"

"바라문이여, 내가 이런 마을에 가까이 머물 때에, 아침 일찍이 마을에 들어가 걸식을 마치고, 숲으로 돌아와 풀과 나뭇잎을 모아 놓고, 그 위에 단정히 앉아 마음을 바로 하고 고요히 정定에 든다. 초선·이선·삼선·사선에 들어, 고苦와 락樂, 기쁨과 걱정이 없는 맑고 깨끗한 마음 경계에 안주한다. 나는 이와 같이 걸어가나 머물러 있으나 앉으나 누우나, 항상 모든 하늘의 기쁨을 누리게 되나니, 이것이 내가 하고픈 대로 얻을 수 있는 하늘의 장엄한 좌상이다.

또, 바라문이여, 내가 아침 일찍이 마을에 들어가 걸식을 마치고 다시 숲으로 돌아와, 풀과 나뭇잎을 모아 놓고, 그 위에 단정히 앉아 마음을 바로 하고 정定에 들어, 사랑에 가득 찬 마음으로 세계 한쪽을 가득 채우고, 또 사방·사유四維·상하의 모든 세계를, 미움도 원망도 없는 광대한 사랑의 마음으로 두루 채운다. 불쌍히 여기는 마음(悲心)·기뻐하는 마음(喜心)·평등한 마음(捨心)도 이와 같이 온 세계에 두루 채운다. 나는 이와 같이, 걸어가거나 앉아 있거나 맑은 행복을 누리게 되나니, 이것이 내가 하고픈 대로 얻을 수 있는 바라문의 장엄한 좌상이다.

나는 또 탐욕이나 성남이나 어리석은 마음의 뿌리를 뽑아, 다시 싹트지 못하게 하여, 길이 미혹되지 않는 법을 성취하였으므로, 언제나 성자의 기쁨을 누리게 되며, 걸어가나 앉으나 머무르나 늘 성자의 좌상에 앉고 누리게 되나니, 이것이 내가 하고픈 대로 얻을 수 있는 성자의 장엄한 좌상이다."

"부처님이시여, 참으로 거룩하신 일이옵니다. 이러한 세 가지 장엄한 좌상은, 부처님을 제외하고는 어느 누구라도 하고픈 대로 얻을 수 없는 것입니다."

제6절 여러 가지 관법과 열반

1 어느 날 아침에, 부처님은 옷을 입고 바리때를 들고, 사위성으로 걸식하러 들어가셨다. 라후라도 또 옷을 입고 바리때를 들고 뒤를 따랐다. 부처님은 돌아보시면서 말씀하셨다.

"라후라여, 과거·현재·미래의 모든 사물은 모두 내 것도 아니요, 나도 아니요, 나의 나도 아니라고, 바른 지혜로써 실다이 알지 않으면 아니되는 것이다."

"부처님께서는 물질에 대해서만 그렇게 말씀하시는 것입니까?"

"라후라여, 물질이 그런 것과 같이, 감각도 상상想像도 의지意志도 인식認識들도, 모든 정신 작용도 다 그런 것이다."

그때 라후라는 생각했다. '오늘, 부처님은 친히 내게 가르쳐 주셨다. 걸식하러 갈 것이 아니다.' 하고, 발길을 돌려 어느 나무 밑에 이르러, 몸을 꼿꼿이 하고 마음을 바루어 가부좌를 하고 앉았다. 그것을 바라보고, 사리불은 가까이 와서 말했다.

"라후라여, 염식念息을 닦아라. 염식을 자주 행하면 큰 이익이 있다."

황혼에 선정에서 일어난 라후라는, 부처님께 나아가 여쭈었다.

"부처님이시여, 염식은 어떻게 닦는 것입니까? 또 어떤 큰 이익이 있습니까?"

부처님은 말씀하셨다.

"라후라여, 여기 사대가 있다. 내 몸 속에 있는 단단한 성질의 것, 이를테면 털·손톱·이·가죽·살·눈썹·뼈·수髓·신장·염통·간장·비장·허파·창자·밥통 따위들, 이것들은 내 몸의 땅으로서, 이 내 몸의 땅과 내 몸 밖의 땅을 합해서 지대地大라 한다. 이것들은 모두 내 것도 아니요 나의 나도 아니라고, 바른 지혜로써 실다이 알지 않으면 안 된다. 이와 같이 바른 지혜로써 지대地大를 생각하면, 마음은 지대를 싫어해 떠나게 되는 것이다.

라후라여, 다시 내 몸에 있는 물 같은 성질의 것, 이를테면, 가래·고름·피·땀·기름·눈물·뇌장·침·콧물·오줌 따위 이것들은 내 몸의 물로서, 이 몸 안의 물과 내 몸 밖의 물 기운을 합해서 수대水大라 한다.

라후라여, 또 내 몸에 있는 불같은 성질의 것, 이를테면 이것으로 몸의 더위를 일으키고, 이것으로 혈액이 순환하고, 이것으로 손발이 따뜻하고, 이것으로 먹고 마신 것을 소화시키는 힘 따위들, 이것은 내 몸 안의 불로서, 이 몸 안의 불과 내 몸 밖의 불을 합해서 화대火大라 한다.

라후라여, 또 내 몸에 있는 바람 같은 성질의 것, 이를테면, 올라가는 바람 기운, 내려가는 바람 기운, 뱃속에 있는 바람 기운, 창자 안에 있는 바람 기운, 손 발 사이를 도는 바람 기운, 들숨·날숨 따위들 이것은 내 몸에 있는 바람으로서, 이 몸 안에 있는 바람과 몸 밖에 있는 바람을 합해서 풍대風大라 한다.

또, 라후라여, 내 몸에 있는 빈틈, 이를테면 귓구멍·콧구멍·입 구멍 따위들 이것은 내 몸에 있는 공간으로서, 이 몸 안에 있는 공간과 내 몸 밖에 있는 공간을 합해서 공대空大라 한다.

라후라여, 이 수대·화대·풍대·공대도 각각 위의 지대와 같은 것이라고 알면, 마음은 거기에서 떠날 것이다.

2 라후라여, 지평등地平等의 행行을 닦아라. 이 행을 닦으면, 내게 일어나는 좋아하고 미워하는 감정에 마음이 사로잡히는 일이 없을 것이다. 이를테면 땅은 거기에 깨끗한 것을 두거나 더러운 것을 두어도 반가워하

거나 싫어하지 않는 것과 같은 것이다. 라후라여, 또 수평등水平等의 행을 닦아라. 이 행을 닦으면, 내게 일어나는 좋아하고 미워하는 감정에 마음이 사로잡히는 일이 없을 것이다. 이를테면, 물은 거기에 깨끗한 것을 흘리거나 더러운 것을 흘려도, 그것을 반가워하거나 싫어하지 않는 것과 같은 것이다. 이렇게 해서, 물 · 바람 · 공간의 평등의 행行을 닦아라.

3 라후라여, 또 자慈 · 비悲 · 희喜 · 사捨의 행을 닦아라. 자慈를 닦으면 성냄을 물리치고, 비悲를 닦으면 번민을 물리치며, 희喜를 닦으면 불만을 물리치고, 사捨를 닦으면 치우침을 물리칠 것이다. 라후라여, 또 부정관不淨觀을 닦고 무상관無常觀을 닦아라. 부정관을 닦으면 탐욕이 없어질 것이요, 무상관을 닦으면 교만이 없어질 것이다. 라후라여, 염식을 닦아라. 염식을 닦으면 큰 이익이 있을 것이다. 라후라여, 어떻게 염식을 닦으며, 또 어떠한 큰 이익이 있는가?

라후라여, 여기 비구가 있어, 숲 속이나 나무 밑이나 빈 집에 들어가서, 몸을 꼿꼿이 하고 마음을 바로 하고 앉아, 숨을 내쉬거나 들이쉬기를 바른 생각으로 하는 것이다. 숨을 길게 들이쉴 때에는 길게 들이쉰다고 자각하고, 숨을 짧게 들이쉴 때에는 짧게 들이쉰다고 자각하며, 숨을 길게 내쉴 때에는 길게 내쉰다고 자각하고, 숨을 짧게 내실 때에는 짧게 내신다고 자각하라. 그래서 온몸을 자각하고, '나는 숨을 들이쉬고 내쉬자'고 단련하고, '몸을 고요히 해, 나는 숨을 들이쉬고 내쉬자', '기쁨을 깨달으며, 숨을 들이쉬고 내쉬자', '마음을 고요히 해, 숨을 들이쉬고 내쉬자'고 단련하고, 마음을 고요히 해서는 다시 '마음의 구속이 없이, 숨을 들이쉬고 내쉬자', '무상無常을 관觀하고, 해탈을 관觀하면서, 숨을 들이쉬고 내쉬자'고 단련하라. 이렇게 염식을 되풀이해 행하면 큰 이익이 있을 것이다. 그리고 마지막의 호흡은 의식이 없어서가 아니고 의식이 있는 중에서 소멸하는 것이다."

라후라는 부처님의 가르침을 듣고 기뻐했다.

4 어느 날, 부처님은 교상미 들 밖에 나오셔서 항가 하수 언덕에 서 계셨다. 큰 재목이 하수에 떠내려 오는 것을 보시고

"비구들이여, 너희들은 저 큰 재목이 항가 하수에 떠내려 오는 것을 보는가?"

하고 돌아보시며

"비구들이여, 만일 저 재목이 양쪽 언덕에 붙지 아니하고, 중류에서 잠기지도 아니하고, 육지에 올라와 사람에게 잡히지도 아니하고, 비인非人에게 잡히지도 아니하고, 소용돌이에 말려들지도 아니하고, 속이 썩지도 아니한다면, 저 재목은 바다에 들어가, 바다에 머물러 있게 될 것이다. 왜냐하면, 하수의 흐름은 바다에 들어가기 때문이다. 비구들이여, 너희들도 또한 그와 같이 하면 열반의 바다에 들어가 머물게 될 것이다. 그것은 왜냐하면, 정견正見과 중도中道로서의 끊임없는 정진은 반드시 열반으로 인도하는 까닭이다."

한 비구가 여쭈었다.

"부처님이시여, 양쪽 언덕은 무엇이오며, 또 중류에 잠기고 육지에 올라 사람과 비인非人에 잡힌다는 것은 무엇이오며, 속이 썩는다는 것은 무엇을 뜻하심입니까?"

"비구들이여, 이쪽 언덕이라는 것은, 눈 · 귀 · 코 · 입 · 몸 · 뜻의 여섯 곳을 말함이요, 저쪽 언덕이라 함은, 빛깔 · 소리 · 냄새 · 맛 · 닿음 · 식경계識境界의 여섯 곳을 가리킴이다. 중류에 잠긴다 함은, 욕락欲樂에 잠기는 일을 말함이요, '육지에 오른다'함은, 아만我慢을 가리킴이요, '사람에게 잡힌다' 함은 비구로서, 재가자와 사귀어 놀아 저들과 슬픔과 기쁨과 괴로움과 즐거움의 속정俗情을 같이 하여, 도 닦는 마음을 타락하게 함이요, '비인에게 잡힌다' 함은, 비구가 천상에 나기 위하여 수행하되, '이 계행에 의하여, 이 고행에 의하여, 천상에 나리라'고 하는 것이다. 비구여, '소용돌이에 말려 들어간다' 함은, 오욕의 구렁에 빠져 들어감을 말

함이요, '속이 썩는다' 함은, 비구들이 성질이 악하고 계를 지키지 않으며, 선법善法에 용맹하지 못하고, 자기가 한 일을 덮어 싸고, 사문이 아니면서 사문인 체하며, 청정행자가 아니면서 청정행자로 보이려 하는 자로서, 그는 속이 썩어 흘러나오는 것이다."

제7절 여섯 가지 짐승과 선정

1 부처님이 구사다瞿師多 정사에 계실 때에, 어느 날

"비구들이여, 비유컨대 사람이 가지가지 거처를 달리한 짐승을 잡아, 밧줄로 얽어매어 두었다고 하자. 뱀 · 악어 · 새 · 개 · 여우 · 원숭이 이 여섯 가지 동물을 잡아 얽어매어 두었다면, 이때의 이 여섯 동물은 제각기 제 처소를 찾아가고자 할 것이다. 뱀은 구멍으로, 악어는 물로, 새는 허공으로, 개는 마을로, 여우는 고총古塚으로, 원숭이는 숲으로. 이렇게 갈 곳을 구하느라고 서로 다투다가, 나중에는 피로하여, 그 중에서 힘센 놈에게 끌려들어 그 지배를 받게 될 것이다. 비구들이여, 마치 그와 같이, 누구든지 신념주身念住를 닦아 신身 · 심心을 단속하여 방일하지 않게 하지 않으면 안 될 것이다. 눈은 좋아하는 색경계色境界로 끌려가 좋아하지 않는 빛깔을 싫어하고, 귀 · 코 · 입 · 몸도 그와 같을 것이다. 또 마음도 좋아하는 경계로 끌려가 좋아하지 않는 경계를 싫어할 것이다. 비구들이여, 이것을 '제어함이 없는 것'이라 이르느니라. 비구여, 그러면 제어하는 것은 어떤 것인가? 여기 사람이 있어, 눈으로 빛을 볼 때에, 사랑스러운 빛깔에 집착하지 않고 사랑스럽지 못한 빛깔을 불쾌하게 여기지 않으며, 신념주에 머물고 사무량심四無量心(=慈 · 悲 · 喜 · 捨)에 머무는 것이다. 그리하여, 그 '마음의 해탈'과 '지혜의 해탈'을 여실히 알고, 그리고 일어나는 악법을 남김없이 없애 버리는 것이다. 귀에 소리, 코에 냄새, 입에

맛, 몸에 닿음에 있어서도 또한 그와 같은 것이다. 또 마음으로써 법 경계를 알되, 좋아하는 경계에도 집착하지 않고 좋아하지 않는 경계에도 불쾌하게 여기지 않으며, 신념주에 머물고, 사무량심에 머무는 것이다. 그리하여 마음의 해탈과 지혜의 해탈을 여실히 알고, 그리고 일어나는 악법을 남김없이 없애 버리는 것이다. 비구들이여, 비유컨대, 사람이 뱀 · 악어 · 새 · 개 · 여우 · 원숭이 이 여섯 가지 동물을 잡아 밧줄로 단단한 기둥이나 재목에 얽어 두면, 이때의 이 여섯 동물은 각기 제 갈 곳을 구하다가 마침내 피로하면, 그 기둥이나 재목 곁에, 혹은 서고 혹은 앉고 혹은 누워 버리니, 비구들이여, 이와 같이 신념주를 닦아 끊임없이 단속해 나가면, 눈 · 귀 · 코 · 입 · 몸 · 뜻이 각기 제멋대로 끌려가는 일이 없게 되는 것이다.

신념주는 그 단단한 기둥 또는 재목이다. 너희들은 자주자주 신념주를 닦아 행하지 않으면 아니 될 것이다."

이때에, 부처님은 오랫동안 교상미에 머물러 계시다가, 사위성으로 돌아오셨다.

2 부처님이 사위성의 기타 숲 급고독원給孤獨園(=祇園精舍)에 계실 때에, 존자 순다純陀(춘다)는 조용히 부처님을 뵙고

"부처님, 세상에는 가지가지 이론이 많습니다. 신神이 어떠니, 아我가 어떠니, 모든 생명이 어떻게 되었느니, 세계가 어떻게 되었느니 하는 이론이 구구하옵니다. 이런 것을 생각하는 비구로서, 이러한 견해를 여의어 버릴 수가 있겠나이까?"

"순다여, 세상에서 말하는 신론神論 · 아론我論 · 세계론世界論에 대하여, '그것은 나의 것이 아니요, 나는 그것이 아니다'—이와 같이 그것을 여실히 바른 지혜로 관찰하고, 그런 이론과 견해를 여의어 버려야 하는 것이다. 여기 한 비구가 있어, 욕심과 불선법을 여의고 세밀한 관찰과 사색에 들어가, 그 여읨(욕심과 불선법)으로부터 나는 기쁨을 얻어 초선정初禪定에 들

고, 다시 이러한 세밀한 관찰과 사색을 여의고 한마음이 적정寂靜하여, 그 적정으로부터 나는 즐거움을 얻어 제이선에 들며, 다음은 제이선 경계의 즐거움을 여의고 더 미묘한 즐거움의 경계에 들어가 제삼선을 성취하며, 다음은 모든 고苦와 락樂의 생각을 놓아 버리고, 가장 맑고 깨끗한 경계에 들어가 제사선을 성취하나니, 순다여, 이것은 '차츰 무엇을 덜어 버림으로써(漸損=消滅) 이것을 얻었다'고 하겠지만, 성법聖法 가운데서는 이것을 현법락現法樂에 머문다고 일컫는 것이다.

이와 같이 비구는, 다시 모든 상대의 감각 경계(객관 경계)를 뛰어넘어서, 허공의 가없는 경계의 선정(空無邊處定)에 들어가고, 이 허공의 가없는 경계를 벗어나, 심식心識의 가없는 경계의 선정(識無邊處定)에 들어가며, 이 심식의 가없는 경계를 벗어나, 아무것도(주관 · 객관) 없는 경계의 선정(無所有處定)에 들어가고, 이 아무것도 없는 경계를 벗어나 생각도 아니요 생각 아닌 것도 아닌 경계의 선정(非想非非想處定)에 들어가서, 스스로 생각하기를 '내가 차츰 무엇을 덜어 버림으로써 이것을 얻었다'고 하겠지만, 그러나 성법 가운데에서는, 이것을 적정寂靜이라고 일컫는 것이다."

3 "순다여, 모든 불선법은 낮은 곳으로 내려가는 길이지만, 모든 선법은 높은 곳으로 올라가는 길이다. 사람을 해치거나 생명을 죽이거나 도둑질하거나 사음 · 망어 · 악구 · 양설 · 잡담 · 탐심 · 진심 · 사견을 가진 사람으로서 높은 곳에 올라가고자 하거든, 먼저 남을 해치는 일, 생명을 죽이는 일이나 탐심 · 진심 · 사견 등을 버릴 것이요, 이와 같이 삿된 생각 · 삿된 말 · 삿된 행동 · 삿된 생활 · 삿된 정진 · 삿된 선정 · 삿된 지혜를 가진 자도, 높은 곳으로 올라가고자 하거든, 먼저 그것들을 버리고 바른 길을 찾아가야 하는 것이다. 이렇게, 세속에 물들지 않고 자기주장을 고집하지 않고 놓아 버림으로써 높은 데 올라갈 수 있는 것이다.

순다여, 스스로 진흙탕에 빠져서는 다른 이의 진흙에 빠짐을 구출할 수 없고, 스스로 길들지(調御) 않고는 사람을 길들이기 어려우며, 스스로 열반을 얻지 못하고는 사람을 열반에 들게 할 수 없는 것이다. 살생 · 도둑질 · 사음 · 망어 · 악구 · 양설 · 잡담 · 탐심 · 진심 · 사견 따위를 가진 사람을 교화하여 제도하려면, 먼저 스스로가 살생 · 도둑질 · 사음이나 사견을 여의어 제도되어야 하는 것이다. 이와 같이, 세속에 물들고 자기주장을 고집하여 놓아 버리지 않는 자를 제도하려면, 먼저 자기가 제도되어야 하는 것이다."

제4장 수도인의 현재 과보

제1절 아사세와 여섯 외도의 학설

1 어느 때, 부처님은 일천이백오십 제자와 함께 왕사성의 신의神醫인 기바耆婆의 암라菴羅 동산에 계셨다. 그때에, 마가다 국 위제희韋提希(바이데히) 부인(빈바사라 왕후)의 아들 아사세阿闍世(아자타)는, 사 월 보름날 밤에 재계(보름 · 그믐에 하는 의식)하고, 대신들에게 둘러싸여 화려한 궁전 누각에 앉아 있었다. 그는 갠 하늘에 밝게 떠오르는 달을 바라보고

"아, 밝은 달밤이여! 참으로 사랑스러워라, 밝은 달밤이여! 참으로 즐거워라, 밝은 달밤이여! 이 밤에 나는 어떤 사문이나 바라문을 모시고 좋은 법문을 들으며 마음을 기쁘게 할까?"

라고 말했다. 그때에 한 대신이 여쭈었다.

"대왕이시여, 여기에 부란나가섭富蘭那迦葉이라는 바라문이 있으니, 한 교파의 교주로서 지식이 넓고 이름이 높아서, 여러 사람에게 존경을 받고 있습니다. 대왕께서는 그를 모시고 법문을 들으면, 마음을 기쁘게 하오리다."

왕은 잠자코 대답하지 않았다. 그때, 다른 대신이 또,

"대왕이시여, 여기 말가리구사리末伽利拘舍利라고 하는 바라문이 있으니, 한 교단의 교주로서 지식이 넓고 이름이 높아, 여러 사람의 존경을 받습니다. 대왕은 그분을 모시고 법문을 들으면, 마음을 기쁘게 하오리다."

왕은 또 대답하지 않았다. 그때, 또 다른 대신들은 아기다시사흠바라阿耆多翅舍欽婆羅라는 도인을, 또는 가라구타가전연迦羅鳩馱迦旃延, 산사야비라지자, 니건다야제자 등 당시에 이름 높은 도인들을 차례로 추천했다. 그러나 왕은 다 응낙하지 않았다.

그때에, 아직 나이 어린 아이로서 신의라고 이름난 기바가, 왕의 한 옆에 앉아 있었다. 왕은 기바에게

"나의 충실한 기바야, 너는 왜 잠자코 말이 없느냐?"

그때 그는 일어나 왕에게 여쭈었다.

"대왕이시여, 여기 부처님이신 정각자正覺者가 일천이백오십 제자와 함께 암라 동산에 계시오니, 대왕께서는 부처님께 나아가 그분을 모시고 법문을 들으면, 마음을 기쁘게 하오리다."

"나의 충실한 기바야! 어서 부처님을 찾아 뵐 차비를 차려라."
하고, 곧 코끼리 수레를 타시고 암라 동산을 향하셨다.

아사세는 기바의 인도로 암라 동산에 다다라 부처님께 예배하고 한쪽에 좌정했다. 왕은 마치 맑게 갠 호수 모양, 침착하게 앉아 있는 비구들을 바라보고

"이 비구들이 갖추어 있는 적정한 침착성을, 나의 태자 우다이발다도 갖추어지다." 하고 기원했다. 이때에, 부처님은

"왕이여, 왕은 태자를 사랑하므로 그런 말을 하십니까?"

"예, 그러합니다. 나는 태자 우다이발다를 사랑합니다. 이제 이 비구들이 갖추어 있는 그 적정한 침착성을, 나의 태자 우다이발다에게도 갖추어지기를…" 하고 부처님께 정례頂禮하고 다시 사뢰었다.

"부처님이시여! 부처님께 여쭈고자 하는 말씀이 있사오니 허락하여 주시오리까?"

"왕이여, 묻고 싶은 것은 마음대로 물으시오."

"부처님이시여, 이 세상에는 가지가지 기술과 직업이 있습니다. 예컨

대, 코끼리를 잘 길들이는 사람, 말을 잘 다루는 사람, 수레를 잘 다루는 사람, 궁술사弓術師 · 군기수軍旗手 · 전략가 · 군사정탐자 · 장갑사裝甲士 · 요리인料理人 · 이발사理髮師 · 제과자製果者 · 편물자編物者 · 직물사織物師 · 도기사陶器師 · 인장印章 · 지환指環제조인 등 허다한 기술과 직업을 가진 자들이 있습니다. 그들은 다 그 기술의 보수를 현세에 받아 누려 그 몸을 행복하게 하고, 부모 · 처자를 안락하게 하며, 또는 사문 · 바라문들에게 보시하여 천계天界에 날 만한 복을 얻게 되는 것입니다. 부처님, 출가하여 수도하는 사문도 이와 같이, 현세에 눈에 보일 만한 과보를 나타내 보일 수 있습니까?"

"왕이여, 왕은 일찍이 이런 질문을 다른 사문이나 바라문에게 해 본 일이 있습니까?"

"예, 일찍이 다른 사문이나 바라문에게도 이런 질문을 한 일이 있습니다."

"그러면, 저들은 무어라 대답했습니까? 왕이여, 만일 방해로울 것이 없거든 말해 보시오."

"부처님이시여, 부처님 앞에서 이런 것을 말하더라도, 나에게는 방해로울 것 없습니다."

2 "그러면 말해 보시오."

"부처님이시여, 어느 때, 나는 부란나가섭을 찾아, 그에게 예의를 베풀고 앞서와 같이 물었습니다. '세상의 모든 기술과 직업을 가진 사람은, 그 기술과 노력의 보수로 현세에 행복과 안락을 누리는데, 사문은 수도하여 현세에 어떤 과보를 나타내느냐'고. 그랬더니 부란나가섭은 '왕이여, 어떤 일을 스스로 했건 또는 남을 시켜 했건, 스스로 괴로워했건 남을 괴롭게 했건, 남의 생명을 박해하고 남의 물건을 도둑질했건, 다른 이의 아내를 간통하고 거짓말을 했건, 이런 일로 해서 아무런 죄악도 될 것이 없다. 날카로운 칼로 어떤 목숨을 끊어 고깃덩이로 만들더라도 이것은 아무런 죄악도 될 것도 없고, 또 그 죄악의 과보도 있을 리 없다. 항가 남쪽에 가서 사람을 살육하고 사람을 괴롭히더라도 그것이 죄 될 것도 없고, 항가 북쪽에 가서 보시하고 천신에게 제사할지라도 그것은 공덕 될 것도 없고, 그 공덕의 과보도 없다. 계를 가지고 수행하고 참말을 한다고 해서 그로 인해 공덕이 생기는 것도 아니요, 공덕의 과보가 있는 것도 아니다'라고 대답하였습니다.

이와 같이, 부란나가섭은 내가 사문의 현세에 대한 과보를 물었는데, 모든 것은 인과가 없다는 말을 하였으니, 그것은 마치 암라의 과실을 물었는데, 라푸자의 과실 이야기를 한 것과 같았습니다. 그러나 부처님이시여, 나로서는 어떻게 나의 영내에 거주하는 바라문을 불쾌하게 하겠느냐 하여, 저의 말에 대하여 칭찬도 비난도 하지 않았습니다만, 마음속으로는 불만을 품었습니다."

3 "부처님이시여, 나는 또 어느 때에, 말가리구사리를 찾아서, 위와 같은 질문을 하였습니다. 말가리는 '왕이여, 중생이 죄악의 과보를 받는 것도 어떤 인연이 있는 것이 아니요, 중생이 복덕의 과보를 받는 것도 어떤 인연이 있는 것이 아니다. 모든 중생의 죄와 복은 스스로 지은 것도 아니요 남이 지은 것도 아니요, 본래 그렇게 숙명적으로 결정된 것이다. 모든 생명이 그런 생명을 타고 나서, 고와 락을 받는 것도 이미 결정된 숙명이요, 사람이 여러 가지 계급에 태어나서, 귀하고 천하고 또 고와 락을 받는 것도 숙명인 것이다. 시간적으로는 팔백사십만 대겁大劫이 있으니, 그동안에는 어리석은 사람이나 지혜로운 사람이나 생生을 바꾸어 윤회하는 것으로 고苦가 끝나는 것이다. 이 동안에 나는, 이 예행과 고행과 범행梵行(=청정행)에 의하여, 덜 익은 업業은 성숙시키고 혹은 이미 익은 업은 견디어 받으면서, 그 고를 멸진滅盡하는 것이다. 실로 이와 같이 말로는 되지만, 결정된 락과 고는 팔백사십만 대겁의 윤회 중에는 끝날 수 없으며, 또는 더하거나 덜할 수도 없는 것이다. 마치 실꾸리에 감겨진 실

은, 끝날 때까지는 풀리는 것과 같이, 어리석은 사람이나 어진 사람이나 윤회가 끝난 뒤에야, 비로소 고가 끝나는 것이다'라고 하였습니다.

이와 같이, 말가리구사리는, 현세에 대한 사문의 과보를 물음에 대하여 '인과결정설'을 말하였으니, 이것은 마치, 암라 수의 과실을 물었는데 라푸자 수의 과실을 대답하는 것과 같았습니다. 내 마음으로는 불쾌했지만, 내 영토 안에 거주하는 바라문이라 불만의 말은 내지 않았습니다."

4 "부처님이시여, 또 어느 때 나는, 아기다시사흠바라라는 바라문을 찾아, 예의를 베풀고, 앞서와 같이 물었습니다. 아기다시사흠바라는 '왕이여, 보시할 것도 없고, 신에게 제사할 것도 없고, 선악업의 인과도 없고, 금세도 없고 내세도 없고, 아비도 없고 어미도 없고, 화생化生한 중생도 없다. 사문이나 바라문으로서 수행하여, 금세와 타세他世의 모든 것을 알아 다른 이에게 알려 준다는 것도 세상에 있을 수 없다. 사람은 지·수·화·풍의 사대로써 이 몸이 되었는데, 죽으면 지대는 땅으로 돌아가고, 수대는 물로 돌아가고, 화대는 불로 돌아가고, 풍대는 바람으로 돌아가고, 눈·귀·코·입·몸 등의 색근色根은 허공으로 돌아가는 것이다. 그 시체는 담가擔架에 메어 화장터에 운반되어 불로써 태우면, 그 뼈는 조갯빛이 되고 만다. 보시니 무어니 하는 것은, 다 어리석은 자가 하는 일이다. 사람이 죽은 뒤에 존재한다는 것은 근거 없는 망설일 뿐이다. 어리석는 사람이든 영리한 사람이든, 죽으면 다 아주 없어져 버리고 마는 것이다'라고 주장하였습니다. 아기다시사흠바라는 나의 현세에 대한 과보의 물음에 대하여, 이러한 단멸론斷滅論을 주장하였으니, 그것은 마치 암라 수의 과실을 묻는데, 라푸자 수의 과실을 대답하는 것과 같습니다. 마음으론 불쾌했지만, 내 영토 안에 거주하는 바라문이라, 불만의 말은 내지 않았습니다."

5 "부처님이시여, 어느 때, 나는 가라구타가전연이라는 바라문을 찾아 예의를 베풀고 앞서와 같이 물었습니다. 그는 말했습니다. '왕이여, 이

일곱 가지 실체는 만들어진 것도 아니요 만들어질 수도 없는 것이다. 창조한 것도 아니요 창조할 수도 없는 것이다. 어떤 것이든지 생산할 수도 없고, 산봉우리와 같이 늘 머물러 있으며, 바로 선 기둥과 같이 움직이지도 않는 것이다. 이것은 동요하지도 않고 굴러 변하지도 않는다. 서로 침해하지도 않고, 괴로움에도 즐거움에도 서로 끌어가는 일이 없다. 일곱 가지 실체란 무엇인가? '지·수·화·풍·고·락'과 제칠七 영혼이 그것이다. 이 일곱 가지 실체는 만들어진 것도 아니요 만들어질 수도 없는 것이며, 창조한 것도 아니요 창조할 수도 없는 것이며, 어떤 것이든지 이것을 생산할 수도 없는 것이다. 그러므로 능히 죽일 자도 없고 죽을 것도 없으며, 능히 듣는 자도 없고 또한 듣게 할 자도 없다. 능히 아는 자도 없고 또한 알게 할 자도 없다. 만일 사람이 날카로운 칼로써 다른 사람의 머리를 도려 버린다 하더라도, 이것이 어떤 사람이 어떤 사람의 생명을 뺏은 것이 아니라, 다만 칼날이 일곱 가지 실체 사이로 관통하여 지나간 것일 뿐이다'라고. 이와 같이 가라구타가전연은 나의 현세의 과보의 물음에 대해, 이러한 엉뚱한 이야기를 했으니, 이것은 마치 암라 수의 과실을 물음에 대해, 라푸자 수의 과실을 대답하는 것과 같았습니다. 마음으로는 불쾌하였지만 불만을 말하지 않았습니다."

6 "부처님이시여, 어느 때 나는, 니건다야제자尼乾陀若提子라는 바라문을 찾아 예의를 베풀고 앞서와 같이 물었습니다. 그는 말하기를 '왕이여, 나는 이에 네 가지 금계禁戒에 의하여 모든 것을 극복하나니, 네 가지 금계라 함은 무엇인가? 이 니건다는 모든 물을 쓰는 일을 금하고(물에 목욕하고 물에 몸을 던지는 등 종교적 행사), 모든 악惡을 제어하며, 모든 악을 여의고, 모든 악을 극복하는 데 이르렀다. 왕이여, 나는 네 가지 금계에 의하여, 모든 것을 극복하나니, 그러므로 나는 최고의 이상에 도달한 자요, 마음의 조복을 받은 자요, 마음이 안정한 자라고 일컫는다.' 이와 같이 나의 현세의 과보의 물음에 대하여 네 가지 금계를 말하니, 이것은 마치 암라 수의

과실을 물음에 대해 라푸자 수의 과실을 대답함과 같았습니다."

7 "부처님이시여, 어느 때 나는, 산사야비라지자를 찾아 예의를 베풀고 앞서와 같이 물었습니다. 그는 말하기를 '왕이여, 왕이 만일 '타세他世가 있느냐'고 나에게 물었을 때, 내가 만일 타세가 있다고 생각한다면, 나는 '타세가 있다'고 왕에게 대답할 것이다. 그러나 나는, 그렇다고도 생각하지 않고 그렇지 않다고도 생각하지 않으며, 그렇지 않은 것이 아니라고도 생각하지 않는다. 왕이 만일 '타세가 없느냐'고 묻는데도 또한 그러하다. 이와 같이 선악업의 과보가 있느냐, 없느냐? 여래가 열반에 든 뒤에 있는 것이냐, 없는 것이냐? 등을 묻더라도, 나는 그렇다고도 생각하지 않고 그렇지 않다고도 생각하지 않으며, 그렇지 않은 것이 아니라고도 생각하지 않는다.' 이와 같이 산사야비라지자는 나의 물음에 대중없는 교란설을 늘어 놓았습니다. 마음으론 불쾌했지만, 나의 영내에 거주하는 바라문이라 죽이거나 얽어 내몰 수 없어서, 그대로 두어 둔 것입니다."

제2절 사문의 과보와 공덕

1 아사세왕은 위와 같이, 당시에 이름 높은 여섯 도인(六師外道)의 학설을 들은 대로 말하고, 다시 부처님께 사뢰었다.

"부처님이시여, 나는 부처님께 다시 묻습니다. 이 세상 사람들은 가지가지 기술과 직업을 가지고, 그 보수를 받아 부모·처자를 안락하게 하고 자기도 행복을 누리거니와, 출가 수도하는 사문이나 바라문은 현세 눈앞에 어떤 과보를 받아 누리게 됩니까?"

"왕이여, 나는 이것을 말할 것이니, 왕은 내가 묻는 대로 대답하시오.

왕이여, 어떻게 생각합니까? 여기 왕의 신하로서, 한 명의 노복(종)이 있다고 합시다. 그 노복은 왕을 위하여 부지런히 활동할 것입니다. 아침 일찍 일어나고 밤늦게 자며, 왕의 잔심부름을 잘 하고, 얼굴빛을 부드럽게 하고, 말씨를 곱게 하여 왕의 비위를 거스르는 일이 없고자 애쓸 것 아닙니까? 그는 생각하기를 '공덕의 과보란 실로 알 수 없구나. 마가다 국왕으로서 바이데히 부인의 아들인 아사세도 하나의 사람이요 나도 하나의 사람인데, 왕은 어찌하여 오욕의 쾌락을 갖추어 자재하게 행복을 누리고, 나는 어찌하여 그의 노예로서 갖은 노력을 다하며 그의 비위를 거스를까 떨고 있는가? 나도 또한 저와 같이 되기 위하여, 그가 지은 공덕을 닦아야 되겠다. 나도 그 공덕을 닦으려면, 출가하여 도를 닦아야 되겠다'고. 그래서 드디어 출가하여, 머리를 깎고 가사를 입고, 몸과 말과 마음을 잘 조복調伏 받고, 변변치 않은 음식과 의복에도 만족을 느끼고, 세속을 떠나 고요한 숲에 거주하기를 즐기게 되었습니다. 그때 왕의 신하가 왕에게 여쭙되 '임금님이시여, 일찍이 임금님의 노복이던 아무가 임금님을 버리고 출가하여 사문이 되어, 몸과 말과 마음을 조복 받고, 변변치 않은 의복·음식을 만족하게 여기며 숲 속에서 선정을 닦습니다.' 그때 왕은 그 아무에게 '나의 처소로 다시 와서 노복 노릇을 하라'고 하겠습니까?"

"부처님이시여, 그렇게 할 수 없습니다. 오히려 내가 먼저 그에게 경례하고, 그를 맞이하여 자리에 앉히고, 법복法服과 음식과 숙사를 제공하고, 병 나면 의약과 수용품을 공급하여, 실다이 그를 보호하겠습니다."

"왕이여, 어떻게 생각합니까? 만일 그렇다면, 그것이 눈앞에 보이는 사문의 과보가 아니겠습니까?"

"부처님이시여, 그러합니다. 확실히 그것은 눈에 보이는 사문의 과보입니다."

"왕이여, 이것이 실로 현세에 있어서, 눈에 보이는 사문의 제일 과보로서, 내가 나타내 보이는 것입니다."

2 "부처님이시여, 이러한 현세의 과보보다 더 미묘하고 수승한 것을 들

어 보이실 수 있겠습니까?"

"왕이여, 나는 그것을 들어 보일 것이니, 왕은 자세히 듣고 잘 생각하십시오."

부처님은 다음과 같이 말씀하셨다.

"왕이여, 이 세상에 여래가 출현하였습니다. 여래는 이 모든 공덕과 지혜와 자재한 신통력과 방편력을 갖춘 부처로서, 천계天界 · 마계魔界 · 범천계梵天界를 포함한 모든 세계의 사문 · 바라문 · 천天 · 인중人衆의 일을 스스로 깨치어 알고, 또 베풀어 보입니다. 여래의 설법은 처음과 중간과 마지막이 다 진선진미하여, 문사文辭와 내용이 구족하고, 비할 데 없이 완전하여, 맑은 범행梵行을 가르쳐 보입니다.

어떤 귀족의 가장家長이나, 또는 귀족의 자제나, 혹은 낮은 계급에 난 자제들이, 여래의 교법을 듣고 신앙심을 얻어 장애 많은 세속살이를 떠나 자유로운 출가생활—완전히 맑고 깨끗하기가 자개 무늬처럼 빛나는 범행을 닦기는 재가在家로서는 될 수 없다 생각하고, 드디어 다소의 재산과 친척을 버리고 출가하여, 사문이 되었다고 합시다.

이와 같이 출가하여, 계행을 닦고 정진하여, 작은 죄도 두려워하고 깨끗한 몸 · 말 · 마음의 업을 갖추어 가지며, 다음에는 모든 감각기관感覺器官의 문을 잘 보호하고, 바른 생각과 바른 지혜를 구족하고 만족하게 되었습니다.

어떤 것이 계행을 구족함인가? 비구로서 살생을 여의어 모든 생물을 불쌍히 여기며, 주지 않는 물건은 가지려 않고 남의 것을 가지려는 마음도 내지 않으며, 깨끗하지 못한 음행을 여의어 맑고 깨끗한 범행을 닦으며, 거짓말을 버리어 진실을 말하고 이간하는 말을 여의어 화합하고 친밀한 말을 좋아하며, 사나운 말을 여의어 여러 사람이 듣고 기뻐하는 말을 하고, 부질없는 말을 여의어 도리와 교법에 맞는 말을 하며, 한낮에 한 번 먹고, 연극이나 노래 · 춤 · 오락 등의 유흥장에 가지 않으며 몸에는 꽃다발이나 향유로 장식하지 않고, 높고 큰 침대나 좌상을 쓰지 않으며, 금은보배와 곡식 등을 저축하는 일도 없고, 부인과 소녀를 받는 일이 없으며, 남녀의 노예를 받는 일이 없고, 코끼리 · 말 · 소 · 산양 등의 가축이나 토지 전답을 받는 일이 없으며, 공公 · 사私의 심부름꾼이나 중개 행위나 팔고 사는 행위를 버리고, 물건을 주고받고 속이고 거짓말하는 모든 삿된 행위를 하나같이 여의나니, 이것이 또한 비구계의 일부분이 되는 것입니다.

이와 같이 비구는, 모든 향락과 유희 · 오락 · 사치 · 장식 등의 방일한 짓과 한담설화라든지, 정치 · 법률 · 군진軍陣에 관한 일이며, 기술 · 점술 · 주술呪術 · 상법相法 · 기상관측 · 장사 · 의술 따위의 신명의 이양을 위한 모든 영리營利 행위를 다 여의니, 이것도 또한 비구계의 일부분인 것입니다.

왕이여, 비구로서 이와 같이 계행을 구족하면, 이 계행에 의한 위력으로 어느 곳에 갈지라도 두려움을 느끼지 않게 되는 것입니다. 마치 모든 적을 정복한 위력 있는 왕이, 어느 곳에 가든지 두려울 것이 없는 것과 같습니다. 비구로서 신성한 계행을 구족하면, 마음속으로 티없이 깨끗한 안락을 받아 누리게 되는 것이니, 왕이여 이것이 비구가 계행을 구족한 현세의 과보입니다."

3 "왕이여, 비구는 다시 나아가, 눈 · 귀 · 코 · 입 · 몸 · 마음 등의 감각기관의 문을 잘 보호하되, 큰 부자가 보배 창고의 문을 잘 단속하여 도둑의 침범을 막듯 하니, 어떻게 감각기관의 문을 잘 보호하는가? 왕이여, 여기 어떤 비구가 눈으로 바깥 경계를 볼 때에, 어떤 현상에 집착하지 않고, 어떤 특수한 경계에도 집착하지 않아야 하는 것입니다. 그가 만일 마음을 드러내 놓아 제어하지 않으면, 탐욕 · 애착 · 근심 · 슬픔 등의 모든 부정법에 흘러가게 되는 것입니다. 그러므로 보는 기관의 문을 잘 단속하여 감각 작용을 조절함으로써, 보는 감각이 정당한 궤도를 벗어

나지 않고, 항상 순결한 제자리로 돌아가게 되는 것입니다.

소리를 듣는 귀나, 냄새를 맡는 코나, 맛을 받아들이는 입이나, 차고 덥고 거칠고 부드러움을 감각하는 몸이나, 시是·비非·애愛·악惡·욕欲을 감각하는 의식 기관도 또한 그러하여, 어떤 현상에 집착하지 않으며, 어떤 특수한 경계에도 집착하지 않아야 하는 것입니다. 만일 마음을 드러내 놓아 제어하지 않으면, 탐욕·애착·근심·슬픔 등의 모든 부정법에 흘러가게 되는 것입니다. 그러므로 그런 감각기관의 문을 잘 단속하여 감각 작용을 잘 조절함으로써 듣고 냄새 맡고 맛보고 감촉하고 의식하는 것이 다 제 궤도를 벗어나지 않고, 항상 순결한 제 자리로 돌아가게 되는 것입니다.

이렇게 신성하게, 모든 감각기관 문을 잘 단속하여 그 공덕이 구족하면, 마음속으로 티 없이 깨끗한 안락을 받아 누리게 되니, 왕이여, 이것이 비구가 감각기관의 문을 잘 보호한 공덕의 과보인 것입니다."

4 "왕이여, 어떻게 비구는 바른 생각과 바른 지혜를 구족하는가? 왕이여, 여기 어떤 비구가 나아가거나 물러가거나 바른 생각·바른 지혜를 잃지 않고, 바로 보거나 둘러보거나 바른 생각·바른 지혜를 잃지 않으며, 손발을 굽히거나 펴거나, 아래옷·윗옷이나, 바리때를 가질 때나, 마시고 먹고 대·소변을 볼 때나, 가고 머무르고 앉고 누울 때나, 잠을 잘 때나, 말할 때나 잠자코 있을 때나, 늘 바른 생각 바른·지혜를 잃지 않는 것입니다.

왕이여, 비구는 이처럼, 바른 생각·바른 지혜를 구족하는 것입니다.

왕이여, 어떤 것이 비구의 만족할 줄 아는 것인가? 왕이여, 여기 비구가 있어, 그 몸을 보호하는 옷과 그 몸을 기르는 시식施食(=얻은 밥)에 만족하여, 어디를 가든지 한 가지 옷과 하나의 바리때를 가지고 가는 것입니다. 비유컨대, 날개 있는 새가 어디를 가든지 날개만을 가지고 나는 것과 같은 것입니다.

비구는 이와 같이, 성스러운 계행과 성스러운 감각기관과 성스러운 바른 생각·바른 지혜와 성스러운 만족을 구족하여, 그는 한적한 곳·나무 아래·산골·바위굴이나, 무덤 사이·숲 속 같은, 세속을 떠난 한적한 곳을 가려, 한 그릇 밥을 빌어 받아 가지고 돌아와 먹은 뒤에는, 가부좌로 앉아, 바른 생각에 편안히 머무는 것입니다.

그는 세속의 탐욕을 버리어 탐욕 없는 깨끗한 마음에 머물고, 남을 해치는 마음·성내고 미워하는 마음을 여의어 모든 생물을 불쌍히 여기고 이익하려는 마음에 머물며, 혼침昏沈과 조는(睡眠) 마음을 버려 명랑하고 바른 생각과 바른 지혜에 머물며, 산란하고 허덕이는 마음을 여의어 고요한 빈 마음에 머물고, 망설이는 의심을 여의어 깨끗한 법을 의심하지 않는 마음에 머물러, 그 마음의 경계를 맑고 깨끗하게 정화하는 것입니다.

왕이여, 비유컨대, 어떤 사람이 남의 빚을 내어 생업을 경영하여 그 생업이 잘 번영하면, 그 빚을 갚고 남은 돈으로 처자를 부양하고 스스로 만족하는 것과 같이, 비구도 계행과 정진으로써 묵은 죄업을 청산하고 새로운 도행道行의 생활에 스스로 안락을 얻어 만족하는 것입니다.

왕이여, 비유컨대, 병에 걸려 시달리던 사람이, 병 때문에 구미를 잃고 신체가 쇠약했다가 병이 나은 뒤에 식물의 맛을 얻어 체력을 회복하면 스스로 기뻐하듯이 비구도 바른 수행으로써, 다섯 가지 덮임에 병든 몸을 고치고, 싱싱한 도력을 얻어 스스로 기뻐하는 것입니다.

왕이여, 비유컨대, 사람이 감옥에 감금되어 부자유한 생활을 하다가, 감옥에서 해방되어 집에 돌아와, 재산과 안락을 누리게 되는 것과 같이, 비구도 다섯 가지 덮임의 감옥에서 해방되어, 참다운 자유의 도락道樂을 누리게 되는 것입니다.

왕이여, 비유컨대, 사람이 남의 노예가 되어, 자기가 자기의 것이 아니고 남에게 예속되어, 자기의 마음대로 가도 오도 못하다가, 노예에서 해방되어 자유를 얻으면, 남에게 예속되지 않고 독립한 자유인이 되어 자기가 하고 싶은 대로 하는 것과 같이, 비구도 또한 세속적인 오욕의 노예에서 해방되어 독립한 자유를 누리게 되는 것입니다.

왕이여, 비유컨대, 풍부한 재산을 지닌 부자가, 어떤 무인지경인 광야에 들어가, 먹을 것도 구하지 못하고 사나운 짐승의 위험에 떨고 있다가, 뒤에 그 광야를 벗어나 안온한 촌락에 안착한 것과 같이, 비구도 또한 나고 죽음의 광야에서 헤매다가, 나고 죽음의 공포가 없는 안온한 경지에 도달하게 되는 것입니다.

왕이여, 비구가 이러한 다섯 가지 덮임(五蓋=貪·瞋·昏沈·掉擧·疑) 속에 묻혀 있던 자기를 관찰하면, 마치 저 빚진 것, 병든 것, 감옥 속, 노예 살이, 광야에 헤매는 경우와 같은 것입니다. 그리고 이 다섯 가지 덮임에서 벗어난 자기를 관찰하면, 그 빚을 갚고, 병이 낫고, 감옥과 노예에서 해방되고, 광야에서 안온한 곳에 도착한 것과 같은 것입니다.

이것이 비구가 바른 생각·바른 지혜를 갖추어 만족할 줄 알고, 다섯 가지 덮임에서 벗어난 현세의 과보인 것입니다."

제3절 육신통과 아사세의 귀의

1 "이와 같이, 비구가 다섯 가지 덮임을 여읜 경지를 관찰하고는 기쁨을 내고, 기뻐함으로써 즐거움이 나고, 즐거움을 품으면 몸이 안온하게 되며, 안락을 깨닫게 되면 마음이 삼매에 들게 되는 것입니다. 그는 모든 욕심과 불선법을 여의고, 세밀한 관찰과 사색(尋·伺 또는 覺·觀이라 함)함에 있게 되는 것입니다. 이때에는 여의는 데서 나는 희喜·락樂을 얻게 되어 초선初禪 경계에 들어가는 것입니다. 그는 이 여의는 데서 나는 희·락으로써 그 몸을 목욕시켜 그 희·락은 몸 안팎에 충만하여 넘쳐흐르고, 온몸의 어디고 이 희·락에 잠기지 않은 곳이 없게 되는 것입니다.

이것이 또한 사문의 현세의 과보로서, 앞의 것보다 미묘하고 수승한 것입니다.

왕이여, 다시 어떤 비구가 앞서와 같은 세밀한 관찰과 사색을 없애고 안 마음이 고요하고 안온하여, 전일한 경지에 이르러 관찰과 사색이 없이 적연한 '선정에서 나는 희 · 락'이 있게 되면 제이선에 도달하게 되는 것입니다. 그는 이 정定으로부터 나는 희 · 락으로써 그 몸을 목욕하여, 그 희 · 락은 몸 안팎에 충만하여, 온 몸의 어디고 이 희 · 락에 잠기지 아니하는 곳이 없게 되는 것입니다.

왕이여, 이것이 또한 사문의 현세의 과보로서, 앞의 것보다 미묘하고 수승한 것입니다.

왕이여, 다시 어떤, 비구가 이선二禪 경계의 희 · 락을 놓아 버리고 바른 생각, 바른 지혜로써, 몸으로 락을 감수感受하여 모든 성인이 말씀한 즐거움을 여읜 미묘한 락에 머물러 제삼선에 도달하게 되는 것입니다. 그는 '즐거움을 여읜 미묘한 락'으로써 그 몸을 목욕하여, 몸 안팎에 그 희 · 락이 충만하여, 온몸 어디고 희 · 락 아님이 없게 되는 것입니다.

이것이 또한 사문의 현세의 과보로서, 앞의 것보다 미묘하고 수승한 것입니다.

왕이여, 다시 어떤 비구가 락과 고의 생각을 다 여의고, 고도 아니요 락도 아닌 무념 경지에 들어가서, 제사선에 도달하게 되는 것입니다. 그는 순수하고 깨끗한 마음이 그 몸에 두루 차서, 그 온몸의 어디고 순수하고 깨끗한 마음으로 두루 차지 않은 곳이 없게 되는 것입니다.

이것이 또한 사문의 현세의 과보로서, 앞의 것보다 미묘하고 수승한 것입니다."

2 "이와 같이 마음이 적정하고 순수하게 깨끗하여져서, 모든 번뇌를 멀리 여의고 가장 유연하여, 항상 활동하려 하는 것입니다. 그러나 안주부동安住不動한 상태에 있을 때에, 비구는 뜻대로 되는 몸(意所成身)이 되어 보겠

다고 마음을 모아 기울이면 그는 이 색신色身으로부터 '뜻대로 되는 몸'으로서 사지·백체의 기이한 기관을 가진 다른 몸으로 변화하게 되는 것입니다.

비유컨대, 사람이 문자풀로써 갈대를 끌어당겨 뽑지만, 문자풀과 갈대는 다른 것과 같습니다. 또 한 칼을 칼집에서 뽑아내지만, 칼과 칼집은 각기 다른 것과 같이, 이 색신으로써 의성신意成身으로 변화하지마는, 색신과 의성신은 다른 것입니다.

이것이 또한 사문의 현세의 과보로서, 앞의 것보다 미묘하고 뛰어난 것입니다.

이와 같이 마음이 적정하고 깨끗하여, 모든 번뇌를 멀리 여의고 극히 유연하여 항상 활동하려 하지만, 그러나 안주부동한 상태에 있을 때에, 가지가지 신통에 마음을 기울이면, 그는 가지가지 신통을 체득하게 되는 것이니, 곧 한 몸으로 많은 몸을 나타내기도 하고, 많은 몸으로 한 몸을 나타내기도 하며, 혹은 몸을 나타내고 혹은 몸을 숨기며, 혹은 장벽을 통과하되 걸림이 없고, 산을 통과하되 허공과 같으며, 대지에 출몰하되 물과 같고, 물 위에 걸어가되 땅 위와 같으며, 허공에 앉아 있으되 날개 있는 새와 같아서, 이와 같은 큰 신력과 위덕이 있어서, 해와 달을 능히 손으로 만지면 범천계梵天界까지 몸이 도달할 수 있는 것입니다.

비유컨대, 익숙한 도기사陶器師가 잘 반죽한 진흙으로써 자기가 만들고자 하는 그릇을 마음대로 만드는 것과 같은 것입니다. 또는 익숙한 상아사象牙師가 코끼리 어금니로써 자기가 만들고 싶은 모든 불상을 마음대로 조각하는 것과 같은 것입니다.

이것이 또한 사문의 현세의 과보로서, 앞의 것보다 미묘하고 수승한 것입니다."

3 "이와 같이, 마음이 적정하고 깨끗하여 모든 번뇌를 여의고, 안주부동한 상태에 있을 때에, 마음을 천이계天耳界에 기울이면, 그는 청정하여 인

간의 귀 경계에 초월하는 하늘귀(天耳)를 얻어, 인간과 천상의 멀고 가까운 소리를 듣게 되는 것입니다.

비유컨대, 사람이 길을 통행하면서, 큰북소리 · 작은북소리 · 고동소리 · 나팔소리 · 징소리 등을 듣고, 이것은 북소리 이것은 나팔소리라고 분별하는 것과 같은 것입니다.

이것이 또한 사문의 현세의 과보로서, 앞의 것보다 미묘하고 수승한 것입니다."

4 "이와 같이, 마음이 적정 · 순일하여, 모든 번뇌를 여의고 안주부동한 상태에 있을 때에, 마음을 타심통지他心通智에 기울이면, 그는 자기의 마음으로 다른 사람, 다른 중생의 마음을 사무쳐 알게 되는 것입니다. 비유컨대, 깨끗한 거울 속에 모든 대상이 소연히 나타나는 것과 같이, 이 비구의 마음 위에 모든 중생의 마음이 소연히 드러나는 것입니다."

5 "이와 같이 마음이 적정 · 순일하여, 모든 번뇌를 여의고 안주부동한 상태에 있을 때에, 마음을 숙명통지宿命通智에 기울이면, 그는 과거세의 가지가지 숙명을 알게 되나니, 일생 · 이생 · 삼생 · 사생 … 십생 · 이십생 · 삼십생 … 백생 · 천생 · 만생 · 십만생…. 이렇게 이 세계가 몇 번 무너지고 몇 번 이루어지는 동안에, 내가 거기서 이러한 이름 · 이러한 종족 · 이러한 계급 · 이러한 고락 · 이러한 수명을 받은 것을 다 알며, 또는 죽어서 어느 곳에 날 것과, 그 이름 · 종족 · 계급 · 고락 · 수명 등을 알게 되는 것입니다. 비유컨대, 어떤 사람이 자기 시골을 떠나서 다른 시골로 돌아다니고 나서, 그동안 돌아본 시골이나 도시에서 보고 듣고 경험한 일을 다 기억하는 것과 같이, 숙명통지를 얻은 비구는 과거 백생 · 천생 · 만생 등의 지난 일을 역력히 기억하는 것입니다.

이것이 또한 사문의 현세의 과보로서, 앞의 것보다 미묘하고 수승한 것입니다."

6 "이와 같이, 마음이 적정 · 순일하여 모든 번뇌를 여의고. 안주부동한

상태에 있을 때에, 마음을 천안통天眼通 경계에 기울이면, 그는 인간계를 벗어난 하늘눈(天眼)을 얻어, 중생이 여기서 죽어 저기서 나는 것을 보게 되고, 중생의 지은 업을 따라 귀하고 천하고 곱고 밉고 행복하고 불행한 것을 증명해 알게 되는 것입니다.

왕이여, 이들 중생이 몸과 말과 마음으로 악업을 짓고 성현을 비방하고 사견을 품고 삿된 짓을 행하면, 그는 몸이 무너진 뒤에 지옥 · 아귀 · 축생의 세계에 떨어지게 되고, 몸과 말과 마음으로 선업을 짓고 성현을 존경하고 바른 견해를 가지고 바른 업을 닦으면, 그는 목숨을 마친 뒤에 천상 · 인간에 나서 복락을 받게 된다는 것을 보게 되는 것입니다. 이와 같이, 인간을 초월한 깨끗한 하늘눈으로써, 중생이 여기서 죽어 저곳에 나는 것과, 그 업을 따라 고와 락의 과보를 받을 것을 다 증명하게 되는 것입니다.

왕이여, 비유컨대, 네거리 한복판에 세운 높은 건물 위에, 눈 있는 사람이 올라 있으면, 사람들이 집에 들고나는 것이며, 찻길이나 인도로 왕래하는 것을 역력히 보아 아는 것과 같은 것입니다.

왕이여, 이것이 모두 사문의 현세의 과보로서 앞의 것보다 미묘하고 수승한 것입니다."

7 "이와 같이, 마음이 적정 · 순일하여, 모든 번뇌를 여의고 안주부동한 상태에 있을 때에, 마음을 누진지통漏盡智通에 기울이면, 그는 '이것은 고苦다'라는 것을 여실히 증지證知하고, '이것은 고의 원인이다, 이것은 고가 없어진 것이다, 이것은 고가 없어진 곳으로 이르는 도道다'라는 것을 여실히 증지하며, '이것은 번뇌의 근본이다, 이것은 번뇌의 인연이다, 이것은 번뇌가 없어진 경지다, 이것은 번뇌를 끊는 도道다'를 여실히 증지하고, 이같이 알고 이같이 봄으로써, 욕계의 번뇌에서 벗어나고, 색계 · 무색계의 번뇌에 서 벗어나며, 마침내 생사의 근본 종자인 무명無明의 뿌리를 뽑고, 길이 생사를 초월하는 해탈을 얻어 범행이 성취되고, 할 일을

다해 마치어 다시 이 생계生界에 나지 않음을 체득하게 되는 것입니다.

비유컨대, 산골에서 흘러내리는 깨끗한 물이 고인 못가에 서서, 눈 있는 사람이 들여다보면, 그 못 속에 조개껍질이며 자갈이며 모래며 고기 떼가 움직이고 가만히 있는 것이 환히 나타나나니, 비구도 적정·순일한 정定에 들면, 모든 이치가 환히 드러나고, 모든 번뇌에서 벗어나서, 생사가 다한 누진지漏盡智를 얻게 되는 것입니다.

왕이여, 이것이 실로 사문이 현세에 얻는 과보로서, 앞의 것보다 미묘하고 수승한 것입니다. 왕이여, 이러한 사문의 현세의 과보보다 더 수승한 과보는 다시없는 것입니다."

8 이와 같이 부처님이 말씀해 보이시자, 마가다 국의 왕이요 위제희 부인의 아들인 아사세왕은 부처님께 사뢰기를,

"거룩합니다, 부처님이시여! 비유컨대, 땅에 거꾸러진 사람을 일으켜 주고, 파묻혀 있던 것을 드러내 놓으며, 길 잃은 사람에게 길을 보여 주고, 어두운 밤에 등불을 달아 준 것과 같나이다. 이같이 부처님께서 가지가지 방편으로써 법을 말씀해 주시니, 부처님이시여, 나는 이제부터 부처님께 귀의하고, 법에 귀의하고, 스님네에게 귀의합니다. 원하건대 이제부터 수명이 다하도록 삼보께 귀의하여, 우바새가 되고자 하오니 받아 주소서. 나는 미치고 미련하며, 어둡고 어리석고 잔인해서, 왕권을 얻기 위하여 부왕을 살해하였나이다. 부처님이시여, 죄악은 죄악으로써 확인하오며, 장차 반드시 스스로 제재할 것을 부처님은 용서하시고 받아들이소서."

"왕이여, 실로 미련하고 어리석어서, 그 부왕을 살해하는 큰 죄악을 저질렀습니다. 그런데 왕의 죄악은 죄악대로 인정하고, 법에 의하여 그것을 참회해야 할 것이므로, 그에 관한 참회를 나는 받아들일 것입니다. 왕이여, 만일 어떤 사람이 죄악이 있으면, 죄악대로 인정하고, 법다이 참회하여 장차 스스로 제재한다면, 이것은 성자의 율법이 번영할 것이기

때문입니다."

라고 부처님은 말씀하셨다. 아사세는 부처님의 가르침을 받고 기뻐하여 예배하고 물러갔다. 아사세왕이 물러간 뒤, 부처님은 비구들에게

"비구들이여, 저 아사세왕은 충심으로 감격하여 회개한 것이다. 만일 저 왕이 부왕을 살해하지 않았더라면, 왕은 이 자리에서 마음의 때를 여의고 깨끗한 법안法眼을 얻었을 것이다."

라고 말씀하셨다.

9 부처님이 나란타 성 바바리 암나원에 계실 때에, 견고堅固라고 하는 우바새는 부처님을 찾아뵙고

"부처님이시여, 이 번화하고 인민도 번성한 이 나란타 성의 시민들은, 부처님을 존경하고 신봉하고 있습니다. 원컨대 부처님께서는 한 비구를 시키시어, 신통 변화를 나타내 보이게 하시면, 이 성중 시민들은 더욱 부처님의 법을 믿고 존경할 것입니다."

"견고여, 나는 비구에게, 장자 · 거사 · 바라문들이 보는 앞에서 신통 변화를 나타내어 보이라고 가르치는 일은 없다. 다만 한적한 곳에 앉아 도를 생각하고, 만일 공덕이 있거든 스스로 감춰 두고, 허물이 있거든 스스로 드러내 놓으라고 가르칠 뿐이다."

"부처님이시여, 거듭 사뢰니다. 부처님께서는 비구에게 시민을 위하여 신통 변화를 나타내 보이도록 교시하소서."

"견고여, 비구로 하여금 백의속인白衣俗人을 위하여 신통 변화를 나타내 보이라고 교시할 수는 없다."

견고는 이렇게 세 번을 청하였으나 부처님은 세 번 모두 거절하시었다. 그리고,

"견고여, 여기 세 가지 신통법이 있다. 이것은 내가 스스로 체득한 것이니, 이제 말해 보이리라. 세 가지라 함은, 신족통神足通과 타심통他心通과 교계통敎誡通이다.

견고여, 신족통이라 함은, 비구가 한 몸으로 많은 몸을 나타내기도 하고, 많은 몸을 합쳐 한 몸을 만들기도 하며, 혹은 나타나고 혹은 숨으며, 산과 장벽을 통과하되 걸리지 아니하기는 허공과 같고, 땅 속에 출몰하되 물속과 같으며, 물 위로 다니되 땅 위와 같고, 허공에 가부좌하되 날개 있는 새와 같으며, 큰 신력과 위력이 있어 해와 달을 손으로 만지고, 몸으로 범천에 이르기도 하는 것이다. 어떤 신자가 비구의 이러한 신통을 보고, 아직 믿음을 얻지 못한 사람에게 이것을 이야기하면, 그는 대답하기를 '친구여, 간다리라고 하는 주문呪文이 있는데, 저 비구는 이 주문을 외우므로 그런 신통을 얻은 것이다'라고 하리라. 견고여, 이것은 도리어 불법을 비방하게 되는 것이 아니냐.

견고여, 그러므로 나는 이런 허물을 보고, 비구들로 하여금 신통 나타내는 것을 부끄럽게 여기어, 되도록이면 피하게 하는 것이다.

견고여, 타심통이라 함은, 비구가 능히 다른 사람이나 모든 중생의 마음을 관찰하여, '너의 뜻은 이러하고, 네 마음은 이러하다'고 말하는 것이다. 이미 믿음을 얻은 자가 이것을 보고, 다른 믿음을 얻지 못한 자에게 이야기하면, 그는 말하되 '친구여, 마니가라는 주문이 있는데, 저 비구는 이 주문을 외우므로 그런 신통을 얻은 것이다'라고 하리라.

견고여, 이것은 바로 불법佛法을 비방함이 아니냐. 그러므로 나는 이 허물을 보고, 비구들에게 신통 나타내는 것을 부끄러이 여기어 피하게 하는 것이다.

다음, 교계신통이라 함은, 여래가 세상에 출현하여, 십호十號가 구족하여 천상·인간·마계·범계梵界와 사문·바라문 가운데 제일이다. 그들을 위하여 '너희는 이렇게 생각하고 저렇게는 생각하지 말라. 이런 일은 하고 저런 일은 하여서는 아니 된다. 이것은 내버리고 저것은 취하라'고 가르쳐 훈계하는 것이니, 그들은 혹은 집에 있거나 혹은 집을 떠나거나, 모두 어두움을 여의고 밝음을 얻으며, 죄악을 버리고 공덕을 성취하게 되는 것이다. 이렇게 출가하여 정진 수행하므로, '계'가 구족하고 '정'이 구족하고 '혜'가 구족하여, 초선 · 이선 · 삼선 · 사선정을 성취하며 아라한과를 증득하게 되는 것이다.

견고여, 이것이 여래의 교계신통이라고 이름하는 것이다.

견고여, 이 같은 세 가지 신통은 여래가 스스로 체득하여 가르치는 것이다."

제5장 수도생활과 득도

제1절 세속을 초월하는 법

1 부처님은 사위성을 나와, 다시 나그넷길에 올라 가비라성 밖의 니구류수 숲으로 들어가셨다. 가비라성 사람들은 새로이 공회당을 세우고, 그 낙성식의 공양에 부처님을 초대했다. 부처님은 그 청을 들어 공회당에 나가셨다. 발을 씻으시고 당堂에 올라, 중앙의 기둥에 기대고 동쪽을 향해 자리를 잡으셨다. 비구들은 서쪽 벽을 지고 동쪽을 향해 앉고, 가비라성 사람들은 동쪽 벽을 지고 서쪽을 향해 자리를 잡았다. 기름 등불 빛나는 앞에서 부처님은 밤이 깊도록 설법하시다가, 아난을 돌아보시고 말씀하셨다.

"아난이여, 이 석가족 사람들에게 도를 닦는 사람의 길을 가르쳐 주라. 나는 등이 아파 좀 눕고 싶다."

부처님은 승가리僧伽梨(大衣) 옷을 네 겹으로 접어 깔고 오른쪽으로 누워 잠깐 쉬시었다. 아난은 법을 설하기 시작했다.

2 "마하야마여, 여래의 제자는 계戒를 갖추고 감각기관을 지키며, 음식의 분량을 알고 밤새 앉아 자지 않으며, 일곱 가지의 바른 법을 갖추고, 사선四禪법의 즐거움에 자유로이 들어가 머물러야 한다.

계를 갖춤이란 어떤 것인가? 여래가 정하신 계를 가지고, 바라제목차波羅提木叉(戒本)를 지키며, 바르게 행동하고, 조그만 죄에도 두려움을 보며,

진실하게 공부해 나아가는 것이다.

감각기관을 지킴이란 어떤 것인가? 눈으로 물건을 보고, 귀로써 소리를 들으며, 코로써 냄새를 맡고, 혀로써 맛을 보며, 몸으로써 살에 닿고, 마음으로써 일을 생각하는 데 있어서, 그 물건의 모양에 집착하지 않는 것이다. 내 마음을 꾀어 거기서 나쁜 생각과 욕심이 일어날 만한 모양에 집착하지 않고, 감각을 제어하는 것이다.

음식의 분량을 앎이란 어떤 것인가? 바른 생각으로 음식을 먹고, 허영이나 치레나 맛을 위해 먹지 않는다. 다만 도道를 닦기 위해 이 몸을 기르는 것이요, 굶주림의 고통을 없애기 위해 먹는 것이다.

밤새 앉아 자지 않는다는 것은 어떤 것인가? 낮에는 앉거나 혹은 거닐어, 금하는 법에서 마음을 깨끗이 하고, 초저녁에도 혹은 앉고 혹은 거닐어, 금하는 법에서 마음을 깨끗이 하며, 한밤중에는 발과 발을 포개고 오른쪽으로 누워, 바른 마음과 바른 생각으로 일어날 때를 생각하고 잠든다. 그리고 첫새벽에 일어나서는 혹은 앉고 혹은 거닐어, 금하는 법에서 마음을 깨끗이 하는 것이다.

일곱 가지 바른 법을 갖춘다는 것은 어떤 것인가? 믿음과 안 부끄러움과 바깥 부끄러움을 가지고, 많이 배우고, 부지런히 힘쓰고, 바른 생각을 가지며, 일의 기틀을 잘 아는 지혜를 갖추는 것이다.

사선법의 즐거움에 자유로이 들어가 머문다는 것은 어떤 것인가? 욕심과 악을 떠나, 초선과 이 · 삼 · 사선에 자유로이 들어가는 것이다.

마하야마여, 부처님의 제자는 이렇게 하기 때문에, 썩지 않은 달걀을 품은 암탉이 병아리가 나오기를 기다리는 것처럼, 번뇌를 없애고 깨달음을 얻어, 위없는 안온에 도달할 수 있는 것이다. 마하야마여, 이러한 제자는 지혜와 행실이 함께 넉넉해, 삼명三明을 얻어, 마음의 해탈을 이 세상에서 실현할 수 있는 것이다."

이때 부처님은 자리에서 일어나, 아난의 설법을 칭찬하셨다. 그리고 가비라성의 석가족 사람들은 모두 기뻐하면서 떠나갔다.

3 부처님은 항가(恒河)를 건너 앙가 국으로 들어가, 아바나라는 마을 근처에 머물러 계실 때, 하루는 거리에 들어가 걸식한 뒤에, 다시 숲 속으로 돌아와 한낮을 지내셨다. 그때, 장자 포타리야는 일산을 들고, 신을 신고 숲 속을 거닐다가, 부처님에게 가까이 와서 인사하고 곁에 섰다. 부처님은 포타리야를 돌아보시고 말씀하셨다.

"장자여, 자리가 있으니까 앉으라."

포타리야는 장자라고 불린 것이 화가 나서 잠자코 있었다. 부처님은 세 번이나 되풀이해 권했더니, 그는 말하기를

"사문 구담이여, 나를 장자라고 부르는 것은 알맞지 않습니다."

"장자여, 그래도 그대는 장자의 차림을 하고 있지 않는가?"

"구담이여, 나는 살림을 버리고 세속을 떠났습니다."

"장자여, 그대는 어떻게 살림을 두고 세속을 떠났는가?"

"구담이여, 나는 내 재산 전부를 아들에게 물려주고, 거기에 대해서는 통 간섭이 없이 다만 의식衣食을 받을 뿐으로, 숨어 살고 있습니다. 나는 이렇게 살림을 버리고 세속을 떠났습니다."

"그대가 말하는 세속을 떠났다는 것과, 내 가르침에서 말하는 세속을 떠났다는 것은 다른 것이다."

"구담이여, 원컨대 그 가르침에서 말하는 세속을 떠났다는 뜻을 말씀해 주소서."

"장자여, 내 가르침에서는 여덟 가지 법에 있어서 세속을 떠난다. 여덟 가지란 무엇인가?

① 산목숨을 죽이지 말 것 ② 남이 주지 않는 것을 빼앗지 말 것 ③ 거짓을 말하지 말 것 ④ 화합을 깨뜨리는 말을 하지 말 것 ⑤ 탐욕을 버릴 것 ⑥ 성냄을 버릴 것 ⑦ 질투하지 말 것 ⑧ 거만을 버릴 것. 이 여덟 가지 법에 의해서 세속을 떠나는 것이다. 그러나 이것들은 모두 세속을 완

전히 떠나는 법은 아니다. 따로 세속을 완전히 떠나는 법이 있다."

"부처님이시여, 원컨대 그 법을 설해 주소서."

4 "장자여, 비유하면, 굶주린 개에게 살이 조금도 붙어 있지 않은, 피에 젖은 뼈를 던져 준다면, 개는 그 뼈로써 굶주림을 채우지 못할 뿐 아니라, 개는 다만 그 뼈로 말미암아 피로와 고달픔을 더할 뿐일 것이다. 장자여, 내 가르침의 제자는 이 뼈의 비유와 같이, 바른 지혜로써 쾌락을 잘 생각해, 그것은 고통과 불행이 많은 것이라고, 있는 그대로 바로 알아서, 오욕에 집착하는 마음을 버리는 사념捨念을 닦는다.

또 독수리나 솔개 따위의 새가 고깃덩이 하나를 가지고 날아가려 할 때, 다른 사나운 새가 쫓아와서 그것을 덮치려 한다면, 그 고깃덩이를 버리지 않는 동안은, 그 새들은 죽거나 또는 죽을 만한 상처를 입을 것이다.

또 불붙는 횃불을 들고 바람을 거슬러 간다면, 그 횃불을 버리기 전에는, 손을 데이거나 또는 죽게 될 것이다. 또 사람의 키만큼 깊은 구덩이에 이글거리는 장작불을 넣고, 힘센 두 사내가 다른 한 사람을 잡아넣으려 한다면, 그 사람은 몸을 뒤틀며 아무리 물러나려 해도, 끝내는 그 구덩이에 떨어져 죽게 될 것이다.

또 향락은 꿈과 같아서, 깨어 보면 아무것도 없는 것이다. 또 무서운 독사를 만나 손을 내밀면서, 손을 물어라 물어라, 할 사람은 없을 것이다. 또 남의 돈을 함부로 빌려 쓰면 드디어는 빚쟁이에게 휩쓸려 갈 것이다. 또 나무 열매가 익은 것을 보고, 한 사람이 올라가 따먹고 있을 때에, 다른 사람이 와서 도끼로 밑동을 베어 넘기면, 나무 위의 사람은 얼른 내려오기 전에는 손발을 부러뜨리거나 혹은 죽게 될 것이다. 장자여, 이것은 모두 욕락欲樂에 대한 비유다. 내 가르침의 제자들은 이런 비유와 같이 욕락을 관찰해서, 욕락은 고통과 불행이 많은 것이라고, 바른 지혜로써 있는 그대로 알아, 세상 욕심에 집착하는 마음을 버려 없애는 사념捨念을 닦는다. 장자여, 내 가르침의 제자들은, 이렇게 사념으로 얻은 맑고 깨끗함으로 말미암아 삼명三明을 얻어, 이 세상에서 마음의 해탈을 얻는 것이다. 이것이 우리의 가르침에 있어서, 세속을 완전히 떠나는 것이다. 장자여, 그대도 이렇게 세속을 떠났는가?"

"부처님이시여, 어떻게 내가 그런 일이 되겠습니까? 나는 이전에 다른 가르침에 빠져, 모르는 것을 안다 하고, 아는 것을 모른다고 했습니다. 그러나 이제는 모르는 것을 모르는 줄 알고, 아는 것을 아는 줄 알았습니다. 부처님은 진정 내게 사문에 대한 사랑과 믿음과 존경을 가르쳐 주셨습니다. 나는 오늘부터 한평생 부처님이 가르치신 우바새 되기를 맹세합니다."

제2절 세 존자의 수도 생활

1 부처님은 항가의 기슭을 떠나, 다시 북으로 올라가 나티카의 어떤 대장장이 집에 머물러 계셨다.

그때, 아나율阿那律·난제難提·금비라金毘羅는 우각바라숲(牛角婆羅林) 속에서 공부하고 있었다. 어느 저녁나절에 부처님은 선정에서 일어나 사라숲 속으로 나아가셨다. 이것을 본 숲지기는 부처님에게 말했다.

"사문이여, 이 숲으로 들어와서는 안 됩니다. 여기는 존자 세 분이 도를 닦으며 고요한 선정에 들어 있습니다. 그분들의 방해가 되어서는 안 됩니다."

아나율은 문득 이 숲지기의 말을 듣고, 곧 일렀다.

"숲지기여, 부처님을 거절하지 말라. 지금 오신 분은 우리들의 스승, 부처님이시다."

아나율은 곧 난제와 금비라에게 달려가 이 사실을 알렸다.

"벗들이여, 부처님이 오셨다!"

세 사람은 함께 부처님에게로 나아갔다. 한 사람은 부처님의 옷과 바리때를 받들고, 한 사람은 자리를 준비하고, 또한 사람은 발 씻을 물을 준비했다.

부처님은 발을 씻으시고 준비된 자리에 앉으셨다. 비구들은 부처님께 예배하고 그 곁에 앉았다. 부처님은 아나율에게 말씀하셨다.

"아나율이여, 너희들은 편안하냐? 수용은 어떠냐? 그리고 밥을 얻기에 곤란은 없느냐?"

"부처님이시여, 저희들은 모두 편안합니다. 그리고 수용도 잘 되며 밥을 얻기에도 곤란은 없습니다."

"아나율이여, 너희들은 서로 화목해 다툼이 없느냐? 젖과 물처럼 서로 어울리고, 서로 사랑하고 서로 돌보며 사느냐?"

"부처님이시여, 그러하나이다."

"아나율이여, 너희들은 어떻게 서로 화합해 사는가?"

"부처님이시여, 저는 이렇게 생각하고 있습니다. 곧 '이러한 동행자同行者들과 함께 살 수 있는 나는 행복하다'고. 저는 겉과 속이 다름이 없이, 자비스런 행동과 말과 뜻으로써 이 사람들을 섬기고 있습니다. 부처님이시여, 그래서 저는 이렇게 생각합니다. '나는 내 마음을 버리고, 이 사람들의 마음과 하나가 되자'고. 그래서 저는 제 마음을 버리고 이 사람들의 마음과 하나가 됩니다. 부처님이시여, 몸은 따로따로이지만 마음은 하나입니다."

난제와 금비라도 여쭈었다.

"부처님이시여, 저희들은 이렇게 생각하나이다. '이러한 동행자同行者와 함께 살 수 있는 우리는 행복하다'고. 저희들은 이 사람에게, 겉과 속이 다름이 없이 자비스러운 행동과 말과 뜻으로써 섬기고 있습니다. 그래서 모두 자기 마음을 버리고 이 사람들의 마음과 하나가 됩니다."

"착하다, 아나율이여, 그리고 너희들은 열심히, 부지런히, 성실히 생활하고 있는가?"

"부처님이시여, 그러하나이다."

2 "아나율이여, 그러면 그것은 어떤 생활인가?"

"부처님이시여, 우리들 중에서 제일 먼저 걸식에서 돌아오는 사람은, 발 씻을 물과 먹을 물을 준비합니다. 그리고 남은 음식은 다른 그릇에 담아서 준비해 둡니다. 뒤에 돌아온 사람은, 남은 음식이 있을 때, 먹고 싶으면 먹고 먹기 싫으면 풀이 없는 곳에 버리거나 생물이 없는 물에 부어 버립니다. 그리고는 자리를 정돈하고, 먹을 물을 살펴보고, 그릇을 치우고, 식당을 소제합니다. 누구라도 세숫물 독이나 먹는 물독이나 변소에서 쓰는 물독이 비어 있는 것을 보는 사람은 그것을 준비해 둡니다. 만일 그 일을 혼자 힘으로 할 수 없을 때에는, 손짓으로 한 사람을 불러, 서로 손을 맞추어 준비해 둡니다. 그러나 부처님이시여, 저희들은 그런 일 때문에 말을 하는 것이 아닙니다. 부처님이시여, 저희들은 닷새 만에 한 번씩 한밤 동안 법문法門의 모임을 가집니다. 부처님이시여, 우리들은 이렇게 열심히, 성실히 생활하고 있습니다."

"아나율이여, 매우 착하구나. 그러나 너희들은 이렇게 열심히, 성실히 생활해서, 인간의 법을 초월한, 훌륭하고 거룩한 안락의 경계境界에 이르렀는가?"

"부처님이시여, 그것이 없어서 어찌 하겠나이까? 저희들은 마음대로, 욕심을 떠나고 악을 떠나서, 기쁨과 즐거움만이 넘치는 제일선으로 들어갑니다. 거기서 나아가 제이 · 제삼 · 제사선으로 들어가고, 다시 공무변처 · 식무변처 · 무소유처 · 비상 비비상처로 들어갑니다. 이것이 저희들이 도달한, 인간의 법을 초월한 거룩한 안락의 경지입니다. 저희들은 이 안락한 경지보다 더 위 되고 더 훌륭한 다른 안락의 경지는 알지 못합니다."

"그래, 좋다. 아나율이여, 이 안락한 경지보다 더 위 되고, 더 훌륭한 다른 안락한 경지는 없느니라."

부처님은 이렇게 세 비구를 가르치시고, 기쁨에 잠겨 자리를 일어나 떠나셨다.

세 비구는 부처님을 전송하고 돌아왔다. 난제와 금비라는 아나율에게 이렇게 말했다.

"스님은 부처님 앞에서 우리를 가리켜, '모든 번뇌를 떠난 사람'인 것처럼 말했지만, 우리가 언제 스님에게, 그러한 경지에 이르렀다고 말한 일이 있었습니까?"

"아니, 두 분이 그러한 경지에 이르렀다고 말한 적은 없었지만, 나는 두 분의 마음을 내 마음으로 알고 있었기 때문에, 부처님에게 그렇게 말씀한 것입니다."

3 그때 디카라는 야차가 그 숲에 살고 있었는데, 부처님에게 나아가 말씀드렸다.

"부처님이시여, 이 발기국의 백성들은 참으로 행복합니다. 부처님이 여기 계실 뿐 아니라, 저 아나율과 난제와 금비라 세 분이 또 여기 계십니다. 이 발기국의 백성들은 참으로 행복합니다."

그때, 지신地神이 이 디카 야차의 소리를 듣고, 그 소리를 하늘 위로 전달했다. 그래서 그 소리는 사천왕 · 도리천 · 야마천 · 도솔천 · 낙변화천樂變化天 · 타화자재천에까지 전달되어, 범천계의 천자들도 다같이 그 소리를 전해 듣게 되었다. 그래서 그 순간에, 저 세 비구들의 이름은 범천계에까지 알려지게 되었다.

"디카여, 네 말이 옳다. 저 세 사람은 그 집을 떠나와 집 없는 스님이 되었다. 만일 그 가족들이 진실한 신심信心을 가지고 저 세 사람을 생각한다면, 그것은 그 가족들의 영원한 이익과 행복이 될 것이다.

디카여, 저들은 그 가족 · 마을 · 고을 · 도시 · 나라를 떠나와서, 이제는 집 없는 스님이 되었다. 만일 이 세 사람을 진실한 신심으로 생각한다면, 그것은 그 가족 · 마을 · 고을 · 도시 · 나라에게 영원한 이익과 행복이 될 것이다.

디카여, 크샤트리아 · 바라문 · 바이샤 · 수드라(首陀羅) 따위, 어느 것이고 만일 진실한 신심으로 이 세 사람의 양가良家의 아들을 생각한다면, 그것은 모든 그들의 영원한 이익과 행복이 될 것이다.

디카여, 천계 · 마계 · 범계를 포함한 세계, 그리고 사문 · 바라문의 중생들의 모든 인천人天으로서, 만일 진실한 신심으로 이 세 사람의 양가의 아들을 생각한다면, 그것은 또 그들의 영원한 이익과 행복이 될 것이다.

디카여, 보라! 이 세 사람의 양갓집 아들은, 어떠한 정도까지 많은 중생의 이익과 행복, 또 세상의 사랑과 이익, 그리고 인천人天의 이익과 행복이 되는 경지에까지 도달해 있는가를."

제3절 아나율과 대인의 깨달음

1 어느 날 아나율은 사리불을 찾아가 이렇게 물었다.

"나의 친구 사리불이여, 오늘 내가 깨끗한 하늘눈(天眼)으로 천세계를 통해 볼 수가 있었다. 나는 정진하는 데 흔들림 없는 바른 생각(正念)에 머물러 몸은 편안하고 마음은 고요하여 흩어지지 않노라. 그런데도 마음에 집착을 여의지 못하고 번뇌를 벗어나지 못함은 어찌 된 까닭인가?"

사리불은 대답하였다.

"아나율이여, 그대는 '내가 깨끗한 하늘눈(天眼)으로 천세계를 본다'고 하는 자만심이 있으며 '나는 흔들리지 않는 바른 생각에 머물렀다'는 거만스러운 마음이 있도다. 또 그대는 마음의 집착을 여의지 못하고 번뇌를 벗어나지 못한다는 뉘우침이 있도다. 만일 이 세 가지 마음을 여의고 마음을 고요한 경계에 머물게 한다면 참으로 좋으리라고 생각한다."

그 뒤에 아나율은 그 세 가지 마음을 여의고, 한결같은 고요한 경계에 마음을 써서 홀로 한적한 곳에서 정진하였다.

2 부처님이 베사카라 숲에 계실 때에 아나율은 지에테의 파치나 숲에 있었다. 어느 날 오후 선정에 들어 생각하기를

'아, 이 도는 욕심이 적은 데서부터 얻고, 욕심이 많으면 얻을 수 없는 것이로다. 이 도는 만족할 줄 아는 데서 얻을 것이고 만족할 줄 모르는 데서는 얻을 수 없는 것이로다. 이 도는 사람의 무리를 멀리 여읨으로써 얻을 것이요, 여러 사람들이 분주한 가운데서는 얻을 수 없도다. 이 도는 정진으로써 얻을 것이요, 게으름으로써 얻을 수는 없도다. 이 도는 바른 생각(正念)으로써 얻을 것이요, 그릇된 생각으로는 얻을 수 없도다. 이 도는 고요한 데로부터 얻을 것이요, 시끄러움으로써는 얻을 수 없도다. 이 도는 지혜로운 사람이 얻을 것이고, 어리석은 사람으로서는 얻을 수 없는 것이로다.'

그때 부처님은 아나율의 생각을 아시고 순식간에 파치나 숲의 아나율 앞에 나타나셨다.

"착하다, 아나율이여, 너는 큰 사람의 깨달음(大人覺)을 생각하고 있구나. 아나율이여, 다음 한 가지는 부질없는 희론(戱論)을 하지 않는 것이다. 이 여덟 가지는 큰 사람의 깨달음이니라. 네가 이 여덟 가지 대인각을 생각해 닦는 동안 욕심과 옳지 못한 법을 여의고, 여기에서 일어나는 기쁨을 맛보게 되어 제일선 경계에 들어가리라. 이와 같이 제이·제삼·제사선에 들어가게 되는 것이다. 아나율이여, 네가 여덟 가지 대인각을 생각하여 이 제사선의 기쁨에 들어가게 되면, 비유컨대, 색시가 갖가지 옷을 옷장에 가득 채워 놓고 즐거워하듯이, 만족함을 느끼고 기쁨에 충만해 다시 흔들리지 않으리라. 조용히 열반으로 향하는 너에게는 더러운 옷도 마음에 만족할 것이며, 빌어먹는 밥도 향기로울 것이고, 나무 아래 풀방석에 앉아도 마음은 늘 즐거울 것이며, 병들 때에 썩은 거름의

약도 만족하게 되리라. 아나율이여, 이와 같이 너는 오는 안거安居에도 이 지에테의 파치나 숲에 거처하는 것이 좋으리라."

"부처님이시여, 감사합니다."

하고 아나율은 대답했다.

3 이와 같이 부처님은 파치나 숲에서 자취를 감추시고 베사카라 숲에 나타나 자리에 앉으셔서 비구들에게 말씀하셨다.

"비구들이여, 나는 이제 팔八 대인각을 너희들에게 말하리니 잘 듣고 명심하여라."

위에서 말한 팔 대인각을 말씀하시고, 다시 이르시기를

"비구들이여, 욕심을 적게 하고 나는 욕심을 적게 했다고 알리고자 하지 말며, 만족함을 알고 나는 만족한 줄 알았다고 알리고자 하지 말며, 멀리 여읨을 즐거워하면서 나는 멀리 여읨을 즐거워한다고 알리고자 하지 말며, 그 밖에 희론하기를 즐거워하지 않으면서 나는 희론하기를 즐거워하지 않는다고 알리고자 하지 말라. 이것이 참으로 욕심을 적게 하는 법이다. 또 만족한 줄 안다 함은 어떤 종류의 의·식·주와 약을 얻더라도 그를 만족하게 여김이다. 멀리 여의는 법이라 함은 멀리 여윔을 즐거워하는 비구의 처소에 비구·비구니·신남·신녀·왕 및 대신·외도의 제자들이 오더라도 비구는 멀리 여윔을 즐거워하는 마음에서 진실한 법을 알려 주는 말만 하는 것이다. 정진하는 법은 비구가 나쁜 법을 버리고 좋은 법을 얻기 위해 정진할 때 확고하게 선법善法에 대한 책임을 버리지 않는 것이다. 바로 생각하는 법이라 함은 비구가 바른 생각을 가지고 이전에 해 나온 모든 바르지 못한 말과 행동을 생각하고 새로운 책임을 느끼는 것이다. 지혜로운 사람의 법이라 함은 비구가 지혜가 있어서 법이 일어나고 쇠퇴함을 잘 알아 사성제四聖諦의 도리를 잘 아는 성지聖智를 가지는 것이다. 희론을 즐거워하지 않는 법이라 함은 그 마음이 희론 없는 경지로 향하여 부질없는 이론이 끊어진 경지에 이르러 마음이 해탈하는 것이다."

그리하여 아나율은 파치나 숲에서 그해 여름 안거에 들어 홀로 정진하여 얼마 뒤에 깨달음을 얻었다.

제4절 공의 선정과 젖먹이 송아지

1 부처님은 도道를 이루신 지 십사 년 되는 첫 봄, 앙가 국에서 항가 강을 건너 발기국으로 들어가셨다. 거기서 두루 다니시다가 비사리의 큰 숲에 잠깐 머물러 계셨다. 어느 날, 비구들에게 이렇게 말씀하셨다.

"비구들이여, 열반이란 무엇인가. 또 그 열반에 이르는 길은 무엇인가? 탐욕과 성냄과 어리석음을 완전히 없애는 것이 열반이다. 그리고 공정空定·무상정無想定·무원정無願定은 그 열반에 이르는 길이다. 그러므로 너희들은 숲 속이나 빈집에 들어가서 마음을 비우라. 게으르지 말라. 뉘우침이 있어서는 안 된다. 이것이 너희들에게 주는 나의 가르침이다."

2 어느 날, 아난은 부처님께 여쭈었다.

"부처님이시여, '세간은 공空이다'라고 말씀하시는데, 그것은 어떠한 뜻입니까?"

"아난아, 나와 내 것이란 완전히 없기 때문에 '세간은 공空이다'라고 말하는 것이다. 나와 내 것이 완전히 없다는 것은 무슨 뜻인가? 가령, 눈은 나도 아니요 내 것도 아니다. 빛, 곧 형체 있는 물건은 나도 아니요 내 것도 아니다. 눈의 알음알이(識)는 나도 아니요 내 것도 아니다. 이렇게 근根(눈)과 경境(물체)과 식識의 화합에 의해서 생기는 촉觸도 나도 아니요 내 것도 아니다. 촉에서 생기는 수受(感覺)도 나도 아니요 내 것도 아니다. 그 밖의 귀·코·혀·몸·뜻과 그것들의 경境과 그것들의 식識, 또 그 셋의 화합인 촉과 감각도, 모두 나도 아니요 내 것도 아니다. 그러므로 이 나와 내 것은 완전히 없다는 이유에서, '세간世間은 공空이다'라고 말하는 것이다."

3 어느 날 황혼에, 사리불은 고요한 생각에서 깨어나, 부처님에게 나아가 절하고 그 곁에 앉았다. 부처님은 말씀하셨다.

"사리불이여, 네 모습은 맑고 고요하며, 살빛은 빛나 보이는구나. 너는 오늘 어떤 정定에 들어 있었던가?"

"부처님이시여, 오늘 저는 공空의 정定에 들어 있었습니다."

"좋다. 사리불이여, 오늘 너는 대인大人의 정定에 들었었구나. 공空은 실로 대인大人의 정定이다. 만일 비구로서 공空의 정定에 들려고 한다면, 이렇게 생각을 활동시키지 않으면 안 된다. '나는 오늘 마을에 들어가 걸식했다. 가고 오는 도중에, 눈으로 보는 모양, 귀로 듣는 소리, 코로 맡는 냄새, 혀로 맛보는 맛, 몸으로 닿는 촉감, 뜻으로 아는 법에 있어서, 탐욕과 성냄과 어리석음의 마음에 장애가 있었던가?' 이렇게 생각해 보아서, 만일 있었다고 생각이 되거든, 그 악을 버리기 위해서 부지런히 힘쓰지 않으면 안 된다. 만일 없다고 생각이 되거든, 기쁨과 즐거움으로써 밤낮을 쉬지 않고 착하기를 배우지 않으면 안 된다.

또 사리불이여, 그 비구는 이렇게 생각하지 않으면 안 된다. '나는 오욕을 버렸는가, 오개五蓋를 없앴는가, 이 몸을 이루고 있는 오온을 알았는가? 그리고 사념주四念住・사정근四正勤・사신족四神足・오근五根・오력五力・칠보리분七菩提分・팔정도八正道의 수행 및 지止와 관觀을 닦았는가? 그래서 지혜를 얻고 깨달음을 얻었는가?'라고. 사리불이여, 이렇게 생각해서, 아직 번뇌를 떠나지 못하고 깨달음을 얻지 못했거든, 그것을 위해 힘쓰지 않으면 안 된다. 또 이미 번뇌를 떠나고 깨달음을 얻었거든, 기쁨과 즐거움으로써 밤낮을 쉬지 않고 착하기를 배우지 않으면 안 된다.

사리불이여, 먼 과거의 어떠한 사문이거나 바라문도, 또 먼 미래의 어떠한 사문이거나 바라문도, 또 현재의 어떠한 사문이거나 바라문도, 모두 보시에 의해서 얻는 음식을 깨끗하게 하는 자는 다 이렇게 생각하는 것이다. 그러므로 사리불이여, 너희들도 다 '부처님이 가르치는 대로 생각해서, 보시에 의해서 얻는 음식을 깨끗하게 하자'고 생각하고 힘쓰지 않으면 안 된다."

4 사리불은 어느 날, 부처님의 가르침을 듣고 못내 기뻐하면서 돌아오는 길에, 보루디카라는 다른 교도를 만났다. 그는 사리불에게 물었다.

"그대는 어디서 오는 길인가?"

"지금 부처님의 가르침을 듣고 돌아오는 길이다."

"그대는 아직 젖먹이구나. 나는 벌써 스승을 떠나 혼자서 도를 닦고 있는데, 그대는 아직도 스승의 가르침을 받고 있다니."

"나는 아직 젖먹이다. 아직도 스승의 가르침을 들어야 한다. 생각하건대, 그대의 스승은 참으로 깨달은 사람이 아니요, 그 가르침은 진실한 법이 아닌 모양이다. 마치 어미 소의 젖이 나쁘거나 혹은 적으면, 송아지가 젖을 빨리 떼는 것처럼, 그대는 스승과 가르침을 빨리 떠난 것이 아닌가? 우리 스승은 참으로 깨달은 사람이요, 그 가르침은 진실한 법이다. 그러므로 마치, 어미 소의 젖이 좋고 또 넉넉하면, 송아지에게 언제고 젖을 떼지 않는 것처럼, 나는 아직 젖을 떠나지 않고, 그 가르침을 듣고 즐거워하고 있는 것이다."

제5절 업의 힘과 마음의 불꽃

1 비사리 사람 살바가마薩婆伽摩는 뜬세상 생활을 싫어해, 아내를 버리고 집을 떠나와 부처님 밑에서 스님이 되었다. 부처님에게서 지관止觀 공부를 하라는 지시를 받고, 고요한 곳으로 물러나와, 바른 행실로 마음을 단련하고 지혜를 닦았다. 여러 곳으로 돌아다니면서 공부하는 동안에, 잠

깐 자기 나라로 돌아가 자기 집을 찾았다. 그 아내는 옛날 모습을 잃고 여위고 쇠해, 번민에 시달린 모양이 마음 아팠다. 눈에 가득 눈물을 담으면서 인사를 한 뒤에 곁에 앉았다. 그 가엾은 모습에 불쌍한 정이 솟아올라, 마음의 평정을 잃고 그만 세속으로 돌아올 마음이 생겼다. 그러나 잘 달리는 말은 채찍 그림자만 보아도 내닫는 것처럼, 깜짝 정신을 가다듬어 다시 도道의 그윽한 곳으로 파고들었다. 그래서 그것을 기틀로 해서 노력에 노력을 더해 깨달음을 얻었다. 그 장인·장모는 살바가마가 가까이 온 것을 기뻐해, 어떻게든 집으로 데려와, 자기 딸이 기뻐하는 모습을 보고 싶다는 소원에 불탔다. 그래서 자기 딸을 아름답게 화장을 시켜 함께 절에 데리고 가서, 그가 세속으로 돌아오기를 권했다. 그러나 살바가마는 다음과 같은 노래를 읊어, 그 청을 거절했다.

이 두 발 가진 몸 사람에 안겨 보아도
그것은 더러운 것, 더러운 냄새 나는 것.
가지가지 더러운 것 가득 차 여기저기서 비어져 나온다.
사슴은 틀에 고기는 낚시에 원숭이는 미끼떡에
잡히는 것처럼 세상 사람들은 애정에 얽매인다.
아름다운 빛과 소리와 맛과 향기와 닿음의 다섯 가지
즐거움은 여자의 몸에 모두 갖추어져 있다.
마음이 물질에 사로잡히어 세상 사람들은 그것과 친하다.
두려운 자기의 무덤을 파면서 미혹의 종자를 쌓고 쌓는다.
발로써 뱀의 머리를 차듯 이것을 물리치는 바른 사람은,
고요한 생각과 바른 맘으로 세상의 독물을 멀리 피한다.
애욕에 따르는 불행을 보고 버림에 깃들이는 안락을 보아,
나는 저 애욕을 아주 버리어 마음의 더러움을 멀리 떠났다.

아난은 길에서 그 장인 · 장모와 딸을 보고, 살바가마의 일이 걱정이 되어 살바가마를 만났느냐고 그들에게 물었다.

"만나기는 했지만 만나지 않은 거나 같았습니다."

"말은 해 보았소?"

"말을 하기는 했지만 안 한 거나 같았습니다."

아난은 다음과 같은 노래를 읊고, 절로 돌아왔다.

> 불에서 물을, 물에서 불을, 공空에서 있음을 찾는 것처럼,
> 애욕 없는 자에게 애욕 내기를 구하는 그것은 미련한 일이다.

살바가마는 아난을 보고, 자기의 깨달은 마음을 고백했다. 아난은 다음과 같은 노래를 불러, 살바가마의 깨침을 찬탄했다.

> 깨끗한 행실을 잘 지키고 또 바른 길을 잘 닦아서,
> 마음의 어둠을 잘 끊으면 그야말로 부처님의 참 제자니라.

2 부처님은 비사리를 떠나 사위성 밖에 있는 기원정사에 들어가 계셨다. 어느 날 아난은 바기사婆耆奢 비구를 데리고, 걸식하기 위해 성안으로 들어왔다. 어느 거리에서, 어떤 아름다운 부인을 보고, 바기사는 마음이 어지러워 억누를 수 없었다. 그는 아난에게 호소했다.

> 애욕에 불이 붙어 내 마음은 타고 있다.
> 부디 이 몸 불쌍히 여겨 불 끄는 법을 일러 다오.

아난도 노래로써 대답했다.

뒤 엎친 미친 생각 네 마음을 불태운다.
눈에 뵈는 모든 색色을 곱다고 생각 말라.
모든 것을 빛없다 보고 괴로움이라, 나 없다 보라
부디 거기에 불타지 않도록 큰 애욕을 꺼서 없애라.
마음을 한 곳에 모아 고요히 더러운 것 생각하라.
바른 생각으로 그 몸을 관찰해 정 떨어지는 생각 마음에 가져라.
모든 것은 모양이 없다고 보아 실없는 번뇌를 떨어 없애라.
실없는 생각을 억누르고야 비로소 마음은 고요하리라.

3 바기사는 이제 시원한 물을 마음의 불꽃 위에 끼얹을 수 있었다. 부인은 이상한 눈짓으로 미소를 지어 보였지만, 바기사의 마음을 움직일 수 없었다. 그래서 바기사는 부인의 몸이 더러운 것을 샅샅이 생각해 보고, 모든 욕심의 근본이 생각인 줄을 알았다.

모든 탐욕이여, 너의 근본은 생각이다.
이 생각 없으면 너 또한 따라 없다.

바기사는 부처님에게 돌아와, 그날의 일을 여쭙고 다시 다음의 노래를 불렀다.

색色은 잔 물방울 같고, 수受는 뜬 물거품 같고,
상想은 아지랑이 같으며, 행行은 파초잎 같고,
식識은 허수아비 같도다.
이 부처님의 가르침으로 모든 것 자세히 바라보면
죄다 거짓이요 빈 것, 참된 것이란 하나도 없다.
아름다운 것이라 보면 더럽고 단단한 것이라 보면 약하다.

이 몸도 끝내 부서지고 말 것을, 참된 것이란 하나도 없다.

부처님은 바기사의 노래 뜻을 칭찬하시고, 한층 더 이 몸은 약해서 부서지기 쉬운 것으로 관찰하라고 분부하셨다.

제6절 악마에게 짬을 주지 말라

1 목건련은 혼자 발기국의 숨수마라기리에 가까운 무서움의 숲인 사슴의 동산에 머물러 있었다. 어느 날, 악마는 맨땅을 고요히 거닐고 있는 목건련의 뱃속에 들어가 모습을 감추고 있었다.

목건련은 뱃속에 콩알만한 무엇이 들어 있는 것을 느끼고, 방에 들어가 한참 생각한 뒤, 그것이 악마인 것을 알고, 그에게 일렀다.

"악마여, 나오너라. 여래와 여래의 제자를 귀찮게 해서는 안 된다. 그것은 너의 영원한 손해가 될 것이다."

악마는 생각했다. '이 비구는 나를 보지는 못하고 나오라고만 한다. 이 비구의 스승도 그렇게 빨리는 나를 발견하지 못하는데, 그 제자가 어떻게 나를 발견할 수 있겠는가?'

목건련은 말했다.

"악마여, 나는 너를 보고 있다. 네가 생각하고 있는 것도 알고 있다."

악마는 놀라서, 목건련의 입으로 나와, 들창 문지방 위에 서 있었다.

"악마여, 너는 내가 너를 보지 못한다고 생각해서는 안 된다. 너는 지금 들창 위에 서 있다. 먼 옛날, 나도 두시라는 악마였고, 너는 내 누이동생 가리迦利의 아들이었다. 그때는 각삼타 부처님의 세상이었는데, 그 부처님에게는 비두라와 삼시바라는 두 큰 제자가 있었다. 비두라는 지혜가 뛰어나고 설법을 잘했으며, 삼시바는 선정에 익숙해, 상수멸정想受滅定

에 들어가면, 사람들은 그를 죽었다고 장사를 지낼 정도였다. 그래서 새벽이 되어, 그가 정定에서 일어나 쌓아 둔 장작불을 헤치고 나와, 바리때를 들고 걸식을 나왔기 때문에, 거리의 사람들은 비로소 그가 살아 있는 줄을 알 정도였다.

악마 두시는 어느 날 생각했다. '나는, 이 계행戒行이 바른 비구들의 오는 곳도 가는 곳도 모른다. 거리 사람들의 마음에 들어가, 이 비구들을 비방하고 귀찮게 굴면, 비구들의 마음이 어지러워질 것이니, 그 기회를 타서 그 오가는 곳을 보자.' 그래서 거리 사람들은 비구들을 비방했다. '털이 없는 더러운 중, 호사스러운 검은 놈팡이들, 올빼미가 나뭇가지 위에서 밑에 있는 쥐를 노려보고 있는 것처럼, 언제고 밑을 내려다보고 무엇을 찾고 있는 놈팡이들!' 이렇게 욕설로써 놀려댔다.

그래서 그들은 모두 죽은 뒤에 지옥에 떨어졌다. 그 부처님은 비구들에게 이르셨다. '그러한 비방은 모두 악마 두시가 한 짓이다. 비구들이여, 자비스러운 마음과 기뻐하는 마음과 평등한 마음을 길러라.'

비구들은 이 가르침을 받아, 비록 비방하는 말을 들어도 마음을 움직이지 않고, 숲 속에 들어가 네 가지 무량심無量心을 닦았다.

2 악마 두시는 이렇게 수단을 써 보았지만, 그 기회를 얻을 수 없었다. 그래서 거리 사람들을 시켜, 비구들에게 공양과 존경을 바치게 했다. 공양과 존경을 바친 사람들은, 죽은 뒤에 천상에 많이 태어났다. 그 부처님은 비구들에게 이르셨다.

'이 공양과 존경도 악마 두시가 하는 짓이다. 너희들은 마음을 움직여 기회를 주어서는 안 된다. 너희들은 부정관不淨觀을 닦아서, 이 세상의 괴로움을 보고, 덧없음을 생각해, 거기에 살라.'

비구들은 공양과 존경에도 마음을 움직이지 않고, 괴로움과 공空과 덧없음과 나 없음을 생각하면서 도道를 닦았다.

악마 두시는 두 번이나 그 계획이 실패로 돌아가자, 어느 날, 그 부처님이 비두라를 데리고 거리에서 걸식하는 것을 보고, 어떤 소년의 마음에 들어가, 유리 조각을 집어 비두라의 머리를 때렸다. 비두라는 머리에 흐르는 피를 그대로 돌아보지도 않고 부처님을 따랐다. 코끼리의 왕이 돌아보듯이, 부처님은 머리를 돌리면서

'악마 두시는 짬이 없구나.'

하시자, 두시는 그 자리에서 땅 속에 빨려 들어가 지옥에 떨어졌다. 두시는 그로부터 한없는 시간을 두고, 지옥의 고통을 되풀이했다.

악마여, 비구를 괴롭히지 말라. 그것은 영원한 너의 불행이다. 내가 지은 악이 나를 해치지 않는다고 생각하는 것은 잘못이다. 너는 진실로 긴 밤 동안을 악을 쌓아 왔다. 악마여, 여래에게 가까이 말라. 비구를 어지럽히지 말라."

악마는 목건련에게 발견되어, 정신을 잃고 사라졌다.

제7절 악마와 싸워 이긴 비구니들

1 사위성에는 바사닉왕이 특히 비구니를 위해서 세운 왕사王寺라는 절이 있었다. 비구는 성밖에 사는 것이 당연한 일이지만, 비구니는 여러 가지 위험이 있기 때문에, 왕이 부처님의 허락을 얻어 세운 것이었다. 여기에는 많은 비구니가 항상 머물러 있으면서, 낮에는 흔히 성밖의 어둑한 숲으로 가서, 생각을 모으는 것으로써 일과를 삼았다. 악마는 자주자주 이 비구니들을 덮쳐 유혹하려 했지마는, 비구니들은 굽히지 않고 싸워, 이들을 물리쳤다.

아라비왕의 색시 세라는, 아라비 비구니라고 불렀다. 어느 날 그는, 어둑한 숲 속으로 들어가 고요히 생각을 모으고 있었다. 악마는 비구니를 위협하고자 모양을 나타내어 노래했다.

하염없는 뜬 세상에 깨달음이 없으면 이 세상을 떠난 뒤도 이익 없나니,
자, 우리 오욕의 즐거움에 잠기자. 후회 없이 이 세상을 즐겁게 살자。

비구니는 이 악마의 마음을 알고, 노래로써 대답했다.

하염없는 세상이매 깨닫고 살자. 나는 이제 지혜로써 그런 몸 되다.
악마여, 너희 덤비는 무리여, 너는 아직 어리석어 그 길 모른다。
오욕은 칼과 같고 창과 같나니 우리 몸을 자르는 형틀이니라.
너는 그것을 즐거움이라 하지만 나는 생각에 그렇지 않는 것을-。

2 소마 비구니도 사위성에서 걸식한 뒤에, 어둑한 숲 속에 들어가 생각을 모으고 앉아 있었다. 악마는 와서 노래로써 유혹했다.

성인聖人이라야 들 수 있는 그 지위는 우리는 들어가기 어렵나니,
어떻게 조그만 지혜의 바늘 가진 여자로서 거기에 들어갈 수 있는가?。

소마 비구니도 노래로써 대답했다.

마음은 고요하고 지혜는 밝고 바르게 법을 본다면 여자라 어이 탓하랴。
남자 여자란 생각이 있어 굳이 그것을 구별하는 자,
악마여, 너는 구별하려면 하라。

3 길사교답미吉舍喬答彌 또한 거기 머무는 비구니의 한 사람이었다. 그는 아들을 잃고 슬퍼하고 있을 때, 악마가 그를 유혹하면서 노래를 불렀다.

아들을 잃고 울면서 너는 왜 혼자 있느냐?

숲 속에 들어 헤매는 것은 반드시 친구를 구하는 것이리라.

비구니는 노래로써 답했다.

아들을 잃은 생각도 사라지고 좋은 친구도 내게는 쓸데없다.
나는 울지도 않고, 슬퍼하지도 않고 또 너를 두려워도 않는다.
세상은 모두 덧없는 것을, 즐거움도 이미 사라졌나니,
어둠을 뚫고, 악마와 싸워 이겨 내 이제 걱정 없이 고요히 앉아 있다.

4 젊고 아름다운 비자야 비구니는, 더욱 많은 유혹의 대상이었다. 악마는 노래했다.

아름다운 젊은 한 때는 두 번 오기 어렵나니,
색시여, 오라, 우리 다 함께 음악을 따라 한껏 즐기자.

그러나 비자야 비구니는, 노래로써 그 유혹을 물리쳤다.

더러운 오욕 즐겁다 하지만,
나는 받지 않으리. 네게도 주지 않으리.
부서지기 쉬운 약하고 더러운 이 몸,
차라리 부끄러워라. 애욕은 이미 끊어졌나니.
이 세상 저 세상 천상의 즐거움도,
모든 탐욕의 어둠은 없어졌다.

5 차라遮羅·우바차라優波遮羅·시수바차라尸須波遮羅는 모두 사리불의 누이동생으로, 다같이 부처님의 가르침에 돌아가, 깨끗한 행行을 닦고 있었

다. 어둑한 숲 속에서 생각을 모으고 있는 차라에게, 악마는 나타나 그에게 물었다.

"너는 왜 좀 더 즐겁게 살지 않고, 이런 곳에서 혼자 있는가?"

차라는 "나는 삶을 기뻐하지 않는다."고 대답하고, 다음과 같은 노래를 불렀다.

한 번 나면 죽음이 있다. 세상에 나면 괴로움을 안다.
걱정과 근심 갖가지의 불행,
부처님은 법을 설하여 괴로움을 떠날 길을 가르치셨다.
하늘나라의 즐거움 한없이 많지만,
참된 법 모르면 다시 괴로움 받으리.

6 우바차라에 대해서 악마는, 하늘나라의 즐거움에 마음을 쓰라고 권했다. 그러나 우바차라는 다음 노래로써 물리쳤다.

하늘나라의 즐거움도 더러움에 물들어,
악마의 지배 아래 얽매인 세상이다.
세상은 모두 불 붙어 있고 세상은 모두 내거러워라.
세상은 모두 불꽃을 뿜고 세상은 모두 흔들리고 있다.
흔들리지 않고 떨지도 않는 곳, 세상 범부들 이르지 못하는 곳,
악마의 손길이 자라지 못하는 곳, 거기에 내 마음 편안히 쉰다.

7 악마는 다시 시수바차라에게 나타나, 어떠한 도道를 즐기느냐고 물었다. 시수바차라는, 어떠한 도도 즐기지 않는다고 대답하고, 그 까닭을 다음과 같이 노래했다.

부처님의 길 밖에 다른 소견의 그물과 같은 길을 기뻐하지 않는다.
위없는 깨달음, 악마를 쳐부수고 모든 것을 벗어나, 모든 것을 보시는
아아, 그 부처님이야, 내 스승님, 스승님의 가르치심, 나는 기뻐하나니.

제8절 우각바라숲을 더욱 빛내는 법

1 어느 때, 부처님은 큰 숲을 나와, 이름 높은 우두머리의 제자들, 곧 사리불·목건련·마하가섭·아나율阿那律·리바다離婆多·아난阿難 및 그 밖의 제자들을 거느리고, 나티카 촌이 가까운 우각바라숲(牛角婆羅林)에 계시게 되었다.

목건련은 저녁나절에 선정에서 일어나 마하가섭에게로 갔다.

"벗이여, 지금부터 우리 법을 듣기 위해 사리불에게 가지 않겠는가?"

다시 아나율을 청해, 세 사람이 사리불에게 갔다.

그때에 아난은 이것을 알고 리바다에게 가서

"리바다여, 저 사람들은 법을 듣기 위해 사리불에게 갔다. 우리도 가지 않겠는가?"

그래서 저들의 뒤를 따라 사리불에게로 갔다. 사리불은 리바다와 아난이 멀리서 오는 것을 보고, 아난을 불렀다.

"아난이여, 잘 왔다. 이 우각바라숲은 즐거운 곳이다. 더구나 오늘은 달이 밝고 아름다운 밤이다. 사라 나무는 꽃이 활짝 피고 열매도 맺고, 하늘에서 오는 듯, 그윽한 향기는 사방에 풍기는구나. 아난이여, 이때에 어떤 비구가 이 사라 숲을 더 한층 빛나게 하겠는가?"

"벗이여, 이 아름다운 부처님의 법을 많이 듣고, 바르게 기억하고, 마음에 새겨 두어, 그것을 잘 이해할 뿐 아니라, 또 그것을 바르게, 틀림없이 번뇌를 없애기 위해 설법하는 사람, 그러한 비구야말로 이 우각바라

숲을 더욱 빛나게 할 것이다."

사리불은 다시 리바다에게 말했다.

"리바다여, 아난은 자기 의견으로서 이렇게 말했다. 이제 나는 그대에게 묻나니, 어떤 비구가 이 우각바라숲을 더욱 빛나게 하겠는가?"

"사리불이여, 내 의견으로는, 그윽하게 살기를 즐기고, 한가하게 살기를 사랑하며, 안으로 마음이 고요하기에 힘쓰고, 일을 밝게 살피는 지견智見을 갖춘 비구야말로 이 우각바라숲을 더욱 빛나게 할 것이다."

2 사리불은 다시, 아나율, 마하가섭, 목건련 들에게 차례차례로 물었다.

"벗이여, 리바다는 자기의 의견으로 이렇게 설명했다. 이제 나는 차례로 그대들에게 묻나니, 어떤 비구가 이 우각바라숲을 더욱 빛나게 하겠는가?"

아나율은 대답했다.

"벗이여, 인간의 눈을 넘어서는, 훌륭하고 맑은 하늘눈(天眼)을 가지고, 백천 세계를 바라볼 수 있는 사람, 비유하면, 눈 있는 사람이 높은 집에 올라가 백천 나라들을 바라보는 것처럼, 사람의 눈을 넘어서는, 훌륭하고 맑은 하늘눈을 가지고, 백천 세계를 바라볼 수 있는 비구야말로, 이 우각바라숲을 더욱 빛나게 할 것이다."

마하가섭은 말했다.

"벗이여, 스스로 숲에 살면서 숲에 사는 덕을 칭찬하고, 스스로 걸식을 다니면서 걸식의 덕을 칭찬하며, 스스로 누더기를 입고서 누더기 입는 덕을 칭찬하고, 스스로 세 가지 옷만을 가지면서 세 가지 옷만을 가지는 덕을 칭찬하며, 스스로 욕심을 적게 하면서 욕심을 적게 하는 덕을 칭찬하고, 스스로 만족함을 알면서 만족함을 아는 덕을 칭찬하며, 스스로 그윽하게 살면서 그윽하게 사는 덕을 칭찬하고, 스스로 부지런히 힘쓰면서 부지런히 힘쓰는 덕을 칭찬하며, 스스로 무리를 떠나 살면서 무리를 떠나 사는 덕을 칭찬하고, 스스로 계戒를 닦으면서 계를 닦는 덕을 칭찬하며, 스스로 정定을 닦으면서 정을 닦는 덕을 칭찬하고, 스스로 지혜를 얻으면서 지혜를 얻는 덕을 칭찬하며, 스스로 해탈解脫해서 해탈의 덕을 칭찬하고, 스스로 해탈한 지견智見을 일으켜 해탈한 지견의 덕을 칭찬하는 사람, 사리불이여, 이런 비구야말로 이 우각바라숲을 더욱 빛나게 할 것이다."

목건련은 다음과 같이 말했다.

"사리불이여, 여기 두 사람의 비구가 있어 최상의 법담을 토론하는데, 서로 묻고 대답하면서 아무도 꽁무니를 빼지 않는다. 그러면서 그 토론하는 방법은 조금도 법에서 어긋나지 않는다. 사리불이여, 이런 비구야말로 이 우각바라숲을 더욱 빛나게 할 것이다."

이렇게 여러 대답이 한 차례 끝나자, 목건련은 사리불에게 물었다.

"사리불이여, 우리는 모두 제각기의 의견을 말했다. 이제 우리는 그대에게 묻고 싶다. 사리불이여, 이 우각바라숲은 참으로 즐겁고, 이 밤은 맑고 아름답구나. 사라 나무는 꽃이 활짝 피고 열매도 맺고, 하늘에서 오는 듯, 그윽한 향기는 사방에 가득하다. 사리불이여, 어떤 비구가 이 우각바라숲을 더욱 빛나게 하겠는가?"

"목건련이여, 여기 한 비구가 있어, 아침이나 낮이나 밤이나 마음을 제어해, 마음의 제어를 받지 않는다. 비유하면, 임금이나 임금의 가족이, 여러 가지 빛깔의 옷이 가득한 옷장을 가지고 있어, 아침이나 낮이나 밤이나 마음에 드는 빛깔의 옷을 마음대로 내어 입을 수 있는 것처럼, 자유로이 내 마음을 제어하고 지배할 수 있다면 이 비구야말로 이 우각바라숲을 더욱 빛나게 할 수 있을 것이다."

3 이렇게 대답하고 사리불은 다시 말했다.

"벗이여, 우리들은 모두 우리들의 의견을 설명했다. 그러면 이제 부처님에게 가서 이 사실을 여쭈고, 다시 부처님의 가르침을 받드는 것이 좋지 않겠는가?"

그들은 부처님에게 나아갔다. 사리불은 여럿을 대표해서 부처님께 여쭈었다.

"부처님이시여, 오늘 이 여러 벗들은 법의 이야기를 위해 저에게 왔습니다. 저는 이 벗들에게, 어떠한 비구가 이 즐거운 우각바라숲을 더욱 빛나게 하겠는가를 물어, 제각기의 의견을 냈습니다. 그리고 이제 부처님에게 왔습니다. 부처님이시여, 저희들의 의견 중에서 어느 것이 뛰어났겠습니까?"

그래서 사리불은 여럿의 의견을 낱낱이 되풀이해 여쭈었다.

부처님은 말씀하셨다.

"사리불이여, 모두가 좋구나! 그것은 이 여러 사람처럼, 자기 마음에 얻은 것이 있고서야 비로소 말할 수 있는 것이다. 그러나 또 어떤 비구가 이 우각바라숲을 더욱 빛나게 하겠는가 하는 물음에 내 의견을 듣는 것도 좋다.

사리불이여, 여기 한 비구가 있어, 공양을 마친 뒤 바리를 거두고, 가부좌를 맺고 앉아, 몸과 마음을 바룬 뒤에 혼자 결심하기를 '내 마음이 집착을 떠나 번뇌에서 해탈하기 전에는 이 자리를 뜨지 않겠다'고 한다면, 이런 비구야말로 이 우각바라숲을 더욱 빛나게 할 것이다."

제9절 케마 왕후의 득도와 난타

1 부처님은 사위성에서 동쪽으로 왕사성에 돌아와 대숲절에 머무르셨다. 빈바사라 왕에게는 케마라는 왕후가 있었는데, 마가다 나라 사가라 시市 출신이었다. 원체 얼굴이 고와 왕후로 뽑혔지만, 얼굴이 고우므로 마음이 교만하여, 부처님 섬기기를 좋아하지 않았다. 그러나 빈바사라 왕은, 왕후로 하여금 부처님을 섬기게 하기 위해, 사람들을 시켜 왕후 앞

에서 여러 가지로 부처님을 칭찬하게 했다. 왕후는 마침내 마음이 움직여 부처님을 뵙겠다는 소식을 전했다. 부처님은 왕후가 오는 것을 보시고, 하늘아가씨(天女)와 같은 한 색시를 뽑아, 부처님 뒤에 세우고, 파초잎으로 부채질을 하게 했다. 왕후는 이것을 보고 생각했다. '아, 얼마나 아름다운 여자인가! 부처님은 저런 어여쁜 색시의 섬김을 받는구나. 나 같은 여자는 그 곁에 설 가치조차 없다. 나는 지금까지 잘못된 생각으로 부처님을 생각했다.' 이렇게 뉘우치고 있는 동안에, 그 고운 색시의 모습은 점점 변해, 젊음은 사라지고 늙음이 나타났다. 머리에는 서리가 내리고 얼굴에는 주름이 잡히더니, 파초잎 부채를 쥔 채 땅바닥에 쓰러졌다. 왕후는 전생의 착한 업業 때문에 이 모양을 보고 놀라 어두운 생각에 잠겼다. 부처님은 노래를 읊어 주셨다.

> 욕심에 몰리는 자 지옥으로 떨어진다 거미가 줄을 타고 밑으로 내려가듯.
> 지혜로운 이 이걸 알아 탐욕이 없이 세상 락樂을 버리고 집을 떠난다.

왕후는 이것을 듣고 마음의 눈이 열려, 빈바사라 왕의 허락을 얻어, 왕궁을 떠나와 여승이 되었다. 그래서 얼마 뒤에 도道를 얻었다.

2 부처님은 기원정사에 계시면서, '우리 비구니 중에서 지혜의 제일은 케마라고, 그 여자를 칭찬하셨다. 그러나 그 여자의 수행은 그리 쉬운 것이 아니었다. 어느 날, 나무 그늘 밑에서 좌선하고 있을 때, 악마가 나타나 청년의 모습으로 그를 유혹하려 했다.

> 너 아직 나이 젊고 얼굴도 예쁘구나, 나도 아직 이렇게 청춘이 한창일세,
> 케마여, 오라, 내게로 오라 우리 함께 욕락을 실컷 즐기자.

그러나 그녀는 이것을 물리쳤다.

병들면 쓰러질 이 몸인 것을, 죽으면 썩어질 이 몸인 것을,
모든 욕심과 번뇌의 괴로움은 창이나 양지창에 견주어지나니,
너는 그것을 즐거움이라 하나 그것이 내게는 즐거움 못 된다.
내 모든 일에서 환락은 끊어졌고 어둠과 어리석음 이미 부서졌나니,
파순아 너는 이렇게 알라, 마왕이여, 너는 내게 졌구나.
나는 저 인간 중의 최상인 어른, 바르게 깨친 이를 예배하니,
나는 이제 모든 괴로움 벗어나 부처님의 가르침을 행하는 자다.

부처님은 잠깐 왕사성에서 머무신 뒤에, 마가다 나라의 인연이 있는 마을이나 거리로 걸식을 다니시면서, 가르침을 펴셨다.

3 난타가 부처님의 가르침을 받아 애욕 생활에서 떠날 수 있었던 것은 벌써 오래 전 일이다.

어느 날 난타는 혼자 숲 속에서 생각했다. '부처님을 만나 뵙기는 어려운 일이다. 우담바라優曇波羅 꽃 피는 것이 드문 것과 같이, 부처님이 이 세상에 나타나시는 것도 드문 일이다. 이제 부처님을 만나 뵌 기쁨으로라도, 힘써 수행해서 열반의 즐거움을 얻지 않으면 안 된다.' 그러나 이러한 성자의 마음속까지도, 악마는 아직 놓치지 않고 기어들었다. 난타의 마음을 안 악마는, 가비라성 후궁에 나타나 색시에게 속삭였다.

기뻐하라 색시여, 몸을 단장해 음악과 춤 놀이로 한껏 즐겨라.
그리운 그이는 이제 돌아와 그대의 두 팔 안에 고이 안기리.

난타 색시는 이 말을 듣고 기뻐해, 몸을 단장하고 방을 꾸미며, 궁녀들의 음악으로 남편이 돌아오기를 기다리고 있었다. 바사닉왕은 이 소식을 듣고 매우 놀라, 난타가 머무는 숲으로 급히 달려갔다.

"대왕이여, 무슨 일로 이처럼 바쁘게 오셨습니까?"

하고 난타는 물었다.

"소문을 들으니, 존자尊者는 수도생활을 그만 두고 집으로 돌아왔다느니 돌아온다느니 하기에, 그것이 걱정되어 왔습니다."

이 말을 들은 난타는 빙그레 웃으면서 말했다.

"대왕은 부처님에게서 내 말을 들은 일이 없습니까? 내 번뇌는 이미 끊어져 다시는 다음의 생生을 받는 일이 없게 되었습니다."

"아직 그 말은 듣지 못했습니다. 오늘 뜬소문을 들으니, 존자의 본부인에게 존자가 집으로 돌아간다는 기별이 당도하여, 존자의 부인은 몸을 단장하고, 옛날의 그 방을 꾸며 놓고, 존자가 돌아오기를 기다리고 있다는 것입니다."

"대왕이여, 비구에게는 고요함의 즐거움, 열반의 즐거움이 있습니다. 애욕은 무서운 불구덩이요, 뼈의 얽힘, 살의 뭉텅이며, 꿀을 바른 무서운 칼날입니다. 이 고요한 숲 속에서 쉬면서, 맑고 시원한 단 이슬의 법물(法水)을 마시는 자가, 어떻게 또 칼의 숲에 들고, 독이 섞인 약을 먹겠습니까? 나는 애욕의 불길이 일어나는 것을 알아, 탐욕의 물결, 생존의 물결, 무명의 물결을 초월하였습니다. 해야 할 일을 다해 마치고, 행해야 할 일을 완전히 행했습니다."

"이제 들으니, 내 의심은 사라졌습니다. 마음 놓고 돌아가겠습니다."

악마는 치근치근 난타를 꾀었다.

> 그 모습은 꽃처럼 향기롭고 그 얼굴은 달처럼 환하다.
> 노래 소리 흐르는 이 봄밤에 어째서 그이에게 돌아가지 않는가?。

난타는 이 노래를 꾸짖어 노래했다.

> 옛날에는 내게 그런 마음 있었다. 애욕의 불길 속에 휘몰리면서

늙음과 죽음으로 달려갔었다. 이제 내게 그 불길은 사라져 없다。
번뇌 없고 더러움에 물들지 않으면 임금 자리 영화도 괴로운 것을,
진실한 이 법이야 즐겁구나, 악마여, 이제 사라져 없어져라。

비구들이 이 소식을 전해 듣고 부처님께 그 사실을 여쭈었더니 부처님은 말씀하셨다.

"난타는 큰 힘을 가지고 있다. 그는 얼굴이 아름답고 애욕이 왕성하다. 그러나 그는 그것을 잘 억눌러, 몸을 깨끗이 지키고 음식의 분량을 알며, 밤에도 눕지 않고 부지런히 닦아, 지혜와 수행을 완성한 사람이다."

제10절 천나와 발가리의 열반

1 한때, 사리불과 마하주나와 천나闡那는 기사굴산에 있었는데, 천나는 무서운 병을 앓고 있었다. 어느 날 오후에, 선정에서 일어난 사리불은 마하주나를 재촉해, 천나의 문병을 가서, 천나에게 말했다.

"천나여, 병은 좀 어떤가? 고통은 좀 덜한가?"

"벗이여, 병은 자꾸 더해 가고, 고통은 갈수록 심해 갑니다. 나는 이제 살고 싶은 생각이 없습니다. 칼로 자살이라도 하고 싶습니다."

"천나여, 자살해서는 안 된다. 우리는 그대가 병을 견디어, 오래 살기를 바라고 있다. 만일 필요한 음식이나 약이 없으면 우리가 구해 올 것이요, 또 간호도 내가 하겠다. 부디 병을 견디어 오래 살아 다오."

"벗이여, 내게 음식이나 약이 부족하지는 않습니다. 또 간호도 이만하면 넉넉합니다. 나는 오랫동안 부처님을 섬겨 왔습니다. 제자로서 할 일은 다한다고 했습니다. 이제 천나는, 다시는 미혹의 삶을 되풀이하지 않는 자가 되어, 자살했다고 생각해 주십시오."

"천나여, 우리는 그대에게 조금 물어볼 일이 있다. 될 수 있는 대로 대답해 다오."

"무엇이든지 물어 주십시오. 대답하겠습니다."

"천나여, 눈과 눈의 알음알이와 눈이 보는 물체를 '이것은 내 것이다, 이것은 나다, 이것은 나의 나다'라고 생각하는가? 또 귀와 귀의 알음알이와 귀가 듣는 소리를, 혀와 혀의 알음알이와 혀가 맛보는 맛을, 코와 코의 알음알이와 코가 맡는 냄새를, 몸과 몸의 알음알이와 몸이 닿는 물체를, 뜻과 뜻의 알음알이와 뜻이 생각하는 법을 '이것은 내 것이다, 이것은 나다, 이것은 나의 나다'라고 생각하는가?"

"벗이여, 나는 그 모든 감각기관, 그 알음알이와 그 대상들을 '이것은 내 것이 아니다, 이것은 내가 아니다, 이것은 나의 나가 아니다'라고 보고 있습니다."

"천나여, 너는 무엇을 알기에, 그렇게 보고 있는가?"

"벗이여, 나는 그 모든 감각기관과 그 알음알이와 그 대상들에서, 그들의 없음을 보고, 그들의 없음을 알기 때문에, '그것은 내 것이 아니요, 내가 아니요, 나의 나가 아니다'라고 생각하고 있습니다."

그때 마하주나는 말했다.

"천나여, 그러므로 너는 부처님의 이 가르침을 항상 생각하지 않으면 안 된다. 집착하면 허덕임이 있고, 집착이 없으면 허덕임이 없다. 허덕임이 없으면 고요하고, 고요하면 욕심이 없다. 욕심이 없으면 오고 감이 없고, 오고 감이 없으면 생사가 없는 것이다. 생사가 없으면 이승 · 저승이나 또한 두 세상이 없다. 이것이 곧 괴로움의 마지막이다."

사리불과 마하주나는 이렇게 말하고 그 자리를 떠났다. 두 사람이 떠나자 얼마 뒤에, 천나는 칼을 잡아 자살하고 말았다.

사리불이 부처님한테 가서 천나의 일을 아뢰었더니, 부처님은 말씀하셨다.

"천나는 제 입으로, 두 번 다시 미혹의 생명을 되풀이하지 않겠다고 말하지 않았는가? 천나는 그 몸을 버리고, 다시는 다른 몸을 받지 않는 사람이 되어 자살했다. 천나는 열반에 들어갔다."

2 부처님이 기사굴산에 계실 때의 일이다. 발가리跋迦利는 질그릇장이 집에 머물며 앓고 있었다. 그는 간호하는 스님을 불러 말했다.

"벗이여, 부디 부처님한테 가서, 내 이름으로써 부처님의 발에 예배해 다오. '부처님이시여, 비구 발가리는 중한 병으로 앓고 있으면서, 부처님의 발에 예배를 드립니다'라고."

간호하던 스님은 발가리의 말을 따라 부처님에게 나아가, 부처님께 예배하고 한쪽에 앉아 발가리의 소원을 여쭈었다. 부처님은 잠자코 이것을 허락하신 뒤, 옷을 입고 바리때를 들고, 발가리에게로 가셨다. 그는 부처님이 오시는 것을 보고 자리에서 일어났다. 부처님은 그를 보고 말씀하셨다.

"발가리여, 자리에서 일어날 것 없다. 여기 자리가 준비되어 있으니, 나는 여기 앉겠다."

자리에 앉으신 부처님은 다시 말씀하셨다.

"병은 좀 어떤가, 견딜 수 있는가, 밥은 잘 먹는가, 수용受用에 불편은 없는가, 고통은 더함이 없이 좀 덜하지 않는가, 병은 차차 낫는 길로 나아가지 않는가?"

"아닙니다, 부처님이시여. 고통은 심하고 입맛은 나아지지 않습니다. 병은 더하는 길로만 나아갈 뿐입니다."

"발가리여, 너에게는 어떤 후회하는 일, 원통하게 생각하는 일은 없는가?"

"부처님이시여, 제게는 확실히 적지 않은 후회와 원통하게 생각하는 일이 있습니다."

"그러면 너는 계행戒行에 있어서 스스로 꾸짖고 있는가?"

"그렇지 않습니다."

"그러면 어떤 후회와 원통한 일이 있는가?"

"저는 부처님을 뵙기 위해, 오랫동안을 부처님에게 나아가려고 생각했습니다. 그러나 제 몸에는 그만한 힘조차 없어서, 부처님에게 나아갈 수가 없었습니다."

"발가리여, 이 썩을 몸을 보아서 무엇 하겠는가. 법을 본 사람은 나를 보는 사람이다. 나를 보는 사람은 법을 보는 사람이다. 왜냐하면, 법을 봄으로써 나를 보고, 또 나를 봄으로써 법을 보기 때문이다. 발가리여, 너는 물체가 항상 머무는 것이라 생각하는가, 항상됨이 없다고 생각하는가?"

"부처님이시여, 물체는 항상됨이 없나이다."

"감각과 상상과 생각과 인식은 항상 머무는 것이라 생각하는가, 항상됨이 없다고 생각하는가?"

"항상됨이 없나이다."

"발가리여, 항상됨이 없는 것은 괴로움이다. 괴로움인 것은 '나'가 없는 것이다. 또 항상됨이 없는 것은, '이것은 내 것, 이것은 나, 이것은 나의 나'라는 것이 없다. 이렇게 확실히 알지 않으면 안 된다. 발가리여, 이렇게 봄으로써 내 제자들은 물체와 감각과 상상과 생각과 인식을 싫어해서, 욕심을 떠나 해탈하고, 해탈해서 해탈했다는 지혜가 생기는 것이다. 그래서 '삶은 다했다, 닦을 것은 닦았다, 할 일은 다해 마쳤다, 지금부터 다른 삶은 없다'고, 아는 것이다."

3 부처님은 이렇게 발가리를 가르치시고, 자리에서 일어나 기사굴산으로 돌아오셨다.

발가리는 부처님이 자리를 떠나시자 조금 뒤에, 간호하는 스님에게 말하였다.

"벗이여, 나를 자루에 담은 채 이시기리 산 곁의 흑요암黑燿岩이 있는 곳으로 데려다 다오. 나 같은 자가 어떻게 집 안에서 가만히 죽기를 바라겠는가?"

간병 스님은 그 말대로 그를 이시기리 산 곁의 흑요암이 있는 곳으로 실어다 주었다.

부처님은 그날 오후와 그날 밤을 기사굴산에서 지내셨다. 그날 밤에, 두 사람의 천자天子가 광명으로써 기사굴산을 비추면서 부처님에게 나와 예배하고 여쭈었다.

"부처님이시여, 발가리 비구는 해탈을 생각하고 있습니다. 부처님이시여, 발가리 비구는 잘 해탈할 수 있겠습니까?"

두 천자는 그 자리에서 모양을 감추었다.

그날 밤을 지내시고 부처님은 비구들을 불러 말씀하셨다.

"비구들이여, 발가리 비구에게 가서 이렇게 전하라. '벗이여, 발가리여. 부처님과 두 천자의 이야기를 들어라. 어젯밤, 광명이 번쩍이는 두 천자가 기사굴산을 빈틈없이 비추면서 부처님에게 와서, 한 천자는 부처님이시여, 발가리 비구는 해탈을 생각하고 있다고 말하고, 한 천자는 부처님이시여, 발가리 비구는 잘 해탈할 수 있겠습니까?라고 말했다. 그리고 부처님은 이렇게 말씀하셨다. '발가리여, 두려워하지 말라. 너의 죽음은 나쁘지 않다. 너의 죽음은 불행이 아니다'라고."

부처님의 분부를 받아, 비구들은 발가리에게 가서 말했다.

"벗이여, 발가리여, 부처님과 두 천자의 이야기를 들어라."

발가리는 이 말을 듣고, 간병 스님에게 말했다.

"벗이여, 나를 이 평상에서 내려놓아라. 나 같은 것이 어떻게 높은 자리에 앉아서 부처님의 가르침을 듣겠는가."

간병 스님은 그 말대로 내려놓아 주었다. 그래서 비구들은 부처님의 말씀을 전했다. 발가리는 말했다.

"벗들이여, 나를 대신해서, 부처님의 발에 예배하고 여쭈어 다오. '부처님이시여, 발가리 비구는 무거운 병으로 괴로워하고 있습니다. 부처님의 발에 예배 드리고 여쭙습니다. 부처님이시여, 저는 물체와 감각과 상상과 생각과 인식은 항상됨이 없다는 것을 의심하지 않습니다. 항상됨이 없는 것은 괴로움이라는 것도 의심하지 않습니다. 항상됨이 없어 괴롭고 변화하는 모든 법에 대해서, 탐욕을 일으키고 애정을 느낄 것이 없다는 것도 의심하지 않습니다'고."

비구들은 부처님에게로 돌아갔다. 비구들이 떠난 지 얼마 안 되어, 발가리는 칼을 뽑아 들었다. 비구들은 부처님에게 발가리의 말을 전했다.

4 그때 부처님은 비구들을 불러 말씀하셨다.

"비구들이여, 오라. 이시기리 산 곁의 흑요암이 있는 곳으로 가자. 발가리는 칼을 잡아들었다."

그래서 부처님은 비구들을 데리고 그곳을 향해 떠났다. 멀리서 발가리가 평상 위에서, 몸과 어깨를 꿈적거리며 뒹굴고 있는 것을 보았다.

그때에, 또 연기와 같고 도깨비와 같은 것이 동으로 갔다 서로 가고, 북으로 갔다가 남으로 가며, 또 아래 · 위와 네 귀퉁이로 돌아다니고 있었다. 부처님은 비구들에게,

"저 이상한 것을 보느냐?"고 물으시고, 말씀하셨다.

"비구들이여, 저것은 악마 파순이, 발가리의 식신識神이 어디로 가서 태어나는가를 찾고 있는 것이다. 그러나 발가리는 그 식신이 어디로 가서 태어나는 일이 없이, 열반으로 들어갔느니라."

제6장 신행 공덕과 인과응보

제1절 삼보에 귀의와 수행의 과보

1 부처님이 왕사성 대숲절에 계실 때이다. 어느 날 춘디라는 공주가 수백 명의 소녀들을 데리고 대숲절에 와서 부처님께 여쭈었다.

"부처님, 저의 언니 순다가 말하기를 '어떤 사내에게도 어떤 여인에게도 의지하지 말고 누구나 부처님께 귀의하고 부처님 법에 귀의하며, 수도하는 스님에게 귀의하여, 산목숨 죽이지 않고, 남이 주지 않는 물건 도둑질하지 않고, 사음邪婬하지 않고, 거짓말하지 않고, 술 마시지 않으면 죽은 뒤에도 좋은 곳에 나서 결코 나쁜 세상에 떨어지지 않는다'고 하였습니다. 저는 부처님을 찾아뵙고 사뢰어 보고자 하였습니다. 어떻게 부처님과 법과 스님네를 믿고 또 계를 지키게 되면 죽은 뒤에 좋은 곳에 나게 되겠습니까?"

부처님은 이렇게 말씀하셨다.

"춘디야, 여래는 모든 생명체 가운데서 제일이니라. 그러므로 부처님을 믿는 것은 제일의 믿음이 되는 것이다. 그 믿음의 결과도 제일의 것이 된다. 또 모든 학설과 교법 가운데서 자만심을 깨뜨리고, 애욕과 번뇌를 없애고, 나고 죽음의 윤회를 벗어나는 것은 여래가 가르쳐 보인 열반의 법이 제일이다. 그러므로 이 법을 믿음이 제일의 믿음이 되면, 그 결과도 제일이 되는 것이다. 또 여래의 제자인 스님네는 곧, 네 쌍 여덟 짝

(수다원 · 사다함 · 아나함 · 아라한의 네 성인이 각기 초기학과 졸업자가 있는 까닭)의 성인들은 모든 수행 단체 가운데 제일이 된다. 이것을 믿음이 제일의 믿음이 되며, 그 믿음의 결과도 제일이 되는 것이다. 또 여러 가지 계 가운데 깨뜨릴 수 없고 상대가 없는 여래의 계법이 제일이므로 이 계를 지니는 것이 제일이 되며, 그 결과도 제일이 된다. 춘디야, 이렇게 불 · 법 · 승과 계법을 믿고 지켜 나가면 그는 죽은 뒤에도 좋은 곳에 나고, 결코 나쁜 세상에 떨어지지 않는 것이다."

춘디는 기뻐하여 한평생 불법에 귀의하여 계를 지니기를 서원했다.

2 부처님이 마가다 나라를 떠나 파타불 성에 이르렀을 때 많은 사람들이 부처님의 법을 듣고 불 · 법 · 승 삼보에 귀의하여 신자가 되기를 간청했다. 부처님은 그것을 허락하시고 다시 말씀하셨다.

"너희들은 이제부터 산목숨을 죽이지 말고, 남의 물건을 도둑질 말고, 간음하지 말고, 거짓말하지 말고, 술 마시지 말라. 사람이 이 계를 범하면 다섯 가지 손해가 있으니, 첫째는 재물을 구해도 원대로 되지 않고, 둘째는 설사 소득이 있더라도 날로 없어지고, 셋째는 이르는 곳마다 여러 사람이 공경하지 아니하고, 넷째는 추한 이름 나쁜 소리가 세상에 들리고, 다섯째는 죽으면 지옥에 떨어지게 된다. 누구든지 계를 가지게 되면 다섯 가지 공덕이 있으니, 첫째는 구하는 것은 무엇이고 원대로 되고, 둘째는 소유한 재산은 날로 늘어가고 줄어들지 않으며, 셋째는 가는 곳마다 사람들이 존경하고, 넷째는 이름이 널리 떨치고, 다섯째는 목숨이 마치면 반드시 천상에 나게 된다."

여러 신자들은 이 가르침을 받고 기뻐하며 믿고 행했다.

3 "또 계행을 지니는 이는 다섯 가지 공덕을 이루게 된다. 첫째, 큰 재산을 얻어 거부장자가 되고, 둘째, 명성이 널리 떨쳐지고, 셋째, 임금 · 바라문 · 거사 · 사문 등의 어떤 모임에 가더라도 두려울 것이 없고, 넷째, 죽을 때에 정신이 어지럽지 않고 바른 생각으로 임종하게 되고, 다섯째,

죽은 뒤에는 좋은 곳-천상에 나게 된다.

계행을 지니지 않고 살생 · 도둑질 · 음행 · 거짓말 등을 함부로 하는 자는 다섯 가지 손해가 있으니, 첫째, 재산을 모으지 못하고 있던 재산은 흩어지고, 둘째, 나쁜 소문이 떠돌고, 셋째, 임금 · 바라문 · 거사 · 사문 등의 모임에 가면 공포심에 떨게 되고, 넷째, 죽을 때에 정신이 어지러워 혼미 · 발광하고, 다섯째, 죽은 뒤에 삼악도에 떨어지게 된다.

4 부처님이 바티 시로부터 비사리에 이르러 대림정사에 계실 때이다. 비사리성 사자장군獅子將軍은 부처님께 말하였다.

"부처님, 보시하는 것이 좋은 일이라고 말씀하셨는데, 보시에 대한 현재의 과보를 보여 주옵소서."

부처님은 이렇게 말씀하였다.

"장군, 보시하는 현재의 과보로서는 첫째, 여러 사람에게 사랑을 받게 되나니, 이것이 보시에 있어서의 현재 과보의 하나다. 또 보시하는 사람에겐 바르고 착한 사람들이 그 사람을 좇아 섬기게 되니, 그것이 현재 과보의 둘째가 된다. 또 보시하는 사람은 명예가 높이 드날리니 이것이 현재 과보의 셋째가 된다. 또 보시하는 사람은 임금 · 바라문 · 사문 · 장자 · 거사들이 모인 곳에 가더라도 겁날 것 없고 대담하게 들어갈 수 있으니, 이것이 현재 과보의 넷째가 된다. 그리고 보시하는 공덕으로 죽은 뒤에는 천상에 나게 되니, 이것은 미래의 과보가 되는 것이다."

"부처님, 부처님이 말씀하신 다섯 가지 과보 가운데서 앞의 네 가지는 제가 알 수 있습니다마는, 뒤의 미래의 과보에 대해서는 저로서는 알 수가 없습니다. 하지만, 부처님의 말씀이기 때문에 믿겠습니다."

라고 장군은 말하였다.

5 욱가郁迦 장자는 비사리 사람이다. 어느 날 부처님은 장자의 초대를 받고 그 집에 가셨는데, 장자는 이렇게 여쭈었다.

"부처님, 저는 부처님의 입으로 좋은 것을 보시하는 자는 좋은 과보를 받는다는 말씀을 들었습니다. 이 떡은 맛이 좋은 것이오니 아무쪼록 부처님께서는 마음으로 받아주시기 바라나이다."

부처님은 잠자코 받았다. 그는 다시 대추의 살을 섞어 꿀에 버무린 떡과 맛이 좋은 채소와 약식 등을 올리므로 부처님은 잠자코 받아 들었다. 장자는 그것을 보고

"부처님, 긴 수술이 달린 비단 요를 깔고 양쪽에 붉은 마구리를 한 베개를 놓은 전단향 좌대는 좋은 물건에 틀림없습니다. 부처님과 같은 어른에게는 이런 물건이 적당하다고 생각하오니 저희를 불쌍히 여기셔서 받아주십시오."

부처님은 잠자코 받고 나서 감사의 노래를 읊었다.

"바른 도를 행하는 사람에게 존경심을 일으켜 좋은 것을 베풀면 좋은 과보를 얻으리라. 옷과 음식과 좌대와 의약 등을, 깨달은 사람을 공덕의 밭인 줄 알고, 베풀기 어려운 것을 베풀어 주면, 그는 반드시 좋은 과보를 얻으리라."

얼마 뒤에 욱가 장자는 병들어 죽어 천상에 태어났다. 하룻밤, 빛을 놓아 기원정사를 비추며 부처님 처소에 와서 그 곁에 앉았을 때, 부처님은 말씀하셨다.

"욱가여! 소원대로 되었는가?"

"감사합니다, 부처님이시여."

부처님은 다시 게송으로

좋은 것을 베풀면 좋은 과보를 얻고
특수한 것을 베풀면 특수한 과보를 얻으며
좋은 것, 특수한 것을 베풀면 수명도 길고 명예가 있으리다.

제2절 가티카라의 믿음

1 부처님이 많은 비구들을 거느리시고 사위성으로 가시는 길에, 교살라국에 들르셨다. 한 곳에 이르러 문득 길가에 멈춰 서면서, 가만히 미소를 지으셨다. 아난은 그 까닭을 물었다.

부처님은 말씀하시기를 "아난아, 먼 옛날, 여기는 베하링가라는 도시였다. 그 도시는 번창하여 인구도 많았고, 가섭 부처님이 즐거이 머무시던 곳이었다. 내가 지금 서 있는 이 자리는 바로 그 가섭 부처님이 자리를 잡고 앉아 많은 비구들을 가르치시던 곳이다."

아난은 이 말씀을 듣고 가사를 벗어 네 겹으로 접어 땅에 깔고 부처님에게 여쭈었다.

"부처님이시여, 이 위에 앉으소서. 그러면 이 자리는 두 분 부처님께서 앉으신 자리가 될 것입니다."

부처님은 그 자리에 앉아 다시 말씀하셨다.

2 "아난아, 이 베하링가 도시에 가티카라라는 옹기장이가 있었는데, 그는 가섭불을 가장 잘 공양하는 사람이었다. 그에게는 조티팔라라는 친구가 있었다.

어느 날, 가티카라는 조티팔라에게 '이제 우리 가섭 부처님을 예배하러 가자. 부처님을 예배하는 것은 좋은 일이다'라고 권했다.

그러나 조티팔라는 '까까머리 중은 보아서 무엇해?' 하고는, 가기를 거절했다. 가티카라는 할 수 없어 조티팔라를 꾀어 목욕하러 강으로 나갔다. 가티카라는 물속에서 조티팔라의 팔죽지를 잡아 문지르면서, 다시 '부처님을 예배하러 가자'고 졸랐다. 조티팔라는 귀찮은 듯, 팔죽지를 빼고, 약간 화를 내면서 싫다고 거절했다.

그래서 그들은 몸을 다 씻고 조티팔라가 몸을 굽혀 머리를 감고 있을 때, 가티카라는 또 그 머리를 잡아 어루만지면서 '부처님을 예배하러 가자'고 달래었다. 이때 조티팔라는 가만히 생각했다. '이것은 이상한 일이다. 이 가티카라는 나보다 미천한 사람으로서, 감히 내 머리를 닿을 수 없는데, 이렇게 머리를 잡으면서까지 권한다는 것은 참으로 이상하다. 이것은 예사 일이 아니다.'

조티팔라는 우선 머리를 잡은 손을 놓게 하고, 할 수 없이 그 청을 들어 주었다.

아난아, 그래서 그 두 사람은 가섭 부처님에게로 갔다. 가티카라는 '부처님이시여, 이 사람은 저의 친구입니다. 아무쪼록 법을 들려주소서.' 하고 가섭 부처님에게 청했다. 가섭 부처님은 그 두 사람을 위해 법을 설하셨다. 두 사람은 법을 듣고 기쁨에 넘쳐 부처님께 예배하고, 오른쪽을 돌아 그 자리를 떠났다. 조티팔라는 가티카라에게 말했다.

'그대는 저 고마운 법문을 듣고도 집 떠날 생각은 없는가?'

'조티팔라여, 그대는 내 사정을 잘 알고 있지 않는가? 나는 저 늙은 장님인 부모를 섬기지 않으면 안 되는 것을….'

'가티카라여, 그러면 내가 스님이 되겠다.'

조티팔라는 가티카라의 청을 따라 가섭 부처님에게 나아가 법문을 듣고 스님이 되었다.

3 아난아, 가섭 부처님은 조티팔라가 스님이 된 지 반 달쯤 지나 바라나로 떠나, 선인들이 사는 사슴의 동산에서 지내시게 되었다. 바라나의 기기 왕은 이 소문을 듣고, 아름다운 마차를 꾸며 가섭 부처님에게 나아가 법을 들은 뒤, 이튿날의 공양을 청했다. 부처님은 다음 날 아침에 왕궁에 나가 공양을 받으셨다. 왕은 다시 한 철의 안거를 청했다. 그러나 부처님은 달리 약속이 있다 해서 그것을 사양했다. 왕은 두 번, 세 번 간절히 청했지만 부처님은 한결같이 사양했다. 왕은 다소 기분이 나빠 부처님에게 말씀했다.

'부처님이시여, 나 밖에 나처럼 교단에 봉사하는 자가 있습니까?'

'대왕이여, 베하링가 도시에 가티카라라는 옹기장이가 있는데, 그는 나를 제일로 공양하는 사람입니다. 그는 안거의 청이 거절을 당하더라도, 기분 나빠하는 일은 절대로 없었습니다. 대왕이여, 그는 부처님과 법과 스님의 삼보에 귀의합니다. 그는 살생과 사음을 멀리하고, 주지 않는 것은 가지지 않으며, 거짓말을 하거나 술에 빠지는 일이 없습니다. 그는 부처님에 대해서 굳은 믿음을 가지고, 법과 스님에 대해서도 또한 그러합니다. 그래서 모든 성자들이 칭찬하시는 계율을 가집니다. 또 그는 세상의 괴로움과 그 괴로움의 원인과, 그 괴로움 없어짐과 그 없애는 길에 대해서 의심을 가지지 않습니다. 그는 하루에 한 끼를 먹고, 그 행동은 맑고 깨끗합니다. 그는 아름다운 성질을 가졌고, 재물을 쌓아 두는 일이 없습니다. 자기 손으로 흙을 파는 일이 없이, 둑이 무너진 흙이나, 쥐나 개가 파헤친 흙을 날라 옹기를 만듭니다. 그리고는 '누구나 이 옹기를 가지고 싶은 사람은, 쌀이나 콩이나 팥을 주고, 가지고 싶은 그릇을 가지고 가면 그만이다'라고 말하는 것입니다. 그는 늙은 장님인 부모를 섬기면서, 이 세상에 태어나는 근본이 되는 다섯 가지 번뇌를 끊었기 때문에, 다시 이 세상에 태어날 일이 없이, 영원한 열반에 들어갈 사람입니다.

4 대왕이여, 내가 베하링가 시에 있을 때의 일입니다. 어느 날 아침, 내가 가티카라의 양친 집에 가서, '주인은 안 계십니까?' 하고 물었더니,

'부처님이시여, 오늘 부처님의 심부름꾼은 볼일이 있어서 밖에 나갔습니다만, 솥에는 공양이 있고 냄비에는 국이 있습니다. 부디 사양 마시고 자셔 주십시오'라고 대답했습니다. 대왕이여, 나는 시키는 그대로 공양을 마치고 그 집을 나왔습니다. 가티카라는 집에 돌아와 이 말을 듣고

'아아, 나는 얼마나 행복한 사람인가! 가섭 부처님께서 이처럼 나를 믿어 주신다는 것은 얼마나 고마운 일인가!'고, 그는 반 달 동안을 계속해 기뻐하고 그 양친은 이레 동안을 기쁨에 잠겼습니다.

대왕이여, 또 어느 때, 내 지붕에 비가 새어서, 비구들을 불러, 가티카

라의 집에 가서 지붕에 덮을 풀을 가져오라고 시켰더니, 비구들은 '가티카라의 집에는 풀이 없습니다. 그는 요즘 그 공장 지붕을 전부 새로 이었습니다'고 대답했습니다. 그래서 나는 '그 공장 지붕을 모두 벗겨오라'고 시켰습니다. '비구들은 내가 시킨 대로 가티카라의 공장에 가서 새로 인 풀을 모두 벗겼습니다. 그 양친은 '누가 공장 지붕을 벗기느냐?'고 물었습니다. 비구들이 가섭 부처님의 지붕이 샌다는 말을 했을 때, 그 양친은 그 말을 듣고 '부디 가져가십시오, 부디 가져가십시오.' 하면서 기뻐했습니다. 가티카라는 밖에서 돌아와 이 말을 듣고 '아아, 나는 얼마나 행복한 사람인가! 가섭 부처님께서 이처럼 나를 믿어 주신다는 것은 얼마나 고마운 일인가?'고, 전날과 같이 기쁨에 잠기었습니다. 대왕이여, 그래서 가티카라의 공장은 석 달 동안이나 허공을 지붕으로 하고 있었지만, 그동안에는 비도 별로 오지 않았습니다. 대왕이여, 가티카라는 이러한 사람입니다.'

5 기기왕은 이 이야기를 듣고 '가티카라는 참으로 행복한 사람이다. 가섭 부처님께 그처럼 신뢰를 받고 있는 그의 행복은 참으로 큰 것이다'라고 찬탄했다. 그리고 깨끗이 찧은 백미 오백 수레를 가티카라에게 보냈다. 그러나 가티카라는 '대왕이여, 대왕이야말로 많은 비용이 들 것입니다. 나는 이대로 넉넉합니다.'하고 사양했다.

아난아, 그때의 가티카라는 실로 다른 사람이 아닌, 바로 나였다."

제3절 거듭나는 사람들

1 부처님이 나데카라는 마을 벽돌집에 계실 때이다. 부처님은 나데카 신도들에게

"가가라라고 하는 대신은 죽은 뒤에 하품번뇌下品煩惱(=가장 가벼운 번뇌)를

끊고 곧 천상에 나서 아라한과를 얻어 다시 이 세상에 오지 않으리라. 가릉가・비가타・가리수・가루・바야루・바두루・수바두・타리사누・수달리사누・야소・야소다루 등 대신도 또한 하품번뇌를 끊고 곧 천상에서 아라한과를 얻어 이 세상에 다시 오지 않으리라고 증언하셨다. 그리고 다시 남은 오십 인은 목숨을 마친 뒤에 중품번뇌中品煩惱(=좀 무거운 번뇌)를 끊고 사다함과斯陀含果를 얻어 한번 이 세상에 왔다간 뒤에 불환과不還果를 얻어 다시 이 세상에 돌아오지 않게 될 것이다. 그 밖에 아흔 사람의 신도는 중품번뇌中品煩惱를 끊고 한 번 인간에 났다가 천상에 난 뒤에는 아라한과를 얻을 것이다. 또 그 밖에 오백 여인은 상품번뇌上品煩惱(=매우 무거운 번뇌)를 끊기 위하여 몇 생 동안 인간에 태어났다가 그것을 끊고 예류과預流果(=성자의 유에 참예한다는 뜻)를 얻어 다시 나쁜 세상에 떨어지지 않고 정각正覺을 향해 나가게 될 것이다."

하고 말씀하셨다. 이같이 앙가카시・교살라국・발기국拔耆國・말라・지데바사・구루・반자리般遮羅・바차・수레세나・소라파・건타라健馱羅 등 여러 나라의 신자들이 이미 죽은 이로서 어떤 곳에 태어난 것을 낱낱이 말씀하셨다.

나데카의 신자들은 카시・교살라 등 여러 나라 신자들과 또는 나데카 신자들이 죽어서 어떤 곳에 나서 마침내 열반과 정각을 이루게 된다는 부처님의 증명을 듣고 모두들 기뻐했다.

2 그때 아난이 나데카 사람들이 이렇게 기뻐하고 더욱 신심을 일으켜 불법을 신봉하는 것을 보고 생각한 바 있어서 하루는 부처님께 가서 예배하고 여쭈었다.

"부처님이시여, 제가 듣자오니 부처님께서 앙가카시, 교살라국, 발기국, 발라 등 여러 나라의 신자들과 나데카 신자로서 이미 죽은 이들이 태어난 곳과 장차 열반을 성취할 것을 증언하시므로 나데카의 신자들이 그 말씀을 듣고 기뻐하여 더욱 신심을 내게 된다 합니다.

부처님, 마가다의 신자들은 오랫동안 불・법・승 삼보를 믿고 가르침과 같이 수행하였다가 죽은 사람이 많습니다. 그럼 그들이 죽은 뒤에 그 운명을 말씀하지 않으셨으니, 만일 그들에게 대하여 말씀하여 주셨으면 다행하겠습니다. 많은 사람이 신심을 일으켜 그 인연으로 좋은 곳에 나가게 될 것입니다."

3 "부처님이시여, 저 마가다 국의 왕 빈바사라는 왕자王者의 법에 따라 왕 노릇한 분으로서 바라문과 거사에 대하여, 그리고 일반 인민에 대하여 사랑하고 불쌍히 여겼으므로, 사람들은 모두 칭찬하기를 '그처럼 거룩한 임금은 우리에게 행복을 주시고 돌아갔도다. 우리들은 그 임금의 나라에서 행복하게 살아왔다'고 합니다.

부처님이시여, 그(王)는 불・법・승을 믿고 그 가르침을 실행했습니다. 그런데 이미 죽어 갔습니다. 또 부처님께서는 실로 마가다에서 정각을 이루었으니 그 마가다의 신자들에게 어째서 그 죽은 뒤 태어나는 곳을 말씀하여 주시지 않습니까? 만일 이것을 말씀하여 주시지 않으시면 마가다 사람들은 불행할 것입니다."

라고 간절히 청원했다. 그때 부처님은 잠자코 허락하시고, 그것을 말씀하실 기회가 있다는 뜻을 보이셨다.

4 부처님은 아난이 간 뒤에 이윽고 아침에 옷을 정돈하시고 바리때를 가지고 나데카 마을에 들어가 걸식하고 돌아와서 식사를 하시고 발을 씻고 벽돌집에 들어가셨다. 마가다 신자들의 후생에 대한 일을 생각하시고 고요히 앉아 정에 드셨다 일어나 절로 돌아오셨다. 그때 아난이 부처님 계시는 곳에 나와 예배하고 부처님의 말쑥하고 고요한 안색을 우러러 보았다. 부처님은

"아난아, 네가 마가다 신자들이 죽은 뒤에 다시 난 곳을 묻기에 내가 나데카에 들어가 걸식한 뒤 벽돌집에 들어가 선정에 들었을 때에 한 야차가 소리치기를 '부처님이시여! 소신小神은 자나바사바입니다'라고 외

치며 내 앞에 나타나 다시 '소신은 자나바사바입니다, 나는 자나바사바입니다. 소신은 북방 비사문천왕의 태자로 태어난 것이 이번이 일곱 번째입니다. 소신은 인간의 왕으로서 없어진 뒤에 이 북방 천왕의 권속으로 태어난 것입니다.

이곳에서 일곱 번, 저곳에서 일곱 번, 합하여 열네 번,
지낸 세상 지낸 일 이것만을 나는 아네!

하면서 '부처님이시여, 소신은 오랜 세상에 나쁜 길에 떨어진 일이 없는 줄 아오며, 소신은 장차 사다함과를 얻을 것입니다'라고 말했다."

제4절 불법을 믿는 공덕

1 "자나바사바는 오랜 세상에 나쁜 길에 떨어지지 않은 것을 알고 또 사다함과를 얻을 것이니 참으로 기특하다. '어떤 인연으로 자나바사바가 이 같은 거룩한 지혜를 얻었느냐?'고 묻자, 그는 대답하기를 '부처님이시여, 부처님의 가르치심 이외의 것이 아닙니다. 소신은 과거 세상에서부터 불법에 귀의하여 신앙한 이래, 길이 나쁜 길에 떨어지지 않고 사다함과를 얻을 희망을 갖게 되었습니다.' 하고, 또 말하기를 '부처님이시여, 만일 사왕천이나 삼십삼천 도리천 상의 모든 천인天人들이 한데 모일 적에 그 가운데 천인들이 부처님 처소에서 법을 듣고 청정한 계행을 닦고 새로 삼십삼천에 나는 이는 그 광명이 다른 천인을 능가합니다. 그러므로 삼십삼천의 천중天衆들은 천계의 위덕이 더욱 성하고 아수라계阿修羅界의 세력이 감쇠함을 기뻐합니다'라고.

2 자나바사바는 다시 말하였다. '부처님이시여, 삼십삼천에 일찍이 큰

광명이 나타나며 힘찬 세력을 내어 모든 천인의 위력을 능가하였습니다. 제석천왕이 삼십삼천 중에 이르기를 이 광명은 범천이 나타날 징조라고 하더니, 그때 범천왕이 동자童子 모양으로 나타나는데 광명이 찬란하여 눈이 부셔 바로 보기 어려웠습니다. 그 범천은 상동형범천常童形梵天이라고 하오며 다섯 개의 상투를 짜고 허공에 가부좌를 하고 앉았으면서도 평지에 앉은 것과 같았습니다.

3 부처님이시여, 상동형범천은 영롱하고 미묘하고 부드러운 범음성으로 삼십삼천에게 말했습니다.

'삼십삼천이여, 어떻게 생각하는가? 저 부처님께서는 중생을 가엾이 여기기 때문에 항상 천상 · 인간의 이익 · 안락을 위하여 끊임없이 정진하신다. 어떤 중생이든지 부처님께 귀의하고 법에 귀의하고 스님에게 의지하여 그 가르침을 잘 받들어 행하면 그 몸이 죽은 뒤에 혹은 타화자재천에 나며, 혹은 화락천化樂天에, 혹은 도솔타천에, 혹은 야마천에, 혹은 삼십삼천에, 혹은 사천왕천에 나게 되리라. 또 가장 아래에 가 나는 것도 건달바계乾闥婆界에 나게 되리라'고.

4 부처님이시여, 상동형범천은 다시 삼십삼천에 이르기를 '삼십삼천이여, 그대들은 어떻게 생각하느냐? 부처님 · 일체지자一切智者 · 정각자께서는 신통 변화의 법을 성취하시기 위하여 네 가지 신족神足을 말씀하시지 않았느냐? 곧, 첫째는 욕신족欲神足이니 신통을 얻으려는 욕구가 갖추어야 하고, 둘째는 정진신족精進神足이니 끊임없이 정진하는 것이고, 셋째는 정신족定神足인데 일념으로 선정을 닦는 것이고, 넷째는 혜신족慧神足이니 자유로운 지혜를 갖춤이다. 그대들이여, 과거의 모든 사문 · 바라문으로서 갖가지 신통을 실현한 것은 다 이 네 가지 신족을 수행함으로 말미암음이니라. 현재 · 미래에도 그러하다. 나도 또한 이 네 가지 신족을 수행한 자이다. 그러므로 이 같은 위덕과 신통을 얻었느니라.'

5 상동형범천은 다시 삼십삼천에게 말하기를 '그대들이여! 부처님 · 일

체지자 · 정각자께서 세 가지 길을 열어 보여 괴로움을 여의고 즐거움에 이르게 하지 않았느냐?

세 가지 길이라 함은 먼저 몸과 말과 마음으로 탐욕과 나쁜 행동을 하다가 뒤에 성인의 법을 듣고 일심으로 닦아 행하여 모든 옳지 못한 행동을 버리고 착한 일을 닦아 기쁨을 얻으니 이것이 첫째 안락에 이르는 길이다. 다음 어떤 중생이 몸 · 말 · 마음으로 어지럽고 거친 행동을 하여 안정하고 침착한 품행을 잃었더니 뒤에 성인의 법을 듣고 일심을 닦아 행하여 모든 이치를 깨닫고 거친 행동을 버리고 몸과 말과 마음의 행동이 바르게 되어 스스로 즐거움을 느끼고 편안함을 얻게 되니 이것이 둘째로 안락에 이르는 길이다.

다음, 선과 불선법을 잘 알지 못하고, 이것은 비난거리고 저것은 비난거리가 아니며, 이것은 쓸 것이고 저것은 쓰지 못할 것이며, 검은 것 흰 것을 잘 알지도 못하던 것이 뒤에 성인의 법을 듣고 일심으로 담아 행하여 선과 악, 검고 흰 것을 똑똑히 알고, 이같이 알고 이같이 보는 자는 무명無明이 꺼지고 밝은 지혜가 나며 가장 첫째가는 즐거움을 얻게 되니 이것이 안락에 이르는 셋째 길이다.'

6 상동형범천은 다시 삼십삼천에게 말하였다. '그대들은 어떻게 생각하느냐? 부처님 · 일체지자 · 정각자께서 범부의 악각惡覺 · 악지惡知를 버리고 성현의 바른 지견에 이르기 위하여 사념처四念處를 말씀하시지 않으셨느냐? 사념처라 함은 곧, 이 몸과 이 몸이 삶을 받아 누리는 것과 내 마음 및 법에 대하여 바로 관찰하여 부정不淨 · 고苦 · 무상無常 · 무아無我의 실상을 바로 보아 깨닫고 정진하고 생각함으로써 세간의 탐착과 근심 걱정을 없애게 되니 이것이 부처님 · 정각자께서 악 · 불선법을 버리고 선법에 이르게 하신 사념처법이니라.'

7 다음 상동형범천이 또 삼십삼천에게 말하기를 '그대들이여, 어떻게 생각하는가? 부처님 · 일체지자 · 정각자께서 바른 성도聖道를 닦아 성취

하기 위하여 여덟 가지 바른 길(八正道)를 말씀하였다. 그것은 정견·정사유·정어·정업·정명·정정진·정념·정정이다. 그대들은 이 여덟 가지 바른 길을 부지런히 전념하면 성현의 바른 길을 갖추었다고 하리라.'

그대들이여, 바로 보는 대로 말미암아 바른 생각이 나고, 바른 생각으로 말미암아 바른말이 나고, 바른말로 말미암아 바른 업이 나고, 바른 업으로 인하여 바른 생활(正命)이 나고, 바른 생활로 인하여 바른 정진이 나고, 바른 정진으로 인하여 바른 심념心念이 나고, 바른 심념으로 말미암아 바른 정定이 나고, 바른 정으로 말미암아 바른 지혜가 나고, 바른 지혜로 말미암아 바른 해탈이 있는 것이다.

8 그대들이여, 만일 바로 말하는 자가 있어서 '부처님께서는 그대로 실행하면 그만한 결과가 나타나며, 일시적인 것이 아니고, 길이 죽음이 없는 문을 열어주셨다'라고 하면 그 말은 바로 말함이 된다.

대체로 부처님께 굳은 신심을 지니고, 법과 스님에게 확고한 신심을 지니며, 그 가르침을 지키면 누구나—이를테면 수백 만 마가다 나라의 신자들은 인간에서 몸을 버린 뒤 하늘에 나서 상·중·하 삼품 번뇌를 끊고 예류자預流者가 되어 다시 나쁜 세상에 떨어지지 아니하고, 정각으로 향하는 것이 어김없다.'

9 상동형범천이 이런 일을 말할 때에, 비사문천왕은 생각하였다. '이처럼 거룩한 스승이 있고, 이처럼 거룩한 법문과 지혜가 있다는 것을 말하는 것은 실로 불가사의하고 참으로 희유한 일이다'라고. 상동형범천이 이것을 삼십삼천에게 말할 때에 비사문천왕이 그 앞에서 듣고 우리 천궁에 돌아온 뒤 우리들에게 말씀하였고 우리는 그 앞에서 듣고 있습니다."

이와 같이 부처님은 자나바사바야차에게서 들은 뒤에 그것을 승인하시고, 아난을 위하여 다시 말씀하셨다.

아난은 이것을 부처님한테서 듣고 다시 비구·비구니·우바새·우바이優婆夷(女信徒)에게 말하였다.

제7장 계급 평등의 사회

제1절 인간은 평등하다

1 부처님이 사위성 동원東園, 녹자모강당鹿子母講當에 계실 때이다. 어두울 무렵 부처님은 선정에서 일어나 강당 밖 나무숲을 거닐고 있었다. 일찍이 바라문으로서 불법에 귀의하여 출가한 바셋타와 바라드바자라고 하는 두 비구가 서로 말하기를 '부처님께서 나무숲을 거니시니 우리도 부처님의 뒤를 따라 법문을 듣자'고 부처님의 뒤를 따라 거닐게 되었다. 그 때 부처님은 바셋타를 돌아보시며

"바라문의 집안에 태어나 바라문 계통에서도 우수한 너희들의 집을 버리고 사문의 생활을 하니, 바셋타야, 바라문들이 너희들을 비난하지 않더냐?"

"예 그러합니다. 바라문은 실로 바라문 특유한, 남을 멸시하는 버릇으로 우리를 비난하고 욕질하고 있답니다."

"그래, 어떤 말로써 너희들을 비난하고 욕질하더냐?"

라고 부처님은 물으셨다.

"부처님, 그들은 한결같이 말합니다. '사람 가운데 바라문이 가장 높은 종족이고 그 밖엔 다 열등한 종족이다. 바라문은 살빛이 희고 다른 종족은 살빛이 검다. 바라문만이 순수한 범천梵天의 혈통을 받은 종족이고 그 밖엔 그렇지 않다. 바라문만이 범천의 입으로부터 나왔고 범천으

로부터 창조되었으며 범천의 상속자이다. 너희들은 고귀한 계급을 내버리고 저 천한 계급에 가까울 뿐 아니라, 저 머리 깎은 사문 가운데는 천한 흑인黑人, 우리 발로부터 나온 자들과 친하니, 그것은 천만부당한 짓이다.' 이러한 말로 저희들을 비난하고 욕질합니다."

"바셋타여, 너희들 바라문은 온통 옛 일을 잊고 그런 말을 하는구나. 바라문이 가장 높은 종족이요, 다른 것은 그렇지 못하다느니, 바라문은 범천의 진정한 아들로서 범천의 입으로부터 나왔고 범천이 창조한 바며, 범천의 상속자라고 말하지만, 그러나 실은 반대로다. 바셋타여, 바라문도 시집가고 장가가서 여인은 몸엣것(經水)이 있고 임신하여 아이를 낳지 않더냐? 그들의 생산하는 것이 평상 사람과 꼭 같으면서 '바라문은 최상의 종족이며 범천의 상속자라'고 거짓말로써 남을 욕하고 업신여기는 것이 아니냐."

2 "바셋타여, 크샤트리아(찰제리, 왕족과 정치계급) · 바라문(종교 · 제사를 맡은 계급) · 바이샤(평민) · 수드라(노예계급) 등 네 가지 계급이 있는데, 크샤트리아 종족이 남의 생명을 해치거나 도둑질하거나 삿된 음행을 하고, 거짓말하고 이간질하고 악담하고 탐심 · 진심 · 사견邪見을 지닌 자가 있다면, 이 같은 일은 크샤트리아에게 있어서도 역시 죄이며, 그 갚음을 받게 되는 것이다. 바라문에게나 바이샤 · 수드라에게도 이와 마찬가지인 것이다.

3 바셋타여, 크샤트리아가 남의 생명을 다치지 아니하고 도둑질 · 음행 · 거짓말 · 이간하는 말 · 악담 · 탐심 · 진심 등을 여의고 바른 소견을 지녔다면, 그것은 그에게 있어서 착한 일이며, 착한 과보를 받게 되는 것이다. 이것은 바라문에게나 바이샤나 수드라에게도 마찬가지다.

바셋타여, 이런 네 가지 종족 가운데 혹은 검고 사나운 성질을 지닌 자, 혹은 희고 깨끗한 성질을 지닌 자, 혹은 착한 사람을 배척하는 자, 혹은 착한 사람을 칭찬하는 자를 두 가지로 나누어 보면, 비슷하다. 그런데 저 바라문들이 '바라문만이 최상의 종족이요, 나머지는 열등하다'고 주장하는 것은 지혜 있는 현인에게는 받아들일 수 없는 일이다.

바셋타여, 네 종족이나 계급은 그 사람의 혈통이나 성질로써 차별할 수 없다. 모두 똑같은 사람이다. 무릇 이 사성四姓 가운데 어떤 사람이든지 비구가 되고 아라한이 되어 모든 번뇌가 없어진 이, 깨끗한 범행이 이미 성취되어 자기가 할 일을 다해 마친 이, 나고 죽음의 무거운 짐을 벗어 버리고 다시 나지 않는 자리에 들어가 완전한 지혜를 얻어 해탈의 도를 얻은 이, 이런 사람이야말로 사성 가운데 가장 뛰어난 이라고 말할 수 있는 것이다. 왜냐하면, 바셋타여, 참다운 법은 인류에게 있어서 가장 높은 것이기 때문이니라. 이 세상에서도, 다른 세상에서도 그러하다.

4 바셋타여, 참다운 법은 인류의 최상이라는 이유를 예를 들어 말해 주마. 교살라국의 바사닉은 사문 구담이 자기 나라의 석가족에서 출가한 것을 알고 있다. 그런데 석가족도 교살라국의 바사닉왕에게 신하의 예로써 순종하고 자리에 서서 합장하고 겸손한 태도를 취하는 이가 있는 것과 같이, 바사닉왕은 여래에 대하여 순종하고 자리에 서서 합장하고 겸손한 태도를 취하니 그가 어찌 사문 구담은 존귀한 종족에 나고 나는 비천한 종족에 났으며, 사문 구담은 큰 재산과 세력이 있고 얼굴이 잘났는데 나는 빈궁하고 세력도 없고 얼굴도 못났으니 구담에게 예배 합장하고 공경해야 되겠다고 부처님에게 순종하는 것이냐? 그가 실로 부처님에게 순종하여 예배와 공양함은 부처님의 법을 존경하고 법을 신앙하고 법을 신성시하는 까닭이니라. 그러므로 참다운 법은 인류의 최상이 되는 것이며, 이 세상에서도, 다른 세상에서도 그러하다.

5 바셋타여, 그 태생이 다르고, 이름이 다르고, 성이 다르고, 가계家系가 다르더라도, 너희들이 출가하여 집 없는 수행자가 되었을 때, 저 바라문들이 '너희는 무엇이냐?'고 질문하거든, 그때 너희는 이렇게 대답하라! '우리는 석가족의 자손이다. 우리는 석가모니의 진정한 아들이다. 입에서 났으며 법에서 났으며, 법의 후계자이다'라고. 왜냐하면, 이들은 여래

에게 의지하여 새로 얻어 성취된 범행의 몸(梵身)이며 선정의 몸(定身)이며, 지혜의 몸(慧身)이며 해탈의 몸(解脫身)이며, 해탈지견의 몸(解脫知見身)이기 때문이다."

제2절 사성의 기원

1 "바셋타여, 먼 옛날에는 인류가 이 땅 위에 자연생인 향기롭고 맛있는 과일과 버섯을 거두어 먹고 땅에서 솟는 단 생물을 마셨는데, 오랜 뒤에 인구가 번식해서 그것이 부족하여 짐승을 잡아먹고 풀 열매도 먹었는데, 다음 그것도 부족하여 벼와 그 밖에 곡식을 심어 먹게 되었다. 그래서 농작하는 토지를 서로 많이 차지하려고 경쟁하고, 다음에 서로 그 농작의 영지를 다투어 빼앗고자 서로 치며 싸우게 되었다.

그 뒤로 도둑이 나타나고 거짓말하는 버릇이 생기고 그리고 그것을 형벌하는 법칙이 생기게 되었다. 그때에 여러 사람은 어떤 우두머리를 선정하고 잘잘못을 가려 잘하는 것을 권하고 잘못하는 것을 벌주게 했다.

바셋타여, 그때 마하삼마다라고 함은 '여러 사람에게 뽑힌 이'라는 뜻이다. 곧, 여러 사람을 위하여 법을 맡은 이, 통치자인 대왕大王이라는 말이다. 이것이 마하삼마다라는 말을 쓰게 된 시초다.

다음, 크샤트리아라는 계급이 일어났는데, 크샤트리아는 농장주農場主라는 뜻이다. 그 뒤 크샤트리아가 법으로써 백성을 다스리게 되자, 왕자王子라는 뜻으로 옮겨지고, 그때부터 일반적으로 통치자·왕자라는 말로 쓰이게 된 것이다.

바셋타여 이 이름은 여러 사람에 의해서 불려진 것이고, 다른 것이 만든 것은 아니다. '법에 의하여 사람을 다스린다'는 뜻이다.

2 그런데 그 사람들 가운데 이렇게 생각하는 이가 있었다. '이 세상은 좋

지 못하다. 도둑질하는 이, 남을 비난하는 이, 거짓말하는 이, 형벌하고 귀양 보내는 것 등, 이런 좋지 못한 것을 모두 없애 버려야 되겠다'고. 그들은 이런 세속살이를 미워하고 그런 좋지 못한 것을 없애 버리기 위하여 집을 떠나 산에 들어가 나뭇잎으로 집을 만들고, 농사짓고 밥 지어 먹는 일을 폐지하고, 아침저녁으로 마을에 나가 밥을 얻어가지고 숲 속 나뭇잎으로 만든 집에 돌아와 고요히 생각했다. 이것을 일러 바라문이라고 했다. 곧, '나쁘고 좋지 못한 법을 떨어버리는 것'이라는 뜻이다. 또는 '산속에 머물러 생각하는 이'라는 뜻으로 쓰인다.

그런데 이 사람들 가운데 고요한 곳에 머물러 나뭇잎으로 만든 집에서 생각만 계속할 수가 없어, 마을 가까운 곳으로 나가 집을 얽어 놓고 경전을 만들었다. 사람들은 이런 바라문을 가리켜 학습자學習者라고 했다. 저들은 고요히 생각하기를 싫어하고 여러 가지를 배우고 익히기를 좋아한 까닭이다.

그리고 이 학습자 가운데는 결혼생활을 하며 산업에 힘써서 재산을 많이 쌓으며 실업에 종사하므로, 사람들은 이것을 바이샤라고 했다. 곧, '가정생활을 하며 산업에 종사한다'는 뜻이다. 이것이 바이샤라는 말이 생긴 유래다.

바셋타여, 저 사람들 가운데 혹은 사냥질하며 가축을 기르고 그 밖에 여러 가지 천업을 하는 이를 수드라라고 하였다. '사냥질과 잡된 업을 한다'는 뜻이다. 이것이 세간의 네 가지 계급의 기원이니라.

3 바셋타여, 크샤트리아 가운데 자기의 법(세속살이)을 싫어하고 집을 떠나 머리를 깎고 수도생활을 하게 되면 비로소 사문이라는 이름이 있게 되었다. 바라문이나 바이샤나 수드라도 세속살이를 싫어하고 머리 깎고 수도하면 다같이 사문이 되는 것이다.

바셋타여, 법은 이 세상에서나 다른 세상에서나 가장 높은 것이니라.

바셋타여, 크샤트리아 중에서 어떤 사람이 몸이나 말로나 마음으로 갖은 악업을 지었다면 그는 목숨을 마친 뒤에 지옥 · 아귀 · 축생에 나게 되리라. 바라문이나 바이샤 · 수드라도 그 같은 악업을 지으면 또한 지옥 · 아귀 · 축생에 나게 된다.

바셋타여, 크샤트리아 중에 어떤 사람이 몸이나 말로나 마음으로 갖은 선업을 닦으면 그는 죽은 뒤에 인간 · 천상의 선취善趣에 나게 되리라. 바라문 · 바이샤 · 수드라도 그러하니라.

바셋타여, 크샤트리아 가운데 어떤 사람이 몸 · 말 · 마음을 스스로 제재하여 칠보리분(七覺支)법을 닦으면 현세에서 열반에 이르게 되리라. 바라문 · 바이샤 · 수드라도 마찬가지다.

바셋타여, 왜냐하면 어떤 사성四性이라도 비구가 되며 아라한이 되어 모든 번뇌를 다 없애고, 할 일을 다 해 마쳐서 이 모든 속박에서 벗어나 완전한 지혜를 갖추고 해탈자가 된다면, 이 사람만이 이들 가운데 가장 높은 분이라고 할 수 있다. 바셋타여, 법은 이 세상에서나 다른 세상에서나 가장 높은 것이다.

> 가계家系를 자랑하는 모든 족성 가운데 크샤트리아가 가장 높다네.
> 지혜와 덕행을 온전히 갖춘 이만이 인간 · 천상에 가장 거룩하니라.

이 노래는 상동형범천이 부른 노래로 까닭 있는 노래이며, 이로운 노래이므로 나는 애송하노라."

이 법을 들은 바셋타와 바라드바자는 기뻐서 어쩔 줄 몰랐다.

제8장 사회생활의 규범

제1절 참회와 벗을 사귀는 법

1 부처님이 왕사성에 있는 대숲절에 계실 때였다. 한 부자의 아들 선생善生은 아침이면 일찍 일어나, 성밖에 나가 옷과 머리를 젖히면서 손을 모아 동·서·남·북·상·하를 향하여 예배하는 일이 습관이었다. 어느 날, 부처님은 걸식 도중 그를 보았다. "장자의 아들이여 너는 어찌하여, 이른 아침에 성밖에 나와 옷과 머리를 젖히면서 동·서·남·북·상·하의 육방六方에 예배하느냐?"

"부처님, 저의 아버지가 돌아가실 적에 유언하시기를 '사랑하는 내 아들아, 너는 모름지기 모든 방위에 예배하여라'고 하셨습니다. 저는 아버지의 유언을 존중히 여기고 받들어 행하느라고, 아침마다 육방에 예배하는 것입니다."

"선생아, 성인의 법에는 그렇게 육방에 예배하는 것이 아니니라."

"그러면, 부처님, 성인의 법에는 어떻게 육방에 예배하는 것입니까? 그 법을 가르쳐 주십시오."

"그래, 선생아 들어라. 나는 너에게 말하리라."

2 부처님은 다음과 같이 가르치셨다.

"선생아, 성인의 제자는 네 가지 악업을 버리고, 네 가지 악업의 원인을 억누르고, 또 재산을 잃는 여섯 가지 원인을 익히지 않으면, 열네 가지 죄악에서 벗어나서 육방을 잘 수호하게 되며, 금생과 내생에 다 좋은 과보를 얻게 되리라.

선생아, 네 가지 악업이라 하는 것은, 첫째는 생명을 죽이는 것이고, 둘째는 도둑질하는 것이고, 셋째는 음행하는 것이고, 넷째는 거짓말하는 것이다.

네 가지 악업의 원인을 억누른다는 것은, 탐욕이 악업의 원인이며, 성내는 마음이 악업의 원인이며, 미련하고 어리석음이 악업의 원인이며, 공포심이 악업의 원인이니라.

선생아, 성인의 제자는 결코 이러한 탐욕 · 성냄 · 어리석음 · 공포심으로써 악업을 범하지 않느니라."

라고 말씀하시고, 다시 이것을 노래로 읊었다.

> 탐욕과 성냄, 우치와 공포, 이 네 가지를 범하는 자는
> 마치 보름 지난달이 차츰 이지러지듯이,
> 그 명예가 날로 이지러져 가리라.
> 탐욕과 성냄, 우치와 공포, 이 네 가지를 범치 않는 이는
> 마치 초승달이 차츰 둥글어 가듯이 그 명예가 날로 둥글어 가리라.

재산을 잃는 여섯 가지 원인이라 함은, 술을 마시기 좋아함이고, 거리에 쏘다니며 놀기 좋아함이고, 기생 · 풍류놀이를 좋아함이고, 도박하기 좋아함이고, 나쁜 친구를 사귐이고, 게으르고 방일함이니라.

3 선생아, 술 마시기를 좋아하면 여섯 가지 허물을 내게 되는 것이다. 재산을 잃어버리고, 싸우고 시비하게 되고, 질병을 일으키게 되고, 명예를 손상하고, 성을 잘 내고, 지혜와 정력이 소모되느니라.

선생아, 제 때 아닌 때에 거리에 쏘다니며 놀기를 좋아하면 또 여섯 가지 허물을 내게 되는 것이다. 자기의 몸을 잘 보호하지 못하고, 처자를

잘 보호하지 못하고, 재산을 잘 보호하지 못하고, 악한 일에 반성할 줄 모르고, 근거 없이 비난을 받게 되고, 많은 고난에 빨려 들게 되느니라.

또, 기생놀이나 노래와 춤을 즐기면 여섯 가지 과환이 있다. '어느 곳에 이런 놀이가 있느냐? 어느 곳에 이런 큰 제사나 잔치가 있느냐? 어느 곳에 이런 음악이 있느냐? 어느 곳에 이런 무용이 있느냐? 어느 곳에 이런 구경이 있느냐?' 하며, 그 마음이 들떠서 미치게 되느니라.

선생아, 도박을 좋아하면 여섯 가지 과환이 있다. 비록 이기더라도 원망을 받게 되고, 이긴 놈은 이겨 얻은 재물을 잃을까 걱정하고, 당장 재물의 손실이 있고, 법정에 들어가도 그 말이 효과가 없고, 친구와 친척에게 업신여김을 받고, 혼인을 거절당하여 도박자는 아내를 거느릴 수 없는 것이 그것이다.

나쁜 친구를 사귀면 또 여섯 가지 과환이 있다. 나쁜 친구란 간사한 자, 행실이 부정한 자, 술주정뱅이, 사기꾼, 난폭한 자 등이다. 이런 이를 사귀면 수단으로 서로 속이게 되고, 남모르는 곳에 가기를 좋아하고, 다른 사람을 유혹하고, 다른 사람 재물을 탐내고, 다른 사람의 과실을 폭로하기 좋아하고, 나쁜 소문이 몸을 따르게 된다.

게으름 좋아하는 자는 여섯 가지 과환이 있다. 생활이 여유가 있다고 일하지 않고, 빈궁하면 주리고 기력이 없다고 일하지 않고, 춥다고 일하지 않고, 덥다고 일하지 않고, 때가 이르다고 일하지 않고, 때가 늦다고 일하지 않는다. 이런 이유로 있는 재산은 흩어지고 없는 재산을 모으지 못하는 것이다.

선생아! 이와 같이 네 가지 악업을 여의고, 네 가지 악업의 원인을 억제하고, 여섯 가지 손재의 행동을 여의면 이것이 참으로 육방에 예배하고 공경하는 것이다. 이것이 이 세상과 오는 세상에 좋은 복덕의 터전이 되며 지혜로운 자의 칭찬을 받고, 오는 세상에 좋은 천상에 나게 되리라.

4 선생아, 네 가지 원적怨敵으로서 친구인 체하는 자가 있으니, 잘 알아차

려야 한다. 무엇이든지 가져가기를 일삼는 자는 실은 적이면서 친구인 체한다. 좋은 말만 번지레 꾸며대는 자는 실은 적이면서 친구인 체한다. 내 비위나 맞추어 주고 아첨하는 자는 실은 적이면서 친구인 체한다. 방탕하고 놀기만 좋아하는 자는 실은 적이면서 친구인 체한다.

선생아, 가져가기를 일삼는 자는 네 가지 이유가 있다. 무엇이든지 가리지 않고 가져가고, 조금 주고 많이 얻기를 요구하고, 나를 무서워하여서 억지로 친한 체하고, 이해타산을 하여 나를 친하려 하는 것이다.

선생아, 말만 번지르르하게 꾸며대는 것에 네 가지 조건이 있다. 먼저 무엇을 꾸며 나를 속이는 것이고, 먼저는 진실한 체하고 뒤에 속여 넘기는 것이고, 현재 그럴 듯한 애교를 부리며 얼러맞추는 것이고, 어려운 일이 눈앞에 닥치면 살짝 회피하는 것이다.

비위를 맞추어 주고 아첨하는 것에 네 가지 조건이 있다. 상대방의 나쁜 일은 동의하며, 좋은 일엔 동의하지 않으며, 나의 눈앞에선 찬미하고, 나의 등 뒤에선 비방하고 비웃는다.

선생아, 방탕하고 놀기를 좋아하는 것에 네 가지 조건이 있으니, 술이나 연회석에선 가장 친한 체하고 친구가 되는 것이고, 네거리에 쏘다닐 적에 친구가 되는 것이고, 기생 · 가무의 유흥장에 친구가 되는 것이고, 도박하는 장소에 모이는 친구다.

선생아, 이러한 무리는 겉으로는 친구인 것 같지만, 실은 나의 적인 줄을 알아차려야 한다.

선생아, 네 가지 친구는 마땅히 친할 만한 줄을 알아 친해야 한다. 그는 나에게 이로우며 도움이 된다. 나를 힘써 구호하고 고와 락을 같이 해 나가고, 나에게 잘 충고하고, 좋고 나쁜 일을 동정하여 도와주는 것이다. 힘써 나를 구호하는 벗이라 함은, 그는 친구가 술에 방일하지 않도록 살펴주고, 친구가 술에 방일할 때에 그 재산을 잘 보호해 주고, 친구가 어떤 불안하고 무서운 일이 있을 때에 그것을 잘 위안시켜 안심하게 해 주고, 친구가 하는 사업이 있을 때는 힘을 다하여 재물과 정신으로 도와 주는 것들이다.

선생아, 고와 락을 같이 한다 함은, 자기의 비밀은 친구에게 알려 주고, 친구의 비밀은 남에게 발설하지 않으며, 친구가 궁핍할 때에는 도와주고 버리지 않으며, 친구의 이익을 위하여 그 목숨을 바치는 것들이다.

선생아, 친구에게 잘 충고한다 함은, 친구의 죄악을 방지하기 위하여 충고하며, 친구에게 착한 일을 행하도록 충고하며, 듣지 못한 일을 들려주며, 인간이나 천상의 착한 길로 인도하는 것이다.

동정한다 함은, 친구의 불행과 쇠망함을 내 일같이 마음 아파하며, 친구의 행복과 번영함을 내 일처럼 기뻐하며, 친구를 비방하거나 모욕하는 사람이 없도록 하고, 친구를 칭찬하는 자를 찬미하는 것이다.

부처님은 이것이 네 가지 유익한 친구라고 말씀하시고 다시 게송으로 읊었다.

> 나를 구호하는 친구 고와 낙을 같이 하는 친구
> 나에게 잘 충고하는 친구 좋고 나쁜 일을 제 일처럼 동정하는 친구는
> 참으로 유익한 친구로다.
> 이같이 현명한 친구는 진심으로 친할 바이니
> 어머니가 자식에게와 같이 진정 친할 대로 친하려무나!.
> 산마루에 타는 불과 같이 훨훨 빛나기만 하리라.
> 꿀을 물어들이는 벌과 같이 저에게는 재물이 쌓이리로다.
> 개미의 무덤이 높아가듯이 저의 재물은 모이리로다.
> 착한 선생아, 너는 그 재산을 넷으로 나누어.
> 하나는 스스로 생활에 쓰고 둘은 생산을 경영할 것이며
> 남은 하나로는 저축했다가 뜻 아닌 사고를 예비하여라.

제2절 육방 예경

1 "선생아! 성인의 법에서 육방을 예배하는 법이 있으니 너희는 잘 알아 두어라.

육방은 어떤 것이냐? 동방은 부모인 줄 알 것이며, 남방은 스승인 줄 알 것이며, 서방은 처자, 북방은 친구, 하방은 종, 상방은 사문과 바라문에 해당되는 줄을 알라.

2 선생아, 다섯 가지 이유로서 어버이와 자식은 동방에 견준다(東方은 기른다는 뜻). 부모는 자식을 위하여 갖은 봉사와 희생을 다하여 길러냈으니, 자식이 부모를 섬기되 다섯 가지 일로써 할 것이다. 부모를 공양하되 모자람이 없게 하며, 무릇 하는 일을 먼저 부모께 사뢰며, 부모의 마음을 잘 순종하여 거스르지 말며, 가업을 맡아 잘 다스리며, 부모가 돌아간 뒤에도 때로 공물供物을 받들어 올릴 일이다.

부모는 자식에게 봉사하되 다섯 가지 일로써 한다. 자식을 사랑하며 길러내고, 죄악의 마음과 행동을 멀리 여의게 하고, 착한 일만을 하게 하고 기술을 가르쳐 익히게 하고, 때가 되면 마땅한 아내를 맞게 하고, 또한 딸은 시집보내어 한 가정을 이루게 하는 것이다.

이렇게 하면 동방이 잘 수호되고 안온하여 공포가 없으리라.

3 선생아, 다섯 가지 이유로서 남방은 스승과 제자에 견준다(南方은 광명하고 성장하는 뜻). 제자는 다섯 가지 일로써 스승을 섬길 것이다. 스승의 일상생활을 받들고, 스승을 공경 공양하고, 스승을 존중하고 우러러 추대하고, 스승의 가르침을 공순히 받아 어김이 없고, 스승에게서 받아들인 선법善法을 잘 지녀서 잊어버리지 않는 일이다.

스승은 다섯 가지 일로써 제자를 지도한다. 법답게 잘 지도 훈련시키고, 듣지 못하고 알지 못하는 것을 들려 가르쳐 주고, 묻는 것에 따라 그 뜻을 해설해 주고, 착한 벗을 가르쳐 주고, 자기 아는 바를 다 가르쳐 아끼지 아니한다.

이렇게 하면 남방이 잘 수호되고 안온하리라.

4 선생아, 다섯 가지 이유로서 서방은 부부에 견준다(西方은 성취 · 성숙의 뜻). 남편은 다섯 가지 일로써 아내에 봉사할 것이다. 서로 우대하기를 예법으로써 하고, 예의를 지켜 인격을 존중하고, 때에 맞춰 의 · 식을 공급하고, 때를 따라 몸을 꾸미게 하고, 남편은 아내에게 집안일을 맡겨 지나친 간섭을 하지 말 것이다.

아내는 다섯 가지 일로써 남편에게 봉사할 것이다. 먼저 일어나고 뒤에 앉으며, 집안 살림살이를 잘 정리하며, 품행이 정숙하며, 부드러운 말과 공순한 태도로 불평 · 불화를 일으키지 말며, 재산을 보호하고 사치를 금하고 하는 일을 얌전하게 해 놓는 것이다.

이렇게 하면 서방이 잘 수호되고 안온하리라.

5 선생아, 다섯 가지 이유로서 친구는 북방에 견준다(北方은 상호 성취의 뜻). 사람은 친구를 다섯 가지 일로써 사귈 것이다. 궁핍할 때 서로 구호하며, 사랑스러운 말을 주고받으며, 서로 이익 되는 일을 권하며, 하는 일을 도와주며, 서로 속이지 아니함이다.

친척은 다섯 가지 일로써 서로 보호한다. 친척의 어떤 사람이 술이나 마시고 방탕할 때엔 그것을 타일러 방지하며, 방탕으로 인하여 그 재산을 탕진할 우려가 있을 때는 다른 방법으로 그 재산을 보호하며, 어떤 불안과 공포에 싸였을 때엔 그것을 없애 주며, 어떤 곤궁에 빠졌을 때엔 그것을 구호하며, 잘못한 일은 남 몰래 은근히 가르쳐 경계하고 잘하는 일은 서로 칭찬할 것이다.

이렇게 하면 북방이 수호되며 안온하리라.

6 선생아, 다섯 가지 이유로 하방은 종(하인)의 도에 견준다(종은 아래가 되는 뜻). 주인은 종을 부리되, 그 사람의 기능대로 일을 시키며, 제 때에 음식을 주어 굶주리지 않게 하며, 질병이 있거든 의약을 베풀어 주며, 맛있는

음식을 나누어 주며, 너무 가혹하게 부리지 말고 때로는 쉬게 할 것이다.

종으로서 주인에게 봉사하되, 주인을 사랑하고 존경하며, 주인보다 일찍 일어나고 늦게 자며, 주지 않은 물건을 가지지 말며, 하는 일을 면밀하게 하여 거칠지 않으며, 주인의 이름을 찬양하는 것이다.

이렇게 하면 하방이 잘 수호되고 안온하리라.

7 선생아, 다섯 가지 이유로 상방은 사문과 바라문에 견준다(높고 위인 뜻). 집에 있는 이는 출가자出家者인 사문과 바라문에 대하여 몸으로 친절히 예경하며, 입으로 친절한 말을 하며, 마음으로 친절히 공경하며, 음식과 의복을 베풀어 주며, 문을 닫아 출입을 금하지 않는 것이다.

사문과 바라문은 집에 있는 이에 대하여, 죄악을 짓지 말라 가르쳐 경계하며, 착한 행업을 닦도록 가르쳐 권하며, 항상 착한 마음을 지니도록 교화하며, 듣지 못한 법을 설하여 들려주며, 이미 들은 법은 잘 알도록 하여 천상에 나는 길을 열어 보일 것이다.

이렇게 하면 상방이 잘 수호되고 안온하리라."

이렇게 말씀하시고 나서, 부처님은 다시 게송으로 읊으셨다.

> 부모는 동방이요 스승은 남방이요 처자는 서방이요 친구는 북방이요
> 하인은 하방이요 사문과 바라문은 상방이 되니
> 한 집 주인 된 이는 이러한 제 방에 예배하여라.
> 이렇게 육방을 잘 수호하는 이는 금생에 큰 재산을 쌓아 놓고서
> 안락하고 이름 또한 드날리며 죽어서는 천상의 복을 받으리.

이러한 가르침을 들은 선생은 크게 기뻐하여 다음과 같이 찬탄했다.

"거룩하신 부처님이시여, 거꾸러진 사람을 일으켜 주시고, 가리어 덮인 자를 훌쩍 벗겨 주시며, 길 잃은 자에게 길을 보여 주시고, 어두운 밤에 등불을 밝혀 주시었습니다.

부처님이시여, 저는 이제 부처님께 귀의합니다. 바라건대, 이로부터 목숨이 다 마칠 때까지 한 우바새가 되기를 원하오니 받아 주소서."

8 부처님이 왕사성을 떠나 바티 시의 자데야라는 숲에 이르셨을 때이다. 멘다카의 손자 욱가라는 부처님을 집에 초청하여 공양을 올린 뒤에 그 딸들을 인사시켰다.

"부처님, 이 애들이 저의 딸들입니다. 시집보내려 하는데, 좋은 교훈을 가르쳐 주시기 바랍니다."

"큰 아기들아, 너희들은 이다음 다른 사람의 아내로서 그 집에 들어갈 적에 이러한 마음의 준비가 있어야 한다. 첫째, 시부모는 자기네의 집안일을 도와줄 며느리라고 생각하고 사랑하는 마음으로 너희를 맞아들이는 것이다. 너희는 그것을 감사히 생각하고 아무쪼록 그 비위를 잘 맞추어서, 시부모보다 일찍 일어나고 시부모보다 늦게 자며, 언제든지 온화한 얼굴, 부드러운 말씨로 그 시부모를 모셔야 한다.

자기 남편이 존경하여 모시는 그 부모이니, 나도 존경해 모시겠다 하고 받들면 시부모의 마음은 기쁘리라. 그리고 그 남편이 하는 일을 잘 이해하고 자기도 그 일을 잘 익히어 도와주며, 집의 잔일들을 보아 주는 하인 · 하녀들의 성질을 잘 알아서, 그 힘에 알맞은 일을 시키며, 그 식성까지도 잘 알아서 다 비위에 맞게 하고, 남편이 힘써 벌어오는 수입을 매우 소중히 여겨 함부로 낭비하는 일이 없도록 하여라.

큰아기들아, 이렇게 마음으로 준비하고 시집가면, 그 집안이 화목하고 행복하리라."

욱가라와 그 딸들은 감격하여 예배하고, 평생 그 가르침을 받들어 행하기를 맹세했다.

제9장 걸림 없는 교화 방편

제1절 니건다 교도의 감화

1 부처님은 왕사성을 떠나 나란타에 가서 파바리카의 나무숲에 들어 계셨다. 그때 니건다야제자尼乾陀若提子도 많은 제자를 거느리고 그곳에 머물러 있었다. 그의 제자 장고행長苦行이란 이가 성중에서 걸식한 뒤에 종려나무 숲으로 부처님을 찾아와 한쪽에 앉았다. 부처님은 말씀하였다.

"장고행이여, 너의 스승 니건다야제자는 사람의 나쁜 짓에 대해서 어떤 것을 내세우던가?"

"구담瞿曇님, 저의 스승은 나쁜 짓에 대하여 몸의 죄악·말의 죄악·마음의 죄악과 같은 것을 말씀하고 계십니다."

"장고행이여, 그 세 가지 죄악 가운데 어떤 것을 무겁게 여기던가?"

"몸의 죄악이 더 무거운 것이라고 하였습니다. 구담님께서는 어떤 죄악을 내세우십니까?"

"장고행이여, 나는 죄악이라고 말하지 않는다. 하는 짓(業)이라고 말한다. 몸으로 하는 짓, 말로 하는 짓, 마음으로 하는 짓의 구별을 세우고, 그 가운데 마음으로 하는 짓이 가장 무겁다고 하노라."

장고행은 이런 문답을 마치고, 부처님께 인사하고 그 스승의 처소에 들어가 이런 이야기를 했다.

"오, 잘했다. 너는 구담에게 잘 말했다. 힘이 약한 마음의 죄악이 힘이

억센 몸에 죄악에 견주어 더 무거울 턱이 없다. 몸이 하는 죄악이 무거울 것은 말할 것도 없는 것이다."

라고 칭찬했다. 그때 마침 장자 우바리는

"나도 한번 구담의 처소에 가서 보고, 만일 그가 이론을 걸거든, 힘센 사내가 염소 털을 잡아 낚아채 염소를 내동댕이치듯이 냅다 동댕이치고 말겠소."

하고 벌떡 일어났다. 장고행은

"구담은 환술幻術을 통하여 사람을 다루는 재주가 기묘하니까 그만 두는 것이 좋지."

하고 만류했으나, 듣지 않고 달려가 부처님에게 이론을 걸었다.

2 부처님은 말씀하셨다.

"장자여, 만일 네가 도리道理에 의지하여 감정에 흐르지 않는다면, 서로 이론을 해도 좋으리라. 장자여, 잘 생각해서 대답하여라. 앞뒤에 모순이 있어서는 안 되니까. 만일, 이에 니건다의 제자가 네 가지 금계를 지키어 밤낮으로 스스로 제재하여 모든 악을 여의고자 하는데, 그가 가고 오는 동안에 작은 벌레를 많이 밟아 죽였다면, 니건다야제자는 그에 대해서 어떤 과보가 있다고 말하고 있는가?"

"일부러 한 일이 아니면 큰 죄가 없고, 일부러 한 짓이면 큰 죄가 된다고 하였습니다."

"장자여, 잘 생각해 대답하여 앞뒤에 모순이 없도록 하라. 만일 이 나란타가 크게 번창하여 인구가 몇십만이 되었을 때, 한 사람이 칼을 빼어 눈 깜짝할 사이에 이 나란타 시내 사람을 하나의 고깃덩이로 만들 수가 있다고 하자. 그것이 가능하겠는가?"

"그것은 될 수 없는 일입니다. 열 사람, 스무 사람, 쉰 사람이 모였다 하더라도 될 수 없는 일입니다."

"그런데 이에 신통을 갖추어 마음을 자유로 지배하는 사문과 바라문이 와서 이 나란타를 성낸 마음에서 잿더미를 만들고자 하면 그것이 되겠는가?"

"그것은 물론 됩니다. 열 배 · 스무 배 · 쉰 배의 나란타도 멋대로 잿더미를 만들 수가 있습니다."

"장자여, 잘 생각해 대답하라. 앞뒤에 모순이 없도록. 너는 일찍이 어떤 선인仙人이 한번 성을 내어 여러 나라를 넓은 들판으로 만들었다는 말을 들었던가?"

"부처님, 저는 그것을 들은 적이 있습니다. 부처님 최초의 비유에 저는 이미 충분히 이해할 수 있었습니다. 다시 부처님의 말씀을 듣고자 잠자코 있었습니다. 저는 이제 삼보에 귀의하겠습니다. 오늘부터 저를 부처님의 집에 있는 제자 우바새로 허락하소서."

"그것은 네가 생각할 적에 그렇게 하지 않아서는 안 되겠다고 생각한다면 좋다. 너와 같이 이름 있는 사람은 제 생각으로 잘 생각해 하는 것이 좋으리라."

"부처님이 그렇게 말씀하시니, 저는 더욱 삼보에 귀의하겠습니다. 다른 교의 사람들은 저 같은 사람을 제자로 삼는다면, 그것을 나란타 중에 크게 자랑하고 선전할 것인데, 부처님은 다만 '생각해서 좋다고 생각되거든 하라'고 말씀하시니, 저는 더욱더 삼보에 귀의하겠습니다."

"장자여, 너희 집은 이때까지 니건다의 교도들을 공양하여 왔는데, 다음에도 그들이 오거든 공양하는 것이 좋으리라."

"부처님, 그 말씀을 들으니, 더욱 귀의할 생각이 굳어집니다. 저는 그전에 부처님께서 '나와 나의 제자에게만 공양하고 다른 교도에게는 공양하지 말라'고 말씀하신다는 말을 들었는데, 지금 부처님께서 니건다 교도들도 전과 같이 공양하라는 말씀을 들으니 더욱, 부처님께 귀의할 마음이 굳어집니다."

우바리는 부처님의 가르침을 이어 '세상 것이 덧없다'는 이치를 깨닫고, 기뻐하며 집에 돌아가 문지기에게 '이 뒤부터는 니건다 교도가 오거든 우바리는 사문 구담의 제자가 되었으니까, 이 문은 니건다 교도에겐 닫히고 구담의 제자들에겐 열렸다'고 말하라 하였다.

제2절 삿차카의 굴복

1 부처님은 사위성을 떠나 비사리의 대림大林에 드셨다. 그때 니건다의 제자 삿차카도 비사리에 있었다. 그는 변론을 잘하므로 사람들의 찬양을 받았으며, 자기도 그것을 믿고 거만해졌다. 비사리 사람들에게 큰 말로 선언하기를, 어떠한 사문이나 바라문, 도를 얻었다는 사람일지라도 나와 토론을 걸어 진땀을 빼지 않은 자가 없다고 떵떵 울리었다.

어느 날 마승 비구馬勝比丘가 걸식하러 비사리를 향해 갈 때 삿차카는 숲 속을 거닐고 있다가 마승을 보고 걸어와 물었다.

"스님, 사문 구담은 제자를 어떻게 가르치던가요? 제자들 사이에는 어떤 가르침이 많이 행하여지고 있는가요?"

마승은 대답했다.

"삿차카여, 부처님은 우리에게 '비구여, 색色(=물질)은 덧없는 것이다. 감수 작용(受)이나 지각 작용(想)·의지 작용(行)·인식 작용(識) 등이 다 덧없는 것이다. 이 오온五蘊은 또한 나(我)라는 주체가 없다. 모든 인연에 따라 이루어진 것은 다 무상한 것이며, '나라는 주체가 없는 것이다'라고…. 이런 가르침이 제자 사이에 많이 행하여지고 있는 것이오."

"스님, 그런 가르침을 듣는 것은 우리에겐 귀만 더럽힐 뿐입니다. 언제 어디서라도 좋으니 구담을 만났으면 좋겠습니다. 그런 그릇된 소견을 여의게 하기 위해서."

삿차카는 바로 시내 공회당으로 나갔다. 그곳에 오백 명의 리차 사람

공자公子들이 서로 의논하기 위해 모였다. 삿차카는 말했다.

"공자들이여, 나는 오늘 사문 구담과 토론하려고 생각하오. 만일 구담이 그 제자의 한 사람인 마승에게 한 말과 같은 말을 가지고 있다면, 장사가 염소의 긴 털을 잡아 쥐고 몇 번이고 휘돌리는 것과 같이, 밀가루를 내는 아낙네가 밀가루 담는 체를 뒤흔들 듯이 사문 구담의 말을 잡아 쥐고 뒤흔들어 보일 것이오."

이 말을 들은 공자 가운데는 삿차카가 이기리라고 생각하는 이도 있고, 부처님이 이기리라고 생각하는 이도 있었다.

2 삿차카는 여러 사람들에게 둘러싸여 큰 숲 속에 있는 강당으로 나갔다. 많은 비구들은 숲 속을 거닐고 있고, 부처님은 숲 깊숙한 곳에서 선정에 들어 계셨다. 삿차카는 여러 사람과 함께 부처님 계시는 곳에 이르러 제각기 자리 잡고 앉았다.

삿차카는 말하였다.

"구담님이 허락한다면 나는 물어보고자 하는 것이 있소."

"삿차카여, 무엇이든 생각하는 대로 묻는 것이 좋다."

"구담님, 당신은 어떤 법을 제자들에게 말하며, 제자들은 어떤 가르침을 행하고 있는가요?"

"삿차카여, 나는 제자들에게 색은 무상한 것이며 수受·상想·행行·식識도 무상한 것이며, '나'라는 주체는 없다, 모든 인연에 따라 이루어진 것은 다 덧없는 것이며, '나'라는 주체는 없다고 가르쳤고, 이 가르침이 제자들 사이에서 행해지고 있노라."

"구담님, 이 땅 위에 어떤 초목이든 또는 종자이든 다 땅에 의지하여 생장하고 있으며 사람도 땅에 의지하여 살고 있습니다. 이와 같이 사람은 색신色身을 '나'라고 하고, 색신에 의지하여 선악을 행하며, 수·상·행·식을 '나'라고 하고, 수·상·행·식에 의지하여 선악을 행한다고 생각합니다."

"삿차카여, 그렇다면 그대는 이렇게 말할 생각이겠지? 색신은 나의 주체이다. 수·상·행·식도 나의 주체라고."

"그렇습니다. 구담님, 여기에 있는 많은 사람들도 또한 그와 같이 말합니다."

"삿차카여, 여기의 많은 사람이 그대와 무슨 관계가 있는가? 그대는 그대 자신의 말만을 이야기하는 것이 좋지 않은가?"

"구담님, 나는 '색신은 나의 주체이다. 수·상·행·식도 나의 주체이다'라고 말합니다."

"삿차카여, 나는 그대에게 물을 것이니 그대는 생각하는 대로 설명하여 주기 바란다. 교살라국의 바사닉왕이나 마가다의 빈바사라 왕이나 그 밖에 어떤 나라 왕이 자기가 정복한 영토에서 죽일 사람은 죽이고, 빼앗을 것은 빼앗고, 내쫓을 것은 내쫓고, 이렇게 자기가 생각하는 대로 할 수가 있겠는가?"

"구담님, 그것은 될 수 있는 일입니다. 왕자는 그러한 권리와 힘을 갖고 있기 때문에."

"삿차카여, 그대는 색신이 '나'라고 한 그 색신에 대하여 '나의 색신은 이렇게 있어라, 말아라'고 자기의 생각대로 될 수가 있겠는가?"

부처님의 이 물음에 대하여 삿차카는 잠자코 있었다. 두 번 물어도 또한 잠자코 있는 것이다.

3 부처님은 말을 이었다.

"어서 생각하는 대로 대답하라. 여래의 세 번 물음에 대답하지 않으면 그대의 머리가 깨어지리라."

그때 별안간 공중에 나타난 금강신장金剛神將은 불이 타오르는 금강저金剛杵를 손에 잡고

"삿차카여, 속히 대답하라. 만일 부처님이 바른 물음을 세 번 하여도 대답지 않으면 네 머리는 일곱 조각이 되리라"고 했다. 삿차카는 두려움

과 부끄러움을 품은 채

"구담님, 그것은 마음대로 되지 않습니다."

라고 겨우 대답했다.

"삿차카여, 잘 생각해 대답하라. 앞뒤에 모순이 있어서는 안 된다. 색신에 있어서와 마찬가지로 그대가 '나'라고 하는 수·상·행·식에 있어서도 '이렇게 있어라, 이렇게 있어서는 아니된다'라고 생각하면, 생각하는 대로 되는가?"

"구담님, 그것은 되지 않습니다."

"삿차카여, 그러면 색신은 늘 있는 것인가, 늘 있지 않은 것인가?"

"늘 있는 것이 아닙니다. 있다가 없어지는 무상한 것입니다."

"그러면, 그 있다가 없어지는 것은 고苦인가, 락樂인가?"

"고입니다."

"그러면 무상하고 괴로우며 변화하는 것을 '이것이 나의 것이다, 나의 주체이다'라고 하는 것이 정당한가, 정당치 않은가?"

"정당하지 않습니다."

"삿차카여, 수·상·행·식에 있어서도 똑같은 것이다. 그런데 그 고깃덩이를 잡아가지고 '그것이 나의 것이다, 나의 주체이다'라고 보는 것이 고苦를 알고 고를 벗어나는 것이라고 하겠는가?"

"물론, 그렇지 않습니다."

"삿차카여, 이를테면, 나무의 속대를 찾아서 도끼를 가지고 숲에 들어간 사람이 파초 나무를 보고 베어 넘기고 그 속대를 구한다면 어디까지나 잎으로 말린 것을 볼 뿐, 나무의 심도 얻을 수 없는 것과 같이, 그대가 나에게 물음은 다만 그대의 의견이 속고갱이 없는 파초와 같이 텅 빈 것을 볼 뿐일 것이다. 그런데, 그대는 어찌하여 비사리 사람들에게 '어떠한 사문이나 바라문이나, 도를 얻은 사람일지라도 나와 토론하면 진땀을 빼지 않는 자가 없다'고 큰소리를 하였는가? 이제는 도리어 그대 몸에 땀이 흘러 옷을 적시고 있지 않은가?"

4 삿차카는 이 말을 듣고 더욱 머리를 숙이고 어깨를 축 떨어뜨리고 무색하여 어쩔 줄 몰라 했다. 리차 사람 돔무카가 말했다.

"부처님, 제 마음에 한 가지 비유가 떠올랐습니다. 어떤 못에 큰 게가 있었습니다. 게가 평소에 벼르기를 아이들의 손발을 가위로 잘라버리겠다고. 그러다가 도리어 아이들에게 붙잡혀 물에 내동댕이 쳐졌습니다. 돌에 맞아 껍데기가 상하고 해서 다시 못에 들어갈 수도 없게 되었다는…. 삿차카는 마치 그 게가 되었습니다."

그때 삿차카는 머리를 들고 말했다.

"돔무카여, 나는 너와 말하는 것이 아니다. 잠자코 있어!"

그는 다시 부처님을 바라보며

"구담님, 나는 이제 다른 사문이나 바라문과 토론하는 것이 부질없는 짓임을 깨달았습니다. 그러나 대체 당신의 제자들은 어떻게 이러한 교훈을 지키며 의심치 않고, 다른 데 마음이 팔리지 않고 스승의 가르침을 신뢰하고 있는 것입니까?"

"삿차카여, 나의 제자들은 과거 · 미래 · 현재의 안락과, 굵고 가늘고 좋고 나쁘고 멀고 가까운 어떤 색이나 수 · 상 · 행 · 식이나 '이것은 내 것이 아니다, 나의 주체가 아니다'라고 똑바로 보는 것이다. 그리하여 교훈을 지키고 의심을 여의고 다른 데 마음을 붙이지 않고 스승의 가르침을 믿고 있는 것이다."

5 "그러면, 비구는 어찌하여 아라한이 되어 번뇌를 다 깨끗이 하고, 할 일을 다하여 해탈에 이르게 됩니까?

"삿차카여, 비구는 먼저 나와 내 것을 인정하지 않으므로 모든 집착에서 벗어나 아라한이 되어 번뇌를 다 깨끗이 하고 할 일을 다하여 해탈을 얻게 되는 것이다."

이렇게 문답을 거듭한 뒤 삿차카는 다시

“구담님, 저는 한쪽만 보는 곁눈보기였습니다. 저는 당신을 이론으로 쳐부수려 했습니다. 그러나 광포한 코끼리 곁에 가까이 대들어서 무사한 사람은 있을지라도, 당신에게 가까이 대들다가 무사할 수는 없습니다. 독한 뱀이나 타오르는 불에 가까이 대들다가 무사할 수는 있다 하더라도, 당신에게 가까이 대들다가 무사할 수는 없습니다. 나는 이제 자기의 저쪽 편을 보지 않고 갔다는 것을 비로소 알았습니다. 내일은 저의 처소에서 공양을 올리고자 하니 아무쪼록 받아주시기 바라나이다.”
하고 오백 명 대중과 함께 예배하고 물러갔다.

제3절 몸과 마음을 수련하는 법

1 부처님이 비사리성毘舍離城 대림정사에 계실 적이다. 부처님이 걸식하려고 정사에서 나올 때에, 삿차카가 휘청휘청 대림정사 쪽을 향해 걸어오고 있었다. 아난은 그것을 보고

“부처님, 저기 삿차카가 옵니다. 저 사람은 아직 불·법·승을 비방하는 자입니다. 그를 불쌍히 여겨 잠깐 여기 앉아 계십시오”라고 했다.

삿차카는 부처님이 앉으신 곳에 와서 말하였다.

“구담이여, 어떤 사문과 바라문은 몸으로 고행을 닦으면서도 마음을 닦지 않습니다. 몸으로 괴로움을 받아 정강이가 마비되고 심장이 무너져 더운 피를 입으로 토하고 정신이 착란하여 미쳐버리니, 이럴 경우에는 마음이 완전히 몸의 지배 아래 있게 됩니다. 왜냐하면, 그것은 마음을 수련하지 못한 까닭입니다. 또 어떤 사문과 바라문은 마음은 닦지만 몸을 닦지 않습니다. 저들은 마음의 격심한 고통을 받아 정강이가 마비되고 심장이 무너져서 더운 피를 입으로 토하고 정신이 착란하여 미쳐버리니, 이런 경우에는 몸이 완전히 마음의 지배 아래 있게 됩니다. 왜냐하

면, 몸을 잘 수련하지 않은 까닭입니다. 나는 구담님의 제자들을 생각할 때, 마음은 닦지만 몸을 닦지 않는 자라고 생각됩니다."

"삿차카여, 네가 몸을 닦는다고 하는 것은 어떤 것이냐?"

"예를 들면, 난타, 밧자, 기샤, 삼깃쟈, 말가리사리자 같은 사람들은 음식 · 의복 · 좌구坐具 등에 있어서 갖가지 고행을 쌓아 신체를 훈련시키고 있습니다."

"삿차카여, 그 사람들은 정말 음식 같은 데서 고행을 시험하여 신체를 지탱하고 있는가?"

"그런 것은 아닙니다. 그들도 때로는 좋은 음식물을 취하여 신체를 보양하고 있습니다."

2 삿차카가 더 설명할 수 없어 잠자코 있었다. 부처님은 말을 이었다.

"삿차카여, 네가 먼저 말한 몸을 닦는다는 방법은 바른 가르침에 의한 법다운 방법이 아니다. 네가 몸을 닦는 법도 바로 알지 못하므로 마음 닦는 법을 알 까닭이 없다. 삿차카여, 사람이 즐거운 감각을 받게 되면 그는 이 감각에 집착한다. 따라서 그 감각이 없어지고 괴로운 감각이 일어날 때에는 슬퍼하고 탄식하며 울부짖기까지 하니, 이것은 몸을 수련하지 못하고 마음을 수양하지 못한 까닭이다. 만일 몸과 마음을 수련하였다면 즐거운 감각이 일어나도 이것에 집착하지 않고, 따라서 즐거운 감각이 없어지고 괴로운 감각이 일어날 때에도 슬퍼하거나 탄식하지 않느니라."

3 "구담이여, 만일 존자가 말씀하신 바와 같다면, 구담님은 몸이나 마음이 수련된 분이라고 믿습니다."

"삿차카여, 그것은 네가 조롱하기 위해 하는 말인가? 먼저 나의 설명을 듣는 것이 좋다. 나는 집을 떠나서 오늘까지 즐거운 감각이 일어나거나 괴로운 감각이 일어나거나, 아직 한 번도 마음을 그에 사로잡힌 바가 없었다."

"존자여, 그것은 당신의 경험 가운데 다행히 그런 감각이 일어나지 않았기 때문이 아니겠습니까?"

"삿차카여, 나는 온갖 고행을 닦아 보았다. 과거에도 나와 같이 괴로운 감각을 견딘 자가 없었을 것이며, 미래에도 나와 같은 고행을 닦을 자도 없으리라. 나는 다만 그런 고행만이 바른 깨달음의 도가 아님을 알고 놓아 버리게 된 것이다. 나는 그 고행으로 인한 어떤 괴로운 감각에도 마음을 잡힌 일이 없었다. 또 그 바른 깨달음의 도에 들어가 몸을 수련하고 마음을 고요히 하여 초선·이선·삼선·사선에 들어가 선정의 즐거운 감각이 일어나도 그것에 마음을 잡힌 일이 없고, 숙명통·타심동·누진통을 얻어 해탈의 즐거움을 얻었어도 그것에 마음을 잡힌 일이 없었노라."

4 삿차카는 다시 물었다.

"그러면, 존자는 낮에 잠잔 일이 있습니까?"

"삿차카여, 나는 여름 우기雨期가 끝날 적에, 승가리(大衣)를 네 겹으로 접어서 오른쪽으로 누워 잠에 든 일이 있었다."

"존자여, 어떤 사문과 바라문은 그것을 미혹에 빠진 것(惑溺住)이라고 부르기도 합니다."

"삿차카여, 낮에 잠든 것만으로 미혹에 빠졌느니 아니니 할 수는 없다. 어떤 사람이든지 미래의 나고 죽음의 원인이 되는 갈애渴愛와 그 나머지 번뇌를 여의지 못한 이는 다 미혹에 빠진 자이다. 그러므로 갈애와 그 나머지 번뇌가 중심을 끊어버린 다라수多羅樹처럼 된 사람은 미혹에 빠진 자가 아니다."

"구담이여, 참으로 거룩하십니다. 존자는 이렇게 모든 문제를 가장 손쉽게 순서 있게 풀어 말씀해 주시면서, 얼굴빛이 언제나 말쑥하시며 그 자태가 진실로 고상하십니다. 이런 일은 다른 교인과 학자들은 받아들이지 못하는 것입니다. 저들은 그 이론이 탈선하거나 얼굴에 성낸 빛

낭패한 빛을 보이기가 일쑤입니다. 존자여, 이만 물러가겠습니다."

삿차카는 부처님 말씀에 기뻐하며 대림정사에서 사라졌다.

제4절 냐그로다의 귀의

1 부처님이 여러 나라를 순회하시고 왕사성에 들어와 기사굴산에 오르셨다. 그때 마침, 우톰바리카 왕비가 기부한 동산에 냐그로다라고 하는 이교도가 삼천 명의 제자를 거느리고 있었다.

어느 날 산타나散陀那라는 거사가 부처님을 뵙겠다고 왕사성을 떠나서 오는 도중에 생각하기를 '부처님은 지금 선정에 들어 계실 것이고 비구들도 그러하니, 지금 찾아뵐 때가 아니다. 우톰바리카에 있는 냐그로다를 찾아보자'고 하고, 그 숲으로 향했다.

그때 마침 냐그로다는 제자들에 둘러싸여 높은 소리로 잡담을 하고 있었다. 왕이 어떠니, 도둑이 어떠니, 대신이 어떠니, 군사 이야기, 귀신 이야기, 의식 이야기 등 여러 가지 쓸데없는 이야기로 떠들고 있었다. 산타나가 멀리서 오는 것을 보고,

"모두들 조용히 하여라. 소리를 치지 말라. 저기에 사문 구담瞿曇의 제자 산타나가 온다. 저들 무리는 고요한 것을 좋아하고 고요한 사람을 칭찬하기 때문에, 이곳이 고요하면 고요한 모임이라고 생각하고 올지도 모른다."

이 말을 듣고 사람들은 고요해졌다. 조금 뒤에 산타나는 산타나의 무리가 모인 곳에 와서 말하였다.

"대덕들은 무엇인가 큰소리로 부질없는 잡담을 하고 있는 듯한데, 우리 스승이신 부처님은 고요한 숲을 가려 홀로 선정에 들어 있기를 좋아하신다."

냐그로다는 말을 받았다.

"아, 거사여, 사문 구담은 누구와 같이 말하고 이론할 만한 지혜를 얻었다고 생각하는가? 구담의 지혜는 빈 곳에 치우쳐서 혼자 있기를 좋아하는 편견을 안고 있으니, 마치 눈먼 소가 한쪽 갓길로만 걸어가는 것과 같다. 사문 구담이 이런 집회에 왔다면 한번 물음에 그만 속이 보여 빈 병과 같을 것이다."

2 그때에 부처님은 깨끗한 천이통으로 산타나와 냐그로다가 서로 문답하는 것을 듣고 천천히 기사굴산으로 내려와 그 숲의 스마가다 못가 공작원孔雀苑을 거닐고 계셨다. 이것을 바라본 냐그로다는 제자들을 조용하게 하고, 부처님이 오시면 물을 것을 생각하고 있었다.

그러자 부처님은 그곳에 오셔서 마련된 자리에 서서 물으셨다.

"무슨 일로 이렇게 모였느냐?"

냐그로다는 스스로 낮은 자리에 앉아서

"예, 우리는 구담께서 스마가다 못가 공작원을 거니시는 것을 보고 맞이하려 나왔습니다. 구담께서는 어떤 법으로 제자들을 가르쳐 단련시키시는가를 묻고자 생각했습니다."

"냐그로다여, 교를 달리하고 의견을 달리한 그대들이 나의 법을 알기는 어려울 것이다. 그것보다 차라리 그대들이 닦는 고행에 있어서 '어떤 것이 깨끗한 고행을 성취하는 것이며, 어떤 것이 고행을 성취하지 못하는 것이냐?'고 묻는 것이 보다 요긴하리라."

3 그때 여러 교도들은 큰 소리로

"사문 구담은 참으로 거룩하십니다. 당신의 교법을 주장하시지 않으시고 다른 이의 교법을 더 보태 말씀하려 하시니."

라고 칭찬하며 떠들썩했다. 냐그로다는 떠들지 못하게 진정시키고 나서 다시 물었다.

"구담님, 우리들은 고행으로써 이 세속을 벗어나려 합니다. 어떻게 하면 고행으로써 이 세속을 벗어나게 되겠습니까?"

"냐그로다여, 그대들은 혹은 발가벗고 살며, 먹은 뒤에 손을 씻지도 않고 빨며, 음식물에 있어서 신도가 초대하는 것을 허락지 않고, 자기에게 가져온 음식물을 받지 않고, 자기를 위해 지은 음식을 받지 않고, 두 사람이 같이 먹을 때에 한 사람이 주는 음식을 받지 않으며, 산부가 주는 것을 받지 않고, 젖먹이는 여인이 주는 것을 받지 않고, 사내와 희롱하는 여인이 주는 것을 받지 않으며, 개 기르는 집이나 개에 가까이 있는 음식을 받지 않으며, 파리 떼가 나는 집의 것을 받지 않으며, 어육을 먹지 않고, 술을 마시지 않으며, 한 집에서 한 술, 두 집에서 두 술 내지 일곱 집에서 일곱 술의 음식을 얻고 돌아와서 작은 밥통의 밥으로 몸을 유지하며, 하루 한 번 혹은 이레에 한 번 혹은 반달에 한 번 먹으며, 또는 나물 · 가지 · 피쌀 · 입쌀을 먹으며, 혹은 수초 · 쌀겨 · 싸라기 · 밥물을 먹으며, 또는 쇠똥과 나무뿌리와 열매를 먹으며, 혹은 저절로 떨어진 과일을 먹으며, 그리고, 굵은 삼베옷이나 풀로 짠 옷, 나무 껍데기로 엮은 옷, 짐승의 가죽이나 털과 새 깃으로 만든 옷을 입으며, 혹은 수염과 털을 잡아 뽑으며, 늘 서 있거나 쭈그리고 앉거나, 혹은 볕에 누워 있거나, 혹은 가시 방석에 앉거나 먼지를 둘러쓰고 그 위에 있거나, 기름을 붓고 불에 그을리는 일이나, 하루 세 번씩 목욕하는 등의 고행을 하고 있으니, 냐그로다여, 이 같은 고행으로써 세속을 벗어나는 도를 성취한다고 생각하는가?"

"구담님, 우리는 실로 이 같은 고행은 성취할 수 있다고 봅니다."

4 "냐그로다여, 나는 이제 너희들이 성취한다고 생각하는 고행은 내버려야 할 허물임을 들어 보리라. 이제 고행하는 자가 그 고행을 닦는다고 하자. 그는 그 고행에 의하여 스스로 만족하여 기뻐하며 스스로 자랑하니, 이것이 그 허물의 하나다. 또는 스스로 고행을 지킨다 하여 남을 비방하니 이것이 그 허물의 둘이다. 또 그 고행을 닦는 데 도취되어 자랑

하고 기뻐하므로 방일에 흐르니 이것이 그 허물의 셋이다. 또 그 고행에 의하여 명예와 존경과 이양利養을 얻음을 기뻐하니 그 허물의 넷이다. 또한 그 명예 · 존경 · 이양을 얻었다 하여 자만하고 남을 업신여기니 그 허물의 다섯이다. 그 명리에 도취하여 방일하니 그 허물의 여섯이다. 다음엔 음식도 좋은 것을 가리어 집착하게 되며, 그 재앙을 보지 못하니 그 허물의 일곱이다. 다음, 그 명리심名利心이 더 커지며 왕과 대신, 누구든지 자기를 존경해야 된다고 생각하니 그 허물의 여덟이다. 다음, 사문 · 바라문을 보고 저것들은 무엇 하는 것이냐고 비난하니 그 허물의 아홉이다. 다음, 사문 · 바라문을 공양하는 것을 보고 이 집에선 저런 사치한 인간을 공양하고 고행하는 우리를 공경할 줄 모른다고 시기하니 그 허물의 열이다. 다음, 사람들이 보는 곳에선 고행을 하는 체하니 그 허물의 열하나다. 다음, 자기의 덕을 보여 자랑하고자 속가에 들어가 그 고행의 일부를 자랑하니 그 허물의 열둘이다. 다음, 거짓말로써 스스로 인내하지 못할 것을 인내한다고, 하지 못하는 것을 한다고 하니 그 허물의 열셋이다. 다음, 부처님이나 부처님 제자가 설하는 법을 나무라며 인정치 않으니 그 허물의 열넷이다. 다음, 고행자로서 허위 · 기만 · 탐욕 · 시기 · 교활 · 교만 · 사음 등의 나쁜 버릇과 번뇌를 일으켜 현실에 집착하게 되니 이것이 그 허물의 열다섯이다.

냐그로다여, 이와 같이 하여서는 고행으로 세속을 벗어나지 못할 뿐 아니라, 도리어 고행으로 세속에 물들게 되느니라. 그대들이 닦는 고행은 마침내 이러한 세속의 때를 벗어나지 못하니, 이 같은 고행으로는 나무의 맨 윗마디에 이르지 못하고 겨우 그 겉껍질에 이르게 될 것이다."

"구담님, 그러면 어떤 고행을 닦아야 나무의 맨 윗마디에 이르게 되겠습니까?"

5 "냐그로다여, 이에 참된 맑은 고행이란 첫째, 네 가지 금지된 계戒를 지녀야 하니, 살생하지 말고, 도둑질하지 말고, 거짓말하지 말고, 오욕五

欲을 탐하지 않는 것이다. 이 네 가지를 지키며 무리와 세속을 멀리 여의고 한적하고 고요한 숲이나 동산이나 나무 아래, 바위굴 등에 몸을 두어 심 · 진심 · 혼침昏沈 · 번민 · 의심의 다섯 가지 덮임을 여의고 자 · 비 · 희 · 사의 사무량심을 닦아 온 세계에 충만하며, 다음 숙명통을 얻어 지나간 세상 일을 비추어 알고, 천안통을 얻어 중생이 여기에서 죽어 저기에 나는 것을 다 비추어 보게 되느니라.

냐그로다여, 이 같은 고행을 닦음으로써 나무의 맨 윗마디에 이르게 된다. 만일 그대가 나에게 '구담은 어떻게 모든 제자를 지도하며, 최상 안락한 곳에 이르게 하는 근본 범행은 어떤 것이냐?' 고 묻는다면, 나는 '이 같은 법으로 제자를 지도해 최상 안락한 곳에 이르게 한다.' 하리라."

이렇게 말씀하실 때에 저 교도들은 큰 소리로 외쳤다.

"이러한 스승보다 더 거룩한 스승은 없으리라."

6 그때 산타나散陀那 거사는 이것을 보고

"냐그로다여, 너희들이 나에게 사문 구담 누구와 상대해 말할 만한 지혜를 갖지 못했다고 함부로 비방하지 않았는가? 그 말대로 부처님을 빈 병처럼 굴리는 것이 좋으리라."

고 반박하자, 냐그로다는 머리를 숙이고 대답할 바를 몰랐다. 부처님은 조용히 물었다.

"냐그로다여, 산타나의 말한 바가 사실인가?"

냐그로다는 더욱 곤란했다. 그는 이윽고 입을 열었다.

"부처님, 저희들은 어리석고 마음이 어지러워 그러한 말을 한 것입니다." 하고 진심으로 참회했다.

"냐그로다여, 그대는 일찍이 너희들의 선배로부터 옛적 선각자가 제자를 모아 놓고 왕이 어떠니, 도둑이 어떠니, 대신이 어떠니 하는 쓸데없는 잡담으로 큰소리치며 떠들었다고 하는 말을 들었는가? 또는 옛적 선각자는 인간을 떠난 고요한 곳에 홀로 앉아서 선정하기를 즐겨한다는 말을 들었는가?"

"부처님, 우리는 뒤에 말씀하신 바를 들었습니다."

"냐그로다여, 그런데 그대는 지혜도 있고 정념正念도 있고 또는 노숙한 수행자로서 어찌하여 사문 구담은 스스로 깨침을 얻고 깨침을 얻는 법을 말하며, 스스로 몸을 조복 받고 다른 이를 위하여 조복 받는 법을 말하며, 스스로 번뇌를 여의고 다른 이로 하여금 번뇌를 여의게 하기 위하여 법을 말하며, 스스로 저 언덕에 이르고 남으로 하여금 저 언덕에 이르게 하기 위하여 법을 말한다고는 이르지 않았는가?"

"부처님, 저희들은 어리석고 마음이 어지러워서 죄를 범한 것입니다. 아무쪼록 다음에는 다시 그런 일이 없을 것이오니 용서하소서."

7 "냐그로다여, 너희는 확실히 마음이 어지러워 죄를 범함이로다. 나는 이다음에 너희들이 스스로 깨달을 것을 알고 죄를 용서한다. 냐그로다여, 나는 다음과 같이 이르노라. '오라! 지혜 있고 거짓과 아첨이 없고 정직한 마음을 지닌 자여. 나는 이제 법을 설하리니, 만일 이 법에 따라 수행하면 집 떠난 목적을 칠 년 아니면 일 년 또는 이레 동안이면 성취하리라'고. 그러나 냐그로다여, 그대는 행여 '사문 구담은 우리를 제자로 만들기 위해서 이같이 말한다. 우리들을 이 지방에서 추방하기 위하여, 우리의 생활을 빼앗기 위하여, 우리들을 좋은 데서 떠나서 나쁜 데로 나가게 하기 위하여 이렇게 말한다'고 생각해서는 안 된다. 너희들 스승으로서 너희들 스승 노릇을 하게 하고, 너희 동산은 너희들 동산으로, 너희들의 생활은 너희들의 생활대로 하게 하리라. 나는 다만 너희들로 하여금 어두운 꿈에서 나고 죽는 종자인 불선법을 내버리게 하기 위하여 법을 설했을 뿐이니라. 그와 같이 몸을 닦으면 너희들의 때 낀 법은 사라지고 말쑥한 범행이 성취되며, 둥근 지혜가 나타나게 되리라."

함께 있던 무리들은 잠자코 들었다. 부처님은 이렇게 말씀하시고 허공을 타고 기사굴산으로 돌아오셨다. 산타나는 곧 왕사성으로 돌아갔다.

제5절 범천으로 가는 길

1 부처님은 교살라국의 사라바티카 촌을 떠나 마나사카타라는 바라문 촌에 이르러 마을 북쪽에 흐르는 발접하跋接河 시냇가 나무숲에 머물러 계셨다. 그때 찬키이, 타룩카, 포카라사티, 사노소인闍奴蘇仁, 토데야 등 이름 높은 많은 바라문들이 어떤 일로 이 마을에 모이게 되었다. 포카라사티의 제자 바셋타와 타아룩카의 제자 바라드바자는 저녁 때 목욕한 뒤에 조용히 시냇가 모래톱을 거닐고 있었다. 도의 바르고 비뚠 것을 의논하며 바셋타는 말하기를, '나는 스승 포카라사티의 말씀하는 법이 진정한 도로서, 그와 같이 실행하면 바라문의 하늘(梵天)에 나게 된다'고 하였다. 바라드바자는 그의 스승 타아룩카가 말한 법이 진정한 도라고 서로 다투어 주장했으나, 그 판단을 짓기 어려웠다. 이름 높은 사문 구담을 찾아 문의하기로 하고 부처님 계신 곳에 와서 그 뜻을 말했다. 부처님은 그들에게 물었다.

"바셋타는 그 스승의 법을 '바라문의 하늘'에 나는 진정한 도라고 하는데, 바라드바자는 또 그 스승의 법을 진정한 도라고 하니, 어떤 점에서 의견이 서로 달라 다투게 되었는가?"

"구담님, 도의 바르고 비뚠 데 대해서입니다. 오늘 앗다리야 · 뎃데리야 · 찬도오카 · 차다바 · 푸라마자리야 등 여러 바라문이 도를 설하는데, 그들의 가르침은 대개가 그들을 따라 도를 닦으면 바라문의 하늘에 나게 된다고 합니다. 마치 어떤 마을이나 성 가까이 몇 갈래 길이 있는데, 그것은 다 그 마을과 성중으로 들어가는 길인 것과 같습니다."

"바셋타여, 너는 그들 바라문들의 가르침이 바라문의 하늘에 나는 바른길이라고 생각하는가?"

"예, 그렇게 생각합니다."

"바셋타여, 삼명三明(=세 가지 베다) 바라문 가운데 한 사람이라도 참으로 바라문의 하늘을 본 적이 있다던가?"

"그것은 없습니다."

"바셋타여, 그러면 바라문의 스승이나, 또는 스승의 스승 중에 누구 한 사람이 바라문의 하늘을 본 일이 있다던가?"

"그것도 듣지 못했습니다."

"바셋타여, 그러면 바라문의 조상으로서 칠七 대 사이에 한 사람이라도 바라문의 하늘을 본 일이 있다던가?"

"그도 듣지 못했습니다."

"바셋타여, 바라문의 옛 성자인 바아마카 · 바아마데마 · 베사밋타 · 야마탓키 · 앙기라사 · 바라드바자 · 캇사파 · 박구 등 성주聖呪를 지은 사람들은 어디에 바라문의 하늘이 있고 어떻게 하여 바라문의 하늘이 되었고, 바라문의 하늘은 누가 잘 알고 잘 본다고 말한 일이 있었던가?"

"구담님, 그렇게 말한 분은 한 사람도 없었습니다."

2 "바셋타여, 그러면 이러한 결론에 이르게 된다. '삼명 바라문의 누구도, 그 스승도, 선조도, 옛 성자도 바라문의 하늘을 본 자는 없다.' 그렇다면 그들은 자기가 알지도 못하고 가 보지도 못한 곳에 남들더러 가보라고 가르치는 것 아닌가? 바셋타여, 마치 소경이 떼를 지어 맨 앞에 선 자나, 뒤에 선 자나, 가운데 선 자나, 서로 앞길을 보지도 못하면서 끌고 끌려가는 것과 같지 않은가? 그들 바라문도 보지도 못하고 알지도 못하면서 그렇게 말하니 그것은 참으로 희롱의 말이라, 무슨 이익이 있겠는가?

바셋타여, 이를테면, 사랑을 말하는 사람이 나라 가운데 제일 미인을 연모하고 있다고 하자. 어떤 사람이 그 말을 듣고, '그것은 좋다. 그런데 너의 연인은 크샤트리아냐? 바라문이냐? 바이샤냐? 수드라냐?'고 물었을 때, '나는 그것은 모른다'고 대답하였다. 그러면 '그 이름과 성은 무엇이며, 키는 얼마나 크고, 살빛은 희더냐, 검더냐? 그리고 어느 곳에 살고 있더냐?'고 물었을 때 '그것은 나는 모른다'고 대답했다. '그러면 네가 연모하고 있다고는 하지만, 그 여인을 실지로 알지도 못하고 보지도 못한 것이 아닌가?' '실로 그렇다'고 대답했다. 바셋타여, 바라문이 '하늘에 가나라'고 가르침은 마치 그와 같은 것이다."

3 "바셋타여, 큰비에 아치라야테 강물이 넘쳐 들어 건너기가 어려울 때, 저쪽 언덕으로 건너갈 일이 있는 사람이 이쪽 언덕에 서서 '저쪽 언덕은 이리 오라, 이리 오라'고 외친다고 하자. 저쪽 언덕이 그 소리를 듣고 과연 이쪽으로 오겠는가? 삼명 바라문이 바라문답게 하는 법을 다 버리고 바라문에 알맞지 않은 일을 하면서 제석천帝釋天·소마蘇摩신·바루나신波樓那神·이사나신伊師那神(自在天)·바사바데신·범천梵天·대자재천신을 부르는 것은 그와 같다.

또 바셋타여, 홍수가 범람한 하수 저쪽 언덕으로 건너가려는 사내가 그 손목에 고랑을 채워 뒷짐 지워 얽어맸다면 저쪽으로 건너갈 수 있겠는가? 삼명 바라문이 자기의 할 일을 버리고 성자의 도에서 고랑쇠라고 부르는 오욕五慾에 얽힌 것은 그와 같은 것이다."

4 "또 바셋타여, 홍수가 범람한 강물 이쪽 언덕에서 머리까지 이불을 뒤집어쓰고 잠자는 사내가 저쪽 언덕에 건너갈 수 있겠는가? 삼명 바라문도 자기의 할 일을 버리고 성자의 도에서 큰 장애라고 이르는 오개五蓋에 덮여 있으니, 이러한 바라문이 저쪽 언덕에 도달할 수 있겠는가? 바셋타여, 너희들 노숙한 바라문에게 들으니 바라문의 하늘에는 가족도 없고, 재산도 없고, 그 마음에 성냄도 없고, 남을 해하려는 마음도 없고, 번뇌의 때가 없고, 가장 깨끗한 계라고 하는데, 오늘의 바라문은 네 눈에 어떻게 보이더냐?"

"구담님, 바라문은 이와 반대로 가족도 있고, 재산도 지니고, 마음에 성냄과, 남을 해할 뜻과, 그리고 불결한 행동에 차 있습니다."

"그러면 바라문의 하늘과 바라문 사이에는 서로 통할 만한 길이 없지 않는가? 서로 통할 길이 없으면서 죽어서 그들의 친구가 되려 하는 것은 얼토당토 않는 것이 아닌가. 삼명 바라문은 앉아 있으면서 아래로 가라앉는 자, 올라가기를 생각하면서 자꾸만 아래로 내려가는 자들이다. 그러면 이 바라문의 삼명은 물 없는 사막이며 길 없는 숲이라고 부르게 되었구나."

5 "구담님, 그러면 바라문의 하늘에 나는 법을 가르쳐 주소서."

"바셋타여, 마나사카타 촌은 이 숲으로부터 가깝냐? 머냐?"

"멀지 않습니다."

"바셋타여, 마나사카타 촌에 나서 그곳에서 자란 사람으로서 그 마을로 가는 길을 묻거나 또는 미혹하는 일이 있을지라도, 여래는 바라문의 하늘에 대하여 또는 그곳에 이르는 길에 대하여, 묻거나 또는 미혹되는 일이 없으리라. 바셋타여, 여래는 바라문의 하늘을 알고 또 그에 이르는 길을 알되, 그곳에 사는 사람과 같이 아느니라."

"구담님이시여, 저는 구담님께서 그것을 알고 계신다고 들었습니다. 저희들에게 바라문의 하늘과 같이 사는 길을 가르쳐 주셔서 이 바라문을 구제하소서."

"바셋타여, 잘 들으라. 여래가 세상에 나와 법을 설하여, 듣는 이로 하여금 믿는 마음을 일으켜, 집을 떠나 계행을 지키고 오개五蓋를 여의고 마음을 한곳에 집중하여 모든 생명을 사랑하는 마음으로 한쪽(一方)을 채우며, 다음 이방 · 삼방 · 사방 이렇게 시방세계를 채우되, 마치 나팔 부는 사람의 나팔 소리를 사방에 들리게 하는 것과 같이, 한량없는 사랑하는 마음으로써 시방에 가득 채우는 것이다. 이와 같이 모든 중생을 슬퍼하는 마음, 기쁘게 해 주는 마음, 고통을 여의게 하는 마음, 곱고 미움에 치우치지 않는 평등한 마음으로 온 세계를 채우느니라.

바셋타여, 이것이 바라문의 하늘에 나는 길이다. 이 같은 네 가지 한량없는 마음(四無量心)을 닦는 바라문은 가족도 없고 재산도 없고, 그 마음에 진심도, 사람을 해치려는 생각도, 깨끗지 못한 뜻도 없는 것이다. 이것이 바라문의 하늘에 통하는 길이다. 이 길을 밟아 바라문의 하늘의 친구가 되는 것이다."

바셋타와 바라드바자는 이 설법을 듣고 매우 기뻐하여 삼보에 귀의하여 집에 있는 제자가 되었다.

제6절 발제 장자 삼형제

1 왕사성에 발제跋提라는 장자長者가 있었다. 큰 부자여서, 금은과 보물이 한없이 있었고, 창고에는 곡식이 가득 차 있었다. 그런데도 탐욕이 많은 성질로서 조금도 보시할 줄을 몰랐다. 과거에 쌓은 공덕의 남은 복을 먹으면서, 새로운 공덕을 쌓을 줄은 몰랐다. 그래서 '보시도 일없다, 공덕도 일없다, 업業도 없고 갚음도 없다, 존경해야 할 부모도 없고, 얻어야 할 깨달음도 없다'는, 그릇된 소견을 가지고 있었다. 일곱 겹 문을 달아 거지가 들어오는 것을 막고, 쇠그물을 쳐서 새들이 들에 와 모이 쪼는 것을 막았다. 그에게는 난다라는 누이가 있었지만, 그녀도 주인에 못지 아니하게 많은 탐욕과 그릇된 소견을 가져, 모두 지옥에 떨어질 업業만 쌓고 있었다.

어느 날, 목건련, 가섭, 아나율, 빈두로 네 사람이 모여, 이 성안에서 삼보를 믿지 않는 사람을 골라 교화시키려고 의논한 끝에, 발제 장자를 제일로 뽑았다. 그때, 장자는 남몰래 자기 방에서 떡을 먹고 있었다. 하늘에서 떨어졌는지 땅에서 솟았는지, 아나율이 바리때를 들고 걸식을 청하면서, 장자 앞에 서 있었다. 이 뜻밖의 손님에게 놀란 장자는 그 요구를 거절할 수가 없었다. 마음에 언짢았지만, 가졌던 떡을 조금 아나율에게 주었다. 아나율은 떡을 가지고 돌아갔다. 장자는 문지기를 불러, 왜 비구를 들였느냐고 꾸짖었다. 그러나 문지기는, 문이 굳게 잠겨 있기 때문에, 스님이 들어올 리가 없다고 대답했다.

2 발제 장자는 다시, 구운 고기를 먹고 있었다. 갑자기 가섭이 그 앞에 나타났다. 장자는 하는 수 없이, 먹던 고기를 조금 떼어 주었다. 가섭이 돌아간 뒤에, 장자는 다시 문지기를 불러 꾸짖었으나, 대답은 여전하였다. 비구들이 어디로 들어오는지 몰라 잔뜩 화를 낸 장자는, 아마 비구들이 환술幻術을 부려 사람을 놀리는 것이라고, 욕설을 퍼부었다. 장자의 아내는 부처님의 제자 질다 장자의 누이동생이었다. 그는 마사가삼타 촌에서 왔다. 장자의 욕설을 듣고,

"그렇게 욕설을 해서는 좋지 않습니다. 당신은 저 두 사람의 스님이 누구신지 아십니까? 먼저 보인 분은 가비라성의 곡반왕의 아들 아나율이라는 스님이십니다. 그분이 나실 때에는, 땅이 울리면서 한없는 재물이 그 집을 둘러싸고 솟아났다고 합니다."

"오, 그래? 그 말을 들으니, 아나율이라는 이름을 들은 적이 있구나."

"그분은 스님이 되어 깨침을 얻어, 하늘눈(天眼)이 제일이라고 합니다. 또 그 다음 한 분은, 이 성 부근의 큰 부자, 가비라장자의 외동아들 가섭이라고 부르는 분입니다. 그분은 유명한 미인을 아내로 맞았다가, 둘이 함께 스님이 되어, 두타 행行을 지킴으로써 부처님에게 두타 제일이라고 칭찬을 받는 유명한 분입니다. 이제 이 거룩한 두 분이, 일부러 신통神通을 부려, 우리 집에 오셨다는 것은 더할 수 없는 기쁨입니다. 그런데 환술을 부렸다고 비방하는 것은 옳지 못한 일입니다."

3 이렇게 이야기하고 있는 판에, 목건련은 공중에서 내려와, 쇠그물을 찢고, 땅에서 멀리 떨어지지 않은 공중에서, 두 다리를 엇걸고 앉아 있었다. 장자는 놀랍고 두려워

"하늘이냐 귀신이냐 건달바냐, 혹은 사람 잡아먹는 나찰羅刹이냐?"고 물었다. 목건련은

"하늘도 아니다, 귀신도 아니다, 건달바도 아니다, 나찰도 아니냐. 부

처님의 제자 목건련이다."

이름을 대고, 법을 설하기 위해 나타났다고 대답했다. 장자는 비구라는 말을 듣고, 곧 보시를 청하는 거지로 생각하고, 비록 무슨 요구가 있더라도 거절하리라고 생각했다.

부처님은 법과 재물의 두 가지 보시를 말씀하신다.

그대 마음 기울여 잘 들어라, 내 이제 법의 보시를 말하리라.

장자는 우선 법의 보시라는 말을 듣고 기뻐서, 비로소 설법에 귀를 기울일 생각이 났다. 목건련은 설법을 시작했다.

"장자여, 법의 보시와 재물의 보시 중에서, 나는 이제 법의 보시를 설명하리라. 여래는 이 법의 보시에서 다섯 가지의 큰 보시를 말씀하셨다. 첫째는 남의 산목숨을 죽이지 않는 것이니, 장자는 이 큰 보시를 한평생 지키지 않으면 안 된다. 둘째는 주지 않는 남의 물건을 빼앗지 않는 것, 셋째는 남의 아내를 범하지 않는 것, 넷째는 거짓을 말하지 않는 것, 다섯째는 술을 마시지 않는 것이다. 장자는 이들 큰 보시를 한평생 지키지 않으면 안 된다."

장자는 우선 이 다섯 가지 법의 보시가, 아무 요구가 없이 될 수 있다는 것이 반가웠다. 산목숨을 죽이지 않는 것, 이것은 자기에게 있어서는 쉬운 일이다. 도둑질하지 않는 것, 이것은 부자인 자기에게 있어서 더욱 쉬운 일이다. 또 남이 자기 재물을 훔치지 않으면 더욱 반가운 일이다. 남의 아내를 범하지 않는 것이나, 거짓을 말하지 않는 것도 중요한 일이지마는, 술을 먹지 말라는 것은 돈을 모으는 요긴한 방법이다. 부처님의 가르침이란 이런 것인가 하고 기뻐하면서, 이 다섯 가지 계戒를 지키기를 맹세했다. 그래서 목건련을 청해, 처음으로 스스로 공양을 내었다. 식사를 마친 뒤에, 다시 옷을 공양하겠다 생각하고, 창고에 들어가 제일 나쁜 천을 고르려고 했지만, 손이 저절로 상품으로 옮겨가 할 수 없었다. 그래서 집었다가 버리기를 되풀이하면서, 마음의 싸움을 계속하고 있을 때, 목건련의 말소리가 들렸다.

> 보시하려면서 마음과 싸우는 것은 어질고 착한 사람이 차마 하지 못할 일
> 보시란 원래 싸움이 아니다 네 마음 시키는 그대로 하고 말아라.

장자는 이 노래를 듣고, 자기 마음이 보인 줄을 알고, 곧 흰 천을 가져다 목건련에게 바쳤다. 목건련은 이것을 받고 다시 법을 설했다. 보시의 이야기, 계戒를 가지는 이야기, 천상에 나는 이야기, 이 세상의 진실한 꼴과 그것을 해탈하는 길에 대해서 이야기했다. 그래서 장자의 마음을 차츰 이끌어, 그 자리에서 그 마음의 눈을 뜨게 했다. 장자는 못내 기뻐해, 한평생 다섯 가지 계를 지켜, 부처님의 제자가 되겠다고 맹세했다.

4 빈두로는 장자의 누이 난다를 교화시키려고 떠났다. 난다도 빈두로의 교화를 받아 부처님을 뵈었다. 그래서 그 가르침에 의해, 마치 흰 천은 물들기 쉬운 것처럼, 마음의 눈이 뜨여 부처와 불법과 승단의 삼보에 귀의하는 우바이가 되었다.

장자의 동생 우파카니는, 형과 누이가 불교에 귀의한 것을 매우 기뻐해, 아사세阿闍世왕에게 가서, 자기 집안의 기쁨을 알렸다. 아사세왕도 매우 기뻐해, '우리 도법道法의 형제가 불었다'고, 부처님의 덕을 찬탄했다.

제7절 구원받는 아힝사카

1 이때의 일이다. 사위성에 한 박식한 바라문이 있어, 많은 사람의 존경을 받고, 또 오백 명의 제자가 있었다. 그의 우두머리 제자는 아힝사카(남을 해치지 않는다는 뜻)라는 사람으로서, 체력이 굳세고 지혜가 뛰어나며, 성질이 순박할 뿐 아니라, 얼굴이 아름다워 많은 사람들의 사랑을 받았다. 어

느 날, 그 스승의 아내는 남편이 집을 나간 틈을 타서, 일찍부터 연모해 오던 아힝사카 곁에 가서, 평소에 가지고 있던 생각을 하소해 불의不義의 즐거움을 맛보려 했다. 아힝사카는 놀랍고 두려워 꿇어앉아 말했다.

"스승이 아버지와 같다면, 그 부인은 어머님이십니다. 도道가 아닌 것은 마음의 고통일 뿐입니다."

"굶주린 자에게 밥을 주고, 목마른 자에게 물을 주는 것이 어째서 도가 아닐까?"

"스승이 중하게 여기는 부인과 간통하는 것은, 독사를 몸에 감고, 독약을 마시는 것과 다르지 않습니다."

아힝사카의 단호하고도 격렬한 이 말에, 부인은 할 수 없이 제 방으로 돌아갔다. 그러나 모욕을 당한 원한을 풀 길이 없어, 흰 옷을 찢고, 얼굴이 새파랗게 질려 침대에 쓰러진 채, 남편이 돌아오기를 기다렸다.

"당신이 늘 칭찬하시던 저 어진 제자에게 무서운 욕을 당했습니다."

부인은 거짓 울음으로 남편에게 호소했다. 스승은 이 말을 듣자 질투의 불길이 가슴에 치밀었다. 그러나 아힝사카는 힘이 세었다. '차라리 다른 계획으로 사람을 죽이게 해서, 살아서는 형벌을 받고 죽어서는 지옥에 떨어지게 하리라.' 생각했다. 그래서 아힝사카를 불러

"그대의 지혜는 이제 극치에 이르렀다. 그러나 다만 마지막으로 해야 할 일이 한 가지 남아 있다"고 말했다.

아힝사카가 그것이 무엇이냐고 묻자, 스승은 엄숙한 얼굴로

"칼을 들고 네거리에 서서, 하루 백 명의 사람을 죽여라. 그래서 한 사람에게서 손가락 한 개씩 잘라, 백 손가락을 엮어 목걸이를 만들어라. 그래야만 진정한 도道가 갖추어질 것이다."

라고 명령한 뒤, 한 자루 칼을 내주었다.

2 아힝사카는 칼을 받아 들자, 먼저 놀랍고 두려워 깊은 근심에 잠겼다. '스승의 명령을 복종하면 의리를 잃게 될 것이요, 스승의 명령을 어기면

좋은 제자가 될 수 없다. 깨끗한 행실로 부모에게 효도하고, 남에게 착하며, 그릇됨을 버려 바름으로 나아가고, 마음은 부드럽고 정이 깊은 것이 바라문의 법이라고 듣고 있는데, 어쩌면 스승님은 이처럼 잔인한 가르침을 내게 내리시는가?' 스승의 앞에서 물러나온 그는, 이제 면할 수 없는 모순에 끼어, 죽을 것같이 몸부림치며 고민했다. 그러나 그가 자기도 모르는 사이에 네거리로 나선 때에는, 마음의 안정을 잃자 동시에, 고민은 큰 분노로 변했다. 눈의 핏발은 불꽃처럼 빛나고, 머리털은 거꾸로 서며 숨결은 격렬해졌다. 칼을 빼어 들고 길가는 사람을 핏줄기와 함께 쳐 눕히는 꼴은 마치 악한 귀신 나찰 같았다. 내왕이 번잡한 네거리에는, 어느새 송장이 산더미같이 쌓이고, 온 거리에는 아우성과 분노와 두려움이 들끓었다. 그 중에는 어느새 왕궁에 달려가 호소하는 사람도 있었다. 그는 손가락을 엮어 목걸이를 만들어 차고 있었다. 그래서 모두들 지만指鬘이라 불렀다.

비구들은 이른 아침에 걸식을 나왔다가 이 소문을 듣고, 기원정사로 돌아가 부처님께 여쭈었다.

"비구들이여, 나는 지금 가서 그를 구원하리라."

부처님은 곧, 그곳으로 향하였다. 도중에서 말먹이 풀을 수레에 싣고 오던 사내들이 부처님께 여쭈었다.

"부처님이시여, 이 길로 가셔서는 안 됩니다. 무서운 살인자가 길을 막고 있습니다."

"온 세상이 내게 칼을 들고 와도 두려울 것 없거늘, 하물며 한 사람의 도둑쯤이야."

부처님은 이렇게 말씀하시고 태연하게 걸어가셨다. 한편, 아힝사카의 어머니는 그 아들이 돌아오기를 기다리다 못해, 밥을 싸가지고 마중을 나갔다. 아힝사카는 그때, 사람 아흔아홉 명을 죽이고, 아흔아홉 개의 손가락을 엮어 목걸이를 만들어 걸고 있으면서, 마지막 한 사람을 찾아,

텅 빈 거리를 두리번거리고 있었다. 마침 그 어머니가 오는 것을 보자, 달려들었다. 그때 부처님은 조용히 그 앞을 막아섰다. 그는 좋아라 하고 칼을 휘두르며 부처님에게 뛰어들려 했다. 그러자 이상하게도 그의 힘은 빠져 한 발도 내딛지 못했다. 그는 문득 외쳤다.

"사문아, 거기 있거라!"

"나는 처음부터 여기 있다. 돌아치는 것은 네가 아니냐?"

"도대체 이것은 웬일일까?"

아힝사카는 궁얼댔다. 부처님은 다시 말씀하셨다.

"너는 어리석기 때문에 사람의 목숨을 해치고 있지만, 나는 끝없는 지혜를 가지고 있기 때문에, 이 거리에 있어도 마음은 고요하다. 나는 이제 너를 불쌍히 여겨 여기에 왔다."

그 말소리는 시원한 물과 같아서, 아힝사카의 불붙는 가슴에 뿌려졌다. 그는 악몽에서 깨어난 것처럼 정신이 돌아와, 칼을 던지고 땅바닥에 엎드렸다.

"부처님이시여, 원컨대 저의 어리석음을 용서해 주소서. 저는 손가락을 모아 도道를 얻으려고 했습니다. 부디 저를 구제하셔서 제자로 삼아 주소서."

이렇게 해서, 아힝사카는 부처님을 따라 기원정사로 돌아와, 다시 부처님의 가르침을 듣고, 곧 도道를 얻어, 길이 나고 죽는 속박에서 벗어나게 되었다.

3 이때 바사닉왕은, 군사를 거느리고 아힝사카가 간 곳을 찾아, 기원정사에까지 와서, 부처님을 만났다.

"왕이 찾는 그 지만指鬘은, 지금 여기서 머리를 깎고 착한 비구가 되어 있다. 먼저의 그 흉악한 마음을 고쳐, 지금은 어진 마음에 가득 차 있다."

왕은 잠깐 놀라다가 곧 지만의 곁에 가서 사문에 대한 예를 하고

"나는 스님의 목숨이 다할 때까지 공양을 계속하리라."

하고, 다시 부처님께 여쭈었다.

"부처님은 항상 자비심으로써, 죄악을 항복받아 법으로 들어오게 하십니다. 언제나 이 국민을 이끌어 주소서."

왕은 이내 정사精舍를 떠났다.

4 이튿날 지만은 바리때를 들고 거리로 밥을 빌러 나갔다. 지만이 온다는 소문은 다시 거리 사람들을 두려움에 떨게 했다. 어떤 집 부인은 너무 놀라서 밴 어린애를 지울 뻔했다. 그 집 사람들의 꾸짖는 소리를 듣고 지만은 민망히 여겨, 정사에 돌아와, 부처님께 이 사실을 여쭈고, 그것을 도와줄 방법을 청했다. 부처님은 말씀하셨다.

"지만아, 너는 곧 가서 그 여자에게 말하라. '나는 이 세상에 난 뒤로, 아직 산목숨을 죽인 일이 없다. 이것이 참말이라면 너는 편안히 해산할 것이다'라고."

지만은 놀라면서 여쭈었다.

"부처님이시여, 저는 아흔아홉 명의 목숨을 죽였습니다. 그렇게 말하는 것은 두 말이 아니옵니까?"

"도道에 들어오기 이전은 전생前生이다. 세상에 난 뒤라는 말은 도를 깨친 뒤란 말이다. 그렇다면, 그것은 결코 거짓말이 아니다."

그는 곧 그 부인에게 나아가, 부처님이 시키시는 대로 말했다. 그 부인은 편안히 해산했다. 그러나 돌아오는 도중에, 그에게 원한이 있는 사람들은 돌과 기와 조각을 던지고, 몽둥이와 칼로 여지없이 그를 갈겼다. 그는 온몸이 피투성이가 되어, 겨우 기원정사로 돌아와, 부처님의 발에 예배하고, 기쁜 마음으로 여쭈었다.

"부처님이시여, 저는 원래 아힝사카라는 이름을 가졌으면서, 어리석기 때문에 많은 생명을 죽였습니다. 그리고 씻어도 지지 않는 피의 손가락을 모았기 때문에 지만指鬘이라는 이름을 얻었습니다. 그러나 이제는 삼보에 귀의해서 깨달음의 지혜를 얻었습니다. 소나 말을 다루려면 채찍을 쓰고 코끼리를 가르치려면 갈고리를 씁니다. 그런데 부처님은 칼도 채찍도 쓰지 않으시고, 이 흉악한 저의 마음을 길들여 주셨습니다. 그것은 마치, 구름에 덮였던 달이, 구름이 사라지자 빛을 나타내는 것과 같은 것입니다.

저는 이제 악의 갚음은 받았고, 먹어야 할 빚의 밥을 먹었습니다. 저는 바른 법을 들어 맑은 법의 눈을 얻었고, 참는 마음을 닦았으므로 다시는 다투는 일이 없을 것입니다. 부처님이시여, 저는 이제 살기도 원치 않고 또 죽기도 바라지 않습니다. 다만 때가 오기를 기다려 열반에 들어갈 것입니다."

부처님은 이 말을 들으시고 지만을 칭찬하시고, 다시 다른 비구들에게 말씀하셨다.

"비구들이여, 내 제자 중에, 법을 들어 빨리 아는 지혜를 가진 이는, 저 지만 비구다."

5 여러 비구들은 지만의 너무 급격한 변동에 놀라, 지만 비구의 전생 이야기를 부처님에게 청했다. 부처님의 말씀은 다음과 같았다.

"먼 옛날, 가섭 부처님이 돌아가신 뒤, 대과왕大果王이 이 세상을 다스렸다. 왕은 늘그막에 한 아들을 얻어 대력태자大力太子라고 이름했다. 그는 서른이 가까워도 아내 맞기를 즐겨하지 않았기 때문에, 사람들은 그를 청정태자淸淨太子라고 불렀다. 왕은 태자가 홀몸으로서는 대를 이어갈 수 없을 것을 걱정한 나머지, 마침내 종鍾을 울려 전국에 영을 내렸다. '태자에게 욕락欲樂을 맛보이는 자에게는 천금을 상 주리라.'

이때에, 남자를 즐겁게 하는 예순네 개의 재주를 가진 여자가 나타났다. 어느 날, 밤이 깊어 그 여자는 태자의 문 앞에 서서, 마치 봄비 같은 슬픈 소리를 내어 울었다. 태자는 놀라 시신侍臣에게 물었다.

'무정한 남편에게 버림을 받은 여자랍니다'고, 시신은 대답했다.

태자는 불쌍히 여겨 코끼리 구유에서 자게 했으나, 우는 소리는 그치지 않았다. 다시 물어보았더니 '독신이 쓸쓸해서'라고 했다. 태자는 드디어 자기에게 데려오라고 했다. 머리를 약간 숙여 말이 없으면서, 애정에 견디지 못하는 듯 아리따운 모습은, 남자의 마음을 그냥 두지는 않았다. 태자는 황홀해 그 손을 잡았다.

그 뒤로 태자는 여색에 빠져, 드디어 전국에 명령을 내려, 모든 신부로 하여금 첫날밤은 태자의 곁에서 지내게 했다. 어느 날, 장자長者의 딸 수만은, 몸에 한 오라기 실도 걸치지 않고, 일부러 군중 속을 걸어갔다. 사람들이 '부끄럼도 모르는 계집년'이라고 꾸짖었더니, 수만은 '이 나라 사람들은 모두 여자다. 여자가 여자 속으로 맨몸으로 걸어가는 것이 어떠냐? 오직 태자만이 남자이므로, 나는 태자 앞에서는 옷을 입을 것이다'라고 했다. 이 깔끔한 핀잔에 부끄럼을 느낀 모든 사람들은, 모두 손에 무기를 들고 왕성王城으로 몰려들었다. 그들은 태자의 비법非法을 들어, '대왕의 목숨과 태자의 목숨, 그 중의 하나를 내 놓으라!'고 왕에게 들이댔다. 왕은 이 광경을 보고

> 집을 위해서는 한 사람을 버리고, 마을을 위해서는 한 집을 버린다.
> 나라를 위해서는 한 마을을 버리고 참된 나를 위해서는 천하를 버린다.

고 노래를 읊고, 태자를 민중에게 내주었다. 그들은 태자의 두 손을 묶어 성밖으로 끌고 나가, 모두 기왓장과 돌덩이로 태자를 쳐죽였다. 태자는 죽음에 다달아, 왕을 원망하고 민중을 저주하면서, '언제고 이 원한을 풀 것이다'라고 외치고, 또 '진정한 사람을 만나 깨달음을 얻을 것이다'라고도 했다."

부처님은 다시 말씀하셨다.

"비구들이여, 그때의 대과왕大果王은 지만의 스승이요, 태자를 유혹한 여자는 그 스승의 아내요, 태자는 지만이며, 그리고 그때 태자를 죽인 민

중은, 지금 지만에게 죽은 사람들이다. 곧 태자가 죽음에 다다라 외친 맹세는 지금에 나타나, 원수를 갚고 또 깨달음을 얻은 것이다."

제8절 야차와 오무기 왕자

1 부처님은 발걸음을 조금 뒤로 돌려 아라비로 들어가셨다. 그때, 이 지방에는 아라비카라고 부르는 사나운 야차의 침해를 받아, 백성들은 몹시 괴로워하고 있었다. 어느 날 아라비 왕은 사냥을 나갔다가 짐승을 좇아, 다만 혼자서 길도 없는 넓은 벌판을 헤맸다. 돌아오는 길에 성에서 멀지 않은 큰 니구류수 그늘에서 쉬고 있다가 그 귀신 야차에게 붙들렸다. 그래서 하루 한 사람씩 사람의 몸을 공양으로 보내기로 약속하고, 겨우 목숨을 구해 돌아왔다.

처음에는 도둑질로써 사형을 받은 사람이 그 야차의 공양거리로 보내졌다. 다음에는 죄인이 없어 어린애가 보내졌다. 그것도 거의 다 되어, 마지막에는 임금의 가장 사랑하는 공자가 이 무서운 짐을 지지 않으면 안 되게 되었다. 백성들은 모두 웅성거리며 무서움에 떨고 있었다.

부처님은 이 사정을 아시고 가엾이 여겨, 이 성 안의 백성들을 건지기 위해, 다만 혼자서 야차 있는 곳으로 가셨다. 마침 그때 아라비카 야차는 히말라야 산의 야차 회의에 가고 없었다. 부처님은 그 문지기 가루부라는 야차에게 하룻밤 쉬어 가기를 청했다. 가루부는 주인이 사나움을 설명하면서 거절했다. 그러나 부처님이 두 번, 세 번 간곡히 청하자, 그러면 우선 주인에게 물어보고 오겠다면서, 가루부는 히말라야를 향해 달렸다. 부처님은 궁전 안에 들어가 자리를 정하고, 야차의 여자들에게 불법을 들려 그들을 즐겁게 하면서, 때가 오기를 기다리고 있었다. 사타기라라는 야차는 평소부터 부처님을 신봉하고 있었는데, 이날은 히말라야

회의에 참석하기 위해, 막 아라비카 야차의 궁전 위를 지나자, 도저히 날아갈 수가 없었다. 이상히 여겨 살펴보았더니, 그것은 부처님의 힘이었다. 그는 부처님을 뵙고 또 법문을 들은 뒤, 다시 공중으로 날아 회의에 참석했다. 그는 아라비카 야차 곁에 자리를 잡고 앉아

"오늘은 너의 행복한 날이다. 부처님이 네 집에서 주무신다"고 축하의 인사를 건넸다.

2 아라비카 야차는 성질이 사나울 뿐 아니라, 남을 존경할 줄 몰랐다. 그는 주인의 허락도 없이 남의 집에 들어가, 더구나 주인인 척 여자들에게 이야기까지 했다는 말을 듣고 몹시 화를 내었다. 거기에 사타기라 야차가 부처님의 덕을 칭찬해 마지않는 것을 보자 더욱 화가 치밀었다. '나는 아라비카다. 오늘은 저 사문의 눈앞이 캄캄한 변을 보여 주리라.' 하고, 급히 집으로 돌아갔다. 바람을 일으키고 비를 쏟으며, 칼과 창을 던지고 화살을 퍼 부우며, 또 불을 일으키면서 쳐들어갔다. 그러나 그 무기들은 부처님의 몸 가까이 가자 모두 하늘 꽃이 되어, 고요히 부처님의 주위에 내려 깔렸다. 아라비카는 이것을 보고 놀랐다. '그러면 누구에게도 진 일이 없는, 내 최후의 무기 베(布)를 펴자.' 하고, 부처님 머리 위에 펼쳐 놓았다. 이 베라는 무기는 제석천帝釋天의 금강저金剛杵와 비사문천의 몽둥이와 야마천의 눈(眼)과 함께 네 가지 무기라 불리는 것이다. 그래서 이 베를 펴면 하늘에서는 비가 내리지 않고, 땅은 마르며, 바닷물은 줄어들고, 산도 무너진다는 무기지마는, 아무 힘도 없이, 발수건처럼 되어 떨어지고 말았다.

여기에 놀란 야차는 생각했다. '이렇게 무서운 무기마저 힘이 없다는 것은, 아마 사문의 자비심을 이길 수 없는 것이리라. 그러면 이 사문을 잔뜩 약을 올린 뒤에 싸우리라.' 하고, 이번에는 수단을 고쳐

"사문아, 나가거라!" 하고 소리를 쳤다.

부처님도 야차의 마음을 누여, 천천히 타이르리라 생각하시고, 곧 자

리에서 일어나 떠나려 하셨다. 약사는 부처님이 너무 고지식하게 자리에서 일어나기 때문에 조금 화가 풀렸다. 그러나 다시 부처님을 시험하기 위해

"사문아, 들어오라!" 하고 소리를 쳤다.

부처님은 다시 자리에 앉으셨다. 야차는 다시

"사문아, 나가거라!" 하고 소리를 쳤다.

이렇게 네 번을 되풀이했다. 부처님은 이제 기회를 보아

"야차여, 나는 네 번이나 네가 시키는 대로 했다. 그러나 이제는 시키는 대로 되지 않을 것이다. 네 마음대로 해 보라."

고 명령하셨다. 야차는 말했다.

"좋다. 그러면 이제 한 가지 묻겠다. 만일 네가 대답하지 못하면 나는 네 심장을 찢고, 네 발을 잡아, 항가 강 저쪽 언덕에 던져 버리리라."

부처님은 말씀하셨다.

"야차여, 나는 하늘 세계나 인간 세계나 또 모든 세계에 있어서, 내 심장을 찢고, 내 발을 잡아 던질 수 있는 물건을 본 일이 없다. 자, 무엇이나 물어보라."

3 아라비카 야차에게는, 그 부모 때부터 전해 오는 의문이 있었다. 야차는, 언젠가는 이 의문을 풀어줄 사람이 있으리라 믿고, 그 의문을 잊지 않기 위해서, 붉은 글자로 금반金盤에 새겨, 천장에 간직해 두었다. 그는 이것을 생각해 내어, 그 의문을 부처님 앞에 내놓았다.

"이 세상에서 가장 뛰어난 부富란 무엇인가? 편안을 가져 오는 것은 무엇인가? 맛 중의 맛이란 무엇인가? 어떻게 사는 것을 훌륭한 생활이라 하는가?"

"믿음은 가장 뛰어난 부富요, 바른 행실은 편안을 가져온다. 진실은 맛 중의 제일 맛이요, 지혜로운 생활이라야 훌륭하다 하느니라."

"어떻게 바다를 건너고, 어떻게 악마를 이기며, 어떻게 번뇌를 떠나,

어떻게 청정清淨을 얻을까?"

"믿음을 의지해 바다를 건너고, 방일放逸을 떠나 악마를 이긴다. 정진精進을 의지해 번뇌를 떠나고, 지혜를 닦아 청정清淨을 얻는다."

"어떤 것이 지혜를 얻는 길인가? 어떤 것이 가멸(富)을 쌓는 길인가? 어떻게 해서 칭찬을 얻고, 어쩌면 동무와 떠나지 않을까? 이 세상에서 저 세상에 가, 어떻게 하면 슬픔이 없을까?"

"성인聖人을 믿고 깨달음의 법을 들어, 방일放逸하지 않고 분별 있으면, 지혜를 얻으리라. 행실이 바르고 무거운 짐 견디며, 부지런히 힘쓰면서 서둘지 않으면, 가멸(富)을 얻으리라. 진실을 말하면 칭찬을 얻고 기꺼이 보시布施하면 친구는 안 떠난다. 진실과 정직, 착실과 보시布施 이 네 가지를 가져서 믿음 있으면, 속인俗人으로 죽어도 슬픔이 없다."

4 부처님의 이 분명한 대답을 듣고, 아라비카 야차는 못내 기뻐하면서, 지금까지의 난폭한 행동을 부끄러이 여겨, 부처님에게 돌아가 신도信徒되기를 맹세했다.

마침 그때는 새벽녘이었다. 궁성의 사람들은 울면서 울면서, 어린 공자公子를 싣고 야차에게 공양으로 바치러 왔다. 와서 보니, 그처럼 무서운 야차는 부처님 무릎 앞에 엎드려, 손을 모으고 머리를 숙여 절하고 있었다. 사람들은 너무나 뜻밖인 이 광경을 보고 놀라기도 하고 기뻐하기도 했다. 약속을 따라 이 어린 공자를 데리고 왔으니 받아달라고 야차에게 말했다. 야차는 두 손으로 공자를 받아 부처님께 바쳤다. 부처님은 다시 여러 사람들에게 공자를 돌려주시면서

"이 공자를 잘 길러, 자란 뒤에는 다시 내게로 데리고 오라."

고 하시었다. 손에서 손으로 건너졌기 때문에, 공자는 그때부터 파타가波吒迦 곧 손공자라고 불리게 되었다. 파타가는 자란 뒤에, 부처님 덕분에 자기의 생명이 건져진 줄을 알고, 부처님에게 돌아가 법을 즐기는 사람이 되었다.

5 부처님은 많은 비구를 거느리시고, 아라비에서 사케타를 지나, 왕사성의 기원정사에 머물러 계셨다. 그때 어떤 비구가 있어 지금까지 부지런히 도道를 닦았지만 한 가닥 광명도 보지 못했다 해서, 드디어 게으른 마음이 생겨 물러서고 말았다. 부처님은 그 비구를 훈계해 다음과 같이 말씀하셨다.

"비구여, 먼 옛날, 바라나에 브라흐마닷타라는 왕이 있었는데, 그 왕자는 다섯 무기武器라 불렸다. 멀리 탁카시라에게 배우다가 공부를 마치고 돌아오려 할 때에, 그 스승은 다섯 가지 무기를 주면서, 도중은 위험하니 특히 주의하라고 일러 주었다.

왕자는 길을 서둘러 바라나로 가는 도중, 어느 날 숲길로 들어가려 할 때, 사람들은 말리면서 말했다. "이 숲에는 유모油毛라는 야차가 있어서, 아무도 무사히 지나간 일이 없었으니, 가지 않는 것이 좋을 것이다."

그러나 스스로 힘 믿는 데가 있는 왕자는 이 사람들의 만류를 흘려 버리고 숲으로 들어갔다. 막 숲길 중간쯤 갔을 때, 과연 야차가 나타났다. 야자나무처럼 키는 크고 중발 같은 큰 눈은 불꽃으로 빛나며, 날카로운 어금니와 주둥이는 독수리처럼 뾰족했다. 배는 자줏빛으로 부풀어 올랐고 손발과 발꿈치는 검푸르게 빛나며, 전신은 털로 덮인 괴물이었다.

"어디로 가려고? 거기 있어! 먹음직하구나."

우레 같은 소리로 머리 위에서 외쳤다. 왕자는 조용히 대답했다.

"나는 이 숲길로 들어올 때, 너를 만날 줄 알고 있었다. 네가 내 곁에 온 것은 너의 불운不運이다. 내게는 독한 화살이 있다."

이렇게 말하고 독한 화살을 핑하고 쏘았다. 그러나 화살은 야차의 털을 약간 다칠 뿐, 몸에는 꽂히지 않았다. 몇 번을 쏘았으나 다름이 없었다. 야차는 그 화살을 모두 뽑아 발로 짓밟아 버리고 왕자에게로 가까이 왔다. 칼로 치면 칼은 털에 붙어 버리고, 창으로 찌르거나 몽둥이로 때려도, 창이나 몽둥이는 모두 야차의 기름 털에 붙고 말았다.

"야차야, 너는 일찍 오무기라는 내 이름을 들은 일이 없느냐? 나는 이 숲길로 들 때에 다만 내 화살이나 칼이나 창이나 몽둥이의 힘만을 믿지는 않았다. 나는 내 자신의 힘을 믿었다. 이 쇠와 같은 내 주먹을 맛보라!"

오른손으로 치면 오른손은 털에, 왼손으로 치면 왼손도 털에, 두 발로 차면 두 발도 털에 붙어, 아무 소용이 없었다. '그러면!' 하고, 머리로써 가슴을 받았더니, 머리도 털에 붙어, 왕자의 몸은 허공에 매달렸다. 그러나 왕자는 조금도 두려워하지 않고, 또 졌다는 기색도 보이지 않았다. 야차도 그 용기에 놀랐다. '이 숲 속에서 이렇게 대담한 사람은 처음 보겠는데, 어떻게 이 조그만 사람은 죽음을 두려워하지 않았을까?' 고 이상히 여기면서, 그 까닭을 물었다.

"너는 이제 완전히 내 손아귀에 있다. 너는 어째서 조금도 두려워하지 않는가?"

"두려움이 무엇이냐! 야차여, 세상 누구라도 한 번은 죽지 않으면 안 되지 않는가? 더구나 내게는 아직 하나의 무기가 있다. 그것은 내 속에 있는 금강金剛의 무기다. 네가 나를 잡아먹는다고 하더라도 그 무기를 소화시킬 수는 없다. 금강의 무기는 네 뱃속에 들어가, 속에서 너를 잘게 썰어, 너는 드디어 죽음의 운명을 당하고 말 것이다. 그러므로 내게는 아무런 두려움이 없다."

이 말을 듣고 야차는 감동했다. '이 청년의 말은 진실이다. 그렇다, 나는 이 용감한 젊은이의 한 조각 살도 소화할 수 없을 것이다, 놓아주자' 고 생각했다.

"젊은이여, 라후羅睺(執日)의 손에서 달이 놓이는 것처럼, 너는 내게서 떠나, 빨리 집에 돌아가 부모의 마음을 기쁘게 하라."

"야차여, 나는 돌아가겠다. 그러나 네가 이렇게 사람의 살을 먹는 야차가 된 것도 모두 전생의 업業이다. 만일 이 죄를 언제나 계속한다면, 너는 갈수록 어둠 속으로 빠질 것이다. 나를 만난 인연으로 이다음부터는 이 죄를 범하지 말라."

왕자는 이것을 기회로 다섯 가지의 악惡을 훈계하고 다섯 가지의 선善을 받게까지 되었다. 왕자는 이 다섯 가지 무기를 가지고, 영광스럽게 바라나로 돌아가, 아버지 임금 대를 이어 바른 정치를 베풀었다.

비구들이여, 이 이야기를 잘 생각해 보라. 어느 것에도 흔들리지 않고, 어떤 곤란에도 물러나지 않고 용감하게 힘써 나아간다면, 마침내는 목적을 이룰 수 있는 것이다.

제9절 수마제와 벗은 외도

1 부처님은 여러 나라를 순회하시고 사위성에 들어오셔서 기원정사에 계셨다. '외로운 이 돕는 장자'는 사위성에서 으뜸가는 부호인데, 그때 만부성滿富城에 가장 이름 높은 만재滿財 장자가 있었다. 그도 금·은·재보가 산처럼 쌓인 부자였다. 어릴 적부터 외로운 이 돕는 장자와 친한 벗이었다. 두 사람은 서로 상품을 교역하여 두 성에서 상업을 경영하며 오고 가고 하였다.

만재 장자가 어느 때에 외로운 이 돕는 장자의 집에 와서 자다가 외로운 이 돕는 장자의 딸 수마제修摩提의 빼어난 용모와 처녀의 나이가 참을 보고 그 아들을 위하여 혼인을 청하였다. 외로운 이 돕는 장자는 그것을 거절했다. 만재 장자는 '그 문벌이나 지체나 재산을 서로 비교하여 무슨 결함이 있기에 혼인할 수 없느냐?'고 따졌다. 외로운 이 돕는 장자는 '그것은 문벌이나 지체나 재산 관계가 아니고, 다만 외로운 이 돕는 장자와 그 딸 수마제는 석가모니 교법을 믿는 교도인데, 만재 장자는 믿는 교가 다른 까닭'이라고 설명했다. 만재 장자는 '교가 서로 다른 것이 방해될 것이 없지 않은가? 제각기 제 믿는 교만 숭상하면 되지 않느냐?'고 하면서 기어이 혼인하기를 요구했다.

2 외로운 이 돕는 장자는 답변할 말이 없어서 그러면 부처님께 여쭈어 보고 대답하겠노라고 해 두었다. 그 뒤 부처님은 이렇게 말씀하셨다.

"장자여, 만일 네 딸을 만부성에 시집보내면 그 성에 있는 수많은 인민들을 교화하게 되리라."

고 하시므로, 장자는 기뻐하여 그 청혼을 허락했다.

그 뒤에 만재 장자는 아들을 위하여 칠보로 꾸민 수레에 태워 수마제를 맞이하여 만부성으로 돌아갔다. 그때 만재 장자는 혼사 지낸 뒤에 거창한 피로연을 베풀고자 자기가 신봉하는 교인 수백 명의 바라문을 초청하였다. 그 교인들은 발가벗은 나형외도裸形外道들이었다. 만재 장자는 새 며느리인 수마제를 불러 자기 스승들에게 인사하라고 했다.

"소녀는 그분들에게 예배할 수 없습니다. 부끄러움을 모르는 사람을 스승이라 할 수 없습니다"라고 수마제는 거절해 버렸다.

"이분들이 부끄러움을 모르는 것이 아니니다. 법복을 걸쳤을 뿐이다."

"벗은 몸에 법칙이란 것이 없습니다. 우리 부처님께서 말씀하시기를, 세상 사람에게 가장 귀중한 마음씨는 남녀 간에 예의를 지키어 부끄러워할 줄 아는 것이라고 하셨습니다. 부끄러움을 모르는 사람은 부모・형제・자매・친척을 구별할 줄 모르고 개나 닭과 다를 것이 없다고 하셨습니다. 이제 저 사람들은 부끄러움을 모르는 사람이오니, 소녀는 그 앞에 예배할 수 없습니다."

라고 예배하기를 굳이 거절했다. 남편도 여러 번 권고했으나 사견邪見에 떨어질 수 없다고 버티었다.

그때 이런 사정을 알게 된 바라문들은 화가 나서 돌아갔다.

3 이런 일이 있은 뒤에 만재 장자는 홀로 높은 누다락에 올라가 탄식해 마지않았다.

"아아, 엉뚱한 며느리를 얻어 와서 집안이 행복하기는커녕 큰 파탄이 생겼구나. 그것은 나의 집안을 모욕하는 일이다."

그때 수바라고 하는 바라문은 다섯 가지 신통을 얻은 분으로 오랜만에 장자를 찾아왔다가 장자가 누다락 위에서 탄식하는 것을 보고 그 이유를 물었다. 장자는 그 내력을 이야기했다. 바라문은 깜짝 놀라며 조용히 장자의 귀에 대고 속삭였다.

"며느리가 그 벗은 바라문에게 예배하라는 말을 듣고, 이런 높은 누다락에라도 올라와 떨어져 죽지 않은 것만 해도 다행이오. 그 며느리의 스승은 참으로 거룩한 분이시오. 청정한 범행을 성취하고 위대한 위신력을 갖추신 분이오."

"그럼, 당신도 교를 따로 갖고 있으면서 사문 구담을 그처럼 칭찬함은 우스운 일이 아닙니까?"

"사문 구담의 위신력은 우리는 상상도 못하오. 내가 본 것만 말씀하겠소. 오래 전 일이오. 내가 설산 북쪽에 들어가 걸식한 뒤에 아뇩달지阿耨達池 가에 이르렀을 때 천天·용龍·선신善神들이 나타나 나에게 칼을 내대며 '수바여, 이 못가에 가까이 와서는 안 된다. 내 말을 안 들으면 벌을 내리겠다'고 하기에, 나는 그 못가를 떠나서 식사를 마치고 멀리서 바라보았소. 그랬더니 석가모니의 가장 어린 제자 균두라는 분이 손에 진흙 묻은 옷을 가지고 오자 천·용·선신들은 공경히 맞이하여 좌우를 모시고 있는 것이었소. 순다는 더러운 옷을 물에 담가 두고 식사를 마치고, 돌 위에 앉아 선정에 들어 초선·이선·삼선·사선·공무변·식무변·무소유·비상 비비상처정에 들고 또 멸진정에 들었다가 다시 거슬러 멸진정으로부터 비상 비비상으로, 나아가 사선·삼선·이선·초선을 거쳐 선정에서 나와서 옷을 씻을 적에 천·용·선신은 끝까지 모시고 서 있었소. 장자여, 당신 며느리가 섬기는 스승의 가장 어린 제자도, 이런 기특한 힘이 있을 때는, 깨달음을 얻은 그 스승, 석가모니의 위신력을 우리는 상상도 못하오. 그런데 당신 며느리를 다른 교도에게 예배하라고 하였으니, 몸을 던져 죽지 않은 것이 다행이오. 그것을 기쁘게 여기지 않아서는 안 되오."

"그러면 나도 나의 며느리의 스승을 찾아볼 수 있을까요?"

"그것은 나에게 묻지 말고 당신 며느리에게 물어보시오."

4 이때에 장자는 수마제를 불러

"너희 스승을 찾아뵙고자 해서 그러는데 우리 집에 오시게 할 수 있겠느냐?"

수마제는 크게 기뻐하여, 손에 향로를 들고 누다락에 올라 기원정사를 향하여 합장하고 이렇게 빌었다.

"부처님이시여, 부처님은 무슨 일이든지 다 아시옵니다. 이제 소녀가 곤경에 처해 있사오니, 불쌍히 여기시고 굽어 살피옵소서."

향로에 피어오르는 향 연기는 구름처럼 공중으로 떠서 기원정사의 숲을 둘러쌌다. 부처님은 그것을 보시고 빙그레 웃으셨다. 아난은 숲을 둘러싼 향 연기를 보고 기이하게 여겨 부처님께 여쭈자, 부처님은

"내일 수마제네로부터 초청이 오리라. 번뇌가 다 없어진 아라한만 가리어 가도록 하라."

고 말씀하셨다.

그때 비구 가운데 구타다나는 집을 떠난 지 오래되어 아직 번뇌가 다 하지 못함을 탄식하여 밤새 용맹정진하여 번뇌를 다 끊고 깨달음을 얻었다. 그도 아라한이 되어 그 초대에 참례하게 되었다.

5 이튿날, 만재 장자는 몸소 와서 부처님과 비구 스님네를 초청했다. 부처님은 그 제자들—목건련 · 아나율 · 리바다 · 수보리須菩提 · 우루빈라가섭 · 라후라 · 주리반득周利槃得 · 순다 등 아라한들을 데리고 각기 신통으로 혹은 사자, 혹은 코끼리 · 금시조 · 공작 · 백학 · 큰 용 등을 잡아타고 만부성에 이르렀다.

부처님은 아야교진여 · 사리불이 모시고, 건달바乾闥婆 신의 아들 오계

동자五髻童子는 유리 거문고를 타며 부처님의 공덕을 찬양했다.

> 미혹의 번뇌 길이 끊어져 마음에 어지러움 없고, 모든 장애를 여의어
> 나고 죽음의 흐름을 건너서 공덕의 바다를 채우셨네.

만부성에 이르는 부처님의 일행은 마치 아침 하늘에 해가 떠오르는 것처럼 찬란히 빛났다.

6 만재 장자는 수마제와 함께 부처님 앞에 공손히 예배하고 그 위신력을 찬양했다. 부처님은 장자가 베푼 공양을 받고 장자와 모여든 성안 사람들을 위하여 대자·대비·대희·대사의 네 가지 한량없는 마음의 법문을 설하였다. 장자와 성안 사람들이 몸과 마음을 기울여 귀의하므로, 다른 교도들은 하는 수 없이 성을 떠나 도망갔다. 이 뒤로 이 성 안 사람들은 모두 불법을 믿게 되었다.

제10절 바라문 소나단다의 귀의

1 부처님은 길을 동쪽으로 잡아 앙가 국에 갔다. 앙가의 하류인 찬파 지방에 이르러 가카라 호숫가에 잠깐 머물러 계셨다. 그곳에는 소나단다蘇那檀陀라는 바라문이 있어서 빈바사라 왕의 봉작封爵을 받아 매우 호화롭게 살며 사람들의 존경을 받고 있었다. 소나단다가 높은 누다락에서 낮잠을 자고 있을 때에, 수많은 사람들이 떼를 지어 가카라 호숫가 쪽으로 갔다. 그들의 소란한 소리에 잠을 깨어

"무슨 일로 사람들이 소란하냐?"

고 묻고는, 구담을 찾아뵈러 가는 사람의 소음이라는 소식을 듣고, 자기도 한번 찾아뵙고자 생각하고 가려 할 때에, 많은 바라문들이 놀라서 그

를 만류하였다.

"그것은 좋은 일이 아닙니다. 이쪽에서 그를 찾아가면 당신의 명예는 떨어지고 구담의 명예는 높아질 것입니다. 당신은 칠대조 이래로 순결한 혈통을 받아 온 바라문의 깨끗한 분입니다. 게다가 세 가지 베다(바라문의 경전)에 통달한 계덕戒德이 있는 학자로서, 삼백 명의 제자에게 성전을 가르치며, 바라문 가운데서도 노덕老德인 당신이, 그리고 마가다 왕 빈바사라와 붓가라바티 바라문 등의 존경을 받아 왕으로부터 이 땅에 봉작을 받은 분으로서, 사문 구담을 찾아간다는 것은 마땅치 않습니다."

소나단다는 말하였다.

"그것은 그렇지 않다. 이쪽에서 찾아가는 것이 지당하다. 구담瞿曇은 훌륭한 집안에 태어나서 그 집과 재산을 다 버리고 집을 떠났으며, 용모가 빼어나고 위의를 갖춘 분이다. 그리고 계행을 지키고 서른두 가지 모양을 갖추고 최상의 깨달음을 얻어 인천人天의 스승이 되어 사람을 널리 사랑한다. 그가 머무는 곳엔 서로 다투는 일이 없으며, 집을 떠난 이와 집에 있는 이들을 통솔하여 큰 교단을 건설하였고, 빈바사라 왕과 붓가라바티 바라문은 각기 온 집안이 귀의하고 존경하는 터이다. 이제 그 구담이 우리 찬바의 가카라 호숫가에 머물러 있다 하니, 우리의 손님이다. 손님이란 잘 받아들여 존경하지 않아서는 안 되니, 이쪽에서 가는 것이 당연하다. 나는 구담의 덕을 이것만 들어 헤었지만 실은 그의 덕은 이것만이 아니다. 그를 믿는 이들은 먼 곳에서 양식을 지고 찾아가지 않으면 안 되리라."

2 이와 같은 소나단다의 말에 많은 바라문들은 다 납득되어 같이 가카라 호수를 향해 나갔다. 그 도중에 어느 숲을 지나다가 소나단다는 이렇게 생각했다. '내가 구담에게 질문을 던졌을 때, 바라문이여, 그렇게 물어서는 안 된다. 이렇게 물어야 한다고 하면, 나는 여러 사람에게서 경멸을 받을 것은 물론, 나의 명예가 꺾이고, 따라서 그로 인한 수입도 줄어

질 것이다. 또 구담이 물었을 때, 나의 대답이 제대로 맞지 않을 때엔, 그렇게 대답해선 안 된다고 하면, 그 결과도 앞서와 마찬가지가 될 것이다. 그렇다고 해서 이렇게 나왔다가 그를 만나지 않고 되돌아간대도 사람들은 내가 구담을 만나서 문답할 능력이 없어서 피함이라고 비난할 것이다. 정말 곤란한 일이다. 어쨌든 내가 잘 알고 있는 세 가지 베다의 학문에 대해서만 문답해서 그분한테 칭찬을 받았으면….'

3 부처님은 조심스러워하고 두려워하는 소나단다의 얼굴을 보고 또 그 마음으로 생각하는 바를 아시고, 그를 기쁘게 하고 안심시키기 위하여 이렇게 물었다.

"바라문이여, 어떤 요건을 갖추면 참다운 바라문이라고 하는가?"

소나단다는 이 물음에 매우 기뻐하며 또한 안심하고 속으로, '구담은 참 잘 물어 주셨다. 나의 대답을 잘 받아 주실 것이라'고 생각하고, 몸을 바로 펴고 쭉 대중을 돌아본 다음에 대답하였다.

"구담이시여, 다섯 가지 요건을 갖추면 참다운 바라문이라고 부르게 됩니다. 첫째는 칠대 이래로 아버지 편이나 어머니 편이 다 깨끗한 혈통을 받아오는 것, 둘째는 성전聖典을 읽어 외우고 주문을 가지며 세 가지 베다를 통하고 어원語源・문법文法・문의文義 및 순세파順世派의 학문에도 밝고 대인상법大人相法을 알며, 셋째는 용모가 빼어나고 위의가 단정하며, 넷째는 계행이 바르고, 다섯째는 신에게 제사하는 공양물을 이바지하는 데 제일인이나 제이인의 현명한 제관이 되는 것입니다. 이 다섯 가지 요건이 갖추어졌다면 참다운 바라문이라고 부르게 됩니다."

4 부처님은 말씀하셨다.

"바라문이여, 네가 말한 다섯 가지 요건 가운데 한 가지를 빼고도 바라문이라고 부를 수 있을까?"

"될 수 있습니다. 셋째 것인 용모가 빼어났다는 요건을 제해도 바라문이라고 할 수 있습니다."

"그러면 다음 네 가지 가운데 다시 한 가지를 더 빼고도 바라문이라 부를 수 있는가?"

"예, 될 수 있습니다. 주문을 비롯한 둘째의 요건을 빼고도 바라문이라 할 수 있습니다."

"남아 있는 그 세 가지 가운데서 또 한 가지를 빼고도 바라문이라 할 수 있는가?"

"예, 될 수 있습니다. 가문의 전통인 첫째의 요건을 빼고도 바라문이라 할 수 있습니다."

그때 다른 바라문들은 이 문답을 듣고 숙덕거리면서 소나단다에게

"존자여, 그처럼 말해서는 안 되오. 사문 구담의 말에 너무 지나치게 좇아가서는 안 되오"라고 했다.

그때 부처님은 모든 바라문에게 말했다.

"여러 바라문들이여, 너희들 가운데 만일 이 소나단다가 현명치 못하여 나와 언론하는 데 잘 감당치 못한다고 생각하는 이가 있거든, 스스로 나와서 나와 언론해도 좋으리라. 또한 만일 소나단다가 고명하여 나와 충분히 의논할 수 있다고 생각하거든, 너희들은 조용히 듣고만 있는 것이 좋으리라."

"존자시여, 두어 두십시오. 제가 직접 그들에게 말하겠습니다."
하고, 소나단다는 여러 바라문을 향하여 말했다.

"그대들은 내가 용모를 가벼이 여기고, 주문을 가벼이 여기고, 혈통을 가벼이 여긴다고 생각하는 것 같은데, 나는 그것을 가벼이 여기는 것이 아니다. 나의 조카인 안다카카를 보라. 그가 용모가 잘나고 또 주술을 배우고, 세 가지 베다를 통달한 자로 내가 스스로 가르친 자이며, 또 그 혈통도 칠대 이래 부모 양쪽이 다 깨끗하다. 그러나 만일 이 안다카카가 남의 목숨을 죽이고, 남의 물건을 도둑질하고, 남의 아내를 침범하고, 거짓말을 하고, 술을 마신다면, 그의 용모와 학문과 혈통이 마침내 무슨 값

이 있겠는가? 그 때문에 나는 계행을 소중히 여기고 제사 의식에 제일 인자 또는 제이인자가 되는 데에 상당하다면, 참으로 바라문답다고 이르는 것이다."

부처님은 말씀했다.

"바라문이여, 그러면 그 둘 가운데 하나를 빼고 바라문이라고 할 수 있겠는가?"

"구담이시여, 그것은 될 수 없습니다. 지혜는 계행에 의하여 맑아지고, 계행은 지혜에 의하여 맑아집니다. 계행이 있는 곳에 지혜가 있고, 지혜 있는 곳에 계가 있습니다. 학덕과 계행과 지혜는 세상에서 가장 높은 것입니다. 마치 사람이 손으로 손을 씻고 발로 발을 씻듯이 계와 지혜는 서로 밝혀 주는 것입니다."

"바라문이여, 실로 그러하다. 계와 지혜는 서로 밝혀 주는 것이며, 세상에 가장 높은 것이로다. 그러면 계와 지혜란 어떤 것인가?"

"구담이시여, 저는 이것만 알 뿐입니다. 그 이상은 구담께서 말씀하여 주십시오."

5 "바라문이여, 여래가 이 세상에 나타나 법을 설하매, 집에 있는 이가 이것을 듣고 물음을 일으켜, 집을 떠나서 계율을 지키고 바른 행을 닦아 작은 죄에도 두려워하고, 감각기관(눈·귀·코·입 등)을 잘 지키어 목숨 죽이는 일, 도둑질, 음란한 짓, 거짓말 등을 여의고 다른 사람의 마음을 아프게 하는 말, 포악한 말, 쓸데없는 말을 하지 않고, 할 만한 말을 할 만한 때에 말하는 것, 이것을 계라고 한다. 또 다섯 가지 덮임(五蓋=貪·賦·睡眠·掉·疑)을 여의고 초선·이선·삼선·사선에 들어 고요하고 정직하고 견고한 마음으로 모든 법이 덧없고 나라는 자체가 없는 줄 관찰하여, 지난 세상의 숙명을 알고, 중생의 나고 죽음을 알며, 번뇌의 없어짐을 알게 되니, 이것을 지혜라고 한다."

소나단다는 이것을 듣고 크게 기뻐하여 삼보에 귀의하여 집에 있는 제자가 되었다. 그리고 이튿날 부처님과 제자를 초대하여 공양을 올렸다. 공양이 끝난 뒤에 소나단다는 낮은 자리에 앉아 이렇게 청원했다.

"부처님, 제가 여러 회중에 있을 때에 자리에서 일어나 부처님께 예배하면, 여러 사람이 저를 업신여길 것입니다. 그리하여 저의 명예가 떨어지면 저의 수입도 줄 것이오니, 제가 손만 펴서 예배하더라도 서서 예배하는 것으로 생각하시고 받아 주십시오. 마차를 타고 가다가 부처님을 만났을 때에 수레 위에서 손을 머리에 올려 예경하거든 수레에 내려서 예배한 것으로 생각하시고 받아 주십시오."

부처님은 그 사정을 인정하시고 법을 말씀하신 뒤에 가카라 호숫가로 돌아오셨다.

제11절 부처님의 초인법

1 부처님이 교살라국에 가서 사라바티카 촌에 잠깐 머물러 계셨다. 이 촌은 바사닉왕이 로힛차 바라문에게 준 마을로서 목장과 논밭이 많고 주민들은 풍부하게 살고 있었다.

그때 로힛차 바라문은 주장하기를

"사문과 바라문이 좋은 법을 알고 그 얻은 바가 있더라도, 그 법을 다른 사람에게 말해 주지 말아야 할 것이다. 왜냐하면, 다른 사람이 다른 사람에게 무엇을 하라고 하는 것은, 사람을 잡아넣은 감옥을 만들어 주는 것과 같다."

라고 했다.

어느 날 로힛차 바라문이 부처님을 초대하여 공양을 올렸다. 부처님은 로힛차에게, 앞서 말하던 주장이 사실이냐고 물으셨다. 로힛차는 그것이 사실이라고 대답했다. 부처님은 말씀하셨다.

"로힛차여, 그대는 이 사라바티카 촌을 맡아 가지고 있는데, 어떤 사람이 그대에게 말하기를 '이 마을의 수입과 생산물은 로힛차 바라문 혼자서 다 가지고 다른 사람에게 주어서는 안 된다'고 하면 로힛차여, 이 사람은 이 촌에 살고 있는 사람들에게 위험스럽지 않겠는가?"

"그것은 위험한 일입니다."

라고 로힛차는 대답했다.

"크게 말하면, 이 나라 바사닉왕이 카아시 국과 교살라국을 영유하고 있는데, 두 나라 생산물과 수입을 혼자 차지하겠다면, 두 나라 주민에게 위험스러운 사람이 될 것이다. 동정도 없고 적의敵意 있는 사람이며, 사견에 머무른 사람이므로 지옥이나 축생도에 떨어질 것이다. 로힛차여, 마치 그와 같이 '사문과 바라문이 좋은 법을 알지라도 다른 사람에게 말하지 말라.' 함이 또한 그와 같으니라."

2 부처님은 다시 말을 이었다. "로힛차여, 세상에 마땅히 비난할 만한 세 가지 스승이 있으니, 첫째는 집을 떠난 사문으로서 스스로 사문의 도를 얻지 못하고 '이것은 너희에게 이익 될 일이다, 행복 될 일이다' 라 하고, 또 나를 잘 받들어 섬기라고 제자들에게 강요한다면, 제자들은 귀 기울여 듣지 않고 스승에게 복종하지도 않을 것이다. 스승도 도를 알지 못하고 얻은 바 없으면서, 당신을 존경하고 공양하라고 하니 마치 싫어하는 여인을 억지로 끌어안기는 것과 같다. 그것은 일종의 탐욕이다. 이와 같은 비난은 마땅하리라.

둘째로, 스승은 집을 떠나서 조금 얻은 바가 있더라도 아직 자기의 도를 이루지 못한 자로서 제자를 위하여 설법하므로, 제자들이 그것을 받아 실행하기는 하되, 스승을 존경하여 섬기지 않고 제자들이 '스승님은 자기의 공부도 이루지 못했으면서, 제자들만 도를 닦으라, 번뇌를 끊으라 하니, 마치 자기 밭의 잡초는 김매지 않고 남의 밭의 잡초만 뽑으라고 하는 것과 같다'고 하면, 그 비난도 마땅하리라.

셋째로, 스승은 사문의 도를 이루었는데, 제자들에게 도법을 가르쳐 주지 않고 말하기를, '다른 사람이 다른 사람의 번뇌를 끊을 수도 없거니와 이렇게 해라, 저렇게 해라, 시키는 것은 그들에게 현재의 감옥살이를 풀어주기 위하여, 또 하나의 감옥으로 끌고 들어가는 것과 같다'고 한다면, 이 스승은 저 어떤 왕이 그 나라의 생산과 수입을 혼자 독차지하고 백성에게는 동정도 아무 베풂도 없는 것과 같으리니, 이것은 비난받아 마땅하리라."

3 잠자코 듣고 있던 로힛차는 비로소 입을 열었다.

"구담이시여, 그러면 세상에 비난받지 않을 스승이 있겠습니까?"

"로힛차여, 여래가 이 세상에 나와서 법을 설하여 그 법을 듣는 이가 믿음을 일으켜 집을 떠나서 계행을 지키고 다섯 가지 덮임(五蓋)을 여의고 초선·이선·삼선·사선에 들며, 선정에 의해 숙명통·타심통·누진통을 얻어 생사에서 벗어나는 것이다. 로힛차여, 이러한 스승을 그 제자들이 비난한다면, 그는 정당한 것이 아니므로 죄가 되리라."

이 같은 법문을 들은 로힛차는 '마치 벼랑에서 떨어지는 자를 그 머리털을 잡아 구원하듯이, 지옥에 떨어지려던 나를 구출해 주셨다'고 감격하여 부처님께 귀의하여 집에 있는 제자가 되었다.

4 부처님은 다시 북으로, 말라 족의 아노비야阿奴比耶 마을에 들어가셨다. 어느 날, 걸식하러 나갔다가 유행자인 박가바의 숲을 찾으셨다. 박가바는 부처님께 사뢰었다.

"부처님이시여, 리차 인의 아들 수나거타가 저의 처소에 와서 말하기를, '나는 벌써 부처님의 제자는 아니다, 그 밑에 있지 않다'고 하였습니다. 그것이 사실입니까?"

"박가바여, 그대로다. 수나거타는 저번에 나의 처소에 와서 '저는 이제부터 부처님을 떠나겠습니다. 부처님은 초인超人의 법인 신통을 보여주시지 않기 때문입니다'라고 하기에, 나는 수나거타여, 나는 너에게 '오너라, 내 밑에 머물러라, 나는 초인의 법인 신통을 보여 주겠다'고 약속한 일은 없지 않은가. 그런데 너는 누구를 버리고 누구를 여의겠다고 하는가? 나의 가르침은 바르고, 없는 경계에 들어가도록 하는 데 있다. 신통을 보여 주거나, 안 보여 주는 것에 무슨 어그러질 것이 있겠느냐? 수나거타여, 너는 너의 시골에서 갖가지로 불·법·승의 덕을 찬미했는데, 이제 네가 맑은 수행을 버리고 물러가면 사람들은 네가 청정행을 견디지 못하여 물러갔다고 할 것이 아니냐?'고 말해 주었다.

박가바여, 나는 다음과 같이 여러 가지로 그를 가르쳤다. 수나거타여, 먼젓번에 내가 붐의 우타라카 마을에 머물러 있을 때, 너를 시자로 하여 이른 아침 그 거리에 걸식을 갔던 일이 있었지? 그때 발가승이 외도 코라 캇티야는 개의 계(犬戒)를 지키어, 네 굽으로 땅에 엎드려 입으로는 음식을 핥아먹고 있었다. 너는 그것을 보고 '아아, 이 아라한이 훌륭한 일을 하고 있다'고 그 개의 계를 찬미했다. 나는 그 잘못된 천박한 교를 비평하여 이 개의 계를 지키는 행자는 이레 뒤에 죽을 것이라고 예언했더니, 과연 그대로 되었다. 수나거타여, 그런데도 너는 저러한 형식의 교에 사로잡혀 있구나! 비사리의 중각강당에 있을 때에도 발가승이 외도인 칸다라마수카에 대하여 그런 일이 있었다. 저들의 생활은 옷도 입지 않고 여인도 가까이하지 않고 술, 고기도 금하고, 밥도 죽도 먹지 않고 비사리 동쪽으로 우데나와 남쪽으로 고타마와 서쪽으로 칠암비수七菴婆樹와 북으로 다자탑多子塔을 지나 한 걸음도 나가지 않는다는 고행을 하여 높은 명예를 얻고 있다. 수나거타여, 나는 저들도 저 형식에 사로잡혀 깨달음을 얻은 것같이 생각하고 있구나. 그러나 저들도 또한 내가 예언한 바와 같이, 뒤에는 그 고행을 버리고 어디론가 사라져 버리고 말았다.

또 저 파티카푸타도 그 발가승이 고행으로 명망을 얻어 여러 가지로 나에 대해서 비평을 하며, 신통에 있어서 나보다 낫다는 소리를 선전하고 있었다. 너는 그때 그 말을 믿고 그 말한 바를 내게 알렸다. 나는 그때에 '파티카푸타는 그 말을 버리지 않고, 그 생각하는 마음을 여의지 아니하고, 내 앞에 올 수는 없으리라'고 일렀다.

이튿날, 나는 너를 데리고 파티카푸타가 거처하는 데바 동산에 갔다. 사람들은 신통을 겨루는 일이라도 있을 듯이 생각해서 모여들었다. 파티카푸타는 가만히 텐도카누 유행자의 동산으로 내빼 버렸다. 그때 사람들은 그를 쫓아 유행자의 동산에 가서, 이제야말로 사문 구담과 신통을 겨루어 보라고 재촉했는데, 그는 '곧 가지, 곧 가지…' 하면서 자리에서 떠나지 않았다. 누구나 파티카푸타를 끌어오려 했으나 모두 실패했다. 마침내 파티카푸타는 그가 한 말을 버리지 않고, 그 생각하던 바를 여의지 않고 내 앞에 나올 수가 없었다. 수나거타여! 너는 이러한 나의 초인법인 신통을 보면서도 오히려 초인법인 신통을 구하고 있구나! 이것은 너의 잘못이라고 하였느니라.

박가바여, 나는 이렇게 여러 가지로 그를 가르쳐 보았으나 어떤 형식에만 사로잡혀 안을 볼 수가 없는 그는 드디어 도道에서 물러가고 만 것이다."

이와 같이 자세한 내력을 들은 박가바는 부처님께 사뢰었다.

"부처님이시여, 저는 부처님이나 부처님의 제자들을 비방하는 편이 잘못이라고 믿고 있습니다. 부처님, 깨끗한 깨달음에 들어가는 법을 말씀하여 주실 수가 있겠습니까?"

"박가바여, 너같이 그릇된 교에 들어가 그릇된 신념과 의견을 가진 이로는 깨끗한 깨달음에 들어가기가 어렵다. 너는 먼저 나의 위에 지니고 있는 신앙을 잘 보호하는 것이 좋으리라."

박가바는 부처님의 가르침을 기뻐하여, 부처님에 대한 신앙을 지키고 있기를 맹세했다.

제12절 촉루주술과 불법

1 부처님은 여러 곳을 다니다가 왕사성에 돌아오셔서 대숲절에 드셨다. 그때, 교살라국에 미카시라, 곧 사슴머리(鹿頭)라는 바라문 도인이 있었다. 그는 마갈궁磨羯宮의 별 아래서 났다 하여, 이런 이름을 붙였다 한다.

그는 해골의 주술(髑髏呪術)의 묘한 이치를 얻었는데, 주문을 외우며 해골을 두드리면 그 사람이 어디에 났는지를 안다는 것이다. 죽은 지 삼 년이 된 해골이라도 그 난 곳을 말한다는 것이다. 가정을 가지지 않고, 여기저기 떠돌아다니며 그 주술로써 여러 사람의 존경을 받았다. 부처님이 왕사성의 기사굴산에 계실 적에 찾아와서, 부처님과 술법을 겨루어 보려 청했다. 부처님은 그 사슴머리 바라문을 데리고 어떤 무덤 가에 가서, 해골 하나를 얻어 가지고 그에게 물었다.

"너는 해골의 주술에 묘리를 얻었다 하니, 이 해골의 주인이 사내냐, 여인이냐?"

그는 주문을 외우며 해골을 들고 손가락으로 두드리더니, 이렇게 대답했다.

"구담이여, 이것은 사내의 것입니다."

"그래, 무슨 병으로 죽었는가?"

"여러 가지 병이 겹쳐서 죽은 것인데, 하리륵 과일을 꿀에다 재워 먹였더라면 구할 것을 그랬습니다."

"이제 이 사내는 어느 곳에 났느냐?"

"삼악취三惡趣에 떨어져 있습니다."

부처님은 다시 해골을 하나 잡고 물었다.

"이것은 사내냐, 여인이냐?"

"여인입니다."

"무슨 병으로 죽었는가?"

"난산으로 죽었습니다."

"이제 어느 곳에 나서 있느냐?"

"짐승의 무리에 나서 있습니다."

사슴머리는 이와 같이 몇 개의 해골을 시험해 보아도, 남녀의 구별과 그 죽은 원과 또 난 곳을 말했다. 부처님은 다시 해골 하나를 잡았다. 그는 아무리 주문을 외우며 해골을 두드려 보아도 그 주인의 내력을 알 수가 없었다. 마침내 부처님께 가르침을 빌었다. 부처님은

"이것은 열반에 든 비구의 해골이니라."

고 하셨다.

사슴머리는 그것이 부처님의 묘한 술법인 줄 알고 불법의 그 술법을 배우기를 청했다. 부처님은 불법에 귀의하여 비구가 되면 가르쳐 주겠다고 말했다. 사슴머리 바라문은 머리를 깎고 비구가 되어 가르치는 대로 열심히 공부하였다. 홀로 물러가 선정에 들어 마음을 닦고 하더니, 마침내 깨달음을 얻게 되었다. 그제야 사슴머리는 해골의 주인을 알 필요가 없게 되었고, 자기의 깨달음을 다음과 같이 노래했다.

부처님의 가르치심 도를 닦아서
더러운 때를 씻고 애욕을 벗어났네.
부처님이 살피시어 이내 마음 밝히시니
갖은 얽힘 끊고서 깨달음을 얻었네.

2 부처님이 사위성의 기원정사에 계시다가, 다시 왕사성에 돌아와 대숲 절에서 우기안거雨期安居를 지내셨다. 그때에 줄타기, 나무 위에 올라 재주부리기 등의 광대놀이꾼 욱가세나는 그 아내와 같이 패거리를 거느리고 왕사성에 왔다. 그는 본디 이 성 안 부자의 아들이었는데, 돌아다니는 광대패가 성안에 와서 놀이를 할 적에, 그 가운데 한 광대의 딸을 그리워

한 나머지 집을 버리고 그 광대패에 뛰어들게 되었다.

그리하여 욱가세나는 처음 광대 재주를 배울 적에 그 딸(지금은 그의 처)과 동료들에게 조소와 멸시 속에 눈물의 나날을 보냈는데, 그래도 마침내 그 재주를 익혀 이제는 광대패를 거느리고 여러 나라로 돌게 되었다.

하루는 왕사성에서 스스로 육십 척이나 되는 높은 기둥 위에 올라가 재주를 부릴 때에 시민들의 열광적인 환영을 받았다. 부처님은 마침 그 때 비구들을 데리고 그곳에 오셨다가, 목건련을 시켜 신통으로써 같은 높이에 올라가서 욱가세나에게 법을 설하게 했다. 욱가세나는 그 법을 듣고 매우 기뻐하여 기둥에서 내려와 부처님 앞에 엎디어 절하고, 출가하여 도를 배우기를 빌었다. 부처님은 그것을 허락하니, 그 한패는 모두 부처님의 제자가 되었고, 욱가세나는 얼마 지나지 않아 깨달음을 얻어 아라한이 되었다.

3 다라불다多羅弗多는 왕사성 사람으로서 오백 명의 아가씨들을 거느리고 어떤 마을에 큰 잔치나 굿이 있을 때면 광대놀이를 보여 주곤 했다. 때로는 왕궁에 초청되어 공연하기도 했다. 욱가세나가 출가한 것을 보고, 그도 부처님을 대숲절로 찾아뵈었다.

"부처님이시여, 저는 선배에게 들었습니다. 광대가 무대에서 구경거리로서 관중을 기쁘게 하므로, 죽어서 희소천戱笑天에 나게 된다고 하는데, 부처님께서는 어떻게 생각하십니까?"

"다라불다여, 이런 것을 내게 물어서는 안 된다."

그는 세 번이나 물었지만 부처님은 세 번 다 물리쳤다. 네 번째 묻자, 부처님은 이렇게 말씀하셨다.

"다라불다여, 그렇지 아니하다. 그것은 사람의 마음을 홀리기 위하여 거짓으로 작란을 꾸며내어 사람으로 하여금 진실성을 잃게 하는 것이므로, 목숨을 마친 뒤에는 지옥에 떨어지게 되리라. 네가 들은 것은 그릇된 것이다. 그릇된 소견을 가진 자는 죽어서 지옥에 떨어지든가, 짐승이 되는 수밖에 없느니라.”

이 말을 들은 다라불다는 눈물을 흘렸다.

“다라불다여, 그러기에 내게 그런 것을 물어서는 안 된다고 말하지 않았더냐?”

“부처님이시여, 제가 우는 것은 부처님께서 무서운 미래를 말씀하셨기 때문이 아닙니다. 저의 선배가 내 생애는 하늘에 있다고 저를 속였기 때문입니다.”

그는 열심히 부처님의 가르침을 듣고 마음을 내어 출가하였다. 부지런히 수행하여 마침내 깨달음을 얻게 되었다. 그는 수행 중의 고난과, 어떻게 자기의 마음을 억제하였던가를 다음과 같이 노래하였다.

언제나 바위 속에 홀로 머물러 모두가 무상한 줄 관찰하면서
언제든지 누더기만 몸에 걸치고 이 몸이 내 것이라 생각지 않고.
욕심과 성냄과 어리석은 마음 다 떠나 숲 속에만 들어 있으며
늙음과 병듦이며 죽음 이기고 두려움 다 떨치고 숲에 살았네.
애욕의 칡덩굴 베어 버리고 지혜의 칼날 앞에 마군 베이며
굶주림과 게으름에 팔리지 않고 빛과 소리 맛과 냄새 끌리지 않았네.
칭찬과 비방에도 움직이지 않고서 부처님 가르침에 마음 달래어
언제나 내 한 생각 굳게 가지며 그때가 기어이 오고 만다고.
마음아, 내 마음아 집 떠난 마음 네 이미 집 떠나서 사문 됐거니
네 어찌 이럭저럭 날 보낼 거냐, 또 다시 세속에는 아니 갈게다.
산 속에 지저귀는 아름다운 새도 부수는 저 하늘의 우레 소리도
숲 속에 홀로 있는 나를 위하여 언제나 이내 마음 위로했었네.
아내와 어버이와 친한 벗들도 이 세상 모든 욕락 다 버리고
숲 속에 머무르니 나는 즐거워 이 기쁨 나만 오직 홀로 아는 것.
이 세상 모든 것은 변화하는데 변치 않는 이 길을 찾아 보세나

마음은 원숭이란 부처님 말씀 욕심을 못 여의곤 누를 길 없네.
공작과 해오라기 지저귀는 숲 표범과 사자들이 날뛰는 밤에
이 한 몸 죽은 듯이 움직임 없이 욕심을 여의려고 무진 애썼네.
깨침에 도달하는 길을 밟아서 괴로움의 뿌리 끊고 망상 없애려,
부처님 교훈 좇아 숲에 머물러 끊임없이 이 마음 채질하였네.
자취 없이 달아나는 이내 마음아, 내 이제 너를 좇아가지 않으리,
욕심은 고의 뿌리 공포의 근본 마음아, 나는 너를 좇지 않으리.
아득한 괴로움 바다 건너고 나니 이제는 마음이여, 옛적과 같이
그대의 지배하에 있지 않으리 내 오직 부처님의 가르침대로.
사슴과 공작하고 떼 지어 놀고 여름에 내릴 적에 서늘한 숲 속,
산 속에 나무나 짐승들처럼 바위굴 돌 자리도 솜이불 같네.
비뚠 길 쳐부수고 바른 길 찾아, 숲 속에 노닐면서 산을 즐기며
부처님 가르침을 지켜 나가니, 깨침의 저 언덕에 도달하였네.

제10장 증일아함의 교훈

제1절 한 가지 교훈

1 부처님은 사위성을 떠나 남쪽으로 아라비에 들어가 신사파 숲에 계시면서 자주 비구들을 가르치셨다.

"비구들이여, 벼나 보리의 가시를 가로 눕히고 그 위에 손을 얹어 다치고자 해도 다쳐지지 않는다. 왜냐하면 그 가시가 누워 있기 때문이다. 그와 같이 비구들이 마음을 바르게 하지 않고 아무리 무명을 없애고 밝음을 나타내려 해도 그것은 되지 않는다. 왜냐하면 마음이 바르게 놓여 있지 않기 때문이다.

벼나 보리의 가시를 세워 놓고, 거기에 손을 대어 다치고자 하면 그것은 될 수 있는 것처럼, 마음을 바르게 하면 무명을 부수어 밝음을 나타낼 수 있는 것이다.

2 비구들이여, 흐린 진흙 못은 그 언덕에서 보아도 못 밑의 진주조개도 황금조개도 자갈도 고기떼도, 움직이는 것도 움직이지 않는 것도, 아무것도 볼 수가 없다. 그와 같이 비구의 마음이 흐려 있으면 자기의 이익을 알고 남의 이익을 알며, 자기와 남의 공동의 이익을 알아, 신성한 지혜와 소견을 실현할 수가 없다.

3 비구들이여, 많은 나무 가운데서도 후한다 나무처럼, 부드러워 무엇이나 만들 수 있는 재목은 없다. 그와 같이 수련된 부드러운 마음처럼

쓸모 있는 것은 없다.

비구들이여, 마음처럼 가벼이 변하는 것은 없다. 마음은 원래 깨끗한 것이다. 그런 것이 밖에서 오는 더러움으로 더러워지는 것이다. 그러므로 마음은 밖에서 오는 더러움에서 벗어날 수 있는 것이다. 비구들이여, 마음은 원래 깨끗한 것이지만 밖에서 오는 더러움으로 더러워지는 줄을 미련한 사람은 모른다. 그러므로 지혜 없는 사람은 마음을 수련하는 일이 없다. 그러나 이 가르침의 제자들은 이것을 실답게 알기 때문에, 마음을 닦고 다루는 것이다.

4 비구들이여, 잠깐 동안이라도 자비로운 마음을 닦고, 더하고 골똘히 생각한다면, 그 비구는 헛되지 않은 선정에 머물고 스승의 가르침을 받들며, 많은 사람의 보시를 받을 가치가 있다고 불릴 것이다. 하물며 꾸준히 행하는 사람이야 말할 것도 없는 것이다.

비구들이여, 어떠한 착하지 않은 법도, 착하지 않음에 딸린 법도, 또 어떠한 착한 법도 착함에 딸린 법도 다 마음을 앞세우는 것이다. 마음은 이런 법들의 길잡이요, 이런 법들은 마음을 따르는 것이다.

5 비구들이여, 게으름 · 흐리멍덩함 · 많은 욕심 · 불만 · 그릇된 생각 · 지각없음 · 악한 벗, 이런 것들은 모두 생기지 않은 착하지 않은 법을 생기게 하고, 이미 생긴 착한 법을 없애는 것이다.

그와 반대로 부지런함 · 노력 · 적은 욕심 · 만족할 줄 앎 · 바른 생각 · 자각 · 착한 벗, 이런 것들은 모두, 아직 생기지 않은 착한 법을 생기게 하고 이미 생긴 악한 법을 없애는 것이다.

비구들이여, 친족이나 재보財寶나 명예, 이런 것들은 불어난대야 쓸데없는 것이다. 다만 지식이 줄어 가는 것이 한스러운 것이니, 그것을 불리기에 힘쓰지 않으면 안 된다.

비구들이여, 그릇된 소견은 사람이 죽은 뒤에 지옥에 떨어지게 하고, 바른 소견은 사람을 천상 세계로 인도하는 것이다. 그릇된 소견을 따라

가는 몸과 말과 뜻의 세 가지 활동은, 희망이나 소원이나 그 밖에 어떠한 마음의 작용도 모두 슬픈 괴로움의 결과를 부르는 것이다. 이를테면 님바・코사타키・라부와 같은 풀의 종자를 땅에 뿌리면 그것은 땅 기운을 취하고 물맛을 빨더라도 모두 다 독한 맛이 되는 것과 같은 것이다. 그것은 종자가 나쁘기 때문이다. 또 바른 소견을 따라가는 몸과 말과 뜻의 세 가지 활동은, 희망이나 소원이나 그 밖에 어떠한 마음의 작용도 모두 아름답고 빛나는 결과를 부르는 것이다. 이를테면, 설탕 나무나 벼나 포도 종자를 땅에 뿌리면, 그것은 땅 기운을 취하고 물맛을 빨더라도 모두 다 달고 향기로운 좋은 맛이 되는 것과 같은 것이다. 그것은 종자種子가 좋기 때문이다.

6 비구들이여, 이 세계에는 아름다운 꽃동산, 즐거운 숲, 맑고 고운 못은 적고, 언덕과 비탈과 험한 곳과 나무 그루터기와 가시 담과 높은 산이 많은 것과 같이, 육지에서 나는 중생은 적고 물에서 나는 중생이 많다. 그와 같이 인간 세계에 나는 중생은 적고, 네 가지 악한 세계에 나는 중생이 많다. 또 문명한 나라에 나는 중생은 적고, 변두리나 야만의 미개한 땅에 나는 중생은 많다.

비구들이여, 그와 같이, 어질고 지혜롭고 선악을 분별할 줄 아는 힘을 가진 중생은 적고, 어둡고 미련한 귀머거리・벙어리로 태어나 선악을 분별할 줄 모르는 중생은 많다. 또 깨끗한 지혜의 눈을 가진 중생은 적고, 무명에 덮여 사리에 어두운 중생은 많다. 비구들이여, 그와 같이 여래를 보는 사람은 적고, 여래를 보지 못하는 사람은 많다. 여래를 볼 수는 있어도 여래가 설하는 법을 들을 수 있는 사람은 적고, 들을 수 없는 사람이 많다. 또 법을 들어 그것을 가지는 사람은 적고, 가지지 못하는 사람이 많다.

비구들이여, 또 법을 받아 가져도 그 뜻을 분별하는 사람은 적고, 그 뜻을 분별하지 못하는 사람은 많다. 법을 받아 가져 그 뜻을 분별하더라도, 그 법을 따라 행하는 사람은 적고, 그 법을 따라 행하지 않는 사람이 많다. 그와 같이 놀라야 할 곳에 놀라는 사람은 적고, 놀라지 않는 사람이 많다. 슬픔을 가라앉히기 위해서 바르게 노력하는 사람은 적고, 바르게 노력하지 않는 사람이 많다. 열반에 들기 위해 마음을 한곳에 모아 고요한 마음을 얻는 사람은 적고, 고요한 마음을 얻지 못하는 사람이 많다. 또 뜻의 맛 · 법의 맛 · 해탈의 맛을 얻은 사람은 적고, 그 맛을 얻지 못하는 사람이 많다. 비구들이여, 너희들은 이런 맛을 얻기 위해 노력하지 않으면 안 된다.

7 비구들이여, 부처님과 법과 중의 삼보에 귀의하는 덕이 있다. 부처는 모든 중생 가운데 가장 뛰어난 것으로서, 거기에 미칠 것이 없다. 마치 타락웃물(醍醐)은 우유로 정제한 것으로서 모든 우유에서 제일 뛰어난 것과 같은 것이다. 이 제일 뛰어난 부처에게 귀의하기 때문에 그는 제일의 덕을 얻어 인간이나 천상에 나서, 그 복을 받는 것이다. 법은 부처님이 열어 보인 것으로서 모든 법에서 제일 뛰어난 것이다. 저 타락웃물이 우유로 정제된 것과 같은 것이다. 이 제일 뛰어난 법에 귀의하기 때문에 그는 제일의 덕을 얻어 인간이나 천상에 나서 그 복을 받는 것이다. 승僧은 부처님 제자들이 화합한 단체로서, 모든 단체에서 뛰어난 것이다. 이것도, 저 타락웃물이 모든 우유에서 뛰어난 것과 같은 것이다. 이 제일 뛰어난 스님에게 귀의하기 때문에, 그는 제일의 덕을 얻어 인간이나 천상에서, 그 복을 받는 것이다."

8 부처님은 잠깐 동안 비사리성 밖의 큰 숲 속에 있는 중각강당重閣講堂에 머물러 계셨다. 아난도 처음부터 그 속에 있었다.

그때에, 리차 사람인 아바야는 반디타구마라와 함께 아난에게 와서 이렇게 말했다.

"존자여, 나타의 아들 니건자尼犍子는 온갖 지혜와 갖가지 소견을 가지고 있다고 자랑하고 있습니다. '나는 걷고 있을 때나 서 있을 때나, 자고 있을 때나 깨어 있을 때나, 언제든지 계속해서 지견이 밝게 열려 있다'고 말합니다. 그 니건자는 앞에 지은 업을 없애기 위해서 고행을 명령하고, 고뇌의 원인을 없애기 위해서는 새로운 업을 짓지 않도록 명령합니다. 업이 다하면 괴로움이 다한다. 괴로움이 다하면 감각이 다한다. 감각이 다하면 모든 괴로움이 없어져 버린다. 이렇게 현세에 갚음이 있는, 이 번뇌의 불길이 가신 청정에 의해, 괴로움과 슬픔을 초월한다고 말합니다. 존자여, 부처님은 여기 대해서 뭐라고 말씀하십니까?"

"아바야여, 모든 것을 아시고 죄다 보신 부처님은, 모든 사람을 깨끗하게 하기 위해, 슬픔을 초월하게 하기 위해, 괴로움을 없애게 하기 위해, 바른 지혜에 이르게 하기 위해, 깨달음을 이루게 하기 위해, 세 가지 번뇌煩惱의 불길이 가신 깨끗하고 시원한 법을 말씀하셨다. 그 셋이란 무엇인가?

아바야여, 첫째는 비구들이 계戒를 가지는 일이다. 계에 의해 몸을 다루고 착하게 행동하며, 감각을 억눌러 조그마한 죄에도 두려움을 보고, 또 열심히 노력해 나아가는 것이다. 둘째는 계를 가진 비구는 초선 · 이선 · 삼선 · 사선에 들어가 머무는 것이다. 셋째는 이렇게 계를 가지고 정定에 들어가, 번뇌를 없애 지혜(慧=깨달음)를 나타내는 것이다. 이 비구는 새로운 업을 짓지 않고, 지은 업의 괴로움을 받으면서, 현세에서 직접 갚음이 있는, 이 번뇌의 불길이 없는 청정에 의해 괴로움과 슬픔을 벗어나는 것이다.

아바야여, 이것이 모든 것을 알고 죄다 보시는 부처님이, 중생을 위해 설하신 세 가지 번뇌의 불길이 없는 청정이다."

이때에 반디타구마라는 아바야에게 말했다.

"아바야여, 그대는 저 아난의 자세한 말씀을 듣고, 그 좋은 말씀을 기뻐하지 않는가?"

"벗이여, 어떻게 내가 저 존자가 자상하게도 말씀한 그 좋은 법문을 듣고 기뻐하지 않겠는가? 만일 그 좋은 말을 기뻐하지 않는다면, 그 자의 머리는 두 쪽이 날 것이다."

제2절 두 가지 교훈

1 그때에, 가전연은 바라나波羅奈의 캇타야 호숫가에 머물러 있었다. 어느 날, 바라문 아라마단다는 가전연에게 와서, 인사한 뒤에 물었다.

"존자여, 크샤트리아는 크샤트리아와 다투고, 바라문은 바라문과 다투며, 바이샤는 바이샤와 다투고 있으니, 그것은 모두 무슨 인연에 의한 것입니까?"

"바라문이여, 그것은 탐욕에 얽매이고, 탐욕에 빠지고, 탐욕에 지배되고, 탐욕에 먹혀 있는 인연에 의한 것이다."

"존자여, 그러면 사문과 사문이 다투는 것은 또한 무슨 인연에 의한 것입니까?"

"바라문이여, 그것은 소견의 탐욕에 얽매이고, 거기에 빠지고, 거기에 지배되고, 거기에 먹혀 있는 인연에 의한 것이다."

"존자여, 이 세상에 욕탐欲貪과 견탐見貪에서 벗어난 사람이 있습니까?"

"바라문이여, 이제 여기서 동쪽에, 사위성이라는 곳이 있다. 거기에 부처님이 계시는데 그분은 여기서 벗어나신 어른이다."

이 말을 들은 아라마단다 바라문은 곧 자리에서 일어나, 옷을 한쪽 어깨에 걸치고, 오른 무릎을 땅에 붙여 부처님이 계시는 사위성 쪽으로 합장하면서

"저는 부처님에게 귀의하나이다."

이렇게 세 번 절하고, 다시 '아아 부처님은 이 욕탐과 견탐에서 벗어나 계시다'고 찬탄했다. 그리고 다시 가전연의 가르침을 듣고 마음으로

기뻐해 한평생 신자가 되겠다고 맹세했다.

2 또 어느 때, 가전연은 마도바라의 문다 숲에 머물러 있었다. 어느 날 군다라야나 바라문은 그를 찾았다.

"존자여, 나는 사문 가전연이 나이 많은 바라문에게도 절하지 않고, 자리에서 일어나 맞이하지도 않으며, 자리를 양보하지도 않는다는 말을 들었습니다. 만일 그것이 사실이라면, 그것은 옳은 일이겠습니까?"

"바라문이여, 모든 것을 보고, 모든 것을 아시는 부처님이 말씀하신, 늙은이 · 젊은이의 해석이 있다. 그 말씀에 의하면 비록 나이 많은 여든이나 아흔 살의 바라문이라 하더라도 애욕을 찾아 헤매고, 애욕의 불길에 허덕이며, 애욕에 빠져 있는 사람이라면 그는 젊은이요, 또 비록 젊은 바라문이라 하더라도, 애욕을 구해 허덕이지 않고, 애욕에 빠져 있지 않으면 그는 지혜로운 노인이라 할 수 있다."

3 "비구들이여, 여기 두 가지의 훌륭한 법이 있다. 그것은 지止와 관觀이다. 지를 닦으면 마음이 고요해져 욕심을 떠날 수가 있다. 관을 닦으면 지혜가 열리어 무명을 떠날 수가 있다. 욕심에 더럽혀진 마음은 고요하지 못하고, 무명에 더럽혀진 마음은 지혜롭지 못하다. 욕심을 떠나는 것은 마음을 다툼에서 얻고, 무명을 벗어나는 것은 지혜를 더함에서 얻어지는 것이다.

4 비구들이여, 나는 너희들에게 악한 사람과 착한 사람이 의지해 서는 땅을 말하겠다. 악한 사람의 땅은 무엇인가? 악한 사람에게는 은혜를 느끼어 감사하는 일이 없다. 이 은혜를 느끼어 감사하는 마음이 없는 것이 악이다. 착한 사람의 땅은 은혜를 느끼어 감사할 줄 안다. 이 은혜를 느끼어 감사할 줄 아는 것이 착한 일이다.

비구들이여, 아무리 힘을 써도, 두 사람에게는 그 은혜를 충분히 갚을 수 없다. 두 사람이란 아버지와 어머니이다. 비록 백 년을 사는 사람이 있어 그 백 년 동안을 오른쪽 어깨에는 어머니를 모셔 얹고 왼쪽 어깨에는 아버지를 모셔 업고 다니더라도, 또 백 년 동안을 향수로써 부모의 몸에 발라 문지르고 깨끗이 씻으며 안마하고, 또 부모의 대소변을 받아내더라도 오히려 그 은혜를 다 갚지는 못할 것이다. 또 부모를 임금의 자리에까지 올려 앉히더라도 그 은혜를 다 갚지는 못할 것이다. 왜냐하면 아버지와 어머니는 아이를 낳고 기르고 보호하며 이 세계를 아이에게 보여 준 사람이기 때문이다. 만일 부모가 옳은 가르침을 믿지 않을 때에는 그것을 깨우쳐 믿음으로 이끌고, 악한 계戒를 버리어 바른 계에 서게 하며 탐욕을 떠나 보시하게 한다면, 비로소 부모의 은혜를 갚을 수 있을 것이다. 그러나 그것도 저것의 이상은 될 수 없는 것이다.

5 비구들이여, 이 세상에 훌륭하고 거룩한 두 가지의 노력이 있다. 하나는 속인으로서 의식과 좌구坐具와 약석藥石을 보시하는 노력이다. 또 하나는 비구로서 번뇌를 없애는 노력이다. 너희들은 번뇌를 없애기에 노력하지 않으면 안 된다.

6 비구들이여, 너희들은 비록 피와 살이 말라 버리더라도, 가죽과 힘줄과 뼈가 남아 있는 한은, 사내다운 힘, 사내다운 끈기, 사내다운 노력으로써, 가야 할 곳까지 가지 않고는 결코 게으르지 않겠다는 결심을 가지지 않으면 안 된다. 이 결심에 의해서 너희들은 머지않아 집을 떠나 와 비구가 된 목적을 이루어, 이 세상에서 깨끗한 행을 할 수 있을 것이다.

7 비구들이여, 여기 두 가지 법이 있다. 하나는 얽매임의 법에 애착하는 소견이요, 다른 하나는 얽매임의 법을 싫어하는 소견이다. 애착하는 소견에 의해서는 탐욕도 성냄도 어리석음도 버려지지 않는다. 따라서 삶과 늙음과 죽음과, 또 근심과 슬픔과 괴로움과 번민에서 벗어날 수가 없어, 항상 고통에서 울지 않으면 안 되는 것이다. 또 싫어하는 소견에 의해서는 탐욕과 성냄과 어리석음이 버려진다. 따라서 삶과 늙음과 죽음과 또 근심과 슬픔과 고통과 번민에서 벗어나, '아아 즐겁다!' 하는 기쁜 소리를 외칠 수 있는 것이다.

8 비구들이여, 여기 두 가지의 검은 법과 흰 법이 있다. 흰 법은 세상을 보호하고 검은 법은 세상을 부수는 것이다. 두 가지 검은 법이란 안 부끄럼과 바깥 부끄럼이 없는 것이요, 두 가지의 흰 법이란 안으로도 부끄러워하고 밖으로도 부끄러워할 줄 아는 것이다.

9 비구들이여, 여기 두 가지 힘이 있다. 생각하는 힘과 익혀 닦는(修習) 힘이다. 생각하는 힘이란 사람이, 몸과 말과 뜻의 세 가지 악한 활동에는 각각 현세와 미래의 악한 결과가 있다고 생각해 그것을 떠나는 것이다. 익혀 닦는 힘이란, 실지로 탐욕과 성냄과 어리석음을 떠나는 행行을 닦고 칠각지七覺支를 닦고, 사선四禪을 닦으며, 악을 떠나 선善으로 나아가는 것이다."

제3절 세 가지 교훈(1)

1 부처님이 기원정사祇園精舍의 중각강당重閣講堂에 계실 적에 아난에게 말씀하셨다.

"아난이여, 네가 너의 친구나 일가친척에게 동정하는 마음을 가졌다면, 너는 저들을 세 곳으로 나아가도록 힘쓰지 않으면 안 된다. 세 곳이란 무엇인가? 부처에 대한 굳은 신앙과 법에 대한 굳은 신앙과 스님에 대한 굳은 신앙이다. 곧 부처에 대해서는 부처의 깨달음을 믿게 하고, 법에 대해서는 법의 가치를 믿게 하고, 스님에 대해서는 승가는 바르게 수행하는 단체요 또 위없는 복밭이라는 것을 믿게 하는 것이다.

아난이여, 비록 땅·물·불·바람의 사대四大에는 변함이 있더라도, 이 부처와 법과 승가의 삼보에 대한 굳은 신앙을 가진 이 가르침의 제자에게는 변함이 없는 것이다. 변함이 있다면 다만 그곳에 변함이 있다. 곧 이 삼보에 대한 무너지지 않는 믿음을 가진 자는 죽은 뒤에 지옥·축생·아귀의 세계에 나는 일이 없다. 이것이 그 변함이다.

아난아, 만일 네가, 너의 친구나 일가친척들에게 동정하는 마음이 있다면, 너는 그들을 이 세 곳으로 나아가도록 하지 않으면 안 된다."

2 또 어느 때에, 아난은 부처님께 여쭈었다.

"부처님이시여, 부처님은 존재라는 말씀을 하시는데 이 존재란 어떠한 것입니까?"

"아난아, 이 욕계欲界의 갚음을 일으킬 만한 업이 없다면, 욕계가 존재하게 되겠는가?"

"부처님이시여, 그렇지 않습니다."

"아난아, 그러므로 업은 밭이요, 식識은 종자요, 사랑은 물이다. 무명에 가리고 사랑에 묶인 중생의 마음이 최하의 세계에 머물면 거기에 미래의 존재가 있게 되는 것이요, 이 바뀌남이 있으면 그것이 곧 욕계인 것이다. 그리고 또 만일 색계·무색계의 갚음을 일으킬 만한 업이 없다면 색계·무색계가 존재하게 되겠는가?"

"부처님이시여, 그렇지 않습니다."

"아난아, 그러므로 업은 밭이요, 식은 종자요, 사랑은 물이다. 중생의 식識이 이 중계中界 또는 상계上界에 머물면 거기에는 미래의 존재가 있게 되고, 바뀌남이 있으면 그것이 곧 색계·무색계인 것이다. 아난아, 존재란 이런 것이다."

3 또 어느 때, 부처님은 아난을 부르셨다.

"아난아, 모든 계행戒行·위의威儀·고행·수행·확신은 다 좋은 갚음이 있는 것인가?"

"부처님이시여, 그것을 통틀어 대답하기는 곤란한 일입니다. 그것을 실행해서 불선不善이 더하고 착함이 줄어들 것 같은 계행·위의·고행·수행·확신은 좋은 결과가 있을 수 없습니다. 그러나 그것을 실행해서 착함이 더하고 착하지 않음이 줄어들 만한 계행·위의·고행·수행·

확신은 좋은 결과가 있을 것입니다."

부처님은 아난阿難의 말을 좋다 하시고 받아들였다. 아난은 자기의 말이 스승의 뜻에 맞은 줄을 알고 기뻐하며 자리에서 일어나 부처님에게 절하고, 오른쪽을 돌아 떠났다. 아난이 떠나자 부처님은 비구들에게 말씀하셨다.

"비구들이여, 아난은 아직 수업 중에 있지만 그 지혜에 있어서는 그만한 이를 얻기 어려울 것이다."

4 부처님은 항가 강을 건너, 그 남쪽 기슭의 흐름을 따라 바라나에 이르러, 그곳 사슴의 동산에 머물러 계셨다. 어느 조용한 이른 아침, 거리에서 걸식하고 다니시는데, 어떤 비구 한 사람이 소장거리 곁 무화과나무 밑에서 정신을 잃고 흐리멍덩하게 비실거리고 있었다. 부처님은 그에게 말씀하셨다.

"비구들이여, 너 자신을 더럽히지 말라. 비구여, 네 몸을 더럽혀 불결한 냄새가 나면 파리가 모여드느니라."

비구는 이 말씀을 듣고 근심과 번민을 금할 수 없었다. 부처님은 걸식을 마치시고 돌아가, 여러 비구들에게 이 일을 말씀하시고, 다시 그들의 물음에 대답하셨다.

"비구들이여, 탐욕은 더러운 것이요, 성냄은 그 냄새요, 악하고 착하지 못한 생각은 모여 드는 파리다. 이 더러운 물건에 더럽혀지고, 더러운 냄새에 젖어지면, 파리가 모이지 않을 수가 없을 것이다."

5 부처님은 계속해서 기원정사에 계셨다. 어느 날 유행하는 천나가 아난에게 와서 말하기를

"존자여 '탐욕을 버리라, 성냄을 버리라, 어리석음을 버리라'고 하는 것은 그대들의 도道에서도 가르치고 있지만, 우리도 또한 그렇게 가르치고 있다. 그러면 그 탐욕과 성냄과 어리석음은 어떠한 불행을 가져오기에 그대들은 그것을 버리라고 하는가?"

"천나여, 탐욕에 날뛰고 탐욕에 정복되어, 그 마음이 사로잡힌 사람은 자기를 해치고 남을 해치려는 생각이 일어나 마음의 고뇌를 맛보지 않으면 안 된다. 그러나 탐욕을 버린 사람에게는 이런 일은 없다. 또 탐욕에 마음이 사로잡힌 사람은 몸과 말과 뜻으로 악한 업業을 짓는다. 그러나 탐욕을 버린 사람은 그러한 일을 행하지 않는다. 또 탐욕에 마음이 사로잡힌 사람은 자기의 이익과, 남의 이익과, 자기와 남 모두의 이익을 진실로 모른다. 그러나 탐욕을 버린 사람은 이러한 공덕을 실다이 안다. 벗이여, 탐욕은 사람을 눈멀게 하는 것, 지혜를 해치는 것, 미혹으로 이끄는 것, 깨침으로 들어가는 것을 방해하는 것이다. 성냄이나 어리석음도 또한 그런 것이다. 벗이여, 우리는 이렇게 탐욕과 성냄과 어리석음에서 오는 이러한 불행을 보기 때문에, 탐욕을 버리라고 가르치는 것이다.

"존자여, 그러면 이 탐욕과 성냄과 어리석음을 버리는 데에는 어떤 길이 있는가?"

"벗이여, 이것을 버리는 데에는 여덟 가지 바른 길이 있다. 곧 바른 소견 · 바른 생각 · 바른말 · 바른 행동 · 바른 생활 · 바른 노력 · 바른 억념憶念 · 바른 선정禪定이 그것이다."

"존자여, 그 길은 참으로 훌륭한 것이다. 그 여덟 가지의 바른 길이야말로 우리들이 힘써 행할 일이다."

6 어느 날, 부처님은 많은 비구를 거느리시고 기원정사를 떠나 교살라국을 들러 카라마 사람이 사는 케사붓타라는 거리에 이르셨다. 카라마 사람들은 부처님에게 나와 말했다.

"부처님이시여, 어떤 사문과 바라문은 이 거리에 와서, 자기의 교敎만을 굉장하게 칭찬하고, 남의 교는 조롱하고 비난합니다. 그러면 또 다른 사문과 바라문이 와서, 그와 같이 자기 교만을 아름답게 칭찬하고 남의 교는 비난합니다. 부처님이시여, 그래서 우리들에게는 '이 훌륭한 사문과 바라문 중에 누가 진실을 말하고 거짓을 말하는가?'라는 의심이 일어나게 되는 것입니다."

"카라마 사람들이여, 그것을 의심하고 거기에 당황하는 정은 그럴 만한 일이다. 카라마 사람들이여, 선전해 떠도는 말을 그대로 받아들여서는 안 된다. 그 전설들을 그대로 들어서는 안 된다. 경전에 실려 있다거나, 그럴는지도 모른다는 상상이라거나, 자기의 견해에 맞거나, 또는 유명한 사문의 말이라고 해서 그대로 받아들여서는 안 된다. 카라마 사람들이여, 너희들은 언제나 바르게 알아야 한다. 그 법은 자기에게 유익한 것인가, 죄악이나 더러움이 없는가, 어진 사람들이 싫어하지 않는가, 또는 거기에 집착하면 손해와 고통이 따르지 않을까? 그래서 그렇다고 바르게 알았다면, 너희들은 그것을 피하지 않으면 안 된다.

카라마 사람들이여, 너희들은 어떻게 생각하는가? 탐욕과 성냄은 그것을 가진 사람에 대해서 이익이 되는가, 손해가 되는가?"

"부처님이시여, 그것은 손해가 되는 것입니다."

"카라마 사람들이여, 탐욕과 성냄과 어리석음에 항복한 사람은, 거기에 마음이 사로잡혀, 스스로 산목숨을 죽이고, 남이 주지 않는 것을 빼앗으며, 남의 여자를 범하고, 거짓말을 지껄이며, 또 남에게도 그렇게 하도록 시키는 것이다. 이것은 그 사람에 대해서 영원한 손해와 고뇌가 되지 않겠는가?"

"부처님이시여, 그러하나이다."

"카라마 사람들이여, 그러면 이러한 법들은 선인가, 악인가? 죄악의 더러움이 있는 것인가, 없는 것인가? 어진 사람이 싫어하는 것인가, 좋아하는 것인가? 거기에 집착하면 손해와 고뇌를 가져올 것인가, 가져오지 않을 것인가?"

"부처님이시여, 말씀하신 바와 같이, 그것은 죄악으로서 손해와 고뇌를 가져올 것입니다."

"카라마 사람들이여, 내가 앞에서도 말했지만, 선전이나 전설이나, 경전에 실려 있다거나, 상상이나 취미나, 존경하는 사람의 말이라 해서, 이런 법들을 그대로 받아들여서는 안 된다. 그래서 나는 실제로, 자기가 바르게 그 법의 나쁜 것과 죄악의 더러움인 것과 어진 사람이 싫어하는 것과, 거기에 집착하면 손해와 고뇌를 가져온다는 것을 확실히 알았거든, 그것을 버리라고 말한 것도 이 의미에서다. 그러나 그와 반대로, 자기가 바르게 이 법은 착하고 죄악의 더러움이 없으며, 어진 사람이 좋아하고, 그것을 따르면 이익과 행복을 받을 것이라고 확실히 알았다면, 너희들은 그것을 따르지 않으면 안 된다. 탐욕과 성냄과 어리석음을 떠나는 것은 그 사람의 이익이 되겠는가, 손해가 되겠는가?

"부처님이시여, 그것은 이익이 되는 것입니다."

"카라마 사람들이여, 탐욕과 성냄과 어리석음을 떠난 사람은, 거기에 항복하지 않고 마음이 사로잡히지 않아 산목숨을 죽이지 않고, 주지 않는 것은 앗지 않으며, 남의 아내를 범하지 않고, 거짓말을 지껄이지 않으며, 또 남에게도, 이것을 시키지 않는다. 이것이 그 사람에 대해서 영원한 이익과 행복이 되는 것이다.

이렇게 탐욕과 성냄과 어리석음을 떠나, 생각을 바로 하고 깊이 생각해, 사랑하는 마음과 슬퍼하는 마음과 기뻐하는 마음과 평등한 마음으로써 동쪽을 채우고, 다시 서쪽 · 남쪽 · 북쪽과 위 · 아래와 네 귀퉁이의 모든 세계를 미움이나 원한이 없이 두루 채운다. 이 가르침을 따르는 제자들은, 이렇게 탐욕과 성냄과 더러움이 없는 깨끗한 마음으로써, 이 현재에 있어서도 네 가지의 위안慰安에 이르는 것이다.

'만일 저승이 있어서 착한 업과 악한 업의 결과가 있다면 나는 죽은 뒤에 하늘에 나리라.' 이것은 제일의 위안이다. '비록 저승이 없어 착한 업과 악한 업의 결과가 없다 하더라도, 나는 이 현재에 있어서 탐욕과 성냄과 고뇌가 없는 행복에 살 것이다.' 이것은 제이의 위안이다. '비록 악을 행한 사람에게 악의 갚음이 있더라도, 어떠한 악도 생각하지 않고 또 악한 업을 짓지 않은 내게 무슨 고뇌가 닥칠 것인가.' 이것은 제삼의 위안이다. '비록 악한 사람에게 악의 갚음이 없다 하더라도, 나는 죄악을 범하지 않는다는 것으로 자기를 청정하다고 인정하는 것이다.' 이것은 제사의 위안이다. 이 가르침을 배운 제자는, 이와 같이 친절해서 성냄이 없고, 더러움이 없는 깨끗한 마음으로써, 현재에 있어서 이 네 가지의 위안을 가지는 것이다."

"부처님이시여, 그러하나이다. 진실로 거룩한 당신의 제자들은, 친절해서 성냄이 없고 더러움이 없어 깨끗한 마음으로써, 이 현재에 있어서 네 가지의 위안을 가지고 있습니다. 지금부터 목숨이 마칠 때까지, 일생을 귀의하는 신도로 받아들여 주소서."

7 부처님은 또 비구들에게 말씀하셨다.

"비구들이여, 세상에는 세 가지 사람이 있다. 바위에 새긴 글씨와 같은 사람, 모래에 쓴 글씨와 같은 사람, 물에 쓴 글씨와 같은 사람이 그것이다. 바위에 새긴 글씨와 같은 사람이란, 자주자주 성을 내면서 그 성냄이 오래 계속되는 사람이다. 마치 바위에 새긴 글씨는 비바람에도 지워지지 않고 오랫동안 남아 있는 것과 같은 것이다. 모래에 쓴 글씨와 같은 사람이란, 자주 성을 내기는 하지만 그 성냄이 모래에 쓴 글씨와 같이 오래 가지 않는 사람이다. 물에 쓴 글씨와 같은 사람이란, 물에 쓴 글씨는 이내 흘러가서 자취도 없는 것처럼 욕설이나 언짢은 말을 들어도 조금도 그 마음에 자취를 남기지 않고, 온화하고 즐거운 기분으로 지내는 사람이다.

8 비구들이여, 나는 이제 세 가지 말(馬)과 세 가지 사람을 말해 보리라. 잘 들어 깊이 생각하라. 비구들이여, 세 가지 말(馬)이란 무엇인가? 여기 어떤 말은 민첩하기는 하지만 아름답지도 못하고 몸 째임이 고르지 못하다. 또 어떤 말은 민첩하고 아름답기도 하지만 몸 째임이 고르지 못하다. 또 어떤 말은 민첩하고, 곱기도 하며, 몸 째임도 고르다.

사람에게도 마치 이와 같은 일이 있다. 민첩하기는 하지만 곱지도 못하고 몸 짜임이 고르지 못한 사람과, 민첩하고 곱기는 하지만 몸 짜임이 고르지 못한 사람과, 또 민첩하고 아름답고 몸 짜임도 고른 사람이 있다.

첫째, 민첩하기는 하지만, 곱지도 못하고 몸 짜임이 고르지도 못한 사람이란 무엇인가? '이것은 괴로움이다, 이것은 괴로움의 원인이다, 이것은 괴로움이 없어진 것이다, 이것은 괴로움을 없애는 길이다'라고, 실다이 아는 것이 민첩하다는 것이다. 아름다움을 갖추지 못했다는 것은 무엇인가? 법과 계율에 대해서 질문을 받고도 분명하게 쉽게 대답하지 못하는 것이다. 몸 짜임이 고르지 못하다는 것은 무엇인가? 나이 많은 사람을 위해 의발衣鉢과 침구와 약물을 베풀지 않는 것이다.

둘째, 민첩하고 아름답지만, 몸 짜임이 고르지 못한 사람이란 무엇인가? 네 가지의 진리를 실다이 알고, 법이나 계율의 질문을 받았을 때, 분명하게 얼른 대답하면서도 나이 많은 사람을 위해 의발과 침구와 약물을 베풀지 않는 사람이다.

셋째, 민첩하고 아름다우며, 또 몸 짜임도 고른 사람이란 무엇인가? 네 가지 진리를 실다이 알고, 법과 율律에 대해서 분명하게 얼른 대답하며, 나이 많은 사람을 위해, 의발과 침구와 약물을 베푸는 사람이다. 비구들이여, 이것이 세 가지의 사람이다.

9 비구들이여, 마카시 섬유로 짠 베는, 새것이나 중치거나 또 낡은 것이거나, 모두 추하고 거칠어서 값이 싸다. 이 베의 낡은 것은 걸레로 쓰거나 쓰레기통에 버릴 수밖에 없다. 꼭 이와 같이, 비구로서 새로 들어왔거나 중치기거나 또 상좌거나 간에 계戒를 가지지 않고 성질이 악하면, 나는 그를 추한 자라고 부른다. 다음으로 이런 비구와 친해 그 소견을 따르면, 그것은 그의 영원한 손실과 불행이 될 것이다. 나는 이것을 머트러운 것이라고 부른다. 또 그는 신자로부터 옷이나 음식이나 침구나 약물을 받더라도 그 신자의 보시는 큰 갚음을 얻을 수가 없다. 나는 이것을

값이 싼 것이라고 부른다. 그리고 또 이러한 상좌 비구가 남을 비판하고 교화할 경우에, 다른 비구는 '네 비판이 무슨 힘이 있느냐, 너야말로 비판을 받을 자다'라고 할 것이다. 이 말을 듣고, 그 비구는 화를 내어 욕설을 함부로 퍼붓다가 드디어 승단에서 쫓겨나게 될 것이다. 이것이 저 마카시 베가 쓰레기통에 버려진다는 것이다.

비구들이여, 카시로 짠 비단은 새것이나 중치거나 낡은 것이라도, 아름답고 부드러우며 또 값도 비싸다. 낡은 것이라도 보석싸개나 향합香盒 속에 넣어 둘 것이다. 그와 같이, 비구로서 새로 된 자나 중치거나 또 상좌라 하더라도 계를 가지고 좋은 성질을 갖추어 있으면 나는 그를 아름다운 것이라 부른다. 다음으로, 그런 비구와 친해 그 소견을 따르면 그것은 그 사람의 영원한 이익과 행복이 될 것이다. 나는 이것을 부드러운 것이라고 부른다. 또 그는 신자에게서 의복과 음식과 침구와 약물을 얻으면, 그 신자의 보시는 크고 좋은 갚음을 얻을 것이다. 이것을 값이 비싸다고 부르는 것이다. 비구들이여, 또 이러한 상좌 비구는 비구들에게 무엇이나 말을 하려고 할 경우에는, 여러 비구들은 말하리라. '여러분 조용하십시오. 저 상좌 비구가 법과 율을 말하려고 합니다'라고. 그러므로 비구들이여 우리는 마카시 베의 비유와 같이 되지 말고, 카시 비단의 비유와 같이 되자고 힘써 배우지 않으면 안 된다.

10 비구들이여, 사람은 자기가 지은 업 그대로의 갚음을 받지 않으면 안 된다고 말하는 사람이 있어, 또 그것이 진실한 사실이 아니라면, 우리는 깨끗한 행을 행할 필요도 없게 되고, 또 번뇌를 없앨 기회도 얻지 못하게 될 것이다.

비구들이여, 조그마한 죄를 지어 지옥에 떨어지는 중생도 있다. 또 다 같은 죄를 짓고도 그 갚음을 이 세상에서 받아 마치고, 미래에는 큰 고통의 갚음은 말할 것도 없고 조그마한 고통의 갚음도 받지 않는 사람이 있다. 그러면 앞의 경우는 어떠한 때에 일어나는가? 여기 어떤 사람이 몸도 닦지 않고 계도 지키지 않으며, 마음도 닦지 않고 지혜도 닦지 않으며, 덕은 적고 마음은 작아, 조그마한 일에도 괴로워 허덕인다면, 이런 사람은 조그마한 죄를 짓고도 지옥에 떨어진다. 이와 반대로 몸을 닦고 마음을 닦으며, 계를 지키고 지혜를 닦으며, 덕은 풍부하고 마음은 넓어, 한량없는 착함을 두루 가진 사람은 혹 조그마한 죄를 짓더라도, 그 갚음은 현세에서 받아 마치어, 미래에는 큰 고통의 갚음은 말할 것도 없고 조그마한 고통도 받지 않는 것이다.

비구들이여, 마치 소금 한 덩이를 조그마한 바리때 물에 넣으면, 그 바리때 물은 몹시 짜겠지만, 그 소금을 항가 강의 물에 넣으면 조금도 짜지 않는 것과 같은 것이다. 또 어떤 사람은 조그마한 돈 때문에 징역을 살며고통 받지 않으면 안 되지만, 어떤 사람은 징역을 살지 않고 잘 사는 것과 같은 것이다. 곧 가난한 사람은 조그마한 돈 때문에 징역을 살지마는, 재산이 많은 부자 사람은 조그마한 돈 때문에 징역을 살지는 않는 것이다. 또 가난에 쫓기는 사람은 한 마리 염소를 도둑질하고도 징역을 살고 권리를 빼앗기지만, 부자나 귀족들이 그것을 도둑질한 경우에는 도리어 그 주인이 황송해, 염소나 그 값을 깎아 주지 않으면 안 되는 것과 같은 것이다.

비구들이여, 그러므로 조그마한 죄를 짓고도 어떤 사람은 지옥에 떨어지고, 어떤 사람은 이 세상에서 그 갚음을 받아 마쳐, 미래에는 고통의 갚음을 받지 않는 것이다. 그러므로 지은 업 그대로 갚음을 받는 것이 아니요, 업을 지어서 갚음을 받지 않을 수 없는 것과 같이 그 갚음을 받는 것이다. 이렇게 되고서야 비로소 깨끗한 행을 행할 필요도 있고 괴로움의 마지막을 얻을 기회도 있게 되는 것이다.

11 비구들이여, 황금은 아름다운 것이지만 그 광석은 흙과 모래와 자갈이 뒤섞인 더러운 것이다. 이 더러운 광석을 그릇에 담아 몇 번이고 몇 번이고 씻고 일어서 깨끗하게 한다. 그래서 더러운 것은 없어지고 금모

래만이 남는다. 금모래는 가마에 넣어 풀무로 녹인다. 처음에는 좀체 녹지도 않고 더러운 것이 가셔지지도 않으며, 부드럽게 되지도 않고, 빛깔도 없으며, 또 물러서 아무것에도 쓰이지 못한다. 그러나 그것을 몇 번이고 풀무에 걸어 녹여서 잡것을 버리고 광채를 내어 쓸모가 있도록 부드럽게 만든다. 금공金工은 이것을 가지고 자기 마음대로 금줄도 빼고, 귀걸이 · 팔찌 · 금고리를 만드는 것이다.

비구들이여, 꼭 이와 같이 선정을 닦는 비구도 처음에는 몸과 말과 뜻의 세 가지 죄악에 몹시 더럽혀져 있는 것이다. 그러나 마음 있는 지혜로운 비구는 차츰 그것을 털고 닦아서 없애는 것이다. 그래도 오히려 탐욕과 성냄과 불평의 번뇌가 있어 이것을 없애려고 노력한다. 그러나 또 친척이니 국가니 남의 업신여김의 생각이 떨어지지 않는다. 이 번뇌가 없어지더라도 오히려 법각法覺이 남아 선정이 깨끗해지지 않고, 마음이 한곳에 바로 모이지 않는다. 그래서 이 선정은 아직도 억지 선정이 된다. 비구들이여, 마음 있는 지혜로운 비구는 차츰 이 모든 번뇌를 없애고, 바른 선정과 신변神變을 얻어 남의 마음을 알고 자기의 과거를 알며, 중생의 나고 죽음을 알고, 번뇌를 없애고 깨달음을 얻어, 자기의 원대로 목적을 다할 수가 있는 것이다.

비구들이여, 선정을 닦는 비구는 삼매의 상相을 생각하며 노력의 상을 생각하며 버림의 상을 생각하지 않으면 안 된다. 삼매의 상만을 생각하면 그 마음이 게을러질 염려가 있기 때문에 노력의 상을 생각하지 않으면 안 된다. 노력의 상만을 생각하면 마음이 들뜰 염려가 있기 때문에 버림의 상을 생각하지 않으면 안 된다. 또 버림의 상만을 생각하면 번뇌를 없애기에 힘쓰지 않을 염려가 있다. 그러므로 항상 이 세 가지 상을 모아 생각하면, 마음이 부드러워 쓸모가 있게 되고, 또 빛을 내고 튼튼하게 되는 것이다. 마치 금공이 쇠를 용광로에 넣어, 불에 달구고 물에 적셔, 때때로 시험해 보는 것과 같은 것이다. 순전히 불로써 달구기만 한다면 쇠는 재가 되고 말 것이다. 순전히 물에 적시기만 한다면, 쇠는 싸늘하게 식고 말 것이다. 또 시험만 하고 있으면 쓸 때가 없을 것이다. 불로 달구고 물로 식히고, 또 때때로 시험해 보아야, 그 쇠는 부드럽고 빛이 나며 쓸모가 있게 되어, 금공의 생각대로 여러 가지 물건을 만들 수 있는 것이다. 비구들이여, 그러므로, 선정을 닦는 비구는, 삼매의 상과 노력의 상과 버림의 상을 합해서 생각하지 않으면 안 된다. 이렇게 세 가지 상을 생각해 나가면 자기 생각대로 여러 가지 신변神變과 하늘눈·하늘귀가 열리고 남의 마음과 자기의 과거를 알며 번뇌를 끊는 따위의 불가사의한 힘을 얻을 수 있다."

12 어느 날 늙은 바라문이 부처님께 와서 여쭈었다.

"부처님이시여, 나는 이제 늙어 죽음이 가까웠습니다. 그러나 아직 해야 할 일을 다하지 못하고 두려움을 떠나지 못하고 있습니다. 부디 언제나, 나의 이익이 될 만한 가르침을 보여 주소서."

"바라문이여, 진실로 네 말은 옳다. 늙음과 병과 죽음에 휩쓸려가는 이 세상에 있어서는 몸과 말과 뜻의 세 가지를 잘 다루는 것이, 죽음으로 가는 자기의 보호가 되고, 의지할 곳이 되고, 등불이 되고, 기둥이 되는 것이다.

목숨은 짧고 때는 흘러가나니 늙음으로 달리는 이 누가 잡으리
죽음을 앞에 보고 공덕 행하라, 그것이 그대의 피난처 되리.

또 어느 날, 바라문 한 사람이 부처님께 와서 여쭈었다.

"부처님이시여, 부처님의 가르침에는, 이 현재에 있어서 갚음이 있다고 하셨는데, 그 갚음은 어떤 모양으로 있는 것입니까? 곧 직접의 효과가 있고, 와서 보라고 보일 수 있으며, 마음에 가질 가치가 있고, 식자로서 제각기 알아야 할 법이란 어떠한 것입니까?"

"바라문이여, 탐욕에 불붙고 있는 마음은, 자기를 해치고 남을 해치고, 자기와 남을 다같이 해치기를 생각하며, 마음속에 고통과 번민을 깨닫는다. 탐욕만 떠나면 이런 번민은 없는 것이다. 울화에 미쳐 날뛰는 마음도 미련에 덮여 있는 마음도 또한 그런 것이다. 그 성냄을 버리고 미련을 떠난다면, 이러한 해치려는 생각은 없어진다. 이것이 현재의 갚음이다. 이것이 곧 직접의 효과가 있고, 와서 보라고 보일 수 있으며, 마음에 가질 만한 가치가 있고, 식자들이 각각 알아야 할 법이다."

13 또 어느 날 상가라바라는 바라문이 부처님을 찾아와 여쭈었다.

"부처님이시여, 나는 바라문입니다. 그러므로 내 스스로 희생을 바치고, 또 남에게도 희생을 바치게 합니다. 이 희생을 바치고 또 바치게 하면, 그 사람은 그 희생을 바친 인因에 의해서, 그 희생된 동물의 몸에서 나는 공덕의 길로 들어갑니다. 참으로 자기와 남이 다같이 받는 큰 공덕입니다. 그러나 이와 반대로, 가족을 버리고 집 없는 스님이 되는 것은 다만 자기 한 몸을 다루고, 한 몸을 조용히 하여 자기만 탐욕을 없애기 위한 것이므로 자기 한 몸만이 공덕의 길로 들어가는 것입니다."

"그렇다면 바라문이여, 내가 물을 터이니, 생각대로 대답해 보라. 너는 어떻게 생각하는가? 이 세상에 여래는 나타나서 이렇게 말하고 있다. '오너라, 이것이 내 길이다. 나는 내가 깨달은 위없는 열반을 보여 주겠다. 너희들도 그대로 행하면, 이 위없는 열반을 얻을 것이다'라고. 이 여래의 가르침에는 많은 사람이 따르고 있다. 수백 인, 수천 인, 수십만 인이 이 길을 행하고 있다. 바라문이여, 이것을 보아도 집 떠난 공덕이 한 몸에만 있다고 할 수 있을까?"

"부처님이시여, 만일 그러하다면, 집 떠난 공덕은 많은 사람에게 미치는 것입니다."

그때 곁에 있던 아난은 말했다.

"바라문이여, 이 두 가지 길 가운데, 어느 것이 좋다고 생각하는가?

어느 것이 곤란이 적고 이익이 많다고 생각하는가?"

바라문은 이 물음에는 대답하지 않고, 다만

"부처님이나 아난 같은 이는 내 공양을 받을 만하고, 내 칭찬을 받을 만하다."

하고 말을 피했다. 아난은

"바라문이여, 나는 네가 누구를 공양하고 누구를 칭찬하는가를 묻지 않았다. 다만, 이 두 가지 길 가운데, 어느 것이 좋다고 생각하는가를 물었을 뿐이다."

라고, 두 번 세 번 물었으나, 바라문은 같은 소리를 되풀이할 뿐 대답을 피하려고 했다.

14 부처님은 이 광경을 보시고, 바라문의 궁한 처지를 동정해, 다음과 같이 물으셨다.

"바라문이여, 오늘 왕궁王宮에 사람들이 모였을 때 어떤 이야기가 나왔던가?"

"부처님이여, 오늘 왕궁에서는, 옛날에는 비구의 수가 지금보다 적었지만, 신변神變을 가진 사람은 지금보다 많았다는 이야기가 있었습니다."

"바라문이여, 네가 말하는 신변에는 세 가지 구별이 있다. 신통神通신변과 기심記心신변과 교계敎誡신변이 그것이다. 신통신변이란 무엇인가? 여기 어떤 사람이 있어 여러 가지 신통을 보인다. 하나로써 여럿이 되고 여럿으로써 하나가 된다. 혹은 나타났다 혹은 없어지고, 담을 통하고 벽을 통하고 산을 뚫어서, 걸림이 없는 것은 마치 허공을 나는 것 같으며, 땅 속을 들어갔다 나오는 것은 물속으로 들어갔다 나오는 것같이 하고, 물 위를 걸어가는 것은 땅 위를 걸어가는 것 같으며, 큰 위엄과 큰 세력이 있는 해나 달도 손으로 어루만지고 범천梵天의 세계까지도 이 몸으로 간다. 이것이 신통신변이다.

기심신변이란 무엇인가? 여기 어떤 사람이 있어 어떤 동작에 의해서

'너는 이러이러한 마음을 가지고 있다, 너는 이러이러한 일을 생각하고 있다, 네 생각은 이러이러하다'고 보여 준다. 또 아무 동작에 의하지도 않고, 사람이나 하늘이나 짐승의 소리를 듣고, 사람의 마음을 알아 맞춘다. 이것이 기심신변이다.

교계신변이란 무엇인가? 여기 어떤 사람이 있어 남에게 '이렇게 생각하라, 이렇게 생각하지 마라, 이것을 버려라, 이것은 기억해 두라'고 가르친다. 이것이 교계신변이다. 바라문이여, 이 세 가지 신변 중에서 어느 것을 훌륭하다고 생각하는가?"

"부처님이시여, 신통신변은 그것을 부리는 사람만이 누리는 것으로서, 그 사람에게만 있는 것입니다. 그러므로 그것은 꼭두각시와 같은 것입니다. 또 기심신변도 그것을 행하는 사람만이 가지는 것으로서 이것도 그 사람에게만 있는 것입니다. 그러므로 그것도 꼭두각시와 같은 것입니다. 그러나 교계신변은 '이것을 생각하라, 이것은 생각하지 마라, 이것을 버려라, 이것은 기억해 두라'고 가르치는 것으로서, 이것은 자기와 남이 함께 가지는 것이며, 자기와 남에게 다같이 있는 것입니다. 그러므로 이 세 가지 신변 가운데서, 이것이 가장 훌륭한 것입니다. 부처님이시여, 참으로 훌륭한 가르침을 받았습니다. 부처님은 이 세 가지 신변을 다 갖춘 분이라고 생각하고 있습니다. 부처님 말고도 이것을 모두 갖춘 이가 또 있습니까?"

"바라문이여, 그것은 본래부터 있는 것이다. 이 세 가지를 갖춘 비구는 백 사람, 이백 사람, 오백 사람만이 아니다. 훨씬 많이 있다."

"부처님이시여, 그들 비구는 지금 어디 있습니까?"

"바라문이여, 그들은 이 비구의 승단僧團 가운데 있다."

상가라바 바라문은 이 가르침을 듣고 마음에 기뻐 한평생 신자가 되겠다고 맹세했다.

15 부처님은 교살라국을 들러 항카다라는 고을에 이르러, 거기서 지내

시게 되었다. 그동안에 부처님은 도를 닦는 규율과 주의를 제자들에게 자세히 가르쳐 주셨다. 그래서 이 마을에서 비구가 된 가섭 고오타는 이 사문은 너무 잔소리가 많다고 불쾌하게 생각했다. 얼마 뒤에 부처님은 항카다를 떠나 왕사성의 기사굴산에 가셔서 거기 머물러 계셨다.

가섭 고오타는 부처님이 항카다를 떠나신 지 얼마 안 되어 몹시 뉘우쳤다. '아아, 나는 그만 큰 잘못을 저질렀다. 부처님의 도에 대한 자세한 설명에 짜증을 낸 것은 나의 큰 잘못이다. 이제 나는 부처님께 나아가 내 잘못을 사과하지 않으면 안 된다.' 그래서 가섭 고오타는 급히 왕사성의 기사굴산에 올라가 부처님께 여쭈었다.

"부처님이시여, 저는 전날 부처님께서 항카다에 계실 때 부처님의 도에 대한 자세한 설명을 듣다못해 그만 짜증을 내었습니다. 그리고 부처님이 떠나신 뒤에 저는 못내 뉘우쳤습니다. 그래서 저는 부처님께 나아가 그 죄를 사과하려고 생각했습니다. 부처님이시여, 저는 어리석은 탓으로 이런 죄를 저질렀습니다. 부처님이시여, 다시는 이런 죄를 짓지 않게 하기 위해 제 죄를 용서하소서."

"가섭 고오타여, 너는 내가 말한 수도의 규율과 주의에 대해 짜증을 냈다는 것은 확실히 잘못이다. 너는 죄를 죄라고 보아 내게 고백했다. 나는 너를 위해 그것을 받아들인다. 죄를 죄라고 보고 또 그것을 되풀이하지 않기 위해 고백한다는 것은, 내 가르침이 뻗어 나가는 길이다.

가섭 고오타여, 만일 상좌의 비구로서 진실한 학문을 좋아하지 않고, 학문이 있는 이의 덕을 칭찬하지도 않으며, 또 학문을 좋아하지 않는 비구에게 학문을 권하지 않고, 학문을 좋아하는 비구의 덕을 칭찬하지 않는다면, 나는 그러한 상좌 비구의 덕을 말할 수 없다. 왜냐하면 만일 스승으로서 그러한 비구의 덕을 말한다면, 다른 비구들이 그 비구와 사귀게 될 것이기 때문이다. 그와 사귀는 비구는 그의 한 소견을 따르게 될 것이요, 그의 소견을 따르게 되면 그것은 그를 위해 영원한 손해와 불행이 될 것이기 때문이다. 그러므로 나는 그러한 상좌 비구의 덕을 칭송하지 않는 것이다. 가섭 고오타여, 이 일은 중위中位의 비구나 새로 된 비구에 있어서도 꼭 같은 것이다.

상좌 비구거나 중위 비구거나 새로 된 비구거나를 가릴 것 없이, 만일 그가 진실한 학문을 좋아하고, 학문을 가진 이의 덕을 칭송하며, 또 학문을 좋아하지 않는 비구에게 학문을 권하고, 학문을 좋아하는 비구의 덕을 칭찬한다면, 나는 그런 비구의 덕을 말할 수 있다. 왜냐하면 만일 스승으로서 그의 덕을 칭찬하면 다른 비구도 그 비구를 사귀게 될 것이기 때문이다. 그 비구와 사귀게 되면 그 소견을 따르게 될 것이요, 그 소견을 따르면 그것은 그를 위해 영원한 이익과 행복이 될 것이기 때문이다. 그러므로 나는 그러한 비구의 덕을 칭찬하는 것이다."

16 부처님은 또 기사굴산 산꼭대기에서 여러 비구들에게 말씀하셨다.

"비구들이여, 어떤 다른 교敎의 유행자遊行者들은 그 스승에게서 세 가지를 멀리 떠나라는 명령을 받는다. 세 가지란 무엇인가? 곧 옷과 밥과 좌구座具이다. 먼저 옷을 멀리 떠남에 있어서는, 이런 명령을 받는다. 곧 굵은 삼베옷을 입어라. 삼베에 다른 것을 섞어 짠 굵은 베옷을 입어라. 에라카라는 풀로 짠 경의經衣를 입어라. 쓰레기통에서 주운 누더기를 입어라. 오크타 나무껍질로 만든 옷, 검은 사슴 등가죽을 발이 붙은 채로 벗겨서 그 등을 쪼갠 옷, 길상 풀의 섬유로 만든 옷, 나무껍질의 섬유로 만든 옷, 얇은 널판자의 섬유로 만든 옷, 사람의 털로 만든 털옷, 짐승 꼬리의 털옷, 올빼미의 날개로 만든 털옷을 입어라. 이것이 그들의 '옷을 멀리 떠나라'는 것이다.

다음에는 밥을 멀리 떠남에 있어서는, 이런 명령을 받는다. 곧 기름에 데친 소채를 먹어라. 짐승의 엷은 살의 맛없는 부분만 먹어라. 서속 벼, 등겨, 니바라의 종자, 하다라는 넌출풀, 누룽지, 기름을 짠 씨앗의 찌꺼기, 소똥, 그리고 나무뿌리나 과실을 먹고 저절로 떨어진 과실을 먹어라.

이것이 그들의 '밥을 멀리 떠나라'는 것이다.

또 좌구座具를 멀리 떠남에 있어서는, 이런 명령을 받는다. 곧 나무 밑에 앉아라. 무덤 사이에 앉아라. 숲 속의 초막, 짚둥우리, 짚으로 만든 초막, 빈 집에 살아라. 이것이 그들의 '좌구를 멀리 떠나라'는 것이다.

비구들이여, 이와 같이, 부처님의 가르침에도 비구에 대한 세 가지의 멀리 떠나라는 명령이 있다. 곧, 바른 계율을 가져 악한 계율을 멀리 떠나라! 바른 소견을 가져 그릇된 소견을 멀리 떠나라! 번뇌를 끊어 번뇌를 멀리 떠나라. 이것이 부처의 '세 가지 멀리 떠나라'는 것이다. 이것을 성취한 비구는 가장 높고 깨끗해서, 법의 요긴한 자리에 섰다고 할 수 있는 것이다.

비유하면, 논의 벼가 충실히 익어 가득히 되었을 때, 농부는 그것을 서둘러 벤다. 베어 들여서는 그것을 훑어, 짚을 추리고 쭉정이를 까불고, 다시 그것을 찧어 껍질을 버린다. 그래야만 그 곡식은 최상의 것이 되고, 깨끗하고 대수로운 것이 된다. 꼭 이와 같이, 세 가지를 멀리 떠난 비구는 가장 높고 깨끗해, 법의 요긴한 자리에 섰다고 할 수 있다.

또 비유하면, 가을 달이 구름 없는 맑은 하늘에 떠 있거나, 여름 태양이 하늘 끝까지 빛을 쏟으면서 모든 어둠을 쫓고 밝게 빛나는 것처럼, 이러한 비구들에게는 모든 티끌을 떠난 법의 눈이 생기고 지혜의 소견이 열려, 나라는 집착과 의심과 미신의 세 가지 번뇌가 없어지는 것이다. 그래서 그는, 탐욕과 성냄과 번뇌를 떠나 기쁨과 즐거움이 가득한 제일선에 들고, 다시 나아가 제이, 제삼, 제사선으로 들어간다. 거기서 그는 다시 이 세상의 미망으로 돌아올 번뇌에서 떠나게 되는 것이다."

17 부처님이 기사굴산에 계실 때, 일찍 부처님의 제자가 된 좌라발左羅跋이라는 비구는, 부처님의 가르침에서 떠난 뒤 왕사성에 들어가, 여러 사람들에게 이런 말을 퍼뜨렸다.

"나는 석가족의 사문의 법을 배워 마쳤다. 내가 그의 가르침에서 떠난 것은, 그 사문의 법을 다 배워 마쳤기 때문이다."

왕사성에서 걸식하던 비구들은 좌라발의 이 말을 듣고, 돌아가 부처님에게 여쭈었다. 그리고 청했다.

"부처님이시여, 원컨대 그를 불쌍히 여기시어, 그가 사는 사비티카 강가에 있는 그의 처소로 나와 주소서."

부처님은 말없이 이것을 허락하셨다. 저녁나절이 되어 부처님은 선정에서 일어나 사비티카 강가에 있는 그의 집으로 나아가, 준비된 자리에 앉으셨다. 부처님은 좌라발에게 말씀하셨다.

"좌라발이여, 네가 '나는 석가족의 사문 법을 다 배워 마쳤다. 내가 그의 가르침을 버린 것은, 그의 법을 다 배워 마쳤기 때문이다'라고 말한 것은 사실인가?"

좌라발은 잠자코 있었다. 부처님은 다시

"좌라발이여, 너는 어떻게 석가족의 사문 법을 배웠는가? 만일 너에게 모자람이 있으면 나는 그것을 채워 주리라. 그리고 네가 충분히 알면 나는 그것을 착하다고 하리라."

좌라발은 그래도 말이 없었다. 부처님은 세 번이나 되풀이해 말씀하셨으나, 좌라발은 여전히 잠자코 있을 뿐이었다. 그때에, 다른 유행자들도 못 견디게 좌라발이 대답하도록 졸랐기 때문에 그는 더욱 난처해, 어깨를 떨어뜨리고 머리를 숙인 채, 풀이 죽어 잠자코 앉아 있었다.

그때 부처님은, 여러 유행자들에게 말씀하셨다.

"유행자들이여, 만일 어떤 사람이 내게 대해서, '너는 바른 소견을 가지고 있다고 말하지만, 이 일을 바로 알지 못하고 있다'고 할 때에, 나는 그에게 충분히 캐어물을 것이다. 내 질문을 받았을 때에, 그 사람이 취할 태도는 세 가지 길밖에는 다른 길이 없을 것이다. 곧 반성해서 다른 말을 하든지, 화를 내든지, 또는 좌라발처럼 대답 없이 잠자코 앉아 있든지 할 뿐일 것이다. 유행자들이여, 또 어떤 사람이 내게 대해서 '너는 번뇌가 없다고 말하지만, 아직 번뇌가 다 없어지지 않았다'고 하든지, 혹은 '너는 중생의 이익을 위해 법을 설한다고 하지만, 너의 가르침으로써 구제된 사람이 없다'고 한다면, 나는 그 사람에게 충분히 캐어물을 것이다. 그때도 그 사람은 반성하든지 화내든지 침묵하든지 하는 세 가지 태도 밖에는 나아갈 길이 없을 것이다."

부처님은 이렇게 사비티카 강가에 있는 좌라발의 처소에서 웅변을 마치시고 그곳을 떠나셨다.

부처님이 떠나시자 유행자들은 사방에서 좌라발에게 조소와 욕지거리를 퍼부었다.

"좌라발이여, 큰 숲에서 늙은 늑대가 사자처럼 외치려 했지만 역시 늑대 우는 소리밖에 지를 수 없는 것처럼, 너는 사문 구담 앞에서 사자처럼 외치려 했지만, 역시 늑대 우는 소리밖에 내지 못했구나. 좌라발이여, 너는 수탉 흉내를 내어 때를 알리려다 그만 실패한 암탉이요, 우왕牛王이 떠나간 빈 외양간에서, 큰소리를 치려는 약해 빠진 황소다. 저 사문 구담이 없을 때에만 뽐내려 하는 것이 아닌가?"

18 부처님 다음과 같이 말씀하셨다.

"비구들이여, 여기 비구로서 배우지 않으면 안 될 세 가지 법이 있다. 곧 계戒와 정定과 혜慧다. 비유하면 노새는 소의 빛깔도 없고 소의 소리도 없으며 소의 발도 없으면서 소떼들의 뒤를 따라와 '나도 소다'라고 하는 것처럼, 어떤 비구는 비구들의 뒤를 따르면서 '나도 비구다'라고 한다. 그러나 그 비구는 다른 비구들이 가지고 있는 계와 정과 혜를 배우려는 뜻이 없다. 그러므로 비구들이여, 너희들은 마음먹지 않으면 안 된다. '우리는 계와 정과 혜를 열심히 배우자'고.

비구들이여, 농부들은 가을이 되기 전에 하지 않으면 안 될 세 가지 일이 있다. 곧 먼저 밭을 잘 갈아 고르고, 적당한 때에 씨를 부리고, 적당한 때에 물을 대고 빼는 일이다. 꼭 이와 같이, 비구들도 도道를 깨닫기 전에 하지 않으면 안 될 세 가지 일이 있다. 곧 계와 정과 혜의 삼학三學을 배우는 것이다. 그러므로 너희들은 마음먹지 않으면 안 된다. '우리는 계와 정과 혜를 열심히 배우자'고.

비구들이여, 그러나 저 농부에게는 '종자야, 오늘은 싹을 내어라, 내일은 이삭아 나오너라. 글피는 열매야 알들어라'는 신력神力은 없는 것이다. 저 농부의 곡식은 적당한 계절의 변화를 받아서야, 비로소 싹을 틔우고 이삭을 내고 열매를 맺는 것이다. 꼭 그와 마찬가지로, 비구들에게도 오늘이나 내일이나 글피 동안에, 모든 집착을 떠나 번뇌에서 해탈한다는, 그런 신력은 없는 것이다. 계와 정과 혜를 배우고 있는 동안에 차차 모든 집착을 떠나 번뇌에서 벗어날 때가 오는 것이다. 그러므로 너희들은 마음먹지 않으면 안 된다. '우리는 계와 정과 혜를 열심히 배우자'고.

비구들이여, 계학戒學이란 무엇인가? 비구가 계를 가지고 계에 의해서 몸을 제어하며, 착한 행실을 행하고 감각기관을 제어하며, 작은 죄에서도 두려움을 보고 마음을 다해 노력하는 것이다. 다음에 정학定學이란 무엇인가? 비구가 욕심을 버리고 악을 떠나서, 제일선에 들어가 머물고, 다시 나아가 이 · 삼 · 사선으로 들어가는 것이다. 또 혜학慧學이란 무엇인가? 비구가 '이것은 번뇌다, 이것은 번뇌의 원인이다, 이것은 번뇌의 없어짐이다, 이것은 번뇌가 없음으로 나아가는 길이다'라고 참다이 알고, 번뇌가 다해 깨달음을 나타내는 것이다.

이것이 계 · 정 · 혜의 삼학이다.

19 비구들이여, 담론談論에는 세 가지의 중요한 제목이 있다. 그것은, '과거에는 이러했다'는 과거에 관한 것, '미래에는 이러하리라'는 미래에 관한 것, '현재에는 이렇다'는 현재에 관한 것이다.

비구들이여, 담론의 태도를 보아 그 사람에게 담론의 자격이 있나 없나를 알 수 있다. 먼저 질문을 받았을 때, 일향기一向記의 물음에 대해서는 전연 설명하지 않고, 분별기分別記의 물음에 대해서는 분별해서 대답하지 않으며, 반힐기反詰記의 물음에 대해서는 반문해서 설명하지 않고, 사치기捨置記의 물음에 대해서는 그대로 내버려 두지 않는다면 그 사람은 담론할 자격이 없는 것이다. 또 남의 질문을 받았을 때, 이치답고 이치답지 않은 것을 갈라서 세우지 않거나, 자기의 주장을 둘이나 셋으로 하거나, 남의 설명을 듣고도 내 그것을 알았다고 말하지 않거나, 혹은 질문할 때와 장소를 모른다면, 그 사람도 담론할 자격이 없는 것이다. 또 남의 질문을 받았을 때, 그것과 관계없는 말을 하거나, 다른 말로써 얼버무리거나, 성을 내거나, 혹은 불쾌한 표정을 나타낸다면, 이 사람도 담론할 자격이 없는 것이다. 다음에 또 남의 질문을 받았을 때, 들어맞지 않는 보기를 들거나, 맞지 않는 보기로써, 물은 이를 괴롭히거나, 손바닥을 치면서 헛웃음을 웃거나, 혹은 말끝을 잡아 힐난한다면, 이 사람도 담론할 자격이 없는 것이다. 또 남의 질문을 받을 때, 그 물음에 귀를 기울이지 않는 사람은 아직 토대土臺를 가지지 않은 사람이요, 귀를 기울이는 사람은 이미 토대를 얻어 일법一法(=聖道)을 알고 일법(苦諦)을 이해하고, 일법(罪垢)을 버리고, 일법(聖果)을 실현한다. 이렇게 일법을 알고, 일법을 이해하고, 일법을 버리고, 일법을 실현해서, 바른 해탈에 이르는 것이다.

비구들이여, 이것이 토대를 잡은 사람, 귀를 기울이는 사람의 이익이다. 이익이란, 곧 집착을 떠난 마음의 해탈을 말하는 것이다.

노염에 불타고 원한이 가득한 교만한 사람이 말할 때에는, 그것은 남의 덕을 해치고, 남의 결점을 꼬집고, 남의 잘못이나 실패를 기뻐한다. 어진 이는 이러한 말을 하지 않는다. 지혜로운 이는 말할 때를 알고, 법에 맞는 말과 거룩한 행실의 이야기를 안다. 어진 이가 말할 때에는 노염이나 원한이 없고, 겸손하여 교만이 없으며, 억지나 질투가 없고, 바르게 지혜롭게 말한다. 착한 말을 좋아하고 악한 말을 좋아하지 않으며, 노염을 품지 않고 결점을 꼬집지 않으며, 상관없는 것은 말하지 않고 상관없는 말로 남을 둘러씌우지 않으며, 거짓이 섞인 말을 하지 않는다. 어진

이의 말은 항상 교훈이 되고 사람을 유쾌하게 한다."

20 "비구들이여, 다른 종교의 유행자로서 가령 다음과 같이 묻는 일이 있다고 하자. '벗이여, 삼법三法이 있다. 곧 탐욕과 성냄과 어리석음이 그것이다. 이 삼법의 의미는 어떠하며 그 차별은 어떠한가?' 이러한 질문을 받았을 때, 너희들은 그에게 어떻게 대답하려 하는가?"

"부처님이시여, 이 세상은 법의 근본입니다. 법의 의지하는 곳입니다. 부처님의 마음에 나타난 것을 설해 주소서. 저희들은 그것을 그대로 지니겠나이다."

"비구들이여, 그러면 주의해 잘 들어라. 너희들은 그의 질문에 다음과 같이 설명하지 않으면 안 된다.

'벗이여, 탐욕은 죄의 더러움은 적지만 그것을 멀리 떠나기는 더디다. 성냄은 죄의 더러움은 크지만 그것을 멀리 떠나기는 빠르다. 어리석음은 죄의 더러움도 크고 또 그것을 멀리 떠나기도 더디다. 벗이여, 아직 생기지 않은 탐욕이 생기고, 이미 생긴 탐욕이 더해 가는 것은 무슨 인연인가? 그것은 물건이 내 마음에 맞는 모양 때문이다. 이 물건이 마음에 맞는 모양이 간사한 생각을 일으키기 때문에 아직 생기지 않은 탐욕은 일어나고 이미 생긴 탐욕은 더해 가는 것이다. 또 아직 일어나지 않은 노염이 일어나고, 이미 일어난 노염이 더해 가는 것은 무슨 인연인가? 그것은 물건이 내 마음에 맞지 않는 모양 때문이다. 마음에 맞지 않는 모양이 간사한 생각을 일으키기 때문에 아직 일어나지 않은 노염은 일어나고 이미 일어난 노염은 더해 가는 것이다. 또 다음에 아직 일어나지 않은 어리석음이 일어나고, 이미 일어난 어리석음이 더해 가는 것은 무슨 인연인가? 그것은 바르지 않은 생각 때문이다. 이 바르지 않은 생각에 의해서 아직 일어나지 않은 어리석음은 일어나고 이미 일어난 어리석음은 더해 가는 것이다. 그러므로 마음에 맞는 모양을 바르게 생각하고, 마음에 맞지 않는 모양을 바르게 생각해서 자비스런 마음을 쌓을 때에는 탐욕과 노염은 생기지 않고 또 생기더라도 곧 없어지는 것이다. 그래서 이 바른 생각에 의해서 어리석음은 생기지 않고, 또 생기더라도 곧 없어지는 것이다.'

비구들이여, 너희들은 그에게 이렇게 답하지 않으면 안 된다."

21 비구들이여, 여기 세 가지의 착하지 않은 인因이 있다. 곧 탐욕과 노염과 어리석음이 그것이다. 이 탐욕과 노염과 어리석음은 사람으로 하여금 몸과 말과 뜻의 삼업三業에 착하지 않은 인因을 짓게 한다. 그것은 사람의 마음을 빼앗아 형벌 · 투옥 · 재산의 몰수, 모략과 중상, 추방 따위의 모든 폭력에 의해 당치 않게 남에게 고통을 준다. 그래서 '나는 힘이다, 힘은 내게 있다'고 생각하게 하는 것이다.

이렇게, 이 세 가지는 착하지 않은 일의 근본이 되어, 갖가지 악을 낸다. 그러므로 이 세 가지 착하지 않은 것에 사로잡힌 사람은 '때 아닌 때에 말하는 사람, 진실 아닌 것을 말하는 사람, 이익 아닌 것을 말하는 사람, 법 아닌 것을 말하는 사람, 바르지 않은 것을 말하는 사람'이라 불린다. 무슨 까닭인가? 그는 형벌 · 투옥 · 재산의 몰수, 모략과 중상, 박해와 추방 따위의 폭력을 부려 당치 않게 남에게 고통을 주고, '힘은 내게 있다, 내게는 힘이 있다'고 생각한다. 그래서 진실한 말을 들어도 그것을 업신여겨 곧이듣지 않고, 거짓말을 들어도 '이것은 거짓이다, 참이 아니다.' 해서, 그것을 이해하려고 힘쓰지 않기 때문이다.

비구들이여, 이런 사람은 탐욕과 노염과 어리석음에서 생기는 악에 정복되어 그 마음이 사로잡힌다. 그래서 현재에 있어서는 절망과 비탄의 고뇌에 살고, 죽은 뒤에는 악한 세계에 떨어지는 것이다. 비유컨대, 사라 · 다라 · 한다나와 같은 나무들이 세 개의 마루바라 넝쿨풀에 덮이고 감기어 말라빠지는 것과 같이, 세 가지의 뿌리에서 생기는 악에 정복되어 마음이 사로잡힌 사람은, 현재에 있어서는 절망과 비탄의 고뇌에 살고, 죽은 뒤에는 악한 세계를 기다리지 않으면 안 되는 것이다.

또 비구들이여, 세 가지의 착한 인因이 있다. 곧 탐욕을 떠나고 노염을 떠나고, 어리석음을 떠나는 것이다. 이 세 가지의 착한 인을 가진 사람은, 적당한 때에 말하는 사람, 진실을 말하는 사람, 이익이 되는 일을 말하는 사람, 바른말을 말하는 사람이라 불린다. 왜냐하면, 그는 형벌·투옥·재산의 몰수, 모략과 중상, 추방 따위의 폭력에 의해 당치 않게 남에게 고통을 주지 않고, '내게는 힘이 있다, 힘은 내게 있다'고 생각하지 않는다. 그래서 진실한 말을 들으면 그것을 승인하여 업신여기지 않고, 거짓말을 들으면 '이것은 거짓이다, 참이 아니다.' 하여 그것을 이해하기에 열심이기 때문이다.

비구들이여, 이런 사람은 탐욕과 성냄과 어리석음에서 생기는 악을 버리고 뿌리를 끊는다. 마치 뿌리가 끊긴 다라 나무가 다시 나지 못하는 것처럼, 그 악을 없애기를 다한다. 그래서 그는, 현재에 있어서는 장애가 없고 절망과 비탄이 없이 즐거움에서 살며, 이승에서 이미 깨달음에 들어가는 것이다. 비유하면, 사라·다라·한다나 따위의 나무들이 세 개의 마루바라 넌출에 덮이고 감기어 있을 때, 호미와 삼태기를 가져와서, 그 마루바라의 뿌리를 끊고, 그 둘레를 파서 뿌리를 통째로 뽑아내어, 그것을 총총 썰어 바람과 햇볕에 말리고, 다시 불에 태워 재로 만들고, 바람에 날리거나 물에 띄워서, 다시 살아나지 못하게 하는 것과 같은 것이다. 이 사람은 착하지 않은 뿌리에서 난 모든 악을 이처럼 여의어 버렸기 때문에, 이승에서 깨달음으로 들어가는 것이다. 비구들이여, 이것이 세 가지의 착한 인因이니라.

이 말을 듣고, 군다라야나 바라문은 곧 자리에서 일어나 옷을 한쪽 어깨에 걸치고, 곁에 늘어앉은 젊은 비구들의 발에 예배하면서 말했다.

"당신들은 참으로 장로長老입니다. 나는 젊은이에 지나지 않습니다."

그는 지금부터 한평생 신자가 되겠다고 맹세했다.

22 부처님이 기원정사에 계실 때, 어느 날 외로운 이 돕는 장자가 부처

님을 찾아왔다. 부처님은 이렇게 말씀하셨다.

"장자여, 마음을 잘 단속하지 않으면 '몸 · 말 · 뜻'의 삼업三業을 단속할 수 없으며, 몸 · 말 · 뜻의 세 가지 업을 단속하지 않으면 삼업이 함께 욕심에 더럽히게 되리라. 삼업을 더럽히게 되면 그 사람은 죽을 때나 죽은 뒤나 행복할 리가 없다. 비유하자면, 궁전에 지붕을 잘 덮지 않으면 들보며 서까래며 벽이 비에 젖어 썩게 되는 것과 같다. 장자여, 만일 마음을 잘 거두면 몸과 말과 뜻의 삼업이 잘 지켜져서 욕심에 더럽히지 않을 것이며, 따라서 그 사람은 죽을 때나 죽은 뒤에도 행복하게 되리라. 궁전에 지붕을 잘 덮으면 들보와 서까래와 벽이 비에 젖지 않고 더럽혀지거나 썩지 않는 것처럼…."

어느 날 부처님이 기원정사의 후원에서 비구들에게 말씀하셨다.

"비구들이여, 사람들이 업을 짓는 데 세 가지 원인이 있다. 곧 탐욕과 성냄과 어리석음이다. 사람들은 이 세 가지 원인으로 업을 짓고, 업이 익는 곳에 태어나게 되며, 업의 과보를 뒷세상에 받게 될 것이니, 마치 종자를 땅에 심어서 비가 알맞게 내리면 싹이 터서 자라나듯이 사람들이 이 세 가지 원인으로 업을 짓고 그 업이 익어서 과보를 받는 것이다.

비구들이여, 열반에 들어가는 업에 세 가지 원인이 있다. 곧 탐욕 · 성냄 · 어리석음을 없애는 것이다. 이 세 가지 업을 닦아 미래에 미혹의 생사에 끌리지 않고 열반에 들어가는 것이다. 마치 뿌리를 뽑은 풀과 싹을 꺾인 다라多羅 나무와 같이, 또는 종자를 불에 태워 재를 만들어 물에 띄운 거와 같이, 다시 미혹의 생사에 끌려들지 않는다."

23 부처님이 기원정사에 계실 때였다. 어느 날 밤 비구들을 모아 놓고, 다음과 같이 말씀하셨다.

"비구들이여, 이 세상에 세 사람의 염라왕 사자使者를 보내오는데, 이제 그 사자에 대해서 이야기하겠다.

비구들이여, 어떤 사람이 이 세상에서 악한 일을 하고 지옥에 떨어졌다. 옥졸은 재빨리 그 사람의 손을 잡아 염라왕의 앞에 끌고 갔다. '왕이여, 이 사내는 세상에 있을 때에 부모에게 불효하며, 사문 바라문을 존경하지 아니하고, 스승과 어른들을 공경하지 않은 죄로 여기 잡아왔으니 적당한 벌을 내리소서.' 했다. 비구들이여, 그때에 염라왕은 그 사람에게 물었다. '너는 인간에 있을 때에 첫째 사자를 보았느냐?' '대왕이여, 본 일이 없습니다.' '그러면 네가 나이 늙고 허리가 굽어 지팡이에 의지하여 비틀거리는 사람을 보지 못하였느냐?' '대왕이여, 그런 노인은 얼마든지 보았습니다.' '너는 그것을 보고서도, 저렇게 늙을 것이니, 한시바삐 몸과 말과 마음으로 착한 일을 해야 되겠다고 생각하지 않았느냐?' '대왕이여, 그곳에 정신을 차리지 못한 채 너무 게으름만 피웠습니다.' '이 사내야, 너는 게으르면서 볼 것을 보지 않았기 때문에, 모든 일에 게을러버린 것이다. 너는 그 게으른 죄보를 받지 않으면 안 된다. 그것은 네 부모가 한 일도 아니며 형제자매가 한 일도 아니며, 벗이나 다른 사람이 한 일도 아니고, 네가 스스로 한 일이니 네가 그 보를 받아야 되리라.' '다음 너는 둘째 사자를 보았느냐?' '대왕이여, 본 일이 없습니다.' '그럼 너는 병이 들어 홀로 눕고 일어나지 못하고, 자기의 대소변 가운데 싸여 있는 가련한 사람을 본 일이 없느냐?' '대왕이여, 그런 것은 보았습니다.' '너는 그것을 보면서도 자기도 병에 걸릴 것을 생각하고, 몸 건강할 때 몸과 말과 마음을 단속하여 깨끗하게 하겠다고 생각지 않았던가?' '대왕이여, 나는 너무 게을렀습니다.'

'그리고 다른 셋째 사자를 보았느냐?' '보지 못했습니다.' '이 사내야, 너는 사람이 죽은 뒤 이틀 사흘을 지나서 시체가 부풀어 오르고 고름이 흘러나오는 것은 본 일이 없느냐?' '대왕이여, 그런 송장은 많이 보았습니다.' '너는 그것을 보면서 어찌 게을렀느냐? 너는 이제 그 게으른 죄보를 받지 않으면 안 된다. 그것은 너의 부모나 형제 · 자매 · 벗 · 친척이 한 일이 아니고 네 스스로가 한 일이라 네 자신이 그 보를 받지 않아서

는 안 되리라.'

이렇게 염라왕은 말을 마치고 입을 닫았다. 옥졸은 그 사내를 끌어내어 타는 불에 집어넣었다. 비구들이여, 이것이 염라왕이 이 세상에 보내는 세 사람의 사자다. 이 사자를 보며 정신 차리고 게으름을 여의는 사람은 다행한 사람이지만, 이 사자를 보면서도 오히려 깨지 못한 자는 긴 밤에 슬퍼하지 않으면 안 되리라."

24 항가 강 남쪽에 떨어져 있는 발차국跋蹉國이라는 나라에서는 아직 부처님의 교화를 받지 못했다. 그러나 기회는 익어 왔다. 그 서울 교상미에 사는 구사다瞿師多, 굿구타, 바바리카 세 장자는 서로 친한 친구로서 함께 다른 종교를 믿고 있었다. 부처님이 세상에 나오셨다는 소문은 이 나라에도 들려왔다. 그 이교異教의 스승들도 부처님을 찾아뵙고자 사위성을 향해 떠났다. 이 세 장자도 그 뒤를 따라 항가 강을 건너갔다. 그들은 부처님을 믿고 받드는 신자가 되었다. 그리고 그들은 각기 자기 나라에다 절(精舍)을 세우고 부처님을 모시기로 약속하고 돌아왔다. 뒤에 그들은 각기 구사다 정사, 굿구타 정사(雞園寺), 바바리카 정사를 짓고 부처님을 모시려고 사자를 보냈다. 이때에 부처님은 남쪽으로 항가 강을 건너 교상미국으로 가시던 도중, 박가성 숨수마라기리 시市 베사카라 동산에서 여름 한철을 안거하셨다.

이곳에 부처님이 오시자 많은 시민들이 모여와 부처님의 법을 들었다. 그 가운데 나쿨라의 어버이라고 하는 두 부부는, 처음이지만 부처님께 동경심을 내어 깊이 신앙심을 내고, 끝까지 진실한 신자가 되겠다고 맹세했다. 이튿날 부처님을 자기 집에 초대하여 공양을 올린 뒤 나쿨라의 아버지가 부처님께 사뢰었다.

"저의 처는 어릴 때부터 잘 아는 사람으로서 같이 만나 살아 온 뒤로 마음 구석에라도 순결치 못한 구름이 낀 적은 없었습니다. 이 세상에서 서로 만나 사는 것과 같이 오는 세상에도 서로 만나게 되는 법을 들려주시기 바라나이다."

"끝까지 신의를 잘 지키라. 그리고 계戒도 같이 지키고, 보시하는 마음도 같이 하고, 지혜도 같이 닦으라! 그러면 오는 세상에서도 같이 만나게 되리라."

이렇게 말씀하시고 부처님은 뒤에 '이 두 사람은 서로 마음을 같이하고 신의 있는 부부로서의 모범자로다'라고 칭찬하셨다.

이보다 먼저 아나율이 부처님을 모시고 있을 때이다.

"부처님이시여, 제가 가끔 깨끗한 하늘눈(天眼)으로 여인들이 죽어서 지옥에 떨어지는 것을 보게 되었는데, 어찌하여 여인들은 지옥에 떨어지는 자가 더 많습니까?"

"아나율아, 여인은 세 가지 마음씨 때문에 죽어서 지옥에 들어가게 되는 것이다. 여인은 아침에는 아끼고 탐내는 마음에 사로잡히고, 낮에는 질투심에, 저녁에는 정욕에 사로잡히게 된다. 아나율아, 여인들은 이 세 가지 마음씨 때문에 지옥에 떨어지는 것이다."

25 어느 때에 아난阿難이 부처님께 여쭈었다.

"부처님, 바람 따라 흐르고 바람을 거슬러 가지 못하는 향이 세 가지가 있습니다. 그것은 나무뿌리의 향과 나무속의 향과 나무 꽃의 향입니다. 이 향은 다 바람을 따라 흐르고 바람을 거슬러 가지 못하는데, 이 밖에 바람을 거슬러가는 향도 있습니까?"

"아난아, 그런 향이 없는 것도 아니다. 이에, 마을의 남녀들이 부처님과 부처님이 가르친 법과 스님네에게 귀의하여 살생·도둑질·음란한 짓·거짓말을 하지 않고 술에 취하여 방일에 빠지는 일이 없고, 계를 지니고, 착한 품성을 갖추어, 물들었던 탐욕을 여의고 항상 보시를 즐거워하게 되면, 이 사람은 어떤 사문·바라문이라도 칭찬하리라. 또 모든 하늘도 그 덕을 칭찬하리라. 아난아, 이것이 바람을 따라 흐름과 함께 또한 바람을 거슬러 가는 향이니라.

꽃향기는 바람을 거슬러 가지 못하고
전단 · 닥카라 · 마스리카 향도 그러하다.
그러나 덕행을 쌓는 사람의 향은
바람을 거슬러 멀리 사방으로 흘러 퍼지리라.

제4절 세 가지 교훈(2)

1 어느 날 밤에 부처님은 기원정사 앞뜰에서 비구들에게 말씀하셨다.

"비구들이여, 부모를 존경하는 자제가 있는 가정은 범梵이 깃드는 가정이다. 또 선사先師가 머무는 곳, 응공자應供者가 머무는 곳이다. 비구들이여, 바라문이나 선사나 응공자는 부모의 이름이다. 왜냐하면, 부모는 자식을 낳아 기르고, 이제 계의 착하고 악함을 그 자제에게 가르쳐 주기 때문이다.

비구들이여, 반달마다 여드레째 만에, 사천왕의 신하들은, 이 세계를 두루 다니면서 살펴본다. 인간 세계에 있어서 얼마만큼 사람들이 부모나 사문이나 바라문을 섬기며 어른에게 순종하는가? 또 포살 날에 팔계를 지키고, 그 앞 뒷날에는 삼가며 얼마나 공덕을 쌓는가를 살펴본다. 비구들이여, 또 반달마다의 열나흘 째는 사천왕의 왕자가 이 세계를 두루 다니면서 살펴본다. 이 인간 세계에 있어서 얼마만큼 사람이, 부모나 사문이나 바라문을 섬기고 어른에게 순종하는가, 또 포살 날에는 팔계를 지키고, 그 앞 뒷날에는 삼가며 얼마나 공덕을 쌓는가를 살펴본다. 또 비구들이여, 반달마다의 보름날에는 사천왕 자신이 이 세계를 두루 다니면서, 위와 같이 살펴본다.

비구들이여, 이렇게 해서, 만일 덕을 쌓는 사람이 적을 때에는 사천왕은 선법강당善法講堂에 모여 있는 여러 도리천에게 이 사실을 알린다.

'인간 세계에는 부모나 사문과 바라문을 섬기고, 어른을 존경하며 또 포살 날에는 팔계를 지키고, 그 앞뒷날에는 삼가며 덕을 쌓는 사람이 적다'고. 여러 도리천은 이 말을 듣고, 이렇게 슬퍼한다.

'아아, 하늘의 대중은 줄어들고, 아수라의 무리는 불어 가는구나.'

비구들이여, 그러나 만일 인간 세계에 덕을 쌓는 사람이 많을 때에는, 사천왕이 그 사실을 보고하면 여러 도리천은 기뻐한다. '아아, 하늘의 대중은 불어 가고 아수라의 무리는 줄어든다'고.

비구들이여, 아주 먼 옛날의 일이다. 모든 하늘의 임금인 제석은 여러 도리천의 무리들을 불러 모아 놓고, 다음과 같은 노래를 부른 일이 있다.

> 나와 같이 되려고 생각하거든 반달마다 여드레 열나흘 보름날
> 또 파테하리야의 때에는 여덟 가지 계를 부디 지켜라.

비구들이여, 제석천의 이 노래는 좋은 노래가 아니다. 왜냐하면, 제 스스로는 탐욕과 성냄과 어리석음을 떠나지 못하고 또 나고 늙고 죽기와, 근심 · 슬픔 · 고통 · 번민에서 벗어나지 못했으면서 '나와 같이 되려고 원한다면'이라고 말했기 때문이다.

비구들이여, 번뇌를 없애기를 다하고, 깨끗한 행을 닦아 마치고, 할 일을 다 마치고, 죄의 짐을 내려놓고, 자기의 목적을 끝내서, 바르게 해탈한 아라한의 비구라야, 비로소 이런 노래를 부를 자격이 있는 것이다. 왜냐하면, 그 비구는 탐욕과 성냄과 어리석음을 떠났고, 나고 늙고 죽기와, 근심 · 슬픔 · 고통 · 번민에서 해탈했기 때문이다.

비구들이여, 믿는 마음이 있는 사람으로서, 세 가지 일이 있으면 많은 공덕을 지을 수 있다. 첫째는 믿는 마음이 있을 것, 둘째는 보시할 만한 물건이 있을 것, 셋째는 보시를 받을 만한 사람이 있을 것, 이 세 가지를 갖추어 가면 많은 공덕을 지을 수 있다.

비구들이여, 속인으로서 믿음이 있다고 불리는 데는, 세 가지 일로써 알 수 있다. 첫째는 계를 가지는 바른 사람을 보고 싶어하는 마음이 있을 것, 둘째는 바른 법을 듣고 싶어하는 마음이 있을 것, 셋째는 아까워하는 마음이 없이 깨끗한 손으로써 널리 보시하고 보시를 바라는 사람에게 둘러싸여 보시하기를 즐기는 이 세 가지를 갖추어야, 비로소 믿는 마음이 있는 사람인 줄 알게 되는 것이다."

2 또 어느 날 밤, 부처님은 말씀하셨다.

"비구들이여, 세상에서 말하는 '부모도 모르고 자식도 모른다'는 경우가 셋이 있다. 첫째는 큰 불이 일어났을 때다. 무서운 불꽃 속에서, 어미는 자식을 돌볼 수 없고 자식은 어미를 도울 수 없다. 둘째는 큰물이 났을 때다. 거센 물결에 휩쓸려, 어미는 자식을 돌볼 수 없고 자식은 어미를 도울 수 없다. 셋째는 숲 속에서 도둑을 만났을 때다. 아무도 사람이 없을 때, 어미는 자식을 돌볼 수 없고 자식은 어미를 도울 수 없다. 비구들이여, 이것이 세상에서 말하는 '부모도 모르고 자식도 모른다'는 세 가지의 경우다.

비구들이여, 이 세 가지 경우에 있어서는, 그래도 때로는 모자母子가 서로 도울 기회가 있을 수 있다. 그러나 이 밖에, 참으로 모자가 제각기 갈리어, 어미는 자식을 모르고 자식은 어미를 모르는 세 가지의 경우가 있다. 그것은 곧 늙음의 두려움과 병의 두려움과 죽음의 두려움이 덮쳐온 때다. 아들이 늙어 가는 것을 보고 어머니가 '내가 아들 대신 늙었으면' 해도, 될 수 없는 일이다. 어머니가 늙어가는 것을 보고, 아들이 '어머니 대신 내가 늙겠다'고 해도 될 수 없는 일이다. 또 아들의 병을 보고 어머니가 '내가 대신 앓겠다'고 해도 될 수 없는 일이요, 어머니의 병을 보고 아들이 '내가 대신 앓겠다'고 해도 될 수 없는 일이다. 또 아들 죽는 것을 보고, 어머니가 '내가 죽고 아들이 살아났으면' 해도 돌릴 수 없는 일이요, 어머니 죽는 것을 보고 아들이 '내가 대신 죽고 어머니가 살아났으면' 해도 되지 않는 것이다. 이것이 실로 '부모도 모르고 자식도 모른다'는 것이다.

그러나 비구들이여, 앞의 세 가지 경우나 뒤의 세 가지나 이 여섯 가지 두려움을 벗어나는 길이 있다. 그것은 곧 팔정도다. 바른 소견 · 바른 생각 · 바른말 · 바른 행동 · 바른 생활 · 바른 노력 · 바른 관찰 · 바른 정이 그것이다.

비구들이여, 어떠한 두려움도 그것은 어리석음에서 일어나는 것이다. 또 어떠한 곤란이나, 어떠한 불행도 모두 어리석음에서 일어나는 것이다. 이를테면 짚으로 인 집도, 안팎으로 칠을 해서 바람을 막고, 창이나 문을 굳게 닫은 큰 다락집도, 집이란 집은 모두 다 불에 타는 것과 같이 어떠한 두려움도, 곤란도, 불행도 모두 어리석음에서 오는 것이다.

비구들이여, 그러므로 그러한 불행 따위는 모두 어리석은 이가 가질 것으로서, 지혜로운 이가 가지는 것이 아니다. 그러므로 너희들은 어리석은 이라 불리는 세 가지 법을 떠나 지혜로운 이라 불리는 세 가지 법을 얻도록 힘쓰지 않으면 안 된다. 비구들이여, 어리석은 이와 지혜로운 이는 그 행위를 보아 알 수 있는 것이다. 어리석은 이의 세 가지 법이란, 몸과 말과 뜻의 세 가지 악한 업이요, 지혜로운 이의 세 가지 법이란 몸과 말과 뜻의 세 가지 착한 업이다. 이 몸과 말과 뜻의 세 가지 악한 업은 어리석은 이의 모습이요, 그 세 가지 착한 업은 지혜로운 이의 모습이다.

비구들이여, 또 어리석은 이와 지혜로운 이의 세 가지 법이 있다. 어리석은 이의 세 가지 법이란, 죄를 죄인 줄 모르는 것과, 죄를 죄인 줄 알면서도 법다이 고치지 않는 것과, 남이 자기의 죄를 알려 주어도 그것을 법다이 받아들이지 않는 것이다. 또 지혜로운 이의 세 가지 법이란 죄를 죄인 줄 알고, 죄인 줄 알아 법다이 고치고, 자기의 죄를 알려 주는 남의 말을 법다이 받아들이는 것이다. 비구들이여, 어리석고 악한 사람은, 그 악한 세 가지 법으로써 자기의 덕을 뿌리째로 뽑아, 아는 이의 비난과 웃음을 받고, 자기의 부덕不德을 쌓는 것이다. 또 지혜로운 착한 사람은 그 세 가지 법으로써 자기의 덕을 지킬 뿐 아니라, 아는 이의 비난이나 웃음을 받는 일이 없이 스스로 많은 덕을 쌓는 것이다."

3 부처님은 교살라국을 두루 다니시다가 가비라성에 이르셨다. 석가족의 왕 마하야마는 이 소식을 듣고 부처님을 찾아뵈었다.

"마하야마여, 오늘 밤 잘 데를 성안에 정해 달라."

왕은 부처님의 말씀을 따라, 성안에 잘 곳을 찾아보았으나, 적당한 데가 없어, 다시 돌아와 부처님께 여쭈었다.

"부처님이시여, 성안에는 적당한 장소가 없습니다. 그러므로 부처님의 이전 제자였던 발란다가라마跋蘭陀迦羅摩의 집에서 하룻밤을 지내시면 어떻겠습니까?"

"그럼, 침대를 준비해 달라."

마하야마는 침대를 준비하고 발 씻을 물을 갖춘 뒤에, 부처님을 인도했다. 다음날 다시 인사를 갔더니, 부처님은 말씀하셨다.

"마하야마여, 세상에는 세 가지 스승이 있다. 첫째는, 욕심의 분별만을 가르치고, 물건의 분별, 감각의 분별은 가르치지 않는다. 둘째는, 욕심의 분별과 물건의 분별을 가르치고, 감각의 분별은 가르치지 않는다. 셋째는, 욕심의 분별과 물건의 분별과 감각의 분별을 모두 가르친다. 이 세 가지가 돌아가는 곳은 결국 하나인가 혹은 다른가?"

그때에, 마라(악마)는 '하나라고 대답하라'고 권하고, 부처님은 '다르다고 대답하라'고 말씀하셨다. 이렇게 세 번을 되풀이한 뒤에 마라는 생각했다. '부처님은 세 번이나 마하야마 앞에서 나를 비난하셨다. 이제는 이 가비라성을 떠나야 할 때다.' 그래서 그는, 그곳을 떠난 뒤 다시 돌아오지 않았다.

4 그리하여 부처님은, 잠깐 성밖에 있는 니구류수 숲에 계시고, 마하야마는 날마다 부처님을 찾아뵈었다. 어느 날 마하야마는 여쭈었다.

"부처님이시여, 지금 가비라성은 한창 번성하여, 사람과 말의 혼잡은 대단합니다. 그 때문에 저는 부처님과 스님들에게 공양을 드리고, 저녁 나절에 성으로 돌아갈 때는, 코끼리·말·수레·사람들을 비키느라고, 부처님과 법과 스님들에 대한 생각을 잊어버리는 수가 많습니다. 만일 그런 때에 죽는다면, 어디 가서 태어나겠습니까?"

"마하야마여, 걱정할 것 없다. 그대의 죽음은 불행이 아니다. 누구라도 그 마음을 항상 믿음과 계戒와 들음과 희사喜捨와 지혜에 매어 익혀 두면, 비록 그 몸은 부서지기 쉽고, 새나 소리개에게 휩싸여 있더라도 그 마음은 훌륭한 곳에 가 있는 것이다. 비유하면 버터나 기름이 든 병을 깊은 물속에서 부수면, 부서진 병 조각은 물밑에 가라앉지만 버터나 기름은 물 위로 뜨는 것과 같은 것이다. 그대는 보통 때의 마음을 믿음과 계와 들음과 희사와 지혜에 매어 익혀 두었기 때문에, 그대의 죽음은 결코 불행이 아니다. 부처와 법과 교단에 대해 굳건한 믿음을 가지고, 성인이 칭찬하는 계를 갖춘 사람은, 반드시 열반을 향해 열반으로 들어가는 것이다. 이것은 마치 동쪽으로 기울어진 나무를 베면 동쪽으로 넘어지는 것과 같은 것이다. 그대의 죽음은 언제 오더라도 결코 불행은 아니다."

5 어느 날 또, 마하야마는 부처님을 찾아뵈었다.

"부처님이시여, 어느 범위까지를 부처님의 신자라고 부릅니까?"

"마하야마여, 부처와 그 가르침과 교단에 귀의하는, 그 사람만이 불교의 신자다."

"부처님이시여, 믿는 이의 계와 믿음과 희사와 지혜를 갖춘다는 것은 어떤 범위를 말하는 것입니까?"

"마하야마여, 산목숨을 죽이지 않고, 남의 주지 않는 물건을 빼앗지 않으며, 남의 부인을 범하지 않고, 거짓을 말하지 않으며, 술을 마시지 않는 것, 이것이 신자의 계戒다. 여래의 보리(보오디 bodhi)를 믿는 것, 이것이 신자의 믿음이다. 탐하고 아끼는 마음을 떠나서 집에서 살고 남에게 주는 것을 기뻐하는 것, 이것이 신자의 희사다. 물질의 변천을 알고 번뇌를 멀리 떠날 줄을 알며 괴로움이 없는 곳으로 이르는 길을 아는 것, 이것이 신자의 지혜다."

6 부처님은 이 니구류수 숲에서 석 달 동안의 안거를 마치시고, 옷을 준비해 다시 여행의 길을 떠나시려 했다. 마하야마는 이 소식을 듣고, 부처님께 나와 여쭈었다.

"부처님이시여, 부처님께서는 이제 옷을 준비하시고 떠나려 하십니다. 부처님께서 일찍 말씀하신, 신도로서 병중에 있는 신자를 찾아 위안하는 법은 어떠합니까?"

"마하야마여, 신자로서 병중에 있는 친구를 찾았을 때, 네 가지 위안으로써 격려하지 않으면 안 된다. 곧, '벗이여, 당신은 부처와 법과 교단에 대해 굳건한 믿음을 가졌고, 성인이 칭찬하는 계를 지켰다. 이 네 가지는 당신의 위안이라'고, 이렇게 위문한 뒤에 다시 다음과 같이 말하지 않으면 안 된다. 곧 당신은 어버이에 대해서 애착을 느끼십니까? 하고 물어서, 만일 느낀다고 대답하거든, 애착을 느끼거나 느끼지 않거나, 죽지 않으면 안 되는 것이니, 어버이에 대한 애착을 버리는 것이 좋다고 말하라. 만일 어버이에 대한 애착을 느끼지 않는다고 대답하거든 다음에는 처자에 대한 애착을 느끼는가? 하고 물어보라. 만일 애착을 느낀다고 대답하거든 아무래도 죽지 않으면 안 되는 것이니, 그 애착을 버리라고 권하라. 또 만일 처자에 대한 애착을 떠났다고 대답하거든, 다음에는 인간의 오욕에 애착이 있는가? 하고 물어보라. 만일 애착이 있다고 대답하거든 인간의 오욕보다 천상의 즐거움이 더한 것이니, 인간의 애착을 떠나서 천상에 마음을 보내라고 권하라. 그래서 차차로 그 마음을 끌어올려, 범천의 세계도 오히려 무상無常을 면하지 못하는 것이니, 마음을 저 열반으로 보내라고 가르치지 않으면 안 된다. 만일 앓는 신자로서, 범천의 세계를 벗어나 마음을 열반으로 보내어 모든 번뇌를 떠난다면 비구와 무엇이 다를 것이 있겠는가?"

7 부처님은 가비라성을 떠나 구시나가라拘尸那揭羅에 이르러 바리파라나 숲에 머물러 계셨다. 하루는 비구들에게 말씀하셨다.

"비구들이여, 여기 마을이나 거리 가까이 비구들이 살면서 신도들의 초대를 받았을 때, 훌륭한 공양을 받고 기뻐해서 이런 초대를 언제나 받았으면 좋겠다고 마음으로 생각한다면, 그것은 음식에 집착하는 것이니, 불행에서 벗어날 길을 모르는 것이다. 여기서 탐욕과 성냄과 어리석음이 생기는 것이다. 이런 비구에게 베풀어진 보시는 그 비구가 방일하기 때문에 큰 갚음이 없다. 그러나 만일 비구가 초대를 받아 맛있는 공양을 먹고도, 그 음식에 집착이 없이, 거기서 생기는 불행을 볼 줄 알면, 그는 탐욕과 성냄과 어리석음을 떠난다. 이런 비구에게 베풀어진 보시는, 그 비구가 방일하지 않기 때문에, 큰 갚음이 있는 것이다.

8 비구들이여, 비구들이 서로 다투어, 혀의 칼로써 서로 찌르는 지방의 일을 생각하는 것은 불쾌한 일이다. 그러므로 그 지방으로 가고 싶은 생각은 일어나지 않는다. 그들 비구는 모두 탐욕과 성냄과 해침의, 이 세 가지 생각에 사로잡혀 있는 것이다. 이와 반대로, 비구들이 서로 친해서, 물과 젖처럼 화합해 있는 지방의 일을 생각하는 것은 유쾌한 일이다. 그러므로 그런 지방으로 가는 것은 더욱 좋은 일이다. 그들 비구는 탐욕과 성냄과 해침의 이 세 가지 생각을 버린 것이다.

9 비구들이여, 이 세상에서 드물게 볼 수 있는 사람이 셋이 있다. 그 한 사람은 여래요, 다른 한 사람은 여래의 법을 펴 전하는 사람이다. 그리고 마지막 한 사람은 은혜를 알아 감사할 줄 아는 사람이다.

10 비구들이여, 세상에는 또 세 가지 사람이 있다. 첫째는, 그 성질을 쉽게 알 수 있는 사람으로, 뽐내고 경솔하며, 떠들어 항상 침착하지 못한 사람이다. 둘째는, 그 성질을 알기 어려운 사람으로, 고요해서 겸손하고 조심성이 있어 말이 적으며, 육체의 욕심을 참는 사람이다. 셋째는, 그

성질을 알 수 없는 사람으로, 번뇌를 멸해서 다한 사람이다.

11 비구들이여, 세상에는 또 도를 부수는 세 가지 사람이 있다. 업의 길을 부수는 사람, 생활의 길을 부수는 사람, 바른 소견의 길을 부수는 사람이다. 업의 길을 부수는 사람이란, 산목숨을 죽이고, 남의 주지 않는 물건을 빼앗으며, 남의 부인을 범하고, 거짓과 욕설로 화합을 부수거나, 쓸데없는 말을 지껄이는 것이다. 생활의 길을 부수는 사람이란, 간악한 방법으로 생활하는 것이다. 바른 소견의 길을 부수는 사람이란, 보시도 일없다, 공양도 일없다, 착하고 악한 업의 갚음도 없다, 이 세계도 없고 다른 세계도 없다, 부모에 대한 효도도 일없고, 도를 이룬다는 수행도 일없다고, 그릇된 소견을 가지는 사람이다.

12 비구들이여, 항상 몸과 말과 뜻의 세 가지 업을 깨끗이 하기에 힘쓰지 않으면 안 된다. 몸의 업을 깨끗이 한다는 것은, 산목숨을 죽이지 않고, 남이 주지 않는 물건을 빼앗지 않으며, 남의 부인을 범하지 않는 것이다. 입의 업을 깨끗이 함이란, 거짓을 말하지 않고, 욕설을 지껄이지 않으며, 화합을 부수는 말을 삼가고, 쓸데없는 일을 말하지 않는 것이다. 뜻의 업을 깨끗이 함이란, 탐하지 않고 성내지 않으며, 그릇된 소견을 가지지 않는 것이다.

13 비구들이여, 또 비구들의 집단에 세 가지가 있다. 우두머리가 있는 집단과 제각기 흩어진 집단과 조화調和 있는 집단이다. 우두머리가 있는 집단이란, 그 집단의 윗자리의 비구가 사치를 삼가고, 학문을 게으르게 하지 않으며, 도를 위해 부지런히 힘쓰는 것이요, 또 그 밑의 비구들도 그것을 따르는 것이다. 제각기 흩어진 집단이란, 그 집단이 화합하지 않아, 혀의 칼로써 서로 해치는 것이다. 조화 있는 집단이란, 서로 친하고 화목해서, 젖과 물처럼 마음이 어울린 집단이다. 이 셋째의 집단은 여러 가지 덕을 낳는다. 그것은 부처와 같은 생활이다. 그들은 마음에 기쁨을 가지고 기쁨에 의해 복을 얻으며 복에 의해서 몸이 편안해진다. 비유하

면, 산 위에 큰비가 내리면, 그것이 흘러 웅덩이가 되고 개울이 되고 강이 되고, 드디어는 큰 바다를 채우는 것과 같은 것이다. 서로 화합함으로써 여러 가지 덕이 생기고 마음에 기쁨을 깨달아 고요한 정신으로 선정을 얻는 것이다.

14 비구들이여, 만일 임금의 말(馬)이, 아름다움과 힘과 빠름의 세 가지를 갖추어 있으면, 임금이 사랑하는 말이 되는 것처럼, 비구도 또한 이 세 가지 좋은 성질을 갖추어 있으면 세상의 존경을 받아 위없는 계를 지키고 착한 행실을 행하며, 육체의 욕심을 누르고, 작은 죄에도 두려움을 보며 행行을 닦기에 정진하게 되는 것이다. 둘째, 비구의 힘이란, 정진의 힘을 얻어 악을 버리고, 착한 일 행하기에 열심히 하는 것이다. 셋째, 비구의 빠름이란 이 세상의 괴로움을 실다이 알고, 괴로움의 원인을 실다이 알며, 괴로움이 없어진 깨달음을 실다이 알고, 괴로움을 없애는 길을 실다이 아는 것이다. 이 세 가지 좋은 성질을 가진 비구는 세상의 위없는 복밭이 된다.

15 비구들이여, 비유컨대, 임금의 군사로서 멀리서 번갯불처럼 빠르게 활을 쏘아 먼 저쪽에 있는 큰 물건을 용하게 맞추면, 그는 임금의 큰 호위병이 되는 것처럼, 비구도 이 세 가지 일을 능히 할 수 있으면, 세간의 공양을 받을 자격을 갖추어, 위없는 복밭이 될 것이다. 첫째, 비구가 멀리서 활을 쏜다는 것은, 모든 것에서 나 또는 내 것이라는 집착을 떠나, 실다이 바른 지혜를 가지는 것이다. 둘째, 비구가 번갯불처럼 빠르게 활을 쏜다는 것은, 세상의 괴로움을 실다이 알고, 괴로움의 원인을 실다이 알며, 괴로움이 없어진 깨달음을 실다이 알고, 괴로움을 없애는 길을 실다이 아는 것이다. 셋째, 비구가 큰 물건을 쏘아 맞춘다는 것은, 큰 무명無明의 어두움을 쳐부수는 것이다. 이 세 가지를 갖춘 비구는 세간에 위없는 복밭이 된다.

16 비구들이여, 탐욕이 어떤 것인가를 바르게 알라. 그래서 그것을 떠

나기 위해서는, 공空 · 무상無想 · 무원無願의 세 가지 선정을 닦지 않으면 안 된다. 또 성냄과 어리석음과, 그 밖에 모든 번뇌가 어떤 것임을 바르게 알라. 그래서 그것을 없애기 위해서도, 공 · 무상 · 무원의 세 가지 선정을 닦지 않으면 안 된다.

17 비구들이여, 부처가 세상에 나오거나 나오지 않거나, 모든 행行은 항상됨이 없다는 것은 변하지 않는다. 또 모든 행은 괴로움이다, 모든 법은 내가 없다는 것도 또한 그러한 것이다. 부처는 이 세상에 나와서 이 사실을 깨달아 이것을 분명히 모든 사람들 앞에 보인 것이다.

18 비구들이여 천(布) 가운데서도, 머리털로 짠 베천은 가장 하급품으로서, 추울 때는 차고 더울 때는 따스하며, 냄새는 추하고 살닿음도 거칠다. 이와 같이 모든 사문 가운데서도 맛카리고살라는 가장 하등 인물로서 '업도 없고 갚음도 없으며, 노력도 필요 없다'고, 악한 소견을 지껄이고 있다. 그러나 비구들이여, 과거의 여래도, 미래의 여래도 업을 말했고, 갚음을 말했고, 노력을 말했고, 또 말할 것이다. 현재의 여래인 나도, 이제 그렇게 말하고 있다. 그런데 어리석은 저 맛카리고살라는 삼세三世의 여래에 반대해서 업도 없고, 갚음도 없고, 노력도 필요 없다고 지껄이고 있다. 마치 강 어구에 쳐놓은 그물이, 많은 고기들의 불행과 고통과 멸망이 되는 것처럼, 저 맛카리고살라도 많은 사람들의 불행과 고통과 멸망이 되는 것이다."

19 부처님은 또 가비라성으로 돌아와 성밖에 있는 니구류수 동산에서 설법하셨다.

"비구들이여, 이름이 드러난 비구는 세 가지 법에 의해서, 많은 중생의 손해와 불행이 된다. 세 가지 법이란, 남으로 하여금 법에 맞지 않는 몸의 업, 법에 맞지 않은 말의 업, 법에 맞지 않는 뜻의 업을 행하게 하는 것이다. 비구들이여, 이름이 드러난 비구는 세 가지 법에 의해 많은 중생의 이익과 행복이 된다. 세 가지 법이란, 남으로 하여금 법에 맞는 몸의 업, 법에 맞는 말의 업, 법에 맞는 뜻의 업을 행하게 하는 것이다.

비구들이여, 관정灌頂을 받은 크샤트리아 족의 임금은, 한평생 세 가지 경우를 기억해 두지 않으면 안 된다. 그것은 자기가 난 곳과, 자기가 관정을 받아 임금이 된 곳과, 전장에 나가 큰 승리를 거둔 곳이다. 그와 같이 비구도 세 가지 장소를 기억해 두지 않으면 안 된다. 곧 수염과 머리를 깎고 가사를 입고 집을 떠나와 비구가 된 곳과, 이것은 고통, 이것은 고통의 원인, 이것은 고통이 없어진 것, 이것은 고통을 없애는 길이라고 실다이 안 곳과, 모든 번뇌를 없애서 번뇌가 없는 마음의 해탈, 지혜의 해탈을, 이 세상에서 스스로 깨달아 얻은 곳이다. 이것이 비구로서 한평생 기억해 두지 않으면 안 될 곳이다. 비구들이여, 세상에는 세 가지 인간이 있다. 희망이 없는 사람과 희망이 있는 사람과 희망을 초월한 사람이다. 희망이 없는 사람이란, 백정 · 사냥꾼 · 농장이 · 수레장이 · 쓰레기 치는 이와 같은 사람으로서 미천한 집에서 태어나, 집도 없고 밥도 없는 비참한 생활을 하는 사람, 그 위에 얼굴은 추하고, 몸은 병들고 또 불구자로서, 걸음도 잘 걷지 못하는 사람이 있다. 이런 사람은, 저 크샤트리아 족의 누구누구는 크샤트리아의 관정법灌頂法에 의해서 임금이 되었다는 말을 들어도, 자기도 언젠가는 관정을 받아 임금이 될 것이라고는 생각지 않는다. 이것이 희망 없는 사람이다. 또 희망이 있는 사람이란, 크샤트리아의 태자로서 열여섯 살이 되어, 관정을 받을 때가 되었을 때에 크샤트리아의 누구는 관정을 받았다는 말을 듣고 '나는 언제쯤 관정을 받을 것인가.' 하고 생각한다. 이것이 희망 있는 사람이다. 또 희망을 초월한 사람이란, 이미 관정을 받은 크샤트리아의 왕은 누구의 관정을 받았다는 말을 들어도, 별로 희망을 일으키지 않는다. 이것이 희망을 초월한 사람이다.

비구들이여, 꼭 이와 같이, 비구들에게도 희망이 없는 사람과, 희망이 있는 사람과, 희망을 초월한 사람의 세 가지가 있다. 희망이 없는 비구란, 계를 지키지 않고, 성질은 사나우며, 행실에는 신용이 없고, 죄악을 숨기며, 사문이 아니면서 사문으로 행세하고, 깨끗한 행자가 아니면서 행자로 꾸미며, 마음이 썩어 욕심이 가득한 자가 있다. 그는 어떤 비구가 번뇌를 없애 깨달음을 얻었다는 말을 들어도 '나는 언제나 번뇌를 없애고 깨달음을 얻을까?'라고도 생각하지 않는다. 이것이 희망이 없는 비구다. 희망 있는 비구란, 계를 지니고 착한 성질을 가진 비구로서, 어떤 비구는 번뇌를 없애고 깨달음을 얻었다는 말을 들으면, '나는 언제나 그렇게 될까?' 하고 생각한다. 이것이 희망이 있는 비구다. 또 희망을 초월한 비구란, 번뇌를 없애고 깨달음을 얻은 비구로서, 어떤 비구가 깨달음을 얻었다는 말을 들어도, '나는 언제나 깨달을까?'라고 생각하지 않는다. 왜냐하면, 그에게는 해탈하지 못한 자의 해탈하고 싶다는 소원이 없기 때문이다. 비구들이여, 이것이 세 가지 비구다."

20 "비구들이여, 법을 의지하는 바른 전륜왕도 왕을 의지하지 않고는 정치를 할 수 없는 것이다."

"부처님이시여, 그 법을 의지하는 바른 전륜왕의 왕이란, 누구를 말합니까?"

"비구들이여, 그것은 법이다. 법을 의지하는 바른 전륜왕은, 법을 힘입고 법을 공경하며, 법을 존중하고 법을 높이며, 법을 깃대로 하고 법을 깃발로 하며 법을 주主로 해서, 가까이는 일가친척과 백성들과, 멀리는 짐승에 이르기까지, 법다운 보호와 방위와 지지支持를 주는 것이다. 법을 의지해서만 정치를 하기 때문에, 그 정치의 바퀴는 어느 것에도 넘어지지 않는 것이다.

비구들이여, 꼭 그와 같이, 법을 의지하는 바른 법의 왕인 여래도, 법을 힘입고 법을 공경하며, 법을 높이고 법을 존중하며, 법을 깃대로 하고, 법을 깃발로 하며, 또 법을 주인으로 해서, 이러한 몸과 말과 뜻의 활동을 해서는 안 된다, 이러한 몸과 말과 뜻의 활동은 하지 않으면 안 된다고, 모든 것을 법다이 감싸 주고, 막아 주고 후원하는 것이다. 법을 의지해서만, 위없는 법바퀴를 굴리기 때문에, 그 법바퀴는 사문·바라문·악마·범천梵天, 그 밖의 어느 것에도 넘어지는 일이 없는 것이다. 비구들이여, 먼 옛날에 파체타나라는 임금이 있었다. 어느 날 임금은 수레장이를 불러 말했다.

'수레장이여, 지금부터 여섯 달 뒤에 전쟁을 하지 않으면 안 되겠는데, 너는 그때까지 두 바퀴 수레를 만들 수 있겠는가?'

수레장이는 임금의 명령을 받고, 수레를 만들기 시작했다. 그러나 여섯 달에서 엿새가 남은 날에, 겨우 바퀴 하나를 만들었다. 임금은 수레장이를 불러서 말했다.

'이제 기한이 엿새밖에 남지 않았는데, 수레는 되었는가?'

'겨우 외바퀴밖에 만들지 못했습니다.'

'그러면 또 한 바퀴는 이 엿새 동안에 되겠는가?'

'예, 물론 될 수 있습니다.'

수레장이는 엿새 동안에 다른 바퀴를 마저 만들어 임금에게 가져다 바쳤다. 임금은 두 바퀴를 비교해 보았지만, 오랜 날(日) 수가 걸려 만들어진 것과, 다음 엿새 동안에 만들어진 것을 구별할 수가 없었다. 그래서 수레장이는 임금에게 그 구별을 보여 드리기로 하고, 먼저 엿새 만에 된 바퀴를 돌렸다. 수레바퀴는 힘 있는 데까지 빙빙 돌다가, 힘이 다 되자 그만 땅바닥에 넘어졌다. 그러나 둘째 수레바퀴는 힘 있는 데까지 돌다가 힘이 다 되자, 나무 몽둥이라도 꿰어 놓은 듯, 꼿꼿이 서서 멈추었다. 수레장이는 설명했다.

'대왕이여, 엿새 만에 된 바퀴는, 바퀴살이나 바퀴 굴이 굽어져 있고, 나무에는 마디와 홈이 있고 뒤틀려 있습니다. 그러므로 그것은 힘이 다하면 이내 쓰러집니다. 그러나 다른 하나는 바퀴살도 바퀴 굴도 굽지 않고, 나무에는 마디도 흠도 없고 또 뒤틀리지도 않았습니다. 그러므로 돌

리는 힘이 다해도 쓰러지지 않고 서 있습니다.'

비구들이여, 수레장이가 나무의 마디와 흠과, 굽고 뒤틀린 것을 묘하게 다루는 것처럼, 여래는 몸과 말과 뜻의 세 가지 활동의 굽은 것, 뒤틀린 것을 묘하게 다룬다. 몸과 말과 뜻의 세 가지 활동에 굽고 뒤틀림이 있는 사람은, 여섯 날 만에 된 바퀴와 같이 법과 규율에서 넘어지고, 그 굽음과 뒤틀림이 없는 사람은, 다른 하나의 바퀴와 같이, 이 법과 규율에 굳건히 서 있는 것이다. 그러므로 너희들은, 몸과 말과 뜻의 이 세 가지 활동에 굽음과 흠과 마디와 뒤틀림이 없도록 힘쓰지 않으면 안 된다.

21 비구들이여, 비구로서 세 가지 법을 갖추면 번뇌를 없애는 참 길에 들어가고, 또 번뇌를 없애기에 힘쓰는 사람이라 불린다. 세 가지 법이란, 모든 감각의 문을 지키고, 음식의 분량을 알고, 잠을 막는 것이다. 모든 감각의 문을 지킨다는 것은 무엇인가? 눈으로 빛을 보아도 집착하지 않고, 귀로 소리를 들어도 집착하지 않으며, 코로 냄새를 맡아도 집착하지 않고, 혀로 맛을 맛보아도 집착하지 않으며, 몸으로 물건에 부딪쳐도 집착하지 않고, 마음으로 법을 알아도 집착하지 않는 것이다. 모든 감각의 문을 지키지 않으면, 탐욕과 슬픔과 착하지 않은 법이 일어나는 것이다.

음식의 분량을 안다는 것은 무엇인가? 비구가 바르게 생각해서, 음식을 먹는 것은 향락이나 욕심을 위한 것이 아니요, 이 몸을 길러 깨끗한 행行을 닦는 데 도움이 되게 하는 것이다. '나는 이것을 먹어, 먼저 주림을 없애고, 새로운 주림을 생기지 않게 하며, 죄악의 더러움이 없이 편안히 살자'고 생각하는 것이다. 잠을 막는다는 것은 무엇인가? 비구가 한낮에는 혹은 거닐고 혹은 앉아서, 다섯 가지 번뇌에서 마음을 맑게 하고, 초저녁에도 또한 그렇게 하며, 밤중이 되면 사자처럼 오른쪽으로 누워 다리를 포개고, 바른 마음과 바른 생각으로 일어나야 할 때를 생각하면서 자고, 첫새벽에 일어나거든 혹은 거닐고 혹은 앉아서, 오개五蓋의 법에서 마음을 맑게 한다. 이것이 잠을 막는 것이다.

22 비구들이여, 만일 다른 교敎의 사람이 너희들에게 '너희들은 부처님을 따라 하늘에 나기 위해서 행을 닦는가?'라고 묻는다면, 너희들은 그 물음을 불쾌하게 여기겠는가?"

"부처님이시여, 그렇습니다."

"비구들이여, 만일 너희들이 하늘의 목숨, 하늘의 얼굴, 하늘의 행복, 하늘의 영화를 가진다 해도, 오히려 꺼려 싫어한다면, 너희들은 그보다 먼저 너희들 자신의 몸과 말과 뜻의 세 가지 악한 활동을 꺼려 싫어하지 않으면 안 된다. 비구들이여, 세 가지 성질을 가진 상인은, 아직 얻지 못한 재산은 얻지 못하고, 이미 얻은 재산은 늘리지 못한다. 세 가지 성질이란 아침에도 게으르고, 낮에도 게으르고, 밤에도 게으른 것이다. 이와 같이 비구도 아침에도 닦지 않고, 낮에도 닦지 않고, 밤에도 닦지 않는다면, 아직 얻지 못한 공덕을 얻을 수 없을 것이요, 이미 얻은 공덕도 늘리지 못할 것이다. 비구들이여, 만일 장사치가 일을 볼 줄 아는 눈이 있고, 또 일을 열심히 해서 그를 보호하는 사람을 얻는다면, 그는 쉽게 큰 부자가 될 수 있을 것이다. 볼 줄 아는 눈이란, 그 장사치가 상품을 알고, 그 상품을 사는 법과 파는 법을 안다는 것이요, 일을 열심히 한다는 것은, 상품이 많은 지방에서 물건을 사서, 상품이 적은 지방에 가서 파는 것이다. 또 보호하는 사람을 만난다는 것은, 어떤 큰 자본가가, 이 사람은 보는 눈이 있고, 일을 열심히 하고, 처자를 기를 만한 활동이 있고, 이자를 낼 만한 힘이 있는 줄 알아, 돈을 대주는 것이다.

비구들이여, 이와 꼭 같이, 비구도 보는 눈이 있고, 일을 열심히 하고, 또 보호하는 사람을 얻는다면, 법에 있어서 아주 많은 진보를 얻을 것이다. 비구가 눈이 있다는 것은, 이것은 괴로움이다, 이것은 괴로움이 원인이다, 이것은 괴로움이 없어진 것이다, 이것은 그 괴로움을 없애는 길이라고 실다이 아는 것이다. 비구가 일에 열심이라는 것은, 착하지 않은 법을 버리고, 착한 법을 나게 하기 위해서 부지런히 힘쓰는 것이다. 비구가 보호자를 얻는다는 것은, 많이 배워서 경전에 익숙하고, 또 율에 통한 장로 비구에게 물어서, 덮였던 것을 나타내고 어두움을 밝히어, 법에 대한 의혹을 없게 하는 것이다. 이 세 가지 법을 얻으면, 그 비구는 오래지 않아, 법에 있어서 매우 큰 진보를 얻을 것이다."

23 부처님은 바라나로 가셔서, 사슴의 동산에 머물러 계셨다. 어느 날 아침, 거리에서 걸식하고 계실 때, 무화수無花樹 밑에서, 어떤 비구가 마음이 어지러워 정신을 잃고 있었다.

"비구여, 부정不淨에 네 자신을 더럽혀서는 안 된다. 부정의 집인 네 몸에 파리가 모여오지 않는가?"

비구는 부처님의 말씀에 기운을 떨어뜨리고 근심에 잠겨 있었다. 부처님은 사슴의 동산에 돌아와 여러 비구들에게 말씀하셨다.

"비구들이여, 내가 오늘 아침에 걸식하러 나갔더니, 어떤 비구가 마음이 어지러워 무화수 아래서 정신을 잃고 있었다. 그래서 나는 '비구여, 부정不淨에 너 자신을 더럽혀서는 안 된다'고 말했다. 비구들이여, 그 부정이란 탐욕을 말한 것이다. 부정의 집이란 성냄을 말한 것이요, 파리는 죄악과 착하지 못한 생각을 말한 것이다. 이 탐욕의 부정에 더럽혀지고, 성냄과 부정과 집集이 된 자에게, 죄악과 착하지 못한 파리가 모이지 않을 수가 없는 것이다."

24 부처님은 계속해서 기원정사에 머물러 계셨다. 어느 날, 사빗타와 마하카우스틸라가 사리불에게 나아가 법 이야기를 나누고자 할 때에 사리불은 말했다.

"세상에는 세 가지 사람이 있다. 몸소 체험한 사람, 지혜로써 통달한 사람, 믿음으로 해탈한 사람이 그것이다. 이 가운데 어느 것이 훌륭하다고 생각하는가?"

사빗타는 대답했다.

"나는 이 셋 중에서, 믿음으로 해탈한 이가 제일 훌륭하다고 생각합니다. 왜냐하면, 이 사람의 신앙은 가장 뛰어났기 때문입니다."

또 마하카우스틸라는 대답했다.

"나는 몸소 체험한 것이 제일 훌륭하다고 생각합니다. 왜냐하면, 이 사람의 선정은 가장 뛰어났기 때문입니다.

그리고 그들은 사리불에게 물었다.

"사리불이여, 존자는 이 셋 중에서 어느 것이 제일 훌륭하다고 생각하는가?"

사리불은 대답했다.

"나는 지혜로써 통달한 것이 제일 훌륭하다고 생각합니다. 왜냐하면, 이 사람의 지혜는 가장 뛰어났기 때문입니다."

그래서 그들은 의논했다.

"벗들이여, 우리는 다 제각기 자기 의견을 말했다. 이제 부처님에게 가서 이 사실을 여쭙고, 부처님의 가르치심을 듣지 않겠는가?"

그들은 모두 부처님께 나아가 이 사실을 여쭈었다.

"사리불이여, 이 세 가지 중에, 어느 것이 가장 훌륭하다고 잘라 말하기는 어려운 것이다. 왜냐하면, 다음과 같은 경우가 있기 때문이다. 믿음으로써 해탈한 사람이 아라한향阿羅漢向이나 아라한과阿羅漢果를 얻을 때에, 몸으로 체험하고 지혜로써 통달한 사람이 일래과一來果나 불환과不還果를 얻는 수도 있고, 몸으로 체험한 사람이 아라한향이나 아라한과에 들어갔을 때에, 지혜로써 통달하고 믿음으로 해탈한 사람이 일래과나 불환과를 얻는 수도 있다. 또 지혜로써 통달한 사람이 아라한향이나 아라한과에 들어갔을 때에, 몸으로 체험하고 믿음으로 해탈한 사람이 일래과나 불환과를 얻는 수도 있다. 그러므로 이 셋을 비교해, 어느 것이 훌륭하다고 잘라 말하기는 어려운 일이다."

25 부처님은 또 어느 날, 비구들에게 말씀하셨다.

"비구들이여, 세상의 병자를 세 가지로 나눌 수가 있다. 첫째는, 좋은 식물, 잘 듣는 약, 적당한 간호인을 얻었거나 못 얻었거나 간에, 회복할 수 없는 병자다. 둘째는, 좋은 식물, 잘 듣는 약, 적당한 간호인을 얻었거나 못 얻었거나 간에 회복할 수 있는 병자다. 셋째는, 좋은 식물, 잘 듣는 약, 적당한 간호인을 얻으면 회복되고 못 얻으면 회복되지 못하는 병자다. 비구들이여, 이 셋째의 병자가 있기 때문에, 첫째 병자나 둘째 병자도, 다 좋은 식물과 약과 간호를 얻을 수 있는 것이다.

이와 같이, 법에 있어서도 세 가지 사람이 있다. 첫째는, 여래를 만나거나 못 만나거나, 여래의 가르침을 받거나 안 받거나 간에 착한 법으로 나아갈 수 없는 사람이다. 둘째는, 여래를 만나거나 못 만나거나 여래의 가르침을 받거나 안 받거나 간에 착한 법으로 나아갈 수 있는 사람이다. 셋째는, 여래를 만나고 여래의 가르침을 받으면 도道로 나아가고, 여래를 만나지 못하고 여래의 가르침을 받지 못하면 도로 나아갈 수 없는 사람이다. 비구들이여, 이 셋째 사람이 있기 때문에, 첫째나 둘째 사람에 대해서도 법은 설해지는 것이다.

26 비구들이여, 또 세 가지 마음을 가진 사람이 있다. 첫째는 부스럼 같은 마음을 가진 사람, 둘째는 번개와 같은 마음을 가진 사람, 셋째는 금강金剛과 같은 마음을 가진 사람이다.

부스럼 같은 마음을 가진 사람이란, 성 잘 내고 실망 잘하고 초조한 마음을 가져, 마치 부스럼이 물건에 조금만 부딪치면 고름을 잘 내는 것과 같은 것이다. 번개와 같은 마음을 가진 사람이란, 이것은 괴로움이다, 이것은 괴로움의 원인이다, 이것은 괴로움이 없어진 것이다, 이것은 괴로움을 없애는 길이라고, 실다이 아는 사람으로서 마치 어둠 속에 번개가 치면, 그 빛으로써 물건 모양을 분명히 볼 수 있는 것과 같은 것이다. 금강과 같은 마음을 가진 사람이란, 번뇌를 없애 깨달음을 얻은 사람으로서, 마치 금강이 구슬이나 돌을 끊는 것과 같은 것이다. 이 세상에는 이런 세 가지 사람이 있다."

27 어느 때 아난이 부처님께 갔더니, 부처님은 말씀하셨다.

"아난아, 나는 몸과 말과 뜻의 세 가지에 악행이 있어서는 안 된다고 엄중히 말한다."

"부처님이시여, 만일 그 훈계를 범해서, 세 가지 악행을 행한다면 어떠한 갚음이 있겠습니까?"

"아난아, 세 가지 악행을 행한다면, 스스로 고통 받고, 남의 비난을 들으며, 나쁜 이름을 얻고, 어지러이 목숨을 마치며, 죽은 뒤에는 악한 세계에 들어갈 것이다. 이것이 그 갚음이다. 또 나는 몸과 말과 뜻 세 가지의 선행을 행하지 않으면 안 된다고 엄중히 말한다."

"부처님이시여, 그 세 가지 선행을 행하면 어떤 갚음이 있습니까?"

"스스로 고통을 받지 않고, 남의 칭찬을 들으며, 목숨을 마칠 때 마음이 고요하고, 죽은 뒤에는 좋은 세계에 난다. 이것이 그 갚음이다."

28 어느 때, 어떤 바라문이 부처님께 여쭈었다.

"부처님이여, 당신은 현세에 갚음이 있는 법을 말씀하시는데, 그것은 어떻게 직접적인 결과가 있으며, 또 그것이 열반으로 이끄는 것을, 어떻게 어진 사람들은 알 수 있는 것입니까?"

"바라문이여, 탐욕에 불타고, 성냄에 쓰러지며, 어리석음에 사로잡힌 마음은, 자기를 해치고 남을 해치려고 생각해서, 그 마음속에는 고통과 걱정을 깨닫는 것이다. 만일 탐욕과 성냄과 어리석음을 떠나면, 자기나 남을 해치려는 생각이 없어, 그 마음속에는 고통도 걱정도 깨닫지 않는다. 바라문이여, 이 법은 이와 같이 현세에 있어서 갚음이 있는 법이다. 또 그것을 떠난 마음이 사람을 열반으로 이끈다는 것을, 어진 이로서는 누구나 다 알 수 있는 것이다."

29 부처님은 사위성 남쪽으로 내려가 교상미를 향해 떠나셨다. 그 도중에 아라비의 신사파 숲으로 들어가, 나뭇잎을 깔아 잠자리를 만드셨다. 아라비 사람 팟타카는 숲 속을 거닐다가 부처님을 보고 여쭈었다.

"부처님이시여, 어젯밤에는 편안히 주무셨습니까?"

"잘 잤다. 나는 이 세상에서 기분 좋게 잠자는 한 사람이다."

"부처님이시여, 겨울밤은 춥습니다. 이 이二 월 마지막의 나흘과, 삼三 월 처음의 나흘, 이 여드레 동안은 서리가 내려, 대지는 소가 밟아 다진 듯 단단하게 됩니다. 거기에 또 나뭇잎 깔개는 엷고, 옷은 얇으며, 찬바람에 나뭇잎은 떨고 있습니다. 그런데, 부처님께서는 기분 좋게 주무시며, 또 나는 이 세상에서 기분 좋게 잠자는 한 사람이라 하시니, 무슨 까닭입니까?"

"장자여, 그대는 어떻게 생각하는가? 여기 큰 부호의 저택이 있다 하자. 그 방은 안팎으로 단단히 바르고 또 창은 굳게 닫아, 바람 들 틈이라고는 없다. 그 안에는 침대가 있어, 긴 털이 푹신푹신한 이불을 걸쳤고, 보드라운 염소 털의 요를 깔았으며, 위에는 양산이 드리워 있고, 양쪽에는 붉은 베개를 두었다. 등불은 아늑하게 비치고 네 사람의 처첩은 주인을 위해 시중을 들고 있다. 장자여, 그대는 어떻게 생각하는가? 그 사람은 기분 좋게 잘 수 있을까?"

"부처님이시여, 그 사람은 즐겁게 자리라고 생각합니다."

"장자여, 잘 생각해서 대답하는 것이 좋다. 그 주인은 몸과 마음에, 탐욕에서 생기는 더운 기운을 느낄 것이니, 그 때문에 괴로운 잠을 자게 되지 않겠는가?"

"부처님이시여, 그렇겠습니다."

"장자여, 그 주인이 괴로워하는 더운 기운의 근본인 탐욕을 나는 이미 떠나, 뿌리째 뽑아서, 다시는 일어나지 못하게 했다. 그래서 나는 즐겁게 자는 것이다. 또 장자여, 큰 저택에 사는 그 주인은 성냄과 어리석음에서 생기는 더운 기운을, 몸과 마음으로 느낄 것이니, 그래도 괴로운 잠이 되지 않겠는가?"

"부처님이시여, 그러할 것입니다."

"장자여, 그 주인이 괴로워하는, 더운 기운의 근본인 성냄과 어리석음을 나는 완전히 버려 뿌리째 뽑아, 다시는 일어나지 못하게 했다. 그래서 나는 즐겁게 자는 것이다.

욕심의 더러움과 번민 없으면, 편안히 즐겁게 잠잘 수 있다.

모든 소원과 두려움 없으면, 편안히 즐겁게 잠잘 수 있다.

30 부처님은 많은 비구들을 거느리시고, 교상미로 들어가셨다. 아난도 부처님을 모시고 구사다瞿師多 동산에 있었다. 어느 날, 나형외도의 재가在家 제자가 찾아왔다.

"존자여, 누구의 가르침이 가장 좋겠습니까? 이 세상에서 가장 좋은 생활을 하는 사람은 누구이겠습니까? 누가 가장 행복하겠습니까?"

"장자여, 그러면 내가 하나 물으리니, 그대 생각대로 대답하는 것이 좋겠다. 그대는 어떻게 생각하는가? 만일 탐욕과 성냄과 어리석음을 버리기 위해 법을 설하는 사람이 있다면, 그 사람의 가르침은 좋은 것이 아니겠는가?"

"존자여, 그것은 그렇습니다."

"장자여, 또 탐욕과 성냄과 어리석음을 버리기 위해서 생활하는 사람이 있다면, 그 사람은 좋은 사람이 아니겠는가?"

"존자여, 그것도 그렇습니다."

"장자여, 또 탐욕과 성냄과 어리석음이 완전히 버려져, 마치 속 줄기가 끊긴 다라 나무와 같이, 다시 나지 않도록 한 사람이 있다면, 그 사람은 이 세상에서 행복한 사람이 아니겠는가?"

"존자여, 그것도 그렇습니다. 당신은 실로 좋은 법을 설했습니다. 당신은 자기의 법을 자랑하지 않고, 남의 법을 헐지 않고서 법을 설했습니다. 또 스스로 그 덕이 있다고 떠들지도 않고서 그 뜻을 잘 밝혔습니다. 당신은 탐욕과 성냄과 어리석음을 버리게 하기 위해서 법을 설했습니다. 당신에 의해서 법은 잘 설해졌습니다.

존자여, 당신은 탐욕과 성냄과 어리석음을 버리기 위해서 생활했습니다. 당신은 잘 생활하신 분입니다. 존자여, 당신의 탐욕과 성냄과 어리석음은 모두 버려졌습니다. 마치 속 줄기가 끊긴 다라 나무가 다시 나지 못하는 것처럼, 뿌리째 끊어졌습니다. 당신은 이 세상의 행복한 사람입니다. 존자여, 참으로 훌륭하게 말씀하셨습니다."

제5절 네 가지 교훈

1 부처님은 왕사성으로 돌아와 대숲절에 계셨다. 어느 날, 마가다 국의 대신大臣 우행雨行은 부처님을 찾아뵙고 여쭈었다.

"부처님이시여, 우리는 네 가지 성질을 가진 사람을 큰 지혜 있는 사람, 위대한 사람이라 부릅니다. 곧, 첫째는 많이 아는 사람으로서, 들은 말의 뜻을 잘 알아 분별할 줄 아는 것, 둘째는 기억이 바른 사람으로서, 먼 옛날에 행한 일, 말한 일을 잘 기억하는 것, 셋째는 살림살이나 그 밖에 하지 않으면 안 될 일을 잘 처리하고 게으르지 않는 것, 넷째는 수단과 방법을 잘 생각해 내는 것입니다. 저는 이 네 가지 성질을 가진 사람을 큰 지혜로운 사람, 위대한 사람이라 생각하는데, 부처님 생각은 어떠하십니까?"

"바라문이여, 나는 네가 한 말에, 찬성도 반대도 하지 않는다. 나도 네 가지 성질을 갖춘 사람을 큰 지혜로운 사람, 위대한 사람이라 부른다. 네 가지 성질이란, 첫째는 많은 사람의 이익과 행복을 꾀하고, 많은 사람을 신성한 도道에 서게 하는 것, 둘째는 생각해야 할 것을 생각하고, 생각하지 않아야 할 것은 생각하지 않는 것, 셋째는 생각하는 일에 있어서, 마음을 순진하게 가지는 것, 넷째는 수월하게 사선四禪에 들어가서, 현재에 그 정定의 맛을 얻고, 번뇌를 없애 해탈하는 것이다. 이 네 가지 성질을 갖춘 사람을, 나는 큰 지혜로운 사람, 위대한 사람이라 부른다."

"부처님이시여, 진실로 훌륭한 말씀입니다. 저는 부처님을, 그 네 가지 성질을 갖춘 사람이라 보았습니다."

"바라문이여, 너는 나를 조롱해 말하는 것처럼 보인다. 그러나 나는 말한다. 나야말로, 많은 사람의 이익과 행복을 꾀하고, 많은 사람을 신성한 길에 서게 하는 사람이다. 생각해야 할 것을 생각하고, 생각해서는 안 될 것은 생각하지 않는다. 생각하는 일에 있어서는 마음을 순직하게 다룬다. 수월하게 사선에 들어가서, 현재에 그 정의 맛을 얻고, 번뇌를 없애 해탈한 사람이다."

2 어느 날 또 우행 대신은 대숲절로 부처님을 찾아와 여쭈었다.

"부처님이시여, 저는 이렇게 생각하고 있습니다. 무엇이나 본 것은 보았다 하고, 들은 것은 들었다 하며, 생각한 것은 생각했다고, 안 것은 알았다고 말하는 것은 아무 죄가 아니라고."

"바라문이여, 나는 본 것은 모두 말해야 한다고는 말하지 않는다. 또 본 것은 모두 말해서는 안 된다고도 말하지 않는다. 또 들은 것, 생각한 것, 안 것에 대해서도 모두 말하지 않으면 안 된다고도 말하지 않고, 모두 말해서는 안 된다고도 말하지 않는다. 바라문이여, 말함으로써 만일 악한 일이 더하고 착한 일이 없어진다면, 본 것이라도 말해서는 안 될 것이다. 또 말함으로써 악한 일이 없어지고 착한 일이 더해 간다면, 그것은 말하지 않으면 안 될 것이다. 들은 것, 생각한 것, 안 것에 대해서도 꼭 같이, 말함으로써 악한 일이 더하고, 착한 일이 줄어진다면, 그것은 말해서 안 될 것이다. 만일 말함으로써 악한 일이 줄어들고 착한 일이 더해 간다면, 그것은 말하지 않으면 안 될 것이다."

우행 대신은 부처님의 말을 듣고, 기뻐하면서 집으로 돌아갔다.

3 또 어느 날, 우행 대신은 부처님께 와서 여쭈었다.

"부처님이시여, 악한 사람은 악한 사람을 알 수 있겠습니까?"

"바라문이여, 악한 사람은 악한 사람을 알 턱이 없다."

"부처님이시여, 악한 사람은 착한 사람을 알 수 있겠습니까?"

"악한 사람은 착한 사람을 알 턱이 없다."

"부처님이시여, 그러면 착한 사람은 착한 사람을 알 수 있겠습니까?"

"바라문이여, 착한 사람은 착한 사람을 알 수 있다."

"부처님이시여, 참으로 훌륭한 말씀입니다. 그 말씀과 같이, 악한 사람은 악한 사람도 착한 사람도 알 수 없지만, 착한 사람은 착한 사람도 악한 사람도 알 수 있는 것입니다. 어느 때에, 토데야 바라문에 딸려 있는 사람들이, 남의 일을 다음과 같이 꾸짖은 적이 있습니다. 곧 '이 베레스야 왕은 사문 라마붓타를 매우 존경하고 믿어, 예배하고 꿇어앉아 합장하고 있는데, 그것은 어리석은 일이다. 또 왕을 가까이 모시는 야마카, 목건련, 욱가들 여섯 사람들도, 라마붓타를 존경하고 믿어, 예배하고 꿇어앉아, 합장하고 있지만, 그것도 어리석은 일이다'라고.

그때, 토데야 바라문은 그들에게 말했습니다.

'그대들은 어떻게 생각하는가? 베레스야 왕은 하지 않으면 안 될 것과, 말하지 않으면 안 될 것을, 충분히 알고 있는 지혜로운 사람이라 할 수 있을까?'

'그렇습니다. 그 왕은 지혜로운 사람입니다.'

'사문 라마붓타는, 하지 않으면 안 될 것과, 말하지 않으면 안 될 일에 대해서는, 저 베레스야 왕보다도 지혜롭고 의리를 아는 사람이다. 그러므로 그 왕은 그를 존경하고 믿어, 예배하고 꿇어앉아 합장하는 것이다. 또 왕을 가까이 모시는 야마카·목건련 들 여섯 사람들도 그를 매우 존경하고 믿는 것이다.'

부처님이시여, 이와 같이, 토데야는 자기의 선량한 성질로써, 베레스야 왕과, 그 왕을 가까이 모시는 사람과 사문 라마붓타를 칭찬했습니다. 부처님 말과 같이, 악한 사람은 악한 사람도 착한 사람도 알 수 없지만,

착한 사람은 착한 사람도 악한 사람도 죄다 알 수 있는 것입니다."

우행 대신은 그날도 부처님의 가르침을 기뻐하면서, 나라 일이 바빠, 곧 그곳을 떠났다.

4 어느 날, 바사닉왕이 부처님을 찾았을 때, 부처님은 말씀하셨다.

"대왕이여, 이 세상에는 네 가지 사람이 있다. 그것은 어둠에서 어둠으로 들어가는 사람과, 어둠에서 밝음으로 들어가는 사람과, 밝음에서 어둠으로 들어가는 사람과, 밝음에서 밝음으로 들어가는 사람이다. 어둠에서 어둠으로 들어가는 사람이란, 백정 집에나, 농장이 집에나, 사냥꾼 집에나, 수레장이 집에나, 쓰레기 치는 이 집과 같은, 천한 집에 태어나서, 구차한 생활로 그날그날의 생명을 이어갈 뿐 아니라, 얼굴은 추하고 꽃치레나 화장품이나 등불 따위는 도저히 얻어 볼 수 없는 형편이다. 이런 경우에 있으면서, 몸과 말과 뜻으로 악한 업을 지어, 죽은 뒤에는 지옥으로 들어가는 것이다. 그러므로 이 사람은 마치, 어둠에서 어둠으로 들어가고, 밤에서 밤으로 헤매며, 피투성이에서 피투성이로 드는 것과 같은 것이다. 대왕이여, 이것이 어둠에서 어둠으로 드는 사람이다.

다음에 어둠에서 밝음으로 드는 사람이란, 앞에서 말한 미천한 집에 태어나, 구차하고 병신으로 비참한 생활을 하면서도, 몸과 말과 뜻으로는 착한 일을 행해서, 그 갚음으로 죽은 뒤에는 하늘에 나는 사람이다. 이 사람은 마치, 땅바닥에 앉았다가 다음에는 말을 타고, 코끼리를 타고, 마지막에는 높은 다락집에 오르는 것과 같은 것이다.

다음에 밝음에서 어둠으로 들어가는 사람이란, 큰 부호富豪의 바라문이나 크샤트리아나 장자長者의 집에 태어나, 얼굴도 아름답고 의식이나 좌구·꽃치레·향료 따위를 마음대로 쓸 수 있는 사람이다. 그러나 이런 훌륭한 환경에 있으면서도, 몸과 말과 뜻으로 악한 일을 행하여, 그 갚음으로 죽은 뒤에는 지옥에 떨어진다. 이 사람은 마치, 높은 다락에서 내려와 코끼리를 타다가 말을 타고, 말 등에서 내려 땅바닥에 앉고, 땅바닥에서 다시 땅 속으로 들어가는 것과 같다. 대왕이여, 이것이 밝음에서 어둠으로 드는 사람이다.

끝으로 밝음에서 밝음으로 드는 사람이란, 앞에서 말한 좋은 가정에 태어나 무엇이나 마음대로 할 수 있는 경우에 있으면서, 또 몸과 말과 뜻으로 착한 일을 행해, 그 갚음으로 죽은 뒤에도 천상에 태어난다. 이 사람은 마치 가마에서 가마로 옮기고, 말 등에서 말 등으로 옮기며, 코끼리 등에서 코끼리 등으로 옮기고, 다락집에서 다락집으로 옮기는 것과 같은 것이다. 대왕이여, 이것이 밝음에서 밝음으로 드는 사람이다. 이 네 가지의 사람이 이 세상에 있다."

5 어느 날 바사닉왕은 부처님을 찾아뵙고 한쪽에 앉았다. 부처님은 말씀하셨다.

"대왕이여, 한낮에 어떻게 한가로이 이곳을 찾게 되었는가?"

"부처님, 저는 나라 일에 분망한 몸입니다. 크샤트리아의 집안에 태어나서 태자로 관정되어 왕이 되었으며, 권세를 싸안고 오욕 가운데 있으면서 왕국의 평화를 보존하고 넓은 영토를 다스리기란 쉬운 일이 아닌가 합니다."

"대왕이여, 이제 신용할 만한 사람이 동방으로부터 와서 왕에게 이르기를 '대왕이여, 나는 동방으로부터 왔습니다. 하늘에 닿을 듯 큰 산이 모든 생물을 막 눌러 없애면서 핍박해 들어옵니다. 어떻게 하면 좋겠습니까?' 이렇게 서쪽에서 오는 사람도, 남쪽에서 오는 사람도, 북쪽에서 오는 사람도 똑같이 알리면서 '무엇인가 적당한 조치를 취해주시면 좋겠습니다'라고 말한다. 대왕이여! 이러한 무서운 일이 일어난다면, 이 몸은 다시 살 길이 없으니 대왕은 어찌 할 것인가?"

"부처님이시여, 이 같은 무서운 일이 일어난다면 이 몸은 다시 구제할 방법이 없습니다. 그저 바른 법에 따라 선을 행하고, 공덕을 쌓는 일 밖에는 다른 도리가 없다고 생각합니다."

"대왕이여, 우리 사람에게는 누구나 나고 늙고 병들고 죽는다는 네 가지 산이 항상 우리 주위에서 밀려들어 오고 있노라. 이런 경우에는 어찌 하려는가?"

"그런 경우에도 바른 법에 따라 착한 일을 행하고, 공덕을 쌓는 수밖에는 다른 도리가 없습니다. 부처님이시여, 왕자의 위세로서도 늙고 병들고 죽음이란 어찌 할 수 없는 것입니다. 또 왕가엔 주술사가 있어서 습격해 오는 적군을 물리치는 일이 있습니다만 핍박해 오는 늙고 죽음에는 막아낼 주술이 없습니다. 그러나 다만 바른 법에 따라 선을 행하고 공덕을 쌓을 수밖에 없다고 생각합니다."

"대왕이여, 대왕의 말이 매우 옳도다. 바른 법을 아는 사람의 말이로다. 그러나 더 나아가 보면 여래의 가르침은 네 가지 진리(四諦法)를 바로 알고 깨끗한 행을 쌓아, 나고 죽음의 번뇌를 끊고 길이 생사에서 초월하는 열반의 저 언덕에 이르는데 있는 것이다. 대왕이여, 대왕에게도 네 산이 핍박해 오고 있으니, 그것을 피하는 길을 찾도록 힘씀이 좋으리라."

부처님께서 이렇게 설교하시니, 왕은 기뻐 날뛰는 듯이 하며 궁중으로 돌아갔다.

6 부처님은 사위성을 떠나 석가족의 나라에 들어가 차투마 마을의 '아마라키 숲에 머물러 계셨다. 그때에 사리불과 목건련은 약 오백 비구를 거느리고 부처님을 뵈러 그 마을에 왔다. 새로운 비구와 본래 있던 비구들은 서로 인사를 나눈 뒤 좌구와 의발을 정리하느라고 모두 떠들썩했다. 부처님은 아난을 불러, 무엇 때문에 고깃배가 들어온 것처럼 시끄러우냐고 물어 아난에게서 그 까닭을 들어 알고, 비구들을 불러서 물었다. 비구들은 부처님의 물음에 자기들의 떠든 까닭을 여쭈었다. 부처님은 말씀하셨다.

"비구들이여, 물러가라. 나는 너희들을 가까이하지 않으리라."

"부처님이시여, 황송하나이다."

비구들은 자리에서 일어나, 부처님께 절하고 오른쪽으로 돌러, 옷과 바리때를 가지고 그 자리를 떠났다.

그때, 차투마 마을의 석가족 사람들은 회의가 있어 공회당에 모여 있다가 비구들이 멀리서 오는 것을 보고 그 까닭을 물어 알았다. 그래서 잠깐 그들을 기다리게 하고는, 부처님께 나아가 사과를 드렸다.

"부처님이시여, 저 비구들을 용서하소서. 이전에 부처님이 승단을 보호하신 것처럼 지금도 승단을 보호해 주소서. 이 승단 가운데는 우리 교단에 들어온 지 얼마 되지 않은 자도 있습니다. 그들로서 만일 부처님을 뵈올 수가 없다면 그 중에는 혹 마음이 변해 물러설 자가 있을지도 모릅니다. 마치 어린 종자가 물을 얻지 못해 마르는 것처럼, 또 어린 송아지가 어미를 보지 못해 마르는 것처럼, 또 어린 송아지가 어미를 보지 못해 여위어 가는 것처럼 저들도 부처님을 뵙지 못해 물러설지도 모르는 것입니다. 그러므로 부처님이시여, 저들 승단을 보호해 주소서. 이전처럼 보호해 주소서."

이래서 부처님의 용서를 얻어 목건련은 다시 대중을 이끌고 부처님께 나와 절하고 곁에 앉았다. 부처님은 사리불에게 말씀하셨다

"사리불아, 너는 내가 비구들을 물리친 때에, 어떻게 생각했는가?"

"부처님이시여, 그때 저는 이렇게 생각했습니다. '부처님은 비구들을 물리치셨다. 부처님은 지금, 일이 없는 것을 기뻐하시면서 온전히 정定의 즐거움에 드실 것이다. 우리도 이제 고요한 것을 즐겨 온전히 정의 즐거움에 들자'고 생각했습니다."

"그만두어라. 사리불이여, 너는 두 번 다시 그런 생각을 가져서는 아니 된다."

부처님은 다시 목건련에게 물으셨다.

"목건련아, 너는 어떻게 생각했는가?"

"부처님이시여, 저는 이렇게 생각했습니다. 부처님은 비구들을 물리

치셨다. 부처님은 이제 일 없는 것을 기뻐하시면서, 정定의 즐거움에 온전히 드실 것이다. 나는 이제 부처님을 대신해서 사리불과 함께 비구들을 거느리게 될 것이라고 생각했습니다."

"착하다. 목건련이여, 비구들을 거느리는 것은 내가 아니면 사리불이나 너다."

부처님은 비구들을 부르셨다.

"비구들이여, 바다로 나가는 사람은 네 가지 두려움을 가지지 않으면 안 된다. 그것은 거센 물결과 악어와 소용돌이와 스스카 고기의 두려움이다. 비구들로서 우리 교敎에 들어오는 사람도 또한 네 가지 두려움을 겪지 않으면 안 된다.

비구들이여, 물결의 두려움이란 무엇인가? 여기 백성의 아들로서 믿음을 내어 집을 떠나와, 이렇게 생각한다. '나는 삶과 늙음과 병과 죽음과 근심과 슬픔과 고통과 번민에 잠겨 온갖 번뇌에 정복되어 있다. 나는 여러 사람들에게 이 괴로움을 벗어날 방법을 듣지 않으면 안 된다'고. 그런데 그 벗들이 가르치는 것은 '가기는 이렇게 가지 않으면 안 된다, 돌아오기는 이렇게 하지 않으면 안 된다, 이렇게 건너다보지 않으면 안 된다, 이렇게 바라보지 않으면 안 된다, 팔을 펴고 오그리기는 이렇게 하지 않으면 안 된다, 옷은 이렇게 입지 않으면 안 된다'는 것이다. 그래서 그는 이렇게 생각한다. '나도 이전에 집에 있을 때에는 남을 가르쳤다. 그런데, 이제 아들이나 손자 같은 사람에게 가르침을 받지 않으면 안 된다는 것은 부끄러운 일이다'라고. 그래서 화를 내어, 그 가르침을 버리고 집으로 돌아온다. 비구들이여, 물결의 두려움이란, 이 성냄과 절망을 말하는 것이다. 악어의 두려움이란 무엇인가? 이것도 또한, 집을 떠나온 그가 배움의 벗들에게 가르침을 듣는다. '이것은 먹지 않으면 안 된다, 그것은 먹어서는 안 된다, 이것은 마시지 않으면 안 된다, 이것은 마셔서는 안 된다'고. 이것을 듣고 그는 생각한다. '나는 집에 있을 때에는, 먹고 싶은 것은 먹고 마시고 싶은 것은 마셨다. 내게 있어서는, 음식이 적당하다거나 적당하지 않다거나, 또 먹을 때라거나 때가 아니라거나 하는 일이 없었다. 그런데 이제는 신심信心 있는 속인들이 아무리 맛난 음식을 보내 주어도, 때가 아니면 내 입은 열리지 않는다. 참으로 답답한 일이다'라고. 그래서 그는 가르침을 버리고 집으로 돌아온다. 비구들이여, 이것이 악어의 두려움으로서, 음식의 시달림을 말하는 것이다.

비구들이여, 소용돌이의 두려움이란 무엇인가? 그는 비구로서 집을 떠나와, 이른 아침에 옷을 입고 바리때를 들고 걸식을 나간다. 그러나 그는 몸과 말과 뜻을 지키지 않고, 바른 생각에 머물지 않으며, 모든 감각을 제어하지 않으면서, 마을이나 거리로 걸식을 다닌다. 그는 거기서 오욕에 싸여 즐기는 속인들을 보고는, 이렇게 생각한다. '나도 전에 집에 있을 때에는 저렇게 즐거움을 누리고 살았다. 우리 집은 부자이니까, 즐거움을 누리면서 공덕을 쌓을 수 있다'고. 그는 드디어 가르침을 버리고 집으로 돌아온다. 비구들이여, 이것이 소용돌이의 두려움으로서, 오욕을 말하는 것이다.

비구들이여, 스스카 고기의 두려움이란 무엇인가? 그는 집을 떠나와 걸식하는 도중에, 어지럽게 옷을 입은 부인을 보고, 탐욕에 마음이 사로잡혀, 그만 가르침을 버리고 집으로 돌아온다. 비구들이여, 이것이 스스카의 두려움으로서, 곧 부인을 말하는 것이다. 비구들이여, 우리 교에 들어온 사람에게는 이 네 가지 두려움이 기다리고 있는 것이다."

제6절 다섯 가지 교훈

1 바사닉왕은 늘그막의 어느 날, 기원정사로 부처님을 찾아뵙고, 그 가르침을 듣고 있을 때, 뜻밖에 말리 부인이 죽었다는 기별이 왔다. 왕은

지난 날의 모든 일을 추억하면서, 이 슬픈 기별에 맥이 빠져 어깨는 늘어지고 머리를 떨어뜨린 채 하염없이 앉아 있었다. 부처님은 인간으로서 피할 수 없는 다음의 다섯 가지를 들어 설명하시면서, 마음껏 왕을 위로하셨다.

"왕이여, 사문이나 바라문이나, 모든 하늘이나 악마나, 범천이나 그 밖에 어느 세계에 있어서도 피할 수 없는 것이 다섯이 있다. 그것은 곧 늙음과 병과 죽음과 다함과 없어짐이다. 이 다섯 가지는 아무라도 면할 수 없는 것이다.

왕이여, 지혜가 모자라는 범부들은, 그 늙어야 할 것이 늙고, 병들어야 할 것이 병들며, 죽어야 할 것이 죽고, 다해야 할 것이 다하며, 없어져야 할 것이 없어질 때면, 부질없이 슬피 울면서 정신을 잃는다. 그러나 지혜로운 부처의 제자는, 이런 경우에는 다음과 같이 생각한다. 즉 '이들 늙음과 병과 죽음 따위는 내게만 오는 것이 아니다. 중생의 나고 죽음이 있는 한에는 모든 중생의 위에 오는 것이다. 만일 내가 실없이 슬퍼해 울며 허둥댄다면, 밥맛은 떨어지고 몸은 약해져, 할 일은 하지 못하고, 악마는 기뻐하고 친한 이는 슬퍼할 것이다.' 이렇게 생각해 실없는 슬픔을 그칠 것이다. 범부들은 독화살에 맞아 스스로 괴로워하지만, 부처의 제자는 그 화살을 피해 걱정이 없이, 스스로 고요하고 편안한 지경에 들어가는 것이다."

2 부처님은 비구들에게 말씀하셨다.

"비구들이여, 유학有學의 비구에게는 다섯 가지의 힘이 갖추어져 있다. 곧 믿음과, 마음속의 부끄러움과, 남에 대한 부끄러움과, 꾸준한 노력과, 지혜가 그것이다. 비구들이여, 이 다섯 가지의 힘을 갖추기 위하여 힘쓰지 않으면 안 된다."

3 "비구들이여, 비구에게 또 다섯 가지의 법이 있어, 그것으로 말미암아, 이 세상에서는 괴로워하고 다음 세상에서는 악한 세계에 떨어지지

않으면 안 된다. 다섯 가지 법이란, 믿지 않음과, 안으로 부끄럼이 없는 것과, 밖으로 부끄럼이 없는 것과, 게으름과, 어리석음이 그것이다.

비구들이여, 비구나 비구니로서, 가사를 버리고 세속으로 돌아가면, 그는 다섯 가지의 비방을 받는다. 곧 '너는 착한 법에 대해서 믿음이 없었다, 안으로 부끄러워하는 마음이 없었다, 밖으로도 부끄러워하는 마음이 없었다, 정진이 없었다, 지혜가 없었다'는 비방이 그것이다.

비구들이여, 비구나 비구니로서, 아무리 괴로움에 시달려 눈물에 젖더라도, 깨끗하고 원만한 행동을 가지면 그는 다섯 가지의 칭찬을 받는다. 곧 '너는 착한 법에 대해서 믿음이 있었다, 안으로 부끄러워하는 마음이 있었다, 밖으로도 부끄러워하는 마음이 있었다, 정진精進이 있었다, 지혜가 있었다'는 칭찬이 그것이다.

비구들이여, 나는 이제, 내가 전에 깨닫지 못했던 사성제四聖諦의 법을 깨달아 부처가 된 것을 알리노라. 비구들이여, 믿음과 마음속의 부끄럼과 남에 대한 부끄럼과 꾸준한 노력과 지혜는 또 여래의 다섯 가지 힘으로써 이것을 갖추어, 여래의 소(牛)의 왕이 되고, 사자처럼 외치고, 또 법을 설하는 것이다.

비구들이여, 이 믿음과 마음속의 부끄럼과 남에 대한 부끄럼과 꾸준한 노력과 지혜의 다섯 중에서 지혜의 힘이 제일 중요한 것이다. 이 힘에는 다른 네 가지 힘이 집중되고 결합되어 있다. 마치 뾰족한 탑이 중각重閣의 중요한 것으로서, 그 뾰족한 탑에 모두가 집중되고 결합되어 있는 것과 같이.

비구들이여, 또 달리 다섯 가지 힘이 있다. 믿음과 꾸준한 노력과 바른 생각과 정신의 모음과 지혜가 그것이다. 이 다섯 가지 힘 가운데, 지혜가 가장 중요한 것이다. 이 힘에는 다른 네 가지 힘이 집중되고 결합되어 있다.

비구들이여, 스스로 계戒를 지키어 남도 계를 지키게 하고, 스스로 정定

에 머물러 남도 정에 머물게 하며, 스스로 지혜를 갖추어 남도 지혜를 갖추게 하고, 스스로 해탈하여 남도 해탈하게 하며, 스스로 해탈의 지견智見을 갖추어 남도 해탈의 지견을 갖추게 하는 비구는, 자기와 남의 이익을 겸해 갖추는 사람이다."

4 부처님은 가비라성으로 나아가, 그 성 밖에 있는 니구류수 숲에 계시면서 몸이 편찮으시다가 이내 나으셨다.

어느 날, 석가족의 마하야마는, 부처님께 와서 예배한 뒤에, 곁에 앉아 여쭈었다.

"부처님이시여, 저는 '마음이 고요한 자에게는 지혜가 있고, 고요하지 못한 자에게는 지혜가 없다'고, 부처님이 이전에 하신 말씀을 기억하고 있습니다. 그러면 부처님이시여, 정定이 먼저요 지혜가 나중입니까? 지혜가 먼저요 정이 나중입니까?"

곁에서 이 말을 들은 아난은, 혼자서 '이제 부처님은 병환이 막 나으셨는데, 저 마하야마는 너무 깊은 뜻을 물어 부처님을 번거롭게 하고 있다. 나는 그를 데리고 다른 곳으로 가서 설명해 주리라.' 생각하고, 아난은 마하야마의 손을 끌고 다른 곳으로 가서 설명해 주었다.

"마하야마여, 부처님은 계戒에 대해서 유학有學의 계와 무학無學의 계를 말씀하셨고, 정定에 대해서도 유학의 정과 무학의 정을 말씀하셨고, 혜慧에 대해서도 유학의 혜와 무학의 혜를 말씀하셨다.

유학의 계란 무엇인가? 비구가 계를 가져 몸을 제어하고, 착한 행실을 행하며, 모든 감각을 제어하고, 조그마한 죄에도 두려움을 볼 줄 알며, 굳은 뜻으로 공부에 힘쓰는 것이다. 또 유학의 정이란 무엇인가? 비구가 초선·이선·삼선·사선에 들어가 머무는 것이다. 또 유학의 혜慧란 무엇인가? 비구가 이것은 괴로움이다, 이것은 괴로움의 원인이다, 이것은 괴로움이 없어진 것이다, 이것은 괴로움을 없애는 길이라고 실다이 아는 것이다. 마하야마여, 이것이 유학의 계·정·혜다.

그래서 이 성인의 제자들은, 이렇게 계를 가지고 정을 닦으며, 지혜를 열어 번뇌를 없애고, 그 번뇌가 없어진 마음의 해탈, 지혜의 해탈을 이 세상에서 스스로 나타내는 것이다. 마하야마여, 이것이 무학의 계・정・혜라는 것이다."

5 부처님은 사위성으로 들어가, 그 성 밖의 대숲절에 계시면서, 비구들을 가르치셨다.

"비구들이여, 숲에 사는 비구들은, 다음의 다섯 가지 두려움을 생각해, 아직 통달하지 못한 것을 통달하고, 아직 깨닫지 못한 것을 깨닫기 위해, 열심히 공부하지 않으면 안 된다. 비구들이여, 숲에 사는 비구는 이렇게 생각한다. 즉 '이제 나는 혼자서 숲 속에 살고 있다. 혼자이기 때문에 뱀에 물리거나, 우물벌레에 물리거나, 지네에 물려서 죽을는지도 모른다. 이것이 내 앞에 놓여 있는 하나의 장애다. 또 나는 혼자서, 음식에 체하거나 감기에 질리거나, 폐병이나 그 밖의 다른 병에 걸려서 쓰러질는지도 모른다. 또 나는 혼자이기 때문에, 사자나 호랑이나 표범이나 곰이나 늑대에게 목숨을 빼앗길지도 모른다. 또 나는 이렇게 혼자이기 때문에, 젊은 도둑들이 와서, 내가 한 일, 안 한 일로 트집을 잡아, 못 견디게 굴다가 죽일는지도 모른다. 이런 것도 내 앞에 가로 놓인 장애다. 이러한 장애가 오기 전에 부지런히 힘써, 아직 통달하지 못한 것을 통달하고, 아직 깨닫지 못한 것을 깨달아야 한다. 또 나는 이렇게 혼자 있기 때문에, 숲 속에 사는 야차 귀신 따위에게 내 목숨이 빼앗길는지도 모른다. 이런 것도 내 앞에 놓인 장애다. 나는 이런 장애가 오기 전에 부지런히 힘써, 아직 통달하지 못한 것을 통달하고, 아직 깨닫지 못한 것을 깨달아야 한다'고.

비구들이여, 숲에 사는 비구는, 이 다섯 가지 두려움을 생각해서, 아직 통달하지 못한 것을 통달하고, 아직 깨닫지 못한 것을 깨닫기 위해, 부지런히 공부하지 않으면 안 된다.

비구들이여, 앞의 경우와 같이 비구는 다음의 다섯 가지 두려움을 생각해, 아직 통달하지 못한 것을 통달하고 아직 깨닫지 못한 것을 깨닫기 위해 부지런히 공부하지 않으면 안 된다.

비구들이여, 비구는 이렇게 생각한다. 즉, 나는 아직 젊다. 그러나 이 몸에는 곧 늙음이 닥쳐오고, 병이 침노해, 부처님의 가르침을 생각하거나, 숲 속에서 혼자 살 수 없게 될 것이다. 법을 배우는 즐거움도 사라지고 말 것이다. 나는 저 늙음이 덮쳐오기 전에, 아직 통달하지 못한 것을 통달하고, 아직 깨닫지 못한 것을 깨닫기 위해, 부지런히 공부하지 않으면 안 된다. 만일 법을 갖추어 있다면, 비록 늙더라도 마음 편하게 살아갈 수 있을 것이다.

또 나는 지금 병이 없이 아주 건강하다. 그러나 언제 병이 침노해, 부처님의 가르침을 생각하거나, 숲 속에서 혼자 살 수 없게 될는지도 모른다. 또 법을 배우는 즐거움도 잃게 될 것이다. 나는 저 병이 침노하기 전에 아직 통달하지 못한 것을 통달하고, 아직 깨닫지 못한 것을 깨닫기 위해, 부지런히 힘쓰지 않으면 안 된다. 만일 법을 갖추어 지니고 있으면 비록 병들어 누웠더라도 마음 편하게 지내갈 수 있을 것이다.

또 지금은 풍년이 들어 걸식하기도 수월하고, 이삭을 주워서라도 살아갈 수가 있다. 그러나 언제 흉년이 들어 걸식하기도 어려울 때가 올는지도 모른다. 그렇게 되면, 사람들은 식물을 얻기 쉬운 곳으로 옮겨가게 될 것이니, 우리도 그 속에 섞여 날을 보내지 않으면 안 될 것이다. 복잡한 곳에서는 부처님의 가르침을 생각한다거나, 조용히 혼자 있기는 어려울 것이다. 따라서 법을 배우는 즐거움도 잃고 말 것이다. 나는 흉년이 오기 전에, 아직 통달하지 못한 것을 통달하고, 아직 깨닫지 못한 것을 깨닫기 위해, 부지런히 공부하지 않으면 안 된다. 법을 갖추어 지니고 있으면, 비록 흉년이 들어도 마음 편하게 지낼 수 있을 것이다.

또 나는 지금, 사람들과 화합해 서로 사랑하면서 지내고 있다. 그러나 숲 속의 도둑이 일어나거나, 지진이 있던가 하면 사람들은 모두 안전한 곳을 찾아 도망갈 것이다. 그렇게 되면, 나도 그 무리 속에 섞여, 세월을 보내지 않으면 안 될 것이다. 그런 복잡한 곳에서는 부처님의 가르침을 생각하거나, 조용히 혼자 있기는 어려울 것이다. 그런 사변이 있기 전에, 나는 아직 통달하지 못한 것을 통달하고, 깨닫지 못한 것을 깨닫기 위해, 부지런히 공부하지 않으면 안 된다. 법을 얻어 지니고 있으면, 그런 사변이 일어난 때에도, 마음 편하게 지낼 수 있을 것이다.

또 지금 내가 붙어 있는 교단은, 평화롭게 화합해서 한 가르침 안에서 편안하게 지내고 있다. 그러나 언제 이 교단에 분쟁이 일어날지도 모른다. 그렇게 되면, 그 시끄러운 교단 안에서는, 부처님의 가르침을 생각하거나, 조용히 혼자 있기는 어려울 것이다. 따라서 법을 배우는 즐거움도 잃고 말 것이다. 그런 일이 일어나기 전에, 나는 아직 통달하지 못한 것을 통달하고, 아직 깨닫지 못한 것을 깨닫기 위해, 부지런히 공부하지 않으면 안 된다. 법을 얻어 지니고 있으면, 분쟁이 있는 교단에 있어도 마음 편하게 지낼 수 있을 것이다.

비구들이여, 비구는 이상의 다섯 가지 경우를 생각해서, 아직 통달하지 못한 것을 통달하고, 아직 깨닫지 못한 것을 깨닫기 위해, 부지런히 공부하지 않으면 안 된다."

6 어느 날, 어떤 비구가 그 스승에게 가서 말했다.

"스승님이시여, 오늘 내 몸은 마도라카 풀처럼 시들고, 마음은 흐려, 뭐가 뭔지 모르게 되었습니다. 마음은 힘이 빠져, 법도 보이지 않고, 깨끗한 행을 닦기도 싫으며, 법에 대해서 의심이 생겼습니다."

그 스승은 그 비구를 데리고 부처님에게 와서, 이 사실을 여쭈었다. 부처님은 그에게 말씀하셨다.

"비구여, 그것은 그럴 것이다. 감각의 문을 지키지 않고, 음식의 분량을 생각하지 않으며, 잠을 탐하고, 착한 법을 구하지 않으며, 깨달음으로 들어갈 수행을 힘쓰지 않으면, 반드시 너와 같이 되는 것이다. 그러므로 비구여, 나는 감각의 문을 지키자, 잠을 덜 자고 착한 법을 구하며, 깨달음으로 들어갈 수행을 쉬지 않고 힘쓰자고 결심하지 않으면 안 된다."

그 비구는 부처님의 가르침을 듣고, 혼자 숲 속에 들어가 열심히 수행해서, 오래지 않아 깨달음을 얻었다. 그래서 그 스승에게 나아갔다.

"스승님이시여, 오늘은 제 몸은 마도라카의 풀처럼 시들지 않았습니다. 마음은 산뜻해 법도 잘 보이며, 게으름에 마음을 빼앗기지 않고, 깨끗한 행行을 닦기가 싫지도 않으며, 법에 대해서 의심도 없습니다."

그 스승은 다시 그 비구를 데리고 부처님께 나아가, 그것을 여쭈었다.

"비구여, 그럴 것이다. 전날 말한 내 가르친 그대로 행하면, 반드시 좋은 결과가 나타나는 것이다. 그러므로 비구여, 항상 그렇게 마음을 가지지 않으면 안 된다."

7 "비구들이여, 남자나 여자나, 또 스님이나 속인이나 항상 되살피지 않으면 안 될 다섯 가지 일이 있다. 나는 늙어가는 몸이다, 늙음을 벗어날 수는 없다. 나는 병들 몸이다, 병을 벗어날 수는 없다. 나는 죽어가는 몸이다, 죽음을 벗어날 수는 없다. 내가 사랑하는 것도 좋아하는 것도 모두 변화하는 덧없는 것이다. 나는 나의 업을 이어 받을 자다. 내가 쌓은 업을 이어 받지 않으면 안 된다."

비구들이여, 사람은 누구나 젊은 때에는 젊은 때의 교만이 있어서, 이 교만에 미쳐 날뛰어, 몸과 말과 뜻의 세 가지 악을 짓는 것이다. 그러나 늙음은 벗어날 수 없다는 것을 반성함으로써 이 교만을 없애거나 또는 적게 할 수 있는 것이다. 비구들이여, 사람은 누구나 건강할 때에는 건강의 교만이 있어서, 이 교만에 미쳐 날뛰어, 몸과 말과 뜻의 세 가지 악을 짓는 것이다. 그러나 병은 벗어날 수 없다는 것을 반성함으로써 이 교만을 없애거나 또는 적게 할 수 있는 것이다. 비구들이여, 사람은 누구나 살아 있을 때에는, 언제까지나 죽지 않을 것이라고 생각하는 교만이 있어서, 이 교만에 미쳐 날뛰어, 몸과 말과 뜻의 세 가지 악을 짓는 것이다. 그러나 죽음은 벗어날 수 없다는 것을 반성함으로써 이 교만을 없애거나 또는 적게 할 수 있는 것이다. 비구들이여, 내가 사랑하고 내가 좋아하는 것에는 탐욕이 일어난다. 이 탐욕에 미쳐 날뛰어, 몸과 말과 뜻의 세 가지 악을 짓는 것이다. 그러나 모든 것은 항상되지 않는다는 것을 반성함으로써 이 탐욕을 없애거나 또는 적게 할 수 있는 것이다. 비구들이여, 사람에게는 누구에게나 몸과 말과 뜻의 세 가지 악이 있는 것이다. 그러나 자기는 이 악한 업을 이어받을 자라는 것을 반성함으로써 그 악한 업을 없애거나 또는 적게 할 수 있는 것이다.

비구들이여, 중생의 생사가 있는 동안은, 모든 중생은 늙음과 병과 죽음을 면할 수 없다. 중생이 좋아하는 것의 무상을 면할 수 없다. 그리고 모든 중생은 그 업을 이어받을 자라고, 이렇게 반성함으로써 도道는 나타날 것이다. 그래서 그 도를 닦아 익히기를 되풀이해 가면 모든 속박을 벗어나 번뇌를 없앨 수 있을 것이다."

제11장 법구경의 교훈

제1절 마음은 모든 일의 바탕이 된다

1 모든 일은 뜻을 앞세우고, 뜻을 주로 하고, 뜻에 의해서 이루어진다. 사람이 만일 더러운 뜻으로써 말하고 또 행동할 때에는, 그 때문에 괴로움이 그를 따르기 마련인 것은, 마치 수레바퀴가 그것을 끄는 사람을 따르는 것과 같다.

2 모든 일은 뜻을 앞세우고, 뜻을 주로 하고, 뜻에 의해서 이루어진다. 사람이 만일 깨끗한 뜻으로써 말하고 또 행동할 때에, 그 때문에 즐거움이 그를 따르는 것은, 마치 그림자가 형체를 떠나지 않는 것과 같다.

3 이 세상에 원한은 원한으로써 쉬어질 수는 없다. 원한이 없음으로써 쉬어진다. 이 법은 변하지 않는다. 그런데 많은 사람들은 '우리는 이 세상에서 스스로 억제해야 한다'고 깨닫지 못한다. 사람이 만일 이렇게 깨달으면 그 때문에 다툼은 쉬어진다.

4 생활에 편안을 구하고, 감관感官을 보호하지 않으며, 음식에 절도가 없고, 게으르며 겁이 많아 마음이 약하면 악마는 그를 뒤엎는다. 마치 바람이 약한 나무에 있어서와 같이.

5 생활에 편안을 구하지 않고, 감관을 보호하며, 음식에 절도가 있고, 믿음이 있고 용맹하면, 악마는 그를 뒤엎지 못한다. 마치 바람이 우뚝한 산에 있어서와 같이.

6 진실이 아님을 진실로 생각하고 또 진실을 진실 아님으로 보는 사람은 진실을 알지 못해, 바르지 못한 생각에 머문다.

7 진실을 진실로 알고, 진실 아님을 진실 아닌 줄 아는 사람은 진실을 알아서, 바른 생각에 머문다.

8 지붕 이엉을 성기게 하면, 비가 오면 곧 새는 것과 같이, 마음에 수양이 없으면 탐욕이 이것을 뚫는다.

9 지붕 이엉을 총총히 하면, 비가 새지 않는 것과 같이, 마음을 잘 수양하면 탐욕이 이것을 뚫지 못한다.

10 이승에서도 걱정하고 죽은 뒤에도 걱정하고. 죄를 지은 사람은 이 두 곳에서 걱정한다. 그는 걱정하고, 그는 고통을 느낀다. 자기의 더러운 업을 보고.

11 이승에서도 기뻐하고 죽은 뒤에도 기뻐하고. 복을 지은 사람은 이 두 곳에서 기뻐한다. 그는 즐거워하고, 그는 기쁨을 느낀다. 자기의 깨끗한 업을 보고.

12 이승에서 번민하고 죽은 뒤에 번민하고, 죄를 지은 사람은 두 곳에서 번민한다. '나는 악을 지었다'고 생각해 번민하고, 나쁜 세상에 떨어져서 다시 번민한다.

13 이승에서 기뻐하고 죽은 뒤에 기뻐하고, 복을 지은 사람은 두 곳에서 기뻐한다. '나는 복을 지었다'고 생각해 기뻐하고, 좋은 세상에 나서 다시 기뻐한다.

14 경전을 아무리 많이 외워도, 이것을 행하지 않는 방일한 사람은, 남의 소(牛)를 세는 목자牧者와 같아서, 종교인의 줄에 들어가지 못한다.

15 경전을 아무리 적게 외워도, 법을 따라 행하고 탐욕과 성냄과 어리석음을 버리며, 지식은 정당하고 마음은 완전히 해탈해서, 이승에도 저승에도 집착함이 없으면, 그는 종교인의 줄에 들어간다.

16 방일하지 않음은 죽지 않음에 이르고, 방일은 죽음에 이른다. 방일

하지 않는 사람은 죽지 않고, 방일하는 사람은 죽은 것과 같다.

17 이 이치를 밝게 알아서 잘 방일하지 않는 사람은, 방일하지 않음을 즐기며, 성자의 경계를 즐긴다.

18 그들은 고요히 생각하고 굳세게 참으며 항상 용맹하고, 총명하고 슬기로워 위없는 편안한 열반을 얻는다.

19 기운을 떨쳐 힘쓰고, 깊이깊이 생각하며, 깨끗한 일을 힘쓰고 스스로 억제하며, 법다이 생활하고 방일하지 않으면, 그 사람의 칭찬과 기림은 더하고 자라간다.

20 기운을 떨쳐 힘씀으로써, 방일하지 않음으로써, 스스로 억제함으로써 또 익힘으로써, 지혜 있는 사람은 사나운 물결에도 떠내려가지 않는 주洲를 만들 수 있다.

21 어리석은 범부는 방일에 빠진다. 그러나 지혜 있는 사람은 방일하지 않기를 마치 보배로운 재물을 지키듯 한다.

22 방일에 빠지지 말라. 탐욕의 즐거움을 길들이지 말라. 고요히 생각하고 방일하지 않는 사람은, 큰 즐거움을 얻는다.

23 방일하지 않음으로써, 방일을 물리친 식자識者는 지혜의 높은 집에 올라가 걱정 없이, 걱정 있는 사람을 본다. 산 위에 있는 사람이 평지에 있는 사람을 보는 것과 같아서, 태연히 어리석은 사람을 본다.

24 방일한 사람 속에 있어도 방일하지 않고, 잠든 사람 속에 있어도 능히 깨어진 이는, 잘 닫는 말과 같이 느린 말을 뒤로 두고 나아간다.

25 마갈범摩揭梵은 방일하지 않음으로써, 모든 신神의 주인이 될 수 있었다. 사람들은 모두 방일하지 않음을 칭찬한다. 방일은 항상 사람들의 비난을 받는다.

26 방일하지 않음을 즐기고, 방일을 두려워하는 출가出家는 세상을 살아가면서 크고 작은 번뇌를 사르기를 마치 불과 같이 한다.

27 방일하지 않음을 즐기고 방일을 두려워하는 출가는 물러나 옮길 이

치가 없다. 그는 벌써 열반에 가까웠기 때문에.

28 마음은 가벼이 뛰놀고 이리저리 움직여, 지키기 어렵고 억누르기 어렵다. 그러나 지혜 있는 사람은 이것을 바르게 한다. 마치 활 만드는 장색이 화살을 고치는 것과 같이.

29 고기가 물에서 잡혀 나와 땅에 던져진 것과 같이, 악마의 지배로부터 벗어나려고 우리의 마음은 떨고 있다.

30 예사로 그치게 하기 어려운, 함부로 날뛰는 마음의 조복은 훌륭한 일이다. 항복한 마음은 즐거움을 끌고 온다.

31 아주 보기 어려운, 아주 가는, 함부로 날뛰는 마음을 지혜 있는 사람은 지켜야 한다. 지켜진 마음은 즐거움을 끌어온다.

32 멀리 가고, 혼자 가고, 형체가 없는 마음을 제어하는 사람은, 악마의 속박을 벗어난다.

33 마음이 편안히 머물지 않고, 바른 법을 모르고, 믿는 마음이 들뜨면, 지혜가 원만하지 못하다.

34 마음의 탐냄이나 집착을 떠나고, 생각이 흔들리거나 어지럽지 않으며, 이미 죄와 복의 생각을 떠나서, 한번 깨달아 안 사람에게는 두려움이 있을 수 없다.

35 이 몸은 병甁과 같다고 보고, 이 마음을 성城처럼 편안히 있게 하여, 지혜의 무기로써 악마와 싸워, 그의 포로를 지켜 게을리 하지 말라.

36 아아, 이 몸은 오래지 않아 땅 위에 쓰러지리라. 정신의 알음알이가 떠나면 버려져서 마치 쓸데없는 재목과 같이 되리라.

37 원수가 원수에 대해서 하는 일이나, 적이 적에 대해서 하는 일이 어떻다 해도, 거짓으로 향하는 마음이 짓는 해악보다는 못한 것이다.

38 어머니, 아버지, 또 그 밖의 친척들의 하는 일이 어떻다 해도, 정직으로 향하는 마음이 짓는 행복보다는 못한 것이다.

39 누가 이 땅을 정복할 것인가? 누가 이 염마계閻魔界와 천계天界를 정복

할 것인가? 누가 좋은 말의 정적靜寂으로 나아가는 도道를 따기를, 마치 어진 사람이 꽃을 따는 것과 같이 할 것인가?

40 불교를 배우는 사람은 이 땅을 정복한다. 또 이 염마계와 천계를 정복한다. 불교를 배우는 사람은 좋은 말의 정적으로 나아가는 도를 따기를 마치 어진 사람이 꽃을 따는 것과 같이 한다.

41 이 몸은 물거품 같다고 알고, 아지랑이 같다고 깨달은 사람은, 염마閻魔의 꽃화살을 꺾고, 죽음의 왕王을 보는 일이 없다.

42 마음을 다하여 꽃을 따는 사람을 죽음은 잡아간다. 마치 잠든 마을 사람을 사나운 물이 휩쓸어가듯.

43 마음을 다하여 꽃을 따는 사람을, 죽음은 항복받는다. 욕심을 아직 채우기 전에.

44 남의 잘못과 남이 행하고 행하지 않는 것을 보지 말고, 오직 자기가 행하고 행하지 않는 것을 보아야 한다.

45 사랑스럽고 빛나는 꽃에 향기가 없는 것과 같이, 좋은 가르침의 말도 실행하지 않으면 그 결과는 없다.

46 사랑스럽고 빛나는 꽃의 향기가 있는 것과 같이, 좋은 가르침의 말을 바르게 행하면, 그 결과는 있다.

47 여러 가지 꽃을 모아, 많은 꽃다발을 만들 수 있는 것과 같이, 사람으로 태어났으면, 많은 착함을 행해야 한다.

48 꽃향기는 바람을 거슬러서는 피우지 못한다. 전단도 다가라多伽羅도 말리가도 그렇다. 그러나 착한 사람의 향기는 바람을 거슬러서도 피운다. 착한 선비는 모든 곳에 그 향기를 피운다.

49 다가라, 전단의 향기는 희미한 것이다. 그러나 계戒를 갖춘 사람의 향기는 모든 하늘에까지 향기로워 겨룰 것이 없다.

50 계戒를 갖추고 방일하지 않음에 머물러, 바르게 알고 해탈한 사람에게는, 마라(악마)는 기회를 타지 못한다.

51 큰 길에 버려진 쓰레기 무더기 속에, 꽃답고 향기롭고 아름다운 연꽃이 나는 것과 같이.

52 이와 같이 쓰레기와 같은, 장님인 범부 속에 정자각자正自覺者의 제자는 혜명慧明으로서 나타난다.

53 잠들지 못하는 사람에게 밤이 길고, 피곤한 사람에겐 길이 멀고, 바른 법을 모르는 어리석은 사람에게는 생사生死가 길다.

54 길을 가다가 자기보다 나은 사람 또는 자기와 같은 사람을 만나지 못하거든, 차라리 혼자 가서 잘못이 없도록 하라. 어리석은 사람의 길동무가 되지 말라.

55 '내 아들이다, 내 재산이다' 하여, 어리석은 사람은 괴로워하고 번민한다. 나의 '나'가 이미 없거니, 누구의 아들이며 누구의 재산인가?

56 어리석은 사람으로서, '나는 어리석다'고 생각하는 것은 벌써 어진 것이다. 어리석으면서 '나는 어질다'고, 생각하는 사람이야말로 어리석은 것이다.

57 어리석은 사람은 한평생 어진 사람을 가까이 해도 옳은 법을 모른다. 숟가락이 국 맛을 모르듯이.

58 지혜로운 사람은 잠깐이라도 어진 사람을 가까이 하면, 곧 바른 법을 안다. 혀가 국 맛을 아는 것과 같이.

59 어리석어 지혜 없는 범부는 자기에 대해서 원수처럼 행동한다. 그래서 악한 업業을 지어 고통의 결과를 얻는다.

60 그릇된 죄가 아직 익기 전에는, 어리석은 사람은 그것을 꿀과 같이 생각한다. 그러다가 그 그릇된 죄가 한창 익은 때에야 어리석은 사람은 비로소 번민한다.

61 지어진 악업惡業은 마치 새로 짜낸 소젖과 같아서 당장에 익어 버리지 않고, 좇아 따라다니면서 어리석은 사람을 괴롭게 한다. 마치 재에 덮인 불과 같이.

62 부질없는 존경을 바라는 사람이 많다. 비구들 가운데서는 남보다 앞장 되기를 바라고 절 안에서 주권主權을 바라며, 남의 집에서는 공양받기를 바란다.

63 속인이나 또 스님이나 '이것은 바로 나를 위해서 지어진 것이라'고 생각하고 '모든 하는 일이나 하지 않는 일이나, 모두 내 뜻대로 될 수 있다'고 생각하는 사람이 있다. 이것은 어리석은 사람의 생각하는 바로서 이렇게 해서 저 어리석은 사람의 욕망과 교만은 더하고 자라간다.

64 하나는 이양利養의 길, 하나는 열반의 길, 이렇게 밝게 안 부처님의 제자인 비구는 명문名聞을 좋아해서는 안 된다. 더욱 멀리 떠나서 정에 머물러야 한다.

65 보물이 간직되어 있는 곳을 알리는 사람처럼, 남에게 피해야 할 일을 알리고, 타일러 경계하는 총명하고 지혜로운 사람을 만날 때에는, 이 어진 사람의 짝이 되라. 이러한 사람을 짝으로 할 때는 승리가 있고 허물이 없다.

66 가르쳐 주라. 가르쳐 경계하라. 마땅히 해서는 안 될 것을 피하라. 그는 착한 사람이 사랑하는 바로, 착하지 않은 사람을 사랑하지 않는 바다.

67 악한 친구와 짝하지 말고, 용렬한 사람과 짝하지 말라. 착한 친구와 짝하라. 뛰어난 선비와 친구가 되라.

68 법의 물을 마신 사람은 기분 좋게 잠잔다. 마음이 맑고, 이런 어진 사람은 항상 성인聖人의 말씀한 법을 즐긴다.

69 물 대는 사람은 물을 끌고, 활 만드는 사람은 화살을 다루며, 목수는 나무를 다루고, 지혜 있는 사람은 자기를 다룬다.

70 반석은 바람에 흔들리지 않는 것과 같이, 어진 사람은 비방과 칭찬 속에서도 움직이지 않는다.

71 깊은 못은 맑아서 고요한 것과 같이, 지혜 있는 사람은 도道를 들어서 편안하다.

72 선사善士는 모든 것을 버리고 욕심을 탐하지 않으며 근심하거나 탄식하지도 않는다. 즐거움을 만나도 또 괴로움을 만나도 허덕이지도 않고 또 슬퍼하지도 않는다.

73 선사善士는 자기를 위해서나 또 남을 위해서나 자손을 바라지 않는다. 재물도 또 토지도, 법이 아닌 것으로써 자기의 번영을 바라지 말라. 그는 잘 지혜롭고 발라야 한다.

74 지나야 할 길을 이미 지나서 걱정을 없애고, 모든 것에 있어서 해탈하여, 모든 얽매임을 끊은 사람에게는 괴로움과 번뇌가 있을 수 없다.

75 그들은 끊임없이 부지런하고, 깊이 생각해서, 머물러 사는 집을 즐겨하지 않는다. 거위(鵝)가 작은 못을 버리는 것과 같이, 그들은 모든 사는 곳을 버린다.

76 만일 사람이 쌓아 두는 바가 없고, 받아 씀에 절도가 있고, 마음이 비고, 상相이 없으며, 해탈에 놀 때에는, 그 사람의 행적은 찾기 어렵다. 마치 허공에 나는 새의 자취와 같이.

77 촌락에 있어서나, 숲 속에 있어서나, 들판에 있어서나, 고원高原에 있어서나, 아라한이 사는 곳은 즐겁지 않은 데가 없다.

78 숲은 사랑하고 즐거워할 것이니, 이것은 속인들은 좋아하지 않는 곳이다. 그러나 욕심을 떠난 사람은 이곳을 즐긴다. 그들은 애욕을 구하지 않기 때문이다.

79 쓸데없는 글귀로 된 천 마디 말보다도, 들어서 편안함을 얻는 하나의 유익한 글귀가 낫다고 한다.

80 이익이 없는 글귀로 된 일천 게偈보다도, 들어서 편안함을 얻는 하나의 게문偈文을 낫다고 한다.

81 이익이 없는 글귀로 된 백의 게偈를 외워도, 들어서 편안함을 얻는 하나의 법구法句를 외우는 것만 못하다.

82 싸움터에 있어서 수천의 적을 물리치기보다 하나의 자기를 이기는

사람이야말로 참으로 전사戰士 중의 으뜸이라 할 것이다.

83 자기를 이기는 것을 훌륭하다고 한다. 다른 여러 사람을 이기는 것이 아니다. 자기를 따르라.

84 예절을 잘 지키고, 항상 장로長老를 높이는 사람에게는, 네 가지 복이 더한다. 자라간다 수壽와 아름다움과 즐거움과 힘이.

85 만일 사람이 백 년이나 오래 살아도, 악한 계戒가 함부로 덤비면, 하루 동안 살아서 계를 갖추어, 고요히 생각하는 것만 못하다.

86 만일 사람이 백 년이나 오래 살아도, 악한 계가 어지러이 날뛰면, 하루 동안 살아서 지혜를 갖추어, 고요히 생각하는 것만 같지 못하다.

87 만일 사람이 백 년이나 오래 살아도, 게으르고 겁약怯弱하면, 하루 동안 살아서 용맹하고 노력하고 굳센 것만 같지 못하다.

88 사람이 비록 악을 행했더라도, 그것을 자주 되풀이하지 말라. 그 가운데에는 기쁨이 없다. 악이 자꾸 쌓인 것은 괴로움이다.

89 사람이 만일 복을 짓거든, 그것을 자주자주 되풀이하라. 그 가운데에는 기쁨이 있다. 복이 자꾸 쌓인 것은 즐거움이다.

90 악의 열매가 익기 전에는, 악한 사람도 복을 만난다. 악의 열매가 익은 때에는, 악한 사람은 죄를 받는다.

91 그것은 재앙이 없을 것이라 해서, 조그마한 악이라 가벼이 말라. 한 방울 물은 비록 작아도 듣고 들어서 큰 병을 채운다. 이 세상의 그 큰 죄악도 작은 악이 쌓여서 이루어진 것이다.

92 아무리 말을 꾸며 남을 해쳐도, 죄 없는 사람은 더럽히지 못한다. 바람 앞에서 흩날리는 티끌과 같이 재앙은 도리어 자기를 더럽힌다.

93 허공도 아니요 바다도 아니다. 깊은 산 바위틈에 들어가 숨어도, 죽음의 힘이 미치지 못하는 곳, 이 세상 어디도 없다.

제2절 부처님이 세상에 나오신 까닭

1 모든 생명은 채찍을 두려워한다. 모든 생명은 죽음을 무서워한다. 자기 생명에 이것을 견주어 남을 죽이거나 죽이게 하지 말라.

2 남이 듣기 싫어하는 성내는 말은 하지 말라. 남도 그렇게 너에게 보답할 것이다. 악이 가면 또한 화는 돌아오는 것이다. 욕설이 가고오고 매질이 오고가고….

3 소치는 사람이 채찍으로써 소를 몰아 목장으로 가는 것처럼, 늙음과 죽음도 또한 그렇게, 사람의 목숨을 쉼 없이 몰고 간다.

4 좋은 말에 채찍을 더하면, 기운을 떨쳐 멀리 달리듯, 마음에는 믿음, 행실에는 계가 있고, 정定이 있고, 지혜가 있고, 정진이 있으면, 지혜와 행실을 두루 갖추어, 모든 괴로움을 떠날 수 있으리.

5 무엇을 웃고 무엇을 기뻐하랴. 세상은 쉼이 없이 타고 있지 않는가. 너희들은 어둠 속에 덮여 있구나. 어찌하여 등불을 찾지 않느냐.

6 목숨이 다해 정신이 떠나면, 가을들에 버려진 표주박처럼, 살은 썩고 앙상한 백골만 뒹굴 것을…. 무엇을 사랑하고 즐길 것인가.

7 뼈를 엮어서 성城을 만들고, 살을 바르고 피를 거기 돌리어, 그 가운데는 늙음과 죽음, 그리고 교만과 성냄을 간직해 있다.

8 내 이 집(몸) 지은 이 보지도 못하면서, 얼마나 오고 가고 나고 죽으며, 얼마나 많은 고통 두루 겪으며, 몇 번이나 이 세상에 태어났던가.

9 깨끗한 행실도 닦지 못하고, 젊어서 재물을 쌓지 못하면 고기 없는 빈 못을 속절없이 지키는 늙은 따오기처럼 쓸쓸히 죽는다.

10 남을 가르치는 바른 그대로, 마땅히 자기 몸을 바르게 닦으라. 다루기 어려운 자기를 닦지 않고, 어떻게 남을 가르쳐 닦게 하랴.

11 자기 마음을 스승으로 삼아라. 남을 따라서 스승으로 하지 말라. 자기를 잘 닦아 스승으로 삼으면, 능히 얻기 어려운 스승을 얻는다.

12 원래 자기가 지은 업이라, 뒤에 가서 자기가 스스로 받는다. 자기가 지은 죄는 자기를 부수나니, 금강석이 보석을 부수는 것처럼.

13 악한 일은 자기를 위태롭게 한다. 그러나 그것은 행하기 쉽다. 착한 일은 자기를 편안하게 한다. 그러나 그것은 행하기 어렵다.

14 스스로 악을 행해 그 죄를 받는다. 스스로 선을 행해 그 복을 받는다. 죄도 복도 모두 내게 매였거니, 누가 그것을 대신해 받으랴.

15 게을리 하지 말고 힘차게 일어나라. 좋은 법을 따라 즐거이 나아가라. 좋은 법을 따르면 편안히 잔다. 이승에서도 또 저승에서도.

16 사람이 먼저는 잘못이 있더라도, 뒤에는 삼가 다시 짓지 않으면, 그는 능히 이 세상을 비춘다. 달이 구름에서 나온 것처럼.

17 그물을 벗어난 기러기 떼가, 하늘을 높이 나는 것처럼, 어진 이는 악마와 그 떼를 쳐부수고, 세상 일 멀리 떠나 노닐고 있다.

18 이 천하를 통치하는 것보다도, 천상의 복을 받는 것보다도, 모든 세계의 임금 자리보다도, 성聖의 길로 드는 것을 낫다 하나니.

19 사람의 몸을 얻기 어렵다. 세상에 나서 오래 살기 어렵다. 부처님이 세상에 나시기 어렵고, 그 부처님 법을 듣기 어렵다.

20 모든 악을 짓지 않고, 모든 선을 받들어 행해, 스스로 그 뜻을 깨끗이 하는 것, 이것이 모든 부처의 가르침이다.

21 하늘이 칠보七寶를 비처럼 내려도, 욕심은 오히려 배부를 줄 모른다. 즐거움은 잠깐이요 괴로움이 많다고, 어진 이는 이것을 깨달아 안다.

22 하늘의 즐거움을 받을 수 있어도, 그것을 버려 탐하지 않고, 즐거이 사랑을 떠나 버리는 이는 그야말로 부처님의 제자니라.

23 부처님의 나심은 즐거움이다. 법을 연설하심은 즐거움이다. 스님네의 화합은 즐거움이다. 스님네가 화합하면 항상 편하다.

24 진리를 보아 마음이 깨끗하고, 생각의 깊은 바다 이미 건너서, 부처님 나셔서 세상을 비추심은, 중생의 모든 고통 건지시기 위함이다.

25 원망 속에 있어서 노염 없으매, 내 생生은 이미 편안하여라. 모든 사람 서로들 원망하는 속에서 나 혼자만이라도 원망 없이 살아가자.

26 승리는 원한을 가져오고, 패한 사람은 괴로워 누워 있다. 이기고 지는 마음 모두 떠나서, 다툼이 없으면 스스로 편안하다.

27 음욕에 지나는 불길이 없고, 성냄에 지나는 독毒이 없으며, 내 몸에 지나는 고통이 없고 고요(滅)에 지나는 즐거움 없다.

28 거룩한 사람을 보는 것 즐겁고, 거룩한 사람 섬기는 것 즐겁다. 어리석은 사람을 떠날 수 있어, 착한 일 행해 혼자서 즐겁다.

29 어질고 많이 들어 지혜로우며, 욕을 참고 계戒를 가져 거룩한 사람이, 거룩한 사람을 받들어 섬겨라. 그는 뭇별 속에 있는 달과 같나니.

30 도道를 어기면 자기를 따르게 되고, 도를 따르면 자기를 어기게 된다. 이 뜻을 모르고 마음대로 행하면, 그는 애욕을 따르게 된다.

31 사랑하는 사람을 가지지 말라. 미운 사람도 가지지 말라. 사랑하는 사람은 못 만나 괴롭고, 미운 사람은 만나서 괴롭다.

32 그러므로 사랑을 지어 가지지 말라. 사랑은 미움의 근본이니라, 사랑도 미움도 없는 사람은, 모든 구속과 걱정이 없다.

33 마치 사람이 고향을 떠나, 오랫동안의 나그네 길 마치고, 멀리서 안전하게 돌아올 때에, 친척이나 벗들이 반가이 맞이하듯.

34 이 세상에서 즐거이 복을 짓고, 이승에서 저승으로 가는 사람은, 친척들의 즐거운 마중을 받듯, 제가 지은 복업福業의 마중을 받는다.

35 오늘부터 아니라 먼 옛날도, 사람들은 서로 헐고 뜯었다. 말이 많아도 비방을 받고, 말이 없어도 비방을 받고, 말이 적어도 비방을 받고. 비방 받지 않는 사람 세상에 없다.

36 비방만 받는 사람, 칭찬만 받는 사람 없었고, 없고 또 없을 것이다. 칭찬도 비방도 속절없나니, 모두가 제 이름과 이익을 위한 것.

37 성냄을 버려라, 거만을 버려라. 모든 애욕과 탐심을 버려라. 정신에

도 물질에도 집착하지 않으면 고요하고 편안해 괴로움이 없다.

38 욕을 참아서 분忿을 이기고, 착함으로써 악을 이겨라. 보시를 함으로써 인색을 이기고, 지성으로써 거짓을 이겨라.

39 몸을 지키고, 말을 지키고, 또 안으로 마음을 지켜, 모두 성냄 버리고, 도道를 행하자. 욕辱을 참는 것 가장 강强하다.

40 너는 이제 마른 나뭇잎과 같다. 염마閻魔의 사자는 이미 네 곁에 가까이 왔고, 너는 이제 죽음의 이별의 문에 섰다. 그러나 너에게는 앞길의 양식이 없구나.

41 너는 너의 귀의할 곳을 만들어라. 부지런히 힘써라. 어질고 지혜로워져라. 마음의 때를 버려서 더러움이 없는 사람은, 하늘의 거룩한 곳으로 갈 것이다.

42 어진 사람은 차츰차츰, 분분分分마다, 찰나찰나로, 야장이가 은銀의 때를 벗기는 것과 같이, 자기의 때를 벗겨야 한다.

43 쇠에서 나는 녹은 쇠에서 나서 쇠를 먹는 것과 같이, 깨끗하지 못한 행실을 하는 사람은, 제가 지은 업으로 말미암아 악취惡趣로 이끌린다.

44 부끄럼 없이 안면 두껍게, 못된 성질로 교만스럽게, 간도 크게 덕을 버린 사람에게는 생활은 쉽다.

45 그런데, 부끄러울 줄 알고, 항상 깨끗하기를 구하며, 집착이 없고 겸손하며, 깨끗하게 목숨을 살리며, 이렇게 지혜로운 소견이 있는 사람에게는, 생활은 어렵다.

46 사람이 만일 산목숨을 죽이고, 거짓말을 하며, 남이 주지 않는 것을 앗아 가지고, 남의 아내를 범하며,

47 졸라와 미려야에 빠져 잠기게 되면, 이승에 있어서, 이미 그는 제 뿌리를 파는 사람이다.

48 사람들아, 이렇게 알라—절제와 어거馭車가 없는 것은 악이다. 탐하는 욕심과 법답지 않음으로써, 길이 너를 괴롭히고 손해 되게 하지 말라.

49 탐욕에 견줄 만한 불이 없고, 성냄에 견줄 만한 집착이 없으며, 어리석음에 견줄 만한 그물이 없고, 사랑에 견줄 만한 물(河)이 없다.

50 남의 잘못은 보기 쉽지만, 자기의 잘못은 보기 어렵다. 남의 잘못은 등겨나 쭉정이처럼 까불어 날리지만, 자기의 잘못은 교활한 도박꾼이 제게 이롭지 않은 주사위(骰子)의 눈을 숨기는 것과 같이 한다.

51 사람이 만일 남의 잘못을 찾아 항상 그를 업신여기면, 그의 마음의 때는 더하고 자란다. 그래서 그 마음의 때가 없어지기는 너무나 멀다.

52 많이 말하는 것만으로는 지혜 있는 사람이 아니다. 온당하게 미워함이 없는 것을, 지혜 있는 사람이라 한다.

53 많이 말하는 것만으로는 법을 가지는 사람이 아니다. 만일 조그마한 법을 듣더라도, 이것을 몸소 닦아 행하면, 참으로 법을 가지는 사람이다. 그는 법을 함부로 하지 않는다.

54 머리털이 희다고 해서 장로長老가 아니다. 그는 나이 많아 하염없이 늙었다고 할 수 있을 뿐이다.

55 사람이 만일 진실과 법과 해치지 않음과 계戒와 부드럽고 착함이 있으면, 그야말로 이미 때(垢)를 버린 지혜로운 장로라 불릴 것이다.

56 오직 말만으로써, 또는 얼굴의 아름다움으로써, 질투하고 인색하고 아첨하는 사람은 착한 사람이 되지 않는다.

57 머리를 깎았다 해도 계戒가 없고 거짓말 하면 사문이 아니다. 탐하는 욕심을 가진 사람이 어떻게 사문이 되랴.

58 사람이 만일 크거나 작거나, 모든 허물을 그치면 허물이 그쳤기 때문에, 사문이라 불린다.

59 비구여, 나는 오직 계戒를 가지고, 혹은 또 많이 배우며, 또는 마음의 안정을 얻고, 혹은 한가하고 고요한 곳에 머물러서.

60 이로 말미암아 범부가 익히지 않은 출리락出離樂을 몸소 얻지 못했다. 비구여, 아직 마음속 더러움을 없애지 못했거든 네 뜻을 쉬게 하지 말라.

제3절 우리는 참으로 괴로움을 아는가

1 모든 도道 가운데서는 팔지八支를 제일로 하고, 모든 진리 가운데서 사구四句를 제일로 하며, 모든 덕德 가운데서 이욕離欲을 제일로 하고, 이족二足 가운데서는 구안具眼을 제일로 한다.

2 이것이 곧 바른 사상思想의 길이다. 달리 바른 사상의 길이 없다. 너희들은 이것을 실행하라. 이 세상은 마라(악마)의 환화幻化이다.

3 너희들이 이 도道를 실행하면, 마땅히 괴로움을 다할 수 있으리라. 내 이미 독毒이 화살을 없앨 줄을 깨달아, 너희들에게 도를 말한다.

4 너희들은 모름지기 힘써라. 여래는 가르치는 사람이다. 생각해서 닦아 행하는 사람은 악마의 속박을 벗어난다.

5 '모든 지어진 물건은 떳떳함이 없다'고 지혜로써 알 때는, 그로 말미암아 괴로움을 싫어한다. 이것이 깨끗함(淨)으로 이르는 길이다.

6 '모든 지어진 물건은 괴로움이다'라고 지혜로써 알 때는, 그로 말미암아 괴로움을 싫어한다. 이것이 깨끗함으로 이르는 길이다.

7 '모든 법은 '나'가 없다'고 지혜로써 알 때는, 그로 말미암아 괴로움을 싫어한다. 이것이 깨끗함으로 이르는 길이다.

8 말을 삼가고, 뜻을 보호하고 몸으로 착하지 않은 일을 짓지 않고, 이 세 가지 업의 도道를 깨끗이 하라. 부처님이 말한 도를 얻을 것이다.

9 남자가 여자에 대해서 아직 조그만 사랑이 있더라도, 이것을 끊지 않은 동안은, 그 뜻은 속박을 받기 마련이다. 젖을 먹는 송아지가 그 어미에 대해서와 같이.

10 자기의 사랑을 끊으라. 가을의 연꽃을 끊는 것과 같이 고요에의 길을 길러라. 부처님은 열반을 가르친다.

11 가을에 나는 여기에 머물러 있을 것이다. 겨울에도, 또 여름에도 여기에 머물러 있을 것이다. 이렇게 어리석은 사람은 생각하면서, 죽음에

이르는 것을 깨닫지 못한다.

12 자손과 가족에 미치고 취해서 집착하는 사람을 죽음은 잡아간다. 사나운 물결이 잠든 마을을 휩쓸어가듯.

13 자식도 구원하지 못한다. 아비도 친구도 또한 친척도 구원하지 못한다. 죽음에 잡힌 사람을.

14 이 이치를 알아서, 지혜 있는 사람은 계戒를 지켜서 빨리 열반에 이르는 길을 깨끗이 하라.

15 작고 모자라는 즐거움을 버리기 때문에, 넓고 큰 즐거움을 얻는다면, 어질고 큰 지혜로운 사람은, 넓고 큰 즐거움을 보고, 작고 모자라는 즐거움을 버릴 것이다.

16 남을 괴롭혀서 자기의 즐거움을 구하는 사람은, 원망과 미움의 어지러움 속에 빠져 있어서 원망과 미움을 벗어나지 못한다.

17 만일 마땅히 할 일을 함부로 하고 마땅히 하지 않을 일을 해서, 교만하고 방일할 때는, 그 사람에게는 마음의 더러움이 더하고 자라난다.

18 사람이 만일 항상 힘써서, 몸을 생각한다면, 마땅히 하지 않을 일을 하지 않고, 끊임없이 마땅히 할 일을 해서, 바로 바른 지혜로써, 마음의 더러움을 다할 것이다.

19 집을 떠나기는 어렵다. 출가의 행동을 즐기기는 어렵다. 집은 살기 어렵고 괴로운 것이다. 친구와 함께 사는 것은 괴로움이다. 사람이 늙으면 괴로움이 따른다. 그러므로 사람은 늙지 않기를 바라고, 또 괴로움이 따르지 않기를 바란다.

20 착한 사람은 히말라야 산처럼 먼 곳에 있어도 나타난다. 착하지 않은 사람은 가까운 곳에 있어도 나타나지 않는다. 밤에 쏜 화살과 같이.

21 혼자서 한번 앉고 한번 놓기를 법답게 게을리 하지 않고, 혼자서 자기를 다루어, 숲 속에 있는 것처럼 고요를 즐겨야 한다.

22 거짓을 말하는 사람은 지옥에 떨어진다. 혹은 스스로 악을 짓고도

나는 짓지 않았다고 하는 사람도 지옥에 떨어진다. 이 두 사람은 죽은 뒤에도 다함께 천한 업을 가지는 사람이 된다.

23 계戒를 부수고 절제가 없이, 백성들이 주는 물건을 받아 쓰기보다는, 차라리 불꽃처럼 단 쇠탄환을 먹어야 한다.

24 방일해서 남의 부인을 범한 사람은, 네 가지 일을 당한다. 좋지 못한 이름이 드러나는 일, 누워서 불쾌한 일, 남의 비방, 그리고 지옥.

25 마땅히 할 일은 이것을 하라. 용기 있고 씩씩하게 이것을 행하라. 어리석고 덤비는 외도外道는 차라리 많이 티끌을 날린다.

26 악한 행동은 하지 않는 것이 좋다. 악한 행동은 뒤에 번민을 부른다. 착한 행동은 하는 것이 좋다. 한 뒤에는 뉘우침이 없다.

27 변경의 성城을 안팎으로 함께 지키는 것과 같이 자기를 지키라. 잠깐이라도 함부로 하지 말라.

28 바르지 못한 소견을 가져, 부끄러워하지 않을 것을 부끄러워하고, 부끄러워할 것을 부끄러워하지 않는 중생은 악취惡趣에 난다.

29 바른 소견을 가져, 피할 것을 피할 줄 알고, 피하지 않을 것을 피하지 않을 줄을 아는 중생은 선취善趣에 난다.

30 코끼리가 싸움 마당에서, 활을 떠난 화살을 참는 것처럼, 우리는 사람의 비방을 참자. 많은 사람은 계戒를 부순 사람이다.

31 잘 다루어진 코끼리는 사람이 이것을 전장으로 이끌어가고, 잘 다루어진 코끼리는 임금이 타게 된다. 능히 스스로 잘 다루어서, 남의 비방을 참는 것은 사람 가운데 제일이다.

32 잘 다루어진 노새도 좋고, 인더스 강에서 나는 좋은 말도 좋다. 큰 어금니를 가진 코끼리도 좋다. 자기를 잘 다룬 사람은 더욱 좋다.

33 잠자기를 좋아하고, 음식에 탐을 내며, 마음이 어둡고 천해서 뒹굴어 잠자기를 즐기고, 곡식에 살찐 큰 돼지 같은 미련한 사람은, 자주 포태胞胎에 들어간다.

34 너희들은 방일하지 않는 것을 즐기라. 자기 마음을 보호하라. 어려운 곳, 번뇌로부터 자기를 구제하라. 흙탕에 빠진 코끼리와 같이.

35 차라리 혼자 가는 것이 좋다. 어리석은 사람과 짝하지 말라. 혼자 가서 악을 짓지 말라. 욕심이 적게 숲 속의 코끼리와 같이.

36 친구는 일이 일어날 때에 즐거운 것이다. 만족은 모두 즐거운 것이다. 복은 삶이 다할 때에 즐거운 것이다. 모든 괴로움이 없어짐은 즐거운 것이다.

37 계戒를 가져서 늙음에 이르는 것은 즐거움이다. 믿음이 굳세게 서는 것은 즐거움이다. 지혜를 얻는 것은 즐거움이다. 모든 악을 짓지 않는 것은 즐거움이다.

38 고요히 생각하고 탐심을 떠나며, 굳건히 법에 머물러 있고, 이미 할 바를 해서, 마음의 더러움이 없고, 최상의 뜻을 깨달은 사람을 나는 사문이라 한다.

39 해는 낮에 빛나고, 달은 밤을 빛내며, 군인은 무기를 빛내고, 사문은 고요한 생각으로 빛나며, 부처님은 위엄 있는 빛으로써 모든 미망의 어두움을 비춘다.

40 사문을 치지 말라. 맞은 사문은 친 사람에게 갚음하지 말라. 어떻게 사문을 치랴. 하물며 어떻게 친 사람에게 갚음하랴.

41 어리석은 사람이여, 결발結髮이 네게 무엇 하랴. 사슴 가죽 옷이 네게 무엇 하랴. 네 속에 짙은 숲이 있기 때문에 겉을 꾸미는 것이다.

42 분소의糞掃衣를 입고, 바짝 말라서 힘줄이 드러났어도, 혼자 숲 속에 있어서 고요히 생각하는 사람을, 나는 사문이라 이른다.

43 악을 짓지 않았는데, 꾸짖음과 매질과 또는 결박을 참고 받아서, 그 참는 힘을 가져서 그 힘으로 능히 견디는 사람을 나는 사문이라 부른다.

44 연잎 위의 물과 같이, 바늘 위의 겨자와 같이, 욕심에 물들지 않은 사람을, 나는 사문이라 부른다.

45 다툼의 속에 있어도 다투지 않고, 사나운 속에 있어도 성내지 않으며, 유취有取의 속에 있어도 무취無取인 사람을 나는 사문이라 부른다.

46 사람이 만일 이 세상에 있어도 혹은 짧고 혹은 길며 혹은 거칠고 혹은 고우며 혹은 깨끗하고 혹은 깨끗하지 않은 것을 묻지 않고, 주어지지 않은 물건을 앗지 않으면, 나는 그를 사문이라 부른다.

47 사람의 멍에를 끊고, 신神의 멍에를 넘어, 모든 멍에의 속박을 떠나면, 그를 나는 사문이라 부른다.

제12장 그때그때의 교훈

제1절 향락과 사랑의 슬픔

1 "비구들이여, 향락은 즐겁게 보이지만, 기실 몸을 망치는 것이다. 비유하면, 가을에 넌출풀의 열매가 여물어 사라 나무의 뿌리에 떨어진다고 하자. 사라 나무에 붙어 사는 귀신은 놀라 몸서리를 친다. 거기에 그 귀신의 친한 친구 귀신들이 위로하기를 '벗이여, 두려워할 것 없다. 그 넌출풀의 종자는 새에게 쪼이든가, 염소에게 먹히든가, 들불에 타든가, 나무꾼에게 집히든가, 개미들에게 실리어 가거나 할 것이다. 그것은 싹트지 못할 것이다'라고.

그러나 그 종자는, 새에게 쪼이지도 않고, 염소에게 먹히지도 않으며, 들불에도 타지 않고, 나무꾼에게 집히지도 않으며, 개미들에게 실려 가지도 않아, 봄이 되어 싹이 튼다. 그래서 장마철이 되면 단번에 자라나, 싱싱하고 부드럽고 연한 털의 넌출이 사라 나무에 감겨 붙는다. 그래서 사라 나무의 귀신은 그 부드러운 촉감에 기분이 좋아 '전날 내 친구들은 이 넌출의 두려움을 생각하고, 나를 위로해 주었다. 그러나 보라. 이 부드러운 넌출의 휘감는 촉감의 좋은 기분. 아직 오지 않은 두려움을 미리 겁내어 떨고 있는 것은, 어리석은 짓이다'라고.

그러나 그 넌출풀은 차츰 사라 나무를 감고 자라, 가지를 벌리고 넌출을 뻗어 그 나무 꼭대기까지 덮어, 그 깊은 그늘에 사라 나무 가지는 마르고 만다. 사라 나무 귀신은 비로소 심한 고통을 느끼면서 자기를 위로 해 준 친구들의 마음을 한스럽게 생각하게 된다.

비구들이여, 향락은 즐겁고 유쾌한 듯 보이지마는, 실상인즉 몸을 망쳐 주고 있는 것이다."

2 교살라국 바사닉왕에게는 말리라고 하는 현명한 왕비가 있었다. 원래 꽃다발을 만드는 조합장의 딸로서 뽑혀 후궁에 들어가, 일찍이 부처님께 귀의하여 법을 받들어 행하며, 왕에게는 마음의 지도자였다. 어느 때, 사위성에 한 사람의 장자가 외아들을 잃고 슬픔에 마음이 찢어지는 듯, 모든 일이 손에 잡히지 않고 밥도 먹지 않으며, 언제나 아들의 무덤에 찾아가 아들 이름을 부르며 부르며 울었다. 어느 때에 허둥지둥 기원정사에 나아가 부처님께 예배하고 앉았다. 그가 슬퍼하는 까닭을 알고 있으므로, 부처님께서는 이렇게 말씀하셨다.

"장자여, 실로 사랑에서는 근심 · 슬픔 · 괴로움 · 탄식 · 번민이 생기는 법이다."

장자는 이 말씀을 듣고 즐거워하지 않고 도박자 무리 가운데 가서 부처님의 말씀을 되뇌이며, 그 말씀이 이치에 맞지 않는다고 비평했다. 도박자들은 맞장구를 쳤다.

"장자여! 그 말씀이 옳도다. 사랑에는 기쁨과 즐거움도 있지만, 슬픔과 번민도 생기는 법이 아니냐?"

이 말이 차츰 왕궁의 깊숙한 데까지 전해지자 바사닉왕의 귀에도 들어갔다. 왕은 이것을 부인에게 말했다. 부인은 이렇게 말했다.

"대왕님! 만일 그것이 부처님의 말씀이시라면 실로 그대로입니다."

마치 스승의 말을 제자가 그대로 따른 것과 같이, 부인은 부처님의 말씀대로 지키는 것이다. 왕은 아무래도 납득되지 않아서 좋지 않은 안색이었다.

말리 부인은 나리상가 바라문을 보내어 부처님께 그 말씀의 뜻을 묻게 했다. 부처님은 말씀하셨다.

"바라문이여, 일찍이 이 사위성에서 어미를 잃고 미쳐 거리에 뛰어다니며 '어머니! 어머니!' 하고 찾는 딸이 있었다. 그 남편을 잃고, '우리 낭군! 우리 낭군!' 하고 외치는 부인도 있었다. 자식을 잃은 어미는 '내 아들아! 내 아들아!' 하고 미쳐 돌아다니기도 했다. 사랑에는 근심 · 슬픔 · 괴로움 · 탄식 · 번민이 따르지 않는가?"

바라문은 이 뜻을 부인에게 알리자, 부인은 왕에게 사뢰었다.

"대왕님, 대왕님은 우리 딸 금강金剛을 사랑하고 계십니까?"

"그럼, 말할 것도 없지요."

"대왕님, 이 딸에게 어떤 변이 일어났다면, 대왕님은 근심과 슬픔이 없겠습니까?"

"사랑하는 우리 딸에게 변이 일어났다면 어찌하여 근심과 슬픔에 잠기지 않겠소?"

"대왕님! 대왕님은 저를 사랑하시나이까?"

"말리여, 왜 그런 걸 묻소? 새삼스레…."

"대왕님, 저에게 무슨 변이 일어났다면 어떻게 하시겠습니까?"

"말리여, 사랑하는 당신에게 변고가 있다면, 나는 근심과 슬픔에 잠길 것이오."

"대왕님, 이것이 일체지자一切智者이신 부처님께서 사랑에는 근심 · 슬픔 · 괴로움 · 탄식 · 고민이 생긴다고 말씀하신 까닭입니다."

"아아! 거룩한 가르침이시군! 말리여, 부처님께서는 지혜로써 물건을 꿰듯 보시는군요. 고맙소, 말리!"

왕은 자리에 앉아 한 어깨에 옷을 벗어 메고, 부처님이 계신 쪽을 향하여 합장하고 "부처님이시여, 정각자이신 부처님께 귀명歸命하나이다." 라고 세 번이나 반복했다.

제2절 차라리 타는 불을 안으라

1 어느 때, 부처님이 많은 제자를 거느리고 기원정사를 떠나 교살라국을 순회하실 적이다. 도중에서, 쌓아 놓았던 나무더미에 불이 붙어 맹렬히 타오르는 것을 바라보시고, 길 옆 나무 아래에 앉으셔서 비구들을 불러 말씀하셨다.

"너희들은 저 맹렬히 타오르는 불을 보느냐?"

"예, 그러합니다."

"비구여, 너희들은 어떻게 생각하느냐? 저렇게 타오르는 큰 불을 안는 것과 크샤트리아의 색시나 바라문 · 거사 · 장자네 소녀의 보드라운 몸을 안는 것과 어떤 것이 더 낫겠느냐?"

"부처님이시여, 그것은 물론 소녀의 부드러운 몸을 안는 것이 훨씬 나을 것입니다. 저 타오르는 불꽃을 안는다는 것은 얼마나 괴로운 일이겠습니까?"

"비구들이여, 나는 너희들에게 말하겠다. 계를 파하고 법을 범하고 그 죄과를 덮어 싸고, 사문이 아니면서 사문인 체하고, 깨끗한 수도자가 아니면서 깨끗한 수도자인 체하는 그 마음은, 썩고 욕심이 넘쳐흘러서 수행인의 가치가 없는 자는, 차라리 저 타오르는 불꽃을 안는 것이 좋으리라. 그것은 오히려 소녀의 부드러운 몸을 안는 것보다 나으니라. 왜냐하면, 앞서 경우는 죽든지 또는 죽을 만한 고통을 받을지 인정 지옥에 떨어지는 원인은 되지 않는 것이다. 뒤의 경우는 길이 지옥의 괴로움을 받는 원인이 되기 때문이니라."

2 "비구들이여, 너희들은 어떻게 생각하느냐? 힘센 장부가 밧줄로 양쪽 다리를 잡아 얽어매고 졸라서, 가죽이 찢어지고 살이 떨어지고 힘줄이 끊어지고 뼈가 휘어지게 하는 것과 크샤트리아 · 바라문 · 장자 · 거사의 두터운 대우와 공양을 받고 그 몸에 안마를 하여 주는 것과 어느 편

이 나으냐?"

"뒤의 편이 매우 즐거울 것입니다."

"비구들이여, 계를 파하고 법을 범하는 사문과 수행자의 실속이 없으면서 크샤트리아 · 바라문 · 장자 · 거사의 공경과 공양을 받는 것보다는, 차라리 두 다리를 꺾는 것이 나으니라. 왜냐하면, 앞의 경우는 죽든지 죽을 듯한 고통을 받을지언정, 지옥에 떨어질 원인은 되지 않겠지만, 뒤의 경우는 길이 나쁜 세상에 떨어져 벗어나지 못할 괴로움의 장본이기 때문에."

3 "비구들이여, 너희들은 어떻게 생각하느냐? 힘센 장부가 날카롭게 간 칼로써 허벅다리 살을 도려내는 것과, 크샤트리아 · 바라문 · 장자 · 거사들의 예배와 공경을 받는 것과 어느 편이 낫겠느냐?

또는 힘센 장부가 뜨거운 불에 단 철판으로 몸을 둘러싸는 것과 크샤트리아 · 바라문 · 장자 · 거사가 베풀어 주는 의복을 받아 입는 것과 어느 편이 낫겠느냐?

또는 불이 펄펄 타오르는 쇳덩이를 입안에 넣는 것과 크샤트리아 · 바라문 · 장자 · 거사가 베풀어 주는 좋은 음식물을 받아먹는 것과 어느 편이 낫겠느냐?

또 힘센 사내가 그 머리를 잡아끌어서 타오르는 철판의 침상에 쇠 베개를 베고 눕게 하는 것과 크샤트리아 · 바라문 · 장자 · 거사가 베풀어 주는 자리와 침구를 받아 앉고 눕는 것과 어느 편이 낫겠느냐?"

"부처님이시여, 물론 뒤의 편이 훨씬 편하고 이롭지 않겠습니까?"

"비구들이여, 앞에서 말한 바와 같이, 갖가지로 육체를 괴롭게 하더라도, 그것은 죽은 뒤에 지옥에 떨어질 원인이 되는 것은 아니다. 그러나 계를 파하고 법을 범하고 사문과 수행자의 사실을 갖추지 못하고서 사문인 체, 수행자인 체하고 크샤트리아 · 바라문 · 장자 · 거사의 예배 · 공경 · 의복 · 음식 · 와구 · 의약 등을 받는 것은 길이 지옥에 떨어져 벗어나지 못할 업의 원인이 되는 것이다.

그러므로 너희들은 마땅히 이 두 가지의 뜻을 보고 그 이해를 살펴서 이렇게 생각하라. '우리가 출가하여 도를 닦는 것은 결코 헛되거나 쓸데없는 짓이 아니다. 좋은 과果가 있고 보報가 있어서, 가장 훌륭한 안락을 얻으리라. 그러므로 남에게서 예배・공양・의복・음식・와구・의약을 받더라도, 그 시주로 하여금 큰 복을 받고 큰 과보를 얻게 하기 위하여 마땅히 도를 닦으리라'고."

이렇듯 간곡하게 말씀하실 적에 그 가운데 육십 명의 비구는 번뇌를 여의고 해탈을 얻고, 또 육십 명의 비구는 크게 반성하고 계를 바치고 세속으로 돌아갔다.

제3절 원숭이와 하늘아가씨

1 부처님의 배다른 동생(異母弟)인 난타는 일찍이 부처님의 권에 따라 왕자王者의 지위 권세도 버리고 뛰어난 미인인 부인도 내던지게 되었다. 그러나 난타는 출가한 뒤에도 순다리 부인을 생각하는 추억만은 끊을 수가 없었다. 몸에 누른 옷을 입었지만, 마음은 언제나 가비라성 후궁의 깊숙한 곳으로 달려가고 있었다. 그는 사문의 신분도 잊어버리고 몸을 꾸미고, 부드러운 옷을 걸치고 눈가를 곱게 물들이기도 하였다. 아름다운 바리때를 가지고 거리로 걸식을 다니므로 교단 안에서나 밖에서는 비난의 소리가 자자했다. 부처님은 그것 때문에 걱정하셨다.

어느 날 오후, 부처님은 기원정사에서 나가 난타의 손을 잡고, 향취산香醉山에 오르셨는데, 갑자기 큰 바람이 불어 큰 숲이 흔들리고 나무들이 서로 마찰하여 불이 일어났다. 잠깐 사이에 검은 연기가 하늘을 덮으며, 맹렬한 불이 나무라는 나무는 핥아버리듯이 죄다 불살랐다. 그 가운데 수백 마리의 원숭이가 연기에 취하고 불에 그슬리어 울부짖으며 몸에 달라붙은 불을 두 발로 비벼 끄며 미쳐 돌아다녔다. 부처님은 한 마리 암원숭이를 가리키며 말씀하셨다.

"난타야, 네가 사모하는 순다리와 이 원숭이의 얼굴은 서로 다를 것이 없는 것이다."

난타는 부처님의 말씀을 듣지 않았다.

2 그래서 부처님은 난타를 데리고 천상에 올라가셨다. 만다라曼荼羅라는 꽃이 비오듯 하는데, 악기의 음률에 맞추어 춤추는, 비단 소매의 아름다운 하늘아가씨들! 난타는 하늘아가씨들의 아름다움을 보고 '옳지! 부처님께서 말씀하신 바와 같이, 이 하늘아가씨의 아름다움에 비교하면 절색이라고 하는 나의 아내도, 저 산속 원숭이와 다를 바 없다'라고 깨달았다. 부처님은 난타를 돌아보시고 말씀하셨다.

"만일, 이 하늘나라의 아름다움을 얻고자 하면, 더욱 도를 닦지 않아서는 안 되리라. 사문의 몸으로선 부드럽게 다듬이질한 옷을 입고 눈가를 물들이고, 투명한 바리때를 가지고 걸어다니는 것이 부당하니라. 숲에 머물러 걸식을 할 때나 길 다닐 때에는 소박한 옷을 입고, 욕심을 생각지 말고, 자기를 억제하는 것이 마땅하니라."

난타는 이 가르침에 자극 받아 숲에 들어가 스스로 욕정을 억제하는 행을 닦아, 얼마 아니 되어 번민이 가시고 마음의 편안함을 얻어 깨달음을 얻고 기뻐하여 노래를 불렀다.

내 생각 비뚤어서 몸치장만 힘썼으며
이 마음 흔들리어 탐욕에 끄당겼네!
온갖 일에 교묘하신 부처님께 인도되어
올바로 수행하여 미혹에서 벗어났네!。

3 비사리성에 계실 적이다. 부처님은 비구들에게 말씀하셨다.

"비구들이여, 네 가지의 근본적인 신성한 전통이 있다. 그것은 옛날부터 전해 내려오는 것으로서, 미래에도 없어질 수 없으며, 누구에게도 비난받는 일이 아니다. 그것은 무엇인가? 여기 비구가 있어, 어떤 옷을 얻었을 때에는, 그것에 만족할 줄 알되, 그 만족을 칭찬하거나, 그 옷을 얻기 위해 비구로서 해서는 안 될 행동을 취하지 않는다. 그리고 그것을 얻지 못한 때에도 괴로워하지 않고, 그것을 얻은 때에도 거기에 집착하거나 속박되지 않으며, 그것에 따르는 어떤 불행을 보았을 때에는, 곧 그것을 버릴 줄 아는 지혜를 가지고 있다. 또 자기의 만족에 의해, 자기를 칭찬하거나 남을 비방하지 않는다. 또 이것은 음식에 있어서나 좌구에 있어서도 다름이 없다. 그리고 이 비구는 공부를 좋아하고 악을 버리기를 좋아한다. 그러나 그것으로써 자기를 칭찬하거나 남을 비방하지 않는다. 이렇게, 진실한 노력, 바른 마음, 바른 생각을 가진 비구는 옛날부터 전해오는 신성한 전통을 지니는 사람이라 불리어진다.

비구들이여 이 네 가지 신성한 전통을 가진 비구는 어떠한 곳에 살더라도, 불만을 참을 수가 있다. 왜냐하면, 어진 사람은 만족이나 불만의 어느 것도 견딜 수 있기 때문이다."

4 부처님이 사위성의 외로운 이 돕는 동산에 계실 적이다. 하루는 모든 비구들을 불러 말씀하셨다.

"비구들이여, 무릇 비구로서 다섯 가지 마음의 들판과 아직 놓아 버리지 못한 다섯 가지 마음의 속박을 끊어 버리지 못하면 여래의 법이 융성하고 이루어지기를 기약할 수 없다.

다섯 가지 마음의 들판이란 무엇인가?

비구가 스승에 대하여 의심을 품고, 마음이 결정되지 않아 안정되지 않는다면, 그에게 아무리 열심히 공부하고 정진하라고 해도 아무런 효과도 없을 것이다. 이것이 첫째 마음의 들판이다.

비구여, 비구가 법에 대하여 의심을 품고 마음이 결정되지 않아 안정되지 않는다면, 그에게 아무리 열심히 공부하고 정진하라고 해도 효과가 없을 것이다. 이것이 둘째 마음의 들판이다.

비구가 승가(僧團)에 대하여 의심을 품고 마음이 안정되지 않았다면 그에게 아무리 공부하고 정진하라고 해도 효력이 없으리라. 이것이 셋째 마음의 들판이다.

비구가 계戒·정定·혜慧 등 삼학三學에 대하여 의심을 품고 마음이 안정되지 않았다면, 그에게 아무리 공부하고 정진하라고 해도 효과가 없으리라. 이것이 넷째 마음의 들판이다.

비구가 같은 도반道伴에 대하여 의심을 품고 마음이 안정되지 않았다면, 그에게 아무리 공부하고 정진하라고 해도, 효과가 없으리라. 이것이 다섯째 마음의 들판이다.

비구들이여, 이것이 아직 놓아 버리지 못한 다섯 가지 마음의 거친 들판이니라.

5 비구여, 다섯 가지 마음의 속박이란 무엇인가? 비구가 욕심에 아직 탐착을 버리지 못하고 애착하고 갈망한다면, 그는 그 탐착과 애착을 버리지 않는 한 온전한 정진이 되지 못하리라. 이것이 첫째 마음의 속박이다.

그리고 비구가 그 몸에 대하여 아직 탐착을 버리지 못하고 애착과 갈망을 버리지 못하는 한, 온전한 정진이 되지 못하리라. 이것이 둘째 마음의 속박이다.

비구가 색에 대하여 탐착을 버리지 못하고 애착을 버리지 못하는 한, 온전한 정진이 되지 못하리라. 이것이 셋째 마음의 속박이다.

비구가 먹고 싶은 대로 먹고 호화로운 좌상과 침대에 앉고 누워 잠자기를 탐하는 마음을 버리지 못한다면, 그는 온전한 정진이 되지 못하리라. 이것이 넷째 마음의 속박이다.

비구가 천상에 나기 위하여 어떤 종류의 계행과 고행을 닦아 천상에 나기를 구한다면, 그것은 온전한 정진이 되지 못하리라. 이것이 다섯째 마음의 속박이다.

비구들이여! 비구로서 이 다섯 가지 마음의 들판과 다섯 가지 마음의 속박을 끊어 버리지 못하는 한, 여래의 법이 융성하고 온전히 성취되기 어려우리라."

제4절 행자와 인욕

1 부처님이 사위성의 외로운 이 돕는 절에 계실 적이다. 박구라薄拘羅는 여러 비구니들과 너무 친밀하였다. 그때에 만일 어떤 비구가 박구라 앞에서 그들 비구니를 비방하면 박구라는 성을 내며, 그들을 위해 항의하였다. 또 어떤 비구가 그들 비구니 앞에서 박구라를 비방하면, 비구니들은 성을 내며 박구라를 위하여 항의했다. 이에 한 비구가 부처님께 이 사실을 사뢰었다. 부처님은 박구라를 불러 그 사실을 물었다. 박구라는 사실이 그렇다고 고백했다.

2 그때 부처님은 말씀하셨다.

"박구라여, 착한 사내로서, 신심을 지니고 출가한 행자로서, 비구니들과 너무 친밀하다는 것은 옳지 못한 일이다 그리하여 박구라 앞에서 누가 그 비구니들을 비방하거나, 그 비구니들 앞에서 박구라를 비방하면, 세속적인 감정과 생각으로 성내어 그를 위하여 항의한다는 것은 더욱 옳지 못하다.

박구라여, 누가 너를 모욕하더라도 너는 다음과 같이 수행해야 한다. '내가 마음이 변하지나 않았나? 또 거친 말을 하지나 않았을까? 불쌍히 여기는 마음, 사랑하는 마음에 머물러 있는가? 성내고 꾸짖는 마음을 지니지 않았을까?'하고 반성해야 한다.

박구라여, 어떤 사람이 네 앞에서 저 비구니들을 손으로 치고 흙덩이나 몽둥이나 칼로 칠지라도, 박구라는 아예 세속적인 감정과 생각을 버려야 한다."

3 그때 부처님은 여러 비구들에게 말씀하셨다.

"비구들이여, 마치 평탄한 네거리 길을, 잘 길든 말에 메인 수레를 타고, 한 손에 말고삐를 잡고, 한 손에 채찍을 들고 뜻대로 오고가는 말몰이와 같이, 비구들이 도를 닦는데 그 마음을 잘 조복 받는 것도 그와 같으니라. 비구들이여, 모두 나쁘고 좋지 못한 법은 다 버리기를 노력해야 한다. 마치 마을 가까이 큰 사라 숲이 있는데 가시 넝쿨에 뒤덮였다고 하면, 그 숲을 잘 가꾸어 깨끗이 하고, 여러 사람에게 이익을 주기 위하여, 저 사라 나무의 굽은 가지, 늙은 가지와 잡목 가시 넝쿨을 쳐버리고, 숲 속을 깨끗이 하며, 곧고 좋은 나무만 가꾸어 세워 잘 보호한다면, 사라 숲은 더 번성하고 좋아지리라. 이와 마찬가지로 비구들이 나쁘고 좋지 못한 법을 쳐버리는 것도 그와 같아서, 이 법(佛法)이 더욱 융성하고 성취되리라."

4 "옛적에 사위성에 베데히카라는 한 장자의 부인이 있었는데, 매우 유순하고 정숙하다고 소문이 났었다. 칼리라는 여종이 그 베데히카 부인이 참으로 그처럼 온화하고 유순하여서 그런지, 아니면 속으로는 성을 내기도 하고 사납지만, 겉으로 나타내지 않는 것인지, 혹은 여종들이 원체 영리하고 부지런하므로 성낼 일이 없어서 그런지 알 수가 없었다. 그래서 시험해 보고자 하루는 여종이 해가 떠오르도록 침상에서 일어나지 않았더니, 베데히카 부인은 '칼리야, 어째서 이렇게 늦잠을 자느냐?'고 큰소리로 꾸짖었다. 그 이튿날은 더욱 늦게 반나절이나 되어 침상에서 일어났다. 베데히카 부인은 '나쁜 종년 칼리야! 웬 잠만 자는 거냐?'고 크게 성내었다. 다음날은 한낮이 지나 일어났다. 베데히카 부인은 '이 나쁜 종년아!' 하고, 몽둥이로 머리를 갈겨 피가 흘렀다. 그 뒤로는 베데히

카 부인은 온화하지 않고, 유순하지도 않고, 매우 사납고 난폭하다고 소문이 났다 한다.

비구들이여, 너희들이 아무 역경에 부딪치지 않을 때에는, 바로 착하고 얌전하고 수행을 잘하는 것 같지만, 어떤 세속적인 욕정이나 모욕에 부딪치면, 그만 그 세속적인 나쁜 성질과 습성이 드러나고 마는 것이다. 비구들이여, 저 베데히카 부인이 되지 않을 자 몇이나 되겠느냐?"

5 "비구들이여, 사람이 말하는 데, 다섯 가지 구분이 있다. 때가 되어 하는 말과 때가 아닌데 하는 말, 사실대로 하는 말과 사실 아닌 말을 하는 것, 부드럽게 하는 말과 추악하게 하는 말, 이익 될 말과 이익 없는 말, 사랑스러운 말과 성낸 마음으로 하는 말 등이 있다.

비구들이여, 이러한 말을 듣는 경우에도 마음을 변하지 않고, 사나운 말을 내지 않고, 불쌍히 여기는 마음, 사랑하는 마음으로 성내는 마음을 품지 않아야 한다. 저 사람들을 사랑하는 것과 같이, 모든 세상 사람을 다같이 사랑하되 한량없이 넓고 큰 사랑과 성냄이 없는 마음으로 채우리라고 공부해야 한다."

6 "비구들이여, 비유하건대 사람이 삽과 삼태기를 가지고 땅을 파서 없애 버리겠다고, 흙을 파서 허공에 흩으면서, 없어지지 않는다고 침도 뱉고 발로 찬다고 해서 그 땅덩이가 없어지겠는가?

비구여, 수행하는 비구의 끝없이 사랑하는 마음과 모든 것을 참는 마음도 저 땅덩이 같아서, 사람들이 아무리 헐고 파고 침을 뱉고 발로 찰지라도, 사랑하는 마음의 땅덩이에는 아무런 상처가 없는 것이다.

비구들이여, 비유하건대, 어떤 사람이 자주 · 파랑 · 노랑 빛들의 물색을 가지고 저 허공에 그림을 그리면 그 허공에 그림이 나타나겠느냐? 비구여, 수행하는 비구의 마음도 저 허공과 같아서 어떤 사람이 갖가지 비방과 욕설로써 부딪쳐 올지라도, 마음의 허공에 물든 형상이 나타나지 않는 것이다.

비구들이여, 비유하면 마른 풀 묶음에 불을 붙여 흘러가는 강물 위에 대고 그 물이 끓어오르기를 바란다면, 그 물이 끓어오를 수 있겠느냐? 비구여, 수행하는 비구의 마음도 저 흘러가는 강물과 같아서, 세상의 어떤 비난과 모욕의 횃불로 그 마음을 덥게 하여 끓이고자 하여도 마침내 그럴 수 없는 것이다.

비구들이여, 만일 양쪽에 자루 있는 톱으로써 어떤 도둑이나 악한들이 나의 사지를 끊는다 할지라도, 그때에 그 마음이 어지럽고 성낸다면 이것은 나의 가르침을 따르는 자가 아니다.

비구는, 이와 같이 나에게 어떠한 비난과 모욕의 말을 더하는 사람이 있을지라도, 그를 불쌍히 여기고 사랑하는 마음으로 채우며, 이와 같이 모든 세상 사람에게 넓고 끝없는 사랑과 성냄이 없는 마음으로 채우기를 공부해야 한다.

비구들이여, 너희들은 이 '톱의 비유'를 늘 생각하여라. 그것은 길이 너희에게 이익과 행복을 가져 오리라."

제5절 깨끗한 법과 빈두로의 신통

1 부처님은 어느 날 새로 세워진 기원정사에서 설법하셨다.

"비구들이여, 너희는 나의 법을 상속하는 사람이 되고 물질을 상속하는 사람이 되어서는 안 된다. 나는 너희들을 사랑하므로 이런 말을 하노라. 비구여, 만일 너희들이 내게서 물질의 상속자가 된다면, '사문 석가의 제자들은 물질을 위하여 출가하고, 법을 위하여 출가한 것은 아니다'라고 할 것이다.

비구여, 내가 공양하던 음식을 남겨 두었을 때에, 두 비구가 밖으로부터 매우 주리고 피곤하여 돌아왔다고 하자. 나는 그들에게 '여기 남은 음식이 있으니 먹겠거든 먹어라. 너희들이 먹지 않으면, 깨끗한 땅이나 벌레가 성하지 않을 곳에 버려라'고 하면, 한 비구는 생각하기를 '부처님은 일찍이 우리에게 내 법의 상속자가 되지 물질의 상속자는 되지 말라고 하셨다. 이 음식은 물질이다. 나는 이 음식을 먹지 않고, 차라리 주리고 피곤함을 견디리라.' 하고 그대로 했다. 또 한 비구는 '이 음식을 먹고서 주리고 피곤함을 면하리라.' 생각하고 그대로 했다고 하자. 비구여, 먼저 비구는 찬양할 바이다. 왜냐하면, 그 비구는 오랫동안 욕심을 없애고 족한 줄 알며, 번뇌의 독한 화살을 뽑기 위해 노력했기 때문이다. 비구여, 나는 너희들을 사랑하는 까닭에 '나의 제자는 법의 상속자가 되고 물질의 상속자는 되지 말라'고, 하는 것이다."

2 어느 날 밤, 부처님이 기원정사의 강당에서 비구들에게 말씀하셨다.

"비구들이여, 재가자(=信徒)의 집에 가까이 할 때에는, 달의 비유와 같이 마음과 몸을 잘 정돈하여라. 재가자의 집에서는 항상 새로 들어온 비구와 같이 겸손하여라. 비유하건대, 옛 우물이나 산벼랑이나 깊은 못을 내려다 볼 때에, 마음과 몸을 움츠리고 단속하듯, 이 재가자에게 가까이 할 적에도 그렇게 하라. 가섭 비구는 그와 같이 하느니라.

비구들이여, 너희들은 재가자의 집에 가까이 할 때에, 어떻게 하는 것이 좋다고 생각하느냐?"

"부처님이시여, 부처님은 저희들의 모범이시며 의지할 곳이니, 부처님께서 지도하시는 대로 마음을 가지렵니다."

그때 부처님은 손을 허공에 흔드시면서 말씀하셨다.

"비구들이여, 비유하면, 이 손이 공중에 붙지 않고 얽어맨 것이 아닌 것과 같이, 비구는 어디 가든지 그 집에 집착해서는 아니 된다. '듣고자 하는 자에게는 법을 들려주고, 공덕을 얻고자 하는 자에게는 공덕을 얻도록'이라고 생각하며, 스스로 얻어서 기뻐 만족하는 것과 같이, 다른 사람의 얻음에도 기뻐 만족하라. 이와 같이 비구는 처음 재가자의 집에 가까이 할 것이니라. 비구들이여, 가섭처럼 어느 집에 갈지라도 그 집에 마음을 두지 아니하며, 잡히거나 얽어 매이는 일이 없어야 한다."

3 "비구들이여, 너희들은 어떻게 생각하느냐? 비구의 깨끗한 설법과 깨끗하지 못한 설법이란 어떠한 것이냐?"

비구들은 잠자코 부처님의 가르침만을 기다릴 뿐이었다.

"비구들이여, 그러면 잘 들으라. 비구로서 이렇게 생각하며 설법하는 이가 있다고 하자. '사람들이 나의 설법을 들어주면 좋겠다. 듣고서 기뻐해 주면 좋겠다. 기뻐서 나에게 기뻐한다는 표시를 보여주면 좋겠다'라고. 이렇게 생각하고 설법하는 것은 깨끗하지 못한 설법이다. 비구들이여, 또 이렇게 생각하고 설법하는 이가 있다고 하자. '법은 부처님께서 이미 잘 말씀하셨다. 그 말씀대로 받아 믿고 행하면, 현세에도 좋은 과보를 받게 되리라. 또 그것은 열반으로 인도하는 법이니, 지식 있는 이는 각기 알아야 할 법이다. 그러면 내가 설하는 법을 듣고 사람들은 이것을 이해하고, 이와 같이 행하고자 하는 것이다.' 이같이 생각하고 참된 교법에 맞도록 자비로써 그들을 위하여 법을 설하면 그것은 깨끗한 설법이라고 하리라. 비구여, 가섭은 실로 이와 같이 설법하는 것이다. 비구여, 너희들도 또한 가섭과 같이 법을 설하지 않아서는 안 되리라."

4 존자 빈두로는 교상미국의 우데나 왕의 국사國師의 아들이다. 삼三 베다를 배워 통달하고 바라문의 제자를 가르치고 있었지만, 그에 큰 흥미를 갖지 못하였다. 어느 날 왕사성에 갔다가 부처님의 교단이 임금님의 두터운 공양과 존경을 받는 것을 보고, 뜻 아니게 불법에 귀의하게 되었다. 비구가 되어 계를 지키고 도를 닦는데도, 그는 성욕의 감정이 매우 성해서 그 때문에 수도하는 데 많은 고민이 있었다. 그러나 힘껏 정진하여 마침내 애착심과 탐욕심을 끊고 깨달음을 얻었다.

그는 가끔 목건련과 같이 행각했다. 그때 왕사성의 부호인 부발타의 아들 주데카는 진기한 전단향 나무를 얻고서 이렇게 생각하였다. '이 향

나무로써 비구들이 쓰는 바리때를 만들어 주고, 그 나무 부스러기만을 내가 쓰리라'고.

정성껏 바리때를 만들었다. 그리하여 그 잘 만든 바리때를 높은 장대로 공중에 달아놓고 선전했다. '사문이든 바라문이든, 신통으로 그 바리때를 가져가도록 하라'고. 그때 이름 높은 출가자들이 이런 시험을 당하자 모두 그곳에 모였다. 그러나 누구든지 다 그 높은 장대만 쳐다볼 뿐, 한 사람도 신통을 보이는 이가 없었다.

그때 마침 빈두로와 목건련이 걸식하러 나왔다가, 빈두로는 목건련에게 말했다.

"스님, 높은 신통을 갖추고 계시니, 이 여러 사람 앞에 보여 주어 저 바리때를 가져가심이 어떻겠습니까?"

목건련이 사양하니, 권하던 빈두로가 대신할 수밖에 없었다. 이에 빈두로는 신통을 나타내어 공중에 올라가 여러 사람의 갈채를 받으며, 바리때를 가져왔다. 장자는 두 스님을 자기 집에 초대하여 바리때에 맛있는 음식을 가득 채워 공양하는데, 사람들은 좀처럼 가지 않았다. 그러다가 두 사람의 뒤를 좇아 대숲절에까지 따라왔다. 절에서는 문득 왁자하고 소란했다. 그것은 빈두로가 신통으로 높은 장대 위에 달아 놓은 바리때를 가져왔기 때문이다. 부처님은 그것을 아시고, 비구들을 모아놓고, 빈두로에게 그런 사실을 물으셨다. 빈두로는 이렇게 사뢰었다.

"부처님이시여, 그것은 사실입니다."

"빈두로여, 그것은 사문이 할 일이 아니다. 너는 어찌하여 조그마한 바리때 하나를 갖기 위하여, 신통을 보이었는가? 그것은 돈을 위하여 재주를 파는 것과 무엇이 다르겠느냐? 믿지 않는 자를 믿게 하기 위하여, 믿음 있는 자를 더 정진하게 하기 위하여 한 것은 아니다. 비구들이여, 재가자에게 신통을 보여서는 안 된다. 이 향나무 바리때를 부수어서 향가루를 만들어, 안약에 쓰도록 하는 것이 좋겠다. 이런 나무 바리때를 가져서는 안 된다. 이것이 승가의 규율이다."

일찍이, 부처님의 이름이 세상에 떨치자, 그 중에는 부처님의 신기함을 보고자 제자가 된 자가 더러 있었다. 바른 법에는 신기함이 없고, 부처님은 다만 진실하게 네 가지 진리(四諦法)를 가르쳐 주시었다. 이제는 제자가 신통을 나타내는 일을 금했다. 그 뒤로 외도들은 기뻐하며 '사문 석가모니에게도 사람을 초월한 법이 없다. 그 교는 평범한 것이다'라고 비평하였다. 제자들 가운데에는 불평을 하며, 교단을 떠난 자도 있었다. 그러나 부처님은 다만 올바른 이법에 따라 가르칠 뿐이었다.

제6절 공경하는 생활 - 질다 장자의 유훈

1 부처님은 또 항가 강을 건너 비사리로 들어가, 큰 숲에 머무시면서 비구들을 가르치셨다.

"비구들이여, 내가 깨달음을 얻은 지 얼마 되지 않은 때다. 나는 우루빈라 숲이 있는 니련선하泥連禪河의 기슭에 살고 있었다. 그때, 고요한 내 마음에 이런 생각이 떠올랐다. '공경하지 않는, 섬길 곳이 없는 생활은 번민이다. 나는 어떤 사람을 높여 공경하면 좋을까?' 그리고 또 생각했다. '만일 내게 만족할 수 없는 계戒가 있거든, 나는 그것을 채우기 위해, 남을 공경하면서 살아가자. 또 만일 만족할 수 없는 정定이나, 지혜나 해탈이 있거든, 나는 그것을 채우기 위해, 남을 공경하면서 살아가자. 그러나 이 세상에서 계에 있어서나 정에 있어서나 지혜에 있어서나 해탈에 있어서, 나보다 훌륭한 사람은 없다. 그러므로 나는 한층 더, 내가 스스로 깨달은 법을 존경하면서 살아가자.'

비구들이여, 내가 이렇게 생각하고 있을 때 범천梵天이 나타났다. 한쪽 어깨에 옷을 걸치고, 합장하면서 내게 말했다.

'부처님이시여, 참으로 훌륭한 일입니다. 과거의 모든 부처님도 법을 존경하셨고, 미래의 모든 부처님도 또한 그러하실 것입니다. 현재의 부처이신 부처님도 아무쪼록 법을 존경하면서 살아가시기 원하나이다.'

범천은 이렇게 말하고, 다시 노래를 읊었다.

지난 세상의 부처님이나 오는 세상의 부처님이나
지금 세상의 부처님이나 중생의 걱정을 덜어주는 분들은,
모두 바른 법을 섬기시면서 또 존경하면서 사시니.
이야말로 부처님의 많은 법 중에 가장 중하고 요긴한 일이니라.
내 자신 훌륭하게 되기를 원하거든 내 자신보다 크게 되기를 바라거든,
부처님의 가르치심 언제나 생각해 바른 그 법을 공경하며 살아라.

비구들이여, 범천은 이렇게 노래를 마치자, 내게 예배하고 오른쪽을 돌아 자취를 감추었다.

나는 범천을 알고, 내게 알맞은, 내가 깨달은 이 법을 공경하면서 살아 왔다. 비구들이여, 나는 다시, 모두 위대하게 될 내 승단에 대해서도, 깊은 존경을 보내는 것이다."

2 어느 날, 카마부 비구는 질다質多 장자로부터 초대를 받고, 그의 집에 가서 말했다.

"장자여,

깨끗한 하얀 하늘 덮개로 폭幅 하나로 가는 수레여,
흐름을 끊고 속박을 떠나 번뇌 없이 굴러가는 것을 보라

라는, 이 노래의 뜻을 아십니까?"

님이여, 그것은 부처님의 노래입니까?"

"그렇습니다."

"그럼, 조금 기다려 주십시오. 잘 생각해 보겠습니다."

장자는 한참 생각한 끝에 입을 열었다.

"스님이여, 깨끗하다는 것은 계戒의 뜻, 하얀 하늘 덮개란 해탈의 뜻, 폭輻 하나란 바른 생각의 뜻, 수레란 사대四大로 되어 부모에게 태어났다가 곧 부서질 몸뚱이의 뜻, 흐름을 끊는다는 것은 애욕을 떠난다는 뜻, 속박을 벗어났다는 것은 탐욕과 성냄과 어리석음의 속박을 벗어났다는 뜻, 번뇌 없이 간다는 것은 목적지에 이른 깨달음의 뜻입니다."

"옳습니다, 장자여! 장자의 지혜눈은 부처님의 말씀을 잘 이해하고 있습니다."

장자가 죽을병에 걸려 누웠을 때, 숲 속의 나무귀신이 나타나 권했다.

"장자여, 미래에는 전륜왕轉輪王이 되겠다고 발원하시오.

"그것도 항상됨이 없는 것이다. 그것도 버리지 않으면 안 된다." 고 장자는 대답했다. 베갯머리에 있던 가족과 친구들은 이것을 헛소리로 들었다. "주인이여, 정신을 차리십시오."

"사람들아, 내 말을 헛소리로 듣지 말라. 이제 막 저 숲 속의 나무귀신이 나타나, 미래에는 전륜왕이 되도록 발원하라고, 내게 권했다. 그래서 나는 그것도 항상됨이 없는 것, 그것도 버리지 않으면 안 된다고 대답했던 것이다. 사람들아, 너희들은 부처님과 법과 스님들에 대해, 굳건한 믿음을 가져라. 그래서 어떤 공양에도 계戒를 가지고 바른 마음과 평등한 마음으로 하지 않으면 안 된다."

장자는 여러 사람들에게 삼보에 대한 믿음과 보시의 마음을 전해 주고 죽었다.

제7절 모든 하늘에의 교훈

1 요즘, 모든 하늘은 밤마다 기타의 수풀을 빛내며, 부처님께 나와 법을

들었다. 부처님은 노래로써 저들을 가르치셨다.

목마른 애정은 생사의 근본 생사의 수레바퀴 끝없이 길고
생사의 바다는 깊고 깊거니 아아, 이 고통은 인제 끝나리.
탐하는 애정은 도에 빗나가고 젊음은 밤낮을 쉼 없이 달린다.
여자란 본래 더러운 것이니 사람들은 모르고 엉겨 붙누나.
이 세상 저 세상의 온갖 있는 것 하늘에 빛나는 밝은 광명도
모든 악마들 찬란하면서 낚기 위해 던져 놓은 미끼인 것을.
목마른 애정은 세상을 묶고 목마른 애욕에 세상은 헐떡인다.
애욕을 벗어나 뛰어넘는 곳 거기는 시원하고 편안하리라.
이 세상은 마음으로 지어진 것을 마음으로 말미암아 세상은 허덕인다.
마음은 모든 것의 근본이 된다 마음은 모든 것 따르게 한다.
믿음은 사람의 좋은 길동무 지혜는 사람의 좋은 길잡이,
그리고 열반을 등불로 하여 세상은 고통을 멀리 떠난다.
믿음은 위없는 최상의 부富다. 진실은 위없는 최상의 맛이다.
쌓는 공덕은 최상의 경영이다. 좋은 법 닦아서 편안을 얻으라.
믿음은 나그네의 무한한 양식, 공덕은 부귀가 깃들이는 곳,
지혜는 이 세상의 끝없는 광명, 바른 생각은 어둔 밤의 등불.
더러움 없는 목숨 멸하지 않으니, 욕심을 이겨 자유의 사람 되라.

2 그전 세상에 비구가 되어 행行을 닦았지마는, 도를 이루지 못한 채 천상에 태어난 가마다 천자天子는, 부처님께 와서 도의 얻기 어려움을 탄식했다. 부처님은 말씀하셨다.

"가마다여, 이루기 어려운 것을 부처님은 이루셨다. 계를 지키고 마음을 고요히 하여, 집을 떠난 사람에게는 편안함이 그 가슴에 가득 찬다. 만족은 얻기 어려운 것이라 말하지 말라. 얻기 어려운 것도 성인은 얻었다.

고요한 마음을 즐기는 사람은 밤이나 낮이나 마음을 닦는다.
마음을 잠재우기 어렵다 하지 말라,
잠재우기 어려운 것 성인은 잠재웠다.
몸과 마음 맑은 것을 즐기는 사람은
악마의 그물 찢고 거룩한 땅 걸어간다.
그 길을 어렵다 말하지 말라,
어려운 그 길을 성인은 걸었나니.
마음이 흐리면 길이 절로 험해진다.
마음이 깨끗하면 길이 절로 평탄하고.

3 선범천자善梵天子는, 어느 날 도리천의 환희원歡喜苑에서 여러 하늘아가씨들과 놀고 있었다. 나무에 올라가 꽃을 흩기도 하고, 노래와 춤으로써 때 가는 줄 몰랐다. 그러다가 한 사람의 아가씨가 착한 업이 다해서, 갑자기 하늘에서 떨어져 지옥으로 들어가는 것을 보았다. 두려움에 떨면서 부처님께 가르침을 빌었다.

"이 마음은 까닭 없이 언제나 두렵고 슬프기만 합니다. 일어난 일에도 두렵고 일어나지 않은 일에도 두렵습니다. 두려움이 없는 길이 있으면 가르쳐 주소서."

부처님은 다음 노래를 읊으셨다.

깨달음의 길을 닦고 탐욕을 삼가라.
모든 것을 버리면 두려움은 없으리라.

4 부처님은 어느 날, 사위성을 나와 사케타로 내려와 안자나 숲에 머물러 계셨다. 그날 밤 각타 천자는 하늘의 광명으로 숲을 비추면서, 부처님께 와서 여쭈었다.

"비구여, 당신은 기뻐하고 계십니까?"

"천자여, 그대는 어째서 내가 무언가 기뻐할 만한 것을 얻었다고 생각하는가?"

"그러면 슬퍼하고 계십니까?"

"천자여, 그대는 어째서 내가 무언가 슬퍼하지 않으면 안 될 무엇을 잃었다고 생각하는가?"

"그렇다면 비구여, 당신은 기뻐하지도 않고 슬퍼하지도 않고 머물러 계시는 것입니까?"

"천자여 그러하니라."

"비구여, 당신은 슬퍼하지도 않고 기뻐하지도 않고,
쓸쓸한 숲 속에 다만 혼자서
어떤 모자라는 생각에 사로잡혀 있는가?"
"슬픔이 있으면 기쁨이 있고 기쁨이 있으면 슬픔이 있나니,
착함도 악함도 함께 사라져 사로잡히는 마음 내게는 없다."
"아아, 비구의 높으심이여, 기쁨도 슬픔도 함께 사라져
애착의 이 세상을 벗어났구나. 깨달으신 거룩한 이 이제 보았네."

5 부처님은 다시 사위성으로 돌아가 기원정사에 들어가셨다. 어느 날, 적마 천자는 부처님께 여쭈었다.

"부처님이시여, 나지도 않고, 늙지도 않으며, 죽지도 않는다는 곳이 어디인가 있겠습니까? 그 세계의 끝이라고 할 만한 곳을 우리 발로 걸어갈 수 있겠습니까?"

"천자여, 그 세계의 끝에까지 걸어갈 수는 없다."

"부처님이시여, 저는 전생에 보자의 아들 적마라 불렸으며, 공중을 달리기에 화살보다 빠른 힘을 가지고 있었습니다. 동쪽바다 끝에서 서

쪽바다 끝까지를 한걸음에 건넜습니다. 어느 때, 저는 세계의 끝이 보고 싶어 공중을 달리기 시작했습니다. 그래서 먹지도, 자지도, 쉬지도 않고, 한평생을 보냈습니다. 그러나 세계의 끝은 보지 못한 채, 도중에서 죽고 말았습니다. 부처님의 말씀은 참으로 훌륭하십니다."

"천자여, 세계의 끝에까지 가지 않고는, 고통을 없앨 수는 없다. 그러나 그 세계의 끝에까지는 걸어서는 갈 수 없다. 왜냐하면 이 세계도, 이 세계의 처음도, 이 세계의 마지막도, 이 세계의 마지막으로 가는 길도, 모두 내 몸에 있기 때문이다. 그러므로 세계를 아는 사람만이 세계의 끝까지 갈 수 있는 것이다. 행실이 깨끗하고 악을 멀리 떠나면, 이 세계의 끝을 알아, 이세상 · 뒷세상을 구하지 않게 되는 것이다."

제8절 제석천과 목건련의 신통

1 어느 날, 부처님은 동쪽 동산에 있는 녹자모강당鹿子母講堂에 계셨다. 제석천은 부처님을 찾아와 여쭈었다.

"부처님이시여, 비구는 어떻게 해서 애욕을 없애고 해탈해서, 마음과 몸이 편안하고 청정한 행을 닦으며, 인간과 천상에서 가장 뛰어난 사람이 되는 것입니까? 이것을 간단히 설명해 주소서."

"제석이여, 비구들은 모든 법은 집착할 것이 못 된다는 말을 듣고 있다. 그래서 모든 법을 완전히 알고 있다. 따라서 괴로움이나 즐거움이나 또는 괴롭지도 않고 즐겁지도 않은 어떠한 감각을 받더라도, 모두를 덧없다 보아, 어떠한 세계에도 집착하지 않는다. 그러므로 괴로워하거나 번민하는 일이 없이, 스스로 편안하고 고요한 열반에 들어가는 것이다. '이 삶은 다했다. 깨끗한 행行은 행해 마쳤다. 해야 할 일은 이루어 마쳤다, 이 밖에 다음 삶은 없다'고 아는 것이다. 제석이여, 간단히 말하면, 비구는 이렇게 해서, 탐욕을 없애고 해탈해서 편안하고 청정하매, 인간과 천상에서 가장 훌륭한 사람이 되는 것이다."

제석은 부처님의 말씀을 듣고 마음으로 기뻐해, 부처님께 예배하고 오른쪽을 돌아 하늘로 돌아갔다.

2 그때 목건련은 부처님 곁에 앉아 이 문답을 듣고 생각했다. '제석은 과연, 부처님의 가르침을 이해하고 기뻐한 것일까? 한번 시험해 보리라.' 하고, 곧 정사精舍의 뜰에 그림자를 숨기고, 삼십삼천에 나타났다. 그때 제석은 오백 명의 악인樂人들에게 둘러싸여 연꽃 향기로운 동산에 앉아 있다가, 멀리 목건련이 오는 것을 보고, 일어나 맞이했다.

"존자여, 잘 오셨습니다. 자, 자리에 앉으십시오."

목건련이 준비된 높은 자리에 앉으니, 제석은 낮은 자리에 앉았다. 목건련은 물었다.

"교시가憍尸伽여, 네가 부처님에게 들은, 저 '탐욕을 없애고 해탈한다'는 가르치심을, 나는 들을 수 없겠는가?"

"존자여, 우리는 할 일이 많은 바쁜 몸이 되어, 자기를 위해서 삼십삼천을 위해서나, 하지 않으면 안 될 일이 많습니다. 그러나 나는 부처님이 말씀하신 가르침을 잘 듣고, 잘 알고, 잘 기억하고 있으므로, 그리 쉽게 잊어버리지는 않습니다.

존자여, 먼 옛날, 하늘과 아수라 사이에 전쟁이 있었습니다. 그때에는 하늘이 이기고 아수라가 졌습니다. 나는 그 전쟁에서 이긴 기념으로 베잔타라는 궁전을 지었습니다. 이 궁전에는 만 채의 집이 있고, 집 한 채 한 채에는 각각 백 개씩의 칠 층 다락집이 있으며, 각각의 다락집에는 마흔아홉 명씩의 하늘아가씨가 있고, 한 사람의 하늘아가씨에게는 또 각각 마흔아홉 명씩의 시녀가 붙어 있었습니다. 존자는 이 베잔타 궁전을 보실 생각은 없으십니까?"

목건련은 아무 말 없이 제석의 뜻을 따랐다. 그래서 제석은 비사문천을 데리고, 목건련을 인도해서 궁전으로 향했다. 궁전의 하늘아가씨와 시녀들은, 집을 떠나와 탐욕을 버린 거룩한 목건련의 모습을 보자, 모두 신부처럼 수줍고 부끄러워, 각기 제 방으로 도망쳐 갔다.

3 제석천은 비사문천과 함께 목건련에게 베잔타 궁전의 구석구석을 보이면서 말했다.

"존자여, 이 장엄을 보십시오. 이것은 모두 옛날 내가 쌓은 공덕에 의해서 빛나고 있습니다. 그러므로 인간들은 훌륭한 것을 보면, 언제나 '아아, 얼마나 훌륭한가! 마치 도리천과 같다'고 말하는 것입니다. 이것은 모두 나의 전생의 공덕에 의한 것입니다."

목건련은 생각했다. '내가 생각한 대로, 이 하늘은 자기의 영광에 미쳐, 방탕에 흐르고 있다. 한번 혼을 내주자.' 그리고 궁전 한 끝에 발가락을 얹으니 궁전은 우레처럼 울리면서, 금세 무너질 것 같았다. 제석을 비롯해, 비사문 및 도리천의 모든 신神들은 놀라고 두려워 말했다.

"아아, 얼마나 위대한 신력神力인가? 겨우 발가락 하나를 부딪쳐 이렇게 큰 진동을 일으킨다는 것은 무서운 일이다."

목건련은 두려워 떨고 있는 제석을 돌아보고, 조용히 앞서의 질문을 다시 했다.

"교시가여, 네가 부처님에게서 들은, 저 탐욕을 없애고, 해탈하는 가르침을 나는 들을 수 없겠는가?"

이에 제석은 할 수 없어, 자기의 물음과 부처님의 대답을 이야기하기 시작했다. 목건련은 그 말을 듣고 기뻐하면서, 자리를 일어나 인간 세계로 돌아왔다.

하늘아가씨들은 제석을 둘러싸고, 모두 놀라면서 물었다.

"주인이여, 당신과 여기 같이 있던 이가 부처님이십니까?"

"아니, 부처님이 아니다. 그는 일찍 나와 같이 공부하던 목건련이라는 스님이다."

"주인이여, 당신이 저와 같이 큰 위신력을 갖추신 분을 친구로 가졌다는 것은 행복이십니다. 제자로서 저러한 힘을 가졌다면, 그 스승이신 부처님은 과연 어떠한 분이실까요?"

목건련은 녹자모강당에 돌아와 이 이야기를 하고, 부처님의 가르치심을 기뻐했다.

4 파타가 장자는 천상에 있다가, 하루 밤에는 하늘에서 내려와, 부처님을 기원정사로 찾아가 뵈었다. 광명은 숲뿐이 아니고 사위성 전체를 비추었다. 그는 부처님에게 여쭈었다.

"부처님이시여, 저는 부처님 앞에서 서고 싶지만, 일어나 설 수가 없습니다. 마치 젖이나 기름을 모래에 붓는 것처럼 가라앉습니다."

부처님은 말씀하셨다.

"파타가여, 그러면 육신으로 변하는 것이 좋다."

그는 부처님 말씀대로 육신으로 변해 부처님께 예배하고 곁에 섰다. 부처님은 천자에게 말씀하셨다.

"파타가여, 너는 지금 천상에 있어서도, 옛날 인간이었던 때와 그 모양이 같은가?"

"부처님이시여, 같은 것도 있고 다른 것도 있습니다. 지금 부처님께서 비구·비구니·우바새·우바이, 왕자王子와 왕자의 부하 이교도와 이교도의 제자들에게 둘러싸여 계시는 것처럼, 저도 천자天子들에게 둘러싸여 있습니다. 천자들은 멀리서 법을 듣기 위해 저에게 모여 옵니다. 부처님이시여, 저는 인간으로 있을 때에, 세 가지 법에 싫증나는 일이 없이 목숨을 마쳤습니다. 그 세 가지란, 부처님을 뵈옵는 것과, 바른 법을 듣는 것과, 스님들을 받드는 일입니다. 이 세 가지 일을 원대로 못하고, 죽음이 닥쳐와 할 수 없이 중단하고 말았습니다. 저는 그 일로 말미암아, 지금 무번천無煩天에 태어나 살고 있습니다."

제9절 일곱 갈래의 아내와 효성

1 어느 날 부처님이 외로운 이 돕는 장자의 집에 갔더니, 온 집안이 왁자지껄하면서 큰 소리가 들려왔다. 부처님은 자리에 앉으시고 장자에게 그 까닭을 물으시니 장자는 여쭈었다.

"제 맏아들의 아내인 선생善生이라는 제 며느리는, 그 친정의 부富와 권세를 등대고, 부모를 공경하지 않고, 남편도 섬기지 않으며, 부처님도 믿지 않습니다. 그래서 가끔 이런 소동이 일어나는 것입니다."

부처님은 선생을 불러오게 하여 말씀하셨다.

"선생이여, 세상에는 일곱 갈래의 아내가 있다. 사람을 죽이는 따위의 아내, 도둑과 같은 아내, 주인과 같은 아내, 어머니와 같은 아내, 누이동생과 같은 아내, 친구와 같은 아내, 종과 같은 아내다. 선생이여, 그대는 이 일곱 갈래 아내의 어느 것에 속하는가?"

"부처님이시여, 저는 부처님의 그 간단한 말씀의 뜻을 이해할 수 없습니다. 좀 더 자세히 말씀해 주시기 바랍니다."

"선생이여, 그러면 잘 들으라. 더러운 마음을 가져 남편에 대해서 사랑이 없고, 남의 남자를 마음에 두어 내 남편을 천대할 뿐 아니라, 남을 부려 남편을 죽이게 하는 것은 사람을 죽이는 따위의 아내다. 또 남편의 하는 일을 이해하지 못하고, 남편의 재산을 몰래 빼어내려 하는 아내는 도둑과 같은 아내다. 또 일하기를 싫어하고 게으르며 음식에 욕심만 내고, 거친 말로 남편을 학대하려는 아내는 주인과 같은 아내다. 또 항상 남편을 사랑하고, 어머니가 자식에 대해서와 같이 남편을 보호하며, 남편이 얻은 재산을 중하게 지키는 아내는 어머니와 같은 아내다. 또 남편을 섬기기에 정성을 다하고 형제와 자매와 같은 마음과 정이 있으며, 거짓 없는 마음으로 남편을 섬기는 아내는 누이동생과 같은 아내다. 또 남편을 보고 기뻐해서 마치 오래 만나지 못한 친구를 만난 것처럼 하고,

정숙하고 바른 행실로 남편을 존경하는 아내는 친구와 같은 아내다. 또 남편에게 욕설을 듣고 매를 맞아도 딴마음 없이 참으며, 원한을 품지 않고, 남편을 섬기는 것은 종과 같은 아내다.

이 사람을 죽이는 아내, 도둑과 같은 아내, 주인과 같은 아내는 행실이 나쁘고 말이 거칠며 공경하는 마음이 없으므로, 죽은 뒤에는 좋은 갚음이 있을 수 없다. 어머니와 같은 아내, 누이동생과 같은 아내, 친구와 같은 아내, 종과 같은 아내는 행실이 아름답고, 몸을 잘 제어해 머무르므로, 죽은 뒤에는 좋은 갚음을 얻는다.

선생이여, 그대는 이 일곱 갈래 아내의 어느 것에 속해 있는가?"

이 가르침으로 말미암아, 선생은 그 교만한 마음이 꺾이고, 깊이 뉘우침이 있어, 지금부터는 한평생, 종과 같은 아내가 되겠다고, 부처님 앞에서 맹세했다.

2 사위성에 신앙심이 두터운 한 청년이 있었다. 아버지는 돌아가시고 어머니를 섬기면서, 앞날이 멀지 않은 그 어머니를 어떻게든지 편안하게 하기 위해, 무엇 하나 자유롭지 않은 일이 없도록 받들었다. 어머니 또한 어머니대로, 아들이 장성했지마는 장가도 들지 않고 자기를 받들고 있는 것이 너무 민망스러웠다. 그래서 장가들기를 권해 보았으나 듣지 않기 때문에, 자기가 스스로 나가서 색싯감을 구해서 장가를 보냈다. 청년은 어머님의 깊은 사랑을 기뻐하고 또 감격해, 온 집안이 화목해서, 가끔 절에 나가 부처님의 가르침을 들었다. 그런데 그 며느리는 갑자기 마음이 변해, 시어머니를 미워하기 시작했다. 그래서 그 남편에게 권해 시어머니와 따로 살기를 꾀했다. 그러자 그 집안에는, 즐거운 소리는 끊어지고 다투는 부르짖음이 일어나, 번뇌의 더러운 바람이 불어 닥쳤다. 그러나 청년은 끊임없이 부처님의 힘을 믿고 참고 견디어, 드디어는 그 아내의 마음도 풀렸다.

그 며느리는 정성스럽게 시어머니를 섬기게 되고, 온 집안에는 평화와 기쁨이 다시 찾아오게 되었다. 청년은 어느 날 부처님에게 나아가 법을 듣고, 어머니를 정성스럽게 섬기느냐는 부처님의 물음에 대해서, 지금까지의 일을 대강 여쭈었다. 부처님은 다음과 같은 이야기로써, 그 효자 청년을 격려해 주셨다.

3 "젊은이여, 옛날 너와 같이, 아버지가 돌아가신 뒤 어머니를 극진하게 섬기는 효자가 있었다. 어머니가 그 같은 지체의 처녀를 데려와 며느리로 삼았더니, 처음에는 가정이 원만했다. 그러나 여자끼리 시기를 부리기 시작했다. 며느리는 시어머니를 방해하고, 여러 가지 방법으로 시어머니를 몰아낼 꾀를 썼다. 효성이 지극한 그 아들까지도 아내의 꼬임에 마음이 끌려, 얼마 동안 어머니를 따로 두기로 결심했다. 그래서 어머니는 울면서 울면서 친척 집에 몸을 붙여, 삯일로써 겨우 그날그날을 살아나갔다. 시어머니가 집을 나가자 곧, 그 아내는 아기를 배어, 달이 차서 아기를 낳았다. 아내는 그 남편이나 근처의 사람들에게 이렇게 말했다.

'이걸 보아도 그분이 나쁘다는 걸 알 수 있겠지요. 그분이 집에 있을 동안에는 아기를 가지고 싶었으나 가지지 못해 쓸쓸했더니, 그분이 떠나자 곧 이런 좋은 아들이 나지 않아요?'

그러나 쓸쓸하고 하염없이 그날그날을 보내고 있는 그 어머니는, 이 말을 사람들에게서 전해 듣고 억울해서 견딜 수가 없었다.

'이렇게 되면 이 세상에 바른 것은 다 죽고 마는 것이다. 제 어미를 쫓아내야, 화목하게 훌륭하게 살 수 있고, 또 자식까지 낳아서 풍성하게 된다면, 세상에 정의는 죽은 거나 같은 것, 자, 바른 일의 장사를 지내자'고 그 어머니는 정신이 돈 듯, 냄비와 국자와 쌀을 가지고 묘지로 갔다. 거기서 흰 옷을 입고 물에 들어가 머리를 흩트린 채 쌀을 일기 시작했다. 마침 그때 제석천은 인간 세계를 두루 살펴보다가, 이 광경을 발견하고 가엾이 여겨, 바라문으로 모양을 변해, 그 여자 앞에 나타나서 말했다.

'너는 그런 짓을 하기 전에 잘 생각해 보는 것이 좋겠다. 누가 누구에

게 법이 죽었다고 하던가? 힘이 센 이천 개의 눈을 가진, 바른 법인 나는 죽지 않고 살아 있지 않는가?'

'아닙니다. 확실히 법은 죽었습니다. 나는 그것을 분명히 보았습니다. 나쁜 일을 하는 사람이 잘 산다는 것이 그 증거입니다. 곧 아기 없는 집의 며느리가 시어미를 쫓아낸 뒤 아기를 낳고 그 집 주인을 따돌려 즐겁게 산다는 것이 그 증거입니다.'

'여자여, 법인 나는 이렇게 끄떡없이 살아 있다. 나는 너를 위해 이 세계에 온 것이다. 그렇다면 너의 그 나쁜 며느리도 손자도, 이 불로써 함께 태워 죽이자.'

이 말을 들은 어머니는 놀랐다. 무엇보다 손자를 죽여서는 안 된다고 생각했다.

'천만의 말씀입니다. 신神이여, 아무쪼록 저 며느리와 손자와 내가 사이좋게 지내도록 도와주소서.'

'여자여, 네가 못 견디게 구박을 받더라도, 너 자신이 바른 법을 버리지 않는다면, 너는 저 사랑스러운 손자와 그리고 며느리와 화목하게 지낼 수 있을 것이다. 염려하지 말라. 네 아들도 며느리도, 내 힘으로써 정신이 돌아와, 아마 너를 맞으러 여기 올 것이다. 부지런히 힘써 착함을 닦아라.'

제석천은 이내 형체를 감추어 하늘로 돌아갔다. 과연, 아들과 며느리는 어머니를 찾아 묘지로 왔다. 지금까지의 죄를 뉘우쳐 사죄하고, 어머니를 모시고 집으로 돌아가 평화로운 세월을 보냈다.

젊은이여, 스스로 법을 버리지 않는 자에게는, 법은 영원히 죽지 않는 것이다. 어머니를 알뜰히 받들어 온 집안이 화목하게 지내라."

제13장 가비라성의 비극

제1절 원한과 복수

1 이보다 앞서, 부처님이 사위성에 머무신 지 얼마 지나지 않아, 바사닉왕은, 비구들과 좀 더 친근해지기 위해, 부처님의 집안에서 왕후를 맞아들이면, 비구들의 신임을 얻을 수 있으리라 생각했다. 그래서 사신을 가비라성에 보내어, 한 여자를 구하게 했다. 또 임금의 생각에는, 이렇게 함으로 말미암아 당시에 명망이 높은 귀족 집안과도 좋은 인연이 맺어지리라고 생각했다.

임금의 사신은 가비라성에 이 뜻을 전했다. 그래서 석가족 사람들은 서로 모여, 이 일을 의논했다. 비록 큰 나라의 임금이라 하더라도, 계통이 바르지 못한 바사닉왕에게 석가족의 딸을, 그 색시로 보낼 수는 없었다. 그렇다고 해서, 그 청을 거절한다면, 왕은 그 힘을 믿고 군사를 몰아쳐들어올 것은 뻔한 일이다. 그래서 집안의 장자 마하야마의 종 가운데서 난 딸을, 본처의 소생이라 해서, 바사닉왕에게 보내기로 했다. 왕의 사신은 왕의 명령에 따라, 그 처녀가 그 아비 마하야마와 식사를 같이하는 것을 보고, 안심하고 돌아갔다.

그 뒤에, 왕비에게서 왕자가 나서, 비유리毘琉璃 태자라고 이름했다. 왕은 그 왕자를 몹내 사랑했다. 왕자의 나이 여덟 살 되던 해에, 활쏘기 공부를 시키기 위해 가비라성으로 보냈다. 왕자는 그 외조부 마하야마의 집에 묵으면서 공부하고 있었다. 그때에, 석가족의 공회당이 새로 지어져, 큰 기旗를 세우고 그물을 치고 힘껏 장식을 다했다. 다만 부처님을 청해 축하의 공양을 올린 뒤에, 사용하기로 결정되어 있었다. 비유리는 다른 동무의 아이들과 함께 공회당에 들어가 놀고 있었다. 석가족 사람들은 왕자를 보고 불같이 화를 내어, 왕자의 팔을 잡아끌면서, '이 거룩한 집에 종년의 새끼가 무엇 하려고 들어왔느냐'고 꾸짖었다. 왕자는 이 뜻밖의 모욕을 당하자, 어린 몸에 불이 붙는 듯 화가 치밀어 올랐다. 그래서 내가 만일 장래에 임금이 되면, 기어코 이 가비라성에 쳐들어와, 이 족속들의 씨도 남기지 않으리라고 결심하게 되었다. 왕자는 사위성에 돌아오자, 한 바라문을 시켜, 하루 세 번씩 노래를 부르게 하여 결심을 새로이 하면서, 그때가 오기를 기다렸다. 그래서 이 사실을 안 데카 카라야나 장군도 왕을 섬기면서, 원수 갚을 날을 기다리고 있었다.

2 비유리는 끝내 임금의 자리를 빼앗았다. 이제야말로 때가 왔다고 생각하고 신하를 모아놓고 물었다.

"지금 이 나라 백성들의 주인은 누구냐?"

"그것은 대왕이십니다."

"그러면 사부四部의 군사를 다 모아라. 나는 지금 가비라성을 쳐 빼앗으려고 생각한다."

왕의 명령을 따라, 사부의 군사는 다 모였다. 왕은 군사를 거느리고 가비라성을 향해 진격했다. 이 소식을 들은 비구들은 놀라, 부처님에게 여쭈었다. 부처님은 곧 자리에서 일어나, 가비라성으로 가는 길가에 있는, 가지도 잎도 없는 마른 나무 밑에 앉아서, 비유리왕을 기다리고 있었다. 군사를 거느리고 오던 왕은 부처님을 보자, 수레에서 내려 부처님에게 나아가 여쭈었다.

"부처님이시여, 니구류수의 우거진 나무가 이 근처에 얼마든지 있는데, 왜 이렇게 잎도 없는 마른 나무 밑에 앉아 계십니까."

"왕이여, 친족들의 그늘은 시원한 것이다. 그러나 내게는 친족의 그늘이 없도다."

비유리는 부처님의 마음속을 알아차리고 곧, 군사를 돌이켜 성으로 돌아갔다. 그러나 그때에도, 그 전날 노래를 부르라고 명령을 받은 바라문은 왕의 결심을 새로이 하는 노래를 잊지 않았다. 하루 세 번씩 그 노래를 불러, 왕의 원수 갚을 마음을 불러 일으켰다. 왕은 다시 군사를 일으켜 가비라성으로 갔다. 부처님은 또 전날처럼 마른 나무 밑에 나타나셨다. 왕은 또 군사를 돌이켜 성으로 돌아갔다. 이렇게 세 번을 되풀이했다. 왕은 네 번째 다시 군사를 몰아 가비라성을 향해 갔다. 부처님은 전세의 인연은 막을 수 없는 것이라 생각하고, 이번에는 고요히 법을 생각하면서 정사에 머물러 계셨다. 왕의 군사는 가비라성에 닥쳐 들었다.

3 가비라성의 백성들은, 그 능숙한 활 재주로 비유리의 군사를 맞아 화살을 퍼부었다. 그러나 그 화살은 귀를 맞히고 혹은 상투를 맞추었다. 혹은 활을 맞히고 혹은 활시위를 맞혀, 그 힘을 꺾기는 하면서도, 한 사람의 생명도 죽이지는 않았다. 그러자 그렇듯 나이 젊고 용감한 왕도 성안 백성들의 능숙한 활 재주에 겁을 먹어, 우선은 물러서려고 했다. 그러나 저 바라문의 노래에 다시 분을 내었다. 그리고 또 한 사람의 바라문이 앞에 나와 말했다.

"석가족 사람들은 다 계행을 지키기 때문에 벌레 한 마리도 죽이지 않습니다. 그러므로 쳐들어가기만 하면 틀림없이 이길 것입니다. 만일 이런 기회를 놓치면, 석가족을 멸망시킬 때는 다시는 없을 것입니다."

왕은 이 말을 듣고, 다시 군사를 몰아쳤다. 석가족 사람들은 성문을 굳게 닫고 나오지 않았다. 왕은 성밖에서 외쳤다. 만일 문을 열지 않으면 너희 일족을 씨도 없이 죽일 것이라고 위협했다.

석가족에 사마奢摩라는 소년이 있었다. 비유리가 성밖 가까이 있다는 말을 듣고, 그는 투구를 쓰고 칼을 들고 혼자 성밖에 나가 싸움을 돋우었다. 마치 미친 아수라왕처럼 날뛰면서, 칼로 군사들을 무찌르고 왕에게 달려들었다. 왕도 그 소년의 형세를 당할 수 없어 피해 달아났다. 석가족의 장로는 사마 소년의 행동을 듣고, 그를 불러들여 꾸짖었다.

"너는 아직 어린애로서, 왜 우리 집안을 욕되게 하느냐? 우리 석가족은 모두 행실이 착해 벌레 한 마리도 죽이지 않는다. 비유리의 군사를 쳐부수기는 어려운 일이 아니지만, 많은 사람의 생명을 죽이는 것이 두려운 일이다. 우리 부처님께서는, 산목숨을 죽이지 말라고 가르치시고, 목숨을 죽이는 그 갚음은 지옥에 떨어지거나, 혹 인간으로 태어나더라도, 목숨이 아주 짧다고 말씀하시지 않았던가? 너는 우리 집안의 전통을 부순 자이다. 이 성을 나가 어디로라도 가 버려라!"

사마 소년은 정처 없이 어디로 떠나고 말았다.

4 비유리는 다시 성문에 와서 문 열기를 재촉했다. 문을 곱게 열어 주면 구태여 싸울 것이 없지만, 만일 열지 않으면 힘으로써 문을 부수고 들어가, 죄다 없앨 것이라고 꾸짖었다. 석가족 사람들은 처음부터 성문을 열어 줄 생각이 없었지만, 악마가 석가족의 한 사람으로 화化해, 굳이 문 열기를 주장했기 때문에, 드디어 비유리왕에게 성문을 열어 주었다. 왕은 성안에 들어오자, 우선 석가족을 모조리 잡아, 한 사람씩 죽이기가 귀찮다 해서, 땅을 파고 처넣어, 코끼리로 하여금 그 위를 밟게 했다. 그리고 오백 명의 아름다운 여자는 포로로 하고, 그 밖에는 남녀노소를 가리지 않고 모두 죽이려 했다.

비유리왕의 외조부 마하야마는 부처님을 믿는 우바새였다. 그는 왕에게 와서 말했다.

"부디, 오직 하나 내 소원을 들어 주소서."

"어떤 소원인가?"

"내가 물속에 들어갔다가 물 위에 떠오르는 시간만, 이 성 안 사람들이 자유로이 성을 나가 도망가기를 허락해 주소서. 내가 다시 물 위에 떠오를 때에는, 마음대로 죽여주소서."

왕은 그것쯤이야 생각하고, 이것을 허락했다. 마하야마는 기뻐하면서 용기를 내어, 물속에 뛰어들었다. 그래서 자기 머리를 풀어 나무뿌리에 매고, 거기서 거룩한 최후를 마쳤다.

이 동안에 석가족 사람들은 사방 성문으로 쏟아져 나갔지마는, 이미 죽기를 각오한 그들이라, 도망가는 척하고는 다시 성안으로 되돌아왔다. 북에서 나간 사람은 남으로 들어오고, 동에서 나간 사람은 서쪽으로 들어왔다.

마하야마가 물속에 있는 것이 하도 오래인지라, 왕은 이상히 여겨 알아 보게 했다. 그러자 자기의 외조부가 죽은 줄을 알고 왕은 못내 후회했다. 그래서 성안 백성들의 생명을 살려 주고, 오백 명의 석가족 여자들만 데리고 왕성王城으로 돌아가려 했다. 부모와 이별하고 남편과 갈라질 석가족 여자들은, 차라리 죽어서 저 사나운 왕의 손에서 자기들의 몸을 구하고자 결심하고 아무도 왕의 명령을 따르려고 하지 않았다. 왕은 화를 내어, 이 여자들을 모두 흙구덩이에 처넣고 혼자서 군사를 돌려 왕성으로 돌아갔다. 성에 가까이 갔을 때에 왕은 미묘한 음악 소리를 들었다. 왕의 형 기타 왕자王子는, 먼저는 아버지와 이별하고, 이제 또 그 동생이 가비라성을 친다는 말을 듣고, 걱정에 잠기어 혼자 음악 소리에 마음을 달래면서, 궁전 속 깊숙이 들어박혀 있었다. 왕은 기타 왕자의 궁전에 이르러, 문지기 군사를 칼로 쳐 죽이고, 몸소 왕자의 방으로 들어갔다.

"형은 왜 우리들의 싸움을 돕지 않고, 혼자서 기생들과 즐기고 있습니까?"

"나는 산목숨을 죽이기가 싫어."

왕은 화를 내어, 칼을 빼어 기타 왕자를 쳤다. 사람들은 모두 다정한 기타 왕자의 덕을 칭송하면서, 그의 죽음을 슬퍼했다.

땅에 있어서는 임금의 아들, 하늘에 있어서는 하늘의 아들,
이 모두 착한 일의 갚음이거니, 기타의 덕이여, 거룩하여라.
이승에서 걱정하고 저승에서 걱정하고,
악한 일을 행한 사람 악한 갚음 받는다.
이승에서 기뻐하고 저승에서 기뻐하고,
공덕을 지은 사람 좋은 갚음 받는다.
땅에 있어서는 임금의 아들, 하늘에 있어서는 하늘의 아들,
이 모두 착한 일의 갚음이거니, 기타의 덕이여, 거룩하여라.

5 오백 명의 석가족 여자들은 손발이 묶인 채 흙구덩이에서, 한마음으로 부처님을 생각했다. '부처님은 우리 종족에서 나셨습니다. 널리 천하에 법의 비를 내리십니다. 우리들은 이제 이렇게 고난을 당하고 있습니다. 부디 자비를 드리워 우리들을 구원해 주소서.'

부처님은 비구들을 데리고, 이 처참한 싸움터에 나타나셨다. 오백 명의 여자들은 부처님을 뵙자, 기쁨과 함께 벗은 몸을 부끄러워했다. 부처님을 따르던 제석은 하늘 옷을 주고, 비사문천은 하늘 밥을 주어 요기를 시켰다. 부처님은 조용히 말씀하셨다.

"한 번 성하면 반드시 쇠하고, 한 번 나면 반드시 죽느니라. 이 몸뚱이가 있어 오욕이 있고, 오욕이 있어 집착이 생긴다. 이것을 알아 나고 늙고 병들어 죽는 것을 벗어나야 하느니라."

여자들은 이 말씀을 듣고, 집착을 떠나 법의 눈을 얻어, 즐거이 생명을 마친 뒤, 저마다 좋은 곳에 태어났다. 부처님은 비구들을 불러, 성 동쪽을 향해 서서, 성안에서 맹렬히 일어나는 불꽃을 보고 읊으셨다.

모든 것에는 항상됨이 없어 나타났다간 반드시 사라진다.
나고 죽음을 떠나서야말로 항상된 즐거움이 거기 있도다.

6 부처님은 또, 일찍이 부처님과 부처님의 교단이 있던 니구류수 숲으로 들어가, 어제와 달라진 오늘의 모습을 바라보고, 비구들에게 말씀하신 뒤, 사위성으로 돌아가셨다.

그때, 어디서 나온 말인지, 임금과 임금의 군사들은 이레 안에 죽어서 지옥에 갈 것이라는 소문이 떠돌았다. 임금은 두려움에 사로잡혀 바라문과 의논하고, 엿새 동안은 몸을 삼가서 무사히 지냈다. 이레째 되는 날, 임금은 아시라바티 강에서 놀다가 그 밤을 항가에서 지내는데, 밤중에 사나운 비바람이 일어, 군사들과 함께 임금의 생명을 빼앗아갔다. 그리고 그 궁전도 또한 하늘 불에 다 타버렸다.

7 부처님은 이 일에 대해서, 다시 비구들에게 노래로 말씀하셨다.

> 몸과 말과 뜻의 악을 저질러 이 세상에서 괴로워하다가
> 목숨도 짧게 세상을 마친 뒤 저 세상 가서도 괴로워한다.
> 집에서 살면 집에 불붙고 물에서 놀다간 물에 빠진다.
> 그래서 그 목숨 마친 뒤에는 지옥에 떨어져 불 속에 산다.

다시 부처님은 비구들에게 다음과 같이 이야기하셨다.

"비구들이여, 옛날 왕사성에 흉년이 들어, 주민들은 모두 성밖 못의 고기를 잡아먹고 생명을 이어갔다. 그 못 고기에 구소拘璅와 '두 혀'(兩舌)라는 두 마리 고기는 이렇게 생각했다. '우리는 아무 죄도 없고, 또 저 성안 사람들에게 아무 죄도 지은 일이 없는데, 저 인간들은 우리를 잡아먹는다. 우리 둘은 마음을 합해서 이 원수를 갚자.' 그때, 그 마을에 여덟 살 난 아이가 있어, 저는 고기를 잡지 않지마는, 어른들이 고기를 잡아 뭍에 던져 놓으면, 고기들이 괴로워 뛰다가 죽는 것이 재미스러워, 언제든지 즐겁게 바라보고 있었다. 비구들이여, 원인과 결과의 이치는 무서울 만큼 확실하게 그 갚음이 나타나는 것이다. 구소인 비유리는 두 혀인 바라

문의 추김을 받아, 가비라성 사람들에게 그 원수를 갚았다. 이래서 원한은 겹겹이 쌓이어, 생사의 수레바퀴는 들고 도는 것이다. 나는 지금 머리가 아프고 무거운 돌에 눌리는 것 같은 기분이다. 이것도 또한 씻기 어려운 하나의 갚음이다."

제2절 제바달다

1 부처님은 왕사성으로 돌아와, 성밖에 있는 대숲절에 머물러 계셨다. 오래 전부터 가뭄이 계속돼, 흉년이 들 징조가 있었으므로, 비구들은 밥을 얻기가 매우 곤란해졌다. 그 중에도 이름이 드러난 스님들은 그래도 가는 곳마다 밥을 얻을 수가 있었지만, 제바달다는 그 몸이 자유롭지 못했고, 또 그것은 자기에게 신통이 없는 까닭이라 생각했다. 그래서 어느 날, 부처님에게 나아가, 신통 얻는 길을 물었다. 그러나 부처님은 이렇게 말씀하셨다.

"제바提婆여, 신통을 얻기를 구하기보다는, 세상의 항상됨이 없음과 괴로움과 공空인 것과 '나'가 없는 이치를 생각하는 것이 좋으리라."

제바달다는 여기에 대해 불평을 품고 있었다. 그 여름에, 부처님은 모든 비구들을 데리고 교상미로 가셔서 안거하고 계셨다. 사리불, 목건련, 아나율, 아난 들은 서로 화목하게 항상 불법佛法을 이야기하면서 지냈다. 제바달다는 어딘가 자기를 따돌리는 것같이 생각이 되어, 교단을 버리고 혼자 왕사성으로 갔다.

거기서 그는, 빈바사라 왕의 사랑하는 아들로서, 당시에 열여섯 살 되는 아사세 태자의 신임을 얻으려고 노력했다. 어느 날, 그는 태자를 찾아가, 갖은 수단을 다해 그 마음을 빼앗았다. 거기서 그는 태자의 신임을 한 몸에 얻어, 왕사성 가까운 곳에 절을 세우고, 날마다 많은 수레에 실어오는 의식의 공양을 받게 되었다.

2 이래서 젊은 태자 외호자外護者를 얻은 제바달다는, 그 세력이 날로 성해 갔다. 그에 따라 부처님 교단의 비구들 중에서도, 그리로 가는 사람이 있었다. 부처님은, 그가 부귀를 위해 태자의 공양을 받고 있다는 말을 듣고, 비구들에게 말씀하셨다.

"어리석은 사람은 부귀를 위하는 생각을 근본으로 해서, 악을 더해 간다. 그래서 잘 드는 칼이, 머리와 발을 두 동강으로 내는 것처럼, 그는 깨끗한 공덕을 끊는다. 그리고 깨끗한 행行은 닦기를 잊고, 한갓 사람들을 불러 모아, 스스로 여러 사람의 위에 서서 법의 주인이 되기를 바라는 것이다. 만일 한편으로 부귀를 구하면서, 또 한편으로 열반을 얻으려고 한다면, 그 앞생각이 원수가 되어 뒤의 마음은 탐욕이 될 것이다. 그래서 자기를 해치고 또 남을 해치게 되는 것이니, 너희들은 저 제바달다를 부러워해서는 안 된다.

열매를 맺는 파초는 말라 죽고 북쪽으로 피는 갈대도 마르나니,
노새는 새끼를 배서 죽고 사람은 탐욕으로 멸망하는 것이다.

3 어느 날, 부처님이 왕사성에서 걸식하고 계실 때, 제바달다도 또 그 거리에서 걸식하고 있었다. 부처님은 멀리서 제바달다를 보시고, 곧 그곳을 떠나려 하셨다. 아난은 여쭈었다.

"왜 여기를 떠나시렵니까?"

"제바달다가 이 거리에 있으므로 피하려 하는 것이다."

"제바달다를 무서워하십니까?"

"아니, 그를 무서워하는 것이 아니다. 악한 사람을 만나지 않으려는 것이다."

"그러면 제바달다를 이 거리에서 떠나게 하면 되지 않습니까?"

"떠나게 할 것 없다. 제 마음대로 하게 내버려 두라. 아난아, 어리석은 사람을 만나서는 안 된다. 어리석은 사람과 일을 같이 해서는 안 된다. 실없는 말을 주고받아서는 안 된다. 어리석은 사람은 스스로 악한 일을 행하고, 바른 계戒를 어기며, 간악한 소견은 날로 자라나는 것이다. 제바달다는 지금 큰 이익을 얻어, 마음이 잔뜩 교만해 있다. 마치 사나운 개는 매질하면 매질할수록 더 사나워지는 것과 같은 것이다."

이내 아난을 데리고 그곳을 떠나, 다른 거리로 가셨다.

한쪽으로 제바달다는 부처님을 대신해서, 교단을 통솔하려고 꾀했다. 그때, 목건련은 지제支提국에 있었는데, 천상에 태어난 그의 제자 카쿠다에게서, 제바달다가 악한 마음을 가졌다는 말을 듣고 놀라, 곧 대숲절로 달려가, 그 사실을 부처님께 여쭈었다. 부처님은 '나도 알고 있다'고 말씀하셨다. 제바달다는 그런 줄도 모르고, 가장 믿는 제자 구가리瞿伽離, 건다표乾陀驃, 가류라제사迦留羅提舍, 사뭇다닷타 들을 데리고, 대숲절로 달려왔다. 부처님은 그들이 오는 것을 보시고, '어리석은 저들은 내게 대해, 자기들을 자랑하면서, 그 계획을 말할 것이라'고 생각하셨다. 목건련은 다시 지제국으로 돌아갔다. 제바달다의 일행은, 부처님께 나와 예배하고 말했다.

"부처님은 이제 나이도 많으시고 또 몸도 쇠약해서, 여러 제자들을 가르치시기에 괴로우실 것입니다. 저는 지금부터 부처님을 대신해서, 모든 제자들에게 법을 가르치겠습니다. 부처님은 그저 고요히 선정을 즐기고 계시기 바랍니다."

부처님은 말씀하셨다.

"제바여, 나는 사리불이나 목건련과 같은 지혜가 밝고 행실이 원만한 큰 아라한에게도, 아직 여러 제자들의 가르침을 맡기지 않고 있다. 그렇거늘 어찌 너와 같은, 이익을 위해서는 남의 침이라도 빠는 자에게 이 대중을 맡길 수 있겠는가?"

제바달다는 다시 할 말이 없어, 기가 죽어 물러갔다. 그러나 마음속으로 큰 원한을 품었다. '부처님은 대중 앞에서, 사리불과 목건련을 칭찬하고 나를 모욕했다. 언제고 이 원수를 갚지 않으면 안 되겠다'고 결심했다.

4 그는 어느 날, 교단의 규율이 풀어졌다는 것을 핑계로, 다섯 가지의 새로운 규칙을 만들기를 부처님에게 청했다.

① 숲에서만 살고, 거리에 살아서는 안 된다.

② 집집을 차례로 밥을 빌고, 초대하는 공양을 받아서는 안 된다.

③ 한평생, 법의法衣를 입지 않으면 안 된다.

④ 나무 밑에서 자고, 집안에서 자서는 안 된다.

⑤ 고기를 먹어서는 안 된다.

그러나 함부로 엄한 규칙만 만들어, 사람의 행위를 속박하기보다는, 마음의 더러움을 없애기를 주로 하는 부처님은 제바달다의 이 청을 허락하지 않으셨다. 부처님은 곧 사리불을 불러 말씀하셨다.

"지금 저 제바달다의 무리들에게 가서, 그들의 그 다섯 가지 규칙을 받기로 한다면, 그것은 참된 가르침에 어긋나는 것이라고 전하라."

사리불은 여쭈었다.

"부처님이시여, 저는 아까 제바달다를 칭찬한 일이 있습니다. 그런데 이제 어떻게 저들을 비방하겠습니까?"

부처님은 다시 말씀하셨다.

"칭찬하는 것도 진실이요, 비방하는 것도 진실이다. 잘못은 시정치 않으면 안 된다."

사리불은 이치에 맞는 말씀에 황송하여, 곧 제바달다의 무리들에게 가서, 그 사실을 전하니 그들은 다 제바달다의 무리들이기 때문에, 서로들 쑥덕댔다. '어허, 부처의 제자들도, 제바달다 존자가 풍성한 공양을 받는 것을 보고 샘이 나는 모양이지?'라고. 사리불은 다시 왕사성으로 들어가서, 그 신자들에게도 이 사실을 알렸다. 그러나 제바달다는, 그 새 규칙을 꼭 실시하기로 결심하고 그 제자 중에서 제일 영리한 사뭇다닷타와 의논한 뒤, 포살 날에 다달아, 그 새 규칙을 주장하면서, 모든 사람의 찬동을 구했다. 마침 그 모임에는 새로 스님이 된 오백 명의 비사리 비구가 있어, 그들은 아직 교단의 규율을 모르기 때문에, 이 새 규칙에 찬동했다. 그때에, 사리불, 목건련 들의 큰 제자는 그 자리에 없었다. 아난은 윗옷을 입고 자리에서 일어나 말했다.

"이 새 규칙은 부처님이 정하신 계율이 아니다. 모든 장로長老들이여, 만일 내 말을 인정한다면 곧 윗옷을 입고 일어서 주십시오."

육십 명의 장로들은 아난의 말을 따랐다. 그러나 제바달다는 오백 명의 새 제자를 얻었기 때문에, 여러 장로들에게, 자기는 이 교단을 떠난다고 선언하고, 모든 제자들을 데리고, 왕사성의 서남쪽 수십 리 되는 가야산으로 떠나갔다. 그는 여기서 모든 제자들을 가르치기로 결심했다.

오백 명의 새 비구가 제바달다를 따랐다는 것은, 적지 않게 교단 사람의 마음을 움직이게 했다. 이때에, 사리불과 목건련은 부처님의 허락을 얻어, 제바달다에게 빼앗긴 제자들을 구원하기 위해 가야산으로 나아갔다. 그때 '아아, 저 두 분의 큰 장로도 제바달다의 제자가 되는구나.' 하고, 슬퍼 운 비구도 있었다. 부처님은 걱정하는 비구들에게 말씀하셨다.

"너희들은 걱정하지 말라. 저 두 사람은 반드시 저곳에 가서, 큰 법의 위덕을 나타낼 것이다."

5 사리불과 목건련 두 사람이 가야산에 도착한 때는, 마침 제바달다의 설법이 한창이던 때였다. 그는 멀리서 이 두 사람이 오는 것을 보고, 기쁘게 맞으면서 말했다.

"그대들은, 그때에는 내 새 규칙을 인정하지 않았지만, 이제 내 뜻을 잘 알아 와 주어서 반갑다."

조금 있다가 사리불에게

"나는 지금 피로해 있으니, 그대는 내 대신 법을 설해 다오."

하고는, 여느 때 부처님이 하시는 태도와 같이, 자기는 큰옷을 둘로 접어 깔고, 오른쪽 옆구리를 아래로 하고 누웠다. 그때에, 목건련은 먼저 신통을 나타내고, 사리불은 다음으로 법을 설했다. 오백 명의 비구들은 꿈에서 깨어난 듯, 먼저의 잘못을 뉘우치고, 곧 두 장로를 따라 가야산을 떠났다. 사뭇다닷타는 제바달다를 불러일으키면서 외쳤다.

"사리불과 목건련이 오백 명 비구를 데리고 갔습니다!"

제바달다는 놀라 일어나

"너희들, 이 나쁜 비구들아, 내 제자를 빼앗아갔구나!"

하고, 욕설을 퍼부우며 땅을 치고 날뛰다가, 코에서 더운 피를 쏟았다.

사리불과 목건련이 오백 명의 제자들을 데리고 돌아온 것은, 교단에 너무나 큰 놀라움을 주었다. 부처님은 그들을 위해 하나의 전생 이야기를 하셨다.

"비구들이여, 옛날 구바리라는 활쏘기의 스승이 있었다. 그 제자 산자는 활 잡는 법과 화살 꽂는 법을 육년 동안 배웠지마는, 한 번도 쏜 일은 없었다. 어느 날, 시험 삼아 큰 나무를 쏘아 보았더니, 화살은 멋지게 나무를 맞혀 뚫고는, 깊이 땅 속에까지 들어갔다. 스승은 그것을 보고 기뻐하면서

'너는 활쏘기의 깊은 법을 얻었다. 지금부터는 나가서 오가는 사람을 괴롭히는 도둑들을 없애라!'

고 말하면서, 한 자루의 활에 오백 개의 금 화살과, 다시 한 사람의 미인과 한 채의 수레를 보태 주었다. 그는 스승의 명령을 받아, 미인과 수레를 함께하여, 도둑의 소굴로 향해 갔다.

도둑의 괴수는 오백 명의 부하를 데리고 오가는 사람을 기다리고 있었다. 거기에 산자의 수레가 왔다. 도둑의 괴수는 부하를 제지하여 맞붙지 말라고 했다. 조금 뒤에 수레에서 내린 미인은 금 바리때를 손에 들고 도둑에게 먹을 것을 청했다. 그들은 그 미인과 금 바리때를 보자, 일

어나는 욕심을 건잡을 수 없었다. 그러나 괴수 도둑은 아직도 부하를 제지하고는, 맛난 음식을 금 바리때에 가득 담아 주었다. 미인은 다시 그들에게, 그들이 가진 것을 반을 나눠 달라고 청했다. 도둑의 부하들은 견디다 못해, 수레 위에 있는 산자에게로 달려들었다. 산자는 수레를 이리저리 몰면서, 화살 하나로 한 사람씩을 쓰러뜨려, 사백아흔아홉 명을 쓰러뜨리고, 마지막 하나를 남겼다. 그러나 괴수 도둑은 나타나지 않았다. 그래서 산자는 그 미인을 홀랑 벗겨 나무 밑을 거닐게 했더니, 과연 그 도둑은 욕심을 못 이겨 나타났다가 산자의 화살에 맞아 죽었다.

비구들이여, 그때의 산자는 사리불이고, 미인은 목건련, 오백 명의 도둑은 이 오백의 새 비구, 괴수 도둑은 물론 제바달다였고, 그 스승은 바로 이 나였다."

제3절 나무고갱이 비유와 무외 왕자

1 제바달다가 교단에서 떠난 지 얼마 안 되어, 부처님은 비구들에게 말씀하셨다.

"비구들이여, 나는 이전에 나무의 고갱이 비유를 말한 적이 있었다. 이 세상의 남·늙음·죽음·근심·슬픔·괴로움·번민 따위를 벗어나기 위해 비구가 되었으면서, 남의 공양과 존경과 명예를 얻어, 거기에 만족하고 마음이 교만해져, 자기를 칭찬하고 남을 비방하는 사람이 있다. 그러나 그는, 깨끗한 행실의 지엽枝葉을 가지고 나무 고갱이라고 생각하는 어리석은 사람으로서, 방탕에 흘러서 고뇌에 빠지는 사람이다. 그리고 또 아름다운 계행戒行에 취해서, 거기에 만족하고 마음이 교만해져, 자기를 칭찬하고 남을 비방하는 사람이 있다. 그러나 그는 깨끗한 행실의 껍질을 가지고 나무 고갱이라고 생각하는 어리석은 사람으로서, 방탕에 흘러 고뇌에 빠지는 사람이다. 또 굳건한 정定을 일으켜, 거기에 만족하고, 마음이 교만해져, 자기를 칭찬하고 남을 비방하는 사람이 있다. 그러나 그는, 깨끗한 행실의 속껍질을 가지고 나무 고갱이라고 생각하는 어리석은 사람으로서 방탕에 흘러 고뇌에 빠지는 사람이다. 또 밝은 지견智見을 얻어 거기에 만족하고, 마음이 교만해져 자기를 칭찬하고 남을 비방하는 사람이 있다. 그러나 그는 깨끗한 행실의 나무를 가지고 나무 고갱이라고 생각하는 어리석은 사람으로서, 방탕에 흐르고 고뇌에 빠지는 사람이다.

공양과 존경과 명예에 마음이 날리지 않고, 아름다운 계행에 취하지 않으며, 굳건한 정定에 홀리지 않고, 밝은 지견에 교만하지 않으며, 또 방탕하지 않고 더욱 도道로 나아가 움쩍 않는 마음의 해탈을 얻는 것이, 나무 고갱이를 구해서 나무 고갱이를 얻는 것이다. 이 해탈에서는 퇴타退墮라는 것이 없다. 비구들이여, 공양과 존경과 명예는, 깨끗하고 맑은 행실의 목적이 아니다. 아름다운 계행도 맑고 깨끗한 행실의 목적이 아니다. 굳건한 정定도 맑고 깨끗한 행실의 목적이 아니다. 밝은 지견도 맑고 깨끗한 행실의 목적이 아니다. 오직 움쩍 않는 마음의 해탈이 맑고 깨끗한 행실의 목적이다. 이것이 중심이요 이것이 마지막이다."

2 그때의 일이다. 빈바사라 왕의 아들 무외 왕자無畏王子는 어느 날, 니건다야제자를 찾았더니, 니건다는 말했다.

"왕자여, 사문 구담瞿曇의 이론을 쳐부수십시오. 당신의 이름은 천하에 높이 드날릴 것입니다."

"대덕이여, 나 같은 자가 어떻게, 저 위대한 힘이 있는 사문 구담의 이론을 부술 수 있겠습니까?"

"왕자여, 우선 구담에게 가서 '여래如來는 남에게 불쾌한 말을 하는가?'고 물으십시오. 그래서 그렇다고 대답하거든, '그렇다면 여래는 보통 속인들과 무슨 구별이 있는가?'고 비난하십시오. 그리고 만일 그렇지 않다고 대답하거든, '그러면 여래는 왜, 제바달다는 영원히 지옥에 들어 있을 사람이니, 도저히 구원할 수 없는 사람이니 하여, 제바달다에게 불쾌한 말을 하는가?'고 힐난하십시오. 왕자여, 사문 구담은 이 두 갈래 길에 끼어, 꼼짝 못할 것입니다."

왕자는 이 말을 듣고 곧 부처님을 찾을까 하다가 다음날로 미루었다. 그래서 부처님과 그 세 제자를 자기 집으로 초대하기로 했다. 다음날, 부처님은 왕자의 초대를 받아 그 집으로 가셨다. 식사가 끝나자, 왕자는 낮은 자리에 내려 앉아 부처님께 여쭈었다.

"부처님은 남에게 대해서 불쾌한 말씀을 하시나이까?"

"왕자여, 그것은 통틀어 말할 수 없는 것이다. 무턱대고 불쾌한 말을 할 리는 없으니까."

"부처님이여, 여기서 니건다는 졌습니다."

"왕자여, 그 말은 무슨 뜻인가?"

"부처님이시여, 사실은 이것은 니건다야제자가 시킨 지혜로서, 부처님의 이론을 부수기 위한 것입니다."

이에 왕자는 어제부터의 계획을 자세히 여쭈었다.

3 그때 무외 왕자의 무릎에는 왕자의 어린애가 안겨 있었다. 부처님은 말씀하셨다.

"왕자여, 만일 당신의 방심放心이나 유모의 부주의로 이 어린애가 나무 조각이나 유리 조각을 입에 넣었다면 어떻게 하겠는가?"

"그야 물론 집어내어야 할 것입니다. 단번에 안 되면, 왼손으로 이마를 누르고 바른 손가락을 입에 넣어, 피가 나더라도 집어내야 할 것입니다. 그것도 어린애가 사랑스럽기 때문입니다."

"왕자여, 그와 같이 여래는 남에게 불쾌하다고 해서 진실하지 않고, 이익 되지 않은 것은 말하지 않는다. 비록 진실은 하더라도 이익이 되지 않으면, 남에게 불쾌한 말을 하지 않는다. 여래는 진실하고 또 이익이 되는 일이면, 때를 보아서 남에게 불쾌한 말도 하는 것이다. 그것은 오로지 중생을 불쌍히 여기기 때문이다."

"부처님이시여, 크샤트리아 · 바라문 · 장자長者 · 사문들의 각 계급 사람들이, 미리 생각해서 질문을 하고 있습니다. 부처님은 '이런 질문을 받을 때에는 이렇게 대답하자, 저런 물음을 받을 때에는 저렇게 대답하리라'고, 미리 생각하고 계십니까? 혹은 그 자리에서 바로 대답하십니까?"

"왕자여, 그대는 수레에 대해서는 자세히 알고 있겠지만, 어떤 사람이 있어서 수레에 대해서 물을 때에, 그대는 그 대답을 미리 준비하고 있는가?"

"부처님이시여, 저는 수레에 대해서는 자세히 알고 있기 때문에, 어떠한 질문에 대해서 미리 준비하지 않아도, 그 자리에서 바로 대답할 수 있습니다."

"왕자여, 그와 같이, 여래는 법계法界를 잘 알고 있기 때문에, 어떤 사람의 물음에도 그 자리에서 대답할 수 있는 것이다."

무외 왕자는 부처님의 말씀을 듣고 기뻐해, 한평생 우바새가 될 것을 맹세했다.

제4절 아사세 태자

1 제바달다의 교단은 오백 명의 비구를 도로 빼앗기고, 다시 일어날 수 없을 만큼 큰 타격을 받았다. 이제 힘입을 곳이란 아사세 태자 한 사람뿐이었다. 그는 어느 날, 태자를 찾아가 말했다.

"태자여, 대왕은 언제고 왕의 자리에 있을 것처럼 보입니다. 대왕이 살아 있는 동안에는, 태자는 임금의 자리에 오를 수는 없습니다. 대왕이 돌아간 뒤에 비록 임금의 자리에 나아간다 하더라도, 그 영화는 매우 짧을 것입니다. 그러므로 하루라도 빨리 부왕父王을 대신 해서 임금의 자리를 이어받는 것이 좋을 것입니다. 나도 또 저 구담을 없애 버리고 법의 임금이 되겠습니다. 그래서 새 임금과 새 부처가 서로 손을 잡고, 이 마가다 나라를 다스리는 것은 즐거운 일이 아니겠습니까?"

태자는 대답했다.

"부모 은혜의 무거움은 해와 달보다도 더한 것이다. 오랫동안 나를 기른 은혜를 갚기 어려운 것이다. 스승은 어째서, 이러한 반역을 권하는 것인가?"

그러나 제바달다는 교묘한 말로 태자를 추기어, 그 권함을 즐거이 듣게 했다.

처음에 빈바사라 왕의 부인 위제희는, 왕이 중년을 넘은 뒤에 비로소 아기를 배었다. 그러나 왕의 어깨의 피를 먹고 싶어하는, 아기 낳기 전의 괴상한 욕심에 걸려, 날로 여위어 쇠해 갔다. 왕은 그 사정을 듣고 자기 어깨의 피를 짜서 부인에게 먹였다. 상相 보는 사람은 '장차 날 아기는 부왕父王의 적이 될 것이다'고 했기 때문에, 부인은 몇 번이나 낙태를 시키려 했으나, 임금이 굳이 말려, 아기는 자라났다. 나기 전에 아비의 원수가 되리라고 해서, 아사세, 곧 '나기 전의 원수'라고 이름했다. 제바달다는 이 사실을 태자에게 알려, 그 마음을 더욱 어지럽게 했다.

어느 날, 태자는 가만히 칼을 차고 임금의 문으로 나아갔다. 그러나 속에 품은 악한 마음은 태자의 몸을 흔들어 태자는 갑자기 땅바닥에 쓰러졌다. 문지기는, 심상치 않은 태자의 어지러운 태도를 보고 그 까닭을 물었다.

"제바달다의 꾐을 받아 부왕을 죽이려 한다."
고 대답했다.

모든 대신들은 놀라 이 사정을 임금에게 알리고 그 명령을 기다렸다. 임금은 단 하나인 태자를 차마 죽일 수 없어, 아들의 뜻을 따라, 태자에게 임금의 자리를 물려주게 되었다. 그러나 태자는 다시 제바달다의 꾀에 빠져 임금을 궁전 안에 가두어 두고, 밥을 주지 않았다.

2 위제희 부인은 몸을 깨끗이 목욕하고, 밀가루를 벌꿀로 버무려 몸에 바르고, 임금이 있는 궁전 안 감옥으로 찾아갔다. 임금은 살이 쪽 빠져, 슬퍼할 줄도 모를 만큼 쇠약해 있었다. 부인은 울면서 말했다.

"진실로 부처님의 말씀과 같이, 영화도 항상되지 않아 죄의 갚음이 닥쳐왔나이다."

"음식이 끊어진 뒤로 주림은 계속되어, 수백 마리의 벌레가 뱃속을 휘젓는 것 같소. 피도 살도 다 말라, 곧 죽을 것 같소."

임금은 숨이 넘어갈 듯, 목메어 울었다. 부인은 몸에 바른 밀가루 떡을 벗겨 주었다. 임금은 그것을 다 먹자, 눈물을 흘리면서 멀리 부처님 계시는 곳을 향해, 머리를 조아려 여쭈었다.

"부처님의 말씀과 같이, 세상의 영화는 오래 가기 어려워, 모두가 꿈이요 허망합니다."

다시 부인을 향해 말했다.

"내가 임금으로 있을 때에는, 나라는 넓고 의식衣食은 뜻을 따라 모자라는 것 하나도 없었소. 그러나 이제는 감옥에 갇힌 몸, 굶주림에 죽을 것 같소. 내 아들은 간사한 스승에 속아, 부처님의 가르침을 어기고 있소. 나는 죽음은 두렵지 않지만, 당장에 부처님의 가르침을 받을 수 없구려. 그리고 사리불, 목건련, 가섭 같은 그 제자들과 법의 깊은 뜻을 서로 이야기할 수 없는 것이 원통한 일이오.

진실로 부처님 말씀과 같이 사람의 은애恩愛란, 마치 새떼들이 하룻밤을 한 숲에 자다가, 새벽이 되면 제각기 흩어져 가서, 미리 정해진 불행과 행복을 받는 것과 같은 것이오. 존자 목건련은 마음의 때가 없어지고, 자유로운 신통을 얻었으면서도, 어떤 바라문의 시기를 받아, 맞은 일까지 있소. 하물며 마음의 때가 가시지 않은 내게 있어서야, 이것은 예삿일

일 것이오. 불행이 사람을 따르는 것은, 그림자가 형체를 찾고, 메아리가 소리에 대답하는 것 같은 것이오. 부처님을 만나기 어렵고, 그 가르침을 듣기도 어렵고, 또 그 가르침을 따라 덕을 베풀어 백성을 다스리기도 어려운 것이오. 나는 지금 목숨을 마쳐 먼 곳으로 갈 것이오. 적어도 마음 있는 사람이라면, 부처님의 가르침을 받들지 않을 자 없을 것이오. 그대도 삼가 그 가르침을 지키어, 미래의 불행을 막도록 하시오."

부인은 임금의 이 훈계를 듣고, 걷잡을 수 없이 울면서 쓰러졌다.

3 임금은 다시 손을 모아, 멀리 기사굴산을 향해, 부처님께 예배하고 사뢰었다.

"부처님이시여, 목건련 존자는 저의 친한 친구입니다. 부디 자비를 베푸시어, 목건련을 제게 보내시어 신자로서의 할 일을 가르쳐 주소서."

그때, 목건련은 나는 소리개처럼 임금에게 나아가, 신자로서 할 일을 가르치고, 또 부처님은 부루나富樓那를 보내어, 임금을 위해 법을 설하게 하셨다. 이렇게 스무하루 동안을, 임금은 밀가루 떡을 먹으면서 법을 들었기 때문에, 얼굴빛도 차츰 화기가 돌게 되었다.

4 한편으로 제바달다는, 아사세왕에게 청해, 예순네 명의 군사를 뽑았다. 처음에 두 사람을 보내어 부처님을 죽인 뒤 딴 길로 오라 하고, 다시 네 사람을 보내어, 그 두 사람의 돌아오는 길을 지켰다가 죽이게 하고, 다시 여덟 사람을 보내어, 앞의 네 사람을 죽이게 하고, 이렇게 그 수를 곱으로 하여, 예순 네 사람으로써 앞의 서른 두 사람을 죽이게 하고, 이래서 누가 부처님을 죽였는지 세상이 모르도록 하려고 계획했다.

그때 부처님은, 기사굴산의 굴속에서 나와, 사방으로 돌아다니시며 계셨다. 먼저 두 사람의 군사는 갑옷을 입고 칼을 들고 부처님에게 덤비려 했으나, 그 위엄에 기가 질려 나아갈 수 없었다. 그들은 놀라 부처님의 얼굴을 우러러보았다. 그 모습은 고요하기가 마치 길든 큰 코끼리 같고, 그 마음은 맑은 물이 안팎으로 트인 것 같았다. 두 사람은 그만, 따르고 싶은 생각을 건잡을 수 없어, 칼을 버리고 그 앞으로 나아갔다. 그래서 여러 가지 가르침을 듣고, 법의 눈이 열리어, 삼보에 돌아가 신자가 되었다. 그들은 다른 길로 제바달다에게 가서, 부처님의 위신력에 눌리어, 해칠 수 없었다는 것을 말했다. 이래서 제바달다의 계획은 물거품이 되고 말았다.

그는 화가 나서 기사굴산에 올라가, 바위굴 앞을 거닐고 계시는 부처님을 향해, 큰 돌을 들어 멀리서 던졌다. 무서운 소리를 내고 떨어진 돌은 빗나가 부처님은 맞지 않고, 다만 그 부서진 조각이 부처님의 발을 때려, 상처에서 흐른 피가 땅을 적셨다. 그러나 부처님은 천천히 바위굴로 들어가, 큰 옷을 넷으로 접어 깔고, 오른 겨드랑이를 아래로 하고 사자처럼 누워 계셨다. 그러다가 모두 놀라 떠들며 오는 적을 막으려고 했다. 부처님은 비구들을 위해, 굴에서 나와 말씀하셨다.

"너희들, 뱃사람 모양으로 떠들지 말라. 모두 제각기 제 처소로 돌아가, 마음을 가라앉혀 공부를 열심히 하라. 모든 부처님의 보통 법으로서, 남의 보호를 받는 일은 없다. 그것은 이미 모든 원수를 이기고 있기 때문이다. 저 전륜성왕은 어떠한 적도 그를 해치지 못하는 것처럼, 어떠한 적도 여래를 향해서 그 악을 더하지 못하는 것이다."

5 제바달다는 다시 아사세왕에게 청해서, 큰 코끼리를 놓아 부처님을 해치려 했다. 그는 상사象師에게 말했다.

"내일 구담이 오는 길에 술 찌꺼기를 먹여 취한 코끼리를 풀어 놓아라. 그는 거만한 마음이 있기 때문에 피하지 않을 것이다. 그러면 틀림없이 밟혀 죽을 것이다.

이튿날 아침, 부처님은 옷을 입고 바리때를 들고, 성에 들어와 밥을 빌고 계셨다. 상사象師는 멀리서 이것을 보고, 술 취한 코끼리를 풀어 놓았다. 신자들은 다른 길로 가시도록 부처님에게 권했지만, 부처님은 듣지 않으시고 조용히 그 길을 가셨다. 취한 코끼리는 멀리서 부처님을 보고, 귀를 세우고 코를 불면서 달려왔다. 그러나 부처님은 자심삼매慈心三昧에 들어 생각을 하셨다.

> 너 큰 용龍을 해치지 말라 큰 용이 세상에 나기는 어렵다.
> 너 만일 이 큰 용을 해치면 죽어 악한 곳에 떨어지리라.

이 큰 사랑하는 마음의 힘에 질려, 코끼리는 꿇어 엎드려, 부처님의 발을 안아 보고, 물러나 가 버렸다. 이것을 보는 사람, 모두 부처님의 덕을 칭찬해 마지않았다.

6 빈바사라 왕은 그 부인이 갇힌 뒤로는 먹을 것이 아주 끊어졌다. 겨우 창을 통해 기사굴산 숲을 우러러 보는 것으로써, 마음의 위로를 삼고 있었다. 태자는 이것을 알고 그 창을 막을 뿐 아니라, 왕의 발바닥을 깎아 설 수도 없게 했다. 그때 아사세의 아들 우타야優陀耶는 발가락의 부스럼으로 고생하고 있었는데 아사세왕은 어린애를 끌어안고, 그 부스럼의 고름을 빨아 주었다. 마침 그때에 곁에 있던 위제희 부인은 이것을 바라보고, 옛일을 생각하며 말했다.

"왕이여, 왕도 어려서, 꼭 이런 병을 앓고 있었는데, 그때 부왕父王은 지금의 왕과 같이 그 고름을 빨아 준 일이 있습니다."

아사세왕은 이 말을 듣자, 부왕에 대한 원수의 마음은 갑자기 애모愛慕하는 생각으로 변해, 여러 신하들에게 말했다.

"만일 부왕이 살아 계시다는 소식을 알리는 사람이 있으면, 이 나라의 반을 주리라."

사람들은 다투어 부왕이 있는 곳으로 달려갔다. 그러나 부왕은 멀리서 시끄러운 사람의 발자국 소리를 듣고, '저들은 나를 잡으러 온다'고 생각하고, 두려움에 떨면서 자리에 쓰러져 고민하다가 그대로 숨이 지고 말았다.

7 이래서 아사세는 신하들에게 명령했다.

"나는 지금부터, 큰 성인聖人 부처님과 그 제자들에게 돌아가 의지하기로 했다. 너희들은 지금부터 부처님과 그 제자들을 궁전으로 맞아들이고, 제바달다와 그 무리들은 문 안에도 넣지 말라."

이런 줄은 모르고, 제바달다는 어느 날, 궁성宮城 문에 이르니, 문지기는 임금의 명령을 말하고 그를 거절했다. 그가 화가 나서 문 밖에 서 있을 때에, 문 안에서 연화색蓮花色 비구니가 걸식을 마치고 나왔다. 제바달다는 그녀를 보자, 화가 더욱 치밀어

"너는 내게 무슨 원한이 있어, 나를 이 문 안으로 들어가지 못하게 하는가?"

고 꾸짖으면서, 주먹으로 그녀의 머리를 쳤다. 그녀는 아픔을 참으면서, 그 억울함을 하소했지마는 제바달다는 끝내 그 머리를 깨었다. 그녀는 고통을 참으면서 정사로 돌아가, 모두 놀라워하는 비구니들에게 말했다.

"그대들이여, 사람의 목숨은 덧없는 것이다. 모든 법에는 '나'가 없는 것이다. 오직 고요한 곳이 열반이다. 그대들은 힘써 착한 도道를 닦아라."

그녀는 말을 마치고 열반에 들었다.

8 제바달다는 열 손가락 손톱에 독약을 바르고, 기원정사에 계시는 부처님께 가까이 가려고 꾀했다. 비구들은 제바달다를 보고, 부처님의 몸을 걱정해, 모두 두려움에 떨고 있었다. 그러나 부처님은 말씀하셨다.

"너희들 두려워 말라. 오늘 제바달다는 나를 볼 수 없으리라."

제바달다는 정사에 와서, 비구들이 발을 씻고 있는 못가의 나무 밑에 앉아 쉬고 있었다. 부처님은 여전히 앞의 말을 되풀이하시면서, 두려워 떨고 있는 비구들을 달래었다. 이때에, 제바달다가 앉아 있는 땅이 저절로 꺼지면서 무서운 불꽃이 일어, 제바달다의 무릎에서 배꼽으로, 또 어깨에까지 미쳐 왔다. 그는 불에 그을리며 제 죄를 뉘우쳐 '나무불!'南無佛을 외치면서 땅 속으로 꺼져 들어갔다. 이때에 두 개의 쇠 젓가락이 나

타나, 그를 앞뒤에서 집어, 불붙는 땅속으로 휘감아, 아비지옥阿鼻地獄(無間地獄))으로 끌고 갔다.

제5절 부루나의 순교와 미륵불 세계

1 어느 날 황혼에, 부루나는 선정에서 일어나, 부처님께 나가 여쭈었다.

"부처님이시여, 손쉬운 법을 하나 가르쳐 주소서. 저는 그것을 가지고, 혼자 조용히 있으면서, 방일을 떠나 공부하고 싶습니다."

"부루나여, 그러면 잘 들으라. 눈으로 보는 모양, 귀로 듣는 소리, 코로 맡는 냄새, 혀로 맛보는 맛, 몸으로 닿는 촉감, 모두가 뜻에 맞고 유쾌해서 탐욕을 끌어 일으키는 것이 있다. 만일 비구가 그것을 좋아해 거기에 집착하면 어떤 즐거움이 생긴다. 부루나여, 기쁨의 원인은 괴로움의 원인이라고 나는 늘 말했다. 그러면 너는, 이 손쉬운 내 가르침을 가지고 어디로 가서 살고자 하는가?"

"부처님이시여, 저는 이 가르침을 받들고, 스나파란타로 가서 살고자 하나이다."

"부루나여, 스나파란타 사람은 사납고 흉악하다. 만일 저들이 너를 꾸짖고 모욕한다면, 너는 어떻게 할 것인가?"

"부처님이시여, 저는 그때에, 스나파란타 사람은 착하고 어질기 때문에, 저를 주먹으로 때리지는 않는다고 생각하겠습니다."

"부루나여, 만일 저들이 주먹으로 때린다면, 너는 어떻게 하겠는가?"

"부처님이시여, 저는 그때에, 스나파란타 사람은 선량하기 때문에 흙덩이나 몽둥이로는 때리지 않는다고 생각하겠습니다."

"부루나여, 만일 저들이 흙덩이나 몽둥이로 때린다면, 그때는 어떻게 하겠는가?"

"부처님이시여, 저는 그때에, 스나파란타 사람은 선량하기 때문에, 칼로써 나를 치지 않는다고 생각하겠습니다."

"부루나여, 만일 저들이 칼로써 너를 친다면, 어떻게 하겠는가?"

"부처님이시여, 저는 그때에, 스나파란타 사람은 선량하기 때문에, 내 목숨을 뺏지는 않는다고 생각하겠습니다."

"부루나여, 만일 저들이 네 목숨을 빼앗으려 한다면, 너는 어떻게 하겠는가?"

"부처님이시여, 저는 그때 이렇게 생각하겠습니다.

'이 부처님의 제자는, 이 더러운 몸뚱이와 목숨을 싫어해서 자살하려고 했는데 나는 이제 그 하기 어려운 죽음을 얻을 수 있다'고."

"착하고 착하다! 부루나여, 너의 그러한 자제自制와 고요한 마음이면, 스나파란타에 가서 살 수 있을 것이다. 그럼 네 마음대로 어디나 가라."

부루나는 부처님의 가르침을 받아 기뻐하면서, 의발과 좌구를 단속해 가지고, 스나파란타로 향해 떠났다. 그곳에 도착하자 포교를 시작해, 그 해 안으로 각각 오백 명씩의 우바새 · 우바이를 얻고, 자기도 그 해 안으로 삼명三明을 얻었다. 그 뒤 얼마 안 되어, 부루나는 열반의 구름 속으로 사라졌다.

어느 때, 많은 비구들은 부처님에게 나아가, 부루나의 죽음을 사뢰었다. 부처님은 말씀하셨다.

"비구들이여, 부루나는 어질고 지혜로운 사람이었다. 스스로 법을 지키고, 그 법 때문에 자기를 불행하게 하지는 않았다. 부루나는 참으로 열반에 들었다."

2 부처님은 거기서 마가다 국을 두루 다니시다가, 잠깐 마트리야에 머무르시면서 비구들을 가르치셨다.

"비구들이여, 자기를 등불로 삼고 자기를 의지할 곳으로 삼으며, 법을 등불로 삼고 법을 의지할 곳으로 삼아, 거기에 머물러 살라. 결코 다른 것을 등불로 삼거나 의지할 곳으로 삼아서는 안 된다. 비구들이여, 비구가 만일, 열심히 바른 마음과 바른 생각을 지키고, 또 몸을 잘 관찰해서 세상의 탐욕과 걱정을 떠나고, 감각과 마음과 법을 관찰한다면 그것은 자기와 법을 등불로 삼고 의지할 곳으로 삼는 것으로서, 남을 등불로 삼거나 의지할 곳으로 삼는 것이 아니다.

비구들이여, 두루 다니면서 수행할 때는, 조상들의 지역으로 돌아가라. 악마는 틈을 엿볼 기회를 얻지 못하고, 너희들 공덕은 더 나아가리라.

비구들이여, 앞선 세상에는 백성들이 다 성질이 순박하고 진실하여 서로 속이거나 다투고 죽이고 하는 일이 적었다. 그러나 차츰 세상이 지내갈수록, 인구가 불어 가고 먹을 것은 적어지고 욕심은 늘어 가게 되었다. 그때 지혜롭고 복덕을 갖춘 거룩한 성자聖者가 나타나서 좋은 법으로 세상을 바로 잡아 나가므로, 모두 편안하고 도둑이나 나쁜 짓을 하는 백성이 없게 된다. 이런 거룩한 성왕의 시대를 전륜성왕의 시대라고 한다.

이런 전륜성왕이 대를 이어 천하를 통치하다가 그도 오랜 뒤에는 백성은 사리사욕이 더욱 늘어 가고, 간사한 꾀로 속이고 다투며, 활과 칼로 죽이며 싸우는 짓이 일어난다. 그것은 서로 재산이나 여자나 권리나 영화를 다투어 빼앗기 위함이다. 이렇게 서로 미워하고 시기하고 모략하고 중상하고 싸우고 죽이는 등의 죄악을 짓는 수가 많아지므로, 그 죄악의 갚음으로 세상엔 난리가 잦고 재앙이 많아진다. 사람의 얼굴은 사나워지고 몸은 약해 가고 수명은 점점 줄어진다.

무법無法과 사법邪法이 성해 가므로 세상은 더욱 어지럽고, 복덕 있는 사람과 도 있는 사람은 숨게 된다.

이렇게 세상은 자꾸 쇠퇴하여지며 나중에는 사람의 목숨이 십 세가 될 때가 있을 것이다. 그때에는 이 세상에 생소生蘇・소젖기름・테라 기름・설탕・소금이 없어져 겨자가 제일의 음식이 될 것이다. 십선十善은 완전히 없어지고 십악十惡만이 남아, 착한 일을 행하는 사람이 없을 것이다. 그러므로 부모에게 효도하지도 않고, 사문이나 바라문에게 공양할 줄 모르며, 남편도 섬길 줄 모를 것이다. 그래서 어미도 없고 숙모도 없으며, 스승의 아내도 없고, 어른의 아내도 없어, 개나 여우 같은 행동이 세상에 가득할 것이다. 그리고 또 그들은, 서로 죽이고 싶은 생각이 일어나, 어머니는 자식에게, 자식은 아비에게, 형은 아우에게, 누이는 동생에게 대해서, 마치 사냥꾼이 사슴을 만난 때와 같은 생각을 가질 것이다. 그래서 마지막에는 이레 동안을 서로 '이 사슴을 보라, 이 사슴을 보라!' 고 외치면서, 칼을 휘두르기 시작할 것이다. 비구들이여, 그때에, 이 중생들 가운데에는 이 서로 죽이는 것을 싫어해서, 이레 동안을 숲 속이나 굴속에 들어가 숨는 사람들이 있을 것이다. 이레가 지낸 뒤에 그들은 나타나, 서로 보고 서로 안고 서로 축복하면서 '보라, 아직 살아 있다, 살아 있다!'라고 외칠 것이다. 이 사람들은, 이 비참한 사실들은 모두 자기들이 악에 사로잡혀 있는 까닭이라 생각하고, 마음을 돌려 착한 일을 행하게 될 것이다. 착한 일을 행함으로써, 수명은 늘고 몸은 굳세게 되며 무법과 사법은 없어지고 탐욕과 성냄은 없어지며, 사견邪見을 떠나 두 말과 거짓말이 그치게 될 것이다. 그 결과로서, 일찍 십 세로 줄어들었던 사람의 수명은 팔만 세로 늘어져, 처녀들은 오백 세에 비로소 시집가게 될 것이다. 비구들이여, 이때에 이 인간 세상에는, 구함과 굶주림과 늙음 이 세 가지 병만이 있게 될 것이다. 그래서 이 염부제는 사람으로 가득 차, 갈대나 사라 숲처럼 번창하게 될 것이요, 지금의 이 바라나 도시는 케토마테라는 왕성王城이 되고, 그 나라의 왕 상카는 법을 따르는 왕으로서, 사방을 정복하고 칠보를 갖추어, 전륜왕轉輪王이 될 것이다.

비구들이여, 그 왕이 살아 있는 동안에는 미륵불彌勒佛이 나타나, 지금의 나처럼 도道를 이루어 법을 설하고, 수천의 비구를 거느리실 것이다. 상카 왕은 마하파나다 왕이 세운 제단에 올라가 큰 보시회布施會를 베풀고 집을 떠나 미륵불에게 나아가 스님이 되어, 열심히 공부해 집을 떠난 목적인 도道를 이룰 것이다.

비구들이여, 비구의 수명이 더 길어진다는 것은, 욕심과 정진과 마음과 생각의 네 가지 신족神足을 닦아서, 자기 생각대로 일겁一劫 동안이라도 이 세상에 머물 수 있다는 것이다. 또 비구의 얼굴이 더 나아간다는 것은, 비구가 계를 지키고, 착한 일을 행하며 작은 죄에도 두려움을 볼 줄 알고, 공부에 부지런히 힘쓰는 것이다. 또 비구의 즐거움이 더 나아간다는 것은, 초선, 이·삼·사선에 들어가 정定의 즐거움을 얻는 것이다. 또 비구의 재보가 더 나아간다는 것은 자·비·희·사의 네 가지 한량없는 마음으로써 사방과 상·하와 사유四維, 온갖 곳을 채우고 사는 것이다. 또 비구의 힘이 더 나아간다는 것은 번뇌를 없애어 깨달음을 이 현세에 나타내는 것이다.

비구여, 세상에는 악마의 힘처럼 이기기 어려운 것은 없다. 그러나 비구는 착한 법을 가지기 때문에 이 악마의 힘을 이길 만큼, 그 공덕을 더해가는 것이다."

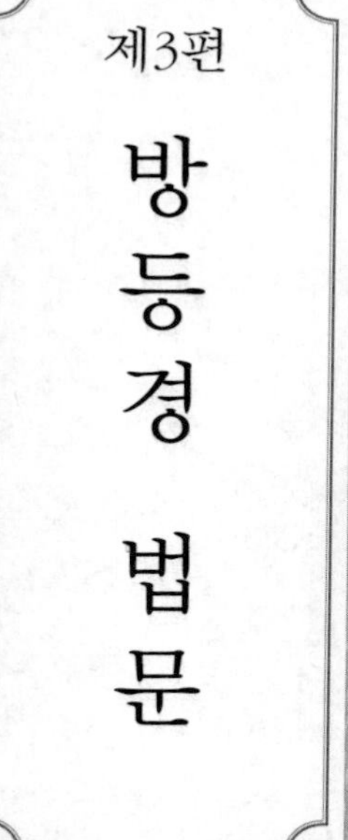

제3편

방등경 법문

부처님께서 대승의 가르침을 전하신 방등시方等時의 대표적인 경전.
『대보적경』과 『대방등대집경』을 비롯하여 대승 사상의 첨단인 『유마경』 그리고 『승만경』과
더불어 대승 수행법의 결정판인 『능엄경』과 『원각경』 등등
무려 50여 종에 이르는 대승불전의 향연이 펼쳐지고 있다.

제3편 방등경 법문

너희들은 부질없이 슬퍼하지 말고 지금부터 죽을 때까지 힘써서 계율을 가지되, 사람이 눈을 지키듯이 하여라. 그리고 마음을 바로 가져서 아첨하고 질투하지 말라. 그리하면 항상 나를 볼 수가 있을 것이다.

…

너희들은 계율을 지켜 범하지 말라. 파계하는 사람은 모든 천신이 미워할 뿐더러 세상 사람도 보기를 좋아하지 않을 것이다. 그리고 목숨을 마친 뒤에도 공포에 싸여 길이 악도에 떨어질 것이다. 그러나 이와 반대로 계율을 가지는 사람은 모든 천신이 공경하며, 세상 사람도 보기를 기뻐할 것이다. 그리고 목숨을 마친 뒤에도 올바른 생각을 가졌기 때문에, 깨끗하고 광명한 곳에 날 것이다.

제1장 보적경을 말씀하심

제1절 재가 보살의 수행하는 법

1 부처님이 왕사성의 기사굴산에 계실 때에 가섭에게 말씀하셨다.

"재가 보살在家菩薩(집에 있는 보살)은 세 가지 수행이 있어야 능히 보리(菩提)에 이익이 된다. 일체지一切智를 구하기 위해서 즐거운 마음을 내고, 본업本業에 떨어지지 않고, 오계五戒를 굳게 가지는 것이다.

다시 세 가지 수행이 있어야 한다. 항상 집을 떠날 마음을 내며, 계행 있는 사문이나 바라문을 존중하고 공경하며, 동류同類의 설법이 아니면 멀리해야 한다.

또 세 가지 법을 배워야 한다. 부처님께 수순하며, 남을 위하여 법을 연설하고 자기도 부지런히 수행하며, 중생에게 자비심을 내는 것이다.

다시 세 가지 법을 성취해야 한다. 유희와 방일을 버리고 뇌물을 주고받지 말고 길흉도 보지 말며, 항상 청결하게 생활하고 모든 것을 많이 받지 말며, 항상 정진하여 많이 듣고 배워야 한다.

그리고 하지 말아야 할 세 가지가 있다. 어버이가 법 듣는 것을 막지 말며, 아내의 법 듣는 것을 막지 말며, 아내에게 공연한 의심·질투를 내지 말 것이다.

또 세 가지 말아야 할 일이 있다. 남자나 여인을 사고팔지 말며, 남에게 나쁜 약을 주지 말며, 나쁜 약을 만드는 사람도 가까이 말 것이다.

또 세 가지 말아야 할 일이 있다. 음녀의 집에 가지 말며, 뚜쟁이를 친하지 말며, 도수장屠獸場 가까이 살지 말 것이다.

2 재가 보살이 세 가지 법을 성취하면, 아뇩다라삼먁삼보리에서 물러나지 않는다. 첫째, 부모가 신심이 없거든 신심을 내도록 권하고, 계를 파하거든 간하여 계를 지키게 하며, 간탐慳貪이 있거든 보시하도록 권하고 무상無上한 보리를 찬탄하여 설법하는 것이요, 둘째, 공양할 데와 못할 데를 알아서, 공양할 데에는 곧 공양하고, 공양하지 못할 데에는 곧 공양하지 말되 그들에게 자비심을 내는 것이며, 셋째, 부지런히 애를 써서 모은 재물을 허비해 버리거나 낭비해 없애지 말고, 계행을 가지는 사문이나 바라문에게나 모든 중생에게 평등하게 보시하는 것이다.

또 세 가지 법을 성취하여 모든 선근을 심으면, 보리를 증득하기까지 다시는 세속의 오욕락을 받지 않는다. 첫째, 오계를 받아 가지고 다른 사람에게도 오욕락을 칭찬하지 말고 모든 여인을 친근하지 말 것이요, 둘째, 경을 듣고는 깊은 신심을 내어 모든 악을 버리는 것이요, 셋째, 지은 바 선근을 모두 무상 보리로 회향하고, 색 · 성 · 향 · 미 · 촉 · 법이나 재물 · 존귀 · 권속도 사랑하지 않고, 무위심無爲心 · 무위과보無爲果報로 속히 무상 보리를 구하기 원하는 것이다. 이러한 선근으로 무애변無碍辯 · 무착변無着辯을 얻으며, 현재나 혹은 죽을 때에는 부처님을 뵙고, 죽은 후에는 천상에 났다가 오래지 않아 아뇩다라삼먁삼보리를 얻을 것이다."

제2절 중생을 위하여 계행을 지킨다

부처님이 왕사성의 카란다 대숲절에 계실 때에, 선비善臂보살에게 말씀하셨다.

"선비야, 이렇게 생각해야 한다. '나는 마땅히 모든 중생에게 사랑하는 마음을 내되, 마치 부모가 외아들을 사랑하듯 하고, 만일 내 부모가 활이나 칼이나 막대로 나를 해롭게 할지라도, 아들은 거기서 감히 갚을 생각을 내지 못하나니, 나도 모든 중생을 마땅히 외아들 생각하듯 하리라'고. 비유하면, 부모처자가 서로 오래 이별했다가 갑자기 서로 만나면, 그 마음에 즐거움이 한량없는 것처럼, 보살이 일체 중생을 보는 데도 그 마음이 그와 같아야 하는 것이다.

이 보살이 생명을 죽이지 않는 계행을 가지는 것은, 중생들로 하여금 생명을 죽이지 않는 계행에 머물게 하고자 함이요, 도둑질하지 않는 계행을 가지는 것은 중생으로 하여금 도둑질하지 않는 계행에 머물게 하고자 함이며, 사음邪婬하지 않는 계행을 가지는 것은 중생으로 하여금 사음하지 않게 하고자 함이요, 거짓말하지 않는 계행을 가지는 것은 중생으로 하여금 거짓말하지 않게 하고자 함이며, 술을 먹지 않는 계행을 가지는 것은 중생으로 하여금 술을 먹지 않게 하고자 함이요, 두려워하지 않는 계행을 가지는 것은 중생으로 하여금 금강정金剛定을 성취하게 하고자 함이며, 얽어 묶지 않는 계행을 가지는 것은 중생으로 하여금 결사結使에게 묶인 것을 끊게 하기 위한 것이요, 가두지(囚) 않는 계행을 가지는 것은 중생으로 하여금 오도五道에 갇히지 않게 하기 위한 것이며, 때리지 않는 계행을 가지는 것은 중생으로 하여금 모든 마군의 침해를 멀리 여의게 하기 위한 것이요, 형벌하지 않는 계행을 가지는 것은 중생으로 하여금 몸과 말과 뜻의 업業을 두호하지 않게 하기 위한 것이며, 두 가지 말(兩舌)을 하지 않는 계행을 가지는 것은 중생으로 하여금 화합한 대중을 파괴하지 않게 하기 위한 것이요, 악담(惡口)하지 않는 계행을 가지는 것은 중생으로 하여금 다섯 가지 범음성梵音聲을 얻게 하기 위한 것이며, 말을 꾸미지 않는 계행을 가지는 것은 중생으로 하여금 말할 때에 장애가 없는 법을 얻게 하기 위한 것이요, 죽음(死)을 두려워하는 중생을 구하는 것은, 중생으로 하여금 생·로·병·사·우·비·고·뇌의 두려움을 끊게 하기 위한 것이다."

제3절 불가사의한 것이 보살의 행

1 정장엄淨莊嚴 왕은 법속질法速疾 보살에게 물었다.

"원컨대 나를 위하여 보살행을 설하소서."

법속질보살은 정장엄 왕에게 말했다.

"대왕이여, 모든 소유를 버리는 것이 보살행이니, 중생은 평등하여 분별이 없는 까닭이며, 두타 계를 배우는 것이 보살행이니, 계성戒性은 평등하여 행할 바가 없는 연고이며, 진심瞋心을 여의는 것이 보살행이니, 인성忍性은 평등하여 심상心相이 없는 연고요, 견고한 용맹이 보살행이니, 정진精進은 평등하여 심행心行을 여읜 연고이며, 삼매·해탈이 보살행이니, 선정禪定은 평등하여 반연할 바가 없는 연고요, 문혜聞慧 자량資糧이 보살행이니, 혜성慧性은 평등하여 생각할 바가 없는 연고며, 범주梵住에 나는 것이 보살행이니, 염染과 정淨이 평등하여 두 가지를 다 여읜 연고요, 모든 신통을 일으키는 것이 보살행이니, 신통은 평등하여 생각을 내지 않는 연고며, 변재가 구족한 것이 보살행이니, 법과 뜻이 평등하여 마음의 상을 여읜 연고요, 승해勝解를 성취하는 것이 보살행이니, 법계는 평등하여 동할 바가 없는 연고며, 칠각분七覺分을 닦는 것이 보살행이니, 관觀·조照가 평등하여 해태하지 않는 연고요, 사섭법을 일으키는 것이 보살행이니, 모든 법은 평등하여 일이 같은 연고며, 중생에게 마음을 평등하게 하는 것이 보살행이니, 심성은 평등하여 분별이 없는 연고요, 불토佛土를 장엄하는 것이 보살행이니, 청정은 평등하여 허공과 같은 연고며, 삼십이상三十二相이 보살행이니, 법의 무상無相을 관하여 평등에 들어가는 연고요, 몸·말·뜻을 깨끗이 하는 것이 보살행이니, 삼업을 여의어 성性이 평등한 연고며, 중생을 수희隨喜하는 것이 보살행이니, 일체 중생에게 평등하여 아我가 없는 연고요, 생사를 싫어하지 않는 것이 보살행이니, 꿈과 같은 줄 알아서 성性이 평등한 연고며, 항상 착한 업을 닦는 것이 보살행이니, 업이 평등하여 업보가 없는 줄 아는 연고요, 견고한 수행이 보살행이니, 일체 법이 환화幻化와 같은 줄로 관하는 연고며, 여러 고苦를 편안히 참는 것이 보살행이니, 평등하여 고苦가 나지 않는 줄 아는 연고요, 착한 벗을 친근히 하는 것이 보살행이니, 벗과 벗 아닌 데 마음이 평등한 연고며, 부지런히 깊은 마음을 닦는 것이 보살행이니, 과보가 평등하여 구할 바가 없는 연고며, 많이 듣는 것을 싫어하지 않는 것이 보살행이니, 법을 설하고 법을 듣는 것이 모두 평등한 연고요, 법에 간탐하지 않는 것이 보살행이니, 평등히 법을 설하여 희구希求가 없는 연고며, 정법正法을 섭수하는 것이 보살행이니, 평등히 모든 불법을 성취하는 연고요, 항상 진실한 지혜를 구하는 것이 보살행이니, 제일의제第一義諦의 성性이 평등한 연고며, 마음을 겸하謙下하는 것이 보살행이니, 평등한 마음으로 모든 중생에게 겸하하는 연고요, 널리 일체 모든 공덕을 섭攝하는 것이 보살행이니, 공덕은 평등하여 생각할 바가 없는 연고니라."

2 상주商主 천자는 문수보살에게 말했다.

"원컨대 나를 위하여 모든 보살행을 설하소서."

문수보살은 상주천자에게 대답했다.

"천자여, 보살행이란 불가사의한 것이다. 탐행貪行이 보살행이니, 탐이 불가사의인 연고요, 진행瞋行이 보살행이니, 진이 불가사의인 연고며, 치행癡行이 보살행이니, 치가 불가사의인 연고요, 간인慳吝이 보살행이니, 보시할 생각이 없는 연고며, 계戒를 범하지 않는 것이 보살행이니, 계상戒相을 취하지 않는 연고요, 진심을 내어 해롭게 하지 않는 것이 보살행이니, 인욕의 상想이 없는 연고며, 게으르지 않는 것이 보살행이니, 정진하는 염念을 여읜 연고요, 산란하지 않는 것이 보살행이니, 정定에 주하지 않는 연고며, 우치를 여의는 것이 보살행이니, 지혜의 상想을 짓지 않는 연고며, 번뇌 없는 것이 보살행이니, 끊을 바가 없는 연고요, 탐애貪愛 없는 것이 보살행이니, 몸의 상相을 여읜 연고며, 싫어하고 민망히 여기는 것이 보살행이니, 여인女人 사랑을 버린 연고요, 물들고 더러움이 없는 것이 보살행이니, 오욕을 가책呵責하는 연고며, 그른 법(非法)을 여의는 것이 보살행이니, 선근善根을 적집積集하는 연고요, 아낌없는 것이 보살행이니, 몸과 목숨도 버리는 연고며, 모든 악을 멸하는 것이 보살행이니, 열뇌熱惱가 없는 연고요, 착着할 바 없는 것이 보살행이니, 애愛와 비애非愛를 여읜 연고며, 파괴할 바 없는 것이 보살행이니, 번뇌를 바로 관찰한 연고요, 두려워하지 않는 것이 보살행이니, 무변한 생사에 들어가는 연고며, 큰 정진이 보살행이니, 일체 중생을 걸머진 연고요, 퇴전退轉하지 않는 것이 보살행이니, 예전 서원誓願을 성취하는 연고며, 여러 보배스러운 행이 보살행이니, 삼보三寶를 섭취하는 연고요, 일체 행이 보살행이니, 부지런히 조도법助道法을 닦는 연고며, 장애 없는 것이 보살행이니, 두 가(二邊)를 여읜 연고요, 과실過失 없는 것이 보살행이니, 지혜 있는 이가 칭찬하는 바인 연고며, 편히 주住하는 마음이 보살행이니, 일체 중생을 생각하는 연고요, 분별없는 것이 보살행이니, 평등하게 일체를 관하는 연고며, 선장부善丈夫가 보살행이니, 짐 지기에 게으름이 없는 연고요, 용맹이 보살행이니, 일체 번뇌를 타파하는 연고며, 견고한 것이 보살행이니, 하는 것을 중간에 폐하지 않는 연고요, 승勝하게 나가는 것이 보살행이니, 정진에서 물러나지 않는 연고며, 수순隨順하는 것이 보살행이니, 모든 동려同侶에게 어김이 없는 연고요, 환희하는 것이 보살행이니, 악을 행하는 이로 하여금 즐겁게 하는 연고며, 믿고 즐기는 것이 보살행이니, 부처님을 보고 법을 듣고, 스승을 섬기기를 즐거워하는 연고요, 금강 갑주甲冑가 보살행이니, 율의律儀를 훼손하지 않는 연고며, 불토佛土를 장엄하는 것이 보살행이니, 그 마음을 청정하게 하는 연고요, 일체를 초과超過하는 것이 보살행이니, 최상승最上乘에 들어가는 연고며, 은혜를 알고 은혜를 갚는 것이 보살행이니, 부처님 종자를 끊게 하지 않는 연고요, 지혜 · 방편이 보살행이니, 간단없이 섭수하는 연고니라."

제4절 여러 가지 보살행

부처님이 왕사성의 기사굴산 산중에 계실 때에, 아사세왕의 사랑하는 아들 사자獅子가 동무 오백 사람과 함께 와서 부처님께 모든 보살행을 게송으로 물으매, 부처님도 게송으로 대답하셨다.

(왕자) 어떻게 단정함을 얻게 되오며 어떻게 연화 속에 태어납니까?
어떻게 숙명을 알게 됩니까? 원컨대 부처님은 설해 주소서.
(세존) 인욕忍辱하면 단정을 얻을 것이요 보시하면 연화에 나는 법이다.
법보시로 숙명을 알게 되나니 너희들은 마땅히 이렇게 알라.
(왕자) 삼매와 다라니 어떻게 성취하며,
내가 하는 말이면 남이 믿게 하리까?
(세존) 마음을 닦으면 삼매를 얻고 인욕하면 다라니 얻게 되나니,
중생을 공경하고 존중한 이는 남들이 그의 말을 믿어 받는다.
(왕자) 어떻게 정념正念을 얻게 되오며 지혜가 구족하게 나게 됩니까?
법다이 모든 행을 닦아 가야만 견고하여 무너지지 아니하리까?
(세존) 아첨하지 않으면 정념을 얻고 공교하게 관하면 지혜가 난다.
모든 것을 존중히 닦아 행하면 호법護法하는 마음이 견고하리라.
(왕자) 어떻게 묘한 상호相好 성취하여서 삼십이 대인상이 구족하오며,
팔십 종 수형호殊形好도 성취하여서 보는 이 싫지 않고 즐겨하리까?
(세존) 보시하면 모든 상相을 얻을 것이요 자심慈心으로 수형호도 성취되나니,

중생에게 평등심을 쓰는 사람은 보는 이가 즐겨하여 싫어 않는다.

(왕자) 어떻게 범음梵音의 소리 얻어서 가릉빈가 소리보다 아름다우며,

어떻게 세상 사람들로서 모두 보고 즐겨하게 하오리이까?

(세존) 진실한 말로는 범음성 얻고 연어軟語는 가릉빈가성 지나가나니,

두 말과 꾸민 말 모두 여의면 보는 이 누구나 기뻐하리라.

(왕자) 어떠한 업행을 말미암아서 부처님 앞에 나게 되오며,

미묘한 뜻을 듣게 되리까? 원컨대 부처님 설해 주소서.

(세존) 모든 법을 보시하는 가운데 언제든지 장애되지 않으면,

이와 같은 공덕으로 인하여 모든 여래 만나 뵙게 되리라.

(왕자) 어떻게 모든 난難을 여의고 선취善趣에 얻어 나게 되오며,

어떻게 세세생생 언제나 성품에 방일放逸 없게 되리까?

(세존) 청정한 믿음이 모든 난을 여의고 계행을 지키면 좋은 곳에 나리라.

공空한 뜻 닦아서 끊임없이 익히면 나는 곳 따라서 방일함이 없으리.

(왕자) 어떻게 신통력을 얻으며 아울러 숙명지宿命智를 얻어서,

영원히 모든 누漏가 다하리까 원컨대 개시하여 주소서.

(세존) 보시하면 신통을 얻을 것이요 교수敎授하면 숙명을 성취하리라.

이쪽저쪽 두 곳을 모두 여의면 모든 누漏가 다하여 없어지리라.

(왕자) 어떻게 정업淨業을 성취하여서 마군이의 그물에 걸리지 않고,

세세생생 나는 곳 그 가운데서 중생들의 사랑을 받게 되리까?

(세존) 승해勝解로는 정업을 이룰 것이요 정진精進으로 마군을 항복받는다.

말한 바와 그대로 따라 행하면 난데마다 중생이 사랑하리라.

(왕자) 어찌하면 장수하게 되오며 겸하여서 몸에 병이 적으며,

나쁜 권속 없이 살게 되리까? 원컨대 선설宣說하여 주시옵소서.

(세존) 목숨 살해 안 하면 장수를 얻고 남의 걱정 덜어 주면 질병이 없다.

싸움 송사 화평하게 만들어 주면 나쁜 권속 만날 인연 없게 되리라.

(왕자) 어떻게 하면 재물 얻어서 자구資具 부족이 없게 되오며,

세세생생에 나는 곳마다 큰 위덕을 성취하리까?

(세존) 질투 없으면 재물 생기고 간탐 없으면 자주 넉넉하다.

겸손 있으면 존귀하여서 위덕이 있어 자재하리라.

(왕자) 어떻게 하면 큰 힘을 얻어서 마군 무리들 해치지 못하고,

초승超勝하게 위세가 있을지 여래께서 설하여 주소서.

(세존) 좋은 음식 언제나 남을 먹이고 두려워하는 사람을 편케 해 주면,

이 공덕으로 말미암아 큰 힘 얻어서 위세력이 언제든지 뛰어나리라.

(왕자) 천안통 천이통을 어떻게 이루오며

갖가지 중생 마음 어떻게 아오리까?

(세존) 등불을 보시하면 천안통 얻고 음악을 보시하면 천이통 얻고,

언제나 양쪽 가(二邊)를 멀리 여의면 이로써 타심통을 얻게 되리라.

(왕자) 어떻게 정토淨土에 나게 되오며 아울러 대중도 원만하리까?

몸에도 원광圓光을 얻게 될지 원컨대 부처님은 설해 주소서.

(세존) 원력으로 말미암아 정토에 나고 대중도 원만하게 모이느니라.

남에게 보배 장막 베풀어 주면 원광이 두루함을 얻게 되리라.

(왕자) 어떻게 하면 나는 곳마다 보리의 마음 잃지 않으며,

더 나아가 꿈속에서도 잊음이 없이 가집니까?

(세존) 성읍城邑이나 마을에 유행遊行하는 곳마다

중생 교화 베풀면 보리 마음 가지리.

(왕자) 어찌하여 부처님 당신께서는 대중들의 사랑을 받으시며,

온갖 법을 모두 다 성취하신지 부처님 원컨대 설해 주소서.

(세존) 뛰어난 뜻 즐거움 갖추 가지어 보리 마음 물러나지 아니하여서,

그로 인해 모든 법을 섭취하므로 대중들이 사랑하게 되는 것이다.

이때에 왕자와 대중들은 이 게송을 듣고 모두 이렇게 말했다. “부처님이 말씀하신 바 이와 같은 묘행을, 우리들은 이제부터 모두

마땅히 받들어 닦겠나이다."

제5절 대승보살의 방편 (1)

1 부처님이 사위성의 기원정사에 계실 때, 지승智勝보살은 부처님께 여쭈었다.

"부처님께서 방편을 말씀하시니, 어떤 것이 보살의 방편이오며, 어째서 보살은 방편을 행하나이까?"

부처님은 지승보살에게 말씀하셨다.

"선남자야, 방편을 행하는 보살은 한 덩이 밥으로도 능히 일체 중생에게 보시할 수 있다. 어째서냐 하면, 보살은 한 덩이 밥으로 저 하등 축생에게까지 보시하면서, 일체 중생이 모두 일체지를 얻기를 원한다. 그러므로, 보살은 일체 중생과 함께 보리로 회향하는 것이 된다. 이것을 일러 보살이 행하는 방편이라 한다."

2 보살은 만일 보시하는 사람을 보면, 따라서 기뻐하는 마음을 내되, 이 기뻐하는 선근을 일체 중생과 함께 하기를 원한다. 이것이 보살이 행하는 방편이다.

3 보살이 만일 임자 없는 꽃이나 향을 보거나, 혹은 임자 있는 꽃이나 향이나, 바람에 날리는 잎사귀를 보더라도, 일체를 모두 모아 부처님께 드리며 원하되, 이 선근으로 스스로 일체 중생이 모두 일체지를 구족하기를 원한다. 이것이 보살이 행하는 방편이다.

4 보살이 만일 시방세계 중생이 모든 락樂을 받는 것을 보면, 일체 중생이 모두 일체지의 락을 얻기를 원하고, 만일 모든 고苦를 받는 것을 보면, 모든 중생을 위하여 모든 죄를 참회하되, 이러한 중생들의 받는 고뇌를 내가 모두 대신 받아, 저들로 하여금 락을 받기를 원하며, 이러한 인연으

로 필경에는 일체 고를 받지 않고 순전히 락만 받기를 원한다. 이것이 보살이 행하는 방편이다.

5 보살이 만일 한 부처님께 예배 · 공양 · 존중 · 찬탄하면, 모든 부처님은 모두 한 법계法界 한 법신法身이라, 계戒 · 정定 · 혜慧 · 해탈解脫 · 해탈지견解脫智見이 모두 같은 것이니, 그러므로 한 부처님께만 예배 · 공양 · 공경 · 존중 · 찬탄하여도, 이것은 곧 모든 부처님께 예배 · 공양 · 공경 · 존중 · 찬탄하는 것이라고 생각한다. 이것이 보살이 행하는 방편이다.

6 보살은 자기가 비록 둔근鈍根일지라도 스스로 경멸하지 않고, 사구四句되는 게송 하나라도 통달하면, 이렇게 생각한다. '이 사구게四句偈의 뜻을 아는 것이 곧 일체 불법을 아는 것이다. 일체 불법이 모두 이 사구게 속에 들어 있다.' 이렇게 생각하고, 해태를 내지 않고 모든 성읍 · 취락에서, 자비심으로 사람들을 위하여 연설하며, 이양利養 · 명문名聞 · 찬탄讚歎을 구하지 않고 이렇게 발원한다. '나는 지금이 사구게를 사람들에게 들려주었다. 이 선근 · 인연 · 방편으로 일체 중생이 모두 아난 존자와 같이 불법을 많이 들으며, 아울러 부처님의 변재辯才를 얻기 원한다'고. 이것이 보살이 행하는 방편이다.

7 보살은 비록 가난한 집에 나서 걸식을 하게 되더라도, 한 덩이의 밥을 얻으면, 그것을 승가(僧團)에게 공양한다. 한 사람만을 공양한다 해서 부끄러워하지 않고 이렇게 생각한다. '부처님 말씀에, 마음이 더욱 광대하므로 재물을 보시하는 것보다 낫다고 하셨으니, 내가 보시하는 재물은 비록 적더라도, 일체지의 마음으로 하는 것이니, 원컨대, 이 선근으로 일체지를 성취하여, 모든 중생으로 하여금 모두 보배손(寶手)을 부처님과 같이 얻어지이다'라고. 이 인연으로써 보시 · 계행 · 선정이 구족하여지니, 이것이 보살이 행하는 방편이다.

8 보살이 만일 성문 · 연각이 이양 · 존중 · 찬탄을 많이 받는 것을 보면, 두 가지 인연으로써 자기 마음을 위로한다. 하나는 보살로 인하여 여래

가 있다는 것이요, 다른 하나는 여래로 인하여 성문 · 연각이 있다는 것이다. 이렇게 생각하면, 이승二乘들이 비록 이양을 많이 얻었다 할지라도 '내가 오히려 저들보다 낫다, 저들이 먹는 것은 모두 우리 아버지의 물건이니, 어찌 거기다 희망을 내랴.' 한다. 이것이 보살이 행하는 방편이다.

9 보살이 방편으로 보시를 행할 때에는 육바라밀이 구족하게 된다. 어째서냐 하면, 보살은 걸식하는 사람을 보면, 아끼고 간탐하는 마음이 없어져 큰 보시가 구족해진다. 이것은 보시바라밀이다. 스스로 계행을 가지고 계행을 가지는 이에게 보시하고, 계행을 가지지 않는 이에게는 가지도록 권한 뒤에 보시한다. 이것은 지계바라밀이다. 스스로 진심을 없애고, 자비롭고 민망히 여기는 마음을 내어, 마음에 더러움이 없이 중생을 이익하게 하여 평등이 보시한다. 이것은 인욕바라밀이다. 음식이나 약을 보시하여, 중생으로 하여금 곧 몸과 마음에 정진이 구족되어, 오고 가기와 굴신 부앙俯仰하는 동작을 자유롭게 한다. 이것은 정진바라밀이다. 중생들이 그 보시를 얻으면 그 마음은 안정되어 기뻐하고 산란하지 않는다. 이것은 선정바라밀이다. 이렇게 보시를 행한 뒤에는, 모든 법을 분별하되, 보시를 한 자는 누구며 보시를 받은 자는 누군가? 또 누가 복보福報를 받을 자인가? 이렇게 관찰하여 보시한 자, 보시 받은 자, 보報를 받을 자를 보지 않는다. 이것이 반야바라밀이다.

이러므로 보살이 방편을 행하면 곧 육바라밀이 구족하게 되는 것이다.

제6절 대승보살의 방편 (2)

1 그때에 아난 존자는 부처님께 여쭈었다.

"부처님이시여, 저는 오늘 이른 아침에 사위성에 들어가 차례로 걸식을 하다가, 중존왕衆尊王보살이 어떤 여인과 한 상床에 앉아 있는 것을 보았나이다."

그때에, 중존왕보살은 대중 가운데서 곧 공중으로 높이 올라가 아난에게 외쳤다.

"존자 아난이여, 죄를 짓고도 능히 공중에 머물 수 있겠는가? 아난이여, 이 일을 부처님께 여쭈어 보라. 어떤 것이 죄요, 어떤 것이 죄가 아닌가를…."

그때에 아난은 근심스럽게 부처님께 여쭈었다.

"부처님이시여, 저는 이제 사죄하나이다. 이렇게 큰 보살에게 저는 범죄를 말하고, 또 그 허물을 찾았나이다. 부처님이시여, 저는 이제 뉘우치오니 허락해 주소서."

부처님은 아난에게 말씀하셨다.

"아난아, 너는 대승보살에게 그 허물을 찾지 말라. 아난아, 방편을 행하는 보살은 일체지의 마음을 성취하였으므로, 비록 궁중의 채녀(宮中婇女)와 더불어 오락을 하더라도, 마사魔事 및 다른 장난이 일어나지 않고 보리를 얻는 것이다. 어째서냐 하면, 방편을 행하는 보살은 일체지의 마음을 떠나지 아니하므로, 뜻에 맞는 오욕을 보면 곧 그 속에서 오락하는 것이다. 너는 마땅히 이렇게 생각하라. '이런 보살은 능히 여래의 근본을 성취했다'고.

아난아, 너는 자세히 들어라. 무슨 까닭으로 중존왕보살은 그 여인과 한 상에 앉았던가? 아난아, 그 여인은 일찍이 과거 오백 세 동안 중존왕보살의 아내가 되었었다. 그 여인은 본래 습기로 말미암아, 중존왕보살을 보면 마음에 애착이 생겨 놓지 못하는 것은, 이 중존왕보살의 위덕이 있고 단정하고 지계持戒하는 힘이 있는 까닭이다. 그래서 보고는 즐거이 뛰면서, 외딴곳에 있어서는 이런 생각을 낸다. '만일 중존왕보살이 나와 한 자리에 앉아 준다면, 나는 마땅히 아뇩다라삼먁삼보리 마음을 내리라'고. 중존왕보살은 그 여인의 마음에 생각하는 바를 알았다. 그래서 곧 이른 아침에 옷을 입고, 바리때를 들고, 사위성에 들어가서 차례로 걸식하다가, 그 여인의 집에 가서는 그 방으로 들어갔다. 그때 그는 이런 법문을 생각했다.

'안(內)의 지대地大와 밖의 지대는 한 지대이다.' 그래서 지대의 마음으로 그 여자의 손을 잡고 한 상에 앉았던 것이다. 중존왕보살은 그때 그 자리에서 게송을 설했다.

> 범부들의 행하는 더러운 욕심은 여래께서 찬탄하지 않는 것이다.
> 더러운 욕심과 탐애를 여의면 인간 천상의 스승이 되리라.

아난아, 그때 그 여인은 이 게송을 듣고 마음에 매우 기뻐 그 자리에서 일어나 중존왕보살께 정례하고 곧 게송으로 대답했다.

> 나는 더러운 욕심 탐하지 않나니 그것은 부처님의 나무라신 것.
> 욕심과 애정을 모두 여의면 인천人天의 스승이 되는 것이지.

그리고 이어 '나는 먼저 가졌던 애욕의 마음을 이제 참회하고, 곧 좋은 욕심을 내어 보리 마음을 발하여, 일체 중생을 이익하게 하기를 원합니다.' 하였다.

아난아, 그때 중존왕보살은 그 여인을 권해서 보리 마음을 내게 하고는, 곧 자리에서 일어나 가 버렸다.

아난아, 너는 그 여인의 복보福報를 관觀하라. 나는 이제 그 여인을 수기授記한다. 그 여인은 이 세상에서 명을 마치면, 곧 여인의 몸을 바꾸어 남자가 되어서, 장래의 구십칠 겁劫에 백천만억 무량한 모든 부처님께 공양하고, 일체 불법을 구족하면 성불을 하되, 이름은 무구번뇌無垢煩惱 여래일 것이다. 그 부처님이 성불하면, 그때에는 온 세상에 한 사람도 착하지 않은 마음을 가진 이가 없으리라.

아난아, 마땅히 알라. 방편을 행하는 보살이 섭취攝取한 권속은, 삼악도에 떨어지지 않느니라."

그때 중존왕보살은 공중에서 내려와, 부처님께 정례頂禮하고 여쭈었다.

"부처님이시여, 보살이 방편을 행할 때에, 비록 한 사람을 위해서라도 대비심大悲心을 일으켜 선법을 모를 때에, 범죄犯罪한 것 같거나 혹은 실로 죄를 범했거나 하면, 그는 백천 겁을 큰 지옥에 떨어질 것입니다. 보살은 이렇게 모든 악 및 지옥의 괴로움을 달게 받나니, 이러한 선근으로 한 사람이라도 버리기를 원하지 않습니다."

부처님은 중존왕보살을 칭찬하셨다.

"장하다, 선남자야. 보살이 이러한 대비심을 성취하면, 비록 오욕락을 받더라도 중죄를 범하는 것이 아니다. 모든 죄를 여의고 온갖 악도의 업까지도 멀리하게 되는 것이다."

2 부처님은 또 말씀하셨다.

"내가 생각하니, 과거 아승지阿僧祇겁을 지나 한 바라문이 있었으니, 이름은 수제樹提라 했다. 사십이四十二억 해를 숲 속에서 항상 범행梵行을 닦았다. 한 번은 숲에서 나와 극락성極樂城으로 들어가다가, 그 성중에서 한 여자를 만났다. 그때에 그 여자는 바라문을 보자 곧 욕심이 일어나, 얼른 바라문에게로 달려가 손으로 그의 발을 붙잡고 땅에 쓰러졌다. 그때 바라문은 여자에게 물었다.

'누이여, 무엇을 구하는가?'

'나는 당신을 구합니다.'

'누이여, 나는 성욕을 행하지 않습니다.'

'만일 내 말을 듣지 않는다면, 나는 죽겠습니다.'

그때 그 바라문은 이렇게 생각했다.

'이것은 나의 법도 아니요, 또한 나의 때도 아니다. 내가 사십이억 해

나 범행을 닦다가, 어째 지금에 와서 파계하겠는가?'

그래서 바라문은 억지로 그 여자를 뿌리치고, 한 칠보쯤 걸어갔다. 그러자 다시 가엾은 생각이 나서 이렇게 생각했다. '내가 비록 계를 범하고 악도에 떨어지더라도, 내가 마땅히 지옥의 고통을 받더라도, 나는 이제 이 여인이 고뇌를 받는 것은 차마 볼 수 없다. 이 사람으로 하여금 나 때문에 죽게 할 수는 없다.'

그래서 도로 여인에게로 가서, 오른손으로 그 여인을 붙잡고 말했다.

'누이여, 일어나라. 너의 요구를 들어 주리라.'

그래서 그 바라문과 여인은 십이 년 동안을 같이 살았다. 그 뒤에 다시 출가하여, 사무량심을 구족하게 성취하고, 목숨을 마친 뒤에는 범천에 태어났다.

너는 의심하지 말라. 그때의 바라문은 곧 내 몸이었고, 그 여인은 지금의 구이瞿夷 부인이다. 나는 그때 그 여인의 욕심을 위하여 잠깐 대비심을 일으켰으므로 곧 십백천 겁의 생사의 고를 초월했었다. 너는 이렇게 관觀하라. '다른 중생은 애욕으로 말미암아 지옥에 떨어지지마는, 방편을 행하는 보살은 애욕으로 말미암아 범천梵天에 난다'고. 이것이 보살이 행하는 방편이다."

3 부처님은 또 지승智勝보살에게 말씀하셨다.

"선남자야, 만일 사리불이나 목건련 들도 방편을 행했더라면, 저 구가리 비구로 하여금 지옥에 떨어지지 않게 했으리라. 무슨 까닭인가? 내가 생각해 보니, 과거 구류손 부처 때에 한 비구가 있었으니, 이름은 무구無垢라 했다. 빈 임야의 굴속에서 살았는데, 그 굴에서 멀지 않은 곳에 다섯 선인仙人이 있었다. 어느 때, 갑자기 큰 구름이 일어나며 비가 퍼부었다. 어떤 가난한 여자가 길에서 비를 만나 춥기도 하고 두렵기도 하여, 무구 비구가 있는 굴속으로 들어왔다. 얼마 있다가 비가 개이므로 비구와 여자는 함께 굴 밖으로 나왔다. 그때, 선인들은 이것을 보고 마음에 더럽게 여겨, 서로 이렇게 말했다. '무구 비구는 마음에 악한 생각을 품고, 부정한 짓을 했다'고.

그때 무구 비구는 선인들이 생각하는 것을 알고, 곧 몸을 공중으로 솟아 높이 올라갔다. 선인들은 무구 비구가 공중에 높이 올라가는 것을 보고, 다시 서로 말하기를 '우리들이 본 바 경론經論으로는, 사람이 부정한 행을 하고는 이렇게 허공에 올라가지 못하는 것이요, 청정한 행을 닦아야만 능히 이럴 수 있는 것이다'라고. 선인들은 무구 비구를 향하여, 오체를 땅에 던져 합장 정례하고 뉘우쳤다. 만일 무구 비구가 이러한 방편으로 허공에 올라가지 아니하였더라면, 이 오五 선인은 현신現身으로 지옥에 들어갔을 것이다. 그때의 비구는 다른 사람이 아니라, 지금의 미륵보살이다. 그러므로 사리불이나 목건련 들이 이러한 방편을 행했더라면, 구가리 비구는 지옥에 떨어지지 않았을 것이다."

제7절 부처님이 일생에 행하신 방편

어느 때에 부처님은 덕증德增보살에게 이렇게 말씀하셨다.

"선남자야, '보살(부처님의 因行 때를 가리킴)의 본원력本願力으로는 도솔천궁에서도 능히 보리를 얻고 법륜을 굴릴 수 있다. 염부제 사람들은 이 도솔천궁에 올라와서 법을 들을 수 없지마는, 도솔천 사람들은 능히 염부제로 내려가서 법을 들을 수 있다.' 이렇게 보살은 생각하시고, 도솔천을 버리시고 염부제에 내려와 보리를 이루었으니, 이것이 보살의 방편을 행한 것이다. 보살의 본원으로는 모태母胎에 들지 않고도 보리를 이룰 수 있지만, 만일 모태에 들지 않으면 중생들은 이렇게 의심할 것이다. '이 보살은 어디서 왔는가? 하늘이나 용이나 또는 귀신 · 건달바나 혹은 화작化作이 아닌가?' 그래서 법도 듣지 않고 수행도 하지 않을 것이다. 그러므로 보살은 입태하신 것이다. 이것도 보살의 방편을 행한 것이다.

선남자야, 보살이 실지로 모태에 들어갔다고 생각하지 말라. 무슨 까닭인가? 보살이 무구정無垢定에 들어서 도솔천에서 내려와 보리 나무 밑에서 성도하였기 때문에 도솔천 사람들은 생각하기를 보살은 여기서 목숨을 마쳤으니, 다시는 여기로 돌아오지 않으리라고 했다. 그러나 실로는 보살은 도솔천에 여전히 있으면서, 방편으로 입태·출생·출가·고행을 하신 것이다. 그러나 일체 중생들은 실제로 알지마는, 보살에 있어서는 입태·출생·출가·고행을 하나의 변화로써 보인 것이니, 이것이 보살의 방편이다. 또 어째서 보살의 몸이 흰 코끼리처럼 되어 모태로 들어가는 것을 보였던가? 이 세계에서는 보살이 가장 높으시고 맑고 깨끗한 법을 성취하였으므로 흰 코끼리를 나투었고, 다른 하늘이나 사람이나 또는 귀신이나 용이 아니라는 것을 보인 것이니, 이것이 보살의 방편이다. 또 어째서 보살은 태중에서 열 달이 찬 뒤에 출생하였던가? 만일 열 달을 채우지 아니하면, 다른 중생들은 혹 이런 마음을 낼 것이다. '이 아기의 몸에는 혹 부족한 데가 있으리라'고. 그래서 보살은 열 달을 태중에 있었으나, 모든 하늘들은 항상 어머니의 신변에 와서 예경하면서, '보살'이 높은 칠보 누각에 계시는 것으로 보았으니, 이것이 보살의 방편이다. 또 어째서 보살은 어머니의 오른편 옆구리로 출생하였던가? 중생들은 '보살이 부모의 정혈精血의 화합으로 났다'고 생각할 것이기 때문에 그렇게 한 것이니, 이것도 보살의 방편이다. 또 어째서 한가로운 동산에서 탄생하시고, 집안이나 성중을 피하였던가? 보살이 원래 한가로운 곳을 좋아하여, 산림이나 고요한 곳을 찬탄하시고 적멸을 행했기 때문이니, 이것도 보살이 행한 방편이다. 또 어째서 보살의 어머니가 나뭇가지를 붙잡고 보살을 낳았던가? 중생들은 '마야 부인이 보살을 낳을 때에, 다른 여자와 같이 모든 고통을 받았는가?' 의심할 것이므로, 그것은 고통이 아니었다는 것을 중생에게 보이기 위한 것이니, 이것도 보살이 행한 방편이다. 또 어째서 보살은 오른 옆구리로 탄생했던가? 보살은 세계에서 가장 높고 가장 뛰어났음으로써 여근女根으로 들어가지도 않고 여근으로 나오지도 않아서, 다른 범행인梵行人과 다른 것을 보인 것이니, 이것도 보살이 행한 방편이다. 또 어째서 보살은 탄생하자 곧 칠보七步를 걸었던가? 보살은 큰 신력神力으로 부지런히 정진하는 대장부상大丈夫相이 있는 것을 나타내기 위하여, 붙드는 사람도 없이 칠보를 걸은 것이니, 이것도 보살이 방편을 행한 것이다. 또 어째서 보살은 칠보를 걷고는 '이 세계 중에는 내가 가장 높고 뛰어났다. 나는 노老·병病·사死를 여의었다'고 말씀했던가? 그때 모인 범왕·제석 등 모든 천자들은 교만이 있어 스스로 세계 중에 내가 제일 높다 하여 공경심이 없었으므로, 긴 밤을 삼악도에 떨어지게 되었던 것이다. 그래서 보살이 그렇게 말씀할 때에, 그 소리는 대천세계에 두루 들려서, 오지 못한 모든 하늘들도 그 소리를 듣고 모두 모이어 합장·공경·예배·찬탄하였으니, 이것도 보살이 방편을 행한 것이다. 또 어째서 보살은 칠보를 걷고는 크게 웃었던가? 보살은 이렇게 생각했다 '저 중생들은 원래부터 탐욕·진에·우치 및 번뇌가 있었는데 지금도 그렇구나. 저 중생들도 나와 동시에 보리 마음을 발했는데, 나는 이미 보리를 성취했으나 저 중생들은 게을러서, 부지런히 정진하지 아니했으므로, 아직 생사·고뇌의 바다 속에 있으면서 하열下劣중생이 되어, 도리어 내게 예경·공양하겠구나.' 하고 웃었으니, 이것도 보살이 방편을 행한 것이다. 또 어째서 보살은 동산에서 바로 도량道場(=보리나무 밑)으로 가지 않고 궁중宮中으로 들어갔던가? 그것은 모든 근根이 구족하기를 위한 것이요, 궁중에서 오욕락을 즐기다가 천하를 버리고 출가하는 것을 보이어, 다른 사람으로 하여금 오욕락을 버리게 한 것이니, 이것도 보살이 행한 방편이다. 또 어째서 보살이 탄생한 지 칠 일 만에 마야 부인은 세상을 떠났던가? 이것은 마야 부인의 명이 다한 것이요, 보살의 허물은 아니다. 보살이 도솔천에 있을 때, 하늘눈(天眼)으로 관찰하여, 마야 부인의 명이 열 달 위에 칠 일이 남아 있는 것을 알고, 내려와서 입태한 것이니, 이것도 보살이 행한 방편이다. 또 어째서 보살은 글과 글씨 · 장기 · 바둑 · 활쏘기 · 말 타기 등, 가지가지 기예技藝를 배웠던가? 그것은 세상 법도 배운다는 것을 보인 것이다. 보살은 대천세계 중에서 한 가지도 모르는 것이 없었지마는, 다른 사람을 권한 것이니, 이것도 보살이 행한 방편이다. 또 어째서 보살은 비妃와 채녀婇女 및 권속을 가졌던가? 그것은 오욕을 위한 것이 아니니, 보살은 오욕을 떠난 대장부인 까닭이다. 그러나 만일 남녀상男女相을 보이지 않으면 '남자가 아닌가?' 하고 중생들이 의심하면, 그들은 무량한 죄를 지을 것이므로 석종녀釋種女를 받은 것이니, 이것도 보살이 행한 방편이다. 또 어째서 보살은 밤중에 출가했던가? 그것은 백정법白淨法을 위한 까닭이다. 오욕을 버리고, 권속에게 고하지 않고 출가하여, 모든 욕락을 여의면 백정법을 여의는 까닭이니 이것도 보살이 행한 방편이다. 또 어째서 보살은 차닉과 흰 말 및 보의寶衣 · 영락을 집으로 돌려보냈던가? 그것은 권속으로 하여금, 보살은 세속과 좋은 의복 · 영락 등을 탐하지 않는 것을 알게 한 것이요, 또 나는 이렇게 배우니 다른 사람들도 나를 배워, 모든 소유를 버리고 불법 중에 출가하라고 권한 것이다. 이것도 보살이 행한 방편이다. 또 어째서 보살이 육 년이나 고생을 하였던가? 그것은 보살의 남은 보報가 있어서 그런 고苦를 받은 것이 아니요, 중생으로 하여금 악업을 겁을 내어, 보살도로 돌아오게 한 것이니, 이것도 보살이 행한 방편이다. 또 어째서 보살은 보리 나무 밑에서 마왕 파순의 시달림을 받았던가? 원래 마군魔軍은 보리 나무 근처에 오지 못하는 법이라, 보살이 부르지 않으면 오지 못하는 것이다. 그래서 그때 보살은 이렇게 생각했다. 이 사四 천하에서 누가 제일 높으며, 이 사四 천하는 누구에게 속한 것인가? 악마 파순이 욕계欲界에서 제일 높다. 그러므로 나는 지금 악마와 싸워 이겨야 하겠다. 이때에 모든 하늘 대중들은 보리 나무 밑으로 모여 왔다. 보살은 눈썹 사이에서 광명을 놓아 대천세계를 비추니, 마군의 궁전은 어두워지며 이런 소리가 났다. '석종자釋種子가 도를 배워 지금 보리를 성취했다. 앞으로는 마군이 없어질 것이다. 지금 보살이 일체 마군과 싸우려 한다.' 마군은 이 소리를 듣고 매우 두려워서, 곧 네 가지 병력을 동원하여 보리 나무를 둘러쌌다. 그때 보살은 큰 자비, 큰 지혜로써 금색의 손을 한 번 들어 땅을 치니, 여러 마군은 일시에 흩어졌다. 그래서 천 · 용龍 팔부八部 들은 보살의 위력을 알았다. 이것이 보살이 행한 방편이다."

제8절 모든 법을 진실하게 관함

부처님은 가섭에게 말씀하셨다.

"가섭이여, 보살은 마땅히 모든 법을 바로 관해야 한다. 어떤 것이 바로 관하는 것인가? 진실하게 모든 법을 생각하는 것이다. 모든 법을 진실하게 관하는 자는, 아我 · 인人 · 중생 · 수자壽者를 관하지 않는다. 이것을 중도진실정관中道眞實正觀이라 이름한다. 진실히 관하는 자는, 색을 상常도 무상無常도 아니라고 관한다. 이것을 중도진실정관이라 이름한다. 또 수 · 상 · 행 · 식이 지 · 수 · 화 · 풍도, 상도 아니요, 무상도 아니라고 관한다. 이것을 중도진실정관이라 이름한다. 무슨 까닭인가? 상常도 일변一邊이요 무상無常도 일변이나, 상과 무상, 이 중에는 색도 없고 형形도 없으며, 밝음도 없고 아는 것도 없다. 이것이 모든 법의 중도실관中道實觀이다. 아我도 일변이요 무아도 일변이나, 아와 무아 이 중에는 색도 없고 형도 없으며, 밝음도 없고 아는 것도 없다. 이것이 모든 법의 중도실관이다. 마음이 실實하다는 것도 일변이요 마음이 실하지 않다는 것도 일변이나, 만일 심식心識과 심수법心數法이 없으면, 이것이 모든 법의 중도실관이다. 이와 같이, 선법善法과 불선법不善法, 세법世法과 출세법出世法, 유죄법有罪法과 무죄법無罪法, 유루법有漏法과 무루법無漏法, 유위법有爲法과 무위법無爲法, 또는 유구법有垢法과 무구법無垢法도 그와 같아서, 이변二邊을 여의면 받(受)지도 못하고 설하지도 못한다. 이것이 모든 법의 중도실관이다. 내가 말한 십이十二인연에도, 명明과 무명無明이 둘도 아니요 다르지도 아니하니, 이렇게 아는 것을 모든 법의 중도실관이라 한다. 이와 같이, 행行과 비행非行, 식識과 소식所識, 명색名色의 가히 볼 수 있는 것과 볼 수 없는 것, 육입처六入處와 육신통, 촉觸과 소촉所觸, 수受와 수멸受滅, 애愛와 애멸愛滅, 취取와 취멸取滅, 유有와 유멸有滅, 생生과 생멸生滅, 노사老死와 노사멸老死滅에도, 모두 둘도 아니요 다른 것도 없다. 이렇게 아는 것을 모든 법의 중도실관이라 한다.

다시 가섭이여, 진실히 관하는 자는, 공空하기 때문에 모든 법으로 하여금 공하게 말 것이니, 법성은 스스로 공한 것이다. 무상無相이기 때문에 법으로 하여금 무상하게 말 것이니, 법성은 스스로 무상인 것이다. 무원無願이기 때문에 법으로 하여금 무원하게 말 것이니 법성은 스스로 무원인 것이다. 기起도 없고, 생生도 없고, 아我도 없고, 성性도 없고, 취取도 없기 때문에, 모든 법으로 하여금 기도 없고, 취도 없고, 성도 없게 말 것이니, 법성은 스스로 기도 없고, 취도 없고, 성도 없는 것이다. 이렇게 관하는 것이 진실히 관하는 것이다. 사람이 없으므로 공空이라는 것이 아니다. 다만 공이 스스로 공하여, 전제前際도 공하고 후제後際도 공하고 중제中際도 공한 것이니, 마땅히 공에 의하고 사람에 의하지 말라. 만일 공을 얻었다 하여 공에 의지한다면, 이것은 불법에 커다란 퇴타退墮가 되는 것이니, 차라리 아견我見을 수미산같이 일으킬지언정 공견空見으로서 증상만增上慢을 일으키지 말라. 왜냐하면, 일체 모든 견見은 공으로서 해탈하지마는, 만일 공견을 일으키면 그것은 없앨 도리가 없는 것이다. 비유하면, 의사가 병자에게 약을 주어서 병을 없애지마는, 만일 약이 속에 있어 나오지 않는다면 네 생각에 어떻겠느냐? 그 사람의 병이 낫겠느냐?"

"아닙니다. 만일 약이 나오지 않는다면, 그 사람의 병은 점점 더할 것입니다.”

“그렇다. 일체 모든 견見은 공空으로 제하지마는, 만일 공견을 일으키면 제할 도리가 없는 것도 그와 같은 것이다.”

제9절 마음을 잘 찾으라

부처님은 가섭에게 말씀하셨다.

“보살은 이 공법空法에서 얻은 것이 없는 그 중에서, 놀라지도 말고 두려워하지도 말아라. 부지런히 정진하여 마음의 상相을 구하라. 보살은 이렇게 마음을 구할 것이니, 어떤 것이 마음인가? 탐욕인가, 진에瞋恚인가, 우치인가, 과거 · 현재 · 미래인가? 만일 마음이 과거라면 과거는 벌써 다 멸하였고, 만일 마음이 미래라면 미래는 아직 나지 않았고 오지도 않았으며, 만일 마음이 현재라면 현재는 주처住處가 없는 것이다. 이 마음은 안(內)도 아니요 바깥(外)도 아니요 중간도 아니며, 이 마음은 빛깔도 없고 모양도 없어서 대對도 없으며, 알음알이(識)도 없고 앎(知)도 없으며, 주住도 없고 처處도 없어서, 이 마음은 시방 삼세 일체 부처님도 지금껏 보지 못했고, 지금도 보시지 못하고, 이다음도 보시지 못할 것이다. 만일 일체 부처님도 과거 · 현재 · 미래에 보시지 못한다면, 어째서 있다고 하는가? 다만 거꾸로 된 생각으로 이 마음은 모든 법의 가지가지 차별을 내고, 가지가지 업을 지어서 가지가지 몸을 받는 것이다. 이 마음은 바람과 같이 달아나므로 잡을 수 없고, 흐르는 물과 같으므로 생멸이 머물지 않으며, 등잔 불꽃과 같으므로 모든 연緣이 있고, 번개와 같으므로 생각마다 멸하며, 허공과 같으므로 티끌에 물들고, 다람쥐와 같으므로 육욕을 탐하며, 그림쟁이(畫工)와 같으므로 가지가지의 업의 인연을 만들며, 일정하지 않아 가지가지 모든 번뇌를 따라가고, 대왕大王과 같아서 모든 법의 주장이 된다. 또 마음은 홀로 있어서 둘도 없고 동무도 없나니, 일시에 두 마음이 없다. 마음은 원수의 집 같으니 모든 고뇌와 친하는 까닭이요, 미친 코끼리와 같으니 능히 모든 성근을 짓밟아버리는 까닭이며, 낚시와 같으니 고苦 중에서도 락樂이 있다고 생각하는 까닭이요, 꿈과 같으니 아我가 없는 데서 아我가 있다고 생각하는 까닭이며, 파리(蠅)와 같으니 부정不淨한 것을 깨끗하다고 생각하는 까닭이요, 악한 도둑과 같으니 능히 가지가지의 고문하는 고苦를 주는 까닭이며, 악한 귀신과 같으니 사람의 편의를 틈타는 까닭이요, 도둑과 같으니 일체 선근을 겁탈하는 까닭이다. 또 항상 색을 탐하여 나비가 불에 날아들 듯하고, 항상 소리를 탐하여 군인이 나팔소리를 듣는 듯하며, 항상 탐하여 돼지(猪)가 부정한 곳에 눕는 듯하고, 항상 맛을 탐하여 어린 여자가 아름다운 음식을 즐기듯 하며, 항상 촉觸을 탐하여 파리(蠅)가 기름에 덤비듯 한다. 그러므로 이러한 마음의 상相은 얻을 수가 없는 것이다. 만일 얻지 못한다면, 그것은 과거·현재·미래가 아니요, 과거·현재·미래가 아니라면 삼세를 벗어난 것이요, 삼세를 벗어났다면, 있는 것도 없는 것도 아니요, 있는 것도 없는 것도 아니라면 일어나지 않은 것이요, 일어나지 않는 것이라면 성性이 없는 것이다. 성이 없는 것이라면 남(生)도 없는 것이요, 남이 없는 것이라면 멸滅도 없는 것이요, 멸이 없는 것이라면 여읠 것도 없는 것이요, 여읠 것도 없으면 오는 것도 없고 물러가는 것도 없는 것이요, 오는 것도 가는 것도 물러가는 것도 없다면, 행업行業도 없는 것이요, 행업이 없다면 함도 없는 것(無爲)이니, 이 함도 없는 것이 곧 모든 법의 근본이다."

제10절 보살이 되는 삼십이법

부처님이 왕사성의 기사굴산에 계실 때, 가섭 존자에게 말씀하셨다.

"가섭이여, 보살은 다만 이름만으로 보살이 아니다. 능히 착한 법을 닦고 평등한 마음을 행해야 비로소 보살이라 이름할 수 있다. 간략히 말하면, 삼십이법三十二法을 성취해야 보살이라 이름한다. 삼십이법이란 무엇인가? ① 항상 중생을 위하여 깊이 안락을 구하고 ② 중생을 모두 일체지一切智에 머물게 하며 ③ 다른 사람의 지혜를 마음으로 미워하지 말며 ④ 교만심을 깨뜨리고 깊이 불법을 즐기며 ⑤ 진실한 이를 사랑하고 공경하여 끝끝내 친근하고 ⑥ 밉고 친한 사람에 마음이 평등하며 ⑦ 말에 항상 웃음을 머금고 먼저 법을 물으며 ⑧ 하는 바 사업을 중간에 쉬지 않고 ⑨ 널리 중생을 위하여 대비심을 평등이 행하며 ⑩ 마음에 게으름이 없어서 많이 듣고 싫어하지 않으며 ⑪ 스스로 자기의 허물을 찾고 남의 허물은 말하지 않으며 ⑫ 보리 마음으로 모든 위의威儀를 행하며 ⑬ 은혜를 베풀고도 갚음을 바라지 않으며 ⑭ 계행을 항상 가지며 ⑮ 중생에게 인욕을 행하며 ⑯ 부지런히 정진을 행하며 ⑰ 선정을 닦으며 ⑱ 방편 지혜를 행하며 ⑲ 사섭법에 응하며, ⑳ 선하고 악한 중생에게 두려움이 없으며 ㉑ 일심으로 법을 들으며 ㉒ 세상일에 마음이 집착하지 않으며 ㉓ 소승小乘을 탐구하지 않으며 ㉔ 대승大乘에 항상 큰 이익이 있는 것을 보며 ㉕ 악지식惡知識을 여의며 ㉖ 선지식을 친근하며 ㉗ 네 가지 범행을 이루며 ㉘ 다섯 가지 신통神通에 놀며 ㉙ 항상 참된 지혜를 의지하며 ㉚ 중생에게 항상 정행正行을 버리지 않으며 ㉛ 항상 진실한 법을 귀하게 여기며 ㉜ 모든 하는 일에 보리로 으뜸을 삼는 것이다. 가섭이여, 만일 사람에게 이 삼십이법이 있으면 이름을 보살이라 할 것이다."

제11절 보살이 중생의 성취를 다짐한 원력

부처님이 사위성의 기타 숲 외로운 이 돕는 절(給孤獨園)에 계실 때, 모든 보살에게 말씀하셨다.

"여러 어진이여, 누가 이 뒤 악한 세상에서 능히 견디어 참아(堪忍) 가면서 정법을 두호하고, 모든 방편으로 중생을 성취시키겠는가?"

그때 여러 보살들은 차례로 일어나 부처님께 여쭈었다.

미륵보살은, "나는 능히 참고 견디어 저 후세에, 여래께서 백천만억겁에 모으신 아뇩다라삼먁삼보리를 받아 가져서, 무량한 중생에게 이익이 많게 하겠나이다."

금강보살은, "나는 능히 참고 견디어, 모든 악한 중생을 불쌍히 여기며 수호하겠나이다."

문수보살은, "나는 능히 참고 견디어, 중생들의 모든 희망하는 바를 충족시켜 주겠나이다."

지승보살은, "나는 능히 참고 견디어, 모든 중생으로 하여금 무명無明을 덜어 버리게 하겠나이다."

법승法勝보살은, "나는 능히 참고 견디어, 모든 중생으로 하여금, 일체 옳지 못한 법을 여의게 하겠나이다."

월승月勝보살은, "나는 능히 참고 견디어 모든 중생으로 하여금, 항상 공덕법이 아닌 것을 멀리 여의게 하겠나이다."

일승日勝보살은, "나는 능히 참고 견디어, 안락한 법으로써, 일체 중생으로 하여금 모두 해탈을 얻게 하겠나이다."

무외無畏보살은 "나는 능히 참고 견디어, 한량없는 중생의 요익饒益을 성취하게 하겠나이다."

발타바라보살은 "나는 우치가 없는 법(無癡法)을 설하여, 모든 중생으로 하여금 모두 듣고 알아서 지혜를 성취하게 하겠나이다."

무진의보살은 "나는 큰 원을 발하여, 다함 없는 중생으로 하여금 모두 성취하게 하겠나이다."

월광보살은 "나는 일체 중생으로 하여금 항상 넉넉히 보시하게 하겠나이다."

묘목妙目보살은, "나는 모든 중생에게 안락한 근본을 주겠나이다."

관세음보살은, "나는 강강한 모든 악취 중생들에게 귀의歸依가 되어 주겠나이다."

대세지보살은, "나는 구제를 얻지 못한 악취 중생들에게 모두 구제를 얻게 하겠나이다."

선수善數보살은, "나는 조복調伏되지 못한 모든 중생으로 하여금 모두 조복되게 하겠나이다."

묘음妙音보살은, "나는 소승법을 즐기는 모든 중생으로 하여금 모두 해탈을 얻게 하겠나이다."

희락보살은, "나는 하천하고 폐악蔽惡하고 더러운 중생들로 하여금, 모두 성취를 얻게 하겠나이다."

광적光積보살은, "나는 모든 축생 세계에 있는 중생으로 하여금, 모두 해탈을 얻게 하겠나이다."

입무쟁入無諍보살은, "나는 바른 도리를 나타내 보여 중생들로 하여금 성취하게 하겠나이다."

애견愛見보살은, "나는 안락과 이익으로 일체 중생에게 베풀어 주어, 모두 실다운 지혜를 얻게 하겠나이다."

부사의보살은, "나는 아귀 세계에 있는 중생을 불쌍히 생각하여, 모두 해탈을 성취하게 하겠나이다."

일광보살은, "나는 순숙하지 못한 중생으로 하여금, 모두 능히 순숙하게 하겠나이다."

비마라결보살은, "나는 중생들의 일체 소원을 모두 충족하게 하겠나이다."

대기력大氣力보살은, "나는 모든 중생을 위하여 악도惡道의 문을 닫겠나이다."

단의斷疑보살은, "나는 적은 법을 즐기는 중생으로 하여금, 해탈을 얻게 하겠나이다."

주무외住無畏보살은, "나는 항상 찬탄하는 것으로써 모든 중생을 이익하게 하겠나이다."

길승吉勝보살은, "나는 모든 중생의 가지가지 즐거워하는 바를 따라서 해탈하게 하겠나이다."

주무량住無量보살은, "나는 모든 중생을 위하여 함이 없는 도(無爲道)를 설하겠나이다."

주일체법무외住一切法無畏보살은, "나는 가지가지 법을 즐기는 모든 중생들로 하여금, 각각 그 즐기는 바를 따라서 능히 나타내 보이겠나이다."

묘의妙意보살은, "나는 항상 중생이 즐거워하는 일을 보여 주어서 성취하게 하겠나이다."

무구염無拘炎보살은, "나는 중생을 사랑하고 수호하여, 그들로 하여금 성취를 얻게 하겠나이다."

마니광摩尼光보살은, "나는 모든 중생으로 하여금, 모두 그 숙명을 스스로 알게 하겠나이다."

광덕光德보살은, "나는 바른 노력으로써 중생을 구제하겠나이다."

현덕賢德보살은, "나는 중생의 모든 고뇌를 끝끝내 끊어 버리게 하겠나이다."

보수寶手보살은, "나는 모든 보배로써 중생에게 보시해 주어, 그들로 하여금 안락을 얻게 하겠나이다."

최승의最勝意보살은, "나는 빈궁한 중생으로 하여금, 빈궁을 여의게 하겠나이다."

단제전斷諸纏보살은, "나는 모든 중생으로 하여금, 항상 번뇌에 대한 두려움을 여의게 하겠나이다."

금강장보살은, "나는 모든 중생을 위하여, 그들 앞에 바른 길을 보여 주겠나이다."

현덕색상現德色像보살은, "나는 구하는 것이 많은 중생에게 그 구하는 것을 따라, 모두 능히 넉넉하게 하겠나이다."

법출요法出曜보살은, "나는 중생들을 위하여 항상 청정한 모든 법의 행行을 연설하겠나이다."

금강체보살은, "나는 모든 중생의 일체 장애를 덜어 주겠나이다."

법익法益보살은, "나는 항상 바른 법으로써 중생들을 해탈하게 하겠나이다."

무소유無少有보살은, "나는 모든 중생을 위하여 모든 해독害毒을 없애겠나이다."

월상月上보살은, "나는 모든 중생을 위하여 선법을 보여주겠나이다."

사자의師子意보살은, "나는 항상 바른 법으로써 중생을 이익하게 하겠나이다."

의자광意子光보살은, "나는 항상 낮은 곳에 처하는 중생들을 제도하겠나이다."

불공덕보살은, "나는 중생들에게 바른 도道를 보여, 모든 악한 세계를 끊게 하겠나이다."

금강광보살은, "나는 몸에 색상色像을 나투어서 중생을 해탈하게 하겠나이다."

덕길승보살은, "나는 손해를 본 중생으로 하여금 이익이 되게 하겠나이다."

지세持勢보살은, "나는 지옥문을 닫겠나이다."

지감로持甘露보살은, "나는 모든 중생으로 하여금 생사를 해탈하게 하겠나이다."

망명網明보살은, "나는 모든 중생을 위하여 항상 광명을 놓아서, 일체 결박을 끊겠나이다."

이때에 사리불 존자는, 이 모든 보살들이 중생을 성숙시킴으로써 스스로 다짐하는 것을 듣고 마음이 기뻐, 부처님께 여쭈었다.

"참으로 처음 보는 일입니다. 부처님이시여, 이 모든 보살들은 불가사의한 대비심이 있어, 가지가지 방편으로 정진함으로써 스스로 장엄하오니, 나는 항상 이 모든 보살들의 미증유한 일을 칭찬하겠나이다."

제12절 탐·진·치 삼독 중에 가장 중한 죄

우바리는 부처님께 여쭈었다.

"부처님이시여, 삼독三毒 중죄가 있으되, 혹은 탐욕을 인연하여 생기고, 혹은 진심을 인연하여 생기며, 혹은 우치를 인연하여 생긴다 하시니, 어느 것이 가장 가볍고 어느 것이 가장 무겁습니까? 원컨대 처음으로 대승행을 닦는 보살들을 위하시어, 그 경중을 말씀하여 주소서."

부처님은 우바리에게 대답하셨다.

"만일 처음으로 대승행을 닦는 보살이 항가 강의 모래알 같은 겁劫 동안에, 항상 탐욕 류의 죄를 범했으므로, 대승을 믿어 받고서 일년만 진심을 내어도 그 죄는 탐욕보다 중하다. 왜냐하면, 만일 진심이 발동하면 중생을 버리게 되는 까닭이다. 만일 진심을 버리고 탐욕심을 낸다면 중생을 섭취하게 되어 보살에게 액난厄難이 없는 것이다. 어째서냐 하면, 비록 탐욕을 범했더라도 천천히 버리면 그 죄는 조금 경하지마는, 만일 진심을 범했으면 아무리 빨리 버리더라도 그 죄는 중한 것이다. 또 우치를 범하더라도 빨리 버리면 그 죄는 조금 경하다. 삼독의 경중이 이러하므로, 수행하는 보살은 마땅히 방편 지혜를 잘 수호하여, 범하는 일이 없도록 해야 한다."

제2장 유마힐경을 말씀하심

제1절 마음이 청정하면 국토가 청정

어느 때에 부처님이 비사리의 암라 나무 절에 계실 때, 장자의 아들 보적寶積은 게송으로 부처님을 찬탄하고, 곧 부처님께 여쭈었다.

"부처님이시여, 저와 같이 온 오백 장자의 아들들은, 모두 아뇩다라 삼먁삼보리 마음을 발하옵고, 부처님 국토(佛國土)의 청정을 듣고자 하오니, 원컨대 부처님께서는 설하여 주소서."

부처님은 보적 동자에게 대답하셨다.

"보적아, 중생의 무리가 곧 보살의 정토다. 왜냐하면, 보살은 교화한 중생을 따라서 불토佛土를 취하고, 조복시킨 중생을 따라서 불토를 취하며, 모든 중생이 어떠한 국토로서 부처님의 지혜에 들어가는가를 따라서 불토를 취하고, 모든 중생이 어떠한 국토로서 보살의 근본 행行을 일으키는가를 따라서 불토를 취한다. 무슨 까닭인가? 보살이 청정한 국토를 취하는 것은 모두 중생을 요익하게 하기 위한 까닭이다. 비유하면, 어떤 사람이 빈 땅에 집을 지으면, 마음대로 걸림이 없지마는, 허공에 집을 지으려면 마침내 되지 않는다. 보살도 그와 같아서, 중생을 성취하기 위하여 불국토를 취하는 것이다. 불국토는 공空에서 취하는 것이 아니다.

보적아, 알라. 곧은 마음이 보살의 정토니, 보살이 성불할 때에 아첨하지 않는 중생이 그 나라에 와서 나고, 깊은 마음이 보살의 정토니, 보살이 성불할 때에 공덕이 구족한 중생이 그 나라에 와서 나며, 보리심이 보살의 정토니, 보살이 성불할 때에 대승大乘 중생이 그 나라에 와서 나느니라. 보시가 보살의 정토니, 보살이 성불할 때에 일체를 능히 버리(捨)는 중생이 그 나라에 와서 나며, 지계持戒가 보살의 정토니, 보살이 성불할 때에 십선도十善道를 행해서 원대로 만족한 중생이 그 나라에 와서 나고, 인욕忍辱이 보살의 정토니, 보살이 성불할 때에 삼십이상三十二相으로 장엄한 중생이 그 나라에 와서 나며, 정진精進이 보살의 정토니, 보살이 성불할 때에 일체 공덕을 부지런히 닦은 중생이 그 나라에 와서 나고, 선정禪定이 보살의 정토니, 보살이 성불할 때에 마음이 산란하지 않은 중생이 그 나라에 와서 나며, 지혜가 보살의 정토니, 보살이 성불할 때에 바른 정定을 닦은 중생이 그 나라에 와서 나느니라. 또 사무량심四無量心이 보살의 정토니, 보살이 성불할 때에 자慈·비悲·희喜·사捨를 성취한 중생이 그 나라에 와서 나고, 사섭법四攝法이 보살의 정토니, 보살이 성불할 때에 해탈로 섭취된 중생이 그 나라에 와서 나며, 방편方便이 보살의 정토니, 보살이 성불할 때에 일체 법에 방편이 무애無碍한 중생이 그 나라에 와서 나고, 삼십칠조도품三十七助道品이 보살의 정토니, 보살이 성불할 때에 사념처四念處·사정근四精勤·사신족四神足·오근五根·오력五力·칠각지七覺支·팔정도八正道를 닦는 중생이 그 나라에 와서 난다. 회향심廻向心이 보살의 정토니, 보살이 성불할 때에는 일체 공덕이 구족한 국토를 얻으며, 팔난八難을 설하여 제하는 것이 보살의 정토니, 보살이 성불할 때에 그 국토에는 삼재三災·팔난八難이 없으며, 스스로 계행을 가지고 남의 파계破戒를 비방하지 않는 것이 보살의 정토니, 보살이 성불할 때에 그 국토에는 범계犯戒라는 이름도 없으며, 십선十善이 보살의 정토니, 보살이 성불할 때에 중간에 요수夭壽하는 이가 없고 모두 큰 부자가 되며, 범행梵行이 있고 말이 진실하며, 항상 부드럽게 말하고 권속들의 이별이 없으며, 잘 화합하고 다툼과 송사가 없으며, 반드시 서로 이익하게 말하고 시기와 진심이 없고 정견正見을 가지는 중생이 그 나라에 와서 난다. 보적아, 이와 같이, 보살은 곧은 마음을 따라서 행行을 발發하고, 발한 행을 따라서 깊은 마음을 얻고, 깊은 마음을 따라서 뜻이 조복되고, 뜻이 조복됨을 따라서 말과 같이 행하고, 말과 같이 행함으로써 능히 회향하고, 회향함을 따라서 방편이 있고, 방편이 있음으로써 중생을 성숙시키고, 중생을 성숙시킴으로써 불토가 청정하고, 불토가 청정함으로써 설하는 법이 청정하고, 법이 청정함으로써 지혜가 청정하고, 지혜가 청정함으로써 마음이 청정하고, 마음이 청정함으로써 일체 공덕이 청정하다. 이러므로 보적아, 만일 보살의 정토를 얻고자 하거든, 마땅히 그 마음을 청정하게 하라. 마음이 청정하면 불토가 청정하니라."

그때 사리불은 이렇게 생각했다. '만일 보살의 마음이 청정함으로써 불토가 청정하다면, 우리 부처님께서는 보살로 계실 때에, 마음이 청정하지 않아서 이 불토가 이렇게 청정하지 못한가?'

부처님은 사리불의 마음에 생각하는 것을 아시고, 이렇게 말씀하셨다.

"사리불이여, 네 생각에 어떠냐? 해와 달이 청정하지 못해서 장님이 보지 못하느냐?"

"아닙니다. 부처님이시여, 그것은 장님의 허물이요, 해와 달의 허물은 아닙니다."

부처님은 다시 말씀하셨다.

"사리불이여, 중생들이 죄가 있어서 여래의 불토가 청정한 것을 보지 못하는 것이다. 그것은 여래의 허물은 아니다. 사리불이여, 나의 이 국토는 청정하지마는 네가 보지 못하는 것이다."

그때 나계범왕螺髻梵王은 사리불에게 이렇게 말했다.

"그런 생각을 내지 마시오. 이 불토를 청정하지 않다고 하십니까? 나는 석가모니의 불토의 청정한 것이, 마치 자재천궁自在天宮같이 보입니다."

사리불은 대답했다.

"나는 이 국토에 언덕·구릉·가시덩굴·돌자갈·흙·돌멩이·모든 산 따위의 더럽고 나쁜 것만 충만한 것이 보이오."

나계범왕은 또 말했다.

"사리불님, 스님의 마음에 높낮이가 있어서 부처님의 지혜를 따라가지 못하므로, 이 불토를 부정不淨하다고 보는 것입니다. 보살은 일체 중생에게 모두 평등해서 깊은 마음이 청정하여, 부처님의 지혜를 의지하므로 능히 이 국토를 청정하게 보는 것입니다."

제2절 중생의 병을 제하려면 보리 마음을 발하라

1 비사리성 중에 한 장자가 있었다. 이름은 유마힐維摩詰이다. 일찍이 모든 부처님께 공양하고, 선본善本을 심어 무생인無生忍을 얻었으므로, 비록 백의白衣로 있었지마는 사문의 청정한 율행律行을 받들어 가지며, 집에 있었으나 삼계三界에 착하지 아니하며, 비록 처자가 있으나 항상 범행을 닦으며, 현재 권속이 있으나 항상 멀리 여의기를 즐기며, 보배의 의복을 입었으나 상호相好로 몸을 장엄하며, 비록 음식을 먹더라도 선열禪悅로 맛을 삼으며, 또는 방편으로써 몸에 병이 있는 형상을 나투어, 병이 있음으로써 국왕·대신·장자·거사·바라문 및 모든 왕자·관리 등 수천 명이 모두 가서 병을 위문했다. 그는 반드시 가는 사람에게 몸의 병으로써 널리 법문을 설했다.

2 "모든 인자仁者여, 이 몸은 항상되지 못하고 든든하지 못하며 힘도 없고 단단하지도 못해서, 빨리 썩는 것이라 믿을 수 없다. 고통이 되고, 번뇌가 되고, 여러 병이 모이는 처소가 되므로 지혜 있는 사람은 믿지 않는 것이다. 이 몸은 모인 거품 같아서 만질 수도 없고, 뜬 거품 같아서 오

래 있지도 않는 것이다. 아지랑이 같아서 갈애渴愛에서 나는 것이요, 파초芭蕉 같아서 속에 단단한 것이 없으며, 환幻과 같아서 거꾸로 된 소견에서 일어나는 것이요, 꿈과 같아서 허망되어 보이는 것이며, 그림자와 같아서 업연業緣으로 좇아 일어난 것이요, 메아리와 같아서 모든 인연에 속한 것이며, 뜬구름과 같아서 고대 변해 없어지는 것이요, 번개와 같아서 잠깐도 머물러 있지 않는 것이다. 임자가 없는 것이니 땅(地)과 같고, 아상我相이 없는 것이니 불(火)과 같으며, 수자상壽者相이 없는 것이니 바람(風)과 같고, 인상人相이 없는 것이니 물(水)과 같으며, 실實하지 않은 것이니 사대四大로 집을 삼았고, 공空한 것이니 아我와 아소我所를 떠났으며, 아는 것이 없으니 초목·와력瓦礫과 같고, 작作이 없는 것이니 바람의 힘으로 움직이며, 부정한 것이니 더럽고 나쁜 것이 충만했고, 거짓 것이니 목욕시키고 의복을 입혀도 반드시 마멸磨滅로 돌아가며, 재앙이 되는 것이니 일백한 가지의 병에 시달리고, 빈 우물 같은 것이니 늙음(老)의 핍박을 당하며, 정한 것이 없으니 반드시 죽는 것이요, 독사와 같고 원적怨賊과 같고 빈 마을과 같으니, 오음五陰·십팔계十八界와 모든 입入으로 합해된 것이다.

3 인자들이여, 이 몸은 걱정스러운 것이니, 마땅히 부처님의 몸을 즐거워하라. 왜냐하면, 부처님의 몸은 곧 법신法身이다. 법신은 한량없는 공덕과 지혜에서 났으며, 계戒·정定·해탈解脫·해탈지견解脫知見으로부터 났으며, 자慈·비悲·희喜·사捨로부터 났으며, 보시·지계·인욕·유화柔和·근행勤行·정진精進·선정禪定·해탈·삼매三昧·다문多聞·지혜 및 모든 바라밀에서 났으며, 방편으로 좇아 났으며, 육통六通으로 좇아 났으며, 삼명三明으로 좇아 났으며, 삼십칠조도품三十七助道品으로 좇아 났으며, 지止·관觀으로 좇아 났으며, 십력十力·사무소외四無所畏·십팔 불공법十八 不共法으로 좇아 났으며, 모든 착하지 못한 법은 끊어 버리고, 온갖 착한 법만 모은 데로 좇아 났으며 방일하지 않은 데로 좇아 났으며, 이렇게 한량없는 청정한 법으로 좇아 난 여래의 몸이다. 모든 인자여, 이러한 부처님의

몸을 얻고 일체 중생의 병을 없애려거든, 마땅히 아뇩다라삼먁삼보리 마음을 발하라."

제3절 성문 제자들에게 유마힐의 병을 묻게 함

1 그때에 유마거사는 이런 생각을 했다.

'내가 이렇게 병이 들었는데, 부처님은 큰 자비로서 어찌 나를 불쌍히 여기지 아니하시는가?'

부처님은 유마거사가 생각하는 바를 아시고, 곧 사리불에게 말씀하셨다.

"사리불아, 네가 유마힐에게 가서 문병하여라."

사리불은 부처님께 여쭈었다.

"저는 유마힐에게 가서 문병할 수 없습니다. 왜냐하면, 옛날 제가 저 숲 속 나무 밑에서 좌선하고 있을 때에, 유마거사가 와서 제게 말하기를 '사리불님, 앉아 있다고 반드시 좌선이 아닙니다. 대개 좌선이라는 것은, 삼계에 몸과 뜻을 나타내지 않는 것이요, 멸진정滅盡定에서 일어나지 않고 위의를 나투는 것이요, 도법道法을 버리지 않고 범부凡夫의 일을 나투는 것이요, 마음이 안에도 있지 않고, 밖에도 있지 않는 것이요, 모든 견見에 동하지 않고 삼십칠품을 행하는 것이요, 번뇌를 끊지 않고 열반에 들어가는 것이 좌선입니다. 만일 그렇게 한다면, 그것은 부처님의 인가하시는 바라'고 하였습니다. 그때, 저는 그 말을 듣고 잠자코 대답하지 못했습니다. 그러므로 저는 유마거사에게 문병하러 갈 수 없습니다."

2 부처님은 목건련에게 말씀하셨다.

"목건련이여, 네가 유마거사에게 가서 문병하라."

목건련은 부처님께 여쭈었다.

"부처님이시여, 저는 유마거사에게 가서 문병할 수 없습니다. 왜냐하면, 제가 옛날 비사리성에 들어가, 어떤 골목에서 모든 거사들을 위하여 법을 설할 때에, 유마거사는 제게 와서 이렇게 말했습니다. '목건련님, 백의거사를 위하여 법을 설하는 데는, 존자와 같이 설해서는 아니 되오. 대저 설법이라는 것은 법다이 설해야 하오. 법에는 중생이 없으니, 중생의 때(垢)를 여읜 까닭이요, 법에는 나(我)가 없으니 나의 때를 여읜 까닭이며, 법에는 수명壽命이 없으니 생사를 여읜 까닭이요, 법에는 사람(人)이 없으니 전후제前後際가 끊어진 까닭이며, 법은 항상 고요하니 모든 상相을 멸한 까닭이요, 법은 상相을 여의었으니 반연할 바가 없는 까닭이며, 법에는 명자名字가 없으니 언어가 끊어진 까닭이요, 법에는 말이 없으니 각관覺觀을 여읜 까닭이며, 법은 형상이 없으니 허공과 같은 까닭이요, 법은 희론戱論이 없으니 필경에 공空한 까닭이며, 법은 아소我所가 없으니 아소를 여읜 까닭이요, 법은 분별이 없으니 모든 식識을 여읜 까닭이며, 법은 비할 데가 없으니 상대가 없는 까닭이요, 법은 인因에 속하지 않으니 연緣에 있지 않은 까닭이며, 법은 법성法性과 같으니 모든 법에 들어가는 까닭이요, 법은 여如를 따르니 따를 바가 없는 까닭이며, 법은 실제實際에 머무나니 모든 변邊에 동하지 않는 까닭이요, 법은 동요가 없으니 육진六塵에 의지하지 않는 까닭이며, 법은 거래去來가 없으니 항상 주住하지 않는 까닭이요, 법은 공空을 따르고 무상無相을 따르고 무작無作에 응하며, 법은 호추好醜를 여의고 증감이 없으며, 법은 생멸이 없고 돌아갈 바가 없으며, 법은 눈·귀·코·혀·몸·뜻을 지나가며, 법은 높낮이가 없으며, 법은 항상 주住하여 동하지 아니하며, 법은 일체 관행觀行을 여의었으니, 목건련님, 법상法相은 이러한 것이오. 대저 설법하는 자는, 설할 것도 없고 보일 것도 없으며, 또 법을 듣는 자도 들을 것도 없고 얻을 것도 없나니 비유하면, 환술幻術하는 사람이 환술로 만든 사람에게 설법하는 것과 같은 것이오. 이런 뜻을 세우고 법을 설하되, 마땅히 중생들의 근기根器의 이둔利鈍

이 있는 것을 알고, 또 잘 보아서 걸리는 바가 없으며, 대비심으로 대승을 칭찬하며, 부처님의 은혜를 갚기 위하여 삼보가 끊어지지 않게 한 뒤에 설법하는 것이오'라고 하였습니다. 저는 그런 변재가 없습니다. 그러므로 거기 가서 문병하기에 맞지 않습니다."

3 부처님은 가섭에게 말씀하셨다.

"가섭이여, 그대가 유마힐에게 가서 문병하라."

가섭은 부처님께 여쭈었다.

"저는 유마거사에게 가서 문병할 수 없습니다. 왜냐하면, 옛날 제가 가난한 촌에서 걸식할 때에, 유마힐은 저에게 와서 이렇게 말했습니다. '가섭님, 자비심이 있어도 능히 두루 하지 못하기 때문에, 부호들 집은 버리고 가난한 집에 가서 걸식하는 것이오. 가섭님, 평등법에 머물러 차례로 걸식하되, 먹지 않기를 위하므로 밥을 빌고, 화합상和合相을 깨뜨리기 위하므로 단식을 취하며, 받지 않기를 위하므로 그 밥을 받고, 빈 마을이라는 생각으로 촌락에 들어가며, 보는 바 색色에는 장님과 같고, 듣는 소리에는 메아리 같으며, 맡는 냄새에는 바람과 같고, 먹는 맛에는 분별이 없으며, 받는 촉觸에는 지혜로 증득하고, 모든 법에는 아는 것이 환상幻相과 같아서, 자성自性도 없고 타성他性도 없으며, 본래도 그렇지 않고 지금도 멸함이 없나니, 가섭님, 만일 능히 팔사八邪를 버리지 않고 팔해탈八解脫에 들어가고, 삿된 상(邪相)으로써 바른 법에 들어가서, 한 밥으로써 일체에게 보시하여, 모든 부처님과 여러 현성賢聖에게 공양한 뒤에 먹는 것이오. 이렇게 먹는 자는 번뇌가 있는 것도 아니요 번뇌를 여읜 것도 아니며, 정定의 뜻에 들어간 것도 아니요 뜻을 일으킨 것도 아니며, 세간에 머무는 것도 아니요 열반에 머무는 것도 아니며, 또 그 보시한 자에게는 큰 복도 없고 작은 복도 없어서, 이익도 되지 않고 손해도 되지 않나니, 이것이 바로 불도에 들어가고 성문을 의지하지 않는 것이오. 가섭님, 만일 이렇게 먹는다면, 남의 보시를 공으로 먹는 것은 아닐 것이오'

라고 했습니다. 저는 그때 그 말을 듣고 매우 기뻐해 곧 일체 보살에게 공경심을 냈습니다. 그리고 다시 '변재와 지혜가 이렇게 장한가?'고 생각했습니다. 누가 그 말을 듣고야 보리심을 내지 않겠습니까? 저는 그때부터 다시는 성문·벽지불辟支佛(獨覺)의 행으로 남을 권하지 않았습니다. 그러므로 저는 거기 가서 문병할 수 없습니다."

4 부처님은 다시 수보리須菩提에게 말씀하셨다.

"수보리여, 네가 유마거사에게 가서 문병하라."

수보리는 부처님께 여쭈었다.

"부처님이시여, 저는 거기 가서 문병할 수 없습니다. 어째서냐 하면, 제가 일찍이 그 집에 들어가서 걸식을 했더니, 그때 유마힐은 제 바리에 밥을 가득 담아 주면서 말했습니다. '수보리님, 밥에 평등한 자는 모든 법에도 평등하고, 법에 평등한 자는 밥에도 평등하나니, 이렇게 행걸行乞해야 밥을 받을 수 있을 것이다. 수보리여, 음婬·노怒·치癡를 끊지도 않고 함께 있지도 않으며, 신견身見을 깨뜨리지도 않고 일상一相을 따르며, 어리석음과 사랑을 멸하지 않고 지혜의 맑음과 해탈을 일으키며, 오역상五逆相으로써 해탈을 얻어서, 풀리지도 않고 묶이지도 않으며, 사제四諦를 보지도 않고 아니 보지도 않으며, 과果를 얻지도 않고 아니 얻지도 않으며, 범부도 아니요 범부의 법을 여읜 것도 아니며, 성인聖人도 아니요 성인 아님도 아니며, 비록 한 법을 성취했으나 모든 법의 상相을 여의어야 밥을 받을 수 있을 것이오. 만일 부처님을 보지도 않고 법을 듣지도 않고, 저 외도 육사六師들을 그대의 스승으로 삼아, 그들로 인하여 출가하고 그들이 떨어지는 곳에 그대도 같이 떨어진다면, 밥을 받을 수 있을 것이오. 사견에도 들어가지 않고 피안彼岸에도 이르지 않으며, 팔난八難에 머물러도 어려움이 없고, 번뇌와 함께 해서 청정법을 여의며, 그대가 무쟁無諍 삼매를 얻음으로 일체 중생도 따라서 이 정定을 얻으며, 그대에게 보시하는 자는 복밭(福田)이 되지 못하고, 그대를 공양하는 자는 삼악도에 떨어지며, 여러 마군과 더불어 한편이 되어 모든 진로塵勞의 일을 하여, 모든 마군 및 진로에 조금도 다름이 없어서, 일체 중생에게 원심怨心이 있으며, 모든 부처님을 비방하고 법을 허물하여, 대중 수數에 들어가지 못하며, 마침내 열반을 얻지 못할 것이니, 그대가 만일 그렇게 된다면 밥을 받을 수 있을 것이오'라고 했습니다. 부처님이시여, 저는 그때 그 말을 듣고 아득하여, 그것이 무슨 말인지도 알지 못하고 어떻게 대답할지도 알지 못하여, 그만 바리때를 놓고 그 집을 나오려고 했습니다. 그때 유마힐은 '아 수보리님, 바리때를 가져가고 두려워하지 마시오. 그대 생각에는 어떠하오? 여래께서 만드신 화인化人이 이런 말을 두려워하겠소?' 하기에 저는 '그렇지 않습니다.' 하였더니, 유마힐은 다시 말하기를 '일체 법은 모두 환화幻化의 상相이니, 그대도 지금 두려워할 것이 없소. 왜냐하면, 일체 언설言說은 상相을 여의지 못한 것이오. 지혜 있는 자는 문자에 착하지 아니하므로 두려움이 없나니, 문자의 성性을 여의어, 문자 없는 그것이 곧 해탈상이요, 해탈상이 곧 모든 법이오'라고 하였습니다. 그러므로 저는 거기 가서 문병할 수 없습니다."

5 부처님은 다시 부루나에게 말씀하셨다.

"부루나여, 그대가 유마힐에게 가서 문병하라."

부루나는 부처님께 여쭈었다.

"저는 거기 가서 문병할 수 없습니다. 왜냐하면, 옛날에 제가 큰 숲 속 한 나무 밑에서, 모든 새로 배우는 비구들을 위하여 법을 설할 때에, 유마힐은 제게 와서 이렇게 말했습니다. '부루나님, 먼저 마땅히 정定에 들어, 이 사람들의 마음을 관觀한 뒤에 설법하고, 더러운 음식을 깨끗한 그릇에 담지 마시오. 그대는 중생의 근원도 알지 못하고 소승법小乘法으로서 발기하지 마시오. 저들은 본래 부스럼도 없는데 상처 낼 것이 무엇이오? 큰길로 가려 하는데 작은 길을 보이지 마시오. 큰 바닷물을 발자국에 넣으려 하지 말고, 햇빛을 반딧불에 비기지 마시오. 이 비구들은 대승심大乘心을 발한 지 오래였으나 중간에 잊었거늘, 어째서 소승법小乘法으로 교화하려 하시오? 내가 보기에는 소승들은 지혜가 적고 옅어서, 마치 눈먼 사람같이 일체 중생의 근기根機가 날카로운지 둔한지도 능히 분별하지 못하오.' 하고, 유마힐은 곧 삼매에 들어, 이 비구들로 하여금 스스로 자기들의 숙명을 알게 하니, 모두 일찍이 오백 부처님 처소에서 여러 가지 덕본을 심고 보리로 회향한 것을 알았습니다. 그래서 그들은 곧 마음이 열려 본심을 얻고는, 유마힐의 발치에 정례했습니다. 유마힐은 이내 설법하여 다시는 그들로 하여금 보리에서 퇴전하지 않게 하였습니다. 제 생각으로는 남의 근기를 관하지 못하고는 설법도 하지 못할 것이니, 그러므로 저는 거기 가서 문병할 수 없습니다."

6 부처님은 가전연에게 말씀하셨다.

"가전연이여, 그대가 유마힐에게 가서 문병하여라."

가전연은 부처님께 사뢰었다.

"부처님이시여, 저는 거기 가서 문병하지 못하겠습니다. 왜냐하면, 옛날에 부처님께서 모든 비구를 위하여 간단히 법을 설하시고, 제가 그 다음에 그 뜻을 늘려 펴면서 무상·고·공·무아·적멸의 뜻이라 하였더니, 유마힐은 제게 와서 말했습니다. '생멸生滅하는 심행心行으로 실상법實相法을 설하지 마시오. 모든 법이 필경에 불생불멸하는 것이니, 그것이 무상의 뜻이요, 오수음五受陰을 통달하여 공해서 일어나는 것이 없으니, 그것이 고苦의 뜻이요, 모든 법이 구경에 있는 바가 없으니, 그것이 공空의 뜻이요, 아我와 무아無我가 둘이 아니니 그것이 무아의 뜻이요, 법이 본래도 그런 것이 아니요 이제도 멸함이 없으니, 그것이 적멸의 뜻이오'라고 하였습니다. 그 법을 설할 때에 모든 비구들은 마음에 해탈을 얻었으니, 그러므로 저는 거기 가서 문병할 수 없습니다."

7 부처님은 다시 아나율에게 말씀하셨다.

"아나율이여, 네가 유마힐에게 가서 문병하라."

아나율은 부처님께 사뢰었다.

"부처님이시여, 저는 거기 가서 문병할 수 없습니다. 왜냐하면, 제가 옛날 어떤 곳에서 경행經行하고 있을 때 엄정嚴淨 범천이 일만 범천과 더불어 제게 와서 깨끗한 광명을 놓으며 정례頂禮하고 묻기를 '하늘눈(天眼)으로 얼마나 보느냐?' 하기에 저는 '석가모니의 삼천 대천세계를 손바닥 위의 과실 보듯 하노라.' 하였더니, 유마힐이 저에게 와서 말하기를 '아나율님, 하늘눈으로 보는 것이 상相을 짓는 것입니까, 짓는 상이 없는 것입니까? 만일 상을 짓는다면 외도外道들의 오통五通과 같고, 짓는 상이 없다면 그것은 곧 무위無爲라, 보는 것이 없는 것이오.' 했습니다. 저는 그때 잠자코 말이 없었더니, 저 모든 범천들은 그 말을 듣고, 매우 기뻐해 정례하고 묻기를 '세상에 누가 참으로 천안을 가졌습니까?' 하니, 유마힐은 '부처님이 참으로 천안을 얻었으니, 항상 삼매에 계시며 모든 불국토를 다 보시되, 두 가지 상이 없다.' 하였습니다. 그러므로 저는 거기 가서 문병하는 것을 감당하지 못하겠습니다."

8 부처님은 다시 우바리에게 말씀하셨다.

"우바리여, 네가 유마힐에게 가서 문병하라."

우바리는 부처님께 사뢰었다.

"부처님이시여, 저는 거기 가서 문병할 수 없습니다. 왜냐하면, 옛날에 두 비구가 율행律行을 범하고 부끄럽다 하여, 감히 부처님께는 묻지 못하고 제게 와서 묻기를 '우바리여, 우리들이 율律을 범하고, 감히 부처님께는 묻지 못하겠으니, 원컨대 우리의 의심과 뉘우침을 풀어서 이 허물을 면하게 하소서.' 하므로, 저는 곧 그들을 위하여 법다이 해설했더니, 유마힐이 내게 와서 말하기를 '우바리님, 이 두 비구의 죄를 더 무겁게 보태지 마시오. 마땅히 바로 없애 주고 그 마음을 요란하게 마시오. 무슨 까닭이냐 하면, 그 죄의 성性은 안에도 있지 않고 밖에도 있지 않고 중간에도 있지 않아서, 부처님의 말씀하신 바와 같소. 마음이 더러우므로 중생이 더럽고 마음이 조촐하므로 중생이 조촐한 것이오. 마음은 안에도 있지 않고 밖에도 있지 않고 중간에도 있지 않으니, 마음이 그러하므로 죄의 때(垢)도 또한 그러하고, 모든 법도 또한 그러하여 여如에 나지 않는 것이오. 만일 우바리가 심상心相으로 해탈을 얻는다면 무슨 때(垢)가 있겠소?' 하기에, 저는 '때가 없습니다.' 하였더니, 유마힐은 다시 '일체 중생의 마음에 때가 없는 것도 또한 그러하오. 우바리님, 망상이 때이므로 망상만 없으면 조촐하고, 거꾸로 된 생각이 때이므로 거꾸로 된 생각만 없으면 조촐하며, 나(我)를 취하는 것이 때이므로 나를 취하지 않으면 조촐한 것이오. 일체 법이 생멸하여 머물지 않는 것이 환幻과 같고 번개와 같소. 모든 법은 서로 기다리지 않고 일 년 동안도 머물지 않으며, 모든 법은 다 망견妄見이라, 꿈과 같고 아지랑이와 같으며, 물속의 달과 같고 거울 속의 물상(像)과 같아, 모두 망상妄想으로 나는 것이니, 이것을 아는 것을 이름하여 계율을 받든다는 것이며, 이것을 아는 것을 이름하여 잘 해탈한다는 것이오.' 했습니다. 그때 두 비구는 '참으로 상지上智입니다.' 하고 찬탄했습니다. 부처님을 제하고는 성문이나 보살은 능히 그 변재를 꺾지 못할 것입니다. 그러므로 저는 거기 가서 문병할 수 없습니다."

9 부처님은 다시 라후라에게 말씀하셨다.

"라후라야, 네가 유마힐에게 가서 문병하라."

라후라는 부처님께 사뢰었다.

"부처님이시여, 저는 유마힐에게 가서 문병할 수 없습니다. 어째서냐 하면, 옛날에 비사리성 여러 장자의 아들들이 저에게 와서 묻기를 '라후라여, 그대는 부처님의 아들로서, 전륜왕의 위를 버리고 집을 떠나 도를 닦으니, 집을 나오는 것은 무슨 이익이 있느냐?' 하기에 저는 그들을 위하여 법다이 스님이 된 공덕의 이익을 설명했습니다. 그때에 유마힐은 저에게 와서 '라후라님, 마땅히 집을 나온 공덕 · 이익을 설하지 마시오. 왜냐하면, 이익도 없고 공덕도 없는 그것이 출가요. 유위법有爲法으로는 공덕이 있고 이익이 있다고 설하겠지마는, 대저 출가라는 것은 무위법無爲法이니, 무위법에는 이익도 없고 공덕도 없는 것이오. 출가한 것은 저쪽도 없고 이쪽도 없고 중간도 없으며, 육십이견六十二見을 여의어 열반에 처하는 것이니, 그것이 지혜 있는 자가 받는 것이며, 성인의 행하는 바이오. 여러 마군을 항복받고 오도五道를 도탈度脫하며, 오안五眼이 조촐하고 오력五力이 생기며, 오근五根을 세워서 거기에 번뇌하지 않고 모든 악을 여의며, 모든 외도를 꺾고 거짓 이름을 초월하여 얽매임이 없으며, 아소我所도 없고 받을 바도 없고 요란도 없어서, 선정을 따라 여러 가지 허물을 여의는 것이니, 이것이 참으로 출가라 하는 것이오.' 하고, 다시 여러 장자의 아들에게 말하기를 '너희들은 마땅히 이 바른 법에서 출가하라. 부처님의 세상을 만나기는 어려우니라'고 할 때에, 장자의 아들들은 말하기를 '우리는 들으니, 부처님 말씀이, 부모가 허락하지 않으면 출가하지 못한다고 합니다.' 유마힐은 대답하기를 '그렇다. 너희들은 보리심만 발하라. 그것이 출가요, 그것이 구족계具足戒니라'고 했습니다. 그러므로 저는 거기 가서 문병하지 못하겠습니다."

10 부처님은 다시 아난에게 말씀하셨다.

"아난이여, 네가 유마힐에게 가서 문병하라."

아난은 부처님께 여쭈었다.

"부처님이시여, 저는 거기 가서 문병하지 못하겠습니다. 왜냐하면, 옛날에 부처님께서 조금 병환이 계실 때에, 마땅히 우유를 써야 하겠으므로, 제가 바리때를 가지고 큰 바라문의 집 문 앞에 섰더니, 유마힐은 저에게 와서 말하기를 '아난 존자님, 어째서 이른 새벽에 바리때를 들고 여기에 있소?' 하기에, 저는 '부처님께서 병환이 계시는데, 우유를 써야 하므로 여기 왔습니다'라고 대답했더니, 유마힐은 '아서시오. 그런 말을 하지 마시오. 여래의 몸은 금강체金剛體라 모든 악을 이미 끊었으며, 여러 선善이 모두 모이었는데, 무슨 병이 있으며 무슨 번뇌가 있겠소? 아난 존자님, 아무 말 마시오. 여래를 비방하지 말고, 다른 사람으로 하여금 이런 말을 듣지 못하게 하며, 큰 덕이 있는 모든 하늘 및 다른 정토淨土에서 온 모든 보살로 하여금 이런 말을 듣지 말게 하시오. 전륜성왕은 조그마한 복으로도 오히려 병이 없거든, 하물며 여래는 무량한 복이 모이어 가장 뛰어나심이라. 아난님, 어서 가시오. 우리들로 하여금 부끄러움을 받게 하지 마시오. 외도나 바라문들이 만일 이런 말을 들으면, 필연 이렇게 생각할 것이오. '어째서 스승이라 하면서 자기의 병도 구원하지 못하며, 또 어떻게 남의 병을 구하겠는가?'고. 어서 빨리 가시오. 다른 사람으로 하여금 듣게 하지 마시오. 아난님, 마땅히 아시오. 모든 여래의 몸은 법의 몸이요, 더러운 욕심의 몸이 아니오. 부처님은 세상에 높아서 삼계를 지나가고, 부처님 몸은 누漏가 없어 모든 번뇌가 다했소. 부처님 몸은 함이 없어서(無爲) 모든 수數에 들지 않소. 이런 몸으로 무슨 병이 있겠소?' 했습니다. 그때 저는 실로 부끄러웠습니다. 부처님이시여, 유마힐의 지혜·변재가 이러하므로, 저는 거기 가서 문병할 수 없습니다."

제4절 보살들에게 유마힐의 병을 묻게 함

1 그때 부처님은 미륵보살에게 말씀하셨다.

"미륵이여, 그대가 유마힐에게 가서 문병하라."

미륵보살은 부처님께 사뢰었다.

"부처님이시여, 나는 유마힐에게 가서 문병할 수 없습니다. 왜냐하면, 내가 옛날에 도솔천왕과 권속을 위하여 불퇴전지不退轉地의 법을 설했더니, 그때 유마힐이 내게 와서 말하기를 '미륵님, 부처님이 당신에게 수기를 주시되, 일생에 마땅히 보리를 성취하라 하셨으니, 어떤 생生으로 수기를 받았소? 과거 생인가, 미래 생인가, 현재 생인가? 만일 과거 생이라면 과거 생은 이미 멸했고, 미래 생이라면 미래 생은 아직 오지 않았으며, 만일 현재 생이라면 현재 생은 머물러 있지 않아서, 마치 부처님이 비구에게 말씀하신 '너는 고대 나고 늙고 또 멸한다'는 말씀과 같으며, 만일 무생無生으로서 수기를 얻었다면, 무생이 곧 이 정위正位에 들어간 것이니, 정위에는 수기도 없고 보리도 없는데, 어떻게 일생 수기를 받았소? 만일 진여가 남(生)으로써 수기를 받았다면 진여는 나는 것이 없고, 만일 진여가 멸함으로써 수기를 얻었다면 진여는 멸하는 것도 없는 것이오. 일체 중생이 모두 진여요, 일체 법도 진여며, 모든 성현도 진여요, 나아가 미륵도 진여이니, 만일 미륵이 수기를 받았다면 일체 중생도 모두 수기를 얻어야 할 것이오. 왜냐하면, 진여는 둘이 아니요 다르지도 않기 때문이오. 만일 미륵이 수기를 얻었다면 일체 중생도 마땅히 수기를 얻어야 할 것이니, 어째서냐 하면, 일체 중생이 곧 보리 상相인 까닭이며, 만일 미륵이 멸도滅度를 얻었다면 일체 중생도 마땅히 멸도를 얻어야 할 것이니, 어째서냐 하면 모든 부처님이, 일체 중생은 필경에 적멸寂滅하는 것이 곧 열반 상相이요 다시는 따로 멸도할 것이 없는 줄로 말씀하신 때문이오. 그러므로 미륵님, 이러한 법으로 모든 천자天子들을 유인하지 마시오. 실로 보리심을 발한 자도 없으며 물러갈 자도 없는 것이오. 미륵님, 마땅히 모든 천자로 하여금 보리를 분별하는 소견을 버리게 하시오. 어째서냐 하면, 보리는 몸으로도 얻지 못하고, 마음으로도 얻지 못하는 것이오. 적멸이 보리니 모든 상相을 멸한 까닭이요, 관觀하지 않는 것이 보리니 모든 연緣을 여읜 까닭이며, 행行하지 않는 것이 보리니 생각(憶念)이 없는 까닭이요, 끊는 것이 보리니 모든 견해見解를 버리는 까닭이며, 여의는 것이 보리니 모든 망상을 여의는 까닭이요, 막는 것(障)이 보리니 모든 원願을 막는 까닭이며, 들어가지 않는 것이 보리니 탐착이 없는 까닭이요, 순順하는 것이 보리니 진여에 순하는 까닭이며, 머무는 것이 보리니 법성法性에 머무는 까닭이요, 이르는 것(至)이 보리니 실제에 이르는 까닭이요, 둘 아닌 것이 보리니 뜻의 법法을 여읜 까닭이며, 같은 것(等)이 보리니 허공과 같은 까닭이요, 함이 없는(無爲)것이 보리니 생·주·멸이 없는 까닭이며, 아는 것이 보리니 중생이 마음의 활동을 아는 까닭이요, 모이지 않는 것이 보리니 모든 '입'入이 모이지 않는 까닭이며, 합하지 않는 것(不合)이 보리니 번뇌의 습기를 여읜 까닭이요, 처소處所 없는 것이 보리니 형색形色이 없는 까닭이며, 거짓 이름이 보리니 명자名字가 공한 까닭이요, 화化와 같은 것이 보리니 버림이 없는 까닭이며, 어지럽지 않은 것이 보리니 항상 고요한 까닭이요, 고요한 것이 보리니 성품이 청정한 까닭이며, 취取할 것 없는 것이 보리니 반연을 여읜 까닭이요, 다름(異)없는 것이 보리니 모든 법이 같은 까닭이며, 비比할 것 없는 것이 보리니 비유할 수 없는 까닭이요, 미묘한 것이 보리니 모든 법을 알 수 없는 까닭이오'라고 했습니다. 그러므로 나는 거기 가서 문병할 수 없습니다."

2 부처님은 다시 광엄光嚴보살에게 말씀하셨다.

"광엄이여, 그대가 유마힐에게 가서 문병하라."

광엄보살은 부처님께 여쭈었다.

"부처님이시여, 나는 유마힐에게 가서 문병할 수 없습니다. 왜냐하면, 내가 옛날 비사리성을 나갈 때에 마침 유마힐이 들어오기에 나는 곧 정례하고 '거사께서는 어디서 오십니까?' 하였더니, '도량道場에서 옵니다.' 했습니다. 나는 다시 '도량이 어디입니까?'고 물었더니, 그는 '곧은 마음(直心)이 도량이니 헛되고 거짓됨이 없는 까닭이요, 행을 발한 것이 도량이니 능히 일을 판단하는 까닭이며, 깊은 마음이 도량이니 공덕을 더 보태는 까닭이요, 보리심이 도량이니 그릇됨이 없는 까닭이며, 보시가 도량이니 원을 구족하게 얻는 까닭이요, 지계持戒가 도량이니 원을 구족하게 얻는 까닭이며, 인욕忍辱이 도량이니 모든 중생에게 마음이 걸림 없는 까닭이요, 정진이 도량이니 게으르지 않는 까닭이며, 선정이 도량이니 마음이 항복하여 부드러운 까닭이요, 지혜가 도량이니 모든 법을 나타내 보이는 까닭이며, 자심慈心이 도량이니 중생에게 평등한 까닭이요, 비심悲心이 도량이니 괴로움을 참는 까닭이며, 즐거움이 도량이니 법을 즐거워하는 까닭이요, 버림(捨)이 도량이니 미움과 사랑이 끊어진 까닭이며, 신통이 도량이니 육신통六神通을 성취한 까닭이요, 해탈이 도량이니 능히 등져 버리는 까닭이며, 방편이 도량이니 중생을 교화하는 까닭이요, 사섭법四攝法이 도량이니 중생을 섭취하는 까닭이며, 많이 듣는 것이 도량이니 들은 대로 행하는 까닭이요, 항복받는 것이 도량이니 모든 법을 바로 보는 까닭이며, 삼십칠조도품三十七助道品이 도량이니 유위법有爲法을 버리는 까닭이며, 사제四諦가 도량이니 세간을 속이지 않는 까닭이요, 연기緣起가 도량이니 무명 내지 노사老死가 다 다함이 없는 까닭이며, 모든 번뇌가 도량이니 여실히 아는 까닭이요, 중생이 도량이니 아我가 없는 줄 아는 까닭이며, 일체 법이 도량이니 모든 법이 공한 줄 아는 까닭이요, 마군을 항복받는 것이 도량이니 경동傾動하지 않는 까닭이며, 삼계가 도량이니 나아갈 바가 없는 까닭이요, 사자 외침(獅子吼)이 도량이니 두려울 바가 없는 까닭이며, 힘(力)과 무소외無所畏와 불공법不空法이 도량이니 모든 허물을 여읜 까닭이요, 삼명三明이 도량이니 남은 장애가 없는 까닭이며, 일념一念에 일체 법을 아는 것이 도량이니 일체 지智를 성취하는 연고입니다. 선남자여, 모든 지음이 있는 바, 발(足)을 들고 내리고 하는 것이 모두 도량으로 좇아와서, 불법에 머무는 것인 줄 알아야 하는 것이오.'라고 했습니다. 그때 오백 천인天人들이 모두 보리심을 발하였습니다. 그러므로 나는 거기 가서 문병할 수 없습니다."

3 부처님은 지세持世보살에게 말씀하셨다.

"지세여, 그대가 유마힐에게 가서 문병하라."

지세보살은 부처님께 여쭈었다.

"부처님이시여, 나는 거기 가서 문병할 수 없습니다. 왜냐하면, 내가 옛날에 고요한 방에 있을 때, 마왕 파순이 만이천 천녀와 함께, 마치 제석帝釋의 모양으로 풍악을 치고 노래를 부르면서 내게 와서, 권속들과 함께 내게 정례하고, 합장 공경하며 한쪽에 서 있기로, 나는 제석인가 하여 '잘 왔느냐 교시가(제석의 이름)야, 너 복에 있는 것이지마는, 너무 방자하지 말고, 마땅히 오욕이 무상한 것을 관하고 선善의 근본을 구하며, 신명과 재물에 견고한 법을 닦아라.' 하였더니, 그는 내게 말하기를 '이만이천 천녀를 받아서 심부름이나 시키시오.' 했습니다. 나는 그때 '교시가여, 이러한 법답지 못한 물건으로 나 같은 사문 석자釋子에게 권하지 말라. 이것은 내게 마땅한 것이 아니다.' 하자, 말도 마치기 전에 유마힐은 내게 와서 말하기를 '제석이 아니오. 이것은 마군이 와서 그대를 흔드는 것이오.' 하고, 곧 마군에게 말하기를 '이 모든 여자들을 내게 달라. 내가 받겠노라.' 했습니다. 마군은 놀라고 두려워 '나를 괴롭게 하지 아니할까.' 하고, 곧 몸을 숨겨 가고자 하였으나 몸을 숨길 수 없었고, 신력을 다 부렸으나 되지 않아 어쩔 줄 모르고 있을 때, 공중에서 소리 있어 '파순아, 그 여자들을 주어야 갈 수 있을 것이다.' 하므로, 마군은 겁이 나서 억지로 여자들을 주었습니다. 그때, 유마힐은 여자들에게 말하기를 '마군이 너희들을 내게 주었으니 이제 너희들은 마땅히 보리심을 발하라.' 하고, 응應할 바를 따라 법을 설해서 도道의 뜻을 내게 하고, 다시 말하기를 '너희들은 이미 도의 뜻을 내었으니 이제 법의 즐거움(法樂)이 있을 것이다. 모두 그것을 즐거워하고 다시는 오욕락을 즐기지 말라.' 천녀들이 '어떤 것이 법의 즐거움입니까?' 하고 묻자, 유마힐은 '항상 부처님을 믿기를 즐기고, 법 듣기를 즐기며, 대중에 공양하기를 즐기고, 오욕 여의기를 즐기며, 오음五陰을 원수나 도둑과 같이 관觀하기를 즐기고, 사대四大를 독사와 같이 관하기를 즐기며, 안으로 들어오는 것을 빈 마을과 같이 관하기를 즐기고, 언제나 도의 뜻을 두호하기를 즐기며, 중생을 이익하게 하기를 즐기고, 소승小乘을 공경하기를 즐기며, 널리 보시하기를 즐기고, 계행戒行을 굳게 가지기를 즐기며, 욕을 참아 부드러이 되기를 즐기고, 부지런히 선근善根 모으기를 즐기며, 선정禪定으로 산란하지 않기를 즐기고, 때(垢)를 여의어 밝은 지혜를 즐기며, 보리심을 넓히기를 즐기고, 여러 마군을 항복받기를 즐기며, 모든 번뇌 끊기를 즐기고, 불국토를 깨끗하게 하기를 즐기며, 상호相好를 성취하기 위하여 모든 공덕을 닦고, 삼三 해탈문을 즐기며, 같이 배우는 이를 가까이하기를 즐기고, 선지식을 친근히 하기를 즐기며, 마음이 청정하기를 즐기고, 무량한 도품道品을 닦기를 즐겨야 하는 것이니, 이것이 보살의 법락法樂이니라.' 그때 파순은 모든 여자들에게 말하기를 '나는 너희들을 데리고, 천궁天宮으로 돌아가리라.' 하자, 천녀들이 말하기를 '당신은 우리들을 이 거사에게 주었고, 또 우리는 법의 즐거움을 얻었으니, 다시는 오욕락을 즐기지 않겠습니다.' 했습니다. 마군은 다시 유마힐에게 말하기를 '거사여, 이 여자들을 희사喜捨하십시오. 일체의 소유를 모두 보시하는 것이 보살이 아닙니까?' 유마힐은 '나는 벌써 희사하였으니 데리고 가라. 보살은 일체 중생으로 하여금 법과 원을 구족하게 얻게 하는 것이다.' 천녀들은 유마힐에게 물었습니다. '우리들이 어떻게 마궁魔宮에 가서 있으리까?' 유마힐은 말하기를 '여러 누이들이여, 여기 한 법문이 있으니, 이름이 무진등無盡燈이다. 너희들은 그것을 배우라. 무진등이란 것은, 비유하건대, 한 등잔으로 백천 등잔에 불을 붙이면 어두운 것이 모두 밝아져 밝은 빛이 다하지 않는 것 같으니, 여러 누이들아, 한 보살이 백천 중생을 깨우쳐 인도하여 보리심을 발하게 하고, 도의 뜻에도 멸진하지 않고, 설한 법을 따라서 스스로 일체 선법을 요익하게 하면, 이것이 무진등이다. 너희들은 비록 마궁에 있더라도, 이 무진등으로써 무수한 천자·천녀로 하여금 보리심을 발하게 하면, 부처님의 은혜를 갚게 된 것이며, 또 일체 중생을 이익하게 하는 것이다.' 하니, 천녀들은 유마힐에게 예하고 돌아갔습니다. 유마힐은 신력·변재·지혜가 이렇게 자재하니, 나는 거기 가서 문병할 수 없습니다."

4 부처님은 다시 장자의 아들 선덕善德에게 말씀하셨다.

"선덕아, 그대가 유마힐에게 가서 문병하라."

선덕은 부처님께 여쭈었다.

"부처님이시여, 나는 거기 가서 문병할 수 없습니다. 왜냐하면, 내가 옛날에 크게 보시회를 베풀고 모든 사문 · 바라문과 모든 외도와 빈궁하고 하천하고 고독한 걸인까지 공양하여 칠 일을 채웠는데, 그때, 유마힐은 회에 와서 내게 말하기를 '장자여, 대저 보시회라는 것은 그대처럼 베푸는 것이 아니다. 어째서 법시회法施會를 베풀지 않고 재시회財施會를 베풀었느냐?'고 했습니다. 나는 '거사여, 어떤 것이 법시회입니까?' 하고 물었더니, 유마힐은 말하기를 '법시회라는 것은, 앞도 없고 뒤도 없으며, 일시에 일체 중생을 공양하는 것이다. 보리로서 자심慈心을 일으키고 중생을 구제함으로써 대비심大悲心을 일으키며, 정법正法을 가짐(持)으로서 기쁜 마음을 일으키고, 지혜를 섭취함으로써 평등한 마음을 일으키며, 간탐을 파함으로써 보시바라밀을 일으키고, 파계破戒를 교화함으로써 계바라밀을 일으키며, 무아無我법으로써 인욕바라밀을 일으키고, 신심상身心相을 여읨으로써 정진바라밀을 일으키며, 보리 상相으로써 선禪바라밀을 일으키고, 일체지로써 반야바라밀을 일으키며, 중생을 교화함으로써 공空을 일으키고, 유위有爲법을 버리지 않음으로써 무상無相을 일으키며, 중생을 시현함으로써 무작無作을 일으키고, 정법을 호지護持함으로써 방편력을 일으키며, 중생을 제도함으로써 사섭법을 일으키고, 일체를 공경히 섬김으로써 아만을 제하는 법을 일으키며, 몸과 목숨과 재물의 세 가지 견고한 법을 일으키고, 육념六念 가운데서 사념思念하는 법을 일으키며, 육화경六和敬에 질직質直한 마음을 일으키고, 선법을 바르게 행함으로써 정명淨命을 일으키며, 마음이 깨끗하여 즐거움으로써 현성賢聖을 친근할 마음을 일으키고, 악한 사람을 미워하지 아니함으로써 항복시킬 마음을 일으키며, 말과 같이 행함으로써 많이 들을 마음을 일으키고, 다툼이 없는 법으로써 공한空閑한 곳을 일으키며, 부처님 지혜로 향하여 나아감으로써 연좌宴坐를 일으키고, 중생의 묶인 것을 끄름으로써 수행할 땅을 일으키며, 상호相好를 구족하고 불국토를 깨끗이 함으로써 복덕업을 일으키고, 일체 중생의 마음에 생각하는 것을 알고 응하여 법을 설함으로써 지업智業을 일으키며, 일체 법을 알아서 취하지도 않고 버리지도 아니하여, 일상문一相門에 들어감으로써 혜업慧業을 일으키고, 일체 번뇌 · 일체 장애 · 일체 불선법을 끊음으로써 일체 선업을 일으키며, 일체 지혜 · 일체 선법으로써 일체 불도를 돕는 법을 일으키나니, 선남자야, 이것이 법시회이다. 만일 보살이 이 법시회에 머물면 큰 시주施主가 되고, 또한 일체 세간의 복밭이 되는 것이다. 만일 시주가 평등한 마음으로 한 가장 하등의 걸인에게 보시하면, 마치 여래의 복전상福田相과 같아서 분별이 없으니, 평등한 대비심으로 과보를 구하지 아니하면 그것이 구족한 법시회인 것이다.'라고 하였습니다. 그러므로 나는 거기 가서 문병할 수 없습니다."

제5절 문수보살이 유마힐의 병을 묻다

1 그때에 부처님은 문수사리보살文殊師利菩薩에게 말씀하셨다.

"문수사리여, 그대가 유마힐 거사에게 가서 문병하라."

문수사리는 부처님께 여쭈었다.

"부처님이시여, 그는 상대하기 어렵습니다. 실상을 통달하고 법요法要를 잘 말하며, 변재가 걸림 없고 지혜가 많아서, 일체 보살의 법식을 모두 알고, 모든 부처님의 비밀장(藏)을 얻지 못한 것이 없어서, 여러 마군을 항복받고 신통으로 유희합니다. 그러나 부처님의 말씀을 받들고 가서 문병하겠습니다."

이때에 그 회중에 있던 모든 보살과 큰 제자들 및 석범釋梵 · 사천왕들은 모두 생각하되, 문수사리와 유마힐 두 분이 만나면 반드시 묘한 법을 설할 것이다 하고, 팔천 보살·오백 성문 백천 천인들이 모두 따라갔다.

그래서 문수사리는 모든 보살과 큰 제자 및 천인들에게 둘러싸여 비사리성으로 들어갔다.

그때 유마힐은 마음에 생각하되, '지금 문수사리가 대중과 더불어 오는구나.' 하고, 곧 신력으로 방안을 비워서, 일체 소유와 시자侍者들까지 치워 버리고, 오직 침상 한 개만 놓고 병으로 누워 있었다.

2 문수사리는 방에 들어갔다. 아무 것도 없고 오직 침대에 홀로 누워 있는 유마힐은 말했다.

"아, 잘 오셨습니까? 문수사리님, 오는 상相이 없이 오고, 보는 상이 없이 봅니까?"

문수사리는 말했다.

"그렇습니다. 거사여, 만일 왔다면 벌써 온 것이 아니요, 갔다면 벌써 간 것이 아닙니다. 왜냐하면, 와도 오는 데가 없고, 가도 가서 이르는 곳이 없으며, 또 본다면 벌써 보지 못한 것입니다. 자 그것은 그만두고 거사여, 병은 좀 참아 견딜 수가 있습니까? 치료하여 차도가 있고 더하지나 않습니까? 부처님께서 은근히 한량없는 안부를 하십니다. 거사여, 이 병은 무엇으로 일어났으며 오래 되었습니까? 언제나 낫겠습니까?"

유마힐은, "치癡로 좇아 애愛가 있어서 내 병이 났으니, 일체 중생에게 병이 있으므로 나도 병이 있습니다. 그러므로 만일 일체 중생의 병이 없어지면 내 병도 없어질 것입니다. 왜냐하면, 보살은 중생을 위하므로 생사生死에 들어가나니, 생사가 있으면 병이 있습니다. 만일 중생이 병을 여의면 보살도 다시 병이 없을 것입니다. 비유하면, 장자의 외아들이 있어, 그 아들이 병이 들면 부모도 병이 나고, 아들의 병이 나으면 부모도 병이 낫는 것과 같습니다. 보살도 그러하여, 모든 중생을 아들같이 사랑하므로, 중생이 병이 있으면 보살도 병이 있고, 중생의 병이 나으면 보살의 병도 낫는 것입니다. 또 이 병이 어디서 일어났느냐 하면, 보살의 병은 대비大悲에서 일어나는 것입니다."

문수, "거사여, 이 방이 어째서 이렇게 비어 있고, 시자도 없습니까?"

유마힐, "모든 부처님의 국토도 모두 비었습니다."

문수, "어째서 비었다고 합니까?"

유마힐, "공空했으므로 비었다고 합니다."

문수, "어째서 공을 씁(用)니까?"

유마힐, "분별이 없어서 공했으므로 공을 쓰는 것입니다."

문수, "공을 분별할 수 있습니까?"

유마힐, "분별도 또한 공했습니다."

문수, "공은 어디서 구합니까?"

유마힐, "육십이견六十二見 중에서 구합니다."

문수, "육십이견은 어디서 구합니까?"

유마힐, "모든 부처님의 해탈 중에서 구합니다."

문수, "부처님의 해탈은 어디서 구합니까?"

유마힐, "일체 중생의 심행心行 속에서 구합니다."

문수, "거사는 어째서 시자도 없습니까?"

유마힐, "일체 마군과 모든 외도가 모두 다 내 시자입니다. 어째서냐 하면, 마군은 생사를 즐기는데 보살은 생사를 버리지 않고, 외도는 모든 견見을 즐기는데 보살은 모든 견에 동하지 않기 때문입니다."

문수, "거사의 병은 어떤 형상입니까?"

유마힐, "내 병은 형상이 없어 볼 수가 없습니다."

문수, "이 병은 몸과 합했습니까, 마음과 합했습니까?"

유마힐, "몸과 합하지 않았으니 몸과 서로 여의었으며, 마음과도 합하지 않았으니 마음은 환幻과 같은 까닭입니다."

문수, "사대四大 중의 어떤 대大에 속한 병입니까?"

유마힐, "이 병은 지대地大도 아니요 또한 지대를 여읜 것도 아니며, 수대水大·풍대風大도 그러합니다. 그러나 중생의 병은 사대로 좇아 일어나 있으므로 내 병도 있는 것입니다."

3 문수보살은 유마힐에게 물었다.

"보살은 어떻게 병든 보살을 위로합니까?"

유마힐은 답했다.

"몸이 무상無常한 것은 설하지마는 몸을 싫어하고 여의는 것은 설하지 아니하고, 몸에 고통이 있는 것은 설하지마는 열반을 즐거워하는 것은 설하지 아니하며, 몸에 나(我)가 없는 것은 설하여 중생을 교화하도록 권하고, 몸의 공적空寂한 것은 설하지마는 필경에 적멸하는 것은 설하지 아니하고, 전에 지은 죄를 뉘우치라고는 설하지마는 과거로 들어가는 것은 설하지 아니하며, 자기 몸의 병과 같이 저이의 병을 민망히 여기고, 마땅히 숙세宿世 무수한 겁劫의 고통을 생각하며, 마땅히 일체 중생을 요익하게 하여 닦을 바 복을 생각하고, 정명淨命을 생각하고 번뇌를 내지 않고 항상 정진하며, 마땅히 의왕醫王이 되어 모든 병을 고치기를 생각해야 할 것입니다. 보살은 마땅히 이렇게 병든 보살을 위로하여, 그로 하여금 즐겁게 해야 할 것입니다."

문수사리, "거사여, 병이 있는 보살은 어떻게 그 마음을 항복받습니까?"

유마힐, "병이 있는 보살은 마땅히 이렇게 생각해야 합니다. '지금 나의 이 병은, 전세前世의 망령된 생각과 거꾸로 된 생각 및 모든 번뇌로부터 나서 진실한 법이 없으니 무엇이 이 병고를 받는 것인가? 사대가 합하여 거짓 이름으로 몸이라 하니, 사대는 주인이 없으므로 몸도 또한 나(我)가 없다. 이 병이 일어나기는 모두 나(我)에 집착한 까닭이다. 그러므로 나에의 집착을 내지 말 것이다.' 하여, 이미 병의 근본을 알았으니, 곧 나라는 생각(想)과 중생이라는 생각을 제하고, 마땅히 법의 생각을 지어 이렇게 생각해야 하는 것입니다. 곧 '다만 여러 가지 법이 합하여 이 몸이 되었으니, 일어나는 것도 오직 법이 일어나는 것이요, 멸하는 것도 오직 법이 멸하는 것이다. 또 법이라는 것은 서로 알지 못하여 일어날 때도 내가 일어난다고 말하지 않으며, 멸할 때도 내가 멸한다고 말하지 않는다'고. 또 병이 있는 보살은 법상法想을 멸하기 위하여 마땅히 이렇게 생각해야 하는 것입니다. 곧 '이 법상이라는 것도 곧 거꾸로 된 생각이다. 거꾸로 된 생각은 큰 근심이니, 나는 마땅히 여의어야 한다. 어떻게 여의는가? 나(我)와 내 것(我所)을 여의어야 한다. 나와 내 것은 어떻게 여의는가? 두 가지 법을 여의어야 한다. 두 가지 법은 어떻게 여의는가? 안과 밖의 모든 법을 생각하지 않고 평등을 행해야 한다. 평등은 어떻게 행하는가? 나와 열반이 평등한 것이다. 어째서냐 하면, 나와 열반 이 두 가지는 모두 공空한 것이기 때문이다. 어째서 공한가? 다만 이름뿐이므로 공한 것이다. 이 두 가지가 평등하면 다른 병은 없고, 다만 공空이란 병만이 있으니, 이 공이란 병도 또한 공한 줄로 관觀한다. 설사 몸에 고통이 있더라도 악한 세계의 중생을 생각하여 대비심을 일으키며, 나(我)를 이미 조복한 뒤에는 또 일체 중생을 조복하되 다만 병만을 조복하고 법은 제하지 아니하며, 병의 근본을 끊기 위하여 교화하고 인도하는 것이다. 무엇을 병의 근본이라 하는가? 반연하는 것이 그것이다. 반연이 있으므로 병의 근본이 되는 것이다. 무엇을 반연하는가? 삼계를 반연하는 것이다. 어떻게 반연을 끊는가? 이른바 얻은 바가 없으면(無所得) 반연이 없다. 어떤 것이 얻을 바가 없는 것인가? 두 소견(見)을 여의는 것이다. 어떤 것이 두 소견인가? 내견內見과 외견外見이다.' 이렇게 하는 것이 병이 있는 보살의 마음을 항복받는 것입니다. 노老·병病·사死의 고통을 끊는 것이 보살의 보리니, 만일 이렇게 행하지 아니하면, 닦은 것은 모두 혜리慧利가 없게 되는 것입니다. 비유하면, 원적怨敵을 이겨야 용자勇者가 되는 것처럼, 노·병·사를 제하는 자라야 보살이라고 이를 것입니다."

4 문수보살은 유마힐에게 물었다.

"거사여, 병이 있는 보살은 어떻게 그 마음을 조복해야 합니까?"

유마힐은 문수보살에게 대답했다.

"문수사리님, 병이 있는 보살은 마땅히 이렇게 그 마음을 조복해야 하는 것입니다. 조복하는 마음에도 머물지 않으며 조복하지 않는 마음에도 머물지 아니해야 할 것입니다. 왜냐하면, 만일 조복하지 않는 마음에 머물면 그것은 어리석은 이의 법이요, 만일 조복하는 마음에 머물면 그것은 성문의 법이니, 그러므로 보살은 마땅히 조복하고 조복하지 않는 마음에 머물러 이 두 법을 여의면 그것이 곧 보살행입니다. 생사에 있어도 더러운 생을 하지 않고, 열반에 머물러도 길이 멸도滅度하지 않으면 이것이 곧 보살행이요, 범부의 행도 아니요 현성의 행도 아니면 그것이 곧 보살행이며, 때 낀 행도 아니요 조촐한 행도 아니면 그것이 곧 보살행이요, 비록 마행魔行을 만날지라도 모든 마군을 항복받으면 그것이 곧 보살행이며, 일체지를 구하되 아닌 때(非時)에 구하지 않으면 그것이 곧 보살행이요, 비록 모든 법의 불생不生을 관할지라도 정위正位에 들어가지 않으면 그것이 곧 보살행이며, 비록 십이인연을 관할지라도 모든 사견邪見에 들어가지 않으면 그것이 곧 보살행이요, 비록 일체 중생을 섭취할지라도 애착하지 않으면 그것이 곧 보살행이며, 비록 멀리 여의기를 즐기더라도 몸과 마음이 다 진한 데에 의지하지 않으면 그것이 곧 보살행이요, 비록 삼계에 행할지라도 법성을 파괴하지 않으면 그것이 곧 보살행이며, 비록 공空을 행할지라도 여러 덕본德本을 심으면 그것이 곧 보살행이요, 비록 무상無相을 행할지라도 중생을 제도하면 그것이 곧 보살행이며, 비록 무작無作을 행할지라도 몸 받는 것을 나투면 그것이 곧 보살행이요, 비록 무기無起를 행할지라도 일체 선행을 일으키면 그것이 곧 보살행이며, 비록 육바라밀을 행할지라도 중생의 마음과 심수법心數法을 두루 알면 그것이 곧 보살행이요, 비록 육통六通을 행할지라도 누漏를 다하지 않으면 그것이 곧 보살행이며, 비록 사무량심을 행할지라도 범세梵世에 나기를 탐착하지 않으면 그것이 곧 보살행이요, 비록 선정・해탈・삼매를 행할지라도 선禪을 따라 살지 않으면 그것이 곧 보살행이며, 비록 사념처를 행할지라도 신身・수受・심心・법法을 길이 여의지 않으면 그것이 곧 보살행이요, 비록 사정근四正勤을 행할지라도 몸과 마음의 정진을 버리지 않으면, 그것이 곧 보살행이며, 비록 사여의족四如意足을 행할지라도 자재 신통을 얻으면 그것이 곧 보살행이요, 비록 오근五根을 행할지라도 모든 중생의 근의 이둔利鈍을 분별하지 않으면 그것이 곧 보살행이며, 비록 오력을 행할지라도 부처님의 십력十力을 즐거이 구하면, 그것이 곧 보살행이요, 비록 칠각분을 행할지라도 부처님의 지혜를 분별하면 그것이 곧 보살행이며, 팔정도를 행할지라도 무량한 불도를 즐거이 행하면 그것이 곧 보살행이요, 비록 지止・관觀・조도助道의 법을 행할지라도 필경 적멸寂滅에 떨어지지 않으면 그것이 곧 보살행이며, 비록 모든 법의 불생불멸을 행할지라도 상호相好로서 몸을 장엄하면 그것이 곧 보살행이요, 성문・벽지불의 위의를 나툴지라도 불멸을 버리지 않으면 그것이 곧 보살행이며, 비록 모든 법의 구경究竟에 청정한 상相을 따를지라도 응應할 바를 따라서 몸을 나투면 그것이 곧 보살행이요, 모든 부처님 국토가 길이 적멸하여 공空과 같은 줄로 관할지라도 가지가지로 청정한 부처님 국토를 나투면 그것이 곧 보살행이며, 비록 불도를 얻어 법륜法輪을 굴리며 열반에 들어갈지라도 보살의 도를 버리지 않으면, 그것이 곧 보살행입니다."

제6절 생사의 두려움이 있을 때 무엇을 의지할까

문수보살은 유마힐 거사에게 물었다.

"보살이 생사에 두려움이 있으면 무엇을 의지하여야 합니까?"

유마힐 거사는 대답했다.

"보살이 생사에 두려움이 있으면, 마땅히 여래의 공덕의 힘을 의지해야 합니다."

"보살이 여래의 공덕의 힘을 의지하려면 어디에 머물러야 합니까?"

"보살이 여래의 공덕의 힘에 머물고자 하면 마땅히 일체 중생을 도탈度脫시키는 데에 머물러야 합니다."

"중생을 도탈시키려면 무엇을 없애야 합니까?"

"중생을 도탈시키려면 번뇌를 없애야 합니다."

"번뇌를 없애려면 무엇을 행해야 합니까?"

"바른 생각을 행해야 합니다."

"어떻게 바른 생각을 합니까?"

"불생불멸을 행해야 합니다."

"어느 법을 불생하게 하며, 어느 법을 불멸하게 합니까?"

"불선법不善法을 나지 않게 하고, 선법善法을 멸하지 않게 해야 합니다."

"선과 불선에 어떤 것으로 근본을 삼습니까?"

"몸으로 근본을 삼습니다."

"몸은 무엇으로 근본을 삼습니까?"

"욕심·탐심으로 근본을 삼습니다."

"욕심·탐심은 무엇으로 근본을 삼습니까?"

"허망 분별로 근본을 삼습니다."

"허망 분별은 무엇으로 근본을 삼습니까?"

"거꾸로 된 생각으로 근본을 삼습니다."

"거꾸로 된 생각은 무엇으로 근본을 삼습니까?"

"주착住着이 없는 것으로 근본을 삼습니다."

"주착이 없는 것은 무엇으로 근본을 삼습니까?"

"주착이 없는 것은 근본이 없습니다. 문수사리여, 주착이 없는 근본으로부터 일체 법을 세우는 것입니다."

제7절 둘 아닌 법문을 말하다

그때 유마힐은 여러 보살들에게 말했다.

"어진이들이여, 어떤 것을 보살이 둘 아닌 법문(不二法門)에 들어가는 것이라 하는지, 각각 생각한 대로 말씀해 보시오."

그래서 회중에 있는 보살들은 각각 자기의 뜻에 있는 대로 말하였다.

법자재法自在보살, "나고 없어지는 것은 두 가지인데, 법은 본래에도 나지 않고 지금에도 멸하지 않으니, 이 무생법인無生法忍을 얻으면 그것이 불이법문에 들어가는 것입니다."

덕수德守보살, "나(我)와 내 것(我所)이 두 가지인데 나가 있으므로 내 것이 있습니다. 만일 나가 없으면 내 것이 없으리니, 그것이 불이법문에 들어가는 것입니다."

불순不眴보살, "받는 것과 받지 않는 것이 두 가지인데, 만일 법을 받지 않으면 얻을 것이 없을 것이요, 얻을 것이 없으면. 취할 것도 없고 버릴 것도 없으며, 지을 것도 없고 행할 것도 없으리니, 그것이 불이법문에 들어가는 것입니다."

덕정德頂보살, "때 낌과 조촐한 것이 두 가지인데, 만일 때의 참다운 성질을 보면 조촐한 상相이 없어 멸한 상(滅相)에 순順할 것이니, 그것이 불이법문에 들어가는 것입니다."

선숙善宿보살, "움직임(動)과 생각(念)이 두 가지인데, 움직이지 않으면 생각이 없고, 생각이 없으면 분별이 없으리니, 이것을 통달하는 것이 불이법문에 들어가는 것입니다."

선안善眼보살, "한 상相과 상 없음이 두 가지인데, 한 상을 알면 곧 상이 없음이요, 또한 상 없음도 취하지 않는 것이니, 그것이 불이법문에 들어가는 것입니다."

묘비妙臂보살, "보살 마음과 성문 마음이 두 가지인데, 마음 상相이 공하여 환화幻化와 같은 줄로 관하면, 보살 마음도 없고 성문 마음도 없으리니, 그것이 불이법문에 들어가는 것입니다."

불사佛沙보살, "선善과 불선이 두 가지인데, 만일 선과 불선을 일으키지 아니하면, 상이 없는 지경에 들어갈 것이니, 그것이 불이법문에 들어가는 것입니다."

사자師子보살, "죄와 복이 두 가지인데, 만일 죄의 성性을 밝게 알면 복과 더불어 다를 것이 없으니, 금강혜金剛慧로써 이 상을 결정決定하여, 묶임도 없고 풀림도 없으면, 그것이 불이법문에 들어가는 것입니다."

사자의師子意보살, "유루有漏와 무루無漏가 두 가지인데, 만일 모든 법의 평등을 얻으면, 누漏와 무루의 상相이 일어나지 아니하여, 상에도 착하지 않고 또 무상에도 머물지 않을 것이니, 그것이 불이법문에 들어가는 것입니다."

정해淨解보살, "유위有爲와 무위無爲가 두 가지인데, 만일 일체 수數를 여의면 마음이 허공과 같을 것이니, 청정한 지혜로써 걸리는 것이 없으면, 그것이 불이법문에 들어가는 것입니다."

나라연보살, "세간世間과 출세간出世間이 두 가지인데, 세간 성性이 공하면 곧 이 출세간이라, 그 중에서 들어가지도 않고 나오지도 않으며, 넘치지도 않고 흩어지지도 않으면, 그것이 불이법문에 들어가는 것입니다."

선의善意보살, "생사와 열반이 두 가지인데 만일 생사의 성性을 보면 곧 생사가 없습니다. 묶임도 없고 풀림도 없으며, 생도 없고 멸도 없으면, 그것이 불이법문에 들어가는 것입니다."

현견現見보살, "다함과 다하지 않음이 두 가지인데 법이 구경究竟에 다

하면 다하지 않음과 같아서, 모두가 다함이 없는 상相이라, 다함이 없는 상은 곧 공이요, 공하면 다함과 다함이 없는 상이 없으니, 그것이 불이법문에 들어가는 것입니다."

보수普守보살, "'나'와 '나 없음'은 두 가지인데 나도 오히려 얻을 수 없거든 나 없음을 어떻게 얻을 것인가? 나의 실성實性을 보면 두 가지가 다나지 않을 것이니, 그것이 불이법문에 들어가는 것입니다."

전천電天보살, "명明과 무명無明이 두 가지인데 무명의 실성은 곧 명이요, 명도 또한 취할 수 없어서 일체 수數를 여의었으니, 그 중에서 평등하여 두 가지가 없는 것이 불이법문에 들어가는 것입니다."

희견喜見보살, "색色과 색의 공한 것이 두 가지인데, 색은 곧 공이라, 색을 멸해서 공이 된 것이 아니요, 색의 성性이 스스로 공한 것이다. 이와 같이 수·상·행·식과 식의 공한 것이 두 가지인데, 식은 곧 공이라, 식을 멸해서 공이 된 것이 아니요 식의 성이 스스로 공한 것이니, 그 중에서 통달하면 그것이 불이법문에 들어가는 것입니다."

명상明相보살, "사종四種의 다름(異)과 공空종의 다름이 두 가지인데, 사종의 성은 곧 공의 성이라, 전제前際·후제後際가 공하므로 중제中際도 또한 공이라, 만일 이렇게 모든 종성種性을 알면, 그것이 불이법문에 들어가는 것입니다."

묘의妙意보살, "눈과 빛깔이 두 가지인데, 만일 눈의 성性을 알아서, 색에 탐하지도 않고 성내지도 않으며 어리석지도 않으면 그것이 적멸입니다. 이와 같이 귀와 소리, 코와 향기, 혀와 맛, 몸과 촉觸, 뜻과 법이 두 가지인데 만일 뜻의 성을 알아서, 법에 탐하지도 않고 성내지도 않으며 어리석지도 않으면, 그것도 적멸이니, 이 둘 가운데에 편안히 머물면 그것이 불이법문에 들어가는 것입니다."

무진의無盡意보살, "보시와 일체지로 회향하는 것이 두 가지인데, 보시의 성性은 곧 일체지로 회향하는 성性입니다. 이와 같이 지계·인욕·정진·선정·지혜가 모두 일체지로 회향함과 두 가지인데, 지혜의 성은 곧 일체지로 회향하는 성이라, 그 중에서 한 상相으로 들어가면, 그것이 불이법문에 들어가는 것입니다."

심혜深慧보살, "공空과 무상無相과 무작無作이 두 가지인데, 공이 곧 무상이요 무상이 곧 무작이라. 만일 공·무상·무작이면 심心·의意·식識이 없어서 일一해탈문은 곧 삼三해탈문이니, 이것이 불이법문에 들어가는 것입니다."

적근寂根보살, "불과 법과 승이 두 가지인데, 불이 곧 법이요 법이 곧 승이라, 이 삼보는 모두 무위無爲의 상相이어서 허공과 같으며, 일체 법도 또한 그러하니, 능히 이 행行을 따르면, 그것이 불이법문에 들어가는 것입니다."

심무애心無礙보살, "몸의 멸滅이 두 가지인데, 몸이 곧 몸의 멸입니다. 왜냐하면, 몸의 실상을 보는 자는 몸 및 몸의 멸에 소견을 일으키지 아니하여, 몸과 몸의 멸이 둘이 없고 분별이 없으리니, 그 중에서 놀라지도 않고 두려워하지도 아니하면, 그것이 불이법문에 들어가는 것입니다."

상선上善보살, "몸(身)과 말(語)과 뜻(意)과 선善이 두 가지인데, 이 삼업三業은 모두 무작無作의 상相이라, 몸의 무작상은 곧 말의 무작상이요, 말의 무작상은 곧 뜻의 무작상이니, 이 삼업의 무작상은 곧 일체 법의 무작상입니다. 능히 이렇게 무작의 혜慧를 따르면, 그것이 불이법문에 들어가는 것입니다."

복전福田보살, "복의 행行과 죄의 행과 부동不動의 행이 두 가지인데, 삼행의 실성實性은 즉시 공이라, 공하면 복의 행도 없고 죄의 행도 없으며, 부동의 행도 없으니, 이 삼행이 일어나지 않으면, 그것이 불이법문에 들어가는 것입니다."

화엄華嚴보살, "나(我)로부터 두 법이 일어나는 것이 두 가지인데, '나'의 실상을 보면 두 법이 일어나지 않을 것이요, 만일 두 법에 머물지 아니하면 식識도 없고 식의 대상(所識)도 없으니, 그것이 불이법문에 들어가는 것입니다."

덕장德藏보살, "얻는 바의 상想이 있으면 두 가지가 된다. 만일 얻는 바가 없으면 취함(取)도 버림(捨)도 없고, 취함과 버림이 없으면, 그것이 불이법문에 들어가는 것입니다."

월상月上보살, "어둠(闇)과 밝은 것이 두 가지인데, 어두움이 없으면 밝은 것도 없어서 두 가지가 다 없습니다. 왜냐하면, 만일 멸수상정滅受想定에 들어가면 어둠도 없고 밝음도 없으니, 일체 상이 모두 그러합니다. 그 가운데 평등하게 들어가면, 그것이 불이법문에 들어가는 것입니다."

보인수寶印手보살, "열반을 즐기는 것과 세간을 즐기지 않는 것이 두 가지인데, 만일 열반도 즐기지 않고, 세간도 싫어하지 아니하면, 두 가지가 다 없습니다. 무슨 까닭인가 하면, 만일 묶음(縛)이 있으면 끄름(解)이 있지마는, 본래 묶음이 없으면 끄름을 구할 것도 없습니다. 묶음도 없고 끄름도 없으면, 즐거움도 싫음도 없을 것이니, 그것이 불이법문에 들어가는 것입니다."

주정왕珠頂王보살, "정도正道와 사도邪道가 두 가지인데, 정도에 머무는 자는 사도·정도를 분별하지 아니합니다. 이 두 가지를 여의면, 그것이 불이법문에 들어가는 것입니다."

낙실樂實보살, "실實과 불실不實이 두 가지인데 실답게 보는 자는 실도 오히려 보지 않거니와 하물며 불실이랴. 무슨 까닭인가? 그것은 육안肉眼으로 보는 것이 아니요 혜안慧眼으로 보는 것이니, 이 혜안은 보는 것도 없고 보지 않는 것도 없습니다. 그것이 불이법문에 들어가는 것입니다."

이렇게 모든 보살이 각각 말한 다음에, 문수보살에게 어떤 것이 보살의 불이법문에 들어가는 것이냐고 물었다.

문수사리는 대답했다.

"내 생각으로는, 일체 법에는 언설도 없고 보일 것도 없고 알 것도 없어서, 모든 문답을 여읜 것이 불이법문에 들어가는 것입니다."

그리고 문수사리는 유마힐에게 물었다.

"우리들은 각각 스스로 말했거니와, 인자仁者도 말하시오. 어떤 것이 불이법문에 들어가는 것입니까?"

그때 유마힐은 잠자코 말이 없었다.

문수사리는 칭찬했다.

"장하고 장하다! 여기는 문자도 언어도 없으니, 이것이 참으로 불이법문에 들어가는 것이다!"

이 둘 아닌 법문을 설할 때에, 대중 중에 오천 보살이 모두 불이법문에 들어가 무생인無生忍을 얻었다.

제3장 능가경 · 미증유인연경을 말씀하심

제1절 깨달음의 경계

1 부처님은 중인도中印度에서 멀리 남쪽으로 내려오셨다. 그리하여 바다를 건너서 다시 능가성楞伽城이 있는 섬나라의 바다 언덕에 오르시어, 마라야摩羅耶산이란 숲 속의 동산으로 들어가 계셨다. 마라야 산 위의 능가성주인 나파나 왕은 부처님께서 자기 나라 영토에 오셨다는 말을 듣고 무상한 영광으로 생각하고, 신하들을 데리고 나와서, 기쁜 마음으로 반기며, 부처님 발에 절하고 '변변치 않은 누지에 부처님과 같은 큰 성인께서 오시어 주시니 이런 영광이 다시없습니다.' 하고 치하했다. 그리고 자기 궁전으로 들어가시자고 청했다. 부처님은 그의 청함을 잠자코 허락하셨다. 부처님께서 성중으로 들어가시기도 전에 성중의 사람들은 노소남녀 할 것 없이 육지에서 들어오신 큰 성인을 뵙는다고 하며, 몰려나와서, 부처님 발에 절하고 부처님의 법문을 들으려고 갈망하고 있었다. 이때에, 왕은 대혜大慧라고 부르는 보살에게 말하기를

"보살님이시여, 우리들을 위하여 부처님께 법문을 물어 주십시오. 우리들은 일심으로 부처님이 깨달으신 경계를 듣고자 합니다." 하였다.

대혜보살은 왕을 대신하여 부처님께 깨달은 경계를 물었다.

2 부처님은 대혜보살의 물음에 대하여 법문을 설하고 계셨는데, 별안간 부처님은 성체聖體를 감추고 나타나지 아니하셨다. 사람과 동산이 일시

에 없어지고 말았다. 나파나 왕만이 혼자서 궁중에 앉아 있었다. 왕은 생각하기를 '아까 보인 것은 무엇인가? 그리고 설법을 듣고 있던 것은 누구였던가? 부처님과 성城과 보배와 산과 수풀은 다 어느 곳으로 감추어졌는가? 꿈인가 생시인가? 신기루인가? 정말 신기한 일이다.' 하고 의문 가운데 잠겼다. 그러나 왕은 다시 생각하였다.

'모든 법은 다 이와 같은 것이 아닐까? 모든 경계는 자기 마음의 분별로부터 나온 것에 불과하다. 세상 사람은 알 수가 없는 일이나, 실은 볼 수도 없고, 볼 것도 없고, 말할 수도 없고, 말할 것도 없는 것이다. 부처님을 뵙는 것이나 법문을 듣는 것이나 모두가 분별이다. 내가 앞서 아까 보고 있는 거와 같은 것은 진실로 부처님을 뵌 것이 아니다. 분별을 일으키지 아니하는 것이 부처님을 뵙는 것과 다름없는 것이다.'

나파나 왕은 문득 이와 같이 마음이 열려서, 마음 가운데 더러운 것을 여의고 온전히 분별이 없는 경계에 들어가서 모든 법을 그대로 볼 수 있게 되었다. 그때에 공중에서 다음과 같은 소리가 들려왔다.

"착하다, 대왕이여! 도道를 닦는 이는, 다 대왕과 같이 배우고 대왕과 같이 부처를 보지 아니하면 안 된다. 대왕이여, 안으로 행을 닦고 밖으로 집착하는 소견을 일으켜서는 아니 된다. 쓸데없는 이론을 즐겨하지 말라. 그리고 또 자유자재하다고 하여 왕위에 집착하여서는 아니 된다. 이와 같이 그릇된 소견을 버리고 모든 '나'라는 집착을 여의고, 바른 지혜로써 도를 닦으면, 부처의 깨달음에 들어가리라."

3 이때에 부처님은 깨달음의 경계에 들어간 왕의 마음을 알고, 먼저와 같이 몸을 나타내셨다. 왕은 미친 듯이 기뻐하면서 부처님께 여쭈었다.

"부처님이시여, 부처님은 항상 말씀하시되, '법도 버리지 아니하면 아니 되거든, 하물며 법이 아닌 비법非法이랴!' 하고 말씀하셨습니다. 어찌하여야 이 법과 비법을 버림이 됩니까? 또 법과 비법은 무엇을 가리킴입니까?"

"왕이여, 비유하여 말하면, 병瓶은 깨어지는 것입니다. 그러므로 실체가 없는 것입니다. 그러나 사람들은 망령되게 병의 실체가 있는 것으로 헤아립니다. 이와 같이 보는 법을 버리지 아니하면 아니 되는 것입니다. 곧 안으로 자기 마음의 본성을 보면, 밖으로 집착할 필요가 없는 것입니다. 이와 같은 정견正見으로써 법을 보는 것이 '법을 버린다'고 이르는 것입니다. 다음에 비법이라고 하는 것은, 토끼뿔(兎角)이라든지 돌계집(石女)의 자식과 같은, 실實이 없는 것을 이르는 것입니다. 이것도 병과 같아서, 집착할 것이 아니기 때문에 버릴 것이라는 것입니다.

왕이여, 부처의 법은 일체의 분별과 쓸데없는 논란을 여의고 있습니다. 다만 진실한 지혜만이 이것을 증득證得하는 것입니다. 사람들을 편안하게 하기 위하여 법을 연설하고 차별을 여읜 지혜를 부처라고 말하는 것입니다. 그러므로 부처는 진실한 지혜와 하나이기 때문에, 분별의 지혜로서는 헤아릴 수가 없는 것입니다. 나(我)와 인격人格 등에 분별을 가져서는 안 됩니다. 어째서 헤아릴 수가 없는가 하면, 우리들의 마음은 경계에 의하여서 빛깔과 형상을 알 따름입니다. 부처는 분별을 여의고 있기 때문에, 따라서 헤아릴 수가 없는 것입니다. 왕이여, 벽상에 그려 있는 인물화가 감각이 없는 것과 같이, 세상의 모든 사람들도 꼭두각시와 같은 것으로서, 업業도 없고 보報도 없는 것입니다. 이와 같이 보는 것을 정견正見이라고 이름하고, 이와 다른 것을 분별의 견見이라고 이름합니다. 분별에 의하기 때문에 법과 비법에 집착하는 것입니다.

왕이여, 비유하여 말하면, 어떤 사람이 그림자를 비치는 물거울(水鏡)에 자기 형상을 보고, 등불이나 달빛에 의하여 자기의 그림자를 보고, 골짜기에서 메아리 소리를 듣고, 분별을 일으키고 집착하는 거와 같은 것입니다. 법이라고 말하고 비법이라고 말하는 것도 다만 분별에 불과한 것입니다. 분별에 의하기 때문에 버리지를 못하고, 모든 허망한 것을 보태서 적멸寂滅을 얻지 못하는 것입니다. 적멸이라고 하는 것은 일심一心을 일으키는 것입니다. 이것이 여래如來의 장藏입니다. 그러므로 스스로 내신內身의 지혜의 세계에 들어가서 깨달음의 선정을 얻어야 하는 것입니다."

제2절 팔식

1 부처님은 대혜보살에게 말씀하셨다.

"대혜여, 여래는 지혜의 눈으로써 물건 자체의 상相과 또는 물건과 공통한 상을 본다. 그것은 외도의 삿된 견해와는 같지 않다. 저들은 주위의 경계가 마음의 분별에서 나타난 것인 줄을 알지 못하고, 법의 자성自性에 있어서 제일의第一義의 위에 '있다' '없다' 하는 유무有無의 견見을 세우고 있는 것이다.

대혜여, 만일 경계가 꼭두각시와 같은 것으로서, 자기의 마음으로부터 나타난 물건인 줄로 알아 버리면, 미혹의 삼악도의 고통과 어리석음과 애욕의 업연業緣은 없어질 것이다."

2 대혜보살은 부처님께 여쭈었다.

"부처님이시여, 청컨대 나를 위하여 심心·의意·식識의 구별과 이름(名)과 모양(相)과 생각(想)과 정지正智와 여여如如와의 다섯 가지 법의 자성과 상相을 말씀하여 주시옵소서. 모든 부처님과 보살은 이 가르침에 의하여 자기 마음의 세계에 들어가서 바깥 경계의 형상을 여의고, 진실한 도리에 상응相應한다고 듣고 있습니다."

부처님은 답하여 말씀하셨다.

"먼저 안식眼識은 아홉 가지의 인연에 의하여 활동하나, 대개는 네 가지 인연에 의하여 움직이고 있다. 아홉 가지의 인연이라는 것은 첫째, 공연空緣이니, 육근六根과 육경六境이 서로 떨어진 중간으로서, 걸림이 없는 빈틈의 공空이요, 둘째, 명연明緣이니, 곧 해와 달과 등불이 비치는 광명이요, 셋째, 근연根緣이니, 곧 식識이라고 이르는 근본의 뿌리요, 넷째, 경연境緣이니, 곧 모든 식이 반연하는 바의 경계요, 다섯째, 작의연作意緣이니, 곧 변행遍行 가운데서 작의作意하는 것이요, 여섯째, 분별의分別依니, 곧 제육식第六識이요, 일곱째, 염정의染淨依니, 곧 제칠식第七識이요, 여덟째, 근본의根本依니, 제팔식第八識이요, 아홉째, 종자연種子緣이니, 곧 모든 식이 각각 자기 무리의 친한 종자가 있는 것이다. 그런데 안식眼識이 네 가지 인연에 의하여 움직인다는 것은, 근연과 경연과 작의연과 종자연이다. 이것을 통틀어 말하면 경계境界가 자기의 마음으로부터 나타난 것임을 모르고, 따로 있는 줄로 알고 인식하며, 무시겁래無始劫來로 내려온 미집迷執이 찰거머리같이 물건에 집착하는 것과, 식識의 성질상으로 경계에 집착하여 가지가지의 물상物相을 향락享樂하려 드는 것이다.

대혜여, 근본 의식인 제팔 아뢰야식阿賴耶識도 이 네 가지 인연에 의하여, 폭포수의 흐름과 같이 다른 제칠식第七識의 물결을 일으킨다. 이러한 칠식은 모든 감관感官이나 경계에 대하여, 어느 때에는 거울 위의 물상이 나타나듯이 한꺼번에 움직이기도 하고, 어느 때에는 바람이 바닷물 위를 불어서 물결을 일으키듯이 차차로 움직이기도 한다. 이것과 마찬가지로 마음의 바다에 경계풍境界風이 불어서, 가지가지 마음의 물결을 일으키고, 계속하여 끊어질 때가 없는 것이다. 대혜여, 근본의 제팔 아뢰야식과 나머지 칠식의 상은, 하나도 아니지마는 또 다른 것도 아니다. 이런 등의 모든 식이 서로 깊이 얽혀서 외계의 사물의 성질을 모르기 때문에, 이렇게 그릇됨을 근본으로 하여 눈·귀·코·혀·몸의 오식五識이 외계로 향하여 움직인다.

대혜여, 아뢰야식의 행상行相은 이와 같이 미세하기 때문에, 다만 진실하게 공부하는 자만이 지혜의 힘에 의하여 마음의 경계를 알 수 있을 뿐인 것이다."

3 대혜보살은 또 부처님께 여쭈었다.

"아뢰야식이 큰 바다의 물결같이 일어난다면, 어찌하여 사람들은 그것을 모르고 있습니까?"

"아뢰야식은 바다와 같고 나머지의 칠식은 물결과 같다고 함은, 미련하고 어리석은 사람을 위하여 다만 비유로 말한 것일 뿐이다."

"부처님이시여, 해가 솟아서 상하의 차별이 없이 비치듯이, 세상의 등불이신 부처님께서는, 무슨 까닭으로 어리석은 사람을 위하여 식심識心의 진실한 내용을 바로 나타내어 주시지 않습니까?"

"진실한 내용을 말하려고 생각하여도, 저들의 마음에 진실하게 들어줄 귀가 없구나. 바다의 물결과 거울 가운데의 영상과 또는 꿈이 일시에 나타나듯이 마음의 경계도 그와 같다. 일곱 가지의 식識은 제가 분담한 세계만을 가지고 있지 않기 때문에, 오직 제팔식으로부터 차례로 움직여 간다. 제육식은 분별하여 알 뿐이요, 제칠식은 망심妄心을 나(我)로 잘못 알고, 눈·귀·코·혀·몸의 오식五識은 다만 눈앞에 경계를 비출 뿐이어서 일정한 순서가 없는 것이다.

비유하건대, 재주 있는 화가가 가지가지의 물상을 붓끝으로 그려서 물들여 가듯이, 내가 설하는 법도 그것과 같은 것이다. 채색에는 문채가 없고, 화필이나 화포소지畵布素地인 집에도 문채는 없는 것이다. 다만 사람을 즐겁게 하기 위하여, 화려한 물상을 그릴 뿐이다. 사람의 말은 변해가는 것이라, 진실은 언어나 문자로써 나타내지 못한다. 이것은 불자佛子를 위하여 말하는 것이요, 어리석은 자에게는 따로 별다르게 말할 것이다. 말하는 장소와 듣는 사람이 서로 맞지 않으면, 말을 하지 않는 것이 나은 것이다.

어진 의사가 병에 따라 약을 주듯이, 여래는 사람의 마음에 따라 법을 설하는 것이다."

4 대혜보살은 또 부처님께 여쭈었다.

"부처님이시여, 중생이 그 마음의 번뇌를 맑히는 데 단박에 맑힐 수가 있습니까, 또는 차츰차츰 차제로 맑히게 되는 것입니까?"

"대혜여, 나무의 열매가 익듯이, 사기그릇을 만드는 도사陶師가 그릇을 만들듯이, 또는 대지가 초목을 나게 하듯이, 혹은 사람이 음악과 서화書畵 등의 기술을 배우듯이, 여래는 중생의 번뇌를 점차로 맑힌다. 그러나 또 밝은 거울이 물상을 비추듯이, 해와 달이 일체의 물상을 한꺼번에 비추듯이 여래는 중생의 번뇌를 단박 맑힐 때도 있는 것이다. 비유하면, 아뢰야식이 신체와 국토와 또는 일체의 경계를 단박 나타내듯이 여래는 단박에 법을 설하여 세상을 비추고, 모든 '있다' '없다' 하는 유무有無의 견見을 여의게 한다."

5 대혜보살은 또다시 부처님께 사뢰었다.

"부처님이시여, 말씀하신 바의 불가사의한 상주常住의 제일의경第一義境이라는 것은, 외도들이 말하는 바 불가사의한 상주의 창조자創造者와 같은 것입니까?"

"외도들이 말하는 창조자는, 그 자신에 의해서는 성립이 되지 못한다. 그러면 어떻게 하여야 불가사의한 상주라는 것이 성립되느냐? 그것은 그 자신에 의하여 성립되어야만 상주는 있는 것이기 때문에, 객관적인 창조자를 인因으로 하는 자에게는, 불가사의한 상주가 있을 수가 없는 것이다.

대혜여, 내가 말하는 제일의第一義, 곧 불가사의한 상주는, 제일의인第一義因을 가지면서 유무有無의 범주를 여의고 있다. 제일의를 인因으로 하여 있기 때문에 인을 갖게 되고, 있음과 없음을 여의기 때문에 창조자는 아니다. 허공과 같이 적멸한 열반의 법이기 때문에 불가사의한 상주인 것이다. 이것은 성자가 행하는 진리이기 때문에, 보살은 서로 권하여 이것을 배우지 않으면 안 되는 것이다.

또 대혜여, 외도가 말하는 상주常住라고 하는 것은, 무상한 사물의 인因이 되는 의미의 상주로서, 결코 그 자신의 상주는 아니다. 곧 무상과 비교하여 상주를 세우는 것이다. 그러나 나는 그것을 다 무상이라고 말한다. 대혜여, 외도들은 이와 같은 것에 의하여 불가사의한 상주를 성립시키고 있으나, 그것은 토끼에게 뿔이 없는 거와 같아서, 실제로 있는 것이 아니다. 다만 분별로부터 난 것으로서, 언설言說에 불과한 것이다. 어째서 토끼에게 뿔이 없는 거와 같다고 이르는가? 그것은 스스로 자체가 인因이 되는 것이 없는 까닭이다.

대혜여, 내가 말하는 불가사의한 상주는, 스스로 자기가 증득하는 것이 인因이기 때문에, 깨달아서 상주가 되는 것이다. 외도는 이와 반대로, 진실로 불가사의한 그것을 모르고 이것을 스스로 증득하는 성지聖智 밖에 둔다. 이것은 이치에 맞지 않는 것이다.

대혜여, 삼세의 모든 여래는, 일체의 법은 생生하지 않는다고 설한다. 어째서 그런가? 마음에 보이는 바 모든 유무有無를 여의고 있는 까닭이다. 어리석은 자는 망령되게 물건에 집착하고 있으나, 물건은 토끼의 뿔이 없는 거와 같아서, 본래 없는 것이다. 부처의 지혜로 보는 바는 어리석은 자가 헤아리는 유무의 경계는 아니다.

대혜여, 신체와 보배와 모든 경계는 아뢰야식의 그림자로서, 아뢰야식으로부터 인증되는 것과 인증되는 상相이 나타나서 나오는 것이라, 너는 힘써 이 의리를 배워야 한다.

6 또 대혜여, 보살은 세 가지의 자성自性을 알지 않으면 아니 된다. 첫째는, 변계소집성遍計所執性이니, 이것은 인연에 의하여 된 것에 대하여, 실로 있는 것과 같이 생각해 버리는 것이다. 둘째, 의타기성依他起性이니, 인因과 과果에 의하여 된 거짓 존재인 것이다 셋째는 원성실성圓成實性이니, 이것은 모든 분별을 여읜 성지聖智의 경계다. 곧 진여眞如를 이루는 것이다.

7 또 대혜여, 보살은 두 가지의 무아無我를 생각하는 것이 좋다. 첫째, 인무아人無我이다. 인무아라는 것은 이 신체를 조직한 색·수·상·행·식의 오온과 경계를 나라든가 내 것이라는 마음을 여의고 있다. 그런데 지

혜 없는 마음이 사물事物에 대하여 공연히 나와 내 것이라는 것을 집착하는 것이다. 이 신체와 경계라는 것은, 다 아뢰야식으로부터 나타난 것으로서, 변할 대로 변하여 머무는 일이 없다. 물의 흐름과 같이, 등불과 같이, 빠른 바람과 같이, 초조하게 날뛰는 원숭이와 같은 것이다. 이 신체의 기거동작은 나무로 만들어 낸 사람 같은 인형人形이 기계에 의하여 움직이는 것과 같은 것이다. 이런 실상을 잘 아는 사람을 가리켜 인무아人無我를 안다고 이르는 것이다.

둘째는 법무아法無我이다. 이 신체와 경계에 대하여, 나라든가 내 것이라든가에 집착할 것이 없는 줄을 아는 것이다. 오직 애착의 움직임으로부터 서로 얽히고 쌓여 모일 뿐으로서, 누가 만들어 낸 창조자라고 할 것이 없는 것이요, 물物의 자체에도 자성自性이 없는 것이다. 그것에 가지가지의 분별을 섞어서 종종의 형상을 인증하는 것은 어리석은 사람이 하는 것이다. 이와 같이 헤아리는 지혜를 얻어 가지고 마음 밖의 경계는 없다고 아는 것이 법무아法無我를 아는 것이라 한다."

제3절 단상의 두 소견

1 대혜보살은 부처님께 여쭈었다.

"부처님이시여, 어찌하여야 상견常見과 단견斷見을 깨뜨려 버릴 수가 있겠나이까?"

"몸과 재산과 경계는 마음의 그림자에 지나지 않는다. 그런데 어리석은 자는 이것을 깨닫지 못하기 때문에, 혹은 사물이 변하지 않는 것이라고 하여 상견을 일으키고, 혹은 사물이 필경에는 없어지는 것이라고 하는 단견을 일으킨다. 그러나 '있다' '없다' 하는 생각을 일으키는 것도 또한 마음이다. 마음을 여의고서는 아무것도 없는 것이다. 대혜여, 그대를 위하여 공空과 무생無生과 무성無性의 도리를 설해 주리라.

첫째, 일체의 법은 공空한 것이니, 상공相空이다. 모든 법의 상은 자상自相과 공상共相이 한 가지로 공한 것이니, 그것은 사물이 서로 모이고 서로 기다리는 관계 위에 일어난 상으로서, 분석하여 구하여도 얻은 곳이 없다. 그래서 나지도 않고 주住하지도 않는 것이니, 성공性空이다. 법은 자체 그것이 생도 없고 멸도 없어서, 이것이라고 정할 수가 없는 것인 까닭으로 공인 것이다. 어리석은 자는 잡을 수 없는 것을 잡으려 하고, 정할 수 없는 것을 정하려고 망령되게 헤아리는 것이다.

대혜여, 공을 무생無生이라고도 이르고 무자성無自性이라고도 이르고, 무이상無二相이라고도 이른다. 무생이란 것은 사물의 자체가 생도 없고 멸도 없는 것이니, 출생시켜서 나타낼 수 없는 것을 이르는 것이다. 또 무자성이라는 것은, 모든 법에는 꼭 정해 놓을 자성이 없다. 찰나 사이에도 머무르지 않고 시시각각으로 변하는 까닭이다. 다음에 무이상이란 것은, 모든 법은 서로 대립하는 상대의 존재로서, 단독으로는 성립하지 못한다. 예를 들면, 빛과 그림자와, 긴 것과 짧은 것과, 흰 것과 검은 것 같은 것이다. 대혜여, 생사 밖에 열반이 없고 열반 밖에 생사가 없다. 그래서 이 두 가지는 서로 어기는 것이 아니니, 일체의 법도 이와 같은 것이다.

대혜야, 이러한 등의 공 · 무생 · 무자성 · 무이상은 모든 여래가 설한 바이다. 그러나 진실한 것은 언어 가운데 있는 것이 아니다. 비유하건대, 아지랑이는 짐승을 유혹하여 물로 생각하게 함과 같아서, 모든 가르침도 중생의 마음을 따라서 즐거움을 일으키게 하여 주지마는, 지혜 있는 자에 의하여 증득證得한 바의 진실한 법은 나타낼 수가 없는 것이다."

2 대혜보살은 또 여쭈었다.

"부처님이시여, 본성은 청정하여 항상 끊어지지도 않고 변하지도 아니하며, 부처님의 모든 형상을 갖추어서 일체 중생의 몸 가운데 있는지라. 그러므로 부처의 몸이 중생의 더러운 몸과 모든 번뇌 가운데 있나니,

마치 귀중한 보배가 더럽혀진 옷 가운데 있는 것이라고 설하였습니다. 그러면 이 여래장如來藏은 외도가 이르는 '항상된 창조자'라 하며 자재불멸自在不滅의 아我라고 하는 것과 같은 것입니까?"

"대혜여, 내가 말한 여래장과 외도가 이르는 아我와는 서로 같지 않은 것이다. 여래가 성공性空·실제實際·열반涅槃·불생不生·무상無相·무원無願 등의 말로써 여래장如來藏을 설하는 것은, 어리석은 자로 하여금 무아無我의 두려움을 여의게 하여, 분별을 여의고 영상影像을 여읜 것이 여래장의 문門이라고 바르게 설하기 위한 것이다. 그러므로 보살은 나에 집착하여서는 아니 된다.

대혜여, 비유하건대, 질그릇을 만드는 도사陶師가 물과 막대기와 바퀴와 밧줄 등의 방편을 써서, 진흙으로 가지가지의 그릇을 만들듯이, 여래도 또한 모든 분별을 여읜 무아법중無我法中에 가지가지의 지혜와 좋은 방편을 써서, 혹은 여래장이라 설하고 또는 무아라고 설하는 것으로서, 이름이 갖가지로 나뉘어 있다. 대혜여, 내가 여래장을 설하는 것은 나(我)에 집착하는 모든 이교異敎의 외도들을 포섭하여, 망경妄境을 여의고 깨달음에 들게 하기 위한 것이다."

3 대혜보살은 또 여쭈었다.

"부처님이시여, 청컨대 나를 위하여 보살의 도 닦는 법을 설하여 주소서."

"대혜여, 보살은 네 가지의 법으로써 도를 닦는다. 첫째는, 모든 물건이 자기 마음으로부터 나타난 것으로 관觀하는 것이다. 삼계三界는 오직 자기의 마음인데, 중생들은 나와 내 것이라는 집착을 떼어 버리지 못하고 있다. 그것들은 끝이 없는 옛적으로부터 집착의 훈습熏習으로서 나타난 것이다. 그러므로 가지가지의 사물과 활동과 언어와 계박繫縛과 몸과 재물과 주소住所가, 다 분별로부터 나타난 것이라고 관하는 것이다. 둘째는, 생生과 주住와 멸滅의 견見을 여의는 것이니, 모든 법을 몽환夢幻과 같은 것으로 헤아리는 것이다. 왜냐하면, 물건은 자기 스스로 난 것도 아니요, 남에게 지어진 것도 아니요, 자타自他로부터 난 것도 아니요, 다 자기 마음의 분별로부터 나타난 것이라, 바깥 물건으로서는 실체가 없는 것이다. 그러므로 이미 외물外物이 없으면 식識도 또한 일어나지 않는다. 이와 같이 분별의 인연에 의하여 삼계가 있는 줄로 알게 되면, 내외內外의 모든 법은 잡을 바가 없어서, 꿈과 같고 환幻과 같아서, 생生과 주住와 멸滅이 없는 것이다. 보살은 이와 같이 깨달아서 생멸의 견見을 여읜다. 셋째는, 바깥 물건은 자성自性이 없는 것으로 헤아리는 것이니, 모든 법은 아지랑이와 같고 꿈과 같은 것이라, 옛날로부터 쓸데없는 이론과 가지가지의 집착과 허망한 습관이 그 원인이 되어 있는 것이니, 모든 법은 원래에 체성體性이 없는 것으로 아는 것이다. 넷째는, 이와 같이 모든 법을 관찰하여 성지聖智를 구하는 것이다."

4 대혜보살은 또 여쭈었다.

"부처님이시여, 열반涅槃라는 것은 어떠한 것입니까?"

"대혜여, 모든 식識의 자성에 침투해 있는 번뇌와 아뢰야식과 말나식末那識과 의식意識의 견망見妄을 뒤집는 것을 열반이라고 이름한다. 그것은 모든 법의 자성이 공한 경계다. 또 열반은 단상斷常이나 유무有無의 범주를 여읜 성지聖智가 활동하는 경지이다. 열반은 무너지는 것도 없고 죽음(死)도 없는 것이다. 만일 죽음이 있다면, 나는 것도 있을 것이다. 또 만일 무너지는 것이 있다면 유위법有爲法이 된다. 그러므로 열반은 무너지는 것도 없고 죽음도 없어서, 모든 도道를 닦는 자의 나아가는 곳이다. 또 버릴 것도 없고 취할 것도 없으며, 하나도 아니요 둘도 아닌 것을 열반이라고 이름한다."

5 "언어言語가 있으면 반드시 법이 있습니다. 만일 법이 없으면 어찌하여 언어가 있겠습니까?"

"대혜여, 법은 없을지라도 언어는 있는 것이니, 현재 거북의 털이니,

토끼의 뿔이니, 돌계집(石女)의 아들이라고 하는 것은 아무도 본 것은 아니다. 세상 사람은 말을 사용하고 있다. 대혜여, 말이라는 그것은 있는 것도 아니요 없는 것도 아니다. 다만 언어뿐이다. 대혜여, 네가 말하는 바와 같이, '말이 있는 곳에는 반드시 법이 있다'고 한다면, 그것은 틀린 것이다. 그러므로 모든 불토佛土에는 다 언어가 있는 것이 아니다. 어떤 불토에는 눈만 부릅뜨고 보는 것으로 법을 나투고, 또 어떤 불 세계佛世界에는 눈썹을 올리고 눈알을 깜박이며, 미소·빈신嚬申·경해謦欬·억념憶念·동요動搖로써 법을 나타낸다. 불순세계不瞬世界와 묘향세계妙香世界와 또 보현여래국普賢如來國에는 눈도 깜박거리지 않고, 서로 물끄러미 바라보는 것으로 보살을 각覺에 들게 한다. 그러므로 꼭 언어가 있어서 법이 있는 것은 아니다. 이 세계에도 파리와 개미와 같은 동물은 언어를 가지고 있지 않지마는, 제각기 일을 충분히 하고 있다."

6 "그러면 부처님께서는 어떠한 법에 의하여 상주常住를 설하시고 계십니까?"

"대혜여, 미망한 법에 의하여 상주를 설한다. 망법妄法은 성인에게도 나타나 있지마는, 성인은 이것을 바로 본다. 성인은 이것을 아지랑이·불수레바퀴·신기루·꿈·꼭두각시와 또는 거울 가운데 비치는 물상과 같이 바로 보는 것이다. 어리석은 자는 뒤바뀜에 집착하나, 지혜 있는 자는 바로 본다.

이 망법은 유有와 무無를 여의어 있기 때문에, 무상한 것은 아니다. 비유하면, 아귀는 항하수恒河水를 보지 못하기 때문에, 물이 있다고 말하지 못한다. 아귀와 다른 자는 항하수를 보기 때문에 없다고 말을 하지 않는다. 이와 같아서, 망법에는 유와 무가 다른 상相이 없기 때문에 상주常住한 것이다. 차별상差別相이 없는 것에 분별망상分別妄想을 섞기 때문에, 다른 것이 있는 것같이 보이나, 그 망체妄體는 상주한 것이다. 대혜여, 망법은 그대로 진실인 것이다. 성자는 망법 가운데 있어서 뒤바뀐 생각을 일으키지 않나니, 망법이 곧 진법眞法인 까닭이다. 만일 그 사이에 조금만이라도 사사로운 생각을 섞으면 성자라고 이를 수가 없는 것이다."

7 "그러면, 부처님께서 말씀하신 망법은 유와 무의 어떤 것입니까?"

"유와 무는 집착의 상이다. 이 집착의 상이 없기 때문에 환幻인 것이다. 만일 체體가 있다면 변할 수가 없는 것이다. 그렇다면, 이교도인 외도들이 말하는 나(我)와 같이 된다. 그러나 인연에 의하여 일어난 법은 변천하는 것이다. 그러므로 망법이 그대로 진법眞法인 것이다."

8 "부처님이시여, 만일 방법이 환幻과 같은 것이라면, 그것은 다른 망법의 인因이 되는 것입니까?"

"대혜여, 환의 사물은 망법의 인이 되지 않는다. 그것은 환이 허물을 짓는 것이 없기 때문이다. 모든 환의 사물은 분별할 수가 없는 것이다. 그러므로 환의 사물은 허물을 짓는 일이 없다. 어리석은 자의 집착에 의하여 망법에 허물을 포함하고 있다. 성자는 집착을 여의고 망법에서 진여를 본다. 망법 이외에 진여가 있다고 하면, 그 진여는 망법인 것이다.

대혜여, 그러기 때문에 내가 설한 열반이란 것은, 허망한 경계를 분별하는 식識인 제육식第六識을 멸상滅相시키는 것을 이르는 것이다."

9 "그러면 부처님께서는 무엇 때문에 여덟 가지의 식을 세우셨습니까? 그리고 제육식만을 없애서 다른 칠식에 미치지 못하게 하십니까?"

"제육식을 인因으로 하고 또는 소연所緣으로 하여 다른 칠식이 나는 것이다. 곧 제육의식第六意識이 경계를 향하여 집착을 일으킬 때에, 모든 습기習氣를 내어서 제팔 아리야식을 키운다. 제칠의식第七意識은 나(我)와 내 것(我所)이라는 집착을 가지고 아리야식에 대하여 항상 생각을 굴린다. 이와 같이 자심自心으로부터 나타난 경계에 바람이 불어서 혹은 생生하고 혹은 멸滅한다. 그러므로 제팔식이 멸할 때에 다른 칠식도 또한 멸하는 것이다."

제4절 일승

1 대혜보살은 부처님께 여쭈었다.

"부처님이시여, 청컨대 성자聖者의 행상行相과 일승一乘의 행상을 말씀하여 주소서."

"대혜여, 보살은 모든 가르침에 의하여 분별分別을 섞는 일이 없다. 홀로 한가한 곳에 머물러 법을 관觀하여 스스로 깨닫고, 다른 이에게 의지하지 않는다. 분별의 견見을 여의고 위로 향상하여 나아가서, 여래의 경지로 들어간다. 이렇게 닦아 가는 것을 성자의 행상이라고 이름한다.

다음에 일승一乘의 행상이라고 하는 것은, 일승의 도를 깨침을 이르는 것이니, 그것은 주관과 객관의 차별을 여의고, 여실如實하게 주住함을 이르는 것이다.

승乘이라는 마음이 일어나면 승乘이 아니다. 마음의 움직임이 멸滅하여 승乘도 없고 승자乘者도 없어야만 진실한 일승이 된다.

여러 가지의 승을 설함은 어리석은 자를 인도하기 위해서다. 탐애貪愛는 어머니요 무명無明은 아버지니, 이러한 부모에 의하여 세상이 생긴다. 마음으로 이러한 이치를 요달了達한 이를 부처라고 이름한다."

2 "부처님이시여, 일찍이 부처님께서는 정각正覺을 이루신 뒤로부터 열반에 이르기까지 한 글자도 설하지 아니했다고 말씀하셨습니다. 그것은 어떠한 뜻이옵니까?

"대혜여, 이에 대하여는 두 가지 뜻에서 그렇게 말한 것이다. 첫째는, 자증自證의 법法에 의하여 말한 것이다. 모든 부처가 증득하신 것을 나도 같이 증득한 것이니, 이 증득에 이르러서는 더할 것도 없고 덜할 것도 없다. 그의 지혜는 말을 여의고 분별을 여의고 이름을 여읜 까닭이다.

둘째는, 본래 주住한 법에 대하여 말한 것이다. 진금眞金이 돌쇠의 광석鑛石 가운데 있는 것처럼, 부처가 세상에 출현하지 아니함에도 불구하고,

법은 다 그 본성이 상주한 진여이다. 비유하면, 어떤 사람이 광야로 나갔다가, 평탄한 옛길을 만나 고성故城으로 들어가는 것 같다. 대혜여, 모든 부처의 깨달은 진여를 나도 깨달았으므로 법성法性이 상주불변常住不變한 것이다. 그러므로 여래는 성불成佛에서 열반에 이르기까지, 그 사이에 한 글자도 설하지 아니하였다고 말한 것이다."

3 "부처님이시여, '말에 의지하지 말고 뜻을 취하라'는 말씀의 뜻을 가르쳐 주소서."

"대혜여, 언어는 분별分別과 습기習氣로 인因을 삼는다. 목구멍과 혓바닥과 이와 입술 등의 도움에 의하여, 가지가지의 음성을 낸다. 사람과 상대하여 이야기하는 것을 말이라고 한다. 그러나 도道를 닦는 사람은 홀로 고요한 곳에 있어서, 듣고 생각하고 실행하는 지혜로써 깨달음의 길로 향해 간다. 경계를 알아서 번뇌를 없애고 수도修道의 계단에 대한 상당한 행行을 닦는 것을 뜻이라고 한다. 대혜여, 도를 닦는 사람은 말과 뜻은 하나도 아니요, 또 다른 것으로도 보지 아니하면 아니 된다. 만일 뜻과 말이 다르다면 말에 의지하여 뜻이 나타나지 않는다. 말에 의하여 뜻을 보는 것은 등불을 가지고 물건을 비추는 것과 같다. 그러므로 말의 등불에 의하여 말을 여읜 깨달음의 경계에 들어가야 한다.

대혜여, 불생불멸과 자성 · 열반에 대하여, 만일 말과 같이 뜻을 취하려면 상견이나 단견에 떨어질 것이다. 그것은 환幻을 보고 실물로 생각하는 것으로서, 어리석은 자가 보는 것이다. 어리석은 자는 '뜻과 말이 다르지 않다. 왜냐하면, 뜻은 체體가 없는 까닭이다'고 이른다. 그러나 이런 사람은 말의 자성을 모른다. 따라서 말은 없어질지라도 뜻은 없어지지 않는 것을 모르고 있는 까닭이다.

대혜여, 모든 말은 문자에 걸려 있으나 뜻은 그렇지 않다. 그것은 유有와 무無를 여의어서 나는 것이 없기 때문에 체體도 없는 것이다. 여래는 문자에 걸리는 법을 설하는 일이 없다.

만일 어떤 사람이 문자에 걸리는 법을 설한다면 그것은 거짓 설하는 것이요 미친 설법이다. 왜 그러냐 하면 모든 법의 자성은 문자를 여의고 있는 것으로서 뜻에 의하지 않으면 설할 수가 없는 까닭이다. 그러나 대혜여, 만일 법을 설하지 않으면 교법敎法은 끊어지고 말 것이다. 교법이 끊어지면 도를 닦는 자도 없고 부처도 없어지는 것이다. 만일 모든 것이 없으면 누가 누구를 위하여 설할 것인가? 그러므로 도를 닦는 자는 문자에 걸리지 않고, 깜냥과 정도에 맞추고 때와 곳에 응하여 설하는 것이 좋을 것이다. 나는 중생의 번뇌와 요해了解와 소원을 따라서 연설한다. 그리하여, 모든 법을 나의 마음의 보는 대로 나타난 것으로 보게 하고, 바깥의 경계는 없는 것으로 알려 주어서, 유와 무의 분별을 여의어서 심心·의意·식識을 전화轉化시킨다. 이것은 깨달음의 그것을 직접 나타내기 위함은 아니다. 그러면 보살은 뜻을 따르고 문자에 의지하지 않으면 안 된다. 문자에만 의지하면 악견惡見에 떨어지고, 자기가 좋아하는 데 집착하여, 법의 실상이나 문사文辭나 장구章句를 깨칠 수가 없어서, 자기도 무너뜨리고 다른 사람도 무너뜨리게 되는 것이다.

대혜여, 진실한 법은 오는 것도 없고 가는 것도 없으며, 같은 곳도 없고 다른 곳도 없는 것이다. 모든 무용無用의 이론은 그 앞에 쉬고 말 것이다. 그러므로 도道에 뜻하는 자는 말에도 집착하지 않는 거와 같이, 뜻에도 집착하여서는 안 된다. 어째서냐 하면, 진실한 법은 문자를 여의고 있는 까닭이다. 비유하면, 어떤 사람이 손가락으로 물건을 가리켜 보일 때 어린이들은 손가락을 보고 물건은 보지 못하는 거와 같아서, 어리석은 자들도 부질없이 말의 양식樣式에 집착하여, 목숨을 마칠 때까지 손가락을 여의지 않고 있기 때문에, 제일의第一義를 깨달을 수가 없는 것이다.

대혜여, 진실한 뜻은 미묘하고 적정하여 열반의 인因이 된다. 언어는 망상妄想과 합하여 생사의 구렁에 휘돌고 있다. 그래서 참다운 뜻은 참다운 말을 많이 들어서 얻게 된다. 많이 듣는다는 것은 뜻을 잘 알라는 것이요, 말을 잘 하라는 것은 아니다. 뜻을 잘 알라는 것은, 자기 스스로가 일체 외도의 악견을 따르지 않을 뿐만 아니라, 다른 사람에게도 따르지 않도록 하는 것을 의미하는 것이다. 이것을 일러서, 뜻을 많이 듣는 것이라고 이름한다. 그러므로 뜻을 구하는 자를 친할지언정, 문자에 팔리는 사람은 멀리 여의는 것이 좋은 것이다."

4 "부처님이시여, 부처(佛)의 자성自性 자리를 말씀하여 주소서."

부처님은 게송偈頌으로 설하여 주시었다.

> 부처는 감관感官의 한정을 넘어 과果도 아니요 인因도 아니요,
> 모든 법의 상(法相)을 여의어 있다.
> 경계의 법도 또 그 몸을 부처는 하나도 보지 않는다.
> 보여지는 법이 다시없으면, 어떻게 분별을 일으키겠나.
> 비록 분별의 밖에 있어도 그렇다고 법이 없는 것 아니다.
> 법은 법대로 스스로 있다.
> 나와 내 것의 이치를 몰라 오로지 말에만 사로잡히면
> 유와 무의 한쪽에 빠져 자기도 망치고 세상도 망친다.
> 잘 이 법을 보아 살피면 모든 허물을 여윌 수 있으리.

5 대혜보살은 부처님의 힘을 받아서 다시 여쭈었다.

"부처님이시여, 이교외도異教外道들이 말하는 바 법의 불생불멸과 부처님의 설하신 불생불멸은 같은 것입니까?"

"대혜여, 내가 설하는 법의 불생불멸과 외도들이 설하는 불생불멸과는 같지 않다. 왜냐하면, 외도들은 법에 실성實性과 실상實相이 있어서, 나지도 않고 또 변하지도 않는다고 이른다. 그러나 나는 이와 같은 유·무의 범주에 떨어지는 설을 세우지 아니한다. 내가 설하는 바는 유도 아니요 무도 아니며, 또는 생하는 것이나 멸하는 것을 여의고 있다. 어째서

무無가 아닌가? 일체의 만법은 다 꿈과 환과 같은 까닭이다. 또 어째서 유有가 아닌가? 일체 만법은 유도 없고 무도 없다고 설하는 까닭이다.

그러므로 법은 다만 자기가 보는 바에 불과하다고 깨닫고 망상을 여의면, 세상의 번거로운 일은 아주 쉬어 버리고 마는 것이다. 망상은 어리석은 범부가 가지는 것으로서 성자聖者의 일은 아니다.

대혜여, 미혹한 마음은 허망한 경계를 헤아린다. 비유하면, 어린이들이 신기루나 요술쟁이가 만든 인형을 보고, 실물인 것같이 생각하는 것과 같은 것이다. 세상 사람이 생生을 보고 멸滅을 보는 것이나, 유위有爲로 보고 무위無爲로 보는 것도 다 이와 같은 것이다. 인형의 출입을 보고 생멸로 생각하는 것과 같은 것이다.

대혜여, 세상 사람은 이와 같이 허망한 생멸의 생각을 일으킨다. 성자는 그렇지 않다. 허망이라 하는 것은, 법의 성품과 같이 보는 것이 아니요, 뒤바뀐 소견을 일으키는 것을 이르는 것이다. 그것은 법의 본성을 유有라고 고집하여 적멸寂滅로 보지 않기 때문에, 따라서 허망한 분별을 여의지 못하는 것이다. 그러므로 대혜여, 무상無相으로 보는 것은 수승殊勝한 일이다. 상相을 보고 이에 집착하는 것은 미혹의 생生을 부르는 원인이 된다. 만일 상相을 보지 아니하면 분별이 없을 것이다.

대혜여, 열반이란 것은, 진실한 도리를 보고 분별심을 버리며, 부처가 안으로 증득한 성지聖旨를 얻는 것이다. 이것을 일러서 적멸·열반이라고 설하는 것이다."

6 "부처님이시여, 삼세三世의 모든 부처는 항가 강가의 모래알과 같다고 설하신 것은 무슨 뜻이오니까?"

"대혜여, 말대로만 들어서는 안 된다. 왜 그러냐 하면, 여래는 가장 뛰어나서 모든 세상을 초월했기 때문에 비유로써 미칠 수가 없다. 다만 비유에 의하여 그 일부를 다루는 까닭이다. 중생은 항상 세상에 집착하여, 좋지 못한 생각을 더하여 가기 때문에 생사의 구렁을 휘도는 까닭으로,

저들로 하여금 그것을 싫게 하고, 수승한 희망을 내게 하기 위하여, 부처는 이루기 쉽고, 부처는 만나기 쉽다는 것을 일러서, 부처는 항가 강의 모래 수와 같이 많이 있다고 설한 것이다. 저 부처의 교화를 받는 어떤 이를 보면 '나는 부처를 만나기 어려운 것이, 우담바라 꽃을 만나는 거와 같이 드물다'고 배우고 있다.

대혜여, 진실한 여래는 마음과 뜻과 알음알이로 보는 것을 초월했기 때문에, 비유를 들어 말할 수가 없는 것이다. 그러나 혹 때에 따라서 비유를 설하는 것은, 이유가 없는 것은 아니다. 항가 강에 대해서 말할 것 같으면, 그것은 거북과 고기와 코끼리와 말(馬) 들이 밟는 곳이 되지마는, 분별을 일으키지 않고 언제든지 맑아 있다. 부처의 성지聖旨는 항가 강과 같고, 자재한 힘은 모래 수와 같은데, 이교도의 외도들인 고기와 자라와 거북들이 다투어 와서 흔들어 놓아도, 여래는 한 생각도 분별을 일으키는 일이 없다. 무슨 까닭인가? 여래는 그 본원에 의하여 선정의 즐거움을 가지고 중생을 편안하게 함은 항가 강의 모래가 사랑과 미워함을 갖지 않는 거와 같은 것이다.

대혜여, 항가 강의 모래 수가 한이 없는 거와 같아서, 여래의 광명도 한이 없다. 모든 중생의 마음을 성취시키기 위하여, 모든 부처의 회장會場을 비춘다. 또 항가 강의 모래는 집어내어도 줄지 않고 모아 쌓아도 더하지 않는 거와 같아서, 부처는 방편의 지혜로써 중생을 다루는 데 증감增減이 없다. 그것은 부처의 법신은 세상의 보통 몸이 아닌 까닭이다.

또 항가 강의 모래를 짜서 기름을 얻을 수가 없는 거와 같아서, 부처는 어떻게 하든지 중생의 고통에 눌리더라도 저들이 다 열반을 얻지 못하면, 전법계全法界에 뻗쳐서 깊은 원력願力을 버릴 수가 없는 것이다. 어째서냐 하면, 대자대비한 마음을 모자람 없이 갖추었기 때문이다.

또 대혜여, 항가 강의 모래가 물을 따라서 흐르고 거슬러 흐르지 못하는 거와 같아서, 부처의 모든 가르침도 열반의 흐름에 따르지 아니할 수가 없는 것이다.

대혜여, 이러한 이치에 의하여 여래는 항가 강의 모래 수효 같다고 말한 것이다."

부처님은 다시 게송偈頌으로 노래하여 보이셨다.

진실한 것을 보고자 하거든, 분별을 버리고 좋은 방법 닦아라.
반드시 부처를 보아 받으리。
세상은 꿈과 같고 재물은 환幻과 같다.
만일 사람이 이 이치를 알면, 세상 사람에게 존경을 받으리라.
미迷한 세계는 마음에서 일어나서
미하여 망령되게 보는 바가 된다.
미迷를 여의어서 세계가 없으니,
진실하게 알면 더러움을 여의리라。
그린 그림에 높낮이 있어 보이기는 하여도 잡을 수는 없다.
법도 또한 이와 같아서, 아지랑이와 같고 꿈과 같나니。
세상의 분별은 다 공한 것, 미한 것은 꿈이요 또 환幻이다.
모든 집착이 일어나지 않으면, 미한 세계는 의지할 곳 없다。
물건은 본래 난 것이 아니라, 그것은 공하여 자성自性이 없다.
인연을 따라 있는 것에 미迷하고,
생멸이 있다고 생각하는 것이다。
말에 의하여 성품이 없는 그 가운데서 물건이 일어난다.
다만 이 말이 없으면 일어나는 물건도 또한 없으리。
악惡한 습관習慣에 익혀서 나타나는 형상(相)에 아득히 헤매고
온갖 형상을 그대로 믿어 헤아릴 것 없는 것을 그대로 헤아린다.
헤아림 없으면 진성眞性이 나타나 참된 공空을 스스로 보리라.

제5절 제석과 모든 천인에게 법을 설한 야간

1 부처님은 라후라에게 말씀하셨다.

"법문을 듣는 공덕은, 비록 현신現身에서 도를 얻지 못하고 오도五道에 몸을 받더라도 그 이익되는 것은 많다. 내가 전날에 반야 지혜를 이름하여 감로甘露라고도 하고, 좋은 약 · 다리 · 큰 배라고도 한다고 설한 것을 듣지 못했느냐?"

그때 바사닉왕은 합장하고 부처님께 여쭈었다.

"부처님이 말씀하신 바와 같이, 반야 지혜에 네 가지 이름이 있다면, 원컨대 우리들을 불쌍히 여기사 그 뜻을 해설해 주소서."

부처님은 바사닉왕에게 대답하셨다.

"자세히 들으시오. 먼 과거 무수겁에 비마 국 도타 산 중에 한 야간野干이 있었는데, 사자가 잡아먹으려고 쫓아오므로 야간은 겁이 나서 달아나다가 마른 깊은 우물에 빠졌소. 나오지 못하고 사흘을 생각하니, 꼭 죽게 되었소. 그래서 게송을 지어서 불렀던 것이오.

> 슬프다 오늘날에 무슨 재화로 기어이 우물에서 죽게 되는가
> 모두가 무상한 줄 이제 알았다. 차라리 사자에게 밥이 될 것을。
> 애꿎은 몸뚱이를 어찌 할거나 아끼다 속절없이 예서 죽누나.
> 공 없이 죽는 것도 한이 많은데 물조차 더럽히니 죄가 아닌가?。
> 불타께 귀의하고 참회하오니 내 마음 깨끗하기 그지없어라.
> 전세에 삼업으로 지은 죄업을 원컨대 이 몸으로 갚아지이다。
> 죄 없는 신 · 어 · 의업 청정하고 마음이 움쩍 않아 진실합니다.
> 이다음 세세생생 스승 만나서 법다이 수행하여 성불하리다。

2 이때에 제석천왕이 부처님 부르는 소리를 듣고 스스로 생각했다. '내

가 오욕에만 빠져 있어서 은애恩愛를 벗어날 줄 몰랐더니, 오늘 부처님 부르는 소리가 귀에 들리므로 예전 부처님을 생각하니 마음이 엄숙하여진다. 어떤 선지식이 있는 모양이니 내려가서 친견하리라'하고, 곧 팔만 대중을 거느리고 우물가로 내려와서 보니, 야간 한 마리가 두 손으로 흙을 후비며 올라오지 못하고 있었다.

제석은 다시 생각했다. '성인이 중생을 제도하기 위하여 몸을 변화하는 데는 일정한 방술이 없는 법이다. 내 눈에는 비록 야간으로 보이지마는 반드시 어떤 보살의 화현이요 범상한 야간이 아닐 것이다.' 하고 제석은 이렇게 청했다.

"성인의 말씀을 들은 지 오랩니다. 지금까지 나는 스승이 없었는데, 아까 인자仁者께서 하시던 말씀은 범상한 말씀이 아니오니, 원컨대 이 모든 하늘을 위하여 법을 설해 주소서."

야간은 쳐다보며

"너는 제석이 되었으나 교훈을 받지 못하여서 아무것도 모르고, 거만과 우치만 있구나. 법사는 밑에 있고 저는 위에 있어서 아무 공경하는 예절도 없이 법을 청한단 말이냐? 법수法水는 청정하여 능히 사람을 건지는 법인데, 어째서 교만을 품은 채 법을 들으려 하는가?"

제석, "잘못되었습니다, 부끄럽습니다."

하고 곧 천의天衣를 드리우니 야간은 천의 속으로 들어갔다. 그래서 우물 밖으로 올려 모시고 천공天供까지 베풀어 먹였다.

제석, "저희들은 인자의 말씀과 같이, 인도하는 스승이 없고 오욕에만 얽히어 미혹하기 그지없사오니, 원컨대 고苦와 락樂과 상常과 무상無常을 말씀하여 주소서."

야간, "나는 그 전에 보았다. 세상 사람들은 법을 들으려면 반드시 먼저 청정 장엄한 높은 자리를 차린 뒤에 법사를 청하여 법을 설하였다. 어째서냐 하면, 법은 극히 귀중하므로, 공경하면 복을 받고 경멸하면 복을 잃는 까닭이다."

제석은 '그렇습니다.' 하고, 곧 여러 하늘의 천의를 벗어 한데 쌓으니 잠깐 사이에 청정하기 제일인 높은 자리가 되었다.

3 야간, "나는 그 자리에 올라가서 말하겠다. 내가 지금 법을 설하는 것은 두 가지 큰 인연이 있다. 첫째는 천인天人을 깨우쳐 교화하게 되니 복이 무량하고, 둘째는 입은 은혜를 갚게 되니 어찌 법을 설하지 않을 수 있느냐?"

제석, "우물에 빠졌던 액난을 면하여 목숨을 온전하게 하였으니, 그 공덕이 더욱 클 터인데, 존자는 어째서 설법·보은만 말씀하고 그것은 말씀하지 않습니까? 천하에 있는 온갖 것이 모두 살기를 즐기고 편하기를 구하며, 죽고자 하는 이는 없으니, 그것을 보더라도 목숨을 온전하게 한 공덕이 더 크지 않습니까?"

야간, "죽고 사는 것은 각각 사람을 따라서 다르다. 어떤 사람은 살기를 탐하고 어떤 사람은 죽기를 즐긴다. 어떤 사람이 살기를 탐하느냐 하면, 그 사람은 세상에 나서 우치하고 어두워서 죽은 후에 다시 후생이 있는 줄을 알지 못하므로, 부처님을 어기고 법을 멀리하며 밝은 스승을 만나지 못하여 살생·도둑질·사음·속이는 등, 악한 짓만 한다. 이런 사람들은 살기만 탐하고 죽기를 싫어한다. 또 어떤 사람이 죽기를 즐기느냐 하면, 그 사람은 밝은 스승을 만나서 삼보를 받들어 섬기고 부모께 효도하며, 스승을 공경하며, 처자에 화순하고 남에게 겸손하다. 이런 사람들은 살기를 싫어하고 죽기를 즐긴다. 어째서냐 하면, 착한 사람은 죽으면 복이 천상에 나서 오욕락을 받게 되고, 악한 사람은 죽으면 지옥에 들어가서 무량한 고를 받게 된다. 착한 사람이 죽기를 즐기는 것은 마치 죄수가 옥에서 나가는 것 같고, 악한 사람이 죽기를 두려워하는 것은 마치 죄수가 옥으로 들어가는 것 같은 것이다."

4 제석, "존자의 말씀과 같다면 목숨을 보존한 것은 아무 공덕이 없지마

는, 그 나머지 설법과 공양, 이 두 가지에는 무슨 공덕이 있습니까?"

야간, "음식을 보시하는 것은 하루의 목숨을 보전하는 것이요, 보배를 보시하는 것은 평생의 복을 돕는 것이라. 생사만 보태주고 인연만 맺어주는 것이지마는, 법을 설하여 보시하는 것은 이름이 법보시라, 능히 중생으로 하여금 세간도世間道를 나가게 한다. 세간도를 나가는 것은 세 가지가 있으니 아라한 · 벽지불 · 불도인데, 이 삼승三乘 사람은 모두 법을 듣고 말씀대로 수행하며, 또 모든 중생들이 삼악도를 면하고 인천의 복락을 받는 것도 모두 법을 듣는 덕이다. 그러므로 부처님이 설하시되 '법보시 공덕이 제일 한량없다'고 하신 것이다."

5 제석, "존자의 지금 이 몸은 업보신業報身입니까, 응화신應化身 입니까?"

야간, "죄로 받은 업보신이요, 응화신은 아니다."

제석, "우리는 생각에 보살 · 성인은 응화신을 나투어 중생을 제도하는 줄 알았는데, 지금 말씀이 업보신이라 하시니 무슨 연고입니까? 알 수 없사오니 그 인연을 설해 주소서."

야간, "옛날 바라나파두마 성의 어떤 가난한 이의 아들이 있었는데, 이름은 아일다阿逸多요 종족은 양반이었다. 어려서부터 총명하고 배우기를 좋아했다. 나이 십이 세에 밝은 스승을 따라 깊은 산중으로 가서 부지런히 배워 오십 년 동안에 구십육 종의 모든 경서를 통달하여 소문이 사방에 떨쳤다. 그때 아일다는 스승의 은혜를 갚기 위하여 자기의 몸을 팔려고 생각하고 스승에게 말했더니, 스승은 '너는 지금 지혜 · 변재를 성취했으니 천하 인민을 교화하면 그 공덕이 넉넉히 나의 은혜를 갚지 않겠느냐.' 하므로, 아일다는 그대로 걸식 생활을 계속하였다. 마침 그 나라의 왕이 죽었으므로 군신들이 회의하고 국내에 있는 학자를 모아서 변론회를 열고, 가장 뛰어난 이를 왕으로 받들자 하여, 아일다도 그 모임에 참예하였다. 오백여 명 학자가 칠 일 동안 토론하는데, 아일다를 이기는 이가 없었으므로 왕이 되게 되었다. 그래서 아일다는 생각했다. '만일 왕이 되었다가 잘못하면 죽어서 지옥에 들어가서 무량한 고를 받을 것이요, 그렇다고 왕이 되지 않는다면 스승의 은혜를 갚을 도리가 없다.' 하여 왕의 위를 받았다. 그리고 곧 신하를 보내어 스승을 맞아다가 궁을 따로 짓고 받들며, 날마다 국민 · 신하 · 부인과 더불어 십선법을 받으며 백 년을 지냈다.

6 그때, 두 작은 나라가 있어서 항상 서로 싸웠다. 하나는 이름이 안타라 국이요, 다른 하나는 이름이 마라바야 국인데, 안타라 왕이 군신에게 묻기를 '어찌하면 저 나라를 이길까?' 군신들은 아뢰기를 '아일다 왕은 본래 가난한 사람으로 왕이 되었으므로 아직 가난한 습기가 있으니, 재물과 미인을 보내어, 만일 그것을 받거든 백만 군사를 청병하고 우리 군사 백만과 합력하면 저 나라를 이기리다.' 하므로, 그 계교를 썼더니, 아일다 왕은 과연 응하여 백일 이내에 그 나라를 멸하였다. 아일다 왕은 안타라 왕이 보내온 미인 백 명에게 미혹하여 본뜻을 잊고 국정을 다스리지 않다가, 드디어 패망하고, 죽어서는 지옥에 들어가서 고초를 받았다. 그러나 본래 배운 학문과 지혜의 힘으로 자기의 숙명을 알고 스스로 후회하여 악을 고치고 선을 닦았으므로 이내 지옥을 면하고 아귀에 갔다. 거기서 또 십선을 닦아 아귀보를 벗고 축생 세계에 와서 야간의 몸은 받았으나, 또한 지혜의 힘으로 숙명을 알아서, 지나간 일을 뉘우치고 오는 일을 닦아서 십선도를 행하며, 다시 다른 중생들을 교화하여 십선업을 닦게 하였더니, 근일에 사자를 만나서 겁을 먹고 달아나다가 우물에 빠졌다. 그래서 생각에 꼭 죽는 줄 알고, 인제는 천상에 가서 고를 여의고 낙을 받기를 바랐다. 그런데 너희들이 나를 구제하므로 본원력을 어기고 다시 고생하게 되었으니, 언제나 다시 면할 것인가? 그러므로 나는 너희들이 나의 목숨을 구해 준 것은 아무 공덕이 없다는 것이다."

7 제석, "존자의 말씀이, 착한 사람은 죽기를 즐긴다고 하시나 그런 것이 아닙니다. 왜냐하면, 존자가 우물에 있을 때 만일 우리가 내려보낸 천

의에 들어오지 않았으면 나오지 못했을 것이요, 나오지 못했으면 살지 못했을 것인데, 지금 존자가 산 것은 옷 속에 들어온 까닭이니, 그러면 살려고 하지 않는 것이 아닌데, 어째서 존자는 살기를 탐하지 않는다고 말씀하는가?"

야간, "내가 천의 속으로 들어간 것은 세 가지 큰 인연이 있는 까닭이다. 첫째는 천제天帝의 청을 어기지 못하는 까닭이다. 사람이 남의 뜻을 어기어서 그로 하여금 원을 이루지 못하고 큰 고통을 받게 하면 남에게 고뇌를 베푸는 것이므로, 나는 곳마다 원을 이루지 못하고 구하는 것이 되지 않고 향하는 데가 맞지 않아서, 스스로 고뇌를 받는다. 그런 까닭으로 옷에 들어간 것이요, 살기를 위한 것은 아니다. 둘째는 모든 하늘들의 뜻을 보니, 법을 듣고자 하므로 여럿을 위하여 정법을 유통하고 법을 아끼지 않으려는 것이다. 만일 법을 설하지 아니하면 법을 아끼는 것이 되니, 법을 아끼는 죄는 세세생생에 귀머거리·장님·벙어리 따위의 모든 근根이 구족하지 못하고 변지邊地에 태어나서 어리석고 지혜가 없으며, 설사 좋은 곳에 나더라도 어리석어 배우는 것을 이루지 못하므로 스스로 고뇌를 받는다. 그런 까닭에 옷 속으로 들어간 것이요 살기를 위한 것은 아니다. 비유하면, 세상 사람들이 전세에 보시를 행한 복덕 인연으로 금생에 사람이 되었다. 원하는 것이 마음대로 되고, 재물이 많이 있지마는, 가난한 사람이 구걸하면 간탐하는 마음으로 아껴서 보시하기를 즐기지 않다가, 간탐하는 과보果報로 아귀에 태어난다. 그래서 항상 기갈이 심하고 옷이 없어 겨울이면 추위에 얼어서 살이 터지고, 여름이면 못 견디게 뜨거워도 의지할 그늘이 없다. 이렇게 천만 세를 고생하다가 아귀보를 마치고 축생으로 태어나면, 풀을 먹고 물을 마시고 어리석어 아는 것이 없으며, 혹은 진흙을 먹고 더러운데 뒹군다. 이것은 간탐한 죄로 이런 보報를 받는 것이니, 법을 아끼는 허물도 그와 같은 것이다. 셋째는 법화法化를 선전하여 인천人天을 이익하게 하여 깨달아 알게 하려는 것이니, 이것을 법보시라 한다. 공덕이 무량하니 그것을 위하여 옷 속으로 들어간 것이요 살기를 구한 것은 아니다."

8 제석, "법으로 교화하는 공덕은 복이 얼마나 됩니까?"

야간, "바른 법을 선전하여 중생으로 하여금, 죽은 후에는 다시 나는 것이 있어서, 선을 지으면 복을 받고 악을 지으면 앙화를 받으며, 도를 닦으면 도를 얻는 줄을 알게 하면 그 공덕으로 몸을 바꾸어 나는 곳은 지혜가 밝아 항상 숙명을 알며, 만일 하늘에 나면 모든 하늘의 스승이 되고, 인간에 나면 금륜왕金輪王이 되어 항상 십선十善으로 천하를 교화하며, 만일 국왕이 되면 바른 법으로 나라를 다스리고, 숙명을 알므로 마음이 방일하지 않는다. 설사 많은 악마가 방해하여 악업惡業을 짓게 하여 악한 과보를 받을 때라도, 지혜의 힘으로 빨리 고통을 면하고 천상의 복락을 받으며, 지혜광명이 점점 커져서 보살행을 이루고 무생인無生忍에 이른다. 그러므로 부처님이 말씀하시기를 '교화하는 복은 한량없다'고 하신 것이다."

제석, "참으로 존자의 말씀과 같습니다. 우리들 모든 천민들도 오늘에야 비로소 재시財施·법시法施에 대한 공덕·인연의 차별을 알았습니다. 재시라는 것은 마치 한 치쯤 되는 등불로 조그마한 방안을 밝히는 것 같고, 법시는 마치 햇빛이 사四 천하를 비추는 것 같으니, 존자도 그러하여, 본래 닦은 힘으로 지혜가 밝습니다. 그러면 이제 십선법을 말씀해 주소서. 우리들도 이익을 얻어 중생을 안락하게 할 것이요, 존자의 공덕도 점점 더해질까 하나이다."

야간, "계를 지키는 법은 마땅히 먼저 몸·말·뜻의 삼업을 청정케 해야 한다. 어떤 것이 몸의 업인가? 살생·도둑질·사음이요, 어떤 것이 말의 업인가? 거짓말·두 가지 말·악구·꾸민 말이요, 어떤 것이 뜻의 업인가? 질투·성냄·교만·사견邪見이니, 이것이 십악十惡이다. 몸·말·뜻의 업을 금하여 악을 범하지 아니하면 그것이 십선十善이요, 몸·

말 · 뜻을 놓아서 모든 악업을 지으면 그것이 십악이다. 일심 정성으로 십악을 제하라. 십악을 멸하면 몸 · 말 · 뜻이 청정하고, 몸 · 말 · 뜻이 청정하면 그것이 십선이다."

9 제석, "십선의 공덕 · 과보는 어떻습니까?"

야간, "나는 부처님의 말씀을 들었다. '사람이 십선을 행하면 그 과보로 육욕천六欲天에 나서 칠보七寶궁전에 오욕락이 자재하고, 백미 음식에 수명이 한량없으며, 부모 · 처자 · 육친 · 권속이 모두 단정하고 정결하여 환희 쾌락한다'고 하셨다. 가사 모든 하늘이 십선을 가진 자로서, 천상 복이 다하여 도로 천상에 나게 되면 복보福報는 점점 더 늘어서 세상 사람의 십선보와는 같지 않다. 어째서냐 하면, 세상 사람의 선을 닦는 것은 마음의 세 가지를 가장 가지기 어렵다. 진심瞋心을 내지 않는 계행을 가지려면, 먼저 방편으로 자심慈心을 행한 뒤에라야 능히 진심을 내지 않는 계행을 성취하는 것인데, 사람이 행하는 자심의 오래 있지 않는 것은, 마치 칼로 물을 베는 것 같아서, 끊어지는 대로 곧 도로 합하는 것이니, 진심을 내지 않는 계행도 그와 같은 것이다. 질투하지 않는 계행도 질투심이 날 때가 있으니 어떤 때인가? 남의 이익 되는 것을 볼 때, 남의 즐거움을 볼 때, 남의 단정함을 볼 때, 남의 용맹함을 볼 때, 남의 총명함을 볼 때, 남의 복 짓는 것을 볼 때…. 다시 말해서, 일체 나보다 나은 일을 볼 때에 질투심이 나는 것이다. 그러므로 질투심을 내는 때가 있는 줄 안다. 교만심도 또한 날 때가 있다. 어리석은 사람을 볼 때, 누추한 이를 볼 때, 부정한 이를 볼 때, 가난한 이를 볼 때, 쉽게 말해서 귀머거리 · 장님 · 절름발이 · 곱사등이 · 모든 불구자 · 오랑캐들을 볼 때에 교만심이 생긴다. 그러므로 교만심이 나는 것도 때가 있는 줄 알 것이다. 그러므로 세상 사람은 마음의 계행을 가지기 어려우며, 설사 억지로 가진다 할지라도 고대 가졌다 고대 잃었다 한다. 그러므로 세상 사람은 십선 과보로서 비록 천복을 받더라도, 천상 사람의 십선 공덕으로 광명과 신력과 식

록과 상호相好가 뛰어난 것만 못한 것이다. 숙명을 아는 일도 또한 그러하다. 그러므로 천상 사람이 십선을 닦는 과보는 세상 사람이 십선 과보보다 훨씬 승하다."

10 제석, "존자의 말씀이, 세상 사람으로 십선을 행할지라도 마음의 세 가지 계행이 가장 가지기 어렵다 하니, 하늘 사람도 질투·진심·교만·사견 등등의 마음이 없지 않는데, 어째서 복보가 세상 사람보다 낫다고 하십니까?"

야간, "하늘 사람은 비록 그런 마음이 있더라도 세상 사람과는 같지 않다. 왜냐하면, 하늘 사람의 복덕은 고통이 적고 즐거움이 많아서 번뇌심이 가볍다. 세상 사람은 박복해서 락이 적고 고가 많으므로 번뇌심이 중한 까닭이다."

제석, "하늘 사람은 예전부터 락에 익어서 마음이 약하기가 마치 원숭이 같습니다. 만일 지금 십선을 가졌다가도 뒤에 곧 잊어버리고 범할 때에는 어떻게 하리까?"

야간, "일찍이 스승의 말씀을 들으니, 사람이 만일 계를 범하여 악업을 짓는 자가 있거든, 마땅히 현명하고 복덕 있는 사람에게 가서 범한 사실을 고백하여 참회하고 다시 계를 받아라. 이렇게 하는 자는 계를 잃지 않는다.' 하셨다. 어째서냐 하면, 십선계는 곡식의 싹과 같고 번뇌는 풀과 같아서, 풀과 곡식 싹이 서로 방해할 때에는 곡식 싹을 키우기 위하여 마땅히 풀을 없애야 한다. 곡식 싹이 충실하면 수확이 많고, 수확이 많으면 굶주리는 일이 없다."

11 제석과 모든 하늘들은 이런 말을 듣고 매우 기뻐했다. 그래서 천복이 다하여 무상無常이 올지라도 악취의 보를 받으리라는 걱정은 없으나, 다시 생각하니, '타화자재他化自在 천왕은 남의 복 닦는 것을 보면 항상 질투심을 품고 방해를 하여, 착한 길을 잃어버리고 악업을 짓게 하니, 그러한 악업으로 반드시 고보를 받을 것이다.' 하고 다시 물었다.

제석, "무슨 공덕을 지어야 항상 죽지 않고 마왕으로 하여금 시끄럽게 하지 못하게 하리까?"

야간, "일찍이 스승에게 들으니, 보리심을 내어 보살 업을 닦는 이는 마왕 파순도 능히 괴롭히지 못한다. 마음이 청정한 까닭으로 나는 곳마다 지혜가 밝고, 지혜가 밝으므로 숙명을 알고, 숙명을 알므로 악업을 짓지 않는다. 마음이 청정하므로 무생법인無生法忍을 얻고, 무생인을 얻었으므로 도道에서 물러나지 아니하여, 멀리 생사 · 우뇌 · 고환을 여읜다고 하셨다."

제석, "보살도를 닦으려면 무슨 법을 행합니까?"

야간, "이것도 스승의 말씀을 들으니, 불도를 구하는 자는 먼저 마땅히 모든 법의 인연을 널리 배워야 한다. 인연을 알므로 믿음이 견고하고, 믿음이 견고한 힘으로 능히 정진하고, 정진하므로 일체 악업 인연을 일으키지 않고, 순전히 착한 마음이라 방일이 없으므로 지혜를 성취하고, 지혜의 힘으로 일체 삼십칠조도법三十七助道法을 총섭한다고 하셨다."

제석, "삼십칠품三十七品은 뜻이 깊어서 얕은 생각으로는 용이하게 알 수 없지마는, 어떻게 하면 보살도행에 들어갑니까?"

야간, "그것도 스승에게 들었다. 보살도를 닦으려면, 먼저 방편으로써 모든 근根을 조복 받아야 한다. 어떤 것을 일러서 방편이라 하는가? 이른바, 육바라밀과 사무량심이다. 이것으로써 모든 근을 조복한다고 하셨다."

12 제석, "육바라밀은 어떤 뜻입니까?"

야간, "첫째는 보시니, 간탐심을 파하여 아끼는 것이 없는 까닭이요, 둘째는 선善을 지키는 것이니, 악을 행하지 않는 까닭이며, 셋째는 나쁜 일을 당하더라도 마음으로 능히 참는 것이니, 갖기를 생각하지 않는 까닭이요, 넷째는 정진精進하는 수행이니, 도업道業에 게으르거나 물러나지 않는 까닭이며, 다섯째는 마음을 닦아 익히는 것이니, 사념邪念이 없는 까닭이요, 여섯째는 지혜를 닦는 것이니, 번뇌 무명無明의 어두움을 비추어 끊는 까닭이다. 이것을 일러 육六바라밀이라 하고, 위 육六바라밀의 방편의 힘으로 모든 근을 조복한다. 또 네 가지가 있어서 모든 근을 조복한다. 첫째는 자심慈心이요, 둘째는 비심悲心이요, 셋째는 희심喜心이요, 넷째는 사심捨心이다. 이 네 가지를 사무량심이라 한다. 어떻게 자심慈心을 행하나? 고액苦厄이 있는 사람을 보거든 반드시 사랑하는 마음을 내어 그를 구호하여 모두 처소를 얻게 하는 것이다. 어떻게 비심을 행하는가? 모든 중생들이 무명·애착으로 말미암아 생사 업을 짓고 오도五道에서 고를 받으면서, 능히 면하지 못하는 것을 보거든, '나는 게으르지 말아 부지런히 정진하고, 지혜를 수습하여 속히 불도를 이루고, 불도를 이룬 다음에는 마땅히 지혜 광명으로써 중생들의 무명 흑암을 비추어, 그들로 하여금 큰 광명을 보고 모든 고의 속박을 풀게 하며, 비록 불도를 이루지 못했더라도, 지은 바 일체 선업을 모두 중생에게 회향廻向하여 안락을 얻도록 하고, 중생의 있는 죄를 내가 모두 대신 받겠다'고. 이것이 비심이다. 어떤 것을 희심이라 하는가? 만일 세상 사람이 선업을 닦아서 삼승과三乘果를 구하는 것을 보거든, 권하여 따라서 기뻐하며, 락樂을 받는 사람을 보아도 마음으로 따라서 기뻐하며, 단정한 사람·건강한 사람·부귀한 사람·지혜 있는 사람·자비 있는 사람·효순한 사람 등 일체 착한 사람을 보고 모두 따라서 기뻐하는 것이 희심이다. 어떤 것을 사심捨心이라 하는가? 무릇 짓는 바 일체 공덕에 애착이 없어서, 남에게 은혜를 베풀고도 현보現報도 바라지 않고, 생보生報도 바라지 않으며, 후보後報도 바라지 않는 것이 사심이다. 이 네 가지를 성취하면 사무량심이라 한다. 중생이 무량하므로 자심도 무량하고, 중생이 무량하므로 비심도 무량하며, 중생이 무량하므로 희심도 무량하고, 중생이 무량하므로 사심도 무량하다. 이 사무량심과 앞의 육바라밀을 합하면 이름이 십十바라밀이요 이 십바라밀은 모든 보살의 도행道行을 총섭하는 것이다."

13 제석, "오늘 제자 등 팔만 제천諸天들이 모두 한 번에 보리심을 내었습니다. 존자가 설하신 보살도행을 받들어 행하겠사오니, 존자는 기꺼이 허락하소서."

야간, "그것은 내 본심에 바라던 바이다."

제석, "우리들은 지금 천궁으로 돌아가겠사오니, 무슨 방법으로 스승의 무거운 은혜를 갚습니까?"

야간, "너희들은 지금 나를 따라 법을 물었으니, 천궁으로 돌아가서 쉬지 않고 교화하여, 모든 하늘을 깨우쳐주되, 남자·여자를 가리지 말고 단 한 사람이라도 믿고 받아 행하게 하면, 비단 내게만 갚는 것이 아니라, 또한 일체 모든 부처님의 은혜를 갚는 것이며, 교화하는 바를 따라서 모든 하늘의 부덕도 자연히 일어나리니, 하물며 많은 사람을 교화하여 깨닫게 함이랴. 그 공덕은 한량없을 것이다."

제석, "존자는 어느 때에 이 죄보의 몸을 버리고 천당에 오셔서 서로 만나 보겠습니까?"

야간, "명한命限이 칠 일밖에 남지 않았으니, 이 죄보의 몸을 버리면 반드시 도솔천에 날 것이다. 너희들도 거기 나기를 원하라. 왜냐하면, 도솔천에는 많은 보살이 있어서 모든 천인을 위하여 설법 교화하여 불도를 얻게 하는 까닭이다."

제석, "스승의 가르치는 대로 하겠습니다. 제자들의 권속들이 도리천에서 복이 다 되어 명을 마칠 때에는 모두 반드시 저 도솔천에 나서, 스승과 다시 만나 모시고 가르침을 오늘과 같이 받겠습니다."

말을 마치고 모두 천당으로 올라갔다. 야간은 그 자리를 떠나지 않고 일심으로 십선행법을 생각하며, 칠 일 뒤에 명을 마치고 도솔천 천왕의 아들이 되어, 다시 숙명을 알아 십선업도로 모든 하늘을 교화하였다.

제4장 능엄경·원각경을 말씀하심

제1절 흔들리는 허망한 생각

1 부처님이 사위성의 기원정사에 계실 적에, 바사닉왕의 청을 받아 제자들을 데리고 대궐로 가셨다. 아난은 마침 다른 이의 초청을 받아 사위성으로 갔다. 공양을 받고 돌아오다가, 항가 강에서 물 긷는 마등기 아가씨를 만나서, 물 한 그릇을 청하여 먹고 거기서 떠났다.

마등기 아가씨는 아난의 잘 생긴 모양과 유창한 말소리에 정신이 쏠리어, 어쩔 줄을 몰랐다. 그래서 집으로 돌아와서는 주술에 능한 어머니를 졸라서, 아난을 주문으로 홀려서 제 방으로 붙들어다 놓았다.

그때 부처님은 아난의 위태함을 하늘눈(天眼)으로 보시고, 공양을 마치자 곧 대궐을 떠나서 기원정사를 돌아오셨다. 그리하여 능엄주(呪)의 힘으로써 아난을 구제하여 데려왔다.

2 아난은 마등가의 주문에 홀린 것은 자기의 도력이 부족한 탓인 줄을 알고, 부처님을 향하여 도를 닦는 방편을 정성스럽게 물었다.

부처님, "아난아, 네가 처음 집 떠날(出家) 마음을 낼 때에, 무슨 모양을 보고서 세상의 애정을 버렸느냐?"

아난, "부처님이시여, 나는 이 세상에서 가장 훌륭하신 부처님의 상호(相好)를 뵈올 때에 '저렇게 수정같이 깨끗하고 맑은 몸매는 애욕으로 생긴 것이 아니리라'고 생각하였나이다. 그 까닭을 말하면 애욕이란 추하고 흐린 것이어서, 비린내 누린내가 어울리고, 피와 고름이 뒤섞인 것이므로, 저렇게 아름다운 금빛을 낼 수는 없으리라 생각하고, 간절하게 앙모하여 머리를 깎았습니다."

부처님, "좋은 말이다. 아난아, 온갖 중생들이 끝없는 옛적부터 나고 죽는 일이 끊이지 않는 것은, 항상 있는 참마음의 밝은 본체는 알지 못하고 허망한 생각을 제 마음인 줄 잘못 안 탓이다. 이 허망한 생각은 참된 것이 아니므로, 나고 죽는 데서 바퀴 돌 듯 하는 것이다. 네가 지금 보리의 참되고 밝은 성품을 연구하려거든, 내가 묻는 것을 바른 마음으로 대답하라.

아난아, 네가, '부처님의 상호를 보고, 집 떠날 마음을 내었다.' 하니, 무엇으로 보았으며 무엇이 사모하였느냐?"

아난, "부처님이시여, 눈으로는 부처님의 거룩한 몸매를 뵙고 마음으로 사모하였나이다."

부처님, "네 말이 옳은 말이다. 그런데, 그 마음과 눈이 어디 있는지를 알지 못하고는, 허망한 생각을 항복시킬 수 없는 것이다. 마치 어떤 임금이 적병의 침략을 받았을 적에 군대를 보내어 토벌하려면, 먼저 적병이 있는 데를 알아야 하는 것이다. 너로 하여금 나고 죽는 데서 헤매게 한 것은 마음과 눈의 허물이라. 그 마음과 눈이 어디 있느냐?"

아난, "눈은 얼굴에 있고, 마음은 몸속에 있나이다."

부처님, "네가 지금 이 강당 안에 있으면서 무엇을 보느냐?"

아난, "먼저 부처님을 뵙고 다음에 대중을 보고, 그리고 밖으로 내다보아야 기타 숲을 보나이다."

부처님, "너 말대로, 창이 열렸으므로 기타 숲을 볼 수 있다 하니, 이 강당 안에 있는 사람으로서 여래는 보지 못하고 강당 밖을 보는 이가 있겠느냐?"

아난, "그럴 수는 없나이다."

부처님, "온갖 것을 분명하게 보는 마음이 참으로 네 몸속에 있다면 먼저 몸속에 있는 것들을 알아야 할 것 아니냐? 설사 염통·간·지라·밥통 따위는 보지 못한다고 하더라도, 손톱이 나고, 머리카락이 자라고, 힘줄이 움직이고, 맥박이 뛰는 것쯤은 분명히 알아야 할 것인데, 어찌하여 알지 못하느냐? 몸속에 것을 알지 못한다면 밖에 것을 어떻게 아느냐? 그러니까, 네 말대로 분명하게 아는 마음이 몸속에 있다는 것은 옳지 아니하니라."

3 아난, "부처님이시여, 내가 부처님의 가르침을 듣고, 마음이 몸 밖에 있는 줄을 알았습니다. 마치 방 속에 불을 켜면, 그 불빛이 먼저 방 속을 비추고, 다음에 창을 통하여 들과 마당에 비치는 것과 같습니다. 모든 중생들이 몸속은 보지 못하면서 몸 밖의 것만을 보는 것은, 방 밖의 불이 방 속에는 비치지 못하는 것 같나이다."

부처님, "아난아, 만일 마음이 몸 밖에 있다고 하면, 몸과 마음은 따로 따로 있으므로, 마음이 아는 것을 몸은 깨닫지 못하고, 몸이 깨닫는 것은 마음이 몰라야 할 것인데, 네가 지금 내 손을 눈으로 볼 적에, 네 마음도 깨닫는 것 아니냐? 아난아, 네 눈과 마음이 서로 아는 까닭으로 마음이 몸 밖에 있다는 말은 성립될 수 없는 것이다."

4 아난, "부처님이시여, 바라건대 저희들을 어여삐 여기사 도道에 나아갈 길을 가르쳐 주세요."

부처님, "모든 중생들이 끝없는 옛적부터 여러 가지로 뒤바뀌어 업業을 짓고 고통을 받는 것은, 두 가지 근본을 알지 못하는 탓이다. 하나는 나고 죽는 근본인 허망한 마음을 잘못 알아 자기의 성품인 줄 여기는 탓이요, 둘째는 본래 깨끗한 보리·열반의 본체를 알지 못하는 탓이다." 하시면서, 팔을 들어 다섯 손가락을 구부려 쥐시고 아난에게 물었다.

"아난아, 너는 지금 무엇을 보느냐?"

아난, "부처님께서 팔을 들고 손가락을 구부려 주먹을 만드시어, 나의 마음과 눈에 비치심을 봅니다."

부처님, "무엇으로 보느냐?"

아난, "대중과 함께 눈으로 봅니다."

부처님, "네 눈은 볼 수 있거니와, 무엇을 마음이라 하여 내 주먹이 비친다 하느냐?"

아난, "부처님께서 마음 있는 데를 물으시니, 내가 마음으로 그 있는 데를 찾아보니, 이 찾아보는 생각을 마음이라 하겠습니다."

부처님, "아니다. 아난아, 그것은 네 마음이 아니다."

아난은 놀라며 비켜서서 여쭈었다.

"이것이 내 마음이 아니면 어느 것이 내 마음이겠습니까?"

부처님, "그것은 앞엣것을 분별하는 허망한 생각이니, 너의 참 성품을 의혹하게 하는 것이다. 네가 끝없는 옛적부터 지금까지 오면서, 허망한 생각인 도둑을 잘못 알고 아들인 줄 여기는 것같이, 그것을 네 마음인 줄 알고 본래 있는 참마음을 잃어버린 것이다."

부처님은 다시 팔을 들어 손가락을 구부렸다 펴시고 폈다 구부리시며 말씀하셨다.

"아난아, 네가 지금 무엇을 보았느냐?"

아난, "부처님이 손을 쥐락펴락하심을 보았습니다."

부처님, "너는 내 손이 쥐락펴락하였다고 보느냐? 너의 보는 것이 쥐락펴락한다고 생각하느냐?"

아난, "부처님의 손이 쥐락펴락하였거니와, 나의 보는 성품은 펴지거나 쥐어지지 않았나이다."

부처님, "어느 것이 움직이고 어느 것이 고요하였느냐?"

아난, "부처님 손이 가만있지 아니하였을지언정, 나의 보는 성품은 고요하달 것도 없사온데, 가만있지 않았다는 것은 무엇입니까?"

부처님은 손바닥으로 광명을 놓아 아난의 오른쪽과 왼쪽에 대시므로 아난은 광명을 따라 머리를 돌려 오른쪽과 왼쪽을 보았다.

부처님, "아난아, 네가 광명을 보느라고 머리를 돌릴 때에, 머리가 흔들렸느냐? 보는 성품이 흔들렸느냐?"

아난, "내 머리가 흔들렸을지언정, 보는 성품은 고요하달 것도 없사온데, 흔들렸다 할 것은 무엇입니까?"

그때 부처님은 대중에게 말씀하셨다.

"모든 중생들은 번뇌의 그르친 바 되었나니, 번뇌는 항상 흔들리고 가만있지 못하는 것이, 마치 손님과 같고 티끌과 같다. 너희들은 보라. 아난의 머리가 흔들렸을지언정, 보는 성품은 흔들리지 아니하였고, 내 손이 쥐락펴락하였을지언정 아난의 보는 성품은 쥐락펴락하지 아니한 것이다.

그런데, 너희들이 무슨 까닭으로 흔들리는 것을 몸이라 하고 경계라 하여, 처음부터 나중까지 흔들리지 않은 근본 성품을 잃어버리고 뒤바뀌게 일을 행하면서, 물건을 잘못 알고 내 몸이라 하여, 아득한 경계에서 바퀴 돌 듯 하느냐?"

이때에 아난과 대중들은 부처님의 말씀을 듣고 마음이 열렸다. 마치 젖 잃었던 아기가 뜻밖에 어머니를 만난 듯이, 몸과 마음이 편안하여져서 합장하고 부처님께 예배하였다.

제2절 없어지지 않는 참마음

1 그때 바사닉왕은 일어나 부처님께 여쭈었다.

"부처님이시여, 내가 부처님의 말씀을 듣기 전에 가전연과 산사야비라지자刪闍耶毘羅胝子를 만났는데, 그들의 말이 이 몸이 죽은 뒤에 아무 것도 없는 것을 열반이라 한다고 하더니, 지금 부처님을 만나 아직도 의심이 없지 않습니다. 어찌 하면 나지도 않고 없어지지도 않는 법을 분명하게 깨달을 수 있습니까?"

부처님, "대왕이여, 당신의 몸이 금강과 같아서 영원히 보존될 것입니까? 또는 변하여 없어질 것입니까?"

왕, "이 몸은 필경에 없어질 것입니다."

부처님, "대왕이여, 당신은 지금까지 없어져 본 적이 없는데, 어떻게 없어질 것을 압니까?"

왕, "부처님이시여, 이 무상無常하게 변천하는 몸이 비록 없어져 보지는 않았으나, 고대고대 변하는 것이 마치 불이 스러져 재가 되듯이 점점 늙어 감을 보고, 필경에 없어질 줄을 아나이다. 부처님이시여, 내가 어렸을 적에는 손발이 토실토실하고 살결이 고왔으며 자라서는 혈기가 충실하더니, 지금은 늙어빠져 정신은 혼미하고 낯은 쭈그러지고, 머리카락은 희어서 오래 살지 못하게 되었나이다. 조금씩 달라지는 것을 깨닫지는 못하오나, 세월이 흘러감을 따라 이렇게 늙었나이다.

그 까닭을 말하면, 스무 살 때를 젊었다고는 하지만 열 살보다는 늙었고, 서른 살 때는 또 스무 살보다 늙었으며, 지금은 예순두 살인데, 쉰 살 때를 생각하면 그때는 훨씬 건강하였습니다.

부처님이시여, 그동안 변하여 가는 것을 우선 십 년씩 잡아 말하였거니와, 자세하게 생각하오면 어찌 십 년, 이십 년뿐이오리까. 실로는 해마다 늙었으며, 또 어찌 해마다뿐이오리까. 달마다 날마다 달라졌사오니, 곰곰 생각하오면 잠깐 동안도 머물러 있지 아니하였사오며, 이 몸이 필경에는 없어질 줄 압니다."

부처님, "대왕이 변하여 늙어 감을 보고, 필경에 없어질 줄을 안다 하거니와, 그 없어지는 몸 가운데 없어지지 않는 성품이 있는 것을 보여 주리다. 대왕의 나이 몇 살 적에 항가 강을 보았습니까?"

왕, "내가 세 살 적에 어머니가 나를 데리고 기바천耆波天 사당에 가서 뵈올 때에, 이 강을 건너게 되어 그때 항가 강인 줄을 알았습니다."

부처님, "대왕이여, 세 살 적에 그 물을 보던 것과 지금에 보는 것과는 어떠합니까?"

왕, "예순두 살이 된 오늘에도 세 살 적과 마찬가지로 그 물은 한 모양으로 흐르고 있습니다."

부처님, "대왕은 지금 머리가 세고 낯이 쭈그러짐을 한탄하거니와, 지금 항가 강을 보는 정기도, 어려서 보던 것보다 늙었습니까?"

왕, "그렇지 않습니다."

부처님, "대왕의 낯은 쭈그러졌으나 보는 정기는 쭈그러지지 않았으니, 쭈그러지는 것은 변하려니와 쭈그러지지 않는 것은 변치 아니할 것이며, 변하는 것은 없어지려니와 변치 않는 것은 원래부터 났다 없어졌다 하는 것이 아니니, 이 몸은 죽더라도 그 보는 정기는 없어질 것이 아니거늘, 어찌하여 외도들이 말하는 바 죽은 뒤에 아주 없어진다는 말을 되풀이하고 있습니까?"

왕은 이 말을 듣고, 죽은 뒤에도 이생을 버리고 다른 생이 태어날 줄을 알고, 대중들과 함께 기뻐하며 처음 보는 일이라고 좋아하였다.

2 아난은 자리에서 일어나 부처님께 예배하고 여쭈었다.

"부처님이시여, 만일 이 보고 듣는 성품이 났다 없어졌다 하는 것이 아니면, 어찌하여 우리들더러 '참 성품을 잃어버리고 뒤바뀌게 일을 행한다'고 하시나이까?"

부처님, "인연으로 생기는 모든 법과 물건과 마음 따위들은 모두 참마음에서 나타나는 것이라고 항상 말하지 않더냐? 네 몸이나 마음도 모두 묘하고 밝은 참마음 가운데서 나타나는 것이니, 너희들은 이 묘한 마음을 잃어버리고, 깨달은 가운데서 아득한 줄로 잘못 아느냐?

밝은 성품을 잘못 아는 탓으로 어두컴컴하여 허공이 되고, 허공과 어두컴컴한 가운데서 어두운 것이 맺히어 물질이 되었는데, 이 물질이 허망한 생각과 섞인 그것을 내 몸인 줄로 알고는, 반연하려는 것이 모이어서, 몸속에서 흔들리고 밖으로 앞엣것을 분별하여, 아득하고 시끄러운 것을 내 마음인 줄로 인정하는 것이다. 한번 내 마음이라고 인정하고는, 이 마음이 결정코 내 몸속에 있는 줄로 생각하는 탓으로, 내 몸이나 밖에 있는 산과 강과 허공과 땅덩이까지도 모두 이 묘하고 밝은 참마음 가운데 있는 것인 줄을 알지 못한다. 마치 한 방울 물거품을 잘못 인식하여 바닷물의 전체인 줄 아는 것과 같으니, 이것은 아득한 가운데서 거듭 아득해지는 것이다."

아난阿難은 부처님으로부터 간곡한 가르침을 받고, 눈물을 흘리면서 여쭈었다.

"내가 비록 부처님의 말씀을 듣고, 묘하고 밝은 마음이 본래 원만하여 항상 있는 줄을 알았으나, 지금 부처님의 법문을 깨닫는 것도 분명히 이 보고 듣는 마음으로 사모하는 터이며, 비록 묘한 마음을 알았더라도 이것이 나의 본마음이라고는 인정하기 어렵나이다."

부처님, "아난아, 네가 분별하는 마음으로 내 법문을 들으므로, 이 법도 또한 분별分別할 수 있는 법으로서 법의 참 성품은 아니니다. 어떤 사람이 손가락으로 달을 가리켜 보이면, 그 손가락을 따라서 달을 보아야 할 터인데, 만일 손가락만을 보고 달이라 한다면, 이 사람은 손가락이 가리키는 달만 모르는 것이 아니라 손가락까지도 모르는 것이며, 또 어두운 손가락을 밝은 달인 줄 잘못 아는 것이므로, 밝은 것인지 어두운 것인지도 알지 못한다고 할 것이다.

네가 만일 나의 법문하는 소리를 분별하는 것으로써 네 마음이라 한다면, 그 마음은 나의 음성을 떠나서도 분별하는 성품이 있어야 할 것이다. 마치 손님이 객줏집에 들었을 적에, 얼마 동안 있다가는 떠나가는 것이고 언제까지나 항상 있는 것이 아니지마는, 객줏집 주인은 떠나가는 것이 아니므로 주인이라 하듯이, 너의 분별하는 마음도 그와 같아서, 그것이 만일 참으로 네 마음이라면 갈 데가 없어야 할 것이거늘, 어찌하여 나의 음성을 여의고는 분별하는 성품이 없느냐? 앞에 물건의 반연을 여의고는 분별하는 성품이 없는 것이므로, 그 마음이란 것은 제각기 돌려보낼 데가 있는 것이니, 어떻게 주인이라 하겠느냐?"

3 아난, "내 마음을 제각기 돌려보낼 데가 있다면, 부처님의 말씀하시는 참마음은 어찌하여 돌려보낼 데가 없나이까?"

부처님, "아난아, 자세히 들어라. 돌려보낼 데가 없는 까닭을 네게 보여 주리라. 지금 이 큰 강당이 동쪽이 환하게 열려, 해가 뜨면 밝고 구름이 낀 밤에는 어둡고, 창틈으로는 통함을 보고 담벽과 지붕으로는 막힘을 보는 것 아니냐?

아난아, 이 밝은 것은 해로 보낸다. 해가 없으면 밝지 못하니 밝은 원인은 해에 있다. 그래서 해로 보낸다. 어두운 것은 구름 낀 밤으로 보내고, 통한 것은 틈으로 보내고, 막힌 것은 지붕으로 보낸다. 그러나 이런 모양을 능히 보는 그 성품은 어디로 돌려보내겠느냐? 만일 밝은 데로 보낸다면, 밝지 아니할 적에는 어두움을 보지 못해야 할 것이지마는, 사실은 그렇지 아니하여, 밝고 어둡고 통하고 막힌 것은 여러 가지 차별이 있으나, 보는 성품은 차별이 없는 것이 아니냐? 돌려보낼 수 있는 것은 너의 근본 마음이 아니려니와, 돌려보낼 수 없는 그것은 너의 근본 마음이 아니고 무엇이겠느냐? 그러므로 너의 근본 마음은 묘하고 밝고 깨끗한 것이다.

아난아, 이 세상에서 크다 작다 안이다 밖이다 하는 여러 가지 일은 모두 앞엣것을 두고 하는 말이요, 보는 성품에는 길고 짧고 줄어지고 끊어지는 것이 아니다. 비유해서 말하면, 모난 그릇 속에서 모난 허공을 보는 것 같나니, 모난 그릇 속에서 보는 모난 허공은 결정적으로 모난 허공이 아니다. 만일 결정적으로 모난 허공이라면, 다시 둥근 그릇에 담더라도 둥글지 않아야 할 것이며, 만일 결정적으로 모난 허공이 아니라면,

모난 그릇 속에서도 둥근 허공을 볼 수 있어야 할 것이다. 그릇이 모나고 둥글고 할지언정 허공은 모나지도 둥글지도 않은 것이다.

모든 중생들이 끝없는 옛적부터 저의 본 성품을 잘못 알아 물건인 양 여기면서, 본마음을 잃어버리고 물건의 지배를 받는 탓으로, 그 가운데서 큰 것을 보고 작은 것을 보거니와, 만일 물건을 지배할 수 있게만 되면, 여래와 같이 마음이 뚜렷하고 밝아서, 도량을 떠나지 않고도 한 터럭 끝에 시방세계를 넣을 수 있을 것이다. 아난아, 이 사위성에서 밥을 지으려 할 적에는, 손에 화경을 들고 햇빛에 비추어 불을 내나니, 이 불이 화경에서 나느냐, 쑥에서 생기느냐, 해에서 오느냐? 이 이치를 생각하면, 화경은 손에 들렸고 해는 하늘에 떴고 쑥은 땅에서 난 것인데, 불은 어디서 오는 것이냐? 해와 화경은 서로 멀어서 화합할 수 없고, 불이 난데없이 저절로 생기지도 아니할 것이다.

아난아, 여래장如來藏 가운데 불의 성품을 가진 참된 공空과, 공의 성품을 가진 참된 불이, 맑고 깨끗하고 본래 그러하여 법계法界에 가득하여 있으면서, 중생의 마음을 따르고 아는 바 그 격에 맞추어서 나타나는 것이다. 아난아, 세상 사람이 한 곳에서 화경을 들면 한 곳에 불이 나고, 온 법계에서 화경을 들면 온 법계에 불이 나는 것이어서, 불은 세상에 가득하는 것이니, 어찌 나는 곳이 따로 있겠느냐?

업業을 따라 나타나는 것이니, 세상 사람들은 알지 못하고 인연인 줄, 자연인 줄 여기나니, 모두 허망한 마음으로 분별하고 억측하는 것이다."

4 아난과 대중은 부처님의 미묘한 가르침을 받들고, 몸과 마음이 시방에 두루 가득한 걸림이 없어졌다. 그리하여 대중들은 제각기 자기의 마음이 시방에 두루 하였음을 알았고, 시방 허공 보기를 손에 가진 나뭇잎 보듯 하며, 모든 세간의 온갖 물건들이 온통 보리의 묘하고 밝은 마음인 줄을 깨달았다. 돌이켜 부모가 낳아 준 몸을 보니, 마치 끝없는 허공 가운데 티끌 한 개를 날린 것이 있는 듯 없는 듯, 또 크고 넓은 바다에 물거

품 하나 든 것이 생기는 듯 꺼지는 듯, 본래 묘한 마음의 자체가 항상 있어 없어지지 않는 줄을 분명하게 깨닫고, 부처님께 예배하고 노래를 불러 찬탄하였다.

미묘하고 맑으시고 다 지니시고 흔들리지 않으시는 부처님이여,
온갖 일이 여무는 수능엄삼매 세상에도 처음 보는 법문이오며.
억천만 년 묵은 망상 어디 갔는지 아승지 겁 안 지내고 법신法身 얻었네.
우리들도 열반 부처 이루어 저와 같이 많은 중생 건져 볼거나.
그지없고 끊임없는 이 서원으로 티끌 세계 불 · 보살께 공양하면서
이생으로 저생으로 또 저생으로 부처님의 크신 은혜 갚으렵니다.
부처님은 이 마음을 증명하소서. 앞장서서 오탁 악세 돌아다니며,
이 가운데 한 중생만 성불 못해도 그냥 두곤 열반에 나는 안 가리.
대자대비 이 번뇌를 끊어 주소서. 하루바삐 보리 장場에 앉게 하소서.
시방세계 저 허공이 다 부서진들 강철 같은 이내 마음 변하오리까?.

제3절 세계가 생기던 이야기

1 그때에, 대중 가운데 있던 부루나가 일어나 합장 예배하고 부처님께 여쭈었다.

"부처님이시여, 만일 이 세상 모든 것이 모두 여래장이어서, 맑고 깨끗하고 본래 그런 것이라면, 어찌하여 산과 물과 땅과 하염 있는 모양들이 생기어서, 차례로 변천하여 마치었다 다시 비롯합니까?"

"부루나여, 허망하고 시끄러운 것이 서로 의지하여 피로함이 생기고, 피로함이 오래 계속되어 티끌이 생기어서 모양이 흐리터분하게 되었나니, 이리하여 번뇌 망상이 일어난 것이다.

일어나서는 세계가 되고 고요하여서는 허공이 되었다. 허공은 같은 것이요 세계는 다른 것이니, 저 같음도 없고 다름도 없는 것이 참으로 하염 있는 법이니라.

각覺의 밝은 것과 허공의 어두운 것이 번갈아 바뀌어 흔들림으로 풍륜風輪이 있어 세계를 받들었다. 허공으로 인하여 흔들림이 생기고, 밝은 것을 굳혀 막힘이 되니, 금金이란 것은 밝은 각이 굳혀진 것이므로 금륜金輪이 있어 땅을 받쳤다.

각을 굳혀 금이 되고 밝은 것을 흔들어 바람이 생긴 뒤에, 바람과 금이 서로 갈림으로 불이 생기어 변화하는 성품이 되었다. 밝은 금이 축축함을 내고 불은 위로 오르므로 수륜水輪이 있어 시방세계를 싸고 있다.

불은 올라가고 물은 내려가서 번갈아 발동하여 굳혀지므로, 젖은 편으로는 바다가 되고 마른 편으로는 육지와 섬이 되었다. 물의 힘이 불보다 작으면 엉키어 높은 산이 되고, 흙의 힘이 물보다 작으면 빼어나 물과 나무가 되었다.

허망한 것들이 서로 얽히어 생겨나고는, 번갈아 서로 씨가 되나니, 이런 인연으로 세계가 계속되는 것이다.

부루나여, 마치 미혹한 사람이 어떤 동네에서, 남쪽을 잘못 알아 북인 줄 생각한다면, 이 사람의 미혹은 아득함으로 인하여 생겼느냐, 깨달음으로 인하여 생겼느냐?"

부루나, "이 사람의 미혹은 아득함을 인한 것도 깨달음을 인한 것도 아닙니다. 그 미혹은 본래 근본이 없는 것이므로 아득함을 인하였다 할 수도 없고, 깨달은 데서는 미혹이 생기는 것이 아니므로 깨달음으로 인하였다 할 수도 없나이다."

부처님, "저 미혹한 사람이 만일 깨달은 사람의 가르침을 받고 미혹한 줄을 알았다면 이 사람은 그 동네에서 다시 미혹하겠느냐?"

부루나, "그럴 이치는 없나이다."

부처님, "부루나여, 여래도 그러하다. 미혹한 것은 근본이 없어서 끝까지 공空한 것이다. 본래 미혹하지 않았던 것이 지금 미혹한 듯하지만, 미혹한 줄을 깨달아 미혹이 없어지면, 그 깨달은 데서는 다시 미혹이 생기지 않는다.

또 눈병 난 사람이 허공에서 헛꽃을 보다가, 눈병이 나아서 헛꽃이 없어졌는데, 어리석은 사람이 헛꽃 없어진 허공에서 다시 헛꽃이 생기기를 기다린다면, 이는 철저하게 어리석은 사람이다.

그렇다면 어찌하여 여래의 묘하고 밝은 각覺에서 언제 다시 산과 물과 땅이 생기느냐고 물을 것이다. 그러나 광석에 섞였던 금이 한번 순금이 되면, 다시는 광석에 섞이지 않는 것이요, 나무가 타서 재가 되면 다시는 나무가 되지 않는 것과 같은 것이다.

2 부루나여, 또 네가 묻기를 '지대 · 수대 · 화대 · 풍대와 허공은 성품이 원융하여 법계에 가득하였다면, 그것들의 성질이 다른데 어떻게 서로 용납하느냐'고 할 것이다. 그러나 마치 허공 자체는 여러 가지 모양이 아니지마는, 저 여러 가지 모양이 일어나는 것을 거절하지는 않는 것과 같은 것이다. 허공은 해가 비치면 밝고, 구름이 끼면 어둡고, 바람이 불면 흔들리고, 날이 개면 맑은 것이다

참되고 묘한 각覺도 그와 같아서, 네가 허공으로 발명하면 허공이 나타나고, 지대 · 수대 · 화대 · 풍대로 제각기 발명하면 제각기 나타나고, 한꺼번에 발명하면 한꺼번에 나타나는 것이다.

어떤 것이 한꺼번에 나타나는 것인가? 어떤 강물에 해 그림자가 비친 것을 두 사람이 함께 보다가, 한 사람은 동쪽으로 가고 한 사람은 서쪽으로 가면, 물속에 비치었던 해 그림자도 그 사람들을 따라 한 그림자는 동쪽으로 가고 하나는 서쪽으로 가는 것이다.

부루나여, 네가 색色과 공空으로 여래장을 당기거나 놓으려고 하면, 여래장은 따라서 색도 되고 공도 되어 법계에 가득하고, 그 가운데서 바람

은 흔들리고 허공은 고요하고 해는 밝고 구름은 어둡다. 중생들이 아득하고 갑갑하여, 각을 등지고 번뇌에 합하기 때문에, 번뇌 망상이 생기어서 여러 가지 현상이 있게 되거니와, 나는 묘하고 항상한 여래장에 합하므로 다만 묘한 각의 밝은 것뿐이어서, 하나가 여럿이 되고 여럿이 하나가 되며, 작은 가운데 큰 것을 나타내고 큰 가운데 작은 것을 나타내며, 도장에서 움직이지 않고 시방세계에 두루 퍼지며, 한 몸 속에 넓은 허공을 포함하고 한 털 끝에 많은 세계를 용납하며, 티끌 속에 앉아서 큰 법의 바퀴를 굴리나니, 이것은 번뇌를 없애고 각에 합하기 때문에, 진여의 묘한 각의 성품을 드러내게 되는 것이다.

그러나 여래장은 마음도 아니요 공도 아니며, 지대・수대・화대・풍대도 아니요, 눈・귀・코・혀・몸・뜻도 아니며, 빛・소리・냄새・맛・닿음도 아니요, 무명도 아니며, 행・명색 따위도 아니요, 고・집・멸・도도 아니며, 여섯 가지 바라밀波羅蜜도 아니며, 또 동시에 이런 것이기도 하는 것이다."

3 부루나, "부처님이시여, 모든 중생들은 무슨 까닭으로 허망한 생각이 생기어서, 자기의 밝고 묘한 성품을 가리고 나고 죽는 데서 헤매게 되었나이까?"

부처님, "부루나여, 사위성에 있는 연야달다演若達多가 어느 날 아침에 거울을 보다가, 거울 속에 있는 사람은 얼굴이 얌전한데, 자기 머리에는 눈도 코도 보이지 아니하여 도깨비가 되었다 하고, 미쳐서 달아났다 하니, 이것은 그 사람의 마음이 미친 까닭이다.

묘한 각은 본래 뚜렷하고 밝지마는, 까닭 없이 허망한 생각이 서로서로 인연이 되어, 미혹에 미혹을 거듭하여 끝없는 세월을 지내왔으므로, 부처님의 변재로도 그 원인을 따질 수가 없는 것이다. 마치 연야달다가 마음이 미쳐서, 자기의 머리가 무섭다고 달아났던 것과 같다. 미친 증세만 없어지면 머리가 딴 데서 생길 것도 아니다. 설사 미친 증세가 없어지지 않더라도 머리야 어찌 없어졌겠느냐?

부루나여, 허망한 성품이란 본래 이런 것이니, 무슨 까닭이 있겠느냐? 마음속에 연야달다의 미친 증세가 없어만지면, 곧 보리의 깨끗한 마음이라. 본래부터 법계에 가득하여 딴 데서 얻을 것도 아니며, 애써 닦아서 비로소 증득할 것도 아니다.

마치 어떤 사람이 자기의 옷 속에 여의주를 차고도 알지 못하여, 여러 곳으로 다니면서 옷과 밥을 구걸함과 같아서, 아무리 빈궁하더라도 여의주는 없어지지 않았으니, 만일 지혜 있는 사람이 여의주를 가르쳐 주면 이 사람의 소원은 뜻대로 되어 큰 부자가 되리니, 그때에는 그 훌륭한 여의주가 딴 데서 생긴 것이 아닌 줄을 알 것이다."

여러 대중들은 부처님의 가르침을 듣잡고, 의심이 없어지고 실상법實相法을 깨달아 몸과 마음이 가뿐하여졌다.

제4절 거룩한 이들의 도통한 이야기

1 그때에 부처님은 여러 보살에게 말씀하였다.

"너희들이 불법 가운데서 처음 깨달을 적에, 무슨 방편으로 삼매三昧에 들어갔느냐?"

향엄 동자가 자리에서 일어나, 부처님의 발에 예배하고 나서 이렇게 여쭈었다.

"나는 부처님께서 모든 끝이 있는 법을 자세히 관觀하라 하신 말씀을 듣고, 그때 부처님을 하직하고 조용한 방에 앉았다가, 비구들의 침수향 사르는 것을 보니 향기가 살그머니 코에 들어오더이다. 이 향기는 나무도 아니요, 공空한 것도 아니요, 연기도 불도 아니어서, 가도 닿는 데가 없고, 와도 온 데가 없음을 생각하였나이다. 이로부터 뜻이 스러지고 무루無漏를 발명하오니, 티끌 기운은 없어지고 묘한 향기가 그윽이 뚜렷하였나이다. 부처님이시여, 나는 향기의 방편으로 원통圓通을 얻었습니다."

2 필릉가바차畢陵伽婆蹉, "나는 부처님께서, 이 세상의 여러 가지 즐겁지 못한 일을 말씀하시던 것을 생각하면서, 성중에 밥을 빌다가, 길에서 독한 가시에 발을 찔려 온몸이 매우 아팠습니다. 나는 생각하기를, '알음알이가 있는 탓으로 아픈 줄을 아는 때문에, 비록 아픈 줄 아는 것과 아픈 것이 있더라도, 본각本覺의 깨끗한 마음에는 아픈 것과 아픈 줄 아는 것이 없으리라.' 하였고, 다시 생각하기를, '한 몸에 어찌 두 가지 각이 있을까?' 하였으며, 이렇게 생각한 지 오래지 않아서, 몸과 마음이 문득 공하여지고, 삼칠 일 동안에 온갖 번뇌가 없어져서 아라한이 되었나이다. 부처님이시여, 나는 본각을 순일하게 하고 몸을 잊어버리는 방편으로 원통을 얻었습니다."

3 손다라난타孫陀羅難陀, "나는 처음 출가하여 계율戒律을 받았으나, 선정禪定에는 마음이 항상 산란하였더니, 부처님께서 '코끝이 희어짐을 관하라.' 하심을 듣고, 처음 관한 지 삼칠 일 만에는 콧속으로 드나드는 숨이 연기와 같아지고, 몸과 마음이 안으로 밝아지며, 온 세계에 뚜렷이 사무치어 막힘이 없이 깨끗하기가 수정과 같더니, 연기 모양이 점점 스러지고, 코로 쉬는 숨이 희어지면서, 마음이 열리고 번뇌가 없어지며, 드나드는 숨이 광명으로 화하고 시방세계에 비치어 아라한을 이루었나이다. 부처님이시여, 나는 숨을 소멸하여 광명을 내고 광명이 뚜렷하여 번뇌를 멸하는 방편으로 원통을 얻었나이다."

4 오추사마烏芻沙摩, "나는 오랜 옛적부터 탐욕이 많았더니 공왕 부처님이 세상에 나셨을 적에 말씀하기를, 음욕이 많은 사람은 뜨거운 불덩이가 된다고 말씀하시면서, '여러 뼈마디와 팔 다리에 있는 더운 기운을 관하라.' 하시기에 그렇게 하였더니, 신기로운 광명이 속으로 엉키면서 음란한 마음이 변화하여 지혜 불이 되었나이다. 그때부터 부처님들은 나를

화두금강이라고 불렀나이다. 나는 화광火光 삼매의 힘으로 아라한을 이루고 마음에 큰 원력을 세워 부처님들이 성도하실 적마다 나는 역사力士가 되어 마군과 원수를 항복받나이다. 부처님이시여, 나는 몸과 마음의 따뜻한 기운을 관하여 걸림이 없이 고루 통하게 하고, 모든 번뇌를 소멸하여 큰 보배 불길을 내는 방편으로 원통을 얻었나이다."

5 지지持地보살, "나는 보광普光 부처님이 세상에 나셨을 적에 처음 비구가 되어, 중요한 길과 나루에 땅이 좁고 평탄하지 못하여, 수레나 말이 지나가기에 불편한 데가 있으면 흙을 져다 평탄하게 메우기도 하고 다리를 놓기도 하며, 이렇게 애쓰기를 오래오래 하여 한량없는 부처님을 만났습니다. 어떤 사람이 복잡한 곳에서 짐을 지우려고 하면 내가 먼저 지고 가서 짐을 내려놓고는 곧 돌아와 삯을 받지 않았으며, 비사부불毘舍浮佛 때에는 흉년이 들었는데, 나는 짐꾼이 되어 멀거나 가깝거나 삯은 한 푼만 받았습니다. 혹시 수레를 멘 소가 구렁에 빠졌으면 나는 힘을 넣어 빼어 주었으며, 어느 때는 나라 임금이 부처님을 청하여 재를 차릴 적에, 나는 길을 평탄하게 닦고 부처님이 지나가시기를 기다렸더니, 비사부불께서 나의 정수리를 만지면서 '마음만 평탄히 하면 온 세계 땅이 모두 평탄하여진다.' 하시더이다. 나는 그 말씀을 듣고 마음이 열리어, 몸에 있는 티끌이 세계를 만든 티끌과 조금도 차별이 없음을 알았으며, 또 티끌의 성품이 서로 저촉되지 아니하여 칼과 병장기까지도 저촉되지 않게 되어 무생법인無生法忍을 깨달아 아라한이 되었나이다. 부처님이시여, 나는 몸에 있는 티끌이나 세계를 조성한 티끌이 차별이 없어, 모두 여래장에서 생긴 것인 줄로 관찰하여, 티끌이 스러지고 지혜가 원만하여지는 방편으로 원통을 얻었나이다."

6 유리광법 왕자, "지나간 옛적 항하사겁恒河沙劫 전에 부처님이 이 세상에 나시니 이름은 무량성이라. 본각本覺의 묘하고 밝은 것을 말씀하시되 '이 세계와 중생들의 몸은 모두 허망한 인연인 바람의 힘으로 움직임인

줄을 관하라.' 하셨습니다. 나는 그때에, '세계는 나란히 벌려져 있는 것이요, 세월은 시간이 흐르는 것이요, 몸은 움직이고 그치는 것이요, 마음은 생각이 일어나는 것'인 줄을 관하였더니, 여러 움직이는 것은 둘이 아니어서 차별이 없었으며, 동시에 여러 움직이는 성품은 와도 오는 데가 없고 가도 가는 데가 없었으므로, 시방세계에 티끌같이 많은 뒤바뀐 중생들이 한결같이 허망한 것인 줄을 알았으며, 그리하여 삼천 대천세계 안에 있는 중생들은 마치 한 그릇 속에 백천 마리 모기와 파리를 넣어 그 좁은 속에서 웅성거리고 떠들고 야단하는 듯함을 깨달았으며, 부처님 만난 지 오래지 아니하여 무생법인을 얻었고, 마음이 열리어 동방 부동불국의 부처님을 뵈옵고 법 왕자가 되었나이다. 부처님이시여, 나는 바람의 힘이 의지한 데 없음을 관하여 보리를 깨달아 삼매에 들고, 시방 부처님과 합하여 한 마음을 전하는 방편으로 원통을 얻었나이다."

7 미륵보살, "나는 지나간 옛적 미진 겁 전에 일월등명 부처님을 만나 집을 떠났으나, 세상 명예를 좋아하여 양반들과 사귀어 놀기를 즐기었더니, 부처님께서는 '유심식정唯心識定을 닦아서 삼매에 들어가라.' 하셨습니다. 그 뒤로부터 여러 겁 동안에 이 삼매를 닦아 많은 부처님을 섬기었더니, 세상 명예를 좋아하던 마음이 없어졌으며, 연등 부처님이 나셨을 적에는 위없고 뚜렷한 식심識心 삼매를 얻으니, 허공에 가득한 여러 세계의 깨끗한 것 더러운 것, 있는 것 없는 것이 모두 내 마음으로 변화하여 생긴 것이더이다.

나는 이렇게 온갖 것이 마음으로 된 것임을 깨닫고, 마음으로부터 한량없는 여래를 내었습니다. 부처님이시여, 나는 시방이 오직 식심識心인 줄을 관찰하여 마음이 밝아져서 원성실성에 들어가고, 의타기성과 변계소집성을 멀리 여의는 방편으로 원통을 얻었나이다."

8 대세지법 왕자는 그동안 오십이 보살과 함께 자리에서 일어나 부처님 발에 예배하고 여쭈었다.

"지나간 옛적 항하사겁 전에 부처님이 나셨으니 이름은 무량광이요, 열두 부처님이 한 겁 동안에 계속하여 나셨는데, 그 마지막 부처님이 초일월광이라, 그 부처님은 나에게 염불 삼매를 가르치시기를 '마치 한 사람은 전심으로 생각하나 한 사람은 전심으로 잊기만 한다면, 이 두 사람은 만나도 만나지 못하고, 보아도 보지 못하는 것이요, 만일 두 사람이 서로 생각하여 생각하는 마음이 함께 간절하면, 이생에서 저생에, 또 저생에 이르도록, 몸에 그림자 따르듯이 서로 어긋나지 않을 것이다.'

또 시방 부처님께서 '중생 생각하기를 어미가 자식 생각하듯 하거니와, 만일 자식이 도망하여 가면 생각한들 무엇 하겠는가? 자식이 어미 생각하기를 어미가 자식 생각하듯 하면, 어미와 자식은 세세생생에 서로 어긋나지 않으리라. 만일 중생들이 지극한 마음으로 부처님을 생각하고 부처님을 일컬으면, 이생에서나 혹은 저생에서 결정코 부처님을 뵐 것이며, 부처님과 서로 멀지 아니하여 방편을 힘입지 않고도 저절로 마음이 열리는 것이, 마치 향기를 쏘이는 사람이 몸에 향기가 배는 것 같으리니 이것이 향광장엄香光莊嚴이니라.' 하시더이다. 나는 인행因行 때에 염불하는 마음으로 무생법인을 얻었고, 지금도 이 세계에서 염불하는 사람을 인도하여 서방 정토로 가게 하나이다. 부처님이시여, 나는 이것 저것을 가리지 않고 육근을 모두 가져다가 항상 염불하여, 깨끗한 생각이 서로 계속되어 삼매를 얻는 방편으로 원통을 얻었습니다."

9 이때에 부처님께서 다섯 활개로 광명을 놓아, 시방세계의 부처님과 보살들의 정수리에 대시고, 저 여러 부처님도 한꺼번에 훌륭한 광명을 놓아 이 회상의 부처님 정수리에 대시며, 또 여러 보살과 아라한들에게 비치니, 숲과 나무와 못과 냇물이 모두 법문을 연설하며, 광명이 서로 사귀어 보배실로 짠 그물 같았고, 여러 대중들은 모두 금강삼매를 얻었다.

이때에 하늘에서 여러 가지 보배 연꽃을 뿌리고 시방 허공은 칠보의 빛을 이루며, 사바세계의 땅과 산과 강물이 문득 나타나지 아니하고, 시방의 티끌 같은 세계가 합하여 한 세계가 되었으며, 범패梵唄하는 소리와 노래하는 곡조가 저절로 들렸다.

문수보살은 부처님의 자비하신 분부를 받잡고, 자리에서 일어나 부처님 발에 예배하고 게송으로 말하였다.

각覺의 바다 그 성품 맑고 둥글어 둥글고 맑은 각이 원래 묘하네.
밝은 것이 비치어 밝힐 것 나고 밝힐 것이 난 뒤엔 비침이 없네.
아득한 무명無明으로 허공 생기고 허공을 의지하여 세계가 되니,
망상이 가라앉아 국토가 되고 깨닫고 아는 것을 중생이라네.
크고 둥근 각에서 허공 생긴 것, 넓고 넓은 바다에 거품 한 방울,
났다가 없어지는 저 많은 세계, 허공을 의지하여 생긴 것이니.
물거품 없어지면 허공 없거니, 하물며 저 삼계가 어디 있으랴?
근본으로 가는 길 둘 없으련만, 방편으로 닦자니 여러 문일세.
성인의 성품으론 모두다 원통圓通, 거스름도 순함도 방편이언만,
초학初學으로 삼매에 들어가는 덴, 더디고 빠른 것이 딴판입니다.

제5절 범부로부터 열반에 이르는 단계

1 아난은 부처님께 여쭈었다.

"부처님이시여, 삼매를 닦아서 증득하올 적에 열반에 채 이르지 못했을 때, 어떤 것을 건혜지乾慧地라, 사십사심四十四心이라 하오며, 어느 점차까지 이르러야 수행하는 명목을 얻으며, 어디까지 나아가야 지중地中에 들었다 하며, 어떤 데를 등각보살이라 하나이까?"

"아난아, 착한 남자가 욕심과 애정이 말라 버리고, 육근六根과 앞엣것이 짝하지 아니하므로, 지금에 남아 있는 이 몸이 다시는 나지 않게 되

며, 고집하던 마음이 훤칠하게 밝아져서 순전한 지혜뿐이며, 지혜의 체성體性이 밝고 뚜렷하여 시방세계가 환하게 맑아서, 마른 지혜만 있게 되는 것을 건혜지라 하니, 애욕의 습기가 처음 말라서, 여래의 법으로 흐르는 물과 어울리지 못하기 때문이다.

2 이 마음으로써 안으로 안으로 점점 들어가서, 뚜렷하고 미묘한 것이 비로소 열리고, 참되게 묘하고 뚜렷한 데서 더욱 참되게 미묘한 것을 발생하여, 묘한 신심이 항상 머물러 있고, 온갖 허망한 생각은 아주 없어져서 중도中道의 이치가 순전하고 참된 것을 신심주信心住라 한다.

참된 신심이 분명하여 온갖 것이 원통하여지고, 오음五陰·십이처十二處·십팔계十八界가 다시 거리끼지 아니하게 되어, 지난 세상 오는 세상 수없는 겁劫 동안에, 몸을 버리고 몸을 받을 온갖 습기가 모두 앞에 나타나면, 이 사람은 온통으로 기억하여 하나도 잊어버리지 않은 것을 염심주念心住라 한다.

묘하고 뚜렷한 것이 순전히 참되어졌고, 참된 정기가 현화하는 힘을 내어, 예전 습기가 한결같이 정미롭고 밝아졌으면, 이 정미롭고 밝은 것으로써 참되고 깨끗한 데로 나아가는 것을 정진심精進心이라 한다.

정미롭고 밝은 마음이 앞에 나타나서 순전한 지혜뿐인 것을 혜심주慧心住라 한다.

지혜의 밝음을 그냥 유지하여 두루하고 고요하면, 고요하고 묘한 것이 항상 엉기어 있는 것을 정심주定心住라 한다.

정심定心의 빛이 밝아지고 밝은 성품이 깊이 들어갔거든, 그대로 나아가기만 하고 물러가지 않는 것을 불퇴심不退心이라 한다.

마음으로 정진正進하는 것이 편안해지거든, 보전하여 가지고 잃어버리지 아니하여, 시방 여래의 기분과 서로 어울리는 것을 호법심護法心이라 한다.

각의 밝은 것을 보전하여 가졌거든, 묘한 지혜의 힘으로써 부처님의 자비한 광명을 돌이켜서, 부처님을 향하여 편안히 머무는 것이, 마치 두 거울의 밝은 빛이 서로 대하매, 그 가운데 묫한 그림자가 거듭거듭 서로 비치는 것과 같은 것을 회향심廻向心이라 한다.

마음 빛이 가만히 회향하여 부처님의 항상 엉김과 위없는 묘하고 깨끗함을 얻고는, 하염없는 도에 편안히 머물러 있어, 잃어버리지 아니하는 것을 계심주戒心住라 한다.

계심에 머물러 있어 자재하여지고, 시방으로 다니되 소원대로 가게 되는 것을 원심주願心住라 한다.

3 아난아, 이 착한 남자가 진여의 방편으로 이 열 가지 마음을 내었으면, 마음의 정기가 빛을 내어 열 가지 작용을 걷어들여, 한 마음을 원만하게 이루는 것을 발심주發心住라 한다.

마음 가운데서 밝음을 내는 것이, 마치 깨끗한 수정 속에 순금을 담아 둔 듯하여, 앞에 묘한 마음으로 다져서 지정地釘을 닫는 것을 치지주治地住라 한다.

마음과 지정地釘이 서로 알아서 함께 밝아지고, 시방으로 다니되 조금도 거리낌이 없는 것을 수행주修行住라 한다.

수행하는 것이 부처님과 같아져서 부처님의 기분을 받는 것이, 마치 중음신中陰身이 부모 될 이를 구할 적에 그윽한 기별이 가만히 통하는 듯이, 여래의 종성種性에 들어가는 것을 생귀주生貴住라 한다.

불도의 태속에 노닐면서, 부처님의 지혜를 받자와 불자 되는 것이, 마치 태 속에서 자라는 아기가 사람의 모양을 갖춘 것 같은 것을 방편구족주方便具足住라 한다.

용모가 부처님과 같고 마음도 같은 것을 정심주正心住라 한다.

몸과 마음이 함께 이루어져서, 날마다 점점 자라나는 것을 불퇴주不退住라 한다.

십신十身의 영특한 모양을 한꺼번에 갖추는 것을 동진주童眞住라 한다.

형상이 이루어져서 태에서 나와, 친히 부처님의 아들 되는 것을 법왕자주法王子住라 한다.

어른이 되었다고 표시하되, 마치 임금이 나라 정사를 태자에게 맡기며, 크샤트리아 왕이 태자가 자라면 관정식灌頂式을 하는 것같이 함을 관정주灌頂住라 한다.

4 아난아, 이 착한 남자가 부처님의 아들이 된 뒤에는, 여래의 한량없는 묘한 공덕을 두루 갖추어서, 시방으로 다니면서 수순하는 것을 환희행歡喜行이라 한다.

온갖 중생들을 잘 이익하게 하는 것을 요익행饒益行이라 한다.

제가 깨닫고 남을 깨닫게 하는 일에 조금도 거스르지 아니하는 것을, 무진한행無瞋恨行이라 한다.

여러 종류들을 다 벗어나게 하되, 오는 세상의 끝까지 하여, 삼세가 평등하고 시방에 통달하는 것을 무진행無盡行이라 한다.

온갖 것이 합하여 같아지는 종종 법문에 잘못되지 않는 것을 이치난행離癡亂行이라 한다.

같은 가운데 여러 가지 다른 것을 나타내고, 낱낱이 다른 데서 제각기 같음을 보는 것을 선현행善現行이라 한다.

이리하여, 시방 허공에 티끌을 채우고, 낱낱 티끌 속에 시방세계를 나타내어, 티끌을 나타내거나 세계를 나타내는데 서로 거리끼지 아니함을 무착행無着行이라 한다.

가지가지가 앞에 나타나되, 모두가 제일 바라밀인 것을 존중행尊重行이라 한다.

이렇게 원융圓融하여져서 시방 부처님의 규모를 이루는 것을 선법행善法行이라 한다.

낱낱 것이 모두 청정하여 누漏가 없어지고, 한결같이 참되고 하염없이 본래 그러한 성품인 것을 진실행眞實行이라 한다.

5 아난아, 이 착한 남자가 신통을 구족하고 불사를 성취하며, 순전하게 깨끗하고 정미롭고 참되어, 모든 거리낌을 여의었다면, 당연히 중생을 제도하되 제도한다는 상相이 없어졌고, 하염없는 마음을 돌이켜 열반으로 향하는 것을 '온갖 중생을 제도하면서도 중생이라는 상을 여윈 회향'(救護一切衆生離衆生相廻向)이라 한다.

부술 것을 모두 부수고 여러 가지 여읠 것을 멀리 여읜 것을 불괴不壞회향이라 한다.

본래의 각이 고요하고 맑아 깨달은 것이, 부처님의 깨달음과 같은 것을 등일체불等一切佛회향이라 한다.

정미롭고 참된 것이 밝은 빛을 내어, 경지가 부처님 경지와 같은 것을 지일체처至一切處회향이라 한다.

세계와 여래가 서로서로 들어가되 걸림이 없는 것을 무진공덕장無盡功德藏회향이라 한다.

부처님 경지와 같은 데서 경지 속마다 제각기 청정한 인을 내고, 인을 의지하여 빛을 드러내어서 열반을 취하는 것을 수순평등선근隨順平等善根회향이라 한다.

청정한 선근善根이 이루어졌으면, 시방 중생이 모두 나의 본 성품이요, 성품이 원융하게 성취하면서도 중생을 잃지 않는 것을, 수순등관일체중생隨順等觀一切衆生회향이라 한다.

온갖 법에 즉卽하면서 온갖 상相을 여의어서, 즉하는 것이나 여의는 것이나 두 가지에 모두 집착하지 않는 것을 진여상眞如相회향이라 한다.

참으로 같은 이치를 얻어서, 시방에 거리낌이 없는 것을 무박해탈無縛解脫회향이라 한다. 성품인 공덕이 원만하게 성취되어, 법계의 한량이 없어진 것을 법계무량法界無量회향이라 한다.

6 아난아, 이 착한 남자는 이 청정한 사십일심四十一心을 끝까지 닦고는, 다시 네 가지 묘하고 뚜렷한 가행加行을 이룬다.

부처님의 각으로써 내 마음을 삼았으나, 날듯 날듯 하면서도 나지 않는 것이, 마치 나무를 비비어 불을 낼 적에, 나무를 태울 듯이 하는 것과 같은 것을 난지煖地라 한다.

또 자기의 마음으로 부처님의 밟으시던 바를 이루었으나, 의지한 듯 하면서도 의지한 것 아닌 것이, 마치 높은 산에 올라가서 몸이 허공에 들어갔으나, 아래는 조금 걸림이 있는 듯한 것을 정지頂地라 한다.

마음과 부처님이 둘이 같아서 중도를 얻은 것이, 마치 일을 참는 사람이 품어 두는 것도 아니요 내어버리는 것도 아닌 것 같은 것을 인지忍地라 한다.

셈으로 요량하는 것이 소멸하여져서, 아득한 중도中道나 깨달은 중도나, 둘에 지목할 바 없는 것을 세제일지世第一地라 한다.

7 아난아, 이 착한 남자가 보리를 잘 통달하되, 깨달음이 여래와 융통하여 부처님의 경계를 극진한 것을 환희지歡喜地라 한다.

다른 성품이 같아지게 되고, 나아가 같은 성품까지 없어진 것을 이구지離垢地라 한다.

깨끗한 것이 지극하여 밝은 빛이 나는 것을 발광지發光地라 한다.

밝은 것이 지극하여 각이 원만한 것을 염혜지燄慧地라 한다.

일체의 같다 다르다 하는 것으로 미칠 수 없게 된 것을 난승지難勝地라 한다.

하염없는(無爲) 진여의 성품이 밝고 깨끗하게 드러나는 것을 현전지現前地라 한다.

진여가 끝까지 다한 것을 원행지遠行地라 한다.

한결같이 진여의 마음뿐인 것을 부동지不動地라 한다.

진여의 작용을 내는 것을 선혜지善慧地라 한다.

아난아, 이 보살들이 이제부터는 닦는 공부를 마치고 공덕이 원만하였으므로, 여기까지를 수습하는 자리라 한다.

자비로운 그늘과 묘한 구름이 열반 바다에 덮인 것을 법운지法雲地라 한다.

여래가 흐르는 것을 거슬러 올라오면, 이 보살은 흐름을 따라 내려가서, 각의 경계선에 들어가 어울린 것을 등각等覺이라 한다.

아난아, 건혜지乾慧地로부터 등각까지 이르러서는 이 각覺이 비로소 금강심金剛心 가운데의 초건혜지初乾慧地를 얻나니, 이렇게 홑으로 겹으로 열두 번을 거듭거듭하여야, 비로소 묘각이 극진하여 위없는 도를 이루는 것이다.

이 여러 가지 계단은, 모두 환술 같은 열 가지로 비유하는 금강처럼 관찰하는 사마타奢摩他 가운데서, 여래의 위파사나(毘婆舍那)로서 깨끗하게 닦아 증하여 차례차례로 깊이 들어가는 것이다.

아난아, 이것들은 모두 세 가지 차례로 닦아 모아가는 것으로써, 오십오위五十五位의 참된 보리 길을 성취하는 것이니, 이렇게 보는 것을 올바른 관觀이라 하고, 다르게 보는 것을 잘못된 관이라 하느니라."

제6절 중생되는 원인

어느 때에 부처님이 신통한 큰 광명삼매에 드시어, 온갖 부처님과 함께 광명으로 장엄한 속에 계시니, 이것은 모든 중생들의 깨달은 자리였다. 문수보살 · 보현보살 등 십만 보살도 제각기 권속들을 데리고 삼매에 들어 이 법회에 참여하였다.

이때에 문수보살이 일어나서 부처님들의 인행因行 닦던 일을 물었다.

"문수여, 부처님들은 원각圓覺이라는 법문이 있어서, 거기서 진여와 보리와 열반과 바라밀이 나와서 보살을 가르친다. 모든 부처님들은 그 인행을 닦을 때에, 모두 청정한 원각을 의지하여, 무명無明을 끊고 부처의 도를 이루었던 것이다. 무엇이 무명이냐? 모든 중생들이 끝없는 옛적부터 여러 가지로 뒤바뀌어, 마치 방위를 잘못 아는 사람처럼 사대四大를 제 몸인 줄 알고, 여섯 티끌의 그림자를 제 마음인 줄 생각한다. 마치 눈병 난 사람이 허공의 꽃을 보며, 달 곁의 달을 보는 것과 같다. 허공에는 본래 꽃이 없는데 눈병 난 사람이 허망하게 고집하는 것이며, 그리하여 제 성품을 알지 못하고서 나고 죽는 데서 바퀴 돌 듯 하는 것이다."

보현보살은 이렇게 물었다.

"부처님이시여, 이 원각의 청정한 경계를 듣고, 어떻게 인행을 닦겠나이까? 모든 법이 요술과 같은 줄 아는 그 중생의 몸과 마음도 또한 요술과 같은 것이니, 그렇다면 닦을 이도 없고 닦을 것도 없겠나이다."

"보현이여, 모든 중생의 요술 같은 끝없는 무명은 모두 부처님의 원각 마음에서 생긴 것이다.

마치 허공의 꽃이 허공을 의지하여 있는 것이므로 허공의 꽃은 꺼지더라도 허공은 변동이 없다.

마찬가지로 무명이 원각에서 생기었으므로, 무명은 없어지더라도 원각은 뚜렷한 것이다. 보살이여, 말세末世의 중생이여, 항상 이 무명을 여의라. 모든 무명을 끝까지 여의면, 마치 나무에서 생긴 불이 나무를 태우고는 불도 꺼지듯이 무명이 없어지면 곧 원각이다. 원각에는 차례도 방편도 없다."

보안보살, "부처님이시여, 어떠한 방편으로 원각에 들어갈 수 있습니까?"

부처님, "처음 공부하는 보살이나 말세의 중생들은, 계행을 잘 지니고 고요한 방에 앉아서 이 몸과 마음이 요술과 같은 줄을 생각할 것이니, 몸은 땅 · 물 · 불 · 바람의 사대로 돌아가고, 마음은 여섯 티끌로 돌아가서 모두 요술과 같이 없어지리라. 요술 같은 것은 없어지려니와 요술 아닌 것은 없어지지 아니하나니, 마치 구리거울을 닦을 적에 녹이 없어지면 맑은 것이 나타나는 것과 같다. 몸이나 마음은 모두 요술 같은 녹이니, 녹이 영원히 없어지면 시방의 세계가 모두 청정하리라.

착한 남자여, 그렇게 요술 같은 무명의 그림자가 없어지므로, 곧 끝없이 청정함을 얻어서, 가없는 허공이 원각으로 나타난 것이 되리라. 그 각이 둥글고 밝으므로 마음이 청정하고, 마음이 청정하므로 보는 것이 청정하고, 보는 것이 청정하므로 눈이 청정하고, 눈이 청정하므로 보는 알음알이가 청정하고, 알음알이가 청정하므로 듣는 것이 청정하고, 듣는 것이 청정하므로 귀가 청정하고, 귀가 청정하므로 듣는 알음알이가 청정하고, 알음알이가 청정하므로 깨닫는 것이 청정하며, 그리하여 코와 혀와 몸과 뜻도 또한 그러하리라.

착한 남자야, 눈이 청정하므로 빛이 청정하고, 빛이 청정하므로 소리가 청정하고, 향기와 맛과 닿음(觸)과 법진法塵도 또한 그러하리라.

착한 남자야, 또한 티끌이 청정하므로 지대地大가 청정하고, 지대가 청정하므로 수대水大가 청정하고, 화대火大와 풍대風大도 또한 그러하리라.

착한 남자야, 사대四大가 청정하므로 십이처十二處 · 십팔계十八界 · 이십오유二十五有가 청정하며, 열 가지 힘, 네 가지 두려움 없음, 네 가지 걸림 없는 지혜, 열여덟 가지 함께 하지 않는 법, 서른일곱 가지 도를 돕는 법이 청정하며, 이와 같이 팔만사천 다라니문이 모두 청정하리라.

착한 남자야, 한 몸이 청정하므로 여러 몸이 청정하고 여러 몸이 청정하므로 시방 중생의 원각이 청정하리라.

착한 남자야, 한 세계가 청정하므로 여러 세계가 청정하고, 여러 세계가 청정하므로 시방 허공과 지난 세상, 오는 세상이 모두 평등하고 청정하여, 변동하지 아니하리라.

착한 남자야, 원각을 성취한 보살은 법에 속박되지도 않고 법에서 해탈하기를 구하지도 않으며, 나고 죽는 것을 싫어하지도 않고, 열반을 좋아하지도 않으며, 계행 지니는 이를 공경하지도 않고, 계행 깨뜨린 이를 미워하지도 않으며, 오래 도 닦은 이를 소중히 여기지도 않고, 처음 공부하는 이를 업신여기지도 않나니, 무슨 까닭이냐? 온갖 것이 모두 원각인 까닭이다. 이렇게 되면, 닦을 것도 없고 성취할 것도 없으며, 원각이 널리 비치고 고요하고 없어져서 둘이 아니라, 중생이 그대로 부처요, 나고 죽는 것이나 열반도 어젯밤 꿈과 같은 줄을 알 것이다.

그러므로 일어나는 것도 없고 없어지는 것도 없으며, 지나간 세상도 없고 오는 세상도 없으며, 증득할 것도 없고 증득할 이도 없어서, 모든 법의 성품이 평등하여 망가지지 아니하리라.

착한 남자야, 이렇게 닦고 이렇게 생각하고, 이러한 방편으로 이렇게 깨달으며, 이러한 법을 구하므로 답답하지 아니하리라."

금강장보살, "부처님이시여, 만일 중생들이 본래 성불하였을 것 같으면, 어찌하여 온갖 무명이 있나이까? 만일 중생들이 본래부터 무명이 있으면, 무슨 까닭으로 부처님께서는 본래 성불하였다 하나이까? 시방 중생들이 본래 성불하였지마는 뒤에 무명이 생겼다 한다면, 여러 부처님네는 언제 다시 번뇌가 생기겠나이까?"

"모든 세계가 비롯하고 끝나고 생기고 없어지고, 앞서고 뒤따르고, 있고 없고, 모이고 흩어지고, 일어나고 그치고 하는 것이, 금방금방 계속되고 고리 돌 듯 가고 오며, 가지가지로 버리고 취하고 하는 것이 모두 바퀴 도는(輪廻) 것이다. 바퀴 도는 데서 벗어나지 못하고 원각을 이야기하면, 원각의 성품도 바퀴 도는 것을 면하지 못할 것이다.

비유해 말하면, 구름이 달아나므로 달이 가는 듯하고, 배가 지나가므로 언덕이 옮기는 듯 하는 것이다. 구름과 배가 가는 것이 쉬지 아니하면, 달이나 언덕의 움직임이 먼저 머물려 하여도 될 수 없는 것이니, 나고 죽는 데서 바퀴 돌 듯 하는 마음이 깨끗하여지지 못하고서 원각 자리를 알아 보려 한들, 어떻게 그러할 수 있겠느냐? 그리하여 그대가 세 가지 의혹을 내는 것이니라.

착한 남자야, 부처의 묘한 원각 자리에는, 아득함도 없고 깨닫는 것도 없으며, 성불하는 것도 없고 성불 못하는 것도 없으며, 바퀴 도는 일도 없고 바퀴 돌지 않는 일도 없어서, 허공과 같이 평등하건만, 바퀴 도는 마음으로 바퀴 도는 소견을 가지기 때문에, 부처님의 고요한 바다에 들어가지 못하는 것이다. 그래서 모든 보살과 말세 중생들은, 먼저 끝없는 때부터의 바퀴 도는 근본을 끊어야 한다고 말하는 것이다.

착한 남자야, 허망한 뜬마음에는 야릇한 소견이 많으므로 원각을 깨닫는 방편을 이루지 못하는 것이다."

제7절 무명을 끊고 원각에 들어가는 법

미륵보살이 부처님께 여쭈었다.

"부처님이시여, 바퀴 도는(輪廻) 근본은 어떻게 끊으며, 바퀴 도는 데는 몇 가지 성품이 있나이까?"

"착한 남자야, 모든 중생들이 끝없는 옛적부터, 애정과 탐욕이 있으므로 바퀴 도는 일이 있다. 저들은 모두 애정과 음욕으로 말미암아 생명을 얻은 것이므로, 바퀴 도는 데는 애욕이 근본이 된다. 모든 욕심이 애정을 도와서, 나고 죽는 일이 계속되게 하나니, 욕심은 애정으로 생기고 생명은 욕심에서 오는 것이다. 중생들이 생명을 사랑함은 욕심이 근본이 되나니, 애욕이 원인이 되어 목숨을 사랑하는 결과를 내는 것이다. 경계가 내 마음에 맞으면 탐욕이 생기고, 마음에 거슬리면 미운 생각이 생기어 여러 가지 업을 지으므로, 또 지옥과 아귀가 생기는 것이다. 욕심이 나쁜 줄을 알고 업으로 태어나게 되는 갈래를 싫어하여, 나쁜 짓을 버리고 착한 일을 좋아하므로 천상과 인간이 있게 되는 것이다.

모든 애정이 나쁜 줄을 알아서 애정을 버리고, 고통도 즐거움도 아닌 것을 좋아하는데, 이것은 도로 애정의 근본을 도와주는 것이어서, 끝이 있는 선한 결과가 나타나는 것이다. 그러나 이것들은 모두 바퀴 도는 것이므로 성인의 도를 이루지는 못한다. 그러므로 나고 죽는 데를 벗어나서 바퀴 도는 데를 면하려면, 먼저 탐욕을 끊고 애정을 없애야 한다.

착한 남자야, 보살들이 변화하여 세상에 나는 것은 애욕을 근본으로 하는 것이 아니고, 자비심으로써 중생들로 하여금 애욕을 버리게 하려고, 탐욕을 빌려서 일부러 나고 죽는데 들어가는 것이다. 곧 자비심과 방편으로써 세간에 들어가서, 거슬리고 순한 경계에 있으면서, 중생들과 함께 일하면서, 그들을 교화하여 부처가 되게 하는 것이니, 이것은 본래부터의 깨끗한 원력에 의지하는 것이다."

청정혜보살, "부처님이시여, 바라건대 여러 중생들에게 원각의 성품을 말씀하여, 저들로 하여금 가르치신 법을 따라, 차츰차츰 교법에 깨달아 들어가게 하소서."

"착한 남자야, 원각의 성품은 여러 가지 성품이 아니지마는, 여러 가지 성품이 있게 된 것이니, 곧 여러 가지 성품을 따라서 일어난 것이므로, 취할 것도 없고 증득할 것도 없어서, 실상 가운데는 보살도 없고 중생도 없는 것이다. 왜냐하면, 보살이나 중생이나 모두 요술이니, 요술만 없어지면 취할 것도 증득할 것도 없는 것이다.

성품은 본래 평등한 것이어서 평등하게 할 이가 없건마는, 중생들이 아득하여 모든 요술을 없애지 못하는 것이다. 만일 부처님의 원각을 따라 적멸을 얻기만 하면, 거기에는 적멸도 없고 적멸할 이도 없는 것이다.

착한 남자야, 보든 중생들이 끝없는 옛적부터, 허망하게 고집하는 나와, 나라고 애착하는 것으로 말미암아, 고대고대 생기고 없어지는 것임을 일찍부터 알지 못하고, 그리하여 사랑하고 미워함을 일으켜, 다섯 가지 탐욕에 빠지거니와, 만일 선지식을 만나 가르침을 받고 청정한 원각의 성품을 깨달아, 생기고 없어지는 이치를 밝게 알기만 하면, 곧 우리의 성품이 그대로 시끄러운 생각인 줄을 알게 될 것이다.

착한 남자야, 비치는 것이 있고 깨닫는 것이 있음은 모두 장애가 되는 것이다. 그러므로 보살은 항상 깨달으면서도 거기에 머물지 아니하여, 비치는 것과 비칠 것이 한꺼번에 없어지나니, 마치 어떤 사람이 제 손으로 제 목을 끊었다 하면, 머리가 끊어졌으므로 끊은 사람이 없는 것과 같은 것이다. 그래서 중생을 가르치는 경전의 법은 모두 달을 가리키는 손가락과 같다 하나니, 만일에 달을 보기만 하면 그 가르치던 것은 달이 아닌 줄을 알게 되는 것이다. 여러 부처님네가 여러 가지 말씀으로 보살에게 일러주는 것도 이와 같은 것이다.

착한 남자야, 모든 장애가 그대로 끝까지 이른 각이다. 옳은 생각이나 잘못된 생각이 모두 해탈이요, 성취된 법이나 파괴된 법이 모두 열반이며, 지혜로운 것, 어리석은 것이 모두 반야般若요, 보살이 이룬 법이나 외도가 이룬 법이 마찬가지 보리며, 무명이나 진여가 다르지 아니하고, 계행을 가지고 선정을 닦고 지혜를 익히는 것이나, 탐내고 성내고 어리석은 것이 모두 깨끗한 행실이며, 중생과 국토가 같은 진여요, 지옥과 천당이 모두 정토며, 불성이 있는 이나 없는 이가 다같이 불도를 이루고, 온갖 번뇌가 그대로 해탈인 것이어서, 법계法界를 통틀어 보는 지혜로 모든 것을 비춰 보면, 마치 허공과 같나니, 이런 것을 여래의 원각 성품을 따르는 것이라 한다.

착한 남자야, 어느 때에나 허망한 생각을 내지 말고, 허망한 생각을 쉬어 버리려고도 하지 말며, 허망한 경계에 있으면서 분명히 알려고 애쓰지도 말고, 분명한 알음알이가 없는 데에서 진실한가를 따지려 하지도 말 것이다.

뚜렷한 각覺의 성품에는 취할 것도 증득할 것도 없고

보살도 중생도 없건마는,

깨달음과 깨닫지 못한 그 사이에 차례차례의 차별이 있을 뿐。
중생은 아는 것이 장애가 되고
보살은 깨달았다는 생각을 여의지 못했으나,
지상에 올라가 적멸에 이르면 모든 모양(相)에 머물지 않나니
크게 깨달아 원만한 것을 각의 성품에 따른다 하네。
말세의 중생들 허망한 생각 내지 않으면 그대로가 이생의 보살,
수많은 부처님께 공양하여 그 공덕이 원만하였나니,
여러 방편 있으나 모두 남을 따르는 지혜。

위덕자재보살, "부처님이시여, 우리들에게 원각 성품 따르는 일을 말씀하시어, 보살들로 하여금 광명한 마음으로 부처님의 말씀을 받자오며, 따로 닦지 않고도 좋은 이익을 얻게 하여지이다. 비유해 말하면, 큰 성중에 네 대문이 있으면, 사방에서 오는 이들은 제각기 다른 문으로 성에 들어오나이다. 모든 보살들이 부처님 세계를 장엄하게 꾸미고 보리를 이루는 데도 한 방편만이 아니리니 부처님이시여, 우리들을 위하여 널리 말씀하여 주소서."

"착한 남자야, 위없이 묘한 원각은 시방세계에 두루하여 있으면서 여래를 내는 것이어서, 모든 법으로 더불어 자체가 평등하며, 여러 가지 수행하는 데도 둘이 없지마는, 방편을 따르므로 그 수효가 한량이 없는 것이다. 귀속歸屬되는 것을 모두 거두어 원각의 성품을 따르면 세 가지 방편이 있다.

첫째는, 만일 보살이 깨끗한 원각을 깨닫고, 그 깨끗하게 깨달은 마음으로써, 고요한 것을 취하여 행行을 삼아 모든 생각을 맑히면, 알음알이가 시끄럽게 요동함을 깨닫게 되면서 고요한 지혜가 생겨나고, 몸과 마음의 손(客) 같고 티끌 같은 번뇌가 그때부터 영원히 소멸되면서, 속으로 고요하고 경쾌한 경지가 생기며, 이 고요함으로 말미암아 시방세계 여

러 부처님네의 마음이 그 가운데 나타나는 것이 거울 속에 그림자가 비치듯 하리니, 이 방편을 사마타라 한다.

둘째는, 만일 보살이 깨끗한 원각을 깨닫고, 그 깨끗하게 깨달은 마음으로써 마음의 성품과, 듣고 보는 기관과 밖의 경계들이 모두 요술 같은 변화로 생긴 줄을 알고, 스스로 요술 같은 방편을 일으켜 요술의 근본인 무명을 제해 버리며, 요술 같은 중생을 깨우쳐 지도하면, 요술 같은 방편을 일으킴으로써, 속으로 자비심의 경쾌한 경지가 생기고, 이로부터 행을 일으켜 점점 닦아 나아가게 되나니, 그것은 저 요술인 줄을 관찰하는 지혜는 요술과 같지 아니한 까닭이며, 또 나아가서는 요술과 같지 아니한 관찰하는 지혜까지도 모두 요술인 까닭으로, 요술 같은 모양을 영원히 여의게 되면, 이러한 묘한 행行은 흙이 묘苗를 기르는 듯하니, 이 방편을 삼마발저三摩鉢底라 한다.

셋째는, 만일 보살이 깨끗한 원각을 깨닫고, 그 깨끗하게 깨달은 마음으로써, 요술같이 변화하는 모양에나 고요한 모양에까지도 집착하지 아니하여, 몸과 마음은 모두 장애가 되지마는, 알음알이가 없는 각의 밝은 자리는 장애가 되지 않는 줄을 알아서, 장애되는 경계와 장애되지 않는 경계에서 길이 벗어나게 되면, 내가 있는 세계와 몸과 마음은 비록 티끌 속에 있더라도, 마치 악기 속에서 음악 소리가 밖에 나오는 듯이, 번뇌와 열반이 서로 거리끼지 아니하면서, 속으로 적적하고 아무것도 없는 경쾌한 경지가 생기고, 이 묘한 각을 따르는 적적하고 아무것도 없는 경계는, 내가 남의 몸으로도 마음으로도 미칠 수 없는 것이며, 중생이니 목숨이니 하는 것도 모두 뜬생각이 되리니, 이 방편을 댜아나라고 한다.

착한 남자야, 모든 보살과 말세 중생들이 항상 이 방편으로 수행하면, 오래지 아니하여 원각을 이루게 되리라."

정제업장보살은 이렇게 여쭈었다.

"자비하신 부처님이시여, 이 원각 마음의 본 성품이 깨끗하였다면,

무슨 이유로 더러움이 생기어서, 중생들을 아득하게 하였나이까?"

"온갖 중생들이 끝없는 옛적부터 자기에게 갖추어져 있는 무명을, 자기의 주인인 줄로 잘못 알기 때문에, 나면서부터 지혜의 눈이 없어서 몸과 마음의 성품까지도 필경에 무명이 된 것이니, 마치 사람이 제 목숨을 끊지 못하는 것과 같다. 그리하여 내 몸에 맞는 것에는 사랑하는 느낌을 가지고 맞지 않는 것에는 미워하는 생각을 내어, 사랑하고 미워하는 마음이 무명을 기르는 까닭으로, 아무리 도를 구한다 하더라도 결과를 이루지 못하는 것이다. 그러므로 어떤 이는 도를 얻지 못하고도 얻었노라 하고, 증득하지 못하고도 증득하였노라 하며, 나보다 나은 이를 보고는 질투하는 마음을 내나니, 저 중생들은 나라는 애착을 끊지 못하였으므로, 청정한 각覺에 들어가지 못하는 것이다.

착한 남자야, 말세 중생들이 성도하기 위해서는, 부지런히 번뇌를 항복받고 용맹한 마음을 내어, 얻지 못한 것을 얻고, 끊지 못한 것은 끊어야 한다. 그리하여, 좋고 나쁜 경계를 대할 적에도 탐하는 마음 · 성내는 마음 · 어리석은 마음을 일으키지 아니하면, 나와 남의 은정恩情과 애욕이 모두 없어지리니, 이런 사람은 점점 도를 얻게 되어 선지식을 구하고, 사특한 소견에 떨어지지 아니할 것이다."

보각보살, "부처님이시여, 말세 중생들은, 어떤 사람을 구하고, 어떤 법에 의지하며, 어떤 행을 닦아야 도에 들어갈 수 있나이까?"

"말세에 태어난 중생으로서 도를 닦으려거든, 살아 있는 날까지 선지식을 공경하여 섬겨야 한다. 선지식이 나를 친근하더라도 교만하지 말고, 나를 멀리하더라도 성내지 말아야 한다. 거슬리고 순한 경계를 당하더라도 마음이 허공같이 평등하며, 몸과 마음이 중생들과 같은 줄을 분명히 알고, 이렇게 행을 닦으면 원각에 들어가게 될 것이다.

착한 남자야, 말세의 중생들이 도를 이루지 못하는 것은 끝없는 옛적부터 나와 남을 사랑하고 미워하는 온갖 번뇌 종자를 벗지 못한 까닭이다. 어떤 사람이 원수를 대할 적에, 나의 부모와 같이 생각하여 마음에 차별이 없으면, 곧 모든 병을 덜어 버리게 되듯이, 모든 법에 대하여 나와 남을 사랑하고 미워하는 것도 그러한 것이다."

제5장 정토법문을 말씀하심

제1절 법장보살과 사십팔원

1 부처님이 기사굴산에 계실 때다. 어느 날 많은 제자들은 부처님을 둘러싸고 앉아 있었다. 이날 부처님은 얼굴이 다른 때와 달리 유난히 화려하여, 무슨 특별한 일이 있는 듯이 보이시었다. 아난은 부처님의 뜻을 받들어 자리에서 일어나서 오른 어깨를 벗어 메고 오른 무릎을 땅에 붙이고, 합장하고 여쭈었다.

"부처님이시여, 오늘은 부처님의 얼굴이 유난히 맑으시고 화려하여, 밝은 거울과 같이 맑고 빛나시니, 웬일이십니까? 저는 이와 같이 빛나시는 얼굴을 뵌 적이 없습니다. 부처님이시여, 생각하옵건대, 오늘날의 부처님께서는 거룩한 법에 주住하시고 부처님네가 주하시는데 드시며, 남을 지도하는 여러 부처님네의 하는 일에 계시고, 가장 좋은 도를 얻으시며, 여래의 공덕을 행하심인 듯합니다.

삼세의 부처님네가 하시던 바와 같이, 부처님께서도 여러 부처님을 생각하심이 아니십니까? 대체 무슨 까닭으로 이러하십니까?"

"네 말이 좋구나. 아난아, 모든 하늘의 천신天神들이 너에게 가르쳤느냐? 또는 네가 스스로 생각하여 이러한 물음을 내었느냐?"

"부처님이시여, 모든 천신이 가르친 것이 아닙니다. 제가 스스로 생각하고 이 뜻을 여쭈어 보는 것입니다."

"그럼, 좋다. 아난아, 그 물음은 매우 유쾌하다. 너는 중생을 어여삐 여기고 저들에게 이익과 행복을 주기 위하여 이 뜻을 물은 것이다.

아난아, 여래가 한이 없는 큰 자비로써, 모든 사람을 불쌍히 여겨 이 세상에 출현한 이유는, 가르친 교법敎法을 키워서 모든 사람에게 진실한 이익을 주기 위함이다. 진실로 아득한 옛적부터 부처를 만나기는 우담화優曇華꽃을 만나기보다 어려운 것이다. 네가 이제 물은 것은 모든 사람을 많이 구제함이 될 것이다. 아난아, 여래가 깨달은 지혜는 헤아릴 수가 없는 것이다. 그것은 걸림이 없는 지혜이기 때문에, 한 번 먹고 들으면 백천억 겁의 수명을 지탱할 수가 있는 것이다. 그래서 그의 얼굴도 빛나서 변함이 없는 것이다. 무슨 까닭인가? 여래는 무궁한 지혜를 가지고 모든 법에 대하여 자재한 힘을 얻은 때문이다.

아난아, 여래가 이 세상에 나온 이유를 물은 것도 그 실상은 여래의 힘이다. 그러므로 정신을 차려서 자세히 들어라. 나는 이제부터 너를 위하여 설해 주리라."

2 "지금으로부터 아주 까마득한 구원겁 전 옛날에, 정광여래錠光如來라는 부처님이 이 세상에 출현하시어서, 한량이 없는 중생을 가르치고 인도하여, 깨달음에 이르게 하였다. 그 다음에는 광원여래 부처님이 나시고, 또 그 다음에는 월광여래 부처님이 나시고, 이렇게 차례차례로 오십이 부처님들이 세상에 출현하여 중생을 교화하시었다. 그러다가 맨 나중 오십삼 번째 부처님이 이 세상에 나시었는데, 그 부처님의 이름은 세자재왕여래世自在王如來이시다. 이 세자재왕여래 때에, 이 세상에 가장 거룩한 임금이 있었는데, 이 부처님의 법문을 듣고 크게 감동하여, 집을 떠나 중이 되어 불도를 닦을 큰 결심을 하였다. 그리하여, 한 나라의 부귀도 임금의 지위도 모두 헌신짝처럼 버리고 출가하여, 법장비구法藏比丘라고 이름하였다. 그는 재주가 높고 지혜가 수승한데다가, 부지런함이 세상에서 미치는 자가 없었다. 그는 세자재왕여래가 계신 곳에 나아가, 공순하

게 예배하고 합장하고 서서, 게송으로서 부처님의 공덕을 찬탄하였다.

① 빛나신 얼굴 우뚝하시고 위엄과 신통이 그지없으니
이렇게 밝고 빛나는 광명 그 누가 감히 같으리까?
② 햇빛과 달빛 마니 구슬 빛 맑은 진주 빛 찬란하다 하지만
여기에는 온통 가리어져서 검은 먹빛이 되고 맙니다.
③ 여래의 얼굴 뛰어나 이 세상에는 짝할 이 없고,
옳게 깬 이의 크신 소리 시방세계에 흘러 들리네.
④ 깨끗한 계戒를 듣고 삼매의 큰 힘과 지혜의 밝음,
거룩한 그 위덕 짝할 이 없어, 수승한 거동 처음 뵙네.
⑤ 여러 부처님 많으신 법을, 자세히 보고 깊이 생각해
끝까지 알고 속까지 뚫어 바닥과 가에 못갈 데 없네.
⑥ 캄캄한 무명無明 탐욕과 진심 우리 부처님 다 끊으시니,
사자와 같이 영특한 어른, 거룩한 도덕 어떠하신가!
⑦ 크신 도덕 넓으신 공적, 밝으신 지혜 깊고 묘해서
끝없는 광명 거룩한 모습 대천세계에 널리 떨치네.
⑧ 원컨대 나도 부처님 되어 거룩한 공덕을 저 법왕같이,
끝없는 생사 모두 건지고 온갖 번뇌를 벗어지이다.
⑨ 보시를 닦아 뜻을 고루고, 계행을 지니며 분함을 참아
끝없는 앞길을 가고 또 가고, 이러한 삼매 지혜가 으뜸.
⑩ 나도 서원하고 부처 이루어 이러한 원을 죄다 행하고
두려움 많은 중생 위하여 의지할 자리 되어 볼까나.
⑪ 저곳에 계신 부처님네들, 백인가, 천인가, 몇억만인가?
그 수효 이루 헤일 수 없네. 항하사보다 많은 부처님.
⑫ 저렇게 많은 부처님네들, 받들어 섬겨 공양한대도
보리의 도를 굳게 구하여 물러나지 않는 것만 같지 못하리.

⑬ 항가의 모래 수효와 같이 많고 또 많은 부처님 세계,
보다 더 많아 헤일 수 없는 그렇게 많은 세계 국토를,
⑭ 부처님 광명 널리 비추어 모든 국토에 두루 하거든,
이러한 정진 이러한 신통, 무슨 지혜로 다 세어 보리.
⑮ 내 몸이 만일 부처 이루면 그 국토 장엄 제일 되고자,
중생은 모두 기묘하고자, 도량은 가장 절승하고자.
⑯ 이 나라 땅이 한껏 고요해 세상에 다시 짝이 없거든,
온갖 중생을 어여삐 여겨 내가 마땅히 제도하리니.
⑰ 저 시방에 사는 중생들 마음 기껍고 깨끗하여서
이 나라 땅에 와서 나거든, 즐겁고 또한 편안하리라.
⑱ 부처님 행여 믿어 살피어, 이내 참 마음 증명하소서.
저 국토에서 원력을 내어 하려는 것을 힘껏 하리다.
⑲ 시방에 계신 여러 부처님 밝으신 지혜 걸림 없나니,
이내 마음과 이내 수행을 여러 부처님 살펴 주소서.
⑳ 이 몸이 만일 어찌하다가 모든 고통에 들어간들
내가 행하는 이 정진이야 참지 못하고 후회하리까?

3 법장비구는 이렇게 노래를 불러 마친 다음, 세자재왕 부처님께 다시 여쭈었다.

'부처님이시여, 나는 이와 같이 보리심을 내었으나, 넓고 깊은 부처님의 경계를 알지 못하오니, 여러 부처님께서 정토淨土를 얻으려고 닦던 인행因行을 자세히 말씀하여 주시면, 나는 그대로 닦아 행하여 소원을 이루겠사오며, 여러 부처님 국토의 훌륭한 것을 모두 구비한 정토를 성취하려 하나이다.'

세자재왕 부처님은 법장비구의 이상이 큰 것을 짐작하시고,

'바다에 가득 찬 물이라도, 억천만 년을 두고두고 길어 내면 말릴 수

가 있는 것과 같이, 정성스러운 마음으로 부지런히 정진하여 도를 구하면, 그러한 이상에도 도달할 수가 있으리라'고, 칭찬하시면서, 이백십억이나 되는 여러 부처님네 정토의 모양을 하나도 빼지 않고 말씀하시어 눈앞에 나타나게 하시었다. 그리하여 법장비구는 깨끗한 마음으로 크고 별다른 소원을 세우고, 다섯 겁劫 동안이나 생각하고 생각하여, 여러 부처님의 정토의 훌륭한 것을 모두 다 골라서 가졌다."

그때 아난은 또 이렇게 부처님께 여쭈었다.

"세자재왕 부처님의 목숨은 얼마나 되시나이까?"

"사십이 겁이시니라."

라고 대답하시고, 또 법문을 계속하시었다.

"법장 비구는 세자재왕 부처님께 나아가서, 자기는 다섯 겁 동안을 생각하여 국토를 깨끗이 할 원을 세웠노라고 공순하게 여쭈었다. 그래서 세자재왕 부처님은 말씀하시기를,

'그러면 지금 그 소원을 이야기해 보아라. 그 소원을 들으면 여러 제자들도 이익을 얻을 것이다.'

4 그러므로 법장비구는 사십팔대원四十八大願을 말하였다.

'가령 내가 부처가 된다면 이 사십팔대원을 완전하게 성취하려 하는데, 만일 이것이 이루어지지 아니한다면, 나는 결정코 부처가 되지 아니하기로 서원하나이다.

① 내가 부처되는 국토에는, 지옥地獄·아귀餓鬼·축생畜生 등 삼악도三惡途의 불행한 것은 없을 것.

② 내가 부처되는 국토에 가서 나는 이는, 다시 삼악도에 떨어질 염려가 없을 것.

③ 내 국토에 가서 나는 이는, 모두 황금 빛깔의 훌륭한 광명이 몸에서 날 것.

④ 내 국토에 가서 나는 이는, 모두 평등하게 훌륭한 몸을 가지게 되어,

잘난 이와 못난이가 없을 것.

⑤ 내 국토에 가서 나는 이는, 모두 숙명통을 얻어서, 백천억 나유타那由他 겁 이전의 지나온 세상 일을 다 알게 될 것.

⑥ 내 국토에 가서 나는 이는, 모두 천안통을 얻어서, 적어도 백천억 나유타 세계를 보게 될 것.

⑦ 내 국토에 가서 나는 이는, 모두 천이통을 얻어서, 적어도 백천억 나유타 여러 부처님의 법문하시는 말씀을 듣게 될 것.

⑧ 내 국토에 가서 나는 이는, 모두 타심통을 얻어서, 적어도 백 천억 나유타 세계에 있는 중생들의 마음을 알게 될 것.

⑨ 내 국토에 가서 나는 이는, 모두 신족통을 얻어서, 적어도 백천억 나유타 세계를 순식간에 통과할 수 있을 것.

⑩ 내 국토에 가서 나는 이는, 번뇌의 근본이 되는 나와 내 것이라고 고집하는 소견을 일으키지 말 것.

⑪ 내 국토에 가서 나는 이는, 이생에서 바로 결정된 정정취正定聚에 들어가서 필경에 부처를 이룰 것.

⑫ 내 광명은 한량이 없어, 적어도 백천억 나유타 부처님의 세계를 비추게 될 것.

⑬ 내 목숨은 한량이 없어, 백천억 나유타 겁으로도 셀 수 없을 것.

⑭ 내 국토에는 수없는 성문聲聞이 셀 수 없이 있을 것.

⑮ 내 국토에 가서 나는 이는, 목숨이 한량이 없을 것. 다만 중생을 제도하기 위하여서는 목숨의 장단을 마음대로 할 것.

⑯ 내 국토에 가서 나는 이는, 나쁜 일이라고는 이름도 들을 수 없을 것.

⑰ 내 이름과 공덕은 시방 여래 부처님이 칭찬하지 않는 이가 없을 것.

⑱ 어떤 중생이나 지극한 마음으로 내 국토를 믿고 좋아하여 가서 나려는 이는, 열 번만 내 이름을 불러도 반드시 가서 나게 될 것.

⑲ 보리심을 내어 여러 가지 공덕을 닦고, 지극한 마음으로 원을 세워

내 국토에 가서 나려는 이는, 그가 죽으려 할 적에 내가 대중들과 함께 가서 그 사람을 영접할 것.

⑳ 시방 중생들이 내 이름을 듣고, 내 국토를 사랑하여 여러 가지 공덕을 심고, 지극한 마음으로 내 국토에 나려는 이는, 반드시 가서 나게 될 것.

㉑ 내 국토에 가서 나는 이는, 반드시 삼십이상三十二相의 어른다운 상호相好를 구족할 것.

㉒ 다른 세계 보살로서 내 국토에 가서 나는 이는, 필경 일생보처一生補處라는 보살의 가장 높은 지위에 이르게 될 것. 그의 본래 소원이 중생을 제도하기 위하여 여러 부처님 세계로 다니면서 보살행을 닦고, 시방 여래께 공양하며, 무량한 중생을 교화하여 위없는 도에 이르게 하려는 이는 말할 것 아니니, 그들은 보살들의 예사 행을 뛰어나 보현보살의 덕을 닦았기 때문입니다.

㉓ 내 국토에 가서 나는 이는, 부처님의 신통력으로 밥 한 그릇 먹을 동안에, 수없는 부처 세계로 다니면서, 여러 부처님께 공양하게 될 것.

㉔ 내 국토에 가서 나는 이는, 부처님께 공양하려 할 때에는, 어떠한 공양거리라도 마음대로 얻게 될 것.

㉕ 내 국토에 가서 나는 보살은, 누구든지 부처님의 일체 지혜를 얻어서 법문을 말하게 될 것.

㉖ 내 국토에 가서 나는 보살들은, 모두 나라연천과 같은 굳센 몸을 얻게 될 것.

㉗ 내 국토에 가서 나는 이들이 쓰는 온갖 물건은, 모두 아름답고 화려하여, 비유해 말할 수 없는 것들뿐이어서, 비록 천안통을 얻은 이들이라도 그 수효를 알지 못하여야 할 것.

㉘ 내 국토에 가서 나는 이는, 아무리 공덕이 적은이라도 높이가 사백만리 되는 보리 나무의 한량없는 빛을 보게 될 것.

㉙ 내 국토에 가서 나는 이는, 스스로 경법經法을 읽고 외우며, 다른 이에

게 말하여 듣게 하는 변재와 지혜를 얻을 것.

㉚ 내 국토에 가서 나는 이는, 모두 걸림 없는 지혜와 변재를 얻을 것.

㉛ 내 국토는 한없이 밝고 깨끗하여, 수없는 부처님 세계를 한꺼번에 비추어 보되, 마치 거울로 얼굴을 비추어 보듯 할 것.

㉜ 내 국토는 땅 위나 허공에 있는 궁전이나 누각이나 흐르는 냇물이나 연못이나 화초나 나무나 온갖 물건이, 모두 여러 가지 보배와 향으로 되어 비길 데 없이 훌륭하며, 그 물건들에서 나는 향기는 시방세계에 풍기어 그 냄새를 맡는 이는 모두 거룩한 부처님의 행行을 닦게 될 것.

㉝ 시방의 한량없는 중생들이 내 광명을 비추기만 하면, 그 몸과 마음은 부드럽고 깨끗하여, 하늘 사람보다도 뛰어날 것.

㉞ 시방세계의 어떤 중생이라도 내 이름을 듣기만 하면, 보살들의 무생법인無生法忍과 깊은 지혜를 얻게 될 것.

㉟ 시방세계의 어떤 여인이라도, 내 이름을 듣고 좋아하고 믿으며 보리심을 내는 이가, 만일 여인의 몸을 싫어한다면, 죽은 뒤에는 다시 여인의 몸을 받지 아니할 것.

㊱ 시방세계의 한량없는 보살들이 내 이름을 듣기만 하여도, 죽은 뒤에 항상 깨끗한 행을 닦아, 필경에는 성불하게 될 것.

㊲ 시방세계의 한량없는 천상의 사람과 인간 사람들은, 내 이름을 듣고 예배하며 귀의하고, 즐거운 마음으로 보살행을 닦아서, 모든 천상의 사람과 인간 사람들의 공경을 받을 것.

㊳ 내 국토에 가서 나는 사람들은, 옷 입을 생각만 하여도 아름다운 옷이 저절로 몸에 입혀지되, 바느질한 자취나 물들인 흔적이나 빨래한 자국이 없을 것.

㊴ 내 국토에 가서 나는 이는, 생각하는 대로 받는 쾌락이, 마치 번뇌가 없어진 비구와 같아서, 집착이 일어나지 아니할 것.

㊵ 내 국토에 가서 나는 이는, 시방에 있는 여러 부처님의 정토를 보고

자 하면, 소원대로 보배 나무에 나타나 비추는 것이, 마치 거울에 얼굴을 비추듯 할 것.

㉛ 다른 세계 보살로서 내 이름을 들은 이는, 성불할 때까지 육근이 원만하여 불구자가 되지 않을 것.

㊷ 다른 세계 보살로서 내 이름을 들은 이는, 모두 깨끗한 해탈 삼매를 얻게 되고, 이 삼매를 얻은 이는 잠깐 동안에 한량없는 부처님께 공양하면서도 삼매를 잃지 아니할 것.

㊸ 다른 세계 보살로서 내 이름을 들은 이는, 죽은 뒤에는 부귀한 집에 태어날 것.

㊹ 다른 세계 보살로서 내 이름을 들은 이는, 즐거운 마음으로 보살행을 닦아서 선근공덕을 구족할 것.

㊺ 다른 세계 보살로서 내 이름을 들은 이는, 한량없는 부처님을 한꺼번에 뵐 수 있는 온통 평등한 삼매를 얻어서, 성불할 때까지 항상 수없는 부처님을 보게 될 것.

㊻ 내 국토에 가서 나는 보살들은, 소원대로 듣고 싶은 법문을 저절로 듣게 될 것.

㊼ 다른 세계 보살로서 내 이름을 들은 이는, 곧 물러가지 않는 지위에 들어갈 것.

㊽ 다른 세계 보살로서 내 이름을 들은 이는, 곧 첫째, 음향인音響忍, 둘째, 유순인柔順忍, 셋째, 무생법인無生法忍에 들어가서, 부처님 법에서 물러나지 아니할 것.'

5 법장비구는 이렇게 사십팔원四十八願 말하고 다시 게송을 읊었다.

① 내가 세운 이 원은 세상에 없는 일, 위없는 바른 길에 가고야 말리.
이 원을 성취하지 못할진대 언제라도 부처는 안 되렵니다.

② 한량없는 오랜 겁 지나가면서, 내가 만일 큰 시주되지 못하여,

가난뱅이 고생을 제도 못하면 언제라도 부처는 안 되렵니다.

③ 내가 만일 이다음 부처가 되어 그 이름 온 세계에 진동할 적에
못 들은 한 사람이 있을진대 언제라도 부처는 안 되렵니다.

④ 욕심 없고 바른 법 깊게 지니고 깨끗한 지혜로써 범행을 닦아,
위없는 어른 되는 길을 찾아서 하늘과 사람들의 스승되리.

⑤ 신통으로 밝고 큰 광명을 놓아 가없는 여러 세계 두루 비추어,
세 가지 어두운 때(三垢) 녹여 버리고, 여러 가지 액난을 건져 보리.

⑥ 그네들의 지혜 눈 열어 밝히고 앞 못 보는 장님들 눈을 뜨이며
여러 가지 나쁜 길 막아 버리고 좋은 곳에 가는 길 활짝 열리라.

⑦ 공과 복을 만족하게 닦아 이루고 거룩한 빛 시방에 널리 비치니,
해와 달은 밝은 빛 감추게 되고 하늘나라 광명도 숨어 버리네.

⑧ 중생들을 위하여 법장法藏을 열고 공덕 보배 골고루 보시할 때,
언제나 많은 대중 모인 곳에서 법문하는 그 말씀 사자의 소리.

⑨ 온 세계 부처님께 공양하시와, 여러 가지 공과 덕 두루 갖추고
그 소원 그 지혜를 가득 이루어 삼계에 거룩한 부처되리.

⑩ 걸림 없는 부처님 지혜와 같이 못 비추는 곳 없이 사무치리니,
바라건대 내 공덕 복과 지혜가 가장 높은 부처님 같아지이다.

⑪ 이내 소원 행여나 이루어질 때 삼천 대천세계가 감동하리니,
허공중에 가득 찬 하늘 사람이 아름다운 보배 꽃 뿌려 주리라.

6 아난아, 법장비구가 이 노래를 마칠 때에, 이 땅은 여섯 가지로 진동하고, 아름다운 연꽃은 하늘에서 내려와 머리 위에 흩어지고 훌륭한 풍류를 잡히면서 공중에서,

'너는 결정코 위없는 정각을 이루리라'고 찬탄하는 소리가 들렸다."

부처님께서는 또 말씀을 계속하시었다.

"이리하여, 법장비구는 크고 아름답고 망가지지 않는 정토를 한결같

은 마음으로 장엄하였다. 그러하기 위하여 셀 수 없는 오랜 동안 보살행을 닦았다. 법장비구의 마음은 맑고 깨끗하여져서, 물건에 집착하는 마음이라든가 삼독三毒 번뇌는 아주 없어졌고, 욕되는 것을 참는 힘이 풍부한 선정과 지혜를 온전히 갖추었으며, 마음속에 거짓이라고는 조금도 없고, 사람을 접대함에는 가장 친절하였으며, 꾸준히 부지런하여 게으른 생각이 없고, 사람들을 착한 길로 지도하며, 삼보와 스승을 공경하고 큰 원력으로 수행을 쌓았다. 그래서 이러한 공덕으로 여러 중생들을 가르쳐 주었다.

마음으로는 이 세상이 온통 거짓인 줄을 깨닫고, 무슨 일에나 집착하지 않으며, 입으로는 자기를 해하고 남을 해치는 거짓말을 하지 아니하고, 자기와 남을 이롭게 하는 좋은 말만을 하며, 몸으로는 세속을 버리고 육바라밀 행을 닦아, 오랜 동안에 공덕을 쌓았으므로, 어느 곳에 있거나 생각하는 대로 깊고 묘한 법문이 샘솟는 듯하여, 여러 사람들을 구제하는 보살이 되었다.

인간 세상에서 가장 높은 이가 되거나 나라 임금이 되거나, 전륜성왕이 되거나, 욕계欲界 육천六天의 천왕이 되거나, 색계色界의 범천왕이 되거나, 언제든지 여러 부처님께 공양하는 일을 하여, 입으로 말할 수 없을 만큼 어마어마한 공덕을 쌓았으며, 입과 몸에서 흘러나오는 향기는 수 없는 세계에 풍기고, 얼굴은 참으로 거룩하며, 손은 무슨 보배든지 마음대로 솟아 나오는, 생각할 수 없는 훌륭하고 자재한 몸의 손이 되었다."

제2절 아미타불의 공덕

1 아난은 부처님께 여쭈었다.

"부처님이시여, 법장보살은 벌써 부처가 되셨나이까? 그렇지 않으면 지금 부처가 되시나이까? 또는 이다음에 부처가 되실 것입니까?"

"법장보살은 벌써 부처님이 되었으니, 이름은 아미타 부처님이요, 또는 무량수불이라고도 한다. 지금 서쪽으로 십만억 세계를 지나가서 극락세계라는 세계에 계시며, 부처가 되신 지는 지금까지 십 겁이 되었다.

그 세계는 금과 은과 옥으로 땅이 되었고, 여러 가지 훌륭한 것이 한량이 없으며, 광명이 찬란하여 아름답고 깨끗하기가 비길 데가 없다. 그리고 산들이나 바다나 강이나 못이나 시내 따위는 온통 없지마는, 그래도 필요가 있으면 언제든지 나타나고, 지옥·아귀 등의 괴로움을 받는 일이 없으며, 찌는 듯 여름이나 살을 에일 듯 추운 겨울이 없고, 항상 기후가 몸에 알맞게 되었나니, 이렇게 좋은 극락세계는 무량수 부처님의 깨끗하게 수행한 선근 공덕으로 이루어진 것이다."

부처님은 또 말씀하시었다.

"이 무량수 부처님의 훌륭한 광명은 다른 부처님의 광명으로 미칠 수 없는 가장 거룩한 광명이다. 보신불報身佛의 광명은 백불百佛 세계 천불 세계로부터 항하사불 세계를 비추기도 하고, 화신불化身佛의 광명은 몇 유순으로부터 한 불세계까지를 비추기도 하거니와, 그 부처님네보다는 훨씬 수승한 광명을 가지셨으므로 무량수불을 또 무량수불無量壽佛, 무변광불無邊光佛, 무애광불無碍光佛, 무대광불無對光佛, 염왕광불焰王光佛, 청정광불淸淨光佛, 환희광불歡喜光佛, 지혜광불智慧光佛, 부단광불不斷光佛, 난사광불難思光佛, 무칭광불無稱光佛, 초일월광불超日月光佛이라고도 한다.

만일 이 부처님의 광명을 보고 신심을 내면, 삼독三毒이 없어지고 몸과 마음이 화평하고 즐거운 마음이 생기며, 삼악취三惡趣에 빠진 이들도 이 광명을 만나면 고통이 소멸되고, 죽은 뒤에는 해탈을 얻게 된다.

무량수 부처님의 광명은 시방세계에 비치어, 보고 듣지 못하는 이가 없나니, 지금 나만이 그 광명을 칭찬하는 것이 아니라, 일체 부처님과 보살과 성문과 연각이 모두 같은 소리로 무량수 부처님의 광명을 찬탄하고 있다. 만일 이 무량수 부처님의 공덕을 듣고 밤낮으로 칭찬하는 중생은 극락세계에 가서 나게 되며, 그의 몸도 무량수 부처님과 같이 되어, 여러 부처님의 칭찬을 받을 것이다. 무량수불의 광명과 위신은 몇억만 년을 두고 말을 하더라도 다할 수가 없는 것이다.

아난아, 무량수불의 목숨은 한량없이 길어서 계산할 수가 없나니, 시방세계 일체 중생이 모두 성문이나 연각이 되고, 그네들이 한 자리에 모여서 그들의 지혜를 전부 합하더라도 무량수불의 목숨을 다 계산하지 못할 것이다. 그리고 극락세계에 가서 나는 중생들의 목숨도 또한 한량이 없어 헤아릴 수가 없는 것이다.

또 극락세계에는 한량없는 보살과 성문이 있어 신통과 지혜가 말할 수 없으며, 마음대로 하는 위신력을 갖추어서 온 세계를 손바닥 위에 올려놓을 수가 있는 것이다.

아난아, 무량수불이 첫 번 법문하실 때에 모인 성문들의 수효는 한량없으며, 보살들의 수효도 한량이 없나니, 설사 목건련 같은 이가 몇천만 억 명이 모여서, 수없는 겁 동안에 지혜를 다하여 계산하더라도, 그 수효는 다 헤아릴 수가 없을 것이다. 가령 어떤 사람이 머리카락 한 올을 백 분에 쪼개어서 그 한 분으로 큰 바닷물을 한 번 찍어 낸다면, 그 찍어 낸 물방울과 바다에 있는 물의 그 수는 비교할 수가 없지 않으냐? 그와 같이, 몇천만억 명의 목건련이 수많은 겁 동안에 계산하여 낸 성문과 보살의 수효는, 저 백 분으로 쪼갠 머리카락의 한 분으로 찍어 낸 물방울과 같고, 계산하지 못한 수효는 바다에 있는 물과 같은 것이다.

또 극락세계에는 칠보로 된 나무가 간 데마다 있으니, 금으로 된 나무, 은으로 된 나무, 유리나무, 파리나무, 산호나무, 마노나무, 자거나무들이 있고, 혹은 두 가지 보배를 합하여 된 나무, 세 가지 보배로 된 나무, 네 가지 보배로 된 나무, 다섯 가지・여섯 가지・일곱 가지 보배로 합하여 된 나무들이 있으며, 혹은 은으로 된 줄기에 유리로 된 잎이 피었으며 산호꽃에 금 열매가 열리기도 하였으며, 일곱 가지 보배가 서로 번갈아 가지가 되고 줄기가 되고 꽃이 되고 잎이 되어, 중생의 생각으로는 상상할 수도 없는 훌륭한 보배 나무가 여기저기 있다.

이 보배 나무들은 보기 좋게 가지런히 줄지어 있으면서, 가지가 어울리고 줄기가 엇바뀌어, 질서가 정연하게 줄줄이 마주 서고, 줄기 줄기가 바라보고 가지가지가 줄을 지어서 있으며, 잎새 잎새가 서로 향해 있고 꽃과 꽃이 나란히 피어 있으며, 열매 열매가 가지런하여 야들야들한 빛과 으리으리한 광명이 형언할 수가 없이 찬란하며, 서늘한 바람이 이따금 불면, 오음 육률六律을 잡히는 소리가 듣기도 아름답게 들려오고 있다.

또 극락세계의 보리 나무는 높이가 오백만 리요, 밑동의 굵기는 오십 유순이요, 가지는 이십만 리나 퍼져 있으되, 월광마니주(珠)와 지혜륜보와 같은 아주 좋은 보배 옥으로 장엄하였고, 가지와 가지 사이에는 여러 가지 빛이 번쩍이는 영락이 드리워졌고, 나무 위에는 휘황찬란하고 광명이 으리으리한 구슬 그물이 덮여 있으면서, 서늘한 바람이 불적마다 가지들 사이에서 부처님의 법을 찬탄하는 아름다운 소리가 흘러나와, 시방세계의 여러 불국토에 퍼지고 있다. 그 아름다운 소리를 듣거나 그 나무의 빛을 보거나, 향기를 맡거나, 맛을 보거나, 그 광명이 몸에 쏘이거나, 마음으로 그런 일을 생각하는 중생들은 모두 물러나지 않는 자리에 이르게 되어, 성불할 때까지 육근이 맑고 깨끗하여, 온갖 근심 걱정이 없게 된다.

아난아, 극락세계에 있는 사람들은 이 보리 나무를 보고는 세 가지 법인法忍을 얻게 된다. 첫째는 음향인音響忍이요, 둘째는 유순인柔順忍이요, 셋째는 무생법인無生法忍이다. 이러한 이익을 받는 것은 모두 무량수불의 위신력과 본원력으로 말미암은 것이다.

아난아, 타화자재천他化自在天에서 잡히는 풍류는 인간세계 임금들이 잡히는 풍류보다 몇 천억 갑절이나 더 훌륭하거니와, 이 극락세계의 보리

나무에서 저절로 흘러나오는 풍류는 타화자재천의 풍류보다 몇 천억 갑절이나 더 훌륭하다. 이 극락세계의 여러 가지 물건에서 저절로 잡혀지는 풍류는 모두 부처님의 공덕을 찬탄하는 듯이 들려서, 마음이 즐겁고 화락하기는 시방세계의 여러 가지 풍류 가운데 제일이 되어 있다.

그리고 또 강당이나 궁전들은 모두 칠보로 되어 있으며, 진주와 명월주로 보배 장막이 되어 덮이어 있고, 그 궁전의 안과 밖에는 보옥으로 된 연못이 널려 있으니, 그 넓이와 길이와 깊이는 모두 꼭 같아서 십 유순도 되고, 이십 · 삼십 유순도 되며, 혹 백 · 천 유순도 된다. 그 가운데는 팔공덕수八功德水가 가득하였으며, 그 바닥에는 모래가 깔렸으되 은못에는 황금 모래가 깔리고, 자금紫金못에는 백옥 모래가 깔리고, 수정 못에는 산호 모래가 깔리었으며, 혹은 여러 가지 보배가 섞여서 되기도 하였고, 그 연못 언덕에는 전단旃檀 향나무가 있어 맑은 향기를 풍기고, 물 위에는 붉고 희고 누르고 푸른 여러 가지 아름다운 연꽃들이 찬란하게 피어 덮여 있다.

극락세계의 보살이나 성문들이 그 연못에 들어가면, 감로수甘露水 같은 물이 그네들이 생각하는 대로 되어, 발등까지 잠기기를 원하면 발등까지 잠기고, 허리까지 잠기기를 원하면 허리까지 잠기고, 목까지 잠기기를 원하면 목까지 잠기고, 다시 처음대로 되기를 원하면 또 그렇게 된다. 덥고 차기도 원하는 대로 되며, 몸만 씻는 것이 아니라, 마음속까지 깨끗하게 씻어진다.

그리고 그 맑은 물은 바닥의 모래까지 사무쳐 보이며, 잔잔한 물결이 가볍게 흐르면 그 물결에서는 여러 가지 음성이 흘러나와서, 부처님 소리와 법문 소리와 스님네 소리와 고요한 소리와 대자대비한 소리와 그 밖의 여러 가지 법문 소리가 듣고 싶은 대로 들리며, 그 소리를 듣는 이는 한량없이 기쁘고, 마음은 깨끗하고 욕심이 없어지고, 고요하고 진실한 이치를 따르고, 여러 부처님의 공덕과 보살과 성문의 도道를 수순하게 되며, 삼악도의 괴로움은 이름도 들을 수 없고, 유쾌하고 즐거운 음악 소리만이 들린다. 이러한 즐거움이 한량없으므로 이 세계를 극락세계라고 일컫는다.

아난아, 극락세계에 가서 나는 이는, 훌륭한 몸과 신통한 공덕을 갖추었으며, 그 궁전과 의복과 음식과 여러 가지 장엄은 타화자재천과 같이 아름다우며, 또 끼니때가 되면 칠보로 된 바리때에 맛있는 음식이 가득가득 담겨 저절로 앞에 와서 놓이되, 이 세상과 같이 먹는 것이 아니요, 그 빛만 보고 냄새만 맡으면 자연히 배가 부르며, 식욕이라고는 조금도 없고, 일이 끝나면 그릇과 음식은 어디론지 가 버리고 만다.

극락세계는 이렇게 평화롭고 깨끗한 쾌락이 열반 경지와 비슷하며, 그곳에 있는 보살과 성문과 하늘 사람들은, 지혜가 한량없고 신통이 자재하여 모두 평등하여 조금도 차별이 없지마는, 다른 세계를 수순하기 위하여 하늘 사람과 인간 사람의 이름이 있다. 그러나 한결같이 얼굴이 단정하고 태도가 아름다워 세상 사람도 천상 사람도 아니며, 모두 하염없는 법신法身과 그지없는 즐거운 몸을 가지고 있다."

부처님은 또 쉬운 비유로 아난에게 말씀하셨다.

"가령 못생긴 거지가 임금님 곁에 앉아 있으면 그 모양이 보기에 어떠하겠느냐?"

아난은 이렇게 대답했다.

"그 모양은 더럽고 누추하여 비유해 말할 수가 없겠나이다. 그 위신의 높고 낮음은 백천만억의 곱으로도 비유가 되지 않겠나이다. 거지는 가장 천한 사람이므로 의복은 남루하고 음식은 겨우 연명이나 할 정도요, 여위고 파리하여 사람의 값이 없사오니, 이런 인간은 전생에 욕심에 눈이 어두워 좋은 일이라고는 하나도 한 것이 없고, 나쁜 짓만 한 탓으로, 죽어갈 때에는 그 많은 재물도 소용이 없고, 태산 같은 죄업만 걸머지게 되어 지옥이나 아귀로 다니다가, 다시 이 세상에 태어나게 되는 것입니다. 임금이 훌륭하고 높은 까닭은, 전생에 자비하고 착한 일을 많이 하였으므로, 천상에 나서 한량없는 복락을 누리다가, 다시 인간에 날 적에는 왕가에 태어나서, 자연히 존엄하고, 용모는 단정하고 의복과 의식은 비길 데 없으니, 저 거지와는 상대가 될 수 없나이다."

이에 부처님은 그 말을 옳게 여겨 다시 말씀하시었다.

"그렇다. 네 말이 옳다. 그러나 아무리 위풍이 높은 임금이라도 전륜성왕에 비하면 엄청나게 다른 것은 마치 저 거지가 임금님 곁에 앉은 것과 같다. 그러나 또 아무리 훌륭한 전륜성왕이라도 도리천왕에 비하면 천 만억 분의 하나도 따를 수 없고, 도리천왕도 타화자재천왕에 비하면 더욱 엄청나게 다른 것이다.

아난아, 그러나 아무리 기고만장한 타화자재천왕일지라도 극락세계에 태어나는 이에게는 미칠 수가 없는 것은 몇천만 억 분의 하나도 될 수 없는 것이다."

부처님은 또 설법을 계속하시었다.

"극락세계에 가서 나는 이들의 의복·음식으로부터 궁전·누각에 이르기까지, 그 훌륭한 장엄과 아름다운 음성은 그 거룩한 몸에 잘 어울리고, 무수한 보배는 곳곳마다 생각하는 대로 나타나며, 땅 위에는 보배로운 옷이 깔리어 사람들이 밟고 지나가고, 공중에는 금실과 은실로 짠 보배 그물이 덮이었으며, 가지각색의 진주 영락으로 장엄하였고, 사방에는 보배 풍경을 달았는데, 번쩍이는 광명이 휘황찬란하며, 덥지도 춥지도 않고 더디지도 빠르지도 않은 포근한 바람이 불어오면, 보배 그물과 보배 나무에서는 아름다운 풍류가 들리고, 맑고 고운 향기를 풍기어, 그 풍류를 듣고 향기를 맡는 이는 번뇌·걱정이 저절로 사라지고, 화창한 바람이 몸에 부는 대로 한량없는 쾌락을 느끼게 된다.

2 또 맑은 바람이 연꽃을 불어다가 땅 위에 뿌리면, 여러 가지 빛깔이 보기 좋게 어울려 어지럽지 아니하고, 맑은 향기를 토하는 위로 밟고 지

나가면, 아래로 네 치쯤 오므라들었다가 발을 들면 다시 올라오며, 그 꽃이 필요가 없게 되면, 땅 속으로 들어가 비로 쓴 듯이 없어지고 마는데, 하루에 여섯 차례씩 되풀이한다.

또 화려한 연꽃이 극락세계에 가득히 피었으며, 연꽃송이마다 백 천억 꽃잎이 있고, 그 광명은 한량없어 푸른 빛깔에는 푸른 광명이 나고 흰 빛깔에는 흰 광명이 나고 하여, 이렇게 붉고 누르고, 자 빛 · 연분홍 여러 가지 빛깔과 여러 가지 광명이 찬란하게 번쩍여, 햇빛보다 더 밝으며, 꽃송이마다 삼십육三十六 백 천억 광명이 솟아나오고, 광명마다 삼십육백 천억 부처님이 나타나시면, 몸은 붉은 금빛덩이로 상호相好는 특별히 뛰어나며, 다시 부처님마다 백 천 광명을 놓으시어 시방세계 중생들에게 미묘한 법문을 말씀하시어서, 한량없는 중생들을 부처님 세계로 인도하시고 있다."

제3절 믿음을 얻은 사람들

1 부처님은 아난에게 계속하여 말씀하셨다.

"극락세계에 가서 나는 중생들은, 모두 정정취正定聚에 든다. 무슨 까닭인가? 저 세계에는 사정邪定과 부정不定한 사람들은 들어갈 수가 없는 까닭이다. 시방세계의 수없는 부처님네가 모두 소리를 같이하여 무량수불의 본 위신과 넓은 공덕을 찬탄하시나니, 누구든지 무량수불의 높은 이름과 높은 공덕을 듣고, 믿는 마음으로 잠깐이라도 그 세계에 가서 나기를 원하는 이는, 모두가 나서 물러나지 않는 자리에 있게 된다. 그러나 오五역죄를 저질렀거나 부처님의 정법을 비방한 이는 그렇지 못하다."

부처님은 또 계속하여 말씀하셨다.

"시방세계의 천상 사람과 인간 사람으로서, 지극한 정성으로 저 극락세계에 가서 나기를 원하는 이에게는, 세 가지 종류가 있다.

첫째 종류의 사람은 욕심을 버리고 출가하여 보리심을 내어 무량수불을 일심으로 생각하며, 여러 가지 선근 공덕을 쌓은 이들이다. 이런 사람은 목숨을 마칠 때에 무량수불이 여러 보살들을 거느리고 와서 맞아 주시나니, 이 사람은 부처님을 따라 극락세계에 가서 칠보 연못 가운데 화생化生하여, 지혜가 슬기롭고 신통이 자재하게 된다. 그러므로 이 세상에서 무량수불을 뵈려 하거든, 마땅히 첫째 사람과 같이 되기를 원해야 할 것이다.

또 둘째 종류의 사람은, 시방세계의 천상 사람과 이 세상 사람들이 극락세계에 가서 나기를 원하는 이로서, 스님이 되어 큰 공덕은 닦지 못하더라도 위없는 보리심을 내어, 일심으로 무량수불을 생각하며, 착한 일도 하고 재계齋戒도 지니며, 탑과 불상을 많이 조성하고, 스님네에게 공양하되, 기를 달고 등을 켜고 꽃을 흩고 향을 사루며, 이 공덕을 회향하여 저 세계에 가서 나기를 발원하면, 그 사람은 목숨을 마치려 할 적에, 무량수불이 화신化身을 나투어, 대중과 더불어 이 사람 앞에 나타나나니, 이 사람이 화신 부처님을 따라 극락세계에 가서, 물러나지 않는 자리에 머물 것이다. 그 공덕과 지혜가 둘째 종류에 가는 사람들이다.

또 아난아, 셋째 종류의 사람은 시방세계의 천상 사람과 인간 사람들로서, 지극한 마음으로 극락세계에 가서 나려 하는 이가, 설사 여러 가지 공덕은 짓지 못했더라도 위없는 보리심을 일으켜 한결같은 정성으로 열 번이라도 무량수불의 명호를 부르면서, 그 세계에 가서 나기를 원하거나, 혹은 좋은 법문을 듣고 즐겨 믿으며 의심하지 아니하고, 한 생각만이라도 저 부처님의 명호를 부르면서 지극한 정성으로 그 세계에 가서 나기를 원하면, 이 사람은 목숨을 마칠 때에 꿈에 저 부처님을 뵙고 가서 나게 되나니, 그 공덕과 지혜는 셋째 종류에 가는 사람들이다."

2 부처님은 다시 무량수불의 공덕을 찬탄하여 말씀하셨다.

"아난아, 무량수불의 그지없는 위덕은 시방세계의 수없는 부처님네가 다같이 찬탄하신다. 동방 항하사恒河沙같이 많은 부처님 세계에 있는 한량없는 보살들은, 모두 무량수불께 가서, 부처님과 보살들과 성문 대중들께 공경 공양하고, 정법을 듣고 중생을 교화하나니, 이와 같이 남방·서방·북방과 네 간방間方과 상방上方·하방下方의 여러 세계의 여러 보살들도 또한 그와 같이 공경·공양하고 있다."

이때에, 부처님은 무량수불의 공덕을 게송으로써 찬탄하셨다.

① 동방에 널려 있는 여러 불국토, 그 수효 얼마던가 항하사 같네.
저렇게 많은 국토 보살 대중이 무량수 부처님을 가서 뵈옵네.

② 남방과 서방·북방, 네 간방과 상방과 하방에도 다 그렇거든
저렇게 많은 국토 보살 대중이, 무량수 부처님을 가서 뵈옵네.

③ 저렇게 시방세계 많은 보살들 기묘한 하늘 꽃과 향과 보배와
가없는 하늘 옷을 가지고 와서 무량수 부처님께 공양 올리네.

④ 모두들 하늘 풍류 잡힐 적에 평화롭고 거룩한 노래를 불러
가장 높은 그 공덕 찬탄하여서 무량수 부처님께 공양하옵네.

⑤ 신통과 바른 지혜 끝까지 알아 저렇게 깊은 법문 드나들면서,
공과 덕이 고방에 가득 차고 미묘한 밝은 지혜 짝할 이 없네.

⑥ 지혜 해 이 세상을 밝게 비치어 나고 죽는 구름이 걷혀 버리니
중생들 조심조심 세 번을 돌아 위없는 부처님께 예배하네.

⑦ 깨끗하고 장엄한 저 국토 보니 생각도 말도 못할 기묘한 세계,
보는 이 위가 없는 마음을 내어 원컨대 내 국토도 저와 같고자.

⑧ 그럴 때에 무량수 부처님께서 얼굴을 반기시고 기뻐 웃으며
입으로 셀 수 없는 광명을 놓아 시방의 많은 국토 두루 비추고.

⑨ 그 광명 다시 돌려 몸을 둘러싸 세 번 돌고 이마 위로 도로 드시니,
온 세계 천상 인간 저 대중들이 기쁘게 뛰고 놀아 즐겨하네.

⑩ 그때 관음보살 옷을 바루고 머리를 조아리며 여쭈는 말씀,
'부처님 무슨 일로 웃으십니까? 원컨대 그 까닭을 일러 주세요.'
⑪ 우렁찬 맑은 음성 우레도 같고 여덟 가지 미묘한 소리를 내어
'내 이제 보살들께 수기 주리니, 대사여, 이내 말을 자세 들으세요.
⑫ 시방에서 모여온 저 보살들의 저마다 가진 소원 내가 아니,
깨끗한 좋은 국토 구해 가지고 결정코 수기 받아 부처되리.
⑬ 온갖 법 꿈도 같고 요술도 같고, 메아리 같은 줄을 밝히 깨달아
여러 가지 큰 원을 만족하려는 이러한 좋은 국토 나도 얻으리.
⑭ 그림자와 번개 같은 법을 알고서, 끝까지 보살도를 닦아 행하고
여러 가지 공덕을 모두 갖추어 결정코 수기 받아 부처되리.
⑮ 저 모든 법의 성품 모두 공하고, 나까지 없는 줄을 깊이 깨달아
깨끗한 불국토를 힘써 구하면 이러한 좋은 국토 너도 얻으리.'
⑯ 부처님 보살들께 하시는 말씀 안양 국 무량수불 가서 뵈어라.
법문 듣고 즐거이 받아 행하면 청정한 저런 국토 빨리 얻으리.
⑰ 깨끗한 저 국토에 가기만 하면 어느덧 신통 묘용 빨리 얻어서
무량수 부처님께 수기를 받아 위없는 깨달음을 이루리라.
⑱ 저 부처님 처음에 세우신 원력 내 이름 얻어 듣고 가서 나려면,
누구나 저 국토에 같이 가 나서 물러나지 않는 데 앉게 되리라.
⑲ 보살들이 뜻 두어 원을 세워서 내 세계도 극락과 다름없고
일체 중생 골고루 구제하려면, 이름이 시방세계 사무치리라.
⑳ 저 많은 부처님을 섬길 적에 이내 몸 여러 세계 두루 다니며,
정성껏 기쁨으로 공양하고 물러가 안양 국에 돌아오리라.
㉑ 전생에 착한 공덕 못 심은 이는 소중한 이 경 말씀 못 듣지만,
온갖 계행 깨끗이 닦은 이라야 부처님 바른 법문 받아 들으리.
㉒ 일찍이 부처님을 뵌 사람은 확실히 이런 일을 믿을 것이니,
겸손하고 조심해 듣고 행하여 즐거이 뛰고 놀아 기뻐하리라.

㉓ 교만하고 지치어 게으른 이는 이 법문 믿기 어렵거니와
전생에 부처님을 뵌 이라야 이러한 좋은 법문 즐겨 들으리.
㉔ 성문은 말도 말라 보살이라도 부처님 크신 말씀 알 수 없나니,
이 세상 날 때부터 눈먼 사람이 어떻게 남의 길을 인도 하리오?
㉕ 여래의 깊은 지혜 바다 같아 넓고 깊은 저 갓이 다함이 없어,
이승二乘네 지혜로는 알 바 아니요 부처님 슬기로야 홀로 아시네.
㉖ 이 세상 사람들이 누구나 없이 구족하게 모두 다 도를 통하고
깨끗한 지혜로써 공空한 줄 알아 천억 겁에 부처 지혜 생각하면서,
㉗ 있는 힘 다하여서 설명한대도 한평생 가더라도 알지 못하리.
부처님의 지혜는 한량이 없어 이러히 청정하게 되느니라.
㉘ 이 목숨 오래 살기 어려운 일이 부처님 만나기 더욱 어렵고,
법 믿는 지혜 있기 또 어려우니 좋은 법 듣거든 힘써 구하세.
㉙ 법문 듣고 마땅히 잊지 말 것이 뵙고 공경하면 경사되나니,
그를 일러 우리의 선지식이라 너희들은 마땅히 발심하여라.
㉚ 온 세계에 불길이 가득하여도 뚫고 가서 그 법문 들을 것이니,
다음 세상 결정코 부처되어서, 생사에 빠진 이를 제도하리라.

3 부처님은 다시 법문을 계속하시었다.

"아난아, 극락세계에 가서 나는 이는, 모두 보살의 가장 높은 자리인 일생복처一生福處에 이르거니와 그 사람의 소원에 따라서는, 다시 삼계 고해인 이 세계에 돌아와서, 중생을 제도하는 이도 있는 것이다.

아난아, 저 불국토에 가서 나는 성문들은, 몸에서 나는 광명이 한 길이요, 보살들의 광명은 백 유순을 비추지만, 관세음보살과 대세지보살의 광명은 가장 제일이어서, 삼천 대천세계를 비추나니, 이 두 보살은 이 세계에서 보살행을 많이 닦고, 목숨을 마친 뒤에는 극락세계에 가서 나게 된 까닭이다.

아난아, 극락세계에 가서 나는 중생들은, 몸에 삼십이상을 갖추었고, 지혜는 온갖 진리를 다 알며 신통은 자재하다. 그 가운데 가장 둔한 이는, 음향인音響忍과 유순인柔順忍의 두 가지만 얻지마는, 근기根機가 수승한 이는 가장 좋은 무생법인無生法忍을 얻으며, 또 저 보살들은 성불할 때까지 다시 나쁜 세계에 들어가지 아니하고, 신통이 자재하고 숙명통을 얻는다. 그러나 자기의 소원이 오탁악세에서 중생을 제도하려는 이는, 일부러 이 사바세계와 같은 국토에 나기도 한다.

아난아, 저 세계 보살들은 무량수불의 신통력에 의지하여, 밥 한 그릇 먹을 동안에 시방세계로 다니면서, 마음대로 생기는 꽃과 향과 풍류와 깃발과 일산 및 미묘한 공양구供養具로, 여러 부처님과 보살들과 성문 대중에게 공양한다. 그 공양구는 허공중에서 꽃 일산이 되어 빛이 휘황찬란하고 향기가 진동하며, 그 꽃 둘레는 사백 리도 되고 그 배 되는 것도 있고, 또 그 배 되는 것도 있어서, 삼천 대천세계를 뒤덮다가 공양이 끝나면 차례차례로 땅에 떨어져 스러지고 만다.

보살들은 모두 기뻐서 하늘 풍류를 잡히고 아름다운 목소리로 부처님의 공덕을 찬탄하며, 법문을 듣고 기뻐하며 놀다가, 공양을 마치고는 이내 무량수불의 극락세계로 돌아온다.

아난아, 무량수불이 법문을 말씀하실 적에는, 보살과 성문들은 칠보로 장엄한 강당으로 구름 같이 모이어, 좋은 법문을 듣고 깊은 이치를 깨달아 즐거워한다. 그때에는 사방에서 서늘한 바람이 불어와, 보배 나무를 흔들어 아름다운 풍류소리를 내며, 무수한 좋은 꽃들이 바람에 불어와서 눈같이 떨어지고, 모든 하늘 사람들은 떼를 지어 번갈아 와서, 꽃과 향과 풍류로 부처님과 보살과 성문 대중에게 공양하나니, 이때의 즐거움은 이루 말할 수가 없다.

아난아, 극락세계에 가서 나는 보살들은 항상 올바른 법문을 이야기하면, 그 이치는 부처님 지혜와 같아서 잘못 되지 않는다. 극락세계의 아름다운 장엄에도 내 것이라는 집착이 없어, 가고 오는데 거리낌이 없으며, 또 아득한 세계와는 달라서, 피차에 다투는 일이 없고, 다만 가슴속에는 중생을 사랑하는 여러 가지 아름다운 뜻을 갖추고 있어, 중생들의 아득한 원인을 없애 버리려는 고마운 마음만이 가득 차 있다. 또 여러 가지 훌륭한 공덕을 한 몸에 모아서, 생각할 수 없는 신통과 깊은 지혜의 힘으로, 마음의 작용과 몸의 동작이 자유자재하고, 모든 법의 진리를 끝까지 궁구하여, 부처님의 공덕을 갖추었으며, 모든 법은 집착할 것 아님을 잘 알아서, 한량없는 변재와 지혜로 중생들의 괴로움을 구제하며, 진여에서 나타난 지혜로는 법의 참된 이치를 깨닫고, 맑고 고운 음성과 방편을 보여서는, 듣는 이로 하여금 세속을 떠나서 부처님 도에 뜻을 두게 하고, 모든 법이 공적한 줄을 깨달은 뒤에는 무명無明의 인과를 끝까지 없이 하며, 깊은 법문을 듣고서는 항상 받들어 행하고, 자비의 다함이 없는 지혜로는 불교의 깊은 이치를 끝까지 궁구한다.

지혜는 한량이 없어 바다와 같고, 마음이 고요하기는 태산과 같으며, 해와 달보다 더 밝은 지혜 광명과, 여러 가지 공덕을 온전히 갖추었고, 마음이 고상하기는 눈을 이고 서 있는 설산雪山과 같으며, 마음의 때를 씻은 것은 맑은 물과 같고, 번뇌 망상을 태워 버리는 것은 맹렬하게 붙는 불과 같으며, 여러 세계를 마음대로 다니는 것은 바람과 같고, 어디를 가든지 몸을 더럽히지 않는 것은 더러운 물속에 피어 있는 연꽃과 같으며, 모르는 중생을 구하여 내는 것은 큰 수레와 같고, 중생들의 취한 꿈을 깨우는 것은 우레를 빚어내는 구름과 같으며, 감로甘露와 같은 법을 중생에게 일러 주는 것은 가물던 끝의 단비와 같고, 나쁜 중생을 굴복시키는 것은 금시조와 같으며, 마음이 천진스러워 욕심이 없는 것은 떼를 지어 나는 새와 같고, 용맹하여 두려움이 없는 것은 사자와 같으며, 고집하는 일이 없어 자비심이 넓고 크기는 허공과 같다.

자기로서는 존귀한 법문에 맛을 들이되 배부른 줄을 모르고, 중생에게는 바른 법을 일러 주되 게으르지 아니하며, 세상의 등대가 되어 골고루 비추어 주고, 삼계의 도사導師가 되어 사랑하고 미워함이 없이, 일체 중생의 고통을 평등하게 구제하나니, 그 거룩한 공덕은 존경하지 아니할 이가 없다.

온갖 능력을 골고루 갖추고, 온갖 작용을 모두 다 구비하여, 육신의 상호와 지혜의 변재를 원만하게 가지어 모자랄 것이 없으므로, 아무도 거기 짝할 이가 없다. 한량없는 부처님께 항상 공양하는 동시에, 여러 부처님의 칭찬을 받나니, 그 거룩한 보살의 행과 공덕은 성문이나 연각으로는 도저히 미칠 수가 없는 것이다.

아난아, 극락세계에 가서 나는 보살들의 이러한 공덕을 내가 지금 대강만 말하였거니와, 만일 이것을 죄다 말하려면, 백 천만 겁 동안을 말하여도 다할 수가 없는 것이다."

제4절 현실의 인생과 가르침

1 부처님은 미륵보살과 여러 사람들에게 또 법문을 계속하셨다.

"무량수불의 극락세계가 어떻게 청정하고 평화스러운 것은 이미 말한 바이지만, 그 세계에 가서 나는 이의 지혜와 공덕은 입으로 다 형용하여 말할 수가 없다. 어쨌든 중생들이 무량수불의 원력을 꼭 믿고 가서 나기만 하면, 평등하고 자유로운 생활을 얻게 된다. 한결같은 마음으로 정성껏 법을 구하면, 반드시 극락세계에 가서 나게 된다. 그리고 가서 나서는 부처님의 원력과 지혜에 힘입어, 번뇌와 고통을 끊어버리고, 장래에 부처님을 이루게 된다. 그렇게 가서 나기가 쉬운 극락세계이건만, 가서 나는 이가 적으니 가련한 일이다. 무량수불의 원력을 믿기만 하면 아주 쉽게 가서 날 수 있다. 세상일에 헤매지 말고, 목숨과 즐거움이 끝이 없는 극락세계에 가서 나기를 원해야 할 것이다.

그러나 세상 사람들은 보잘 것 없는 세간 일에만 까닭 없이 골몰하여, 귀한 이나 천한 이나, 가난한 이나 넉넉한 이나, 늙은이나 젊은이나 남자나 여자 할 것 없이, 모두들 금전과 재산에만 눈이 어두워 애를 쓰면서, 잠깐도 안심하고 쾌락하게 지내지 못하는 것이 아닌가! 토지나 가옥이나 여러 가지 재산을 가진 이는, 그것 때문에 걱정하고 근심하지만, 뜻밖에 천재지변이 생긴다거나 절도 강도를 만나 재산을 잃어버리고는, 언제까지나 슬퍼만 한다. 이렇게 가슴 쓰리게 모은 재산이건만, 목숨이 다하게 되면, 고스란히 이 세상에 그냥 두고 죽어서 저승으로 가게 되는 것이다. 그러나 또 누구 한 사람이나 따라가는 이도 없이, 혼자서 쓸쓸하게 가고 마는 것이 아닌가!

그러하건마는, 토지 · 가옥 · 재산이 없는 사람은 그 없음으로 인하여 애를 태우고 있는 것이요, 한 가지를 얻으면 또 다른 한 가지를 바란다. 어쩌다가 두 가지를 다 얻더라도 오래 가지지 못하고 잃어지고 마는 것이니, 애쓰고 애쓰며 고생하고 걱정만 하는 것이 아닌가! 어떤 이는 병으로 고통을 받다가 젊어서 죽게 되나니, 이런 이는 올바른 길을 가 보지도 못하고, 목숨이 다하여 이 세상을 떠나게 되면, 어디를 가는지 알지도 못하는 길을 혼자 가게 되는 것이다.

가족이나 친척들 사이에는 마땅히 서로 존경하고 사랑하고, 미워하는 생각을 가지지 말라. 얼굴이나 말소리는 화평하고 부드럽게 서로 가져라. 만일 마음속에 남을 미워하는 생각을 두면, 금생에서는 비록 작은 다툼을 할 뿐이라 하더라도, 오는 세상에서는 그것이 큰 원수가 되는 것이다. 그렇게 되는 것은, 비록 당장에 곧 충돌이 생기지 않더라도, 마음속에는 깊은 원한을 품고 있으므로, 나고 죽고, 죽고 나면서 서로서로 원수로 대하여 앙갚음을 하게 되는 것이다.

인간들은 혼자서 났다가 혼자서 죽는 것이다. 자기가 지은 선악의 행위에 대한 과보는 아무도 대신 받을 수 없다. 금생에는 아무리 사랑하던 사람이라도 죽어지면 서로 다른 세상에 나게 되어, 다시 서로 만나기가 어려운 것이다.

그러므로 믿을 수 없는 세상만사를 다 버리고, 몸이 젊었을 때에 부지런히 불법을 듣고 행하여, 죽고 나는 일이 없는 열반에 들어가야 할 것이다. 그런데, 이 세상 사람들은, 착한 인因에는 착한 과보가 오고, 나쁜 인因에는 나쁜 과보가 오는 법칙을 믿지 아니한다. 그래서 자자손손이 내려가는 동안에 습관이 되어, 선과 악을 분별할 줄도 모르고, 인과因果의 도리를 알지도 못하면서, 부모는 자식을 잃고 슬퍼하고, 자식은 부모를 여의고 통곡하며, 형은 아우를, 아우는 형을, 남편은 아내를, 아내는 남편을 잃고 슬퍼하는 것이 아니냐? 죽음에는 노소가 없는 것이어서, 어느 한 사람도 저 세상 사람이 되지 않는 이가 없건마는, 이 이치를 말하여도 믿는 이가 적구나. 그래서 앞날 일은 알지도 못하고 눈앞의 쾌락만을 일삼아, 처자와 재산에 대하여 욕심을 일으키고 화를 내는구나. 그러므로 언제까지나 끝이 없이 차바퀴 돌 듯 하는 이 고생 바다에서, 끝날 줄을 모르는 생사를 그대로 받지 아니할 수가 없는 것이다.

그러면서도, 부모니 자식이니 하고, 형이니 아우니, 남편이니 아내니 하면서, 살았다고 기뻐하고 죽었다고 슬퍼하며, 애정에 얽매이고 슬픔에 붙잡혀, 끝없는 세상에서 마음을 졸이고 있으면서도, 부처님의 가르치는 말씀을 듣지 않고 어물어물하는 동안에 목숨이 다하게 되나니, 진실로 가련한 일이다.

이 세상은 모두 혼란하고 아득하여, 올바른 도를 아는 이는 극히 드물고, 어느 한 사람 믿을 이가 없으므로, 가난한 이와 넉넉한 이와, 귀한 이와 천한 이 할 것 없이, 쓸데없는 일에만 마음을 빼앗기고, 가슴속에는 무서운 생각만 가득하여, 천지의 이치와 사람의 도리에 어긋나는 일만 하고 있다. 그러다가, 그것이 점점 커져서 마침내 죄의 항아리가 가득 차게 되면, 인과의 법칙은 어길 수 없으므로, 이 세상에서 목숨을 마치자 곧 지옥이나 아귀에 떨어지게 되는 것이다. 죽었다가 살고 살았다가 죽고, 천만 억 겁을 지내도 벗어날 기약이 없어, 한량없는 고생만 하게 되는 것이니, 이것이 어찌 가슴 아픈 일 아니겠느냐?"

2 부처님은 다시 미륵보살과 천인天人 대중에게 말씀하셨다.

"세상 사람들은 모두 이렇게 보잘 것 없는 일에 아득히 헤매는 것이니, 깊이 생각하지 않을 수 없는 것이다. 이 세상의 쾌락이란 것은 하나도 믿을 수가 없는 것이어서, 사랑하는 사람이나 영화로운 일이나 모두 떠나고 마는 것이다. 부처님이 이 세상에 계시는 동안에, 아무쪼록 부처님의 가르침을 받아야 한다. 만일 무량수불을 믿고 가서 나기를 원하는 이는, 큰 지혜와 공덕을 얻을 것이니, 자기의 욕심만 따르고 부처님의 가르침을 배반하여, 여러 사람의 웃음거리가 되지 말아야 한다. 모르는 것이 있거든 물어라. 가르쳐 주리라."

부처님의 이 말씀을 듣고 미륵보살은 공순히 대답하여 여쭈었다.

"부처님의 고마우신 말씀을 듣잡고, 이 세상일은 말씀하신 바와 같음을 알았나이다. 부처님의 가르치심으로 말미암아, 미혹한 데서 깨어났음을 기뻐하지 아니할 수 없으니, 진실로 모든 중생을 구원하시는 법문입니다. 거룩하신 부처님의 가르치심을 입어, 우리들이 생사에서 벗어난 것은, 전혀 부처님의 지난 세상에 쌓으신 고행의 선물인 줄로 아나이다. 은덕은 바다같이 넘치고 광명은 해와 달과 같이 빛나며, 깨달으신 진리는 지극히 깊고, 높으신 위엄은 시방에 떨치어, 온 세계의 큰 도사導師가 되어 일체 중생을 제도하시나이다. 지금 우리들이 부처님 세상에 나서, 무량수불의 이름과 거룩하신 공덕을 듣고, 모두 즐거움과 편안함을 얻었나이다."

3 부처님은 또 말씀하시었다.

"너와 같이 부처님을 공경하는 것은 대단히 훌륭한 일이다. 부처님이 이 세상에 나는 것은 지극히 드문 일이다. 나는 이 세상에서 부처를 이루었으므로, 중생을 지도하여 번뇌를 끊게 하고, 귀중한 법문을 말하여 열반에 들게 하노니, 미륵이여, 오랫동안 보살행을 닦아 중생을 제도하는 너를 비롯하여 일체 중생들은 한량없는 옛적부터 오늘까지 죽고 나는 이 세상을 바퀴 돌 듯 하면서, 말할 수 없는 고통을 받다가, 이제 부처님을 만나서, 무량수불의 거룩한 이름과 크나큰 공덕을 들었다. 너희들은 이미 삼계 고해의 좋지 못한 것을 알았으니, 모름지기 몸을 단정히 하고 마음을 맑혀서, 말과 행실이 한결같은 사람이 되라. 그리고 서로서로 권면하여 부처님의 지혜를 믿고, 염불念佛하는 것으로써 이 세상을 보내야 한다.

설사, 어떠한 고통을 받는다 하더라도 한 세상이 잠깐이니, 오는 세상에는 극락세계에 가서 나서, 영원히 고통을 여의고 한량없는 쾌락을 누릴 것이며, 가없는 공덕과 다하지 않는 수명을 얻어, 필경에는 열반의 언덕으로 건너가라. 너는 모름지기 부처님의 지혜를 믿어야 한다. 만일 무량수불의 지혜를 의심하면 그 죄보로는 하천한 변지에 나서, 길이길이 삼보를 만나지 못하고, 오랫동안 모든 액난을 받게 될 것이다."

미륵보살은 이 말씀을 듣고 여쭈었다.

"가르치신 말씀대로 정성껏 수행하겠사오며, 감히 의심하지 않겠나이다."

"너희들은 나의 말을 잘 명심하여, 악한 이 세상에서 마음을 바르게 가지고 악한 일을 하지 말라. 그것은 참으로 훌륭한 일이니라."

제5절 다섯 가지 착한 일과 나쁜 일

1 부처님은 다시 미륵보살에게 이러한 법문을 계속하여 말씀하셨다.

"여러 부처님 국토에 있는 중생들은 특별히 애쓰지 아니하여도, 저절로 착한 일을 할 수 있으므로 바른 길로 지도하는 것이 쉽지마는, 나쁜 것만이 쌓이고 쌓인 이 세계에서는, 중생을 지도하여 다섯 가지의 나쁜 일과 착한 일을 가려서 하게 하는 것은 진실로 어려운 일이다. 이 세상에서는 마음을 괴롭게 하고, 오는 세상에서는 악한 세계로 떨어져 몸을 태우는 원인이 되는 다섯 가지 나쁜 일이 있다. 그리고 다섯 가지 착한 일이 있다.

첫째 나쁜 일이란 무엇인가? 온갖 중생들은, 강한 놈은 약한 놈을 압박하고 죽이고 하면서 착한 일은 조금도 하지 아니하므로, 지난 세상에서 지은 나쁜 짓이 원인이 되어, 이 세상에 날 때에는 천한 사람이나 불구나 어리석은 사람으로 태어난다. 저 귀한 사람이나 어진 사람이나 모든 신체의 구조가 원만한 사람은, 모두 전생에 착한 일을 많이 하던 사람들이다.

이 세상에서도 법률과 감옥이 있어서, 나쁜 사람들은 그 속에서 갖은 고생을 다하면서 좀처럼 나오지 못한다. 그러나 그것만이 아니다. 나쁜 일만을 하는 사람들은 이다음 세상에는 지옥이나 아귀 세계에 태어나서 고통을 벗어나지 못하고, 났다가는 죽고 죽었다가는 나고 하면서, 언제까지나 한량없는 고통을 받는다. 진실로 가엾은 일이다.

이 천지 사이에는 악한 인因으로는 악한 결과를 받는 법칙이 있으므로, 설사 금시 이 자리에서는 그 과보를 받지 않는다 하더라도, 머지않아 그런 과보를 받을 것은 틀림없는 일이다. 이것이 첫째의 나쁜 일로서, 이 세상에서는 마음을 쓰리게 하다가, 오는 세상에서는 몸을 괴롭혀 견딜 수가 없는 큰 나쁜 일이 된다. 마치 큰 불이 몸을 태우는 것 같은 것이다.

이와 반대로, 이러한 나쁜 세상에 있으면서도, 행동을 조심하고 착한 일만을 행하는 이는, 깨끗한 세계에 태어나서 많은 복락을 받게 된다. 이것을 첫째의 착한 일이라 하는 것이다.

2 둘째의 나쁜 일이란 무엇인가? 이 세상은 임금과 신하, 아비와 아들, 남편과 아내, 형과 동생, 그리고 친구들 사이에 의리를 모르고, 제 멋대로 어지러운 행동을 하여 서로 속이고 서로 미워하며, 말과 마음은 서로 어그러져 진정한 성의라고는 조금도 없다. 그래서 어질고 착한 이를 원수같이 미워하고 모함하여 억울하게 한다. 임금이 총명하지 못하고 그 곁에 나쁜 신하들이 있으면, 제 멋대로 나라 일을 처리하여, 임금을 속이고 죄 없는 백성을 해롭게 한다. 신하는 임금을 업신여기고, 아들은 부모를 속이며, 형과 동생, 남편과 아내, 그리고 친구들 사이에도 서로 속이고 모함하여, 탐심과 진심의 노예가 되어, 저 혼자만 눈앞의 이익을 차지하려 한다. 윗사람과 아랫사람 할 것 없이 모두 이러하여, 필경에는 앞뒤 일을 생각할 겨를도 없이 집을 망치고 몸을 죽이며, 일가친척까지 업을 입게 한다. 처음에는 합동하여 일을 경영하다가도 나중에는 원수를 맺게 되고, 재산이 산같이 쌓였어도 욕심은 한정이 없어, 이웃이나 세상을 위하여서는 보시할 줄을 알지 못하며, 금전을 위하여 일생을 걱정하다가 목숨을 마치게 되면, 아무도 돌보아주는 이 없이, 혼자 죽어 저승으로 가게 되고, 끝없는 괴로운 과보를 받는다. 그때를 당하여 아무리 뉘우친들 무슨 소용이 있을 것인가?

더욱이 이 세상에서 남의 착한 일을 비방하고 자기는 나쁜 일만 하며, 남의 것을 훔쳐 소비한 뒤에는 또다시 도둑질을 한다. 그러다가 법에 걸려 형벌을 받게 된 뒤에야 후회한다. 전생에 착한 일을 하지 못하고, 금생에 나쁜 짓만 하는 사람은, 마치 이 세상에서 죄 지은 사람이 감옥에서 무한한 고생을 받는 것 같아서, 인과의 이치는 어김이 없어 내생에는 삼악도의 악한 세계에 떨어져, 끝없는 고통을 받는 가련한 신세가 된다. 이것이 둘째의 나쁜 일로서, 이 세상에서는 마음을 쓰리게 하고 오는 세상에서는 몸을 괴롭혀 견딜 수가 없는 큰 나쁜 일이 된다. 그래서 마치 큰 불이 몸을 태우는 것 같은 것이다.

이와 반대로, 이러한 나쁜 세상에 있으면서도, 행동을 조심하고 착한 일을 행하는 이는, 깨끗한 세상에 태어나서 많은 복락을 받게 된다. 이것이 둘째의 착한 일이다.

3 셋째의 나쁜 일이란 무엇인가? 이 세상에는 위에 명철한 사람이 있는가 하면 아래는 용렬한 사람이 있고, 또 중간에는 부도덕한 인간들이 있다. 그들은 번뇌 망상만이 가슴속에 가득한 탓으로 화평한 생활을 하지 못한다. 물질에 대하여는 욕심을 내고, 음탕한 생각이 눈에 나타나, 그것이 행동에 드러나므로, 집안에서도 화목하지 못하고 재산은 점점 없어지고 만다. 혹은 당파를 모아서 행패를 부리면서, 싸우기도 하고 살인도 한다. 부지런히 일은 하지 않고, 남의 것을 훔치기도 하며, 심하면 강제로 협박하고 빼앗아 처자를 주고는 잘난 듯이 좋아하며, 일가친척과 상하 구별도 없이 제멋대로 나쁜 짓만 하므로 집안사람이나 이웃 사람들까지 걱정시키고 괴롭게 하며, 나라 법률도 두려워하지 않는다.

이렇게 나쁜 짓만을 하는 사람은, 인과의 법칙에 의지하여 삼악도에 떨어져, 한량없는 고통을 받으면서 벗어날 기약이 없다. 이것이 셋째의 나쁜 일로서, 마치 사나운 불길이 몸을 태우는 것과 같은 것이다.

이와 반대로, 이러한 나쁜 세상에 있으면서도, 행동을 조심하고 착한 일만 하는 이는, 깨끗한 세계에 태어나서 많은 복락을 받게 된다. 이것이 셋째의 착한 일이다.

4 넷째의 나쁜 일이란 무엇인가? 세상 사람들이 착한 일은 하지 않고 나쁜 일로만 서로 가르치고 인도하는 것이다. 나쁜 말로 서로 욕설하고 음탕한 말로 꾀이며, 남을 이간하고 속여 넘기고 서로 싸우고 착한 사람을 미워하며, 부모에게 불효하고 어른에게 불공하고 친구에게는 신용이 없으며, 자기만 잘난 듯이 뻐기고 다니며, 남을 업신여기고 부끄러운 줄을 모르며, 혹은 주먹 행세로 남에게 턱없는 존경을 받으려 하면서도, 인과의 이치를 두려워하지 않는다. 그래서 교화해 볼 도리가 없건마는, 그

래도 자기는 조금도 두려운 마음이 없이 교만만을 부리고 있다.

지나간 세상에서 설사 여간 복을 지었다 하더라도, 금생의 나쁜 짓으로 말미암아 모두 없어지고, 인과의 법은 어그러지지 아니하여 큰 죄업만 짓게 되는 것이다. 그러므로 이 세상에서 목숨을 마칠 때에는 몸이 부서지고 가슴을 쑤시는 고통을 견딜 수 없다. 그때 가서 후회한들 무엇하겠는가? 으레 삼악도에 떨어져 말할 수 없는 고통을 받고 나올 기약이 없나니 참으로 가련한 일이다. 이것이 넷째의 나쁜 일로서, 마치 맹렬한 불길이 몸을 태우는 것과 같은 것이다.

이와 반대로, 비록 이러한 나쁜 세상에 있으면서도 행동을 조심하고 착한 일만을 행하는 이는, 깨끗한 세계에 태어나서 많은 복락을 누리게 된다. 이것이 넷째의 착한 일이다.

5 다섯째의 나쁜 일이란 무엇인가? 이 세상에는 게을러 빠져서, 행실을 조심하지 않고 직업에 충실하기를 싫어하는 사람이 많다. 가족은 굶주림을 이기지 못하고 부모의 경계하는 것은 불공한 말로 대답하여 원수같이 반항하나니, 이러한 자식은 있는 것이 도리어 걱정이다. 제 할 일은 하지 않고 은혜를 고맙게 생각하지 아니하므로 여러 사람의 미움을 받으며, 금전에 곤란을 당하면 남의 것을 함부로 빼앗아 자기의 향락에 소비하며, 주색에 빠져서 호의호식으로 방탕한 생활만을 하면서 남의 이목을 두려워할 줄 모르며, 예의와 의리도 모르고 남이 잘하는 것을 시기하며, 교만한 마음이 산보다 높아서 곁의 사람의 충고를 듣지 아니한다.

친척과 권속이 헐벗고 굶는 것은 아는 체도 안 하고, 부모와 스승의 은혜는 꿈에도 생각하는 일이 없으며, 마음으로는 나쁜 생각만 하고 입으로는 나쁜 말만 하며 몸으로는 나쁜 짓만 하여, 착한 일은 털끝만치도 없다. 성현의 말씀이나 부처님의 교법은 귀에 담지도 아니하고, 지은 인因대로 과보를 받는 것을 조금도 믿지 아니하며, 올바르게 수행하는 이나 부모 형제까지도 살해하려는 생각을 가지고 있으므로, 친척들도 그가 어서 죽기를 바라지 않는 이가 없다.

세상 사람들은 거의 다 이러한 것이어서, 어리석고 모르면서도 자기만은 지혜가 있노라 하지만, 어디로부터 이 세상에 와서 났는지, 또 죽어서는 어디로 가는지도 알지 못하며, 사람의 도리는 지키지 아니하고 천지의 이치를 거역하면서도, 그래도 요행을 바라고 오래 살기를 원한다.

설사 그를 가엾이 여기는 이가 있어, 친절하게 인과의 이치를 가르쳐 주면서, 착한 업보와 나쁜 인과를 말하더라도, 그것을 믿으려고도 하지 아니하니, 마음이 철통같이 막히어서 아무 효력이 없고 만다.

그러다가 죽을 때가 되어서야 비로소 뉘우치고 두려워하지마는, 미리 닦지 아니하였으므로 아무 효과도 없는 것이다. 이 세상에 인과의 법칙은 조금도 틀리는 것이 아니다. 자기가 저지른 죄악의 과보는 아무도 대신 받을 이가 없는 것이니, 할 수 없이 제가 당하는 것이요, 피할 수가 없는 것이다.

착한 사람은 착한 일을 하였으므로 즐거운 데서 즐거운 데로 가고, 밝은 데서 밝은 데로 간다. 그러나 나쁜 사람은 나쁜 짓만 하였는지라, 괴로운 데서 괴로운 데로 가고, 어두운 데서 어두운 데로만 간다. 이 이치는 부처님만이 아시어 가르쳐 주고 일러 주건마는, 믿는 이가 적어서 나고 죽는 고통이 그칠 줄을 모르고 있으니, 가련한 일이다. 그러므로 당연히 삼악도에 떨어져서 무서운 고통을 되풀이하면서 어느 세상에 다시 나올 기약이 없으니, 이것이 다섯째의 나쁜 일로서, 마치 맹렬한 불길이 몸을 태우는 것과 같은 것이다.

그러나 이러한 나쁜 세상에 있으면서도, 마음을 옳게 먹고 행동을 바르게 하여, 말과 행동이 한결같으며, 착한 일만 짓고 나쁜 짓을 하지 아니한 이는, 열반의 저 세계에 태어나서 한량없는 복락을 받게 된다. 이것이 다섯째의 착한 일이다."

6 부처님은 또 미륵보살에게 말씀을 하셨다.

"지금 내가 이야기한 이 다섯 가지 나쁜 일은, 차례차례로 고통에 고통을 더하여, 악도惡途에 들어가 몸을 태우게 되는 것이다. 이러한 사람의 내생은 말할 것도 없거니와 금생에서도 재앙을 받게 되어, 죽으려 하여도 죽지 못하고 살려고 하여도 살 수가 없는, 비참한 처지를 당하여 세상 사람의 본보기가 될 것이다. 그리고 죽은 뒤에는 곧 삼악도에 떨어져 한량없는 고통이 몸과 마음을 태울 것이다. 오래오래 고통을 받는 동안에 또다시 서로 원수를 맺으며, 조그마한 나쁜 일에서 큰 나쁜 일에 이도록 죄업만 짓게 된다. 이런 것은 모두 재산에 탐욕을 내고 자선사업이라고는 생각해 본 적도 없으므로, 번뇌의 노예가 되어 바른 도리는 알지 못하고, 허영에 마음이 팔려 착한 일은 지어 본 적도 없다가, 일생을 마치게 되면 뚫고 나갈 수가 없는 하늘 그물에 싸여, 인과의 법칙을 벗어나지 못하고 끝없는 고통을 받게 되는 것이다.

옛 사람이나 지금 사람이나, 모두 이러한 가엾은 길을 한정 없이 걸어가기 때문에 부처님은 어여삐 여기는 자비를 드리워, 거룩한 위신력으로 모든 악한 것을 없이 하고 착한 길로 나가도록 지도하는 것이다. 이 다섯 가지 경계를 그대로 지키어, 무량수불의 이름과 공덕을 믿는 이는, 반드시 극락세계에 가서 나게 될 것이다.

너희들 미래 중생들은, 부처님의 가르침을 듣거든 그대로 지킬 것이니, 임금부터 착한 일을 행하면서 신하들에게 일러 주고, 신하는 백성들에게 가르쳐서, 윗사람과 아랫사람이 한몸이 되어, 자비를 본위로 하고 불교를 믿으면, 이 삼악도의 고통 바다에서 벗어날 수 있을 것이다.

이 세계에서 서로서로 경계하여 하룻동안이라도 착한 일을 하는 것은, 극락세계에서 백 년 동안이나 착한 일을 닦는 것보다 나은 것이다. 그 까닭을 말하면, 극락세계는 전혀 착한 일뿐이요, 나쁜 일은 조금도 없기 때문이다. 그러기에 이 사바세계에서 열흘 동안이라도 착한 일을 행하는 것은 나쁜 사람이라고는 한 사람도 없는 부처님 정토에서 천 년 동안 착한 일을 하는 것보다도 낫다는 것이다. 눈에 보이는 것과 귀에 들리는 것이 모두 나쁜 일뿐이어서, 서로 속이고 서로 시기하며, 몸과 마음이 잠깐도 편안할 때가 없는 이 세계에서, 착한 일을 한다는 것은 여간 어려운 일이 아니기 때문이다.

내가 지금 너희들을 경계하여 무량수불의 이름과 공덕을 말하는 것을 너희들은 잘 믿어야 한다. 부처님의 교화가 미치는 곳에는 그 공덕을 입어서, 사회는 안녕하여 일월의 광명을 아름답게 볼 것이요, 나라는 평화로워 전쟁이 일어나지 않을 것이며, 백성들은 태평하게 한 세상을 보내며, 예의와 도덕은 가장 소중하게 될 것이다.

나는 부모가 자식을 생각하는 것보다도 더 간절하게 너희 중생들을 사랑한다. 그러므로 이 다섯 가지 나쁜 일이 가득한 이 세상에 나서, 귀중한 경전을 말하여 이 다섯 가지 나쁜 일을 없애고, 내생에는 극락세계에 가서 나도록 지도하는 것이다.

내가 이 세상을 떠나게 되면, 불교는 차례로 쇠퇴하여지고, 다섯 가지 나쁜 일은 이전처럼 다시 성하게 될 것이니, 너희들은 서로 경계하고 서로 조심하여 나의 가르치는 교법을 지켜야 될 것이다."

미륵보살은 이 말씀을 듣고, 합장하고 공경하여 부처님께 여쭈었다.

"부처님의 말씀은 가장 절실하고 마땅합니다. 이 세상 사람은 진실로 그러하거늘, 여래께서 넓으신 자비로 어여삐 여기사 우리들로 하여금 해탈을 얻게 하시니, 부처님의 거듭 가르치심을 받자와, 조금도 어기지 않겠습니다."

제6절 의심을 경계하라

1 부처님은 아난에게 말씀하셨다.

"시방세계의 여러 부처님네는 모두 무량수불의 공덕을 찬탄하신다. 너도 옷을 바로 하고 무량수불께 예배하여라."

아난은 서쪽을 향하여 합장하고 무량수 부처님께 예배하였다. 이때에 아난은 다시 여쭈었다.

"부처님이시여, 무량수불의 극락세계와 거기의 보살들과 성문 대중을 뵐 수 없습니까?"

그때 무량수불은 큰 광명을 놓아 시방세계를 비추시니, 금강철위산과 수미산과, 그 밖에 크고 작은 여러 산들과 온갖 물건이 온통 한빛이 되어, 마치 온 세계가 큰 홍수에 잠기어 호호탕탕한 만경창파가 된 것 같았다. 저 부처님의 광명도 그와 같아서, 성문이나 보살들의 광명은 모두 가려져 버리고 부처님의 광명만이 찬란하게 비치었다.

그때 아난은 무량수불을 뵈었다. 그 위덕이 어마어마하심은 마치 수미산같이 우뚝 솟았는데, 상호相好와 광명이 환하게 비추시었다. 이 회상의 대중들도 한꺼번에 극락세계의 무량수불 회상을 뵙고자 했더니, 무량수불 회상의 대중들도 또한 이 석가모니 부처님의 설법하시는 법회를 보고 있었다. 부처님은 아난과 미륵보살에게

"너희들은 극락세계의 땅 위에서 공중에까지 아름답게 비치는 장엄과 여러 가지 물건을 보느냐? 또 시방세계의 중생들에게 설법하시는 목소리를 듣느냐?"

하고, 물으셨다.

"예, 보고 듣나이다."

"아난아, 극락세계에 가서 난 이들이 백천 유순이나 되는 칠보 궁전을 타고, 시방세계에 마음대로 다니면서 여러 부처님께 공양하는 것을 보느냐?"

"예, 보고 있나이다."

"아난아, 또 저 세계에는 화생化生하는 사람 외에 태로 나는 사람도 있

는 것을 보느냐?"

"예, 보고 있나이다. 그 태로 나는 이가 있는 궁전은 백 유순도 되고 오백 유순도 되는데, 제가끔 그 가운데서 쾌락을 받는 것은, 마치 도리천 위의 사람들과 같아서, 저절로 이뤄집니다."

2 이때에 미륵보살은 부처님께 여쭈었다.

"극락세계에는 태로 나는 이도 있고, 화化하여 나는 이도 있는 것은 무슨 까닭이옵니까?"

부처님은 이렇게 대답하셨다.

"어떤 중생이 의심하는 마음으로 공덕을 닦아서, 극락세계에 가서 나기를 원하면서도, 무량수불의 높고 크고 거룩하고 짝할 이 없는 지혜는 믿지 아니하고, 죄 되고 복되는 이치만을 믿고 선근을 닦아서, 저 세계에 나기를 발원하는 이는, 저 궁전에 태어나기는 하지마는 오백년 동안을 부처님을 뵙지도 못하고 정법正法을 듣지도 못하며, 성문 대중을 보지도 못하는 탓으로, 이런 사람들은 태로 나는 것이다. 만일 부처님의 수승한 지혜를 믿고, 여러 가지 공덕을 지어서 신심으로 회향하면, 이런 중생은 칠보 연못 위에 화생하여, 잠깐 동안에 몸의 상호와 광명과 지혜와 공덕이 여러 보살들과 같이 되는 것이다.

미륵이여, 또 다른 세계 보살들이 발심하여, 무량수 부처님과 보살들과 성문 대중에게 공양하려 하면 저 보살들은 목숨을 마칠 때에 극락세계의 칠보 연꽃 위에 화생한다.

미륵이여, 저 화생하는 보살들은 지혜가 수승한 탓으로 화생하게 되거니와, 태로 나는 이들은 지혜가 없어서, 오백 년 동안은 삼보를 보지도 듣지도 못하고 공양하지도 못하며, 공덕을 닦지도 못한다. 이런 사람들은 전생에 지혜가 없어서 의심하였던 까닭이다.

비유해 말하면, 전륜성왕의 왕자가 죄를 지었을 때에, 훌륭하게 장엄한 칠보 궁전에 가두어 황금 사슬로 얽어매고, 맛난 음식과 아름다운 의

복과 꽃과 향과 좋은 음악으로 이바지하기를 전륜성왕에게와 같이 한다면, 이 왕자는 이 칠보 궁전에 갇혀 있기를 즐거워하겠는가?"

"즐거워하지 아니할 것이고, 무슨 수단으로든지 이 궁전에서 도망하려 할 것입니다."

"이 모든 중생들도 또한 그러하여, 저 칠보 궁전에 나서, 무슨 형벌이나 나쁜 일이 없다 하더라도, 부처님의 지혜를 의심한 탓으로, 오백 년 동안을 삼보를 보지도 못하고 공양도 못하며, 선근 공덕을 닦지 못하는 것을 괴로이 여기는 것이요, 설사 다른 즐거운 일이 있더라도 그곳에 있기를 좋아하지 아니할 것이다.

만일 이 태로 나는 중생들이 자기의 지은 죄를 깨달아 참회하고, 하루바삐 그곳에서 벗어나기를 원한다면, 곧 무량수불이 계신 곳에 나아가서, 공경하고 공양을 올리고, 여러 세계 부처님이 계신 곳에 두루 다니면서, 공덕을 닦을 수 있게 되는 것이다.

미륵이여, 어떤 보살이나 의혹을 내기만 하면, 큰 이익을 잃게 되는 것이다. 그러므로 부처님의 지혜를 굳게 믿어야 하는 것이다."

제7절 위제희 부인과 극락세계

1 아사세왕은 태자(아자타)로 있을 때에, 제바달다의 간특한 꼬임에 빠져 태자로서 지킬 본분을 잃고 반역의 행동을 일으켰다. 그래서 자기가 왕위를 빼앗고 아버지 되는 빈바사라 왕을 몰아내어 옥중에 가두고 굶겨 죽이려고, 사람의 출입을 금지하고 음식물을 들이지 못하게 했다. 이렇게 한 지 여러 날을 지나서 아사세왕은 부왕父王이 갇혀 있는 옥문의 수문장을 불러서 물었다.

"부왕은 아직까지 살아 계시나?"

"예, 아직까지 살아 계십니다."

"무슨 목숨이 그렇게 길더란 말이냐? 옥중에 가둔 지가 거의 한 달이나 지났을 터인데, 아직까지 죽지 않고 살아 있다니…."

"황공하오나 그럴 수밖에 없습니다. 왕태후 위제희 부인 마마께서 몸에다가 꿀을 바르고, 그 위에 볶은 찹쌀가루를 묻혀 가지고 오시되, 영락에다가 물과 장을 담아 가지고 매일같이 출입을 하면서, 그 쌀가루를 손톱으로 긁어내서 물과 장과 같이 올려서 먹게 하고 있습니다. 그리고 부처님의 제자인 목건련과 부루나는 공중에서 날아와, 신통을 부려 옥문을 열지도 않고 들어가서 설법을 하고 있으니, 돌아가실 이치가 있겠습니까?"

"부처님의 제자들은 신통 변화로 들어간다니까 그렇다고 하려니와, 왕태후의 출입은 왜 제지하지 아니하였단 말이냐?"

"소인네가 어찌 감히 제지할 도리가 있겠나이까?"

아사세는 이 말을 듣자마자, 화가 벌컥 치밀어서

"왕태후는 어머니라 할지라도, 국법에 저촉되는 적과 같은 부왕을 도와준다면 역시 국적이다. 또 나쁜 사문들이 주술과 신통으로써 옥중에 들어가서 감언이설로 악한 왕을 오래 연명하도록 한다니, 모두 용서할 수 없는 일이다."

하고, 칼을 빼어 들고 어머니 위제희 부인을 한 칼에 베어 죽이려고 하였다.

이때에, 대신大臣 월광月光과 기바가 왕에게 읍하고 간하기를

"우리들이 베다의 경전에 기록한 바에 의하여 보면, 천지가 개벽한 이후 악한 왕들이 나랏님의 지위를 탐해서 그 아버지를 죽인 자는 일만 팔천 명이나 있다고 함을 보았으나, 무도하게도 죄 없는 약한 어머니를 살해하였다는 일은 한 사람도 보지 못하였습니다.

대왕께서 이러한 대역의 거사를 하신다면, 이것은 왕족을 더럽히는

일이라, 신들은 방관하고 참을 수가 없나이다. 사람으로서 어찌 이런 일을 하오리까? 이것은 짐승만도 못한 일이라, 신들은 절개를 지켜서 충성을 바칠 수가 없는가 하오."

하고, 두 사람은 칼을 손에 들고, 뒤로 물러 나가면서 말했다. 왕은 놀라면서 기바에게 말했다.

"경들은 나를 위하여 도와주지 아니하려는가?"

"지금이라도 모후母后를 해하지 아니하신다면, 다시 생각할 여지가 없는 것도 아닙니다."

아사세는 이에 마음을 돌리고 칼을 던져 버렸다. 그리고 내관에게 명령하여 어머니 위제희 부인을 후궁에 가두고 출입을 못하게 하였다.

2 이때에 위제희 부인은 자기 아들에게 갇히어서 욕을 보게 되었으므로, 분함과 억울함을 참으며 슬픔과 탄식에 잠겨서, 멀리 기사굴산을 바라보고 부처님께 망배를 드리고, 혼잣말로 부르짖었다.

"부처님이시여, 일찍이 부처님께서는 목건련 존자와 아난 존자를 보내서, 나를 위로하여 주신 일도 있었습니다. 나는 지금 참을 수가 없는 근심과 슬픔에 잠겨 있습니다. 그러므로 부처님을 뵙고자 하는 생각이 더욱 간절합니다. 그러나 높으신 부처님을 감히 어찌 앉아서 뵐 수가 있겠습니까? 꼭 가서 뵈어야 할 터인데, 아들에게 감금을 당하여 갈 수가 없는 신세가 되었으니, 더욱이 안타깝고 견딜 수 없습니다. 그러한즉, 목건련과 아난 두 존자만이라도 보내셔서 만나게 하여 주셨으면, 이런 고마울 데가 없을까 하나이다."

빗방울같이 떨어지는 눈물을 흘리면서, 멀리 부처님께 절을 드리고 있었다. 부인이 머리도 채 들기 전에, 부처님은 부인의 마음을 알아 살피시고, 신통을 나투사 부인 앞에 나타나 있었다. 부인은 울다가 울다가 머리를 들어보니, 부처님이 와 계시지 않는가. 그뿐인가? 왼쪽에는 목건련 존자가 서 있고 오른쪽에는 아난 존자가 서 있었다. 부인은 땅에 거꾸러져 몸부림을 치고 느껴 울면서 부처님께 사뢰었다.

"부처님이시여, 나는 무슨 죄보로서 이와 같은 불효 악자를 낳게 되었고, 또 부처님께서는 무슨 인연으로 제바달다와 같은 것과 친척이 되셨습니까? 부처님이시여, 나를 위하여 근심과 괴로움이 없는 곳을 가르쳐 주십시오. 나는 이 천박하고 악덕한 세상이 싫어졌습니다. 이 세상은 지옥·아귀·축생이 꽉 차 있는 좋지 못한 세상입니다. 나는 이후부터는 악한 소리를 듣는다거나 악한 사람을 다시 만나 보고 싶지 않습니다. 청컨대, 세상의 눈이요 빛이신 부처님께서는, 나에게 깨끗한 세계를 보여 주소서."

3 이때에, 부처님은 두 눈썹 사이로 백호 광명을 놓아, 널리 시방세계를 비추시니, 모든 깨끗한 부처님의 국토가 다 나타났다. 어떤 국토는 칠보로 이뤄지고, 어떤 국토는 연화처럼 아름답고, 어떤 국토는 파리 구슬의 거울처럼 빛났다. 부인은 이것을 다 보아 마치고 부처님께 여쭈었다.

"부처님이시여, 이러한 종류의 여러 나라에는 어느 곳이나 맑은 광명이 충만하고 있습니다. 그러나 나는 그 가운데도 극락세계가 가장 좋습니다. 나는 아미타 부처님이 계신 곳에 가서 나고 싶습니다. 나에게 가서 날 방법을 일러 주십시오. 그리하여, 나에게 바로 나아갈 길을 가르쳐 주시옵소서."

그때 부처님은 웃으시며, 오색 광명의 서기를 날려서 빈바사라 왕의 이마를 비추니, 왕은 갇혀 있으면서도, 마음눈이 열리어, 멀리 부처님을 보고 공경히 예배를 드렸다. 왕은 미혹의 번뇌가 끊어지고 깨달음에 이르는 몸이 되어 있었다. 부처님은 위제희 부인에게 말씀하셨다. "알지 못하는가 부인이여, 아미타불阿彌陀佛은 여기서 멀지 아니한 곳에 계십니다. 부인은 아미타불의 극락세계를 주야로 생각하십시오. 그리고 저 나라에 가서 나고 싶으시거든 세 가지의 복업福業을 닦으십시오. 세 가지의 복업이란 무엇인가? 첫째는 부모에게 효도하고 스승을 공경하며 자비심을 깊이 가져서, 살생과 도둑질과 간음과 거짓말과 꾸미는 말과 이간질과 악담을 하지 말고, 탐심과 진심과 치심을 내지 말 것이요, 둘째는 불법승佛法僧 삼보에 귀의하고, 모든 계행을 지켜서 위의를 점잖게 가질 것이요, 셋째는 도를 구하는 마음을 일으켜서, 깊이 인과의 이치를 믿고 경전을 읽으며, 사람에게 도를 닦으라고 권하는 것입니다.

부인이여, 이 세 가지가 저 극락세계에 가서 나게 되는 맑은 업입니다. 과거 · 현재 · 미래의 부처님들도 이 세 가지의 바른 인因을 닦아 깨달음을 얻은 것입니다."

4 부처님은 다시 아난과 부인에게 말씀하셨다.

"너희들은 자세히 듣고 자세히 생각하라. 나는 이 세상의 사람과 다음 세상의 사람들로서, 번뇌의 도둑에게 사로잡힌 자들에게 깨끗한 행실을 가르쳐 말하리라. 참으로 부인은 이런 일을 잘 물었습니다. 아난아, 너는 여래가 말한 것을 널리 사람들에게 잘 펴서 말하라. 나는 이제 부인을 비롯하여 후세의 모든 사람에게 서방 극락세계를 보여 주고, 여래의 힘에 의하여 저 깨끗한 국토를 보여 주고, 그 국토의 묘락妙樂을 볼 때에 마음이 즐거워져서, 다시 두 번 험악한 이 세계에 나지 않도록 깨달음을 얻게 하여 주리라."

위제희 부인은 이렇게 물었다.

"부처님이시여, 나는 다행히 부처님의 힘에 의하여 저 안락한 정토를 보았습니다마는, 후세에 생로병사에 얽혀 늙음을 슬퍼하고 병고를 무서워하고 죽음을 두려워하고 이별을 슬퍼하는 사람들은 어찌하여야 저 국토를 보고, 거기 가서 나게 하오리까?"

"너희들은 자세히 듣고 잘 생각하여라. 나는 이제 너희를 위하여 고통을 제하는 방법을 말해 줄 것이다. 너희들은 이것을 여러 사람들에게 펴서 말하여 널리 펴라."

부처님이 이렇게 말씀하시자마자 동시에, 아미타불이신 무량수 부처님은 공중에 나타나시었다. 뿐만 아니라, 관세음보살과 대세지보살의 두 보살도 좌우에 나타나서 아미타불을 모시고 있었다. 그래서 위제희 부인과 아난과 그 밖의 대중들은 기뻐하며 예배했다. 부인은 부처님께 여쭈었다.

"부처님이시여, 우리들은 지금 부처님의 위신력을 입어 아미타불과 두 보살님께 예배하고 뵈었습니다만 후세의 사람들은 어떻게 하여야 저 부처님을 뵐 수가 있겠습니까?"

"먼저 아미타불이신 무량수불의 몸을 마음으로 생각하라. 천억의 금색이 빛나시고 몸의 키가 높으심은 육십만억 유순이시며, 눈은 사해四海의 물보다 더 깊고 넓으시고, 몸에는 팔만사천의 상호가 있으며, 낱낱 상호에는 팔만사천의 광명이 있고, 낱낱 광명은 시방세계를 비추어, 염불하는 사람을 널리 관찰하시고 그들을 다 거두어 버리시지 않는다.

이 부처님의 몸을 친견함으로써 그 부처님의 마음을 보게 된다. 그 부처님의 마음은 곧 대자대비이시다. 그래서 여러 가지 인연에 의하여 사람들을 거두어들이신다.

아난과 위제희여, 저 부처님을 밤낮으로 생각하라. 저 부처님은 법계에 꽉 차서 계신 몸이기 때문에, 모든 사람의 마음 가운데에도 들어가 계신다. 그러므로 너희들이 마음으로 저 부처님을 생각할 때에는, 그 마음은 진실로 원만한 상호相好를 갖춘 부처인 것이다. 마음이 곧 부처요, 부처가 곧 마음이란 것은 이것을 두고 한 말이다. 너희들 마음이 부처를 생각하여 곧 부처가 되면, 그 마음 그대로가 부처가 아니냐? 그러므로 너희들이 일심으로 저 무량수불을 지극히 생각한다면 모든 공덕을 이루는 것이다."

부처님이 이러한 법문을 설하여 마치자, 위제희 부인을 비롯하여 많은 시녀들은 다 극락세계와 아미타불 및 두 보살님을 친견하고, 마음이 즐거움에 벅차서 큰 깨달음을 얻었다.

부처님은 다시 말씀하셨다.

“만일 어떤 사람이 아마타불의 이름을 듣기만 하면, 끝이 없는 무명번뇌의 미혹에 들어가는 죄를 제하게 되리라. 더구나 생각하고 잊지 아니하는 이의 공덕은 말할 것 없다. 염불하는 사람은 사람 가운데서 깨끗한 흰 연꽃이다. 관음 · 세지 두 보살은 그 벗이 되어, 항상 갈리지 않고 마침내는 극락정토에 가서 나게 되리라.”

법문을 설하여 마치신 부처님은 기사굴산으로 돌아가시고, 아난이 다시 사람을 위하여 널리 펴니, 듣는 사람들은 모두 신심을 내고 즐거워하였다.

제6장 대집경 · 허공장경을 말씀하심

제1절 보살의 행원과 공덕

1 "보시행을 닦아 모으므로 보리를 얻는 것이요, 간탐으로 얻는 것이 아니며, 청정한 계행을 닦아 모으므로 보리를 얻는 것이요, 파계로써 얻는 것이 아니다. 인욕행을 닦아 모아서 보리를 얻는 것이요, 진심瞋心으로 얻는 것이 아니며, 정진을 부지런히 행하여서 보리를 얻는 것이요, 해태로써 얻는 것이 아니다. 선정을 닦아서 보리를 얻는 것이요, 산란심으로 얻는 것이 아니며, 지혜를 닦아서 보리를 얻는 것이요 우치로써 얻는 것이 아니다. 삼십칠조도법三十七助道法이나 사무량심四無量心도 또한 그러하니라."

2 "보살에게 세 가지 진실이 있으니, 첫째, 모든 부처님을 속이지 않는 것이요, 둘째, 자기를 속이지 않는 것이요, 셋째, 중생을 속이지 않는 것이다. 어떤 것이 부처님과 자기와 중생을 속이지 않는 것인가? 보살이 보리심을 발한 뒤에 성문 · 벽지불 승乘을 탐착하면, 그것은 부처님과 자기와 중생을 속이는 것이다. 그러나 만일 보살이 보리심을 한번 발한 뒤에는, 지옥에서 큰 고뇌를 받거나, 마군의 일을 하는 사견邪見 중생과 같이 있거나, 악한 나라에 태어나 나쁜 번뇌가 일어나거나, 몸이 흉기에 찔리고 불에 탈지라도, 보리심을 버리지도 않고, 쉬지도 않으며, 두려워하지도 않고 후회도 하지 않아서, 보리심으로 하여금 점점 증장增長하게 하며, 또 모든 중생을 위하여 큰 고뇌를 받거나 고苦를 받는 자를 보면 마음

이 더욱 증장해져서, 정진을 부지런히 닦아 보리를 얻고자 하며, 삿된 말에 속지 않고, 일체 삿된 바람에 흔들리지 아니하면, 이것은 부처님과 자기와 중생을 속이지 않는 것이다. 만일 보살이 부처님과 자기와 중생을 속이지 않으면, 그것이 실다운 보살의 진실이다.

부처님을 속이지 않는 일에 네 가지가 있으니, 마음이 견고하고, 지극한 곳에 머물고, 세력이 구족하고, 부지런히 정진하는 것이다.

자기를 속이지 않는 일에 네 가지가 있으니, 마음이 깨끗하고, 마음이 지극하며, 속일 마음이 없고, 마음이 굽지 않는 것이다.

중생을 속이지 않는 일에도 네 가지가 있으니, 장엄莊嚴하고, 자심慈心을 닦고, 비심悲心을 닦고, 중생을 섭취攝取하는 것이니, 이것이 보살의 첫째 진실이다.

보살은 말을 많이 아니하며 말을 두호하며 말이 머트럽지 않으며 말이 진실하여, 홀로 있거나 대중 속에서나 임금 앞에서도 말이 진실하며, 재물을 위해서도 거짓말을 안 하며 몸을 위해서도 거짓말을 하지 않는다. 비록 삼천 대천세계에 가득한 칠보가 있더라도 거짓말을 않거늘, 하물며 조그마한 일로 거짓말을 하겠는가."

3 어느 때 보녀寶女는 부처님께 여쭈었다.

"부처님이시여, 무슨 까닭으로 대승大乘이라 하나이까?"

부처님은 말씀하셨다.

"그 승乘은 넓고 크므로 이름을 대승이라 하는 것이다. 모든 중생에게 걸림이 없으므로 이름이 대승이요, 일체지의 선근善根의 근본이 되므로 이름이 대승이요, 번뇌의 모든 어두움이 없으므로 이름이 대승이요, 광명이 있어서 통하지 않는 데가 없으므로 이름이 대승이요, 본성이 항상 조촐하여 더러움이 없으므로 이름이 대승이요, 모든 번뇌의 일체 습기를 끊었으므로 이름이 대승이다. 또 금하는 계행을 두호하여 가지므로 이름이 청정이요, 선정을 닦아 모으므로 이름이 안주安住요, 지혜를 닦으므로 이름이 무루無漏요, 해탈을 닦으므로 이름이 무계박無繫縛이요, 일체 법의 평등함을 보이므로 이름이 해탈지解脫智요, 십력十力을 섭취하므로 이름이 무능동無能動이요, 사무외四無畏가 구족하므로 이름이 무포구無怖懼요, 십팔불공법十八不共法을 섭취하므로 이름이 무애無碍요, 대자大慈를 닦아 모으므로 이름이 평등이다. 일체 마군을 파괴하므로 이름이 최승最勝이요, 번뇌의 마군을 항복받으므로 이름이 적정寂靜이요, 법의 마군을 파괴하므로 이름이 불가수不可數요, 죽음의 마군을 파하므로 이름이 상주常住다. 보시바라밀이 구족하므로 이름이 부족富足이요, 지계바라밀이 구족하므로 이름이 무열無熱이요, 인욕바라밀이 구족하므로 이름이 무원無怨이요, 정진바라밀이 구족하므로 이름이 무동無動이요, 선바라밀이 구족하므로 이름이 무루무전無漏無轉이요, 지혜바라밀이 구족하므로 이름이 승일체세간출세간勝一切世間出世間이요, 방편바라밀이 구족하므로 이름이 섭취攝取이다. 일체 모든 승乘으로 모든 유有를 끊으므로 이름이 무유無有요, 팔정도八正道를 얻으므로 이름이 편안이요, 정定과 혜慧가 걸림 없어서 모든 근根을 조복하므로 이름이 대신통이다. 사정근四正勤을 닦아 모든 부처님의 세계를 보며, 사념처四念處를 닦으며, 모든 악한 법을 멀리 여의고 착한 법을 친근하며, 칠각분七覺分을 닦아 일체 모든 번뇌를 멀리 여의며, 함이 없고(無爲), 샘도 없고(無漏) 이길 이 없고(無勝), 위없고(無上), 그 꼭대기(頂)를 볼 이 없고, 알(知) 이 없고, 막힘도 없어, 무량무변한 공덕을 성취하여 일체의 간탐·파계·해심害心·해태·난심亂心·무명無明을 여의고, 중생으로 하여금 많이 들어서 안락하게 하여 일체의 고를 끊고, 모든 착한 업을 짓게 하는 불지佛智·무애지無碍智·무상지無上智·평등지·일체지를 이름하여 대승이라 한다."

제2절 마군의 업과 보살의 공덕

1 부처님은 허공장보살에게 말씀하셨다.

"선남자야, 어떤 것을 일러 보살이 원적怨敵을 깨뜨리고 사마四魔를 여의는 것이라 하는가? 만일 보살이 부지런히 닦고 익혀서, 오음五陰을 환幻과 같이 관觀하면 음마陰魔를 여읠 것이요, 모든 법성法性을 깨끗한 것으로 관하면 번뇌마를 여읠 것이요, 일체 법은 연緣으로부터 나서 성性이 성취되지 않은 것으로 관하면 죽음(死)의 마를 여읠 것이다. 일체 법은 연으로 장엄한 것이라, 무상하고 파괴되는 상인 것으로 관하면 하늘(天)의 마를 여읠 것이다. 보살은 이렇게 관하여 사마를 여의고 보리로 나아가서 게으르지 않고, 있는 바 보리에 장애되는 마업魔業을 모두 멀리 여의나니 어떤 것이 마업인가? 이른바, 마음이 소승小乘으로 향하는 것이 마업이요, 보리심을 두호하지 않는 것이 마업이요, 중생에게 다른 상想을 내는 것이 마업이요, 보시하고 갚음이 오기를 바라는 것이 마업이다. 또 수생受生하기를 위하여 계행을 가지는 것이 마업이요, 색色에 상想이 있어서 인욕바라밀을 행하는 것이 마업이요, 세간 일을 위하여 정진하는 것이 마업이요, 선禪바라밀에 맛의 상(味想)을 붙이는 것이 마업이요, 지혜바라밀에 희론을 내는 것이 마업이요, 생사를 싫어하는 것이 마업이요, 모든 선善을 짓고도 회향하지 않는 것이 마업이요, 번뇌를 싫어하고 미워하는 것이 마업이요, 죄를 범하고 숨기는 것이 마업이요, 보살을 미워하고 시기하는 것이 마업이요, 정법正法을 비방하는 것이 마업이요, 은혜를 갚을 줄 모르는 것이 마업이다. 모든 바라밀을 나아가 구하지 않는 것이 마업이요, 법을 공경하지 않는 것이 마업이요, 법을 아끼는 것이 마업이요, 이양利養을 위하여 법을 설하는 것이 마업이요, 방편으로 중생을 교화할 줄 모르는 것이 마업이요, 사섭법四攝法을 버리는 것이 마업이요, 파계한 자를 경멸하는 것이 마업이요, 지계持戒하는 이를 미워하는 것이 마업이요,

정위正位를 희망하는 것이 마업이요, 대자大慈를 버리고 무생無生을 관하는 것이 마업이다. 무위無爲법을 증득하려는 것이 마업이요, 유위有爲 공덕을 싫어해 여의려는 것이 마업이요, 중생을 불쌍히 여기지 않는 것이 마업이요, 존장에게 겸손하지 않는 것이 마업이요, 두 가지 말을 하는 것이 마업이요, 아첨과 간사가 많은 것이 마업이요, 자기의 청정한 행을 나타내는 것이 마업이요, 악업을 짓고도 부끄러워하지 않는 것이 마업이요, 법을 유포하지 않는 것이 마업이다. 적은 공덕으로 만족을 삼는 것이 마업이요, 결사結使를 끊지 않는 것이 마업이요, 마음의 때(垢)를 버리지 않는 것이 마업이요, 사문의 때(垢)를 참는 것이 마업이니라. 선남자야, 일체 착하지 못한 법을 친근히 하여 행하고, 모든 선법은 멀리 여의는 것이 이른바 마업이다. 이 업을 행하면, 보리 도道의 장애가 되는 것이다."

2 사리불은 무진의보살에게 청했다.

"인자仁者여, 원컨대 무진無盡 법문을 설하소서."

"사리불이여, 처음으로 위없는(無上) 보리심을 발할 때에 벌써 무진無盡이다. 왜냐하면, 보리심을 발하면 번뇌에 섞이지 않는 연고요, 발심發心은 상속相續이 되나니 다른 승(餘乘)을 희망하지 않는 연고요, 발심은 견고하나니 외론外論에 참여하지 않는 연고요, 발심은 파괴되지 않나니 마군이 저희沮戲하지 못하는 연고요, 발심은 항상 순하나니 선근善根이 자라는 연고다. 발심은 지극히 항상되나니 유위有爲법이 무상인 연고요, 발심은 동하지 않나니 일체 부처님이 위로하고 두호하는 연고요, 발심은 승勝하고 묘하니 쇠한 상(衰相)을 여윈 연고요, 발심은 안정하나니 희론하지 않는 연고요, 발심은 비유가 없나니 비슷한 것이 없는 연고요, 발심은 금강과 같나니 모든 법을 파괴하는 연고요, 발심은 무진이니 무량한 공덕을 모두 성취하는 연고다. 발심은 평등이니 중생을 이익하게 하는 연고요, 발심은 널리 덮는 것이니 다른 것이 없는 연고요, 발심은 선명하나니 성품이 항상 청정한 연고요, 발심은 때가 없나니 지혜가 밝은 연고요, 발심은 잘 아는 것이니 필경에 여읨 없는 연고요, 발심은 넓고 시원한 것이니 허공과 같은 연고요, 발심은 비고 큰 것이니 모든 중생을 다 능히 용납하는 연고다. 발심은 걸림이 없는 것이니 지혜가 통달한 연고요, 발심은 두루 이르는 것(遍至)이니 대비大悲가 끊어지지 않은 연고요, 발심은 끊어지지 않는 것이니 원력을 잘 세우는 연고요, 발심은 귀의歸依가 되는 것이니 모든 부처님이 칭찬하는 연고요, 발심은 수승한 것이니 이승二乘이 우러러보는 연고다. 발심은 깊고 먼 것이니 일체 중생이 알지 못하는 연고요, 발심은 패敗하지 않는 것이니 불법을 파하지 않는 연고요, 발심은 안온한 것이니 모든 중생에게 쾌락을 주는 연고요, 발심은 장엄한 것이니 일체 공덕을 모두 성취하는 연고요, 발심은 잘 살피는 것이니 지혜를 성취하는 연고요, 발심은 증장增長하는 것이니 뜻 따라 베풀어주는 연고요, 발심은 원과 같은 것이니 계戒를 성취하는 연고다. 발심은 보급普及하는 것이니 원친怨親에 모두 인욕하는 연고요, 발심은 파괴하기 어렵나니 구족具足히 정진하는 연고요, 발심은 적멸이니 선정을 갖춘 연고요, 발심은 훼방할 수 없나니 지혜를 갖춘 연고요, 발심은 원이 없나니 대자大慈를 증장하는 연고요, 발심은 근根에 견고하게 주하나니 대비를 증장하는 연고요, 발심은 즐거운 것이니 대희大喜를 증장하는 연고요, 발심은 동하지 않는 것이니 대사大捨를 증장하는 연고요, 발심은 맡은 것이 무겁나니 모든 부처님께 받은 연고요, 발심은 끊이지 않나니 삼보가 끊어지지 않는 연고니라 사리불이여 보살은 일체지를 위하여 보리심을 발하는 것이다."

3 사리불은 무진의보살에게 물었다.

"선남자여, 다시 무진無盡한 법문이 있는가?"

무진의보살은 대답하였다.

"보살의 무진無盡한 보시 법문이 있으니, 바라밀을 수행하는 것이 무진이다.

먹을 것을 찾을 때에 먹을 것을 보시하면 명命과 변재辯才와 색色과 힘

(力)과 락樂이 구족하고, 마실 것을 찾을 때에 마실 것을 보시하면 갈애渴愛를 여의고, 입을 것을 찾을 때에 입을 것을 보시하면 부끄러움이 없어지고, 탈(乘) 것을 찾을 때에 탈 것을 보시하면 일체 락樂을 얻고 신통이 구족하며, 등불을 찾을 때에 등불을 보시하면 청정한 불안佛眼을 얻고, 음악을 찾을 때에 음악을 보시하면 청정한 천이통을 얻고, 향香을 찾을 때에 향을 보시하면 몸에서 미묘한 향취가 나고, 화만華鬘을 찾을 때에 화만을 보시하면 다라니陀羅尼의 칠각화七覺華가 구족하고, 도향塗香·말향末香을 찾을 때에 도향·말향을 보시하면, 계戒·정定·혜慧 향으로 몸을 훈습하게 되고, 가지가지 맛있는 것을 찾을 때에 찾는 대로 보시하면, 미상味相을 성취하고, 의지가 없는 자에게 의지할 곳을 보시하면 능히 중생을 위하여 구호처와 귀의처가 되고, 좌구坐具를 찾을 때에 좌구를 보시하면, 모든 번뇌를 끊고 범천梵天·현성賢聖 및 부처님의 자리를 성취하며, 앉을 자리를 찾을 때에 자리를 보시하면 삼천 대천세계로 도량을 삼아서 금강좌金剛座에 앉게 되고, 병든 이에게 약을 보시하면 늙고 죽음이 없는 감로법약甘露法藥을 성취하고, 부릴 사람을 찾을 때에 부릴 사람을 보시하면 자재한 지혜를 구족하게 성취하고, 금·은·유리·파리·진주·가패珂貝·산호 등 가지가지 보배를 보시하면 삼십이상三十二相이 구족하고, 가지가지 영락으로 보시하면 팔십종호八十種好가 구족하고, 코끼리·말·수레를 보시하면, 대승법을 구족하게 성취하고, 공원이나 숲을 보시하면 모든 선禪을 성취하고, 처자妻子를 보시하면 위없는 도道의 법애法愛가 구족하고, 창고와 곡식으로 보시하면 모든 착한 법의 보장寶藏이 구족하고, 모든 악구樂具로 보시하면 무량한 법락法樂이 구족하고, 다리(脚)나 발(足)을 보시하면 법족法足이 구족하여 도량에 이르게 되고, 손(手)을 보시하면 중생을 편안하게 어루만져 법락法樂을 얻게 되고, 귀(耳)나 코를 보시하면 모든 근根이 구족하여 통리通利하게 되고, 눈(眼)을 보시하면 걸림 없는 법안法眼을 성취하고, 머리를 보시하면 삼계 중에서 지혜가 수승하게 되고, 피(血)나 살(肉)

을 보시하면 모든 견고하지 않던 것이 모두 견고하여지고, 뼈골(髓)이나 뇌(腦)를 보시하면 금강불괴신金剛不壞身을 얻게 된다. 보살은 사명邪命으로써 재물을 얻기 위하여 보시를 하는 것이 아니요, 중생을 졸라서 억지로 남의 재물을 빌려다 보시하지 않는다. 두려움 없는 보시, 부끄러움 없는 보시, 간탐이 없는 보시 손해가 없는 보시, 싫음이 없는 보시, 아첨이 없는 보시, 간사가 없는 보시, 업보를 의심하지 않는 보시, 사명邪命이 없는 보시, 우치가 없는 보시, 불신不信이 없는 보시, 피염疲厭이 없는 보시, 의착依着이 없는 보시, 중생으로서 받지 못할 것이 없는 보시, 갚음을 바라지 않는 보시, 이름을 구하지 않는 보시, 나무람과 기림이 없는 보시, 열뇌熱惱가 없는 보시, 후회가 없는 보시, 자찬自讚이 없는 보시, 더러움이 없는 보시, 업보를 바라지 않는 보시, 정처定處가 없는 보시, 진심瞋心이 없는 보시, 구걸하러 온 사람을 괴롭게 하지 않는 보시, 경이輕易가 없는 보시, 끊임이 없는 보시, 질투가 없는 보시, 제한이 없는 보시, 복전福田 아님이 없는 보시니라. 적은 보시를 경하게 여기지도 않고, 많은 보시를 칭찬하지도 않으며, 후생後生을 구하는 보시도 아니요, 자재한 재물을 구하는 보시도 아니며, 석범호세천왕釋梵護世天王·전륜성왕轉輪聖王을 구하는 보시도 아니요, 성문·연각 승乘을 원하는 보시도 아니며, 일체 세상 사고事故를 위한 보시도 아니요, 일체지로 회향하는 보시이니, 보살의 행하는 보시는 지혜 있는 자의 웃을 바가 되지 않는 것이다. 왜냐하면, 공적空寂을 관하여 행하는 보시이므로 무진無盡이요, 소작所作이 없는 보시이므로 무진이며, 삼유三有의 상相을 초월난 보시이므로 무진이요, 해탈解脫의 과果를 위한 보시이므로 무진이며, 여러 마군을 항복받기 위한 보시이므로 무진이요, 모든 번뇌를 끊기 위한 보시이므로 무진이며, 보리를 돕기 위한 보시이므로 무진이요, 바르게 회향하는 보시이므로 무진이다."

제3절 지위에 따라 죄가 다르다

1 부처님은 미륵보살에게 말씀하셨다.

"선남자야, 국왕은 다섯 가지 근본죄根本罪가 있으니, 만일 국왕으로서 이 근본 죄를 범하면, 선근이 없어지고 악취惡趣로 들어가서, 길이 인천人天의 락樂을 여의느니라. 국왕으로서 만일 부처님의 물건이나 사중寺中 물건이나 또는 대중의 물건을 스스로 취하거나 혹은 사람을 시켜서 취하면, 이것은 제일一의 근본 죄가 되는 것이다.

만일 성문聲聞 법을 비방하거나 연각緣覺 법을 비방하거나, 또는 대승법을 비방하거나 그 법에 장애가 되거나, 또는 그 법을 숨기고 감추어 유통하지 못하게 하면, 이것은 제이二의 근본 죄가 되는 것이다.

만일 신심信心으로 출가하여, 머리와 수염을 깎고 물들인 옷을 입은 사람이, 계행을 가졌거나 아니가졌거나 간에, 그 사람의 가사를 벗기고 억지로 환속하게 하거나, 혹은 가두거나 때리거나 죽이거나 하면, 이것은 제삼三의 근본 죄가 되는 것이다.

만일 오역죄五逆罪 즉, 아비를 죽이거나 어미를 죽이거나 아라한을 죽이거나 화합승和合僧을 파괴하거나 부처님 몸에 피(血)를 내거나 하는, 이 다섯 가지 중에서 한 가지만 범해도 이것은 제사四의 근본 죄가 되는 것이다.

만일 인과가 없다고 비방하거나, 후세가 있는 것을 믿지 않고, 항상 십악업을 행하거나 또는 남을 권하여 행하게 하면, 이것은 제오五의 근본 죄가 되는 것이다.

국왕으로서 이상 다섯 가지 근본 죄에서 한 가지만 범해도, 전에 지은 선은 없어지고, 인천의 락을 여의어 악취에 떨어진다.

선남자야, 허공장虛空藏보살은 이런 사람을 위하여, 대자비로 변지邊地에 몸을 나투되, 혹은 사문 혹은 바라문 혹은 국왕 · 장자 · 거사의 형상으로 나타나서 그를 위하여, 일체종지一切種智, 심히 깊은 대승, 미증유법未曾有法, 모든 다라니 및 인욕지忍辱地를 설하여서 인도하나니, 국왕이 그 법문을 듣고, 마음에 부끄러움과 두려움이 있어, 그에게 향하여 발로發露 참회하고, 먼저 지은 죄를 다시 짓지 않기로 맹세하며, 보시·지계·인욕·정진·선정·지혜 등에 편안히 주하여 자비를 닦으면, 그는 인천人天에 나서 열반의 즐거움을 얻으리라.

2 선남자야, 대신들도 다섯 가지 근본 죄가 있다. 대신들이 국왕의 힘을 의지하여 부처님 물건이나 사방승四方僧의 물건을 취하거나, 혹은 남을 시켜 취하면, 이것은 제일의 근본 죄가 된다.

만일 국왕의 힘을 의지하여 촌·읍·성곽·국토를 파괴하거나, 혹은 남을 시켜서 파괴하면, 이것은 제이의 근본 죄가 된다.

만일 국왕의 힘을 의지하여, 정법을 훼방하고, 성문승·연각승·무상승無上乘을 버리며, 또한 다른 사람을 억제하여 법을 배우지 못하게 하면, 이것은 제삼의 근본 죄가 된다.

만일 국왕의 힘을 의지하여, 어떤 사람이 부처님을 위하여 삭발하고 법의法衣 입은 것을 보고, 그가 계를 가졌거나 범했거나 또 계행이 있거나 없거나를 묻지 않고, 그 가사를 벗기고 억지로 환속하게 하며, 혹은 때리거나, 가두거나, 수족을 끊거나, 죽이거나 하면, 이것은 제사의 근본 죄가 되는 것이다.

만일 국왕의 힘을 의지하여, 오역죄의 한 가지만 범하여도, 이것은 제오의 근본 죄가 되는 것이다.

이것이 대신들의 근본 죄이니, 이 중에서 한 가지만 범해도 전에 지은 선근은 소멸되어, 인천의 락樂을 잃어버리고 악취에 떨어질 것이다.

선남자야, 허공장보살은 그들을 위하여, 자비심으로 변지에 나타나되, 사문·바라문·국왕·거사 등, 여러 가지 형상으로 대승법을 설하여 인도하나니, 만일 대신들이 그 법을 듣고, 마음에 참회와 공포가 있어

발로 참회하고, 다시 짓지 않기를 맹세하며, 육바라밀에 주하여 자비를 닦으면, 그는 인천에 나거나 열반의 즐거움을 얻으리라.

3 성문聲聞들도 다섯 가지 근본 죄가 있으니, 어떤 것이 다섯인가? 살생殺生·투도偸盜·사음邪婬·망어妄語 그리고 부처님 몸에 피를 내는 것이다.

이 중에서 한 가지만 범하여도, 전에 지은 선근이 없어지고, 악취에 떨어질 것이다.

선남자야, 허공장보살은 이들을 위하여 변지에 나타나서, 사문·바라문·국왕·장자·거사 등 형상으로, 가지가지 대승법을 설하여 인도하나니, 만일 성문들이 그 법문을 듣고, 참회와 공포가 있어 발로 참회하여 다시 짓지 아니하며, 육바라밀에 머물러 자비를 닦으면, 인천에 나고 열반의 즐거움을 얻으리라.

4 초발심初發心 보살에겐 여덟 가지 근본 대죄가 있다. 어떤 것이 여덟 가지인가?

중생들이 악업의 인연으로 오탁五濁 악세에 나서, 조그마한 선근이 있어 선지식을 친근하여 대승경전을 듣고 보리심을 발하게 되지마는, 지식이 열고 근기가 약하므로, 들은 바 무상無上의 법문을 옮기어 어리석은 사람에게 설하면, 그 어리석은 사람은 법문을 듣고 깊은 뜻은 알지 못하고, 놀라고 두려운 생각이 나서 보리심을 잃어버리고 성문을 구하게 되나니, 이것이 초발심 보살의 제일一의 근본 대죄다.

만일 초발심 보살로서 다른 사람에게 말하되 '너는 능히 육바라밀을 행하지 못할 것이요, 또 보리도 깨닫지 못할 것이니, 빨리 벽지불 심을 발하여 생사를 도탈하라.' 하면, 이것은 초발심 보살의 제이二의 근본 대죄가 되는 것이다.

초발심 보살로서 다른 사람에게 말하되 '너는 왜 계행을 가지려고 하느냐? 다만 보리심만 발하여 대승경전만 수지 독송하면, 전에 지은 신身·어語·의意의 업業으로 모든 착하지 못한 행은 청정해지고, 미래의 악한 과보를 받지 아니하리라.' 하면, 이것은 초발심 보살의 제삼三의 근본 대죄가 되는 것이다.

만일 초발심 보살로서 중생에게 말하되 '너는 마땅히 성문의 경전이나 법은 듣지 말라. 왜냐하면, 너는 능히 큰 과보도 얻지 못하고, 번뇌도 끊지 못할 것이다. 그러므로 마땅히 대승경전을 들으면 일체 악행은 소멸되고, 보리를 속히 얻으리라.' 하여, 그 사람으로 하여금 이런 지견을 받아 가지게 하면, 두 사람은 모두 근본 죄를 범하는 것이니, 이것은 초발심 보살의 제사四의 근본 대죄가 되는 것이다.

만일 초발심 보살이 명리를 위하여 대승경전을 수지 독송하면서 말하기를 '나는 대승을 행한다.' 하고, 또 다른 사람의 이익을 보면 진심과 원한을 품으며, 스스로 자기 몸을 높이고 다른 사람은 낮(卑)다 하면서 질투하는 마음을 내어, 스스로 '나는 남보다 지나가는 법을 얻었다.' 하면, 이 사람은 대승법 중에서 큰 죄를 지어 악도惡道에 떨어질 것이다. 비유하면, 어떤 사람이 바다에 들어가 보배를 구하려고 하다가, 중도에서 배가 파괴되어 신명을 잃어버리는 것처럼, 초발심 보살이 대승 바다에 들어가려다가, 질투심으로 거짓말을 하기 때문에, 신심의 배가 파괴되어 혜명慧命을 잃게 되는 것이니, 이것은 초발심 보살의 제오五의 근본 대죄가 되는 것이다.

만일 초발심 보살이 재가在家나 출가한 다른 초발심 보살에게 말하되 '경經에 있는 심히 깊은 공空의 뜻과, 또는 삼매·다라니는 대지大智 보살들이 관觀하고 수지 독송하여, 남을 위하여 분별 해설하는 것이지마는, 나는 스스로 연구해 알고 자비심으로 너희들을 위하여 설명하나니, 너희들도 내 말을 따라 행하면, 마땅히 깊고 묘한 법의 지견을 얻으리라.' 하여, 다른 사람에게 들은 것이라고 말하지 아니하면, 이것은 이익을 구하기 위해 자기 몸을 파(賣)는 것이라, 삼세 모든 불보살 및 현성들을 배반하고, 대승법의 가장 중한 죄를 짓는 것이니, 이것은 초발심 보살의 제육六의 근본 대죄가 되는 것이다.

미래세의 악한 때에는 초발심 보살은 모든 찬달라(梅陀羅=不可觸賤民)의 행을 행할 것이다. 이른바 대왕도 찬달라, 대신도 찬달라, 양반도 찬달라, 대장도 찬달라라, 평민도 찬달라가 될 것이다. 어째서 이름을 찬달라라 하는가? 그들은 모두 악한 업을 짓기 때문이다. 악한 비구가 스스로 지혜 있다 하고, 재물이 있어 보시하는 것을 믿고 교만하고 방일하며, 다른 착한 비구들을 시기하고 질투하며, 국왕에게는 사문들의 가지가지 허물을 말하고, 사문에게는 국왕의 허물을 말하다가 국왕·대신의 힘을 이용하여 찬달라 비구가 착한 비구들의 물건을 빼앗아 대신에게 바치면, 대신은 다시 국왕에게 바치고, 이리하여 삼보의 물건까지 그렇게 하나니, 국왕 대신 및 악비구는 모두 근본 죄를 범하게 되는 것이니, 이것이 초발심 보살의 제칠七의 근본 대죄인 것이다.

미래 악한 세상에는 초발심 보살이 여러 가지 찬달라의 행동을 행하므로, 찬달라·사문 들은 착한 비구들을 경멸하고 욕질하며, 법을 법이 아니라 하고 법 아닌 것을 법이라 하여, 정당한 경률經律을 버리고 의론이 전도되며, 반야를 배우지 않고 자비심을 여의며, 부처님의 말씀하신 경전은 믿지 않고, 법에 어긋나는 제도를 만들어, 모든 청정 비구로 하여금 좌선·간경을 폐지하게 하며, 고뇌가 없던 이는 고뇌가 나게 하고, 고뇌가 있던 이는 더욱 증장增長하게 하며, 항상 악한 마음으로 행·주·좌·와의 위의를 파괴하여, 실로는 사문이 아니면서 사문이라 자칭하며, 범행梵行이 아니면서 범행이라 자칭하나, 경전을 해설할 줄 알지 못하면서 사중四衆의 공경·공양만 받나니, 이것은 국왕·대신 및 악비구가 모두 근본 죄를 범하는 것이니, 이것은 초발심 보살의 제팔八의 근본 대죄인 것이다."

제4절 마군의 경계는 이렇게 초월한다

허공장보살은 여러 보살에게 이렇게 말했다.

"모든 인자仁者들이여, 능히 마군의 경계를 초월할 수 있는 법문을 설하겠는가? 각각 뜻대로 설명해 보시오."

여러 보살들은 각각 자기의 생각대로 마군의 경계를 초월하는 법문을 설했다.

산왕山王보살, "만일 마군의 경계를 여의기를 구한다면, 이것은 도리어 마군의 경계에 떨어지는 것이오. 만일 일체 경계가 모두 부처님의 경계요, 마군의 경계가 없는 줄 안다면, 이 사람은 부처님의 경계를 따라서 부처님의 경계에 들어가는 자이므로, 부처님의 경계도 오히려 보지 않거늘, 어찌 다른 경계를 보겠는가? 보살은 이 법문으로 말미암아 마군의 도를 초월하나니, 이것이 마군의 경계를 초월하는 법문이오."

보길상寶吉祥보살, "마음에 반연하는 생각이 있으면 그것이 곧 마군의 경계이오. 만일 법에 반연하는 생각이 없고, 일체 법에는 아무 얻을 것도 없는 줄 안다면 곧 알라야(阿賴耶)가 없을 것이니, 어찌 마군이 하는 짓이 있겠는가? 이것이 마군의 경계를 초월하는 법문이오."

보수寶手보살, "만일 집착이 있으면 곧 마군의 경계에 떨어지는 것이요, 마음에 집착이 없으면 다툴 것이 없어져 하나나 둘도 마음에 걸림이 없겠거든, 하물며 마군이랴. 만일 보살이 이 법문을 성취하면, 이것이 곧 마군의 경계를 초월하는 법문이오."

보용寶勇보살, "만일 공空이나 유有에 떨어지면 이것은 다툼(諍)이 있는 것이니, 다툼이 있으면 곧 마군의 경계이다. 만일 공에도 유에도 떨어지지 않아서 움직임이 없어, 상相이 없는 짬(際)에 머물면, 마군의 경계를 초월하리니, 이것이 마군의 경계를 초월하는 법문이오."

사유思惟보살, "여래께서 '일체망상 · 번뇌는 그림자와 같고 환幻과 같아서, 전轉함도 아니요 변하지 아니하는 것도 아니며, 옴(來)도 아니요 감(去)도 아니며, 안과 밖에 머무는 것도 아니라'고 설하셨으니, 만일 이렇게 알면 곧 분별 번뇌가 일어나지도 아니하고 멸하지도 아니하여, 변계遍計가 끊어져 마군의 경계를 초월할 것이니, 이것이 마군의 경계를 초월하는 법문이오."

보장寶藏보살, "만일 염착染着과 염착 아닌 것이 있으면 곧 사랑과 미움이 있고, 사랑과 미움이 있으면 마군의 경계에 떨어지는 것이오. 만일 사랑과 미움을 여의면 평등에 머무는 것이요, 만일 평등에 머물면 모든 법의 가지가지 상相을 여의고, 모든 상을 여의면 생각이 평등하니, 이 평등한 생각을 얻으면, 곧 마군의 경계를 초월할 것이오. 이것이 마군의 경계를 초월하는 법문이오."

이보離寶보살, "만일 아상我相을 일으키면 그것은 마군의 업業이다. 아我가 청정한 곳에 어찌 마군이 있겠는가? 아상이 청정하여지면 번뇌가 청정하여질 것이요, 번뇌가 청정하면 일체 법이 청정하여질 것이요, 일체 법이 청정하면 허공이 청정하여질 것이요, 허공이 청정한 법에 머무는 자는 마군의 경계를 초월할 것이니, 이것이 마군의 경계를 초월하는 법문이오."

법왕法王보살, "비유하면, 대왕이 관정灌頂을 받아서 시종侍從이 많아지면, 두려움이 없는 것과 같이, 관정위를 얻은 보살도 이와 같아서, 여러 가지 법보法寶로 권속을 삼아 일체 마군에 두려움이 없다. 어째서냐 하면, 저 관정위에서는 일체 무량한 불법과 법보 권속이 만족하여, 시방세계 모든 부처님의 설하신 법을 가지고 있는 까닭이오. 만일 보살이 이러한 마음에 머물면 곧 마군의 경계를 초월할 것이니, 이것이 마군의 경계를 초월하는 법문이오."

산상격왕山相擊王보살, "비유하면, 틈으로 바람이 들어와서 물건을 흔들면, 거래하는 형상이 있듯이, 보살도 그러하여, 만일 마음에 틈이 있어 마음이 요동하면, 마군이 곧 편을 얻지마는, 만일 마음에 틈이 없어 모든 상相이 원만하면 공성空性도 원만할 것이니, 이것이 마군의 경계를 초월하는 법문이오."

희견喜見보살, "모든 견見 중에는 부처님을 보고 법을 보는 것이 가장 수승하다. 부처님을 보되, 색으로 보거나 수·상·행·식으로 보지 않고 일체 법에도 도무지 보는 바가 없으면, 이것이 참으로 부처님을 보는 것이며, 법을 보되, 일체 법에 짓는 뜻이 없어 문자文字도 보지 않고 탐착도 내지 않으면, 이것은 참으로 법을 보는 것이오. 참으로 부처님과 법을 보는 것을 성취하면 능히 마군의 경계를 초월할 것이니, 이것이 마군의 경계를 초월하는 법문이오."

제망帝網보살, "생각을 내어 사유하면 곧 마군의 업이 되나니, 보살이 만일 저 인연에 마음이 동하여 사유가 있고 이치(理)대로 뜻을 짓지 못하면, 이것은 모두 마군의 작용이다. 만일 마음이 동하지도 않고 생각지도 않으며, 사유하지도 않고 촉觸하지도 아니하면, 곧 마군의 경계를 초월할 것이니, 이것이 마군의 경계를 초월하는 법문이오."

공덕왕광명功德王光明보살, "만일 대치對治가 있으면, 마군의 업이 되고, 대치가 없으면 곧 법계法界가 되는 것이다. 일체 모든 법은 다 법계에 순하는 것이므로 법계에만 들어가면 곧 마군의 경계는 없어지는 것이다. 어째서냐 하면, 법계를 여의고는 마군의 경계를 따로 얻지 못하나니, 법의 경계와 마군의 경계는 다같이 진여眞如의 성性이어서 조금도 다르지 않은 까닭이다. 보살이 만일 이 도리를 알면 곧 한 길로 들어가 마군의 경계를 초월할 것이니, 이것이 마군의 경계를 초월하는 법문이오."

향상香象보살, "힘(力)이 없는 자에게는 마군이 편을 얻지마는, 힘이 있는 자에게는 마군이 편을 얻지 못한다. 힘이 없다는 것은 삼三 해탈문을 듣고 놀라거나 공포를 내는 것이요, 힘이 있다는 것은 삼 해탈문을 듣고 놀라거나 두려워하지 않는 것이다. 어째서냐 하면, 해탈을 증한 이는 놀라거나 공포를 내지 않으며, 이것을 통달한 자나 수행을 잘하는 자도 놀라거나 두려워하지 않아서, 곧 마군의 경계를 초월할 것이니, 이것이 마군의 경계를 초월하는 법문이오."

자씨慈氏보살, "비유하면 큰 바다는 다같이 짠(鹹)맛이 있는 것처럼, 부처님 법도 또한 그러하여, 동일한 법의 맛이다. 부처님과 법은 모두 평등하여, 공이요 무상無相이요 무원無願이라. 한 모양도 나지도 않고 일어나지도 아니하여, 한 모양으로 평등하고 한맛으로 평등하나니, 만일 보살이 이러한 한 모양과 한맛을 알면, 곧 마군의 경계를 초월할 것이다. 이것이 마군의 경계를 초월하는 법문이오."

허공장虛空藏보살, "비유하면, 허공은 일체 경계를 초월하고 눈·귀·코·혀·몸·뜻이 없는 것과 같이, 보살도 일체 법의 자성이 청정한 줄 알면, 지혜 광명으로 들어간다. 지혜 광명을 얻으면 곧 마군의 경계를 초월할 것이니, 이것이 마군의 경계를 초월하는 법문이오."

문수사리보살, "인자들이여, 그대들의 설한 것은 모두 마군의 경계다. 어째서냐 하면, 문자文字로 설하는 것은 모두 마군의 경계요, 부처님의 말씀까지도 오히려 마군의 경계다. 말이 없고 문자를 여의어야 마군이 어찌 할 수 없는 것이다. 만일 설함이 없으면 곧 아견我見과 문자의 견이 없고, 아견이 없으면 모든 법에 손익損益이 없다. 이렇게 들어가면 곧 마군의 경계를 초월할 것이니, 이것이 마군의 경계를 초월하는 법문이오."

제5절 십선을 지키는 것이 법보시

"만일 보살이 형체와 목숨이 다하도록 살생업을 멀리 여의면 그것은 곧 일체 중생에게 놀람(驚)이나 두려움을 없애는 보시를 하는 것이다. 그래서 모든 중생으로 하여금 근심과 괴로움을 내지 않게 하고, 털끝이 수긋

하는 두려움도 없게 하나니, 이 선근으로 말미암아 도가 일찍 성숙하게 되는 것이다.

만일 보살이 형체와 목숨이 다하도록, 주지 않는 것을 취하는 업을 여의면, 그것은 곧 중생에게 놀람과 두려움과 번뇌와 요동이 없는 법을 보시하는 것이 된다. 그래서 자기가 얻는 바 법다운 재물에 자족하기를 즐거워하고, 비법의 재물을 구하지 아니하면, 이 선근으로 말미암아 도道가 속히 성취함을 얻을 것이다.

만일 보살이 형체와 목숨이 다하도록 사행邪行을 여의면, 그것은 곧 음욕에 들뜬 일체 중생에게 놀람과 두려움과 질투와 방해와 번뇌와 요동이 없는 법을 보시하는 것이다. 그래서 자기의 아내에게 만족함을 느끼고 비법한 색욕을 구하지 아니하면, 이 선근으로 말미암아 도가 속히 성숙함을 얻을 것이다.

만일 보살이 형체와 목숨이 다하도록 거짓말을 여의면, 그것은 곧 일체 중생에게 항상 서로 사랑하고 공경하고 말이 모두 진실하여, 듣는 이로 하여금 믿어 의심하지 않는 법을 보시하는 것이다. 이 선근으로 말미암아 도가 속히 성숙함을 얻을 것이다.

만일 보살이 형체와 목숨이 다하도록 이간하는 말을 여의면, 그것은 곧 일체 중생에게 항상 서로 공경하고 사랑하며 말이 모두 화순하여, 시기가 없는 법을 보시하는 것이다. 이 선근으로 말미암아 도가 일찍 성숙함을 얻을 것이다.

만일 보살이 형체와 목숨이 다하도록 추악한 말을 여의면, 그것은 곧 일체 중생에게 항상 서로 공경하고 사랑하며, 말하는 것을 모두 즐겁게 듣는 법을 보시하는 것이니, 이 선근으로 말미암아 도가 속히 성숙함을 얻을 것이다.

만일 보살이 형체와 목숨이 다하도록 더러운 말을 여의면, 그것은 곧 일체 중생에게 항상 서로 공경하고 사랑하며, 말에 모두 의리가 있어, 듣는 이로 하여금 공경하는 법을 보시하는 것이니, 이 선근으로 말미암아 도가 속히 성숙함을 얻을 것이다.

만일 보살이 형체와 목숨이 다하도록 탐욕을 여의면, 그것은 곧 일체 중생에게 항상 서로 사랑하고 존중하며 마음이 청정하여, 모든 탁염濁染을 여의는 법을 보시하는 것이니, 이 선근으로 말미암아 도가 속히 성숙함을 얻을 것이다.

만일 보살이 형체와 목숨이 다하도록 진심瞋心을 여의면, 그것은 곧 일체 중생에게 항상 서로 사랑하고 존중하며 마음이 청정하여, 모든 감정이 없는 법을 보시하는 것이니, 이 선근으로 말미암아 도가 속히 성숙함을 얻을 것이다.

만일 보살이 형체와 목숨이 다하도록 사견邪見을 멀리 여의면, 그것은 곧 일체 중생에게 항상 서로 사랑하고 존중하며 마음이 청정하여, 사사로운 분별이 없는 법을 보시하는 것이니, 이 선근으로 말미암아 도가 성숙함을 얻을 것이다."

제6절 보살과 성문·연각의 설법 차이

"보살은 무량겁無量劫의 생사의 고苦를 끊기 위하여 설법하고, 또한 성문승聲聞乘·연각승緣覺乘의 중생으로 하여금 사류四流를 건너게 하기 위하여 설법한다.

보살은 일체 중생의 사류를 끊기 위하여 설법하고, 성문·벽지불은 다만 자기가 사류를 끊기 위하여 설법한다.

보살은 중생의 번뇌 병病을 다스리기 위하여 설법하고, 성문·연각은 자기의 번뇌를 끊기 위하여 설법한다.

보살은 일체 중생의 번뇌 업業의 습기習氣·결사結使를 남김없이 끊기 위하여 설법하고, 성문・연각은 번뇌・결사를 남음 있게 끊기 위하여 설법한다.

보살은 중생으로 하여금 대비大悲의 과果를 얻게 하기 위하여 설법하고, 성문・연각은 대비를 떠나서 설법한다.

보살은 다만 모든 중생을 불쌍히 여기므로 설법하고, 성문・연각도 설법은 하지마는, 실로 중생을 불쌍히 여기는 마음은 없다.

보살은 중생의 모든 고苦를 멸하기 위하여 설법하고, 성문・연각은 다만 자기의 고를 멸하기 위하여 설법한다.

보살은 일체 법을 만족시키기 위하여 설법하고, 성문・연각은 자기의 법을 만족하기 위하여 설법한다.

보살은 일체 중생이 모두 법의 광명을 얻어서 대명大明을 이루기 위하여 설법하고, 성문・연각은 다만 자기만이 법의 광명을 얻기 위하여 설법한다."

제7절 지장보살의 큰 서원과 복덕의 차별

문수보살은 부처님께 여쭈었다.

"지장보살은 인지因地에서 어떠한 행을 닦았으며 어떠한 원을 세워서, 능히 이렇게 부사의不思議한 일을 성취하였나이까?"

"문수사리여, 저 오래고 먼 과거의 헤아릴 수도 없는 겁劫 전에 지장보살은 어떤 장자의 아들이었다. 그때 부처님이 세상에 출현하셨으니, 명호는 사자분신구족만행師子奮迅具足萬行 여래였다. 그때, 장자의 그 아들은 그 부처님의 상호相好가 천복千福으로 장엄한 것을 보고 그 부처님께 '부처님은 무슨 행원行願을 행해서 이러한 상호를 얻었나이까?' 물었다. 그 부처님은 '이러한 몸을 얻으려거든 마땅히 구원久遠의 겁을 걸쳐 일체 고苦

받는 중생을 구제하라'고 대답했다. 그때, 지장보살은 곧 다음과 같은 서원을 세웠었다.

'나는 지금부터 미래가 다하도록 헤아릴 수 없는 겁을 통해, 이 육도六道에서 죄고를 받는 중생에게 널리 방편을 베풀어 모두 해탈하게 한 후에, 비로소 내 자신도 불도를 이루겠습니다.'

이렇게, 그 부처님 앞에서 서원을 발했으므로, 지금까지 천만 억 불가설不可說 겁을 오히려 보살로 있느니라."

지장보살은 부처님께 여쭈었다.

"부처님이시여, 나는 중생을 관찰함에, 혹은 일생에만 복을 받는 이가 있고, 혹은 십十생에 복을 받는 이도 있으며, 혹은 백생 천생에 복을 받는 이도 있으니, 그것은 무슨 까닭입니까?"

부처님은 지장보살에게 대답하셨다.

"만일 모든 국왕이나 대신 · 장자 · 바라문이 가장 빈궁한 사람이나 병든 사람이나 벙어리 · 귀머거리 · 장님 따위의 가지가지 불구자를 만나 보시할 때에, 대자비로 하심下心하여 웃음을 머금고 친히 손수 보시하거나, 혹은 남을 시켜 보시하면서 부드러운 말로 위로하면, 이들의 얻는 복은 많은 부처님께 보시하는 복과 같다. 왜냐하면, 가장 빈천하거나 불구자에게 대자비심으로 보시하는 복은 백생 · 천생에 항상 칠보가 구족할 것이니, 하물며 의식 수용이겠느냐? 그리고 만일 이 보시 공덕을 법계法界로 회향하면 십 겁에 항상 대범천왕이 될 것이다. 또 만일 예전 부처님의 탑묘塔廟나 경상經像이 퇴락 · 파손된 것을 보고 발심하여 수보하되, 스스로 경영하거나 혹은 다른 사람을 권하여, 또는 백 명 · 천 명이 인연을 맺으면, 그들은 백천 생에 항상 국왕이 될 것이요, 다시 발심하여 법계로 회향하면 모두 불도를 성취하리라. 또 만일 늙고 병든 이와 해산하는 부녀를 보고 한 생각 동안이라도 자비심과 의약 · 음식 · 와구를 보시하여 편안하게 하면, 그들의 복은 가장 부사의라, 백 겁에 항상 정거淨居천왕이 될 것이요, 이백 겁에 항상 육욕六欲천왕이 되며, 필경에는 성불하리라. 이러하므로 중생에게 권하여 이렇게 하기를 배우게 할 것이니라.

만일 미래세에, 선남자 선녀인이 불법 중에서 털끝만한 선근善根을 지어도, 그 받는 복덕은 말로 비유할 수 없으리라. 또 만일 부처님 형상이나 보살 · 벽지불 · 전륜왕의 형상을 만나, 거기에 보시 · 공양하면 무량한 복을 받아, 항상 인간이나 천상에서 락樂을 받을 것이요, 다시 그것을 법계로 회향하면 그 복은 더욱 말할 수 없을 것이다. 또 만일 대승경전을 만나, 다만 한 게송 한 구절만 듣고라도 존중한 마음을 내어 찬탄 · 공경 · 보시 · 공양하면, 큰 과보를 무량무변하게 얻을 것이요, 다시 그것을 법계로 회향하면 더욱이 말할 수 없을 것이다.

만일 부처님 탑묘나 대승경전의 새것을 만나 보시 · 공양 · 예배 · 찬탄 · 공경 · 합장하고, 만일 헌 것을 만나 수보하되, 혹은 혼자 발심하거나 혹은 여러 사람을 권해서 공동 발심하면, 삼십三十 생에 항상 국왕이 될 것이요, 따라서 시주한 사람들은 전륜왕轉輪王이 되어, 도리어 선한 법으로 국왕들을 교화하리라. 불법 중에서 선근을 심되, 혹은 보시 · 공양하고, 혹은 탑사塔寺를 수보하며, 혹은 경전을 조성하되, 한 터럭, 한 티끌, 한 모래알, 한 물방울만큼이라도 지어, 이 선근 인연을 법계로 회향하면, 그 공덕은 천백 생에 락樂을 받을 것이요, 만일 자기 집 권속이나 자기의 몸만 이익하기 위한다면 삼생에 락을 받되, 하나를 보시하면 만 배를 받느니라."

제8절 참회와 도

1 "과거에 지은 죄를 뉘우치는 것은 참懺이라 하고 뉘우침으로써 다시는 짓지 않겠다는 것은 회悔라 하여, 참회라고 이르는 것이다.

참회를 하려면 반드시 먼저 삼보三寶께 귀경歸敬해야 한다. 그 까닭은, 삼보는 일체 중생의 어진 벗이 되고, 복福의 밭(田)이 되기 때문이다. 만일 삼보에게로 귀의歸依하면, 무량한 죄를 멸하고 무량한 복을 얻으며, 생사의 고苦를 여의고 해탈의 락樂을 얻게 되기 때문이다.

중생은 비롯 없는 과거로부터 범부의 지위에 있었으므로, 귀천을 묻지 않고 모두 무량한 죄가 있으니, 혹은 삼업三業으로 인하여 죄를 지으며, 혹은 육근六根을 따라서 죄를 지으며, 혹은 속마음으로서 삿된 생각을 내며, 혹은 바깥 경계에 의하여 염착染着을 일으켜서 십악十惡이 증장하고, 이리하여 팔만사천 진로문塵勞門이 벌어지는 것이다.

그러나 죄상으로는 무량하지마는, 크게 말하면 세 가지에 넘지 않으니, 세 가지란 무엇인가? 번뇌장煩惱障과 업장業障과 보장報障이 그것이다. 이 세 가지는 능히 현성賢聖의 도道와 인도·천도에 승勝하고 또한 묘하고 좋은 일을 모두 막는다. 그러므로 이것을 삼장三障이라 이름한 것이요, 모든 부처님과 보살들이 방편으로 참회하게 한 것이니, 이 삼장만 제멸하면, 육근·십악, 나아가 팔만사천 번뇌문이 모두 청정하여지는 것이다.

2 이 삼장의 죄를 소멸하려면, 먼저 일곱 가지 마음으로 방편을 삼아야 한다. 무엇이 일곱인가? ① 부끄러워하는 마음 ② 두려워하는 마음 ③ 싫어하는 마음 ④ 보리심을 발하는 것 ⑤ 원친怨親에 평등한 마음 ⑥ 부처님 은혜를 갚으려는 마음 ⑦ 죄의 자성自性이 공한 줄로 관하는 것이다.

첫째, 부끄러워한다는 것은, 스스로 생각하기를 '석가모니도 나와 같은 범부였다. 그런데 그는 벌써 진사塵沙 겁 전에 성불하셨는데, 우리들은 육진六塵에 물이 들어 생사의 물결 속에 흘러다니며 나올 기한이 없으니, 이것은 천하에 더 없는 부끄러움이다'고 생각하는 것이다.

둘째, 두려워한다는 것은, 우리 범부들은 신身·어語·의意의 업業이 항상 죄와 더불어 상응하기 때문에, 이 인연으로 죽은 후에는 응당 지옥·아귀·축생에 떨어져 무량한 고苦를 받을 것이니, 이것이 실로 놀랍고 두렵고 무섭다는 것이다.

셋째, 싫어한다는 것은 우리들의 나고 죽고 하는 동안에는 오직 무상無常·고苦·공空·무아無我·부정不淨만이 있어서 허하고 거짓됨은 마치 물 위에 거품이 생겼다 꺼졌다 하는 것 같고, 끊임없이 오고 가는 것은 마치 수레바퀴 같아서, 생·로·병·사 등 사고가 서로 들볶아 쉴 때가 없다. 또 스스로 자기 몸을 관觀하더라도 머리에서 발끝까지 머리털·몸털·손발톱·이빨·고름·피·생장生臟·숙장熟臟·큰창자·작은창자·비脾경·콩팥·염통·허파·간·얼·위胃경·지방·막膜·힘줄·혈관·맥·뼈·뼈골·코·침·대변·소변·진액 등등의 삼십육물三十六物로서 아홉 구멍에서 항상 부정한 것만 흘러나온다. 그러므로 이 몸은 모든 고가 모인 것이요, 모두가 부정한 물건이다. 지혜 있는 사람이야 어찌 냄새나는 이 육신을 즐거워할 것인가? 생사 중에 이러한 더러운 것이 있으니 이것이 실로 걱정되고 싫다는 것이다.

넷째, 보리심을 발한다는 것은, 경에 말씀하기를 '항상 부처님 몸을 즐거워하라.' 하였으니, 부처님 몸은 곧 법신法身이라, 법신은 무량한 공덕·지혜에서 나오고, 육바라밀에서 나오며, 자慈·비悲·희喜·사捨에서 나오고, 삼십칠조도법三十七助道法에서 나온다. 이러한 가지가지 공덕과 지혜에서 나오는 것이 여래의 법신이므로 이 몸을 얻으려면, 마땅히 보리심을 발하여 일체 종지種智와 상常·락樂·아我·정淨을 구하여, 부처님의 국토를 깨끗이 하고, 중생을 성취하게 하기 위하여 신명과 재산을 아끼지 않는 것이다.

다섯째, 원친怨親에 평등하다는 것은, 일체 중생에게 자비심을 내어 저(彼)니 나(我)니 하는 생각이 없어야 한다. 어째서냐 하면, 만일 친親과 원怨이 다르다면 이것은 분별심分別心이라. 분별이 있으면 모든 생각이 일어나고, 생각의 인연으로 온갖 번뇌가 생기며, 번뇌의 인연으로 모든 악업을 짓고, 악업의 인연으로 모든 고의 과果를 받게 되나니, 원친이 없이 마음이 평등해야 한다는 것이다.

여섯째, 부처님 은혜를 생각한다는 것은, 여래께서 과거 무량겁에 머리 · 눈 · 손 · 발 · 국성國城 · 처자 · 상마象馬 · 칠보를 모두 버리시고, 우리들을 위하여 모든 고행을 닦았으니, 그 은혜와 덕은 참으로 갚기 어려운 것이다. 그러므로 경에 말씀하시기를 '머리에 이거나 두 어깨에 업고 항사겁恒沙劫을 지나더라도 능히 갚을 수 없다'고 한 것이다. 우리들이 부처님의 은혜를 갚으려면, 마땅히 용맹 정진하여 노고를 잊고, 신명을 아끼지 않으며, 삼보를 건립建立하여 대승법을 널리 유통시키고, 중생을 널리 교화하여 한 가지로 정토淨土에 들어가야 한다는 것이다.

일곱째, 죄의 자성이 공한 것을 관하라는 것은, 모든 상相은 인연을 따라서 일어나지 않은 것이 없으니, 인연을 따라 난 것이므로 인연을 따라 멸할 수도 있는 것이다. 인연을 따라 났다는 것은 악한 벗을 친근하여 끊임없이 죄를 지었다는 것이요, 인연을 따라 멸한다는 것은 곧 오늘부터 마음을 씻고 참회한다는 것이다. 그러므로 경에 말씀하기를 '이 죄의 상은 안에도 있지 않고, 밖에도 있지 않으며, 중간에도 있지 않다.' 한 것이다. 그러므로 이 죄는 본래부터 공한 것임을 알 수 있다는 것이다.

이 일곱 가지 마음을 내어, 시방에 계시는 모든 부처님과 현성을 생각하면서 합장하고, 지극한 정성으로 마음을 씻고 뇌를 씻어서 참회하면, 무슨 죄가 멸하지 아니하며, 무슨 장애가 풀어지지 아니하랴."

3 부처님은 분신왕奮迅王보살에게 말씀하셨다.

"어떤 것을 도道라 하는가? 이른바 도가 있다는 것은, 선善과 불선, 누漏와 무루, 구垢와 무구, 위爲와 무위를 모두 얻을 수 없는 것을 이름하여 도라 한다. 평등한 것을 이름하여 도라 하니, 일체 법이 모두 진실한 까닭이며, 적정寂靜한 것을 이름하여 도라 하니, 일체 번뇌를 모두 여읜 연고며, 안온安穩한 것을 이름하여 도라 하나니, 일체 좋은 방편을 여의지 않는 연고요, 무루를 이름하여 도라 하니, 모든 누漏가 다한 연고며, 행하지 않는 것을 이름하여 도라 하니, 분별견分別見이 있는 사람은 능히 행하지 못하는 연고요, 행하기 쉬운 것을 이름하여 도라 하니, 바르게 수행하는 사람은 능히 행하는 연고며, 버리(捨)지 않는 것을 이름하여 도라 하니, 과거 부처님이 버리지 않은 연고요, 상相을 여읜 것을 이름하여 도라 하나니, 능히 일체 의심을 끊는 연고니라. 만일 이러한 도리에서 둘이 아님(不二)을 알아 들어가면, 이것을 이름하여 도를 얻었다 하느니라."

제9절 모든 힘 중에 마음의 힘이 가장 억세다

1 부처님은 말씀하셨다.

"일체 법 중에서 가장 힘이 장한 것은 마음에 지나가는 것이 없다. 마음이란 그것은 원가怨家니라. 마음이 지옥을 만들고, 마음이 아귀를 만들며, 마음이 축생을 만들고, 마음이 천인天人을 만들며, 마음이 도덕으로 나아가고, 마음이 죄복罪福을 취하고, 이렇게 일체 모양을 만드는 것은 모두 마음이 하는 것이다. 그러므로 능히 그 마음을 항복받고 도를 닦는 이는, 그 힘이 가장 크니라. 나도 마음과 더불어 여러 겁을 싸운 뒤에야, 이제 비로소 부처가 되어 삼계에 독보獨步하는 것이다.

2 일체 모든 향나무 중에는 전단향旃檀香에 지나가는 것이 없다. 향기도 한량없고 그 값도 염부단금閻浮擅金보다 비싸다. 또는 사람의 병도 낫게 하나니, 만일 무엇에 중독된 사람이 전단을 갈아 가루로 만들어, 그 위에 바르든지 먹든지 하면 병이 곧 나으므로, 일체 중생이 모두 그것을 얻지 못해 원을 하고 있는 것이다. 그러나 어떤 사람이 전단을 많이 얻어 나뭇단으로 묶어 놓고 팔려고 했으나 사 가는 사람이 없었다. 그와 같이 여래가 세상에 있을 때의 설한 바 경법이 사람으로 하여금 도를 얻게 하므로 제도를 받지 않는 이가 없었지마는, 열반에 든 후는, 십이부十二部 경

이 세상에 머물러 있어 권수卷數가 그처럼 많지만, 아무도 보는 사람이 없으니, 마치 전단을 나뭇단으로 묶어 놓고 팔려고 하나 사가는 사람이 없는 것과 같다. 그리고 일체 냄새 나는 나무 중에는 이란伊蘭에 지나는 것이 없다. 냄새가 지독하고 사나우므로, 사람들은 모두 보기를 싫어하고 냄새 맡기를 두려워한다.

이제 이란과 전단을 네 가지 인연으로 말할 수 있으니 ① 전단 나무를 이란이 둘러싸고 있는 것. ② 이란을 전단이 둘러싸고 있는 것. ③ 전단과 전단만이 숲을 이룬 것. ④ 이란과 이란만이 숲을 이룬 것이다. 어떤 것을 전단이 이란이 둘러쌌다 하는가? 어떤 집 가장家長은 도道를 바로 믿지마는, 그 처자와 집안사람들은 사도邪道를 받들며, 지견이 잘못 들어, 귀신에게 제사나 지내면서 교훈을 따르지 않나니, 이것이 이른바 전단 나무를 이란이 둘러쌌다는 것이다. 어떤 것을 이란을 전단이 둘러싼 것이라 하는가? 어떤 집 가장은 사교邪敎를 믿고 지견이 바르지 못하여, 귀신에게 제사나 지내지마는, 그 아내 · 아들 · 며느리 및 집안 사람들은, 크나 작으나 모두 삼보를 바로 믿고, 팔관재를 받들며, 보시를 즐기며 육바라밀을 행하여, 가장이 꾸짖어도 듣지 않고 피해 가며 은밀히 하나니, 이것이 이른바 이란을 전단이 둘러쌌다는 것이다. 어떤 것을 전단과 전단이 스스로 숲이 되었다고 하는가? 어떤 집 가장이 도를 믿는데, 그 집안 권속도 모두 그 교훈을 받아 서로 어기지 않고 삼보를 믿으며, 마음과 뜻이 화순하면, 그것이 이른바 전단과 가전단이 스스로 숲을 이루었다는 것이다. 어떤 것을 이란과 이란이 숲을 이룬 것이라 하는가? 어떤 집 가장이 사교를 믿어, 지견이 바르지 못해 십악업十惡業을 갖추어 행하며 귀신에게 제사를 지낼 때에, 집안사람들도 모두 한 가지로 살생하여 즐거워하면, 그것이 이른 바 이란과 이란이 스스로 숲을 이룬 것이라 한다. 이런 것은 모두 숙명 인연으로 그렇게 되는 것이니, 그러므로 경률經律에서, 인연으로 죄를 받고 복을 받는 것을 밝힌 것이다."

제10절 착한 도리를 행하면 세상이 태평

1 부처님께서 여러 제자들에게 말씀하셨다.

"너희들은 마음을 조심하여 육욕六欲을 사랑하지 말라. 정념情念의 때를 버리어 구하지 않는 것으로 으뜸을 삼아라. 속으로는 마음이 청정하고 밖으로는 효성을 다하여 사四등심으로 부모를 봉양하며, 새벽에는 부처님 탑묘塔廟에 들어가 예배하고 허물을 뉘우치며, 아침에는 배우고 저녁에는 외워 깊은 경 뜻을 생각하라. 부처님의 거룩한 계행으로 마음에 있는 더러운 병을 다스리고, 고요한 곳에서 엄숙히 재계하며, 숨을 세고 선禪을 닦아 도의 참된 것을 구하라.

사람의 목숨은 번개와 같아서 고대 없어지는 것이니, 재일齋日에는 반드시 마음을 꾸짖고 몸을 조심하고 입을 지키라. 모든 하늘들은 재일이면 사람의 선악을 살피나니 그날은 삼보께 귀의하고, 청정한 마음으로 재계를 지키고, 가난한 자에게 보시하고, 지계·인욕·정진·선정을 행하고, 경을 외우고, 법을 설하여 모르는 사람을 가르치고 효도로 양친을 섬기고, 삼보를 높이 받들고 사四등심을 행하여 중생을 이익하게 하면, 하늘들은 즐거워서 목숨을 늘려 주고 선신善神들을 보내어 그들을 두호할 것이다. 만일 한 가지 계행을 지킨 이면 다섯 선신이 수호하고, 만일 오계를 다 가지면 이십오二十五 선신을 보내어 그 집을 호위할 것이다. 그러므로 그 집에는, 재앙·사기邪氣·음모가 소멸되고, 밤에는 악한 꿈도 없으며 관재·도둑·수재·화재·질병이 침범하지 못하리니, 이것은 사등·오계·육재六齋의 공덕이라, 마치 큰물로 작은 불을 끄는 것 같나니, 어느 것이 꺼지지 아니하랴. 죽은 후에는 영혼이 천상 칠보 궁전에 태어날 것이다.

선신이 세상을 수호하지 않으면, 일월의 광명이 없고, 성수星宿가 도수度數를 잃어서 바람과 비가 때를 어길 것이다. 그러나 세상 사람들이 지나간 마음을 고치고 오는 일을 닦아서, 마음을 씻고 엄숙히 재계齋戒하여, 먼저 삼보를 섬기며 효도로 양친을 봉양하고 나라에 충성하며, 속이는 일이 없고 더러운 지조를 버리며, 청정한 도를 닦아서 사도를 버리고 정도로 나아가면, 하늘들은 즐거워 일월은 청명하고 성수는 바로 가며, 바람과 비가 순하여 독한 기운은 없어지고, 하늘에서는 단 이슬이 내리고 땅에서는 단샘(甘泉)이 솟으며, 물과 곡식이 맛이 있어서 먹어도 병이 없고 수명이 길 것이요, 죽은 뒤에는 천상에 날 것이다."

2 보시가 좋고 묘한 약이니 먹으면 죽지 아니 하리라.
마음과 몸을 보지 않으며 재물은 공한 줄로 관하라.
받는 사람도 허공 같으니 만일 이렇게 보시한다면,
재물과 받는 이 모두 없어서 이것이 보살행 되는 것이다.
마음을 관해도 상이 없으며 사대는 색으로 이룬 것이니,
일체를 모두 다 능히 버리면 이것이 보살행 되는 것이다.
살생을 안하면 부처 동자요 자비한 마음은 좋은 약이니
자비는 언제나 편안하여서 마침내 늙음과 죽음 없으리.
색신을 받아 난 일체 중생은 죽이는 사람을 몹시 겁낸다.
이렇기 때문에 모든 보살은 살생을 말라는 계행 가진다.

제7장 보살을 상대한 법문

제1절 보살의 힘과 모든 법이 깨끗함

1 어느 때에 문수사리보살은 사위성에서 걸식을 마치고 성밖으로 나와, 바리때를 땅에 놓고 마왕魔王 파순에게 말했다.

"너는 정인淨人이 되어 이 바리때를 들고 앞에 가자."

그때 파순은 그 바리때를 아무리 들려 해도 들지 못하고, 부끄러워서 문수보살께 말했다.

"내가 지금 땅에 있는 이 바리때를 들지 못하겠습니다."

"너는 큰 위신력을 성취하였는데, 어째서 땅에 놓인 이 조그마한 바리때를 들지 못하는가?"

그때 파순은 신력을 다해 보았지마는 바리때는 털끝만큼도 움직이지 않았다. 그래서 이것은 처음 보는 일이라 문수보살께 말했다.

"내 신력은 능히 이사타 산이라도 손에 들고 공중에 던질 수가 있는데, 지금 이 조그마한 바리때는 털끝만큼도 들 수 없습니다."

"큰 중생, 큰 사람이 큰 힘으로 가지는 바리때라, 너 파순으로서는 들지 못할 것이다."

라고 대답하고, 문수보살은 한 손가락으로 바리때를 집어 파순의 손에 놓아 주면서,

"파순아, 너는 정인淨人이 되어 이 바리때를 들고 앞에 가자."

그때에, 파순은 힘을 다해 바리때를 들고 앞에 서서 갔다.

그때에, 자재천자自在天子는 만이천 천자에게 둘러싸여 문수사리께 와서 그 발에 예하고, 파순에게 말했다.

"너는 하인이 아닌데, 어째서 바리때를 들고 남의 앞에 서서 가는가?"

"나는 지금 이 힘 있는 사람과 다툴 수가 없다."

"파순아, 너도 큰 위신력을 성취하지 않았느냐?"

그때 파순은 문수보살의 법력에 눌리어 자연한 가운데 자기 입으로 이렇게 말했다.

"천자여, 우치한 힘은 마군의 힘이요, 혜명慧明한 힘은 보살의 힘이다. 교만한 힘은 마군의 힘이요, 대지혜의 힘은 보살의 힘이다. 모든 사견邪見의 힘은 마군의 힘이요, 공空·무상無常·무작無作의 힘은 보살의 힘이다. 모든 전도顚倒의 힘은 마군의 힘이요, 바로 진제眞諦의 힘은 보살의 힘이다. 아我와 아소我所의 힘은 마군의 힘이요, 대자비의 힘은 보살의 힘이다. 탐·진·치의 힘은 마군의 힘이요, 삼 해탈의 힘은 보살의 힘이다. 생사의 힘은 마군의 힘이요, 생도 없고 멸도 없고 모든 행行도 없는 무생인無生忍의 힘은 보살 힘이다."

2 어느 때에, 법의法意보살은 문수보살에게 물었다.

"문수사리여, 가령 여래께서 음婬·노怒·치癡를 설하신다면, 그것은 적막寂寞한 법이겠는가, 아니면 담박淡泊 청정한 법이겠는가?"

문수사리는 대답하였다.

"인자仁者의 뜻에는 어떠한가? 음·노·치는 어디 있으며, 그것은 어디서 일어나는 것인가?"

법의, "염念이 망상을 일으키는 데서 일어나는 것이다."

문수, "상념想念은 어디로부터 일어나는가?"

법의, "습기習氣로부터 일어나는 것이다."

문수, "습기는 어디로부터 일어나는가?"

법의, "아소我所와 비아소非我所로부터 일어나는 것이다."

문수, "아소와 비아소는 어디로부터 일어나는가?"

법의, "몸을 탐(貪身)하는 데서 일어나는 것이다."

문수, "몸을 탐하는 것은 다시 어디로부터 일어나는가?"

법의, "우리와 나에 머물기 때문이다."

문수, "나와 우리는 어디로부터 일어나는가?"

법의, "나와 우리는 주住하는 것도 볼 수 없고, 또한 주하는 곳도 없으며, 그렇다고 주처가 없는 것도 아니다. 무슨 까닭인가? 시十방으로 두루 다니며 나와 우리를 구해도 얻을 수 없는 까닭이다."

문수, "그렇다. 인자여, 시방에 나아가 법의 처소를 찾아도 얻을 수도 없고 볼 수도 없다. 그러나 그 법의 문門은 있지 아니한가?"

법의, "문門 없는 문이 있느니라."

문수, "그러므로 나는, 모든 법의 문은 적막이며, 설한 일체 법은 담박문이어서 언제나 고요하고 청정하다고 하는 것이다."

제2절 불법이란 이러한 것

어느 때에 문수사리보살은 마왕 파순에게 말했다.

"파순아, 감로甘露 같은 법이 불법이요, 안온安穩한 법이 불법이요, 희론戲論이 없는 법이 불법이요, 허물이 없는 법이 불법이요, 결사結使가 없는 법이 불법이요, 출요出要한 법이 불법이요, 포외怖畏가 없는 법이 불법이요, 분별없는 법이 불법이요, 자타自他를 집착하지 않는 법이 불법이요, 기롱譏弄과 가책呵責이 없는 법이 불법이요, 집(舍)이 되고 귀의歸依가 되고 살 곳이 되고 수호守護가 되는 법이 불법이다. 조복調伏되어 적멸寂滅한 법이 불법이요, 스스로 깨끗하고 때가 없어서 밝게 비치는 법이 불법이요,

바로 향向하고 바로 나아가(趣)는 법이 불법이요, 모든 망상이 없어서 잘 조복되는 법이 불법이요, 마땅함을 따라서 잘 가르치고 잘 인도하는 법이 불법이다. 스스로도 설하고 남도 설하게 하는 법이 불법이요, 법답게 모든 외도外道를 조복하는 법이 불법이요, 모든 마군을 항복받는 법이 불법이요, 생사生死의 흐름(流)을 끊는 법이 불법이다. 또 바로 생각(正念)하는 법이 불법이니 생각하는 곳(念處)에 주하는 연고요, 바로 끊는(正斷) 법이 불법이니 모든 악을 끊는 연고며, 신족神足의 법이 불법이니 몸과 마음을 가볍게 관하는 연고요, 모든 근根의 법이 불법이니 신信으로 머리를 삼는 연고며, 모든 힘(力)의 법이 불법이니 능히 항복받을 이 없는 연고요, 모든 깨달음(覺)의 법이 불법이니 차제次第로 깨닫는 연고다. 바른 도道의 법이 불법이니 바로 흘러 들어가는 까닭이며, 삼매三昧의 법이 불법이니 구경究竟에 적정寂靜한 연고요, 지혜의 법이 불법이니 모든 성인의 해탈법을 꿰뚫는 연고요, 진제眞諦의 법이 불법이니 분忿과 진심瞋心이 없는 연고다. 모든 변재辯才의 법이 불법이니 법法과 사辭와 의義와 요樂에 말이 걸림이 없는 연고요, 무상無常·고苦·무아無我를 밝게 아는 법이 불법이니 일체 유위有爲의 법을 꾸짖는 연고요, 공한 법이 불법이니 일체 외도를 항복받는 연고요, 적정한 법이 불법이니 열반으로 나아가는 연고다. 바라밀 법이 불법이니 저 언덕에 이르는 연고요, 방편법이 불법이니 잘 섭취하는 연고요, 사랑(慈)하는 법이 불법이니 허물없는 지혜인 연고요, 슬퍼(悲)하는 법이 불법이니 핍박이 없는 연고요, 즐거워하는 법이 불법이니 즐겁지 않은 것을 멸하는 연고요, 버리(捨)는 법이 불법이니 지을(作) 바를 판단한 연고요, 선禪법이 불법이니 교만을 멸하는 연고다. 삼보를 끊지 않는 법이 불법이니 보리심을 발하는 연고요, 일체가 안락하여 고뇌苦惱가 없는 법이 불법이니 모든 유有를 구하지 않는 연고니라."

제3절 보살은 일정한 법과 주처가 없다

어느 때에 부처님은 문수사리에게 물으셨다.

"동자야, 너는 성법聖法을 성취했느냐, 비성법非聖法을 성취했느냐?"

"부처님이시여, 나는 성법도 성취하지 않았고, 비성법도 성취하지 않았나이다. 부처님이시여, 화인化人도 성법을 성취하고, 비성법을 성취하나이까?"

"동자야, 화인은 성법도 성취한다고 말할 수 없고, 비성법도 성취한다고 말할 수 없느니라."

"부처님이시여, 부처님께서 '일체 모든 법은 환화幻化와 같다'고 말씀하시지 않았습니까?"

"그렇다."

"부처님이시여, 일체 모든 법이 환화와 같으므로 나도 그러합니다. 어떻게 성법을 성취하였다, 혹은 비성법을 하였다 말할 수 있습니까?"

"동자야, 그렇다면 너는 얻은 것이 무엇이냐?"

"부처님이시여, 나는 여래의 평등하고 자성이 없는 그 경계를 얻었습니다."

"너는 부처님 경계를 얻었느냐?"

"만일 부처님께서 얻은 바가 있다면, 나도 또한 모든 부처님 경계에서 얻은 바가 있습니다."

그때 장로 수보리須菩提가 문수사리에게 물었다.

"대사여, 여래께서 부처님의 경계를 얻지 못하셨다고 하는가?"

문수, "대덕이여, 그대는 성문聲聞의 경계를 얻었다 하는가?"

수보리, "성인의 마음 해탈은 경계가 없느니라. 그러므로 나는 경계에서 얻을 것이 없노라."

문수, "부처님도 그러하여 그 마음 해탈은 경계가 없거니, 어찌 얻을 바가 있다고 말하겠는가?"

수보리, "그대는 지금 설하는 법으로 초학初學의 마음을 두호하지 않는가?"

문수, "내 그대에게 물을 것이니 그대 뜻대로 대답하라. 만일 밝은 의원이 사람의 병을 고치고자 할 때에, 병든 사람의 마음을 두호하기 위해, 맵고 시고 짜고 쓴, 병에 맞는 약을 주지 않고도, 능히 그 사람의 병이 나아 안락하게 하겠는가?"

수보리, "그렇지 않다."

문수, "설법도 그러하여, 만일 설법하는 스승이 초학의 마음을 두호하기 위하여, 깊은 법은 설하지 않고 그 뜻만 맞추어, 머트럽고 옅은 뜻만을 설해서는, 능히 배우는 자로 하여금 생사의 고苦를 여의고 열반의 락樂을 얻게 할 수는 없을 것이다."

수보리, "그대도 성문승聲聞乘에 신해信解를 가지며, 또한 그 승법乘法으로써 중생을 교화하는가?"

문수, "나는 일체 승乘에 모두 신해를 낸다. 나는 성문승도 신해하고, 벽지불승도 신해하고 불승佛乘도 신해한다."

수보리, "그대는 지금, 성문이 되겠는가, 벽지불이 되겠는가, 부처가 되겠는가?"

문수, "나는 비록 성문이라 할지라도 다른 사람에게 듣지 않고, 비록 벽지불이라 할지라도 대비大悲 및 무소외無所畏를 버리지 않으며, 비록 정등각正等覺을 이루었다 할지라도 일체의 할일에 조금도 쉬지 않겠노라."

수보리, "그대는 어째서 성문이 되는가?"

문수, "나는 항상 일체 중생을 위하여 듣지 못하던 법을 설하므로 성문이 되는 것이다."

수보리, "어째서 벽지불이 되는가?"

문수, "나는 일체 모든 법은 인연으로 일어나는 줄 알므로 벽지불이 되는 것이다.”

수보리, “어째서 부처가 되는가?”

문수, “나는 항상 일체 법의 그 자체와 상相이 평등한 줄 알므로 부처가 되는 것이다.”

수보리, “그러면 어떤 지위에 있는가? 성문지(地)에 있는가, 벽지불지에 있는가, 불지에 있는가?”

문수, “그대는 꼭 내가 일체 지에 있는 줄 아는가?”

수보리, “그대는 꼭 범부지凡夫地에 있다.”

문수, “그렇다. 왜냐하면, 일체 모든 법 및 중생들의 성性은 곧 결정한 바른 자리이므로, 나도 항상 바른 자리에 있으니, 그러므로 나는 꼭 범부지에 머문다고 말하는 것이다.”

수보리, “만일 일체 법 및 중생이 곧 결정한 바른 자리라면 어째서 모든 지위의 차별을 정하여, 이것은 범부지, 이것은 성문지, 이것은 벽지불지, 이것은 불지라고 하는가?”

문수, “비유하면, 세간에서, 말로 허공에 시방을 건립하여, 이것은 동방, 이것은 남방, 또는 이것은 상방, 이것은 하방이라 하는 것과 같다. 비록 허공은 차별이 없지마는 모든 방위는 이와 같이 차별이 있다. 이것도 그와 같아서, 여래는 방편으로 일체 결정한 바른 자리에다 모든 지위를 마련하여, 이것은 범부지, 이것은 성문지, 이것은 벽지불지, 이것은 보살지, 이것은 불지라고 하는 것이다. 비록 정위正位에는 차별이 없지마는 모든 지위에는 차별이 있는 것이다.”

수보리, “그대는 이미 정위正位에 들어갔는가?”

문수, “나는 이미 정위에 들어갔다 할지라도 또한 아직 들어가지 않은 것이다.”

수보리, “어째서 이미 들어갔지만 아직 들어가지 않은 것인가?”

문수, “이것이 보살의 선교善巧한 방법이다.”

제4절 약사여래 십이상원과 부처님 명호의 공덕

1 문수사리보살은 부처님께 여쭈었다.

"부처님이시여, 모든 부처님의 명호 및 예전에 발한 원력을 말씀하시어, 중생들로 하여금 그것을 들어 업장業障이 소멸하게 하시고, 또 미래세의 정법이 없어질 때에 중생을 섭수하게 하소서."

"문수사리여, 여기서 동쪽으로 십항하사十恒河沙 불국토를 지나서 세계가 있으니, 이름은 정유리淨琉璃세계요, 그 국토에 부처님이 계시니, 명호는 약사유리광불藥師琉璃光佛이다. 그 부처님이 보살행을 닦을 때에 십이대원十二大願을 발했으니, 곧

① 원컨대, 내가 미래세에 성불할 때에, 내 몸에서 광명이 나서 무량·무수·무변한 세계를 비추고, 삼십이대인상三十二大人相과 팔십종호八十種好로 장엄하며, 그리고 일체 중생도 모두 내 몸과 같이 되게 하여지이다.

② 원컨대, 내가 미래세에 성불할 때에, 내 몸이 유리처럼 안팎이 청정하여, 아무 때도 티도 없으며, 광명을 내고 위덕威德의 나타남이 일월보다 지나가서, 비록 유명계幽冥界에 있는 중생이라도 모두 나의 광명의 밝음을 입어, 마음대로 모든 일을 하게 하여지이다.

③ 원컨대, 내가 미래세에 성불할 때에, 무량·무변한 지혜·방편으로써, 모든 중생으로 하여금 모두 수용할 물건을 무진하게 얻어, 모자라고 부족한 것이 없게 하여지이다.

④ 원컨대, 내가 미래세에 성불할 때에, 모든 중생 중에서 사도邪道를 행하는 자로 하여금 모두 보리 도道에 주住하게 하며, 만일 성문·연각승을 행하는 자가 있으면, 모두 대승大乘으로서 안립安立하게 하여지이다.

⑤ 원컨대, 내가 미래세에 성불할 때에, 만일 무량·무변한 중생이 내 법 가운데에서 범행을 닦는 이가 있거든, 모두 계행이 결缺하지 않고 삼취정계三聚淨戒가 구족하며, 설사 파계하는 자가 있을지라도 나의 이름만 들

으면, 계행이 도로 청정하여 악취惡趣에 떨어지지 않아지이다.

⑥ 원컨대, 내가 미래세에 성불할 때에, 만일 모든 중생 중에 몸이 변변치 않고 모든 근根이 불구자이거나, 추하거나 어리석고 완만하거나, 귀머거리 · 벙어리 · 곰배팔이 · 절름발이 · 곱사등이 · 백라병白癩病 · 지랄병 등, 병고가 있는 자라도 나의 이름만 들으면 일체가 모두 단정하고 지혜 있고 모든 근이 완전하여 모든 괴로움이 없어지이다.

⑦ 원컨대, 내가 미래세에 성불할 때에, 모든 중생들이 병고에 쪼들려도 구원할 이 없고, 의지할 데 없고, 의원도 없고, 약도 없고, 집도 없고, 친척도 없고, 또 빈궁하여 고생이 많은 자라도, 내 이름이 그 귀에 한 번만 지나가거든, 모든 병이 없어지고 몸과 마음이 편안하며, 가족과 살림이 모두 풍족하여지고 또 위 없는 보리를 얻어지이다.

⑧ 원컨대, 내가 미래세에 성불할 때에, 만일 여인이 있어, 여인의 몸에 따른 모든 번뇌에 핍박을 당함으로써, 여인의 몸이 극도로 싫어져 그 몸을 버리기 원하는 이 있거든, 내 이름만 들으면 곧 여자의 몸을 버리고 남자의 몸을 얻어 대장부 상이 구족하여지며, 나아가 위없는 보리를 얻어지이다.

⑨ 원컨대, 내가 미래세에 성불할 때에, 모든 중생들로 하여금 마군의 그물을 벗어나고, 외도의 결박을 풀어버리며, 가지가지 악한 지견知見의 수풀 속에 떨어진 자가 있거든, 모두 이끌어 정견正見에 끌어넣고, 점점 모든 보살행을 닦게 하여 위 없는 보리를 빨리 얻게 하여지이다.

⑩ 원컨대, 내가 미래세에 성불할 때에, 만일 모든 중생들이 국법에 걸리어, 결박을 당하고 매를 맞으며 혹은 옥에 갇히고 혹은 사형을 받아서 죽게 되거나, 그 밖에도 모든 재난과 능욕이 있어, 몸과 마음에 괴로움을 받는 자가 내 이름만 듣거든, 나의 복덕 · 위신의 힘으로 모두 일체 근심을 해탈하게 하여지이다.

⑪ 원컨대, 내가 미래세에 성불할 때에, 만일 모든 중생들이 기갈에 견디

지 못하여 먹을 것을 구하느라 모든 악업을 짓는 자라도, 나의 이름을 듣고 일념으로 지송持誦하면 나는 마땅히 좋은 음식으로 먼저 그 육신을 배부르게 하고, 다음에는 법미法味로서 안락하게 하여지이다.

⑫ 원컨대, 내가 미래세에 성불할 때에, 모든 중생들이 가난하여 의복이 없어서, 주야로 모기 · 깔다구 · 추위 · 더위에 시달리는 자라도, 나의 이름을 듣고 일념으로 지송하면, 그들의 좋아하는 것을 따라 여러 가지 좋은 의복을 얻게 하며, 또한 일체 보배의 장엄구莊嚴具와 화만 · 영락 · 향수 등과 풍악까지라도, 마음에 원하는 대로 모두 만족하게 하여지이다.

이것이 저 약사여래가 보살도 닦을 때에 발원한 열두 가지의 상원上願이니라."

2 부처님은 문수사리에게 말씀하셨다.

"모든 중생은 선과 악을 알지 못하고, 다만 탐심만 있어서, 보시와 보시에서 받는 과보도 알지 못하며, 우치하고 지혜 없어 신근信根이 아주 없으며, 재물만 많이 모아 부지런히 수호하면서, 구걸하러 오는 이를 마음에 즐거워하지 않고, 설사 부득이하여 보시를 하더라도 몸의 살을 베이는 것처럼 아프게 여기며, 또 어떤 몹시 간탐하는 중생은, 재물을 모아 자기도 수용하지 않는데, 하물며 부모처자 · 노비 · 사환이나 구걸하는 자를 주겠는가. 그런 중생들은 목숨을 마치면 아귀계에 나거나 혹은 축생계에 나느라. 그러나 사람으로 있을 때에 일찍이 잠깐이라도 부처님의 이름을 들은 일이 있으면, 그 인연으로써 악취에 있으면서도 문득 부처님의 이름을 생각하게 되어, 그 즉시로 거기서 죽고 도로 인간에 나와서는, 숙명으로 악취의 고생을 두려워하여 오욕락을 즐기지 않고, 보시하기를 좋아하며 또 보시하는 것을 찬탄하며, 일체의 소유를 아끼지 않고 차차 머리 · 눈 · 손 · 발 · 피 · 살까지라도 구하는 자에게 보시하게 되나니, 하물며 그 밖의 재물이랴.

만일 모든 중생이, 비록 여래의 법을 배울지라도 계행을 파하거나, 비록 계행은 파하지 않더라도 궤칙軌則을 어기거나, 비록 궤칙은 어기지 않더라도 정견正見이 없거나, 비록 정견은 없지 않더라도 많이 듣지 않거나, 비록 많이 듣기는 할지라도 증상만增上慢이 있으면, 자기는 옳다 하고 남은 그르다 하여, 정법을 비방하고 마군의 도당이 되나니, 이러한 어리석은 사람은 스스로 삿된 길을 행하고 또한 많은 중생으로 하여금 사견에 떨어지게 하므로, 마땅히 지옥·아귀·축생에 떨어져 무궁하게 돌아다닐 것이다. 그러다가도 만일 부처님의 이름만 얻어 들으면 곧 악행을 버리고 선법을 닦아, 다시 악취에 떨어지지 아니하리라."

제5절 원을 발하여 참회하라

1 어느 때에, 대의大意보살은 부처님께 이렇게 물었다.

"부처님이시여, 모든 보살행을 닦는 이들이 어떻게 해야 미래세의 부처님 처소에서 깊은 선근을 심으리까?"

"선남자야, 어떤 사람이든지 조그마한 보시를 하고라도, 능히 증상심增上心으로 널리 일체 중생을 위하는 가장 수승한 선심을 내어, 얻는 공덕을 일체 중생에게 회향하면, 그 이익은 다할 때가 없다.

만일 향香 하나를 보시하더라도, 마땅히 이런 뜻을 내라. '원컨대, 일체 중생이 모두 가장 좋은 계향戒香을 얻고, 일체 악구樂具가 구족하여 모두 여의하여지이다.' 하라. 만일 꽃 하나를 보시하더라도 '일체 중생은 마땅히 천상·인간에 평등하게 공양을 받기 원합니다.' 하라. 만일 등불 하나를 보시하더라도 일체 중생은 어두운 눈을 뜨고 큰 광명이 일월같이 비치기를 원합니다.' 하라. 몸에 바르는 향수를 보시하더라도 '일체 중생이 금색신金色身을 얻고 천향天香으로 장엄하기를 원합니다.' 하라. 의복을 보시하거든 '일체 중생이 참괴慚愧가 구족하여서 모든 허물이 없기를 원합니다.' 하라. 음식을 보시하거든 '일체 중생이 법의 감로미甘露味를 얻어 쾌락하기를 원합니다.' 하라. 요령(鈴) 같은 것을 보시하거든, '일체 중생이 청정한 범음성梵音聲을 얻기를 원합니다.' 하라. 일산日傘을 보시하거든 일체 중생이 비바람의 난難을 여의고 청량을 얻기 원하고, 번幡을 보시하거든, 일체 중생의 몸이 달과 같이 청정·결백하고 광명이 있기를 원하며, 불자拂子를 보시하거든, 일체 중생이 티끌을 여의고 몸이 청정하기를 원하고, 장엄구莊嚴具를 보시하거든, 일체 중생이 부처님의 공덕을 얻어서 장엄하기를 원하며, 음악을 보시하거든, 일체 중생이 좋은 귀로 항상 부처님의 묘한 음성을 듣기 원하고, 배(船)나 탈것(乘物)을 보시하거든, 일체 중생이 최상승最上乘을 얻기 원하며, 전단향旃檀香을 보시하거든, 일체 중생이 삼십이대인상三十二大人相을 얻기 원하고, 좌구座具(=방석)를 보시하거든, 일체 중생이 부처님의 금강좌金剛座를 얻기 원하며, 와구臥具(=요)를 보시하거든 일체 중생이 최상의 환희를 얻기 원하고, 집을 보시하거든, 일체 중생이 천상 누각에 있으며 신통을 얻기 원하며, 공지空地를 보시하거든, 일체 중생이 십지十地를 얻어 속히 불지佛地에 이르기를 원하고, 권속을 보시하거든 일체 중생을 세간·천天·인人·아수라가 항상 시위하기를 원하며, 약을 보시하거든, 일체 중생이 모든 병고를 여의고 금강불괴신金剛不壞身을 얻기를 원하고, 거울을 보시하거든, 일체 중생이 달같이 광명이 비치기를 원하며, 병甁이나 그릇을 보시하거든, 일체 중생이 큰 보병寶甁을 얻어 법수法水로 일체에 부어 주기를 원하고, 공원이나 숲을 보시하거든, 일체 중생의 몸이 겁수劫樹와 같이 장수하기를 원하며, 소락酥酪(=고급 우유)을 보시하거든, 일체 중생이 최상의 즐거운 맛을 얻기를 원하고, 달고 아름다운 것을 보시하면 일체 중생이 최상으로 사랑하는 맛을 얻기를 원하라.

2 또 만일 남자종(男奴) 여자종(女婢)을 보거든 일체 중생이 은애恩愛에 얽히는 번뇌를 여의고 자유를 얻기를 원하고, 고경苦境에 있는 이를 보거든,

일체 중생이 모든 고苦에서 해탈을 얻기를 원하며, 오욕락을 받을 때에는 일체 중생이 하고 싶은 것을 마음대로 얻기를 원하고, 목욕할 때에는 일체 중생이 모든 진구塵垢를 여의고 청정하여 염착染着이 없기를 원하며, 원림園林이나 절에 들어가거든, 일체 중생이 최상의 해탈 법문에 들어가기를 원하고, 어디로 나갈 때에는 일체 중생이 윤회를 벗어나 안락한 곳에 나기를 원하며, 음식을 먹을 때에는 일체 중생이 모든 악취惡趣를 여의어 음식의 생각이 끊어지기를 원하고, 권속들 속에 있을 때에는 일체 중생이 멀리 투쟁을 여의고 서로 사랑하기를 원하며, 문을 열 때에는 일체 중생이 해탈문을 열고 들어가기를 원하고, 문을 닫을 때에는 일체 중생이 악취의 문을 닫고 다시 들어가지 않기를 원하며, 길을 갈 때에는 일체 중생이 이치답게 수행하여 바른 도道로 나아가기를 원하고, 배(船)나 말을 타고 갈 때에는 일체 중생이 최상승(乘)을 타고 정각正覺에 오르기를 원하며, 어려운 데를 지나갈 때에는 일체 중생이 삼도의 고苦를 면하여 다시 들어가지 않기를 원하고, 무슨 일로 언론이 있을 때에는 일체 중생이 바른 생각으로 모든 법에 원만하기를 원하며, 성내는 사람을 보거든 일체 중생이 모든 해독과 진심瞋心을 여의기를 원하고, 좋은 법의 연설이 있을 때에는 일체 중생이 부처님의 지혜를 얻어 변재가 무애하기를 원하며, 웃고 노래하고 즐거울 때에는 일체 중생이 항상 자재한 즐거움을 얻기를 원하고, 잠잘 때에는 일체 중생이 최상의 마음을 발하여 암흑을 떠나기를 원하며, 산보할 때에는 일체 중생이 항상 성인의 도道를 밟기를 원하라."

제6절 보살은 정법을 두호한다

어느 때에 부처님은 모든 보살들에게 말씀하셨다.

"너희들은 어떤 법에 머물러 여래가 아승지 겁劫에 쌓아 놓은 보리 법을 두호하여 가지려는가?"

그때 모든 보살들은 부처님께 사뢰었다.

자재왕自在王보살, "부처님이시여, 만일 신명을 아끼면 그는 능히 정법을 두호하지 못하지마는, 나는 신명을 아끼지 아니하므로, 이것으로 정법을 두호하려 합니다."

길상봉왕吉祥峰王보살, "부처님이시여, 만일 이양利養에 구하는 것이 있으면 정법을 두호하지 못하지마는, 나는 명문名聞과 이양을 모두 버리어, 무릇 성인이 허락하시지 않은 것은 모두 멀리하니, 이것으로 정법을 두호하려 합니다."

대당大幢보살, "부처님이시여, 만일 법과 비법의 두 가지 생각이 있으면 능히 정법을 두호하지 못하지마는, 나는 두 가지 생각을 여의고 법의 평등함을 얻었으니, 이것으로 정법을 두호하려 합니다."

승밀勝密보살, "부처님이시여, 만일 번뇌에 핍박을 당하면 능히 정법을 두호하지 못하지만, 나는 모든 성인의 지혜의 힘을 얻어 번뇌를 항복받았으니, 이것으로 정법을 두호하려 합니다."

지거持炬보살, "부처님이시여, 만일 우치하고 암흑한 경계에 있으면 능히 정법을 두호하지 못하지마는, 나는 걸림이 없는 지혜의 광명을 얻어 모든 우치의 암흑을 여의었으니, 이것으로 정법을 두호하려 합니다."

전천電天보살, "부처님이시여, 만일 법에 대하여 비량比量하는 지혜가 있으면 정법을 두호하지 못하지마는, 나는 이미 현량現量의 지혜를 얻어 모든 법에 다른 신앙이 없으니, 이것으로 정법을 두호하려 합니다.

음밀音密보살, "부처님이시여, 만일 세속世俗의 근성과 산란심이 있으면 정법을 두호하지 못하지마는, 나는 모든 근根과 모든 문門과 모든 곳(處)에 잘 깊은 비밀을 얻었으니, 이것으로 정법을 두호하려 합니다."

정광淨光보살, "부처님이시여, 만일 법에 대하여 가지가지 성性과 가지

가지 상想이 있으면 정법을 두호하지 못하지마는, 나는 일체 중생에게 평등심을 내며, 또한 일체 법에도 평등을 얻었으니, 이것으로 정법을 두호하려 합니다."

최승보最勝步보살, "부처님이시여, 만일 산란하여 평등하게 나아가는 마음이 없으면 정법을 두호하지 못하지마는, 나는 언제나 마음이 평등하여 산란하지 아니하니, 이것으로 정법을 두호하려 합니다."

도사導師보살, "부처님이시여, 만일 정도正道를 분명히 알지 못하여 사도邪道를 닦으면 정법을 두호하지 못하지마는, 나는 이미 정도의 법을 분명히 알아 사도 닦는 중생들을 실다운 정도로 끌어 주고 있으니, 이것으로 정법을 두호하려 합니다."

선혜善慧보살, "부처님이시여, 만일 망설이는 마음으로 분별을 일으키면 능히 정법을 두호하지 못하지마는, 나는 이미 망설이는 마음을 여의어 모든 분별이 끊어지고, 다시 일체 중생으로 하여금 의혹의 병을 제하게 하오니, 이것으로 정법을 두호하려 합니다."

변조遍照보살, "부처님이시여, 만일 비법非法으로써 수행하는 도리를 파괴하면 능히 정법을 두호하지 못하지마는, 나는 정법으로 진실하게 수행하며, 다시 일체 중생을 모두 실다운 도리에 있게 하오니, 이것으로 정법을 두호하려 합니다."

명관明觀보살, "부처님이시여, 만일, 염착染着하는 지혜가 있어서 법의 광명을 여의면 정법을 두호하지 못하지만, 나는 결정決定한 지혜와 선교善巧한 지혜가 원만하여 법의 광명이 구족하니, 이것으로 정법을 두호하려 합니다."

무애혜無碍慧보살, "부처님이시여, 만일 장애되는 마음이 있어서, 능히 중생을 따라가면서 두호하는 지혜가 없으면 정법을 두호하지 못하지마는, 나는 장애 없는 마음으로서 중생을 따라가면서 두호하여 모두 수승한 지혜에 머물게 하오니, 이것으로 정법을 두호하려 합니다."

행정혜行淨慧보살, "부처님이시여, 만일 모든 중생의 근기를 잘 알지 못하며, 또한 모든 중생의 행行을 알지 못하면, 능히 정법을 두호하지 못하지마는, 나는 이미 지혜로 일체 중생의 근기와 행을 알았으니, 이것으로 정법을 두호하려 합니다."

장엄왕莊嚴王보살, "부처님이시여, 법에 대하여 만일 분별상이 있어서, 아상我相 인상人相에 의지하거나 법상法相에 의지하면 능히 정법을 두호하지 못하지마는, 나는 일체 분별과 비분별에 모두 변계성遍計性을 여의고 삼륜三輪이 청정하며, 아상・인상이 없고 법에도 의지하지 않으니, 이것으로 정법을 두호하려 합니다."

사자당師子幢당보살 "부처님이시여, 세간에 중생들은 일체 법을 생生도 없고 기起도 없다는 말씀을 듣고, 모두 놀라고 두려워하므로 정법을 두호하지 못하지만, 나는 이미 일체 법이 생도 없고 기도 없음을 분명이 알아, 다시는 놀라거나 두려워함이 없어서, 어떤 법이 가까이나 혹은 멀리 실답게 머문다고 보지 않으니, 이것으로 정법을 두호하려 합니다."

자씨慈氏보살, "부처님이시여, 만일 보리에 대하여 멀다는 생각을 내면 능히 정법을 두호하지 못하지마는, 어떤 보살이든지 생각에, '나는 비록 보리는 얻었으나 보리가 몸에나 마음에 화합함이 있는 것을 보지도 못하고 또한 화합하지 않은 것도 보지 못했다'고 하는 보살이면 능히 정법을 두호합니다."

공덕광왕功德光王보살, "부처님이시여, 만일 공덕이 아닌데 주住하여 참다운 공덕을 여의고, 여래의 수승한 공덕을 구하지 않는 자는 능히 정법을 두호하지 못하지마는, 나는 이미 모든 공덕이 아닌 것은 멀리 여의고, 보살의 진실한 공덕에 머무르며 여래의 가장 수승한 공덕을 부지런히 구하오니, 이것으로 정법을 두호하려 하나이다."

묘길상妙吉祥보살, "부처님이시여, 저 세상에 미친 사람과 같이, 내가 능히 정법을 두호하겠다고 외치는 사람은 그 말을 참으로 믿을 수가 없습니다. 무슨 까닭이냐 하면, 부처님께서 도량에 앉았을 때에, 법은 가히 얻을 것도 없으며 또한 가히 증할 것도 없었으니, 어찌 거기서 법을 두호할 것이 있습니까? 부처님이시여, 나는 일체 법에 도무지 두호할 것이 없어서 모든 집착을 여의고, 대비로써 모든 법성을 가지나이다. 그래서 모든 법에 성판成辦할 것도 없고 성판하지 아니할 것도 없습니다."

그때 부처님은 묘길상보살에게 말씀하셨다.

"착하고 착하다. 묘길상이여, 네가 말한 바와 같이, 내가 도량에 앉았을 때에, 조그마한 법도 얻는 것이 없느니라."

제7절 보살의 관찰과 보리

1 문수보살은 이렇게 말하였다.

"일체 모든 법은 근원도 없고 또한 주住함도 없어, 보시를 행해도 보시가 따로 없으니, 이것이 보시요, 본래부터 자성自性이 청정하여 금계禁戒가 깨끗하므로 범계할 것이 없으며, 이것이 지계 중생이 전부 고요하여 일어날 것이 없으니 그것이 인욕이요, 고요하고 묵묵하여 작作함이 없으니 그것이 정진이며, 마음이 자연하여 나는(生) 바가 없으니 그것이 선정이요, 제도하여도 제도할 것이 없어 모든 사견을 버리니 그것이 지혜며, 심원한 십이연기十二緣起에 들어가나 들어갈 바가 없으니 그것이 현묘玄妙요, 행行이 공한 것을 밝게 아는 것이 대자며, 작作해도 작할 바가 없으니 그것이 대비요, 모든 법을 행하지 아니하니 그것이 대희大喜며, 사독四讀을 초월하여 둘이 없으니 그것이 두호(護)요, 받고(受) 아니 받는 것이 없으며 또한 섭수攝受함도 없으니, 그것이 사은四恩이며, 근본도 없고 또한 주住함도 없어서 덕德의 근본이 되니 그것이 오근五根이요, 뜻에 생각하는 바도 없고 또는 생각지 않는 바도 없으니 그것이 오력五力이며, 진제眞諦의 일체

본말本末을 요달하는 것이 칠각지七覺支요, 둘에 합하지 아니하여 합함도 없고 흩어짐도 없는 것이, 도道며, 결정코 담박한 행을 얻게 되는 것이 적멸寂滅이요, 지혜바라밀이 유순柔順에 어긋나지 않는 것이 관觀이며, 지혜로써 마땅함을 삼는 것이 신통이니, 나는 모두 이것으로써 귀취歸趣를 권하고 도와서, 전륜轉輪에 물러가지 않고 부처님에 이르게 하는 것이다."

2 무량지장엄왕無量志莊嚴王보살은 부처님께 여쭈었다.

"부처님이시여, 나는 아까 부처님께 들었습니다. '법이 있으니 이름이 여래비밀장이라, 만일 보살이, 이 비밀장에만 들어가면, 무진한 법도 얻고, 무진한 변재도 얻으며, 무진한 부처님도 뵈옵고, 능히 무진한 신통을 얻어, 모든 중생을 위하여 진실한 의지가 된다.' 하니, 원컨대 부처님께서는 이 여래의 비밀장을 연설해 주소서."

"선남자야, '여래의 비밀장법'은 이른바 일체지심一切智心이다. 이 마음을 발한 뒤로, 견고하게 수호하여, 물러가도 말고 버리지도 말며, 산란하지도 말고 잘 생각하며, 많이 남을 권하여 나타내 보이고 가르치되, 선근으로 머리를 삼고, 즐거이 수호하고 항상 견고하게 가져, 마땅히 지을 것을 지으면, 이것이 곧 보시도 되고 지계도 되며, 인욕도 되고 정진도 되며, 선정도 되고 지혜도 되며, 또 방편도 되는 것이다. 이 마음이 줏대가 되면, 겁나는 것도 없고 약하지도 않으며, 여의지도 않고 무너지지도 않으며, 게으르지도 않고, 오직 등지지도 않으며 또 버리지도 않고 이 마음으로 순하게 향하면 저절로 깨달아 알게 될 것이다. 착한 업으로 머리를 삼고 질직質直하여 굽지 말고, 바르게 서서 단정하여, 허환虛幻도 없고 거짓도 없어서, 지은(作) 것은 의심이 없고 안 지은 것은 지어서, 마땅히 행할 것을 부지런히 행하되, 바른 행을 버리지 않고 부지런히 닦게 되나니, 이것의 이름이 '여래의 비밀장법'에 들어가는 법문이다. 이른바 견고한 일체지심이 이것이니, 잘 견고하게 지키고 두호하여 버리지 말라.

선남자야, 어떻게 하면 일체지심이 견고하게 될까? 일체지심을 견고하게 하려면, 네 가지 법이 있으니, 다른 법(乘)도 생각하지 않고, 다른 하늘(天)도 생각하지 않고, 다른 마음도 내지 않고, 뜻이 옮기지 않는 것이다. 또 일체지심을 두호하는 네 가지 법이 있으니, 색色에도 취醉하지 않고, 재물에도 취하지 않고, 권속에도 취하지 않고, 자재自在에도 취하지 않는 것이니라."

3 부처님은 미륵보살에게 말씀하셨다.

"모든 보살은 일곱 가지 법으로 보리심을 발한다. 첫째는, 부처님이 과거 인행因行 때에 선지식善知識을 찾아서 신명을 아끼지 않고 불도를 구하신 것과 같이 보리심을 발하는 것이요, 둘째는 미묘한 일체 좋은 법을 배우고 전심으로 수호하여, 사랑하고 즐거워 보리심을 발하는 것이요, 셋째는 현재 모든 유정有情들이 가지가지 고苦를 받아 주야로 근심하고 걱정하며, 해탈할 때가 없는 것을 보고, 대비심을 일으켜 널리 제도하기 위하여, 보리심을 발하는 것이요, 넷째는 일체 중생을 이익하게 하여 원친怨親의 상相이 없고, 모두 쾌락을 얻어 자재하게 해탈하게 하기 위하여 보리심을 발하는 것이요, 다섯째는 널리 일체 모든 중생들에게 기쁨으로 보시하고 방편으로 섭수하여, 그들로 하여금 두려움을 여의고 여래의 법에 겁약怯弱한 마음이 나지 않게 하기 위하여 보리심을 발하는 것이요, 여섯째는 모든 보살들의 보리심 발하는 것을 보고, 즐겁고 친근하며 배울 생각을 내어, 모든 보살과 한 가지로 보리심을 발하는 것이요, 일곱째는 여래의 삼십이상三十二相과 팔십종호八十種好의 신상身相이 수승하고 공덕이 원만하며, 제일 청정한 것을 보거나 듣고, 때(垢)가 없는 성과聖果를 얻기 위하여 보리심을 발하는 것이다. 만일 보살이, 이렇게 일곱 가지 가장 수승하고 묘한 마음을 발하면, 능히 위가 없는 정등正等 정각正覺을 점차로 성취하여, 중생을 버리지 아니하고 정법을 수호하리니, 이것이 일곱 가지로 보리심을 발하는 것이다."

제8절 팔만사천 진로와 삼매

1 어느 때에 희왕喜王보살은 칠 일 동안을 아무 다른 생각 없이 앉아 있다가, 칠 일을 지낸 후에는 생각하는 바 있어, 부처님 앞에 나아가 이렇게 여쭈었다.

"도법道法은 현묘하므로 가히 반연攀緣할 수 없어, 그 위없고 진정함은 비유할 수 없습니다. 모든 보살·비구·성중들과, 모든 존신尊神과 하늘들은 한데 모여 갈앙渴仰하며, 모두 법에 허기虛飢가 나 있습니다. 나는 온 지가 오래 되어서 시간이 지나가려 하나이다. 여쭙고 싶은 것이 있으니, 만일 허락하시면 감히 말씀하겠습니다."

"즐거이 물으라. 여러 사람의 의심이 맺혀 있다면, 여래는 모두 분별 해설하여 마음에 걸림이 없게 하리라."

"부처님이시여, 나는 홀로 앉아 생각하였습니다.

'모든 보살들은 적공누덕積功累德하여 뜻을 세우고, 마음을 조복하여 여러 선본善本을 심으며, 지극히 참된 도를 구하고 있습니다. 그러나 혹 어떤 보살은 중생을 위하는 연고로 행도行度가 무극無極하여 불도를 이루려 하고, 혹은 모든 보살을 위하므로 행도가 무극하며, 혹은 생사에 여러 가지 누漏를 끊으려고 행도가 무극하고, 혹은 무루無漏로서 행도가 무극합니다. 모두 자기의 뜻을 따라 행도가 무극하여 보살도를 닦아 정각을 이루려 합니다. 모든 보살들은 여러 가지 선권善權 방편의 흥발興發을 받아 도법을 일으키려 하오니, 원컨대 그 의취意趣를 설하소서."

2 "보살은 여섯 가지 사업이 있으니, 수치습행修治習行 바라밀에도 육사六事가 있고, 광요光曜 바라밀에도 육사가 있으며, 세世 바라밀에도 육사가 있고, 그 밖에 위의威儀 바라밀·민상愍傷 바라밀·행공行空 바라밀·연사捐捨 바라밀·멸도滅度 바라밀·변화變化 바라밀·유포법교流布法教 바라밀·분사리分舍利 바라밀에도 낱낱이 육사가 있으니, 이것이 모든 비구·보살

들의 행할 바 이천일백 적연도寂然度 바라밀이다. 보살이 만일 이것을 체험해 알면, 모두 일체 법의 특수하고 현묘하고 무제無際한 행에 이르리라. 이 이천일백 도무극 중에 별도로 일백 도무극이 있어서, 사대四大를 제除하고 육쇠六衰를 버리되 남음이 없고, 홀로 삼계에 왕래・주선하여 삼세에 두루 들어가되, 마치 일월이 여러 어두움을 두려워하지 않고 만물과 백곡・초목을 성취하듯 하리라. 이천일백 도무극이란 것은 탐・진・치・등분等分의 네 가지에 각각 이천일백이 있어서, 합하면 팔천사백이 되고, 이 팔천사백이 따로 각각 열 가지의 일이 있어서, 모두 팔만사천이 된다. 능히 이 팔만사천 도무극만 구족하면, 곧 팔만사천 상업上業이 갖추어져서, 팔만 사천 모든 총지문總持門이 자연히 통달되어, 문득 모든 부처님의 오백 가지 성공聖功에 통하며, 오락으로써 일체 중생을 교화하며, 일체 행할 바 경계를 알아서, 때를 따라 발기하되, 이루지 못하는 것이 없는 것이다."

3 희왕보살은 다시 부처님께 여쭈었다.

"나는 본성이 불민하여, 부처님께서 다만 부처님 경계의 명목만 말씀하시는 것을 듣고는, 능히 그 의취의 돌아가는 것을 알지 못하겠으니, 오직 원하건대 자비를 드리워, 널리 그 뜻을 연설하시어 알게 하소서."

부처님은 다시 수습행법 바라밀로부터 분사리 바라밀까지 낱낱이 해설하셨다.

"어떤 것이 수습행법 바라밀에 육사가 있는 것인가? 예전부터 일찍이 발하지 못했던 뜻에, 곧 지극히 진실한 보살심을 발하여 부처님 및 중생에게 보시・지계・인욕・정진・선정・지혜로 불도를 즐거워하며, 마음에 지진至眞을 원하여 잊어버리지 않는 것이 수습행법 바라밀의 여섯 가지 일이니라…… 어떤 것이 분사리 바라밀에 있는 육사인가? 사리를 위하여 여러 가지 공양구를 구해서, 주야로 공경・승사하면, 이것이 보시요, 무수한 대중과 한가지로 환희하여 귀명・경계하면 이것이 지계요, 만일 다시 광명 위신威神을 나투어 원근 사람으로 하여금, 와서 배관하고 서로서로 마음이 화化하게 하면 이것이 인욕이요, 모든 하늘과 사람들이 모두 기뻐 지극히 높은 줄 알고, 도심道心을 발하게 하면 이것이 정진이요, 만일 사리를 친견하고는 보다 더 즐거움이 없어서, 불도만을 생각하면 이것이 선정이요, 사리를 찬탄하여 묘한 변재를 얻어서 걸림이 없으면 이것이 지혜니, 이가 곧 여섯 가지 일이니라.

이 이천일백 가지 바라밀 외에 다시 구십 가지 바라밀이 있어서, 세상의 구뇌九惱를 소멸하고, 구십육 종의 모든 외도 사학邪學을 교화하여 진정한 도로 들어오게 하니라.

이 이천일백 바라밀로 설법하여, 모든 탐음貪婬하는 종자를 교화하고, 이천일백 바라밀로 설법하여 모든 진에瞋恚의 종자를 교화하고, 이천일백 바라밀로 설법하여 모든 우치한 종자를 깨우치고, 이천일백 바라밀로 설법하여, 등분업等分業 종자를 가르쳐 교화하나니, 이것이 모두 팔천사백 바라밀이 되는 것이다. 다시 하나가 변하여 열이 되므로 합하면 팔만사천 바라밀이 된다. 부처님은 의원 중의 왕이 되고, 법은 모든 행이 되어 삼계에 좋은 약이 되어서 삼독의 음개陰蓋를 다스리어 소멸하게 하나니, 이 팔만사천 바라밀을 받들어 행하지 않고는, 백천 가지 사람을 위하여 팔만 사천 진로塵勞를 제하고, 팔만사천 삼매 문을 얻으려 하여도 이루지 못할 것이다. 이러하므로 팔만 사천 공행空行법을 닦아 백천 사람을 교화하여, 팔만 사천 진로를 소멸하고, 팔만사천 삼매 문에 들어가게 하나니, 이것이 이른바 불도이니라."

제9절 보살의 수호할 법과 보시

1 승사유勝思惟보살은 부처님께 여쭈었다.

"나는 지금 사중四衆을 위하여 부처님께 두 글자의 뜻을 묻고자 하오니, 부처님께서는 나를 위하여 해설해 주시면, 우리들은 모두 이익을 얻겠습니다."

"선남자야, 여래가 어찌 한 중생을 위하여 세상에 출현했겠느냐? 무량한 중생을 이익하게 하기 위하여 세상에 출현했으니, 네가 지금 사중을 위하여 두 글자의 뜻을 묻는다면 묻는 대로 설해 주리라."

승사유보살은 이에 부처님께 여쭈었다.

"부처님이시여, 어떤 법을 보살은 제멸除滅하고 수호하며, 또 어떤 법을 여래는 증득하고 깨달았습니까? 이 두 뜻을 설하여 주세요."

"선남자야, 한 가지 법이 있으니, 보살은 마땅히 이것을 제멸해야 한다. 그것은 어떤 법인가? 이른바 탐욕이다. 또 한 법을 보살은 마땅히 제멸해야 하나니, 이른바 진심瞋心이다. 또 한 법을 보살은 마땅히 제멸해야 하나니, 이른바 우치愚癡이다. 또 한 법을 보살은 제멸해야 하나니, 이른바 아집我執이다. 또 한 법의 해태가 있으니, 보살은 이것을 제멸해야 한다. 또 한 법의 수면睡眠이 있으니, 보살은 이것을 제멸해야 한다. 또 한 법의 염애染愛가 있으니, 보살은 이것을 제멸해야 한다. 또 의혹이라는 한 법이 있으니, 보살은 이것을 제멸해야 한다. 또 무명無明이라는 한 법이 있으니, 보살은 이것을 제멸해야 한다. 선남자야, 이러한 법은 보살이 마땅히 제멸해야 하는 것이다.

2 선남자야, 너는 또 어떤 법을 보살은 수호해야 하느냐고 물었다. 선남자야, 보살이 항상 수호할 한 법이 있으니, 이른바, 내가 하고 싶지 않은 것은 남에게 베풀지 말라는 것이다. 이 한 법은 보살이 꼭 수호해야 하는 것이다. 왜냐하면, 만일 보살이 이 법만 수호하면, 곧 모든 부처님의 일체 계장戒藏을 수호하는 것이 된다. 보살이 자기 목숨을 사랑하는 자라면 마땅히 살생하지 않을 것이요, 자기 재물을 사랑하는 자라면 남의 재물을 도둑하지 않을 것이요, 자기 아내를 사랑하는 자라면 남의 아내를

범하지 않을 것이요, 자기가 진실한 말을 사랑한다면 남을 속이지 않을 것이요, 자기가 화합을 사랑한다면 남을 이간하지 않을 것이요, 자기가 정직한 것을 사랑한다면 남에게 간사하게 꾸미지 않을 것이요, 자기가 부드러운 말을 사랑한다면 남에게 악한 말을 안 할 것이요, 자기가 지족知足하는 것을 사랑한다면 남의 것에 탐욕을 내지 않을 것이요, 자기가 어질고 용서하는 것을 사랑한다면 남에게 진심을 내지 않을 것이요, 자기가 정견正見을 사랑한다면 남으로 하여금 사견邪見을 내지 않게 할 것이니, 이것이 보살의 수호할 한 법이라.

선남자야, 보살들이 무상 보리를 구하고자 하는 것은, 모두 락樂을 얻기 위하여 구하는 것이요, 고苦를 얻기 위하여 구하는 것이 아니다. 그러므로 이 '내가 하고 싶지 않은 것은 남에게 베풀지 말라'는 법을 보살은 마땅히 두호해야 할 것이다.

3 또 선남자야, 어떤 법을 여래는 증득하고 깨달았느냐고 너는 물었다.

선남자야, 한 법도 여래는 증득했거나 깨달은 바가 없다. 왜냐하면, 모든 법 중에 깨달을 것도 없고 증득할 것도 없는 그것이 여래의 깨달은 바요 증득한 바이다. 선남자야, 일체 모든 법은 본래 법이 없는 것을 여래는 깨달았고 증득했으며, 일체 모든 법은 본래 멸할 것이 없는 것을 여래는 깨닫고 증득했으며, 일체 모든 법의 자성自性은 두 가(邊)를 여읜 것을 여래가 깨닫고 증득했으며, 일체 모든 법은 본래 실답지 않은 것을 여래는 깨닫고 증득한 것이다.

선남자야, 일체 모든 법은 모두 자업自業의 인연의 힘으로 좇아 나게 되지만, 이 인연도 염념念念에 머물지 않는 것이 마치 번갯불 같으니, 이러한 업의 인연을 여래는 깨닫고 증득했다. 그러므로 나는 모든 법은 인연으로부터 나고 인연으로 멸하는 것이니, 만일 인연을 여의면 업보도 없다고 나는 말한 것이다. 이런 따위의 일을 여래는 깨닫고 증득한 것이다. 선남자야, 이렇게 깨달은 일체 법성法性의 이름은 변조광명遍照光明의

장藏이나. 어째서 법성을 장이라고 이름하는가? 모든 중생의 세출세간지世出世間智가 모두 이 장에 의지하여 나는 까닭이다. 만일 참다운 지혜로써 법성을 관한다면, 지智는 모두 저것을 의지하여 나기 때문에 장이라 한 것이다.

선남자야, 나는 다시 일체 모든 법은 곡두(幻)와 같고, 아지랑이(焰)와 같고, 물속의 달과 같다고 설하노니, 이런 것이 여래가 깨닫고 증득한 것이다. 또 모든 법의 성性과 상相은 한 맛(一味)으로 해탈이니, 이런 것을 여래는 깨닫고 증득한 것이다. 이러한 해탈일미解脫一味의 이름이 '변조광명의 장'이다.

선남자야, 또 한 법을 여래는 깨닫고 증득한 것이 있으니, 이른바 모든 법은 나지도 않고 멸하지도 않으며, 더하지도 않고 덜하지도 않으며, 오지도 않고 가지도 않으며, 취取할 것도 없고 버릴 것도 없으며, 인因도 아니요 연緣도 아니다. 이러한 법을 여래는 깨닫고 증득했느니라.

또 선남자야, 여래는 일체 모든 법은 자성이 없어서 비유로도, 문자文字로도, 변설辯說로도 나타낼 수 없는 것을 알았으니, 이러한 법을 여래는 깨닫고 증득한 것이다.

위에서 말한 바와 같은 이러한 법이, 모두 여래의 깨닫고 증득한 것이니라."

4 부처님이 외로운 이 돕는 절에 계실 때, 혜상慧上보살에게 말씀하셨다.

"보살은 보시 한 가지만 행하여도 육바라밀이 구족하게 되니라. 어째서 육바라밀이 구족하게 되는가? 가난하여 구걸하는 자를 보면, 간탐하는 마음이 없이 보시하나니, 보시바라밀이 성취되는 것이요, 스스로 계행을 가져 악행하는 자를 보면, 계행을 지키게 하기 위하여 보시하니, 지계바라밀이 성취되는 것이요, 성을 내는 자를 보면 자비한 마음 · 청정한 마음 · 불쌍한 마음으로 보시하니, 인욕바라밀이 성취되는 것이요, 마땅한 대로 모든 것을 비판하여 쉬지 않고 보시하니, 정진바라밀이 성취되는 것이요, 일심으로 평등하게 보시하여, 잘 때와 꿈에라도 딴 생각이 없으니, 정바라밀이 성취되는 것이요, 이렇게 보시하되, 누가 보시를 한 자며, 누가 보시를 받은 자며, 또 갚음을 받을 자는 누구인가 생각하여, 보시한 자도 받은 자도 보지 못하고, 또 갚음을 받을 것도 없는 것을 아니, 이것은 지혜바라밀을 성취하는 것이다. 선남자야, 이렇게 보시를 행하면, 곧 육바라밀을 구족하게 성취하는 것이다."

제10절 이런 사람이 보살이다

등행等行보살은 부처님께 여쭈었다.

"부처님이시여, '보살, 보살' 하니, 보살이란 말은 무슨 뜻입니까?"

부처님은 대답하셨다.

"선남자야, 만일 보살이 사견邪見 중생에게 대비심을 발하고, 정견正見 중생에게도 대비심을 발한다면, 그는 보살이다. 왜냐하면, 보살은 정견 중생을 위하여 발심하지도 아니하고, 사견 중생을 위하여 발심하지도 아니하지만, 다만 사견 중생을 제도하기 위하여 대비심을 일으키고 보리심을 발하므로, 이름하여 보살이라 한다."

그때 보리보살은 부처님께 여쭈었다.

"우리들도 보살의 보살되는 까닭을 말하고자 합니다."

부처님은 곧 허락하셨다.

보리보살, "남자나 여인으로 일일계一日戒(=八關戒)를 받아, 파하지도 않고 빠지지도 않으며, 처음 발심할 때로부터 성불할 때까지, 그 중간에 항상 청정한 행을 닦는 것이 보살입니다."

견의堅意보살, "만일 보살로서 견고한 자비심을 성취하면, 그 이름이 보살입니다."

도중생度衆生보살, "보살은 배(舟)와 같고 다리(橋)와 같아서, 많은 사람들이 오고가고 할지라도, 피곤하거나 게으르지 않고, 또는 분별도 없는 것이 보살입니다."

단악도斷惡道보살, "만일 보살로서 모든 부처님 국토에 발을 던지는 대로 일체 악도가 모두 없어지면, 그것이 보살입니다."

관세음보살, "만일 중생들이 보살을 보는 즉시로 보리심을 발하게 되고, 또는 그 이름을 부르면 모든 고통을 면하게 되면 그것이 보살입니다."

대세지보살, "만일 보살이 발을 던지는 대로 삼천 대천세계와 마군의 궁전이 진동하면, 그것이 보살입니다."

무피권無疲倦보살, "만일 항하수恒河水 모래 수 같은 겁劫을 일一 주야로 치고, 그것의 삼십三十일을 한 달, 그 열두 달을 일 년이라 하여, 그 햇수대로 백 · 천 · 만 · 억 겁에 한 부처님을 뵙는데, 그렇게 해서, 항하사 수 같은 부처님 처소에서 모든 범행을 닦아 공덕을 쌓은 뒤에 수기授記를 받되, 마음이 쉬(休)지도 않고 피곤하지도 않으면, 그것이 보살입니다."

도사導師보살, "보살이 사견邪見에 떨어진 중생에게 대비심大悲心을 내어, 정도로 들어가게 하고도 그 은혜의 갚음을 구하지 않으면, 그것이 보살입니다."

수미산보살, "보살이 일체 법에 분별없는 것이 마치 수미산이 모든 색色에 평등한 것과 같으면, 그것이 보살입니다."

나라연那羅延보살, "만일 보살이 일체 번뇌에 파괴되지 않으면, 그것이 보살입니다."

심력心力보살, "마음으로 모든 법을 생각하되 그릇됨이 없으면, 그것이 보살입니다."

사자유보자재師子遊步自在보살, "모든 의논에 두려움이 없고 깊은 법인法忍을 얻어, 능히 일체 외도로 하여금 두렵게 하는 것이 보살입니다."

불가사의不可思議보살, "마음의 상相이 불가사의인 줄 알고, 사유思惟와 분별이 없는 것이 보살입니다."

선적善寂 천자, "능히 일체 천궁天宮에 태어나서도 물들지 않고, 물들지 않는 법도 얻을 수 없는 것이 보살입니다."

실어實語보살, "하는 말이 항상 진실하여, 꿈에라도 거짓말이 없는 것이 보살입니다."

희견喜見보살, "능히 일체 색色을 모두 부처님 색과 같이 보는 것이 보살입니다."

상참常慘보살, "생사에 빠진 중생을 보고, 마음에 세간의 모든 락樂이 즐겁지 않아서, 스스로 자기의 몸을 제도하고 또는 중생을 제도하려 하는 것이 보살입니다."

심무애心無碍보살, "일체 번뇌와 모든 마군에게 걸림이 없는 것이 보살입니다."

상희근常喜根보살, "항상 선근으로써 자기의 원을 채우고 또 남의 원을 채워서, 하는 일이 모두 성판成辦되면, 그것이 보살입니다."

산의회散疑悔보살, "일체 법에 의심과 후회가 나지 않으면, 그것이 보살입니다."

사자동녀師子童女보살, "남자의 법도 없고 여자의 법도 없이, 가지가지 색상色相을 나투어 중생을 성숙시키는 것이 보살입니다."

보녀寶女보살, "모든 보배에도 사랑과 즐거움을 내지 않고, 다만 삼보를 즐거워하는 것이 보살입니다."

비사거달다毘舍佉達多 우바이, "만일 보살이 얻은 것이 있다면 보리는 없는 것이니, 일체 법을 얻지도 아니하고, 일체 법을 내지도 아니하며, 일체 법을 멸하지도 아니하면, 그것이 보살입니다."

발타바라跋陀婆羅 거사, "중생이 그 이름만 들어도, 아뇩다라삼먁삼보리에 결정하면, 그것이 보살입니다."

보월寶月 동자, "항상 동자의 범행을 닦아 마음에도 오욕을 생각하지 않는데, 하물며 몸으로 받으리까. 그것이 보살입니다."

만다라화향曼多羅花香보살, "지계持戒로 마음을 훈습熏習하여 항상 좋은 선법의 향기가 흘러나오고, 다른 향은 흘러나오지 않는 것이 보살입니다."

작희作喜보살, "보살은 세 가지 법을 즐기는 것이니, 즉 부처님께 공양하는 것과, 법을 연설하는 것과, 중생을 교화하는 것이니, 이것이 보살입니다."

사익범천, "보는 법이 모두 불법이면, 그것이 보살입니다."

미륵보살, "그를 보는 중생들이 모두 자심慈心 삼매를 얻게 되면, 그것이 보살입니다."

문수보살, "비록 모든 법을 설할지라도, 법이라는 상相도 일어나지 아니하고, 법이 아니라는 상도 일어나지 아니하면, 그것이 보살입니다."

망명網明보살, "보살의 광명이 능히 일체 중생의 번뇌를 멸하면, 그것이 보살입니다."

보화普化보살, "모든 여래가 시방세계에 충만한 것이, 마치 수풀에 꽃핀 것처럼 보면, 그것이 보살입니다."

이렇게 모든 보살들이 각각 말한 다음, 부처님은 등행等行보살에게 말씀하셨다.

"만일 보살로서 능히 일체 중생을 대신하여 모든 고뇌를 받으며, 또 능히 모든 복을 희생하여 중생에게 주면, 그를 보살이라 이름한다."

제8장 비구를 상대한 법문

제1절 부처님의 공덕을 이루려면 육덕을 넓히라

부처님이 가비라국에서 『성구광명정의경』成具光明定意經을 설하실 때에 선명善明에게 말씀하셨다.

"나는 본래 육덕六德의 행을 행하여 세세世世에 버리지 않았으므로 성불하기까지에 이르러, 마음대로 변화하고 무엇이든지 하려고 하면 일체 지智로써 통달하지 못하는 것이 없다."

선명은 부처님께 여쭈었다.

"어떤 것이 육덕의 행이오니까?"

"보시를 넓히고, 지계를 넓히고, 인욕을 넓히고, 정진을 넓히고, 선정을 넓히고, 지혜를 넓히는 것이다.

어떤 것이 보시를 넓히는 것인가? 도를 닦는 이는 마땅히 먼저 몸은 떳떳하지 않고 참된 물건이 아니라 사대四大가 합해서 되었고, 뼈와 살의 부정한 줄을 알아야한다.

필경에 몸을 버리게 되면, 사대는 각각 제 근본으로 돌아가고 말 것이다. 그러므로 몸도 내 것이 아니요, 재물도 내 것이 아니며, 마음도 형상이 없어 떳떳한 이름이 없고, 연緣과 행行에 얽히어 있는 것이다. 비록 몸으로 행하는 것이 있지만, 몸은 무상이라, 필경에는 공한 것이요 썩은 것이다. 이렇게 생각하면 곧 네 가지 믿음이 생겨 내신內身 · 외신外身 · 천지·만물은 모두 무상하여, 필경에는 깨어지고 무너지고 썩고 녹는 데로 돌아가리라. 이러한 믿음이 선후에는, 몸을 관觀해도 몸이 아니요, 물건을 관해도 물건이 아니기 때문에, 능히 마음대로 보시하여 어리석은 사람을 화하게 되는 것이니, 이것이 보시를 넓히는 것이다.

어떤 것이 지계를 넓히는 것인가? 몸으로는 세 가지 재앙災殃을 금하고, 말로는 네 가지 허물을 지키며, 뜻으로는 세 가지 악을 살펴서, 몸으로 행하는 것은 일체 중생을 볼 때에, 꼬물거리는 벌레까지도 불쌍하게 여기고 살려서 물에 것은 물로, 육지에 것은 육지로 돌려보내어 편안히 있게 하며, 여러 가지 신기하고 부드럽고 보배스러운 물건을 볼 때에, 비록 빈곤할지라도 마음을 단속하여 그것을 탐내거나 취하지 말고, 연지 찍고 분 바르고 한 절색絶色을 보더라도, 그 속에 있는 고름·피, 또 썩고 냄새나는 것을 관하리니, 이것이 몸의 세 가지 계행이요, 말로 행해야 한다는 것은, 다른 사람이 내게 네 가지 어업語業으로 대할지라도 나는 좋은 말, 부드러운 말, 진실한 말, 꾸밈없는 말로 대하여, 도리어 그 사람으로 하여금 나를 따르게 하니, 이것이 말로 네 가지 허물을 지키는 것이며, 뜻으로 행해야 한다는 것은 생사를 항상 생각하고 지혜를 익혀 깊이 도에 들어가며, 옳고 그른 것을 밝게 분별하여, 착한 일을 보거든 권하여 되게 하고 즐거워하니, 이것이 뜻의 세 가지 계행이다. 그러므로 도를 행하는 처음에는 반드시 먼저 십계를 스스로 행하고, 또 다른 사람을 교화하기를 부지런하고 게으르지 말고, 꾸준히 행하고 쉬지 말아서, 도무지 권태로운 생각이 없어야 하리니, 이것이 계행을 넓힌다는 것이다.

어떤 것이 인욕忍辱을 넓히는 것인가? 만일 남이 나를 꾸짖거든, 생각하되 '저 말은 음성으로부터 나와 내 귀에 들어오는 것인데, 보아야 형용도 없고, 또 음성은 마음과 뜻에서 나오는 것인데, 마음과 뜻도 형상이 없는 것이다. 마음은 어디 의지하는가? 사대를 의지하고 있는 것이니 사대도 근본 이름이 없는 것이라. 남도 아니요 나도 아니며, 여자도 아니며, 늙음도 아니요, 젊음도 아니다. 결국에는 주인이 없거니, 욕되고 부끄러움이 어디 있으며, 형상은 없고 이름만 있는 것이다.' 이렇게 생각하면, 모두가 공空하여 있는 바가 없는 것이다. 그러므로 지혜 있는 사람은 진심瞋心을 내지 아니하여 공으로 공을 참으며, 또 여러 가지 악한 일을 참아 행하지 아니하며, 비록 마주 오더라도 마음을 일으키지 않고 항상 뜻을 검찰하며, 마음을 조복받아 스스로 능히 욕을 참으며, 또 다른 사람도 권유하여 그렇게 하게 하면, 그것이 인욕을 넓히는 것이다.

정진精進을 넓힌다는 것은 무엇인가? 많이 먹는 것을 줄이고 맛에 맛들이지 말며, 자고 눕기를 제한하여 늦게 자고 일찍 일어나며, 속俗은 멀리하고 도를 가까이하여 여러 가지 계행을 행하고, 앉고 일어나는 데 위의威儀를 잃지 않아 범하는 행실이 없도록 항상 마음에 익히며, 도에 필요한 것은 급급히 외워, 낮이면 부지런히 닦고 밤이면 경행經行하여, 몸과 말과 뜻이 모두 법을 좇아서 경문을 여의지 않아 앉으면 설하고, 어리석은 사람을 가르치되 게으르고 수고로움으로써 마음을 어기지 않는 것이니, 스스로 능히 그렇게 하고 또 남을 권하여 그렇게 하게 하면, 그것이 정진을 넓히는 것이다.

선정禪定은 어떻게 넓히는가? 효도로써 부모를 섬기기에 그 마음을 한결같이 하고, 스승과 벗을 존경하기에 그 마음을 한결같이 하며, 사랑을 끊고 세속을 멀리하기에 그 마음을 한결같이 하고, 삼십칠도품三十七道品에 들어가는데 그 마음을 한결같이 하며, 한가롭고 고요한 데에 그 마음을 한결같이 하며, 번거롭고 어지러운 대중에 있으되 그 마음을 한결같이 하고, 욕심 많고 싸움 많고 일 많고 번뇌 많은 처소에 있으되 그 마음을 한결같이 하며, 칭찬 · 비방 · 이익 · 손실, 또 좋고 나쁜 일에도 흔들리지 않고 그 마음을 한결같이 하고, 숨 쉬는 것을 세면 선정에 들어 육진六塵을 버리고 청정으로 나아가는 데도 그 마음을 한결같이 하여, 스스로도 능히 그렇게 하고 또 남을 권하여 그렇게 하게 하면, 그것이 선정을 넓히는 것이다.

지혜는 어떻게 넓히는가? 비록 밝은 선비라도 받은 몸을 따라, 삼통三痛·육환六患·오폐五蔽의 때(垢)와, 육십이六十二의 침음沈吟하는 상想과, 팔십팔八十八의 풀기 어려운 결박과, 천팔백 헌데(鋒瘡)의 고통이 있으니, 이러한 것을 지혜로써 낱낱이 분명하게 알아서 일어나는 것을 관하고, 멸하는 것을 살피며, 병이 되는 것을 알고, 약 되는 것을 골라, 그 중요한 것을 종합하여, 몸으로는 파계하지 말고, 뜻은 세속에 들어가지 말아서, 비록 여러 애욕愛欲의 속에 있더라도 마음은 도품道品 속에 있으며, 육환六患의 집에 붙어 있더라도 마음은 육정六淨의 마루(堂)에 있으며, 오폐五蔽의 배에 앉았더라도 마음은 단멸斷滅의 문에 있으며, 견고하지 못한 집에 의지하였으나 마음에는 방편으로 두호하기를 생각하며, 독사뱀이 있는 땅에 앉아 있으나 버리고 갈 길을 생각하고, 흙배같이 위험한 것을 타고 있으나 스스로 건너갈 꾀를 내며, 불이 타는 수풀에 섰으나 물을 주어 꺼 버릴 생각을 내는 것이다. 그러므로 밝은 선비는, 지혜의 방편을 행하여 생사의 난을 뛰어나, 삼계를 여의고 멸도滅度에 나아가나니, 스스로도 그렇게 하고 또 남도 권하면, 그것이 지혜를 넓히는 것이다.

이것이 앞에서 물은 바, 부처님의 신변神變과 상호와 무량한 덕을 성취한 것이라."

제2절 남녀는 신분에 따라 법을 배운다

1 선명善明은 부처님께 여쭈었다.

"만일 어진 선비가 나라에 벼슬하여 정사를 하기에 마음이 번거로워 전일하지 못하오니, 이 법을 배우려면 어떻게 합니까?"

"만일 어진 선비가 벼슬 살기에 틈을 얻지 못하여, 이 법을 배우려 해도 마음대로 되지 않는 이는, 마땅히 경을 써서 공양하라. 모실 데를 만들고 향을 피우고 경례하되, 아침과 낮과, 저녁 인정人定 후에, 때를 잃지 말고 지극한 마음으로 예배하며, 또 열다섯 가지 일을 행할 것이니, ① 살생하지 말고 ② 산 것을 살리고 ③ 재물을 함부로 취하지 말고 ④ 은혜를 남에게 베풀고 ⑤ 음란하지 말고 ⑥ 성색聲色을 멀리 하고 ⑦ 속이지 말고 ⑧ 충성스러운 말로 잘 임금에게 간하고 ⑨ 술에 취하지 말고 ⑩ 술을 남에게 주지 말고 ⑪ 약자를 옹호하여 횡침橫侵하지 말고 ⑫ 사람들에게 어진 마음을 베풀어 각각 제 처소를 얻게 하고 ⑬ 관대한 태도로 불초不肖한 이를 포용하여 정교正教를 보여 주고 ⑭ 내게 와서 하소연하는 일이 있거든 반드시 공평하게 하여 법률에 원왕冤枉이 없게 하고 ⑮ 임금에게 권하여 선정善政으로써 베풀게 하되, 언제나 게으르지 말 것이니, 이 열 다섯 가지 계행을 가져 폐하지 아니하면, 이것이 도법道法에 맞는 것이라, 후에 반드시 해탈을 얻으리라."

2 선명은 또 부처님께 여쭈었다.

"만일 범인凡人으로서 숙업宿業에 끌리어, 구애되고 절제되는 일이 많아, 능히 편안하게 있지 못하므로 이 법에 뜻이 있어도 마음대로 되지 아니하면 어떻게 합니까?"

"범인으로서 지극한 마음으로 이 법을 배우려 하는 자는, 위에 말한 바와 같이 하라. 경을 써서 모시고, 날마다 세 번씩 잊지 말고 공경 예배하며, 다시 열 가지 일을 행할 것이니 ① 오계를 받들어 범하지 말고 ② 한가한 때에 경을 외우며 ③ 일을 할 때라도 마음으로는 경을 생각하여 잊지 말고 ④ 근로하고 괴로운 데서는 마땅히 이것은 전세의 업業이라 생각하여 성내지 말며 ⑤ 거처하는 곳에 불상佛像이 없고, 나쁜 사람들을 여읠 수 없을지라도, 마음으로는 항상 부처님을 생각하고 사방을 향하여 예배하되, 불상을 대한 것과 다름이 없게 하고 ⑥ 마음을 부드럽게 단속하고 조심하여 모든 사람에게 하심下心하며 ⑦ 하는 일에는 정성을 다하여 겉으로만 꾸미지 말고 ⑧ 벗을 위하여 힘을 다하며 ⑨ 늙고 병든 이를 보거든 지극한 마음으로 불쌍히 여기어 호하고 외식만 차리지 말며 ⑩ 마땅히 삼보께 귀의하여 게으르거나 잊어버리지 말 것이니, 범인으로서 비록 근고하고 구애되는 데 있을지라도, 이 열 가지만 행하여 없애지도 말고 게으르지도 아니하면, 후에 반드시 해탈을 얻으리라."

3 선명은 또 부처님께 여쭈었다.

"만일 점잖은 부인이 양반의 집으로 시집을 가서, 살림을 살기와 어른을 섬기는 인연으로 집을 여의지 못할 때, 이 법을 배우고자 하면 어떻게 하오리까?"

"여인으로서 살림과 어른에 인연이 되어 마음으로만 이 법을 배우려 하는 이도 또한 전에 말한 바와 같이 하라. 경을 불단에 모시고, 꽃과 향과 촛불·번개幡蓋를 갖추고, 하루 세 번씩 예배를 잃지 말며, 항상 축원하되 여인의 몸을 여의기 원하여, 마음에 애욕을 끊고 게으르지 말며 또 이십 가지 일을 행하라. ① 십계를 가져 범하지 말고 ② 질투심을 버리며 ③ 가락지·팔지 등 패물佩物을 덜고 ④ 연지·분 등 화장을 제하고 ⑤ 자태를 부리지 말며 ⑥ 의복을 수수하게 하여 사치하지 말고 ⑦ 집안에서는 항상 자비한 마음으로 대하며 ⑧ 하인들도 부드럽게 가르치고 때리지 말며 ⑨ 고독한 이를 두호하고 의식을 평등히 하며 ⑩ 효도로 윗사람을 섬기고 사랑으로 아랫사람을 대접하며 ⑪ 소리를 낮추고 뜻을 낮추어서 항상 스스로 꾸짖으며 ⑫ 항상 부끄러움을 품어 겸손하고 화순하며 ⑬ 할일이 있으면 손수 잡아 청정하고 향기롭게 하여, 시부모나 부모 및 삼보·사우師友에게 드리며 ⑭ 친소親疎와 선악에 모두 자비로 평등하여 차별상이 없으며 ⑮ 만일 사실私室에 있어서 다른 사람이 없더라도 염욕심染欲心을 내지 말며 ⑯ 단정하고 전일한 마음으로 항상 법에 뜻을 두며 ⑰ 하고 싶은 것이 있거든 어른에게 물어서 하며 ⑱ 독단하는 마음이 없이 항상 내 몸을 낮추고 순하기로 경계하며 ⑲ 문틈으로 밖을 엿보아 사벽邪辟한 생각을 내지 말며 ⑳ 기거起居와 언어에 언제나 희롱이 없어, 항상 법도에 잘못이 없게 할 것이다. 이것이 어진 부인들의 집에 있으면서 정법을 행하는 것이니, 점점 공덕이 원만해지면 후에 반드시 해탈을 얻으리라."

4 선명은 또 부처님께 여쭈었다.

"만일 보통 부인들로서 성품은 좋은 행을 즐거워하나 집이 가난하여 곤란이 많고 일에 골몰하며, 의식에 걱정이 있어서 자재를 얻지 못하고, 속으로는 죄를 싫어하여 빨리 해탈을 얻고자, 이 법을 듣고 행하려 하면 어떻게 합니까?"

"보통 여인들이 빈곤에 빠져 있어, 이 법을 배우고자 하나 능히 정성대로 행하지 못하거든, 마땅히 열 가지 일을 행하여 버리지 말라. ① 어진 벗에게 오계를 받아서 범하지 말고 행하며 ② 비록 배고프고 춥더라도, 살생하고 도둑질하여 배부르고 따뜻하기를 생각하지 말며 ③ 비록 홀로 있더라도 사음을 참아, 자주 마음과 뜻을 단속하며 ④ 비록 가난할지라도 마음을 속여 재물을 구하지 말며 ⑤ 주식酒食을 탐하고 창기娼妓를 구경하지 말며 ⑥ 법을 행하는 이를 부처님같이 높이며 ⑦ 항상 다섯 가지 착한 마음을 가질 것이니, 첫째, 보시할 마음, 둘째, 공경하는 마음, 셋째, 예절을 가지는 마음, 넷째, 일체를 대접하는 마음, 다섯째, 여러 가지 태도를 단속하는 마음이다. ⑧ 비록 일을 할지라도 속으로는 항상 경문을 외워 게으르지 말며 ⑨ 육재일六齋日에는 절이나 탑에 가서 삼보께 예배하며 ⑩ 비록 돈으로는 보시하지 못할지라도, 항상 몸소 탑에 물 뿌리고 쓸며, 청정한 물을 길어 여러 스님에게 보시하여, 손도 씻으며 세수도 하며 목욕도 하게 함으로써 보시하되, 부지런하여 싫어하지 말 것이니, 이것이 보통 여인들의 빈곤에 빠져 있으면서도 행하는 열 가지이다. 이렇게 하면, 나는 곳마다 부처님을 만나 항상 법을 배우며, 후에는 반드시 해탈을 얻으리라."

제3절 죽은 뒤에 후세가 있는가

1 견정見正 비구는 새로 출가하여 아직 법을 많이 듣지 못했으므로 이런 의심이 있었다. '부처님은 후세가 있다고 말씀하시지만, 사람이 죽은 후에는 아무도 다시 와서 말하는 이가 없는데, 어떻게 아는가? 이것을 부처님께 여쭈어보겠다'고 생각하였다. 부처님은 벌써 그 마음을 아시고 먼저 말씀하셨다.

"제자들아, 저 나무는 한 개의 씨로서 지·수·화·풍 사대四大로 자라나 저렇게 크고 무성하다. 그래서 많은 사람들이 그 밑에 의지하게끔 되었다. 그러나 그 나무가 씨로 있을 때에는, 뿌리·줄기·가지·열매도 없었고 또 보지도 못했다. 그런데, 사대의 인연을 얻어, 싹이 돋고, 잎이 피고, 줄기가 나고, 마디가 생기고, 꽃이 피고, 열매가 열어, 잇따라 변하여 저렇게 자란 것이다. 그러나 저것은 예전대로 있는 것도 아니요 또 예전 것을 여읜 것도 아니다. 처음에는 이름이 '씨'지만, 씨에서 나오는 것은 싹이요, 싹에서 나오는 것은 줄기요, 줄기에서 나오는 것은 꽃망울이요, 꽃망울에서 나오는 것은 꽃이요, 꽃에서 나오는 것은 열매다. 이렇게 변천하여 일정한 이름이 없이 큰 나무가 된 것이다. 그 나무에서 다시 과실이 나고 과실에서 다시 나무가 나고 하여, 세월이 많아지면 나무도 무성할 터인데, 그러면 그 꽃·열매·줄기·마디·뿌리 등, 모든 것을 주워 모아서 다시 씨를 만들 수 있겠느냐?"

제자들은 대답했다.

"아닙니다. 이미 그렇게 변천하였으므로 다시는 씨로 회복될 수 없고, 날로 썩어 없어지고 맙니다."

"생사生死도 또한 그러하다. 식신識神이 일어나는 법法이 되고, 일어나는 법은 치癡라는 것이다. 치는 탐애貪愛를 이루는 것이니, 치는 저 나무 씨와 같다. 씨가 작아도 큰 나무로 생장하는 것처럼, 치 하나에 많은 인연이 있고, 많은 인연은 치로 말미암아 나오는 것이다. 치에서 행行이 나오고, 행에서 식識이 나오고, 식에서 명색名色이 나오고, 명색에서 육입六入이 나오고, 육입에서 촉觸이 나오고 촉에서 수受가 나오고, 수에서 애愛가 나오고, 애에서 유有가 나오고, 유에서 생生이 나오고, 생에서 노사老死가 나왔다. 이러한 십이인연十二因緣이 합하여 몸이 있게 되었으니, 몸이 있으면 죽음으로 나아가는 것이다. 죽으면 식신이 행行을 따라가, 다시 부모가 있고, 형체가 생기고, 육정六情이 생기고, 습성習性이 있고, 고락을 받고, 풍속을 따른다. 그러나 그것들은 모두가 예전 것이 아니므로, 다시는 돌아오지도 못하고 예전 것을 알지도 못한다. 그래서 새로 보는 것으로만 따라가 그것만을 있다 하여 떳떳한 것으로 알고, 전세 · 후세는 없다 하여, 다시는 예전 몸, 예전 습관, 예전 처소로 돌아오지 못하는 것은, 마치 저 나무가 다시 씨로 되지 못하는 것과 같은 것이다."

2 견정 비구는 또 부처님께 여쭈었다.

"나는 출생한 이후로 죽는 사람을 적지 않게 보았습니다. 혹은 부자 · 형제 · 부부 · 벗이 서로 사랑도 하였고 혹은 원수가 되어 서로 미워도 하였지마는, 죽은 후에는 혼신魂身이 돌아와서 은혜를 갚거나 원수를 갚는 일이 없으니, 원컨대 그것을 분별하여 나의 의심을 풀어 주소서."

부처님은 다시 말씀하셨다.

"비구야, 식識이란 것은 형체가 없다. 옮아간다는 것도 행行을 따라 있는 것이다. 만일 몸이 복을 지었다면 복의 식識으로 전생轉生하였으므로, 다시 돌아와서 사람에게 갚지 못하는 것이다. 비유하면, 철광에서 돌(石)을 녹여 쇠(鐵)를 만들고, 쇠를 다시 부어서 그릇을 만들었다면, 그 그릇으로 다시 돌을 만들 수 있느냐?"

"아닙니다. 이미 쇠가 되었으므로 다시 돌을 만들 수는 없습니다."

"식識이 옮아가 중음中陰 속에 있는 것은, 마치 돌을 녹여서 쇠를 만든 것 같고, 또 중음에서 옮겨 다른 몸을 받는 것은, 마치 쇠로 그릇을 부은 것 같으니, 형상이 없어지고 체가 바뀌었으므로 다시 예전 식으로 돌아오지 못하는 것이다. 왜냐하면, 행行의 선악을 식이 받아서 전화轉化하는 것은, 마치 돌이 쇠가 되는 것과 같으니, 만일 선을 행해서 사람의 몸을 받았다 하자. 씨로 부모가 있고, 부모가 있으면 이내 육폐六蔽가 있어서 다시 돌아오지 못하는 것이다. ① 중음신으로 있는 까닭 ② 새로 받은 몸으로 태중에 있는 까닭 ③ 처음 날(生) 때에는 전신이 조이고 아파서 예전 식상識想을 잊어버리는 까닭 ④ 땅에 떨어지면 곧 예전에 알던 것은 없어지고 새 것을 보는 상想이 일어나는 까닭 ⑤ 나서 먹기를 시작하면 먹는 데 탐심이 나므로 식념識念이 끊어지는 까닭 ⑥ 날마다 자라면 새로 보는 것만 익히고, 예전 것은 전혀 잊어버리는 까닭이니, 이 여섯 가지 이유로 다시 돌아오지 못하는 것이다.

비유하면, 장사하는 사람이 사방으로 여러 나라를 돌아다니면서 고락을 두루 받으며, 동쪽의 어느 나라를 생각할 때에는 남·서·북 삼三방에 있는 나라에 대해서는 전혀 생각이 사라지는 것과 같이, 생사도 그러하여, 이생에서 지은 것으로 저생의 몸을 받으면, 곧 새 생각이 생기고 묵은 식상識想은 없어지는 것이다. 또 육폐의 장애로 말미암아 다시 예전 식으로 돌아오지 못하는 것은, 마치 씨가 나무로 변하고 돌이 쇠로 변하여, 근본이 변해지고 이름이 바뀌짐과 같아서, 다시 예전으로 돌아와 갚지는 못하는 것이다.

3 사람이 이 세상에 나서 육안肉眼으로 현세의 일만 보아, 모든 것을 환하게 알지만, 다시 전생의 어디로부터 왔는지는 알지 못하는 것과 같이, 늙어 죽을 때를 당하여 후생으로 가서 몸을 다시 받으면, 또한 금생의 일을 알지 못하는 것이다.

나는 이제 부처가 되어 혜안慧眼이 청정하므로, 일체 생사를 모두 알고 보는 것이, 마치 수정 주珠를 오색실로 꿰면, 청·황·적·백이 다 보이는 것과 같아서, 내가 생사를 구슬로 꿴 것처럼 볼 수 있는 것이다. 또 비유하면, 맑은 물이 밑바닥까지 보이면, 그 속에 있는 벌레나 고기가 가림 없이 보이는 것과 같이, 내가 생사를 보는 것도 마치 물속의 고기 보듯 하느니라. 또 비유하면, 큰 다리에 오고 가는 일반 행인이 끊어지지 않는 것처럼 내가 생사를 보는 것도 마치 다리의 행인 보듯 하느니라.

너희들도 나의 가르침을 따라 억천 겁의 생사를 알려거든, 마땅히 삼십칠조도품三十七助道品, 즉 사의지四意止 · 사의단四意斷 · 사신족四神足 · 오근五根 · 오력五力 · 칠각의七覺意 · 팔정도八正道를 행하여 마음의 때(垢)를 제하고 삼독을 소멸하면, 곧 거래하는 모든 일을 밝은 거울에서 보듯 하리라. 제자들아, 식신識神이란 이름만 있고 형체는 없이, 다만 선악의 행을 따라 사대로 체體를 삼는다. 사람이 처음 나서는 몸이 작고 모든 근根이 구족하지 못하므로, 식견도 적어 아는 것이 미비하다가, 급기야 장대하여지면 육정六情이 구족하여지므로, 식도 몸을 따라서 애욕愛欲의 모든 습習이 날로 왕성하여지는 것이다. 그러다가 노쇠에 이르러 사대가 허약하여지면, 식도 또한 명랑치 못하고 육정이 감해지나니, 현재의 한세상에도 변역이 무상하여, 나서 보고 익힌 것도 늙으면 잊어버리는데, 하물며 다른 세상의 죽음과 포태에 가리운 것이리. 도를 얻지 못하여 우치한 행이 있으면, 의식意識의 왕래하는 것을 보거나 또 대면하여 서로 갚음이 있고자 하여도 되지 않는 것이다. 사람이 동행이 없이 숙명을 보고 알기를 바란다면, 그것은 마치 어두운 밤에 바늘귀를 꿰려 하고, 물속에서 불을 찾는 것 같아서, 마침내 얻지 못할 것이다. 너희들은 마땅히 힘써 경계經戒를 가지고 깊이 생사를 생각하되, '본래 어디로부터 왔으며, 마침내 어디로 돌아갈 것이며, 무엇으로 인하여 왕래하며, 반연하는 것은 무엇인가?' 하고, 자세히 공空 · 무無한 법을 생각하면, 청정을 얻고 결습結習이 제해져서, 의심하던 것이 자연히 풀리리라."

제4절 마음을 단정히 함과 부모의 은혜를 갚는 일

1 부처님은 여러 비구들에게 말씀하셨다.

"사람의 몸에는 다섯 도둑이 있어서, 사람을 이끌고 악한 길로 들어간다. 어떤 것이 다섯인가? 색色·수受·상想·행行·식識인데, 이 다섯은 사람들이 항상 생각하는 것이다.

또 사람은 눈한테 속고, 귀한테 속고, 코한테 속고, 입한테 속고, 몸한테 속는다. 눈은 다만 보기만 하고 듣지는 못하며, 귀는 다만 듣기만 하고 보지는 못하며, 코는 다만 냄새만 맡고 맛은 모르며, 입은 다만 맛만 알고 냄새는 모르며, 몸은 다만 차고 더운 것만 알고 맛은 모른다. 이 다섯 가지는 모두 마음에 속하여, 마음이 근본이 되는 것이다.

비구들아, 도를 구하려거든 마음을 단정하게 하라. 사람은 우치愚癡를 따르므로 십이인연이 생겨 생사가 있다. 어떤 것이 십이十二인가? 무명無明·행行·식識·명색名色·육입六入·촉觸·수受·애愛·취取·유有·생生·노사老死이다. 선을 닦는 자는 다시 사람이 되지만 악을 지은 자는 지옥·아귀·축생 중에 들어간다.

사람은 무명으로 말미암아 생사가 있다. 무엇이 무명의 근본이 되는가? 무명으로부터 와서 금생에 사람이 되어도 우치한 마음이 풀리지 않고 눈이 열리지 않아 죽으면, 어느 갈래로 갈는지 알지 못할 것이다. 부처님을 보고도 묻지 않으며, 경을 보고도 읽지 않으며, 사문을 보고도 받들어 섬기지 않으며, 도덕도 믿지 않으며, 부모도 공경하지 않으며, 세간의 괴로운 것도 생각지 않으며, 지옥의 심한 고초도 알지 못한다면, 이런 것을 이름하여 무명이라 한다. 그러므로 생사가 끊어지지 않는 것이다.

사람의 죽음은 호흡 사이에 있으니, 사람의 목숨보다 더 약한 것은 없다. 사람의 몸에 세 가지가 있다가, 몸이 죽으면 식識도 가고 마음(心)도 가고, 뜻(意)도 가 버리는 것이다. 이 세 가지가 항상 서로 따라다니며 나쁜 일을 지은 이는, 지옥·아귀·축생·귀신 속으로 들어가고, 좋은 일을 지은 사람은 혹은 천상에 나기도 하며 혹은 사람으로 태어나나니, 이 다섯 갈래에 떨어지는 사람은 모두 마음이 단정하지 못한 까닭이다.

비구들아, 너희들은 모두 마땅히 너의 눈을 단정히 하고, 너의 귀를 단정히 하고, 너의 코를 단정히 하고, 너의 입을 단정히 하고, 너의 몸을 단정히 하고, 너의 마음을 단정히 하면, 몸은 비록 땅에 떨어질지라도 혼신魂神은 다시 지옥·아귀·축생·귀신 중에 떨어지지 않으리라.

비구들아, 마음을 마땅히 네모난 돌과 같이 가지라. 돌은 뜰에 있어서 비가 와도 파괴되지 않으며, 해가 내리쬐어도 녹아지지 않으며, 바람이 불어도 움직이지 않으니, 마음을 마땅히 이 돌과 같이 가지라.

비구들아, 도道는 불가불不可不 배워야 하고 경經은 불가불 읽어야 하는 것이다."

2 부처님은 모든 사문에게 물으셨다.

"부모가 아이를 배어 십 삭을 품고 있을 때에는 몸에 중한 병이 되고, 낳는 날에는 어머니의 목숨이 위태하고, 아버지 마음의 두려운 정상은 말할 수 없으며, 낳은 후에는 마른 데 눕히고 젖은 데를 차지하며, 정성이 지극하여 피가 젖으로 화하며, 만져 주고 씻겨 주며, 입히고 먹이고 가르치며, 아이의 얼굴이 즐거우면 어버이도 즐거워하고, 아이가 만일 슬퍼하면 어버이 마음도 타며, 문밖에 나가면 기다리고 들어오면 마음이 놓이며, 생각에 항상 잘되지 못할까 두려워하니, 부모의 은혜가 이렇게 무거우므로 어떻게 하면 갚을 것인가?"

여러 사문들은 대답했다.

"오직 예절을 다하고 자비한 마음으로 공양하면, 부모의 은혜를 갚을 것입니다."

부처님은 또 말씀하셨다.

"자식이 어버이를 봉양하되, 백 가지 맛난 음식으로 입에 맞게 하고,

여러 가지 풍악으로 귀를 즐겁게 하며, 좋은 의복으로 몸을 빛나게 하고, 양쪽 어깨에 업고 자식의 목숨이 다하도록 사해를 돌아다니며, 이렇게 해서 은혜를 갚으면 효도라 하겠는가?"

모든 사문은 대답했나.

"예 그렇습니다. 큰 효도라도 이에 지나갈 수는 없습니다."

부처님은 다시 말씀하셨다.

"그것으로 효도가 될 수 없다. 만일 부모가 삼보를 받들지 않고, 흉악하고 잔폭殘暴하며, 비리로 남의 것을 도적하고, 외색外色에 음란하며, 도리에 맞지 않는 거짓말을 하고, 술에 빠져 황란荒亂하며 참된 도리를 저버리거든, 아들은 마땅히 극진히 간諫하여 깨우치고, 만일 그래도 깨닫지 못하거든, 마땅히 비유하여 나라의 옥 중에 갇혀 있어 형벌 받고 죽음을 당하는 죄수들을 보게 하여, '이 사람들은 법이 아닌 짓을 하다가 몸에 저렇게 여러 가지 고초를 받으며, 스스로 제 목숨을 끊게 될 뿐 아니라, 죽은 후에는 그 혼신魂神은 반드시 태산 지옥에 들어가, 끓는 물과 타는 불에 만 가지 고초를 받으며, 홀로 부르짖으나 구원할 이 없으리니, 그것은 모두 악을 스스로 지어 그런 앙화를 받는 것입니다.' 하고 여쭈어라. 그래도 오히려 고치지 못한다면, 울면서 음식을 먹지 말고 죽기로 작정하면, 어버이가 아무리 우매하여도 반드시 은애는 있어서, 자식이 죽을까 두려워하여 억지로라도 마음을 조복 받고 바른 도리를 행할 것이다. 그리하여, 만일 어버이가 마음을 고치어 부처님의 오계五戒를 받고, 인자하여 살생하지 않으며, 청렴하여 도둑질하지 않고, 정결하여 음행이 없으며, 믿음을 지키어 속이지 않고, 술에 취하지 않으면, 집안에 자연히 아버지는 사랑하고 아들은 효도하며, 가장은 바르고 아내는 곧아서, 구족九族이 화목하고 하인들도 순종하며, 그 덕화는 멀리 미쳐 중생이 모두 그 은혜를 받게 되고, 시방 모든 부처님과 하늘·용왕·귀신과, 착한 임금과 어진 신하와 만 백성이 모두 공경하고 사랑하며 도와주어 편안하게 되리니, 오직 이것이 효도가 되니라."

제5절 부처님의 설법과 화복

1 부처님은 호국護國 존자에게 말씀하셨다.

"중생으로서 보살승菩薩乘에 의하여 행하지 않는 자는 법에 의지하지 않는 자를 경애敬愛하고, 해태한 자는 해태한 자를 경애하며, 무지한 자는 무지한 자를 경애하여, 이렇게 서로 이익을 탐착하여 존귀한 이를 질투하고, 해태하고 광란狂亂하고 기어綺語·양설로 다른 사람에게 아첨하며, 부모와 스승도 속이며, 왕성王城이나 마을에 들어가더라도 중생을 이익하게 하지 않고, 다만 거짓말로 '나는 큰 지혜가 있고 많이 듣고 널리 안다.'하여, 중생을 속이고 제 이익만 구하므로, 좋은 법을 버리어 아무것도 얻는 것이 없나니, 그것은 마치 깨진 그릇이 무엇을 담는데 아무 소용도 없는 것과 같다. 그래서 여러 사람에게 미움과 원망을 받고, 삿된 말(邪說)을 믿어서 바른 법은 그르다 하고 그른 법은 바르다 하여, 부처님의 정법도 즐겨 행하지 않는다. 하등 빈천한 집에 나서, 조그마한 이익을 보고는 불법에 의지하여 출가하기를 구하다가, 비구가 되어서는 범행을 행하지 않고 부처님 교법에는 전연 이룬 것이 없으니 하물며 대지大智이겠는가. 인천人天의 선법도 오히려 상속하지 못하거니, 하물며 보리 도의 성취가 있겠는가?"

부처님은 다시 말씀하셨다.

"여덟 가지 중생은 멀리 보리를 떠났으므로, 깊고 묘한 법은 설해 주지 못한다. 어떤 것이 여덟인가? ① 멸려차蔑戾車에 태어난 자 ② 빈궁한 집에 태어난 자 ③ 하천한 집에 태어난 자 ④ 사람의 몸은 얻었으나, 추루하고 어리석고 둔한 자 ⑤ 탐·진·번뇌가 구족하여 몸과 마음이 항상 근심하고 슬퍼하는 자 ⑥ 어질고 착한 이를 등지고, 악한 벗을 친근해 하는 자 ⑦ 항상 병이 있어서 몸이 파리한 자 ⑧ 모든 고苦에 핍박되어 바로 목숨을 마치는 자이니, 이러한 여덟 가지 중생은 보리를 멀리 떠났으므로 법을 설해 주지 못하는 것이다. 어째서냐 하면, 결정한 뜻이 없는 자에게 보리를 설하지 아니하며, 허망한 자에게는 청정행을 설하지 아니하며, 해태한 자에게 보살행을 설하지 아니하며, 간탐하고 인색한 자에게는 공불供佛행을 설하지 아니하며, 아만이 있는 자에게는 바라밀의 청정을 설하지 아니하며, 지혜가 없는 자에게는 의심을 끊는 법을 설하지 아니하며, 질투하는 자에게는 마음의 청정을 설하지 아니하며, 선근善根이 없는 자에게는 총지법總持法을 설하지 아니하며, 덕이 없는 자에게는 선서법善逝法을 설하지 아니하며, 친애親愛를 탐하는 자에게는 몸의 청정을 설하지 아니하며, 율의律儀를 지키지 못하는 자에게는 부처님을 비방하는 허물이 있는 법을 설하지 아니하며, 거짓말하는 자에게는 말의 청정을 설하지 아니하며, 아만이 있는 자에게는 공경법을 설하지 아니하며, 무식한 자에게는 수학修學하는 법을 설하지 아니하며, 신명만 위하는 자에게는 구도求道하는 법을 설하지 아니하나니, 이러한 중생에게는 법을 설하지 아니한다.

호국아, 이러한 유정有情들은 유치하고 미혹하고 심식心識이 전도되어, 허망·분별로 교법敎法을 의지하지 않으므로, 심지어 천상·인간의 법도, 그를 위하여 설할 수 없는 것이다."

2 아난은 부처님께 사뢰었다.

"부처님이시여, 어떤 사람은 부처님을 섬겨 부귀하고 만사가 마음대로 되는데, 어떤 사람은 부처님을 섬겨도 재산이 없어지기만 하고 만사가 마음대로 되지 않으니, 어째서 그렇게 같지 않습니까?"

부처님은 아난에게 말씀하셨다.

"어떤 사람은 부처님을 받들되, 밝은 스승에게 계를 받아 그것을 믿어 범하지 않고, 정진하여 잃어버리지 않으며, 조석으로 공경 예배하고 등을 켜고 보시를 즐기며, 금계禁戒를 어기지 않고 재계齋戒를 지키며, 또 마음에 즐거워하므로, 모든 하늘과 선신들이 그를 옹호하여, 가는 곳마다 만사가 마음대로 될 뿐 아니라, 백 가지가 모두 늘어 가는 것이다. 이런 사람들은 하늘과 용龍과 귀신 또는 사람들의 공명을 받으며, 이후에는 반드시 도를 얻으리니, 이런 선남자 · 선여인은 참으로 불제자이다.

그러나 어떤 사람은 부처님을 섬기되, 밝은 스승을 만나지 못하여 경교經敎도 듣지 못하고, 계는 받았더라도 계명戒名만 있을 뿐이요 범하는 것이 많으며, 믿었다 아니 믿었다 하며, 또한 경상經像을 공경하는 마음이 없고, 향을 피우거나 불을 켜고 예불하지도 않으며, 성을 내어 남을 꾸짖고 악담하며, 어진 사람을 미워하고 육재일六齋日도 지키지 않고 살생하며, 경책을 공경하지 않고 떨어진 옷, 부정한 상자 속에 담아 두거나, 혹은 처자와 같이 거처하는 침상 위의 부정한 곳에 놓아두거나, 그렇지 않으면 탁자도 없는 벽에 걸어 두어서, 세간의 범상한 서적과 조금도 다르지 않으며, 만일 병이 있으면 무당을 부르고 장님을 청하여 점이나 치고 사신邪神에 제사 지내므로, 천신天神들은 멀리 떠나서 두호를 받지 못하며, 요망하고 악한 귀신만 날로 들어와서 집안에 진을 치고 있으므로 모든 것이 쇠모衰耗하여지며, 간 곳마다 만사가 뜻에 맞지 않나니, 그들은 현세에 죄인이요 불제자가 아니다. 죽어서 마땅히 지옥에 들어가고 고문을 당하면, 혼신魂神의 괴롭고 아픈 것은 말할 수도 없을 것이다.

어리석은 사람들은 자기의 잘못인 줄은 알지 못하고, 먼저 믿고 행한 것이 아무 공이 없다 하여, 천지도 원망하고 성현도 비방하여, 부처님을 섬겨도 아무 공덕이 없이 이렇게 잘못되기만 한다 하나니, 그것은 스스로 지은 화복의 인연인 것이다.

십악十惡은 원수와 같고 십선十善은 좋은 벗과 같으니라. 선善은 큰 투구와 같아서 칼이나 병기가 두렵지 않고, 선은 큰 배와 같아서 고해苦海를 건널 수 있는 것이다. 능히 믿음을 지키면, 집안이 화평하고 편안하여, 복이 스스로 올 것이니, 그것은 선에서 선으로 가는 것이요 신神이 주는 것은 아니다. 이것을 믿지 않는 자는 갈수록 고통만 점점 심할 것이다."

제6절 부처님의 출세와 삼귀의

1 부처님은 여러 비구들에게 말씀하셨다.

"비구들아, 이 세간에는 사랑스럽지도 않고 빛나지도 않으며, 생각할 수도 없고 뜻에 맞지도 않는 세 가지 법이 있다. 무엇인가? 이른바 늙고 병들고 죽는 것이 그것이다. 비구들아, 이 늙고 병들고 죽는 것은, 참으로 사랑스럽지 않고, 참으로 빛나지 않으며, 참으로 생각할 수도 없고 참으로 뜻에 맞지도 않는 것이다. 만일 세간에 이 늙고 병들고 죽는 세 가지 일이 없었다면, 부처님은 세상에 나타나시어 모든 중생을 위하여, 증득할 법과, 조복할 일을 설하지 않았을 것이다. 그러므로 이렇게 알라. 이 늙고 병들고 죽는 세 가지 일은 세간에서 가장 사랑스럽지도 않고, 빛나지도 않으며, 생각할 수도 없고, 뜻에 맞지도 않는 것이기 때문에, 이 세 가지 일을 위하여, 부처님이 세상에 나타나시어, 모든 중생을 위하여, 증할 바 법문과 조복할 일을 말씀하셨다고 생각하라."

이어서 게송으로 설하셨다.

① 밖에 있는 모든 것도 없어지고 말지만
몸도 또한 그와 같이 변쇠하여 죽느니라.
없어지지 아니하는 좋은 법이 예 있으니
지혜 있는 사람이면 마땅히 알 것이다.
② 늙고 죽고 병드는 것 누구든지 싫어한다.

모양은 추악하여 차마 볼 수 없다.
그리 좋던 소년 얼굴 겨우 잠깐 머물다가
얼마 되지 않는 동안 그만 죽어 없어진다.
③ 이를테면 이 목숨이 백 년 동안 산다 해도
마지막엔 무상함을 면할 도리 없느니라.
늙고 죽고 병든 고생 항상 따라 다니면서
중생에게 이익 없는 해독만을 주느니라.

2 어느 때에 아난은 홀로 앉았다가, 이런 생각을 했다. '만일 어떤 선남자 · 선여인이 청정한 신심信心으로 삼귀의三歸依를 받아서 지금 아무개는 귀의불 양족존歸依佛兩足尊 · 귀의법 이욕존歸依法離欲尊 · 귀의승 중중존歸依僧衆中尊합니다 하면, 그 복덕은 얼마나 될까?' 이렇게 생각하다가, 해가 뜨므로 곧 일어나, 옷을 입고 부처님 처소에 나아가 여쭈었다.

"부처님이시여, 저는 아까 홀로 앉아서 이런 생각을 했습니다. 만일 선남자 · 선여인이 청정한 신심으로 삼귀의를 받아서, 지금 아무개가 귀의불 양족존 · 귀의법 이욕존 · 귀의승 중중존합니다 하면, 그 복덕은 얼마나 될까 하고. 부처님이시여, 원컨대 말씀하여 주소서."

"아난아, 이 남섬부주南贍部洲에 가득 차게 들어선 수다원에게, 어떤 선남자 · 선여인이 백 년 동안을 사사四事로 공양하다가, 그들이 열반에 든 후에는 모두 사리탑을 쌓고 공양하더라도, 이 삼귀의 공덕에는 미치지 못할 것이다.

뿐만 아니라, 동승신주東勝身洲에 가득 찬 사다함에게 그렇게 하더라도, 또는 서구다니주西瞿陀尼洲에 가득 찬 아나함阿那含에게 그렇게 하더라도, 또는 북구로주北俱盧洲에 가득 찬 아라한에게 그렇게 하더라도, 사대주四大洲에 가득 찬 벽지불에게 그렇게 하더라도, 또는 소천세계小千世界에 가득 찬 부처님께 그렇게 하더라도, 모두 이 삼귀의의 공덕에 비하면, 백분의 일,

천분의 일, 만분의 일, 나아가 산수算數·비유譬喩의 일분에도 미치지 못할 것이다."

부처님은 모든 비구들에게 말씀하셨다.

"법法이란 것은 항상 있는 것이다. 부처야 있든지 없든지 법은 언제나 머물러 있는 것이다. 여래는 다만 세간에 나타나 그 깊은 뜻을 잘 분별하고 해석하여 선설宣說할 뿐이다. 그 뜻이 소승小乘에 있는 이를 위해서는, 사제四諦, 즉 고苦·집集·멸滅·도道와, 팔고八苦, 즉 생生·로老·병病·사死·구부득求不得·애별리愛別離·원증회怨憎會·오음성五陰盛을 설한다. 쉽게 말하면, 몸이 있기 때문에 고苦가 있는 것이니, 만일 몸이 없으면 무슨 근심이 있으랴. 이것이 고제苦諦다. 눈으로는 색을 탐하고 귀·코·몸·입·뜻도 각각 모두 그러하다. 이러한 인연으로 육쇠六衰가 되어 온 지 이미 오랜 겁수劫數가 되었다. 이미 그것이 악습惡習이 되어 몸에 이익이 없는 줄 알았으니, 몸에 행行을 지키고, 마음과 입을 단속하여, 십악을 제하고 십이인연을 멸하면 근본이 없어진다. 삼독을 제하여 공空·무상無相·무원無願이 되면 아라한이 되고 십이인연이 견련牽連됨을 알고 그 근원을 끊으면 연각緣覺이 되고, 몸이 본래 공한 줄 알아, 육도六度·사등四等·사은四恩·삼십칠조도품三十七助道品을 받들어 행해서, 공·무상·무원으로 증득證得도 취하지 않고, 육통六通과 방편으로 항상 고액苦厄을 건지되, 마음이 일체에 평등하여, 맞(適)고 아니 맞음이 없으면, 이것은 이름이 보살이요, 거기서 퇴전하지 않고 위없이 바르고 참된 도를 이루어, 최정각最正覺이 되어 시방을 도탈度脫하면, 이것은 이름이 부처니라. 도법은 항상 있어 행하는 사람이 도와 더불어 합하면, 저것도 없고 이것도 없어 마치 여러 갈래로 흐르는 물들이 바다까지 가기 전에는 각각 제 이름이 있지마는, 한번 바다에 합치면 다시 다른 이름이 없는 것과 같다. 도덕도 그와 같아서, 과거불·미래불·현재불이 한 법신으로 합하면, 행과 도가 하나이지만, 중생을 위하여 분별·연설하되, 오음·육취·육입六入·십이인연이 모두 견련하여 병이 되고, 육도 · 사등 · 사은은 큰 법약法藥이 되어 모든 중생의 병을 고치면, 깨끗하기 허공과 같고 일광보다 밝아서, 덕은 수미산에 지나가고 신성神聖하여 능히 비방할 이 없으며, 모든 죄는 소멸되어 다시는 여러 고苦가 없으며, 다시 대자비로 시방을 제도하여 해탈하게 하는 것이다."

제9장 여성을 상대한 법문

제1절 성자들의 서원과 문답

1 부처님이 외로운 이 돕는 절에 계실 때다. 어느 날 아침에, 팔대 보살과 팔대 존자들은 옷을 입고 바리때를 들고 성중에 걸식하러 들어갔다. 그 도중에서 그들은 서로 의논하고 각각 원을 발했다.

사리불, "성중 사람들로 하여금 모두 사성제 듣기를 원한다."

목건련, "성중 사람들로 하여금 모두 잠시 동안이라도 마군의 장애가 없기를 원한다."

가섭, "성중 사람들로서 내게 밥을 주는 자는, 모두 무진한 복을 얻으며, 나아가 무위법無爲法을 얻기 원한다."

수보리, "성중 사람들로 나의 관명을 보는 이는, 이 인연으로서 천상이나 또는 인간에 나서, 빨리 무위법을 얻기를 원한다."

부루나, "성중에 있는 모든 외도 · 이학異學 · 범지梵志 · 장자들이, 모두 바른 지견을 얻기를 원한다."

리바다, "성중의 모든 사람들이 모두 아무 허물이나 앙화가 없고 안락을 얻기를 원한다."

아나율, "성중의 모든 사람들이 모두 천안天眼을 얻기를 원한다."

아난, "성중의 일체 여러 사람들이, 모두 예전에 들은 바 법문을 생각하여 알기를 원한다."

문수보살, "성중에 있는 모든 문門이나 바라지나 · 누각 · 가옥 · 영락 · 기물 · 수목 · 화초 · 의복들이 모두 화하여서 낱낱이 공 · 무상 · 무원 · 무소득無所得 · 불기不起 · 불멸不滅 · 불방일不放逸 · 무소착無所着의 소리와, 오吾 · 아我가 없는 소리가 나기를 원한다."

무허견無虛見보살, "성중의 일체 인민 · 남녀 대소를 교화하여, 눈으로 보는 바에는 모두 부처님의 형상을 보고, 나아가 최후 구경究竟에 이르러, 위없이 바르고 참된 도리를 얻기를 원한다."

보영寶英보살, "성중에 있는 모든 집의 고방이 화化하여, 여러 가지 보배가 가득가득 차기를 원한다."

기제악취棄諸惡趣보살, "성중에 살고 있는 여러 백성들을 교화하여, 모두 지옥에 들어갈 죄나, 또는 현재의 왕법王法을 범하지 말고, 있는 바 경미한 죄도 문득 없어지기를 원한다."

기제음개棄諸陰蓋보살, "성중 사람들을 교화하여, 모두 오개五蓋를 버리고 다시는 증장하지 않기를 원한다."

관세음보살, "성중 사람들을 교화하여, 옥중에 갇힌 사람은 해탈을 얻고, 붙들어 매인 사람은 해산解散을 얻고, 공포가 있는 사람은 두려움이 없는 도리를 얻기를 원한다."

변적辯積보살, "성중 사람들로서 나를 보는 사람은, 모두 변재를 얻기를 원한다."

초도무허적超度無虛積보살, "성중 사람으로 하여금 우리들이 보는 이는, 모두 위없이 바르고 참된 도리에 이르게 되기를 원한다."

이렇게 각각 소원을 말하며 성중으로 향하여 들어갔다.

2 그때에, 마침 바사닉왕의 딸 이구시離垢施가 소풍하러 나왔다가, 수레(車)에서 내려 모든 보살과 큰 제자들의 앞에 나아가, 낱낱이 예배하고 사리불에게 물었다.

"현자賢者여, 모든 여인은 지혜는 적고 염욕染欲이 많아서 전혀 방일하기만 하고, 마음이 좁고 또 나쁘므로 착한 법은 생각지 않고 악한 법만 생각하나이다. 대덕이시여, 원하건대 자비심으로 나를 불쌍히 생각하시어 법을 설하여서 나로 하여금 긴 밤에 큰 이익을 얻어 안온하고 쾌락하게 하소서."

이 말을 마치고는 이어서 법을 물었다.

"대덕이시여, 나는 듣자오니, 부처님께서 대덕을 지혜가 제일이라고 하셨다 하니, 대덕이여, 어떤 것이 지혜입니까? 그 지혜라는 것은 상常입니까, 무상無常입니까? 만일 상이라면, 부처님은 이렇게 말씀하셨습니다. 일체 모든 법은 무상이라고. 그러면, 부처님의 이렇게 말씀하신 것은 거짓말이요 미혹한 설법이 됩니다. 그리고 만일 무상이라면, 그 법은 나지 않은 것이요, 만일 법이 나지 않았더라면 그것은 법이 없는 것이니, 무엇이 설할 바입니까? 지혜 법을 설한다고 생각할 수가 없는데, 어째서 부처님은 대덕을 지혜 있는 사람 중의 제일이라 하셨습니까?"

사리불은 잠자코 아무 대답도 하지 않았다. 그때 목건련은 사리불에게 물었다.

"사리불이여, 어째서 여자가 묻는 말에 대답하지 않는가?"

사리불은 이렇게 말했다.

"그 여자가 나에게 무상법無常法을 묻지 않고 불생법不生法을 묻기 때문에 대답하지 않았다."

이구시는 목건련에게 물었다.

"대덕 목건련이여, 부처님께서 대덕을 신통이 제일이라고 말씀하셨으니, 대덕이여, 중생상衆生相에 머물러 신통을 나타냅니까, 법상法相에 머물러 신통을 나타냅니까? 만일 중생상에 머물러 신통을 나타낸다면, 중생이 이미 없거니 어떻게 신통을 나타내며, 만일 법상에 머물러 신통을 나타낸다면, 법은 분별이 없으므로 대덕도 분별할 바가 없을 터이요, 이미 분별할 바가 없다면 어떻게 신통을 나타냅니까?"

목건련은 잠자코 아무 대답도 하지 않았다. 그때에, 부루나는 목건련에게 말했다.

"목건련이여, 어째서 여자가 묻는 말에 대답하지 않는가?"

목건련은 이렇게 말했다.

"그 여자가 내게 분별을 묻지 않고 무분별을 물으니, 취取하지 않고 분별하지 않는 것은 여래의 보리 도이므로 나는 대답하지 않았다."

이구시는 다시 부루나에게 물었다.

"존자 부루나여, 부처님께서 대덕을 설법 제일이라 하시니, 대덕이여, 수지受持를 위하여 법을 설합니까, 수지를 위하지 않고 법을 설합니까? 만일 수지하기 위하여 법을 설한다면 우치한 일체 범부와 더불어 다르지 않습니다. 왜냐하면, 일체 우치한 범부들이 수지하는데 대덕도 그러하다면, 저 우치한 일체 범부를 떠나지 못한 것이요, 만일 수지를 위하지 않고 법을 설한다면 법에 제이란 물건이 아니거니, 어떻게 대덕이 설법하는 사람 중 제일이 되겠습니까?"

부루나는 잠자코 아무 대답도 하지 않았다. 그때 마하가섭은 부루나에게 물었다.

"부루나여, 어째서 여자가 묻는 말에 대답하지 않는가?"

부루나는 이렇게 대답했다.

"그 여자가 나에게 세제世諦의 뜻을 묻지 않고, 진제眞諦의 뜻을 물으므로 대답하지 않았다."

이구시는 다시 가섭 존자에게 물었다.

"대덕 마하가섭이여, 대덕은 팔해탈八解脫에 들어갔다가 다시 나와서, 남을 위하여 설법을 하여, 어떤 사람에게든지 한 술 밥만 받아도 그 모든 시자施者들은 모두 천상에 난다 하니, 대덕이여, 그들은 대덕에게 어떻게 보시합니까? 몸으로 청정한 보시가 되는 것입니까? 마음으로 청정한 보시가 되는 것입니까? 몸과 마음이 모두 청정한 보시가 되는 것입니까? 만일 몸으로 청정한 보시라면, 아는 것도 없고 깨달음도 없으며, 동하지 않는 것이 마치 풀과 같고 나무와 같으며, 흙과 같고 돌과 같으리니, 그러한 몸이 능히 청정한 보시를 할 수 없을 것이요, 만일 마음이 청정한 보시를 한다면, 마음은 환幻과 같아서 잠시도 머물지 않으니, 능히 청정한 보시를 할 수 없을 것이요, 만일 몸과 마음 안팎이 모두 청정하다면, 이러한 몸과 마음은 청정한 보시를 할 수 없을 것입니다. 왜냐하면 몸과 마음에 물건이 없는데 어떻게 청정한 보시를 합니까?"

가섭은 잠자코 대답하지 않았다. 그때에, 수보리는 가섭에게 물었다.

"가섭이여, 어째서 여자가 묻는 말에 대답하지 않는가?"

가섭은 이렇게 대답했다.

"그 여자가 나에게 취取의 법은 묻지 않고, 불취不取의 법을 묻고, 또 실제實際의 법을 물으므로 대답하지 않았다."

3 이구시는 다시 수보리에게 물었다.

"대덕이여, 부처님께서 대덕을 아라냐 행에 제일이라 하시니, 대덕이여, 아라냐는 물건이 있어서 닦는 것입니까, 법이 있어서 닦는 것입니까? 만일 물건이 있어서 닦는다면 이것은 무상無常이요, 만일 법이 있어서 닦는다면 그 법은 생상生相도 없고 멸상滅想도 없습니다. 법이 만일 불생불멸하는 법이라면 그것은 평등이요, 그것이 만일 평등이라면 곧 평등이 아니며, 만일 진여眞如라면 곧 진여가 아닙니다. 동動하지도 않고 정靜하지도 않으며, 만일 움직임도 고요함도 없다면 그것은 설할 수 없고, 만일 설하지 못한다면 부사의不思議요, 만일 부사의하면 그것은 곧 불가설不可說이며, 만일 불가설이면 그것은 물物이 없는 것이요, 만일 물이 없다면 그것은 곧 실實이 없는 것이며, 실이 없는 것은 성인聖人이 설說하지 않는 것입니다."

수보리는 잠자코 아무 대답도 하지 않았다. 그때에, 리바다는 수보리에게 물었다.

"어째서 여자의 묻는 말에 대답하지 않는가?"

수보리는 이렇게 말했다.

"조그마한 법이라도 설할 것이 없으니 적연寂然한 것이 즐거우며, 여자가 이렇게 불희론不戱論 법을 물으니 만일 어떤 말이 있으면 그것은 모두 불선不善한 것이요, 말하지 않는 경계 그것이 아라냐 행이니라."

이구시는 다시 리바다 존자에게 물었다.

"대덕이여, 부처님께서는 대덕을 좌선坐禪하는 사람 중에서 제일이라 하시니, 마음에 의지한 선禪이 됩니까, 마음에 의지하지 않는 선이 됩니까? 만일 마음에 의지하는 선이라면 마음은 환幻과 같아서 실다이 분별하지 못하나니, 이렇게 실답지 못하므로 분별도 실답지 못할 것이요, 분별이 실답지 못하면 그것에 의지하는 선 삼매도 실답지 못할 것이며, 만일 심념心念이 없는 선이라면 일체 죽은 사람도 환희를 얻을 것이요, 모든 초목도 모두 삼매일 것입니다. 왜냐하면, 그러한 모든 물은 모두 마음이 없는 까닭입니다."

리바다는 잠자코 아무 대답하지 않았다. 그때에, 아나율은 리바다에게 물었다.

"리바다여, 어째서 그 여자가 묻는 말에 대답하지 않는가?"

리바다는 이렇게 말했다.

"그 여자가 나에게 부처님의 경계를 물으니 그것은 성문으로서 능히 대답할 바가 아닌 까닭이다."

이구시는 다시 이렇게 말했다.

"대덕이여, 어떻게 생각합니까? 여래의 법계와 성문의 법계가 다르다고 봅니까? 만일 다른 법계라면 그것은 허물어진 법계요, 만일 법계와 허물어진 법계와 둘이 있다면, 법계는 둘이 아니기 때문에 진여眞如라고 하는 것이다. 그러므로 진여도 둘이 아니고 하나이니, 이러한 진여, 이러한 불이不二에서 승열勝劣을 말할 수 없는 것인데, 대덕은 어째서 그렇게 말합니까?”

이구시는 다시 아나율에게 물었다.

“대덕 아나율이여, 부처님께서 대덕은 천안이 제일이라 하시니, 물건이 있어서 봅니까? 물건이 없어서 봅니까? 만일 물건이 있어서 본다면 상견常見에 떨어지고, 만일 물건이 없이 본다면 단견斷見에 떨어집니다.”

아나율은 잠자코 대답하지 않았다. 그때 아난은 아나율에게 물었다.

“아나율이여, 어째서 여자가 묻는 말에 대답하지 않는가?”

아나율은 이렇게 말했다.

“그 여자가 지혜를 품고 묻기 때문에 대답하지 않는다.”

이구시는 다시 아난에게 물었다.

“대덕 아난이여, 부처님께서 대덕을 많이 들음(多聞)을 제일이라 하시니, 어떤 것을 다문多聞이라 합니까? 뜻이 있어서 알게 됩니까, 구경究竟에 알게 됩니까? 만일 뜻이 있어서 안다면 뜻에는 언어言語가 없으니, 말로 가히 설할 수 없으므로 이식耳識으로 알 바가 아니요, 또 가히 눈으로 볼 것도 아닙니다. 만일 구경에 안다면 부처님은 설하기를 ‘마땅히 뜻을 듣고 문자文字를 듣지 말라.’ 하셨으니, 그렇게는 듣지 않을 것입니다. 대덕이여, 어째서 다문多聞이라 합니까?”

아난은 잠자코 대답하지 않았다. 그때 문수사리가 아난에게 물었다.

“아난이여, 어째서 여자가 묻는 말에 대답하지 않는가?”

아난은 이렇게 말했다.

“일체 문자는 성性을 여의어 메아리와 같은데, 그 여자는 나에게 문자를 물으므로 대답하지 않았다.”

4 이구시는 다시 문수사리에게 물었다.

“문수사리시여, 부처님께서 인자仁者는 여래의 심심甚深한 해탈을 잘 알기로 보살 중에서 제일이 된다 하시니, 십이인연이 깊기 때문에 깊다 합니까, 자연으로 깊기 때문에 깊다 합니까? 만일 연기緣起로써 깊다고 한다면 연기는 행行할 바가 없습니다. 어째서냐 하면, 연기란 오고 감이 없어서 따로 안식眼識으로써 알 바도 아니요, 이耳 · 비鼻 · 설舌 · 신身 · 의意식으로 알 바도 아니며, 만일 자연히 깊음으로써 깊다고 한다면, 그 자연이라는 자연도 없으니, 자연까지 가는 것도 또한 없는 것입니다."

문수사리는 대답했다.

"본제本際가 깊고 묘하기 때문에 깊다는 것이다."

이구시는 다시 말했다.

"본제라는 것은 짬이 없으니 그러므로 지혜라는 것도 지혜가 없는 것입니다."

문수사리, "지혜가 없다면 그것은 전도顚倒다. 본제라는 것은 거짓으로 있는 말이다."

이구시, "지혜가 없다는 것도 전도가 아닙니다. 언설로 헤아려서는 얻지 못하는 것이므로 전도도 없습니다."

문수사리, "내가 거짓 언설로 이렇게 설한 것이다."

이구시, "여래와 보살은 언설을 초월하였으므로, 언설로는 서로 통할 수 없습니다."

이구시는 다시 불허견보살에게 물었다.

"인자여, 인자는 스스로 말씀하기를 '성중 사람들로 하여금 모두 위없이 바르고 참된 도리를 얻어서, 남녀 · 대소가 눈으로 광명을 보는 자는 여래의 구경정각究竟正覺을 보게 한다.' 하니, 어떤 것이 여래입니까? 색신色身입니까? 법신法身입니까? 만일 법신이라면 법신은 형상이 없으며, 만일 색신으로 본다면 그것은 부처님을 못 보는 것입니다. 부처님 말씀이

> 만일 나의 색을 보거나(其有見我色)
>
> 음성으로써 듣는다면(若以音聲聽)
>
> 그것은 어리석은 사견이라(斯爲愚邪見)

하셨습니다. 설사 법신이라 할지라도 법신은 볼 수 없으니, 무슨 까닭인가? 법신은 안식眼識을 떠난 것이라, 조작造作된 바가 없으므로 습속習俗의 사상事像으로는 보지 못하는 것입니다."

불허견보살은 잠자코 말이 없었다.

그때 보영보살은 물었다.

"어째서 그 여자의 묻는 말에 대답하지 않는가?"

불허견 보살은 이렇게 말했다.

"그 여자가 무류無類를 물으므로 대답할 수 없었다."

이구시는 다시

"나는 유類도 묻지 않았고, 무류도 묻지 않았습니다."

이구시는 다시 보영보살에게 물었다.

"아까 인자는 '성중에 있는 옛날 고방들에 모두 여러 보배가 자연히 가득 나타나기를 원한다.' 하였으니, 그러면 인자가 그런 보배를 가지고 왔습니까, 혹은 따로 어떻게 되는 것입니까? 인자여, 유심으로 희망하는 복덕입니까, 무심으로 희망하는 복덕입니까? 만일 유심으로 희망하는 복덕이라면 인자도 우치한 범부와 더불어 다르지 않습니다. 왜냐하면, 우치한 범부들은 모두 희망하는 애착심이 있는 까닭이며, 만일 무심으로 희망하는 복덕이라면 이것은 무심한 희망만이 모인 것입니다."

보영보살은 잠자코 있었다.

이구시는 다시 기제악취보살에게 물었다.

"아까 인자는 '성중에 있는 중생으로서, 악업이 있어서 장차 보를 받을 자로 하여금, 법을 봄으로써 현세에 경하게 받기를 원한다.' 하였으니, 어떻게 되는 일입니까? '부처님은 업은 부사의라'고 말씀하셨으니, 인자의 말씀도 응당 부처님의 말씀을 어기지는 못할 것입니다. 인자가 만일 업을 능히 사의思議하지 못한다면, 어떻게 미래에 받을 중한 죄업을 현세에서 경미하게 받도록 할 수 있습니까? 일체 모든 법은 모두 공해서 주장이 없는데, 인자는 어째서 지금 법을 얻었다 합니까? 인자가 만일 중한 업을 경하게 한다면 부처님 말씀과 어기는 것입니다."

기제악취보살은 잠자코 있었다.

5 이구시는 다시 기제음개보살에게 물었다.

"인자는 아까 이렇게 말씀했습니다. '일체 인민들에게 오개五蓋가 덮이지 않도록 하겠다'고. 이것은 어떻게 하신 말씀입니까? 인자가 만일 선정禪定으로써 능히 중생으로 하여금 모든 덮개(蓋)의 장애가 없게 한다면, 일체 법은 모두 공空해서 주장이 없는지라, 인자도 인자가 아니요 나도 내가 아니거니, 어찌 다른 사람에게 은혜를 베풀 수 있으리까?"

"먼저 자비심을 닦느니라."

"일체 모든 부처님의 대자비심으로도 오히려 부처님의 국토 중에 있는 모든 중생들이 음개陰蓋에 결박되어 번뇌하는 이가 있지 않습니까?"

기제음개보살은 잠자코 있었다. 이구시는 다시 관세음보살께 물었다.

"인자는 이렇게 말씀했습니다. '어떤 중생이든지 갇히거나 묶이거나 죽음을 당할 자는 곧 해탈을 얻으며, 공포가 있는 자 곧 두려움을 없게 한다'고. 그러면 그것은 취取가 있게 닦는 것입니까, 취가 없이 닦는 것입니까? 만일 취가 있게 닦는 것이라면, 우치한 사람도 취가 있으니 이것이 옳지 않고, 만일 취가 없이 닦는 것이라면 무상無常이 아니요, 무상이 아니면 취할 수가 없는 것입니다."

관세음보살은 잠자코 있었다.

이구시는 다시 변적 보살에게 물었다.

"인자는 이렇게 말했습니다. 어떠한 악심이 있는 중생이라도, 사랑하는 마음으로 서로 향하며, 연설에 모두 변재를 얻게 한다'고. 인자여, 이 변재라는 것은 인연에 있어서 얻는 것입니까, 인연이 없이 되는 것입니까? 만일 인연이 있다면 일체 무상無常은 모두 인연으로 일어나는 것이니, 그렇다면 적정寂靜을 얻지 못할 것이요, 만일 인연이 없다면 이것은 실상實相이 없는 것이라, 변재를 얻는다고 말하지 못할 것입니다."

변적보살은 말했다.

"나는 처음 보리심을 발할 때부터 이런 원을 세웠다. '만일 어떤 중생이든지 나를 보는 자는 모두 변재를 얻으라'고."

이구시는 다시 물었다.

"인자여, 유심有心한 변재입니까, 무심한 변재입니까? 만일 유심한 변재라면 상견常見에 떨어질 것이요, 무심한 변재라면 단견斷見에 떨어질 것입니다. 저 모든 언어를 인자는 어떻게 말합니까?"

변적보살은 잠자코 있었다.

이구시는 다시 초도무허적보살에게 물었다.

"인자는 '어떤 중생이든지 나를 보는 자는, 일체가 아뇩다라삼막삼보리에서 퇴전치 않는다'고 말씀하였습니다. 어떤 것이 보리입니까? 보리라는 것은 유有가 됩니까, 무無가 됩니까? 만일 유라 하면 상常에 착着한 것입니다."

초도무허적보살은 대답했다.

"보리라는 것은 지혜 있는 자의 말로 보리라 설하는 것이니라."

이구시는 다시 물었다.

"그 지혜라는 것은 어떤 것입니까? 생체生體입니까, 적정체寂靜體입니까? 만일 생체가 된다면 생生하는 것은 모두가 무상無常이니 무상은 정념正念이 아니요, 만일 모두가 무상이지마는 이것이 정념이라 한다면, 일체 우치한 사람도 모두 정념일 것입니다. 만일 적정체라면 그것은 무소득이니, 무소득이면 그것은 분별이 없는 것이라, 혹은 불설佛說, 혹은 보살설, 혹은 아라한설, 혹은 범부설이 될 것입니다. 어째서냐 하면, 보리 도道는 분별이 없지마는, 우치한 범부는 분별이 있으니, 분별이 있는 것은 밝은 지혜가 아닙니다."

초도무허적보살은 잠자코 말이 없었다.

제2절 여인의 몸을 여의는 법과 도

1 부처님이 사위성의 외로운 이 돕는 절에 계실 때에, 정신淨信 동녀는 부처님께 여쭈었다.

"부처님이시여, 몇 가지 법을 성취하여야 능히 여인의 몸을 바꿀 수 있습니까?"

부처님은 대답하셨다.

"여덟 가지 법을 성취하면 능히 여인의 몸을 바꿀 수 있다. ① 질투하지 아니하고 ② 간탐하지 아니하고 ③ 아첨하지 아니하고 ④ 성내지 아니하고 ⑤ 진실한 말을 하고 ⑥ 악담하지 아니하고 ⑦ 탐욕을 버리고 ⑧ 모든 사견邪見을 버리는 것이다. 동녀야, 이 여덟 가지 법을 닦으면 빨리 여인의 몸을 바꾸리라.

동녀야, 다시 여덟 가지 법을 성취하면 능히 여인의 몸을 바꿀 수 있다. ① 부처님을 존중하고 법을 깊이 믿어라. ② 사문 · 바라문을 공경 · 공양하며, 계를 지키고 인욕을 행하며 법을 많이 들어라. ③ 남편 아들 딸 또는 있는 집에도 애착을 내지 말라. ④ 계법을 받아 가져 범하지 말라. ⑤ 모든 사람에게 삿된 생각을 내지 말라. ⑥ 증상增上한 의락意樂에서 여인의 몸을 싫어하라. ⑦ 보리심의 대장부 법에 주住하라. ⑧ 세상의 가업家業을 환幻과 같고 꿈과 같이 보라."

2 부처님은 정광淨光 부인에게 말씀하셨다.

"어떤 부인이라도, 한 가지 행行으로써 빨리 여인의 몸을 버리고 남자의 몸을 얻을 수 있다. 어떤 한 가지 행인가? 곧 견고한 원력으로 위없는 보리심을 발하는 것이다. 어째서냐 하면, 보리심은 대장부의 마음이요 큰 남자의 마음이요, 용이한 마음이 아닌 까닭이다. 그러므로 능히 아라한의 행을 멀리 여의며, 일체 마군과 모든 외도를 항복받고, 삼계에서 가장 높아 일체 바른 생각으로 부처님께 귀의하여 보리심을 발하면, 다시는 여인의 몸을 받지 아니하리니, 그것은 마음이 청정한 연고이다. 이 여인의 몸을 여의고 남자의 몸을 얻은 선근善根으로, 일체 여인에게 회향하는 공덕을 또 무상 보리로 회향하면, 이것이 한 가지 행원行願으로, 빨리 여인의 몸을 버리고 남자의 몸을 얻게 되는 것이다."

이렇게 말씀하실 때, 공중에서 모든 보살들이 내려와, 부처님 발에 정례하고 한쪽에 물러앉았다. 이 보살들은 모두 옛적에 부인으로서 현신에 남자가 된 보살들이었고, 회중에 있던 모든 보살들은, 예전에 그들의 남편이 되었다가 허락을 받아 출가한 사람들이라, 서로 보고 위로했다.

"너희들은 나의 선지식善知識이다. 속히 보리심을 발하라. 부처님의 출세하심을 만나기 어렵고, 공덕을 닦을 인연도 매우 어려운 것이다. 만일 중생에게 대자비심을 내어 위없는 보리심을 발하면, 그것은 곧 원만하게 과거 · 현재 · 미래의 모든 부처님께 공양하는 것이 되는 것이다."

이때에 여러 비구들은 보살들에게 말했다.

"대장부들이여, 당신들이 우리들의 선지식이오. 일체 중생을 구호하므로 우리들에게 보리심을 발하라고 권하는 것이오. 우리들도 당신들이 권을 따라 일체 모든 부처님께 귀의하기를 생각하오. 우리들이 미래세에 성불할 때에 모두 세존 석가모니 부처님과 같기를 원하오.

3 상금광수上金光首 여인은 문수보살에게 물었다."

"무엇을 일러서 도道라고 합니까?"

문수보살은 대답했다.

"도를 알고자 하느냐? 네가 곧 도이니라."

여인, "어째서 널리 분별 연설하지 않고, 내 몸을 일러서 도라고 합니까? 나는 알지 못하겠습니다."

문수, "생각해 보라. 자기의 몸으로부터 음陰의 종자種子인 모든 입入이 생기지 않는가?"

여인, "그렇습니다. 여기에 내 몸이 있으므로 몸의 종자인 모든 입入이 있습니다."

문수, "색色이라는 그 자체는 생각이 있는 것인가, 아는 것이 있는 것인가?"

여인, "없습니다."

문수, "도道도 생각하는 바가 없고, 분별하는 바가 없다. 그러므로 색은 평등한 것이니, 도도 또한 평등한 것이다. 그래서 나는 네가 도라고 한 것이다. 또 행行과 식識은 생각하는 바가 있고 분별하는 바가 있는가?"

여인, "없습니다."

문수, "도도 또한 생각하는 바가 없고 분별하는 바가 없다. 행·식이 평등하면 도도 또한 평등하다. 그러므로 나는 네가 도라고 말한 것이다. 또 색이 안에나 밖에나 혹은 중간에나, 그것이 있는 곳을 볼 수 있는가? 푸르거나 붉거나 누르거나 희거나 또 검거나 하는 빛과 또는 어느 처소, 어느 쪽에 있는 것을 볼 수 있는가?"

여인, "볼 수 없습니다."

문수, "도도 또한 볼 수 없다. 안에도 없고 밖에도 없고 중간에도 없으며, 붉고 푸른 모양도 없고, 어느 곳 어느 쪽에도 없다. 색이 이미 평등하므로 도도 또한 평등하다. 그러므로 나는 네가 도라고 말한 것이다. 또 상想·행行·식識이 안·바깥·중간에 있다거나, 오색의 모양이나, 어떤 쪽에 있는 것을 볼 수 있는가?"

여인, "볼 수 없습니다."

문수, "도도 또한 그러하여, 안·바깥·중간에 있거나 오색도 아니다. 저기도 없고 여기도 없으며, 쪽도 없다. 상·행·식이 평등하므로 도도 또한 평등하다. 그러므로 나는 네가 도라고 말한 것이다. 또 오음은 환幻과 같아서, 허위虛僞·전도顚倒로 인하여 난 것이다. 도도 또한 환과 같이 거짓된 음성音聲이다. 환이 평등하므로 오음이 평등하고, 오음이 평등하므로 도도 또한 평등하다. 그러므로 나는 네가 도라고 말한 것이다. 오음은 꿈과 같아서 본말本末이 없다. 도도 또한 꿈과 같아서 처소가 없다. 꿈이 평등하므로 도도 평등하다. 그러므로 나는 네가 도라고 말한 것이다. 오음은 아지랑이와 같아서 미혹한 업業이 허위로부터 일어난 것이다. 도도 또한 아지랑이 같아서 자연의 수數다. 만든 이도 없고 보응報應도 없다. 아지랑이와 오음이 평등하므로 도도 또한 평등하다. 그러므로 나는 네가 도라고 말한 것이다. 오음은 거울 속 그림자와 같아서 있는 바가 없다. 도도 또 거울 속 그림자와 같아서 있는 바가 없다. 오음도 평등하고, 거울 속 그림자도 평등하고, 도도 또한 평등하다. 그러므로 나는 네가 도라고 말한 것이다.

다시 들어 보라. 오음도 만든 이가 없는 것이니, 도도 또한 만든 이가 없다. 오음도 자연이 아니니, 도도 또한 자연이 아니다. 오음이 있는 바가 없으니, 도도 또한 생긴 바가 없다. 오음이 무상하니 도는 무상을 깨닫고, 오음이 편안하지 않으니 도는 고苦의 뜻을 풀며, 오음이 공한 것이니 도는 공한 것을 알고, 오음이 아我가 없으니 도는 아我가 없는 뜻을 알므로 도가 되는 것이다. 모든 음陰이 적연하고 담박하니, 적연하고 담박한 것이 도요, 모든 음이 받음(受)도 없고 받는 것도 없으니, 받음도 받는 것도 없는 것이 도요, 모든 음이 옴도 없고 감도 없으니, 옴도 없고 감도 없는 것이 도다. 그러므로 오음이 본래 청정하니, 도도 본래 청정하고, 도가 청정하므로 모든 것이 본래 청정하다. 그러므로 나는 네가 도라고 말한 것이다."

제3절 승만 부인의 십수 삼원과 보의 부인의 문답

1 부처님이 외로운 이 돕는 절에 계실 때다. 바사닉왕과 왕비 말리 부인은, 부처님을 믿고 법을 들은 지 아직 얼마 되지 않았고, 그 딸 승만은 벌써 그 전에 아유사阿踰闍국으로 시집가고 없었다. 그래서 왕과 말리 부인은 이렇게 말했다. '우리 딸 승만은 총명하고 민첩한 아이라. 모든 것을 잘 깨달으니, 만일 부처님을 뵙기만 하면 얼른 깨달을 것이다. 그러므로 편지를 보내어 그런 뜻을 알리는 것이 좋겠다.' 하고, 곧 부처님의 무량하신 공덕을 약간 적어, 내인內人에게 가지고 가게 하였다. 승만은 편지를 받고 희유한 생각을 내어, 부처님에게 나아가 찬탄하고 예배하니, 부처님은 곧 대중 중에 나타나 승만에게 수기授記를 주셨다.

"네가 여래의 진실한 공덕을 찬탄하니, 너는 이 선근으로 말미암아 무량한 겁劫에서 하늘과 사람 중에 자재한 왕이 되며, 어디든지 나는 곳마다 항상 나를 만나 찬탄하기를 지금과 다름이 없이 할 것이다. 그리고 무량하신 부처님께 공양하며, 이만二萬 아승지 겁을 지낸 후에 성불하면, 이름을 보광普光여래라 할 것이다."

승만은 이러한 수기를 받고, 공경히 일어서서 열 가지 대수大受를 맹세하였다.

① "부처님이시여, 나는 오늘부터 깨칠 때까지, 받은 바 계행에 범할 마음을 내지 않겠습니다.

② 부처님이시여, 오늘부터 깨칠 때까지, 모든 존장에게 교만한 마음을 내지 않겠습니다.

③ 부처님이시여, 나는 오늘부터 깨칠 때까지, 모든 중생에게 진심瞋心을 내지 않겠습니다.

④ 부처님이시여, 나는 오늘부터 깨칠 때까지, 남의 신색身色에나 그 밖의 모든 도구道具에도 질투하는 마음을 내지 않겠습니다.

⑤ 부처님이시여, 나는 오늘부터 깨칠 때까지, 내 몸을 위하여 재물을 받거나 저축하지 않고, 받는 재물은 모두 가난하고 고통 받는, 중생을 구제하기 위하여 받겠습니다.
⑥ 부처님이시여, 나는 오늘부터 깨칠 때까지, 안과 밖의 모든 법에 아끼는 마음을 내지 않겠습니다.
⑦ 부처님이시여, 나는 오늘부터 깨칠 때까지, 내 몸을 위하여 사섭법을 행하지 않고 일체 중생을 위하여 애염愛染이 없는 마음, 염족厭足이 없는 마음, 걸림이 없는 마음으로 중생을 섭수하겠습니다.
⑧ 부처님이시여, 나는 오늘부터 깨칠 때까지, 만일 고독하거나 구금이 되었거나, 질병이 있거나 가지가지 액난厄難에 고난을 받는 중생을 보면, 잠시도 버리지 않고 반드시 편안하게 하고 요익饒益하게 하여, 여러 가지 고를 해탈하게 한 후에 버리겠습니다.
⑨ 부처님이시여, 나는 오늘부터 깨칠 때까지, 짐승을 잡거나 기르거나, 모든 악율의惡律儀와 모든 범계하는 자를 보면, 거저 버려두지 않고, 보는 족족 절복折伏할 자는 절복하고, 섭수攝受할 자는 섭수하겠습니다. 왜냐하면, 절복과 섭수로써 부처님의 법을 오래 있게 하는 연고이며, 법이 오래 있으면 하늘과 사람의 수가 많아가지고 악도惡道가 줄어져서, 능히 부처님이 굴리신 법륜에 같이 따라 구를 수 있기 때문입니다. 이러한 이익이 있음을 보았으므로 어쨌든지 그대로 버려두지 않겠습니다.
⑩ 부처님이시여, 나는 오늘부터 깨칠 때까지, 정법正法을 섭수하여 잊어버리지 않겠습니다. 왜냐하면, 법을 잊어버리는 자는 대승大乘을 잊어버리는 것이요, 대승을 잊는 자는 바라밀을 잊는 것이요, 바라밀을 잊는 자는 대승을 하고자 하지 않는 것이니, 보살이 대승에 결정決定이 없으면, 능히 정법을 섭수하지 못하고 즐거운 데로만 따라 들어가, 범부의 자리를 떠나지 못하는 까닭입니다.

나는 이렇게 무량한 큰 허물을 보았으며, 또는 미래에 정법을 섭수하는 보살들의 무량한 복리福利를 보았으므로 이 대수大受를 받나이다."

2 승만 부인은 부처님 앞에서 또 세 가지 큰 서원誓願을 말했다.

①"나는 이 참다운 서원으로, 무량무변한 중생들을 안온하게 하겠으니, 이 선근善根으로써 일체 나는 곳마다 정법의 지혜를 얻겠습니다. 이것이 제일一의 대원입니다.

② 나는 정법의 지혜를 얻은 뒤에는, 싫어하는 마음이 없이 중생을 위하여 설하겠습니다. 이것이 제이二의 대원입니다.

③ 나는 정법을 섭수하고, 또 신명과 재산을 바쳐서 정법을 두호하겠습니다. 이것이 제삼三의 대원입니다."

3 부처님은 보의寶意 부인에게 말씀하셨다.

"수행하는 보살은 마땅히 세 가지 진실한 말을 하고 거짓말을 말아야 한다. 세 가지란 무엇인가? 첫째, 모든 부처님을 속이지 말아야 한다. 둘째, 일체 중생을 속이지 말아야 한다. 셋째, 자기의 몸을 속이지 말아야 한다. 수행하는 보살이 어떻게 하면 부처님과 중생과 자기를 속이지 않을까? 만일 수행하는 보살이 보리심을 발한 후에 다시 원을 발하여, 성문·아라한과를 증득하기를 즐기면, 그것은 곧 부처님과 중생과 자기를 속이는 것이다. 어떤 것이 속이지 않는 것인가? 수행하는 보살이 보리심을 발한 뒤에, 비록 가지가지 고뇌의 핍박을 받고, 사마邪魔·외도外道가 조롱하고 희욕하며, 말로 힘으로 또는 흉기로 못 견디게 하는 온갖 고초를 당할지라도, 보살은 놀라지도 않고 동하지도 않으며, 근심도 않고 뉘우치지도 않아, 견고한 마음으로 마음을 버리지 않고 삼계 중생을 제도하며, 무등無等·무상無上의 보리심에 귀의하여, 한 찰나刹那 동안이라도 다른 법을 생각하지 않고, 항상 모든 부처님만 오로지 생각하며, 법륜法輪을 굴리기 원하고, 중생을 섭수하여 큰 위력을 내고 큰 세력을 다투어 정진을 견고하게 하며, 남의 말을 따라가지 않으면 곧 부처님과 중생과 자신을 속이지 않는 것이다. 만일 이렇게 수행하는 보살이 있다면, 이는 곧 최대·무상無上의 '참말'이니라. 다시 네 가지 인연으로 보살은 부처님을 속이지 않나니 견고한 마음, 위력威力 있는 마음, 세력으로 게으르지 않고, 계행을 갖고 정진하는 것이다. 다시 네 가지 인연으로 일체 중생을 속이지 않나니, 수학하기에 견고하며, 사랑하는 마음으로 즐거움을 중생에게 주며, 슬퍼하는 마음으로 고통당하는 중생을 불쌍히 여기며, 중생을 섭수하는 것이다. 다시 네 가지 인연으로 자신을 속이지 않나니, 마음이 견고하며, 마음이 더욱 견고하며, 아첨하고 미혹하는 마음이 없으며, 남을 속이는 마음이 없는 것이다. 수행하는 보살은, 우선 진실한 말에 들어가서, 보리심을 놓지 않고, 과거부터 닦아 오던 행과 원에서 요동이 없어야 한다."

4 그때에, 보의 부인은 사리불에게 말했다.

"사리불님, 존자는 능히 여인의 몸으로 중생을 위하여 법을 설하겠습니까?"

"나는 지금 남자의 몸도 오히려 싫거늘 하물며 여인의 몸이겠는가?"

"존자는 그 몸을 싫어합니까?"

"나는 실로 이 몸이 싫다."

"그러나 수행하는 보살은 실로 일체 중생을 초월한 것입니다. 왜냐하면 성문이 싫어하는 것을 보살은 싫어하지 않으며, 성문이 혐의嫌疑하는 것을 보살은 혐의하지 않습니다. 성문은 오음·육입을 싫어하여 여의려 하는데 보살은 싫어하지 않으며, 성문은 몸을 싫어하여 여의려 하는데 보살은 싫어하지 않으며, 성문은 삼계를 섭취하기를 싫어하는데 보살은 싫어하지 않으며, 성문은 세간 생사를 싫어하는데 보살은 싫어하지 않으며, 성문은 유위有爲 공덕을 싫어하는데 보살은 공덕 자량資粮을 모아 싫어하지 않으며, 성문은 중생으로 더불어 연緣을 맺기를 싫어하는데 보살은 중생의 마음을 성숙시키기 위하여 연을 맺기를 싫어하지 않으며, 성문은 마을에 들어가기를 싫어하는데 보살은 국읍·마을·왕궁에 들어가기를 싫어하지 않으며, 성문은 자기의 번뇌도 싫어하는데 보살은 능히 중생을 섭수하여 번뇌를 싫어하지 아니하니, 성문이 혐의하고 싫어하고 여의려는 모든 행을, 보살은 모두 능히 섭수하여 싫어하는 것이 없습니다."

"이런 수행 보살들은 무슨 위력威力, 무슨 기세氣勢로 싫어하는 마음이 없는가?"

"수행하는 보살은 여덟 가지 위력이 상응하여 싫어하는 마음이 없습니다. 그 여덟 가지란? 모든 중생을 사랑하는 힘으로 번뇌가 없고, 슬퍼하는 힘으로 중생을 성숙시키고, 행行·원願·무작無作을 잘 닦는 것이요, 지혜의 힘으로 번뇌를 제하는 것이요, 선교한 방편의 힘으로 게으름이 없는 것이요, 공덕의 힘으로 물러가지 않는 것이요, 지혜의 힘으로 우치가 없어진 것이요, 정진의 힘으로 구족하게 들어가서 묵은 원력을 버리지 않는 것이니, 수행하는 보살은 이러한 행과 힘이 상응하므로 모두 싫어하는 마음이 없는 것입니다."

제10장 국왕·대신을 상대한 법문

제1절 스스로 사랑하지 않으면 몸이 위태하다

어느 때에 사위성의 왕은 부처님께 나아가 꿇어앉아 사뢰었다.

"내일은 네거리로 부처님과 대중을 청하여 작은 공양을 베풀고자 하나이다. 그래서 어리석은 백성들로 하여금 부처님의 지극히 높으심을 알게 하고, 공양 올리는 의식을 보여 법식이 되게 하며, 또는 모두 요귀妖鬼를 멀리하고, 부처님의 오계를 받아 나라에 근심이 없게 하겠나이다."

"장하다 대왕이여, 대저 국왕이 되어서는 마땅히 백성을 도덕으로 인도하여, 오는 세상의 복을 구하게 하여야 하는 것입니다. 나도 예전에 왕이 되었을 때에, 모든 부처님과 사문·바라문을 받들고, 사무량심四無量心과 육바라밀을 행했습니다."

"참으로 부처님 말씀과 같습니다. 대저 씨를 심지 않고는 열매를 거둘 수 없습니다. 나는 부처님의 은혜를 받아 세상에 사람으로 태어났고, 사람이면서도 여자의 몸을 버리고 남자로 태어났고, 남자이면서 육근이 구족하고, 또 더욱 큰 복으로 부처님이 계시는 때를 만났을 뿐 아니라, 법화法化를 내 나라에 펴게 되었사오니, 쌓아 온 선善은 한량이 없다고 생각합니다."

왕은 말을 마치고, 곧 돌아갔다. 부처님을 맞이하기 위해 큰 길을 닦되 높낮이가 없게 하고, 장막을 널리 치며, 당번幢幡을 높이 세우고, 네거리에서 정사精舍의 문에 이르도록 길 옆으로 난간을 매고 등을 별처럼 달고, 걸음걸음이 향로를 놓고 풍악을 치며, 부처님의 지극히 높은 복과 사문들의 청정한 덕을 노래하며, 꽃과 보배를 뿌리어 비오듯 분분히 내리게 하고, 향수를 땅에 뿌리고 비단을 깔며, 왕은 손수 밤새도록 음식을 만들었다. 그리고 스스로 부처님께 나아가 꿇어앉아 사뢰었다."

"원컨대 부처님이시여, 대자大慈를 드리우사 그림자를 나투소서. 중생을 제도하소서."

부처님은 곧 법복을 입으시고 여러 사문들과 함께 네거리로 가시니, 대왕과 군신들은 좌우에 따랐다. 부처님이 자리에 앉으시자, 부인과 태자는 모두 머리를 땅에 조아리며, 옷을 걷고 발을 씻어 드린 뒤 손수 음식을 날랐다. 부처님이 식사를 마치시자 머리를 조아 사뢰었다.

"지금 베풀어 드린 적은 음식으로, 원컨대 하늘 · 사람 · 용 · 귀신 · 짐승 · 곤충에 이르기까지, 모두 세세생생에 부처님을 만나고, 법을 만나고, 승가(僧團)를 만나서 세상의 더러운 것은 버리고 부처님의 진정한 도를 알아지이다."

"장하다! 왕은 백성의 부모가 되었으니, 마땅히 사랑으로써 윤택하게 하고, 밝음으로써 인도하면, 반드시 소원을 성취하리이다."

"부처님이시여, 온 천하 사람들이 서로 작별할 때에는, 반드시 '스스로 사랑(自愛)하시오, 스스로 사랑하시오'라고 합니다. 스스로 사랑하는 요긴한 뜻은 무엇입니까?"

"대왕이여, 사람은 세상에서, 마음에 독한 생각을 품고, 입으로 독한 말을 하며, 몸으로 독한 업을 짓습니다. 이 세 가지가 마음과 몸과 말에서 나와, 악을 이루어 중생에게 해독을 입히면, 중생들은 마음에 원한이 맺히어 맹세하고 갚으려 하는 것입니다. 혹은 현세에서 갚고 혹은 죽은 후에 혼령이 천상에 올라갔더라도 내려올 때에는 갚는 것입니다. 그러므로 사람으로나 혹은 축생 · 귀신 · 태산 지옥에서도, 서로서로 죽이고 해롭게 하는 것은 모두 숙명으로 말미암는 것이요, 공연히 생기는 것이 아닙니다. 몸에 세 가지, 말에 네 가지, 뜻에 세 가지의 악이 없어야 합니다. 어리석은 사람들은 함부로 방자하여, 어버이에게는 불효하면서, 요괴한 귀신은 공경히 받들고, 색에 음란하며 술에 패악하여, 하천하고 더러운 짓만 행하다가, 몸이 위태하고 집안이 망하는 화를 당할 뿐 아니라, 죽어서는 태산 지옥의 물에 삶고 불에 굽는 혹독한 죄를 받아, 오래도록 사람의 몸을 얻지 못하는 것입니다. 이것은 부처를 멀리하고 정법을 알지 못하며, 사문들의 청정한 계행을 즐기지 않고 항상 어리석은 사람과 사귄 까닭이니, 이른바 위태하고 망하는 화패를 즐긴 것이요 스스로 사랑하는 것은 아닙니다."

"부처님 말씀이 옳습니다. 스스로 사랑하는 도리를 듣고자 하니, 그 법을 들려주소서."

"스스로 사랑하는 법은, 먼저 삼귀의三歸依를 행하십시오. 그리고 법으로써 부모를 봉양하고, 자심慈心으로 사람과 물건을 사랑하며, 비심悲心으로 어리석고 미혹한 이를 불쌍히 여기고, 바른 것을 기르고, 평등하게 널리 두호하여 중생을 건지어 편안하게 하며, 네 가지 은혜를 베풀어 궁하고 없는 이에게 보시하시오. 중생들은 원망이 없고, 하늘은 도와서 여러 가지 횡액이 오지 않으며, 모든 독해는 녹아 부모가 편안하고 집안이 흥성하여, 살아서는 아무 재난이 없고 죽어서는 천상으로 올라가리다. 이것이 이른바 스스로 사랑하는 것입니다."

"참으로 옳습니다. 오직 부처님의 교훈만이 성실합니다."

"높은 행을 닦는 현자賢者들이 청정하게 참된 것을 지키고, 더러운 이익과 삿된 즐거움에 마음이 물들지 않으며, 입으로는 네 가지 악을 말하지 않고 몸에는 세 가지 흉한 것을 멀리하며, 목숨이 위태하더라도 행실을 온전히 하면, 모든 부처님은 그를 보배로 여겨서, 부모는 편안하고 집안은 흥성하며, 죽어서는 천상에 올라가 항상 복을 받을 것입니다. 이것이 이른바 스스로 사랑하는 것입니다."

"옳습니다. 오직 부처님의 교훈이 진실합니다."

"모든 해독이 횡으로 오더라도 참고 말하지 말고, 자비한 마음으로 도리어 그를 측은하고 민망히 여겨, 끝끝내 건져 주며, 정진하여 게으르지 말고, 삼보께 마음을 두어 안과 밖이 모두 고요하며, 도道에 마음을 심어서 성인의 본뜻을 깊이 관하고, 어버이에게 효도하며, 자기 몸을 건지고 대중도 인도하면 항상 복을 받을 것이니, 이것이 이른바 스스로 사랑하는 것입니다."

"옳습니다. 오직 부처님의 교훈만이 진실입니다."

제2절 마음으로 지은 죄는 과보가 빠르다

사위성의 왕이 부처님을 네거리로 청하여 공양을 올렸다. 많은 사람들이 모여 구경하는 가운데 두 상인商人이 있었다. 한 사람은 이렇게 생각하였다. '부처님의 십육 척 몸은 금빛이시고, 살상투(肉髻)가 있고, 목에 일광日光이 있으니, 참으로 어마어마하시다. 부처님은 마치 제왕과 같고 사문들은 충신과 같아서, 부처님의 설하시는 법을 사문들이 펴고 있으니, 이것은 분명한 제왕이라. 부처님의 높으신 것을 비로소 알겠다.' 하고 부처님은 그의 생각을 알고 바라보니, 그 사람은 마음이 즐거워 마치 무슨 보배를 얻은 것 같았다.

그때 다른 한 사람은 이렇게 생각하였다. '이 대왕은 몹시도 어리석고 미혹하다. 국왕이 되어 또 무엇을 구하는 것인가? 부처님은 마치 소(牛)와 같고, 제자들은 수레와 같구나. 저 소가 수레를 끌고 동서남북으로 가는 것처럼, 부처도 그러하거늘, 무슨 도리가 있다고 저렇게 높이 받들고 있는가?' 이렇게 생각할 때에, 부처님은 '저 사람은 나쁜 생각이 있으니 반드시 나쁜 앙화를 받으리라.' 하시고, 불쌍히 바라보니, 그 사람은 마음이 두려워 마치 무엇에 맞은 것 같았다.

두 사람은 같이 그곳을 떠났다. 한 삼십三十 리 동안을 같이 가면서, 술을 사 먹으며 시끄러이 지껄였다. 그때에 좋은 생각을 하던 사람에게는 사천왕이 선신을 보내어 두호하고, 나쁜 생각을 하던 사람에게는 태살부군府君의 악귀가 붙어 주독酒毒이 창자에 들어가게 하여 마치 불이 몸에 타는 듯하게 되므로, 길바닥에서 수레가 지나간 바퀴 자국에서 뒹굴다가 그대로 누워 있었다. 그래서 새벽에 다른 장사치들이 끌고 가는 오백 채 수레바퀴 밑에 깔려 죽어 버렸다. 좋은 생각을 하던 사람은 그것을 보고 '나는 어찌할까? 만일 집으로 돌아가면 반드시 재물을 탐하여 불의의 짓을 했다는 혐의를 받을 것이다.' 생각하고, 자기 재물도 내버리고 사위성에서 여러 만 리나 떨어진 어떤 나라로 달아나 버렸다. 그때에 그 나라의 왕이 죽고 아들이 없었는데, 중토中土에 미천한 사람이 이 나라의 왕이 된다는 참서讖書가 그 전부터 그 나라에 떠돌고 있었다. 군신들은 의논하기를 '나라에 임금이 없으면 마치 사람이 머리 없는 것 같으니 오래 있을 수 없다. 전왕前王의 말(馬)이 항상 왕에게 정례하던 것이니, 아마 왕이 될 만한 사람이면 저 말이 반드시 정례할 것이다. 그걸 보아서 왕을 고를 수밖에 없다.' 하고, 곧 왕이 쓰던 옥새玉璽들을 말에 싣고 나오는데, 그 사람도 그 나라 백성들과 함께 거리에 나가 구경하고 있었다. 그때 태사관太史官이 말하되 '저곳에 누른 구름의 일산이 떠 있으니, 그것이 왕자王者의 기운이다.' 했다. 말은 바로 그 사람의 앞에 와서 무릎을 꿇고 발치에 정례했다. 군신들은 기뻐서 곧 왕으로 청했다. 그 사람은 이렇게 말했다. '나는 장사치로 백성에게 덕이 없으니, 임금의 자리에 앉을 수 없다'고 했다. 그러나 군신들은 하늘이 덕 있는 이에게 명命을 내리시고 신마神馬가 예방하였다 하여, 왕궁으로 모셔 들였다. 그래서 왕이 되어 국정을 다스리며 생각하되, '나는 조그마한 선善도 없는데, 무슨 인연으로 이렇게 되었는가? 이것은 반드시 부처님의 은덕일 것이다.' 하여, 새벽이면 용상 위에서 부처님의 무상無上한 덕을 칭찬하면서 군신들과 함께 합장하고, 부처님을 향하여 사뢰기를

"천한 사람이 부처님의 두호하심을 받자와 왕이 되었사오나, 이 나라에는 부처님이 세상에 계시는 줄도 알지 못하고, 또 전하는 책에도 그런 기록이 없습니다. 원컨대 부처님께서는 크게 밝은 법으로써, 이 나라 사람들의 귀먹고 눈먼 것을 열어 주소서." 하였다.

부처님은 그 왕의 청을 받으시고, 여러 아라한들과 화현하여 천천히 가시며, 그 나라 백성들로 하여금 모두 보게 하시고 왕궁에 들어가 앉으셨다. 왕은 사위성의 왕이 공양드리던 법에 의하여 스스로 공양을 드리고, 부처님 앞에 앉았다. 부처님은 왕을 위하여 법을 설하셨다.

"나는 본래 미천한 사람으로 조그마한 덕도 없는데, 무슨 인연으로 이렇게 되었습니까?" 하고 왕은 물었다.

"전날 사위성 왕이 공양할 때에 왕의 마음으로 생각하기를 '부처님은 왕과 같고 사문들은 신하와 같다.' 하여, 왕이 스스로 종자를 심었으니, 오늘 그 과를 받는 것이오. 그리고 한 사람은 '부처님은 소와 같고 제자들은 수레와 같다'고 생각하여, 스스로 수레에 깔려 죽을 씨를 심어, 그 과를 받은 것이오. 선을 지으면 복이 따르고, 악을 지으면 화가 따르는 것은, 마치 메아리가 소리를 따르는 것과 같은 것이오. 그것은 천 · 용 · 귀신이 주는 것도 아니며, 조상의 혼령이 하는 일도 아니고, 모두 자기의 마음이 만드는 것이오."

제3절 집에 있는 보살이 행할 일

1 부처님이 기원정사에 계실 때, 욱가라월 장자는 부처님께 여쭈었다.

"부처님이시여, 만일 선남자·선여인이 위없이 참되고 바른 도심을 발하여, 부처님의 지혜를 묻고, 대승을 배우며, 대승에 주住하며, 대승을 권하며, 대승을 행하며, 대승을 알아서, 모든 사람을 구호하되, '제도 받지 못한 자는 내가 제도하고, 해탈하지 못한 자는 내가 해탈시키며, 편안하지 못한 자는 내가 편안하게 하고, 열반에 들지 못한 자는 내가 열반에 들게 하여, 내가 마땅히 모든 사람의 무거운 짐을 덜어 주리라.' 하여 보살도를 구한다면, 집에 있는 자는 어떻게 해야 하고, 집을 떠난 자는 어떻게 해야 합니까? 원컨대 집에 있는 보살의 계덕戒德과 집을 나간 보살의 계행을 말씀해 주십시오."

부처님은 욱가라월 장자에게 말씀하셨다.

"장자여, 만일 보살이 집에 있어서 수도하려 하거든, 마땅히 부처님께 귀의하고 법에 귀의하고 승단에 귀의하여, 이 세 자귀自歸하는 법으로써, 위없이 참되고 바른 도를 구해야 한다.

재가 보살은 어떻게 부처님께 귀의하는가? '나는 마땅히 부처님의 삼십이대인상三十二大人相을 구족하리라.' 하여, 모든 선근 공덕과 무량한 원력으로 항상 정진하되, 삼십이대인상을 얻기 원해야 한다. 이것을 일러 부처님께 귀의하는 것이라 한다. 어떻게 법에 귀의하는가? 법을 받들어 섬기고, 법을 받들어 가지며, 법의 뜻을 해득하고, 법을 좋아하며, 법을 즐기고, 법을 두호하며, 법보시를 행하고 법보法寶를 구하되, '나는 무상 진정한 도를 얻어 최정각을 이룰 때까지, 마땅히 모든 하늘과 세간을 위해, 법을 설하여 제도하리라.' 할 것이다. 이것을 일러 법에 귀의하는 것이라 한다. 어떻게 승단에 귀의하는가? 수다원을 보거나, 사다함·아나함·아라한을 보거나, 혹은 제자나 범부를 만나더라도 모두 공경하여 예로 대접하고, 말을 공순히 하며, 의심하지 않고, 받들어 공양하며, 마음에 항상 '나는 무상 진정한 도를 얻어 최정각을 이룰 때까지, 마땅히 모든 하늘이나 사람이나, 제자의 무리에 대하여도 설법하며 공경하리라.' 할 것이다. 이것을 일러 승단에 귀의하는 것이라 한다.

2 다시 네 가지 법으로 부처님께 귀의한다. 어떤 것이 네 가지인가? 보리심을 버리지 아니하고, 일체 사람에게 권하여 보리심을 발하게 하며, 대비심大悲心을 끊지 않고, 마음에 다른 법을 즐기지 않는 것이다. 다시 네 가지 법으로 법에 귀의한다. 어떤 것이 네 가지인가? 바른 선비와 법다운 사람을 서로 따르고 익히어, 그의 교진을 받으며, 일심으로 법을 들으며, 들은 법은 남을 위하여 연설하며, 지은 바 공덕으로 무상도를 구하기 원하는 것이다. 다시 네 가지 법으로 승단에 귀의한다. 어떤 것이 네 가지인가? 성문승이나 연각승을 지나서 일체지를 구하며, 음악으로 보시하면 다시 법으로 가르치며, 성현의 해탈도에서 물러서지 않는 대중을 인도하며, 제자의 업業(=小乘)으로서 해탈을 삼지 않는 것이다.

3 다시 재가 보살로서는, 부처님을 보거든 마음으로 부처를 구하는 것이 부처님께 귀의하는 것이요, 법을 듣거든 마음으로 법을 생각하는 것이 법에 귀의하는 것이며, 부처님의 제자들을 보거든 마음으로 불도를 생각하는 것이 승단에 귀의하는 것이다.

또 재가 보살로서 원을 구족하기 위하여 보시하면 부처님께 귀의하는 것이요, 법을 두호하기 위하여 보시하면 법에 귀의하는 것이요, 보시한 뒤에는 일체지를 구하기 원하면 승단에 귀의하는 것이다."

4 "거사居士여, 재가 보살은 상사上士의 행을 행하고, 하사下士의 행은 행하지 말아야 한다. 어떤 것이 상사의 행인가? 재물에 법다워 비법이 없고, 사업邪業을 힘쓰지 않아 정법을 행하며, 다른 사람을 괴롭게 하지 않고 착한 일을 행하고, 부모를 효양하고 보시를 좋아하여, 집안 친족이나 자식이나 벗 · 손님 · 하인에게 평등히 나눠 주고, 좋은 법을 가르쳐 하는 바가 법다우며, 빈궁한 자를 보거든 재물로 건져 주고, 두려워하는 자를 보거든 무외無畏법으로 구하며, 근심 있는 자를 보거든 근심을 덜어 주고, 용렬한 자를 보거든 욕을 참게 하며, 호강하는 자를 보거든 교만한 마음

이 없게 하고, 아만이 많은 자를 보거든 잘난 체하지 못하게 하며, 존장을 존경하고 박식博識을 친근하여 방술方術을 물어 의심을 깨닫는다. 항상 정직한 견해를 가져 아첨과 거짓이 없고, 일체를 불쌍히 여기어 조건 없이 해칠 마음을 두지 않으며, 한 마음을 굳게 가지어 정진하기를 좋아하고, 성현과 자주 모이어 자립自立하기를 생각하며, 자비심에 머물러 법에 평등하고, 법과 스승을 의지하지 않으며, 스스로 방자한 사람을 보거든 자기가 들은 법대로 일러 주어 깨치게 하고, 목숨은 아침 이슬(朝露)같이 생각하며, 재물에는 거품같이 생각하고, 권속은 원수같이 생각하며, 처자는 지옥같이 생각하고, 일체 받는 것은 고苦로 생각하며, 집과 산업은 멀리 여의기를 생각하며, 구하는 것은 불선不善의 근본으로 생각하여서, 실實답지 않은 몸으로 실다운 몸을 받고, 실답지 않은 목숨으로 실다운 목숨을 받으며, 실답지 않은 재물로 실다운 재물을 받아야 한다. 예절로 여러 사람을 공경히 섬기면, 실답지 않은 몸으로 실다운 몸을 받는 것이요, 전에 심은 덕본德本을 훼손하지 않고 다시 더 심으면, 실답지 않은 목숨으로 실다운 목숨을 받는 것이요, 간탐을 버리고 보시를 행하여 은덕을 베풀면, 실답지 않은 재물로 실다운 재물을 받는 것이니, 이것이 재가 보살의 상사행上士行이다."

5 "다시 장자長者여, 재가 보살은 마땅히 오계를 받아야 한다. 첫째, 살생을 즐기지 말 것이니, 손에 칼이나 막대나 돌이나, 무릇 때리고 해롭게 하는 물건을 가지지 말고, 둘째, 주지 않는 것은 취取하지 말 것이니, 자기의 재물에 만족하고 남의 재물을 탐하지 말며, 셋째, 사음을 즐기지 말 것이니, 자기의 아내에게 족함을 느끼어 외색外色을 범하지 말고, 넷째, 거짓말을 말 것이니, 말하는 바가 진실하여 행한 대로 말하고, 두 가지 말이나 악담을 말 것이며, 다섯째, 술을 먹지 말 것이니, 술을 즐기지 않고 맛보지 않으면, 말과 행에 사나움과 어리석음과 부정不定이 없어서, 뜻이 항상 굳세고 생각이 항상 편안할 것이다.

재가 보살은 이러한 오계 공덕으로 무상 정진의 도를 얻기 위하여 오계를 두호하는 것으로 상정진上精進을 삼는다. 만일 싸움하는 이가 있거든 화합하게 하되, 똑바른 말을 쓰지 않고 부드러운 말을 쓰며, 말이 의리 있고 선하여 자비심을 잃지 아니하고, 항상 정견正見을 가지어 사견邪見을 여의어야 하는 것이다."

6 "다시 장자야, 재가 보살은 제가 살고 있는 국國 시市 군郡 읍邑을 마땅히 법으로써 두호하되, 믿음이 없는 자는 믿게 하고, 공경이 없는 자는 공경하게 하며, 지혜 없는 자로 하여금 지혜 있게 하고, 부모께 불효하는 자는 효도하게 하며, 들은 것이 없는 자로 하여금 널리 듣게 하고, 빈궁한 자에게는 보시를 행하게 하며, 계행이 없는 자는 계행을 지키게 하고, 진심瞋心이 많은 자는 욕을 참게 하며, 게으른 자는 정진하게 하고, 방자한 자는 마음을 두호하게 하며, 사지邪智가 있는 자는 정지正智에 머물게 하고, 병들어 파리한 자에게는 의약醫藥을 주며, 간호가 없는 자에게는 간호가 되고, 귀의歸依가 없는 자에게는 귀의를 주며, 구원이 없는 자에게는 구원이 되어, 가사 한 사람이 악도惡道에 들어갔다면 한 번, 두 번, 세 번, 나아가 백 번이라도 그로 하여금 선법善法에 주住하도록 해야 한다. 재가 보살은 마땅히 일체를 위하여 큰 슬픔을 내고, 일체지(智)에 굳게 머물러, 항상 생각하기를 '나는 마땅히 해탈하기 어려운 악폐惡蔽, 개오開悟하기 어려운 사람을 제도한 뒤에 무상 정신의 도를 얻으리라.' 하라. 그러므로 가사 한 사람이 그릇 악도에 떨어지더라도 그것은 저 보살의 큰 허물이 되는 것이다. 그러므로 재가 보살은 집에 있어서 도를 닦되 '나는 마땅히 내가 있는 국 · 시 · 군 · 읍의 사람으로는 악도에 떨어지는 자가 없게 하리라.' 할 것이다. 비유하면 국 · 시 · 군 · 읍에 어진 의원이 있으면서, 한 사람이라도 횡사橫死가 있으면, 그 의원에게 허물이 있는 것처럼, 보살이 있는 국 · 시 · 군 · 읍에 한 사람이라도 악도에 떨어진다면, 그것은 보살이 등정각等正覺을 이루는 데 있어서 허물이 되는 것이다."

7 "다시 장자야, 재가 보살은 마땅히 보시 · 지계 · 인욕 · 정진을 힘써, 모든 선善을 많이 행해야 한다. 항상 생각하기를 '보시하는 것은 나의 소유所有이지만 재가在家하는 것은 나의 소유가 아니며, 보시는 필요가 있지마는 재가는 필요가 없으며, 보시는 후세에 편하지마는 재가는 후세의 괴로움이요, 보시는 무외無畏의 준비이지만 재가는 근심의 예비가 되며, 보시하면 경호警護할 것이 없지마는 재가하면 경호해야 하며, 보시에는 애욕이 없어지지마는 재가에는 애욕이 보태지며, 보시하면 두려움이 없지마는 재가하면 두려움이 있으며, 보시는 불도佛道를 이루지마는 재가는 악마의 권속을 보태며, 보시는 무진無盡이 되지만 재가는 무상無常이 되며, 보시는 락樂을 지키지만 재가는 고苦를 지키며, 보시는 욕진欲塵을 끊지만 재가는 욕진을 더하며, 보시는 대부大富가 되지만 재가는 대빈大貧이 되며, 보시는 상사上士의 행이 되지만 재가는 하사下士의 행이 되며, 보시는 모든 부처님이 칭찬하는 바가 되지만 재가는 모든 사람들이 탄식하는 바가 된다'고 생각하라. 그러므로 재가 보살은 보시로써 요긴한 수행을 삼는 것이다.

만일 재가 보살에 구걸하는 자를 보거든 반드시 세 가지 생각을 해야 할 것이다. 선지식으로 생각하며, 불도를 얻는 줄로 생각하며, 후세에 대부大富가 될 줄로 생각하는 것이다. 다시 세 가지 생각이 있으니 간탐 · 질투가 제해지고, 소유를 보시할 생각이 나고, 일체지를 버리지 않는 생각이다. 또 세 가지 생각이 있으니 부처님을 위하는 생각이요, 마군을 항복받는 생각이요, 갚기를 바라지 않는 생각이다. 또 세 가지 생각이 있으니 음일婬佚의 생각을 여의고, 진에瞋恚의 생각을 여의고, 우치의 생각을 여의는 것이다. 왜 그런가? 재가 보살이 구걸하는 자를 볼 때에는 음婬 · 노怒 · 치癡가 곧 엷어지는 까닭이다. 어째서 엷어지는가? 자비심으로 보시하기 때문에 사랑하고 아끼는 것이 없으므로 음심이 넓어지고, 걸인에 대하여 성내고 한恨할 것이 없으므로 진심이 엷어지고, 보시하여 일체지를 위하므로 우치심이 엷어지기 때문이다."

제4절 중생의 연기와 체성

어느 때에 위등광威燈光 대선인大仙人이 부처님께 여쭈었다.

"부처님이시여, 중생은 어디로부터 났으며 그 체體는 얼마나 굵고 얼마나 작습니까? 또 중생의 체성體性은 한 뼘이 됩니까, 한 자(尺)가 됩니까, 한 손가락만 합니까, 또는 보리·밀이나 콩·팥만 합니까? 또는 참깨나 겨자씨만 합니까?"

부처님은 대답하셨다.

"대선인아, 너는 중생의 체體가 어디서 났느냐고 물었다. 그러나 이것은 실로 말로나 문자文字로써 말할 수 없는 것이다. 다만 무명無明·행行 등 모든 인연으로 중생이 났으며, 나아가 생·로·병·사 등 모든 인연으로 중생이 났다. 또 중생의 생긴 인연이 있으니, 이른바 어머니로 인을 삼고 아버지로 연을 삼아서 중생이 났으며, 또 부모의 화합으로 인을 삼고 사념邪念 망상이 업풍業風을 일으켜 식識의 종자種子를 불어 태장胎藏 속에 떨어뜨리는 것으로 연을 삼아 중생이 난 것이다. 그러므로 고苦·집集·멸滅·도道의 이 사성제가 중생이요, 오음五陰·십팔계十八界의 화합이 중생이다. 대선아, 중생을 떠나서 업業이 없고 업을 떠나서 중생이 없다. 중생이 곧 업이요, 업이 곧 중생이다. 중생계는 더해지지도 않고 덜해지지도 않는 것이다."

선인은 다시 부처님께 여쭈었다.

"만일 중생계가 더해지지도 않고 덜해지지도 않는다면, 어째서 중생이 때 낀 몸을 버리고 자재自在한 몸을 얻습니까?"

"네가 한 말은 그렇지 않다. 왜냐하면, 만일 그 자재가 참으로 자재하게 얻는 자재라면, 마땅히 타락하지 않고 항상 자재한 중에 있을 것이요, 만일 그 자재하다는 몸이 자재를 얻지 못한다면, 어찌 자재라고 할 수 있겠느냐? 비유하면, 반딧불(螢火)이 스스로 생각하기를 '내 이 광명은 능히 남섬부주南贍部洲를 비춘다'고 하자, 설사 반딧불이 능히 남섬부주를 비춘다 할지라도, 능히 마음으로 항복되지 않는 자가 없다면, 그것이야말로 참으로 자재한 것이다. 만일 자재가 참으로 자재를 얻었다면, 마땅히 모든 번뇌의 때가 다하겠지마는, 자재를 얻지 못했으므로 번뇌의 때가 있는 것이다. 만일 모든 번뇌의 때와 자재가 함께 있다면, 그것으로 중생계에 증감이 없는 것을 가히 볼 수 있지 않느냐?"

"부처님이시여, 당신은 모든 번뇌가 다한다고 말하지 않았습니까?"

"나도 모든 번뇌가 다한다고 하지 않지만, 또한 번뇌가 더해진다고도 하지 않는다."

"그렇다면 마땅히 나는 자재를 얻었다고도 말하지 못할 것입니다."

"그렇다. 나도 또한 내가 자재를 얻었다고 말하지 않는다. 왜냐하면, 아我가 실實이 없으므로 또한 자재가 아니다."

"이 문제는 그만 둡시다. 그리고 아까 부모의 화합으로 중생이 난다고 말씀하셨는데, 화합하는 사람은 세상에 많은데 나는 중생은 적으니, 그것은 어떻게 되는 것입니까?"

"내가 비유로 물을 것이니 그것을 대답하라. 저 종자 하나에서 여러 나무가 나고, 한 나무에 무수한 가지가 돋고 낱낱 가지에 무수한 꽃이 피니, 꽃마다 열매를 맺을 터인데, 어째서 맺는 것도 있고 맺지 않는 것도 있으며, 맺은 것은 마땅히 모두 익어서 종자가 될 터인데, 어째서 익는 것도 있고 익지 않는 것도 있는가?"

"그것은 바람이 불기 때문에 맺기도 하고 맺지 않기도 하며, 맺었던 것도 떨어지고 익지 않는 것도 있어서 종자가 되지 못하는 것입니다."

"중생도 그렇다. 업풍業風이 스스로 일어나서, 업의 중생을 불어서 열매가 떨어지게 하므로, 중생이 적게 나는 것이다. 혹은 태중에 있을 때, 벌레가 먹기도 하고, 혹은 업풍이 불어서 부서지기도 하는 것이다. 나무에 재災가 들어서 떨어지는 것은 적지만, 중생에 재가 들어서 떨어지는 것은 말할 수 없이 많은 것이다. 대선아, 사심邪心으로 말미암아 중생계가 일어난다. 만일 모든 중생이 능히 얼마만큼 마음을 돌리면 심心 · 심수心數가 없어 후생을 잘 받을 것이다. 그러므로 나는 사심으로 말미암아 중생계가 일어났다고 말한다."

"그렇습니다. 내가 물은 것은 이미 답이 다 되었습니다."

"아까 중생의 체體에 얼마나 미세한 것이 있느냐고 물었다. 만일 중생의 체를 가히 볼 수가 있다면, 중생의 체를 분석하여 굵다 · 가늘다 · 길다 · 짧다고 말할 수 있지마는, 비유하면 어떤 뱃속장님에게 누가 묻기를 '흰빛이란 어떤 것이냐' 한다면, 그 장님이 보지 못한 것을 능히 이러이러한 것이 흰 빛이라고 설명할 수 있겠느냐?"

"아닙니다. 그 사람은 본래에 색을 보지 못했으니, 어떻게 그것을 결정적으로 설명하겠습니까?"

"그렇다. 모든 범부들도 뱃속장님 같아서 중생의 체를 못 보았으니, 중생의 체가 이러이러하게 길다 · 짧다 · 굵다 · 가늘다고 말할 수 없는 것이다. 선인아, 눈(眼)도 중생이 아니요 귀 · 코 · 혀 · 몸 · 뜻도 중생이 아니며, 오음도 중생이 아니요 십팔계 · 십이인연도 중생이 아니다. 중생이란 이름도 얻을 수 없으며, 안의 공(內空) · 바깥 공(外空) · 안팎의 공(內外空)도 중생이 아니다. 왜냐하면, 눈도 거짓 이름이라 잠시도 서로 합하지 않는 것이요, 귀 · 코 · 혀 · 몸 · 뜻도 거짓 이름이라, 잠깐도 서로 합하지 않는 것이며, 오음도 거짓 이름이라 잠시도 합하지 않는 것이요, 삼십육종三十六種의 부정한 물건도 거짓 이름이라 잠깐도 서로 합하지 않는 것이다. 이런 것들은 모두 중생이라 이름 지을 것이 없다. 색色 따위의 모든 티끌이 서로 화합하지 않으므로 중생에게 색 따위의 모든 티끌이 있으되, 모두 각각 다르고 흩어진 것이니, 그러한 모든 법도 중생이 아니다. 중생이란 목숨도 아니요 양육도 아니며, 임자도 없고, 남도 없고, 또는 '나'라는 것도 없어서 모두 얻을 수 없는 것이다. 만일 중생이 있다면, 모든 부처님은 응당 네 가지 사제법을 설하지 않았을 것이다. 실로 중생의 성이 없으므로 모든 부처님은 모든 법을 얻어 이렇게 수순하고 이렇게 수행하여 여래의 몸을 얻은 것이다."

제5절 모든 것은 과거의 인연

부처님이 기사굴산에 계실 때에, 아사세왕의 태자 화휴和休는 부처님께 여쭈었다.

"보살은 무슨 인연으로 형용이 단정하며, 여인의 태중에 들어가지 않고 연꽃에서 화생化生하며, 전세의 숙명宿命을 알게 됩니까?"

"보살은 욕되는 것을 참고 성을 내지 않으므로, 후세에 나서 사람이 되면 형용이 단정하고, 음란하지 아니하여 여인과 교섭이 없으므로, 후생에는 여인의 태중에 들지 않고 연꽃 속에 화생하며, 경經과 계행을 가지고 남에게 설해 주기를 좋아하므로, 후세에 스스로 무수한 전생의 숙명을 알게 되는 것이다."

"무슨 인연으로 보살은 삼십이상과 팔십종호가 있으며, 남들이 보고 싫어하지 않습니까?"

"보살은 보시하기를 좋아하여, 남이 구하는 것이면 무엇이나 남의 뜻을 거스르지 않고 아낌없이 보시하므로 삼십이상을 얻으며, 자비한 마음으로 사람이나 벌레까지라도 불쌍히 생각하기를 어린 아들같이 하여 제도하기를 생각하므로 팔십종호를 얻으며, 원수진 사람을 보더라도 부모를 대하듯 하여 마음이 조금도 다르지 않으므로 남들이 보면 즐거워하고 싫어하지 않는 것이다."

"무슨 인연으로 또 보살은 깊은 경經에 지혜가 있고 삼매 중에 편안히 있으며, 하시는 말씀을 사람들이 들으면 모두 즐거워합니까?"

"보살은 항상 경을 읽고 외우기를 좋아하므로 경의 깊은 뜻을 아는 지혜를 얻고, 항상 정定에 들어서 마음이 안정하였으므로 삼매를 얻으며, 항상 지성으로 말하고 남을 속이지 않았으므로 보살의 말은 남들이 믿고 듣기를 즐거워하는 것이다."

"무슨 인연으로 보살은 몸으로 행하는 것이나, 입으로 말하는 것이나, 뜻으로 생각하는 것이나 모두 청정하고, 마군이 침노할 틈을 얻지 못하며, 여러 사람이 감히 비방하지 못합니까?"

"보살은 부처님을 모시기 좋아하고, 경을 읽기 좋아하며, 비구승을 즐겨 했으므로 모든 것이 청정하고, 주야로 쉬지 않고 정진하였으므로 마군이 틈을 얻지 못하며, 말이 항상 지성스러웠으므로 사람들이 비방하지 않는 것이다."

"부처님이시여, 무슨 인연으로 보살은 장수하고 무병하며, 이별이 없나이까?"

"태자여, 보살은 자비심으로 살생하지 않았으므로 장수함을 얻고, 흉기로 사람을 상하게 아니했으므로 병이 없으며, 다른 사람이 싸우는 것을 보면 권하여 화합하게 하였으므로 이별이 없는 것이다."

"무슨 인연으로 보살은 재물을 얻기 쉽고, 부자 되기가 어렵지 않으며, 재물을 잃지 않고, 남이 도둑질하지 못하며, 존귀하고 부유한 집에 납니까?"

"보살은 지혜가 있어서 우치하지 않았으므로 큰 부자 되기가 어렵지 않으며, 보시하기를 좋아하고 아끼지 않았으므로 재물을 잃거나 도둑맞지 않고, 남의 재산을 보고 탐내거나 시기하지 않았으므로 장자의 집에 나며, 살생하거나 교만이 없었으므로 존귀한 집에 태어나는 것이다."

"무슨 인연으로 또 보살은 천안통과 천이통을 얻어, 중생의 생사의 선악을 압니까?"

"보살은 부처님 앞에 등燈 공양을 하였으므로 천안통을 얻고, 음악音樂을 드렸으므로 천이통을 얻고, 항상 삼매에 들어 선정을 닦았으므로 세간의 나고 죽는 갈래의 선악을 아는 것이다."

제6절 보리심을 발하는 공덕과 세 가지 보리

1 어느 날 왕사성에 있는 가섭 바라문은 밤에 꿈을 꾸었다. 꿈에 보니, 염부제에 큰 천엽千葉 연화가 있는데, 광명이 대천세계를 비추고 칠보로 되었으며, 연화 속에는 달(月)이 있고 달 속에는 대장부가 있어서 광명을 놓으매, 그것을 보는 중생들은 모두 환희심을 내고 무량한 쾌락을 받았다. 바라문은 꿈을 깨었다. '이게 무슨 꿈인가, 전에 없던 꿈이다. 무슨 길조인가.' 생각하다가, '언젠가 들으니 부처님은 큰 보리를 깨쳐 모든 일을 잘 안다 하니 거기 가서 물어보리'라 하고, 밤이 밝은 후에 카란다 대숲절로 가서, 부처님께 정례하고 몽사를 여쭈었다.

"바라문아, 네 꿈은 대단히 좋은 꿈이다. 세상에 가장 좋은 네 가지 꿈이 있으니, 흰 연꽃과 흰 일산과 달과 불상佛像이다. 만일 이 네 가지를 꿈에 보면 반드시 큰 이익을 얻게 되는 것이다."

"어떤 것을 큰 이익이라 합니까?"

부처님은 게송으로 대답하셨다.

① 이익 설명할 테니 너는 자세 들어라.
보리심을 발한 이는 양족존兩足尊이 되리라.
② 전륜성왕 되려거든 보리심을 발하고,

대범천왕 되려거든 보리심을 발하라.

③ 삼계 제천諸天 나려거든 보리심을 발하고,

대도사大導士가 되려거든 보리심을 발하라.

④ 대광명을 놓으려면 보리심을 발하고,

삼유三有 전도 멸하려면 보리심을 발하라.

⑤ 모든 장애 끊으려면 보리심을 발하고,

무명 탐욕 멸하려면 보리심을 발하라.

⑥ 욕애欲愛 때를 제하려면 보리심을 발하고

아만심을 없애려면 보리심을 발하라.

⑦ 제불 공양 하려거든 보리심을 발하고,

전법륜轉法輪을 하려거든 보리심을 발하라.

⑧ 단악수선斷惡修善 하려거든 보리심을 발하고

무루도無漏道를 얻으려면 보리심을 발하라.

⑨ 무상無常법을 설하려면 보리심을 발하고,

중생고가 싫거든 보리심을 발하라.

⑩ 법무아法無我를 얻으려면 보리심을 발하고,

열반에 들려거든 보리심을 발하라.

2 바라문은 이 게송을 듣고 나서 부처님께 여쭈었다.

"만일 사람이 보리심을 발하면 얼마만한 복을 받습니까?"

"세계 중생이 모두 여기 모여서 계학戒學을 성취하면 그 복은 한량이 없지만, 보리심을 발한 공덕에 비하면 십육분의 일분도 못되는 것이다. 세계 중생이 모두 신심을 발하여 신행지信行地에 있더라도, 세계 중생이 모두 묘법을 닦아 법행지法行地에 있더라도, 세계 중생이 모두 수다원 도道를 닦아 예류과預流果를 얻더라도, 세계 중생이 모두 사다함 도를 닦아 일래과一來果를 얻더라도, 세계 중생이 모두 아나함 도를 닦아 불환과不還果를 얻더라도, 세계 중생이 모두 아라한 도를 닦아 아라한과阿羅漢果를 얻더라도, 세계 중생이 모두 전단향으로 불탑佛塔을 수미산처럼 쌓더라도, 세계 중생이 모두 불탑에 한량없는 장엄으로 공양하더라도, 세계 중생이 모두 일겁一劫을 살면서 중생에게 음악을 원만하게 보시하더라도, 다 이 보리심을 발하는 복덕에 비하면, 각각 십육분의 일분도 되지 못하는 것이다. 만일 중생이 보리의 적정寂靜한 과果를 얻기 위하여 보리심을 발하면, 얻는바 복덕은 비할 데 없고 등류等類가 없어서 가장 으뜸되리라. 그러므로 복덕을 닦는 자는 빨리 큰 보리를 증득해야 하는 것이다."

3 "이렇게 보리심을 발한 자도 물러나는 일이 있습니까?" 하고, 바라문은 다시 물었다.

"보리심을 발한 자는 해탈에서 퇴전退轉하지는 않으나, 다만 그 중에 세 가지가 있다. 이른바 성문 보리·벽지불 보리·무상보리가 그것이다. 어떤 것이 성문 보리인가? 비록 보리심은 발했으나, 다만 자리自利만을 즐기고 남을 이롭게 하기는 즐겨 하지 아니하여, 이타利他할 마음을 발하거나 수지修持·취입趣入·안주安住하지 못하며, 경법經法도 듣기를 즐겨 하지 않고 다른 이를 위하여 설하지도 않으며, 후생의 몸을 받지 않으려 하여, 거래상想을 끊고, 또한 평등한 정지正智도 능히 얻지 못하고 현생에서 해탈하기를 즐긴다. 이것이 성문 보리다. 어떤 것이 벽지불 보리인가? 비록 보리심은 발했으나, 대승법을 닦거나 생각하기를 즐겨 하지 않고, 또한 자기만 빨리 과果를 증하고자 하여, 이타에는 수지·취입·안주를 즐겨 하지 않으며, 경법을 즐거이 듣거나 남을 위하여 설하지도 않으며, 능히 평등한 정지正智에도 안주하지 못하고, 다만 마음을 내어 모든 인연법을 관하여, 관찰한 법으로 해탈을 얻는다. 이런 것을 벽지불 보리라 한다. 어떤 것이 무상 보리인가? 스스로도 능히 보리심을 발하고, 또 남을 권하여 보리심을 발하게 하며, 경법도 즐거이 듣고 들은 것을 기억하여 수습하여 기억하고, 다시 남을 위하여 그 뜻을 널리 연설하며, 윤회

輪廻를 싫어하지 않고 일체 중생을 즐겁게 하기를 즐기며, 평등지에 주하여 스스로 해탈한 뒤에는 일체 중생으로 하여금 모두 해탈을 얻게 하고자 하여, 자리 · 이타에 안온한 락樂을 얻고, 자기의 선리善利로서 널리 인 · 천 대중에 보시한다. 이것이 무상 보리이다. 이 행을 닦는 이는 이름이 보살승(乘)인 사람이다.

너는 마땅히 알라. 부처님의 말씀은 진실하고 허망이 없으니, 내가 말한 보리심은 이것이 최상의 뜻이다. 만일 이 큰 보리심을 떠나서, 성문심 · 연각심을 발하여 능히 이타利他하지 못하면, 큰 열반에 이르지 못하리라. 왜냐하면, 저 성문 · 연각은 스스로만이 하려 하고 다시 이타하는 행은 내지 못한다. 이러한 인연으로 능히 모든 부처님의 법을 구족하지 못해서, 비록 보리심을 발하여 해탈을 얻었다 하더라도, 그 보리심은 능히 이타하는 과보를 얻지 못하기 때문이다. 만일 무상 보리심을 발한 자는, 자타自他에 모두 평등하여 자기의 이익으로서 즐거이 보시하며, 이 마음으로서 세간 일체 중생을 포섭한다. 이것은 세간의 최상의 큰 이익이 되며, 또한 세간에 잘 조어調御하는 자라, 곧 평등지에 주하여 최상 · 최승 · 불가사의니, 이것을 이름하여 큰 보리심이라 한다. 너는 마땅히 이렇게 여실하게 알라."

"부처님이 설하신 해탈에 차별이 있습니까?"

"해탈과 해탈에도 차별이 없고 도道와 도에도 차별이 없지마는, 다만 승乘과 승에만 차별이 있는 것이다. 비유하면, 코끼리의 수레도 있고 말의 수레도 있고 나귀(驢)의 수레도 있는데, 그것들이 차례로 걸어서 한 성중으로 같이 들어간다면, 네 생각에는 어떠하냐? 저 수레에 차별이 있겠느냐?"

"부처님이시여, 저 모든 수레에는 차별이 있습니다."

라고 바라문은 대답했다.

"그렇다. 성문승 · 연각승 · 대승의 차별은 있는 것이다. 그러나 도와 해탈은 차별이 없다. 비유하면, 세 사람이 이쪽 언덕에서 저쪽 언덕으로 가는데, 한 사람은 풀로 떼(筏)를 만들어 거기에 의지하여 건너가고, 둘째 사람은 가죽 주머니나 혹은 가죽 배(船)에 의지하여 건너가고, 셋째 사람은 큰 배를 만들어 타고 건너가되, 그 배에는 사람을 수백천 명을 실었다. 그리고 그는 다시 아들에게 부탁하되, '이 배를 잘 두고 수호하다가, 만일 오는 사람이 있거든, 너는 이 언덕에서 저 언덕에까지 많은 사람에게 이익을 주라.' 하였다면, 네 뜻에 어떠하냐? 저 언덕이라는 것에 차별이 있겠느냐?"

"차별이 없습니다."

"타는 것은 차별이 있느냐?"

"타는 것에는 차별이 있습니다."

"그렇다. 성문승 · 연각승 · 대승은 실로 차별이 있는 것이다. 저 첫째 사람이 풀로 떼를 만들어 이 언덕에서 저 언덕까지 간 것은, 오직 한 사람뿐이요 두 사람도 못 가는 것이니, 성문승이란 그런 것이다. 둘째 사람이 가죽 주머니나 가죽배로 이 언덕에서 저 언덕까지 갔다는 것은, 연각승이 그런 것이다. 셋째 사람이 큰 배를 만들어 여러 사람과 함께 이 언덕에서 저 언덕까지 간 것은, 여래의 대승이 그러한 것이다."

제7절 집에 있어 살림하고 집 떠나서 수도하는 법

1 어느 때, 급고독給孤獨 장자는 부처님께 이와 같이 물었다.

"집에 있어서 살림을 하려면 재물에는 몇 등급이나 있으며, 출가하여 도를 닦는 데는 행이 같습니까, 다릅니까? 또는 무슨 법을 받들어야 위없이 바르고 참된 도를 빨리 얻으며, 다시 어떻게 중생을 교화해야 합니까?"

"선남자야, 재물에는 삼三등이 있다. 하재下財·중재中財·상재上財가 그것이다.

어떤 것을 하재라 하는가? 어떤 사람이 살림을 살아 돈과 재물을 모으되, 감히 입고 먹지 못하고 경계經戒도 닦지 않으며 부모에게도 효순하게 공양하지 않고, 때를 따라서 처자에게도 넉넉히 주기를 즐겨하지 않으며, 종들과 하인에게도 다만 옷은 몸을 가리고 밥은 배를 채우기에도 넉넉지 못하게 하고, 어리석은 생각으로 아끼고 지키기만 하는 것이다. 그것은 마치 벌(蜂)이 꿀을 사랑하듯 하여, 예전 성인도 믿지 않고, 높은 선비·사문·도인도 받들지 않으며, 보시하여 복을 심고 덕을 닦기도 좋아하지 않으며, 마음에 항상 이러하리라고만 생각하여 원수와 도둑이 올 줄은 생각지 못한다. 그러나 모으면 흩어지는 법이요, 복과 화는 서로 따라다니는 것이라. 몸만 생각하고 탐을 내어 번뇌와 걱정이 올 줄은 깨닫지 못하다가, 아차, 죽어지면 지옥문으로 들어가는 것이다.

2 어떤 것이 중재인가? 부모를 봉양하되 마음을 편하게 하며, 나갈 때에는 하직하고 돌아와서는 반면返面하되, 얼굴빛을 잃지 않고, 혼정신성昏定晨省에 조심하여 양친의 은혜를 생각하며, 처자에게는 때를 맞추어 의식을 넉넉하게 주며, 은정恩情이 흘러서 함께 즐거워하면 처자들도 그와 같이 사사로운 행실이 없으며, 손님을 공경하고 종이나 부리는 사람에게도 주리고 모자라게 하지 않는다. 그러나 죽은 뒤에 후생이 있다는 것은 믿지 아니하여, 죽으면 멸진滅盡하여 형용이 없어진다고 생각한다. 그러므로 '부모에게 효양하는 것은 다만 젖 먹여 길러준 은혜를 갚는 것이요, 처자에게 넉넉하게 하는 것은 다만 사랑하는 정을 두는 것이요, 종이나 부리는 사람을 생각하는 것은 다만 그 힘을 얻으려는 것이다'라 한다. 그래서 능히 사문이나 도인을 공경하지 못하고, 은혜를 베풀고 덕을 펴서 후세의 복을 받는 것은 즐기지 않는다. 이것을 중재라 한다.

3 상재란 무엇인가? 재물이 있어서 능히 스스로도 입고 먹으며, 부모에

게 효순하되 시절을 잃지 않고, 항상 얼굴빛을 살피어 근심을 품지 않게 하며, 나가서는 법에 범하지 않고, 들어와서는 예를 어기지 않으며, 행실이 청백하여 더럽지 않고, 존장을 공경하고 지혜 있는 이에게 겸손하며, 많이 배우고 널리 들어서 마음이 삿되지 않다. 그러므로 하열下劣하고 빈궁한 이들이 모두 의지하고 덕을 입으며, 처자들을 항상 넉넉하고 풍족하게 돌봐 주며, 삿된 생각을 버리고 바른 도리로 몸을 가지며, 노비·사환에게도 모자람이 없게 하고, 무리하게 때리거나 부리지 않아 자비를 더하며, 예전 성인이나 바른 선비나 출가한 사문을 공경히 받들며, 가난한 이에게 보시하여 도덕을 성취하게 하며, 경전을 강독하여 모르는 사람을 교화하되, 좋은 방편으로 때를 잃지 않으며, 일체 중생을 편안하게 두호하되, 마치 암소가 풀을 먹고 젖을 내면 제호醍醐가 가장 부드럽고 묘한 것처럼, 스스로도 편안하지마는 시방을 생각하여, 모든 하늘이나 사람이 이익과 제도를 받는다. 이 사람은 가장 높아서, 위가 없고 비유가 없고 짝이 없어서, 세상의 독보獨步가 될 것이니 이것을 상재라 한다."

4 "출가하여 도를 닦는 데에는 세 가지 품위品位가 있다. 성문과 연각과 대승이 그것이다.

어떤 것을 성문이라 하는가? 고苦를 두려워하고 몸을 싫어하여, 무량한 생사의 어려움을 생각하고, 몸을 원수같이 보며, 사대를 독사같이 오음을 도둑같이 보고, 앉아서 숨 쉬는 것을 세어, 뜻을 지키고 참선하되 몸에 부정한 것을 관하며, 지옥·아귀·축생의 고와, 인간의 어려움과, 천상의 이별이 수레바퀴 돌 듯 쉬지 않고 옥중에 갇혀 있는 죄수처럼 생각하여, 생사 근로의 죄를 끊고 무위無爲의 락樂과 열반의 편안함을 구하여, 다만 자기만을 위하고 중생은 생각하지 아니하며, 항상 작은 사랑에 집착하여 큰 슬픔을 일으키지 아니하며, 음성에만 의지하고 공空의 지혜는 알지 못하며, 삼계가 환幻과 같다 하여 자기의 몸만 빨리 건지려 하고, 큰 은혜와 사랑은 돌아보지 않는다. 이것을 성문이라 한다.

5 어떤 것을 연각이라 하는가? 본래 큰 뜻을 발하여 보살업業을 행하며, 보시·지계·인욕·정진·선정·지혜를 닦으나 다만 바라는 마음은 스스로 높아져서 천상천하가 모두 자기에게 돌아오도록 원하고, 삼십이상·팔십종호가 어마어마하고 당당하여 능히 미칠 자가 없도록 되기를 구할 뿐이다. 그래서 여래의 색신에 나타나는 것은 세상의 어리석은 사람들이 대도를 알지 못하여 능히 생사의 흐름을 끊고 근본으로 돌아갈 줄을 알지 못하므로, 그들을 위하여 몸을 나투어, 상호相好의 장엄과 문사文辭 언교言教로 교화하는 것인 줄은 알지 못하고, 참으로 그런 색상色像이 있다고 생각한다. 비록 사등四等·사은四恩·육도六度·삼십칠三十七품을 닦고, 십이인연을 관하여 그 뿌리를 뽑고자 하나, 본래 희망이 없는 큰 도를 알지 못하므로, 설사 쌓은 덕이 허공계와 같을지라도 부처에게는 이르지 못하는 것이다. 무슨 까닭인가? 통달하지 못했기 때문이다. 어째서 통달하지 못했다고 하는가? 보시·지계·인욕·정진·선정·지혜·사등·사은에 바라는 것이 있어서, 일체 오취五趣의 생사를 구원하며, 공空·무상無相·무원無願의 모든 법을 알고, 일체 법이 환화幻化와 같고, 꿈과 같고, 아지랑이와 같고, 그림자와 같고, 메아리와 같고, 파초와 같고, 거품과 같아서 모든 있는 바가 없고, 도혜道慧의 형상 없음이 허공과 같아서 증감이 없어 중생 제도하기를 생각하는 까닭이다.

6 대승大乘이란 어떤 것인가? 위없이 바르고 참된 도에 뜻을 발하여, 대자大慈를 허공같이 행하고 대비大悲를 닦되 좋고 나쁜 것이 없으며, 자기 몸은 근심하지 않고 다만 오취에 빠진 일체 중생을 모두 편안하게 하고자 하여 사등심四等心을 받들며 은혜와 이익을 베풀어 시방을 구제하며, 보시·지계·인욕·정진·선정·지혜에 희망하는 바가 없이 일체 중생에게 베풀며, 삼계를 관하여 가고 오고 두루 돌아다니기에 괴롭고 어려움이 한량없으되, 아버지 같고 어머니 같고 아들 같고 몸과 같이 생각하여, 언제나 다름이 없어서 눈물을 흘리면서 그들로 하여금 고액을 벗

어나 대도에 이르도록 하고자 한다. 이것을 대승이라 한다.

7 대승에 이르려면 네 가지 일이 있다. 보시로 모든 궁핍한 이를 도와주며, 높고 낮은 이를 차별하여 마음을 두 가지로 쓰지 않으며, 무엇을 남에게 주면서 무슨 희망이나 갚음이 있기를 바라지 않고, 공덕을 중생에게 두루 베푸는 것이다.

또, 계행을 받드는 네 가지 일로 빨리 대승을 성취하니 말을 조심하고 몸과 마음을 단속하여 그른 것을 생각하지 않고, 출입하는 데 예절을 잃지 않으며, 천상이나 전륜성왕이나 대범천왕·제석천왕의 자리를 원하지 않고, 계행으로 중생에게 은혜를 베푸는 것이다.

또 인욕하는 네 가지 일로 빨리 대승을 성취하니 비록 꾸짖고 나무라는 자가 있더라도 말을 노여워하지 않고, 설사 때리는 자가 있더라도 대항하지 않으며, 훼방하고 욕하는 자가 있더라도 귀에 바람 지나가듯 생각하고, 나를 해치는 자를 항상 불쌍히 여기는 것이다

또 네 가지의 정진으로 대승을 빨리 성취하니 일찍 일어나서 밤 깊도록 법을 받들되 게으르거나 폐하지 않고, 차라리 신명을 잃을지언정 도법은 어기지 않으며, 좋은 경전을 부지런히 읽고, 모든 액난厄難을 당한 자를 구제하고자 하는 것이다.

또 네 가지 선정으로 대승을 빨리 성취하니 정진을 즐겨해 항상 홀로 한가하게 있으며, 몸과 말과 마음을 고요하게 하여 요란하게 하지 않으며, 비록 대중 중에 있더라도 항상 정定을 가지며, 마음을 비워서 집착하는 데가 없는 것이다.

또 대승을 빨리 성취하는 지혜에 네 가지 일이 있으니 몸은 공하여 사대가 합하면 이루어지고 갈리면 무너져서 주장이 없는 줄 알고, 삼계에 나는 것이 모두 마음으로 된 것인데 마음은 환幻과 같아서 여러 형상에 의지한 것인 줄 알며, 오음은 본래 처소가 없어 착하는 대로 망정妄情이 나는 줄 알고, 십이인연은 원래 근본이 없어 맞서는 것을 따라서 나타나

는 것인 줄 아는 것이다.

8 또 네 가지 법이 있어서 빨리 바르고 참된 도를 이루니 공한 줄 알아 배우되 구하는 것이 없고, 상想이 없는 줄 알아 희망하는 것이 없으며, 원이 없는 것인 줄 알아 나(生)는 데를 생각하지 않고, 평등한 줄 알아 감도 없고 옴도 없는 것이다.

또 네 가지 일로 불도佛道를 빨리 이루니 일체가 모두 본래 부정不淨한 줄 알고, 만물이 모두 환幻과 같은 줄 알며, 생사 단멸斷滅이 모두 인연을 따르는 줄 알고, 그 인연이라는 것도 본래 형상이 없는 줄 아는 것이다.

또 여섯 가지 일로 정각正覺을 빨리 이루니, 몸으로 항상 자비를 행하여 원한도 없고 원결冤結도 없으며, 입으로 항상 자비를 행하여 깊은 지혜를 연설하며, 마음으로 항상 자비를 행하여 인화仁和하고 측은한 마음으로 시방을 불쌍히 여기며, 계행을 두호하여 대승을 생각하고 구하도록 만들지 않으며, 바르게 관하여 시방이 공하고 도道와 속俗이 둘이 아닌 것을 알며, 넉넉히 먹이는 법과 몸을 구하는 약으로 남의 액난을 구원해 주는 것이다.

또 네 가지 일로 불도를 빨리 이루니, 정진을 행하되 착하는 데가 없고, 중생을 교화할 마음이 끊어지지 않으며, 생사에 유희遊戲하여 싫어하지 않고, 대자대비로 방편 지혜를 버리지 않는 것이다.

9 중생을 교화하는 데 네 가지 일이 있으니, 생사를 믿지 않는 자에게는 눈앞에 나타나는 화복으로 비유하고, 삼보를 믿지 않는 자에게는 대도를 나투어 보이며, 삿된 길(邪徑)에 미혹한 자에게는 삼승三乘을 가르쳐 불도가 가장 높아서 짝이 없는 것을 알리고, 삼계에 있는 것은 모두 환幻과 같아서 하나도 진실한 법이 없는 것을 보이는 것이다.

다시 일곱 가지 법으로 중생을 교화하니 간탐하는 자에게는 보시하도록 가르치고, 악을 범하는 자에게는 계행을 받들도록 하며, 진심瞋心이 많은 자에게는 욕을 참도록 권하고, 게으른 자에게는 정진하도록 교화하며, 마음이 산란한 자에게는 뜻을 정定하도록 가르치고, 어리석은 자에게는 지혜 바라밀을 배우게 하며, 때를 따를 줄 알지 못하는 자에게는 선권善權 방편을 나타내는 것이다."

제8절 가장 가난한 사람과 몸으로 중생을 교화함

1 사위성에 수뢰라는 극빈한 사람이 있었다. 뜻이 견고하여 변하지 않고, 불・법・승을 믿어서 항상 삼보에 귀의하며 계행을 가지고 십선을 행하며 사등심으로 중생을 부지런히 구제하며, 스스로 안빈을 지켜서 법으로만 락樂을 삼으므로, 남들이 국빈國貧이라고 일렀다.

수뢰는 어느 날, 사위성을 지나가다가 야광주夜光珠 하나를 길에서 얻어 들고 여러 사람에게 외쳤다.

"누구든지 이 사위성에서 가장 가난한 사람에게 나는 이 야광주를 줄 것이다."

그때에, 부자・장자로서 수천 명이 수뢰 앞에 와서 "우리가 곤궁합니다. 그것을 우리에게 주시오."
하고, 또 가난한 사람도 수뢰에게 달려와서, 모두 그것을 달라고 애걸했다. 수뢰는 이렇게 말했다.

"그대들은 아무도 극빈자가 아니오. 이 성중에 참으로 극빈자가 하나 있으니 나는 그 사람에게 갖다 주겠소."
했다. 그래서 여러 사람들은

"누가 극빈자냐?"
고 물었다. 수뢰는

"바사닉 대왕이 이 나라에서 제일 극빈자다."
라고 대답했다. 여러 사람들은

"그런 말씀 마시오. 임금으로서 극빈자가 어디 있단 말이오. 왕의 궁전 속에 있는 보배만도 헤아릴 수가 없는데…."

하였다. 수뢰는 왕궁으로 향해 갔다. 그래서 여러 사람들도 모두 따라 갔다. 마침 그때에, 바사닉왕은 정전正殿에 앉아서 오백 장자들을 잡아 들여 죄를 추궁하며, 그들로 하여금 많은 재물을 바치어 속죄하도록 하는 판이었다. 좌우 신하들이

"수뢰가 밖에 있습니다."

하고, 아뢰니 곧 왕은 불러 들였다. 수뢰는 왕의 앞에

"나는 이 사위성으로 지나가다가 이 야광주를 주웠습니다. 이 성 안에서 가장 가난한 사람에게 주려고 성중을 두루 살펴보았습니다. 그러나 대왕보다 더 가난한 이가 없으므로 이것을 드리겠습니다."

했다. 왕은 그 말을 듣고 부끄러운 빛을 띠면서

"나의 가난이 그대와 더불어 누가 더 심하겠소?"

"대왕이 나보다 더 심합니다."

"어디 좀 더 자세히 말해 보시오."

수뢰는 게송으로 대답했다.

① 밤낮으로 재물을 탐하여 그래도 싫어하는 마음이 없어
임금으로 죄업을 지으니, 사후에는 반드시 고苦가 있으리.

② 자기는 안 죽으려 보호하고 뒷일은 생각도 안 하니
이것이 이른바 지극한 가난 또 무법한 행行이라 일컬어지네.

③ 항상 자비스런 마음이 있고 오만과 게으름을 힘써 끊어서
어진 이를 친하고 색을 멀리해 넉넉할 줄 스스로 알아야 하나니.

④ 어리석은 탐욕도 내지 않고, 재물을 모아 쌓지도 않으며,
악업도 원수도 없으면 이것이 지자智者의 부자이다.

“그러나 내가 가난하고 경이 부자라는 것을 누가 증명하겠소?”

“대왕도 아마 세상에 부처님이 계시다는 말씀을 들었으리다. 이 일의 증명을 요구하신다면, 지금 가까이 외로운 이 돕는 절에 계십니다.”

“나도 이미 부처님을 뵌 일이 있소.”

“부처님은 증명하시리다.”

“그러면 부처님을 청하여, 만일 부처님이 증명하신다면 나도 바로 그 말을 믿겠소.”

수뢰는 땅에 엎드려, 멀리 부처님께 예배했다. 부처님은 곧 오백 비구와 이백 보살을 거느리시고 땅 속으로 화연하여 대왕의 전상殿上에 나타나셨다. 범왕 · 제석 · 사천왕 등, 무수한 하늘들이 모두 따라오며, 왕과 백성들은 부처님의 신통을 보고 황송하여, 모두 예배하였다.

2 그때 수뢰는 부처님께 여쭈었다.

“내가 이 성중을 다니다가 야광주 한 개를 얻으니, 그 값은 염부제 하나로 언론할 만큼 되었습니다. 그래서 이것을 가난한 자에게 주려고 관찰한즉, 국내에는 오직 대왕이 가장 극빈자이었습니다. 어째서냐 하면 탐욕심이 그칠 줄 몰라 부세賦稅 거두는 것도 쉬지 않으며, 침노하는 것도 쉬지 않아, 백성들은 극도로 피곤하며, 무상無常도 생각하지 않고 정법正法도 행하지 않습니다. 그래서 내가 이 야광주를 바쳤더니, 도리어 나에게 빈부의 증거를 대라고 했습니다. 그래서 부처님을 뵙기 원한 것이오니, 이 의심을 풀어 주시오.”

“부자 수뢰야, 네 말이 과연 진실하다!”

“부처님이시여, 진정한 말씀으로 저의 어두움을 열어주시오.”
하고 왕은 말했다.

“대왕이여, 자세히 들으시오. 인연이 있어서, 대왕이 말하는 부자라는 것은 수뢰에게 없지만, 다른 깊은 뜻이 있어 수뢰를 부자라 한 것이니, 거기는 대왕도 능히 따라가지 못할 것이오. 이른바 대왕의 부자라는 것은, 국재國財와 금·은·주옥·수정·유리·진주·산호·자거·마노瑪瑙·상象·마馬·궁전이라, 소유가 넉넉하여 자유자재로 수용하는 것이니, 이러한 대왕의 부자가 수뢰에게는 없습니다. 그러나 수뢰는 도덕과 보시·지계·인욕·정진·선정과 지혜가 있어서 방일하지 않으며, 선행이 많고 자·비·희·사를 행하고 삼보를 사랑하고 공경하며 배운 것이 많고 뜻이 깨끗하며, 믿음이 바르고 부끄러워하는 마음이 있어서, 법의 칠재七財가 만족하니, 이것은 수뢰의 부자로서 대왕으로서는 능히 미치지 못할 것입니다. 설사 대왕의 경내에 있는 백성들로 하여금, 모두 마하야마와 같은 부자가 되어, 그 사람들의 재물을 전부 합쳐서 수뢰의 도덕 부자와 비교한다고 해도 백분·천분·억만분으로도 비교가 되지 않을 것이오."

대왕은 찬탄하였다.

"장하십니다, 부처님의 말씀이여! 나는 이미 복이 있어서, 우리나라에 이렇게 법을 가진 제일 부자가 있는 것입니다."

"그렇소! 많은 진인眞人이 대왕의 나라에 있는 것이 대왕의 복입니다."

3 수뢰는 왕에게 이렇게 말하였다.

"보살이 보시하면 여러 사람이 즐겨 따르는 것은, 능히 간탐하는 자를 교화하여, 보시를 좋아하게 하는 까닭이며, 보살이 지계하면 여러 사람이 즐거이 따르는 것은, 능히 믿지 않는 사람을 교화하여 죄와 복이 있는 것을 믿게 하는 까닭이며, 보살이 인욕하면 여러 사람들이 즐거이 따르는 것은, 능히 진심瞋心이 있는 자를 교화하여 진심이 없게 하는 까닭이며, 보살이 정진하면 여러 사람이 즐거이 따르는 것은, 능히 기세 없는 자를 교화하여 정진하게 하는 까닭이며, 보살이 선정하면 여러 사람이 즐거이 따르는 것은, 능히 마음이 산란한 자를 교화하여 한 마음을 지키게 하는 까닭이요, 보살이 지혜 있으면 여러 사람이 즐거이 따르는 것은, 능히 우치한 자를 교화하여 바른 지혜를 얻게 하는 까닭이며, 보살이 자심慈心을 행하면 여러 사람이 즐거이 따르는 것은, 능히 어질지 못한 자를 교화하여 어질게 하는 까닭이요, 보살이 비심悲心을 행하면 여러 사람이 즐겨 따르는 것은, 능히 생사 고에 들어갈지라도 바른 행을 싫어하지 않는 까닭이며, 보살이 희심喜心을 행하면 여러 사람이 즐겨 따르는 것은, 능히 우매한 자를 교화하여 법을 즐기게 하는 까닭이요, 보살이 구호를 행하면 여러 사람이 즐겨 따르는 것은, 능히 사람을 안위하고 권하여 법에 들어가게 하는 까닭이니, 보살은 이러한 덕행이 한 가지가 있을 뿐이 아닙니다.

4 또 혹시라도 나의 한 몸에 대하여 걱정이 없으면, 후에 반드시 큰 죄를 받으므로, 지혜 있는 자는 두려워하는 바요, 얻기(得)에만 탐심을 부려서 많이 간직해 두거나, 제 소유가 아닌 것을 취하면 죄가 도둑과 같으므로, 지혜 있는 자는 부끄러워하는 바이며, 몸을 사랑하고 살기를 위하여 스스로 보호하여 죽지 않으려고 주지 않는 것도 지혜 있는 사람의 하는 일이 아닙니다. 지혜 있는 자는, 신명身命이 무상하고 만물이 나의 소연 아닌 것을 관찰하며, 귀하게 여기는 것은 오직 도道뿐이므로 탐욕이나 투쟁이 없고 선善한 것만 지키는 것입니다.

거짓말하는 것은, 먼저 자기를 속이고, 다음은 하늘을 속이고, 또한 법을 속이는 것이므로, 몸과 입에 냄새가 나고, 말에 신용이 없어서 비방을 많이 받고, 마음이 항상 괴로우며, 하늘이 생각하지 않으므로 신색도 변해지고 복덕이 없어지는 것입니다."

제11장 천인과 용왕을 상대한 법문

제1절 세상을 두호하는 법

그때 사대천왕四大天王은 부처님께 사뢰었다.

"부처님이시여, 저희들 사왕四王은 모두 이름이 호세護世이니, 마땅히 무슨 법으로 세상을 두호하리까?"

부처님은 사천왕에게 말씀하셨다.

"너희들이 정법正法을 행하면, 그로써 능히 세상을 두호하리라. 정법이란 이른바 십선十善이다. 무엇이 열인가? ① 살생하지 말고 ② 자기의 부富와 락樂에 만족심을 내어 분分에 넘치지 말며 ③ 남의 아내에게 염오染汚심을 내지 말고 ④ 남의 대중을 파괴하지 말며 ⑤ 악한 말을 하지 말고 ⑥ 말을 실답게 하며 ⑦ 말을 꾸미지 말고 ⑧ 남의 부락富樂을 탐내지 말며 ⑨ 진심瞋心을 쉬고 ⑩ 정견正見이 청정한 것이니, 이 십선법을 행하면 능히 세상을 두호하리라.

또 여덟 가지 법을 행하면 능히 세상을 두호하리라. 어떤 것이 여덟인가? ① 말한 대로 능히 행하고 ② 사장師長을 존중하며 ③ 바른 도道를 수행하고 ④ 마음이 질직質直하며 ⑤ 마음이 부드럽고 ⑥ 일체 중생에게 항상 자비심을 내며 ⑦ 모든 죄를 짓지 말고 ⑧ 모든 선근善根을 모으는 것이니, 이 여덟 가지 법이면 능히 세상을 두호하리라.

다시 여섯 가지 법을 행하면 세상을 두호하리라. 무엇이 여섯 가지인가? ① 자비한 신업身業을 행하라. 곧 스승이나 선지식善知識이나 같은 범행자梵行者나 일체 중생에게까지, 모두 존중하고 사랑하고 즐거워하는 생각을 내는 것이, 이것이 제일一의 신업 화경和敬이요. ② 자비한 어업語業을 행하라. 곧 스승·선지식·같은 범행자 일체 중생에게까지 모두 존중하고 사랑하고 즐거운 생각을 내는 것이니, 이것이 제이二의 어업 화경이요. ③ 자비한 의업意業을 행하라. 곧 스승·선지식, 같은 범행자 나아가 일체 중생에게까지 모두 존중하고 사랑하고 즐거운 생각을 내는 것이니, 이것이 제삼三의 의업 화경이요. ④ 법에 의하여 얻은 바 일체 이양利養이 적고 간략하여, 나아가 바리때 속에 있는 밥일지라도, 선지식 같은 범행자에게 모두 골고루 평등하게 수용하고, 다시 존중하고 사랑하고 즐거운 생각을 내는 것이니, 이것이 제사四의 이양 화경이요. ⑤ 계법戒法을 끊임없고 결함이 없고 탁난이 없이 원만 구족하게 닦아라. 당연히 받을 것에는 탐욕을 내어 취하지 말고, 지혜로 칭찬하는 것에도 모든 기롱과 희담을 여읠 것이니, 이러한 청정 계법을 선지식이나 같은 범행자와 더불어서 함께 수지修持하며 존중하고 사랑하고 즐거운 생각을 내는 것이다. 이것이 제오五의 계수戒修 화경이요. ⑥ 모든 정견正見으로 출리出離하는 법 및 승勝한 결택분決擇分의 어떤 법을 따라서 닦되, 선지식이나 같은 범행자와 더불어서 함께 닦을 것이요, 다시 존중하고 사랑하고 즐거운 생각을 내는 것이니, 이것이 제육六의 동견同見 화경이다. 이 여섯 가지 법은 능히 세상을 두호하리라.

다시 네 가지 법이 있어서 세상을 두호하리라. 어떤 것이 네 가지인가? ① 탐하지 말라. 탐하지 않으면 악취에 떨어지지 않는다. ② 진심을 내지 말라. 진심을 내지 않으면 악취에 떨어지지 않는다. ③ 어리석지 말라. 어리석지 않으면 악취에 떨어지지 않는다. ④ 두려워 말라. 두려워하지 않으면 악취에 떨어지지 않는다. 이 네 가지 법은 능히 세상을 두호하리라.

다시 두 가지 법이 있어 능히 세상을 두호하리라. 무엇이 두 가지인가? ① 참慚이 있는 것이요 ② 괴愧가 있는 것이다. 이 두 가지 법은 능히 세상을 두호하리라.

다시 한 가지 법이 있어 능히 세상을 두호하리라. 무엇이 한 가지인가? 곧 진실행眞實行이니 진실함으로써 능히 세상을 두호하리라.

다시 착한 말과 아첨이 없고 굽힘이 없는 등, 이런 것도 그 한 법이니 모두 잘 세상을 두호하리라. 이러한 법을 너희들이 부지런히 행하면, 능히 세상도 두호하고, 능히 자기도 두호하며, 또 능히 다른 사람으로 하여금 세상을 두호하게 할 것이다."

제2절 나라 다스리는 법과 삼악도 면하는 일

1 어느 때에 승광勝光 천자는 부처님께 여쭈었다.

"부처님이시여, 내게 국왕이 되는 법을 잘 개시開示하시어, 나로 하여금 현세에는 안락을 받다가, 죽은 후에는 천상에 태어나며, 나아가 보리도에 착한 마음이 상속하게 하소서."

부처님은 승광 천자에게 대답하셨다.

"대왕이여, 국왕은 마땅히 법을 따라 정사를 행하고, 악한 일은 덜어버려야 합니다. 어째서냐면, 국왕 · 대신이 착한 법을 버리고 악한 법을 행하면 현세에는 사람들의 경멸을 받아 가까이하는 이가 없고, 모두 의혹을 내어 원수를 맺는 이가 많아, 죽은 후에는 지옥에 떨어집니다. 대왕이여, 국왕 · 대신이 악한 법을 멀리 여의고 착한 법을 닦으면 현세에는 사람들의 우러러 공경하는 바가 되어, 모두 와서 친하게 따르고 의심을 내지 않으므로, 능히 원적怨敵을 물리치고 뉘우칠 것이 없으며, 죽은 후에는 천상에 나게 되며, 보리 도에 참되고 항상된 락樂을 얻을 것입니다.

대왕이여, 비유하면 부모는 모든 자식을 불쌍히 여기고 사랑하여 항상 아들들이 안온하고 폐해가 없기를 원하고, 악한 행위는 막아 버리게 하고 착한 업業을 닦도록 권합니다. 국왕도 그와 같아서, 모든 신하와 국민들을 모두, 보시 · 애어愛語 · 이행利行 · 동사同事의 사섭법으로 은혜를 베풀어 기르면 그 국왕은 능히 크게 요익饒益한 일을 하여 국가가 편안하고 두 가지 이익이 있을 것입니다. 그 두 가지란 첫째, 국왕은 부모와 같이 사랑하는 마음에 차별이 없고, 둘째, 국민은 아들과 같이 모두 충성과 효도를 생각하는 것입니다.

대왕이여, 국왕은 마음에 항상 은혜와 용서를 생각하여, 납세納稅를 적게 하고 노역勞役을 덜어주며, 관리를 마련하여 직책을 맡게 하되, 번다하지 않도록 힘을 쓰고, 악한 사람은 벌을 주어 내쫓으며, 착한 사람은 상을 입고 나눠 써서, 충량忠良하지 않은 자는 멀리 여의며 예전 성인의 법을 순종하여 가혹한 형벌이나 목숨을 죽이지는 말아야 할 것입니다. 대저 사람으로 태어나는 것은 좋은 인연으로 감득感得한 것인데, 만일 그 목숨을 끊으면 꼭 악보를 받을 것입니다.

대왕이여, 마땅히 한 마음으로 삼보를 공경하고 사견邪見을 내지 마십시오. 내가 열반에 든 후에는 불법을 국왕 대신에게 부탁하는 것이니, 마땅히 잘 옹호하여 쇠퇴하게 하지 말 것이고, 정법正法의 횃불을 켜며 정법의 바퀴를 굴려서, 미래세가 다하도록 끊어지지 않게 하십시오. 만일 능히 이렇게 행하면 국내에 있는 모든 용왕龍王들은 즐거워하여 우순풍조雨順風調하고, 모든 천인天人들도 즐거워하여 시절이 풍락豊樂하고 백성이 안온하며, 재앙이 없어지고 솔토率土가 태평하며, 왕의 몸도 쾌락하여 지위를 길이 보존하며, 복력이 연장하여 다시는 근심이 없고 수명이 증강할 것입니다. 또 현세에는 명예가 시방에 두루 하여 외국의 왕들도 모두 칭찬하되 '아무나라 임금은 어질고 예의 있으며, 충성하고 효도하며, 착한 법으로 교화하고 불쌍한 백성들을 사랑하는 것이, 모든 나라 중에서 가장 제일이니, 우리들은 마땅히 모두 이 큰 법왕法王에게 귀의한다.' 할 것입니다. 그리고 몸을 버린 후에는 천상에 나서 승묘勝妙한 쾌락을 받을 것이며, 나아가 보리도의 구경에 이를 것입니다."

2 천왕은 다시 부처님 앞에서 이렇게 노래했다.

만일 불타께 귀의하면 악도에 떨어지는 일 없고,
사람의 몸을 버린 후에는 하늘의 좋은 몸 얻으리.
만일 달마께 귀의하면 악도에 떨어지는 일 없고,
사람의 몸을 버린 후에는 하늘의 좋은 몸 받으리.
만일 승가에게 귀의하면 악도에 떨어지는 일 없고,
사람의 몸을 버린 후에는 하늘의 좋은 몸 받으리.
성심으로 불타께 귀의하면 그 사람 마땅히 얻을 것,
밤이나 또는 낮이나 불타 항상 마음으로 생각하신다.
성심으로 달마께 귀의하면 그 사람 마땅히 얻을 것,
밤이나 또는 낮이나 달마 항상 큰 힘으로 돌봐 주신다.
성심으로 승가께 귀의하면 그 사람 마땅히 얻을 것,
밤이나 또는 낮이나 승가 항상 위엄으로 덮어 주신다.
불타 · 달마 · 승가에 귀의하면 결정코 악도에 떨어지는 일 없고,
사람의 이 몸을 버린 후에는 마땅히 하늘의 좋은 몸 얻으리.

3 그때 부처님은 이렇게 대답하셨다.

만일 불타의 두 글자가 입에 한 번 오르기만 해도,
그것은 귀의와 다르지 않아 일생을 헛되이 보낸 것 아니다.
만일 달마 두 글자가 입에 한 번 오르기만 해도
그것은 귀의와 다르지 않아 일생을 헛되이 보낸 것 아니다.

만일 승가의 두 글자가 입에 한 번 오르기만 해도,

그것은 귀의와 다르지 않아 일생을 헛되이 보낸 것 아니다.

제3절 천인의 문답과 보살의 육바라밀

1 어느 때에 천인天人과 부처님은 다음과 같이 게송으로 문답하셨다.

천인, 어떤 것이 드는 칼이며 어떤 것이 독한 약이며

어떤 것이 타는 불이며 어떤 것이 어둡입니까?

부처님, 악한 말이 드는 칼이요 탐하는 마음이 독한 약이요

성내는 마음이 타는 불이요 무명無明이 가장 어둡이니라.

천인, 어떤 사람이 이익 얻으며 어떤 사람이 손해당하며

어떤 갑옷이 가장 굳으며 어떤 기계가 가장 큽니까?

부처님, 보시하는 자 이익 얻으나 보시 받는 자 손해 당한다.

인욕이 제일 굳은 갑주甲胄요 지혜가 제일 드는 칼이니라.

천인, 무엇을 도둑이라 이르며 무엇을 지자재智者財라 합니까?

세상과 하늘과의 사이에 도둑질 누가 능히 합니까?

부처님, 사견邪見을 도둑이라 이르고 계행을 지자재라 이른다.

세상과 하늘 사이 도둑은 계행을 범한 사람이니라.

천인, 누가 가장 안락하오며 누가 제일 부귀입니까?

누가 항상 단정하오며 누가 항상 추루醜陋합니까?

부처님, 욕심이 없으면 가장 편하고 족한 줄 알면 제일 부귀다.

계행을 가지면 항상 단정코 계행을 파하면 항상 추하다.

천인, 누가 착한 권속 되오며 누가 악한 원심 품고

무엇이 극중한 고통이 되고 무엇이 제일의 락이 됩니까?

부처님, 복이 좋은 권속이 되고 죄는 악한 원심이니라.
지옥이 극중한 고통이 되고 무생無生이 제일의 낙이 되니라.
천인, 무엇이 즐거우나 마땅찮으며 무엇이 마땅하나 즐겁잖습니까?
무엇이 극히 더운 병이 되오며 누가 참말 어진 의원입니까?
부처님, 욕심은 즐거우나 마땅치 않고 해탈은 마땅하나 즐겁지 않다.
탐심이 극히 더운 병이 되겠고 불타가 제일 용한 의원이니라.
천인, 누가 능히 이 세간을 들러엎으며 이 세간은 누구에게 매혹됩니까?
누가 능히 친한 벗을 버리게 하고 누가 다시 천당 길의 장애됩니까?
부처님, 지혜가 없으면 세간을 엎치고 세간은 우치에 매혹을 당한다.
간탐에 친한 벗을 버리게 하고 염착染着이 천당 길의 장애가 된다.
천인, 어떤 물건이 불에도 타지 않고 바람도 능히 그것을 못 부수며,
물도 그것을 썩히지 못하지만 그것은 능히 세간을 가집니까?
무엇이 능히 임금과 도둑에게 용맹스럽게 마주 서 대항하며,
사람이거나 사람이 아닌 것에 침노하거나 당하지 않습니까?
부처님, 복은 불에도 타는 것 아니요 심한 바람도 부수지 못한다.
물도 그것을 썩히지 못하나 능히 세상을 그것은 가진다.
복은 넉넉히 임금과 도둑을 용맹스럽게 마주 서 대항해,
복은 넉넉히 사람과 비인非人에 침노되거나 당하지 않는다.
천인, 내 마음 아직도 의심 있으니 원컨대 부처님 풀어 주소서.
금세나 후세에 무엇이 있어 자기를 끝끝내 속이겠습니까?
부처님, 만일에 재물이 많이 있으면 도리어 복덕을 닦지 못하고,
금세나 후세나 그것 때문에 스스로 속임을 받는 것이다.

2 어떤 천자天子가 문수보살에게 물었다.

"처음으로 수행하는 보살이 마음에 간탐이 있고도 보시바라밀을 성취할 수 있는가?"

"그런 사람도 있다."

"어째서 그런 사람이 있는가?"

"만일 수행하는 보살이 중생을 성숙시키기 위하여, 보리심을 버리지 않는다면, 버리지 않는 것은 곧 간탐이지만, 중생을 성숙시키는 것은 보시바라밀을 성취하는 것이 된다."

"수행하는 보살이 범계犯戒를 하고도 지계持戒바라밀을 성취할 수 있는가?"

"그런 사람도 있다."

"어째서 그런 사람이 있는가?"

"수행하는 보살이 중생을 섭수하는 것은 구족계具足戒가 되지 못한다. 그러나 중생을 섭취하여 성숙하게 하는 것은 지계바라밀을 성취하는 것이 된다."

"수행하는 보살이 인욕忍辱하지 아니하고도 인욕바라밀을 성취할 수 있는가?"

"그런 사람도 있다."

"어째서 그런 사람이 있는가?"

"수행하는 보살이 외도행外道行을 버리는 것은 인욕을 못하는 것이다. 그러나 위없는 보리 법인法忍을 온전히 익히므로 인욕바라밀을 성취하는 것이 된다."

"수행하는 보살이 아만심我慢心이 높으면서도 정진바라밀을 성취할 수 있는가?"

"그런 사람도 있다."

"어째서 그런 사람이 있는가?"

"수행하는 보살은 벽지불·아라한 도道를 즐기지 않는다. 즐기지 않는 것은 아만이지마는, 일체지一切智를 드날리기 위하여, 대승을 즐기어 게으름이 없는 마음이 무상 보리를 생각하면 정진바라밀을 성취하는 것이 된다."

"수행하는 보살이 산란심으로도 선禪바라밀을 성취할 수 있는가?"

"그런 사람도 있다."

"어째서 그런 사람이 있는가?"

"수행하는 보살은 꿈에도 벽지불·아라한과를 즐기지 않는다. 그것은 산란심이지마는, 오로지 무상 보리를 구하여 선바라밀을 성취하는 것이다."

"수행하는 보살이 우치하여 지혜가 없는데도 지혜바라밀을 성취할 수 있는가?"

"그런 사람도 있다."

"어째서 그런 사람이 있는가?"

"수행하는 보살이 지혜가 좁아서 세속의 염매厭魅·주저呪咀·기시起屍가 사람의 마음을 놀라게 하고 요란하게 하는 것을 보고도, 방편으로 구호할 지혜는 없지만, 보리심을 위하므로 불지佛地를 섭념攝念하여 지혜바라밀을 성취하는 것이다."

제4절 보살행과 십선법

1 어느 때에 월정광덕月淨光德 천자는 문수사리보살에게 이렇게 물었다.

"보살은 무엇으로 보살도道를 닦는가?"

"너는 그것을 부처님께 물어라."

그때 부처님은 문수보살에게 말씀하셨다.

"네가 월정광덕 천자가 묻는 보살행법을 대답하라."

그래서 문수보살은 월정광덕 천자에게 말했다.

문수, "천자여, 마땅히 알라. 보살도는 대비大悲로서 근본을 삼으니, 중생을 반연하는 연고니라."

월정, "보살의 대비는 무엇으로 근본을 삼는가?"

문수, "직심直心으로 근본을 삼는다."

월정, "직심은 무엇으로 근본을 삼는가?"

문수, "일체 중생에 대한 평등한 마음으로 근본을 삼는다."

월정, "평등심은 무엇으로 근본을 삼는가?"

문수, "다름이 없는(無別異) 행으로 근본을 삼는다."

월정, "다름이 없는 행은 무엇으로 근본을 삼는가?"

문수, "깊고 깨끗한 마음으로 근본을 삼는다."

월정, "깊고 깨끗한 마음은 무엇으로 근본을 삼는가?"

문수, "보리심으로 근본을 삼는다."

월정, "보리심은 무엇으로 근본을 삼는가?"

문수, "육바라밀로 근본을 삼는다."

월정, "육바라밀은 무엇으로 근본을 삼는가?"

문수, "방편 지혜方便智慧로 근본을 삼는다."

월정, "방편 지혜는 무엇으로 근본을 삼는가?"

문수, "방일放逸하지 않는 것으로 근본을 삼는다."

월정, "방일하지 않는 것은 무엇으로 근본을 삼는가?"

문수, "세 가지 선행善行으로 근본을 삼는다."

월정, "세 가지 선행은 무엇으로 근본을 삼는가?"

문수, "십선업도十善業道로 근본을 삼는다."

월정, "십선업도는 무엇으로 근본을 삼는가?"

문수, "육근六根을 섭수攝受하는 것으로 근본을 삼는다."

월정, "육근 섭수는 무엇으로 근본을 삼는가?"

문수, "바른 생각으로 근본을 삼는다."

월정, "바른 생각은 무엇으로 근본을 삼는가?"

문수, "바르게 관觀함으로써 근본을 삼는다."

월정, "바르게 관하는 것은 무엇으로 근본을 삼는가?"

문수, "굳게 생각(堅念)하고 잊지 아니함(不忘)으로 근본을 삼는다."

2 월정광덕月淨光德 천자는 문수보살에게 물었다.

"보살은 몇 가지 마음으로 능히 인因을 섭취하며 과果를 섭취하는가?"

문수보살은 대답했다.

"모든 보살은 네 가지 마음으로써 능히 인을 섭취하고 과를 섭취한다. 어떤 것이 네 가진가? ① 초발심初發心(=처음으로 내는 마음)이요 ② 행도심行道心(=공부하는 마음)이요 ③ 불퇴전심不退轉心(=물러나지 않는 마음)이요 ④ 일생보처심一生補處心(=이번 일생만 보처로 있다가, 후생에는 성불한다는 마음)이다. 초발심은 행도심의 인연이 되고, 행도심은 불퇴전심의 인연이 되고, 불퇴전심은 일생보처심의 인연이 된다.

초발심은 곡식을 밭에 심는 것과 같고, 행도심은 곡식이 자라는 것과 같으며, 불퇴전심은 꽃과 열매가 맺는 것과 같고, 일생보처심은 꽃과 열매가 쓰이게 되는 것과 같다.

또 초발심은 수레 만드는 공장工匠이 재목을 모으는 것과 같고, 행도심은 재목을 다듬는 것과 같으며, 불퇴전심은 만든 재목으로 수레를 맞추는 것과 같고, 일생보처심은 수레가 되어 운전하는 것과 같다.

또 초발심은 달(月)이 처음 나는 것과 같고, 행도심은 초닷새 달과 같으며, 불퇴전심은 열흘 달과 같고, 일생보처심은 보름달과 같다.

또 초발심은 능히 성문지(地)를 지나가고, 행도심은 능히 벽지불지를 지나가며, 불퇴전심은 능히 부정지不定地를 지나가고, 일생보처심은 정지定地에 편안히 주住한다.

또 초발심은 경經의 첫 대문을 배우는 것과 같고, 행도심은 둘째 대문을 배우는 것과 같으며, 불퇴전심은 대문을 따라 쓰(用)는 것과 같고, 일생보처심은 깊은 경 뜻을 통달하는 것과 같다.

또 초발심은 인因으로부터 나(生)고, 행도심은 지智로부터 나며, 불퇴전심은 단斷으로부터 나고, 일생보처심은 과果로부터 난다.

또 초발심은 인因의 세력이요, 행도심은 지智의 세력이요, 불퇴전심은 단斷의 세력이요, 일생보처심은 과果의 세력이다.

또 초발심은 병자가 약을 구하는 것과 같고, 행도심은 약을 분별하는 것과 같으며, 불퇴전심은 약을 먹는 것과 같고, 일생보처심은 병이 나은 것과 같다.

또 초발심은 법왕法王의 집에 난(生)것이요, 행도심은 법왕의 법을 배우는 것이요, 불퇴전심은 법왕의 법을 구족하게 배운 것이요, 일생보처심은 법왕의 법을 배워 자재自在를 얻은 것이다."

3 부처님은 용왕龍王에게 말씀하셨다.

"용왕아, 보살이 살생을 여의고 보시하면, 항상 대부大富와 장수長壽를 얻으며 보살도를 행하는 데에도 일체 원적怨敵들이 능히 당하지 못한다.

만일 보살이 도둑질을 여의고 보시하면, 재물이 넉넉하고 남들이 빼앗아가지 못한다. 그리고 보살도를 행하는 데에도 일체 공덕법이 한 곳에 모여 능히 방해할 자가 없다.

만일 보살이 음행을 여의고 보시하면 항상 대부大富가 되고, 아내가 방일하지 않아 남들이 감히 범하지 못한다.

만일 보살이 거짓말을 여의고 보시하면, 항상 대부가 되고 남의 비방을 받지 않으며, 아랫사람들이 모두 옹호를 입고, 보살도를 행하는 데에도 말과 행이 서로 응하여 원하는 바가 견고하여진다.

만일 보살이 두 가지 말을 여의고 보시하면, 항상 대부가 되고 권속들이 갈리지 않으며, 보살도를 행하는 데에도 일체 권속의 성품이 질직質直하여진다.

만일 보살이 악담을 여의고 보시하면, 항상 대부가 되고, 말하는 것을 남들이 받아 주며, 보살도를 행하는 데에도 대중 가운데 들어가면 즐거워하지 않는 이가 없다. 만일 보살이 기어綺語를 여의고 보시하면, 항상 대부가 되고, 말한 것은 곧 행해지며, 보살도를 행하는 데에도 일체 의심이 끊어진다.

만일 보살이 질투심을 여의고 보시하면, 항상 대부가 되고, 좋은 의복·음식·와구가 넉넉하게 있으며, 보살도를 행하는 데에도 이미 즐거운 일이 더욱 더 즐거워져 큰 존영尊榮을 얻는다.

만일 보살이 진심을 여의고 보시하면, 대부가 되고 위의가 단정하며, 말하는 것을 남들이 즐거워하고 사랑하며, 보살도를 행하는 데에도 마음에 해치는 생각이 없고 모든 근根이 구족하여진다.

만일 보살이 사견邪見을 여의고 보시하면, 대부가 되고 정견正見에 서며, 높은 계급에 태어나서 부처님을 만나고, 보살도를 행하는 데에도 모든 부처님을 여의지 않고 항상 법을 들어서 보살심을 발한다.

용왕아, 이것이 이른바 십선十善 보시로 광대하게 장엄하는 것이다."

제5절 선업·악업은 마음으로 짓는다

1 부처님이 사가라 용왕궁에 계실 때, 용왕에게 말씀하셨다.

"용왕아, 일체 중생의 마음의 생각이 다르므로 짓는 업業도 다르다. 그러므로 모든 갈래의 윤전輪轉이 있는 것이다.

용왕아, 너는 이 회중會衆 및 바다 속에 있는 여러 가지 종류의 형색形色이 다른 것을 보느냐? 이러한 것은 모두 마음으로 지은 선·악업으로 말미암은 것이다. 곧 신업身業·어업語業·의업意業에서 오지 않은 것이 없다. 마음은 형색이 없어 볼 수가 없고, 다만 허망한 모든 법이 모여서 된 것이다. 필경에는 주인이 없어, 나(我)도 없고 내 것(我所)도 없다. 비록 업을 따라서 나타나는 것이 각각 다르지마는, 기실은 그 중에서 만드는 자는 없다. 그러므로 일체일은 모두 불사의不思議한 것이다. 그 자성自性은 환과 같으니, 지혜 있는 사람은 그런 줄 알아 선업을 닦는다. 이 선업에서 발생하는 온蘊·처處·계界 등은 모두 단정하여 보는 자가 싫지 않다.

2 용왕아, 너는 부처님의 몸을 보라. 백 천만 가지의 복덕에서 발생한 것이다. 모든 상호相好 장엄에서 발하는 광명이 비치어 모든 대중을 덮으므로 설사 무량한 자재범왕自在梵王도 나타나지 못하게 되며, 부처님의 몸을 쳐다보는 사람은 모두 눈이 부시는 것이다. 또 이 모든 큰 보살들의 묘한 색상色相의 엄정한 것을 보라. 일체는 모두 선업을 닦아 모은 복덕에서 발생한 것이다. 또 모든 천天·용龍·팔부八部들의 큰 위엄을 보라. 또한 선업을 닦은 복덕에서 발생한 것이다. 지금 이 큰 바다 속에 있는 모든 중생들의, 형상과 색깔이 추하고 더러우며, 혹은 크고 혹은 작은 것을 보라. 모두 자기들 마음의 가지가지 망상으로 말미암아 몸과 말과 뜻으로 모든 악업을 지은 까닭이다. 그러므로 업을 따라 각각 자기의 보報를 받는다는 것이다. 너는 이제 그렇게 알아 모든 중생들로 하여금 인과를 알아서 선업을 닦게 하라. 너는 마땅히 이러한 정견에서 동動하지 말아서, 다시는 단상斷常의 구렁에 떨어지지 말고, 모든 복의 밭(福田)을 기뻐하며 공경하면, 너희들도 또한 인人·천天들의 존경과 공양을 받으리라.

용왕아, 마땅히 알라. 보살은 한 가지 법이 있어서, 능히 일체 악도의 고苦를 끊는다. 무엇인가? 곧 밤이나 낮이나 항상 마음으로 선법만 생각하고 관찰하여, 모든 선법으로 하여금 생각 생각에 자라게 하고, 털끝만큼이라도 착하지 않은 것은 생기지 못하게 하는 것이다. 이것이 곧 모든 악으로 하여금 영원히 끊어지고, 착한 법만 원만하여, 항상 모든 불佛·보살 및 다른 성중聖衆들을 친근하게 하는 것이다. 선법이라는 것은, 곧 사람과 하늘의 몸과, 성문의 보리·독각의 보리·무상無上의 보리가, 모두 이 법을 의지하여 근본을 삼아서 성취되는 것이다. 그러므로 이름하여 선법이라 한다. 이 법은 곧 십선업도十善業道니, 어떤 것이 십선업인가?

이른바 살생殺生·투도偸盜·사행邪行·망어妄語·양설兩舌·악구惡口·기어綺語·탐욕貪欲·진에瞋恚·사견邪見을 영원히 여의는 것이다.

3 용왕아, 만일 생명을 죽이지 아니하면 곧 번뇌를 여의는 열 가지 법을 얻는다. 무엇이 열 가지인가? ① 모든 중생에게 무외無畏를 베푸는 것이요 ② 항상 중생에게 큰 자심慈心을 내는 것이요 ③ 일체 진심의 습기를 길이 끊는 것이요 ④ 몸에 항상 병이 없고 ⑤ 수명이 오래고 ⑥ 항상 비인非人의 수호를 받고 ⑦ 항상 악한 꿈이 없어서 잠을 깨면 유쾌하고 ⑧ 원심怨心이 없어져 원결怨結이 풀리고 ⑨ 악도에 떨어질 두려움이 없고 ⑩ 목숨을 마치면 천상에 나게 된다. 그리고 만일 다시 이것을 보리로 회향하면 성불할 때에 마음을 따라 수명이 자재하리라.

용왕아, 만일 도둑질을 안 하면 믿음직한 열 가지 법을 얻는다. 무엇이 열 가지인가? ① 재물이 많아서, 왕과 도둑·수·화 및 나쁜 자식이라도 능히 없애지 못하며 ② 많은 사람들이 사랑하며 ③ 남들이 속이지 않으며 ④ 시방에서 찬탄하며 ⑤ 손해 볼 근심이 없으며 ⑥ 착한 명예가 퍼지며 ⑦ 대중에 처해도 두려움이 없으며 ⑧ 색色·력力·명命·안락 및 변재가 구족하며 ⑨ 항상 보시할 생각을 가지며 ⑩ 목숨을 마치면 천상에 나는 것이다. 만일 이것을 보리로 회향하면, 성불할 때에 청정한 큰 보리 지智를 얻을 것이다.

용왕아, 만일 남의 여자를 범하지 않으면, 지혜를 찬탄하는 세 가지 법을 얻는다. 어떤 것이 세 가지인가? ① 모든 근根이 고르고 순하며 ② 시끄러운 것을 길이 여의어 일체 세간이 칭찬하며 ③ 내 아내를 감히 엿보거나 침노할 이가 없다. 만일 이것을 보리로 회향하면, 성불할 때에 대장부의 마음장상馬陰藏相을 얻을 것이다.

4 용왕아, 거짓말을 안 하면, 하늘이 찬탄하는 여덟 가지 법을 얻는다. 무엇이 여덟 가지인가? ① 입에는 항상 우발화優鉢華의 향기가 나고 ② 모든 세간이 믿고 심복하는 바가 되며 ③ 말을 하면 사람이나 하늘이 공경

하고 사랑하며 ④ 항상 사랑하는 말로 중생을 위안하며 ⑤ 뜻에 넘치는 즐거움을 얻어 삼업이 청정하며 ⑥ 말에 잘못됨이 없고, 마음이 항상 즐거우며 ⑦ 말이 존중하여 사람이나 하늘이 받아 행하며 ⑧ 지혜가 수승하여서 능히 제어할 이가 없을 것이다. 만일 이것을 보리로 회향하면, 성불할 때에 곧 여래의 진실한 말씀을 얻을 것이다.

용왕아, 두 가지 말을 안 하면, 파괴하지 못할 다섯 가지 법을 얻는다. 어떤 것이 다섯 가진가? ① 파괴하지 못할 몸(不壞身)을 얻으며 ② 파괴하지 못할 권속을 얻으며 ③ 파괴하지 못할 믿음을 얻으며 ④ 파괴하지 못할 법행法行을 얻으며 ⑤ 파괴하지 못할 선지식善知識을 얻으리라. 만일 이것을 보리로 회향하면 성불할 때에 정당한 권속을 얻어서, 마군이나 외도外道들이 능히 파괴하지 못할 것이다.

용왕아, 악담을 안 하면, 곧 여덟 가지 청정한 업業을 성취할 것이다. 어떤 것이 여덟 가지인가? ① 말이 어긋나지 않으며 ② 말이 모두 유익하며 ③ 말이 반드시 이치에 맞으며 ④ 말이 반드시 아름답고 묘하며 ⑤ 말이 들음직하여 ⑥ 말에 신용이 있으며 ⑦ 말에 기롱譏弄이 없으며 ⑧ 말을 모두 사랑하고 즐거워할 것이다. 만일 이것을 보리로 회향하면, 성불할 때에 여래의 범음성梵音聲이 구족할 것이다.

용왕아, 꾸미는 말을 하지 않으면 곧 세 가지 결정법決定法을 성취할 것이다 무엇이 세 가지 결정법인가? ① 결정코 지혜 있는 사람이 사랑하는 바가 되고 ② 결정코 능히 지혜로서 여실如實하게 문답할 것이요 ③ 결정코 사람이나 하늘 중에서 위덕威德이 가장 승하여 허망함이 없을 것이다. 만일 이것을 보리로 회향하면, 성불할 때에 여래의 모든 수기授記를 받을 것이다.

5 용왕아, 탐심을 내지 아니하면, 곧 다섯 가지 자재自在를 성취할 것이다. 어떤 것이 다섯 가지인가? ① 삼업이 자재하며 ② 재물이 자재하며 ③ 복덕이 자재하며 ④ 지위가 자재하며 ⑤ 얻은 물건에 자재할 것이다.

만일 이것을 보리로 회향하면, 성불할 때에 삼계의 특존特尊이 되어서 모두 공경할 것이다.

용왕아, 성내는 마음을 내지 않으면, 여덟 가지 즐거운 심법心法을 얻을 것이다. 무엇이 여덟 가지인가? ① 번민하는 마음이 없고 ② 성내는 마음이 없고 ③ 송사할 마음이 없고 ④ 부드럽고 화하고 곧은 마음이 있고 ⑤ 성자聖者들의 사랑하는 마음을 얻고 ⑥ 항상 중생을 이익하게 할 마음을 내고 ⑦ 몸이 단정하여 여러 사람의 존경을 받고 ⑧ 화하고 참음으로 속히 범천梵天에 날 것이다. 만일 이것을 보리로 회향하면, 성불할 때에 무애심無碍心을 얻어 보는 사람이 싫어하지 않을 것이다.

용왕아, 사견邪見을 내지 아니하면 곧 열 가지 공덕법을 얻을 것이다. 어떤 것이 열 가지 공덕법인가? ① 참으로 좋은 의락意樂과 참으로 좋은 동무를 얻으며 ② 인과因果를 깊이 믿어, 차라리 신명을 버릴지언정 악업을 짓지 않으며 ③ 오직 부처님께만 귀의하고 다른 데에는 귀의하지 않으며 ④ 곧은 마음과 바른 소견으로 일체 길흉에 대한 의심을 영원히 여의며 ⑤ 항상 인간이나 천상에 나고 다른 악도에 나지 않으며, ⑥ 무량한 복덕과 지혜가 점점 자라며 ⑦ 사도邪道를 길이 여의고 정도를 행하며 ⑧ 신견身見을 일으키지 아니하여 악업을 길이 여의고 ⑨ 걸림이 없는 지견知見에 머물며 ⑩ 모든 어려운 데에 떨어지지 않으리라. 만일 이것을 보리로 회향하면, 성불할 때에 빨리 일체 불법을 증득하여 자재한 신통을 성취할 것이다."

제4편 반야 계율부

불교의 가장 중심적인 사상인 '공空'의 이치를 『대품반야경』과 『금강경』 등을 통해 한 눈에 이해할 수 있도록 정리하고 있다. 또한 출가出家와 재가在家의 모든 불자佛子가 지켜야 하는 계율이 담겨 있는 『사분율』과 『마하승기율』 그리고 『범망경』 등의 주요 대목이 소개되고 있다.

제4편 반야 계율부

너희들은 즐겁게 화목하여 서로 거슬러서는 아니 된다. 다같이 서로 가르치고, 착한 일을 생각하고, 계율戒律을 지키고 예절을 실행하고, 부모와 어른을 공경하고 친척과 친목하여, 각각 서로 순종하지 아니하면 아니 된다.

…

사람들이여, 올바른 정법에 의하여 나라를 다스리고 삿되게 백성을 학대하지 말며, 인과因果의 이치를 배우고 진실한 도를 믿어라. 설사 육신은 없어졌을지라도 정법 가운데 살아 있는 여래의 멸하지 아니함을 알지 않으면 아니 된다. 그 사람이야말로, 진실로 참괴慙愧의 옷을 입은 사람이다. 여래는 항상 그 사람을 두호할 것이다. 왜냐하면, 그 사람은 오래지 않아서 도를 이룰 것이요, 그리하여 나라가 번영하고 백성의 살림이 풍족할 것이다. 너희들은 죽을 때에 이르기까지, 반드시 이 가르침을 받들어 행하라.

제1장 반야경을 말씀하심

제1절 공은 머무는 것 아니고 얻을 수도 없다

어느 때 부처님은 사위성의 외로운 이 돕는 절에 계셨다. 제자 수보리는 부처님께 여쭈었다.

"부처님이시여, 우리는 어떻게 살아야 하며, 어떻게 마음을 항복받아야 하겠습니까?"

부처님은 수보리에게 말씀하셨다.

"수보리야, 일체 중생의 종류는 태생胎生・난생卵生・습생濕生・화생化生과 모양이 있고 없는 것, 생각이 있고 없는 것과 또 생각이 있는 것도 아니요 없는 것도 아닌 것들이 있다. 나는 이러한 모든 중생으로 하여금 해탈을 얻게 하려는 것이니, 보살이 만일 나라는 생각(我相), 사람이라는 생각(人相), 중생이라는 생각(衆生相), 목숨이라는 생각(壽者相)이 있으면 그것은 곧 보살이 아니다.

수보리야, 보살은 반드시 법에 집착 없이 보시를 행할 것이니, 저 허공을 헤아릴 수 없는 것같이 집착 없이 보시를 행하면 그 공덕도 그와 같이 무량할 것이다. 이와 같이 집착 없이 살면 분별심이 없어져 그 마음은 자연히 항복되어진다. 이것이 상相에 집착하지 않는 마음이다.

수보리여, 일정불변한 법이 없는 것이 아뇩다라삼먁삼보리이다. 그러므로 법상法相도 없고 법상이 아닌 상도 없다. 따라서 나・사람・중생·목숨이라는 생각도 없다. 그럼에도 불구하고 법상에 집착하면 나·사람·중생·목숨이라는 생각에 집착하는 것이요, 법상이 아닌 상에 집착해도 나·사람·중생·목숨이라는 생각에 집착하는 것이 된다.

수보리여, 여래가 말한 몸의 형상(身相)은, 곧 몸의 형상이 아닌 것을 의미하는 것이니, 만일 몸의 형상形相으로써 여래를 보려고 한다면, 그것은 도저히 볼 수 없는 것이다. 모든 존재의 형상은 다 허망한 것이니, 모든 존재의 형상이 실존의 형상이 아닌 줄을 알면 곧 여래를 볼 수 있을 것이다. 만일 형상으로써 나를 보려고 하거나, 음성으로써 나를 구하려 한다면, 이 사람은 사도邪道를 행하는 사람이니, 그 사람은 마침내 여래를 보지 못할 것이다.

수보리야, 만일 보살이 나(我)가 없다는 법에 통달하면 그는 참으로 보살이다. 그러므로 보살은 마땅히 형상에 집착 없이 그 마음을 내어야 할 것이니, 그것이 곧 고집과 집착이 없는 마음의 공관空觀이다.

수보리야, 까닭이 있고 또 만들어진 법은, 꿈과 허깨비와 거품과 그림자와 이슬과 번개와 같은 것이다. 그러므로 마땅히 이와 같은 공空한 줄로 보아야 한다."

부처님이 이렇게 경을 설해 마치시니, 장로 수보리와 여러 비구·비구니·우바새·우바이 등 일체 세간과 천인天人·아수라 등은 모두 부처님의 설법을 듣고 다 매우 즐거이 믿어 받고, 받들어 행하였다.

제2절 공은 걸림 없고 평등하다

어느 때 부처님은 왕사성 기사굴산(靈鷲山)에 계시면서, 수보리에게 말씀하셨다.

"수보리야, 너는 공상空相 가운데에 더러운 것과 깨끗한 것이 있다고 보는가?"

"아닙니다. 부처님이시여, 공상 가운데에는 본래 아무것도 없기 때문에 더러운 것에도 집착할 것 없고 깨끗한 것에도 집착할 것 없습니다."

"수보리야, 네 말과 같이 더러운 것에도 집착할 것 없고 또 깨끗한 것에도 집착할 것 없다. 왜 그런가? 다음과 같은 까닭으로 본래 더럽고 깨끗한 것이 없다. 중생은 나(我)와 내 것(我所)에 집착해 있기 때문에 더러운 것도 있고 깨끗한 것도 있다. 그러므로 현실상現實相을 보는 사람에게도 더럽고 깨끗한 것이 없고 여실상如實相을 보는 사람에게도 더럽고 깨끗한 것이 없다."

"부처님이시여, 여실상을 보는 사람에게도 더럽고 깨끗한 것이 없고, 여실상 아닌 것을 보는 사람에게도 더럽고 깨끗한 것이 없다고 하는 것은, 일체 법은 자성自性이 없어 공空한 까닭인 줄로 압니다. 그렇게 유有 가운데도 더럽고 깨끗한 것이 없고, 무無 가운데도 더럽고 깨끗한 것이 없다면, 어떻게 여실상을 여실하게 말한 자에게도 더럽고 깨끗한 것이 없다 하고, 여실상을 여실하지 않게 말한 자에게도 더럽고 깨끗한 것이 없다고 하겠습니까?"

"그것은 모든 법法은 평등하기 때문에 내가 깨끗하다고 말하는 것이다. 모든 법은 여여如如해서, 다르지도 않고 속임도 없이, 법상法相·법성法性·법주法住·법위法位 그대로 있는 실제이다. 부처가 있거나 부처가 없거나 법성은 항상 있다. 이것을 '깨끗함'이라고 한다. 세상 도리에서 말하는 그 언설言說은 제일의第一義는 아니다. 제일의는 일체의 말과 이론과 소리를 초월하고 있다."

"부처님이시여, 만일 일체 법이 공해서, 꿈과 메아리와 불꽃과 그림자와 허깨비와 같아서, 변화무쌍하기 이루 말할 수 없다면, 법에는 근본의 실체가 없는 것이니, 어떻게 아뇩다라삼먁삼보리 마음을 내어, 육바라밀을 구족하고, 장차 사선四禪·사무량심四無量心·사무색정四無色定·팔해탈八解晩・부처의 십력十力, 나아가 십팔불공법十八不共法을 구족하며, 또 삼십이상三十二相・팔십수형호八十殊形好를 구족하며, 모든 다라니문門 모든 삼매문門을 구족하여 시방을 두루 비춰 중생심을 알고 그 중생심에 알맞게 설하겠습니까?"

"수보리야, 그러면 너는 모든 법이 꿈과 메아리와 불꽃과 그림자와 허깨비와 같다고 생각하지 않느냐?"

"그렇습니다. 그렇게 생각합니다. 부처님이시여, 만일 일체 법이 꿈 따위와 같이 허황하다면, 보살이 어떻게 반야바라밀을 행하겠습니까? 이 꿈 따위와 같이 허황하다는 것은 허망하여 여실한 법이 아닙니다. 이 여실한 법이 아닌 허망한 법은 육바라밀과 십팔 불공법 따위를 구족할 수 없습니다."

"수보리야, 그렇다. 진실 아닌 허망한 법은 육바라밀과 십팔 불공법 따위를 구족具足할 수 없다. 이 진실이 아닌 허망한 법을 행하면 아뇩다라삼먁삼보리를 얻을 수 없다. 수보리야, 이 일체 법은 다 추억 회상追憶回想하는 법이요, 생각(思惟)하는 법이며, 만든 법(作法)이다. 이 추억・회상・사유・작법으로서는 일체 법의 진리를 아는 일체 종지一切種智를 얻을 수 없다. 수보리야, 이 일체 법이 도道를 돕기는 할 수 있으나 불과佛果를 얻는 데는 이익이 될 수 없다. 이 모든 법은 나지도 않고, 나아가지도 않으며, 일정한 모양도 없다. 보살이 처음 발심한 뒤에 지은 바 착한 일인 육바라밀과, 일체 종지가 꿈같고, 변화하는 모든 법은 보시바라밀과 일체 종지 따위를 구족할 수 없고, 또 중생이 불국토佛國土를 깨끗이 하고 아뇩다라삼먁삼보리를 얻는 일은 성취할 수 없다는 것을 아는가? 그것은 보살마하살이 지은 바 선업善業인 보시바라밀과 일체 종지는, 모든 법이 꿈같고 변화하는 것을 잘 알기 때문에, 일체 중생도 꿈 가운데 행하는 것 같고, 변화하는 가운데 행하는 것 같다는 것을 알고 있다. 또 보살마하살은 반야바라밀이 이 변화하는 유법有法이라는 것은 취하지 않는다. 이 유법을 취하지 않기 때문에 일체 종지를 얻어 모든 법은 꿈같아서 취할 바 없고, 모든 법은 변화해서 취할 바 일정한 형상(相)이 없음을 아는 것이다.

왜 그러냐 하면, 반야바라밀은 육六바라밀과 십팔十八불공법 따위가 다 꼭 집어서(取) 어떠한 것(相)이라고 할 수 없는 것(不可)인 불가취상不可取相임을 알기 때문이다. 보살마하살은 일체 법이 불가취상임을 알고 이미 발심해서 아뇩다라삼먁삼보리를 구하는 것이다. 일체 법이 불가취상이라면, 그것은 꿈같고 허황해서 근본의 일정한 실체가 없는 것이다. 이러한 불가취상의 법을 가지고서는 불가취상 법을 얻을 수가 없다. 그런데 중생은 이러한 모든 법상을 알지도 못하고 보지도 못하므로, 보살마하살이 이러한 중생을 위해서 아뇩다라삼먁삼보리를 구하는 것이다. 이 보살은 처음 발심한 뒤로 행해 가진 바 있는 보시도 일체 중생을 위한 것이요, 닦아 가진 바 있는 지혜도 다 일체 중생을 위한 것으로서, 보살 자신을 위한 것은 아니다.

보살은 딴 일을 위해서가 아니라 일체 중생을 위해서 아뇩다라삼먁삼보리를 구하는 것이므로, 보살은 반야바라밀을 행할 때에 중생을 보아도 중생이란 관념이 없이 거저 중생상 가운데 살며, 또 아는 사람, 보는 사람의 관념이 없이, 거저 지견상知見相 가운데 살면서 중생으로 하여금 그릇된 생각을 멀리하고 감로성甘露性 가운데 있게 하는 것이다. 이 가운데에는 본래 중생이라는 생각 · 아는 사람이라는 생각 · 보는 사람이라는 생각의 망상이 없으며, 이때에는 보살은 흔들리는 마음(動心), 이것저것 따져 생각하는 마음(念心), 그릇된 마음(戱論心)을 다 버리고, 항상 부동심不動心 · 불념심不念心 · 불희론심不戱論心을 행하는 것이다.

수보리야, 이러한 방편력方便力으로써 하기 때문에, 보살마하살이 반야바라밀을 행할 때에는 보살 자신도 취착한 바 없고, 또한 중생에게 가르쳐 집착함이 없는 세제世諦를 얻게 하는 것이므로, 이것은 방편반야方便般若로서, 반야방편般若方便인 제일의第一義가 아니다."

"부처님께서는 아뇩다라삼먁삼보리를 얻을 때에 모든 불법을 세제로써 얻었습니까? 또는 제일의로써 얻었습니까?"

"그야 세제로써 부처는 이 법을 얻었다고 말한다. 그러나 이 법 가운데에는 이 사람이 이 법을 얻었다고 할, 얻을 수 있는 가득可得의 법은 없다. 왜 그러냐 하면, 이 사람이 이 법을 얻었다고 하면, 이것은 큰 집착이 있는 유소득有所得인 까닭이다. 그러나 이것은, 진眞·속俗의 이법二法을 다 적용하였으므로 도道도 없고 과果도 없는 것이다.

수보리, "이 법을 행해서 도도 없고 과도 없다면, 곧 불이법不二法을 행한다면, 도도 있고 과도 있을 것이 아니겠습니까?"

부처님, "이 법을 행해서 도도 없고 과도 없다면, 불이법을 행해도 또한 도도 없고 과도 없다. 왜 그러냐 하면, 이런 법을 쓰면 도를 얻고 과를 얻고, 이런 법을 쓰면 도도 얻지 못하고 과도 얻지 못한다고 한다면, 이것은 희론戲論이 된다. 모든 평등법 가운데는 이러한 희론은 없다. 희론이 없는 것을 곧 모든 법의 평등이라 한다."

수보리, "모든 법은 자성自性이 없습니다. 그런데, 이 가운데 무엇이 평등하다는 것입니까?"

부처님, "있는 법도 없고, 없는 법도 없다면, 모든 법의 평등상(相)도 말할 수 없다. 평등을 제해 놓고는 일체 법의 평등상을 떠난 또 다른 법은 없다. 이 평등상은 범부도 또 성인이라도 능히 행할 수도 없고 도달할 수도 없는 것이다."

수보리, "부처님도 행할 수 없고 도달할 수도 없다는 것은 무슨 말씀입니까?"

부처님, "모든 법이 평등하므로 일체 성인도 다 행할 수도 없고 도달할 수도 없다. 이른바 수다원·사다함·아나함·아라한·벽지불·여러 보살·여러 부처가 다 그렇다."

수보리, "부처님이시여, 부처는 일체 모든 법 가운데 행하는 힘(行力)이 자재自在한데, 어찌하여 부처도 또한 행할 수 없고 도달할 수도 없다고 하십니까?"

부처님, "수보리야, 모든 법의 평등이 부처와 다르다면 응당 그런 질문을 할 것이다. 그러나 여러 범부가 다 평등하고 수다원 · 사다함 · 아나함 · 아라한 · 벽지불 · 여러 보살마하살 · 여러 부처와 성스러운 법(聖法)이 다 평등하다. 이것이 한결같이 평등해서 둘이 없다는 일평등무이一平等無二라는 것이다. 범부 · 수다원 따위와 또 부처는 이 일체 법 평등 가운데서 다 가려낼 수 없는 불가득不可得이다."

수보리, "모든 법이 평등한 가운데서는 이것은 범부, 이것은 부처라고 분별할 수 없다면, 범부 · 수다원 따위와 또 부처까지도 차별 없이 평등하다는 말씀입니까?"

부처님, "그렇다, 그렇다. 모든 법이 평등한 가운데는, 이것은 범부 이것은 부처라는 분별이 없다."

수보리, "만일 범부 · 수다원 따위와 또 부처라는 분별이 없다면, 어떻게 분별해서 불보佛寶 · 법보法寶 · 승보僧寶라는 삼보가 세상에 출현했다고 보겠습니까?"

부처님, "수보리야, 네 뜻에는 불보 · 법보 · 승보가 다른 여러 법과 다르다고 보느냐, 다르지 않다고 보느냐?"

수보리, "나는 부처님 계신 곳에서 불보 · 법보 · 승보가 다른 모든 법과 다르지 않다는 뜻을 들었습니다. 부처님이시여, 이 불보 · 법보 · 승보는 바로 이 법과 평등해서 합하지 않고, 흩어지지도 않으며, 빛도 없고 형상도 없는 절대의 한 형상입니다. 이것이 무상無相이라 하는 것입니다. 부처님은 이 힘을 가지고 모든 법에 대해서 능히 그 무상을 분별해서, 이것은 범부, 이것은 수다원, 이것은 사다함, 이것은 아나함, 이것은 아라한, 이것은 벽지불, 이것은 보살, 이것은 부처라고 하십니다."

부처님, "수보리야, 참으로 그렇고 그렇다. 부처는 큰 자비력을 가지고 모든 법 가운데서 조금도 마음의 동요 없이, 모든 법을 분별한다."

수보리, "부처님이시여, 부처가 모든 법의 평등 가운데서 움직임이 없으면, 범부도 또한 모든 법의 평등 가운데서 움직임이 없고, 수다원 따위나 벽지불도 또한 모든 법의 평등 가운데서 움직임이 없을 것입니다. 부처님이시여, 모든 법의 평등한 모양이 바로 범부의 모양이요, 바로 수다원의 모양이며, 나아가서 여러 부처가 바로 이 평등의 모양이라고 하시지마는, 여러 법의 모양은 다 각각 다르지 않습니까? 저 빛깔 모양이 다르고, 수受·상想·행行·식識의 모양(相)이 다르며, 땅(地)의 모양이 다르고, 수水·화火·풍風·공空·식識의 모양이 다르며, 욕망의 모양이 다르고, 성냄과 어리석음의 모양이 다르며, 눈 모양이 다르고, 귀·코·혀·몸·뜻의 모양이 다르며, 사견邪見의 모양이 다르고, 선禪의 모양이 다르며, 무량심無量心의 모양이 다르고, 무색정無色定의 모양이 다르며, 사념처四念處의 모양이 다르고, 팔성도분八聖道分의 모양, 단나바라밀檀那波羅蜜의 모양, 그리고 반야바라밀의 모양, 삼해탈三解脫의 모양, 십팔공十八空의 모양, 불십력佛十力의 모양, 사무소외四無所畏의 모양, 사무애지四無碍智의 모양, 무위법無爲法의 모양이 다르며, 범부의 모양이 다르고, 불佛의 모양이 다릅니다. 이렇게 모든 법의 모양이 다른데, 어떻게 해서 보살마하살이 반야바라밀을 행할 때에 모든 법의 다른 모양 가운데서 분별을 짓지 않을 수가 있겠습니까? 만일 분별을 짓지 않으면 반야바라밀을 행할 수가 없고, 반야바라밀을 행하지 않으면, 일지一地에서 일지에 이를 수가 없으며, 만일 일지에서 일지에 이르지 못하면 보살위菩薩位에 들어갈 수가 없습니다. 보살위에 들어갈 수가 없으므로 성문聲聞·벽지불지辟支佛地를 통과할 수 없고, 성문·벽지불지를 통과할 수 없으므로, 신통神通바라밀을 구족할 수 없으며 신통바라밀을 구족할 수 없으므로, 단나바라밀을 구족할 수 없고, 나아가서는 반야바라밀을 구족해서, 한 불국佛國에서 한 불국에 이르러 선근善根을 심은 모든 부처를 공양하고, 이 선근으로써 중생의 깨끗한 불국토佛國土를 성취할 수가 없습니다."

부처님, "수보리야, 너의 물음과 같이, 여러 법의 모양은 범부의 모양, 수다원의 모양, 부처의 모양 하는 것처럼 다 각각 다르다. 네 말과 같이 빛깔의 모양이 다르고 나아가서 유위무위有爲無爲의 법의 모양이 다르다. 그런데 어떻게 해서 보살마하살은 일체 모양을 관觀할 때, 분별을 짓지 않는다고 할 수 있는가? 그러면 수보리야, 네 뜻에는 빛깔의 모양은 공空한 것이라고 보느냐, 공하지 않은 것이라고 보느냐?"

수보리, "부처님이시여, 진실로 공하다고 봅니다."

부처님, "수보리야, 공 가운데서 낱낱의 모양, 말하자면, 빛깔의 모양, 모든 부처의 모양 따위를 꼭 집어서 어떠어떠한 것이라고 할 수 있겠는가, 할 수 없겠는가?"

수보리, "도저히 할 수 없습니다."

부처님, "수보리야, 마땅히 알라. 그러기에 이러한 인연으로서 모든 법의 평등 가운데에는 범부도 아니요, 또 범부를 떠난 것도 아니며, 부처도 아니요, 부처를 떠난 것도 아니다."

수보리, "부처님이시여, 이 평등은 변화하는 유위법입니까, 변화하지 않는 무위법입니까?"

부처님, "유위법도 아니요 무위법도 아니다. 왜 그러냐 하면, 유위법을 떠나서 무위법이 있을 수 없고, 또 무위법을 떠나서 유위법이 있을 수 없기 때문이다. 수보리야, 이 유위성과 무위성의 두 법은 합해지는 것도 아니요 흩어지는 것도 아닌 것으로서, 빛깔도 없고 형상도 없는 절대의 한 모양인데, 이것을 무상無相이라고 한다. 부처도 세상 도리로써 말하는 것이요, 제일의第一義로 설하는 것은 아니다. 왜 그러냐 하면, 제일의 가운데에는 몸의 행(身行)·말의 행(語行)·뜻의 행(意行)이 없고, 또 이 몸·말·뜻의 행을 떠나서 제일의를 얻는 것도 아니다. 보살마하살은 반야바라밀을 행할 때에, 제일의 가운데에서 움직임이 없이 보살의 일을 행해서, 중생을 이롭게 하는 것이다."

제3절 육바라밀을 닦는 마음

1 부처님은 어느 날 저녁에 대림강당 앞뜰에서 대중에게 다음과 같이 설법하셨다.

"사리불아, 모든 법은 있는 것도 아니요 없는 것도 아니며, 나는 것도 아니요 없어지는 것도 아니라고 생각해서, 바라밀에 마음을 두어야 한다. 베풀어도 베푼다는 생각이 없이 보시바라밀을 행하라. 참다운 보시에는 베푼 사람도 없고, 베푼 물건도 없고, 베풂을 받는 사람도 없는 것이다. 계율로써 마음을 억제할 때에도 계를 지킨다, 마음을 억제한다는 생각이 없이 지계持戒바라밀을 행하라. 실제에 있어서는 허물을 범한다, 범하지 않는다는 것이 없는 까닭이다. 다른 사람의 괴롭힘을 참으면서, 다른 사람이 나를 괴롭힌다는 생각이 없이 인욕忍辱바라밀을 행하라. 괴롭힘에 의해서 마음이 움직이거나 움직이지 않는 것은, 본래 없는 것이기 때문이다. 힘을 써도 힘쓴다는 생각이 없이 정진精進바라밀을 행하라. 힘쓰고 게으르다는 것은 본래 그것은 없는 것이기 때문이다. 생각해도 생각한다는 생각이 없이 선정禪定바라밀을 행하라. 선정을 닦고 안 닦는다는 것은 구별이 본래 없기 때문이다. 또 물건에 집착한다는 생각이 없이 반야바라밀을 행하라. 모든 법의 체體나 상相은 다 잡을 수 없는 것이기 때문이다.

사리불아, 일체는 얻을 수 없는 것이다. 이렇다고도 저렇다고도 할 수 없는 것으로 알고 반야바라밀을 행하라. 모든 것은 필경은 잡을 수 없는 것이다.

사리불아, 빨리 일체의 지혜를 얻어, 모든 번뇌를 떠나 다시는 물러서

지 않는 지위에 이르려고 하거든, 반야바라밀을 닦지 않으면 아니 된다. 이 반야바라밀을 닦으면, 사견邪見을 가진 사람의 인과因果를 믿지 않고, 또 그 사람의 가르침도 듣지 않고, 마음의 번거로움을 돌려, 불·법·승을 믿어 기쁘게 될 것이다. 이것은 모든 사람을 부모나 형제와 같이 화목하게 만드는 것이다.

2 사리불아, 어떤 사람이 이 반야바라밀을 닦을 때에는, 여러 하늘도 이것을 기뻐하여, 그 사람이 음행을 떠나 처음부터 끝까지 청정행淸淨行을 닦도록 마음속으로 바라는 것이다. 왜 그러냐 하면, 욕심은 불과 같아서 몸을 태우고 더러워서 자기와 남을 더럽히며, 원수와 같이 틈을 엿보고, 마른 풀에 불붙는 것과 같다. 또 쓴 과일과 같고 칼과 같으며, 불덩이와 같고 독한 그릇과 같으며, 요술쟁이와 같고 어둠 속의 우물과 같으며, 거짓으로 친절히 구는 적과 같기 때문이다. 사리불아, 이 반야바라밀을 닦을 때에는 반야바라밀을 보지도 말고, 반야바라밀의 이름도 보지 말며, 행하고 행하지 않는 구별도 보지 말라. 왜 그러냐 하면, 색色은 그 본성이 공空했기 때문에 공을 색이라 이름한 것이다. 원래 색의 자성自性은 공이다. 자성이 공에 의하지 않고 가설假設로 그것을 색이라고 이름한 것이다. 이런 경우에는 공은 색과는 다르다. 그러나 색은 공을 떠나지 않고 공은 색을 떠나지 않는 것이다. 이런 의미에서 색은 그대로 공이요, 공은 그대로 색인 것이다. 보리라 하고 중생이라 하고, 보살이라 하는 것도 다 그 이름뿐이다. 그 자성은 생生도 없고 멸滅도 없으며, 더러운 것도 없고 깨끗한 것도 없다. 이렇게 관觀해서 반야바라밀을 닦아, 생도 보지 않고 멸도 보지 않으며, 더러움도 깨끗함도 보지 않는 것이다. 세상에서는 가설로 이름하면서도, 그 이름에 사로잡혀 분별을 일으키고 말을 일으키며, 집착을 일으키는 것이다. '나'라고 하고 '사람'이라고 하는 것도 다 얻을 수 없는 공이지마는, 세상을 따라 임시로 이름을 지었을 뿐이다. 거기에 무슨 집착을 일으키겠는가?

사리불아, 이 반야바라밀을 닦아 모든 번뇌를 떠나고 위없는 깨달음을 열어 한량없는 사람을 깨우쳐 주겠다고 원하지 않으면 아니 된다. 공空·무상無相·무원無願의 법을 따라 일체를 뛰어나, 다시는 물러서지 않는 지위를 얻어 모든 사람을 위한 참다운 복밭(福田)이 되지 않아서는 아니 된다. 모든 착한 법은 이 사람으로 말미암아 세상에 나타나고, 이 착한 법으로 말미암아 세상에는 부귀가 있고, 하늘에는 영광이 있으며, 도道에는 깨달음이 있는 것이다.

사리불아, 이 사람은 이미 재물을 베푼 사람에게 따로 갚겠다는 생각을 할 필요가 없다. 왜 그러냐 하면, 이 사람은 큰 시주施主가 되어, 이미 모든 사람에게 여러 가지의 착한 법과 부처의 도道를 베풀고 있기 때문이다. 이 사람은 이미 여러 시주의 은혜를 갚은 참다운 복밭이다.

3 사리불아, 그러므로 반야바라밀을 닦을 때에는, 그 견해, 그 수행, 그 지혜가 참 지혜와 부처의 뜻에 계합契合한가 않는가를 보아서는 아니 된다. 그것은 벌써 일체 지智도 보지 않고 부처가 있는 것까지도 보지 않기 때문이다. 이와 같이 계합의 여부를 보지 않음으로써 반야바라밀에 계합하는 것이다. 이리하여, 어떤 물건도 마음에 두지 않고 마음을 구속하지도 않으며, 유有에나 공空에나, 헤매는 데에나, 깨닫는 데에도 마음을 두지 않고 또 마음을 구속하지 않는다. 법의 본래 성품에는 차별이 없음을 알고 있기 때문에, 이 반야바라밀을 닦는 것은, 신통력을 얻는다든가 사람을 지도한다든가 하는, 무엇 때문에 하는 것은 아니다. 그러나 그는 사람을 사랑하고 잘 깨닫는 길에 서게 하며, 악마惡魔로 하여금 틈을 얻지 못하게 해서, 그 번뇌를 없애고 항상 부처와 떠나지 않게 하는 것이다. 공과 계합하되 계합한다고 생각하지 않고, 깨달음을 구해도 구한다고 생각하지 않으므로, 그 행의 공덕功德은 넓고 커서 한없이 불법佛法을 일으키고, 육도六度의 큰 행은 항상 저절로 나타나 끊임이 없는 것이다.

4 사리불아, 사람이 만일 '이것은 몸으로서 이 몸에 의하여 신업身業을 일

으키고, 이것은 말로서 이 말에 의하여 어업語業을 일으키고, 이것은 뜻으로서 이 뜻에 의하여 의업意業을 일으킨다'고 생각한다면, 이것은 때 묻은 신身 · 어語 · 의意의 삼업三業이다. 이 자연스럽지 못한 생각에서 인색과 욕심과 성냄과 게으름을 내어, 마음의 산란散亂을 일으키는 것이다. 거친 신 · 어 · 의 삼업을 떠나 항상 십선十善을 가지고, 자리自利의 마음을 떠나 여러 사람의 고뇌를 빼어 즐거움을 주려고 생각하라. 만일 사람이 이 마음으로 깨치는 길을 걸어간다면 어떠한 것도 걸림이 없을 것이다. 왜 그러냐 하면, 모든 법, 모든 도, 모든 가르침, 모든 과보果報에 집착한 바가 없기 때문이다. 자타自他를 구별하는 생각을 일으켜서는 아니 된다. 이것은 세계, 이것은 바른 법(正法), 이것은 여래如來라고 하는 구속된 생각을 일으켜서는 아니 된다. 그러므로 육도六度를 닦아서 육도에 구속되지 않고, 공에 머물러 공에 구속되지 않으며, 도를 닦아서 도에 구속되지 않는다. 일체의 불법을 원만하게 성취해서, 또 그 법에 구속되지 않는다. 모든 법은 그 자성이 본래 공한 것을 알기 때문이다.

5 사리불아, 이 반야바라밀에 의해서 다른 다섯 가지 바라밀의 청정한 것을 얻는다. 즉 끝까지 공한 이치에 의해서 보시를 한다든가 인색하다든가 하는 분별심을 일으키지 않고, 계율을 지킨다 지키지 않는다 하는 마음도 일으키지 않으며, 사랑하고 화내는 차별도 볼 수 없고, 힘쓰고 게으르다는 차별도 생각하지 않으며, 고요한 마음과 시끄러운 마음의 구별도 볼 수 없다. 이러한 상대의 구별은 다만 가설인 것으로 알고 있으므로, 헐뜯고 칭찬하는 것, 손해되고 이익 되는 것, 가볍게 여기고 높게 여기는 것 등에 조금도 집착하지 않는다.

모든 중생 가운데서 뛰어난 사람에게나 모자라는 사람에게나 아름다운 사람에게나 추한 사람에게나 평등한 마음을 일으켜, 모든 법은 다 평등하다고 아는 것이다. 그러나 이 모든 법의 평등성 위에서, 다시 현실 차별의 사람을 보고 그 사람들을 이익하게 하는 것이다."

6 이 설법을 듣고 모인 청중들은 여러 가지로 이 반야바라밀과 이 반야바라밀을 닦는 사람의 공덕을 찬탄하였다. 부처님은 다시 말씀하셨다.

"그대로다. 너희들 마음대로다. 모든 사람이나 하늘은 다 이 사람을 존경하고 공양하며, 찬탄하고 수호하여, 그 사람이 아무 장애 없이 반야바라밀을 닦도록 하지 않으면 아니 된다. 왜 그러냐 하면, 이 수행자가 있기 때문에 일체의 천인天人이 이 세상에 나타나고, 성자聖者·각자覺者도 나타나며, 삼보도 나타나서, 모든 사람을 이익하게 하고 음식·의복·와구·금·은·주·옥이 다 처음으로 세상에 나온 것이다. 인·천의 즐거움, 열반의 즐거움이 다 이 사람이 있기 때문에 있는 것이다."

7 그때 부처님은 수보리에게

"수보리야, 너는 뛰어난 변재辯才를 가지고 있다. 이 자리의 보살들을 위해서 반야바라밀에 알맞은 법을 설해 그의 수학을 만족시켜 주는 것이 좋겠다."

하고 말씀하셨다. 그때 여러 사람들은 생각했다. '수보리는 자기의 지혜와 변재로 설할 것인가? 또는 부처님의 힘을 이어 설할 것인가?'라고. 수보리는 여러 사람의 마음을 알고 곁에 있는 사리불에게 말했다.

"벗이여, 제자가 설한 교는 그 어떤 교임을 물론하고 다 부처님의 힘을 이어받아서 설하는 것이다. 왜 그러냐 하면, 부처님의 설하신 교를 듣고, 부지런히 배워 법의 깨달음을 얻었으므로, 그 설한 교는 법의 실성實性과 알맞아서 부처님의 말씀 그대로이다. 사리불이여, 나는 부처님의 힘에 의하여 보살을 위해 반야바라밀에 알맞은 법을 설하는 것이요 나의 지혜와 변재에 의한 것은 아니다."

수보리는 부처님에게 여쭈었다.

"부처님이시여, 부처님은 '너는 변재를 가지고 보살을 위해 반야바라밀에 알맞은 법을 설해서, 그의 수학을 만족시켜 주라'고 말씀하셨습니다. 부처님이시여, 그 말씀 가운데 무슨 법을 보살이라 하고, 또 무슨 법을 반야바라밀이라 하십니까?

나는 보살이라 이름할 법도 보지 못하고 반야바라밀이라 이름할 법도 보지 못했습니다. 또 이 두 이름이 있는 것도 생각지 않습니다. 그런데 어찌 내가 보살을 위해 반야바라밀에 알맞은 법을 설해서 그 수학을 만족시킬 수가 있겠습니까?"

"수보리야, 보살은 다만 이름이 있어 보살이라 하고, 반야바라밀도 또한 이름이 있어 반야바라밀이라 한다. 이 보살과 반야바라밀의 두 이름까지도 다만 이름뿐으로서, 이러한 이름은 나지도 않고 멸하지도 않는 것이다. 다만 가설로 보이고 가설로 이름할 뿐이다. 이 거짓 이름은 안에도 없고 밖에도 없다. 또 중간에도 없다. 그것은 본래 얻을 수 없는 것이다. 예를 들면, 나(我)라는 것도 거짓 이름으로서 원래 나는 것도 없고, 멸하는 것도 없는 것이다. 다만 거짓 이름 뿐이다. 유정有情, 생명이 있는 것, 사람이라 하는 사람, 아는 사람, 보는 사람이라고 하는 것도 다 그러하다. 비유컨대, 꿈·메아리·그림자·환상·물속의 달, 이 같은 것은 모두 표시뿐이요, 나는 것도 없고 하는 것도 없는데, 거짓 이름과 거짓 정한 것뿐이다. 그러므로 수보리야, 보살은 반야바라밀을 닦을 때 거짓 이름과 거짓 법으로서 배우지 않으면 안 된다.

8 수보리야, 보살이 반야바라밀을 닦을 때는 색·수·상·행·식에 있어서, 항상됨과 항상됨이 없음, 즐거움과 괴로움, 나와 내가 없음, 공과 공 아님, 모양 있음과 모양 없음, 보람 있음과 보람 없음, 하염 있음과 하염없음, 더러움과 깨끗함, 남과 죽음, 선과 악, 번뇌 있음과 번뇌 없음, 세간과 세간을 초월함, 윤회와 열반 따위를 다 포착할 수 없다. 이 밖에 모든 법에 있어서도 다 그러하다.

수보리야, 왜 그러냐 하면, 보살이 반야바라밀을 닦을 때에는 보살이라 하고 반야바라밀이라고 하는 두 이름이 다같이 만든 생멸이라고도 볼 수 없고, 만든 생멸이 아니라고도 볼 수 없기 때문이다. 보살은 모든 법에 분별심을 내지 않는다. 분별없는 데에 머물고 공에 머물러, 육바라밀과 기타 모든 행을 닦아도, 보살도 보지 않고 반야바라밀도 보지 않고, 집착 없는 마음으로 일체의 지혜를 구해서 모든 법의 참다운 모양을 아는 것이다. 참다운 모양에는 더러운 것도 깨끗한 것도 없는 것이다.

이와 같이 반야바라밀을 닦을 때에는 이름은 거짓 것이라는 것을 알지 않으면 아니 된다. 그래서 색·수·상·행·식과 기타 일체 법에 집착하지 않고, 또 지혜에도 집착하지 않으며, 신통神通에도 집착하지 않고, 어떤 것에도 집착하지 않아야 한다. 왜 그러냐 하면, 집착하는 사람이나, 집착되는 물건이나, 집착하는 것이나, 다 공해서 얻을 수 없기 때문이다. 수보리야, 이 반야바라밀을 닦아서 모든 법에 집착하지 않을 때에는 육바라밀의 수행은 점점 자라가는 것이다. 그래서 수행하는 사람은 정당한 지위에 들어가, 다시는 물러서지 않는 지위에 있고 신통을 갖추어 불국佛國에서 불국으로 거닐면서, 중생을 교화하고 부처님들을 공양하여, 부처 나라를 깨끗이 장엄하는 것이다.

9 수보리야, 너는 어떻게 생각하는가? 색이 보살이냐, 아니냐? 수·상·행·식이 보살이냐, 아니냐? 눈·귀·코·혀·몸·뜻이 보살이냐, 아니냐? 땅·물·불·허공·알음알이가 보살이냐, 아니냐? 혹은 이것을 다 떠난 것이 보살이냐? 색·수·상·행·식의 성性이 보살이냐? 색·수·상·행·식의 성性을 떠난 것이 보살이냐?"

"부처님이시여, 다 아닙니다."

"수보리야, 너는 위의 것이 다 보살이 아니라고 했다. 그것은 무슨 까닭인가?"

"부처님이시여, 본래 중생 그것이 알 수 없고 얻을 수 없는 것이므로, 보살도 물론 얻을 수 없는 것입니다. 색·수·상·행·식 따위의 법도 얻을 수 없는 것입니다. 그러므로 이러한 법이나 이러한 법을 떠난 것이나, 또 이러한 법의 성이나, 이러한 법의 성을 떠난 것이나, 다 보살은 아닙니다."

"착하고, 착하다. 수보리야, 보살이라 하고, 반야바라밀이라 하는 것은, 다 얻을 수 없는 것이라고 배우지 않아서는 아니 된다. 수보리야, 그러면 색 · 수 · 상 · 행 · 식의 법은 보살의 뜻이냐?"

"부처님이시여, 그렇지 않습니다."

"그러면 색 · 수 · 상 · 행 · 식 따위의 항상되고 항상됨이 없는 것, 즐겁고 괴로운 것, 나와 내가 없는 것, 하염 있고 하염없는 것, 모양 있고 모양 없는 것 따위는 보살의 뜻이냐?"

"부처님이시여, 그렇지 않습니다. 이미 색 · 수 · 상 · 행 · 식 따위의 모든 법이 알 수 없고 얻을 수 없는 것인데, 어떻게 색 · 수 · 상 · 행 · 식과 그것들의 항상되고 항상됨이 없음과, 나아가 하염 있고 하염없음이 보살의 뜻이겠습니까?"

"착하고, 착하다. 수보리야, 반야바라밀을 닦을 때에는, 색 · 수 · 상 · 행 · 식 따위의 법과 그것들의 항상되고 항상됨이 없음과, 나아가 하염 있고 하염없음 따위는 다 얻을 수 없는 것으로 알고 닦지 않으면 아니 된다. 수보리야, 너는 법을 보살이라 이름한 것을 못 보았다고 말했다. 법과 법계法界, 법계와 안계眼界, 안계와 의계意界 등, 이러한 법이 상대적으로 대립해 있는 것은 아니다.

왜 그러냐 하면, 하염 있음을 떠나서 하염없음을 말할 수 없고, 하염없음을 떠나서 하염 있음을 말할 수 없기 때문이다. 수보리야, 이와 같이 보살은 반야바라밀을 닦아서 어떠한 법도 보지 않는 것이다. 따라서 무서워하지도 않고 두려워하지도 않으며, 마음은 법에 머무르지도 않고 뒤에 후회하는 일도 없다. 보살의 마음 작용은 얻을 수도 없고 알 수도 없다. 그러므로 그 마음은 어떤 물건에도 머무르지도 않고 후회하는 일도 없다. 보살은 이와 같이 반야바라밀을 행하지 않으면 아니 된다. 보살은 반야바라밀을 행해서 반야바라밀을 얻지도 않고 또 보살의 이름도 얻지 않는다. 이것이 보살에 대한 가르침이다."

제4절 반야바라밀을 닦아 얻음

1 수보리는 부처님에게 말했다.

"부처님이시여, 보살이 보시布施·지계持戒·인욕忍辱·정진精進·선정禪定·지혜智慧의 육바라밀을 구족하려고 생각하면, 이 반야바라밀을 배우지 않으면 안 될 것입니다. 색·수·상·행·식과 눈·귀·코·혀·몸·뜻과 기타 모든 법을 알려고 하면, 이 반야바라밀을 배우지 않으면 안 될 것입니다. 모든 번뇌를 끊고 모든 삼매를 얻으려고 하면, 이 반야바라밀을 배우지 않으면 안 될 것입니다. 또 정위頂位(=四선근)의 동선動善에 떨어지고 싶지 않거든 이 반야바라밀을 배우지 않으면 안 될 것입니다."

그때 사리불은 물었다.

"수보리여, 정위에 떨어진다는 것은 어떤 일인가?"

"사리불이여, 보살이 선교한 방편(善巧方便)을 모르고 육바라밀을 닦아 공空·무상·무원無願의 삼매에만 들어가는 것을 보살이 정위에 떨어진다고 한다. 혹은 이것을 보살의 완고라고도 할 것이요, 또 보살의 법의 갈애渴愛라고도 할 것이다. 보살이 반야바라밀을 닦아, 색은 공이라 생각하고, 수·상·행·식도 공이라 확정하면, 이것을 보살이 빠지기 쉬운 법의 갈애 또는 완고라고 한다. 이와 같이 색·수·상·행·식의 각 법이 모양이 없고, 원이 없고, 고요하고, 공하고 나가 없다고 단정하는 것도, 보살이 빠지기 쉬운 법의 갈애 또는 완고라고 한다. 어떤 것이나 이것이라고 집착하는 것은 다 이 법의 갈애 또는 완고로서, '이것은 더러운 것, 이것은 깨끗한 것, 이것은 보살이 할 것, 저것은 아니할 것, 이것은 보살의 도, 이것은 보살의 도가 아니라'고 단정하는 것은 다 법의 갈애 또는 완고라고 이름한다."

"그렇다면 수보리여, 보살이 완고를 떠나는 길은 무엇인가?"

"사리불이여, 보살이 반야바라밀을 닦을 때, 안의 공(內空), 바깥 공(外空), 안팎의 공(內外空) 따위의 모양을 이야기할 때에, 너무 높고 먼 이치에만 머물러 있지 않고, 이치(理)에서 현상(事)으로 들어가 방편을 쓸 줄 아는 것이 보살이 완고한 집착을 떠나는 방법이다. 또 보살은 색·수·상·행·식 따위는 알지언정, 거기에 집착해서는 아니 된다. 또 보리 마음에 집착해서도 아니 된다. 짝 없는 큰마음에 집착해서도 아니 된다. 왜 그러냐 하면, 마음에는 마음의 성性이 없고, 마음은 본래 청정하기 때문이다."

2 "수보리여, 이 마음이 본래 청정하다는 것은 무슨 뜻인가?"

"사리불이여, 이 마음은 탐욕과 결탁해서 떠나지 않고, 번뇌와 결탁해서 떠나지 않으며, 여러 나쁜 견해와 결탁해서 떠나지 않고, 저만 이롭겠다는 작은 마음과 결탁해서 떠나지 않는 것을 가리켜, 마음은 본래 청정하다고 하는 것이다. 그것은 마음에 마음의 성性이 없기 때문이다."

"수보리여, 마음의 성(心性)이 없는 마음이 있을 수 있을까?"

"사리불이여, 심성이 없는 곳에 성이 있다, 성이 없다 할 수 있을까?"

"수보리여, 그는 있을 수 없다."

"사리불이여, 성이 있다 없다 할 수 없는 데서, 심성이 없는 마음이 있고, 없는 것을 묻는 것이 정당하다고 할 것인가?"

"수보리여, 그렇다면, 심성이 없다는 것은 무슨 의미인가?"

"사리불이여, 마음의 성품이 일체 모든 법의 성품과 다르지 않고 변함이 없는 것을 가리켜 심성이 없다고 하는 것이다."

"수보리여, 마음의 성품이 일체 법성과 다르지 않고 변함이 없는 것과 같이, 색·수·상·행·식의 모든 법성도 일체 모든 법의 성품과 다름이 없는가?"

"사리불이여, 심성 없는 심성이 일체 모든 법성과 다르지 않고 변함이 없는 것과 같이, 모든 법성도 다르지 않고 변함이 없다."

사리불은 수보리를 칭찬해 말하기를

"착하고, 착하다. 수보리여, 그대는 참으로 부처의 아들이다. 부처의 입에서 났고, 법에서 났으며, 법에서 화생化生해서 부처의 법을 이은 사람이다. 분명히 법을 보았고, 몸으로 체험한 사람이다. 부처님이 그대를 여러 제자 가운데서 무쟁정無諍定에 사는 제일의 인물이라 하신 것은 무리가 아니다. 반야바라밀을 닦는 사람이 그대 말과 같이 한다면, 그 사람은 물러나지 않고 반야바라밀을 떠나지 않을 것이다."

3 그때 수보리는 부처님께 말씀하였다.

"부처님이시여, 나는 보살과 반야바라밀을 알지도 못하고 붙잡지도 못했습니다. 그러한 내가 어떻게 어떠한 것이 보살, 어떠한 것이 반야바라밀이라고 가르칠 수가 있겠습니까? 부처님이시여, 나는 아직 일체 모든 법의 인연이 모이고 흩어지는 것을 모르는데, 억지로 모이고 흩어지는 것을 만들어 보살이라 하고, 반야바라밀이라 한다면, 나에게는 후회가 올 것입니다. 부처님이시여, 이 보살과 반야바라밀의 이름은 존재한 것도 아니요, 존재하지 않은 것도 아닙니다. 왜 그러냐 하면, 이름 그것이 존재 없는 성질의 것이기 때문입니다.

부처님이시여, 모든 법은 거짓 이름이요, 거짓으로 세운 것입니다. 보살이라는 이름은 있어도 그 보살을 색 · 수 · 상 · 행 · 식과 기타 어떤 법 가운데에서도 포착할 수는 없습니다. 비유컨대, 그것은 꿈 · 허깨비 · 그림자 · 물속의 달과 같아서, 허공이라 하고 땅 · 물 · 불 · 바람이라 하며, 계戒 · 정定 · 혜慧 · 해탈解脫 · 해탈지견解脫智見이라 하고 예류預流 · 일래一來 · 불환不還 · 아라한의 사과四果라 하지마는, 그것은 다 거짓 이름이요, 거짓으로 세운 것으로서, 어떠한 법 가운데서도 포착할 수가 없습니다. 착하다, 악하다, 영원하다, 잠깐이다, 괴롭다, 즐겁다, '나'다, 나는 없다, 있다, 없다고 말할 수는 없습니다. 부처님이시여, 이 말하지 못할 것을 말해서 내 마음은 괴롭습니다. 모든 법이 모이고 흩어지는 것은 붙잡아 알 수 없기 때문에, 이름을 지어 보살이라고 부를 수는 없습니다. 또 그 이름은 존재한 것도 아니요 존재하지 않은 것도 아닙니다. 왜 그러냐 하면, 이름 그것이 존재 없는 성질의 것이기 때문입니다. 부처님이시여, 반야바라밀은 이런 것이라는 말을 듣고, 또 마음 없이 법은 곧 공이요, 공은 곧 법이므로 법을 법이라 생각해서, 거기에 걸려 있어서는 아니 될 것입니다. 부처님이시여, 반야바라밀을 닦을 때에, 다른 이를 이익하게 하는 자비의 방편(慈悲方便)없이, 내가 한다는 소견을 일으켜 색・수・상・행・식 따위의 여러 법에 집착해서 행동을 한다면, 이러한 보살은 반야바라밀을 닦는다 해도 그것은 세간의 업業으로서, 반야를 일으키는 보람이 되지 않는 것입니다. 따라서 일체의 지혜를 얻을 수가 없습니다. 그러므로 반야바라밀을 닦을 때에는 모든 법의 성이 공한 것(性空)을 알지 않으면 안 될 것입니다. 이 성공性空을 알면, 마음은 모든 법 위에 굴러서 걸림이 없을 것입니다. 이것을 보살의 불수不受 삼매라고 합니다. 이 삼매로 말미암아 마음이 걸리지 않고 놀라지도 않으며, 무서워하지도 않는다면, 이 보살은 물러서지 않는 자리에 있는 보살일 것입니다. 그것은 멈추어 있어서는 안 된다는 진리에 머물러 있기 때문입니다.

4 부처님이시여, 보살이 반야바라밀을 닦을 때에는 색을 색으로 생각해 집착해서는 아니 됩니다. 다른 모든 법도 다 그러합니다. 왜 그러냐 하면, 색은 그 자성이 공하기 때문에 색이 아닙니다. 색을 떠나서 공이 없으니, 색은 곧 공이요 공은 곧 색이기 때문입니다. 이와 같이 일체 모든 법의 더럽고 깨끗함과, 선하고 악한 것은 다 성이 공한 것(性空)으로서, 성이 공했기 때문에 법이 아닙니다. 그러나 법을 떠나서 공인 일체의 지혜를 붙잡을 수도 없는 것입니다. 그것은 본성이 공한 까닭입니다. 이 지혜는 모양에 집착하는 행에 의해서는 얻을 수 없습니다. 모양에 집착하는 것은 번뇌입니다. 모양이란 것은 색의 모양, 수・상・행・식의 모양인

데, 일반 사람은 색은 색, 수는 수라고 그 일정한 모양에 집착하기 때문에 번뇌를 일으킵니다. 이 번뇌가 따르는 모양에 집착하는 행을 닦아, 일체의 지혜를 얻는다는 것은 이치에 맞지 않는 것입니다.

선니 범사梵士는 모양이 없다는 법을 듣고 신해信解를 내어, 그 신해에 의해서 모든 법의 실상實相을 믿어 알고, 모든 법의 모양에 집착하지 않고 취사선택을 떠나 반야를 얻었습니다. 보살도 이와 같이 일체 법에 집착이 없기 때문에 모양을 취하지 않고, 또 모든 법은 도를 이루는 데 돕는 힘이 있기 때문에, 어떤 물건도 버리지 않으며, 세간과 열반은 그것이 곧 그것이기 때문에, 세간을 초월하여 열반에 살고, 그러면서 대비의 본원이 있기 때문에 열반에 들지도 않는 것입니다.

부처님이시여, 보살이 반야바라밀을 닦을 때에는, 무엇이 반야바라밀인가, 어째서 반야바라밀이라 하는가, 누구의 반야바라밀인가를 생각하지 않으면 안 됩니다. 이와 같이 생각해서 일체의 법은 공해서 포착할 수 없다고 생각하지 않으면 안 됩니다. 이렇게 생각하면, 어떤 물건에 대해서도 마음이 침체되지 않고 후회하지도 않으며, 무섭고 놀랄 것도 없습니다. 이 마음을 가진 보살은 반야바라밀을 떠나지 않습니다. 반야바라밀을 떠나지 않는다는 것은 일체의 법성을 떠난 것, 일정한 성(定性)이 없는 데에 일정한 성을 붙이는 것을 떠났다는 말입니다. 일체 법은 그 자성이 공해서, 생生할 것도 없고 성취할 것도 없음을 알아, 점점 보살의 일체지를 성취하는 데 가까워지고, 마음과 몸과 모양이 다 깨끗하게 되어, 더러운 마음, 삿된 마음이 나지 않으며, 한 불국佛國에서 한 불국으로 다니면서 중생에게 타이르고 불국을 깨끗이 하며, 정각正覺을 이룰 때까지 여러 부처를 떠나지 않습니다."

5 수보리는 다시 부처님께 말씀했다.

"부처님이시여, 만일 보살이 선교한 방편도 없이 반야바라밀을 닦고, 색·수·상·행·식과 다른 여러 법을 관해서, 이들 여러 법의 모양에 집착해서 망령된 해석을 내린다면, 그는 반야바라밀을 잃어버릴 것입니다. 또 보살이 반야바라밀을 닦을 때에 '나는 지금 반야바라밀을 닦고 있다'고 생각한다면, 그것은 망령되이 모양에 집착해서 반야바라밀을 잃어버릴 것입니다."

수보리는 다시 사리불에게 말했다.

"반야바라밀을 닦을 때에 여러 법 위에 모양을 분별해서 모든 법의 성을 진실로 있다고 집착하기 때문에, 생로병사와 후세의 고통을 떠날 수가 없는 것이다. 만일 반야바라밀을 닦을 때에 색·수·상·행·식과 다른 여러 법 위에 사사로운 마음으로 집착하지 않으면 이것은 반야바라밀을 닦는 것으로서 위없는 깨달음을 얻을 수가 있다. 왜 그러냐 하면, 모든 법의 성은 공해서 공성이기 때문에 모든 법이 아니며, 그러나 이 모든 법을 떠나서 공이 없는 것이니, 모든 법은 곧 공이요, 공은 곧 모든 법인 까닭이다.

그러므로 반야바라밀을 닦을 때에는, 모든 법에 대해서 있는 것이라고 집착해도 아니 되고, 있는 것이 아니라고 집착해도 아니 되며, 있는 것이면서 있는 것이 아니라고 집착해도 아니 되고, 있는 것도 아니요 있는 것이 아닌 것도 아니라고 집착해도 아니 된다. 왜 그러냐 하면, 모든 법法은 성이 없는 것을 성性으로 하는 것인데, 그 성은 얻을 수 없는 것이기 때문이다.

이와 같이 보살은 반야바라밀을 닦아 그 반야바라밀에서도 모양을 취하지 않고, 모양 없는 것도 취하지 않으며, 모양도 아니요 모양이 없는 것도 아닌 것도 취하지 않으며, 이 취하지 않는다는 것까지도 집착하지 아니한다. 왜 그러냐 하면, 반야바라밀은 그 자성自性이 없는 것으로서 얻을 수 없기 때문이다. 이와 같이, 보살이 일체의 법과 반야바라밀에서 취할 것도 없고 포착할 것도 없는 것을 보살의 '받음이 없는 삼매'라고 한다. 또 이 밖에 수능엄삼매·실인實印삼매·사자유희師子遊戲 삼매·이진

여허공離眞如虛空 삼매가 있어, 이에 의하여 보살은 위없는 깨달음에 들어가는 것이다. 그러나 여기 이 삼매와 반야와 보살의 셋이 하나임을 잊어서는 아니 된다. 왜 그러냐 하면, 모든 법의 법성은 평등하기 때문이다. 그러므로 보살은 이 삼매에 들어 '나는 이 법을 가지고 이 삼매에 들었다'고 생각하지도 않고 삼매에 있으면서 삼매에 있는 줄도 모르고 또 생각하지도 않는 것이다."

6 그때 부처님은

"좋다, 좋다!"

고, 수보리를 찬탄하시면서, 사리불에게 말씀하셨다.

"사리불아, 보살은 이와 같이 집착하지 않는 것을 방편으로 하여 반야바라밀을 배우는 것이다. 어떤 법이 얻을 것이 없는 것인가? 나 · 중생 · 명자命者 · 아는 사람 · 보는 사람이 다 얻을 수 없는 것이다. 오온五蘊 · 십이처十二處 · 십팔계十八界의 모든 법이 다 얻을 수 없는 것이다. 모든 법은 본래 공해서 얻을 수 없고, 또 끝내 깨끗한 것(淨)이다. 끝끝내 깨끗하다는 것은, 모든 법은 나지도 않고 없어지지도 않으며, 더러운 것도 깨끗한 것도 없고, 얻는 것도 짓는 것도 없음을 말하는 것이다. 이것을 모르는 것을 무명無明이라고 한다. 범부는 이 무명과 갈애渴愛 때문에 망상분별해서 단斷 · 상常 두 쪽에 얽매인다. 사리불아, 보살이 반야바라밀을 닦을 때에는 집착하지 않는 것을 방편으로 하여, 반야바라밀을 보지 않고 이것을 닦아 일체의 지혜를 얻는 것이다. 왜 그러냐 하면, 일체 모든 법은 다 자성自性이 없는 것을 성으로 하기 때문이다."

7 수보리는 부처님께 물었다.

"부처님이시여, '만일 환술사幻術師가 만든 사람(化人)도 바라밀이나, 기타 수행을 한다면 일체지一切智를 얻을 수 있는가.' 하고 묻는다면 어떻게 대답하리까?"

"내가 너에게 물을 것이니 네 생각대로 대답하라. 색과 환幻은 다른 것인가? 수 · 상 · 행 · 식과 환과는 다른가, 어떤가?"

"부처님이시여, 아무 것도 다를 것이 없습니다."

"그러면 십이처 · 십팔계 · 사념처 · 십성도十聖道 · 무상無上 보리 따위의 법과 환幻은 무슨 틀림이 없는가?"

"부처님이시여, 틀림이 없습니다. 왜 그러냐 하면, 색은 곧 환이요, 환은 곧 색이며, 무상 보리는 곧 환이요, 환은 곧 무상 보리이기 때문입니다.

"수보리야, 환에도 더럽고 깨끗한 것, 나고 없어지는 것 따위의 집착이 있는가?"

"없습니다."

"만일 법에 더러움도 없고 깨끗함도 없으며, 나는 것도 없고 없어지는 것도 없다면, 그 법은 반야바라밀을 닦아도 일체지를 얻을 리가 없다. 또 수보리야, 보살이란 것도 오온의 화합에 공연히 이름을 붙인 것 아닌가. 오온의 거짓 이름이라면 거기에는 생 · 멸 · 구垢 · 정淨의 모양도 없다. 그렇다면 이 구정의 법은 아무리 반야바라밀을 닦아도 일체지를 얻을 수는 없다. 그러나 수보리야, 보살은 이와 같이 집착하지 않는 것을 방편으로 해서 반야바라밀을 닦으면 일체지를 얻을 것이다."

"부처님이시여, 새로 원願을 세운 구도자가 이와 같은 반야바라밀의 말을 듣는다면 두려움이 없겠습니까?"

"그것은 반야바라밀에서 방편을 갖지 않고 또 선지식을 얻지 못하면 두려움이 있을 것이다. 방편이란 것은 일체 법의 자성은 얻을 수 없는 것이라고 아는, 일체지와 부합하는 마음을 말하는 것이다. 수보리야, 이 마음은 다른 다섯 바라밀까지도 만족시킨다. 보살이 이 얻을 수 없다는 지혜를 가지고 중생에게 가르침을 베풀고, 이 가르침도 또한 얻을 수 없는 것이라고 생각하는 것은, 보살의 보시바라밀이다. 스스로 행하고 스스로 관觀해서 그래도 그 관 · 행이 다 얻을 수 없는 것으로 아는 것은 보살의 집착 없는 계정戒淨바라밀이다. 얻을 수 없다는 것으로 알고 모든 법의

고苦·공空·무상無常·무아無我를 참고 기뻐해 좋아하는 것은 인욕忍辱바라밀이다. 어떤 물건이나 다 얻을 수 없는 것으로 알고, 또 일체지에 상응하는 마음에 정진해서, 게으르지 않는 것은 보살의 정진바라밀이다. 또 보살이 반야바라밀을 닦아서, 조그마한 자리심自利心도 일으키지 않고 착하지 않는 마음도 일으키지 않는 것을 선정禪定바라밀이라 한다. 이런 방편이 있는 사람이면, 이 반야바라밀을 들어도 공포심은 나지 않는다. 수보리야, 보살은 또 이와 같이 생각한다. '색은 공이라 관하기 때문에 공이 아니다. 색은 본래 그 자체가 공하다. 기타 여러 법도 관하기 때문에 공은 아니다. 자성이 공한 것이다'라고. 수보리야, 보살은 이와 같이 보살의 자성이 공해 얻을 수 없는 것을 알고 반야바라밀을 알기 때문에 두려움이 없는 것이다. 이것을 일러 반야바라밀에서 방편이 있는 것이라고 한다.

8 다음에 보살의 선지식이란 무엇인가? 일체 모든 법은 성이 공한 것으로서 얻을 수 없으며, 여러 가지 선근수행善根修行도 끝끝내 공한 것으로서 얻을 수 없는 것이라 가르쳐, 작은 깨달음의 안일에 들지 않게 하고 일체지에로 회향시키는 사람이다.

수보리야, 보살이 반야바라밀의 육도행六度行을 닦아서 이것을 얻었다고 생각하고, 그 얻었다고 생각하는 데 집착할 때에는, 이 반야바라밀을 들으면 놀라고 두려워할 것이다.

또 보살의 악지식惡知識은 육바라밀을 떠나라고 가르쳐, 조그마한 이익에 머물러 자기만의 깨달음에 만족하라고 가르치는 사람이다. 또 혹은 악마가 여러 가지 형상을 가지고 나타나 행자에게 육바라밀을 떠나라 하고, 작은 가르침에 머물라 하며 혹은 일체가 다 공이면 부처도 없고, 보살도 없고, 따라서 불도를 구할 필요도 없다고 말한다. 또 혹은 모든 법은 자성이 없이 얻을 수 없는 것이라는 가르침에 반대해서 다른 교를 내세울 때에, 이런 것은 다 악마의 일이라고 깨우쳐 주지 않는 것은 악지식이다."

"부처님이시여, 보살이란 어떤 의미입니까?"

"아무 이유 없는 것이 보살의 이유다. 왜 그러냐 하면, 보리에는 의지할 곳도 없고, 나我도 없기 때문이다. 비유하면, 공중을 나는 새가 자취가 없는 것처럼 꿈·환幻·불꽃·소리·그림자를 붙잡을 수 없는 것처럼 보살의 이유도 없는 것이다. 보리라 하고, 보살이라 하고, 보살의 이유라고 하는 이 모든 법은, 모이지도 않고 흩어지지도 않으며, 색도 없고 형상도 없어서, 상대가 없는 무상無相이며, 따라서 무애無碍인 것이다."

9 "그러면 부처님이시여, 마하살(大士)이란 어떤 뜻입니까?"

"수보리야, 보살은 반드시 열반에 드는 사람의 우두머리(上首)이므로 대사라고 한다. 보살은 일체 법을 알고 일체 중생을 구제하겠다는 큰마음을 일으킨다. 그 마음은 금강석과 같이 견고하기 때문에, 반드시 열반에 드는 사람의 우두머리가 되는 것이다. 그 큰마음이란 어떤 것인가? 보살은 한량없이 헤매는 가운데서 큰 서원을 세워 ① 이 세상을 깨끗이 하겠다. ② 일체 존재의 모양에서 집착을 버리겠다. ③ 일체 중생과 마음을 같이하겠다. ④ 일체 중생을 구제해서 깨달음에 들게 하겠다. ⑤ 일체 중생을 구제하여도 한 사람도 구제했다는 생각조차 가지지 않겠다. ⑥ 일체 법의 생멸이 없음을 깨닫겠다. ⑦ 일체 지혜의 마음으로써 육바라밀을 닦겠다. ⑧ 지혜를 연마해서 모든 법을 알겠다. ⑨ 일체 법이 공해서 모양이 없음을 알겠다. ⑩ 모양이 없기 때문에 그것을 깨닫겠다.

이 열 가지 큰 원(十大願)이 금강과 같이 굳은 보살의 큰마음이다. 보살은 또 지옥·아귀의 고통에 잠긴 중생을 대신해서, 그 고통을 받는 큰마음을 일으킨다. 그래서 더러운 마음, 화내는 마음, 어리석은 마음, 작은 이익에 만족하는 마음을 일으키지 않고, 부동심을 일으켜 법을 믿고, 법을 참고, 법을 받고, 법을 수행해서 공에 머물러 열반에 드는 사람의 상수가 된다. 그래서 마하살이라 한다."

10 그때 사리불은 부처님께 여쭈었다.

“부처님이시여, 나도 대사大士의 이유를 설명해 보고 싶습니다. 저 모든 소견—‘나’가 있다, ‘중생’이 있다는 따위의 사람에 집착하는 소견과, ‘아주 없다’, ‘항상 있다’는 따위의 잘못된 소견과, 오온이 있다, 인연이 있다, 부처가 있다는 따위의 법에 집착하는—이러한 따위의 견해를 타파하고, 일체 법은 얻을 것이 없다는 도리에 마음을 앉혀 법을 설하므로 마하살이라 합니다. 반야 방편이 없이 모든 법은 얻을 것이 있다고 생각하는 때에는, 색·수·상·행·식·인연·부처 등에 대해서 견해를 일으킵니다. 보살은 반야 방편의 힘에 의해서 이 모든 망령된 생각, 삿된 생각의 그물(網)을 깨뜨리는 것입니다.”

수보리는 여쭈었다.

“나는 또한 마하살의 뜻을 말하고 싶습니다. 부처님이시여, 보살은 위없는 큰 보리심을 일으키므로 마하살이라고 이름합니다. 또 일체지一切智에 들어맞는 마음이므로 번뇌도 없고, 얽매임도 없고 또 이 마음에도 취착하는 일이 없습니다. 물론 범부의 마음도 번뇌와 얽매임이 없는 것이지마는, 보살은 이 마음에도, 또 일체 법에도 취착이 없으므로 마하살이라 합니다

11 다음에는 부루나가 여쭈었다.

“부처님이시여, 나도 또한 말씀하고 싶습니다. 보살은 큰 서원을 세워 대승으로 나아가 대승을 타므로 대사라고 부릅니다. 큰 서원이란 무엇인가? 보살은 어떤 한정된 사람을 위해 도를 닦는 것이 아니라, 일체 중생을 위해서 큰 서원을 일으켜, 스스로 육바라밀을 닦음과 함께, 일체 중생으로 하여금 같이 육六바라밀을 닦게 하고, 육六바라밀의 하나하나에 육六바라밀을 구족해 있습니다. 그래서 보시는 일체 중생과 같이 보리에 회향하고, 계戒는 대계大戒로서 작은 마음을 일으키지 않으며, 일체의 번뇌를 참아 항상 나아가 끊임이 없고, 마음을 고요히 하여 흩어 버

리지 않으며, 모든 법은 공하다는 것을 알아 어떤 물건에도 구속되지 않습니다. 이 보살의 큰 서원을 가지고 불국토를 장엄하고 중생을 조복하는 것입니다. 대승에 나아간다는 것은, 곧 보살은 우선 선정에 들어 사무량심을 닦습니다. 즉 자심·비심·희심·사심을 가지고, 일체 중생을 구제하려고 생각합니다. 그런데, 이 선정에 드는 데나 사무량심을 닦는 데도 육바라밀의 하나하나를 구족한다는 것입니다. 대승을 탄다는 것은, 즉 육바라밀을 닦는 데 대해, 반야바라밀에 앉아, 일체 모든 법은 공한 것이며, 얻을 수 없는 것임을 아는 것이요, 이 얻을 수 없다는 깨달음을 가지고 모든 세계의 모든 부처를 공양하고 불토를 깨끗이 하여 중생을 바르게 인도하는 것입니다. 그렇게 하면서도, 불토라는 생각도 없고, 중생이라는 생각도 없이, 가는 곳마다 얼굴을 변해서 중생을 인도하고, 드디어 깨달음을 열어 법을 설하는 것을 말하는 것입니다. 시방十方의 여러 부처님은 이것을 보고 기뻐하여 보살이 대승을 타고 깨달음을 열어 법의 수레를 굴린다고 찬탄하는 것입니다."

12 수보리는 부처님께 여쭈었다.

"부처님이시여, 대승에 나아가 대승을 탄다고 하는 이 대승의 타는 물건은, 어디서 출발해서 어디로 가고 어디에 머무르며, 또 누가 타는 것입니까?"

"수보리여, 육바라밀이 곧 대승이다. 즉 일체의 지혜에 계합하는 마음으로서, 안팎의 모든 보시를 중생과 더불어 보리로 회향하는 것은 보시바라밀이다. 스스로 십선十善을 닦음과 동시에, 다른 사람에게도 행하게 하는 것은 지계바라밀이다. 자기가 일체 번뇌를 참음과 동시에 다른 사람에게도 참게 하는 것은 인욕바라밀이다. 선정에 들어 그 선정의 과果를 받지 않음과 동시에, 다른 사람에게도 선정에 들게 하는 것은 선정바라밀이다. 일체 법에 집착하지 않고 다른 사람에게도 집착을 떠나게 하는 것은 반야바라밀이다. 이와 같이, 육바라밀을 닦아서, 육바라밀에 걸려 있지도 않고 구속되지도 않는 것이므로 대승이라 한다.

수보리야, 또 십팔공十八空이 대승이다. ① 내공內空이다. 이것은 눈·귀·코·혀·몸·뜻의 공으로서 이것은 영원한 것도 아니요 없어지는 것도 아니라, 그 자성이 인연으로 생겼으므로 공이다. ② 외공外空이다. 이것은 빛깔·소리·냄새·맛·닿음·법의 공으로서, 이것은 영원한 것도 아니요 없어지는 것도 아니라, 그 자성이 인연으로 생겼으므로 공이다. ③ 내외공內外空이다. 이것은 안에 있는 근根과 밖에 있는 경境의 공으로서, 안팎이 다 영원한 것도 아니요 없어지는 것도 아니라, 그 자성이 인연으로 생겼으므로 공이다. ④ 공공空空이다. 이것은 일체 법의 공으로서, 공 그것도 영원한 것도 아니요 없어지는 것도 아니라, 그 자성이 인연으로 생겼으므로 공이다. ⑤ 대공大空이다. 이것은 동·서·남·북 사유四維·상하의 공으로서, 이러한 방각方角은 영원한 것도 아니요, 그 자성이 인연으로 생겼으므로 공이다. ⑥ 제일의공第一義空이다. 이것은 열반 공空으로서, 열반은 영원한 것도 아니요 없어지는 것도 아니라, 그 자성이 인연으로 생겼으므로 공이다. ⑦ 유위공有爲空이다. 이것은 욕계欲界·색계色界·무색계無色界의 모든 것의 공으로서 삼계三界는 영원한 것도 아니요, 없어지는 것도 아니라, 그 자성이 인연으로 생겼으므로 공이다. ⑧ 무위공無爲空이다. 이것은 나는 것(生)·머무는 것(住)·없어지는 것(滅)의 상相이 없는 공으로서, 생·주·멸이 없으므로 그 자성의 공이다. ⑨ 필경공畢竟空이다. 이것은 여러 법의 최후인 필경이 없을 수 없으므로 공이다. ⑩ 무시공無始空이다. 이것은 모든 법의 최초가 얻을 수 없으므로 공이다. ⑪ 산공散空이다. 이것은 모든 법의 멸하지 않는 것을 말한 것으로서, 멸이 없으므로 생生도 없고, 그 자성에 의해 공한 것이다. ⑫ 성공性空이다. 이것은 모든 법의 성품은 다른 사람이 만든 것이 아니라, 그 성품 자체가 공인 것이다. ⑬ 자상공自相空이다. 이것은 모든 법의 모양을 얻을 수 있는 공이다. ⑭ 제법공諸法空이다. 이것은 안 법·바깥 법이 다같이 법으로서 공한 공이다. ⑮ 불가득공不可得空이다. 이것은 모든 법이 본래부터 얻을 수 없는 공이다. ⑯ 무법공無法空이다. 이것은 모든 법의 자성自性이 없는 그것의 공이다. ⑰ 유법공有法空이다. 이것은 모든 법의 화합상和合上에서 나(我)는 나, 저것은 저것인 성상性相은 있으나 그 유위법은 영원한 것도 아니요 없어지는 것도 아니라, 성으로서 공한 공이다. ⑱ 무법유법공無法有法空이다. 이것은 그 유법이나 무법이 다같이 공한 공이다. 이 십팔공은 대승이다. 또 여러 삼매·사념주四念住·사정근四正勤·사여의족四如意足·오근五根·오력五力·칠보리분·팔성도八聖道 따위의 수행은 다 그 성性을 얻을 수 없으므로 얻을 수 없다는 것을 깨달으면 대승이 되는 것이다.

13 수보리야, 이 대승이 타는 물건은 삼계 가운데서 나와, 일체지 가운데 머물러 있는 것이다. 왜 그러냐 하면, 대승과 일체지는 둘이면서 하나인 까닭이다. 나온다 해도 실제는 나오는 것도 없고, 또 나오는 물건도 없다. 일체가 다 무상無相인 까닭이다. 정지한다고 해도, 공은 정지하는 물건이나 정지되는 물건도 아니다. 일체가 다 무상인 까닭이다. 그러므로 대승은 삼계 중에서 나와 일체지에 머무른다고 한다.

수보리야, 너는 누가 이 대승이 탈 물건에 타느냐고 물었지마는, 본래 이 탈 물건에 탈 사람은 없다. 타는 물건인 육바라밀이나, 타고 나오는 보살이나, 사용하는 자비 방편의 법이나, 나오는 시간 등, 이러한 법은 다 그 성性을 얻을 수 없으며 또 공인 까닭이다. 얻을 수 없다고 하지마는, 지혜가 모자라서 얻을 수 없다는 것이 아니라, 법 그 자체가 포착할 수 없다는 말이다. 일체 법은 그 성이 공이므로 필경 청정한 것이다. 필경 청정하기 때문에 나지도 않고 멸하지도 않으며, 더럽지도 않고 깨끗하지도 않으며, 일어나는 것도 짓는 것도 없이 필경 얻을 수 없는 것이다.

수보리야, 일체 모든 법은 얻을 수 없으므로 보살은 대승을 타고 삼계를 나와 일체지에 머무르는 것이다."

그때 부루나는 부처님께 여쭈었다.

"부처님이시여, 수보리로 하여금 반야바라밀을 말하게 했는데, 그것이 대승의 설명이 된 것은 무슨 까닭입니까?"

수보리는 부처님께 여쭈었다.

"부처님이시여, 내가 대승을 설명하고 있으나 반야바라밀을 떠났다고는 생각하지 않습니다."

부처님은 말씀하셨다.

"수보리야, 그렇다. 대승을 설명해도 반야바라밀을 떠난 것은 아니다. 왜 그러냐 하면, 일체의 착한 법은 다 반야바라밀에 포섭되어 있기 때문이다."

수보리는 다시 부처님께 사뢰었다.

"부처님이시여, 보살은 과거를 구할 수 없고, 또 미래나 현재도 구할 수 없습니다. 보살은 가(邊)이 없어 얻을 수 없습니다. 보살은 어떤 곳에서도 구할 수 없습니다. 다만 보살의 이름만이 있을 뿐입니다. 나의 이름을 말해도 내가 나오지 않은 것같이, 일체 모든 법의 이름을 설해도 일체 모든 법은 나지 않는 것입니다. 일체 모든 법이 필경에 나지 않는 것이라면 반야바라밀을 가르칠 수도 없고, 필경에 나지 않는 것을 떠나서 보리를 구하거나 고행할 수가 없습니다. 만일 보살이 이 말을 듣고 놀라지도 않고 무서워하지도 않으면 그 보살은 반야바라밀을 닦았다고 말할 수 있습니다."

제5절 모든 법의 참된 모양

1 사리불은 수보리에게 물었다.

"그러면 보살이라 하고 반야바라밀이라고 하는 것은 어떤 것이며, 또 어떻게 사물을 생각하는 것이 바른 것인가?"

"깨달음에 이르기 위해서 무상의 지혜를 구한 것이라 해도 큰 결심을 발한 사람만이 보살이다. 그러므로 이 보살은 모든 물건에 대해서 충분히 그 진상을 파악해서 이것은 미迷의 원인, 이것은 오悟의 경계, 이것은 인연이 화합해서 된 것이기 때문에, 오직 일시적 존재라고 분간하여, 이에 대해서 집착이 없다. 이와 같이 물건의 진상을 파악해서 집착하지 않고, 오히려 집착하려는 마음으로부터 멀리 떨어져 가는 것이다. 그것이 곧 반야바라밀이다. 따라서 이 반야바라밀이라고 하는 지혜의 눈으로 물건을 관찰하면, 모든 것은 항상 있는 것이 아니라 항상됨이 없고, 즐거움이라 괴로움이라 단정할 수도 없으며 '나'도 아니요 '나'가 없는 것도 아니며, 공空이라고도 공이 아니라고도 단정할 수도 없어서, 이것이라고 확정할 수 없는 것으로 안다. 이것이 실로 물건을 바르게 보는 견해이다."

2 그때 삼천 대천세계의 사천왕과 제석천을 비롯하여 여러 천자들이 이 설법을 들으려고 왔으나, 호화스러운 저들의 몸에서 내뿜는 광명도 부처님의 광명에 비할 때, 그것은 마치 횃불을 염부단금의 광명에 비교하는 것같이 미미한 것이었다. 제석천은 수보리에게 물었다.

"수보리시여, 우리들 모든 하늘은 마음으로 존자의 설법을 바라고 있습니다. 어떻게 해서 반야바라밀 가운데에 마음을 두어야 하겠나이까? 그것을 가르쳐 주소서."

수보리는 말했다.

"교시가憍尸伽여, 내 이제 부처님의 뜻을 받들고 부처님의 힘을 입어 설하리라. 만일 이 가운데 아직 부처님의 가르침에 마음을 붙이지 않은 천자가 있거든 마땅히 이 자리에서 발심하는 것이 좋다.

교시가여, 물건에 물건으로서 포착될 본체가 없고, 마음에 마음으로서 고정된 본성이 없는 것과 같이, 모든 것은 모두 이름만 있고 실체는 없는 공이다. 보살도 또한 이름만 있고 실체가 없는 공이다. 따라서 물건과 마음을 떠나서 보살이 없고, 보살과 물건은 둘도 아니요 또 다른 것도 아니라고 알지 않으면 아니 된다. 이것이 보살이 반야바라밀에 마음을 두는 길이다. 또 교시가여, 보살은 물건이나 마음에 마음을 머물러 두어서는 아니 된다. 혹은 아라한이라는 높은 깨달음의 경계나 부처님께 공양하고, 사람에게 베풀어 준다는 뛰어난 마음에도 마음을 붙여서는 아니 된다. 모든 부처님의 깨달음이란 것은 어떤 물건에 집착해서 마음을 그 물건에 집착하게 하는 것이 그릇된 일임을 깨달아 아는 것이기 때문이다."

3 그때에 여러 천자는 마음속으로 생각했다. '세계에 가장 부사의不思議하다고 하는 야차의 문자와 언어는 알아도, 아마 지금 존자의 설법은 이해할 수 없으리라. 이러한 설법을 누가 이해할 수 있을까?'라고. 수보리는 얼른 이들의 의심을 알아차리고 말했다.

"천자들이여, 나는 허환 가운데 있는 사람을 상대로 하는 것처럼 설법하는 것이다. 이러한 사람에게는 듣는다는 것도 없고 안다는 것도 없는 것이다. 그와 같이 진상을 구명해 가면 모든 것은 이름만 있고 실상은 없다. 말하자면 환幻과 같으므로 듣고 알고 보고 깬다는 실상은 없다. 만일 있다면 그것은 미迷에 붙잡혀 있는 까닭으로서, 그 미한 것을 떠난 반야 지혜의 눈으로 보면, 모든 것은 환과 같고 꿈과 같다고 알게 될 것이다. 거기에는 '들었다' 하고 '보았나' 할 무엇이 조금도 없다. 그러므로 결국 말하면 반야바라밀 가운데에는 말한다거나 보인다거나 하는 법도 없고, 이것을 듣는다는 사람도 없는 것이다."

4 제석을 비롯해서 모든 하늘은 한없이 기뻐하며

"존자는 우리들에게 법의 비(法雨)를 내려 주셨다. 우리는 답례로 꽃비(華雨)를 뿌리리다."

하고, 부처님과 제자들에게 일제히 꽃을 뿌렸다. 수보리는 이것을 보고, '이것은 참으로 하늘과 사람 세계에서는 볼 수 없는 훌륭한 꽃이다. 아마 나무에 핀 꽃이 아니요 마음에 핀 꽃일 것이다'라고 생각했다.

제석은 말했다.

"존자여, 이것은 나무에 핀 꽃도 아니요 또 마음에 핀 꽃도 아닙니다."

"교시가여, 네 말도 옳다. 그러나 피지 않는 것에 꽃이라는 이름이 어찌 붙겠는가?"

제석은 수보리의 인연이 화합해서 된 물건에, 임시로 붙인 그 명칭, 그 거짓 이름을 사용하면서, 그러나 또 교묘하게 진리를 설명하는 지혜에 놀라 부처님께 물었다.

"부처님이시여, 수보리 존자는 어떻게 거짓 이름을 쓰면서도, 모든 법의 진상을 설할 수 있는 것입니까?"

"교시가여, 물건은 다 거짓 이름으로서, 그 진상에 이르러서는 완전히 공이요 실체가 없는 것이다. 그렇다면 물건은 다 이것을 칭찬해도 더할 것이 없고 비방해도 줄어들 것이 없다. 그러므로 수보리는 세간의 어두운 지혜로써 붙인 거짓 이름을 쓰면서도, 그 이름은 거짓이요, 체는 실實이 아니라고 가르치는 깨달음의 경계를 설하는 것이다."

부처님은 다시 말씀하셨다.

"교시가여, 부처란 것은 그 상호를 갖춘 육신을 이름한 것이 아니다. 일체의 지혜를 얻어서만이 부처라고 이름하는 것이다. 그런데, 그 일체의 지혜는 전혀 반야바라밀 가운데서 배워 얻는 것이므로 반야바라밀은 정말로 부처를 만드는 어머니다. 그러므로 일체지가 간직되어 있는 육체의 사리舍利를 공경해도 공덕은 많지마는, 그것보다도 그 일체의 지혜를 낳는 반야바라밀을 생각하고 공양하는 것이 몇 배나 더 수승하다는 것을 알지 않으면 아니 된다. 대체로 이 반야바라밀만 이 세상에 있다면 모든 착한 것이나 모든 지혜도 다 이 세상에 실현할 수 있고, 따라서 누구나 다 불도를 성취하여 법을 설해서, 일체 중생을 제도하고 이 세상을 깨끗이 할 수가 있다. 그러므로 불도를 구함에는 반야바라밀을 생각하고 공양하는 것이 제일 되는 복이니라."

5 그때 미륵보살은 수보리에게 말했다.

"만일 보살이 여러 사람이 닦는 복덕을 즐겁게 도와주고, 또 자기도 복덕을 쌓아, 그것을 자기만이 아니라 다른 여러 사람에게까지 성불하도록 회향한다면, 그것은 실로 이 위없는 복덕이라고 하지 않으면 아니 된다. 왜 그러냐 하면, 일반 사람들의 복덕은 전혀 자기를 완전히 하고 자기를 깨끗이 해서, 자기를 구제하기 위한 것에 불과하지마는, 보살의 그것은 어떤 이든지 모두 모든 사람들을 완전히 하고 깨끗이 하고 구제하기 위해서 닦는 것이기 때문이다."

수보리는 이렇게 말했다.

"말씀하신 것과 같이, 공덕의 본원인 부처를 생각하고 처음으로 불도에 마음을 내어 수행하는 때로부터 깨달음을 얻을 때까지, 잠시도 잊지 않고 모든 사람의 복덕을 수희隨喜해서 이것을 닦아, 그것을 다 보리 도에 회향한다면, 이것은 참으로 둘도 없는 복덕이라고 하지 않으면 아니 된다. 그러나 만일 그 마음에 '나는 보리를 위해서 회향했다'는 생각이 있다면 그 사람은 정말 따라 기뻐한 내 마음을 자랑스럽게 생각하여, 기뻐한 대상에 마음이 사로잡혀지고, 또 회향한 사실에 집착했다는 것은 틀림이 없다. 이와 같이, 물건과 마음에 집착이 있는 동안은 과연 그 희망대로 도를 성취할 수가 없는 것이다."

"과연 그렇다. 그래서는 불도를 성취할 수가 없다."

이 말을 들은 제석은

"그 말은 너무 어려워서 처음으로 도에 마음을 낸 사람으로서는 무서워하고 놀랄 것입니다. 존자여, 더 쉬운 도리가 없겠습니까?"
하고 물었다. 수보리는 이에

"만일 처음으로 발심한 보살이 반야바라밀을 행한다면, 본래가 집착하려 해도 그 대상이 없고, 생각하려 해도 생각의 대상이 아니 되는 반야바라밀이므로, '집착이 일어난다면' 하는 염려는 필요없는 것이다. 그래서 처음으로 배우는 보살로서는 오직 부처님의 가르침을 깊이 믿어서 항상 선지식善知識에게 법을 묻는 것이 좋다. 선지식은 그 사람을 위해서 육바라밀의 뜻을 잘 말해 보이고 반야바라밀을 떠나지 않게 해 주실 것이다. 따라서 이 보살은 모든 법에 집착하는 일이 없으므로 비록 악마의 가르침을 듣더라도 그것 때문에 미집迷執을 일으켜, 깨달은 경계의 진리를 더 보태거나 줄게 하거나 할 염려는 없다. 그래서 이 보살은 모든 인천人天의 복덕을 기뻐해서 이것을 남김 없이 닦고 익혀 필경에 그것을 보리 도에 회향하게 되는 것이다."

6 그때 사리불은 반야바라밀의 복덕을 찬탄하고 부처님께 여쭈었다.

"부처님이시여, 반야바라밀은 어떤 물건에도 더럽혀지는 일이 없이 필경에 깨끗한 거울이며, 일체 법의 진리를 잘 비추어내는 것입니다. 모든 번뇌를 없게 하므로 헤매는 세계에 사로잡히지 않습니다. 일체의 불도 수행 가운데 최상의 것입니다. 법의 실상을 투철하게 잘 보고 있으므로, 모든 무서움과 고뇌를 끊는 안온한 법이며, 헤매는 어둠의 길을 비추는 광명입니다. 또 치우친 고행과 향락을 취하지 않으므로 그릇된 생각을 가진 사람을 바른길로 인도하고, 또 일체의 번뇌를 제거하고 있으므로, 부처의 모든 지혜 그대로입니다. 불법을 내는 근원이므로 여러 보살의 어머니입니다. 그 자신이 공하기 때문에 어두운 눈으로 보는 모든 법과 같이 결코 되었다가 안 되었다가 하지 않습니다. 항상 있는 법도 아니요, 아주 없어지는 법도 아니므로 헤매는 세계에서 떠나 있고, 일체의 공덕·선근의 어머니이므로 능히 구제해 줄 이 없는 자를 위한 수호守護가 되는 것입니다. 헤매는 법과 같이 파괴되지 않으므로, 절대의 힘을 구족하고, 일체지의 본이 되어 능히 불법을 설하고 능히 모든 법의 진상을 보여 줍니다. 부처님이시여, 이와 같이 넓고 큰 반야바라밀을 어떻게 공양해야 되겠습니까?"

"사리불이여, 너의 말과 같이 반야바라밀은 모든 불법의 근본이므로 부처와 다를 것이 없다. 그러므로 반야바라밀을 공양하기를 꼭 여래와 같이 공양하고 부처를 예배하는 것처럼 예배하는 것이 좋다. 만일 첫째로 악마에게 이끌리어 반야바라밀을 비방하고, 둘째로 깊은 법을 믿을 수 없기 때문에, 마음이 깨끗하지 못해서 반야바라밀을 비방하고, 셋째로 착하지 못한 벗과 사귀고 마음이 게을러 바른 마음을 잃고 한갓 육체에만 집착해서 싫어할 줄을 몰라 반야바라밀을 비방하고, 넷째로 짜증과 화를 내어 한갓 자기를 높이고 다른 사람을 얕보아 반야바라밀을 비방하면, 법을 깨뜨리는(破法) 죄를 범해 지옥에 떨어져 고생하지 않으면 아니 된다. 그러므로 이 네 가지 인연은 깊이 조심하지 않으면 안 된다."

수보리는 여쭈었다.

"부처님이시여, 이 반야바라밀은 부지런하지 않고, 선근을 심지 않고 또 나쁜 벗과 사귀어 게으른 사람에게는, 참으로 믿기 어렵고 알기 어렵다고 생각합니다."

"그렇다. 대개 모든 사람에게 깨끗하고 깨끗지 못한 차별을 붙이나, 그러나 물건의 본성은 깨끗한 것도 깨끗하지 못한 것도 없다. 오직 집착하기 쉬운 마음이므로 잠깐 깨끗하지 못한 것을 싫어하고, 깨끗한 것을 즐기라고 부탁하는 것이다. 이것은 참으로 방편이다.

지금 이 집착하는 마음을 떠나서 보면, 일체 모든 법은 다 깨끗한 것이다. 또 그것으로부터 나타나는 결과도 다 필경에 깨끗한 것이다. 탐욕과 진에와 우치도 다 깨끗한 것이며, 따라서 이 육체를 만드는 오온도 또 그것을 연緣으로 해서 갈아 내는 모든 불도도, 일체의 지혜도 다 깨끗한 것이다. 모든 법이 깨끗하므로 반야바라밀도 물론 깨끗하다. 필경 모든 법이 깨끗하다는 것과 반야바라밀이 깨끗하다는 것과는 구별이 없는 것이라고 알지 않으면 아니 된다."

7 그때 사리불은 여쭈었다.

"부처님께서 말씀하시는 바 깨끗이라는 것은, 참으로 인간의 지혜로서는 상상도 못할 깊은 뜻입니다."

"그렇다. 깨끗하고 깨끗하지 못한 것은 차별의 눈으로 하는 말이며, 지금에 깨끗하다는 것은 필경 최후의 깨끗함으로서, 차별의 눈을 떠나서 본 모든 제법의 본성이다."

다시 수보리는 여쭈었다.

"부처님이시여, 이 반야바라밀은 스스로 지은 바(所作)라는 것을 말한 것이 아닙니까? 만일 반야바라밀에 지은 바가 없다면 도를 닦는 사람이 새삼스럽게 나쁜 것을 끊고 착한 것을 닦아 도에 힘쓸 필요가 없다고 생각합니다."

"그대로다. 참으로 짓는 사람도 없고 지어지는 물건도 없다. 일체의 법은 필경 얻을 수 없는 것이다."

"짓는 사람도 없고, 지어진 물건도 없다면, 어떻게 해서 반야바라밀이 얻어지겠습니까?"

"색(色)에 대해서 이것은 영원한 것, 이것은 영원하지 못한 것이라고, 차별하는 망령된 분별을 하지 않는 것이 좋다. 모든 것은 영원한 것도 아니요, 영원하지 않은 것도 아니다. 망령된 분별을 떠나면 그대로가 반야바라밀의 큰 지혜이다."

"참으로 한없이 부사의한 법입니다. 설하여도 그 덕에 증감이 없고, 설하지 않아도 그 광명에는 변함이 없습니다. 구하면 구할수록 높은 법입니다."

"그렇다. 저 푸른 하늘을 찬탄하는 것과 같이, 또 허환한 사람이 하는 짓을 헐어 말하는 것과 같이, 찬탄해도 더할 것 없고, 헐어도 줄어들지 않는다. 이 절대가치야말로 모든 법의 실상이다."

"부처님이시여, 이러한 법을 닦는다는 것은 쉽게 믿어지는 것이 아니지 않습니까? 그러나 이러한 법을 믿고 수행하려는 것은 얼마나 보살도가 지극히 어려운가를 알지 않으면 아니 될 것입니다. 참으로 무궁한 대

우주를 장엄하려고 하는 것과 같이, 구해서 얻기 어려운 법을 향해서 용감하게 나아가는 보살의 신성한 자태, 그러나 그 큰 보리심의 근원은 허공을 따서 쥐는 것보다도 곤란한 중생의 구제를 위한 것이라면, 무슨 말로 그것을 찬양하고 무슨 형식으로 감사를 드려야 하겠나이까? 다만 엎드려 공손히 정례할 뿐입니다."

이 찬탄을 듣고 한 비구는 문득 외쳤다.

"반야로구나! 반야로구나! 나는 마음속으로 반야바라밀을 공손히 예찬합니다. 부처님은, '반야바라밀에는 짓는 자도 없으며, 짓는 바도 없다. 착한 법을 위해서 나고, 나쁜 법을 위해서 없어지는 일도 없으며, 다만 절대 무작無作이라'고 말씀하셨으나, 이 반야바라밀을 닦아서만 높은 깨달음이 열려, 세상에 불 · 법 · 승의 삼보가 갖추어져 무상의 법을 널리 펼 수 있는 것입니다."

8 그때 수보리는 거듭 끝없는 반야바라밀의 큰 공덕을 찬탄했다.

"거룩하다 모든 법이여! 그것은 허공과 같아서 영원(常)과 영원치 않은(無常) 것에 치우침이 없고, 차별이 없어 평등하며, 사랑하고 미워하는 집착을 떠났고, 일정한 모양이 없으므로 깨어지는 일이 없으며, 헤매고 깨는 구별을 벗어나 설할 수도 없고 볼 수도 없는 것은 참으로 반야바라밀의 지혜의 세계이다. 꿈과 환幻과 메아리와 같아서 그 실체는 억제할 수가 없고, 거울에 비친 그림자와 같고 사막에 오르는 태양의 불꽃과 같아서, 있는 것같이 보여도 잡을 수 없는 것은 반야바라밀의 본체다. 번뇌에 물들어도 더러워지지 않고 착한 일에 의해서 깨끗해지지도 않으며, 칭찬하고 비방해도 움직임이 없어, 담담하고 고요한 데로 돌아와 범부의 망령된 분별의 대상이 되지 않는 것은 반야바라밀의 본체다. 참으로 반야바라밀의 큰 지혜는 무상無常의 진리, 고苦의 진리, 공空의 진리, 무아無我의 진리로다. 이렇게 부처의 설하신 법은 진실한 도를 비추는 등불이 되어 부처의 덕이라 하고 가르침이라 해도, 다 반야바라밀을 떠나서 있는 것은 아니다. 부처의 지혜가 반야바라밀, 부처가 곧 반야바라밀, 우주 자연의 모든 것이 그대로 반야바라밀이다."

그때 모든 하늘은 다시 향기로운 꽃을 뿌리면서 부처님이 계신 곳으로 왔다.

"부처님이시여, 반야바라밀은 매우 심오한 법인 줄 아나, 우리를 위하여 한 번 더 설해 주세요."

"여러 천자들이여, 이미 여러 번 설한 것같이, 여러 법이 공空·무상無相·무작無作인 것이 곧 깊은 반야바라밀이다. 그 진실한 이치는 설할 수도 없고 보여 줄 수도 없다. 만일 공을 이것이라 혹은 저것이라 한다면, 그것은 도리어 공이 아니다. 그러나 그래서는 세간에 가르칠 수가 없으므로, 나는 잠깐 세상의 습관을 따라, 설할 수 없는 공의 도리를 세간을 위해서 보이는 것이다. 여러 하늘들이여, 이 참다운 도리에 의해서 나타난 세간의 여러 양상은 어떠한 하늘과 귀신의 신통력이라도 도저히 파괴할 수는 없다. 왜 그러냐 하면, 하늘과 귀신도 또한 이 여러 모양의 하나인 까닭이다. 또 이 여러 모양은 유루법有漏法이라 할 수도 없고, 무루법無漏法이라 할 수도 없으며, 세간의 것 또는 출세간의 것이라고 할 수도 없다. 모든 그런 차별을 초월해 있다. 부처가 세상에 나타나 그것이 생긴 것이 아니라, 부처의 출세 이전에도 그것은 있었다. 부처는 이러한 이치를 알고 있으므로, 세간에서 고통으로 생각하고 있는 것도 고통할 것이 없는 무상無想으로 보고 있다. 육도六度·사무량심 따위를 높은 행이라고 말하고 있으나, 부처는 어디에나 집착할 곳이 없는 무상의 것으로 알고 있다. 이와 같이 부처가 세간의 모든 법의 진상을 보일 수 있는 것은 모두 반야바라밀의 선물이다. 그러므로 부처는 반야바라밀을 어머니로서 존경하는 것이다."

9 수보리는 다시 여쭈었다.

"부처님이시여, 일체의 법이 공·무상·무작으로서 아는 사람도 없고 보는 사람도 없다면, 오직 반야바라밀만이 어떻게 부처로 하여금 설하게 할 수가 있습니까?"

"과연 아는 사람도 보는 사람도 없다. 그러나 그것은 공·무상·무작이기 때문에, 말하자면 삼계의 약속을 초월해 있으므로 인천의 지혜의 대상이 되지 않는 것이다. 그런데 반야바라밀은 그 인천의 지혜가 미치지 않는 세계를 보는 지혜이므로, 여기에 삼계를 초월한 부처가 출현해서 능히 그 모든 모양을 보여 주는 것이다. 참으로 이 반야바라밀은 여러 법에 분별의 집착을 일으켜 고민하고 있는 중생을 위해서 그것을 구제하겠다는 일대사인연一大事因緣에 의해 세상에 나타난 것이다.

수보리여, 이 반야바라밀은 도를 닦는 사람의 보호자이다.

비유해 말하면, 큰 바다 한가운데서 풍파를 만나 파선을 당했을 때, 나무 널판자와 같은 붙잡고 뜰 수 있는 물건이 없다면, 그 사람은 물 가운데 빠져 죽을 것이다. 또 흙으로 만든 병을 불에 굽지 않고 물을 담는다면, 그 병은 곧 깨어져 흩어질 것이다. 또 아직 완성되지 않은 배를 타고 물을 건너려면 파선이 될 것이다. 지금 이 도를 닦는 나그네의 길도 이와 같아서, 파선에는 구조물, 병에는 불, 배에는 정비가 필요한 것같이, 반드시 반야바라밀의 수호가 필요한 것이다. 수보리여, 지금 여기 백이십 살이나 된 병든 노인이 있어, 일어설 수도 없고 또 일어선다 해도 십리 이십 리도 가지 못할 것이다. 그러나 젊은 장사 두 사람이 이 노인을 부축해 준다면, 이 노인은 조금도 염려할 것 없이 가고 싶은 데로 마음대로 갈 수 있을 것이다. 그와 같이, 선남자 선여인이 아무리 보리심을 내었다 해도, 자기 몸에 전세에 심은 좋은 힘이 없고, 번뇌라는 중한 병이 있기 때문에, 아무리 해도 열반의 피안에 이르지 못하고 중도에서 위험한 땅에 떨어지게 되는 것이다. 그러니 반야바라밀의 큰 방편의 수호가 있다면, 아무것도 무서울 것 없이 쉽게 열반의 피안에 도달하는 것이다. 그렇다면 어떻게 반야바라밀의 도움을 얻을 것인가? 그것은 말할 것

없이 여러 법에 대해서 차별이라는 망령된 집착을 버리는 것이다. 아무리 육도를 닦아도, 차별이란 망령된 집착을 버리지 않고 '나는 시주施主다, 저 사람은 받는 사람이다.' 하여, 낱낱이 나와 저를 분별해서 좋은 일을 하면서도 집착하고 교만한 마음을 일으켜서는 아니 되는 것이다. 또 계율을 가져도, 인욕을 닦아도, 정진하고 선정을 닦고, 지혜를 연마해도, 이 망령된 집착이 있어서는 아무것도 아니 되는 것이다. 모든 것은 이 망집을 버려서 비로소 공 · 무상 · 무작이 되는 곳에 진실이 있는 것으로서, 그것이 곧 반야바라밀의 경지이다. 사람이 만일 참으로 이 경지에서 좋은 일을 닦고 반야바라밀을 행한다면, 자연히 반야바라밀의 수호를 받을 것이다."

10 수보리는 다시 부처님께 여쭈었다.

"부처님이시여, 그렇다면 처음으로 반야바라밀을 배우겠다고 생각을 낸 사람은 어떻게 해야 하겠나이까?"

"우선 잘 반야바라밀을 설하는 선지식을 친하고 공양하는 것이 좋다. 선지식은 모든 보시 등 착한 일을 닦아서, 그 착한 일에도 집착하지 않고, 다 보리를 위해서 회향하라고 가르칠 것이다. 행하는 사람은 그 가르침과 같이 착한 일을 힘쓰고, 조금이라도 나(我)를 위해서 애착해서는 아니 된다."

"부처님이시여, 이와 같은 공법空法의 가르침 가운데서 보리심을 일으켜 힘쓰는 보살행은 참으로 어려운 것임을 알겠나이다."

"참으로 어려운 일임에는 틀림이 없다. 그러나 보살의 이와 같은 어려운 발심도 결코 자기를 위한 것은 아니니다. 세간을 안온하게 하고 즐겁게 하며, 구제하고, 귀의처歸依處를 만들고 피난처를 만들고, 교화하는 사람이 되고 지극한 도를 보여 주어, 최후에 머무를 곳까지 인도하기 위해서 이 큰 보리심을 내는 것이다."

"부처님이시여, 이와 같은 반야바라밀을 누가 믿고 알겠습니까?"

"전생에 부처를 만나고, 선지식을 따라 오랫동안 육도를 닦고, 좋은 뿌리를 쌓은 보살이 능히 믿고 아는(信解) 것이다."

"부처님이시여, 보살이 위없는 보리심을 완전히 하려면 어떻게 해야 하겠습니까?"

"제일 먼저 평등한 마음(等心)을 일으키지 않으면 아니 된다. 이 평등심을 일으켜 모든 사람과 꼭 같은 마음씨가 되어 서로 이야기하고, 자비로운 마음을 일으켜, 어리석은 사람이라도 업신여겨서는 아니 된다. 안온한 마음을 일으켜 이승 저승의 구경의 즐거움에 이르도록 이야기하고, 걸림 없는 마음을 일으켜 악마를 가까이 하지 말며, 쉽게 수행이 되도록 수호해 주고, 번뇌 없는 마음을 일으켜서는 죄 있는 중생까지도 위로해 주며, 사랑하고 공경하는 마음을 일으켜서는 모든 사람을 어버이같이 자식같이 형제자매와 같이, 친척과 같이, 벗과 같이, 사귀는 것이 좋다. 또 자기도 살생을 하지 않고 다른 사람에게 시키지도 말며, 살생하지 않는 것을 칭찬해서 즐거워하는 것도 매우 좋다. 천 사람 만 사람이 착한 길을 밟도록 권장하는 경우도 이와 같이 하는 것이 좋다.

제6절 상제보살이 법을 구하는 정신

1 부처님은 수보리에게 말씀하셨다.

"수보리야, 보살이 반야바라밀을 구하려면 마땅히 상제(常啼)보살과 같이 하지 않으면 아니 된다. 지금 이 보살은 대뇌음불(大雷音佛)이 계신 곳에 있어 보살도를 행하고 있다."

"부처님이시여, 상제보살은 어떻게 반야바라밀을 구했습니까?"

"수보리야, 보살로서 반야바라밀을 구하는 자는 상제보살과 같이 수도에 힘쓰는 것이 좋다. 이 보살이 맨 처음 반야바라밀을 구한 것은 완전히 목숨을 걸고 한 것이었다. 사람의 자취가 끊어진 어느 산 가운데 숨어서, 명리도 구하지 않고 선악도 잊어버리고, 마음을 오로지하여 도를 구하고 있었다. 어느 때 갑자기 공중에서 크게 외치는 소리를 들었다.

'너, 선남자야, 여기서 동쪽으로 동쪽으로 쉬지 않고 부지런히 가라. 피로도 잊고, 잠도 잊고, 먹는 것도 잊고, 낮도 잊고, 밤도 잊고, 추위도 잊고, 더위도 잊고, 안도 생각하지 말고 바깥도 생각하지 말고, 모든 것을 다 잊어버리고 가라. 또 가는 도중에서는 좌우도 살피지 말라. 가는 동안에는 몸을 단정하게 가져 허둥지둥하는 꼴을 보이지 말라. 색상色相도 깨뜨리지 말고 수受·상想·행行·식상識相도 깨뜨리지 말라. 마음에는 좋고 나쁜 것, 아름답고 미운 것, 이치에 맞고 안 맞는 것 따위의 차별심을 가져서는 안 된다. 모든 법의 진실성은 공空해서 그러한 차별이 없는 것이다. 그런데 자기 마음의 갈애로 말미암아 여러 가지로 가치를 붙여 번민하고 고통스러운 씨를 뿌리고 또 만드는 것이다. 이렇게 해서는 법의 진성을 파괴하고 갈애하는 마음을 더욱더욱 불 지르는 것이다. 그러므로 언제까지나 지옥·아귀 따위의 오도五道에 헤매지 않으면 아니 되고, 따라서 반야바라밀도 얻을 수 없다. 그러므로 결코 모든 법의 진성을 파괴해서는 아니 된다.'

2 상제보살은 이 힘 있는 소리를 듣고 뛰어 일어섰다.

'나는 꼭 그 가르침을 따르겠다. 나는 고민하는 큰 어둠 가운데서 헤매는 중생을 위해 눈부신 구제의 광명이 되고 싶다. 모든 불법을 알고 싶다. 무상의 정각을 얻고 싶다. 그것만을 생각하고 있는 까닭이다.'

라고 대답했다. 또 공중에서 큰 외침이 있었다.

'착하다, 착하다, 선남자여! 공·무상·무작의 어려운 법 가운데 신심을 일으켜, 조그마한 집착심이나 차별심을 세우지 않고, 오직 한마음으로 반야바라밀을 구하라. 나쁜 벗을 버리고 착한 벗과 사귀고 이 법을 설하는 자와 사귀는 것이 좋다. 세간의 명문이양名聞利養을 위해서 스승을 찾지 말고, 다만 법을 사랑하고 존중하는 마음으로 이 법을 설하는 보살을 찾는 것이 좋다. 그러는 동안 여러 가지 악마의 시달림도 받을 것이다. 그러나 그 악마가 시키는 일을 설사 방편으로서 받아들인다 하더라도, 결코 거기에 애착을 두어서는 아니 된다. 부처는 방편을 가지고 중생을 잘 제도한다. 중생에게 선근善根을 심어 주고 싶기 때문에 오욕의 공양도 받고 또 모든 중생과 같은 신체와 생활 등도 취하는 수가 있다. 악마가 비록 오욕의 힘으로 유혹해 오더라도 부처의 방편력의 취지를 받들어, 그것을 받아들이는 것이 좋다. 악마가 하는 짓이 잔인하더라도 또한 방편의 마음으로 그것을 참고 견디는 것이 좋다. 이렇게 해서 법을 구하고 스승을 찾는다면, 반드시 반야바라밀이 얻어지고 또 자연히 너의 큰 원(大願)도 성취될 것이다.'

3 그 가르침을 듣고 난 상제보살은 바로 그곳을 떠났다. 그래서 마음을 굳건히 하여 가르치는 대로 동쪽을 향해 발을 옮겼다. 그러나 중도에서 그의 가슴에는 별안간 불안한 생각이 감돌았다. 그는 여행을 떠날 때 '어디로 가는 것인가? 또 그곳은 먼가? 가까운가? 또 무엇 때문에 스승에게 법을 듣는 것인가?' 이러한 중요한 일을 왜 공중소리에게 묻기를 잊었을까? 그는 갈 곳이 막연하였다. 그러나 물론 그는 피곤하고 게으른 마음이 난 것도 아니요, 춥고 더운데 겁이 난 것도 아니었다. 참으로 법을 구하는 자의 마음 위에 있을 수 있는 큰 장애에 부딪친 것뿐이다.

그는 그 자리에 앉아 '비록 하루(一日)가 이레 낮 이레 밤(七日七夜)이 되더라도, 이 어둠이 가실 때까지는 결코 여기를 떠나지 않으리라'고 마음을 단단히 먹고 생각하였다. 실제로 가장 사랑하는 외아들을 잃고 별안간 이 세상을 허황하다고 생각하는 사람처럼, 지금까지 가지고 있던 신심의 옥玉을 빼앗긴 것처럼, 그의 고민은 실로 강렬한 것이었다. 또 공중에서 확실히 부처의 소리가 들려 왔다.

'선남자여, 조금도 걱정하고 번민할 것 없다. 그 번민은 결코 너뿐이 아니다. 과거에도 모든 도를 구하는 사람들이 다 맛본 일이다. 용기를 잃지 말고 힘써라. 다만 한마음으로 법을 즐겨 동쪽으로 동쪽으로 가라. 여기서 오백 유순 가면 큰 성에 이를 것이다. 그것은 중향성衆香城이라 불러, 일곱 겹의 성으로 둘러 있고, 다락집, 난간, 가로수 등, 모두 칠보로 장엄한 성이다. 크기는 십이 유순, 거기서 사는 백성도 많다. 재물은 풍족하고 오락에 차 있다. 그러나 누구의 소유라는 것은 없다. 누구나 가지면 내 것이 되고 따라서 나만이 갖는 것이라는 집착하는 마음도 없다. 참으로 공空의 가르침 그대로의 표현이다. 이것은 다 이 성에 사는 사람들이 열심히 반야의 가르침을 구해, 또 그것을 실천한 보수報酬인 것이다. 성 한가운데 크고 높은 누대가 있다. 여기에 법용法涌보살이 아침과 밤, 하루 세 때로 법을 설하고 있다. 성에 사는 남녀는 큰 사람 작은 사람 할 것 없이 모두 누대에 올라, 법용보살에게 여러 가지의 공양을 드린다. 그래서 반야의 설법을 듣는 사람도 있으며, 또 듣고 기억하고, 혹은 외우고 쓰는 사람, 가르침과 같이 생각하는 사람, 또 그대로 실행하는 사람 등 실로 천태만상이나, 반야를 기뻐하고 공경하는 마음은 하나이다. 너는 그곳으로 가라. 가서 법을 들어라. 법용보살은 반드시 너를 위해 좋은 도사道師가 될 것이다. 겁내지 말라, 게으르지 말라, 밤도 잊고, 낮도 잊고, 장애되는 마음을 다 잊고, 한 마음이 되어 가는 것이 좋다.'

4 이 소리를 들은 상제보살의 즐거움은 밀물같이 솟아올랐다. 보살의 마음은 독 있는 화살에 맞아 좋은 의사를 얻으려는 것과 같아서, 한시바삐 그 선지식을 만나, 마음의 어두움을 벗기 위해 선지식의 이름만을 생각하고, 따라서 광명을 받아 어떤 물건에도 굽히지 않겠다는 강한 뜻을 떨쳐 일으켜, 어떠한 악마에게도 장애받지 않을 굳은 지혜가 열렸다. 말하자면, 모든 법에 대해서 장애 없는 자재의 신념이 열렸다. 그때 다시 소리가 들려 왔다.

'지금이야말로 네가 원하는 길이 열렸다. 우리도 본래 수행을 하고 있을 때, 네가 지금 얻은 선정의 마음이 열려, 반야바라밀의 지혜가 성취되고, 여러 사람을 구제하려는 힘이 용솟음쳐 다시는 물러서지 않는(不退轉) 지위에 올랐던 것이다. 그러므로 지금이야말로 더욱더욱 불법을 공경하고 사랑하지 않으면 아니 된다. 선지식에 대해서는 부처와 같이 생각하지 않으면 아니 된다.'

'선지식은 누구입니까?'

'그이는 법용보살이다. 보살은 먼 과거로부터 다만 한길로 너를 인도하겠다고 마음을 먹고 있다. 이것을 생각하면, 비록 일 겁 백 겁의 긴 세월 동안을 두고 이 세상의 모든 보배를 공양하더라도 잠깐의 은혜를 갚는 데에도 부족할 것이다.'

5 상제보살의 마음은 갑자기 스승인 법용보살에게로 달렸다. 법용보살은 구원한 옛날로부터 반야바라밀을 행해서, 이미 도를 얻어 세세생생에 나를 이익하게 하겠다고 한다. 나는 한시라도 빨리 스승을 찾아가지 않으면 아니 된다. 스승을 생각하는 마음이 더해 감에 따라 보살은 스승에게 봉양할 물건도 생각했다. '스승님의 계신 곳에 갈 때, 무엇이나 공양하지 않으면 아니 된다. 그러나 내게는 한 벌의 옷에조차도 부자유한 몸이다. 내게는 재물도 보물도 없다. 이대로 가더라도 스승님은 용서하시겠지마는 나의 정성을 보일 수가 없다.' 보살은 다시 생각했다. '공양할 것이 없으면, 이 몸을 버려 공양할 물건과 바꿀 뿐이다. 과거 길고 긴 세세생생에, 생사를 거듭해 온 것도 다 욕심 때문이며, 지옥의 불꽃도 그 때문이었다. 법을 위해서 은혜를 갚기 위해서 한 번도 생명을 버린 일이 없다. 지금이야말로 높은 도를 위해서 생명을 버릴 때다.' 이와 같이 마음을 결정하고 동으로, 동으로 나아갔다. 도중에 어떤 큰 마을에 도착하였다. 그는 여기서야말로 몸을 팔아야 한다고, 마음을 결정하고, 그 거리거리를 '종(奴隷)이 소용되지 않습니까? 종이 소용되지 않습니까?' 하고, 큰 소리로 외치며 종 살 주인을 찾아 돌아다녔다. 이때에 악마가 있어

'지금 이 보살에게 공양할 자료를 만들어 주면, 반드시 도를 얻을 것이다. 그래서는 우리의 오욕 세계가 무너진다. 어떻게든지 방해해서 살 사람이 없도록 하지 않으면 안 되겠다.' 생각하고, 성 가운데의 모든 사람의 귀를 막았다. 그런 줄 모르는 상제보살은, 아무리 외치고 돌아다녀도 한 사람도 부르며 대답하는 사람이 없어서 '내게 무슨 죄가 있어 이 큰 성에 종 살 사람이 한 사람도 없을까?' 하고, 거리 한 모퉁이에 서서 울고 있었다.

6 이때에 불법을 수호하는 제석천은 이 일을 알고 그의 결심을 시험한 후, 좋은 외호자를 구해 주려고 결심하고, 바라문으로 변장하고, 보살 곁으로 와서 물었다.

'너는 무슨 일로 그렇게 걱정하며 울고 있는가?'

'나는 한마음(一心)으로 법을 구해서 여기까지 왔고, 그래서 이제는 스승이 되는 법용보살이 계신 곳으로 곧 가게 되었는데, 이 몸을 종(奴隷)으로 팔아, 스승께 공양할 밑천을 마련하려고 생각하고 있었으나, 내 복덕이 부족함인지, 한 사람도 살 사람이 없습니다. 그래서 나는 내 자신을 원망하고 있습니다.'

'그것 참으로 안 되었습니다. 나는 지금 사람이 필요해서 찾고 있는 중입니다.'

하고, 바라문으로 변장한 제석은 상제보살의 낯을 들여다보았다.

'참으로 다행한 일입니다. 어떠한 일이든지 시키는 대로 하겠습니다.'

보살은 갑자기 얼굴에 생기를 띄워, 바라문의 옷소매를 잡고 늘어졌다. 그러나 바라문은 그것을 뿌리치고, 다른 사람에게 말하는 것처럼

'그러나 마땅치 않아.'

라고 하였다. 보살은 몹시 초조했다.

'어째서 마땅치 않습니까?'

'내가 좋아하는 것은 그 따뜻한 피와 고기다. 나는 인간의 따뜻한 피

와 고기를 얻어, 천신께 바치려고 생각한다.'

'따뜻한 피와 고기가 필요하시다면 한층 더 내 소원에 맞습니다. 어찌 주저하겠습니까? 바라건대 이 몸을 사 주십시오. 그리고 손이든지 발이든지 가슴이든지 소용되는 대로 베어 주십시오.'

하고 기뻐서 외쳤다.

'그러나 그 값은 얼마입니까?'

'값은 마음대로 정하십시오.'

이렇게 약속이 되자, 제석은 물이 뚝뚝 듣는 것 같은 칼을 빼어 보살의 왼쪽 어깨를 땅에 떨어뜨렸다. 다음에는 오른쪽 허파가 베어지고 뼈가 부러져, 속에서 골수가 나올 정도로 산산이 베었다. 그러나 보살은 고요히 참고, 한마디의 원망하는 말도 하지 않았다.

7 이때에 일찍이 전생의 옛 인연으로서, 오직 한 사람, 이 한 사람은 악마의 방해에서 빠져나온 한 장자長者의 따님이었다. 이 따님은 이층에서 보살의 참혹한 광경을 바라보다가, 너무 심한 광경에 충격을 받아 자기 몸도 잊어버리고 달려 내려왔다. 그 산산이 찢어진 보살을 안아 일으키고, 우선 무엇보다 먼저 그 사실 전말을 물었다.

'나는 한마음으로 법을 구해 여기까지 왔으나, 지금 스승인 법용보살께 드릴 공양을 위해 이 몸을 팔고 있는 중입니다.'

'공양을 위해 목숨을 버린다니, 그 목숨보다 더 중한 스승이란 이는 대체 누구입니까?'

'그이는 반야바라밀의 지혜를 구족하고 있어서, 나를 위해 보살이 행할 바를 보여 주실 분입니다. 나는 그이의 지도를 따라 위없는 정각正覺을 열어 중생의 귀의처가 될 수 있습니다. 그리고 금빛 몸을 갖추고 대자대비의 마음을 가지고 있으며, 혹은 십력十力·사무애지四無碍智·육六신통 등, 모든 여러 가지 공덕을 갖추어 모든 일에 자재自在하게 되어, 생각 그대로 중생을 구제하는 몸이 되는 것입니다.'

이 대답은 참으로 이 세상에 다시없는 높은 가르침이었다. 그녀는 이 말을 듣자 감사의 눈물을 흘렸다.

'참으로 절실한 말이라 생각하나이다. 그렇게도 높은 법이라면, 비록 바닷가의 모래처럼 이 몸이 되더라도 어찌 수數로 따지겠습니까? 공양할 물건이라면 내가 소원대로 가지고 가겠습니다. 청컨대 내가 드리는 물건을 기쁘게 받아 주십시오. 그리고 될 수 있으면 그 법용보살이 계시는 곳에 나도 같이 데리고 가 주십시오.' 하고 충심으로 바랐다.

그때 제석천은 바라문의 자태를 감추고 본래 자태를 나타내어 말했다.

'착하고 착하다, 선남자여. 너의 굳은 구도심에 나는 감동했다. 나는 실은 제석천이다. 다만 너의 결심이 어떠한가를 시험한 것이요 결코 본심으로 학대한 것이 아니다.'

바로 그때 보살의 몸도 온전히 전과 같이 되어 조금도 상처가 남아 있지 않았다. 장자의 딸은 보살을 문전에 기다리게 하고 양친에게 가서, 이 사건 전말을 자세히 보고하고, 될 수 있는 대로 공양할 도구를 달라고 청하였다. 양친은

'참으로 네 말과 같이 높은 사람임에 틀림없다. 소원대로 무엇이든지 바치리라. 너는 참으로 좋은 곳에 눈이 뜨였구나. 지금부터 그 사람과 같이 공양의 길을 떠나는 것이 좋겠다.'

고 격려하였다.

8 이렇게 준비가 다 되어 칠보로 만든 오백 수레에는 진기한 수륙의 꽃과, 값진 의복, 향료와 영락, 또는 여러 가지 음식물을 싣고, 보살은 한가운데에 그 여자와 많은 시녀에게 둘러싸여, 동쪽 중향성으로 출발하였다. 중향성이 가까워지자 칠보의 장엄, 칠보의 둘레 칠중으로 에워싼 칠보의 참호, 칠중으로 늘어선 칠보의 가로수, 참으로 그림보다 아름다운 광경이었다. 마침내 성안으로 들어가 높은 누대 위에서 백 천 만억의 많은 사람에게 둘러싸인 법용보살을 예배할 수가 있었다. 보살의 기쁨은

이루 말할 수 없었다. 일행은 천천히 차에서 내려 법용보살에게로 갔다. 거기에는 칠보의 누대가 있어서 우두牛頭 전단 향나무로 장식해 있고 위에는 진주의 발이 드리워 있었다. 그 네 모퉁이에는 마니 보배구슬이 등불을 대신해서 빛나고 있었다. 또 사방의 향로에는 명향이 타고 있었다. 그 누대 한가운데에는 칠보로 된 큰 평상이 있고, 위에는 사보의 작은 요가 펴져 있어, 거기에 금색으로 쓴 『반야바라밀경』이 안치되어 있었다. 그 위에는 또 여러 가지 장엄구와 깃발이 덮여 있었다. 이 장엄한 높은 대 위의 맞은편에 제석천은 권속인 천자들을 데리고, 하늘의 만다라꽃과 구슬부스러기를 섞은 명향을 뿌리고, 하늘의 음악을 연주하고 있었다. 보살은 일찍이 보지 못한 광경에 놀라 제석천에게 물었다.

'교시가여, 어째서 이 누대를 즐거워해야 하는 것입니까?'

'이 누대야말로 실로 모든 불·보살의 어머니이신 반야바라밀을 모셔 둔 곳입니다.'

보살은 반야바라밀을 모셔 둔 곳이라는 말을 듣고 기뻐서 어쩔 줄을 몰랐다.

'그것이야말로 내가 목숨을 버리고 찾은 것입니다. 결정코 여러 부처도 그 가운데 계시리다. 청컨대 뵙게 해주소서.'

'그것은 안 됩니다. 여기에는 법용보살이 칠보의 봉인을 찍어 놓아서, 우리에게는 여는 것을 허락하지 않습니다.'

보살은 거기서 장자의 따님과 오백 시녀와 함께, 가지고 온 많은 공양거리를 둘로 나누어, 하나는 반야바라밀에 하나는 법용보살께 공양하려고 그 위를 향해 뿌렸다. 그때 화향과 보배옷은 허공에 달려 꽃의 대臺가 되고, 가루의 전당향과 금은의 꽃들은 보배의 장막으로 변해 그 대에 걸리고, 그 위에 뿌린 것은 보배일산이 되고, 또 어떤 것은 보배깃발이 되어, 보배일산의 사방에 드리워졌다. 이것은 다 법용보살의 신통력이었다. 시녀들은 하도 기뻐서 다 보리심을 일으켰다. 그리고 그들은 '우리도 이 법용보살처럼 부사의한 신통력을 갖추어 반야바라밀을 설하는 몸이 되고 싶다'고 원을 일으켰다.

9 이때 상제보살은 시녀들을 데리고 법용보살이 계신 곳 가까이 가서 예배를 드리고, 법용보살께 오늘까지의 생긴 일을 자세히 말씀하고, 다시 말을 이어 '나를 위해 부처님을 가르쳐 주신 시방의 여러 부처는 어디서 와서 어디로 가셨습니까? 또 나로 하여금 항상 여러 부처님의 곁을 떠나지 않게 해 주소서. 나는 아직 완전히 깨지 못한 탓인지, 어느 때에는 부처님이 이 앞에 나타나시고 어느 때에는 자태를 감추십니다. 그래서 끊임없이 부처님의 앞에 있을 수가 없습니다. 이것이 내게는 무엇보다도 슬픈 일입니다.' 하고 말했다.

법용보살은 간곡하게 말했다.

'선남자야, 여러 부처는 어디서 와서 어디로 간다는 일은 없다. 여러 법의 참다운 모양은 공空한 것으로서, 집착하는 눈으로 본 것처럼 났다가 없어졌다 하는 것이 아니다. 그것은 집착하는 마음을 따라서 착하기도 하고, 악하기도 하며, 또는 마음을 따라 더럽고 깨끗하며 밉고 고운 것이 아니다. 곧 집착하는 마음에 물들여지지도 않고, 거칠게 쏘대는 번뇌의 밑에서도 가만히 고요하게 있어서 조금도 변함이 없다. 그런데, 생과 멸, 선과 악 등의 변화가 있다고 생각하는 것은 그렇게 생각하는 사람의 집착 때문이다. 부처는 그 집착심을 없애고, 적멸 부동의 공한 모든 법의 진성을 보라고 설하는 것이다. 모든 부처는 이 여러 법의 공한 진성을 깨치신 어른이므로, 여러 부처에게는 온다든가 간다든가 하는 일은 없다. 모든 법의 진리와 모든 부처의 진리는 오직 하나뿐으로서 둘이나 셋이 있을 턱이 없다. 마음대로 분별하면 이 세상에는 여러 가지로 분별할 수 있으나, 진리는 그렇게 분별로 포착되는 것은 아니다. 봄 한낮에 솟아오르는 아지랑이 뒤를 따라가면서, 물을 찾는 사람이 있다면 그것을 어찌 지혜로운 사람이 하는 짓이라 하겠는가. 그 물로 보이는 아지랑이를 못 가운데의 물, 시내 가운데의 물이라 하겠는가. 그러고 동·서·남·북 어느 쪽 바다로 흘러간다고 말할 수 있겠는가?'

'큰 스승님이시여, 아지랑이 가운데 물이 있을 턱이 없습니다. 따라서 그 물이 어디서 와서 어디로 흘러간다고 말할 수도 없습니다.'

10 '그도 그럴 것이다. 너무 뜨거움과 목마름의 핍박을 받아 아지랑이를 물로 보고 기뻐함은 참으로 어리석은 일이다. 여러 부처를 가지고 어디서 오고, 어디로 가는 것 등을 생각하는 것도 그와 같다. 여러 부처의 체體는 방편으로서, 잠깐 중생에게 그 형상을 나타낼 뿐이므로, 그 체에 의해서는 참다운 부처는 볼 수 없다.

참다운 부처는 참다운 도리와 하나다. 체의 부처는 그 담는 그릇으로서 그 가운데 깨침을 담아서만 그 체까지 부처라고 말할 수 있는 것이다. 그래서 참다운 깨침에는 간다 온다 하는 것이 없으므로, 여러 부처에게도 온다 간다 하는 일은 없다. 선남자야, 요술쟁이가 코끼리와 말, 남자와 여자를 보여도, 그것을 실물로 믿고, 온다 간다고 생각하는 사람은 없을 것이다. 또 꿈에 그것을 보는 때에도 또 깨어서까지도 그렇게 생각하지는 않을 것이다. 여러 법은 꿈과 같다는 것은 항상 부처가 설하신 것이다. 그 꿈과 같이 잠깐 방편으로 자태를 인간에게 보여 준 여러 부처를 가지고, 그 깨쳤다는 참다운 도리를 모르고 그 이름과 체에 집착해서 부처를 추구하는 것도, 전혀 이 어리석음과 같은 것이다. 이야말로 참으로 여러 법의 진상을 모르고, 길이길이 오도五道에 유전해서, 여러 부처의 법을 싫어하고, 반야바라밀을 멀리해 온 벌이라 할 것이다.

선남자여, 그러므로 생멸·거래가 없는 적멸 부동인 모든 법의 진리를 알아 무슨 일에나 집착을 버리지 않으면 아니 된다. 이익이 되는 일이 되지 않는다면, 사람에게서 보시를 받지 않는다. 또 보시를 받아서 그 사람에게 복을 심어 주게 된다면, 기쁘게 그 보시를 받아 복밭(福田)이 되는 것이 좋다. 집착을 버리고, 자기를 위해서 하지 않으며, 다른 사람을 위한다면 보시와 공양을 받아도 좋다. 거기에 방편의 길이 열리는 것이다. 이야말로 참다운 부처의 제자라 할 것이다. 선남자여, 큰 바다에는 가지가지의 보배가 차 있다. 그러나 하늘에서 내려온 것도 아니요, 땅에서 솟은 것도 아니다. 또 동 · 서 · 남 · 북의 어디서도 온 것이 아니다. 모두 인연이 있어 난 것이다.

인연이 다하면 없어져 버리는 것이다. 저 미묘한 소리를 내는 거문고도, 홈통 · 목 · 가죽 · 줄 · 막대기 등으로 된 것도 아니요, 또는 사람의 손만으로 되어서 소리 나는 것이 아니다. 모두 이런 것들의 인연이 화합해서 비로소 저와 같은 미묘한 소리를 내는 것이다.

지금 여러 부처가 생멸하고 거래하는 것도 어떤 한 가지 인, 한 가지 연, 한 가지 공덕에 의해서 있는 것이 아니라, 모든 인연이 익어서 중생을 제도하기 좋은 때가 올 때에 세상에 나타나시는 것이다. 그리고 인연이 다하면, 이 세상에서 숨는 것이다. 다만 인연에 의해서만 생멸 · 거래가 나타날 뿐이요, 그 진성은 적연寂然해서 변함이 없다. 이 이치를 알면, 부처가 생멸 · 거래하는 것도 조금도 놀랄 것 없고 슬퍼할 것 없다. 이 이치를 알아서만 참으로 위 없는 정각正覺도 열리고, 반야의 지혜, 방편의 행도 성취되는 것이다.'

11 이 친절한 설법이 끝난 뒤에 제석천은 하늘의 만다라 꽃을 보살에게 건네 주었다.

'선남자여, 이 꽃을 법용보살에게 공양하는 것이 좋겠다. 나는 꼭 너를 수호하리라. 너는 실로 한없이 긴 동안을 중생을 구제하기 위해 고생해 온 것이다. 너와 같이 착한 사람은 쉽게 얻을 수 없는 사람이다. 네가 열심히 구해 왔다는 그 인연만으로도 아마 백 천억의 중생을 이익하게 했으니, 아무 때 언젠가는 무상의 정각을 얻을 것이다.'

보살은 제석의 말을 듣고 기뻐해서 그 꽃을 받아, 법용보살의 머리 위에 뿌리면서 말했다.

'대사여, 나는 오늘부터 몸으로써 대사께 봉사하겠습니다.'

이와 동시에 장자의 따님과 오백의 시녀들도, 보살께 말했다.

'우리들도 오늘부터 몸으로써 대사께 봉사하겠습니다. 그래서 이 좋은 인연에 의해서, 대사가 얻은 것과 같은 법을 얻어, 또 같이 세세생생에 여러 부처님께 공양하겠습니다.'

이와 같이 보살은 그 시녀들이 가져온 오백 수레의 여러 가지 보배를 수레와 같이 법용보살께 바치면서 말했다.

'대사여, 청하건대 이 오백 사람의 여자들을 곁에 두시고, 아침저녁으로 시중을 들게 하여 주십시오. 또 이 오백 수레의 보배를 일상생활에 써 주십시오.'

이 말을 듣고 제석천은 말했다.

'참으로 좋은 일이다. 모든 법의 진성이 공이란 것을 알고, 어떠한 착한 일에나, 어떠한 공덕에도 집착을 갖지 않고, 그 착한 일과 공덕을 보리를 위해서 보시한다는 것은 참으로 높은 일이다. 모든 보살이 다 이와 같았으면 좋겠다. 과거의 모든 부처도 다 이와 같이 수행해서 반야바라밀을 얻었고, 방편력을 구비하신 것이다. 이 보살도 반드시 그와 같이 될 것이다.'

법용보살은 선근을 심어 주기 위해서, 기쁘게 그 공양을 받아 주었으나, 본래 닦은 선근은 비록 보리에 회향한다 해도 역시 그 사람의 선근으로서, 다만 보리에 회향한다는 것뿐이요, 그 선근에 집착하지 않는 진실행이 되는 것이므로 선근을 닦은 보살에게 다시 그 공양을 주셨다. 그래서 해가 저물어서야 궁중으로 들어왔다. 그때 보살은 이렇게 생각했다. '나는 법을 구하러 온 것이다. 결코 이 세계에 꿈같은 즐거움을 탐내서 온 것은 아니다. 그러므로 눕거나 앉아서는 아니 된다. 법사가 다시 나와 설법해 주시기까지는, 여기서 거닐면서 기다리리라.'

12 법용보살은 궁중에서 선정禪定에 든 지 칠 년 동안 반야바라밀의 수

행을 시작하였다. 그러나 상제보살은 조금도 게으르거나 피곤한 일이 없이 욕심과 성냄과 어리석음을 일으키지 않고, 그렇다고 해서, 보리 그것에도 빠지지 않고 근근자자하게 수행을 쌓아, 한갓 스승이 설법할 시기만을 생각하고 기다리고 있었다. 어느덧 칠 년이 끝나려 할 때, 스승의 설법을 들으려고 장자의 따님과 오백의 시녀들과 같이, 칠보의 법좌를 만들고, 그 위에는 각각 옷 저고리를 깔고, 그 위에서 설법하시기를 원하고 있었다. 그리고 주위를 깨끗이 하려고 물을 찾았으나, 그때 악마가 모든 물을 없애 버렸으므로, 보살은 매우 슬퍼했다. 그래서 드디어 자기 몸의 피를 짜서 점점 티끌을 없애 갔다. 보살의 그 마음은 먼 과거로부터 욕심을 위해서 몸을 희생한 일은 자주 있었으나, 법을 위해서 몸을 희생한 것은 이번이 처음이었다. 그러나 그는 도리어 기쁨에 넘쳤다. 오백의 시녀들로서도 마음을 뒤집은 사람은 한 사람도 없었다. 악마는 드디어 방해할 방법을 잃어버렸다. 제석천은 여기에 감동하여

'참으로 존엄한 일이다. 이렇게까지 정진해서 보리를 구한다면, 악마가 하는 짓에도 마음이 움직이지 않고, 따라서 무상의 정각을 얻을 것이다. 실로 과거의 여러 부처도 다 이와 같았다.'

고 칭찬하고, 보살이 공양을 위해 꽃을 구하고 있음을 알고, 삼천 석의 하늘 만다라 꽃을 주었다.

상제보살은 그것을 받아 가지고, 반은 땅에 뿌리고 반은 법용보살이 나올 때에 쓰려고 남겨 두었다. 그동안에 칠 년의 세월은 차서, 법용보살은 무량 백 천만의 사람에게 둘러 싸여, 베풀어 놓은 법좌로 나아가셨다. 기다리고 기다리던 날이 되어 스승의 자태를 예배할 때에 보살의 가슴은 기뻐 뛰었다. 조금 있다가, 장자의 따님과 오백 시녀와 같이 법용보살의 곁에 나아가 하늘의 만다라 꽃을 뿌리고, 공손하게 예배를 드린 후, 한 구석의 자리에 앉았다. 법용보살은 그들이 앉는 것을 기다려 상제보살을 위해 법을 설하셨다.

제7절 법용보살의 설법

1 '선남자여, 귀를 기울여 들어라. 마음의 밑바탕에 깊이 머물러 있어라. 지금 너를 위해 반야바라밀이 어떤 것인가를 설하리라. 선남자여, 모든 법은 평등해서 보통 범부의 정으로 생각하는 것과 같은 차별은 없다. 그것을 아는 것이 반야바라밀이므로, 반야바라밀도 또한 평등하다. 여러 법은 평등하므로 갈애하는 마음으로 생각하는 것과 같이, 좋고 밉고 착하고 나쁜 것은 있을 수 없다. 따라서 모든 법은 갈애에서 일어나는 집착을 떠난 것이다. 그래서 이 집착을 떠난 반야바라밀도 또한 집착의 경계에서 떠난 것이라고 하지 않으면 안 된다. 선남자여, 모든 법은 이와 같이 평등한 것이며, 집착을 떠난 것이므로, 집착하는 눈으로 생멸 · 거래가 있다고 생각하는 것은 그릇된 것이다. 즉 그 본성은 움직이지 않는다. 또 이 집착하는 마음이, 이것은 좋고 이것은 나쁘다고 생각하는 것과 같이 모든 법의 자신에 생각하는 사려思慮가 있어, 좋은 일 나쁜 일을 하는 것이 아니므로, 즉 생각 없는 무념無念의 것이라고 말하지 않으면 안 된다. 따라서 모든 법은 무서워할 적을 가지는 일이 없다. 무서워할 것이 없으므로 무외無畏의 법이며, 다 꼭 같은 값을 가지고 있으므로 한맛(一味)의 법이다. 이러한 이치에 의하여 모든 법과 전혀 하나인 반야바라밀도 또한 부동 · 무외 · 일미의 것이다. 선남자여, 모든 법은 끝이 없으므로 반야바라밀도 끝이 없고, 모든 법은 나지도 없어지지도 않으므로 반야바라밀도 또한 그러하다. 허공과 대해가 끝이 없는 것과 같이, 또 수미산의 장엄이 극진한 것과 같이, 반야바라밀도 또한 끝이 없으며, 끝이 없는 큰 장엄을 가지고 있다. 허공은 때로는 뜻하지 않은 천재를 일으키지마는, 허공에 아무런 선악의 사려가 있어 그런 것이 아닌 것같이, 반야바라밀도 또한 아무 분별이 없는 것이다. 색 · 수 · 상 · 행 · 식의 오온, 지 · 수 · 화 · 풍 · 공의 오대가 다 끝이 없으므로, 반야바라밀도 또한 끝이

없으며, 모든 법의 진리가 금강과 같으므로, 반야바라밀도 또한 금강과 같다. 이와 같이, 모든 법과 반야바라밀과는 완전히 하나이므로, 모든 법은 이런 것이라고 분별할 수 없는 것, 또 그 진성은 이런 것이라고 정할 수 없는 것, 또 집착이 없는 것, 작용을 하려고 해서 작용하는 것이 없는 것, 이러한 것 등은 전혀 생각으로는 미치지 못할 부사의한 것이므로, 반야바라밀도 또한 무분별·불가득·무소유·무작으로서, 전혀 부사의한 것으로 아는 것이 좋다.'

이 설법을 듣고 상제보살은 바로 그 자리에서 법 가운데 편안하게 머무르게 되고, 모든 선정을 얻었다."

2 부처님은 이와 같이 상제보살의 구법 이야기를 말씀하시고 나서, 이렇게 또 말씀하셨다.

"수보리야, 지금 내가 이 삼천 대천세계에서 많은 제자들에게 둘러싸여, 이 모양, 이 이름 밑에서 반야바라밀을 설하고 또 상제보살 이야기를 한 것과 같이, 동방·남방·서방·북방·사유·상하의 시방十方에 있는 항가 강의 모래 수와 같이 많은 삼천 대천세계의 세계에는 그 세계의 각각의 부처들이, 역시 많은 제자들에게 둘러싸여 같은 모양, 같은 이름을 가지고, 이와 같이 반야바라밀을 설하고 있다. 반야바라밀은 참으로 여러 부처의 꼭 같은 도로서 높은 가르침이다. 수보리야, 상제보살은 그 뒤에 잘 들어 잊어버리지 않고, 저 큰 바다가 모든 물을 받아들여서 잃어버리지 않은 것과 같이 항상 부처님 곁에서 떠나지 않고, 부처님 계신 나라에 태어나 꿈 가운데서도 부처님을 떠나지 않는 몸이 되어, 모든 고난과 악마의 방해도 없이 원하는 대로 어떤 부처님 계신 곳이라도 날 수 있는 몸이 되었다. 그러나 이것은 다 반야바라밀을 행한 덕으로서, 이것을 배워서만 모든 공덕도 이루어지고, 일체지도 얻어 알게 되는 것이다."

3 이렇게 설해 마치신 부처님은 최후로 아난에게 부탁 말씀을 하셨다.

"아난아, 나는 너의 스승이며, 너는 내 제자라고 생각하는가?"

"두말 할 것도 없이 부처님은 저의 큰 스승이시며, 또 저는 부처님의 제자임을 기쁘게 생각하고 있습니다."

"착하다, 아난아, 나는 너의 스승이요, 너는 두 마음 없는 내 제자다. 제자로서 하지 않으면 안 될 일은 오늘까지에 아무 허물없이 완수해 왔다. 아난아, 네가 생각하는 것, 말하는 것, 또 행하는 것, 모든 것이 다 내 뜻에 틀림없이 맞아왔다고 생각한다. 내가 살아 있는 동안의 네가 하는 일은 참으로 아름다웠다. 그러나 아난아, 내가 죽은 뒤에는, 내게 봉사하는 마음씨로 반야바라밀에 봉사하는 것이 좋다. 이것을 부디 잊어버리지 말고, 또 잃어버리지 말라. 내 뒤가 끊어지지 않게 하여 다오. 아난아, 언제 어떠한 일이 있더라도, 도를 구하는 사람 앞에는 반야바라밀이 있을 것이다. 이 반야바라밀이 있는 곳이야말로, 현재 부처가 있어 설법하는 것으로 아는 것이 좋다."

부처님이 이같이 설해 마치시니, 일체 중생과 모든 세간 천인들은 다 함께 크게 기뻐하였다.

제8절 실상『반야바라밀경』의 뜻

1 어느 때에 부처님은 모든 부처가 갖추어야 할 공덕이란 공덕을 다 갖추고, 금강과 같이 굳고 평등해서 고요한 지혜가 감돌고, 모든 방편을 구족하여 가지고, 타화자재천他化自在天의 궁전에 계서, 금강수·관자재·허공장·묘길상 등을 상수上首로 한 이루 헤아릴 수 없는 무수한 보살을 위해 일체 법의 자성은 그대로 청정해서, 피안彼岸에 이르는 깊은 지혜라고 설하셨다.

"깨끗한 즐거움은 보살이 라는 바이다. 깨끗한 견해는 보살의 견해이다. 탐욕이 영원히 다해 없어지고, 신身·어語·의意의 삼업이 깨끗해진 것은 참으로 보살의 상이다. 왜 그러냐 하면, 일체 법의 자성은 본래 깨끗한 까닭이다. 그것은 곧 피안에 이르는 지혜가 깨끗하다는 말이다. 그러므로 금강수야, 만일 사람이 이 깨침에 이르는 깨끗한 지혜를 듣고, 몸소 닦는다면 모든 번뇌, 모든 중한 죄는 다 없어져, 보리를 얻어 악도에 나는 일이 없다."

그때 널리 세간을 비춰 보신 부처님은 모든 보살을 위해, 모든 부처의 적정성寂靜性의 정각正覺, 즉 피안에 이르는 깊은 지혜를 설하셨다.

"그것은 금강과 같은 평등한 정각을 의미한다. 큰 정각은 금강과 같이 굳은 까닭이다. 또 그것은 의리義理의 평등한 정각이다. 큰 정각은 오직 하나인 의리의 평등성인 까닭이다. 그리고 그것은 법의 평등한 정각이다. 큰 정각의 자성은 깨끗한 까닭이다. 또 일체 법의 평등한 정각이다. 그것은 큰 정각은 일체의 분별을 떠나 있는 까닭이다. 금강수야, 사람이 만일 이 네 종류의 적정한 피안에 이르는 지혜를 듣고 몸소 닦으면 모든 악도를 벗어나 무상의 정각을 얻을 것이다."

2 그때 부처님은 또 모든 악惡을 조화 항복받은 석가모니의 덕상으로서 여러 보살을 위하여, 일체 법에 미쳐 가장 뛰어난 평등성을 섭취한 피안에 이르는 지혜를 설하셨다.

"그것은 탐심 · 진심 · 치심이란 것도, 헛된 논의도 떠나 있는 것이다. 무슨 까닭이냐 하면, 일체 법은 헛된 논의를 떠나 있기 때문이다. 즉 그것은 피안에 이르는 지혜는 논의를 떠나 있다는 말이다. 금강수야, 사람이 만일 피안에 이르는 지혜를 듣고 몸소 닦는다면, 비록 그가 이 세상 모든 사람을 죽였다 하더라도, 악도에 떨어지는 일은 없을 것이다. 왜 그러냐 하면, 모든 번뇌와 악업을 조복하고 있는 까닭이다. 즉 그는 빨리 위없는 정각을 얻을 것이다."

부처님은 또한 모든 부처의 자성청정상自性淸淨相을 가지고 여러 보살을 위하여 모든 법의 평등성을 자재自在로 관하는 피안에 이르는 지혜를 설하셨다.

"모든 욕심내는 마음, 화내는 마음도 깨끗한 것이므로, 따라서 모든 더러운 성품이나, 죄의 성품도 또한 깨끗한 것이다. 그것은 필경 모든 법성, 모든 중생성이 깨끗하다는 것을 의미하고, 그리고 또 모든 세상의 지혜성도 깨끗하다는 것, 피안에 이르는 지혜가 깨끗하다는 것을 의미한다. 금강수야, 사람이 만일 이 법문을 닦는다면, 그는 오욕의 티끌 가운데 있어도, 더러움에 물들여지지 않는 연꽃과 같이, 모든 탐욕의 허물에 물들지 않을 것이다. 그래서 위없는 정각을 얻을 것이다."

부처님은 또 부처들이 삼계의 주인공이라는 상을 가지고, 여러 보살을 위해, 부처의 관정에 조화되는 지혜장智慧藏이라고 하는 피안에 이르는 지혜를 설하셨다.

"그는 모든 사람으로 하여금 삼계의 왕위를 얻게 하는 것이므로 관정시灌頂施이다. 또 모든 사람으로 하여금 그 원을 만족시켜 주므로 이시利施이다. 또 법의 실성을 얻게 하므로 법시法施라 하고, 또 모든 신身·어語·의意의 평안을 얻게 해 주므로 식시食施라 한다."

3 부처님은 또 부처들의 지인비밀상智印秘密相을 가지고 여러 보살을 위해 부처의 금강의 지인주지智印住持라는, 피안에 이르는 지혜를 설하셨다.

"부처의 금강신인金剛身印을 가지면, 부처의 체성을 얻으리라. 또 부처의 금강어인金剛語印을 가지면, 모든 법문에서 자재를 얻고, 부처의 금강심인金剛心印을 가지면, 모든 삼매를 구족하며, 또 부처의 금강심인을 가지면 금강과 같은 신·어·의를 얻을 것이다."

부처님은 또 쓸데없는 논의를 일삼는 희론을 떠난 상을 가지고 여러 보살을 위해, 펴질 수 있는 윤자輪字라고 하는 피안에 이르는 지혜를 설하셨다.

"법은 다 공이다. 자성이 없는 까닭이다. 법은 다 무상無相이다. 모든 상을 떠나 있는 까닭이다. 법은 원하는 바가 없다. 모든 원을 떠나 있는 까닭이다. 이와 같이 모든 법의 자성은 깨끗하다. 그것은 피안에 이르는 지혜가 깨끗한 까닭이다."

부처님은 또 부처의 큰 전륜상轉輪相을 가지고 여러 보살을 위해, 큰 전륜이라는 피안에 이르는 지혜를 설하셨다.

"즉 금강과 같이 굳은 평등성에 든다면, 모든 부처의 전륜에 들어감을 얻을 것이요, 의리의 평등에 들어간다면, 모든 보살의 전륜에 들어갈 수 있을 것이며, 법의 평등성에 든다면, 묘한 법의 전륜에 들 것이요, 다시 모든 법의 평등성에 들면 모든 전륜을 얻을 것이다."

부처님은 또 부처의 큰 선방편상善方便相을 가지고, 여러 보살을 위해 널리 여러 부처를 공양하는 피안에 이르는 지혜를 설하셨다.

"그는 보리심을 발한 것이다. 즉 큰 선방편을 가지고, 모든 부처를 공양하고 중생을 구제해서, 정법正法을 가지는 것이다."

4 부처님은 또 조복상調伏相을 가지고, 여러 보살을 위해, 모든 중생의 심신을 조화 항복해서 피안에 이르는 지혜를 설하셨다.

"일체 중생의 평등성은 진심瞋心의 평등이며, 일체 중생의 조복성調伏性은 진심의 조복성, 일체 중생의 진법성眞法性은 진심의 진법성, 그리고 일체 중생의 금강성은 진심의 금강성이다. 왜 그러냐 하면, 일체 중생의 조복성은 위없는 정각인 까닭이다."

부처님은 또 부처의 평등상을 가지고, 여러 보살을 위해, 법은 평등해서 초월해 있다고 하는 피안에 이르는 지혜를 설하셨다.

"법 그것은 평등성이므로 피안에 이르는 지혜는 평등성이다. 법 모두가 제일의성第一義性이며, 법성이며, 업용성業用性이므로, 피안에 이르는 지혜도 이러한 모든 성性을 구족하고 있다."

부처님은 또 일체 중생의 주지住止라고 하는 피안에 이르는 지혜를 설하셨다.

"일체 중생은 여래장如來藏이다. 보현보살의 자체가 충만해 있는 까닭이다. 또 일체 중생은 금강장金剛藏이다. 금강수金剛水가 솟는 곳이기 때문이다. 또 일체 중생은 정법장正法藏이다. 그것은 정당한 말을 가지고 설할 성질을 가지고 있는 까닭이다. 또 일체 중생은 묘업장妙業藏이다. 거기에는 묘한 행동을 운전하는 곳이기 때문이다."

부처님은 또 법이 무량 무한하다는 피안에 이르는 지혜를 설하셨다.

"피안에 이르는 지혜는 무량하므로 부처도 무량하다. 피안에 이르는 지혜가 일성一性이므로 모든 법도 일성이다. 또 피안에 이르는 지혜는 궁극窮極이므로 모든 법도 궁극이다.

사람이 만일 이 이취理趣를 얻어 바르게 생각하고 사유思惟한다면, 모든 장애가 없어지고, 빨리 정각을 얻고, 여래의 금강신金剛身을 얻어, 자재하게 될 것이다."

5 부처님은 또 변조여래상遍照如來相에 의하여, 비밀법성 대안락 금강법성(秘密法性大安樂金剛法性)이라고 하는, 피안에 이르는 지혜를 설하셨다.

"그는 여러 보살이 큰 공양을 하면 큰 안락을 얻고 따라서 큰 정각을 얻어, 모든 마군을 항복받고, 삼계에서 자재를 얻어, 모든 중생에게 최상의 안락을 주는 것을 얻은 까닭이다."

다시 찬송하는 노래를 읊으셨다.

가장 뛰어난 지혜를 가진 사람 언제나 죽고 사는 가운데 있어
널리 중생을 제도하느라 열반에 들지 않고 애쓰네。
피안에 이르는 반야 방편 지혜 이루고 중생 위해 선교방편 지혜 이루었네.
좁게는 이내 삼업 깨끗하게 이루고 넓게는 모든 중생 청정 이루네。
어인 일로, 모든 중생 탐진貪瞋에 싸였는고
모든 세간 빼지 않고 조화 항복 받으리
저 유정천까지라도 높이 올라가
어김없고 순순하게 청정 이루리。

묘한 지혜 가진 이 이 세상에 있어도 세상 법은 그를 물들이지 못하네.
묘한 빛깔 가진 저 연꽃처럼 티끌 때에도 더럽히지 않네。
큰 소원 가진 청정한 사람, 크게 베푼 안락한 사람
삼계에서 자재하게 굳고 굳은 이익 지으시네。

제9절 『반야바라밀다 심경』

일체지에 귀명합니다. 높으신 관자재보살은 깊고 묘한 반야바라밀다에서 행行을 닦으실 때, 오온이 다 비었다고 밝게 보셨다. 그리고 그는 이러한 것을 인정해서 본래 공한 것이라고 하셨다.

사리불이여, 이 세계에서는 색色은 공으로서, 공이야말로 색이다. 공은 색에서 다른 것이 아니요, 색은 공에서 다른 것이 아니다. 무릇 색은 이 공이다. 무릇 공은 이 색이다. 색·수·상·행·식도 또한 이미 이와 같다.

사리불이여, 이 세계에서는, 일체의 모든 법에는 공의 상相이 있다. 생하지 않고, 멸하지 않고, 더럽지 않고, 깨끗하지 않고, 줄지 않고, 붇지도 않는다. 이러므로 사리불이여, 공 가운데는 색·수·상·행·식도 없고, 눈·귀·코·혀·몸·뜻도 없으며, 빛·소리·냄새·맛·닿음·법도 없다. 안계眼界도 없고 이로써 의식계도 없다고 말하는 것이다.

명明도 무명無明도 없고, 명의 멸진滅盡하는 일도 없고, 무명의 멸진하는 일도 없다. 따라서 노사老死도 없고, 노사의 멸진도 없다고 말하는 데에 미친다. 고·집·멸·도의 사제四諦도 없고, 지智도 없고, 득得도 없다. 그것은 얻음의 상태가 없기 때문이다.

만일 사람이 보살의 반야바라밀다에 귀의하면, 마음의 장애를 없이 하고, 유행遊行할 것이다. 마음의 장애 없기 때문에, 두려워할 것도 없고,

전도轉倒의 상태를 초탈超脫해서, 구경究竟의 열반에 들어갈 것이다.

삼세三世에 머무시는 여러 부처는 반야바라밀다에 귀의해서, 이미 무상의 등정각等正覺을 증득證得하셨다.

그러므로 사람은 모름지기 반야바라밀다의 큰 주문呪文을 알아야 한다. 이 큰 명주明呪는 무상無上의 주문이요, 무비無比의 주문이다. 일체의 고액苦厄을 쉬게 하는 주문으로서 허위가 아닌 것이므로 진실한 말이다. 반야바라밀다 가운데에서 말한 주문이다. 그 주문은 아래 말한 것과 같다.

'가고 가서, 피안에 가, 피안에 도달한 각覺이여, 사바하'

제2장 계율을 말씀하심

제1절 계율의 시작

1 어느 때에 부처님은 소라파국으로부터 큰 비구들 오백 명과 함께 점차로 유행遊行하여, 비란야 마을까지 오셔서 나린라빈주만다라 나무 숲 아래에 자리를 잡고 쉬셨다. 비란야 마을 사람들은 부처님 일행이 오셨다는 말을 전해 듣고, 모두들 서로 모여 와서 부처님께 예배를 드리고 자리에 앉았다.

부처님은 여러 가지 방편으로 그들을 위해 설법하여 그들을 즐겁게 하였다. 그 가운데 마을의 어른 되는 비란야 바라문은 부처님에게 여름철 석 달 동안의 안거를 이곳에서 지내 주실 것을 간절히 청하였다. 부처님께서는 잠자코 그 뜻을 허락하시고, 이곳에서 우기인 여름철을 지내기로 결정하였다. 비란야 바라문은 즐거운 마음으로 집에 돌아가 부처님과 여러 비구 스님에게 올릴 공양거리를 마련하려고 하였더니, 슬프게도 천마天魔의 심술로 말미암아 갑작스레 정신 이상이 생겨 모든 것을 잊어버리고 말았다. 이리하여 부처님과 오백의 비구들은 공양을 받을 수 없어 곤란하게 되었는데, 게다가 그해의 시절은 큰 흉년이 들어서 많은 백성들이 굶어 죽는 형편이었다.

그때 마침 파리 국에서 온 말 장사 하는 사람이 오백 마리의 말을 몰고 지나가다가, 비란야의 마을 가까운 곳에서 우기를 지내고 갈 예정으

로 자리를 잡고 있었다. 비구들은 하는 수 없이 그에게 가서, 먹을 것을 구걸하게 되었다. 그는

"먹을 것이라고는 말 먹일 보리밖에 없으니, 어떻게 드시겠습니까?" 고 하면서, 부처님 몫으로는 한 말, 비구스님들에게는 닷 되씩의 말 보리를 날마다 올리기로 하였다. 아난 존자는 부처님 몫을 받아, 사람들을 시켜 갈아서 마른 밥을 만들어 드렸으며, 여러 비구들도 각기 찌고 삶은 보리로 끼니를 이어가며 지냈다.

그때 목건련 존자는 생각다 못해 부처님 앞에 나와 절하고 여쭈었다.

"부처님이시여, 요즈음 흉년이 들어 백성들이 모두 굶어 죽는 형편이라, 비구들의 끼니를 얻기가 매우 힘듭니다. 비록 굶지는 않사오나, 너무도 음식이 험하기 때문에 모두들 얼굴이 마르고, 기운들을 차리지 못하고 있습니다. 그러므로 제 생각 같아서는 저 울단월 같은 먼 지방에 가면 자연생의 쌀이 얼마든지 있지 않습니까? 그런 곳으로 신족통神足通 있는 비구들은 날아가서 잘 먹고 오면 어떠할까 합니다. 부처님께서 여러 신통 있는 비구들에게는 가도 좋다고 허락만 해 주십시오."

"네 말과 같이 신족통 있는 비구들은 날아가서 잘 먹고 온다 하더라도 신족통 없는 비구들은 어떻게 할 것이냐?"

"여러 신족통 있는 이들은 제대로 가기로 하고, 신족통이 없는 이들은 제가 모두 신통력神通力을 써서 데리고 가겠습니다."

"아서라, 그런 말 말라. 지금 너희들 장부丈夫로서 신족통을 얻은 이는 그럴 수도 있다 하겠거니와, 이다음 세상의 비구들을 보아서도 하지 않아야 될 일이다. 비구는 꼭 생각하여야 할 일과 마땅히 생각하지 않아야 할 일, 그리고 꼭 하여야 할 일과 마땅히 하지 말아야 할 일이 있는 것이다. 생각하여야 하고 행하여야 할 일을 하면, 올바른 불법佛法이 이 세상에 오래 가게 될 것이요, 생각하지 않아야 할 일, 하지 말아야 할 일을 하면, 올바른 불법은 이 세상에 오래 머를 수 없는 것이다." 하고, 목건련

존자의 청을 거절하셨다.

2 바로 이때에 사리불 존자는 조용한 숲 속에서 공부하다가 문득 이런 생각을 하였다. '어떠한 인연으로 불법이 이 세상에 오래 갈 수 있고, 어떠한 인연으로 불법이 이 세상에 오래 갈 수 없게 되는 것일까?' 이내 부처님 앞에 나아가 이 뜻을 여쭈어 보았다.

"사리불이여, 지나간 세상에 여러 부처님네의 올바른 법이 세상에 머문 것을 보면, 어떤 부처님네의 법은 오래 갔고, 어떤 부처님네의 법은 오래 가지 못하였다. 바른 법이 오래 가게 한 부처님네는 반드시 계율을 제정하여 모든 제자들로 하여금 실천하도록 가르치셨으니, 제자들이 계율을 받아 지님으로써, 바른 법을 닦아 익히는 데에 게으른 싫증이 나지 못하도록 하였던 것이며, 올바른 법이 오래 가지 못한 부처님네는, 이 계율을 분별해서 말씀하시지를 않으셨다. '이것은 하여야 할 일, 이것은 하지 않아야 할 일, 이것은 생각하여야 할 일, 이것은 생각하지 않아야 할 일, 이것은 꼭 끊어야 할 일, 이것은 마땅히 갖추어 지켜야 할 일'이라고 널리 분별해서 말씀하지 않았어도 부처님과 모든 훌륭한 제자들이 살아 있는 그때에는 잘못됨이 별로 없었다. 그러나 부처님과 모든 큰 제자들이 모두 돌아가신 뒤, 후 세상에는 갖가지 성姓, 갖가지 이름을 가진 수많은 사람들이 온갖 집안에서 각각 집을 떠나 불법 가운데로 들어와서, 가지가지 성질로 제 마음을 부리게 되니, 이렇게 해서 그 부처님의 바른 법은 이 세상에서 쉽게 없어지게 되었던 것이다. 비유하자면, 여러 가지 좋은 꽃들을 높은 탁상에 올려만 놓고 붙들어 매는 노끈 같은 것이 없으면, 오래지 않아서 그 꽃들은 바람에 불려서 흩어져 버리고 마는 것과 같은 것이다

사리불이여, 저 부처님의 올바른 법이 이 세상에 오래도록 머물게 하려면, 반드시 엄격한 계율이 있어야 할 것이다. 이 계율로써 모든 제자들을 잘 거두어 그들의 그릇된 행동을 제어하여야만 할 것이니, 마치 잘

정돈되어 흩어지지 않고 있는 꽃다발들은 노끈으로 잘 묶어 놓았기 때문인 것과 같은 것이다."

이 말씀을 들은 사리불은 곧 자리에서 일어나 무릎을 꿇고 절하며, 합장하고 다시 사뢰었다.

"부처님이시여, 참으로 처음 듣는 말씀입니다. 그러시다면, 그 계율의 법을 지금 곧 말씀하여 주소서. 그리하여 모든 비구들로 하여금 깨끗한 행을 닦아서 바른 법이 오래 갈 수 있도록 하여 주소서."

"사리불이여, 아직 가만있어라. 여래는 스스로 때를 알고 있다. 앞으로 모든 비구들이 명문名聞과 이양利養에 이끌리게 되면 곧 유루법有漏法을 범하게 될 것이니, 그것을 막기 위하여 모든 비구들에게 계율을 제정하게 될 것이다. 아직은 저질러 잘못된 일이 없다. 해어지지 않은 새 옷을 미리 기울 필요는 없지 않는가?

여래는 스스로 때를 알고 있거니와, 모든 비구들은 다만 이 게송에 의지해서 도道를 닦을 것이니라."

하시고, 조용히 게송을 읊으셨다.

입으로는 말조심, 생각은 깨끗하게,
몸으로 하는 일은 나쁜 짓 하나 없이,
세 군데로 하는 짓이 모두 다 깨끗하면,
이렇게 닦는 것이 열반에의 길이로다.

3 부처님이 비사리에서 지내실 적에, 또 흉년이 들어서 세상이 모두 곤란을 당하였다.

그때, 카란다 촌村 출신인 수제나 비구는 원래 자기 집안이 부유하였다. 수제나는 생각하기를 '요즘같이 밥 얻기가 곤란한 때에는 차라리 여러 스님네를 모시고 우리 고향 집 근처에 가서 지내면, 여러 스님네는 의식衣食의 수용受用을 잘 하시고 공부에 도움도 되실 수 있을 것이다. 그리고 한편으로는 우리 고향 집 사람들도 이런 때 보시布施를 닦아, 여러 가지 복덕을 짓게도 될 것이다.' 하고, 곧 여러 스님네를 청하여 많은 비구들과 함께 카란다로 갔다.

카란다에 있는 수제나의 어머니는 자기 아들이 여러 비구 스님네를 모시고 고향에 돌아온다는 소문을 듣고, 곧 나아가 맞았다. 그리고 아들을 따로 만나서 말하기를

"수제나야, 너의 아버지는 돌아가시고, 재산은 많은데, 집안에 남자라고는 없으니, 나라의 법으로 남자 없는 집안의 재산은 관청에서 몰수하게 되어 있는데, 네가 이 집안을 돌아보지 않으면 이 집안은 어찌 되겠느냐? 부디 이 어미의 원이니 중노릇을 그만 두고 환속하도록 하여라."
하고, 권하였다. 그러나 본래부터 수제나의 마음은 깨끗한 행을 즐기고, 위없는 도 닦을 뜻이 견고했으므로, 그런 말이 귀에 당길 리가 없었다. 그의 어머니는 몇 번이나 애가 타서 권하고 타이르다가, 하는 수 없이 집으로 돌아와서는 다시 홀로 있는 며느리를 불러서 말했다.

"너 경도經度 있을 때가 되거든 내게 말하여라."
고 일러두었다. 며느리는 때가 되어서

"어머니 요사이 몸엣것이 있습니다."

"너, 들어가서 네가 시집 올 때에 입던 좋은 옷들을 모두 차려 입고, 잘 꾸미고 나오너라."

어머니는 며느리를 데리고, 아들을 찾아갔다.

"수제나야, 이 네 색시가 예쁘지 않니? 네 색시가 불쌍하지도 않느냐? 그리고 또 네 아버지의 많은 유산이 관에 몰수당하는 것이 아깝지 않느냐? 내 소원이니, 중노릇을 버리고 집에 가서 살자!"

이렇게 몇 번이나 권했지만, 아들이 들을 리가 없었다. 어머니는 생각한 끝에 마지막 방편으로

"정 그렇다면 집에 가서 사는 건 그만두고, 오늘 네 아내에게 몸엣것이 있다니, 자식이나 하나 두어 다오. 그래서 네 종자나 끊어지지 않게 하자."

하고 애원했다. 수제나는 여기서

"어머니, 그것쯤은 어렵지 않습니다."

하고 승낙했다. 이때는 부처님께서 아직 계戒를 제정하기 전이므로 수제나의 생각에는 별로 허물이라고 생각하지 않았다. 그래서 곧 아내의 팔을 잡고, 후원에 들어가 깨끗하지 못한 짓을 행했다.

그 뒤에 부인은 아홉달 만에 옥동자를 낳았는데, 얼굴은 단정하기 비할 데가 없었고, 이름을 종자種子라고 했다. 점점 자라자 그도 머리를 깎고 스님이 되었다. 도를 부지런히 배워 드디어 아라한과를 얻어, 신통이 자재自在하고, 위덕威德이 무량하게 되니, 호를 종자 존자라 하였다.

4 한편, 수제나 비구는 깨끗하지 못한 짓을 행한 뒤로, 늘 마음이 언짢아 우울한 속에서 지냈다. 같이 공부하던 여러 동료 비구들은 수제나의 우울해하는 것을 이상히 여기고 물었다.

"여보, 수제나 스님, 스님은 오랫동안 깨끗한 행을 닦아서 모든 거동과 예절을 모르는 것이 없지 않소. 그런데 어째서 요즘은 그처럼 우울해 보입니까?"

"스님네여, 다름이 아니라, 나는 이러이러한 깨끗지 못한 일을 저질렀소. 그래서 자연 마음이 불안합니다."

하였다.

이때에 여러 비구들은 이 일을 가지고, 부처님에게 가서 여쭈었다. 부처님께서는 이 사건 때문에 모든 비구들을 모아놓고, 수많은 대중 앞에서 수제나를 불러서 사실을 확인하기 위하여 직접 물으셨다.

"수제나야, 들리는 말과 같이, 너는 참으로 그런 깨끗지 못한 짓을 하였느냐?"

"네, 부처님, 저는 깨끗지 못한 짓을 범하였습니다."

이때에 부처님께서는 무수한 방편으로 꾸짖어 말씀하셨다.

"네가 한 짓은 잘못된 짓이다. 그것은 위의威儀를 잃은 일이요, 사문이 할 짓이 아니다. 그것은 깨끗한 행이 아니요, 올바른 법을 따르는 행동이 아니다. 절대로 해서는 안 될 일이다. 수제나여, 어찌 이 깨끗한 불법 가운데 들어와서 애욕을 끊어서 번뇌를 없애고 열반에 들어간다는 것을 잊어버렸는가?"

하시고, 다시 여러 비구들을 돌아보시면서, 말씀하셨다.

"비구들이여, 차라리 남근을 독사의 아가리에 댈지언정, 여자의 몸에는 대지 말라. 이러한 인연은 악한 세계에 떨어져서 헤어날 수 없게 되는 것이다. 애욕은 마치 선법을 태워 버리는 불꽃과 같아서, 모든 공덕을 없애 버리는 것이다. 얽어 묶는 쇠고랑과도 같고, 또한 시퍼런 칼날을 밟는 것과도 같다. 험한 가시덤불에 들어가는 것과 같고, 성난 독사를 건드리는 것과 같으며, 마른 뼈다귀와 같고 더러운 시궁창과 같은 것이다. 모든 부처님은 모두 이것을 떠나서 도를 깨닫고 열반을 증득한 것이다.

이제 수제나같이 어리석은 사람이기에 이러한 유루처有漏處에 처음으로 잘못을 저지르고야 말았다. 오늘부터는 모든 비구들을 위하여 계율을 제정해서 시행하겠으니, 여기에는 열 가지 뜻이 있는 것이다. 첫째는 교단의 질서를 잡기 위해서요, 둘째는 대중을 기쁘게 하기 위해서요, 셋째는 대중을 안락하게 하기 위해서요, 넷째는 아직 믿지 않는 이를 믿게 하기 위해서요, 다섯째는 이미 믿는 이를 더 굳세게 하기 위해서요, 여섯째는 다루기 어려운 이를 잘 다루기 위해서요, 일곱째는 부끄러운 줄 알고 뉘우치는 이를 안락하게 하기 위해서요, 여덟째는 현재에 실수를 없게 하기 위해서요, 아홉째는 미래에 실수를 없게 하기 위해서요, 열째는 올바른 법을 오래 가게 하기 위해서다."

하시고, 많은 대중 앞에서 바라제목차의 첫째 조문을 비로소 제정 선포하셨다. 이것은 부처님의 교단이 생긴 지 다섯 해만의 일이다. 이때부터 때와 곳을 따라, 모든 비구들의 잘못을 보실 적마다 널리 분별하여 말씀하셨다.

제2절 계율의 근본 사계

1 부처님이 사위성 기원정사에서 수많은 대중들과 함께 계실 때이다.

그때 아난은 옷을 바로하고 합장하고 정례하면서, 이다음 세상의 중생들을 이롭게 하기 위해, 부처님께 여쭈었다.

"부처님이시여, 부처님께서 세상을 떠나신 뒤 말법末法 세상에, 사특한 무리들이 수없이 나와서 그들의 그릇되게 주장하는 설법들이 항가강의 모래알처럼 많을 적에, 부처님 법을 배우려는 사람들은 그 마음을 어떻게 가다듬고 자리 잡아야 온갖 마장魔障을 물리치고 보리 마음에서 물러남이 없어, 능히 위없는 공부를 성취할 수 있겠습니까?"

이때에 부처님은 수많은 대중들 가운데서 아난의 물음을 칭찬하시면서 말씀하셨다.

"좋다, 아난아. 너의 물음과 같이, 말세末世에 헤매는 중생들을 구호하는 방법은 그 마음에 올바른 자리를 잡게 하는 것이다. 그래서 수행하는 데에는 세 가지 결정한 이치가 있다. '마음을 거두는 계율, 계율로 인因하여 생기는 정定, 정으로 인하여 나는 지혜.' 이것이 무루無漏를 얻는 세 가지 공부다.

아난아, 이 세계의 여섯 갈래 중생들이 누구나 음란한 마음만 없으면 바로 생사를 해탈할 수 있을 것이다. 네가 수도하는 목적은 본래 번뇌를 벗어나려고 하는 것인데, 음란한 마음을 끊지 아니하면 절대로 번뇌를 벗어날 수 없는 것이다. 설사 기상이 훌륭하여 선정이나 지혜가 생겼다

하더라도, 음행을 끊지 아니하면 반드시 마도에 떨어져서, 으뜸은 마왕魔王이 되고 중간에는 그 백성이 되고 끝으로는 그들의 계집이 될 것이니, 그들도 떼거리가 있어서, 제각기 위없는 도를 얻었노라 할 것이다.

내가 열반에 든 뒤, 말법 시대에는 이러한 악마의 무리들이 세상에 많이 성행하여, 음행을 탐하면서도 선지식 노릇을 하여, 무지한 중생들로 하여금, 애욕과 사견의 구렁에 빠지게 할 것이다.

네가 세상 사람들에게 삼매를 닦게 하려거든, 제일 먼저 그들로 하여금 음욕부터 끊게 하라. 이것이야말로 여러 부처님네의 첫째 결정인 맑고 깨끗한 가르침이다.

그러므로 아난이여, 음욕을 끊지 않고 수도한다는 것은, 비유하자면 모래를 삶아 밥을 지으려는 것과 같은 것이다. 모래를 가지고는 비록 백천 겁을 삶더라도 밥이 될 수는 없는 것과 같이, 음행하는 몸으로 불과佛果를 얻으려 하는 것은, 아무리 묘하게 깨닫는다 하여도, 근본이 음욕이었기 때문에 삼악도에 떨어져서 헤어날 수 없게 되는 것인데, 어떻게 여래如來의 열반의 길을 닦아 증득하겠는가? 반드시 음란한 뿌리를 몸과 마음에서 끊어 버리고, 끊었다는 생각까지도 없어야만 부처님의 보리를 희망할 수 있을 것이다. 이렇게 하는 말은 부처님의 말씀이고, 이렇지 아니한 말은 악마의 말이다.

2 아난아, 또 이 세계 여섯 갈래의 중생들이 누구나 산 것을 죽일 마음이 없다면, 생사를 해탈할 수 있을 것이다. 네가 수도하는 목적은 본래 번뇌를 벗어나려 하는 것인데, 죽일 마음을 끊지 아니하면, 절대로 번뇌를 벗어날 수 없을 것이다. 설사 기상이 훌륭하여 선정이나 지혜가 생겼다 하더라도, 죽일 마음을 끊지 아니하면, 반드시 귀도鬼道에 떨어져서, 으뜸은 힘센 귀신이 되고, 중간에는 날아다니는 야차나 장수 귀신이 되고, 끝으로는 땅에 다니는 나찰이 될 것이니, 저 귀신들도 떼거리가 있어서, 제각기 위없는 도를 얻었노라 할 것이다.

내가 열반에 든 뒤 말법 시대에, 이러한 귀신무리들이 세상에 많이 성행하여 고기를 먹고도 보리의 길을 얻을 수 있다고 할 것이다.

아난아, 내가 비구들에게, '다섯 가지 깨끗한 고기를 먹으라'고 허락하였으나, 이 고기는 모두 나의 신력神力으로 변화하여 만든 것이어서, 본래 생명이 없는 것이다. 저 더운 열대 지방에는, 땅이 찌는 듯하고 습기가 많을 뿐 아니라, 모래와 돌이 많아서, 푸성귀가 나지 못하기 때문에 나의 대비신력大悲神力으로 가피加被하여, 고기라 이름하는 것을 그곳 비구들이 먹었거니와, 여래가 열반에 든 뒤에, 중생의 고기 먹는 사람을 어떻게 불제자佛弟子라 하겠는가? 이 고기 먹는 사람들은 설사 마음이 열리어, 삼매를 얻은 듯 하더라도 실로는 모두 흉악한 나찰들인 것이다. 과보가 끝나면 반드시 생사의 고통 바다에 빠져서, 서로 죽이고 서로 잡아먹기를 그치지 아니할 것이니, 이런 사람이 어떻게 삼계를 벗어나겠는가?

네가 세상 사람들에게 삼매를 닦게 하려거든, 그들로 하여금 산목숨 죽일 생각을 끊게 하라. 이것이야말로 여러 부처님네의 둘째 결정인 맑고 깨끗한 가르침이다.

그러므로 아난아, 산목숨 죽이는 버릇을 끊지 않고 수도한다는 것은, 비유하자면, 제 귀를 막고 크게 소리를 치면서 남이 듣지 못하기를 원하는 것과 같은 것이니, 숨길수록 드러나는 것이다. 청정한 비구나 보살들은 길 다닐 적에, 산 풀도 함부로 밟지 않는 것인데, 하물며 손으로 뽑을 것인가! 대자대비 한다면서 어찌 중생의 피와 살을 먹을 것이냐 말이다.

만일 비구들이 명주실이나 풀솜이나 비단 등속이나 가죽신이나 가죽옷이나 털붙이를 입지 아니하며, 짐승의 젖이나 젖으로 만든 음식까지도 먹지 아니하면, 이러한 비구는 세간에서 참으로 벗어나서 묵은 빚을 갚아 버리게 되어 다시는 삼계에 나지 않게 될 것이다. 왜 그러냐 하면, 그들의 몸붙이를 입거나 먹으면, 모두 그들의 인연이 되는 것이 마치 사람들이 땅에서 나는 곡식을 먹고, 발이 땅에서 떨어지지 못하는 것과도 같은 것이다. 반드시 몸과 마음으로, 중생의 살이나 몸붙이를 입거나 먹지 말라. 이런 사람은 참으로 해탈할 것이다.

이렇게 하는 말은 곧 부처님의 말씀이요, 이렇지 아니한 말은 곧 악마의 말이다.

3 아난아, 또 이 세계 여섯 갈래 중생들이 누구나 훔칠 마음이 없으면, 생사를 해탈할 수 있을 것이다. 네가 수도하는 목적은 번뇌를 벗어나려고 하는 것인데, 훔치는 마음을 끊지 아니하면, 절대로 번뇌를 벗어날 수 없을 것이다. 설사 기틀이 훌륭하여 선정이나 지혜가 생겼다 하더라도, 훔칠 마음을 끊지 아니하면, 반드시 사도邪道에 떨어져서, 으뜸은 정령精靈이 되고, 중간에는 도깨비가 되고, 끝으로는 귀신들린 사람이 될 것이니, 저 요물들도 떼거리가 있어서 제각기 위없는 도를 얻었노라 할 것이다.

내가 열반에 든 뒤 말법 시대에, 이러한 요물들이 세상에 많이 성행하여, 간사와 협잡을 부려 선지식 노릇을 하여, 무식한 사람들을 현혹하게 하고, 가는 곳마다 남의 집 살림을 망하게 할 것이다. 내가 비구들로 하여금 걸식하게 하였으며, 제 손으로 익혀 먹지 않게 한 것은, 온갖 탐욕을 버리고 보리를 이루게 하려는 것이니, 그저 지금 살아 있는 동안 삼계에 묵어가는 나그네로서 오직 완전한 해탈만을 얻게 하라 한 것인데, 어떠한 도둑들이 나의 법복法服을 거짓 입고, 여래를 팔아 가지가지 업業을 지으면서, 모두 불법이라고 말한다. 출가하여 계율을 지니는 비구들을 도리어 그르다 하여 소승小乘이라고 비방하고, 이리하여 한량없는 중생들을 의혹하게 하여, 그르쳐서 무간지옥에 떨어지게 할 것인가?

만일 내가 열반에 든 뒤에, 그 어떤 비구가 결정코 삼매를 닦으려는 마음을 내어 여래의 형상 앞에서 몸에 등불 하나를 켜거나, 손가락 한 마디를 태우거나, 향 심지 하나라도 불태우면, 이 사람은 끝없는 묵은 빚을 한꺼번에 갚아 버리고 영원히 이 세상일에 꺼둘리지 않아, 모든 번뇌를 벗어 버리게 될 것이니, 비록 바로 그 자리에서, 위없는 도를 깨닫지는 못했다 하더라도 이 사람은 벌써 불법에 마음이 결정되었다 할 것이다. 만일 이렇게 몸을 버리는 인연을 조금이라도 하지 아니하면, 설사 하염없는(無爲) 도를 이루더라도, 반드시 인간에 돌아와서 묵은 빚 갚아야 하기를, 내가 말먹이 보리를 먹던 것과 같이 할 것이다.

네가 세상 사람들에게 삼매를 닦게 하려거든, 남의 물건 훔치는 짓을 끊게 할 것이니, 이것이야말로 여러 부처님네의 셋째 결정인, 맑고 깨끗한 가르침이다.

그러므로 아난아, 훔치는 짓을 끊지 않고 수도한다는 것은, 비유하자면 마치 새는 그릇에 물을 부우면서, 가득 차기를 바라는 것과 같은 것이니, 미진겁微塵劫을 지내도 가득 찰 수 없을 것이다.

만일, 비구들이 가외 물건을 모아 두지 아니하고 빌어온 밥을 남겨 배고픈 중생에게 돌려주며, 사람들이 모인 곳에서 합장하고 예배하며, 어떤 이가 때리거나 욕하여도 칭찬하는 것같이 여기고, 몸과 마음을 모두 버려서 뼈와 살을 중생들과 함께 하며, 여래가 방편으로 한 말을 가져다가 제 맘대로 해석하여 초학들을 그르치게 하지 아니하면, 이런 사람은 진정한 삼매를 얻을 것이다.

이렇게 하는 말은 곧 부처님의 말씀이요, 이렇지 아니한 말은 곧 악마의 말이다.

4 아난아, 또 이 세계의 여섯 갈래 중생들이, 비록 몸과 마음에, 죽이는 일과 훔치는 일과 음행하는 일이 없어서, 세 가지 행실이 이미 원만하다 하더라도 만일 큰 거짓말을 하면, 곧 삼매가 깨끗하지 못하고, 애욕과 사견邪見의 악마가 되어 여래의 종자를 잃어버리게 될 것이다. 큰 거짓말이란 것은, 알지 못한 것을 알았다 하고, 증득하지 못한 것을 증득하였다 하는 것인데, 혹 이 세상에서 가장 높은 도인 노릇을 하고자 하여 다른 이에게 말하기를, 나는 이미 수다원과나 사다함과나 아나함과나 아라한 도나 벽지불승이나 십지十地나 그 앞에 여러 보살 지위를 얻었다 하여, 그

들의 예배를 구하고 공양을 구한다면, 이런 잇찬티카는 불종자佛種子가 소멸되어, 마치 잘라버린 팟트라 나무 같은 것이니, 이 사람은 영원히 선근이 없어지고, 다시 지견知見이 생기지 못하여 삼악도에 빠져서, 헤어날 수 없을 것이다. 내가 열반에 든 뒤에 보살이나 아라한들을 시켜서, 말법시대에 여러 가지 인물로 화현化現하여 중생들을 제도하게 하되, 혹 사문이나 거사나 임금이나 벼슬아치나 처녀나 총각이나, 혹 음란한 여자나 과부나 도둑이나 백정 같은 몸을 나타내어 그들과 함께 일하면서 불법을 선전하여 그들로 하여금 삼매에 들게 하더라도, 끝끝내 나는 보살이다, 아라한이다 하여서, 후학後學들에게 부처님의 비밀을 누설치 말게 하며, 다만 죽을 무렵에 은근히 유언遺言할 수는 있다 하였는데, 어찌하여 이 사람이 중생들을 혹란惑亂하게 하는 큰 거짓말을 할 것인가!

네가 세상 사람들에게 삼매를 닦게 하려거든, 끝으로 큰 거짓말을 끊게 할 것이니 이것이야말로 여러 부처님네의 넷째 결정인 맑고 깨끗한 가르침이다.

그러므로 아난아, 만일 큰 거짓말을 끊지 않는 자는, 마치 똥을 깎아 전단향을 만들려는 것과 같아서, 향기를 구하여도 될 수 없는 것이다. 나는 비구들에게 곧은 마음이 도의 바탕이라고 했다. 평소에도 언제나 거짓 꾸미는 말이 없어야 할 것인데, 어떻게 거짓으로 자칭 도인이라 할 것인가? 마치 거지 같은 사람이 공연스레 '나는 임금이다' 하다가, 잡혀 사형을 받는 것과 같은 것이니, 하물며 법왕法王을 어떻게 감히 자칭할 것이냐? 인행因行 때가 곧지 못하면 굽은 과보果報를 받을 것이니, 비록 부처님의 보리를 구하려 하나 배꼽 씹으려는 사람과 같을 것이니, 어떻게 될 수 있겠는가!

만일 비구의 마음이 활줄같이 곧으면, 온갖 일에 진실하여, 삼매에 들어가되 영원히 마장魔障이 없어서, 보살의 위없는 지각知覺을 성취할 것이라고 나는 인가하는 것이다.

이렇게 하는 말은 곧 부처님의 말씀이요, 이렇지 아니한 말은 곧 악마의 말이다.

아난아, 네가 마음 걷어잡는 방법을 묻기에 나는 이와 같은 계율을 말하였다. 보살도를 구하려는 사람은 누구나 먼저 이 네 가지 계율을 서릿발같이 깨끗하게 지녀야 한다. 그리하면, 저절로 가지와 잎이 나지 못하여, 마음으로 짓는 세 가지 업과 말로 짓는 네 가지 업이 생길 인연이 없을 것이다. 아난아, 이 네 가지 계율을 잃지 아니하면, 마음이 온갖 경계에 꺼둘리지 않게 되어 악마의 장난은 생기지 않을 것이다."

제3절 바라제목차

1 비구 이백오십二百五十계

어느 때에 부처님은 사위성의 기원정사에서 안거하시면서 비구들에게 말씀하셨다.

"비구들이여, 포살 날인 보름과 그믐날에는 서로 한곳에 모여서 이제까지 제정하여 놓은 바라제목차波羅提木叉(菩薩戒本)를 말하여, 지난 보름 동안을 반성하고 다가오는 보름 동안에 삼갈 것을 조심하도록 하여라. 그리하여 잘못을 참회하고 깨끗하고 안락하게 살아야 할 것이다.

포살할 적에는 먼저 능력 있는 비구를 뽑아 법좌法座에 오르게 하고, 그로 하여금 바라제목차를 말하게 하도록 할 것이다.

사 바라이법

"여러 스님네여, 여기 사四 바라이波羅夷(根本罪)법을 말하리라.

① 음행하지 말라. 비구로서 받은 계戒를 도로 바쳐 버리지 아니하고, 계를 부실하게 하면서 뉘우치지 아니하며, 부정한 짓을 범하되 짐승에

게라도 하였으면, 이 비구는 바라이 죄니, 함께 지낼 수 없다.

② 훔치지 말라. 비구로서 주지 않는 것을 도둑질할 생각으로 훔치고, 훔친 죄로 구속되거나 쫓겨나거나 죽이되, '너는 도둑이다' '너는 어리석다' 하게 되면 이 비구는 바라이 죄니, 함께 지낼 수 없다.

③ 사람을 죽이지 말라. 비구로서 사람의 목숨을 손수 끊거나, 칼을 주어 죽게 하거나, 칭찬하여 죽게 하거나, 권하여 죽게 하면, 이 비구는 바라이 죄니, 함께 지낼 수 없다.

④ 큰 거짓말을 하지 말라. 비구로서 참으로 깨닫고, 증득한 것이 없으면서 나는 깨닫고 증득했다고, 허망한 거짓말을 하면, 증상만增上慢을 제除하고는 이 비구는 바라이 죄니, 함께 지낼 수 없다.

여러 스님네여, 나는 이미 네 가지 바라이법을 말하였노라. 비구로서 어느 한 가지라도 범하면, 곧 비구의 자격을 잃어버리게 되는 것이니, 비유하자면, 목을 베인 사람이 다시 살아날 수 없는 것과 같은 것이다. 이런 비구는 바라이 죄니, 함께 지내지 않아야 한다."

십삼 승가바시사법

"여러 스님네여, 여기 십삼十三 승가바시사법僧伽婆尸沙法을 말하리라.

① 일부러 정수精水를 내지 말라. 몽설夢泄은 제除한다. ② 음란한 생각으로 여자의 몸을 서로 대지 말라. ③ 음란한 생각으로 여자와 더불어 추악하고 음탕한 말을 하지 말라. ④ 음란한 생각으로 여자 앞에서 자기 자신을 칭찬하면서, 음욕으로 공양하라고 요구하지 말라. ⑤ 남녀의 중매를 서지 말라. ⑥ 자기가 있으려고 시주施主 없이 제 혼자 집을 짓되, 너무 양量을 지나쳐 크게 짓지 말며, 여러 스님네를 청하여 집터를 지정해 받지 아니하고 아무 데나 짓지 말라. ⑦ 시주가 있어 큰 방사房舍를 짓되, 여러 스님네에게 집터를 지정하여 받지 아니하고 짓지 말라. ⑧ 계행戒行이 깨끗한 비구를 근거 없이 바라이 죄 지었다고 비방하여 그를 모함하

지 말라. ⑨ 딴 데서 본 비슷한 것을 가지고 깨끗한 비구를 바라이 죄라고 모함하지 말라. ⑩ 화합한 대중을 깨뜨리려 하여, '그러지 말라'고 세 번이나 간諫하여도 듣지 않고 고집하지 말라. ⑪ 옳지 않은 말 하는 사람을 도와 말하여 '그러지 말라'고 세 번이나 간하여도 듣지 않고 고집하지 말라. ⑫ 남의 집을 어지럽히고 나쁜 짓을 하였기 때문에, '이곳을 떠나라'고 교단에서 명령하였을 적에 명령을 복종하지 아니하고, 세 번이나 간하여도 듣지 않고 고집하지 말라. ⑬ 나쁜 성질로 대중스님네를 어기면서, '피차 서로가 잘잘못을 간섭하지 말자'고 하여, '그러면 못 쓴다'고 세 번이나 간하여도 듣지 않고 고집하지 말라.

여러 스님네여, 나는 이미 열세 가지 승가바시사법을 말하였느니, 아홉 계戒는 바로 죄罪가 되는 것이요, 그 밖에 것은 세 번까지 간해서 죄가 되는 것이다. 비구로서 어느 한 가지를 범犯하고서, 일부러 숨겨 두면, 마땅히 바리바사波利婆沙를 시키고 바리바사를 마친 뒤에는, 다시 엿새 밤 동안 마나타摩那埵를 시키고, 마나타를 마친 뒤에는 스무 사람 대중에게 이 비구의 죄를 내놓아야 한다. 스무 사람에서 한 사람만 모자라도 이 비구의 죄는 없어지지 않는다."

두 부정법

"여러 스님네여, 여기 두 부정법不定法을 말하리라.

① 여자와 함께 으슥한 곳, 음행할 수 있을 만한 곳에 단둘이 앉아서, 법답지 못한 말 하는 것을 믿을 수 있는 우바새優婆塞가 보고서 말하기를, 바라이 죄라 하거나 승가바시사 죄라 하거나 바일제波逸提 죄라 할 때에, 이 앉았던 비구가 그 말대로 승인하면 이 세 가지 계법 중에서 한 가지 죄를 줄 것이요, 만일 승인하지 아니하면, 믿을 수 있는 우바새의 말대로 이 비구를 죄를 줄 것이다. ② 여자와 함께 드러난 곳, 음행할 수 없을 만한 곳이라도, 단둘이 앉아서 추잡하고 나쁜 말을 하는 것을 믿을 수 있

는 우바새가 보고 말하기를 승가바시사 죄라 하거나, 바일제죄라 할 때에, 이 앉았던 비구가 그 말대로 승인하면, 이 두 가지 계법 중에서 한 가지 죄를 줄 것이요, 만일 승인하지 아니하면 믿을 수 있는 우바새의 말대로 이 비구에게 죄를 줄 것이다.

여러 스님네여, 나는 이미 두 가지 결정할 수 없는 법을 말하였으니, 언제나 법답게 지녀야 할 것이다."

삼십 다살기바라제법

여러 스님네여, 여기 삼십三十 다살기바라제陀薩耆波羅提법을 말하리라.

① 가외加外 옷을 열흘이 넘도록 가지고 있지 말라. ② 세 가지 가사를 떠나서 자지 말라. 대중이 허락한 것은 제한다. ③ 옷감을 가지고 한 달 넘게 옷 되기를 기다리지 말라. ④ 친척 아닌 비구니에게서 옷을 받지 말라. 바꾸는 것은 제한다. ⑤ 친척 아닌 비구니에게 입던 옷을 빨래하게 하지 말라. ⑥ 친척 아닌 속인에게 옷을 달라고 하지 말라. 특별한 때는 제한다. ⑦ 특별한 때에 옷을 받더라도 지나치게 받지 말라. ⑧ 신도에게 값진 옷을 해달라고 하지 말라. ⑨ 두 집에 권하여 어울려서 훌륭한 옷을 만들어 달라고 하지 말라. ⑩ 옷값 맡긴 이에게 여섯 번 이상 옷 찾으러 가지 말라. ⑪ 명주나 비단으로 옷을 만들지 말라. ⑫ 양털의 검은 것만으로 옷을 만들지 말라. ⑬ 양털의 희고 검고 얼룩진 것을 섞어서 옷을 만들지 않고, 흰 것만으로 옷을 만들지 말라. ⑭ 옷을 육 년 동안 가지지 않고 새 옷을 만들지 말라. 대중의 카르마 있음은 제한다. ⑮ 새 옷을 만들거든 낡은 옷 헝겊 한 뼘을 덧대어서, 괴색壞色하지 않고는, 입지 말라. ⑯ 짐꾼이 없어서 손수 양털 같은 것을 들고 갈 적에 삼 유순 이상 더 들고 가지 말라. ⑰ 친척 아닌 비구니에게 양털을 빨거나 물들이거나 가리게 하지 말라. ⑱ 금이나 은이나 돈을 받지 말라. ⑲ 여러 가지 보물을 바꿈질하지 말라. ⑳ 여러 가지 물건을 장사해 팔지 말라. ㉑ 가외 바리

때를 열흘 이상 더 가지고 있지 말라. ㉒ 바리때가 아주 망가지지 않았는데 새 바리때를 구해 가지지 말라. ㉓ 자기가 실을 얻어다가 친척 아닌 이에게 옷을 만들게 하지 말라. ㉔ 신도가 옷을 짜 주려 할 적에 실을 많이 들여서 크고 튼튼하고 보기 좋게 짜달라고 하지 말라. ㉕ 먼저 주었던 옷을 도로 빼앗지 말라. ㉖ 일주일 이상 약을 두고 먹지 말라. ㉗ 우욕의雨浴衣를 미리 구하고 미리 쓰지 말라. ㉘ 급히 보시하는 옷을 미리부터 받거나 기한 넘도록 두지 말라. ㉙ 엿새 밤 이상 세 가지 가사를 떠나서 자지 말라. ㉚ 시주가 물건을 대중에게 보시하려는 줄 알면서, 그것을 돌려 자기에게 오게 하지 말라.

여러 스님네여, 나는 이미 서른 가지 다살기바라제법을 말하였노라. 비구로서 어느 한 가지라도 범하면 그 물건을 대중에 내어놓고 참회하여야 한다."

구십 바일제법

여러 스님네여, 여기 구십九十 바일제법을 말하리라.

① 알면서 거짓말하지 말라. ② 여러 가지 욕설을 하지 말라. ③ 남을 이간하는 말을 하지 말라. ④ 여자와 한 방에서 드새지 말라. ⑤ 비구계 받지 않은 사람과 이틀 밤 이상 함께 자지 말라. ⑥ 비구계 받지 않은 사람과 경經을 함께 외우지 말라. ⑦ 다른 비구의 추악한 죄를 비구계 받지 않은 사람에게 말하지 말라. ⑧ 깨닫고 증득한 것을 비구계 받지 않은 사람에게 자랑하지 말라. ⑨ 한정이 지나도록 여자에게 법을 말하지 말라. ⑩ 땅을 파서 생물을 죽게 하지 말라. ⑪ 귀신이 사는 숲을 망치지 말라. ⑫ 부질없이 딴말을 하여 스님네를 성가시게 하지 말라. ⑬ 소임 보는 스님을 험담하지 말라. ⑭ 평상이나 이부자리를 한 데에 깔았다가, 치우지 않고 버려 두지 말라. ⑮ 이부자리를 집안에 깔고 쓰다가 치우지 않고 떠나지 말라. ⑯ 다른 비구가 먼저 잡은 처소에 억지로 자리를 펴

고 눕지 말라. ⑰ 다른 비구를 방에서 끌어내지 말라. ⑱ 다리 빠지는 평상에 앉지 말라. ⑲ 벌레 있는 물을 쓰지 말라. ⑳ 집을 지으면서 이엉을 세 겹 이상 덮지 말라. ㉑ 제 맘대로 가서 비구니를 가르치지 말라. ㉒ 날이 저물도록 비구니를 가르치지 말라. ㉓ 법답게 비구니 가르치는 비구를 비방하지 말라. ㉔ 친척 아닌 비구니에게 옷을 주지 말라. 바꾸는 것은 제한다. ㉕ 친척 아닌 비구니에게 옷을 지어 주지 말라. ㉖ 비구니와 단둘이 으슥한 곳에 앉아 있지 말라. ㉗ 비구니와 약속하고 동행하지 말라. 위험할 염려가 있을 때는 제한다. ㉘ 비구니와 한 배를 타고서 물을 오르락내리락 하지 말라. ㉙ 비구니가 권하여서 얻어진 음식을 먹지 말라. 시주가 미리 생각한 것은 제한다. ㉚ 여자와 약속하고 동행하지 말라. ㉛ 한 번 먹고 자기로 마련한 곳에서 더 묵지 말라. ㉜ 여기서 먹고 또 다른 데 가서 먹지 말라. 특별한 때는 제한다. ㉝ 대중을 떠나서 따로 모여 먹지 말라. 특별한 때는 제한다. ㉞ 신도가 정성으로 공양하는 음식을 세 바리때 이상 받지 말라. ㉟ 남은 밥 먹는 법을 짓지 않고 또 먹지 말라. ㊱ 옳지 않은 마음으로 다른 비구에게 음식을 권하지 말라. ㊲ 때 아닌 때에 음식을 먹지 말라. ㊳ 음식을 묵혀서 먹지 말라. ㊴ 받지 않은 음식을 입에 대지 말라. 물이나 치목齒木은 제한다. ㊵ 좋은 음식을 병 없이 제가 먹으려고 달라고 하지 말라. ㊶ 외도外道의 남녀에게 제 손으로 음식을 주지 말라. ㊷ 공양 청장을 받아 놓고서 다른 비구에게 부탁하지도 않고 다른 집에 돌아다니지 말라. 특별한 때는 제한다. ㊸ 부부끼리 눈치가 다른 줄 알면서 그 집에 억지로 앉아 있지 말라. ㊹ 여자와 단둘이 으슥한 곳에 앉아 있지 말라. ㊺ 여자와 단둘이서 드러난 곳에 앉아 있지 말라. ㊻ 다른 비구를 마을에 데리고 갔다가, 핑계를 대어 도로 쫓아 보내지 말라. ㊼ 기한 정하고 주는 약을 기한 지나서 또 받지 말라. 특별히 주는 것은 제한다. ㊽ 군진軍陣에 구경 가지 말라. 볼일 있는 때는 제한다. ㊾ 볼일 있어 군진에 가더라도, 이틀 밤 이상 지내지 말라.

⑤ 군진에 볼일로 가서라도 전쟁하는 것을 구경하지 말라. ⑤ 술을 마시지 말라. ⑤ 물 가운데에서 장난하지 말라. ⑤ 남을 간질이지 말라. ⑤ 간諫하는 말을 안 듣지 말라. ⑤ 남을 놀라게 하지 말라. ⑤ 보름만에 목욕하는 규칙을 어기지 말라. 특별한 때는 제한다. ⑤ 병나지 않고, 불 쪼이기 위하여 한데에 불을 놓지 말라. 필요한 일 있을 적은 제한다. ⑤ 다른 비구의 물건을 장난으로라도 감추지 말라. ⑤ 맡겼던 옷을 말없이 가져다 입지 말라. ⑥ 괴색壞色하지 아니한 새옷을 얻어서 그냥 입지 말라. 반드시 푸른 빛깔·검은 빛깔·목란 빛깔 세 가지로 합해 물들여 괴색해서 입으라. ⑥ 짐짓 짐승을 죽이지 말라. ⑥ 물에 벌레 있는 줄 알면서 마시지 말라. ⑥ 짐짓 다른 비구를 걱정하게 하지 말라. ⑥ 다른 비구의 허물을 알고도 약속하고 덮어두지 말라. ⑥ 스무 살이 차지 못한 사미에게 구족계具足戒를 주지 말라. ⑥ 다툼질을 법대로 없앤 줄 알면서 뒤에 다시 들추어내지 말라. ⑥도둑들인 줄 알면서 약속하고 동행하지 말라. ⑥ '음욕을 행하여도 괜찮다'는 나쁜 소견을 고집하면서 '그렇지 않다'고 세 번이나 간하여도 듣지 아니하려고 하지 말라. ⑥ 죄 범한 이가 참회하지 않는 줄 알면서 함께 지내지 말라. ⑦ 나쁜 소견을 버리지 않기 때문에 마침내 쫓겨난 사미인 줄 알면서 두호하지 말라. ⑦ 다른 비구가 법답게 계를 말해 줄 적에 '나는 지금 이 계를 배우지 않겠다'고 하지 말라. ⑦ 계율을 '소소한 것'이라고 비방하지 말라. ⑦ 포살할 때에 자기 허물을 드러낼까 두려워서 미리 말하기를 '나는 이런 계戒가 있는 줄 몰랐다'고 변명하려 들지 말라. ⑦ 대중과 함께 의논하여 결정해 놓고서 뒷말하지 말라. ⑦ 대중이 일을 의논하여 판단하려는 자리에서 '위임한다'는 말없이 일어나 가 버리지 말라. ⑦위임을 해 놓고서, 다시 뒷말하지 말라. ⑦ 다른 비구들이 다툰 줄 알면서, 이 말을 엿들었다가 저에게 일러바치지 말라. ⑦ 성나서 다른 비구를 때리지 말라. ⑦ 성나서 다른 비구를 때리는 시늉을 하지 말라. ⑧ 다른 비구를 근거 없이 승가바시사

죄라고 비방하지 말라. ⑧1 대궐 안에 불쑥 들어가지 말라. ⑧2 절 밖에서 돈이나 보배를 줍지 말라. ⑧3 때 아닌 적에, 다른 비구에게 말하지도 않고 마을에 가지 말라. ⑧4 평상 발 높이를 부처님 손가락 여덟 포갠 것보다 높게 하지 말라. ⑧5 평상이나 방석에 도라솜(兜羅綿)을 넣지 말라. ⑧6 뼈나 어금니나 뿔로, 바늘통을 만들지 말라. ⑧7 너무 크게 니사단尼師檀(방석)를 만들지 말라. ⑧8 너무 크게 부창의覆瘡衣를 만들지 말라. ⑧9 너무 크게 우욕의雨浴衣를 만들지 말라. ⑨0 부처님 옷과 같게 옷을 만들거나, 더 크게 만들지 말라. 여러 스님네여, 나는 이미 아흔 가지 바일제법을 말하였다. 비구로서 어느 한 가지라도 범하면 세 사람 이상의 스님네 앞에서 참회하여야 한다."

사 바라제제사니법

"여러 스님네여, 여기 사四 바라제제사니波羅提提舍尼법을 말하리라.

① 친척 아닌 비구니에게 음식을 받아먹었으면 다른 비구에게 대하여 죄스럽다고 고백할 것. ② 마을 집에서 공양 받는데, 어떤 비구니가 있어 '아무에게 국을 주라' '아무에게 밥을 주라' 분별하거든 '그런 분별 마시라' 하라. 만일 한 비구도 말하는 이가 없었거든 다른 비구에게 대하여 죄스럽다고 고백할 것. ③ 배우는 과果를 얻은 이의 집에 청장도 안 받고 가서, 밥을 받아먹었으면 다른 비구에게 대하여 죄스럽다고 고백할 것. ④ 위험성 있는 처소에서 신도가 가지고 온 음식을 받아먹었으면 다른 비구에게 대하여 죄스럽다고 고백할 것.

여러 스님네여, 나는 이미 네 가지 바라제제사니법을 말하였다. 이런 일이 있었으면 스님네 앞에 고백해야 한다.

백 중학법

"여러 스님네여, 여기 백百 중학법衆學法을 말하리라. ① 속옷을 단정하게 입어라. ② 세 가사 겉옷을 단정하게 입어라. ③ 옷을 걷어붙이고 마을 집에 들어가지 말라. ④ 옷을 걷어붙이고 앉아 있지 말라. ⑤ 옷으로 목을 둘러싸고 마을 집에 들어가지 말라. ⑥ 옷으로 목을 둘러싸고 앉아 있지 말라. ⑦ 머리를 덮고 마을 집에 들어가지 말라. ⑧ 머리를 덮고 앉아 있지 말라. ⑨ 뜀박질하여 마을 집에 들어가지 말라. ⑩ 뜀박질로 앉지 말라. ⑪ 마을 집에 쭈그리고 앉아 있지 말라. ⑫ 허리에 손을 붙이고 마을 집에 들어가지 말라. ⑬ 허리에 손을 붙이고 앉아 있지 말라. ⑭ 몸을 흔들면서 마을 집에 들어가지 말라. ⑮ 몸을 흔들면서 앉아 있지 말라. ⑯ 팔을 흔들면서 마을 집에 들어가지 말라. ⑰ 팔을 흔들면서 앉아 있지 말라. ⑱ 몸을 잘 가리고 마을 집에 들어가라. ⑲ 몸을 잘 가리고 앉아라. ⑳ 두리번거리면서 마을 집에 들어가지 말라. ㉑ 두리번거리면서 앉아 있지 말라. ㉒ 조용히 마을 집에 들어가라. ㉓ 조용히 앉아 있어라. ㉔ 떠들썩거리며 웃으면서 마을 집에 들어가지 말라. ㉕ 떠들썩거리며 웃으면서 앉아 있지 말라. ㉖ 정신 차려서 밥을 받아라. ㉗ 바리때 안에 골막하게 밥을 받아라. ㉘ 바리때 안에 골막하게 국과 반찬(카레)을 받아라. ㉙ 찬과 밥을 함께 먹어라. ㉚ 음식을 한쪽에서부터 차곡차곡 먹어라. ㉛ 바리때 복판으로 방을 파서 먹지 말라. ㉜ 병나지 않고서 저를 위하여 밥이나 국이나 찬을 달라고 하지 말라. ㉝ 밥으로 반찬을 덮어 놓고 또 받으려 하지 말라. ㉞ 곁에 사람의 바리때를 들여다보고 혐의하는 마음을 내지 말라. ㉟ 바리때를 주의하여 보면서 먹어라. ㊱ 밥을 크게 뭉쳐 먹지 말라. ㊲ 입을 벌리고 밥을 기다리지 말라. ㊳ 밥을 입에 넣고 말하지 말라. ㊴ 밥을 입에 던지지 말라. ㊵ 밥을 크게 뭉쳐서 입으로 끊어 먹지 말라. ㊶ 볼을 불룩거리면서 먹지 말라. ㊷ 짜금거리면서 먹지 말라. ㊸ 후루룩거리며 먹지 말라. ㊹ 핥아 들여 먹지 말라. ㊺ 손을 털고 먹지 말라. ㊻ 밥을 헤치면서 먹지 말라. ㊼ 더러운 손으로 그릇을 잡지 말라. ㊽ 바리때 씻은 물을 함부로 버리지 말라. ㊾ 산 풀

위에 대소변을 보지 말라. 병난 이는 제한다. ㊿ 물에 대소변을 보거나 코를 풀거나 침을 뱉지 말라. 병난 이는 제한다. 51 서서 대소변을 보지 말라. 병난 이는 제한다. 52 옷을 걷어붙인 이에게 설법하지 말라. 병난 이는 제한다. 53 옷으로 목을 둘러싼 이에게 설법하지 말라. 병난 이는 제한다. 54 머리를 덮은 이에게 설법하지 말라. 병난 이는 제한다. 55 머리를 둘러싼 이에게 설법하지 말라. 병난 이는 제한다. 56 허리에 손을 붙인 이에게 설법하지 말라. 병난 이는 제한다. 57 가죽신 신은 이에게 설법하지 말라. 병난 이는 제한다. 58 나막신 신은 이에게 설법하지 말라. 병난 이는 제한다. 59 마소나 수레 같은 것을 타고 있는 이에게 아래에서 설법하지 말라. 병난 이는 제한다. 60 일없이 불탑 안에서 자지 말라. 61 연고 없이 불탑 안에 재물을 간직하지 말라. 62 가죽신을 신고 불탑 안에 들어가지 말라. 63 가죽신을 들고 불탑 안에 들어가지 말라. 64 가죽신을 신고 불탑을 돌지 말라. 65 목 짧은 가죽신을 신고 불탑 안에 들어가지 말라. 66 목 짧은 가죽신을 들고 불탑 안에 들어가지 말라. 67 불탑 밑을 지저분하게 하지 말라. 68 송장을 메고 불탑 아래로 가지 말라. 69 불탑 아래에 송장을 묻지 말라. 70 불탑 아래서 송장을 태우지 말라. 71 불탑을 향하여 송장을 태우지 말라. 72 불탑의 주위에서 송장을 태우지 말라. 73 죽은 이의 물건을 가지고 탑 아래로 지나가지 말라. 빨아서 물들여 향 쏘인 것은 제한다. 74 불탑 아래에서 대소변을 보지 말라. 75 불탑을 향하여 대소변을 보지 말라. 76 불탑의 주위에서 대소변을 보지 말라. 77 불상을 모시고 변소에 가지 말라. 78 불탑 아래서 양치질을 하지 말라. 79 불탑을 향하여 양치질을 하지 말라. 80 불탑 주위에서 양치질을 하지 말라. 81 불탑 아래서 코를 풀거나 침을 뱉지 말라. 82 불탑을 향하여 코를 풀거나 침을 뱉지 말라. 83 불탑 주위에서 코를 풀거나 침을 뱉지 말라. 84 불탑을 향하여 다리 뻗고 앉지 말라. 85 불상은 낮은 방에 모시고 자기는 높은 방에 있지 말라. 86 들을이는 앉았는데 자기는 서서 설법하지 말라. 병난 이는 제한다. ⑧⑦ 들을이는 누웠는데, 자기는 앉아서 설법하지 말라. 병난 이는 제한다. ⑧⑧ 들을이는 자리에 앉았는데, 자기는 맨바닥에 앉아서 설법하지 말라. 병난 이는 제한다. ⑧⑨ 들을이는 높은 자리에 있는데, 자기는 낮은 자리에서 설법하지 말라. 병난 이는 제한다. ⑨⓪ 들을이는 앞서 가고 자기는 뒤따라가면서 설법하지 말라. 병난 이는 제한다. ⑨① 들을이는 높은 데서 거니는데, 자기는 낮은 데서 거닐면서 설법하지 말라. 병난 이는 제한다. ⑨② 들을이는 길 가운데로 가는데, 자기는 길가로 가면서 설법하지 말라. 병난 이는 제한다. ⑨③ 손을 마주 잡고 길을 다니지 말라. ⑨④ 나무에 한 길 이상 올라가지 말라. 필요한 때는 제한다. ⑨⑤ 바랑을 지팡이 끝에 걸어 메고 다니지 말라. ⑨⑥ 곤장을 가지고 있는 사람에게 설법하지 말라. 병난 이는 제한다. ⑨⑦ 검劍을 차고 있는 사람에게 설법하지 말라. 병난 이는 제한다. ⑨⑧ 창을 짚고 있는 사람에게 설법하지 말라. 병난 이는 제한다. ⑨⑨ 긴 칼을 들고 있는 사람에게 설법하지 말라. 병난 이는 제한다. ⑩⓪ 일산을 받고 있는 사람에게 설법하지 말라. 병난 이는 제한다.

여러 스님네여, 나는 이미 백 가지 여러 배울 법을 말하였다. 언제나 조심하여야 할 것이다."

칠 멸정법

"여러 스님네여, 여기 칠七 멸정법滅淨法을 말하리라.

① 쌍방이 앞에 나타나서 계법대로 대결하는 법. ② 생각하고 반성하여 보게 하는 법. ③ 지금 정신 이상이 없다고 확인하여 과거를 묻지 않도록 하는 법. ④ 죄를 자백하도록 하는 법. ⑤ 다수가결에 부치는 법. ⑥ 지은 죄를 지적하는 법. ⑦ 풀로 흙을 덮듯, 시비를 쓸어 덮어 없애는 법.

여러 스님네여, 나는 이미 일곱 가지 다툼 없애는 법을 말하였다. 다툼질이 생기거든 이런 법을 써서 없애게 할 것이다.

여러 스님네여, 나는 이미 사四 바라이 법을 말하였고, 십삼十三 승가바시사 법, 두 부정법, 삼십三十 나이사르기카 바일제법, 구십九十 바일제법, 사四 바라제제사니법, 백 중학법, 칠七 멸정법을 말하였다.

이 바라제목차는 반달마다 말하는 것이니, 모두 여기에 화합하고 화해하여 부지런히 두호해 지닐 것이다."

이 포살하는 날에 여러 비구들이 한 곳에 모여서, 바라제목차를 읽도록 제정하신 지 얼마 뒤의 일이다.

겁빈나 비구는 선인仙人들이 살고 있는 흑석산黑石山 곁에서 홀로 지내고 있었다. 어떤 포살 날 조용한 숲 속에서 좌선하다가 생각하기를 '나는 내 스스로 반성해 보아도 너무나 깨끗하니까, 포살하는 장소에 가거나 말거나 상관없겠지.' 이렇게 생각하는데, 뜻밖에 부처님께서 앞에 나타나셨다. 그리고 말씀하셨다.

"겁빈나여, 너는 지금 스스로가 깨끗하니까, 포살의 모임에 가서 교단의 작법作法으로 깨끗함을 새삼스럽게 증명 받을 것이 없다고 생각하고 있지만, 그것은 단체에 속하는 자의 할 바가 아니다. 그대와 같이 깨끗한 이가 포살을 존중하고 공경하여 그 자리에 모이지 아니한다면, 그 누가 포살에 모일 것인가! 어서 빨리 포살하는 곳에 가서 교단의 작법에 참가하는 것이 좋으리라."

"부처님이시여, 옳은 말씀이십니다. 곧 가겠습니다." 하고 겁빈나는 자리를 떠나 포살에 참예하였다.

2 신도의 오계

이때는 부처님이 성도成道하시던 해, 바라나의 선인녹원仙人鹿苑에 계시면서, 다섯 비구를 제도하신 뒤를 이어, 거부 장자巨富長者의 아들 야수가 동자童子를 제도하시던 다음 날이다.

야수가의 부모는 우연히 집을 나간 외아들 야수가가 집에 돌아오지 않는 것을 걱정하다가, 사람들을 사방에 놓아 찾아보게 하고, 아버지 자신도 아들을 찾아 나섰다. 점점 찾아 바라 하河 강물 가에까지 와서 야수가가 벗어 놓은 금빛 가죽신을 발견하고 '물 건너 선인녹원에 가지 않았나?' 생각하고, 곧 강물을 건너서 부처님 처소를 찾아들었다. 부처님은 그를 위하여 여러 가지 방편으로 설법을 하여 주셨다. 야수가의 아버지는 곧 그 자리에서 법안法眼의 깨끗해짐을 얻고 마음이 열렸으며, 다시 부처님에게 예배 드리고 신도가 되기를 원하였다. 부처님은 다시 그를 위하여 삼귀의三歸依와 오계五戒를 차례대로 말씀하셨다.

'진리를 깨달으신 부처님을 믿겠습니다. 변함이 없는 올바른 불법을 믿겠습니다. 불법을 닦는 스님네를 믿겠습니다.'

라고 삼귀의를 하게하고, 다음에 다섯 가지 계를 일러주셨다.

① 산목숨을 죽이지 말라.

② 주지 않은 물건을 가지지 말라.

③ 간음 · 사음邪淫을 범하지 말라.

④ 거짓말을 하지 말라.

⑤ 술을 마시지 말라.

이와 같은 조문을 말씀하시고,

"능히 지키겠느냐?"

고 물으시니, 야수가의 아버지는

"평생 목숨이 다할 때까지 지키겠습니다."

하고 맹세하였다.

이리하여 이 야수가의 아버지는 불법 가운데에 맨 처음으로 삼귀의와 오계를 받은 우바새가 되었다.

3 사미 십계

어느 때에 부처님은 가비라성 니구류수 동산에 계셨다. 공양 때가 되어 가비라성에 들어가 걸식을 하시고 돌아오는데, 라후라의 어머니는 라후라를 데리고 높은 집 위에서 부처님 오시는 것을 뵙고서는 라후라에게 말했다.

"저기 오시는 분이 너의 아버지시다."

이 말을 들은 라후라는 그 길로 줄달음쳐 내려와서, 부처님 발에 절을 하였다. 부처님은 손으로 라후라의 머리를 만져 주시면서 물으셨다.

"너 중노릇 하겠느냐?"

"네, 하겠어요."

부처님은 손가락 하나를 라후라에게 잡게 하시고 절로 데리고 오셨다. 그리고 사리불을 불러

"이 라후라 동자를 득도得度시켜라." 하고 말씀하셨다.

"먼저 머리를 깎아 법복을 입히고 무릎을 꿇어 합장하게 한 뒤, 삼귀의를 세 번 시키고서 그리고 사미 십계를 일러 주어라.

① 목숨이 다하도록 중생을 죽이지 말라. 위로는 부처님 · 성인 · 스님 · 부모로부터 아래로는 날아다니고 기어다니는 보잘것없는 곤충들까지라도 목숨이 있는 것은 내 손으로 죽이거나, 남을 시켜 죽이거나, 죽이는 것을 보고 좋아하지 말라. 물을 걸러 먹고 등불을 덮고 고양이를 기르지 말며, 겨울에 이가 생기거든 대통에 넣어 솜으로 덮고 먹을 것을 주라. 은혜를 베풀어 가난한 이를 구제하여 편안히 살게 하며, 죽이는 것을 보고는 자비한 마음을 내어라. 이 사미의 계를 범하면 사미가 아니니라.

② 목숨이 다하도록 훔치지 말라. 귀중한 금과 은에서 바늘 한 개 풀 한 줌까지라도 주지 않는 것은 가지지 말라. 상주물常住物이나 시주의 것이나 대중의 것이나 관청의 것이나 사삿 것이나, 온갖 물건을 빼앗거나 훔치거나 속여 가지거나 세금을 속이거나 찻삯 · 뱃삯을 안 내는 것은 모두 훔치는 것이다.

옛적에 어떤 사미는 대중이 공양할 떡 두 개를 훔치고도 지옥에 떨어졌다. 그러므로 차라리 손을 끊을지언정 옳지 못한 재물은 가지지 말아야 한다. 이 사미의 계를 범하면 사미가 아니다.

③ 목숨이 다하도록 음행하지 말라. 마을에 있는 신도의 오계에는 사음邪淫만 못하게 하였거니와, 집을 나온 이의 십계에는 음행을 전연 끊어야 하는 것이다. 세간의 온갖 남자나 여자를 간음하면 안 되는 것이니라.

세상 사람들은 음욕으로 인하여 몸도 망치고 집도 폐하거니와, 세속을 벗어나 스님이 되고서 어찌 다시 음욕을 범할 것인가! 나고 죽는 근본은 음욕이 제일인 것이니, 음란하게 사는 것은 정결貞潔하게 죽는 것만 못한 것이다. 이 사미의 계를 범하면 사미가 아니다.

④ 목숨이 다하도록 거짓말하지 말라. 거짓말에 네 가지가 있다.

첫째는 허망한 말이니, 옳은 것을 그르다 하고, 그른 것을 옳다 하며, 본 것을 못 보았다 하고, 못 본 것을 보았다 하여, 허망하여 진실치 아니한 것이다.

둘째는 비단결 같은 말이니, 구수한 말을 늘어놓으며 애끓는 정열을 간절하게 하소연하여, 음욕으로 이끌고 슬픈 정을 돋우어 남의 마음을 방탕하게 하는 것이다.

셋째는 나쁜 말이니, 추악한 욕설로 사람을 꾸짖는 것이다.

넷째는 두 가지로 하는 말이니, 이 사람에게는 저 사람 말을 하고, 저 사람에게는 이 사람 말을 하여, 두 사람의 사이를 이간하고 싸움을 붙이며, 심지어 처음은 칭찬하다가 나중에는 훼방하거나, 만나서는 옳다 하고 딴 데에서는 그르다 하거나, 거짓 증거로 죄에 빠지게 하거나 남의 결점을 드러내는 것들은 모두 거짓말이다.

만일 범부로서 성인의 자리를 깨닫고 증득했다고 하는 것들은 큰 거짓말이니, 그 죄는 극히 중한 것이며, 이 밖에 다른 이의 급한 재난을 구원하기 위하여 자비한 마음으로 방편을 써서 하는 거짓말은 범죄가 되지 않는 것이다.

옛날 어떤 사미가 늙은 비구의 경經 읽는 소리를 비웃어 '개 짖는 소리 같다'고 했다. 이 비구는 아라한이라, 사미를 시켜 곧 참회케 하였으므로, 겨우 지옥은 면하였으나, 그래도 개 몸을 받았다. 그러므로 사람이 세상에 살아가는 데 입 안에는 도끼가 있어서 나쁜 말 한 마디로 몸을 찍는 것이다. 이 사미의 계를 범해 말을 삼가지 않으면 사미가 아니다.

⑤ 목숨이 다하도록 술 마시지 말라. 술은 사람을 취하게 하는 독약이다. 한 방울도 입에 대지 말고, 심지어 술 냄새도 맡지 말며, 술집에 머물지도 말며, 다른 이에게 술을 권하지도 말라.

옛적에 어떤 우바새는 술을 마시고 다른 계까지 범한 일도 있거니와, 비구가 되어 술을 마시는 것은 말할 수 없는 수치다. 술 한 번 마시는 데 서른여섯 가지의 허물이 생긴다. 작은 죄가 아니다. 술을 즐기는 사람은 죽어 똥물지옥에 들어가며, 날 적마다 바보가 되어 지혜 종자智慧種子가 없어진다. 차라리 구정물을 마실지언정, 술은 마시지 말아야 한다. 이 사미의 계를 범하면 사미가 아니다.

⑥ 목숨이 다하도록, 꽃다발을 쓰거나 향을 바르지 말라. 꽃다발과 화려한 옷과 여러 가지 패물로 호사하거나, 사향이나 향수를 쓰거나, 연지나 분 같은 것을 바르지 말라. 이러한 것은 세속 사람도 청렴하고 결백한 이는 좋아하지 않는 것인데, 세속을 떠난 사람이 어찌 화려한 사치를 탐할 것인가. 수수하게 물든 누더기로 몸을 가리는 것이 마땅하다. 이 사미의 계를 지녀야 한다.

⑦ 노래하고 춤추고 악기를 쓰지 말고, 또 가서 구경하지도 말라. 부처님에게 공양하고, 중생을 교화하는 음악도 있기는 하지만, 지금 나고 죽는 일을 위하여 세속을 버리고 출가한 사람으로서, 어찌 옳은 공부를 하지 않고 음악 같은 것을 배울 것인가.

옛날 어떤 신선은 여자들이 아름다운 목소리로 노래하는 것을 듣다가 신족통神足通을 잃어버렸다. 구경하던 해害도 그렇거든 하물며 제 몸으로 할 것인가.

장기 · 바둑이나 윷 놀고 노름하는 일들도 하지 말아야 한다. 모두 도

道 닦는 마음을 어지럽히고 허물을 돕는 것들이다. 이 사미의 계를 지녀야 한다.

⑧ 높고 넓은 큰 평상에 앉지 말라. 높고 넓은 큰 평상에 앉으면 거만한 것이니, 복을 감하고 죄보를 부르게 되는 것이다. 비단으로 만든 휘장이나 이부자리 같은 것도 사용하지 않아야 한다. 풀로 자리를 만들고 나무 밑에 사는 것을 생각을 하여야 할 것인데, 어찌 높고 넓은 큰 평상 좋은 자리에 허망한 이 몸뚱이를 멋대로 편하게 할 것인가. 이 사미의 계를 지녀야 한다.

⑨ 때 아닌 때에 먹지 말라. 하늘들은 경청輕淸하여 아침에 먹고, 짐승은 둔탁鈍濁하여 오후에 먹고, 귀신은 허겁虛怯하여 밤에 먹는다. 그러나 부처님 법은 여섯 갈래의 인因을 끊은 중도中道이니, 오정午正에 먹는 것이다. 많이 먹으려 하지 말고 맛있게 먹으려고도 하지 말라. 오후에 먹지 아니하면 여섯 가지 복이 생기는 것이다. 아귀들은 바리 소리를 들으면 목구멍에서 불이 일어난다는데, 어찌 때 아닌 때에 먹을 것인가. 이 사미의 계를 지녀야 한다.

⑩ 금·은·보물을 가지려 하지 말라. 금·은·보물은 모두 탐심을 기르고 도를 방해하는 것이므로, 손에 쥐지도 말아야 할 것인데, 비구가 이런 것을 탐해서 쓸 것인가? 다른 사람들의 가난한 것을 생각하고 항상 보시를 행할 것이요, 돈을 벌려고 하지 말고, 모아 두지도 말며, 장사하지 말고, 보물 같은 것으로 기구를 장식하지도 말 것이니, 이 사미의 계를 지녀야 한다."

4 비구니의 팔경계八敬戒

이때는 부처님의 교단이 생긴 지 십사 년이 되던 해요, 부처님의 부왕父王께서 돌아가셔서, 장례식을 치른 뒤다. 부처님이 많은 제자들과 같이 니구류수 동산에 계셨는데, 부처님의 이모姨母 되는 대애도 부인이 찾아와서 예배드리고 여쭈었다.

"부처님이시여, 저희는 세속에 살면서 불법을 믿었사오나, 세상이란 무상無常한 것임을 참으로 알았음에 지금 저희들도 머리를 깎고 스님이 되고자 하오니, 저희 여자들도 스님이 되기를 허락하여 주십시오."
하고 애원했다. 그러나 부처님은

"안 됩니다. 교담미憍曇彌(大愛道)여, 그런 말씀은 하지 마십시오. 여자들이 불법에 들어와 스님이 된다면 올바른 불법은 오래 갈 수 없게 됩니다."
하고 거절하셨다.

대애도는 세 번이나 거듭 청하다가 안 되어, 하는 수 없이 슬픈 생각을 품고 물러갔다.

그때 부처님은 이백오십의 제자들을 거느리시고 그곳을 떠나 교살라국에 가셨다가, 다시 사위성의 기원정사에 돌아오셨다. 이때에 대애도 부인은 부처님이 사위성으로 가셨다는 말씀을 듣고, 오백 명의 여자들과 함께 머리를 깎아 버리고 가사를 입고, 맨발로 걸어서 사위성 기원정사까지 뒤쫓아 와서, 기원정사 대문 밖에서 울고 서 있었다. 발가락은 깨어져서 피가 나고, 먼지와 눈물로 그 꼴이 말이 아니었다. 마침 이때에 아난이 지나가다가 이 광경을 보고 놀라서 물었다.

"아니 교담미여, 이것이 웬일이십니까?"

"저희들은 불법에 출가하여 스님이 되기가 원입니다만, 부처님께서 허락하시지를 않으십니다."

"가만히 계십시오. 제가 당신들을 위하여 부처님께 말씀을 드려 보겠습니다."
하고, 아난은 곧 부처님께 들어와 예배 드리고 여쭈었다.

"부처님이시여, 원하오니 여자들도 스님이 되도록 허락하여 주소서."

"안 될 일이다, 아난아. 여자들이 스님이 되면 불법이 오래 가지 못하게 된다. 비유하자면, 어떤 장자의 집안에 남자가 적고 여자가 많으면, 그 집안이 줄어드는 것과 같으며, 또 좋은 논에 찔레 씨를 흩어 놓으면 반드시 그 좋은 논을 버리게 되는 것과 같으며, 또 모종밭에 서리나 우박이 오면 그것이 망가지는 것과 같이, 여자가 불법 가운데 들어와 스님이 되면, 이 법의 깨끗함은 오래 갈 수 없게 될 것이다."

"부처님이시여, 그러하오나, 대애도大愛道 부인은 부처님을 어릴 때에 젖 먹여 키웠으니, 그 은혜가 큰 분이 아닙니까?"

"그것은 그렇다. 그러나 나도 또한 대애도에게 삼보를 믿게 하여 주었고, 오계를 받아 지니게 하였으며, 열반의 길을 가르쳐주었으니, 이 은혜는 그 은혜에 비할 바가 아닐 것이다."

"부처님이시여, 만일 여자들이 불법 가운데 스님이 되어서 일심으로 공부한다면 도를 얻을 수가 있습니까, 없습니까?"

"일심으로 공부한다면 도를 얻을 수 없는 것은 아니다."

"부처님이시여, 여자도 공부하여 도道를 얻을 수 없는 것이 아니라면, 스님이 되는 것을 허락하여 주시는 것이 좋으리라고 생각하와 재삼 간청하는 바입니다."

"아난아, 꼭 그렇다면 여자들이 스님이 되어서 여덟 가지 넘쳐서는 안 되는 법이 있다. 지금 그것을 말해 만일 능히 행할 수 있다면, 스님이 됨을 허락하리라.

① 비록 백 년 동안을 중노릇을 한 비구니라도 새로 된 비구를 보거든 예배하고 공경할 것.

② 비구니로서 비구를 꾸짖거나, 비방하지 못할 것.

③ 비구니로서 비구의 허물은 말할 수 없고, 비구는 비구니의 허물을 말하게 할 것.

④ 식차마나式叉摩那가 계를 배워 마치고 비구니계를 받을 적에는 비구 대중 앞에서 계를 받을 것.

⑤ 비구니가 승가바시사를 범하였을 적에는 보름마다 비구 · 비구니 이부二部 대중 앞에서 참회법을 행할 것.

⑥ 비구니는 보름마다 비구 대중에게 법문하여 주실 스님을 청할 것.
⑦ 비구들이 없는 곳에서 안거하지 못할 것.
⑧ 안거를 마친 뒤에는 비구 대중에게 안거 중에 보고 듣고 의심나던 일을 물을 것.

아난아, 이와 같은 여덟 가지 법을 마땅히 존중하고 공경하며 찬탄하여, 목숨이 다하도록 어기지 않고 행한다면, 여자도 곧 스님이 될 수 있다. 그것은 마치 건너갈 수 없는 물에 다리를 놓아서야 건너가게 되는 것과 같은 것이다."

이때에 아난은 이와 같은 부처님의 가르치심을 듣고 곧 대문 밖에 나가서 대애도 부인과 그 일행에게 전갈하였다. 그녀들은 기쁨에 넘쳐서 말하기를,

"아난 존자여, 저희는 부처님의 가르치심을 무조건 존중하고 곤경하며 찬탄하여 받들어 지니겠습니다. 비유하자면, 꾸미기 잘하는 사람들이 머리를 씻고, 아름다운 꽃을 얻어 귀중하게 두 손으로 받들어 머리에 꽂는 것과 같이, 여자들의 넘쳐서 안 되는 여덟 가지 법을 만들어 평생토록 범하지 않겠습니다."
고 맹세하였다. 아난은 바로 부처님께 돌아와서 여쭈었다.

"부처님이시여, 대애도 들은 여덟 가지 넘쳐서는 안 될 법을 공손히 받아 가지고, 계를 얻었습니다."

"아난아, 이 법 가운데에 여자들이 들어와서 스님이 되었기 때문에, 이 법의 깨끗함을 오래도록 살려가기는 어려울 것이다. 그러므로 나는 물을 새지도 넘치지도 않게 하기 위하여, 큰 호수에 둑을 잘 쌓아 막는 것과 같이, 비구니에게 대하여, 이 여덟 가지 법을 지키게 하였거니와, 만일 여자들이 이 법 가운데서 스님이 되어 들어오지 않았던들 앞으로 올바른 불법이 오백 년이나 감하여질 염려는 없었을 것이다. 그러나 어찌할 수 없다."

고 하시었다. 아난은 이 말씀을 듣고 적이 놀랐으며, 후회와 근심과 슬픔이 넘쳐, 눈물을 흘리면서 부처님에게 절하고 물러갔다.

이때에 라후라의 어머니 야수다라를 비롯하여 많은 석가족의 귀한 여자들도 마하파자아파티를 따라 출가하여 스님이 되었다.

5 팔관재계八關齋戒

어느 때에 부처님은 사위성 동쪽으로 유행하시다가, 어느 신도의 집에 들르셨다.

이때에 유야라고 부르는 우바새는 여러 부인들과 같이 목욕재계를 깨끗이 하고 부처님 앞에 나와, 예배 드리고 지극한 마음으로 법문을 청하였다. 부처님은 여러 신도들에게 큰 복이 되고 좋은 공덕이 되는 여덟 가지 재계의 법을 말씀하시면서, 하루 밤 하루 낮 동안이라도 누漏가 없는 아라한처럼 생활하라고 말씀하셨다.

① "아라한은 산목숨을 죽이려는 생각이 없다. 자비로 중생을 사랑하여 원망하는 마음이 없고, 온갖 산목숨에 대하여, 모두 내 몸같이 여긴다.

② 아라한은 탐하고 아끼는 생각이 없다. 항상 깨끗하고 공경한 마음으로 보시하기를 좋아하며, 무엇이든지 주되 바라는 마음이 없다.

③ 아라한은 음욕의 마음이 없다. 이성에 대하여 부정한 생각을 내는 적이 없고, 맑고 깨끗한 행을 닦으며 항상 조용히 정진을 즐겨한다.

④ 아라한은 거짓말을 하는 일이 없다. 그 생각은 언제나 지성스러워 조용하게 하는 말은 그 마음과 같이 법에 맞으며 거룩한 말에 거짓이 없다.

⑤ 아라한은 술을 마시지 않는다. 그 마음은 어지러운 일이 없고, 그 생각은 게으른 일이 없으며, 밝고 바른 뜻에는 술을 생각지도 않는다.

⑥ 아라한은 생각을 방종하게 하지 않는다. 좋은 의복이나 패물로 호사하거나, 연지와 분을 발라 화장을 하지 아니하며, 노래하고 춤추고 악기를 쓰는 일이 없고 온갖 오락은 구경하지도 않는다.

⑦ 아라한은 몸을 멋대로 편안히 하여 높은 평상이나, 좋은 자리에 앉고

눕지 않는다. 비단으로 된 이부자리 같은 것은 쓰지 아니하며, 낮고 허술한 평상이나 그런 자리에 앉고 쉬며, 오직 올바른 도법만을 생각한다.
⑧ 아라한은 불법답게 먹는 시간을 지켜 정오에 한 때만 식사하되, 양에 맞추어 적게 먹으며, 정오가 넘으면 먹지 아니한다.

이 여덟 가지 계법은 온갖 나쁜 짓을 막는 문이요, 한량없는 공덕을 얻게 되는 길이다. 출가해서 스님이 되어 도를 닦는 이들은 평생을 지니는 것이지만, 너희들같이 세속에 있는 신도로서는 그렇게 지닐 수는 없더라도 삼장재월三長齊月인 일 월 · 오 월 · 구 월달에나 육재일六齊日인 팔 일 · 십사 일 · 십오 일 · 이십삼 일 · 이십구 일 · 삼십 일날만이라도, 하루 밤낮을 깨끗하게 받아 지니면, 그 복됨이야말로 열여섯 큰 나라의 온갖 보배들을 온통 한곳에 모아 놓고, 혼자 수용하는 것보다 더 클 것이요, 모든 하늘의 선신善神들은 항상 두호하게 되어 온갖 재앙은 스스로 없어질 것이며, 위없는 보리 도道를 장엄하여 한량없는 공덕을 얻게 될 것이다."
고 말씀하시었다. 유야를 비롯하여 여러 신도들은 이 법문을 받아 지니고 크게 기뻐하였다.

제4절 십중 사십팔경계

1 석가모니 부처님은 보리나무 아래에 앉아 위없는 정각正覺을 이루시고, 처음으로 보살의 바라제목차를 제정하셨다. 부모와 스승과 삼보에 대하여 효도하는 것과 바른 도에 효도하는 법이다. 효도하는 것을 계戒라고도 하고, 제지制止라고도 한다. 부처님은 입으로 한량없는 광명을 놓으시며 말씀하셨다.

"나는 지금 보름 보름마다 여러 부처님의 계법을 외운다. 너희들 보살도 따라서 외워야 한다. 그러므로 계의 광명이 입으로 나온 것이다. 그러나 연緣만 있고, 인因이 없이 나는 것은 아니다. 광명은 푸른 것도 아니요 누른 것도 아니며, 붉은 것도 아니요 흰 것도 아니며, 검은 것도 아니다. 빛깔도 아니요 마음도 아니며, 있는 것도 아니요 없는 것도 아니며, 또 인과법因果法도 아니다. 곧 여러 부처님의 근본이요, 보살도를 행하는 근본이며, 여러 불자佛子 대중의 근본이다. 그러므로 여러 불자들은 받아 지녀야 하고, 외워야 하며, 잘 배워야 한다. 불자들은 자세히 들어라. 이 계를 받는 이는 임금이나 임금 아들이나 벼슬아치나 정승이나 비구나 비구니나 천상 사람들이나 일반 백성들이나 내시나 음란한 남자나 음란한 여인이나 종이나 여러 신중神衆들이나 짐승들이나 변화하여 된 사람들이나 누구든지 간에, 법사法師의 말을 알아들을 수 있는 이는 모두 이 계를 받을 것이니, 계를 받으므로 그들은 모두 제일 깨끗한 이라 불린다.

2 여러 불자들이여, 나는 이제 여기 보살의 열 가지 중대한 바라제목차를 말하리라.

① 중생을 죽이지 말라. 불자로서 온갖 목숨 있는 것을 제가 죽이거나, 남을 시켜 죽이게 하거나, 수단을 써서 죽이거나, 칭찬하여 죽이게 하거나, 죽이는 것을 보고 기뻐하거나, 주문을 외워 죽여서는 안 된다. 보살은 항상 자비스럽고 효순한 마음을 내어 방편으로 온갖 중생을 구원하여야 할 것인데, 도리어 방자한 생각과 통쾌한 마음으로 산 것을 죽이는 것은 바라이 죄가 되는 것이다.

② 훔치지 말라. 불자로서 주인 있는 물건이나 도둑들이 훔친 것이나 혹은 온갖 재물을 바늘 한 개, 풀 한 줄기라도, 제가 훔치거나 남을 시켜 훔치게 하거나, 수단을 써서 훔치거나 주문을 외어서 훔쳐서도 안 된다. 보살은 항상 효순한 마음과 자비한 마음을 내어 온갖 중생을 도와서 복되고 즐겁게 하여야 할 것인데, 도리어 남의 재물을 훔치는 것은 바라이 죄가 된다.

③ 음행하지 말라. 불자로서 온갖 여인이나 짐승의 암컷을 제가 음행하거나 남을 시켜 음행하게 하여서는 안 된다. 보살은 항상 효순한 마음을 내어 온갖 중생을 제도하여 깨끗한 법을 일러 주어야 할 것인데, 도리어 음심을 내어, 가까운 친척도 가리지 않고 음행하여, 자비한 마음이 없는 것은 바라이 죄가 된다.

④ 거짓말하지 말라. 불자로서 제가 거짓말하거나, 남을 시켜 거짓말하게 하거나, 수단을 써서 거짓말하여서는 안 된다. 보살은 항상 올바른 말을 하고, 올바른 소견을 가지며, 온갖 중생들에게도 올바른 말을 하게하고, 올바른 소견을 가지게 하여야 할 것인데, 도리어 온갖 중생에게 옳지 못한 말과 옳지 못한 소견과 옳지 못한 업業을 일으키게 하는 것은 바라이 죄가 된다.

⑤ 술을 팔지 말라. 불자로서 온갖 술을 제가 팔거나 남을 시켜 팔게 하여서는 안 된다. 술은 죄를 저지르는 인연이 되는 것이다. 보살은 항상 온갖 중생에게 밝고 빛난 지혜를 내게 하여야 할 것인데, 도리어 온갖 중생에게 휘둘린 마음을 내게 하는 것은 바라이 죄가 된다.

⑥ 사부중四部衆의 허물을 말하지 말라. 불자로서 출가出家한 보살이나 재가在家한 보살이나, 비구나 비구니의 허물을 제 입으로 말하거나, 남을 시켜 말하게 하여서는 안 된다. 보살은 혹시 나쁜 사람들이 불법에 대하여 법이 아니고 율律이 아니라고 말하는 것을 들으면, 언제나 자비한 마음으로 이 나쁜 사람들을 교화하여 대승大乘에 대한 신심信心을 내게 하여야 할 것인데, 도리어 자기가 불법에 대한 허물을 제 입으로 말하는 것은 바라이 죄가 된다.

⑦ 자기를 칭찬하고 남을 훼방하지 말라. 불자로서 자기를 칭찬하고 남을 훼방하거나, 남을 시켜 자기를 칭찬하고 다른 이를 훼방하여서는 안 된다. 보살은 온갖 중생을 대신하여 훼방과 치욕을 받으며, 나쁜 일은 제게 돌리고 좋은 일은 남에게 돌려주어야 할 것인데, 만일 자기 공덕을

드러내고, 남의 잘한 일을 숨겨서 다른 이로 하여금 훼방을 받게 하는 것은 바라이 죄가 된다.

⑧ 아끼고 욕설하지 말라. 불자로서 제가 아끼거나 남을 시켜 아끼게 하여서는 안 된다. 보살은 가난한 사람이 와서 달라 하거든, 그 사람의 요구를 따라 무엇이나 주어야 할 것인데, 보살이 나쁜 마음과 성내는 마음으로 돈 한 푼, 바늘 한 개, 풀 한 줄기도 주지 아니하며, 법을 구하는 이에게 법문 한 구절, 게송 한마디나, 조그마한 법도 일러 주지 아니하고, 도리어 나쁜 말로 욕설하는 것은 바라이 죄가 된다.

⑨ 성내지 말고 참회를 잘 받아라. 불자로서 제가 성내거나 남을 시켜 성내게 하여서는 안 된다. 보살은 항상 끝없는 자비심으로 모든 중생을 평화롭게 하며, 자비한 마음과 효순한 마음을 내게 하여야 할 것인데, 도리어 온갖 중생이나 그 밖에 것에 대하여 나쁜 욕설을 하여 주먹이나 작대기나 칼로 때리고도 성이 풀리지 아니하며, 그 사람이 좋은 말로 참회하여도, 성내는 마음을 풀지 않은 것은 바라이 죄가 된다.

⑩ 삼보를 비방하지 말라. 불자로서 제가 삼보를 비방하거나 남을 시켜 비방하게 하여서는 안 된다. 보살은 만일 외도나 나쁜 사람들이 삼보를 비방하는 말 한마디를 듣더라도, 삼백 대의 창으로 심장을 찌르는 듯 여겨야 할 것인데, 하물며 제 입으로 비방할 것인가! 신심과 효순심을 내지 아니하고 도리어 나쁜 사람과 외도들을 도와 삼보를 비방하는 것은 바라이 죄가 된다.

3 착한 불자佛子들이여, 이것이 열 가지 바라제목차다. 마땅히 배워서 티끌만큼도 범하여서는 안 된다. 만일 이것을 범하면, 이 몸으로 보리 마음을 내지 못하며, 온갖 공덕을 다 잃어버리고 삼악도에 떨어질 것이다. 이미 열 가지 바라제목차를 말하였으니, 이제는 사십팔경계四十八輕戒를 말하리라.

① 보살계를 받은 이는 온갖 신神들이 그의 몸을 구호할 것이니, 반드시

보살계를 받고, 그리고 스승과 벗을 정성껏 공경하라.

② 술 때문에 생기는 과오가 한량없어서, 술잔을 남에게 권하고도 오백 생 동안 손 없는 과보를 받는 것이니, 일부러 마시거나 남을 시켜 마시게 하지 말라.

③ 고기를 먹으면 자비스런 종자를 끊는 것이어서, 중생들이 보고는 도망하여 가나니, 고기를 먹지 말라.

④ 마늘·부추·파·달래·흥거, 이 다섯 가지 나쁜 냄새 나는 채소를 무슨 음식에나 넣어 먹지 말라.

⑤ 허물 있는 사람을 잘 가르쳐서 참회하게 하라.

⑥ 법사法師를 정성껏 잘 모시고 법을 위하여 몸을 잊어버리고, 부지런히 법문을 청하라.

⑦ 설법하는 곳에 부지런히 가서 법을 들어라.

⑧ 외도들의 잘못된 학설이나 소승小乘들의 경률을 믿지 말고 대승법을 잘 믿어라.

⑨ 여덟 가지 복전福田 가운데에 병 구원하는 것이 제일가는 복전이다. 병든 사람을 부처님같이 받들어서 잘 간호하라.

⑩ 보살은 설사 부모를 죽인 이에게라도 원수를 갚지 않아야 하는 것이다. 중생을 죽이는 기구는 무엇이나 마련하여 두지 말라.

⑪ 이양利養을 위하거나 악한 마음으로, 적국敵國과 통하거나 군대를 출동시켜 전쟁을 일으키지 말라.

⑫ 노예나 동물이나 관棺 장사 같은 나쁜 장사를 하지 말라.

⑬ 남을 까닭 없이 비방하여 해롭게 하는 말을 하여 좋지 못한 곳에 떨어지게 하지 말라.

⑭ 나쁜 마음으로 불을 놓아 온갖 물건을 손상하지 말라.

⑮ 모든 사람에게 소승법을 가르치지 말고, 낱낱이 대승법을 가르쳐 알도록 하라.

⑯ 대승법을 절차대로 잘 가르치되, 소신燒身 연비燃臂 연지燃指 같은 어려운 행을 하게 하고, 다음에 정법을 말하여 마음이 열리고 뜻이 통하게 할 것이니, 이양을 탐하여 그릇되게 일러 주어 삼보를 비방해 말하지 말라.

⑰ 세력 있는 이를 가까이 하여 그것을 믿고서, 온갖 명예와 재물을 탐구하지 말라.

⑱ 경전을 배우고 계를 잘 지니며, 그 뜻까지 통해 알아야 할 것인데, 아무것도 아는 것이 없이 스승이 되지 말라.

⑲ 나쁜 생각으로 이간을 붙여서 화합을 깨뜨리거나 착한 이들을 업신여기고 비방하지 말라.

⑳ 산 것을 놓아 주고, 죽은 것을 구제하라. 그리고 부모 형제들이 돌아간 날에는 법사를 청하여 경과 율을 강하여 망령에게 복을 돌리라.

㉑ 마주 성내거나 마주 때리지 말 것이니, 어떠한 원수거나 갚으려고 하지 말라.

㉒ 교만한 마음으로 법사를 낮춰 보아서 불법을 배우지 않으려고 하지 말라.

㉓ 천리 안에 계를 줄 법사가 없는데 보살계를 받으려거든, 불·보살 형상 앞에서 지극하게 기도하여 서상瑞相을 보아서 받아라. 법사로서는 새로 발심한 이가 경률의 뜻을 물을 때에 나쁜 마음이나 거만한 마음을 내지 말라.

㉔ 부처님의 올바른 법을 부지런히 닦지 않고, 잡된 공부를 힘쓰는 우를 범하지 말라.

㉕ 교단의 책임자가 되거든 화평과 규율에 힘쓰고 삼보의 물건을 잘 지켜 간수하라.

㉖ 제 혼자만 수용하여 잘 지내지 말고 객스님을 정성으로 대접하라.

㉗ 자기만 따로 특별한 초대를 받지 말라.

㉘ 스님네를 초대하는데 한 대중을 다같이 하거나, 차례대로 할 것이요, 어떤 이만을 따로 청하지 말라.
㉙ 매음賣淫하거나 점치거나 독약 같은 것을 파는, 일체 죄악의 직업을 하지 말라.
㉚ 행하는 일은 유有에 걸리면서 입으로는 공空했다고 말하며, 육재일六齋日이나 삼장재월三長齋月 같은 좋은 때에 재를 파하고 계를 범하지 말라.
㉛ 불상이나 경전을 나쁜 사람들이 도둑질하여 팔거나, 스님네나 발심한 보살들이 욕을 당하는 것을 보거든, 어떤 방편을 써서든지 구해 내어야 한다.
㉜ 중생을 상해하는 무기를 팔거나 속이는 저울과 적게 드는 말로 장사하거나 남의 다 된 공을 깨뜨리거나 온갖 동물을 기르는 등, 중생을 해롭게 하지 말라.
㉝ 남녀가 싸우는 것이나 전쟁하는 것이나 마음을 방탕하게 하는 온갖 오락을 구경하지 말라.
㉞ 계율을 금강金剛과 같이 굳게 지니고, 부랑浮囊을 차고 바다를 건너는 것과 같이 하며, 풀에 매였던 비구와 같이 하되, 항상 대승에 신심을 낼 것이니, 잠시라도 소승을 생각하지 말라.
㉟ 올바른 선지식과 공부를 같이 할 좋은 도반을 만나기 원을 세우며, 또한 온갖 거룩한 원도 세워서 생각 생각에 잊지 말라.
㊱ 어떠한 일이 있을지라도, 계율을 범하지 않고, 바른 길로 정진할 것을 굳게 맹세하라.
㊲ 위태하고 험난한 곳에 함부로 다니지 말고, 열여덟 가지 물건을 지녀야 하며, 반월半月마다 포살하되 계율을 외우고 서로 잘못을 참회하라.
㊳ 계 받은 차례대로 앉되, 비구와 비구니와 남신도 여신도를 구별하여, 높고 낮은 차례로 앉으라.
㊴ 중생을 널리 교화하여 절과 탑을 많이 세우게 하고, 경과 율을 널리

가르쳐서 복과 지혜를 갖추고 닦게 하라.

⑩ 일곱 가지 역적죄를 지은 사람을 제하고는 계 받을 사람을 차별하여 주지 말라. 그리고 몸에 입은 가사는 오색五色을 합해 물들여 괴색壞色해서, 법에 맞게 하여 입을 것이며, 출가한 사람은 임금이나 부모에게 절하지 말며, 육친이나 귀신들에게도 경례하지 말라.

⑪ 열 가지 중계重戒를 범한 사람은 불・보살 형상 앞에 기도하되, 피눈물로 참회시켜서 서상瑞相을 보도록 하고, 사십팔四十八경계를 범한 사람은 법사를 대하여 참회하면 죄가 소멸되는 것이다. 가르쳐 주려는 법사가 이런 법과 또한 경율에 온갖 미묘한 법을 알지 못하면서, 명예와 이양을 위하여 제자를 많이 만들려고, 여러 가지를 아는 척하지 말라.

⑫ 포살할 때에 이양을 위하여, 보살계를 받지 않는 사람에게 이 천불千佛의 큰 계를 설하지 말라.

⑬ 일부러 생각을 내어 파계破戒한 자는 오천 대귀大鬼들이 항상 앞을 막고 큰 도둑이라 하면서 그 발자국을 쓸며, 세상 사람들은 불법佛法 중의 도둑이라고 꾸짖으며, 온갖 중생들은 보기 싫어할 것이다. 파계한 몸으로 절대 시주의 공양을 받지 말라.

⑭ 경전과 율문을 많이 쓰고 외우며 지성으로 모시라.

⑮ 온갖 중생들을 볼 적에 '불・법・승에 귀의하여 열 가지 계를 받으라'고 가르치며, 어떤 동물을 보든지 '보리 마음을 일으키라'고 마음으로 생각하고 입으로 말하라.

㊻ 설법할 적에는 반드시 높은 자리에서 하라. 그리고 엄숙하고 정중하며 법답게 예식을 갖추라.

㊼ 임금이나 관리라도 부처님 교단의 자유를 구속하는 법률이나 명령을 내지 말라.

㊽ 명예와 이양을 위하여 임금이나 관리들과 결탁하여 스님네를 속박하거나 교단을 파괴하는 인연을 지어서, 마치 사자의 몸속에서 생긴 벌

레가 사자의 살을 먹듯 하지 말라. 보살은 차라리 지옥에 들어가 백 겁 동안을 지낼지언정, 불법을 파괴하는 소리 한번 듣는 것을, 더욱 괴로워해야 할 것이다. 불법 보호하기를 외아들 사랑하듯, 부모 섬기듯 하여 파괴되지 않게 하라.

4 여러 불자佛子들이여, 이 사십팔 경구계四十八輕垢戒를 너희들은 받아 지녀야 한다.

여러 불자들은 자세히 들어라. 이 십중 사십팔경계는 삼세의 여러 부처님이 모두 외우는 것이니, 너희 보살계를 받은 이도 마땅히 받아 지니고 읽어 외우며, 해석하여 말하고 써서 전하여 삼세의 중생들에게 펼치게 하여 교화하는 일이 끊어지지 않게 하라. 그리하여 천 부처님을 뵈옵고 수기授記를 받아, 세상에 태어날 적마다, 악도와 팔난八難에 떨어지지 않게 하여라."

이때에 모였던 여러 대중들은 부처님이 외우시는 법계法戒를 듣고, 공경하는 마음으로 받들고 기쁘게 지니었다.

제5절 화합의 법문

1 부처님이 교상미국에 계실 때의 일이다. 어떤 비구가, 자기는 계를 범한 것이 아니라고 생각하고 있었는데, 다른 여러 비구들은 '너는 계를 범하였으니 법대로 처벌을 받아야 한다'고 주장하였다. 이리하여 범하였느니 범하지 않았느니 서로 시비를 하다가, 마침내 범하지 않았다고 주장하던 비구가 그 대중에서 쫓겨나고 말았다.

그러나 실상 이 비구는 오랫동안 중노릇을 하여 교리에 밝고, 계율에도 자세하며, 도 닦을 마음이 견고했다. 그리고 또한 잘 알고 친한 비구들이나 신도들도 많았기 때문에, 곧 다른 데 있는 아는 이들에게 가서 자기의 억울함을 말하고, 동정을 얻어 한 무리가 되어서, 앞의 대중들과 싸움을 시작하였다. 그들은 서로 비방하고 허물을 뜯고 꾸짖고 욕설을 하였다. 이때에 부처님은 이 말씀을 들으시고 걱정하셨다.

"마침내, 이 어리석은 자들이 교단의 평화를 깨뜨리는구나."

하시고, 곧 먼저 비구를 쫓아낸 대중들에게로 가셔서 말씀하셨다.

"비구들이여, 너희들은 다른 비구의 허물에 대하여 가까운 것만을 보고 미운 생각을 더하여, 경솔하게 그 비구를 쫓아내는 처사를 하여서는 안 된다. 실상 이 비구는 오랫동안 중노릇한 이로서 교리에 밝고 계율에도 자세하며, 도 닦을 마음이 견고한 사람일 경우에는 더욱 그렇다. 비구들이여, 너희들이 우리의 할 일이라 하여, 어떤 경우에서나 비구를 쫓아내지 않으면 안 되는 것같이 생각하는 것은 잘못이다."

고 훈계하시고, 이번에는 쫓겨난 비구들에게로 가셔서, 말씀하셨다.

"비구들이여, 너희는 죄를 범하고 있으면서, 스스로가 반성하지 못하고 '나는 죄가 없다, 개과改過할 필요가 없다'고 생각하여서는 안 된다. 여기에 어떤 비구가 죄를 범했다고 하자 그 비구는 죄가 아니라고 생각하고 있고, 다른 비구들은 죄라고 생각하고 있을 경우에, 만일 그 비구가 상대편 비구들을 볼 적에, 이 스님네는 실상 오랫동안 중노릇한 이들이라, 교리에 밝고, 계율에도 자세하고, 도 닦을 마음이 견고한 이들로서 자기 하나의 일로 욕심이나 성냄이나 어리석음이나 겁을 내지는 않을 것이라고 생각하고 있는데, 다만 내가 죄를 인정하지 않기 때문에 저 비구들은 나를 쫓아내는 처분을 하지 않을 수 없게 되고, 그 때문에 교단에 불화가 일어나고, 싸움이 생기게 된다고 생각하고, 대중의 화합이 깨어지는 것을 두려워하며, 다른 이들의 부처님 법에 대한 신앙을 위해서라도 그 죄를 인정하여 대중의 카르마를 순종하여야 한다."

부처님은 다시 여러 비구들을 모으시고 여섯 가지 화합하는 법을 말씀하셨다.

“비구들이여, 여기에 기억하고 사랑하고 존중하여야 할 여섯 가지 화합하는 법이 있다. 이것에 의지하여 서로 화합과 단결을 해치거나 다투는 일이 없도록 하라.

첫째, 같은 계율을 같이 지니고

둘째, 서로서로 소견을 같이 맞추고

셋째, 받은 공양을 똑같이 수용하고

넷째, 한 장소에 같이 모여 살고

다섯째, 항상 서로 자비롭게 말하고

여섯째, 언제나 남의 뜻을 존중하여야 한다.”

고 가르치시고, 그날은 돌아오셨다.

2 부처님은 이날 밤을 지내시고 이튿날 아침이 되어 바리를 드시고 교상미에 들어가 걸식을 마치고 절에 돌아오셔서, 여러 비구들을 모아 놓고 계속하여 말씀하셨다.

“비구들이여, 대중이 화합하지 못할 적에는 더욱 각자의 행동을 삼가야 한다. 법답지 못하고 친절하지 못한 일이 있을 적에는 어디까지나 참아야 하고 견디어야 하는 것이며, 부드러운 사랑에 의해서 법답고 친절한 일이 행하여지도록 노력할 것이다. 그리하여 한 자리에 화합해 앉아서 물과 젖이 합한 것과 같이, 다 같은 부처님 법을 배워서, 안락하게 공부하고 이익을 더하여야 한다.”

하시고 게송을 읊으셨다.

오래도 보지 말라. 얼른도 보지 말라.

원수는 크고 작고 앙갚음하지 말라.

원한은 증오로써 가셔지지 않나니,

오직 갚음 없음으로 원한은 사라진다.

하시고, 다시 계속하여 말씀하셨다.

"오래도 보지 말라는 말은 누구나 원한을 오래 계속시키지 말라는 말이요, 얼른도 보지 말라는 말은 친구들의 우정을 성급하게 깨뜨리지 말라는 말이다. 원수는 앙갚음을 하면 더욱 커지고 상속되어 그칠 사이가 없는 것이니, 오직 잘 참고 쉬고 착한 사랑에 의해서만 풀리는 것이라는 말이다.

비구들이여, 너희는 이 잘 말해진 여래의 계율 가운데에 머리를 깎고 출가한 사람들이 아닌가? 아무쪼록 잘 참고 견디며, 또한 부드러운 사랑에 의하여 명랑하게 화합하여야 한다. 비구들이여, 다툼질을 하지 말라. 이 이상 화합하지 못한 분위기를 계속하여서는 안 된다."

부처님은 이처럼 간절한 말씀으로 가르치심에도 불구하고, 저 법답지 못한 비구들은 무엄하게도 말하기를

"부처님, 부처님께서는 법의 임금이시니, 그저 가만히 계십시오. 저희들의 다툼질은 저희들끼리 알아 하겠습니다."

고, 하였다.

"아니다, 그런 소리 말라. 싸워서는 안 된다. 서로 사랑하고 화합하여 물과 젖이 합한 듯이 불법에 이익을 얻어 안락하게 지내야 한다."

이렇게 부처님은 몇 번을 거듭 말씀하셨으나, 교상미 비구들은 끝내 싸움을 그치지 아니하였다. 부처님은 이들을 좋아하지 아니하시고

"이렇게 어리석은 자들은 형상形相에 마음이 팔리고 있으니, 어찌할 수 없다."

하시고, 가르치던 대중에게나, 공양 올리던 신도들에게도 아무 말씀 안 하시고, 훌쩍 그 자리를 떠나셨다. 그리하여 부처님은 교상미에서 사위성으로 돌아오셔서 어느 조용한 동산 숲 속에 들어가 자리를 잡고, 그 다투는 무리들에서 떠나 번거로운 것들을 멀리하여 홀로 계시는 조용함을 즐기셨다. 마치 큰 코끼리가 많은 코끼리 새끼 떼들을 떠나서 번거로

움 없이 조용함을 즐기는 것과 같이 편안히 지내셨다.

3 이때에 교상미의 신도들은 부처님이 아무 말씀도 하시지 않고 사위성 쪽으로 훌쩍 떠나 버리셨다는 말을 듣고, 모두 섭섭하고 슬퍼해 야단들이었다. 그리고 이것은 다만 여러 비구들이 너무나 싸움을 그치지 않기 때문이라고 원망하고, 여러 신도들끼리 회의를 열어, 오늘부터 우리는 이 교상미에 있는 비구들에게는 다시 공양도 올리지 말고 예배도 드리지 말고, 인사까지도 할 것 없다. 같이 말도 하지 말자고 결의하였다. 싸우던 교상미 비구들은 공양을 받을 수 없게 되므로 하는 수 없이, '우리는 부처님 계시는 데로 가서 이 싸우던 일을 해결 짓고 말자.' 하고, 곧 모두들 행장을 거두어 가지고 사위성을 향하여 길을 떠났다.

부처님은 이 사위성에 있는 사리불 같은 훌륭한 제자들과 교상미국에서 온 훌륭하지 못한 제자들이 많이 모인 가운데서 다시 말씀하셨다.

"비구들이여, 대중이 서로 화합하지 못하는 것은 다음의 열여덟 가지를 제대로 바로 보지 못하기 때문이다. 곧 '법法인 것, 법 아닌 것, 계율戒律인 것, 계율 아닌 것, 범한 것, 범하지 아니한 것, 경輕한 것, 중重한 것, 여지餘地가 있는 것, 여지가 없는 것, 추악한 것, 깨끗한 것, 행行 할 것, 행하지 아니할 것, 제어制禦할 것, 제어하지 아니할 것, 말할 것, 말하지 아니할 것.' 이와 같은 것들을 모두 제자리에 두지 않고 서로 뒤바꿔서 인정하고 해석하므로, 온갖 시비가 생기고 대중의 화합이 깨지기까지에 이르는 것이다."

하시고, 이어 말씀하시기를

"내가 오늘까지 제정하여 놓은 모든 계율들은 곧 너희들의 큰 보호자인 것이며 큰 스승이다. 바로 너희들의 믿고 의지할 바로서, 이 목숨이 다하도록 지킬 것이다. 그리고 하나라도 범했으면 곧 법대로 다스림을 받고 개과하여야 하는 것이다. 그러나 이와 같은 바라제목차는 교단의 화합을 도모하고 대중이 안락하게 수도하기 위하는 것이니, 화합과 수

도를 장애하는 시비를 버리기 위하여 많은 계율들 중에서 중요한 것들을 제하고, 그 나머지 소소한 계율들에 대하여는, 너무 고집하여 범하고 범하지 않은 것을 캐어내서, 다툼질을 일삼지 말도록 하여라. 다만 이치에 정당하지 못한 것을 두루 살펴서 삼가 처신하고, 윗사람에게는 공경하고 아랫사람은 사랑하여 서로서로 화합하고, 예의와 법도에 맞도록 할 것이다. 이것이 곧 출가하여 도道 닦는 이들의 공경하고 순종하는 법이다."고 하셨다.

교상미 비구들은 기원정사에 와서부터는 차차로 먼저 죄를 범한 비구가 그 죄를 자인自認하고 참회하기 시작하였다. 이리하여 여러 비구들의 마음도 부드러워져서, 서로 일치된 화합의 정신을 보이게 되고, 부처님 앞에서 평화스런 교단을 되살리게 되었다.

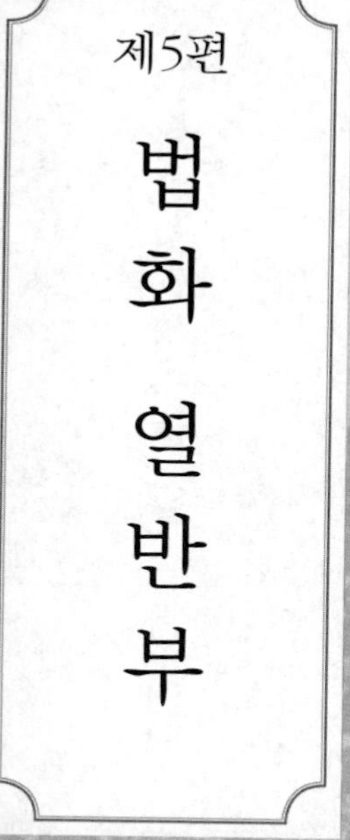

제5편

법화 열반부

석가모니 부처님의 구원성불久遠成佛과 오로지 일불승一佛乘이 존재한다는
대승불교의 총결적인 가르침이라고 할 수 있는 『법화경』과 일체중생이 불성을 가지고 있다는
『열반경』의 희망찬 메시지가 선포되고 있다.

제5편 법화 열반부

오직 법에 의지하지 않으면 안 되는 것이니, 이것이야말로, 진실로 존승尊勝한 것이다. 만일 법을 잃어버리면 마음이 산란하게 될 것이다. 밤중에 실내의 물건을 찾듯이, 또는 칼을 잡자면 그 자루를 먼저 잡듯이 하지 않으면 아니 되는 것이다. 만일 그렇지 아니 하면, 도리어 그 손바닥과 손가락을 다치게 될 것이다.

…

그렇게 마음에 아파할 것이 없는 것이다. 유위법의 성상은 이러한 것이다. 너희들은 걱정을 버리고 내가 너희들에게 최후로 말하는 것을 들어라. 너희들은 부모에게 효도하고 항상 착한 도로써 처자를 인도하며, 아래로 부리는 사환이나 종과 같은 사람을 불쌍히 여기고, 그들이 무엇을 요구하는 것이 있는가, 없는가를 살펴보며, 착한 사람은 친하고 악한 사람은 멀리 여의라. 그리하면 너희들은 이 세상에 있어서는 사람들에게 공경을 받고, 뒷세상에는 항상 빛나고 밝고 좋은 곳에 날 것이다.

제1장 법화경을 말씀하심

제1절 일승법을 말하기 위하여

1 부처님께서 어느 날 왕사성의 기사굴산에서 일만이천 명이나 되는 많은 비구들과 함께 계셨다. 그들은 모두 아라한으로서 모든 누漏가 다하여 다시 번뇌가 없으며, 깊은 진리를 얻어서 나고 죽는 윤회에서 벗어나 마음의 자유를 얻은 이들이었다. 그들의 이름은 아야교진여, 마하가섭, 사리불, 마하목건련摩訶目犍連, 수보리, 라후라 들이었다. 이와 같은 이들은 모든 대중에게 널리 알려져 있는 큰 아라한들이다.

또 유학有學·무학無學 이천 인이 있었으며, 대애도 비구니는 그의 권속 육천 인과 함께 있었고, 라후라의 어머니 야수다라 비구니도 그의 권속과 함께 있었다.

보살마하살 팔만 인이 있었는데, 모두 다 아뇩다라삼먁삼보리에서 물러나지 않고 다라니를 얻었으며, 말 잘하는 재주가 있어 항상 물러나지 않은 법을 설하고, 한량없는 부처님을 공양하여 여러 가지 덕본德本을 심어서 항상 모든 부처님께서 칭찬하시는 바가 되었다. 자비로써 큰 지혜에 통달해서 피안에 이르러 이름이 한량없는 세계에 널리 떨치고, 수없는 중생을 제도하였다. 그 보살들의 이름은 문수사리보살, 관세음보살, 득대세지보살, 상정진보살, 미륵보살 등인데, 이와 같은 보살마하살 팔만 인이 함께 있었다.

그때 석제환인은 그의 권속 이만 천자와 함께 있었으며, 또 명월明月 천자 등 사대천왕이 그의 권속 일만 천자와 같이 있었고, 자재 천자와 대자재 천자는 그의 권속 삼만 천자와 함께 있었으며, 사바세계의 주主인 범천왕 등도 그의 권속 일만이천 천자와 같이 있었다.

난타 용왕, 발난타 용왕 등 팔八 용왕들도 각각 백천 권속과 함께 있었다. 법法 긴나라 왕 등 사四 긴나라 왕도 각각 백천 권속과 같이 있었고, 악樂 건달바왕 등 사四 건달바왕도 각기 백천 권속과 함께 있었다.

바치 아수라왕 등 사四 아수라왕도 각각 백천 권속과 같이 있었고, 대위덕大威德 가루라迦樓羅(金翅鳥)왕 등 사四 가루라왕도 각각 백천 권속과 함께 있었다.

위제희韋提希의 아들인 아사세왕도 그의 백천 권속과 함께 있었다. 이와 같은 대중들은 저마다 부처님의 발에 절하고 물러가 한쪽에 앉았다. 그때 부처님은 사부대중에게 둘러싸여 공양과 존중 찬탄을 받으시고서 모든 보살을 위하여 대승경大乘經을 설하였다. 이름이 무량의無量義라, 보살을 가르치는 법이며, 부처님이 호념護念하신 바이다.

2 부처님은 이 경을 설해 마치시고, 가부좌로 무량의처삼매無量義處三昧에 들어가 몸과 마음이 움쩍도 하지 않았다. 이때 하늘에서는 만다라 꽃·마하만다라 꽃·만수사 꽃·마하만수사 꽃을 부처님과 모든 대중에게 뿌리고 세계는 여섯 가지로 진동했다. 모였던 대중들은 처음 있는 이러한 일을 보고, 기쁨에 넘쳐 합장하고 일심으로 부처님을 우러러보았다.

그때 부처님께서는 미간백호상眉間白毫相에서 광명을 놓아, 동방으로 일만팔천 세계를 비치어 그 빛이 이르지 않은 곳이 없었다. 곧 아래로는 아비지옥에, 위로는 유정천有頂天에 이르렀다. 이 세계에 앉아서 그 나라 육취六趣의 중생들을 모두 보며, 또 그 나라 현재의 부처님도 보고, 부처님이 설하는 법도 들을 수 있었다. 또 그 나라 사부대중들이 수행하여 도를 얻는 이도 보고, 모든 보살들의 갖가지 인연과 여러 가지 믿고 아는 것, 온갖 모양과 보살도 행하는 것을 보며, 부처님이 열반에 드시는 것도 보고, 여러 부처님들이 열반에 드신 뒤 부처님의 사리를 위하여 칠보 탑을 세우는 것도 볼 수 있었다.

3 그때 미륵보살은 이런 생각을 했다. '이렇게 부처님께서 신통 변화를 나타내는 것은 어떤 인연으로서 그러는 것일까? 그리고 부처님께서 삼매에 들어가 불가사의한 일을 나타내는 것은 누구에게 물으면 잘 대답해 줄까?' 그리고 또 이렇게 생각하였다. '문수보살은 법왕자法王子로서 과거에 한량없는 부처님을 가까이 섬기며 공양한 일이 있을 터이므로 그도 이렇게 이상한 일을 보았을 것이다. 나는 그에게 물으리라'고. 그때 모였던 대중들도 이와 같은 의심이 나서 이것을 누구에게 물을까 하고 생각하고들 있었다.

마침내 미륵보살은 자기의 의심을 풀고자, 또 함께 모인 이들의 생각도 살펴서 문수사리에게 이렇게 물었다.

"어떠한 인연으로 이와 같은 상서로운 모양과 신통으로 큰 광명을 놓아, 동방 일만팔천 세계를 비추어 저 부처님 나라의 장엄한 모양을 모두 보게 하십니까?"

4 문수사리는 미륵보살과 모든 대중들에게 말하였다.

"선남자여, 내 생각 같아서는 이제 부처님께서 큰 법을 설하시고 큰 법 비를 내리시며, 큰 법고동을 부시고 큰 법북을 울리시며, 큰 법의 뜻을 펴시고자 하시는 것이리라. 선남자여, 나는 과거 여러 부처님에게서 이러한 상서로운 모양을 보았는데 이와 같은 광명을 놓고 나서는 곧 큰 법을 설하셨노라. 방금 부처님께서 광명을 놓으신 것도 또한 중생들로 하여금 모든 세간의 믿기 어려운 법을 설하여 알게 하고자 하여, 이러한 모양을 나타내신 것이리라.

모든 선남자여, 과거 한량없고 헤아릴 수도 없이 아득하게 먼 옛날에 부처님이 계셨는데, 그 이름은 '일월등명여래日月燈明如來 응공應供 정변지正

遍知 명행족明行足 선서善逝 세간해世間解 무상사無上士 조어장부調御丈夫 천인사天人使 불세존佛世尊'이었다. 정법正法을 설하셨는데, 처음도 중간도 끝도, 모두 정법이므로, 그 뜻이 깊고 아득하며, 그 말씀이 묘하고 한결같아서 그릇됨이 없고, 맑고 깨끗한 행실을 갖추었다. 성문聲聞을 구하는 이에게는 그에 알맞은 사제법四諦法을 설하여, 생로병사의 괴로움을 없애어 열반을 얻게 하시고, 벽지불辟支弗을 구하는 이에게는 그에 알맞은 십이인연법을 설하시고, 또 모든 보살을 위해서는 육바라밀을 설하여 아뇩다라삼먁삼보리를 얻어 온갖 것을 다 아는 지혜를 이루게 하셨다.

다음에 또 부처님이 계셨는데 또한 일월등명이라 이름하고, 다음에 또 부처님이 계셨는데 그도 또한 이름을 일월등명이라 하셨다. 이와 같이 이만 부처님이 모두 똑같은 글자로 일월등명이라 이름하고, 또한 같은 성으로서 바라타라 하였다.

미륵이여, 마땅히 알라. 처음의 부처님과 뒤의 부처님이 모두 같은 글자로 일월등명이라 이름하고 십호十號가 갖추어졌느니라. 그 마지막 부처님이 아직 출가하지 않았을 때, 여덟 왕자가 있었는데, 첫째 이름은 유의有意, 둘째는 선의善意, 셋째는 무량의無量義, 넷째는 보의寶意, 다섯째는 증의增意, 여섯째는 제의의除疑意, 일곱째는 향의響意, 여덟째 이름은 법의法意라 하였다. 이 여덟 왕자는 위덕이 자재하여 각기 사四 천하를 다스렸다. 이 왕자들은 그의 아버지가 출가하여 아뇩다라삼먁삼보리를 얻었다는 말을 듣고, 모두다 임금의 자리를 버리고 아버지를 따라 출가하였다. 대승의 뜻을 일으키고 항상 깨끗한 행실을 닦아 모두 법사가 되었는데, 천만 부처님 처소에서 모든 선본善本을 심었다. 이때에 일월등명 부처님이 대승경을 설하시니 이름이 무량의無量義라, 보살을 가르치는 법이며, 부처님이 호념하신 바이다. 이 경을 설하시고 곧 대중 가운데서 가부좌를 맺고 무량의처삼매에 들어 몸과 마음이 움쩍도 하지 않았다.

이때 하늘에서는 만다라 꽃 등의 꽃비가 내리고 세계가 여섯 가지로 진동하였으므로, 그때 모였던 대중들은 일찍이 없었던 감격을 얻어, 기쁜 마음으로 합장하고 일심으로 부처님을 우러러보고 있었다.

그때 부처님께서는 미간백호상에서 광명을 놓아 동방으로 일만 팔천 세계를 비추니, 이제 보던 모든 부처님 세계와 같았다.

미륵이여, 마땅히 알라. 그때 모인 군중 가운데 이십억 보살이 있어 법을 듣고자 하였다. 보살들은 이 광명이 부처님 세계를 널리 비추는 것을 보고, 일찍이 없었던 감격에서 이 광명의 인연을 알고자 하였다. 그때 보살이 있었는데 이름을 묘광妙光이라 하고, 팔백 명의 제자가 있었다.

이때에 일월등명불이 삼매에서 일어나 묘광보살을 위하여 대승경을 설하셨다. 이름이 묘법연화妙法蓮華라, 보살을 가르치는 법이며 부처님의 호념하신 바니라. 육십 소겁을 한 자리에서 일어나지 않으시니, 그때의 청중도 또한 한곳에 앉아서 육십 소겁 동안 몸과 마음이 움직이지 않은 채, 설법 듣기를 밥 먹는 동안과 같이 생각하였다. 이때 대중 가운데는 한 사람도 몸이나 마음에 게으름이나 피로를 느끼는 이가 없었다.

일월등명불은 이 경을 설하신 뒤 이런 말을 선포하였다. '여래는 오늘 밤중에 무여열반無餘涅槃에 들어가리라.'

그때 또 보살이 있었는데 이름을 덕장德藏이라 하였다. 일월등명 부처님은 그에게 수기를 주신 뒤 비구들에게 말씀하셨다. '이 덕장보살은 이 다음에 반드시 부처님이 될 것이니, 그 이름은 정신淨身 여래 아라한 삼먁삼불타(如來 阿羅漢 三藐三佛陀)라 하리라.'

부처님께서는 이와 같이 수기를 마치시고 문득 그날 밤중에 무여열반에 드셨다. 부처님이 열반에 드신 뒤 묘광보살은 『묘법연화경』을 가지고 팔십 소겁 동안을 남을 위하여 설하였다. 일월등명불의 여덟 왕자는 모두 묘광을 스승으로 섬기니, 묘광은 그들로 하여금 아뇩다라삼먁삼보리를 견고하게 하였다. 이 왕자들은 한량없는 백천만억 부처님을 공양한 공덕으로 모두 불도를 이루었다. 그 마지막으로 성불한 이의 이름이 연등燃燈이시다. 그의 팔백 제자 가운데 한 사람인 구명求名은 이익과 공양에만 탐착하여, 비록 모든 경전을 읽어 외울지라도 그 이치에는 통하지 못하고 잊어버림이 많았으므로, 그 이름을 구명이라 하였다. 그러나 이 사람도 온갖 착한 일을 한 인연으로 한량없는 백천만억 부처님을 만나 뵙게 되어, 공양 공경하고 존중 찬탄하였다.

미륵이여, 마땅히 알라. 그때의 묘광보살이 어찌 다른 사람이겠는가. 그는 곧 나다. 구명보살이란 바로 지금의 그대이고, 이제 이 상서를 보니 그때와 조금도 다름이 없구나. 그러므로 헤아리건대, 오늘 부처님께서도 마땅히 대승경을 설하시리라. 이름은 묘법연화妙法蓮華라, 보살을 가르치는 법이며 부처님의 호념하시는 바이다."

제2절 일승법의 믿고 알기 어려움

1 그때 부처님께서는 삼매에서 조용히 일어나 사리불에게 말씀하셨다.

"모든 부처님의 지혜는 심히 깊고 한량이 없다. 그 지혜의 문은 알기도 어렵고 들어가기도 어려워, 모든 성문과 벽지불은 잘 알지 못하리라. 왜나하면, 부처님은 일찍이 백천만억 한량없는 부처님을 가까이 섬겨, 모든 부처님의 도법을 모두 행하고 용맹스럽게 정진하여, 그 이름이 널리 알려졌다. 심히 깊고 일찍이 없었던 법을 성취해서 근기를 따라 설하신 뜻은 알기 어려운 것이다.

사리불이여, 나는 성불한 뒤로 갖가지 인연과 온갖 비유로써 널리 법을 설하며, 수없는 방편으로 중생을 인도하여 모든 집착을 여의게 하였다. 그 까닭은 여래는 방편과 지견知見바라밀이 모두 갖추어진 때문이다. 여래의 지견은 넓고도 깊어서 사무량심四無量心·사무애지四無碍智·십력十力·사무소외四無所畏·사선四禪·사무색정四無色定·팔해탈八解晩·삼삼매三三

昧 등이 있어, 끝없이 깊이 들어가 온갖 미증유한 법을 성취하였다. 여래는 여러 가지로 분별할 수 있고 교묘하게 모든 법을 설하면서도, 말씨가 부드러워 중생의 마음을 즐겁게 한다.

사리불이여, 간추려 말한다면, 한량없고 가이 없는 미증유의 법을 부처님은 모두 다 성취하였다. 그만두자, 사리불이여, 더 말하지 않겠노라. 어째서 그러냐 하면, 부처님이 성취하신 바는 가장 희귀하여 알기 어려운 법이므로, 오직 부처님끼리만 모든 법의 실상을 잘 연구하여 다할 것이기 때문이다. 이른바 모든 법이 이와 같은 상相이며, 이와 같은 성性이며, 이와 같은 체體이며, 이와 같은 역力이며, 이와 같은 작作이며, 이와 같은 인因이며, 이와 같은 연緣이며, 이와 같은 과果이며, 이와 같은 보報이며, 이와 같이 처음의 상相과 끝의 보報가 마침내 평등하니라.

2 그때 대중들은 저마다 이런 생각을 하였다. '지금 부처님께서는 어째서 열심히 방편을 찬탄하여 이런 말씀을 하실까? 부처님이 얻으신 법은 아주 깊어서 알기 어렵고, 말씀하신 뜻도 알기가 어려워, 모든 성문과 벽지불로는 미칠 수 없다는데. 부처님이 하나의 해탈법을 설하시어 우리들도 또한 이 법을 얻어서 열반에 이르렀는데, 지금 이 말씀의 뜻은 알 수가 없다.'

그때 사리불은 사부대중의 의심을 알고, 자신도 또한 알지 못하여 부처님께 여쭈었다.

"부처님이시여, 무슨 인연으로 거듭 찬탄하시며, 모든 부처님의 가장 큰 방편은 아주 깊고 미묘하여 알기 어려운 법이라 하십니까? 저는 일찍이 부처님에게서 이와 같은 말씀을 들은 적이 없습니다. 이제 사부대중(四衆)이 모두 이 말씀을 의심하오니, 바라건대 부처님께서는 이 일을 말씀하여 주소서.

부처님이시여, 어째서 거듭 찬탄하시며, 아주 깊고 미묘하여 알기 어려운 법이라 하십니까?"

3 부처님은 사리불에게 이렇게 말씀하셨다.

"아서라, 그만두라. 다시는 더 말하지 말라. 만약 이 일을 설한다면, 모든 세간의 하늘과 사람들은 모두 놀라고 의심하리라."

사리불은 거듭 부처님께 여쭈었다.

"부처님이시여, 바라건대 이것을 말씀해 주소서. 말씀해 주소서. 어째서 그러냐 하면, 이곳에 모인 수없는 백천만억 아승지 중생은 일찍이 모든 부처님을 가까이 섬겨, 모든 근기가 날카롭고 지혜가 밝아 부처님께서 설하심을 듣는다면, 곧 공경하고 믿을 것입니다."

부처님은 거듭 말리시고 나서 말씀하셨다.

"사리불이여, 만약 이 일에 대하여 말한다면 모든 세간의 하늘 · 사람 · 아수라는 다 놀라고 의심할 것이며, 거만한 비구들은 장차 지옥에 떨어질 것이다."

사리불은 거듭 부처님께 아뢰었다.

"부처님이시여, 오직 원하는데 이것을 설하소서. 부디 말씀해 주소서. 지금 이 모임에 저와 같은 무리 백천만억은 많은 세월을 지나오면서, 일찍이 부처님의 교화를 받았으니, 이러한 사람들은 반드시 잘 공경하고 믿어서 오랜 세월을 안온하며 이로움이 많을 것입니다."

부처님은 사리불에게 말씀하셨다.

"네가 지성으로 세 번이나 청하니 어찌 설하지 않을 수 있겠느냐. 너는 이제 자세히 듣고 잘 생각하여라. 너를 위하여 가려서 해설하리라."

이런 말씀을 하실 때, 모여 있던 비구 · 비구니 · 우바새 · 우바이 오천 인들은 곧 자리에서 일어나 부처님께 예를 올리고 물러갔다. 그 까닭은 그들은 죄가 깊고 무거운데다가 거만하여, 아직 진리를 얻지 못하고서도 이미 얻었다 생각하며, 아직 깨닫지 못하고서도 깨달았다고 생각하는 어리석은 자들이므로, 이러한 허물이 있어 더 머무를 수 없기 때문이었다.

부처님은 잠자코 이를 말리지도 않으시고, 사리불에게 말씀하셨다.

"이제 이 대중은 다시 지엽枝葉도 없고, 순수한 정실貞實만 있다. 사리불이여, 그와 같이 거만한 자들은 물러가는 것도 좋다. 너는 이제 잘 들으라. 너를 위하여 말하리라."

사리불은 기뻐서 이렇게 아뢰었다.

"그러하겠습니다, 부처님이시여, 원하건대 즐거이 듣고자 합니다."

4 부처님은 사리불에게 다음같이 말씀하셨다.

"이와 같이 묘한 법은 모든 부처님께서 때를 만나야 이것을 설하시니, 마치 우담바라가 어느 때 한 번밖에 피지 않는 것과 같다. 사리불이여, 너희들은 믿어야 할 것이다. 부처님이 하는 말은 결코 허망하지 않다는 것을….

사리불이여, 모든 부처님께서 근기를 따라서 설하는 법은 그 뜻을 알기가 어렵다. 그 까닭은, 내가 수없는 방편과 가지가지 인연과 비유로써 모든 법을 설하기 때문이다. 이 법은 생각과 분별로써 알 수 있는 것이 아니고, 오직 모든 부처님만이 이를 잘 아신다. 왜냐하면, 모든 부처님들께서는 단지 중생을 제도하려는 일대사인연一大事因緣으로서 세상에 나오시기 때문이다.

사리불이여, 어째서 모든 부처님이 오직 일대사인연으로서 세상에 나오시는가 하면, 모든 부처님은 중생으로 하여금 부처님의 지견을 열어 청정함을 얻게 하려고 세상에 나오신 것이며, 중생에게 부처님의 지견을 보이려고 세상에 나오신 것이며, 중생으로 하여금 부처님의 지견을 깨닫게 하려고 세상에 나오신 것이며, 중생으로 하여금 부처님 지견의 도에 들어가게 하고자 하여 세상에 나오신 것이다. 사리불이여, 이것이 모든 부처님께서 오직 일대사인연一大事因緣으로서 세상에 나오신다고 하는 것이다."

부처님은 다시 말씀을 이었다.

"모든 부처님은 다만 보살을 교화하신다. 여러 가지 하는 일이 있음은 항상 이 한 가지 일을 위하심이다. 그것은 오직 부처님의 지견知見으로써 중생에게 보여 깨닫도록 하는 것이다. 여래는 다만 일불승一佛乘으로서 중생을 위하여 법을 설하고 다른 법은 없는데, 어떻게 이승二乘이나 삼승三乘이 있겠는가. 시방세계에 계신 모든 부처님의 법도 또한 이와 같은 것이다.

사리불이여, 과거·현재·미래의 모든 부처님이 한량없고 수없는 방편과 갖가지 인연과 비유의 말로써 중생을 위하여 온갖 법을 설하시니, 이 법이 모두 일불승을 위하기 때문이다. 이 모든 중생이 부처님에게서 법을 듣고는 마침내 일체종지一切種智를 얻는다.

사리불이여, 이 모든 부처님은 보살만을 교화하시니, 부처님의 지견으로써 중생에게 보이고자 함이며, 부처님의 지견으로써 중생이 깨치도록 하고자 함이며, 중생으로 하여금 부처님 지견의 도에 들어가게 하고자 하는 까닭이다. 나도 이제 또한 이와 같이 모든 중생이 온갖 욕망에 탐착되어 있는 것을 알고 그 본성에 따라 여러 가지 인연과 비유와 방편력으로써 법을 설하는 것이다. 이와 같이 모두 일불승의 일체종지를 얻게 하기 위한 까닭이다. 시방세계에는 오히려 이승二乘도 없는데 어떻게 삼승三乘이 있겠느냐.

사리불이여, 모든 부처님께서는 오탁악세五濁惡世에 나오신다. 이른바 겁탁劫濁·번뇌탁煩惱濁·중생탁衆生濁·견탁見濁·명탁命濁이다. 겁탁으로 어지러운 때에는 중생의 업장이 무거워 아끼고 탐내며, 질투하는 마음으로 모든 착하지 못한 일을 성취하므로, 모든 부처님께서 방편력으로써 일불승을 삼승으로 분별하여 설하는 것이다. 사리불이여, 만약 내 제자로서 스스로 '아라한' '벽지불'이라 말하면서, 모든 부처님께서 오직 보살만을 교화하시는 것을 듣지 않고 알지도 못하면 그는 부처님의 제자가 아니며, 아라한도 벽지불도 아니다.

또 이 모든 비구와 비구니가 이미 아라한이 되었다 하고, 이것이 마지막 몸이다, 구경의 열반이다 하여, 다시는 아뇩다라삼먁삼보리를 구할 뜻이 없다면, 이러한 무리들은 다 교만한 자들임을 알아야 한다. 왜냐하면, 어떤 비구가 아라한을 얻기 위해서는 이 법을 믿지 않고는 이 경지에 이를 수 없기 때문이다.

그러므로 사리불이여, 너희들은 일심으로 부처님의 말씀을 믿고 알아서 받아 지녀야 할 것이다. 모든 부처님의 말씀은 허망하지 않는 것이다. 다른 법이 없고 오직 일불승만이 있을 뿐이다."

제3절 비유로 일승법을 말하다

1 그때 사리불은 기뻐서 뛰며 곧 일어나 합장하고 부처님을 우러러보며 말하였다.

"지금 부처님께서 설하신 이 법을 듣고 마음에 즐거움을 품어 일찍이 없었던 일을 얻었습니다. 그 까닭은 제가 옛적에 부처님에게서 이와 같은 법을 듣고 보았는데, 보살들이 수기를 받고 부처가 되었습니다. 그러나 우리 이승들은 이런 일에 참여하지 못했습니다. 그래서 부처님의 한량없는 지견을 잃는 것을 늘 가슴 아프게 여겼습니다.

부처님이시여, 저는 항상 홀로 숲 속이나 나무 아래서 앉거나 거닐면서 매양 이런 생각을 하였습니다. '우리들도 같은 법성法性에 들어 있는데, 어째서 부처님께서는 소승법小乘法으로 제도하실까?' 그러나 이것은 저희들의 허물이지, 부처님의 허물은 아니었습니다. 왜 그러냐 하면, 만약 저희들이 아뇩다라삼먁삼보리를 성취하는 설법을 들으면 반드시 대승으로써 제도하여 해탈을 얻었을 것입니다. 그러나 저희들은 방편으로 근기를 따라 설하시는 뜻을 알지 못하고, 처음 불법을 듣고는 그대로 믿고 받아서 증득했다고 생각하였습니다.

부처님이시여, 저는 그전부터 밤낮 스스로 늘 책망하고 뉘우쳐 왔습니다. 그러다가 이제 부처님에게서 전에 듣지 못하던 미증유한 법을 듣고, 모든 의심과 뉘우침이 끊어지고, 몸과 마음이 태연하며 편안함을 얻었습니다. 오늘에야 비로소 제가 참으로 부처님의 제자임을 알았습니다. 부처님 입으로부터 났으며, 법에서 화化하여 났으며 불법을 나누어 얻었습니다."

2 부처님은 사리불에게 말씀하셨다.

"내가 옛적에 일찍이 이만억 부처님 처소에서 무상도無上道를 위하여 항상 너를 교화하여 왔고, 너도 또한 오랜 세월을 나를 따라 배웠다. 내가 방편으로써 너를 인도하여 왔으므로 나의 법 가운데에 나옴이니라. 내가 옛적에 너로 하여금 불도佛道에 지원하게 하였으나, 너는 이제 그것을 잊어버리고 문득 스스로 이미 멸도滅度를 얻었다고 생각하는구나. 나는 이제 너로 하여금 돌이켜 본래 원을 세운 행할 바를 생각하게 하고자 하므로, 모든 성문을 위하여 이 대승경을 설하니, 이름은 묘법연화다. 보살을 가르치는 법이며 부처님이 보살피시는 바이다.

사리불이여, 너는 미래세에 한량없는 불가사의 겁을 지나서 천만억 부처님을 공양하고, 정법을 받들어서 보살이 행할 바 도를 갖추어 반드시 부처가 되리니, 이름을 화광華光 여래라 할 것이다. 나라 이름은 이구離垢인데 그 땅은 평정平正하고 맑고 깨끗하게 장엄되었으며, 안온하고 풍요해서 천인天人이 많고 성황하리라. 유리로 땅이 되고, 여덟 개의 길이 있되 황금으로 줄을 지어 경계를 꾸미고, 그 옆에는 각각 칠보로 된 가로수가 있어 항상 꽃과 열매가 있으리라. 화광 여래도 또한 삼승법으로써 중생을 교화할 것이다. 사리불이여, 그 부처님이 나올 때에는 비록 악한 세상은 아닐지라도 본래의 소원이므로 삼승법으로써 설하리라. 그 겁劫의 이름은 대보장엄大寶莊嚴이라 하니, 왜냐하면, 그 나라는 보살로서 큰 보배를 삼기 때문이다. 그 보살의 수는 한량없이 많고, 이 보살들이 어디를 가고자 할 때에는 보배 꽃이 발을 받들 것이다. 이 보살들은 초발심이 아니고, 다 오래 전부터 백천만억 부처님 처소에 덕본德本을 심었고, 모든 법문을 잘 알아서 올바르고 정직하여 거짓이 없으며, 뜻하여 생각함이 견고한 이들로서, 이러한 보살이 그 나라에 가득할 것이다.

사리불이여, 화광불의 수명은 십이 소겁이고, 그 나라 인민의 수명은 팔 소겁이다. 화광 여래는 십이 소겁을 지나서 견만堅滿보살에게 아뇩다라삼먁삼보리의 수기를 주고, 모든 비구에게 말하기를 '이 견만보살이 다음에 부처가 되면 이름은 화족안행華足安行 여래라 할 것이다. 그 부처님 국토의 장엄한 모양도 위에 말한 바와 같으리라.'

사리불이여, 이 화광불이 멸도한 뒤 정법이 세상에 머물기는 삼십이 소겁이며, 상법像法이 세상에 머무름도 또한 삼십이 소겁이니라."

그때 모였던 사부대중들은 사리불이 부처님 앞에서 아뇩다라삼먁삼보리의 수기 받는 것을 보고 마음이 아주 기뻐서 뛰며, 저마다 몸에 걸쳤던 옷을 벗어 부처님께 공양하였다.

3 그때 사리불이 부처님께 아뢰었다.

"부처님이시여, 저는 이제 아무런 의심과 뉘우침도 없습니다. 친히 부처님 앞에서 수기를 받았습니다. 그러하나 여기에 모인 천백의 마음 자재한 이들은 옛적에 배울 때에 부처님께서 항상 교화하여 말씀하시기를 '나의 법은 생로병사를 여의고 구경에는 열반에 들어가리라'고 하셨는데, 배우는 사람이거나 다 배운 사람이거나 저마다 아견我見과 유견有見·무견無見의 집착심을 떠남으로써 열반을 얻었다고 생각합니다. 그래서 이제 부처님 앞에서 아직도 듣지 못한 법문을 듣고 모두 의혹 속에 떨어졌습니다.

거룩하신 부처님이시여, 원하나니 사부대중을 위하여, 그 인연을 설하여 의혹을 여의게 하소서."

4 부처님은 사리불에게 이렇게 말씀하셨다.

"모든 부처님께서 여러가지 인연과 비유로써 방편법을 설하심이 모두 아뇩다라삼먁삼보리를 위한 것이라고 내가 전에 말하지 않았더냐. 이 온갖 설법이 모두 보살을 교화하기 위한 까닭이니라.

사리불이여, 이제 다시 비유로써 이 뜻을 밝히니, 모든 지혜 있는 자는 이 비유로써 알 것이다. 어떤 나라에 도시거나 시골이거나 거기에 큰 부자인 한 장자가 살고 있다고 하자. 그는 나이가 늙어 몸이 노쇠하여졌다. 토지와 주택과 재물은 한량이 없었으며, 또한 하인들도 많아 그 수를 모를 정도였다. 그런데 그의 주택은 넓고 컸으나, 그 출입구인 문은 단 하나밖에 없었다. 그 집에서는 몇백 명인지도 알 수 없는 많은 사람들이 살고 있었다. 그 집은 오래되어 장벽이 무너져 떨어지고 기둥뿌리가 썩었으며, 대들보가 기울어져 매우 위태롭게 되어 있었다.

그런데 어느 날 한꺼번에 홀연히 불이 일어나 그 집이 타고 있었다. 장자의 아들들은 수십 명이 모두 집안에서 놀고 있었다. 장자는 그 큰 불이 사면에서 타오르는 것을 보고, 크게 놀라 허둥지둥하는 중에서도 이런 생각을 하였다. '이 불꽃 속에서 나는 밖으로 무사히 빠져 나올 수 있을 것이나, 저 여러 철없는 아이들은 불타는 집안에서 즐겁게 놀며, 불이 타는 줄도 모를 뿐더러, 설사 불을 본다 할지라도 놀랄 줄도 모르고 두려워하지도 않으며, 불길이 몸에 닿아 고통이 극심하여도 밖으로 뛰어나갈 생각조차 않으리라.'

사리불이여, 장자는 또 이런 생각을 하였다. '나의 몸과 팔에는 아직도 힘이 있으니, 옷보나 큰 그릇으로 아이들을 집에서 끌어내리라. 그런데, 이 집은 문이 하나밖에 없는데다가 좁고 작다. 아이들은 어려서 노는 데만 팔려, 어쩌면 불속에 떨어져 타죽을지도 모른다. 그러므로 나는 두려운 말을 하여 속히 뛰어나와 화상을 입지 않도록 해야겠다.'

이와 같이 생각한 뒤 여러 아이들에게 말했다. '너희들은 어서 나오너라.' 그러나 아들들은 놀기에 재미가 나서 아버지의 말에는 놀라거나 두려워도 않고, 끝내 나아갈 생각들을 하지 않았다. 또한 무엇이 불인지, 어떤 것이 집인지, 무엇을 잃게 되는지도 알지 못하며, 사방으로 뛰어다니면서 아버지를 장난스런 눈으로 볼 뿐이었다.

그때 장자는 이런 생각을 하였다. '이 집이 이미 큰 불에 타고 있으니, 나와 모든 아들들이 만약 일시에 속히 빠져나가지 않는다면, 반드시 모두 타 죽을 것이다. 나는 방편을 써서 아이들에게 해를 입히지 않게 해야겠다.' 아버지는 아이들이 저마다 좋아하는 것을 잘 알고 있었으므로, 그들에게 말했다. '너희들이 좋아하는 진기한 노리갯감이 있는데, 너희가 지금 이것을 갖지 않는다면 반드시 후회하리라. 그 노리개란, 양이 끄는 수레, 사슴이 끄는 수레, 소가 끄는 수레들인데, 이것들이 지금 문 밖에 있으니 가지고 놀아라. 너희들은 이 불타는 집에서 어서 뛰어나오너라. 너희가 좋아하는 것을 원한다면 나는 모두 너희에게 그것을 각각 나누어 주리라.'

그때 아들들은 노리갯감이란 말을 듣고는 기뻐서 어쩔 줄 몰라 하며, 서로 앞을 다투어 그 불타는 집에서 나왔다. 이때 장자는 아들들이 무사히 벗어나와 모두 네거리 길 가운데 앉아, 다시는 아무 장애가 없는 것을 보고 이제는 마음이 놓여 기쁨을 건잡지 못했다. 여러 아이들은 저마다 아버지에게 말하였다. '아버지께서 먼저 약속하신 노리개 · 양의 수레 · 사슴의 수레 · 소의 수레를 이제 주세요'라고….

사리불이여, 그때 장자는 아들들에게 각각 똑같은 큰 수레를 주었다. 그 수레는 높고 넓어서 여러 가지 보배로 꾸미고, 난간이 있어 사면에는 방울을 달고 그 위에 차일을 쳤으며, 또 진기한 여러 가지 보배로 그것을 장엄하였다. 보배의 줄로 얽고 영락을 드리웠으며 고운 자리를 깔고 붉은 베개를 놓았으며, 흰 소에게 멍에를 메웠는데 그 털빛이 깨끗하고 몸체가 좋았다. 또 끄는 힘도 세어서 걸음걸이가 평정하고 빠르기가 바람 같으며, 또 많은 시종들이 그를 시위하였다.

어째서 그러냐 하면, 그 장자는 재물이 한량없이 여러 가지로 창고마다 가득가득 차 있었으므로, 그는 이런 생각을 하였다. '나의 재물은 다함이 없으니, 나쁘고 작은 수레를 아들들에게 줄 수가 없다. 지금 이 어린 아이들은 다 내 아들이니, 사랑함에 치우침이 있을 수 없다. 나에게 이와 같은 칠보로 된 큰 수레가 있고 그 수가 한량이 없으니, 평등한 마음으로 각각 주어 차별하지 않으리라. 왜냐하면, 나는 이 물건을 온 나라에 두루 나누어 줄지라도 남을 것인데, 하물며 우리 아이들에게랴'라고.

이때에 아들들이 저마다 큰 수레를 타고 일찍이 없었던 기쁨을 얻은 것은 본래의 소망이 아니었다. 사리불이여, 너는 어떻게 생각하느냐? 이 장자가 평등하게 모든 아들들에게 진기한 보배의 수레를 준 것이 허망하다 하겠느냐?"

사리불은 이렇게 아뢰었다.

"아닙니다. 부처님이시여, 이 장자가 모든 아들들로 하여금 다만 불에 타지 않도록 하여, 그 몸과 목숨을 보존하게 하였을지라도 그것은 허망하지 않습니다. 왜냐하면, 만일 몸과 목숨만 보존할지라도 이미 좋은 노리개를 얻은 것이 되는데, 하물며 다시 방편으로 저 불타는 집에서 건져내었습니다.

부처님이시여, 만일 이 장자가 가장 작은 수레 하나도 주지 않았을지라도 그것은 차라리 허망은 아닙니다. 왜냐하면, 이 장자는 앞서 이 생각을 했습니다. '내가 방편으로써 아이들을 나오게 하리라'고. 이러한 인연이기에 거짓됨이 없습니다. 하물며 장자가 스스로 재물이 한량없음을 알고, 아들들에게 평등하게 큰 수레를 주어 이롭게 하였습니다."

5 부처님은 사리불에게 말씀하셨다.

"옳다, 그러니라. 네 말과 같다. 사리불이여, 여래도 또한 이와 같이 곧, 모든 세간의 아버지가 됨이다. 온갖 두려움과 쇠함과 근심과 환난과 무명과 어둠에서 벗어나, 길이 남음이 없고 한량없는 지견知見과 힘과 두려울 것 없음을 모두 성취하여 큰 신력神力과 지혜의 힘이 있어, 방편과 지혜바라밀이 구족하고 대자대비로 항상 부지런히, 항상 좋은 일을 찾아 주어 모든 것을 이롭게 한다. 삼계의 썩고 낡은 불타는 집에서 나온 것은, 중생의 생·로·병·사와 우憂·비悲·고苦·뇌惱와 어리석고 어둠에 덮인 삼독三毒의 불을 꺼주고 교화해서, 아뇩다라삼막삼보리를 얻게 하기 위함이다.

모든 중생을 보면, 이 생·로·병·사와 우·비·고·뇌에 타며, 또는 오욕과 재물과 이양을 구하므로 갖가지 괴로움을 받으며, 또는 탐내고 애착하여 구하므로 현세에서는 갖은 괴로움을 받게 되며, 후세에는 지옥·축생·아귀의 괴로움을 받게 될 것이다. 만약 천상에 나거나 인간계에 있을지라도 빈궁하고 괴로워하며, 사랑하는 이와 이별이 있고, 원수와 미워하는 사람과 만나는 괴로움이 있다.

중생이 이 가운데 빠져 있으면서도 기뻐하고 놀며, 그것이 괴로움인 줄을 깨닫거나 알지도 못하고, 놀라거나 두려워하지도 않으며, 또한 싫어할 줄도 모르며 해탈을 구하지도 않고, 이 삼계의 불집에서 이리저리 헤매며, 비록 큰 괴로움을 만날지라도 이를 근심할 줄조차 모른다.

사리불이여, 나는 이것을 보고서 문득 이런 생각을 하였다. '나는 이 중생들의 아버지다. 그러기에 마땅히 그들의 괴로움과 환난을 없애 주고, 한량없고 가없는 부처님의 지혜로 낙을 주어 그들로 하여금 즐거이 놀게 하리라.' 사리불이여, 여래는 다시 이런 생각을 하였다. '만약 내가 단지 신통과 지혜의 힘만 가지고 방편을 버리고 모든 중생에게 여래의 지견과 힘과 두려울 것 없는 것을 찬탄한다면, 중생은 이로써 제도되지 못할 것이다. 왜냐하면, 이 모든 중생은 아직 생·로·병·사와 우·비·고·뇌를 면치 못하고, 삼계의 불집에서 타게 되니, 어떻게 해서 부처님의 지혜를 알 수 있으랴….'

사리불이여, 저 장자가 비록 몸과 팔에 힘이 있다 할지라도 그 힘을 쓰지 않고, 다만 은근한 방편으로써 아이들을 불집의 재난에서 모면하게 한 뒤에, 각각 진귀한 보배로 된 큰 수레를 준 것과 같이 여래도 또한 이와 같다. 비록 십력十力과 사무소외四無所畏가 있을지라도, 이것을 쓰지 않고 지혜와 방편만으로써 삼계의 불집에서 중생을 건져서 제도하기 위하여, 성문 · 벽지불 · 불승 등 삼승三乘을 설하는 것이다. 그리고 이런 말을 한다. '너희들은 삼계의 불집에 머물기를 즐겨하지 말며, 빛깔 · 소리 · 향기 · 맛 · 촉감을 탐내지 말라. 만약 탐내고 사랑하는 마음을 내어 집착하면, 곧 타게 되리라. 너희들은 어서 삼계를 나와 삼승을 얻어야 한다. 나는 이제 너희들을 위하여 이 일을 보증하고 맡기니 끝내 헛되지 않으리라. 너희들은 다만 부지런히 닦고 정진하여라. 여래는 이 방편으로서 중생에게 권유해서 정진하게 하는 것이다.' 또 이러한 말도 한다. '너희들은 이렇게 알아야 할 것이다. 이 삼승법은 성인들이 다 칭찬한 바임을, 자재하여 얽힘이 없고 의지하여 구할 것이 없다. 이 삼승에 의해서 무루無漏의 오근五根 · 오력五力 · 칠각지七覺支 · 팔정도八正道 · 사선四禪 · 팔해탈八解脫 · 삼三삼매 등으로써 스스로 즐기면 한량없이 안온한 쾌락을 얻으리라'고.

사리불이여, 만일 어떤 중생이 안으로 지혜의 성품이 있어, 부처님을 따라 법을 듣고 믿어 받아서 부지런히 정진하여, 속히 삼계를 벗어나려고 스스로 열반을 구한다면, 이것을 '성문승'이라 이름한다. 저 모든 아들들이 양의 수레를 구하기 위하여 불타는 집에서 나오는 것과 같다. 만일 어떤 중생이 부처님을 따라 법을 듣고 믿어 받아서 부지런히 정진하여 자연의 지혜를 구하며 홀로 정적靜寂을 즐기고 모든 법의 인연을 깊이 알면, 이것을 '벽지불승'이라 이름한다. 저 모든 아들들이 사슴의 수레를 구하기 위하여 불집에서 나오는 것과 같다. 만일 어떤 중생이 부처님을 따라 법을 듣고 믿어 받아서 부지런히 닦고 정진하여, 일체지一切智 · 불지佛智·자연지自然智·무사지無師智·여래의 지견智見·십력·사무소외를 구하며, 한량없는 중생을 불쌍히 여기어 편안과 즐거움을 주어 천상과 인간에게 이익을 주며, 모든 중생을 제도하여 해탈하게 하면 이것을 대승보살이라 이름한다. 이와 같은 법을 구하므로 이름을 마하살이라 하는 것이다. 저 모든 아들들이 소의 수레를 구하기 위하여 불집에서 뛰어나오는 것과 같다.

사리불이여, 저 장자가 모든 아들들이 불타는 집에서 나와 두려움이 없는 곳에 편안히 있으므로, 스스로 재물이 한량없음을 생각하고, 똑같이 큰 수레를 아들들에게 주는 것과 같이, 부처님도 또한 이와 같으므로 모든 중생의 아버지다. 한량없는 중생이 부처님이 가르친 문으로 삼계의 괴로움과 두렵고 겁나는 험한 길에서 벗어나와서, 열반의 즐거움을 얻는 것을 보고, 부처님은 그때 문득 이런 생각을 하였다. '내게는 한량없는 지혜와 힘과 두려움 없는, 이 같은 모든 부처님의 법장法藏이 갖추어 있으며, 모든 중생은 다 내 아들이니 똑같은 대승법을 주리라. 그래서 한 사람도 홀로 멸도滅度를 얻게 하지 않고, 다 여래의 멸도로서 이들을 멸도하게 하리라.'

이 모든 중생의 삼계를 벗어나온 자에게는 다 모든 부처님의 선정·해탈 등의 즐거움을 주리니, 이는 모두 한 모양 한 가지로 성인의 찬탄하는 바이므로, 깨끗하고 묘한 '제일의 락'을 내는 것이다.

사리불이여, 장자가 처음에 세 가지 수레로써 모든 아들이 이끌어낸 뒤에 보물로 장엄한 큰 수레만을 주어 가장 편안하게 한 것이 장자에게는 허물되지 않는 것과 같이, 여래도 또한 이와 같아서 거짓이 없다. 처음 삼승을 설하여 중생을 인도한 뒤에, 오로지 대승으로서 제도하여 해탈하게 하는 것이다. 왜냐하면, 여래에게는 한량없는 지혜와 힘과 두려움이 없는 모든 법장이 있어, 여러 중생에게 대승법을 주어도 그들은 다 받지 못하기 때문이다.

사리불이여, 이와 같은 인연으로 모든 부처님은 방편력을 가졌으므로, 일불승을 셋으로 나누어 설하는 것이다."

제4절 일승법을 믿고 알다

1 그때 혜명수보리, 마하가전연, 마하가섭, 마하목건련 들이 부처님에게서 일찍이 없었던 법을 들었으며, 부처님께서 사리불에게 아뇩다라삼먁삼보리의 수기 주시는 것을 보고는 희유한 마음을 일으켜 기뻐 뛰었다. 자리에서 일어나 옷깃을 여미고 오른편 어깨를 걷어붙이고, 오른편 무릎을 땅에 꿇었다. 그리고 일심으로 합장하여 몸을 공손히 굽혀 부처님의 얼굴을 우러러보며 부처님께 여쭈었다.

"저희들은 대중 가운데 상수上首 제자로서 또 나이 늙고 오래되어 스스로 이미 열반을 얻어 더할 것이 없다고 생각하여, 다시 나아가 아뇩다라삼먁삼보리를 구하지 않았습니다. 부처님께서는 벌써 오래 전부터 법을 설하셨습니다. 저희들도 그때부터 자리에 있었으나, 몸이 늙고 피곤하여 다만 공·무상·무작만을 생각하고, 보살도와 신통력에 자재하여 부처님의 세계를 깨끗이 하며, 중생을 제도하기를 마음에 즐겨하지 않았습니다. 왜냐하면, 부처님께서 저희들로 하여금 삼계에서 나와 열반을 증득하게 하셨기 때문입니다. 또 이제 저희들은 이미 나이 늙었으며, 부처님께서 보살을 교화하시는 아뇩다라삼먁삼보리에는 좋아하거나 즐겨하는 생각을 내지 못했습니다. 저희들이 지금 부처님 앞에서 성문에게 아뇩다라삼먁삼보리의 수기 주심을 보고, 마음이 무척 즐거워 미증유未曾有를 얻었습니다. 그러나 이제 홀연히 희유한 법을 얻어 듣고 스스로 기쁘게 여깁니다. 한량없는 진귀한 보배를 구하지 않았으나 저절로 얻었습니다.

2 부처님이시여, 저희들이 이제 비유로써 이 뜻을 밝히겠습니다. 어떤 사람이 나이 어릴 때 아버지를 버리고 도망하여 다른 나라에 가서 오래 살기를 십년 이십년, 드디어는 오십년이 되었습니다. 나이는 점점 늙어 가고 더욱 궁하고 가난해서, 여기저기 돌아다니며 의식을 구하다가 우연히 본국에 들어서게 되었습니다. 그의 아버지는 아들을 찾지 못하고 어느 한 성 안에 머물렀습니다. 그 집은 아주 넉넉해서 재물과 보배가 한량이 없어 금・은・유리 등이 모든 창고에 가득 찼으며, 많은 시종과 일군들이 있고, 코끼리・말・수레・소・양들이 수없이 많으며, 들어오고 나감에 따라 이익 됨이 다른 나라까지도 미치며, 장사하는 고객도 또한 매우 많았습니다.

이때 빈궁한 아들이 여러 시골과 도시를 거쳐서 마침내 그 아버지가 머물고 있는 성중에 이르렀습니다. 아버지는 늘 아들을 생각하고, 아들과 헤어진 지 오십여 년이 되었건만, 아직도 다른 사람에게는 이 일을 말하지 않고, 단지 혼자서 생각해 왔습니다. 마음으로 한탄하고 뉘우치며 이렇게 생각했습니다. '나이는 늙고 재물은 많아 금・은과 같은 진귀한 보배가 창고에 가득 차 있으나, 물려줄 자식이 없으니 하루아침에 죽어 없어지면 재물은 흩어지고 말 것이다.' 맡길 곳이 없어 은근히 항상 그 아들을 그리워하였습니다. 그리고 이런 생각도 했습니다. '내가 만일 아들을 얻어서 재물을 물려주게 되면, 마음이 가벼워서 다시는 더 근심 걱정이 없으리라'고….

부처님이시여, 그때 궁한 아들이 품팔이로 돌아다니다가 우연히 아버지의 집 대문 곁에 서서 멀리 그의 아버지를 바라보니, 사자상에 걸터앉고 보배상으로 발을 받치고, 모든 바라문과 권세 있는 왕족들이 모두 공경히 둘러 있었습니다. 값이 천만이나 되는 진주 영락으로 그 몸을 장엄하고, 관리와 백성과 시종들이 손에 흰 불자拂子를 들고 좌우에 공손히 서 있으며, 보배의 장막을 치고 여러 가지 꽃 깃대를 늘이고 향수를 땅에 뿌렸으며, 여러 가지 이름난 꽃을 흩으며 늘어놓아 내어오고 들여가고 하였습니다. 이와 같이 가지가지로 장엄하게 꾸며서 위덕이 한없이 높았으므로, 궁한 아들이 아버지가 큰 세력이 있음을 보고 공포심이 생겨 거기에 왔던 것을 후회하며, 속으로 이런 생각을 했습니다. '저이가 혹시 임금이거나 임금과 같은 사람이 아닐까? 여기는 나 같은 사람이 품팔이할 곳은 아니구나. 차라리 가난한 마을에 가서 힘껏 일할 곳에서 의식衣食을 얻는 것이 쉽겠다. 만일 여기 오래 있다가는 혹시 눈에 띄어 붙들리면 강제로 잡아 부릴지도 모른다.' 그는 이런 생각을 하고 빨리 도망치려 했습니다.

이때 장자는 사자의 자리에서 아들을 곧 알아보고, 마음으로 크게 기뻐하며 이런 생각을 하였습니다. '나의 재물을 이제야 맡길 곳이 생겼구나. 내가 늘 이 아들을 생각하였으나, 만나볼 도리가 없었는데 뜻밖에 이제 스스로 오니 나의 소원이 이루어지는구나. 내가 비록 나이가 늙었으나 이런 때를 위해서 탐내고 아끼었노라.' 장자는 곧 곁에 있는 사람을 보내어 급히 가서 데려오게 하였습니다. 그때 명을 받은 사람이 급히 쫓아가서 잡으니 궁한 아들은 놀라 크게 부르짖었습니다. '나는 조금도 죄가 없는데, 어째서 잡으려 합니까?'라고. 심부름꾼은 그를 붙들기가 급하므로 더욱 강제로 끌고 돌아왔습니다. 이때 궁한 아들은 스스로 생각하기를 죄 없이 잡혔으니 필연코 죽게 되리라 하고, 더욱 겁을 내어 기절해서 땅에 쓰러졌습니다. 아버지는 멀리서 이를 보고 심부름꾼에게 말했습니다. '그 사람을 쓰지 않을 터이니 강제로 끌어오지 말라. 얼굴에 찬물을 뿌려 깨어나게 하고, 다시 말하지 말라'고 하였습니다. 왜냐하면, 아버지는 그 아들의 마음이 얕고 졸렬함을 알고, 또 자신의 호귀한 것이 아들의 마음을 놀라게 한 것임을 잘 알았기 때문에, 아들이라는 것을 명백히 알았으나, 방편으로써 다른 사람에게는 내 아들이라고 말하지 않았습니다. 명을 받은 사람이 말하기를, '내가 지금 너를 놓아 줄 터이니 뜻대로 가라.' 하니, 궁한 아들은 기뻐서 미증유를 얻고 땅에서 일어나 가난한 동리에 가서 의식을 구하였습니다. 그때 장자는 그 아들을 달래어 들어오게 하고자, 방편을 만들어서 얼굴빛이 초췌하고 위덕이 없는 자 두 사람을 비밀히 보내되, '너희들은 그곳에 가서 궁한 아들에게 서서히 말하라. 여기 일할 곳이 있으니 너에게 품삯은 배를 주리라 하여, 궁한 아들이 만약 허락하거든 데려다가 일을 시키라. 만약 무엇을 시키느냐 묻거든, 곧 이렇게 말하라. 너를 데려다가 똥거름을 친다 하고, 우리들 두 사람도 또한 너와 같이 일하리라고 하라.'

이때 두 사람은 곧 궁한 아들을 찾아가서 만나 보고 이런 말을 다 일러주니, 궁한 아들은 먼저 그 값을 받고, 같이 와서 똥거름을 치는 일을 하였습니다.

그의 아버지는 아들을 보고 불쌍히 생각하여 안타까워했습니다. 또 다른 날 창가에서 멀리 아들을 보니, 몸이 말라 초췌하고 먼지투성이로 더럽혀져 있었으므로, 곧 영락으로 꾸민 부드러운 옷과 장엄구를 벗어 놓고 떨어지고 냄새나는 옷으로 갈아입고, 바른 손에는 거름치는 그릇을 가지고 성난 듯 얼굴로 여러 일군들에게 말하기를 '너희들은 부지런히 일할 것이며 게으름을 부리지 말라.' 그는 이러한 방편으로써 그 아들에게 가까이 하였습니다. 그 뒤 다시 아들에게 말하기를 '이녀석, 너는 항상 여기에서만 일하고 다른 곳에는 가지 말라. 너에겐 품삯을 더 주리라. 모든 소용되는 물건에 조금도 어려운 생각을 하지 말라. 그리고 늙은 일꾼이 있으니 부려서 쓸 일이 있으면 부리라. 스스로 마음을 편히 가져서 나를 네 아버지같이 생각하고 걱정하지 말라. 어째서 그러냐 하면, 나는 늙고 너는 젊은데, 네가 일할 때에는 다른 일꾼들처럼 속이거나 성내거나 원망하는 말이 없구나. 그래서 이다음부터는 내 친아들과 같이 하리라.' 하고, 장자는 그 자리에서 다시 이름을 지어 주면서 그를 아들이라고 하였습니다.

그때 궁한 아들은 이러한 대우를 기뻐하였으나, 아직도 그 자신은 객으로 온 천한 사람이라고 생각했습니다. 이런 연유로 이십 년을 두고 늘 똥거름을 치고는 마음에 서로 믿고 친해져서 출입은 어렵지 않게 했으나, 그가 머무르는 곳은 아직도 본래 있던 곳이었습니다.

부처님이시여, 그때 장자는 병들어 스스로 오래지 않아 죽을 것을 알고, 궁한 아들을 불러 이렇게 말했습니다. '나에게는 지금 많은 금·은과 진귀한 보배가 창고에 가득 찼으니, 그 중에 많고 적음을 네가 다 알아서 가지라. 내 마음이 이와 같으니, 이 뜻을 알아서 처리하라. 왜냐하면, 지금 나와 너는 서로 다르지 않으니, 주의해서 빠져나감이 없도록 해야 할 것이다.'

그때 궁한 아들은 가르침을 받고 여러 가지 물건과 금·은과 진귀한 보물과 모든 창고를 맡아 가졌으나, 조금도 그것을 취할 생각이 없었으며, 여전히 본래 있던 곳에 머물러 있었습니다. 이는 하열한 마음을 아직도 버리지 못한 까닭입니다. 다시 얼마가 지난 뒤에 장자는 아들의 마음이 점점 커져서 큰 뜻을 이루어, 스스로 그전 마음이 비열하였다는 것을 깨달은 줄 알고, 임종할 때를 당해서 그 아들에게 분부해서, 친족과 국왕이며 귀족들을 다 모이도록 하고 선언했습니다. '여러분은 이렇게 알아주십시오. 이는 곧 내 아들 내 친자식입니다. 그가 어려서 아무 성 중에서 나를 버리고 도망하여 갖은 고생을 한 지가 오십여 년, 그 본 이름은 아무개고 내 이름은 아무개입니다. 옛적 본래 성중에서 근심하고 찾아다니다가 홀연히 이곳에서 만나게 되었으므로, 이는 실로 내 아들이요 나는 실로 그의 아버지입니다. 지금 내 소유인 모든 재물은 다 이 아들의 소유이며, 그전에 출납한 것도 죄다 이 아들이 알아 할 것입니다.'

부처님이시여, 이때 궁한 아들은 아버지한테서 이 말을 듣고 크게 기뻐서 미증유를 얻고 이런 생각을 했습니다. '나의 본심은 바라는 바 없었는데, 지금 이 보장寶藏이 저절로 들어왔다'고….

3 부처님이시여, 큰 부호인 장자는 곧 부처님이시고, 저희들은 모두 아들과 같습니다. 부처님께서 늘 말씀하시기를 저희들을 아들이라고 하셨습니다. 저희들은 삼고三苦에 얽히어 생사의 고해에서 갖은 열뇌熱惱를 받으며, 어리석고 아는 것이 없어, 작은 법에 즐겨 탐착하였습니다. 오늘 부처님께서 저희들로 하여금 생각하게 하사, 모든 희론戱論의 법인 똥거름을 없애 주셨습니다. 저희들이 이 가운데서 부지런히 더욱 정진하여 열반에 이르러 하루의 품삯을 얻었습니다. 이미 이것을 믿고는 마음이 아주 기뻐 스스로 만족하여 말하기를 '불법 가운데서 부지런히 정진하였으므로 얻은 바가 많았다'고 하였습니다.

그러나 부처님께서는 저희들의 마음이 번거로운 욕망에 집착해서 작은 법을 즐겨하고 있음을 먼저 알려 주시고는, 짐짓 그대로 버려 두시며, 너희들이 마땅히 여래의 지견보장智見寶藏을 가질 분수가 있다고 분별하지 않으시고, 부처님께서는 방편력을 가지고 여래의 지혜를 설하시건만 저희들이 부처님을 따라 열반의 하루 품삯을 얻고서는 이를 크게 얻었다 하고, 이 대승법을 구할 뜻이 없었습니다.

저희들은 또 부처님께서 여래의 지혜를 모든 보살에게 열어 보이시며 연설하시건만, 저희들은 몸소 여기에 지원하지 않았습니다. 왜냐하면, 부처님께서 저희들 마음이 작은 법을 즐겨하는 줄 아시고, 방편력으로써 저희들 근기를 따라 설하시지만, 저희들이 본래 참된 불자인 줄은 몰랐습니다. 이제야 저희가 알았습니다. 부처님께서는 지혜를 아끼지 않으셨다는 것을. 왜냐하면, 저희들은 예로부터 참된 부처님의 아들이었건만 작은 법만을 즐겨하였습니다. 만약 저희에게 큰 법을 즐겨할 마음이 있었더라면, 부처님께서는 곧 저희를 위하여 대승법을 설하셨을 것입니다. 지금에야 이 경 가운데서 오직 일승만을 설하십니다.

그런데 옛날에 보살들 앞에서 성문들이 작은 법을 즐김을 꾸짖었으나, 부처님께서 실은 대승으로써 교화하셨습니다. 그러므로 저희들은 말씀드립니다. 본래 바라고 구하는 마음이 없었건만, 지금 법왕의 큰 보배가 저절로 들어왔으니, 불자로서 당연히 얻어야 할 것을 이미 다 얻었습니다."

제5절 법은 일승인데 근기는 삼승

1 그때 부처님께서는 마하가섭을 위시한 모든 큰 제자들에게 이렇게 말씀하셨다.

"착하고, 착하다. 가섭이여, 비유로서 여래의 참되고 진실한 공덕을 잘 말했다. 참으로 네가 말한 바와 같다. 여래에게는 또 한량없는 아승지阿僧祇 공덕이 있느니라. 너희들이 설사 한량없는 억겁을 두고 말할지라도 다할 수 없으리라. 가섭이여, 여래는 모든 법의 왕이므로, 설한 바도 또한 헛되지 않음을 알아야 할 것이다. 모든 법을 지혜의 방편으로 설하므로, 그 설한 법은 모두 일체지一切智에 이르게 한다. 여래는 모든 법이 도달하는 곳을 관하여 알며, 또한 온갖 중생이 깊은 마음의 갈 바를 통달하여 걸림이 없다. 또 모든 법의 궁극을 다 밝혀 온갖 중생에게 모든 지혜를 보이느니라.

가섭이여, 비유하자면, 삼천 대천세계의 산천 · 계곡 · 땅 위에 나는 온갖 초목이며 수풀이며 약초들의 종류가 여러 가지가 저마다 빛깔과 이름이 다르다. 그러나 가득 찬 구름이 삼천 대천세계를 두루 덮어서 일시에 큰비가 고루 내리어 온갖 초목과 수풀과 약초의 뿌리나 작은 가지 · 잎 · 줄기 할 것 없이 고루 적신다. 같은 구름의 비를 받으나, 그 종류와 성질에 맞추어 자라며 꽃과 열매를 맺는 것이다. 비록 한 땅에서 나고 같은 비에 젖지만, 모든 초목이 각각 차별이 있는 것과 같이….

가섭이여, 이렇게 알라. 여래도 또한 이와 같아서, 세상에 출현함이 큰 구름이 일어남과 같고, 큰 음성으로 세계의 천상계와 인간 · 아수라阿修羅들에게 널리 펴는 것이 저 큰 구름이 삼천 대천세계를 두루 덮는 것과 같다."

대중 가운데서 이같이 외쳤다.

"나는 이 여래 · 응공 · 정변지 · 명행족 · 선서 · 세간해 · 무상사 · 조어장부 · 천인사 · 불세존이다. 제도 안 된 자를 제도하며, 알지 못한 자를 알게 하며, 편안치 않은 자를 편안하게 하며, 열반을 얻지 못한 자를 얻게 하며, 이승과 저승의 참된 실상을 아느니라. 나는 이 온갖 것을 아는 자이며, 모든 것을 보는 자이며, 도를 아는 자이며, 도를 여는 자이며, 도를 설하는 자이니라. 너희들 천상 · 인간 · 아수라들은 다 법문을 듣기 위하여 이곳에 오라!"

2 그때 수없는 천만 억 중생들이 부처님 계신 곳에 모여 법문을 들었다.

여래는 이때 이 중생들의 모든 근기가 날카롭고 둔하고 부지런하고 게으른 것을 관하여, 그가 감당할 바를 따라 법을 설하되, 갖가지로 한량없이 하여 다 기쁘게 하며 선리善利를 쾌히 얻도록 하였다.

"모든 중생이 이 법문을 들으면, 현세에서 편안하고 후세에는 좋은 곳에 태어나 도道로써 락을 받고 또한 법문을 얻어 듣는다. 이미 법을 듣고는 모든 업장과 걸림을 여의고 모든 법 가운데 알맞은 힘으로 점점 조여들게 된다. 저 큰 구름이 모든 초목이며 수풀이며 약초에 비를 내리면, 각기 종류와 성질을 따라 윤택하게 크는 것이다.

여래의 설법은 같은 상相이며 같은 맛이니, 이른바 해탈상이며 이상離相이며 멸상滅相이니, 마침내 일체종지에 도달하는 것이다. 중생이 여래의 법을 듣고 혹은 가지며 읽고 외우며, 말한 바와 같이 닦아 행하나, 얻는 바의 공덕은 스스로 깨닫지도 못하고 알지도 못한다. 어째서 그러냐 하면, 오직 여래만이 이 중생의 종류와 모양과 몸과 성품과 생각하는 일이 무엇이며, 닦는 일이 무엇이며, 무슨 생각을 말하며, 어떻게 닦는다하며, 어떠한 법으로써 염念하며, 어떠한 방법으로써 닦으며, 어떠한 법으로 어떠한 법을 얻는지를 안다. 중생이 갖가지 경지에 머무름을 여래만이 실상과 같이 보아 밝히 알아서 걸림이 없다. 중생들이 이것을 알지 못함은, 저 초목과 수풀과 모든 약초들이 스스로 상·중·하의 성품을 알지 못함과 같다.

여래는 이 같은 모양, 이 같은 맛의 법을 안다. 이른바 해탈상·이상·멸상·구경열반상·적멸상으로서 마침내 공으로 돌아간다. 부처님은 이를 다 알고 중생이 마음에 하고자 함을 관하여, 이를 이끌어 보호하므로 일체종지를 설하지 않는 것이다.

가섭이여, 너희들은 아주 희유하구나. 여래가 근기를 따라 법문 설하였음을 잘 알고 그것을 잘 받는다. 왜냐하면, 모든 부처님이 근기를 따라 법문을 말함은 한 말로 하면 알아듣기 어렵기 때문이다."

제6절 사대 제자에게 수기

1 그때 부처님은 모든 대중에게 다시 이와 같이 말씀하셨다.

"나의 제자 이 마하가섭은 미래세에 삼백만억 모든 부처님을 친견하고 받들어, 공양 공경하며 존중 찬탄하고, 널리 모든 부처님의 한량없는 큰 법을 설하고 마침내 성불하리라. 이름은 광명光明 여래라 할 것이고, 나라 이름은 광덕光德이며, 겁劫의 이름은 대장엄이고, 부처님 수명은 십이 소겁, 정법이 세상에 머무름은 이십 소겁이고, 상법도 또한 이십 소겁을 머무를 것이다. 온 나라는 장엄하게 꾸며지고, 모든 더럽고 악한 것과 자갈밭과 가시덤불이나 부정한 물건이 없으며, 그 나라 땅은 평정해서 높고 낮은 구렁과 언덕이 없으며, 유리로 땅이 되고 보배 나무가 줄지어 섰으며, 황금으로 줄을 지어 길 옆을 경계하였다. 온갖 보배 꽃을 흩어서 두루 맑고 깨끗하게 하였다. 그 나라의 보살은 한량이 없고, 모든 성문도 또한 수가 없으며, 마魔의 일이 없어서 비록 마와 마의 백성이 있더라도 다 불법을 지킬 것이다."

그때 마하목건련, 수보리, 가전연 등은 모두 송구스러워하고 두려워하며, 일심으로 합장하고 부처님의 얼굴을 눈도 깜박이지 않고 우러러보더니, 소리를 같이하여 노래로써 아뢰었다.

부처님은 석가족의 거룩한 법왕
저희를 불쌍히 여겨 진리를 들려주소서.
우리의 마음을 알아 수기를 주신다면
감로수를 뿌려 열을 없애고 시원해짐과 같다。
부처님은 항상 세상을 편하게 하시니
바라건대 저희에게도 수기를 주소서.
저 배고픈 이에게 먹을 것을 주어
굶주림을 가시게 하는 것처럼…。

2 그때 부처님은 큰 제자들이 마음으로 생각하는 바를 아시고, 여러 비구들에게 말씀하셨다.

"이 수보리는 오는 세상에서 삼백만 억 나유타 부처님을 친견하고, 받들어 공양 공경하여 존중 찬탄하며, 늘 깨끗한 계행을 닦아 보살도를 갖추어 마침내 성불하리라. 이름은 명상名相 여래라 하고, 겁의 이름은 유보有寶, 나라 이름은 보생寶生이며, 그 나라는 땅은 평정하고 보배인 파려頗黎로 되고 보배 나무로 장엄되었다. 모든 언덕과 구렁과 모래나 자갈이나 가시덤불과 똥오줌 등 더러운 것이 없고, 보배 꽃으로 땅을 덮어서 두루 맑고 깨끗하다. 그 나라 백성들은 모두 보배로 축대를 쌓고 진귀하고 미묘한 누각에 있을 것이다. 성문 제자는 한량없어 수효로나 비유로

나 잘 알지 못할 것이다. 모든 보살 대중도 수없이 많다. 부처님의 수명은 십이 소겁이고, 정법이 세상에 머무름이 십이 소겁, 상법도 또한 십이 소겁이 되리라. 그 부처님은 항상 허공에 있으면서 중생을 위하여 법을 설하며, 한량없는 보살과 성문 대중을 제도하여 해탈하게 할 것이다."

3 부처님은 다시 여러 비구에게 말씀하셨다.

"이 가전연은 오는 세상에서 모든 공양거리로서 팔천 억 부처님께 공양하고 받들어 일하며 공경 존중하리라.

모든 부처님이 멸도하신 뒤에는 각각 탑묘를 일으키되, 높이는 일 천 유순이며, 사방의 넓이는 각각 오백 유순이다. 금·은·유리·자거·마노·진주·매괴 등 칠보를 모아 이룩하고, 여러 가지 꽃과 영락이며 도향·말향·소향·증개·당번을 탑묘에 공양하리라. 이 일을 마친 뒤 다시 이만억 부처님을 공양하되, 또한 전과 같이 하리니, 이 모든 부처님께 공양한 뒤 보살도菩薩道를 갖추어 성불하게 되리라. 이름은 염부나제금광여래閻浮那提金光如來이고, 그 국토는 평정하되 파려로 땅이 되고 보배 나무로 장엄되며, 황금 줄로 도로를 경계하고 묘한 꽃으로 땅을 덮어 두루 맑고 깨끗하게 함이니 보는 이마다 기뻐하리라. 네 가지 나쁜 세상인 지옥·아귀·축생·아수라가 없고, 많은 천상계와 사람과 모든 성문들과 보살이 한량없이 그 나라를 장엄하리라. 부처님 수명은 십이 소겁이고, 정법이 세상에 머무름은 이십 소겁이며, 상법도 또한 이십 소겁을 머무를 것이다.

4 부처님은 다시 대중에게 말씀하셨다.

"이 마하목건련은 갖가지 공양거리로서 팔천 부처님께 공양 공경 존중하고 모든 부처님이 멸도하신 뒤, 각각 탑묘를 세우되 높이는 일 천 유순이요, 사방 넓이가 같은 오백 유순이다. 칠보로 이룩하고 여러 가지 꽃과 영락이며 향을 가지고 공양하리라. 이같이 한 후에 다시 이백만 억 부처님을 공양하되 또 다시 전과 같이하고, 성불하면 이름을 다마라발

전단향불多摩羅跋栴檀香佛이라고 할 것이다. 겁의 이름은 희만喜滿이고, 나라 이름은 의락意樂이다. 그 국토는 평정하여 보는 자는 기뻐하고, 모든 천상계와 사람이 많으며 보살 성문은 수가 한량없을 것이다. 부처님의 수명은 이십사 소겁이요, 정법이 세상에 머무름은 사십 소겁이며, 상법도 또한 사십 소겁을 머무를 것이다."

제7절 인연으로써 일승법을 설하다

1 부처님께서는 여러 비구들에게 말씀하셨다.

"아득하게 먼 과거 한량없는 불가사의 아승지 겁에 부처님이 계셨는데, 이름을 대통지승大通智勝 여래라 하였다. 나라 이름은 호성好城이고, 겁 이름은 대상大相이었다.

비구들이여, 그 부처님이 멸도滅度하신 지는 아주 오래 되었다. 대통지승 여래의 수명은 오백사십만억 나유타 겁이다. 그 부처님이 처음 도량에 앉아 마군魔軍들을 깨뜨리고 아뇩다라삼먁삼보리를 얻으려 하였으나, 부처님의 법이 앞에 나타나지 아니하였다. 그래서 일 소겁으로부터 십 소겁이 되도록 가부좌를 틀고 몸과 마음을 움쩍하지 않았으나, 그래도 불법은 아직도 나타나지 않았다.

그때 도리천에서 그 부처님을 위하여 보리수 밑에 사자좌를 펴니 높이가 일 유순이었다. 부처님이 이 자리에 앉아 아뇩다라삼먁삼보리를 반드시 얻으리라 하고 결심했을 때 모든 범천왕이 여러 가지 하늘의 꽃을 흩으니, 그때 마침 향기로운 바람이 불어와 시들은 꽃은 불어 버리고, 다시 싱싱한 꽃을 내리게 하였다. 이와 같이 하여 그치지 않기를 십 소겁이 다하도록 부처님을 공양하였으며 다시 멸도할 때까지 계속하였다.

사천왕과 모든 하늘이 부처님을 공양하기 위하여 항상 하늘의 북을 울리며, 다른 모든 하늘은 하늘의 기악을 울리되, 십 소겁을 다하고 멸도할 때까지 또한 계속하였다. 비구들이여, 대통지승 여래가 십 소겁을 지나서 비로소 모든 부처님의 법이 앞에 나타나 아뇩다라삼먁삼보리를 이루셨느니라. 그 부처님이 출가하시기 전에 십육 명의 아들이 있었는데, 그 첫째 아들의 이름은 지적智積이라 하였다. 여러 아들들은 저마다 갖가지 진귀한 보배의 노리개가 있었는데, 아버지가 아뇩다라삼먁삼보리를 이루었다는 말을 듣고, 다 보배를 버리고 부처님 처소에 나가니, 어머니들은 눈물로써 그들을 보냈다. 그의 할아버지 되는 전륜성왕은 일백 대신과 그 밖에 백천만억 인민과 함께 도량에 나가, 모두 대통지승 여래를 가까이 섬기며 공경 공양하고 존중 찬탄하고자 머리를 조아려 발에 예배하고, 일심으로 합장하고 부처님을 우러러보면서 노래로써 말했다.

> 거룩하신 세존께서 중생 제도하시려고 한량없는 세월 지나 부처되셨네.
> 온갖 원을 이제 두루 갖추셨으니 위대하고 뛰어남이 위없어라.
> 중생들은 항상 괴롭고 번거로워 갈팡질팡 어둠 속에 헤매기만 하였네.
> 도사가 없어 나올 길 모르고 해탈을 구할 줄도 알지 못한 채.
> 이제 우리는 행복을 찾았네. 부처님의 무루법 감로의 맛을 보아
> 생의 보람 느끼고 큰 이익 얻었으니 이 어찌 부처님께 귀의하지 않으리.

그때 십육十六 왕자는 노래로써 부처님을 찬탄하고 나서, 부처님께 법문을 말씀해 주시기를 간청하며 '부처님이시여, 법을 설해 주소서. 모든 하늘과 사람들을 불쌍히 여기사 두루 이롭게 하소서'라고 말했느니라."

2 부처님은 다시 비구들에게 말씀하셨다.

"대통지승불께서 아뇩다라삼먁삼보리를 얻으셨을 때, 시방의 오백만억 모든 부처님 세계는 여섯 가지로 진동하고, 그 나라 안에 해와 달도 비치지 못하던 어두운 곳까지도 다 밝아졌다. 그래서 그 가운데 있는 중

생들은 서로 보며 이런 말을 하였다. '이곳에 어떻게 해서 갑자기 스님네가 있을까?'

또 그 나라와 모든 하늘의 궁전과 범천의 궁전까지도 여섯 가지로 진동하며, 눈부신 광명이 널리 비쳐 세계에 두루 가득 차니, 모든 하늘의 광명보다도 더 밝았다.

그때 동방 오백만억 모든 국토 중에 있는 범천 궁전에 광명이 밝게 비추되, 전에 있던 광명보다 배나 되었다. 여러 범천왕들은 생각하기를, '지금 궁전에 비추고 있는 광명은 그전부터 있지 않았는데, 무슨 인연으로써 이 상서가 나타났을까?'라고 하였다.

그때 오백만억 국토의 모든 범천왕들은 저마다 꽃담은 그릇에다 하늘 꽃을 가득 담아 가지고, 함께 서쪽으로 가서 그 광명의 출처를 찾다가, 드디어 대통지승 여래께서 도량 보리수 아래서 사자좌에 앉아 모든 하늘과 팔八부중에게 둘러싸이고, 십육十六 왕자가 부처님께 법문 설하시기를 간청하는 것을 보았다. 이때 범천왕들은 부처님께 예배하고 하늘 꽃을 부처님 위에 흩었다. 꽃 공양을 마친 뒤 그들은 이런 말을 아뢰었다. '원컨대 부처님이시여, 법문을 설하시어 중생을 제도하여 해탈하게 하시고 열반의 길을 열어 주소서.'

그때 대통지승 여래는 잠자코 이를 허락하였다. 그리고 또 동남방 등 시방세계 오백만억 국토의 모든 범천왕들도 이와 같이 대통지승 여래께 설법을 청했다.

3 그때 대통지승大通智勝 여래는 시방세계의 모든 범천왕과 십육 왕자의 간절한 청을 받으시고, 즉시 십이행十二行의 법륜을 세 번 설했다. 이것은 사문과 바라문 혹은 하늘의 악마와 범천 또는 다른 세간에서는 잘 설하지 않았다.

'이것이 고苦며, 이것이 고가 모인 것(集)이며, 이것이 고의 멸滅이며, 이것이 고를 없애는 도道다.' 그리고 십이인연의 법을 설했다. '무명無明이

행行에 반연하며, 행은 식識에 반연하고, 식은 명색名色에, 명색은 육입六入에, 육입은 촉觸에, 촉은 수受에, 수는 애愛에, 애는 취取에, 취는 유有에, 유는 생生에, 생은 노사老死와 우비고뇌憂悲苦惱에 반연하게 된다. 무명이 멸하면 곧 행이 멸하고, 행이 멸하면 식이 멸하고, 이와 같이 식은 명색을, 명색은 육입을, 육입은 촉을, 촉은 수를, 수는 애를, 애는 취를, 취는 유를, 유는 생을, 생이 멸하면 곧 노사의 우비고뇌가 멸하는 것이다….'

부처님께서 천상과 인간들에게 이 법을 설하실 때에 육백만 억 나유타 사람들이 모든 법을 받지 않은 까닭으로 모든 누漏에서 마음이 해탈을 얻고, 모두 미묘하고 깊은 선정禪定과 삼명육통三明六通을 얻어 팔八해탈을 갖추었으며, 두 번째 세 번째 네 번째의 법을 설할 때에도 천만억 항하사 나유타의 중생들이 또한 모든 법의 영향을 받지 않았기 때문에 모든 누에서 마음이 해탈을 얻었으며, 이로부터 이후 모든 성문들은 한량이 없어 그 수를 헤아릴 수 없었다.

그때 십육 왕자는 모두 동자童子로서 출가하여 사미가 되었다. 그들은 모든 근기根機가 날카로워 통달해서 지혜가 밝았다. 일찍이 백천만억 모든 부처님을 공양하고 청정한 계행을 닦아서 아뇩다라삼먁삼보리를 구하였다. 그들은 함께 부처님께 아뢰기를 '부처님이시여, 이 한량없는 대덕의 모든 성문은 이미 다 성취하였습니다. 부처님이시여, 또한 저희들을 위하여 아뇩다라삼먁삼보리의 법을 설해 주소서. 저희들은 듣고 다 같이 닦고 배우려 합니다. 부처님이시여, 저희들은 여래의 지견을 뜻에 두고 원하옵니다. 마음 깊이 생각하는 바를 부처님께서는 잘 아실 것입니다'라고.

그때 전륜성왕이 거느린 대중 가운데 팔만억 사람이 십육 왕자가 출가함을 보고 또한 출가하고자 하였는데, 왕이 곧 허락하였다. 그때 그 부처님이 사미들의 청을 받으시고, 이만 겁을 지나 사부대중에게 이 대승경을 설하시니, 그 이름은 묘법연화다. 보살을 가르치는 법이며 부처님이 보살피시는 바이다.

이 경을 설해 마치니, 십육 사미는 아뇩다라삼먁삼보리를 위하기 때문에 다같이 받아 가지고, 읽고 외워서 깊은 뜻에 통달하였다. 이 경을 설할 때 십육 보살 사미는 다 믿고 받았으며, 성문들 가운데에도 또한 믿고 해득한 자가 있었다. 그 밖에 중생 천만억은 다 의혹심을 내었다. 부처님은 이 경을 설하시기 팔천 겁 동안을 쉬지 않으셨다. 이 경을 설해 마치고는 곧 고요한 방에 들어가 팔만사천 겁을 선정에 머무르셨다.

이때 십육 보살 사미는 부처님이 방에서 조용히 선정에 드심을 알고, 각기 법좌에 올라가 또한 팔만사천 겁을 사부대중을 위하여 널리 묘법연화경을 설하여, 각각 육백만억 나유타 항하사 등 중생들을 제도하여 아뇩다라삼먁삼보리를 일으키게 하였다.

대통지승불이 팔만사천 겁을 지나서 삼매에서 일어나 법좌에 나아가 편히 앉으시고 널리 대중에게 말씀하셨다.

'이 십육 보살 사미는 아주 희유하여 모든 근기의 깊은 뜻에 통달하여 지혜가 밝으니, 이미 한량없는 부처님을 공양하고 모든 부처님 처소에서 항상 청정한 행을 닦고, 부처님의 지혜를 받아 가져서 중생에게 열어 보이고 그 안으로 들어오게 하였다. 그러므로 너희들은 자주 가까이 하여 이를 공양해야 할 것이다. 왜냐하면, 만일 성문이나 벽지불이나 모든 보살들이 이 십육 보살이 설하는 경법經法을 믿고 받아가져 헐지 않는 자는 모두 아뇩다라삼먁삼보리의 여래의 지혜를 얻을 것이기 때문이다."

4 부처님께서 비구들에게 말씀하셨다.

"이 십육 보살은 항상 이 묘법연화경을 즐겨 설하였다. 보살이 교화한 육백만억 나유타 항하사 중생들은 나는 곳마다 보살과 함께 하였으며, 그를 따라 법을 듣고 다 믿어 알았다. 이러한 인연으로써 사만 억 부처님을 만나 봄을 얻되 이제까지도 다하지 않았다.

비구들이여, 나는 이제 너희에게 말하니, 저 부처님의 제자인 십육 사미는 지금 다 아뇩다라삼먁삼보리를 얻어 시방세계에서 법을 설하며, 한량없는 보살과 성문들이 권속이 되었다. 그 맨 끝인 열여섯째가 나 석가모니이니 사바세계에서 아뇩다라삼먁삼보리를 이루었느니라.

비구들이여, 우리가 사미로 있을 때에 한량없이 많은 중생들을 교화하였다. 나를 따라 법을 들음은 아뇩다라삼먁삼보리가 되느니라. 이 모든 중생이 지금도 성문지聲聞地에 머무는 자가 있어, 나는 항상 아뇩다라삼먁삼보리로 교화하는 것이니, 이 모든 보살들은 이 법으로써 점차로 불도에 들어와야 할 것이다. 왜냐하면, 여래의 지혜는 믿기 어렵고 알기 어렵기 때문이다.

그때 교화했던 한량없는 중생이란 너희들 모든 비구와 내가 멸도한 뒤 미래세에 성문 제자가 그들이다. 내가 멸도한 뒤 다시 제자가 있어, 이 경을 듣지 못하고, 보살의 행할 바를 알지도 못하고, 깨닫지도 못하고 스스로 얻은 공덕으로 멸도하였다는 생각을 내어서 열반에 들어가리라. 내가 다른 나라에서 성불하면 다시 다른 이름이 있으니, 이 사람이 비록 멸도하였다는 생각을 내어 열반에 든다 할지라도, 저 국토에서 부처님의 지혜를 구하여 이 경을 얻어 들을 것이다. 오직 불승佛乘만으로 멸도를 얻을 것이며, 모든 여래가 방편으로 설한 법 말고는 다시 다른 법은 없다.

비구들이여, 만일 여래가 스스로 열반에 들 때에 이르러 대중이 또한 청정하여 믿고 앎이 굳으며, 공空한 법을 요달하여 깊이 선정에 든 것을 알면, 곧 모든 보살과 성문들을 위해서 이 경을 설한다. 세간에 이승二乘으로 멸도를 얻을 수는 없으니, 오직 일불승一佛乘으로서만 멸도를 얻을 것이다.

비구들이여, 여래의 방편은 깊이 중생의 성품에 맞으므로, 그 뜻이 작은 법을 즐겨하여 깊이 오욕에 집착해 있음을 알고, 이들을 위하기 때문에 열반을 설하는 것이다. 이 사람이 듣는다면 곧 믿고 받을 것이다.

5 비유하자면, 오백 유순이나 되는 험난하고 먼 길에 인적도 끊어져 겁

이 나고 두려운 곳이 있는데, 많은 사람들이 이 길을 지나서 진기한 보배가 있는 곳에 이르려고 한다. 한 도사導師가 있는데, 총명한 지혜로 밝게 통달해서 이 험난한 길이 통하고 막혀 있는 실정을 잘 알아, 여러 사람을 거느리고 그 길을 지나고자 한다. 인도되는 사람들이 중도에서 피곤하고 게으름이 나서, 도사에게 말하기를, '우리들은 몹시 피곤하고 무서워 더는 갈 수 없습니다. 앞길은 아직도 머니 되돌아갔으면 좋겠습니다'라고 한다면, 도사는 여러 가지 방편이 많으므로 이런 생각을 한다. '이들은 불쌍하구나. 어째서 크고도 진기한 보배를 버리고 물러가려 할까?' 이렇게 생각하고서는 방편의 힘으로써 험난한 길 삼백 유순을 지난 도중에다 한 성을 거짓으로 화하여 만들어 놓고, 여러 사람들에게 말한다. '너희들은 겁내지 말고 물러가지 말라. 지금 이 큰 성중에 머물 만하니 뜻에 따라하라. 만일 이 성에 들어가면 안온함을 얻을 것이다. 그리고 앞으로 보배가 있는 곳에 가려 하면 또한 능히 갈 수 있을 것이다.' 이때 피곤에 지친 사람들은 마음에 크게 기뻐서 미증유라 찬탄한다. '우리들은 지금 이 험난한 길을 모면하고 편안함을 얻었다!' 이 모든 사람들이 앞에 있는 화성化城에 들어가서 이미 목적지에 도달했다는 생각을 내어 안온한 모양이다.

그때 도사는 이 사람들이 휴식을 얻어 다시 피곤함이 없음을 알고, 곧 화성을 없애고 여러 사람들에게 말한다. '너희들은 이제 떠나자. 보배가 있는 곳에 가까이 왔다. 앞서 있던 큰 성은 내가 지어서 한때 휴식시키고자 한 것이다.'

비구들이여, 여래도 또한 이와 같이 지금 너희들을 위하여 큰 도사가 되어 온갖 생사와 번뇌의 길이 험난하고 먼 것을 여의게 하여 제도할 바를 알고 있다. 만일 중생이 일불승만을 듣는다면 곧 부처님을 보고자 아니하며, 친근하고자 아니하고 이런 생각을 할 것이다. '불도는 멀고 아득해서 오래도록 부지런히 고행을 한 뒤에야 성취함을 얻으리라.' 부처님은 그 마음이 약하고 졸렬함을 아시고, 방편의 힘으로써 중도에 휴식시키기 위하여 두 가지 열반을 설한 것이다. 만일 중생이 두 경지에 머무르면 여래는 이때 곧 설할 것이다. 너희들은 할 바를 아직 다하지 못했다. 너희들이 머물러 있는 경지는 부처님 지혜에 가까우니, 잘 관하여 밝게 보고 헤아려야 한다. 얻은 바 열반은 진실이 아니다. 이는 다만 여래가 방편의 힘으로 일불승을 분별하여 삼승三乘으로 설한 것이다.

저 도사가 휴식시키고자 큰 성을 화하여 거짓으로 짓고, 휴식되었음을 알고는 그들에게, '보배의 처소는 가까이 있다. 이 성은 사실이 아니며, 내가 잠깐 거짓으로 지은 것에 지나지 않는다'고 말한 것과 같은 것이다."

제8절 오백 제자들도 수기를 받음

1 그때 부루나는 부처님에게서 이 지혜의 방편으로 근기에 따라 법을 설하셨음을 들었다. 또 모든 큰 제자들에게 아뇩다라삼먁삼보리의 수기 주심을 듣고, 다시 숙세 인연의 일을 들었다. 그리고 모든 부처님의 자재한 신통력이 있음을 듣고, 미증유를 얻어 마음이 맑고 기뻐서 뛰었다. 자리에서 일어나 부처님 앞에 이르러 발에 예배하고 물러서 한쪽에 머물러, 부처님 얼굴을 뚫어지게 우러러보며 이런 생각을 하였다. '부처님은 아주 거룩하시며, 하시는 일은 희유하시다. 세간의 여러 가지 성품을 따라 방편과 지견으로써 법을 설하시어, 중생의 탐착을 뽑아 주시니, 우리들은 부처님의 공덕을 말로 다할 수가 없구나. 오직 거룩하신 부처님만이 우리들의 깊은 마음속 본래의 원을 아시리라.'

그때 부처님은 여러 비구들에게 이렇게 말씀하셨다.

"너희들은 이 부루나를 보고 있느냐? 나는 그를 항상 설법하는 사람 가운데서 가장 제일이라 말하고, 또 그의 여러 가지 공덕을 칭찬하였다. 부지런히 정진하여 나의 법을 받들어가지고 도우고 선설하며, 사부대중을 가르쳐 이롭게 하고, 나의 정법을 해석해서 같은 범행자梵行者를 크게 이롭게 하였다. 여래 말고는 그 언론의 말솜씨를 당할 이가 없으리라. 뿐만 아니라, 그는 과거 구십억 부처님 처소에서 부처님의 정법을 받들고 도우며 선설하였다. 또 칠불이 설법하는 사람 중에서도 으뜸이었으며, 현겁賢劫 중 당래當來 모든 부처님이 설법하는 사람 중에서도 제일일 것이다. 또한 미래에도 한량없는 부처님의 법을 받들고 도와 선설하여 수없는 중생을 교화하여 제도하고 아뇩다라삼먁삼보리를 세우도록 하며, 부처님의 국토를 깨끗하게 하기 위하여 항상 부지런히 정진하여 중생을 교화할 것이다. 보살도를 점차로 갖추고 한량없는 아승지겁을 지나 반드시 이 땅에서 아뇩다라삼먁삼보리를 얻을 것이다. 이름은 법명法明 여래라 할 것이며, 그 부처님은 항하사 등의 삼천 대천세계를 한 불국토로 삼아, 칠보로 땅을 이루고, 땅이 평탄해서 산이나 계곡이 없으며, 칠보로 된 대관臺觀이 그 가운데 가득 차고, 온갖 하늘의 궁전이 가까운 허공에 있으며, 사람과 하늘이 교섭하여 두 곳에서 서로 볼 수 있고, 모든 나쁜 곳과 여자가 없으며, 모든 중생은 다 화생化生으로서 음욕이 없다. 큰 신통을 얻어 몸에서는 광명이 나고, 날아다니기를 마음대로 하며, 뜻과 생각이 굳고 지혜가 있어 널리 금빛으로 삼십이상을 스스로 장엄할 것이다. 그 나라의 중생은 항상 두 가지로 음식을 삼는데, 하나는 법희식法喜食이고, 다른 하나는 선열식禪悅食이다. 또 한량없는 보살이 있어 큰 신통과 사무애지를 얻어 중생을 잘 교화한다. 그 부처님의 국토에는 이와 같은 한량없는 공덕으로 장엄되어 성취할 것이다. 겁의 이름은 보명寶明이고, 나라의 이름은 선정善淨이라 할 것이며, 부처님의 수명은 한량없는 아승지겁으로서 법의 머무름도 아주 오랠 것이다. 부처님이 멸도한 뒤에 칠보로 탑을 세워서 그 나라를 가득 채우리라."

2 그때 천이백 아라한의 마음이 자재한 이는 이런 생각을 하였다. '우리들은 처음 보는 기쁨을 얻었다. 만일 부처님께서 수기를 다른 큰 제자와 같이 주신다 하면 얼마나 즐거울까.'

부처님께서는 이들이 마음에 생각하는 바를 아시고 마하가섭에서 말씀하셨다.

"이 천이백 아라한들에게 내가 지금 차례로 아뇩다라삼막삼보리의 수기를 주리라. 이 대중 가운데 내 큰 제자 아야교진여 비구는 육만이천억 부처님을 공양한 뒤에 성불할 것이니, 이름은 보명普明 여래이다. 오백의 아라한, 곧 우루빈라가섭, 가야가섭, 나제가섭, 가류타이, 우타인, 아니다, 테바타 들은 모두 아뇩다라삼먁삼보리를 얻을 것이며, 다 같은 이름으로 보명普明이라 하리라."

그때 오백 아라한은 부처님 앞에서 수기를 받고 기뻐서 뛰며, 곧 자리에서 일어나 부처님 앞에서 발에 예배하고 그간의 허물을 뉘우쳐 스스로 책망하였다.

"부처님이시여, 저희들은 항상 이런 생각을 하였습니다. '스스로 이미 구경의 멸도를 얻었노라'고. 이제야 이를 알았으니, 무지한 소치입니다. 왜냐하면, 저희들이 응당 여래의 지혜를 얻어야 했거늘 스스로 작은 지혜로써 만족하게 여겼기 때문입니다.

부처님이시여, 이것을 비유하건대, 어떤 사람이 친한 벗의 집에 가서 술에 취하여 누웠는데, 이때에 친한 벗은 관청의 일로 멀리 가게 되어, 그 벗은 값을 헤아릴 수 없는 보배 구슬을 그의 옷 속에 잡아매어 주고 떠나갔습니다. 그 사람은 술에 취해 누워서 조금도 알지 못하고, 일어나 멀리 다른 나라에 가서 옷과 밥을 얻기 위해 힘을 다하여 구걸하였습니다. 그 뒤 친한 벗을 우연히 다시 만나니, 벗은 이렇게 꾸짖었습니다. '이 졸장부야, 어찌 옷과 밥을 위하여 이같이 되었느냐? 내가 옛적에 너를 편안하게 해 주기 위해서, 값을 헤아릴 수 없는 보배 구슬을 너의 옷 속에 매어 주었는데, 너는 아직도 그것을 알지 못하고 고생과 근심으로 괴로워하니 정말 넌 어리석구나. 이제 그 보배를 팔아 쓰면 조금도 아쉬울 것이 없으리라.'

부처님도 이와 같아서 보살로 계실 때 저희들을 교화하사 일체지와 마음을 일으키게 하셨는데, 이를 잊어버리고 깨닫지도 못하고, 이미 아라한 도를 얻었다 하여 스스로 멸도하였다고 생각하였으나, 살기에 간난하여 작은 것을 얻고 족하다고 하였습니다. 그러나 일체지를 원했던 것은 아직도 잃지 않고, 그대로 있습니다.

지금 부처님께서 저희들을 깨닫게 하시고 이와 같이 말씀하셨습니다. '비구들이여, 너희들이 얻은 바는 구경의 멸도가 아니다. 내가 오랫동안 너희들로 하여금 부처님의 선근을 심게 하였으나, 방편으로서 열반의 상을 보였거늘, 너희는 이를 진실한 멸도를 얻었다고 생각하였다.'

부처님이시여, 저희들은 이제야 알았습니다. 실은 보살로서 아뇩다라삼먁삼보리의 수기를 받을 수 있겠습니다. 이 인연으로써 아주 크게 기뻐하여 미증유를 얻었습니다."

제9절 유학 · 무학의 이승들에게도 수기

1 그때 아난과 라후라는 이런 생각을 했다. '우리들이 항상 생각하기를 우리도 수기를 얻는다면 즐겁지 않겠는가.' 그리고는 자리에서 일어나 부처님 앞에 이르러 발에 예배하고 부처님께 아뢰었다.

"부처님이시여, 저희들도 또한 분수가 있을 것이니, 오직 부처님만이 저희들의 귀의할 바입니다. 또한 저희들은 이 모든 세간에 알려진 바입니다. 아난은 항상 시자侍者로 법장法藏을 받들고, 라후라는 부처님의 친아들입니다. 만약 부처님께서 아뇩다라삼먁삼보리와 수기를 주신다면, 저희들의 원은 이미 성취될 것이며, 대중의 소망도 만족할 것입니다."

그때 학學·무학無學의 성문 제자 이천 인이 모두 자리에서 일어나, 오른쪽 어깨를 치키고 부처님 앞에 이르러, 일심으로 합장하고 부처님을 우러러보며, 아난과 라후라의 소원과 같이 하고 한쪽에 서 있었다. 그때 부처님께서는 아난에게 말씀하셨다.

"너는 오는 세상에 반드시 성불하리라. 이름은 산해혜자재통왕여래山海慧自在通王如來이며, 육십이억 부처님을 공양하고, 법장을 받들어 가진 뒤에, 아뇩다라삼먁삼보리를 얻을 것이다. 나라의 이름은 상립승번常立勝旛이며, 그 땅은 청정하여 유리가 땅이 되리라. 겁의 이름은 묘음변만妙音遍滿이며, 그 부처님의 수명은 한량없으리라."

부처님은 그때 모든 보살들이 마음에 생각하는 바를 아시고 이렇게 말씀하셨다.

"모든 선남자여, 내가 아난과 함께 공왕불空王佛 처소에서 같은 때에 아뇩다라삼먁삼보리의 마음을 일으켰다. 아난은 항상 많이 듣기를 즐기고, 나는 항상 부지런히 정진하였다. 이런 까닭으로 나는 이미 아뇩다라삼먁삼보리를 이루어 얻었고, 아난은 나의 법을 받들고 또한 장래의 모든 부처님의 법장을 받들며, 여러 보살들을 교화하여 성취할 것이니, 그 본래의 원이 이와 같으므로, 이에 수기를 얻느니라."

2 부처님은 다시 라후라에게 말씀하셨다.

"너는 오는 세상에서 반드시 성불할 것이니, 이름은 도칠보화蹈七寶華여래이다. 시방세계 티끌 수효와 같이 많은 부처님을 공양하며, 항상 모든 부처님의 장자가 되어 지금과 같으리라. 이 부처님의 국토 장엄과 수명과 교화하는 제자와 정법과 상법도 산해혜자재통왕 여래와 같으며, 또한 이 부처님의 장자가 되리라."

그때 부처님이 배우는 사람과 다 배운 사람들 이천 인을 굽어보시니, 그 뜻이 부드럽고 고요해서 청정하고, 부처님을 일심으로 우러르고 있었다. 부처님께서는 아난에게 말씀하셨다.

"너는 이 유학 · 무학 이천 인을 보고 있느냐?"

"네 보았습니다."

"아난이여, 이 모든 사람들은 오십 세계 미진수의 부처님을 공양하고 공경 존중하며, 법장을 받들어 가진 뒤, 한 때에 시방세계에서 각각 성불할 것이다. 모두 다 같은 보상寶相 여래라고 이름할 것이며, 수명은 일 겁 국토의 장엄과 성문 · 보살 · 정법 · 상법이 다 같으리라.'

제10절 일승법의 유포를 권장

1 그때 부처님께서 약왕藥王보살로 말미암아 팔만 보살에게 말씀하였다.

"약왕이여, 너는 이 대중 가운데서 성문을 구하는 자와 벽지불을 구하는 자와 불도를 구하는 자를 보느냐? 이와 같은 사람들은 다 부처님 앞에서 『묘법연화경』의 한 게송이나 한 구절을 듣고, 오로지 일념으로 따라 기뻐하는 자에게는 내가 다 수기를 주어 아뇩다라삼먁삼보리를 얻게 하리라.

또 여래가 멸도한 뒤에 만일 누구든 『묘법연화경』의 단 한 게송이나 한 구절을 듣고 일념으로 따라 기뻐하는 자에게도 나는 또한 수기를 주리라. 그리고 어떤 사람이 이 경의 한 게송만이라도 받아 가지고 읽고 외우고 해설하고 옮겨 쓰고 경권을 공경하면, 이는 일찍이 십만억 부처님을 공양하고 모든 부처님 처소에서 대원을 성취하여 중생을 불쌍히 생각하기 때문에 인간에 난 줄을 알아야 한다.

선남자 · 선여인이 내가 멸도한 뒤에 단 한 사람을 위해서라도 이 『법화경』의 한 구절만이라도 설한다면, 마땅히 알라. 이 사람이 곧 여래의 사도使徒임을. 여래가 보낸 바로서 여래의 일을 행한 것이니, 어찌 하물며 대중 가운데서 널리 남을 위하여 설함에랴.

약왕이여, 만약 악한 사람이 착하지 못한 마음으로 일 겁 동안을 부처님 앞에 나타나, 항상 부처님을 헐어 꾸짖는다면 그 죄는 오히려 가벼울 것이다. 만약 어떤 사람이 한 마디의 악한 말로써 집에 있는 신자거나 출가한 사람이 『법화경』을 읽고 외우는 사람을 헐어 꾸짖으면 그 죄는 아주 무거우리라. 약왕이여, 이 법화경을 읽고 외우는 사람이 있거든, 이 사람은 부처님의 장엄으로써 스스로 장엄함이니, 곧 여래의 어깨에 올라간 사람이 된다는 것을 알아야 할 것이다."

2 부처님께서는 다시 약왕보살에게 말씀하셨다.

"내가 설한 경전이 한량없이 이미 설했고 지금 설하며 앞으로도 설하리라. 그러나 그중에서도 이 법화경이 가장 믿기 어렵고 알기 어렵다.

약왕이여, 이 경은 모든 부처님의 비요지장秘要之藏이라, 분포해서 함부로 사람에게 주지 말 것이니, 모든 부처님께서 수호하시는 바이니라. 예로부터 오늘에 이르기까지 아직 드러내 설하지 아니함은, 이 경은 여래가 있는 현세에서도 오히려 원망과 질투가 많은데, 하물며 멸도한 뒤에 있어서랴.

약왕이여, 이렇게 알라. 여래가 멸도한 뒤에, 써가지고 읽고 외우고 공양하고 다른 사람을 위하여 설하는 자는, 여래가 곧 옷으로써 그를 덮어 주리라. 또 현재 타방에 계신 모든 부처님에게 보호를 받게 되리라. 이 사람은 대신력大信力과 지원력志願力과 모든 선근력善根力이 있으리니, 이 사람은 여래와 같이 자며, 곧 여래가 손으로 그의 머리를 만져 주니라. 곳곳마다 혹은 설하고 읽고 외우고 쓰고 혹은 경권이 머물러 있는 곳이면 모두 칠보의 탑을 일으키되 극히 높고 넓게 하여 장엄하게 꾸밀 것이고, 또 다시 사리를 봉안치 않아도 좋을 것이다. 왜냐하면, 이 가운데에는 이미 여래의 온몸이 있기 때문이니라.

약왕이여, 만약 이 경전을 얻어 듣는 자는 곧 보살도를 잘 행할 수 있으리라. 불도를 구하는 자가 이 경을 혹은 보고 들으며 믿고 해석하며 받아가지면, 이 사람은 아뇩다라삼먁삼보리에 가까움이니라. 비유하면, 어떤 사람이 목이 말라 물을 구하고자 높은 언덕에다 우물을 파는데, 마른 흙을 보면 물은 아직도 먼 것을 알 것이다. 더욱 노력해서 마침내 진흙을 볼 때라야 그 마음에 물이 가까움을 알 것이다.

이 경은 방편의 문을 열고, 진실의 상相을 보인 것이다. 이 『법화경』의 장藏은 깊고 견고하고 아득히 멀어서 도달하는 사람이 없다. 이제 부처님이 보살을 교화하여 성취시키고자 열어 보인다.

약왕이여, 만일 어떤 보살이 이 『법화경』을 듣고서, 놀라고 의심하고 두려워하면, 그는 새로 발심한 보살인 줄 알아라. 만약 어떤 성문이 이 경을 듣고 놀라고 의심하고 두려워하면, 그는 증상만인增上慢人임을 알라. 만약 어떤 선남자나 선여인이 여래가 멸도한 뒤에 사부대중을 위해서 『법화경』을 설하고자 하면, 어떻게 설할 것인가. 이 선남자 선여인은 여래의 방에 들어가서 여래의 옷을 입고 여래의 자리에 앉아 이에 대중을 위해 널리 이 경을 설해야 한다. 여래의 방이라 함은 모든 중생 가운데 대자비심이 이것이고, 여래의 옷이라 함은 부드럽고 온화한 인욕심이 이것이며, 여래의 자리라 함은 모든 법공法空이 이것이다. 이 가운데 편안히 머무른 뒤에 게으른 마음을 내지 말고, 모든 보살과 사부대중을 위하여 널리 이 『법화경』을 설하라."

제11절 일승법의 진실을 증명

1 그때 부처님 앞에 칠보의 탑이 있었는데, 높이는 오백 유순이고 넓이는 이백오십 유순이며, 땅에서 솟아나 공중에 머물러 있었다. 여러 가지 보물로 이를 꾸몄고, 오천의 난간이 있고, 방이 천만이나 되고, 수없는

당번幢旛으로 장식하였으며, 보배 영락을 늘이고 보배 방울 만억을 그 위에 달았으며, 사면에서 다마라발전단향의 향기가 나와 가득 찼다. 그 모든 번개는 칠보로 되고 높이는 사천 왕궁에 이르렀다. 삼십삼천은 하늘의 만다라 꽃을 비오듯이 내려서 보탑을 공양하고, 다른 모든 하늘과 팔부중 등 천만억 대중들이 찬란하게 보탑을 공양하고 존중 찬탄하였다.

그때 보탑 가운데서 커다란 음성으로 찬탄하는 말이 있었다.

"착하고 착하도다. 석가모니 부처님이여, 평등 대혜大慧이며 보살을 가르치는 법이며, 부처님의 호념하시는 바의 『묘법연화경』으로써 대중을 위하여 설하심이라. 부처님이 설하시는 것은 모두 진실이니라."

그때 사부대중은 큰 보탑이 공중에 머물러 있음을 보며 또 탑 가운데서 음성이 나오는 것을 듣고, 다 법의 기쁨을 얻어 미증유함을 이상하게 생각하며, 자리에서 일어나 공경 합장하고 물러서 한쪽에 있었다.

그때 대요설大樂說보살은 대중들이 의심하는 바를 알아, 부처님께 아뢰었다.

"부처님이시여, 어떠한 인연으로 이 보탑이 땅에서 솟아나와 있으며, 그 가운데서 이와 같은 음성이 나오는 것입니까?"

부처님은 대요설보살에게 말씀하셨다.

"이 보탑 가운데 여래의 전신이 있다. 아득한 옛날에 동방 한량없는 세계를 지나서 보정국寶淨國이 있었는데, 그곳에 다보多寶 여래라는 부처님이 계셨다. 그 부처님이 본래 보살도를 행할 때, 큰 서원을 세우기를 '만일 내가 성불하여 멸도한 뒤 시방세계에서 『법화경』을 설하는 곳이 있으면, 나의 탑묘는 이 경을 듣기 위하여 그 앞에 솟아나서 증명을 하되, 찬란하여 거룩하다고 말하리라.' 하였다.

대요설이여, 이제 다보 여래의 탑이 『법화경』 설함을 듣고자 하여, 땅에서 솟아나 '착하고 착하다!'라고 찬탄하였노라."

이때 대요설보살은 부처님의 신력으로서 이렇게 아뢰었다.

"부처님이시여, 저희들은 원하오니, 그 부처님의 몸을 친견하고자 합니다."

부처님은 대요설에게 말씀하셨다.

"이 다보 여래께서는 깊고 무거운 원이 있으시다. '만약 내 보탑이 『법화경』을 듣기 위하여 모든 부처님 앞에 나가서 내 몸을 사부대중에게 보이고자 할 때에는, 저 부처님 분신分身인 모든 부처님이 시방세계에서 설법하심을 다 한곳에 불러 모은 뒤에야 나의 몸이 나타나리라'고….

대요설이여, 나와 분신인 모든 부처님이 시방세계에서 설법함을 이제 마땅히 모으리라."

대요설이 부처님께 아뢰었다.

"부처님이시여, 저희들이 또한 원컨대 세존의 분신인 모든 부처님을 친견하여 예배 공양하고자 합니다."

2 그때 부처님께서 백호白毫의 한 광명을 놓으시니, 곧 동방 오백만 억 나유타 항하사 등 국토의 모든 부처님이 보였다. 그 모든 국토는 다 파려로써 땅이 되었고, 보배 나무와 보배 옷으로 장엄되었으며, 수없는 보살들이 그 가운데 충만하였다. 그 나라의 모든 부처님은 대묘음大妙音으로 모든 법을 설하시며, 한량없는 보살들이 모든 나라에 가득 차서 중생을 위하여 법문 설하는 것을 보았다. 남・서・북방과 사유四維와 상・하에 백호상의 광명이 비치는 곳은 모두 이와 같았다.

그때 시방의 모든 부처님이 각각 여러 보살에게 말씀하였다.

"선남자여, 내가 이제 사바세계의 석가모니 부처님 처소에 가서 함께 다보 여래의 보탑을 공양하리라."

이때 사바세계는 곧 변하여 청정하여졌다. 유리로 땅이 되고 보배 나무로 장엄하였다. 모든 부처님이 각각 한 사람의 큰 보살을 시자로 삼고, 사바세계에 이르러 각기 보배 나무 아래에 이르러, 사자좌에 가부좌를 틀고 앉으셨다. 이와 같이 전전하여 삼천 대천세계에 가득 찼으나, 석가모니 부처님의 한쪽 방위의 분신分身도 아직 다하지 못하였다.

그때 동방의 석가모니 부처님의 분신인 백천만억 국토의 모든 부처님이 각각 이 세계에 모이게 한 것이다. 이와 같이 하여 차례로 시방의 모든 부처님이 모두 모여서 팔방에 앉으셨다.

그때 석가모니 부처님은 분신인 모든 부처님이 모두 와서 각기 자리에 앉은 것을 보시고, 또한 그들이 다같이 보탑 열기를 원함을 들으시고, 자리에서 일어나 허공중에 머물렀다. 모든 대중들은 일어나 합장하고 서서 일심으로 부처님을 우러러보았다.

이에 부처님께서 오른편 손가락으로 칠보탑의 문을 여니 큰 소리가 나기를 커다란 성문을 여는 것 같았다. 그때 대중들은 모두 다보 여래가 보탑 안에 있는 사자좌에 앉아 전신이 말끔하고 삼매에 든 것과 같음을 보았다. 그리고

"착하고 착하도다. 석가모니 부처님이 쾌히 이 『법화경』을 설하시니, 나는 이 경을 듣기 위하여 여기에 이르렀노라."

하는 말씀을 들었다.

그때 사부대중들은 과거 한량없는 천만억 겁 전에 멸도하신 부처님께서 이와 같이 말씀하시는 것을 보고 일찍이 없었던 일이라 찬탄하며, 하늘의 보배 꽃 무더기를 다보여래와 석가모니 부처님 위에 흩었다.

그때 다보 여래가 보탑 안에서 자리를 절반 석가모니 부처님께 비어 주시고 이렇게 말씀하셨다.

"석가모니 부처님이시여, 어서 이 자리에 앉으소서."

그러자 부처님은 곧 그 탑 안으로 들어가 그 절반 자리에, 가부좌를 틀고 앉으셨다. 그때 대중들은 두 부처님께서 칠보 탑 안에 계신 것을 보고, 저마다 이런 생각을 하였다. '부처님의 자리가 높고 멀구나. 여래의 신통력으로써 우리들도 함께 허공에 있도록 해 주셨으면…'이라고.

그때 석가모니 부처님이 신통력으로써 대중을 이끌어 허공에 있게

하시고, 큰 음성으로 널리 대중에게 말씀하셨다.

"누가 이 사바세계에서 널리 『묘법연화경』을 잘 설하겠는가? 지금이 바로 그때니라. 여래는 오래잖아 열반에 들어가리라. 부처님은 이 『묘법연화경』을 부촉하고자 있느니라."

제12절 제바달다와 용녀도 수기를 받다

1 그때 석가모니 부처님께서 모든 보살과 하늘과 사람과 사부대중에게 말씀하셨다.

"나는 과거 한량없는 겁 중에서 『법화경』을 구하기에 게으른 마음이 없었노라. 많은 겁 중에 항상 국왕이 되어 위없는 보리심을 구하되, 마음이 퇴전치 않기를 발원하였다. 육바라밀을 성취하고자 하여, 보시를 부지런히 행해서 마음에 인색함이 없었고, 몸과 목숨까지도 아끼지 않았다. 그때 세상 사람들의 수명은 한이 없었다. 나는 법을 위해서 국왕의 지위를 버리고, 정사는 태자에게 맡기고 북을 쳐서 영을 내리고 사방으로 법을 구하였다. '나를 위하여 대승법을 설해 줄 사람은 누구인가? 나는 몸이 다하도록 받들고 봉사하리라'고. 그때 한 선인仙人이 와서 왕에게 말했다. '나에게 대승법이 있으니, 이름이 『묘법연화경』이라. 만일 나를 어기지 않으면 설해 주리라.' 왕은 선인의 말을 듣고 기뻐 뛰며 곧 선인을 따라가서 과실을 따고 물을 긷고 나무를 주워서 음식을 마련하는 등 필요한 것을 공급하고, 몸으로써 앉는 자리가 되어도 몸과 마음에 싫어하지 않았다. 그렇게 받들어 섬기기를 천 년을 한결같이 지냈으니, 법을 위하기 때문에 정근하며 부지런히 공급하고 시봉하여 조금도 모자람이 없게 하였다."

부처님은 모든 비구들을 향해서 말씀하셨다.

"그때의 왕은 곧 나의 이 몸이며, 선인은 지금의 제바달다이다. 제바달다라는 선지식이 있었기 때문에, 나는 육바라밀과 자비희사慈悲喜捨와 삼십이상三十二相 · 팔십종호八十種好와 자마금색紫磨金色과 십력十力 · 사무소외四無所畏 · 사섭법四攝法 · 십팔불공十八不共과 신통력을 갖추어 등정각等正覺을 이루어 널리 중생을 제도하였다."

부처님은 다시 모든 사중에게 말씀하셨다.

"제바달다는 이로부터 한량없는 겁을 지나서 반드시 성불할 것이니, 천왕千王 여래라 이름하고, 그 세계는 천도天道라고 이름할 것이다. 그때 천왕불이 세상에 머무르기 이십 중겁인데, 널리 중생을 위하여 묘법을 설하리라. 항하사 중생이 아라한과를 얻고, 한량없는 중생이 연각심緣覺心을 내며, 항하사 중생이 위없는 도심을 내어 무생인無生忍을 얻어 길이 물러나지 않으리라."

2 그때 문수사리보살이 크기가 수레바퀴만한 천엽千葉 연꽃에 앉으시고, 함께 온 보살들도 보배 연꽃에 앉아, 큰 바다 가운데 있는 깃가라 용궁에서 자연히 솟아나 허공중에 머물다가, 기사굴산으로 와서 연꽃에서 내려와 다보와 석가 두 부처님 앞에 예배하였다. 예배를 마치고 지적智積 보살의 처소로 가서 서로 위문하고 한쪽에 앉았다. 지적보살이 문수사리에게 물었다.

"보살께서 용궁에 가서 교화한 중생의 수는 얼마나 됩니까?"

"그 수는 한량이 없어 입으로 말할 수 없으며, 마음으로도 헤아릴 수 없습니다. 잠시 기다리면 저절로 증명될 것입니다."

문수사리가 말을 채 마치기도 전에 수없는 보살들이 보배 연꽃에 앉아 바다에서 솟아나 기사굴산에 나와 허공에 머물러 있었다. 이 모든 보살들은 다 문수보살이 교화 제도한 바로서, 보살의 행을 갖추고 다같이 육바라밀을 말하였다. 본래 성문이었던 사람은 허공중에 있어 성문의 행을 설하고, 이제 모두 대승의 공空의 뜻을 수행하였다.

문수사리가 지적에게 말했다.

"바다에서 교화한 그 일이 이와 같습니다."

문수사리는 다시 말을 이었다.

"나는 바다 가운데서 항상 『묘법연화경』만을 선설하였노라."

지적보살이 문수사리에게 물었다.

"이 경은 아주 깊고 미묘해 모든 경 가운데서 보배이며 세상에서 희유한 바입니다. 만일 중생들이 부지런히 정진을 더하여 이 경을 수행하면 속히 성불할 수 있겠습니까?"

문수사리는 이렇게 말했다.

"사가라 용왕의 딸은 나이 겨우 여덟 살인데, 슬기롭고 근기가 날카로워 중생의 모든 근기와 행업行業을 잘 알고, 다라니를 얻어서 모든 부처님께서 설한 깊은 비장秘藏을 다 받아 가지고, 깊이 선정에 들어 모든 법을 달하고, 찰나 사이에 보리 마음을 일으켜 불퇴전을 얻었습니다. 말솜씨가 걸림이 없고, 중생을 사랑하고 생각하기를 어린 아이와 같이 하며, 공덕이 갖추어져 마음으로 생각하고 입으로 연설함이 미묘하고 광대하며, 자비롭고 어질고 겸손하며, 뜻이 부드럽고 아름다워 보리에 이르렀습니다."

지적보살이 말했다.

"내가 석가모니 부처님을 뵈니, 한량없는 겁에 어려운 일을 행하시어 공을 쌓으시고 덕을 쌓아, 보살도 구하기를 잠시도 그치지 않으셨습니다. 삼천 대천세계를 볼 때 단지 겨자씨만한 땅일지라도 이 보살이 몸과 목숨을 버리지 않은 곳이 없었습니다. 중생을 위해서 이렇게 한 뒤에 보리의 길을 성취하셨는데, 이 여자가 잠깐 사이에 정각을 이루었다 함은 믿을 수가 없습니다."

이 말이 끝나기도 전에, 용왕의 딸이 홀연히 앞에 나타나 예배 공경하고 물러가 한쪽에 있었다. 이때 사리불이 용녀에게 말했다.

"네가 오래지 않아서 무상도無上道를 얻는다는 말은 아무래도 믿기 어렵구나. 왜냐하면, 여자의 몸은 때가 끼고 더러워서 법기法器가 아니기 때문이다. 어떻게 위없는 보리를 얻을 것인가. 불도는 멀고 아득해서 한량없는 겁을 지나도록 부지런히 고행을 쌓고, 모든 법도를 갖추어 닦은 뒤에야 이루어지는 것인데. 또 여자의 몸은 다섯 가지 장애가 있다. 첫째는 범천왕이 되지 못하며, 둘째는 제석이 될 수 없으며, 셋째는 마왕이 될 수 없고, 넷째는 전륜성왕이 될 수 없으며, 다섯째는 불신佛身이 될 수 없다. 이와 같은데 어떻게 여자의 몸으로 속히 성불할 수 있겠는가?"

그때 용녀에게 한 개의 보배 구슬이 있었는데, 그 가치가 삼천 대천세계만 하였다. 그것을 가져다가 부처님께 올리니, 부처님은 곧 받으셨다. 용녀가 지적보살과 사리불에게 말했다.

"내가 보배 구슬을 드리니 부처님께서 이를 받아 주셨습니다. 이 일이 빠르지 않습니까?"

"아주 빠르구나."

하고 사리불이 대답하자, 용녀는 다시 말했다.

"그대들은 신통력으로써 내가 성불하는 것을 보라. 그것은 이보다 더 빠르리라."

그때 대중들이 용녀를 보니, 잠깐 사이에 홀연히 남자로 변해서 보살행을 갖추고 곧 남방 무구無垢 세계로 가서 보배 연꽃에 앉아 등정각을 이루어 삼십이상과 팔십종호를 갖추었다. 널리 시방세계의 모든 중생을 위해서 묘법을 설했다.

그때 사바세계의 보살과 성문과 하늘과 용 팔부와 사람과 사람이 아닌 것이 모두 멀리서 용녀가 성불해서, 그때 그곳에 모인 대중을 위하여 널리 설법하는 것을 보고, 마음이 크게 기뻐서 공경하고 예배하였다.

한량없는 중생이 법을 듣고 깨달아 불퇴전을 얻었고, 수없는 중생들은 도道의 수기를 받았다. 무구세계가 여섯 가지로 진동하고, 사바세계의 삼천 중생은 불퇴지不退地에 머무르고, 삼천 중생은 보리 마음을 일으켜 수기를 얻었다.

지적보살과 사리불과 모든 대중들은 아무 말 없이 믿게 되었다.

제13절 사람은 불성이 있으므로 존경하라

1 그때 부처님은 득대세得大勢보살에게 말씀하셨다.

"만약 비구·비구니·우바새·우바이가 『법화경』을 가지는 자를 나쁜 말로 꾸짖거나 비방한다면 큰 죄보를 받을 것이며, 그 얻는 바의 공덕은 눈·귀·코·혀·몸·뜻의 육근六根이 청정할 것이다.

득대세여, 지나간 옛적에 부처님이 계셨는데, 이름은 위음왕威音王 여래이고, 겁의 이름은 이쇠離衰, 나라 이름은 대성大成이라 하였다. 그 부처님은 그때 하늘·사람·아수라 등을 위하여 법을 설했는데, 모두 듣는 이의 정도에 알맞게 하였다.

그때 한 보살 비구가 있었는데, 상불경常不輕이라 이름했다. 어째서 그런 이름이었느냐 하면, 이 비구는 만나는 이에게마다 예배 찬탄하면서 이런 말을 하였다. '나는 깊이 너희들을 공경하노라. 감히 가볍게 하거나 업신여기지 않노라. 왜냐하면, 너희들은 모두 보살도를 닦아서 마침내는 성불할 것이기에.'

그런데 이 비구는 전혀 경전을 읽거나 외우지도 않고, 단지 예배만을 행할 뿐이었다. 멀리서 사중을 볼지라도 일부러 가서 예배 찬탄하면서 '나는 너희들을 감히 가벼이 여기지 않노라. 너희들은 모두 성불할 것이기에'라는 말을 되풀이할 뿐이었다. 그때 사중 가운데서 마음이 깨끗지 못한 자가 있어, 성을 내며 나쁜 말로 꾸짖었다. '이 무지한 비구야, 너는 도대체 어디서 굴러와 "나는 너희를 가벼이 여기지 않노라." 하고, 우리들에게 성불하리라는 수기를 주느냐? 우리는 이와 같은 허망한 수기는 소용없다.' 이와 같이 여러 해를 두루 돌아다니며, 항상 비웃음과 욕을 들을지라도, 성을 내지 않고 '항상 너는 마침내 성불하리라'는 말을 되풀이하였다.

이 말을 할 때, 뭇사람들이 막대기나 기왓장이나 돌로 때리면, 피해 달아나 멀리 가서, 보다 큰 소리로 '나는 너희들을 감히 가볍게 여기지 않노라. 너희들은 모두 다 마침내 성불하리라'고 하였다.

그는 늘 이런 말을 했기 때문에 증상만의 사중들은 상불경常不輕이라 부르게 된 것이다. 이 비구가 임종할 때에, 허공중에서 위음왕불이 앞서 설하신 『법화경』 이십천만 억의 게송을 갖추어 듣고, 다 받아 가져 육근이 청정함을 얻었고, 다시 수명이 이백만 억 나유타 세歲가 더하여, 널리 남을 위해 이 『법화경』을 설하였느니라.

2 득대세여, 이 상불경보살은 이와 같이 모든 부처님을 공양하고 공경 존중 찬탄해서, 온갖 선근을 심은 뒤에 다시 천만 억 부처님을 친견하였고, 또한 모든 부처님의 법 가운데서 이 경전을 설하여 공덕을 성취하고 드디어 성불하였다. 득대세여, 너는 어떻게 생각하느냐? 그때 상불경보살이 어찌 다른 사람이겠느냐. 곧 나의 이 몸이니라. 만약 내가 숙세에 이 경을 받아가지고 읽고 외워서 다른 사람을 위해서 설하지 아니하였더라면, 속히 아뇩다라삼먁삼보리를 얻지 못했을 것이다.

득대세여, 그때 사중이 성내는 마음으로 나를 가벼이 하고 천대한 까닭에, 그들은 이백억 겁을 항상 부처님을 친견하지 못하고, 법을 듣지 못하였으며, 스님네를 만나 보지 못하고, 천겁을 아비지옥에서 큰 고뇌를 받았다. 이 죄를 마치고는 다시 상불경보살의 교화를 만났느니라. 득대세여, 너는 어떻게 생각하느냐? 그때 사중에서 항상 이 보살을 가벼이 한 자가 어찌 다른 사람이겠는가. 지금 이 회중에 있는 발타바라 등 오백 보살과 사자월師子月 등 오백 비구와 니사불 등 오백 우바새들로서 모두 아뇩다라삼먁삼보리에서 물러나지 않는 자들이니라.

득대세여 이렇게 알아라. 이 『법화경』은 모든 보살을 크게 이롭게 해서, 아뇩다라삼먁삼보리에 이르게 한다는 것을. 그러므로 모든 보살들은 여래가 멸도한 뒤, 항상 이 경을 받아 가지고 읽고 외우며 옮겨 써야 할 것이니라."

제14절 부처님은 아득한 옛날에 성불하시다

1 그때 다른 국토에서 온 보살이 팔八 항하사 수보다도 많았는데, 그 대중 가운데서 일어나 합장 예방하고 부처님께 아뢰었다.

"부처님이시여, 만일 저희들에게 부처님이 멸도하신 뒤 이 사바세계에서 부지런히 정진을 더하고, 이 경전을 받들어 가지고 읽고 외우고 옮겨 쓰고 공양할 것을 허락하신다면, 마땅히 이 국토에서 이를 널리 설하겠나이다."

그때 부처님은 모든 보살들에게 말씀하셨다.

"그만두라. 선남자여, 너희들이 이 경을 받들어 가짐을 바라지 않노라. 왜냐하면, 나의 사바세계에는 육만 항하사의 보살들이 있는데, 보살마다 각각 육만 항하사의 권속들이 있어, 이 모든 사람들이 내가 멸도한 뒤 받들어 가지고 읽고 외우며 널리 이 경을 설하리라."

부처님께서 이런 말씀을 할 때, 사바세계 삼천 대천 국토의 땅이 다 진동하면서 열리고 그 가운데서 한량없는 보살들이 동시에 솟아났다. 이 모든 보살들은 몸이 다 금색이고 삼십이상이며, 한량없는 광명이 있었다. 이들은 모두 그전부터 사바세계 아래 허공 가운데에 머물러 있었는데, 석가모니불께서 설하신 음성을 듣고 아래로부터 떠나왔다. 낱낱의 보살이 다 이 대중을 거느리는 큰 보살이었다.

이 보살들이 땅에서 솟아 나와서 각각 허공에 있는 칠보의 묘탑에 계신 다보여래와 석가모니불의 처소로 가서 두 부처님을 향해서 발에 예방하고, 또 모든 보리수 아래 사자좌에 앉으신 부처님 처소에도 또한 예배하고, 바른편으로 세 번 돌고는 합장 공경한 뒤, 모든 보살이 갖가지로 찬탄하는 법으로써 찬탄하고, 한쪽에 머물러 즐거움으로 두 부처님을 우러러보았다.

이 보살 대중 가운데 네 도사導師가 있었는데, 첫째 이름은 상행上行이고, 둘째는 무변행無邊行, 셋째는 정행淨行, 넷째는 안립행安立行이다. 이 네 보살은 그 대중 가운데에서 상수上首이며 창도唱導의 스승이었다.

그때 미륵보살과 팔천 항하사의 모든 보살들은 모두 이런 생각을 하였다. '우리들은 예로부터 이와 같이 큰 보살 대중이 땅에서 솟아나 부처님 앞에 머물러 합장 공양하며 문안하는 것은 보지도 듣지도 못하였다'고….

미륵보살은 여러 보살들이 마음에 생각한 바를 아시고, 또한 자신도 의심하는 바를 풀고자, 합장하고 부처님을 향해서 노래로 아뢰었다.

한량없는 대중의 모든 보살들이 예전엔 볼 수 없던 일이시니
원컨대 양족존께서는 설해 주소서
이들은 어디서 와서 무슨 인연으로 모였는지를.

그때 석가모니불의 분신인 모든 부처님은 다른 국토에서 와서 팔방의 모든 보배 나무 아래에 있는 사자좌에 가부좌를 틀고 앉으셨다. 그 부처님의 시자侍者도 각각 이 보살 대중이 삼천 대천세계의 사방 땅에서 솟아나 허공에 머무름을 보고 각각 그 부처님께 말씀하였다.

"부처님이시여, 이 모든 한량없는 보살들은 어디서 왔습니까?"

모든 부처님은 각각 시자에게 대답하셨다.

"모든 선남자여, 잠시 기다리라. 미륵보살은 석가모니불의 수기를 받은 이로서 이다음 세상에서 성불하리라. 그분이 이미 이 일을 물어, 부처님께서 이제 대답하시리니, 너희들도 이로 인해서 들을 수 있으리라."

그때 석가모니불께서 미륵보살에게 말씀하셨다.

"착하고 착하다, 아기다시사흠바라여. 어떻게 부처님께 이와 같이 큰 일을 물었는가? 너희들은 마땅히 함께 일심으로 정진의 갑옷을 입고 견고한 뜻을 일으키라. 여래는 지금 모든 부처님의 지혜와 신통력과 사자분신獅子奮迅의 힘과 위맹대세威猛大勢의 힘을 나타내어 펴보이고자 하노라."

부처님은 미륵보살에게 이같이 말씀하셨다.

"나는 이제 너희들에게 이르노라. 아기다시사흠바라여, 이 모든 큰 보살들이 땅에서 솟아나온 것은, 너희들이 옛적엔 보지 못하였을 것이다. 내가 이 사바세계에서 아뇩다라삼먁삼보리를 얻고 이 보살들을 교화 인도해서, 그 마음을 조복 받아 도에 뜻을 일으키게 하였노라. 이들은 다 이 사바세계 밑 허공중에 머무르고, 모든 경전을 읽어 외워 통달하고 생각하고 분별해서 바로 기억하였다. 아기다시사흠바라여, 이 모든 선남자들은 대중 가운데서 많이 설하기를 즐겨하지 않고 늘 조용한 곳을 즐기며, 부지런히 행해서 정진하되 쉬지 않으며, 또 하늘과 인간에 의지하여 머무르지 않고, 항상 깊은 지혜를 즐겨서 장애됨이 없느니라. 그리고 항상 모든 부처님의 법을 즐겨하여 일심으로 정진해서 위없는 지혜를 구하였느니라."

2 그때 미륵과 모든 보살들은 마음에 의혹이 생겨 이런 생각을 하였다.

'어째서 부처님은 이 짧은 시간에 이와 같이 한량없는 보살을 교화해서 아뇩다라삼먁삼보리에 머무르게 하셨을까?' 그래서 부처님께 아뢰었다.

"부처님이시여, 여래께서 태자로 계실 때 석가씨 궁성을 나와 가야성에서 머지않은 도량에 앉아 아뇩다라삼먁삼보리를 이루셨습니다. 그때부터 지금까지 겨우 사십 년이 지났는데, 부처님께서는 이 짧은 시일에 어떻게 큰 불사佛事를 이루셨습니까? 부처님의 힘으로 하셨습니까, 공덕으로 하셨습니까? 어떻게 해서 이와 같이 한량없는 보살들을 교화해서 아뇩다라삼먁삼보리를 이루게 하셨습니까? 가령 어떤 사람이 천만억 겁을 두고 셀지라도 그 보살들의 수는 다하지 못할 것입니다.

이러한 보살들은 오랜 옛적부터 한량없는 부처님 처소에서 온갖 선근을 심어 보살도를 이루었을 것입니다.

부처님이시여, 이와 같은 일은 세상에서 믿기 어렵습니다. 비유하자면, 빛이 아름답고 검은 머리를 한 나이 스물넷 된 사람이 백 살이 된 사람을 가리켜 이는 내 아들이라 하고, 그 백 살이 된 사람은 나이 젊은이를 가리켜 그는 내 아버지라고 말하면서 우리를 낳아 길렀다고 한다면, 이 일을 믿을 수 없는 것과 같습니다. 부처님도 이와 같아서 도를 얻으심이 그 실은 오래지 않고, 이 대중의 모든 보살들은 이미 한량없는 천만억 겁에 불도를 위해서 부지런히 정진하여 사람 가운데 보배이니, 모든 세간에서 참으로 희유한 일입니다. 부처님께서 불도를 얻었을 그때 처음으로 발심시켜 아뇩다라삼먁삼보리에 향하도록 하셨다고 말씀하시니, 그동안에 이러한 큰 공덕의 일을 하신 셈입니다. 저희들은 부처님께서 근기를 따라 설하신 바와, 또 하신 말씀이 결코 허망하지 않다고 믿으며, 부처님께서 아시는 바는 모두 통달하였다고 하오나, 새로 발심한 보살들이 부처님께서 멸도하신 뒤 만일 이 말씀을 듣고 혹시 믿지 않으면, 법 깨뜨리는 죄업의 인연을 일으키게 될 것입니다. 부처님이시여, 원컨대 해설하시어 저희들의 의심을 제하시고, 오는 세상의 모든 선남자가 이 일을 듣고서 또한 의심나지 않게 하소서."

3 그때 부처님께서는 모든 보살과 대중에게 말씀하셨다.

"모든 선남자여, 너희들은 마땅히 여래의 진실하고 틀림없는 말을 믿으라!"

다시 대중에게 말씀하셨다.

"너희들은 마땅히 여래의 진실하고 틀림없는 말을 믿으라!"

부처님은 또 다시 모든 대중들에게 말씀하셨다.

"너희들은 마땅히 여래의 진실하고 틀림없는 말을 믿으라!"

이때 보살 대중에서는 미륵보살이 상수上首가 되어, 합장하고 부처님께 아뢰었다.

"부처님이시여, 바라건대 이것을 설해 주소서. 저희들은 마땅히 부처님의 말씀을 믿고 받들겠습니다."

이와 같이 세 번이나 말씀하고 다시 아뢰었다.

"바라건대 이것을 설해 주소서. 저희들은 마땅히 부처님 말씀을 믿고 받들겠습니다."

그때 부처님께서 모든 보살이 세 번이나 청하여 그치지 않음을 아시고 이렇게 말씀하셨다.

"너희들은 여래의 비밀한 신통력을 자세히 들으라. 모든 세간의 하늘과 인간과 아수라는 모두 지금의 석가모니불은 석가족의 궁전을 나와 가야성 가까운 도량에 앉아 아뇩다라삼먁삼보리를 얻었다고 생각하리라. 그러나 선남자여, 나는 실로 성불한 지가 한량없는 백천만억 나유타 겁이니라. 비유하면, 오백천만억 나유타 아승지의 삼천 대천세계를 어떤 사람이 부수어 가루로 만들어 동방 오백천만억 나유타 아승지의 나라를 지나서 거기에 가루 하나씩을 떨어뜨리곤 해서, 동쪽으로 가서 이 가루를 다 떨어뜨렸다고 하자. 선남자여, 어떻게 생각하느냐? 이 모든 세계를 생각하고 헤아려서 그 수효를 알 수 있겠느냐?"

미륵보살 등이 함께 부처님께 아뢰었다.

"부처님이시여, 이 모든 세계는 한량이 없어 산수로 알 바가 아니며, 정신력으로도 미칠 바가 아닙니다. 모든 성문과 벽지불이 누漏가 없는 지혜로 생각할지라도 그 한도의 수는 알 수 없습니다. 저희들이 불퇴전지에 머물지만 이 일에는 아직 달하지 못합니다. 부처님이시여, 이 같은 모든 세계는 한량이 없습니다."

그때 부처님은 큰 보살 대중에게 말씀하셨다.

"모든 선남자여, 이제 분명히 너희들에게 널리 말하리라. 이 모든 세계에 작은 가루가 떨어진 곳이거나 떨어지지 않은 곳을 다 가루로 해서 한 가루를 일 겁이라 하여도, 내가 성불한 지는 이보다 훨씬 지내 백천만 억 나유타 아승지 겁이다. 그때부터 나는 항상 이 사바세계에 있어 법을 설하여 교화한 것이다. 또 다른 곳 백천만억 나유타 아승지의 나라에서도 중생을 인도하여 이익하게 함이니, 모든 선남자여, 이 중간에서 내가 연등 부처님 등을 설하였으며 또 다시 그를 열반에 들었다고 말했으나, 이와 같음은 다 방편으로써 분별한 것이니라. 모든 선남자여, 만약 어떤 중생이 나의 처소에 오면, 나는 부처님의 눈으로써 근의 신심과 모든 근기의 날카롭고 둔함을 보아, 제도될 정도에 따라 곳곳에서 설하되, 이름과 연대가 같지 아니하다. 또 다시 나타나서 열반에 든다 말하고, 또는 갖가지 방편으로 미묘한 법을 설해서 중생으로 하여금 환희심을 일으킬 수 있게 하느니라.

모든 선남자여, 여래는 여러 중생이 작은 법을 즐겨함은 덕이 젊고 엷고 업이 무거운 자로 보고, 이런 사람들을 위해서는 내가 젊어서 출가하여 아뇩다라삼막삼보리를 얻었다고 말했느니라. 그러나 나는 실로 성불한 지가 이와 같이 오래되지만, 단지 방편으로써 중생을 교화해서 불도에 들게 하려고 이같이 설한 것이다. 모든 선남자여, 여래가 설한 경전은 다 중생을 제도해서 해탈하게 하기 위함이니, 더러는 자기 몸을 설하기도 하고 다른 사람의 몸을 설하며, 혹은 자기의 몸을 보이기도 하고 다른 사람의 몸을 보이기도 하며, 혹은 자기의 일이나 다른 이의 일을 보이기도 한다. 모든 말로 설하는 바는 다 참되어 헛됨이 없느니라. 왜냐하면 여래는 진실과 같이 삼계의 상相을 알아 생사에 물러가거나 나옴이 없다. 또는 세상에 있는 자도 멸도하는 자도 없는 것이니, 실實도 아니고 허虛도 아니며, 같지도 않고 다르지도 않다. 삼계의 사람들이 삼계를 보는 것과 같지 않으니, 이와 같은 일을 여래는 밝게 보아서 착오가 없다. 모든 중생이 여러 가지 성품과 욕망과 행과 기억하고 생각함에 분별이 있으므로 모든 선근善根을 나게 하고자, 여러 가지 인연과 비유와 말로써 갖가지 법을 설하며, 부처의 일을 하되 잠시도 쉬지 않는다. 이와 같이 나는 성불한 지가 아주 오래되고 아득해서, 수명이 한량없고 아승지 겁에 항상 머무르며 멸하지 않는 것이다.

선남자여, 내가 본래 보살도를 행하여 수명을 이룩한 것이 지금도 오히려 다하지 못하였으며, 다시 위에서 말한 수효의 곱이니라. 그러나 지금 진실한 멸도는 아니건만 방편으로 마땅히 멸도를 취하리라고 말하는 것이다. 여래는 이 방편으로써 중생을 교화하느니라. 왜냐하면, 만일 부처님이 세상에 오래 머무른다고 하면, 박덕한 사람은 선근을 심지 않고 빈궁하고 하천해서, 오욕을 탐착하여 기억하고 생각하는 것이 허망하게 보는 그물에 들어가리라. 만일 여래가 항상 있어 멸하지 않음을 보게 되면, 곧 교만한 생각들을 일으켜 싫어지며 게으름을 피워, 만나기 어려울 생각과 공경하는 마음을 내지 않을 것이다. 그러므로 여래는 방편으로 설하기를 '비구여, 마땅히 알라. 모든 부처님이 세상에 나오심을 만나기가 어렵다'고 하는 것이다. 선남자여, 모든 부처님의 법은 다 이와 같아서 중생을 제도하기 위해서 있으므로 진실하고 헛되지 않느니라."

제15절 법화경을 받아 가지는 공덕

부처님은 상정진常精進보살에게 이렇게 말씀하셨다.

"만약 선남자 선여인이 이 『법화경』을 받아 가지고 혹은 읽고 외우고 해설하거나 옮겨 쓰면, 이 사람은 팔백 눈의 공덕과 천이백 귀의 공덕, 팔백 코의 공덕, 천이백 혀의 공덕, 팔백 몸의 공덕, 천이백 마음의 공덕을 얻으리라. 이 공덕으로써 육근을 장엄하여 다 청정하리라.

이 선남자 선여인은 부모에게서 받은 청정한 육안으로 삼천 대천세계 안팎에 있는 산과 강과 바다를 보되, 아래로는 아비지옥에 이르고 위로는 유정천有頂天까지 이를 것이다. 또한 그 가운데 있는 모든 중생을 보며 업의 인연과 과보로 나는 곳도 다 보아 알 것이다.

상정진이여, 또 마음으로 만일 선남자 선여인이 이 경을 받아 가져 천이백 귀의 공덕을 얻으리니, 그 청정한 귀로써 삼천 대천세계 아래로는 아비지옥에 이르며 위로는 유정천에 이를 것이다. 삼천 대천세계 중 안팎에 있는 모든 소리를 비록 천이天耳는 얻지 못하였을지라도, 부모에게서 받은 청정한 귀로써 항상 다 모든 것을 듣고 알 것이다. 이와 같은 온갖 소리를 분별할지라도 이근耳根은 무너지지 않는다.

또 만일 이 경을 받아 가지는 이는 팔백의 코의 공덕을 성취하여, 이 청정한 비근鼻根으로써 삼천 대천세계 위아래나 안팎의 갖가지 향기를 맡고, 이 밖에 혀의 공덕과 몸의 공덕을 성취한 이도 그와 같으리라.

상정진이여, 또 만약 선남자 선여인이 여래가 멸도한 뒤, 이 경을 받아 가져 읽고 외우고 혹은 해석하거나 옮겨 쓰면, 천이백 마음의 공덕을 얻을 것이다. 이 청정한 의근意根으로써 한 게송이나 한 구절만을 들을지라도 한량없는 뜻에 통달할 것이다. 이 뜻을 알고 한 구절 한 게송만이라도 연설하기를 한 달에서 일 년에 이를지라도 모든 설하는 법이 그 뜻을 따라, 다 실상과 같아서 서로 어긋나지 않으며, 혹은 속세간의 어떠한 것을 말할지라도 다 정법에 따르리라. 삼천 대천세계의 여섯 갈래 중생이 마음에 행하는 바와 마음에 움직이는 바와 마음에 즐겨 논하는 바를 다 알 것이니, 무루無漏 지혜는 얻지 못했으나, 그 의근의 청정함은 이와 같으리라. 이 사람이 생각하는 바와 헤아려서 말하는 바가 있으면, 이는

다 불법으로서 진실하지 않음이 없으며, 또한 이것은 이미 부처님의 경 가운데에 설하신 바이니라."

제16절 중생을 구제하고자 보문으로 나타나심

1 무진의無盡意보살이 자리에서 일어나 부처님에게 합장하고 이렇게 물었다.

"부처님이시여, 관세음보살은 어떠한 인연으로 관세음보살이란 이름을 가지게 되었습니까?"

부처님은 무진의보살에게 말씀하셨다.

"선남자여, 만일 한량없는 중생이 온갖 고뇌를 받을 때에, 이 관세음보살의 일을 듣고 일심으로 이름을 부르면, 관세음보살은 곧 그 음성을 듣고 다 해탈을 얻게 한다. 만약 이 관세음보살의 이름을 가지는 이가 큰 불 속에 들어가도 불이 태우지 못하는 것은 이 보살의 위신력에 의한 때문이다. 만약 큰물에 빠졌을지라도 그 이름을 부르면, 곧 얕은 곳을 찾을 것이다. 만약 수많은 중생들이 보배를 구하기 위해 큰 바다에 들어갔을 때, 태풍이 그 배를 불어서 나찰귀의 나라로 떨어지게 할지라도, 그 가운데 한 사람이 관세음보살의 이름을 부르면, 모든 사람들이 그 환난을 벗어나게 될 것이니, 이와 같은 인연으로 이름을 관세음보살이라 하느니라.

만약 어떤 사람이 해를 입게 될 때 관세음보살의 이름을 부르면, 그 가지고 있던 칼이나 막대기가 조각조각 부러져서 벗어나게 될 것이다. 혹은 삼천 대천 국토 중에 가득찬 야차나 나찰이 와서 사람을 괴롭히고자 할 때, 관세음보살의 이름 부르는 것을 들으면, 이 모든 악한 귀신이 능히 악한 눈으로 보지도 못할 것인데, 하물며 어떻게 해를 입히겠느냐.

또 어떤 사람이 죄가 있거나 없거나 간에 고랑을 채우고 칼을 씌워서 그 몸을 결박당하였을지라도 관세음보살의 이름을 부르면 다 끊어지고 부서져서 곧 벗어나게 되리라. 만약 또 삼천 대천 국토 가운데 가득찬 원적이 있어서 한 사람의 장사하는 주인이 모든 장사치를 데리고 값진 보배를 가지고 험한 길을 지나갈 때, 그 한 사람이 이렇게 불러 말하기를 '모든 선남자여, 겁내거나 두려워하지 말라. 너희들은 일심으로 관세음보살의 이름을 부를지니라. 이 보살은 능히 두려움 없는 것을 중생에게 보시하시니, 만일 이름을 부르는 자는 이 원적에게서 반드시 벗어나리라.' 상인들이 이 말을 듣고 함께 소리를 내어 '나무관세음보살!' 하고 그의 이름을 부르면 곧 해탈을 얻을 것이다. 무진의여, 관세음보살의 위신력은 이와 같이 높고 큰 것이다.

만일 어떤 사람이 음욕이 많을지라도 항상 관세음보살을 생각하고 공경하면 곧 욕정을 여의게 되며, 또 성내는 마음이나 어리석음이 많을지라도 항상 관세음보살을 생각하고 공경하면 곧 성냄과 어리석음에서 벗어나게 되리라. 무진의여, 관세음보살은 이와 같은 큰 위신력이 있어, 이롭게 하는 바가 많으므로 중생은 항상 마음에 생각해야 할 것이다.

만약 어떤 여인이 아들을 구하고자 하여, 관세음보살을 예배하고 공양하면 복과 지혜를 갖춘 아들을 낳게 될 것이며, 혹은 딸을 구하고자 하면 단정하고 예쁜 딸을 낳되, 숙세에 덕을 심어서 모든 사람에게서 사랑과 공경을 받으리라. 무진의여, 관세음보살은 이와 같은 힘이 있으므로 만일 중생이 관세음보살을 공경하고 예배하면, 복이 되어 헛됨이 없을 것이다. 그러므로 중생은 다 관세음보살의 이름을 받아 가질 것이니라.

무진의여, 만일 어떤 사람이 육십이억 항하사 보살의 이름을 받아 가지고 다시 몸이 다하도록 음식과 의복과 이부자리와 약을 공양한다면, 이들의 공덕이 얼마나 많겠느냐?"

무진의보살은 말했다.

"부처님이시여, 아주 많겠습니다."

부처님께서는 다시 말씀하셨다.

"만일 또 한 사람이 관세음보살의 이름을 받아 가지고 잠시라도 예배 공양하면, 이 두 사람의 복이 똑같아서 다름이 없으니, 백천만억 겁을 두고 헤아려도 다하지 못하리라. 무진의여, 관세음보살의 이름을 받아 가지면 이와 같이 한량없고 끝이 없는 복덕과 이익을 얻을 것이다."

2 무진의보살은 다시 부처님께 이렇게 물었다.

"부처님이시여, 관세음보살은 어떻게 이 사바세계에 계시며, 중생을 위해서 어떻게 법을 설하고, 그 방편의 힘은 또한 어떠합니까?"

부처님께서는 다음과 같이 말씀하셨다.

"선남자여, 만약 어떤 중생을 부처님의 몸으로써 제도할 수 있는 이에게는 관세음보살이 곧 부처님의 몸으로 나타나 법을 설하며, 벽지불의 몸으로써 제도할 이에게는 곧 벽지불의 몸을 나타내어 법을 설하고, 이와 같이 성문·범왕·제석·자재천·대자재천·천대장군·비사문·소왕·장자·거사·재관·바라문·비구·비구니·우바새·우바이·장자·거사·재관·바라문의 부녀·동남·동녀·하늘·용·야차·건달바·아수라·가루라·긴나라·마후라가摩睺羅迦(大蟒神)·인비인人非人·집금강신 등의 몸으로써 제도할 자에게는 곧 낱낱이 위와 같은 몸을 나타내어 법을 설하느니라.

무진의여, 이 관세음보살은 이와 같은 공덕을 성취하여 갖가지 모양으로써 모든 국토에 있으면서 중생을 제도하여 해탈하게 하므로, 너희들은 마땅히 일심으로 이 관세음보살을 공양할 것이니라. 이 보살은 겁나고 두렵고 급한 환난 가운데서도 두렵지 않게 하느니라. 그러므로 이 사바세계에서는 그를 일컬어 '두려움을 없애 주는 이'(施無畏者)라고 하느니라."

무진의보살은 부처님께 아뢰었다.

"부처님이시여, 저는 지금 마땅히 관세음보살을 공양하겠습니다."

이렇게 말하고 그는 곧 목에 걸었던 값이 백천 양금이나 되는 여러 가지 보배 영락을 풀어주면서 말을 이었다.

"거룩하신 이여, 이 법에 의하여 드리는 진귀한 보배 영락을 받아 주소서."

그때 관세음보살은 선뜻 이를 받지 않았다. 무진의는 다시 관세음보살에게 여쭈었다.

"거룩하신 이여, 우리들을 가엾이 여기시고 이 영락을 받으소서."

부처님은 관세음보살에게 말씀하셨다.

"이 무진의보살과 사중과 하늘과 팔부중들을 불쌍히 생각하고 이 영락을 받으라."

이때 관세음보살은 모든 사중들을 불쌍히 생각하여, 그 영락을 받아 둘로 나누어서, 하나는 석가모니 부처님께 받들어 올리고, 다른 하나는 다보여래의 탑에 받들어 올렸다. 부처님은 이렇게 말씀하셨다.

"무진의여, 관세음보살은 이와 같이 자재한 신력을 가지고 사바세계에 있느니라."

제2장 열반에 드심

제1절 일곱 가지 망하지 않는 법

1 부처님은 어느덧 나이 여든 살을 맞이하시어 왕사성으로 돌아와, 그 성밖에 있는 기사굴산(靈鷲山)에 계셨다.

마가다의 국왕 아사세는 발기국拔耆國(弗栗恃)이라는 나라를 정벌하려고 생각하고, 우행 대신雨行大臣에게 명령을 내렸다.

"우행이여, 부처님은 여기서 멀지 않은 곳에 계시니, 경은 나를 위하여 거기로 가서 가르침을 청하라. 그리하여 부처님께서 말씀하신 것을 잘 기억하고 돌아오라. 부처님께서 말씀하신 것은 허망한 것이 없는 까닭이다."

우행은 명령을 받고 거마를 갖춘 후, 행장을 차리고 산에 올라가 부처님께 아뢰었다.

"마가다 국왕 아사세는 멀리 부처님께 망배望拜를 드리고 부처님의 안부를 묻고 있습니다. '부처님께서는 성체 안녕하시고 진지도 전과 같이 잘 잡숫고 계십니까?' 이것이 마가다 국왕이 대신하여 여쭈어 달라는 전갈입니다."

"기특하다. 우행이여, 너의 임금과 백성들도 함께 다 화평하고 물건값도 과히 오르지 않았느냐?"

"그렇습니다. 다행히 부처님의 은혜를 입어 상하上下가 다 화평합니다.

비도 순조롭게 오고 바람도 알맞게 불어 국태민안의 실정을 올리고 있습니다. 그러나 한마디 말씀을 사뢰고자 하나이다.

부처님이시여, 아사세왕은 항상 발기국을 정벌하고자 합니다. 부처님의 높으신 뜻에는 어떠하신지요. 좋은 말씀을 들려주소서."

"우행이여, 나는 일찍이 발기국에 들어 자바라의 사당에 있은 일이 있다. 그 나라의 윗사람 장로長老들이 내게 모여 와서 말하기를 '마가다의 왕이 지금 우리나라를 쳐들어오려 합니다. 그래서 우리들은 서로 경계하고 이 나라를 굳게 지키려 합니다'고 했다. 그래서 나는 저들에게 '걱정하지 말라. 너희들이 만일 일곱 가지의 법만 지켜서 나라를 다스린다면 결코 아사세왕에게 망하지 않을 것이다'고 가르치고, 그 법을 설명하여 저들이 받들게 하였다. 우행이여, 지금까지 저들이 이것을 실행하고 있다면 그 나라를 쳐부수기가 어려울 것이다."

"부처님이시여, 그러시다면 그들에게 말씀하신 법을 일러 주소서."

"그러면 자세히 들어라. 너를 위하여 자세히 말하리라."

하고 부처님은 말씀하셨다.

2 그때 마침 아난은 부처님 뒤에서 부채질을 하고 있었다. 부처님은 아난을 돌아보시고 물으셨다.

"아난아, 너는 발기국의 국민들이 자주 모여서 정사를 의논하고, 국방國防에 대하여 방비하는 것을 들은 일이 있느냐?"

"있습니다."

"그렇다면 발기국 결코 망하지 아니할 것이다. 아난아, 너는 또 저 나라 사람들이 상하가 협력하여 다같이 국사를 받들어 실행하되, ① 국법을 존중하여 함부로 뜯어 고치지 않고, ② 예절을 지키어 남녀의 별다른 도를 지키며, ③ 어른이나 어린이는 서로 따르고 ④ 부모에게 효도하고 선생에게 순종하며, ⑤ 예법을 폐하지 않고 ⑥ 도를 높이고 덕을 공경하며 ⑦ 계율을 지키는 승려가 멀리서 오면, 의복과 음식과 침구와 탕약 등을 갖추어 올리되, 조금도 게을리 하지 아니한다는 것을 들은 일이 있느냐?"

"부처님께서 말씀하신 그대로 들었습니다."

"그렇다면 발기국 결코 망하지 아니할 것이다. 그 나라를 지키는 사람들이 이 일곱 가지의 법을 실행한다면, 나라는 위태할 것이 없을 것이다. 천하 사람이 다 군사를 일으켜 이 나라를 쳐들어가더라도 이겨내지 못할 것이다."

그때 우행은 자리에서 일어나 부처님께 절하고 아뢰었다. "발기국의 인민들이 이러한 법 가운데 하나만 실행하더라도 전쟁을 계획할 수가 없을 것입니다. 그렇거늘, 일곱 가지 법이나 지킨다니 더구나 아니 될 일입니다."

하고, 부처님께 절하고 물러가, 아사세왕에게 보고했다. 왕은 이 말을 듣고 전쟁을 그만두기로 했다.

3 우행 대신이 물러가자, 부처님은 아난에게 명령하여, 이 기사굴산 근방에 있는 모든 비구를 다 강당에 모이게 하고 그 앞에서 말씀하셨다.

"비구들이여, 나는 이제 너희들을 위하여 일곱 가지의 법을 말하리라. 너희들은 자세히 듣고 잘 생각하라. 비구들이여, ① 자주 서로 모여서 불법을 강설하라. 그리하면 나의 도가 오래 머무를 것이다. ② 상하가 화목하여 서로 공경하며 어기지 말라. ③ 법을 받들고 계율을 어렵게 여겨서 함부로 바꾸거나 고치지 말라. ④ 어른이나 어린이나, 먼저 출가한 사람이나 뒤에 출가한 사람이나 서로 사귈 때에는 예절을 지키고 효도와 공경을 근본으로 하라. ⑤ 고요한 곳에 머물러 행行을 밝히라. ⑥ 이익이 되는 일은 남에게 먼저하고 자기는 뒤로 미루며, 착한 도道로 인도하고 대중을 사랑하라. ⑦ 찾아오는 사람을 후하게 대접하고 병든 사람을 간곡히 보아주라. 그러면 도는 오래 머무를 것이다.

비구들이여, 또 일곱 가지의 법이 있어서 도를 왕성하게 한다. 곧, ①

청정함을 지켜서, 번잡한 일을 즐겨하지 말라. ② 욕심을 억눌러 탐하지 말라. ③ 인욕을 지켜서 다투지 말라. ④ 고요함을 지켜서 희롱하지 말라. ⑤ 법의 뜻을 지켜서 교만하지 말라. ⑥ 한 마음을 지켜서 다른 잡행을 따르지 달라. ⑦ 검소함을 지켜서 의식衣食을 절약하라. 그러면 도는 오래 머무를 것이다.

비구들이여, 또 일곱 가지 법이 있어서 도를 왕성하게 한다. 곧 ① 여래를 공경하고, ② 신성한 법을 공경하고 ③ 신성한 무리와 ④ 신성한 계율과 ⑤ 신성한 선정과 ⑥ 부모를 공경하고 ⑦ 게으르지 않는 근면을 공경하면, 도는 오래 머무를 것이다.

4 비구들이여, 또 일곱 가지의 법이 있어서 도를 왕성하게 한다. 곧 ① 정법正法을 생각하여 잊어버리지 말라. ② 모든 법을 관찰하여, 그 참됨과 거짓됨을 가려라. ③ 간단없이 부지런히 힘쓰라. ④ 항상 기쁜 마음을 가져 거짓을 제하라. ⑤ 선정禪定에 머물러 잡된 생각을 내지 말고, ⑥ 실답지 못한 경계를 버려라. ⑦ 떴다가 잠겼다가 하는 두 끝을 피하라. 그러면 도는 오래 머무를 것이다.

비구들이여, 일체의 모든 생물에 자비를 입히고 사람으로서, 죽는 이가 있거든 불쌍하게 여기라.

죽어가는 사람은 도를 알지 못한다. 탄식하고 슬퍼하는 사람들도 또한 그 혼신魂神이 가는 곳을 알지 못한다. 도를 얻은 사람만이 이것을 안다. 여래는 이것 때문에 교법敎法을 베푸는 것이니, 교법을 배우고 도를 행하지 아니하면 아니 되는 것이다. 천하天下에 도는 많은 것이다. 그 가운데에도 패도覇道보다 왕도王道가 큰 것이다. 그러나 불도佛道는 그 가운데서도 지극히 으뜸가는 도다.

비구들이여, 여래의 교법을 닦는 사람은, 다른 사람의 도 얻은 것을 보고, 나는 아직 얻지 못하였다고 슬퍼하여서는 아니 된다. 예를 들면, 수십 명 사람들이 활쏘기를 배우는 것과 같아서 앞에서 먼저 맞히는 사람도 있고, 뒤에 섰다가 나중에 맞히는 사람도 있어서 그 맞히는 때는 같지 아니하나, 쏘아 익히기를 쉬지 아니하면, 마침내 다 맞히는 것과 같은 것이다. 또 천하의 물도, 작은 개천에 있는 것은 흘러서 큰 개천으로 들어가고, 큰 개천에 있는 것은 흘러서 큰 강으로 들어가고, 큰 강에 있는 것은 흘러서 다 바다로 들어가듯이, 사람도 닦아서 쉬지 않으면 뒤에는 반드시 해탈을 얻을 것이다."

여러 비구들은 이 말씀을 듣고 크게 기뻐하였다.

제2절 법의 거울

1 부처님은 이제 돌아가실 때가 점점 가까워오는 것을 스스로 깨달으시고 아난을 불러 말씀하셨다.

"이제 여기서 파련불巴連弗시市로 가자."

아난은 의복을 정돈하고 바리때를 들고, 여러 비구들과 같이 부처님을 따라, 왕사성을 나서서 북방의 파련불시로 향했다. 도중에 암바라치라는 마을을 지날 때에, 부처님은 그곳 대숲절에서 쉬시었다. 부처님은 여러 비구들에게 말씀하셨다.

"비구들이여, 도에 뜻을 두는 자가 사성제四聖諦를 모르면 아니 된다. 이것을 알지 못하기 때문에 길이 나고 죽는 길에 혼미하여 쉴 때가 없는 것이다. 비구들이여, 사성제란 무엇인가? 곧 고苦와 집集과 멸滅과 도道다. 고苦라고 하는 것은, 나고 늙고 병들고 죽는 것과, 사랑하는 자들이 갈리는 것과, 보기 싫은 자들이 한곳에 모여 사는 것과, 구하되 얻지 못하는 것이다. 이러한 고를 이끌어 일으킨 번뇌를 집集이라 하고, 이 고통의 인과를 없애는 것을 멸滅이라 한다. 그리고 멸에 이르는 도道가 있으니, 그것을 팔정도八正道라고 한다.

너희들이 이 고苦를 알고 그의 원인을 끊어 버리면, 그는 눈을 얻은 자라 할 것이니, 그 사람에게는 나고 죽는 것이 없어서 고통은 영원히 끊어지는 것이다.

그러므로 비구들이여, 마음을 오로지하여 여래의 말씀을 받아 가져라. 욕심을 멀리하고, 세상 사람과 싸우지 말라. 살생하지 말고 도둑질하지 말고 여자들과 음행을 하지 말라. 속이고 저주하고 아첨하고 허풍을 치며, 허튼수작이나 미워하거나 꾸짖지 말라. 또 질투하고 성내고 미혹하고 의심하지 말라. 몸이란 것은 무상하고 더러운 것임을 생각하라. 그리하여, 필경에는 티끌과 흙 속으로 돌아가는 것임을 생각하라. 옛날의 여러 부처들은 다 이 사성제四聖諦를 관찰하고 이 사성제를 가르치셨다. 앞으로의 모든 부처들도 또한 다 이 사성제를 관찰하고 이 사성제를 가르칠 것이다.

비구들이여, 속가에 있기를 탐하고 은정과 애정을 생각하며, 세상의 영화와 명리名利를 원하는 자는, 드디어 세상을 제도할 길을 얻지 못할 것이다. 세상을 즐겨하는 마음은 도를 즐겨하지 않기 때문인 것이다.

도는 마음에서 나는 것이다. 마음이 깨끗하면 도는 스스로 얻어질 것이다. 이제 여래는 세상을 위하여 생사를 벗어나서 정도正道를 열어 놓은 것이다. 모든 지옥과 축생과 아귀의 길을 끊으려고 생각하거든, 마음을 하나로 하여 교계敎戒를 가져라. 계戒를 닦으면 정定을 얻고, 정을 닦으면 혜慧를 얻고, 혜를 닦으면 마음이 깨끗하여질 것이다. 비구들이여, 이것을 자세히 생각하라."

2 부처님이 이 촌락에 유숙하실 때에, 사리불은 부처님의 앉으신 자리 앞에 나와 공손히 부처님께 절하고 아뢰었다.

"부처님이시여, 저는 세상에 부처님보다 더 수승한 이와 또는 부처님과 같이 도를 깨치신 이는, 과거와 현재와 미래를 거쳐서 한 사람도 없다고 믿습니다."

"어찌하여 그런 줄을 아느냐?"

"부처님이시여, 저는 일찍이 과거 · 현재 · 미래의 삼세를 모르고 있었사오나, 부처님을 의지하여 삼세의 이치를 알게 되었습니다. 부처님께서는 헤아릴 수 없는 지혜를 갖추시고, 현재와 과거와 미래를 알고 계십니다. 그러기에 부처님은 지극히 높으신 지상존至上尊으로 계십니다. 일체의 번뇌를 해탈하시고 깨달음이 구족하신 일체의 덕을 가지고 계신 어른이십니다."

부처님과 사리불은 이런 문답으로 암바라치 촌에서 나란타라는 마을로 들어가셨다. 동네 사람들은 기쁘게 환영하면서 모셔 들였다. 부처님께서는 그들에게 도에 대한 법문을 말씀하시고 잠깐 동안 이곳에 머물러 계셨다.

3 부처님은 아난을 따라 나란타를 떠나, 여러 제자들과 같이 파련불에 이르러서, 성밖 나무 수풀 밑에 앉아 계셨다. 이 파련불이라는 도시는 항가 강을 안고 있는 곳으로서, 이웃 마가다 국과의 국경이었다.

성 중 사람들은 부처님이 오셨다는 말을 듣고, 모두 성밖으로 나왔다. 나무 수풀 밑에 앉으신 부처님의 거룩한 모습을 바라보고 기뻐하면서, 자리 밑에 나아와 부처님 발에 절하고 옆에 앉았다. 부처님은 저들을 위하여 도법을 펴서 전하시니 사람들은 듣기를 마치고

"우리들은 삼가 부처님과 법과 화합 대중에 귀의합니다. 청하건대, 불쌍하게 여기시어 우리들을 신자信者로 허락하여 주시옵소서. 우리들은 이제부터 살생과 도둑질과 음행과 거짓말과 술 마시는 일을 끊어 버리겠나이다."

하고 맹세했다. 부처님은 이것을 허락하여 주셨다.

사람들은 부처님과 제자들을 위하여 공양을 올리겠다고 청하여 그 허락을 얻고, 시내에 있는 큰 공회당公會堂을 깨끗하게 쓸고 물을 뿌리고 걸레로 닦고, 향을 피우고 좌석을 정돈한 뒤, 부처님을 청했다. 부처님은

제자들과 같이 그 회당으로 행차하셨다. 발을 씻고 손을 닦고 회당 안으로 들어가시어, 중앙의 기둥을 등지고 동쪽을 향하여 앉으시고, 비구들은 그 뒤에 앉고 시민들은 부처님 앞에 벌려 앉았다.

부처님은 법을 설하셨다.

"세상에 탐욕을 좋아하고 마음을 방자하게 가지는 사람은 다섯 가지의 허물이 있다. 첫째는 재물이 날로 감해지고, 둘째는 도를 잊어버리어 몸이 위태하며, 셋째는 사람들이 공경하지 아니하고 죽음에 다다라서 후회할 것이며, 넷째는 좋지 못한 소리가 세상에 퍼지고, 다섯째는 죽은 뒤에 다시 지옥과 같은 고통 가운데로 들어가게 될 것이다.

그러나 만일 마음을 항복받고 온공하고 공손하여 방자하지 않으면 다섯 가지의 얻는 것이 있다. 첫째는 재물이 날로 불어나고, 둘째는 도에 가까워지고, 셋째는 이르는 곳마다 공경을 받고 죽음에 다다라서 후회함이 없으며, 넷째는 좋은 이름이 멀리 퍼지고, 다섯째는 죽어서 천상天上과 같은 복덕을 받는 곳으로 올라갈 것이다." 이런 설법이 있은 뒤에, 밤은 이미 깊었다. 부처님은

"밤이 벌써 깊었으니, 너희들은 각각 돌아감이 어떠냐"고 하시므로, 사람들은 절하고 각각 물러갔다.

그 이튿날 밤에 부처님은 숲 속으로 들어가시어 고요히 한 그루 나무 밑에 앉으셨다. 거기서 모든 천신天神들이 이 도시를 수호하고 있는 것을 보시고, 다시 회당으로 돌아오셨다. 아난도 의복을 정돈하고 부처님의 옆에 앉아 있었다. 부처님은 아난에게 물으셨다.

"파련불 성을 쌓은 이는 누구냐?"

"이것은 마가다 국의 대신 우행이, 대신 수니다와 더불어 아사세왕의 명령을 받고 쌓은 것으로서 발기국을 막기 위한 것입니다."

"어질고 착하구나. 우행이여, 이 성은 뒤에 반드시 번영하여, 어진 사람들과 장사하는 사람들이 모일 것이다. 그래서 다른 나라의 침해를 받

는 일이 없을 것이다. 그러나 아주 오랜 뒤에는 큰 화재와 홍수와 성안 성밖에 있는 반역자들의 행동에 의한 세 가지 재앙이 있어서, 그것 때문에 필경에는 이 성이 파멸하여 망하고 말 것이다."

4 우행 대신은 부처님께서 제자들을 거느리고 이곳에 오셨다는 말을 듣고, 많은 시종들과 함께 부처님의 자리 앞에 가까이 나아가 공손히 절하고 옆에 앉았다. 부처님이 그들을 위하여 설법하시자, 우행은 기뻐하여 아뢰었다.

"부처님이시여, 저는 내일 공양을 올리려고 생각하오니, 바라건대 비구들과 함께 저의 집으로 오셔 주시기를 원하나이다."

부처님은 잠자코 이것을 허락하시었다. 우행은 집으로 돌아가 밤새도록 집을 깨끗이 치우고 음식을 갖추었다. 아침때가 돌아오기를 기다려 다시 부처님께 나아가 공양 받으시기를 청하였다. 부처님은 비구들과 함께 그 집으로 가셨다. 우행이 바치는 음식을 받으시고 부처님은 말씀하셨다.

"공경할 이는 공경하고 섬길 이는 섬기며, 널리 보시하고 모든 사람을 사랑하며, 항상 법문 듣기를 원하는 것은 좋은 일이다. 벼슬자리에 있을 때에는 탐심을 내고 성을 내거나, 아랫사람을 학대하고 거만하고 방종하여서는 아니 되는 것이다. 만일 이 다섯 가지를 버리면, 뒤에 뉘우침이 없고 죽어서도 고통을 여윌 것이다. 우행이여, 이것을 지키는 것은 좋은 일이다."

우행은 삼가 그 가르침을 순종하였다. 부처님은 우행의 집을 떠나 비구들을 데리고 성 동문 밖을 나와 항가 강을 향해 가셨다. 물은 항상 넘쳐흐르고 있었다. 이 강을 건너려고 사람들은 배를 다투고 있었다. 부처님은 비구들과 함께 그 배를 타자, 어느새 강을 건너시고 말씀하셨다.

"여래는 뱃사공이다. 정법正法에 의하여 고해苦海를 건너고, 모든 중생을 인도하여 열반으로 가게 하는 것이다."

우행은 부처님을 전송하고, 부처님이 나가시던 문을 '구담의 문'이라 이름하고, 그 건너가시던 나루터를 '구담의 나루'라고 이름하였다.

5 부처님은 구리 촌에 당도하여 한 숲 속으로 들어가시자, 비구들에게 말씀하셨다. "비구들이여, 깨끗한 계戒와 깨끗한 정定과 혜慧를 가져서 해탈을 얻어라. 이 법은 미묘하여 쉽게 깨닫기가 어렵다. 이것을 깨닫지 못하기 때문에 우리들은 오래도록 생사 가운데 있어서, 끝없이 해매고 있는 것이다.

너희들은 노력하여 스스로 청정한 행을 닦고, 마음을 알아서 그 성품을 깨끗이 하라. 세상과 싸우지 말고 스스로 몸을 근심하고, 고요히 안으로 돌이켜 생각하는 것이 좋은 것이다. 그리하면, 마음이 밝아지고, 탐貪·진瞋·치癡의 세 가지 때를 제하고, 스스로 도를 얻어 마음은 다시 산란하지도 않고 묶여지지도 않을 것이다. 비구들이여, 왕이 백성의 주인인 것과 같이, 마음은 만물의 주인인 까닭으로, 잘 이것을 생각함이 좋을 것이다.

6 부처님은 구리 촌에서 나지가 촌으로 들어가, 한 강변의 나무 밑에 머물러 계셨다.

그때 이 마을에는 역병疫病이 유행하여 죽는 사람이 많았다. 비구로서 차루바, 니난디와 우바새로서 가릉가와 파두루와 수발타와 수달다 및 우바이의 스카타 들도 그 가운데 있었다. 그 친족들이 와서

"저이들은 죽어서 어디로 갔을까요?"

하고 물었다. 아난은 부처님께 이것을 여쭈었다. 부처님은 말씀하셨다.

"차루바는 이 세상에서 무학위無學位에 있었으니 더 말할 것이 없고, 니난디·가릉가·파두루·수발타 등의 오십 인은 천상에서 열반에 들 것이요, 수달다 등의 구십 인은 한번 인간에 와서 고苦의 원인을 다할 것이다. 그리하여, 스카타 등의 오백은 천상과 인간을 오르내리기 일곱 번 동안에 탐·진·치의 삼독의 때를 끊어 다하고, 지옥·아귀·축생의 도를

여의어 열반에 들 것이다.

아난이여, 삶이 있으면 죽음이 있는 것이다. 이것은 세상의 상도常道다. 그러나 사람의 죽음이 있을 때마다, 왔다가 가는 곳을 묻는 것은 번거로운 일이다. 나는 이제 너희들을 위하여 법의 거울을 보여, 나의 제자들이 나는 곳을 가르쳐 주리라.

아난이여, 만일 나의 제자로서 굳은 믿음을 얻어 여래를 믿고 여래의 법을 믿고, 여래의 화합중인 승僧을 믿으면 지옥 · 아귀 · 축생의 도를 여읠 것이다. 설사 천상과 인간을 왕래할지라도, 칠七생을 지나기 전에 저절로 고통을 벗어날 수 있을 것이다. 그러나 중생은 어리석기 때문에 생사가 있는 것이다. 그렇지만, 지혜 있는 사람은 도를 갖기 때문에 생사에 뒤바뀌어 나지 않는다. 너희들은 올바르게 부처를 생각하고 법法을 생각하고 승僧을 생각하고 계戒를 생각하여, 영원히 근심과 탄식을 여의는 것이 좋을 것이다."

제3절 암바바리

1 부처님은 나지가 촌에서 계戒와 정定과 혜慧에 대한 법문을 설하신 후, '이제 비사리로 가자.' 하시고, 아난을 데리고 길을 떠나 비사리성 밖에 있는 수풀 동산에 머물러 계셨다. 이 동산은 성 중에서 이름이 높은 창기娼妓 암바바리菴婆波利의 소유였다. 그 여자는 부처님께서 동산에 오셔서 계신다는 말을 듣고, 화려하고 깨끗하게 몸을 단장하고, 그 시종 오백 창녀를 데리고 수레를 몰아 부처님이 계시는 자리 앞으로 가까이 갔다. 부처님은 멀리 이것을 보시고 비구들에게 말씀하셨다.

"비구들이여, 너희들은 이제 그 마음을 단정히 가져야 한다. 차라리 사나운 호랑이의 입에 들어가고, 새파란 칼날 밑에 서거나 혹은 불 속에

묻었던 뜨거운 쇠창으로써 두 눈을 꿰질지라도 음욕에 미혹하여서는 아니 된다. 음욕심이 일어나거든 굳게 제어하여 눌러라. 이미 발생한 악은 끊어 버리고 아직 나지 아니한 악은 아주 나지 않도록 하며, 이미 발생한 선은 잘 자라도록 기르고, 아직 나지 않은 선은 잘 나게 하라. 이렇게 하여, 잘 그 마음을 거두라. 만일 좋지 못한 마음을 처음부터 그치지 아니하면, 뒤에 이르러서는 그치기가 어려운 까닭이다. 설사 뼈가 부서지고 몸의 살이 불에 타서 뭉크러질지라도 마음에 맡겨서 악을 행하여서는 아니 된다. 굳세게 제지하라는 것은 이것을 이른 것이다. 잘 자기의 마음을 단정히 하는 것이 가장 굳센 것이다. 비유하여 말하면, 두 마리의 소가 서로 얽어 매이지 않고 한 멍에 가운데 달려서 가는 거와 같이, 오근五根(=눈·귀·코·혀·몸)은 경계를 얽매지 않고 경계는 오근을 얽매지 않건만, 다만 그 가운데 욕심이 있어서 오근과 경계를 얽어매는 것이다. 그러므로 다만 마음을 억제하라. 마음을 놓아서 방탕하여서는 아니 된다. 그러므로 정진의 활과 지혜의 창을 잡고, 정념正念의 갑옷을 입고, 오욕과 싸워서 승부를 결단하는 것이다.

나는 도를 구하기 시작하여 지금까지 마음과 싸워서 헤아릴 수 없는 시간을 거듭하여 왔다. 그동안에 삿된 마음을 따르지 않고, 노력하고 힘써서 마침내 정각正覺을 얻은 것이다. 비구들이여, 그 마음을 단정히 가지라. 너희들의 마음은 오랜 동안에 더러운 가운데 있었으니, 이제는 스스로 거기서 빠져나와 모든 고통에서 벗어나라. 생사生死의 법은, 밖을 보아도 고苦요, 안을 보아도 고다."

2 암바바리는 곧 부처님을 바라보고 기뻐하며, 수레에서 내려 부처님 앞으로 나아가 절하고 옆에 앉았다. 부처님은 그 여자에게 물으시었다.

"무엇하러 여기 왔는가?"

"저는 가끔 부처님께서는 모든 하늘의 천신이나 천왕보다 훌륭하시다는 말씀을 들었습니다. 그러므로 좋은 법문을 들어 낮이나 밤이나 스스로 공부해, 삿된 길에 빠지지 아니하려고 생각하고, 부처님을 뵈러 온 것입니다."

"너는 여자로 태어난 것을 기뻐하느냐?"

"천신天神이 저를 여자로 만들어준 대로일 뿐입니다. 저는 여자가 된 것을 기뻐하지는 않습니다."

"네가 만일 기뻐하지 않는다면, 누가 너에게 오백 인의 창녀인 여인들을 기르게 하였는가?"

"저도 알 수 없는 저의 어리석은 행실인가 합니다."

"착하다, 암바바리여, 행실이 더러운 자에게는 다섯 가지의 장애가 있다. 첫째는 이름이 손상되고, 둘째는 여러 사람에게 미움을 받고, 셋째는 두려움과 의심을 품는 일이 많고, 넷째는 죽어서는 지옥으로 들어가고, 다섯째는 필경에는 축생의 업보를 받는 것이니, 이것은 다 욕심 때문인 것이다.

또 행실이 깨끗한 자에게는 다섯 가지의 복이 있다. 첫째, 명예가 드러나고, 둘째, 벼슬아치들을 두려워할 것이 없고, 셋째, 몸이 편안하고, 넷째, 죽어서는 천상에 나고, 다섯째, 필경에는 청정한 열반의 도道에 들게 되는 것이다. 그러므로 스스로 이 말을 아프게 느껴 나의 교계敎戒를 실행하라. 그리하면, 청정한 대도大道를 얻으리라."

이와 같이 부처님이 여러 가지의 법문을 설하시자 암바바리는 마음 속에 기쁨이 넘쳤다. 부처님은 계속하여 말씀하셨다.

"너의 마음은 벌써 맑아졌다. 그러나 남자가 도道에 나아가는 것은 그다지 어려운 일이 아니지마는, 여자로서 도를 즐겨하기는 매우 어려운 것이다. 하물며 나이가 젊고 집안 살림이 풍부하고 용모가 뛰어난 자이랴? 암바바리여, 재물과 자색姿色은 떳떳한 보배가 아니다. 오직 도만이 높은 것이다. 강한 이도 병에 거꾸러지고, 젊은이는 늙음으로 변하며, 목숨은 죽음으로 괴로워한다. 사랑하는 자와는 갈리게 되고, 보기 싫은 자와는 이웃처럼 모이며, 구하는 바는 마음을 따르지 않는다. 그러나 도道만은 마음대로 할 수가 있는 것이다. 이것을 행하는 자는 누구에게든지 침범을 당하지 아니한다."

암바바리는 자리에서 일어나 꿇어앉아 아뢰었다.

"변변치는 못하오나 내일 아침에 공양을 올리려 하나이다. 바라건대, 부처님께서는 여러 제자들의 성중聖衆과 함께 저의 집으로 와 주시기를 원하나이다."

부처님의 말없는 허락을 얻은 암바바리는 매우 기뻐하며 일어나 절하고 물러갔다.

3 그때 성 중에 있는 리차 족族 사람들은 부처님을 뵈려고 오백 인이 함께 수레를 몰아 성을 나왔다. 푸른 빛깔의 수레에는 푸른 깃대와 푸른 일산을, 흰 빛깔의 수레에는 흰 깃대와 흰 일산을 꽂고 세웠다. 또 누른 빛깔의 수레에는 누른 깃대와 누른 일산을, 붉은 빛깔의 수레에는 붉은 깃대와 붉은 일산을 사용했다. 그리하여, 여러 사람들의 몸에 장식한 모든 구슬과 옥은 실로 휘황하고 찬란하여 사치하기 그지없었다. 그 사람들이 오고 있을 때 암바바리는 그가 데리고 온 오백 인의 창기들과 같이, 부처님의 자리를 떠나 성 중에 있는 자기 집으로 급히 돌아가는 길이었다. 그런데 리차 인들과 만나 피차의 수레가 맞부딪쳐, 수레의 축軸과 축이 서로 받치고 바퀴와 바퀴가 서로 맞받아, 수레도 부서졌거니와 리차 인들의 깃대와 일산이 많이 부서졌다. 리차 인들은 화가 나서 암바바리 일행을 꾸짖었다.

"무슨 까닭으로 너희들은 우리들의 수레에 손해를 입히고도 돌아보지도 않느냐?"

"내일 아침에 부처님과 그의 제자 성중聖衆을 저의 집으로 청하여 공양을 올릴 허락을 얻었기 때문에, 아무것도 생각하지 않고 길을 급히 재촉하여 가느라고 이와 같이 실례를 하였습니다."

하고 암바바리는 사과했다.

리차, "너는 벌써 부처님께 허락을 얻었느냐? 암바바리야, 잠깐 너의 초대를 우리들에게 양보해 줄 수 없겠느냐? 만일 양보해 준다면, 우리들은 너에게 백천 냥 금을 줄 터이니 어떠냐?"

암바바리, "저희가 부처님을 초대한 것은 이미 벌써 확정한 일이라, 당신네들에게 양보할 수가 없습니다."

리차, "그러면 백천 냥을 열여섯 배로 하여 줄 터이니, 어떠냐?"

암바바리, "돈이 문제가 아니 됩니다. 요는 신심信心과 정성이 문제인데, 신심과 정성을 어찌 돈으로 바꾸겠습니까?"

리차, "너는 이미 돈을 위하여 기생의 몸이 된 것이 아니냐? 그런데 어찌 돈을 싫다느냐? 신심도 신심이겠지마는 돈도 천한 것은 아니다. 나라의 재산 가운데 반분을 너에게 줄 터이니, 그러면 어떠냐?"

암바바리, "설사 온 나라의 재산을 다 준다 하더라도, 우리들은 절대로 양보할 수가 없습니다. 그것은 부처님께서 저의 초대를 맨 첫 번에 허락하신 까닭입니다. 그런데 어찌 성인을 속이고 남에게 양보할 수가 있겠습니까?"

리차 인들은 손을 흔들면서

"이 여자들 때문에 우리들은 처음 짓는 복을 빼앗겼다."고 탄식하고, 다시 몸맵시를 정돈하고 바로 부처님이 계신 동산으로 나아갔다.

4 부처님은 멀리 리차 인들이 떼를 지어 오는 것을 보시고, 여러 제자들에게 말씀하셨다.

"너희들이 삼십삼천의 영광을 알고 싶거든, 저 리차 인들을 보라. 저들의 위의는 대단하구나. 비구들이여, 스스로 마음을 거두어 모든 위의를 갖추어라. 몸과 감정과 마음과 법을 잘 관찰하여, 노력하여 게을리 하지 말고 행할 것은 행하고 그칠 것은 그쳐라. 의발衣鉢을 갖는 것이나 탕약湯藥을 사용하는 것도 대체로 위의를 잃지 말라. 앉든지 놓든지, 말을 할 때에나 잠자코 있을 때에나 언제든지 마음을 거두어 문란하게 하지 말라."

이때에 리차 인들은 수레에서 내려 부처님의 자리 앞으로 나아가, 앞에 있는 자는 꿇어앉고, 가운데 있는 자는 머리를 숙이고, 뒤에 있는 자는 손을 모으고, 이렇게 모두 자리에 앉았다. 부처님께서는 그들을 보시고 물으셨다.

"너희들은 무엇 하러 여기 왔는가?"

"부처님께서 여기 계시다는 말씀을 듣고 뵈러 왔나이다."

부처님은 그들을 위하여 설법하셨다.

"착한 남자여, 방탕하고 방일하여서는 이익과 이름을 얻지 못한다. 방일하기를 좋아하면, 남에게 보시하기를 즐겨하지 않고, 수도하는 사람 보기를 싫어하며 잠자기와 장난치기를 즐겨하고, 악한 벗과 사귀기를 좋아하며, 또 게을리 놀기를 즐겨한다. 그래서 남에게 가볍게 보이고 천하게 보이며, 들은 것을 잊어버리고, 변방에 있기를 즐겨하며, 관능官能을 조복하여 다룰 줄 모르고, 음식에 족함을 모르며, 한적한 곳을 즐겨하지 않고, 따라서 그 보는 바가 바르지 못하다.

좋은 남자여, 세간의 법이나 출세간의 법은 다 방일하지 않는 데서 발생하는 것이다. 만일 도道를 얻고자 생각한다면 힘써 방일하지 않는 법을 닦아라. 방일을 좋아하는 자는 여래와 불제자를 가까이 할지라도 깨달음과는 멀어지는 것이다."

"저희들은 자신이 방일하고 있음을 알고 있습니다. 만일 그렇지 않다면, 부처님께서 저희들을 제도하기 위하여 이 땅에 오시지 않으셨으리라 생각합니다."

5 그때 좌중에 빈기야賓耆耶라는 한 바라문이 있어서, 리차 인들에게 말하기를

"너희들의 말한 것은 매우 좋았다. 그리고 빈바사라 왕은 큰 이익을 얻

었다. 부처님께서 마가다 국에 오신 것은 마치 못 가운데서 묘한 연꽃이 피어난 것과 같다. 그러나 부처님께서 마가다 국에만 오시기 위한 것은 아니다. 부처님은 해와 달과 같아서, 한두 사람을 위하여 세상에 오신 것이 아니기 때문이다."

하고, 자리에서 일어나 부처님 앞에 나아가서, 부처님의 거룩한 얼굴을 물끄러미 우러러보았다.

"너는 무엇을 그렇게 쳐다보는 것이냐?"

"부처님의 높으신 덕은 큰 산이 솟은 것과 같아서, 천상천하를 덮고 계십니다. 나는 부처님을 존경하여 믿고, 깨끗하신 가르침을 따라서, 괴롭고 외로운 것이 조금도 없습니다."

"나를 잘 보는 것은 좋은 일이다. 스스로 복을 얻는 것이다."

이때에, 사람들은 빈기야의 말에 감복하여, 화려한 옷을 벗어 그를 주니, 빈기야는 다시 이것을 부처님께 올렸다.

6 부처님은 그의 진실한 뜻을 아시어 이것을 받으시고 여러 사람들에게 말씀하셨다.

"리차 사람들이여, 교만을 제하고 법의 광명을 입어라. 재물이나 자색이나 향이나 꽃이 아무리 꽃답고 향기로울지라도, 계戒의 장엄에는 미칠 수 없는 것이다. 자신의 몸을 영광스럽게 하고 백성을 편하게 하려면, 마음을 항복받아 다루는 데 있는 것이다. 만일 그 위에 또 도를 즐겨하는 생각을 더 갖는다면 그 덕德은 더욱더욱 높아질 것이다. 어질고 착한 사람을 모아서 날마다 그 덕을 새롭게 하고, 바른 도로써 백성을 기르고 인도하면, 덕은 길이길이 흘러 다하는 곳이 없을 것이다.

보배의 옥은 땅 속에서 나고, 청정한 계戒는 많은 선행에서 나는 것이다. 지혜 있는 사람은 청정한 계를 닦아가지고, 생사의 벌판을 나오는 것이 좋을 것이다. '나'라는 아我의 고집을 버려라. 교만은 부끄러워하는 미덕을 없애고, 모든 선행을 없애며, 모든 공덕을 잃게 하는 것이다. 용모의 자색도 문벌의 족성族姓도, 다 무상한 것이다. 그런 것은 자꾸 변동하여 잠깐도 머무르지 않는다. 언제고 마침내 멸망하고 만다. 그러므로 그런 것이 무슨 자랑거리가 되겠는가?

욕심은 큰 근심덩이다. 그것은 마치 원수의 적과 같아서, 속여서 친하고, 가만히 해롭게 하는 것이다. 그것이 참으로 안에서 폭발하여 격렬하기는 세상의 불보다도 더한 것이다. 불은 성하게 타올라도 물로써 끌 수가 있지마는, 탐욕의 불길은 쉽사리 끌 수가 없는 것이다. 맹렬한 불꽃이 넓은 들판을 태워 버릴지라도, 풀뿌리는 다시 싹터 나오지마는, 탐욕의 불이 마음을 한번 태워 버리면, 정법正法의 싹은 다시 움터 나오기가 어려운 것이다. 탐욕은 세상의 즐거움을 구하고 세상의 즐거움은 더러움을 보태며, 더러움은 자기를 악도에 빠지게 한다. 그러므로 원수는 탐욕에서 지나감이 없다. 또 탐하는 것은 사랑하는 애정을 내고, 사랑은 욕심을 북돋아내며 욕심은 많은 고통을 불러온다. 그러므로 악한 것은 탐욕에서 지나감이 없는 것이다. 리차 사람들이여, 또 노염과 화를 내지 말라. 노염은 정색으로 있는 얼굴빛을 변하게 하고 명랑한 눈동자를 흐리게 한다. 사람과 친한 의義를 끊게 하고, 세상에서 천하게 보이는 것이다. 그러므로 노염을 끊어라. 만일 스스로 이것을 금하지 못하면, 뉘우침과 근심의 불이 따라 일어나, 먼저 자기를 불사르고 또 남까지 태우게 할 것이다. 마음에 맞는 것을 보면 탐심을 일으키고, 마음에 맞지 않는 것을 보면 노염을 일으킨다. 그러나 마음에 맞거나 맞지 않거나 한 가지로 잊어버리면, 탐심과 분심은 함께 없어질 것이다.

리차 사람들이여, 여래가 세상에 나타나는 것은 매우 드문 일이다. 여래의 정법을 잘 펴는 것도 드문 일이다. 여래의 정법을 믿는 것도 드문 일이다. 여래의 정법을 성취하는 것도 드물고, 그리하여 여래의 정법에 대하여 은혜를 갚을 줄 아는 것도 또한 드문 일이다.

리차 사람들이여, 스승을 공경하고 칭찬하며, 또 그 스승이 돌아간 뒤에 항상 그를 생각하는 것은 착한 일이다."

리차 사람들은 부처님의 말씀을 듣고 자리에서 일어나 아뢰었다.

"부처님이시여, 우리들은 부처님과 성중聖衆에게 공양을 올리고 싶습니다. 바라건대 허락하여 주소서."

"나는 먼저 암바바리의 공양을 받기로 약속하였으므로 두 번 허락하기는 어렵다."

리차 사람들은 손을 흔들면서 '저 여자는 우리들의 앞을 빼앗았구나.' 하고 탄식하였으나, 부처님 뜻의 평등한 것을 알았기 때문에, 따라서 기쁜 마음으로 각각 부처님 발에 절하고, 세 번이나 부처님의 자리를 돌고 집으로 돌아갔다.

7 암바바리는 밤을 밝히면서 음식을 장만하고 방을 꾸미며 자리를 정돈했다. 새벽이 되어 부처님께 나아가

"부처님이시여 바라건대, 때를 맞춰 와 주소서."

하고 청했다. 그래서 부처님은 바리때를 들고 제자들에게 둘러싸여서 성으로 들어가셨다. 성 중의 많은 사람들은 다투어 나와 부처님 일행에게 절을 하며, '부처님은 밝은 달과 같고, 제자들은 반짝거리는 밝은 별과 같다'고 서로 말했다.

부처님은 곧 암바바리의 집으로 들어가 자리에 앉으셨다. 그 여자는 손수 바리때를 받들어 소반에 올려놓고 음식을 올렸다. 공양을 마친 뒤에는 황금으로 만든 병瓶을 부처님께 바치면서 아뢰었다.

"이 성 안팎에는 많은 동산이 있사오나, 제가 가지고 있는 동산이 가장 훌륭하나이다. 저는 이것을 올리려 생각하오니, 바라건대 저를 불쌍히 여기시어, 이것을 받아주소서."

부처님은 이것을 허락하셨다.

"암바바리여, 탑을 쌓고 절을 짓고, 서늘한 동산을 갖춰 놓고, 다리를 놓고 배를 많이 만들어 사람들을 건너게 하여라. 들 가운데에는 물을 파

고, 초목을 심고, 집을 많이 지어서, 잘 데가 없는 나그네에게 빌려 주어라. 암바바리여, 베푸는 자에게는 원망도 없고 두려움도 없으며, 그의 이름은 사람에게 칭송되고 그의 몸은 편안할 것이다.

깨끗한 계戒는 세상이 높이 여기는 바이라. 이르는 곳마다 사랑하고 공경하지 않는 자가 없는 것이다. 그러나 탐욕은 근심덩이요, 깨끗하지 못한 것이라, 속히 여기서 뛰어나오지 않으면 아니 되는 것이다. 널리 이것을 권하여라."

부처님은 암바바리의 마음이 겨우 부드러워져 쉽게 가르침을 받을 줄을 아시고, 그녀를 위하여 사제四諦의 요긴한 법을 설하셨다. 그녀도 신심信心이 맑아져서, 마치 흰 빛깔의 옷감이 물감을 쉬이 받는 것처럼, 곧 법法을 관찰하고 법을 얻어 두려움이 없는 지위에 들어갔다.

이때에 암바바리는 부처님께 아뢰기를

"부처님이시여, 저는 이제 부처님께 귀의하고, 거룩한 법에 귀의하고, 거룩한 스님네들에게 귀의하나이다. 바라건대, 저를 부처님을 믿는 신녀信女 가운데 넣어주소서. 저는 지금부터 살생과 도둑질과 음란한 짓과 거짓말을 하거나, 남을 속이는 것, 술 마시는 것을 금하겠습니다."

하고 간청했다. 부처님은 이것을 허락하셨다. 암바바리는 지금까지 익혀 온 나쁜 습관을 버리고 더러운 행실을 깨끗하게 고쳤다.

부처님은 얼마 동안 비사리에 계시다가, 아난에게

"너희들은 모두 의복을 정돈하여라. 이제부터는 헤르바(竹芳村)로 갈 것이다."

아난은 여러 비구들과 같이 부처님을 따라서 비사리를 떠나 헤르바 마을로 향하셨다.

8 헤르바 마을은 비사리에 가까운 조그마한 언덕의 산기슭에 있었다. 부처님은 이 마을로 들어가 그 북쪽 숲에 머물러 계셨다. 이 마을 안에는 비샤다야라는 바라문이 있어서, 부처님이 오셨다는 말을 듣고 생각

하기를 '구담瞿曇의 이름과 덕망은 세상에 퍼졌고, 거룩하고 깨끗한 행을 갖추었으며, 말씀하시는 설법도 처음이나 중간이나 맨 나중이나 다 진실하시다고 하니, 이제 가서 뵈리라.' 하고, 곧 부처님에게 나아갔다. 부처님이 그를 위하여 설법하시자, 그는 기뻐하며, 그 이튿날 부처님과 그 제자들을 자기 집으로 초청하여 공양을 올리기로 하였다. 이튿날 부처님은 그의 집으로 가시어 공양을 마치고, 곧 비샤다야에게 말씀하셨다.

"만일 음식이나 의복이나 혹은 방석이나 이불 같은 것을 계戒를 지키는 사람에게 보시하면, 큰 공덕과 과보를 얻을 것이다. 이 공덕은 곧 진실한 데서 나온 것이라, 이르는 곳마다 그림자와 같이 따를 것이다. 그러므로 보시의 선행을 심어 후세의 양식을 삼아라. 공덕을 쌓는 사람은 편안한 것이다."

이렇게 설법하시고, 그의 집에서 떠나셨다. 이때에, 이 마을은 흉년이 들어 기근이 생겼으므로 곡식 값이 비싸고 높아졌다. 게다가 이 마을은 작은 마을이었으므로 부처님의 일행은 음식물을 얻기가 곤란하게 되었다. 부처님은 제자들을 모아놓고 말씀하셨다.

"너희들은 비사리나 발기국으로 가서 아는 사람을 찾아보라. 그리하면 음식의 곤란이 없을 것이다. 나는 아난과 같이 이 마을에 있겠다."

모든 비구들은 부처님의 말씀을 따라서 떠나려고 했다. 부처님은 거듭 말씀하셨다.

"비구들이여, 먼저 제 몸을 이기어 항복받지 않으면 안 된다. 좋은 물건이 생기더라도 탐하지 말고, 언짢은 물건이 생기더라도 근심하지 말라. 음식은 오직 몸만 지탱하면 되는 것이니, 탐하여서는 안 되는 것이다. 사람은 탐하기 때문에 나고 죽는 생사가 끊어지지 않는 것이다. 그러므로 몸을 조복하고 절제할 줄을 알아서 잘 제 몸을 이기는 사람은 곧 고요한 적정을 얻을 것이다." 비구들은 모두 기뻐하며, 부처님께 절하고, 각각 헤어져서 사방에 있는 도시와 촌락으로 향해 갔다.

9 부처님은 아난과 같이 이곳에 머물러, 제 사십오 년의 안거에 드셨다. 그런데 부처님은 우연히 병환이 나셔서 매우 고통을 느끼게 되셨다. 그래서 부처님은 스스로 생각하시기를 '제자들은 이제 이곳에 있지 않으나, 저들은 다 나를 위하여 걱정하고 있을 것이다. 그러므로 저들에게 알리지 않고 열반에 들어서는 아니 될 것이다. 그뿐만 아니라, 이곳은 내가 열반에 들 곳이 되지 못한다. 그러므로 나는 될 수 있는 대로 노력하여 마음을 긴장하여 목숨을 더 보전하여야 되겠다'고 하셨는데, 마침 병환이 조금 나으셨다. 그래서 누워 계시던 방에서 나오셔서 서늘한 곳에 앉아 계셨다. 아난은 이때에 나무 그늘 밑에 앉아 있다가 이 광경을 보고 급히 부처님께 가까이 가서 아뢰었다.

"부처님이시여, 병환은 좀 어떠하십니까? 저는 부처님께서 병환이란 말씀을 듣고, 근심과 두려움에 싸여서 숨이 막힐 정도로 걱정하고 있었습니다. 그런데 지금은 조금 기력을 돌리신 것 같습니다. 그러나 부처님이시여, 이제 무슨 연유로 여러 사람들에게 계법戒法을 말씀하실 설법은 없으십니까?"

"아난아, 누가 계법을 들으려는 사람이 있더냐? 나는 보지 못하였다. 사람들이 내게 대해서 무엇을 요구하는 것이 없는 이상 무엇을 말하란 말이냐? 만일 사람들이 구하는 것이 있고 거둘 것이 있다면, 이 사람들을 위하여 가르치지 아니하면 안 되겠지마는, 나는 이미 다 가르쳐 마쳤기 때문에, 이제 더 가르치지 아니하면 안 될 이유가 하나도 없는 것이다. 나는 감추어 둔 것이 없다. 나의 도道는 쥐어진 주먹과 같이, 안과 밖이 없는 것이다. 그러므로 나는 안과 밖이 없이 모든 도를 너희들에게 보여 마치었다. 여래가 전과 후에 설한 것은 다 사람들의 머리 가운데 있는 것이다. 너희들은 다만 이것을 실행만 하면 좋은 것이다. 그러므로 여래는 언제든지 너희 비구들 머리 가운데 있는 것이다.

아난아, 내 몸은 이미 늙어서 나의 나그네 길은 벌써 마지막에 이르렀다. 나의 나이는 지금 팔십에 들려고 하지 않느냐? 형상이 썩은 수레와 같으니, 이제는 더 굳고 강하기를 바랄 수가 없는 것이다. 나는 일찍이 너희들에게 말하지 아니하였느냐? 나는 것과 죽는 것은 때가 있는 것이라, 세상에 난 사람은 죽지 않을 수가 없는 것이다. 나는 이 세상에 나와 널리 열반의 큰 도를 열어 주었고, 생사의 근본을 이미 끊었다. 그러므로 너희들은 내가 멀리 떠난 뒤라도 이 열반의 대도를 버리지 말아 주기를 바라는 것이다.

아난아, 너는 너 자신의 자기를 등불로 삼고 자기를 집으로 삼아라. 다른 집에 의지하면 아니 된다. 그리고 법法으로써 등불을 삼고, 법으로써 집을 삼아, 스스로 이에 귀의하여야 한다. 남을 의지하거나 남에게 귀의하여서는 안 된다. 몸을 관觀할 적에는 그 더러운 것을 생각하여 탐하지 말고, 느끼는 수受를 관찰할 때에는 그것이 고통의 원인인 것을 생각하여 빠지지 말며, 마음을 관찰할 때에는 그것이 무상無常한 것임을 생각하여 집착하지 말고, 모든 법을 관찰할 때에는 그것은 나(我)가 없다는 것을 생각하여 미혹하지 말라. 그리하면 여러 가지 고통이 없어질 것이다. 만일 내가 세상을 떠난 뒤에, 이렇게 내가 가르친 성도聖道를 믿는 자가 있으면, 아난아, 그는 나의 진실한 제자요 자손이다. 그래서 저들은 지극히 높은 지위에 오를 것이다.

나는 천상천하의 사람을 근심하여, 임금의 지위를 버리고 부처의 지위에 올라 삼계를 구제하였다. 너희들도 잘 그 몸을 근심하여 빨리 모든 악행을 끊는 것이 좋으리라."

부처님은 이곳에서 여름 안거의 우기를 지나시는 동안에, 그 옷을 기워서 고쳐 입으셨다.

제4절 열반에 드실 것을 예고

1 부처님은 아난을 데리고 비사리를 향하여 떠나셨는데, 항가 강의 언덕에서는, 다시 사리불과 목건련의 죽음 소식을 듣고 슬퍼하시고 아까워하셨다.

항가를 건너 비사리에 도착한 이튿날 아침에, 저자에 나아가 걸식을 하고 돌아오시는 길에, 차바라의 사당을 지나시면서 말씀하셨다.

"아난아, 나는 등창이 났는지 등허리가 아프구나. 여기서 잠깐 쉬어 가는 것이 어떻겠느냐? 좀 쉬어가고 싶다."

아난은 동산 수풀 속에 들어가, 멀리 내다보기 시원한 곳을 찾았다. 그리하여, 한 나무 그늘 밑에 자리를 깔아드렸다. 부처님은 기뻐하시며 고요히 앉아 생각하는 사유 삼매에 드셨다. 아난도 부처님에게서 멀리 떨어지지 않은 곳에 물러가 앉았다. 잠깐 동안을 지나 부처님은 생각하시던 사유경思惟境을 지나서, 아난에게 말씀하셨다.

"아난아, 비사리도 즐거운 곳이요, 발기국도 즐거운 곳이요, 열여섯 나라 가운데 그 어느 도시나 촌락을 물론하고 다 즐거운 곳이다. 희련熙連하수河水에서는 황금이 많이 나고, 염부제 지역은 그림과 같이 아름다운 곳이다. 아난아, 사신족四神足을 얻은 사람은 한 겁이나 혹은 반 겁 사이라도 목숨을 이 세상에 머무를 수가 있다."

하시면서, 부처님은 세 번이나 은근하고도 간절하게 같은 말씀을 되풀이하셨다. 그러나 아난은 마음이 어둡기 때문에 그 의미를 살피지 못해, 아무런 대답도 하지 못했다. 부처님은

"물러가서 고요히 생각하여 보라."

하시어, 아난을 물러가게 하고 천천히 일어나서 시냇가의 나무 그늘 밑으로 가 앉아 계셨다.

2 그때에 악마는 부처님에게 와서 말했다.

"부처님이시여, 빨리 열반에 드시는 것이 좋을 것입니다. 부처님의 교화는 이미 마치셨습니다. 이제는 바로 이 세상을 떠나실 때 입니다."

"물러가라 악마여, 내 일에 대하여서는 내가 잘 알고 있다. 아직은 열반에 들 때가 아니다. 나는 나의 제자 및 중생들이 다 나의 도를 받기까지는 열반에 들지 않을 것이다."

"부처님이시여, 일찍이 니련선하 하수 가에 계셔서 대각大覺을 이루셨을 때에, 나는 부처님에게 나아가 곧 열반에 드시라고 권하였습니다. 그때에도 부처님께서는 '물러가라 악마여, 나는 스스로 때를 알고 있다. 아직 열반에 들 까닭은 없다. 나는 나의 제자들이 모여와 천상이나 인간이나 널리 여래의 신변神變을 보게 될 때까지는 열반에 들지 않는다'고 말씀하셨습니다. 부처님이시여, 이제는 거룩한 대중이 이미 모였고 천상이나 인간이나 다같이 부처님의 신통과 변화를 보지 않았습니까? 이제야말로 참으로 좋은 때입니다. 그런데 어찌하여 빨리 열반에 들지 아니하십니까?"

"물러가라 악마여, 여래는 스스로 때를 알고 있다. 나는 이 뒤로도 석 달이 지나서, 나의 본생지本生地인 구시나가라의 사라쌍수沙羅雙樹 사이에서 열반에 들 것이다."

악마는 부처님의 이 말씀을 듣고

"부처님의 말씀에는 거짓이 없는 것이니, 부처님이 열반에 드실 것도 멀지 않았구나!"

하고, 춤을 추며 기뻐하고, 문득 모습을 감추어 버리고 말았다.

3 부처님은 자리를 단정히 하시고, 생각에 잠겨 고요히 열반을 관찰하셨다. 그리하여 스스로 이르시되 '삼유三有를 벗어나는 것은 새 새끼가 알을 깨뜨리고 나오는 것과 같이 편안한 것이다. 이제 내 마음은 편안하다. 마치 적군을 쳐부수고 돌아오는 개선장군과 같은 심경이다.' 하셨다. 이때에 대지大地는 크게 움직였다. 아난은 놀라 일어나서 부처님 앞에 나아

가 여쭈었다.

“부처님이시여, 이제 이 대지가 움직이는 것은 무슨 까닭입니까? 저는 숲 속에서 꿈을 꾸었는데, 아주 무성하게 자란 큰 나무가, 별안간 폭풍우에 꺾이는 것을 보았습니다. 어쩌면 부처님께서 열반에 드실 징조가 아니겠습니까?”

“아난아, 나는 지금부터 석 달을 지나면 열반에 들 것이다.”

이 말씀을 들은 아난은 깜짝 놀라 슬퍼하면서 아뢰었다.

“원하건대 부처님이시여, 우리들을 불쌍히 여기사 일 겁이나 혹은 반 겁이라도 더 머물러 계시어, 길이 천상과 인간을 지도하여 주소서.”

이렇게 세 번이나 청하였으나, 부처님은 거절하시고, 들어줄 수가 없다는 것을 말씀하셨다.

“지금은 청할 때가 아니다. 나는 이미 이 뒤로 석 달을 지나서 열반에 들 것이라고 악마에게 말했다.

아난아, 네가 나를 시봉하고부터 지금까지 내가 두 가지 말을 하는 것을 들었느냐?”

“아직까지 들은 일이 없습니다. 그러나 저는 먼저 부처님에게서 사신족四神足을 얻은 사람은, 목숨을 일 겁이나 혹은 반 겁 동안 더 머무를 수 있다는 말씀을 들었습니다. 저 사신족을 얻은 사람도 그러하거늘, 하물며 신력神力이 자재하신 부처님이시겠습니까? 그래서 이렇게 말씀을 드리는 것입니다.”

“그러기에 나는 먼저 이것을 너에게 말하지 않았느냐? 그러나 너는 그때 아무런 대답도 없었고 또 청하는 일도 없지 않았느냐? 여래는 말을 한 번 입 밖에 내놓은 이상에는, 두 번 거듭 어기지 않는 것이다. 어리석은 자는 제가 말하고 제가 이것을 어기지마는, 나는 그런 일은 하지 않는다.”

아난은 답답하고 괴로움을 견디지 못하여 울면서 아뢰었다.

"부처님께서 열반에 드심이 어찌 이렇듯 빠르십니까? 세상의 광명이 없어짐이 어찌 이렇듯 속합니까?"

부처님은 이것을 불쌍히 여기시고 달래어 말씀하셨다.

"아난아, 슬퍼해서는 안 된다. 일체유위一切有爲의 법은 다 이런 것이다. 한번 만나면 반드시 갈리지 아니할 수 없는 것이다."

"그렇지만 부처님이시여, 중생들은 이제 오래지 않아서 인자한 아버지를 잃게 되는 것입니다. 마치 금세 낳은 송아지가 어미에게 버려진 것 같습니다."

"아난아, 근심하지 말라. 설사 내가 일 겁을 여기서 더 머문다고 하더라도 너희들을 만난 이상에는, 언젠가는 갈리지 않을 수가 없는 것이다. 모든 법의 성상性相은 본래 이런 것이다. 그러므로 내 일에 대하여 그렇게 괴로워하지 말라. 설사 내 육신은 없어질지라도 내가 말하여 남긴 묘법妙法의 법신法身은 언제든지 남아 있지 않겠느냐? 아난아, 내가 깔고 앉았던 방석을 가져 오너라. 나는 방으로 들어가겠다."

아난은 방석과 요를 가지고, 부처님을 따라 사라 숲 동산에 있는 집으로 들어갔다.

4 저녁나절이 되어 부처님은 아난에게 명령하여 말씀하셨다.

"아난아, 너는 나가서 이 동산 주변에 와 있는 비구들을 불러 다 강당으로 모이게 하여라."

아난은 모든 비구들에게 전달하여 비구들을 다 강당으로 모이게 하였다. 부처님은 방 안에서 나와 강당으로 들어가시니, 비구들은 다 일어나서 절을 하였다. 부처님은 비구들에게 말씀하셨다.

"비구들이여, 내가 지금까지 너희들에게 말하여 온 여러 가지의 가르침에 대하여, 너희는 항상 이것을 생각하고 외우고 익혀서 버리지 말라. 천하의 사람들이 스스로 마음을 바르게 가지면, 모든 하늘은 이를 위하여 기뻐하고 또 인간도 이 때문에 복을 받게 될 것이다. 너희들은 마땅히 욕심을 눌러서 자기를 이기지 아니하면 안 된다. 몸을 단정히 하고, 뜻을 단정히 하고, 말을 단정히 하여라. 성내는 마음을 버리고, 탐심을 버리고, 항상 죽음에 대하여 마음으로 생각하여 보라. 만일 마음이 삿된 일을 하고자 하거든, 결코 눌러서 하지 못하게 하고, 마음이 음욕을 따라 가고자 할 때에도 그것에 맡겨 두어서는 아니 된다. 호귀한 것을 부러워 할지라도 또한 들어주어서는 아니 된다. 사람에게는 본심과 망심의 두 가지가 있는 것이다. 항상 참된 마음인 본심을 지켜 망심을 따라가서는 아니 되는 것이다. 인간은 마음이 첫째다. 마음은 하늘도 되고 인간도 되며, 악취惡趣도 되고 또는 성위聖位도 열어 준다. 형상과 마음은 둘이 아니다. 형상은 마음이 지은 바요, 마음은 모든 법을 만드는 것이다. 마음은 알음알이(識)를 지어내고, 알음알이는 감정을 지어내고, 감정은 다시 마음으로 돌아간다. 마음은 실로 일체를 지배하는 자이다. 마음은 뜻을 내어 행行을 일으키고, 행은 생명인 목숨이 되는 것이다. 실답고 어리석음은 진실로 행에 있는 것으로써, 목숨의 긴 것과 짧은 것은 명의 행에 있는 것이다. 그래서 뜻과 행과 명命, 이 세 가지는 붙어 다니는 것이다. 그래서 그 짓는 바의 좋은 것과 나쁜 것은 제가 이끌어 받지 아니하면 아니 되는 것이다. 아버지가 악행을 하였다고 하여 그 자식이 대신 받지는 못하는 것이요, 자식이 악행을 지었더라도 그 아비가 대신 받지 못하는 것이다. 선행을 하면 자연히 복을 받고 악행을 하면 스스로 앙화를 받는 것이니, 이제 부처가 천상천하에 공경을 받는 이유도 다 마음이 들어서 만들어 낸 것이다.

5 그러므로 너희들은 마땅히 마음을 바로 가져 오직 도를 닦는 것만이 세상에 있어서 편안함을 얻는 일이다. 이리하여 나의 청정한 도道가 오래 세상에 있어서 인간을 구제하고 모든 하늘 사람을 인도하여 일체 중생을 쉬게 하는 것이다. 비구들이여, 그 도란 것은 무엇인가?

비구들이여, 몸의 가난한 것을 괴로워하여 탐욕을 일으켜서는 아니 된다. 복락을 받을지라도 곧 고통이 생기는 것을 생각하여 즐거움에 빠져서는 아니 된다. 마음이 무상하여 변천한 것임을 생각하여 집착하여서는 아니 된다. 이것이 곧 사념처四念處다.

비구들이여, 아직 일어나지 아니한 악행은 미연에 막고, 이미 일어난 악행은 끊어야 한다. 그리고 이미 일으킨 선행은 힘써 키워야 하고, 아직 일으키지 아니한 선행은 힘써 일으키도록 해야 한다. 이것이 곧 사정근四正勤이다.

비구들이여, 항상 선행을 생각하여 이것을 하고자 하고, 항상 마음을 하나로 모아 법을 생각하고, 항상 정진하여 흔들리지 말고, 항상 생각을 모아 마음을 어지럽게 하지 말라. 이것이 사신족四神足이다.

비구들이여, 도를 믿고 도를 닦고 도를 생각하고 마음을 도에 정하여 밝게 사제四諦의 지혜를 닦아라. 이리하여 선행의 뿌리를 기르는 것이 좋다. 이것이 오근五根이다.

굳게 도를 믿어서 의심을 끊고, 괴로움을 막고, 부지런히 도에 정진하여 게으름을 제하고 오로지 도를 생각하여 삿된 마음을 깨뜨리고, 올바르게 마음을 정하여 어지러운 생각을 물리치고, 밝게 성제聖諦를 연구하여 망견妄見을 버리라. 이리하여 선행을 닦는 힘을 얻는, 것이 좋다. 이것이 오력五力이다.

비구들이여, 정법正法을 잊어서는 아니 된다. 모든 법을 보고 그의 참됨과 거짓을 가리고, 항상 정진하고 항상 기뻐하고, 거짓을 제하여 마음을 가볍게 쉬고, 마음을 선정禪定에 머무르게 하여 망견妄見이 나지 않게 하고, 진실하지 못한 모든 경계를 버리고, 떴다 잠겼다 하는 두 끝을 피하지 않으면 안 된다. 이것이 진실로 성제聖諦에 들어가는 도이다. 이것을 칠각분七覺分이라고 한다.

비구들이여, 바르게 보고, 바르게 생각하고, 바르게 말하고, 바르게 행하고, 바르게 생활하고, 바르게 정진하고, 바르게 도를 생각하고, 바르게 마음을 정定하는 것이 좋다. 이것을 팔성도八聖道라고 한다.

6 비구들이여, 이러한 것들의 가르침은 올바로 세상을 구제하는 청정한 도다. 너희들은 중생의 복을 위하여, 또는 인간과 천상의 번영을 위하여 이것을 닦고 이것을 전하라. 비구들이여, 이 삼십칠조도품三十七助道品은 모든 선행의 근원이다. 이것으로써 마음을 닦아, 탐하지 말고 다투지 말며, 속이지 말고 희롱하지 말며, 질투하지 말고 교만하지 말며, 지혜와 자애와 공경의 눈으로써 나의 육체 이상의 정법의 진신眞身을 보는 것이 좋다. 자세히 나의 정법의 진신을 보아서야, 내가 현재 이 세상에 있어서 항상 너희들의 곁을 여의지 않고 있음을 알게 될 것이다.

나는 이제 너희들을 위하여 말세에 이르기까지, 독한 나무가 변하여 감로甘露의 열매가 맺기를 원한다. 너희들은 이 법 가운데서 서로 화목하고 공경하여 싸움을 일으키지 말라. 너희들은 다같이 같은 스승에게서 배운 것이니, 물과 젖이 되어 다투지 말라. 그리하여, 잘 나의 법을 지켜, 같이 배우고 번영과 즐거움을 같이 하라. 마음을 쓸데없는 곳에 써서 목숨을 쓸데없이 허비하지 말고, 깨달음의 꽃의 정기를 마시고 도의 과실을 이루어, 드디어 세상으로 하여금 다 이 과실을 먹고 배부르도록 하기에 힘쓰라.

비구들이여, 나는 스스로 이 법을 깨달아, 남을 위하여 설하였다. 이 법은 잘 너희들로 하여금 해탈에 이르게 할 것이다. 너희들은 이것을 잘 받아 가려서, 일과 일에 행함이 좋을 것이다. 나는 이제 석 달을 지나면 열반에 들 것이다."

7 여러 비구들은 이 말씀을 듣고 놀라고 슬퍼하여 몸을 땅에 던져 소리를 높여서 부르짖었다.

"부처님께서는 어찌하여 이렇듯 빨리 열반에 드시려 하는고! 세상의 눈이 어찌하여 이렇듯 속히 없어지려 하는고! 부처님이시여, 원하옵건대 이 세상에 더 머물러 열반에 들지 마소서. 일체 중생은 모두 무명無明

의 어둠 속에서 헤매고 있나이다. 부처님이시여, 이 세상에 계셔서 밝은 등불이 되어 비춰 주소서. 일체 중생은 다 생사의 바다 속에 빠져 떠돌아다니면서 있습니다. 원컨대 부처님께서는 이 세상의 배가 되어 주소서. 만일 그렇게 아니 하신다면, 일체 중생은 길이길이 나아갈 앞길에 미혹하고 있을 것입니다."

"너희들은 잠깐 말을 그쳐라. 근심과 슬픔을 품어서는 아니 된다. 세상은 무상한 것이다. 굳고 강하더라도 영구히 변하지 않는 것은 하나도 없는 것이다. 더욱이 육신은 약한 것이다. 마치 번갯불과 같은 것이다. 천상의 천신들도 죽고 지상의 왕자王者도 죽는 것이다. 빈부와 귀천을 물론하고 세상에 나서 죽지 않는 자는 아무도 없는 것이다. 함이 있는 유위有爲의 물건을 변하지 않게 하려는 것은 무리이다. 너희들은 깨끗하게 살아라. 그리하여 항상 해탈을 구하여 방일하지 말라. 나의 생애는 완전히 지나갔다. 나는 종말이 가까웠다. 너희들은 이 세상에 남아 있고, 나는 이제 생각한 대로 편안한 곳으로 간다. 너희들은 삼가고 경계하여 자신으로 그 마음을 지켜라.

내가 말한 모든 법은 그야말로 너희들의 스승이다. 이것을 잘 받드는 것은 나를 받드는 것과 같은 것이다. 만일 딴 곳으로 미끄러져 나가지 않고 이 도를 닦아 나아간다면, 곧 여래의 정법을 두호하는 것이 될 것이다. 그러므로 내가 세상에 있는 것과 같이 받들어 조금도 달리하지 말라. 그리하면 스스로 해탈에 이르러 모든 인천대중人天大衆을 틀림없이 구제하게 될 것이다."

이때에 해는 이미 저물어 부처님은 아난을 데리고 정사精舍로 돌아가셨다.

제5절 고별

1 부처님은 아난을 따라 왼손에 바리때를 들고 성중으로 들어가 걸식을 마치신 뒤에 비구들과 같이 간다 촌으로 향하셨다. 그런데, 부처님은 저 비사리를 떠나실 때에, 몸을 돌이켜 성을 돌아보시고 웃으시면서

"이것이 내가 이 성을 마지막 보는 것이다. 이 몸으로서는 다시 이 성에 들어올 수는 없을 것이다"라고 말씀하셨는데, 이때에 하늘에는 한 조각 구름도 없이 빗방울이 후드득 떨어지며 소낙비가 쏟아졌다.

비구들은 이 말씀을 듣고 다시 슬픔과 괴로움에 빠져 땅에 거꾸러지며 탄식하였다. 이런 일은 여러 리차 인들 사이에도 전해졌다. 사람들은 놀라서 가슴을 두드리며 부르짖었다. '아, 슬픈 일이다. 중생은 이제부터 누구의 법에 귀의하여야 좋을까? 이제 가서 부처님을 만나 뵙고 세상에 더 계셔 주시기를 애원하여야 하겠다.' 하고, 곧 수레를 몰아 성을 나서서 멀리 부처님의 일행을 바라보았다. 아난과 여러 비구들이 슬퍼하며 괴로워하는 것을 보고, 더욱 슬픈 생각에 황급하여서 부처님에게 달려가, 발에 절하고 여쭈었다.

"부처님이시여, 이제 만일 부처님이 돌아가신다면, 일체 중생은 그 눈을 잃은 것과 같이, 다시 두 번 무명無明의 어둠길에 헤맬 것이 아니겠습니까? 그렇다면, 어떻게 부처님의 가르침의 도를 판단하여 가릴 수가 있겠습니까? 원하건대 일 겁이나 반 겁 동안이라도 수명을 더 이 세상에 머물러 주소서."

이렇게 세 번이나 애원했다.

2 부처님은 말씀하셨다.

"유위有爲의 법은 다 무상한 것이다. 설사 내가 이제 일 겁이나 반 겁 동안을 수명을 연장한다 하더라도 필경에는 죽지 아니할 수가 없는 것이다. 리차 사람들이여, 수미산이 높지마는 마침내는 무너질 것이요, 큰

바다가 깊지마는 또한 반드시 마를 때가 있을 것이다. 해와 달이 밝게 비치고 있지마는 오래지 않아서 저쪽으로 빠져 잠기고, 대지大地가 굳어 일체의 물건을 싣고 있지마는 겁劫이 다하여 업화業火가 타오르면 또한 멸망하지 않을 수가 없는 것이다. 모인 자는 모두 다 이별을 하게 마련이요, 과거의 모든 부처의 몸도 또한 이 세상을 떠나 돌아가셨다. 그렇거늘, 나 혼자만이 어찌하여 유위有爲의 멸망하는 법칙을 거슬러 죽음을 면할 수가 있겠느냐? 너희들은 다만 내 일에 대하여, 그와 같이 걱정하고 근심하고 괴로워하지 말라. 나는 이제 너희들에게 최후의 가르침을 보일 것이다."

모든 리차 사람들은 슬픔을 참고

"원컨대 말씀하여 주소서. 우리들은 꼭 가르치심을 실행하겠나이다."

하였다.

"리차 사람들이여, 너희들은 즐겁게 화목하여 서로 거슬러서는 아니 된다. 다같이 서로 가르치고, 착한 일을 생각하고, 계율戒律을 지키고 예절을 실행하고, 부모와 어른을 공경하고 친척과 친목하여, 각각 서로 순종하지 아니하면 아니 된다. 나라 안에 있는 조상이나 성현의 사당에 제사를 잘 모셔라. 그리고 여래의 정법을 받들고, 비구와 비구니를 공경하고, 깨끗한 신앙심을 가진 남녀를 애호하라.

사람들이여, 올바른 정법에 의하여 나라를 다스리고 삿되게 백성을 학대하지 말며, 인과因果의 이치를 배우고 진실한 도를 믿어라. 설사 육신은 없어졌을지라도 정법 가운데 살아 있는 여래의 멸하지 아니함을 알지 않으면 아니 된다. 그 사람이야말로, 진실로 참괴慙愧의 옷을 입은 사람이다. 여래는 항상 그 사람을 두호할 것이다. 왜냐하면, 그 사람은 오래지 않아서 도를 이룰 것이요, 그리하여 나라가 번영하고 백성의 살림이 풍족할 것이다. 너희들은 죽을 때에 이르기까지, 반드시 이 가르침을 받들어 행하라."

"부처님이시여, 저희들은 죽을 때까지 반드시 이 가르치심을 지키겠습니다."

3 부처님은 계속해 말씀하셨다.

"비구들이여, 너희들도 즐겁게 화목하여 물과 젖과 같이 색은 달라도 맞지 않으면 안 될 것이다. 항상 함께 모여서 도를 강론하고 또 계율을 지켜 범하지 말라. 스승과 상좌上座를 공경하고 고요한 곳에서 도를 같이 배우는 도반道伴을 사랑하여라. 또 사람을 권하여 도량(道場)에서 법의法儀의 예식을 잘 지내고 여래의 정법을 두호하게 하라.

비구들이여, 너희들은 재가在家한 보살과 같이 산업을 경영하여서는 아니 된다. 희롱의 말을 하지 말고 잠자기를 좋아하여 게으름을 피우지 말라. 그리고 수도에 아무 이익이 없는 일은 의논하지 말고, 악한 벗을 멀리 여의고 착한 벗을 가까이 하라. 삿된 생각을 일으키지 말고 법에 대하여 얻는 바가 있거든, 다시 힘써 항상 얻도록 마음을 쓰라.

비구들이여, 여래를 믿고 정법을 믿고 성중聖衆을 믿어라. 항상 부끄러워하는 마음을 갖고, 많이 듣기를 즐겨하며, 마음을 어지럽게 말고 즐겁게 가르침을 실행하며, 기쁘게 지혜를 닦아라.

비구들이여, 몸으로는 항상 자비스러운 행을 힘쓰고, 입으로는 항상 자비스러운 말을 하고, 뜻으로는 항상 자비스러운 생각을 품어라. 만일 어떤 사람이 너희들에게 보시하거든 이것을 평등하게 나누고 도법道法을 강설하기를 싫어하지 말며, 여래의 가르치심의 밖에 있는 세속법이나 외도의 법을 가르치지 말라. 그리고 다같이 여래의 도를 배우지 않는 자를 보더라도 미워하지 말라.

비구들이여, 잘 교법을 판단하여 가릴 줄을 알고, 잘 의미를 깨쳐 익히되 기회를 잃지 말고 행하며, 행·주·좌·와에 항상 법을 어기지 말라. 남을 위하여 도를 설하려고 생각하거든, 자기의 익숙한 특징을 헤아려서 가르치고, 사람이 와서 법을 들을 때에는 그 정도에 맞추어 적당한 교법을 설하고, 슬기로운가 어리석은가의 인품에 대하여 주의하라.

비구들이여, 너희들이 이것을 잘 행하면 공덕과 지혜가 날로 커질 것이다. 이렇게 하는 자야말로 나의 정법을 지키는 자일 것이다."

4 이때에 여러 리차 인들의 아내 되는 부인들도, 부처님이 오래지 않아 열반에 드실 것이라는 말을 듣고, 모두 수레를 몰아 부처님 자리 앞에 나아가 여러 가지 공양을 올리고 소리쳐 울면서 부처님께 아뢰었다.

"부처님이시여, 원컨대 이 세상에 더 머물러 중생을 인도하여 주소서. 만일 부처님께서 돌아가신다면 지혜의 눈이 어두운 저희들은 언제든지 진실할 도를 깨칠 수가 없을 것입니다. 저희들은 덕이 없기 때문에 이 세상에 나면서부터 여자가 되어 항상 걸리는 일이 많아 자주자주 부처님을 뵐 수가 없었습니다. 만일 부처님이 열반에 드신다면, 우리들의 좋은 일은 날마다 쇠하여 갈 것입니다."

"너희들은 부질없이 슬퍼하지 말고 지금부터 죽을 때까지 힘써서 계율을 가지되, 사람이 눈을 지키듯이 하여라. 그리고 마음을 바로 가져서 아첨하고 질투하지 말라. 그리하면 항상 나를 볼 수가 있을 것이다."

리차 인의 부인들은 슬픔을 이기지 못하고, 물러나서 옆에 앉았다.

부처님은 널리 이곳에 모인 자를 위하여 말씀하셨다.

"너희들은 계율을 지켜 범하지 말라. 파계하는 사람은 모든 천신이 미워할 뿐더러 세상 사람도 보기를 좋아하지 않을 것이다. 그리고 목숨을 마친 뒤에도 공포에 싸여 길이 악도에 떨어질 것이다. 그러나 이와 반대로 계율을 가지는 사람은 모든 천신이 공경하며, 세상 사람도 보기를 기뻐할 것이다. 그리고 목숨을 마친 뒤에도 올바른 생각을 가졌기 때문에, 깨끗하고 광명한 곳에 날 것이다."

육십 명의 비구들은 이 법문을 들어 도道를 이루고, 무수한 인간과 천인天人들도 또한 번뇌로부터 멀리 떠남을 얻었다.

5 부처님은 다시 간다 촌에 이르러, 성밖의 북쪽 숲 가운데로 들어가시

어, 한 나무 그늘 밑에 쉬시었다. 그때에, 비구들에게 말씀하시기를

"비구들이여, 너희들은 계율을 지키고 선정을 닦고 지혜를 구하여 해탈을 얻으라. 계율을 지키는 사람은 악을 따르지 않고, 선정을 닦는 사람은 마음이 흩어지지 않으며, 지혜를 구하는 사람은 욕심을 여의어 자유자재한 선행善行이 생긴다. 그래서 덕이 높고 명예가 크고 마침내 깨끗한 도道에 들어갈 것이다. 나도 오래 이것을 듣지 못하였기 때문에, 깨침을 얻지 못한 적이 있었다. 너희들은 정진하여 이것을 닦아라."

부처님은 다시 일어나 암바라 촌으로 들어가시어 숲 가운데 앉아서, 비구들에게 말씀하셨다.

"계와 정과 혜를 닦는 자는 생사의 바다를 건너갈 수가 있을 것이다. 이미 계가 있으면 정이 생기고, 정이 생기면 혜가 밝아지는 것이다. 비유하면, 포목과 같은 헝겊의 천이 흰 색으로 있어서 깨끗하기만 하면, 온갖 색깔의 물감으로 물을 들일 때, 아름답게 물색이 나타나는 것과 같아서, 이 계 · 정 · 혜의 세 가지만 있으면 도를 얻기가 쉬운 것이다. 너희들은 힘써서 이 세 가지를 닦아라.

또 비유하면, 시냇가의 물이 맑으면 물 밑에 있는 모래 빛깔이 다 보이는 것과 같아서, 도를 얻은 자는 마음이 깨끗하여 밝게 일체의 법을 관찰할 수가 있는 것이다. 그러므로 도를 구하는 자는 반드시 그 마음을 맑히지 않으면 아니 되는 것이다. 마음만 깨끗이 하면 도는 저절로 얻어지는 것이다."

부처님은 암바라 촌에서 염부 촌으로 옮겨, 그 부근의 마을과 마을을 돌아다니셨다. 거기서 설하신 법문은 대개 다음과 같았다.

"마음에는 세 가지 때가 있다. 탐하고 구하는 욕심과, 성을 내고 화를 내는 진심瞋心과, 그리고 미련하고 어리석은 마음(愚癡心)이다. 너희들은 이것에 의하여 슬픔과 근심의 근본을 끊어야 한다."

6 부처님은 아난을 불러 말씀하셨다.

"너희들은 다 의복과 바리를 간직하여 행장을 차려라. 나는 지금부터 부가 시市로 가고자 한다."
하시고, 길 떠나기를 재촉하셨다. 아난과 비구들도 일제히 부처님의 앞뒤를 호위하고, 부가 시로 들어가, 성밖 북쪽에 있는 시샤바 나무 숲 속에 앉아 쉬고 계셨다. 아난은 나무 밑에 앉아서 고요히 대지大地가 동요한 인연을 생각하고 있었다. 잠깐 동안 있다가 다시 일어나 부처님 앞으로 나아가 아뢰었다.

"부처님이시여, 대지가 흔들린 것은 무슨 까닭입니까?"

"아난아, 천지가 개벽하여 대지가 이루어진 것을 보면, 땅은 물 위에 얹혀 있고, 물은 바람 위에 얹혀 있다. 그러므로 바람이 움직이면 물이 움직이고 물이 움직이면 대지가 움직이는 것이다. 이것이 땅이 움직이는 하나의 원인이다. 다음에는 대도大道를 성취하는 자의 감응感應이 나타나려고 대지가 움직이는 일이 있다. 이것이 둘째의 원인이다. 또는 여래가 그 신력을 가지고 대지를 움직이게 하는 일이 있다. 이것이 셋째의 원인이다. 아난아, 여래의 위신력威神力은 다만 대지만 움직이게 할 뿐 아니라, 하늘도 움직이게 하는 일이 있다. 이것이 곧고 바른 마음의 힘인 것이다. 아난아, 나는 영겁의 옛날로부터 공덕을 쌓아 거듭하였기 때문에 이러한 신묘자연神妙自然의 법화法化를 얻은 것이다. 나는 모든 것을 보고, 모든 것을 알고, 모든 것에 감화를 미치게 한다. 생각하니, 나는 옛적에 자비로써 널리 모든 나라에 가서 그 나라의 풍속을 좇고 그 나라의 말을 사용하고 사문을 찾고 학자를 찾고 임금을 찾고 백성을 찾아서, 몇 번이나 왕래하면서 가르쳐 주었다. 그리하여, 그들을 편안하게 하고 위로하며, 그들의 뜻을 굳게 세워 주고 그곳을 떠났다. 그러나 그들은 내가 누구인가를 알지 못하였다. 이리하여, 또 천상에도 올라가, 모든 천신들을 향하여 청정한 것을 좋아하는 자에게는 청정을 설해 주고, 도를 알고 있는 자에게는 힘써 그 교화를 펴게 하여, 여러 가지로 인도해 주고 또 그곳을 떠났다. 그러나 저들은 또한 내가 누구인가를 알지 못하였다. 아난아, 나의 힘은 넓고 커서 되지 않는 일이 없다. 또 나는 보지 못한 곳이 없다. 그러나 나는 그 가운데서 오직 열반만을 가장 잘 알고 또 즐겨하고 있다.

7 너희들도 마땅히 이 도를 연구하고, 또 힘써 다른 사람에게도 일러 주라. 여래가 세상에 나온 것은 우담바라 꽃이 핀 것과 같아서 매우 만나기 어려운 것이다. 그러므로 한번 들었거든 이것을 두호하고 나타나게 할 것이요, 감추고 숨겨 두어서는 아니 되는 것이다.

내가 이 세상을 떠난 뒤에, 만일 어떤 사람이 나는 친히 여래에게서 듣고, 또는 여러 장로에게서 듣고, 혹은 한 사람의 장로에게서 이와 같은 법을 들었다고 말하는 자가 있더라도, 너희들은 그것을 들은 뒤에는 경經에 의지하고 율律에 의지하고 법에 의지하여, 그것이 거짓인지 참인지를 생각하여, 그의 본本과 말末을 연구하여야 한다. 만일 그의 설한 것이 경에도 의지하지 아니하고 율에도 의지하지 아니하고 또는 법에도 의지한 것이 아니면, 그것은 악마의 설인 것이다. 너희들은 똑바로 여래의 가르친 말로써 이것을 밝히고, 그 사람으로 하여금 경을 듣게 하고 율을 받게 하는 것이 좋을 것이다. 그가 만일 경과 율을 따르지 않거든, 너희들은 이것을 쫓아내지 않으면 안 된다. 왜냐하면, 악독한 풀을 뽑아 버리지 않으면 좋은 싹이 상처를 입는 까닭이다.

만일 세상에 여래의 교법에 밝은 자가 있거든, 늙은 장로이거나 젊은 신학新學이거나를 물론하고, 찾아가서 묻고 배우는 것이 좋다. 청신사清信士와 청신녀清信女도 찾아가서 의식衣食과 좌구坐具와 와구臥具와 탕약 등을 이 사람에게 공양하는 것이 좋다. 너희들은 도를 다같이 배우는 자이다. 어찌 화합하지 않을 것이냐? 악도에 떨어지는 것은 다 화합하지 않기 때문이다. 너희들은 서로 말하기를 '나는 도를 많이 알고 있지마는 너는 도를 넉넉히 알지 못한다'고 말하여서는 안 된다. 아는 것이 많거나 적거나, 스스로 실행하지 않으면 아무러한 가치도 없는 것이다. 누가 말을 하든지 말한 것이 교법에 맞는 것이면, 쓰는 것이 좋고, 맞지 않는 것이면 버리는 것이 좋다.

비구들이여, 오직 법에 의지하지 않으면 안 되는 것이니, 이것이야말로, 진실로 존승尊勝한 것이다. 만일 법을 잃어버리면 마음이 산란하게 될 것이다. 밤중에 실내의 물건을 찾듯이, 또는 칼을 잡자면 그 자루를 먼저 잡듯이 하지 않으면 아니 되는 것이다. 만일 그렇지 아니 하면, 도리어 그 손바닥과 손가락을 다치게 될 것이다."

부처님은 이곳에 계시면서 또 사제四諦 법문을 설하셨으므로 많은 비구들은 깨달음을 얻었다.

8 부처님은 다시 부가 시에서 구파 촌으로 들어가셨다. 이 마을에는 불파육제라는 바라문이 있었다. 그는 부처님이 오셨다는 말을 듣고, 많은 바라문과 부호들을 데리고 와서 물었다.

"부처님께서는 무슨 일로써 이 마을에 오셨습니까?"

"나는 꼭 석 달 뒤에는 열반에 들 것이다. 그래서 비사리를 나와 여러 도시를 찾아보고 길의 순서대로 이곳에 온 것이다."

이 말을 들은 그들은 놀라서 슬퍼하고, 땅바닥에 쓰러져 가슴을 치며 부르짖었다. 부처님께서는 그들에게 말씀하셨다.

"그렇게 마음에 아파할 것이 없는 것이다. 유위법의 성상은 이러한 것이다. 너희들은 걱정을 버리고 내가 너희들에게 최후로 말하는 것을 들어라. 너희들은 부모에게 효도하고 항상 착한 도로써 처자를 인도하며, 아래로 부리는 사환이나 종과 같은 사람을 불쌍히 여기고, 그들이 무엇을 요구하는 것이 있는가, 없는가를 살펴보며, 착한 사람은 친하고 악한 사람은 멀리 여의라. 그리하면 너희들은 이 세상에 있어서는 사람들에게 공경을 받고, 뒷세상에는 항상 빛나고 밝고 좋은 곳에 날 것이다."

9 불파육제는 부처님께 아뢰었다.

"부처님이시여, 우리들은 이제부터 부처님의 교법을 순종하고 서로 서로 인도하겠나이다."

하고, 일제히 나아가 귀의하는 정성을 표하고 오계五戒를 받았다. 그리고 그들은 부처님께 청했다.

"부처님이시여, 원하건대 제자들과 함께 내일 아침에 오셔서 공양이라도 받아 주시기를 바랍니다."

부처님은 잠자코 허락하셨다.

그 이튿날 아침에 공양을 올리는 식당에 한 비구가 있었다. 그는 위의威儀를 잘 갖추지 못했기 때문에 사람들은 그를 좋아하지 않는 기색이 있었다. 부처님은 이것을 살피시고 말씀하셨다.

"여래의 정법正法은 깊고 넓기가 바다와 같은 것이다. 바다 안에는 무수한 크고 작은 생물이 살고 있는 것과 같이, 여래의 법 바다도 또한 그와 같은 것이다. 여기에는 이미 도를 얻은 자도 있지마는, 아직 얻지 못한 자도 있는 것이다. 그러므로 너희들은 이것 때문에 걸리는 마음을 내어서는 아니 되는 것이다. 예의작법禮儀作法을 알든지 모르든지, 그것은 본인에 맡기거나 여래에게 공양을 올리는 것은 마침내 복덕으로 돌아가는 것이다. 마치 그것은 여러 군데의 냇물과 강물이 다 바다로 들어가는 거와 같은 것이다."

부처님은 계속하여 사람들을 위하여 많이 설법하셨으므로, 사람들은 다 도를 얻게 되었다.

부처님은 다시 이곳을 떠나 파바波婆를 향하여 가셨다. 사람들은 울면서 절하고 전송했다. 그러나 부처님이 떠나신 후에도 그들은 헤어져 갈 줄을 모르고 웅성대고 있었다.

10 부처님은 파바성에 이르러 성밖에 있는 숲 동산에 머물러 계셨다. 때는 이 월 십사 일이다. 이 동산은 성중의 철공鐵工을 경영하는 집의 아들로서, 일찍이 부처님의 가르침을 받은 순다의 소유였다. 참으로 한적

한 곳이었다.

성 중 사람들은 인산인해로 쏟아져 나와 부처님께 절하고, 전후좌우에 둘러싸고 있었다. 부처님은 그들에게 말씀하셨다.

"지혜 있는 자로서 집에 있을 때에는, 생업에 종사하여 부지런히 벌고, 검박하고 절제하는 생활을 하지 않으면 안 된다. 첫째는 부모 봉양과 처자 부양에 쓰고, 둘째는 손님 접대와 부리는 종과 같은 사환 급식에 쓰고, 셋째는 친척 보조와 친구 접대에 쓰고, 넷째는 나라에 세금을 잘 바치고 사문의 공양에 써서 기쁨을 얻는 것이 좋다. 이렇게 몸을 보존하고 집을 편안하게 하면, 현세現世에는 힘과 빛과 부富와 이름을 얻고, 죽어서는 복을 얻어 천상과 같은 좋은 곳에 날 것이다."

사람들은 모두 이 설법을 듣고 기뻐하면서 헤어졌다. 순다도 부처님이 여러 제자들과 같이 자기 동산에 오셨다는 말을 듣고, 기쁜 마음을 이기지 못하여 옷을 갈아입고 부처님이 계신 자리 앞으로 나아가 부처님 발에 절하고 아뢰었다.

"부처님이시여, 무슨 일로 이 누추한 곳에 왕림하셨나이까?"

"순다야, 나는 오래지 않아서 열반에 들 것이다. 그래서 최후에 너를 만나 보러 온 것이다."

순다는 놀라고 슬퍼하여, 땅에 쓰러져서 부르짖었다.

"부처님이시여, 이제는 모든 중생을 사랑하시지 않나이까? 어찌하여 열반에 드시려 하나이까? 원하건대 일 겁이나 반 겁 동안만이라도 이 땅에 머물러 주소서. 세상의 눈이신 부처님이 돌아가시면, 우리들은 마침내 생사의 미혹에서 뛰어날 길이 없겠나이다."

"순다야, 슬퍼하지 말라. 일체의 법은 다 변천하는 것이다. 만나는 자는 반드시 이별하는 것이다."

"부처님이시여, 저도 그것을 모르는 것이 아닙니다. 그렇지만, 이제 가장 높으신 어른이 돌아가신다는데 어찌 슬픔과 괴로움이 없겠습니까.

부처님이시여, 이 세상에는 인간으로 태어나기가 어렵고, 부처님의 가르침을 받들어 순종하기가 어려운 것입니다. 그것은 마치 겨자씨에 바늘을 던져 맞히는 것과 같고, 눈먼 거북이 큰 바다 가운데서 바다 위에 떠돌아다니는 나무토막을 만나서 그것을 타고 세상 구경을 하는 거와 같나이다. 원하건대, 부처님이시여, 우리들을 불쌍히 여기어 열반에 들지 말아 주심이 어떻겠습니까?"

"너는 이제 그런 말을 해서는 아니 된다. 삼계는 다 무상한 것이다. 항상 근심이 있는 것이요, 이 몸은 고통의 덩어리다. 나는 이것을 여의고 진실을 증득하여 이미 모든 고통을 벗어났다. 그러므로 내게는 늙음도 없고 병도 없으며, 죽음도 없고 수명이 다함도 없다. 순다야, 나는 너와 일체 중생을 불쌍히 여기는 까닭으로 열반에 들고자 하는 것이다. 이것은 모든 여래의 법이 이와 같은 까닭이다.

순다야, 파라사의 새는 봄이 되면, 다 아뇩달지 못으로 모여들 듯이 모든 여래도 모두 열반에 이르는 것이다."

순다는 부처님의 설법을 듣고 기뻐해, 자리에서 일어나 아뢰었다.

"부처님이시여, 내일 아침에는 저의 집으로 오셔서 저의 공양을 받아 주소서."

하고, 공양 받으시기를 청하였다. 부처님은 잠자코 허락하셨다. 순다는 기뻐하며 곧 일어나 사례하고, 동산을 떠나서 집으로 돌아가서 밤이 새도록 성심과 성의를 다하여 공양 올릴 음식을 장만하기에 바빴다.

제6절 불성

순다가 떠나간 지 얼마 안 되어, 부처님은 여러 비구들에게 말씀하셨다.

"너희들은 의심이 있거든 물어 두는 것이 좋을 것이다. 나는 너희들을 위하여 그 소원을 따라 그 의심을 끊어 주고, 그리고 열반에 들 것이다. 비구들이여, 여래가 이 세상에 출현하기는 드문 일이다. 사람의 몸은 얻기 어려운 일이다. 여래를 따라 신심을 일으키고, 참기 어려운 것을 잘 참으며, 계戒를 지켜 깨뜨리지 않고 무학위無學位를 얻는 것도 또한 어려운 일이다. 비유하면, 금싸라기 같은 모래가, 우담바라 꽃을 찾는 것과 같은 것이다.

너희는 나를 만나 허송세월해서는 안 된다. 나는 옛날의 수행에 의하여 이제 이 무상無上의 힘을 얻은 것이다. 너희들을 위하여 과거 무량겁 동안에 손과 발과 머리와 골수와 뼈다귀까지 보시하여 버리기를 한없이 하였다. 너희들은 방일하여서는 안 된다. 비구들이여, 바른 법의 성城에는 공덕과 보배가 갖추어져 있는데, 계戒와 정定과 혜慧가 담이 되고 참호塹壕가 되어 있다. 너희들은 지금 이 불법의 보배 성城에 있으면, 다른 거짓 것을 취하여 가져서는 안 된다. 비유하면, 장사하는 사람이 모처럼 보배 성에 들어왔다가 자갈이나 돌이나 기왓장을 가지고 집으로 돌아가는 것과 같은 것이다.

너희들은 소승小乘의 작은 마음(小心)으로써 충분하다고 생각해서는 안 된다. 너희들은 출가는 하였으나 아직 대승大乘을 사모하지 않고 있다. 물들인 옷을 입고 있으나 마음은 아직 청정한 법에 물들어 있지 않다. 음식을 구하여 여러 곳을 헤매고 있으나 아직 대승의 법식法食을 빌지 못하고 있다. 수염과 머리는 깎고 있으나 아직 정법을 위하여 모든 번뇌를 끊지 못하고 있다.

나는 이제 진실로 너희들에게 고한다. 여래의 법성法性은 진실하여 뒤바뀌어 있지 않다. 너희들은 마땅히 마음을 거두어 용맹스럽게 모든 번뇌를 끊어 버리지 않으면 안 된다. 지혜의 해(日)가 빠져 버리면 너희들은 다시 무명無明에 덮여 버리고 말 것이다.

비구들이여, 비유하면, 많은 산의 약초가 사람의 병을 잘 고치는 것과 같아서, 내 법은 묘한 감로甘露를 쏟아 중생의 번뇌의 병을 구제하고 있다. 이제 나의 사부중四部衆으로 하여금 다 비밀장秘密藏 속에서 쉬게 할 것이다. 나도 마땅히 이 가운데 쉬어서 열반에 들려고 한다.

이 비밀장이란 무엇인가? 여래의 법신法身과 반야의 지혜와·해탈의 법이 곧 그것이다. 비구들이여, 열반에는 상常·락樂·아我·정淨의 네 가지의 덕이 있다. ① 여래의 법신은 항상 떳떳한 것이요 ② 열반은 즐거운 것이며 ③ 여래는 참나(眞我)인 '나'요 ④ 여래의 정법은 청정한 것이다. 그러나 유위有爲의 법은 더럽고 부정한 것이다. '나'라는 나(我)는 여래의 뜻이요, 떳떳함(常)이란 법신法身의 뜻이요, 즐거움(樂)이란 열반의 뜻이요, 깨끗함(淨)이란 정법正法의 뜻이다. 중생은 고통을 즐거움으로 생각하고 즐거움을 고통으로 생각하고 있다. 이것이 뒤바뀜(顚倒)이다. 무상無常을 상常으로 생각하고 상을 무상으로 생각하고 있다. 이것이 뒤바뀜이다. 무아無我를 아我로 헤아리고, 아를 무아로 헤아린다. 이것이 뒤바뀜이다. 부정不淨한 것을 깨끗한 것으로 헤아리고, 깨끗한 것을 부정으로 헤아린다. 이것이 뒤바뀜이다. 너희들은 이 뒤바뀜의 소견을 버리지 않으면 아니 되는 것이다."

"부처님께서는 이 네 가지 뒤바뀜을 여의고 계십니까? 그러신데 어째서 일 겁이나 반 겁 동안이라도 이 세상에 더 머물러 계시어 저희들을 지도하여 주시지 않으려 하십니까?"

"너희들은 그렇게 말해서는 안 된다. 나의 무상無上의 정법은 영원히 세상에 전하여졌다. 여래가 모든 중생을 편안하게 하여 주는 것과 같이, 여래의 끼친 법(遺法)도 또한 너희들을 편안하게 하여 줄 것이다. 너희들은 반드시 힘써서, 어떤 곳에 있을지라도 항상 상常·락樂·아我·정淨의 생각을 가지고 수도하고 공부하여야 한다."

"부처님께서는 전에 모든 법은 아我가 없는 것이니 너희들은 이것을 배워서 나라는 아我의 생각을 버려라. '나'라는 생각을 버리면 교만심憍慢

心이 버려지고, 교만심이 버려지면 곧 열반에 들 것이라고 말씀하셨습니다. 우리는 어떻게 이 뜻을 알아야 좋겠습니까?"

"네가 중요한 것을 물었다. 내 이제 비유로써 너에게 일러 주리라. 어떤 국왕이 있었는데, 그는 마음이 어두웠다. 왕에게 한 사람의 의사가 있었는데, 그는 또한 완고하고 어리석었다. 그 의사는 오직 우유를 약으로 쓰는 젖약(乳藥)만을 알고 있었는데, 그것도 충분하지를 못했다. 누구든지 병이 나면 그 병의 성질을 헤아려보지도 않고 모두 유약만 썼다. 그러나 왕도 이것을 괴이하게 여기진 않았다. 이때에, 우연하게도 병에 약을 잘 쓸 줄 아는 새 의사가 먼 곳에서 왔다. 먼저 의사(舊醫師)는 그를 업신여기고 그의 가르침을 받으려고 하지 않았다. 새 의사는 거기서 곧 구 의사에게 부탁했다. '나는 당신을 잘 섬기려 하오. 바라건대 허락하여 주십시오.' 이때에 구 의사는 '네가 만일 사십팔 년간을 나를 섬기면 나는 꼭 너에게 가르쳐 주리라.' 하였다. 그래서 새 의사는 '정성껏 조심하여 모시겠습니다.' 하였다. 어느 날 구 의사는 새 의사를 데리고 가서 왕에게 보였다. 새 의사는 거기서 왕에게 여러 가지로 의술에 대한 설명을 하였다. 그래서 왕은 처음으로 구 의사의 어리석은 것을 깨닫고 곧 그를 물리치고 새 의사를 깊이 믿고 공경하였다. 새 의사는 생각하되 '왕을 가르치기는 바로 이때로구나.' 하고, 왕에게 '대왕이시여, 국내에 법령을 펴서 구 의사의 유약을 금지하게 하여 주십시오. 이 약은 백해무익으로 사람을 그르치는 일이 많습니다.' 하였다.

왕은 이에 널리 명령을 내리고 유약을 쓰지 말라고 금지하였다. '만일 이것을 듣지 않고 범하는 자가 있으면 엄벌에 처하겠노라'고 하였다. 새 의사는 여기서 여러 가지로 약을 조제하여 뭇 사람의 병을 고쳤다. 물론 왕의 병도 나았다. 그러나 얼마 지나지 않아서 왕은 다시 병이 들었다. 곧 새 의사를 불러 말하기를 '나는 이제 병이 중하여 죽을 것같이 괴롭다. 어떻게 하여야 이 병을 고치겠는가.' 하였다. 새 의사는 정성스럽게 진찰하고 '대왕이시여, 이 병에는 마땅히 우유로 약을 만들어 써야만 나으실 것 같습니다.' 하였다.

이때에 왕은, '네가 미쳤느냐, 정신이 빠졌느냐? 또는 나를 속이는 것이냐? 먼저는 유약을 독약과 같은 것이라 함부로 쓰지 못한다고 말하고, 이제 와서는 또 이 우유라야 약이 된다고 하니, 무슨 일이냐?'고 했다. 새 의사는 '대왕이시여, 벌레가 나무를 파먹다가 글자의 형상을 이루었습니다. 그러나 이 벌레는 그것이 글자인 줄은 모릅니다. 사람도 또한 이 벌레가 글자를 알고 있다고 생각하지 않습니다. 대왕이시여, 구 의사도 또한 그러합니다. 여러 가지의 병을 구별하지 못하고 다 유약만 주어서 먹게 하여 그 약이 듣는지 아니 듣는지 모릅니다. 마치 저 벌레가 우연히 나무에 글자를 만들어 놓은 거와 같습니다'고 했다. '구 의사가 알지 못한다는 것은 무슨 말인가?' '대왕이시여, 이 우유로 쓰는 약은 우유에 따라서 독약도 되고 감로甘露의 양약도 되는 것입니다. 만일 새끼를 가진 암소가 먹으면 그것은 적당한 것입니다. 그리고 맑은 물을 마시고 술 찌꺼기 같은 것은 먹지 않으며, 놓아먹이는 장소도 건조한 높은 지대도 아니요 또 비습한 낮은 지대도 아니며, 수소와 같이 있지도 않고, 그 송아지도 유순하면, 그러한 소의 젖은 모든 병에 잘 들을 수가 있습니다. 그래서 이것은 감로甘露라고도 하겠지마는, 이러한 조건이 닿지 않는 것은 어떤 우유든지 독이 많은 것입니다.' 왕은 듣고 감탄하여 '아아, 오늘에야 유약의 좋고 나쁜 것을 알았다.' 하고, 곧 이 유약을 먹고 병이 나았다. 그래서 국내에 명령을 내리되 '오늘부터는 유약을 먹는 것이 좋다.' 하였다. 백성들은 어쩔 줄을 몰라 '왕은 마가 씌어 미쳤는가?' 하고, 다 왕의 대궐로 나아가 호소했다. 왕은 거기 대해서 잘 설명하여 가르치고, 백성과 같이 새 의사를 공경하였다.

비구여, 여래도 또한 이와 같다. 큰 의원이 되어 세상에 나타나서, 일체의 삿된 의원을 항복받고 중생을 조복調伏하려 하여, 무아無我의 도리를 설하였다. 그것은 외도가 이르는 아我는 벌레가 만든 글자와 같아서 의미가 없는 까닭이다. 나는 때를 알기 때문에, '나라는 것은 없다'고 설하더라도, 또 인연이 있기 때문에 '나가 있다'고도 설하는 것이다. 저 어진 의원이 우유의 약이 될 때와 약이 되지 않을 때를 알고 있는 것과 같은 것이다. 어리석은 자는 '나'라는 아我를 크기가 엄지손가락 같다고도 하고, 혹은 겨자씨나, 가는 티끌과 같다고도 한다. 그러나 여래는 이와 같이 아我를 설하지 않는다. 그러므로 모든 법은 아我가 없다고 하여 무아無我를 설한다. 그러나 실로는 아我가 없는 것은 아니다. 그러면 어떤 것이 '나'라는 아我인가? 만일 법으로서 진실眞實·상주常住하고 자재自在·불변不變하여 있다면 이것은 아라고 이름할 것이다. 저 어진 의원이 약을 잘 알고 있는 거와 같이, 여래도 중생을 위하여 모든 법 가운데 진실로 아我가 있다고 설하는 것이다. 너희들은 이 법을 잘 닦는 것이 좋을 것이다."

그 자리에 다라 촌 사람으로서 바라문의 족속인 연소年少한 한 보살이 있었다. 성姓을 가섭이라고 불렀다. 그는 부처님의 신력을 받고 일어나서 오른 어깨를 치우쳐 벗어 메고, 오른쪽에서 부처님 자리를 세 번 돌아 마치고 오른 무릎을 땅에 붙이고, 합장하고 아뢰었다.

"부처님이시여, 어떻게 하면 금강金剛과 같은 무너뜨릴 수 없는 신심信心을 얻습니까? 또 무엇을 의지하여야 견고한 힘을 얻습니까?"

"어떤 왕자王子가 죄를 범하고 옥에 갇혔을 때에는, 왕은 이것을 불쌍히 여기어 스스로 수레를 몰아 그곳으로 가는 거와 같이, 보살도 일체 중생을 자식과 같이 생각해서 저들로 하여금 열반을 얻게 하여 모든 두려움을 돌려서 편안하게 하는 것이 좋다. 그렇게 하면, 영원히 무너지지 않는 신심과 생명을 얻어, 견고한 힘과 지혜가 자재함을 얻을 것이다."

"어떻게 계를 파하고 거슬러 비방하는 자에 대하여 아들과 같은 생각을 내겠습니까?"

"나는 일체 중생에 대하여 아들과 같은 생각을 내기를 내 한 아들인 라후라를 대하는 것과 똑같이 한다."

"옛날에 매월 십오 일의 포살 회를 열었을 때에, 청정한 대중 가운데 행실이 좋지 못한 한 동자가 있었습니다. 그래서 밀적 역사力士는 부처님의 신력을 받아 그를 금강저金剛杵로 때려 가루처럼 부숴 놓았습니다. 그렇거늘 어찌하여 부처님께서는 모든 중생 보기를 라후라와 같이 보신다고 하십니까?"

"그렇게 말해서는 안 된다. 이 동자는 꼭두각시와 같은 화인化人이요 밀적도 또한 화인이다.

가섭아, 혹은 정법을 비방하고 선근善根을 끊고, 혹은 중생을 죽이고 삿된 소견에 빠져서 금계禁戒를 범하는 자가 있을지라도, 나는 다 그들을 불쌍히 여겨 자식과 같이 생각하기를 라후라와 같이 한다. 그러나 모든 죄악을 범하는 자에게는 과보果報가 있다는 것을 보이기 위하여 이것을 항복받는 것이다. 만일 비구로서 법을 파괴하는 자를 보고, 이것을 질책하여 꾸짖고 이것을 휘몰아 벌을 주지 않으면, 그는 불법 가운데 있으면서 부처의 원수가 되는 것이다. 그러나 만일 이것을 꾸짖고 휘몰아서 벌을 주면, 이것이야말로 참으로 부처의 제자요 성문인 것이다.

가섭아, 비유하면 왕王이 그 아들을 기르기 위하여 이것을 엄한 선생에게 맡겨 징계하여 버릇을 가르치는 거와 같은 것이다. 그러므로 왕에게는 조그만큼도 죄가 없는 것이다. 그것은 사랑에 의한 까닭이다. 선남자야, 여래도 그러하다. 법을 파괴하는 자를 볼지라도 한 자식과 같이 생각한다. 여래는 이제 정법으로써 모든 국왕·대신과 비구·비구니와 청신사清信士 청신녀清信女에게 부탁하는 것이니, 마땅히 모든 학인學人을 격려하여 계戒와 정定과 혜慧를 더 키우지 아니하면 아니 된다. 저들이 만일 게을러서 계를 파하고 법을 무너뜨리거든 이것을 아프게 엄하게 다스리는 것이 좋을 것이다.

가섭아, 비록 일체 중생에게 불성佛性은 있지만 번뇌가 덮어 감춰져 있기 때문에 알지도 못하고 또 보지도 못한다. 그러므로 힘써서 번뇌를 끊지 않으면 아니 된다고 말하는 자가 있으면, 이 사람은 죄를 범하지 않는다. 그러나 만일 '나는 이미 도를 이루었다. 왜냐하면 불성佛性이 있기 때문이다'고 말하는 자가 있으면, 이 사람은 죄를 범하는 것이다. 설사 불성이 있을지라도 닦지 않으면 나타나지 아니하며, 나타나지 않으면 도를 이룬 것이 아니다.

가섭아, 세상 사람은 아我가 있다고 말하고 있으나, 불성佛性이 있는 줄은 모른다. 그러기 때문에 이 사람은 무아無我에 대하여 아我의 생각을 일으키고 있다. 이것이 뒤바뀜의 생각이다. 불법에 아我가 있다고 말하는 것은 곧 불성이다. 세상 사람이 이 법에 아我가 없다고 말하는 것은 이것은 아我에 대하여 무아의 생각을 일으키는 것이다. 이것도 또 뒤바뀐 생각이다."

"부처님이시여, 이십오유二十五有에도 아我가 있습니까?"

"가섭아, 아라고 하는 것은 곧 여래장如來藏이다. 일체 중생은 다 이 불성을 가지고 있다. 이것이 곧 아我인 까닭이다. 이 아我는 먼 옛날로부터 무량한 번뇌에 덮여 있기 때문에, 중생은 이것을 볼 수가 없는 것이다.

가섭아, 비유하면, 어떤 곳에 가난한 여자가 있었는데, 그는 자기 집에 황금의 함函이 있는 줄을 알지 못하였다. 다른 사람이 와서 그 여자에게 '너는 내게 풀 베는 노동을 해 주겠는가?' 하고 말할 때, 그 여자는 '네가 만일 내게 황금의 함函을 보여 주면, 나는 곧 너를 위하여 노동일을 해 주리라.' 하였다. 그 사람은 다시 '좋은 말이다, 보여 주리라.' 하니, 여자는 '우리 집 사람도 다 이것을 모르고 있는데, 어떻게 너는 알고 있느냐?' 하였다. 그 사람은 '나는 그것을 잘 알고 있다.' 하고, 그 집에 있는 황금의 함函을 파내어 주었다. 그 여자는 이상히 여기고 기뻐하면서 그 사람을 존경하였다. 착한 남자야, 나도 또한 그러하여, 일체 중생에게 원래 그가 가지고 있는 불성佛性을 보여 주는 것이다."

제7절 순다의 공양

1 밤이 새어 부처님은 여러 비구들을 데리고 순다의 집에 가서 그의 공양을 받으셨다. 순다는 자기 손으로 부처님과 비구들에게 공양을 올리고 특별히 전단 나무의 버섯을 요리로 장만하여 부처님께 올렸다. 그런데 한 비구가 그 공양을 받던 그릇으로 물을 마시고 주의가 부족하였든지 그릇을 깨뜨렸다. 공양은 끝났다. 순다는 작은 책상 하나를 가져다 부처님 앞에 놓고 아뢰었다.

"부처님이시여, 세상에는 어떠어떠한 사문이 있습니까?"

"도를 잘 행하여 근심과 두려움의 바다를 건너고 높이 인천人天의 도道를 뛰어넘어서 열반에 이르는 자는 그 첫째요, 제일의 뜻(第一義諦)을 잘 설하여 더럽힘이 없고, 자비가 있어 모든 의심을 밝게 결단하는 자는 그 둘째요, 멀리 무구지無垢地를 바라서 다른 것을 돌아보지 않고, 힘써서 게으르지 않으며, 법을 받아서 스스로 수행하는 자는 그 셋째요, 밖으로는 깨끗하되 안으로는 탁하여 성실한 곳이 없고, 더러운 곳을 향하는 것은 그 넷째다.

순다여, 한 사람의 허물을 들어서 여러 사람을 책해서는 안 된다. 세상에는 선과 악이 있고 깨끗함과 더러움이 섞여 있기 때문에, 모든 것을 한 가지로만 보아서는 안 된다. 그러므로 형상形相만 취해서 급히 서로 친하여서는 안 된다. 형상만이 좋은 것은 좋은 것이 아니요, 마음이 깨끗하고 맑은 자라야 좋은 것이다."

"일찍이 부처님께서는 말씀하시기를, 가지고 있는 것을 모든 사람에게 보시하는 것은 찬탄할 일이라고 하셨으니, 이 말씀의 뜻은 어떠한 것입니까?"

"다만 하나만은 제해야 한다."

"그 하나라는 것은 무엇입니까?"

"파계破戒하는 사람이 그것이다. 파계라는 것은 선근善根을 끊는 것이기 때문이다."

"선근을 끊는 사람이라는 것은 어떠한 것입니까?"

"추악한 말로 정법을 비방하고 길이 그것을 그치지 않으며 또 부끄러워하지도 않으면, 그것이 선근을 끊는 사람이다. 만일 사중금계四重禁戒를 범하고 오역죄五逆罪를 짓고도 마음에 두려움과 부끄러움이 없고, 또 감히 이것을 숨기며 길이 정법을 두호할 마음이 없고, 도리어 이것을 가볍고 천하게 여기며, 또 나무라고 헐뜯어 말에 허물이 많은 것이 선근을 끊는 사람이다. 또 만일 부처도 법도 승도 없다고 말하는 자가 있으면, 이것도 선근을 끊는 곳으로 향하는 사람이다. 이런 사람을 제하고 그 이외의 사람에게 보시하는 자는 다 칭송할 만한 사람이다."

"이렇게 파계한 사람도 오히려 제도할 수가 있겠습니까?"

"인연因緣만 갖추면 제도할 수 있다. 만일 회개하고 참회하며, 두려워하고 근신하여 정법으로 돌아오고, 스스로 꾸짖기를 '나는 무슨 까닭으로 이러한 중죄를 범하였는가? 정법을 지키는 이외에는 나를 구해줄 자는 없다. 정법을 세워서 꼭 이것을 지키지 아니하면 안 되겠다'고 스스로 책망하면, 오역五逆이라고 이름 지을 수가 없는 것이다. 만일 이러한 사람에게 보시하면 그 복은 한이 없는 것이다.

순다야, 한 여자가 있는데, 몸이 무거워지더니 해산기가 가까워졌다. 마침 나라에 전쟁이 일어나서, 그 여자는 다른 나라로 도망을 가 천신을 모신 어떤 사당에 들어가서 아들을 순산했다. 그런데, 얼마 안 되어 고국에 전쟁이 가라앉았다는 소문을 듣고, 그는 그 어린애를 데리고 돌아오게 되었다. 마침 도중에 냇물이 넘쳐서 어린 것을 업고 건널 수가 없었다. 그 여자는 여기서 생각하기를 차라리 어린애와 같이 죽자고 결심하고 함께 물에 빠져 죽었다. 그것은 자식은 내버리고 혼자만 건너가 살 수 없었기 때문에, 같이 빠져 죽은 것이다. 이 여자의 성품은 악했으나,

자식을 사랑함으로 말미암아 죽었기 때문에 천상에 가서 날 수 있었다. 순다야, 법을 두호하는 마음도 또한 그러한 것이니, 그 전에 착하지 못한 업業이 있었다고 할지라도, 그는 정법을 애호함에 의하여 세간世間의 무상無上한 복밭(福田)이 되는 것이다.

순다야, 도를 받드는 사람은 다른 것을 부러워하여서는 아니 된다. 또 다른 사람의 말에 미혹하여서도 아니 된다. 그리고 다른 사람이야 일을 잘하거나 못하거나, 놀고 있거나 쉬고 있거나 간섭해서는 아니 된다. 다만 자기가 잘하고 못하는 선악이나 가릴 뿐이다. 이렇게 하면 도를 얻기가 빨라질 것이다. 그러므로 너는 네 자심을 닦아서 결코 방일하지 말아야 한다."

순다는 듣고 몹시 기뻐했다.

2 부처님은 순다의 집을 나와 여러 비구들에게 호위 받아 구시나가라로 향하셨다. 순다와 그의 집안사람들도 다같이 그 뒤를 따랐다. 가시는 도중에 다시 병환이 났다. 그래서 길가의 나무 밑에 고요히 앉아 쉬면서, 아난에게 말씀하셨다.

"나는 지금 잔등이 몹시 아파온다. 여기에 자리를 깔아다오."

아난은 자리를 깔았다. 부처님은 그 위에 앉으시고, 다시 아난에게 말씀하셨다.

"나는 지금 목이 말랐다. 개천에 가서 맑은 물을 길어다 다오."

"부처님이시여, 아까 상인商人들이 오백 수레를 끌고 개천 상류를 지나갔습니다. 그래서 물이 흐립니다. 설사 길어 오더라도 잡숫기 어려울 것입니다. 부처님이시여, 여기서 멀지 않은 곳에 카쿳타 하河가 있습니다. 거기에는 맑고 차가운 물이 있습니다. 거기 가셔서 목마른 것을 푸시고, 발까지 씻으시는 것이 좋을 줄로 생각합니다."

하고, 아난은 물 길어 오기를 주저하였다. 그러나 부처님은 듣지 않으시고 세 번이나 되풀이해 청하셨다. 아난은 어떻게 할 수가 없어서 부처님의 바리를 가지고 냇가 언덕에 나가서 보았더니, 뜻밖에 맑은 물이 흐르고 있었다.

아난은 놀라고 두려워하며 감탄하였다. '부처님의 신력은 어찌하여 이렇게도 장하신가!' 하고 혼잣말로 중얼거리고 물을 길어와 부처님께 올렸다.

그때에, 아랑카란의 제자로, 나이 젊은 말라 사람 불가사弗迦奢라는 자가, 구시나가라에서 파바시로 가려고 이곳을 지나게 되었다. 그는 나무 밑에 앉아 계신 부처님의 빛나는 얼굴을 우러러보고, 앞으로 나아가 절하고 아뢰었다.

"구담이여, 성도聖道에 있어서는 선정禪定이 제일인가 합니다. 이 법은 우리들의 감정을 조복하게 하고 마음을 거두고, 놀람과 두려움을 끊게 하나이다.

저의 스승인 카란은 어떤 길가 나무 밑에서 쉬고 있을 때에, 오십 대의 수레가 그 앞을 지나갔습니다. 그러나 저의 스승은 침묵을 지키면서 몸도 꼼짝하지도 아니하고 있었습니다. 그래서 저는 선정의 높은 효과를 통감하였습니다."

부처님은 말씀하셨다.

"불가사야, 나는 일찍이 아차마 촌의 어떤 나무 밑에서 도를 생각하고 있을 때에, 오백 대의 수레가 내 옆을 지나갔다. 그러나 나는 그것을 보지도 못하고 듣지도 못하였다. 또 한 번은 아월 촌의 어떤 초암草庵에서 생사를 관觀하고 있었다. 그때에, 뇌성벽력이 있어서, 그 촌에서 두 사람의 형제와 네 마리의 소가 그것 때문에 놀라서 죽은 일이 있었다. 그때에, 나는 졸거나 잠자고 있지 않았지만, 그것을 보지도 못하고 듣지도 못하였기 때문에, 사람들은 이상하다고 칭찬하였다."

불가사는 이 말씀을 듣고 감탄했다.

"부처님이시여, 부처님의 선정禪定은 생각하여 헤아릴 수가 없습니다.

저희들의 스승쯤으로서는 멀리 미칠 수가 없습니다."

그리고 그 밖에도 여러 가지의 가르침을 듣고, 감격하여 눈물을 머금었다. 부처님은 다시 말씀하셨다.

"법을 사랑하는 자는 누워 있을 때에도 편안하여 기쁨을 얻고 뜻이 맑아진다. 현자賢者는 진인眞人의 설한 법을 행하기를 즐겨한다. 만물萬物이 빗물에 축여지듯이, 그 덕德으로 돌아가기 때문이다."

3 부처님의 말씀이 끝난 뒤에 불가사는 데리고 온 아랫사람을 돌아보고 "금색金色으로 만든 가사 두 벌만 가지고 오라. 나는 부처님께 올리겠다."

시종은 가사를 가지고 왔다. 불가사는 꿇어앉아 가사를 올리면서 아뢰었다.

"부처님이시여, 원하건대, 저를 불쌍히 여기시어 이것을 받아 주소서."

부처님은 불가사에게

"나는 이제 너를 위하여 한 벌만 받겠다. 다른 한 벌은 아난에게 주어라. 아난은 낮이나 밤이나 내게 시봉하고 있다. 또 오늘은 내 병시중을 들고 있다. 앓는 사람과 그 병시중을 드는 사람에게 보시하는 것은 큰 보시가 되는 것이다."

이 말씀을 들은 불가사는 기뻐하면서, 그 한 벌은 부처님께 올리고, 또 한 벌은 아난에게 바쳤다. 아난은

"불가사여, 좋은 일을 하였다. 너는 인천人天의 대도사大導師의 말씀을 잘 순종하였다. 나도 기쁘게 받으리라."

하고, 이것을 받았다. 불가사는 그 금색 가사를 올리고 곁에 앉았다. 부처님은 다시 그를 위하여 도道를 말씀하여 들려 주셨다. 그는 듣기를 마치고 여쭈었다.

"부처님이시여, 나는 이제 부처님과 성법聖法과 성중聖衆에 귀의하겠나이다. 원하건대, 나에게 정법의 가르침을 받게 하여 우바새가 되는 것을

허락하여 주소서. 나는 이제부터 목숨이 다할 때까지, 살생과 도둑질과 삿된 음행과 거짓말과 술 마시는 것을 금하겠나이다."

부처님은 이것을 허락하셨다. 불가사는 다시 여쭈었다.

"부처님이시여, 저는 바쁜 몸입니다. 그래서 여기서 실례하고 물러가겠습니다. 부처님께서는 다른 날에 이 파바시를 지나실 길이 계시거든, 저희 마을에도 오셔서 교화하여 주시기를 바라나이다. 저는 집에 가지고 있는 향식과 의약醫藥을 정성껏 부처님께 올리려고 생각하나이다."

이렇게 예의를 올리고 기뻐하며 물러갔다.

4 불가사가 물러간 뒤에 곧 아난은 그 금색 가사를 부처님께 올렸다. 부처님은 그 뜻을 어여삐 여기시고, 이것을 받아 몸에 걸치셨다. 그때 부처님의 얼굴은 한층 엄숙하여지며, 얼굴빛이 불꽃처럼 빛나게 타올랐다. 아난은 이상하게 생각하고 여쭈었다.

"부처님이시여, 제가 부처님을 시봉하기 이십오 년이 되오나, 아직까지 존안尊顔이 지금처럼 엄숙하게 빛남을 뵌 일이 없습니다. 얼마나 부사의不思議하온 일이옵니까? 청하건대, 그 까닭을 들려주소서."

"아난아, 나의 위광威光이 평시보다 다른 것이 꼭 두 번이었다. 한 번은 도를 깨칠 때요, 한 번은 열반에 들 때다. 너는 이제야말로 잘 알아 두는 것이 좋으리라. 나는 오늘 밤중에 열반에 들 것이다."

사람들은 이 말씀을 듣고, 모두 다 울었다. 부처님은 다시 일어나시어 카쿳타 강에 이르러, 물에 내려가 몸을 씻고 나오셔서, 걸음을 언덕 위의 나무 그늘 밑으로 옮기셨다. 그리고 몸의 광명은 황금과 같이 하숫가의 두 언덕에 비치었다.

그때 아난은 부처님의 옷을 말리기 위하여 후면後面에 있었기 때문에, 부처님은 순다에게 말씀하시어 자리를 깔게 하고 그 위에 쉬시었다.

제8절 세 가지 큰 병든 사람

1 타아라의 가섭은 또 부처님께 물었다.

"일체 중생에게는 네 가지의 독한 화살(毒箭)이 있어서 그것이 모든 병의 원인이 되어 있습니다. 그것은 첫째, 탐욕과, 둘째, 진에瞋恚와, 셋째, 우치愚癡와, 넷째, 교만憍慢입니다. 이런 원인이 있기 때문에 모든 병이 있는 것입니다. 그러나 부처님께서는 이러한 원인이 없는데, 어찌하여 '오늘은 내 등이 아프다'고 말씀하십니까?"

부처님은 말씀하셨다.

"가섭아, 내게는 실로 일체의 병이 없다. 여래는 먼 옛날로부터 일체의 병을 여의고 있다. 여래는 사람 가운데 사자獅子라고 이르지마는, 여래는 실로는 사자는 아니다. 사자라고 말하는 것은 여래의 비밀을 가리킨 것이다. 내가 이제 병이 들었다고 이르는 것도 또한 이와 같아서, 여래의 비밀을 가리킨 것이다.

가섭아, 세상에는 세 가지 고치기 어려운 큰 병이 든 사람이 있다. 첫째는 대승大乘을 비방하는 자요, 둘째는 오역죄五逆罪를 범한 자요, 셋째는 선근을 끊은 사람이다. 이 세 가지는 세간에서 극히 고치기 어려운 중병이다. 성문이나 연각이나 보살의 힘으로서는 도저히 고칠 수가 없는 것이다. 그러나 다만 여래를 따라서 법을 들을 수가 있는 자면, 무상정진도無上正眞道의 마음을 낼 수 있는 것이다.

가섭아, 보살은 집을 나오면 금계禁戒를 받들어 위의를 잃지 않고, 나아가나 들어오나 그쳐 있으나 항상 행동이 안상安詳하여, 작은 죄를 두려워하고, 계戒를 지키는 마음을 가지되, 마치 금강金剛과 같이 굳게 하지 아니하면 안 된다.

가섭아, 어떤 사람이 한 개의 부랑浮囊을 가지고 큰 바다를 건너려고 하는데, 바다 가운데 한 나찰 귀신이 그 부랑을 달라고 말했다. 이 사람은 그것을 주면 자기는 물속에 가라앉지 않으면 아니 될 것을 생각하고 '설사 내가 죽는 한이 있더라도 이것을 줄 수는 없다'고 대답하였다. 나찰은 '네가 그 전부를 주기가 어렵거든 그 반이라도 주는 것이 어떠냐?'고 말했다. 그러나 이 사람은 듣지 않았다. 나찰은 '네가 만일 그 반분을 줄 수가 없거든, 삼분의 일이라도 나누어 주려무나' 했다. 그래도 이 사람은 듣지 않았다. '그러면 내게 손바닥만큼이라도 나누어 줄 수 없는가?'고 했다. 이 사람은 '그것은 될 수 없노라'고 했다. '만일 그것도 어렵거든 검부러기만큼이라도 나누어 다오.' 이 사람은 강경하게 거절하여 말하기를 '네가 이제 구하는 것은 얼마 되지 않는 작은 것이다. 그러나 나는 지금 이 큰 바다를 건너가려 하는데, 앞길이 먼지 가까운지 알 수가 없다 만일 너에게 조금만큼이라도 덜어 주면 공기가 차차 없어지고 말 것이라, 큰 바다를 건너갈 수가 없을 것이다. 그렇다면 죽는 수밖에 없지 않느냐?' 하고 거절했다.

가섭아, 보살이 금계禁戒를 가지는 것도 또한 이와 같지 않을 수가 없는 것이다. 보살이 이 계戒를 지킬 때에는 모든 번뇌의 나찰이 와서 '너는 나를 믿는 것이 좋을 것이다. 나는 결코 너를 속이지 않는다. 네가 중금계重禁戒를 파하기만 하면, 편안히 열반에 들 것이다'라고 꾀인다. 보살은 이때에 이렇게 말하지 아니하면 안 된다. '내가 설사 계행을 갖기 때문에 아비지옥에 떨어져 들어갈지라도, 이것을 범하여 천상天上에 날 생각은 없다.' 보살은 이렇게 굳게 계법戒法을 지키고, 마음을 금강金剛과 같이 단단하게 가져, 대소승大小乘의 계戒를 중하게 여겨서, 차별이 없도록 하지 않으면 아니 된다. 이와 같이함으로써 곧 근본의 정계淨戒를 구족하게 될 것이다. 이것을 성행聖行이라고 이르는 것으로서, 이렇게 하여야만 신信·진進·계戒·참회懺悔·다문多聞·지혜智慧·사리捨離의 일곱 가지 재물을 가지고 성인이 될 수가 있는 것이다.

2 가섭아, 보살은 마땅히 사념처四念處를 얻지 않으면 아니 되는 것이니.

먼저 고苦·집集·멸滅·도道의 사제四諦를 관觀하는 것이 좋다. 고苦라는 것은 괴로움이 핍박하는 것이요, 집集이라는 것은 애욕을 출생出生하는 무명갈애無明渴愛요, 멸이라는 것은 번뇌가 없어진 것이요, 도道라는 것은 대승大乘의 도를 닦는 것이다. 고에는 일곱 가지가 있으니, 나고, 늙고, 병들고, 죽고, 사랑하는 자들이 이별하고, 원한을 가진 원수가 한데 모여 살고, 애써 구하여도 얻어지지 아니하는 것들이다.

가섭아, 이러한 여러 가지의 고통은 다 살려고 하는 데서 나온 것이다. 중생은 미혹迷惑에 덮여 있기 때문에, 그 살려고 하는 생生에 탐착하여 늙는 것과 죽는 것을 괴로워하고 있다. 그러나 보살은 그 처음의 생生에 대하여 탐착하지 않고 이미 괴로움을 느끼는 것이다.

가섭아, 한 사람의 얼굴이 잘 생긴 아름다운 미인 여자가 있어서, 옷을 잘 차려 입고 어떤 집을 찾아갔더니, 그 집 주인이 물었다.

'너는 누구냐?'

'나는 공덕천功德天이라 하오.'

'무엇을 하는 자인가?'

'나는 이르는 곳마다 그 집에 보배를 생기게 하여 주는 자입니다.'

이 말을 들은 주인은 그 여자를 존경하여, 건넌방에 안내하여 앉혀 놓고 향을 피우고 꽃을 흩었다. 그런데 조금 있다가 또 한 여자가 문 앞에 나타나 서 있었다. 그 여자는 참으로 흉악한 얼굴에 때가 흐르고, 다 해진 누더기를 입고 있었다. 주인은 물었다.

'너는 누구냐?'

'나는 흑암천黑暗天이라 하오.'

'무엇을 하는 자이냐?'

'나는 이르는 곳마다 그 집의 재물을 없애버리게 하는 자입니다.'

이 말을 들은 주인은 손에 칼을 들고

'이년 빨리 물러가라. 가지 않으면 이 칼로 죽이겠다'고 말했다.

그 여자는 '아아, 너는 미련한 사람이다. 조금 앞에 너의 집에 들어온 여자는 내 형이다. 나는 언제든지 형을 여의지 않기 때문에, 나를 쫓아내면 내 형도 쫓아내야 된다.' 하였다. 그래서 주인은 집안으로 달려 들어가서 이 일을 공덕천에게 물어보았다. 이때에 공덕천은 '참으로 그렇습니다. 나를 사랑하려면 내 동생도 사랑해야 합니다'고 했다. 주인은 드디어 두 여자를 다 쫓아내버렸다. 두 여자는 다음에 있는 가난한 집으로 들어갔다. 그 집에서는 기뻐하며 두 사람을 다 후대했다.

가섭아, 낳는 것이 있으면 늙는 것이 있고, 또 병든 것이 있으면 죽는 것이 있다. 어리석은 사람은 이 두 가지를 다같이 집착하지만은 보살은 그 생사의 둘을 함께 여의어 애착하지 아니한다.

3 가섭아, 만일 금강의 비가 내리면 나무도 풀도 다 꺾여 버린다. 그러나 금강만은 깨어지지 않는다. 이와 마찬가지로, 죽음의 비는 모든 중생을 다 없애버리지마는, 열반의 경지에 있는 보살만은 해치지 못한다.

가섭아, 죽은 자는 험난한 곳으로 가서, 음식물도 취할 수가 없고, 길은 먼데다가 같이 가는 길 동무도 없다. 낮이나 밤이나 쉬지 않고 걸어가지마는, 닿을 곳이나 목적지는 끝이 없다. 다만 캄캄할 뿐이요 등불도 없다. 그러므로 죽음은 큰 고통이라고 말하는 것이다.

가섭아, 집集이라고 하는 것은 애욕이다. 원래 애욕에는 선과 악이 있다. 선善한 사랑은 보살이 구하는 것이요, 악惡한 사랑은 범부가 구하는 것이다. 그 범부의 애愛를 집集이라 이름하고, 보살의 그것은 집이라고 이름하지 않는다. 비유로 말하면, 왕王이 밖으로 나갈 때에는 신하도 다 따라가듯이, 애욕이 가는 곳에는 항상 미혹이 따른다. 습한 땅에 싹이 잘 나듯이 애욕 습지에는 번뇌의 싹이 잘 난다. 또 애욕은 나찰 여귀女鬼와도 같은 것이다. 나찰은 자식을 낳으면 다 잡아먹고 만다. 필경에는 제 남편인 사나이까지 잡아먹는다고 한다. 이것과 마찬가지로, 애욕은 선행善行을 내는 일이 있더라도 곧 잡아먹는다. 또 중생까지도 잡아먹을 식물食物

로 여긴다. 또 애욕은 꽃나무 뿌리 밑에 숨어 있는 뱀과도 같다. 사람이 꽃을 탐하여 뱀이 있는 줄을 모르고 꽃을 꺾다가, 필경에는 물려 독을 받아 죽게 된다. 이것과 마찬가지로 중생은 오욕의 꽃을 탐하다가 드디어 애욕이 쏘는 독을 받고 악도에 떨어진다. 다음에 멸滅이라고 하는 것은 애욕의 불이 꺼진 곳이다. 그러므로 보살은 번뇌의 불을 끄고 청한淸閑한 적멸에 들어간다. 번뇌가 없어지면 즐거움이 있는지라, 다시 이십오유二十五有의 괴로움을 받는 일이 없는 것이다.

다음에 도道라고 하는 것은 팔정도八正道가 그것이다. 가섭아, 등불이 있어야만 물건을 볼 수 있는 것과 같아서, 보살은 대승大乘에 머물고 팔정도로 인하여 모든 법을 보게 되는 것이다."

4 그때에, 대중 가운데 주무구장왕住無垢藏王이라는 보살이 자리에서 일어나 합장하고 부처님께 아뢰었다.

"부처님이시여, 여러 부처님과 보살의 지혜는 한이 없습니다. 그러나 부처님의 이 가르치심에 비하면, 멀리 미치지 못할 것 같습니다. 왜냐하면, 부처님의 이 교계敎誡는 무상정진無上正眞의 도가 얻어지게 되는 까닭입니다."

부처님은 그에 대하여 이렇게 말씀하셨다.

"착한 남자야, 정유精乳를 짜내는 암소에서 젖이 나고 젖에서 낙酪이 나고 낙에서 생소生酥가 나고 생소에서 숙소熟酥가 나고 숙소에서 제호醍醐가 난다. 제호는 진실로 최상의 것으로서, 모든 약이 이 가운데 포함되어 있다. 만일 누구든지 마시면 모든 병이 다 제除하여질 것이다. 여래도 또한 이와 같다. 부처에서 십이부경十二部經이 나고, 십이부경에서 수다라修多羅가 나고, 수다라에서 『방등경』이 나고, 『방등경』에서 『반야경』이 나고, 『반야경』에서 큰 열반이 나는 것이다. 이것은 마치 제호와도 같은 것이다. 제호는 불성佛性에 비유하는 것으로서, 그 불성이란 것은 진실로 여래인 것이다."

가섭은 또 아뢰었다.

"부처님이시여, 그 가르치심은 진실로 최상의 것입니다. 저는 이제부터 잘 노력하여, 몸의 가죽을 벗겨서 종이를 삼고, 살을 찔러 피를 짜내어 먹을 삼고, 수髓를 짜서 물을 삼고, 뼈를 뽑아 붓을 대신하여서라도, 이 가르침을 옮겨 쓰겠습니다. 그래서 이 가르침이 길이 널리 세상에 전파되게 하고, 그 뜻을 설명하여 넓히고자 생각하나이다. 부처님이시여, 만일 탐욕을 가진 자가 있으면 나는 먼저 저에게 재물을 주어서 이 가르침을 권할 것이요, 만일 신분身分이 존귀한 자가 있으면 먼저 그의 기분에 들게 하여 사랑스러운 말로써 그의 뜻을 받아들이어 이 가르침을 권하겠습니다. 그리고 보통사람에게는 위세威勢를 보여서 이 가르침을 갖게 하고, 교만이 있는 자에게는 그의 종이 되어서 그의 마음을 기쁘게 하여 이 가르침을 권하고자 생각하나이다. 만일 불법을 비방하는 자가 있으면 잘 이것을 설복시켜 이 가르침을 권할 것이요, 만일 이 대승大乘의 가르침을 기뻐하는 자가 있으면 나는 그 사람에게 가서 그를 공경하고 그에게 공양하고 그를 찬탄하겠습니다."

부처님은 이 말을 들으시고 말씀하셨다.

"참으로 좋은 일이다. 너는 대승법을 사랑하는 사람이다. 너는 이 인연으로 말미암아 무량한 보살보다 먼저 대도大道를 성취하게 될 것이다." 하고 찬탄하셨다.

제9절 반 게송의 공덕

1 "가섭아, 아주 까마득한 먼 옛날, 아직 이 세상에 여래가 출현하시기 전에, 나는 설산선인雪山仙人(혹은 雪山童子)으로서, 설산雪山에 살면서 보살행을 닦고 있었다. 땅에는 약풀과 약나무가 가득하게 나서 있고, 여러 가지 종

류의 새들은 거기 모여 살았다. 흐르는 물은 맑고 나무에 열린 과실은 달고, 여러 가지로 향취를 뿜는 이름 높은 꽃이 피어 있었다. 나는 그때 널리 대승大乘의 가르침을 구하고 있었으나 얻지 못하였다. 그때에 모든 하늘의 천신들은 나를 이상하게 여기어 저희끼리 서로 말했다. 어떤 천신은 '이 사람은 탐욕에 들뜬 생각을 버리고 고요한 마음을 가진 깨끗한 사람이다. 아마 돌아오는 세상에는 제석천신帝釋天神이라도 되려고 생각하는 사람인 것이다.' 하고, 또 어떤 천신은 '세상에는 대사大士라는 이가 있다. 중생에게는 혜택을 주기 위하여 여러 가지의 수행을 할지언정, 자기의 이욕을 위하여서는 아무것도 아니하는 사람이다. 이러한 사람은 미혹한 세상의 허물만을 보기 때문에, 설사 자기 주변의 땅바닥에 아무리 훌륭한 재물이 쌓여 있을지라도 가래침을 보는 것과 같아서 조금도 탐착하지 아니한다. 육신의 처자妻子나 하인下人이나 집까지도 버리고, 또는 천상의 영화榮華까지도 바라지 않는다. 오직 무상정진無上正眞의 도를 성취하여, 일체 중생을 건져 주려고 생각하고 있다. 그러므로 저 사람은 이러한 대사大士가 아닐까?' 하였다. 그러자 제석천신帝釋天神은 '만약 너희 말과 같다면, 이 사람은 어떤 고통이라도 견디어 참고, 모든 세상의 중생을 구제해 낼 수가 있는 성자聖者일 것이다. 그러나 이것은 저마다 되는 일이 아니다. 백 천억의 중생이 보리 마음을 낼지라도 아주 티끌만한 장애에 부딪치면 그만 그 뜻을 무너뜨리지 않는가? 마치 물 위에 그림자를 비추는 달이 잔잔한 물결에도 움직이고 있는 거와 같은 것이다. 사실 나는 오늘까지 그런 사람을 많이 보아 왔고, 그래서 나는 이제 저 사람에게 가서 그를 시험해 보아, 그가 보리 도道를 견딜 수 있는 사람인가, 아닌가를 알아보려고 한다.' 하고 제석천신은 곧 나찰의 몸으로 바꿔 설산으로 내려갔다. 그는 명랑한 소리로

세상 모든 일은 항상됨 없어 한번 나면

반드시 없어지나니(諸行無常 是生滅法)

이러한 옛 부처의 게송偈頌의 반쪽만을 노래하고 지나갔다.

2 이 반게半偈를 들은 때의 나의 심경心境은 마치 목말랐던 사람이 물을 얻고 옥에 갇혔던 사람이 석방을 만난 것 같았다. 기쁨을 이기지 못해 나는 곧 자리에서 일어나 손으로 흐트러진 머리칼을 쳐들면서 사방을 향하여 외쳤다.

'이제 그 훌륭한 반게를 노래한 이는 누구십니까? 누구신데 이렇게도 훌륭하고 거룩한 해탈의 문을 열 수 있는 게송을 설하시어 모든 부처님의 도를 보여 주셔서, 주린 자에게 무상한 도를 맛보게 하고, 어두운 마음을 밝게 하여, 연꽃이 피듯 환하게 하여 주십니까?' 이렇게 외치고, 전후좌우를 돌아보았다. 그러나 내 눈에는 아무것도 비치지 아니하고, 오직 무서운 형상을 가진 나찰이 있을 뿐이었다. 나는 생각했다. '지금 저 반게를 높이 불러 노래한 것은 이 나찰이었던가? 아니야, 그럴 리가 없다. 저렇게 무서운 형상을 가진 나찰의 입에서 그렇게 존귀한 모든 부처님이 부르시던 노래가 나올 수 없어. 그것은 불 속에서 연꽃이 피어나고 태양 속에서 물이 흐르는 거와 같은 것이다. 그러나 혹은 저 나찰이 옛날에 부처님을 만나 저 게송을 들었는지도 모를 일이 아닌가?' 이렇게 생각하고 먼저 나찰에게 물어보기로 결심했다.

3 설산선인이던 나는 나찰이 있는 곳으로 갔다. '당신은 어디서 이 존귀한 반게를 얻었습니까?' 하고 물었다. 나찰은 '아니야, 아무것도 아니야. 그런 것은 묻지 마라, 나는 이 며칠 사이에 아무것도 먹지를 못했어. 그래서 이곳저곳으로 음식을 찾아다녔으나 아무것도 얻을 수가 없었어. 그 때문에 정신이 돌아, 생각 밖에 어쩌다가 노래처럼 불러본 것이 그것이야. 별로 어떤 마음을 가지고 부른 것이 아니야. 그리 알아!' 하고 대답했다. 나는 다시 다가서면서 물었다.

'그렇게 말하지 말고 가르쳐 주시오. 이것만 가르쳐 주면 나는 반드시 여생이 다하도록 당신의 제자가 되겠습니다. 당신이 이제 부른 게송은 참으로 훌륭한 것입니다. 그러나 노래 게송이 네 구절로 되어야 할 것인데, 두 구절밖에 없는 반 동강이라, 의미가 충분하지 못합니다. 재물의 보시는 다함이 있지마는 법문의 보시는 다함이 없다고들 하지 않습니까? 그러니, 어쨌든지 마지막 구절까지 가르쳐 주십시오.'

나찰, '너는 다만 네 일만 생각하고 내 일은 조금도 생각해 주지 않는구나. 나는 지금 몹시 주리고 있지 않는가? 다시 말할 기력이 없구나.'

설산, '그렇다면 당신은 어떤 것을 먹습니까?'

나찰, '물을 필요도 없지 않는가? 만일 입을 열어서 말을 한다면 누구나 놀라서 기절할 거야.'

설산, '여기 누가 있습니까? 어서 말해 보시오. 나는 무슨 말을 한대도 놀라지 않을 것이오. 무슨 물건이 비위에 맞는지 그것만 말해 주시오.'

나찰, '그러면 말하겠다. 내가 먹는 것은 사람의 따뜻한 살점과 뜨끈뜨끈한 핏덩이야. 그것이 내가 먹는 것이다.'

설산, '그렇다면 그 뒤의 반게를 마저 설해 주시오. 이 몸은 얼마 못 가서 죽을 몸입니다. 내게는 조금도 소용이 없습니다. 죽어서 호랑이나 소리개나 올빼미한테 파먹히는 것보다는, 차라리 이제 당신에게 공양을 올리고 존귀한 법문과 바꾸는 것이 소원입니다. 나는 지금 이 썩어질 육체를 버리고 영구히 변하지 않는 법신法身을 얻고자 합니다.'

나찰, '아니야. 그대는 그런 말을 하지만 누가 믿을 수가 있겠는가?'

설산, '그것은 어리석은 말이라고 생각합니다. 비유로 말하면, 기왓장이나 자갈돌을 버리고 칠보로 만든 그릇을 가지는 것과 같아서, 이 썩은 몸을 버리고 금강金剛의 몸과 바꾸는 것이 아니겠습니까? 그런데 이 몸을 버리기가 무엇이 그리 원통하겠습니까? 그래도 믿어지지 않는다면, 나는 저 모든 보살과 시방十方에 계신 부처님께 맹세하고, 그 증거를 보이겠

나이다.'

나찰, '그처럼 신의信義를 보인다면 뒤의 반게를 설하여 주겠다.'

하고, 나찰은 허락하는 빛을 보였다. 나는 이때에 옷을 벗어 나찰을 위하여 설법상說法床을 대신하여 펴 놓고 '그러면 뒤의 반게를 설하여 주십시오.' 하고 꿇어앉아서 설법을 청했다. 그러자 나찰은 내가 벗어놓은 옷을 깔고 앉아 낭랑한 음성으로

> 생과 멸에 붙잡혀 끌려가는 마음을 없애 다하면,
> 적멸이 즐거우리(生滅滅已 寂滅爲樂)

하고, 나찰은

'자, 나는 이것으로서 게송 전부를 설했다. 그대의 소원은 이루었으리라고 믿는다. 그런즉 그대가 만일 중생에게 혜택을 펴고자 하는 생각이 있거든, 아까 약속한 대로 그대의 몸을 내게 보시하라'고 재촉했다.

4 가섭아, 나는 그때에 이 게송의 뜻을 깊이 관찰하고, 그때부터 그 게송을 바위 위에나, 돌 벽에나, 길바닥에나, 나무 등걸에나 가지나 잎사귀에다 썼다. 그리고 높은 석벽 언덕 위에 있는 나무 위에 올라갔다. 그때 '수신'樹神은 물었다.

'무엇하러 올라오는가?'

'나는 게송을 얻어 들은 보답으로, 이 몸을 나찰에게 보시하려고 올라간다.'

'그런 게송에는 무슨 공덕이 있는가?'

'이것이야말로 삼세 제불諸佛의 바른 길을 가르쳐주는 것이다. 나는 이 세상에 간탐심慳貪心이 많아서 남에게 보시하기를 싫어하는 사람과 또는 조금 보시를 행하고는 그 공을 자랑하는 사람들에게, 이 반게를 위하여 귀한 몸까지도 티끌과 같이 버린다는 것을 보여주려고 한다.'

나는 이렇게 말하고, 나무 위에서 몸을 솟구쳐 몇십 길이나 되는 낭떠러지 밑으로 떨어졌다. 그러자, 아직 몸이 땅바닥에 떨어지기도 전에 저 나찰은 제석천신의 몸으로 바꾸어, 내 몸을 공중에서 받아 지상에 앉혀 주었다. 그리고 모든 천신들은 일제히 내 발 밑에 엎드려서 찬탄했다.

'거룩하고 훌륭합니다. 당신이야말로 참다운 보살이십니다. 능히 무량한 중생을 건지실 어른입니다. 저희들의 죄를 용서해 주십시오. 그리하여 만일 무상정진無上正眞의 도를 성취하는 때에는 저희들도 구제하여 주십시오.'

하고, 내 발 밑에 절하고 물러갔다.

가섭아, 나는 그때 이같이 반게를 위하여 이 몸을 버렸으나, 그때로부터 십이 겁을 지낸 뒤에 미륵보살보다 먼저 성도하게 되었다.

가섭아, 내가 가지고 있는 무량한 공덕은, 이것은 다 여래의 정법을 공양한 과보요 응보다. 너도 또한 이제 무상정진無上正眞의 도를 닦으려고 마음을 내었으니까, 벌써 항가 강의 모래수보다 많은 보살을 초월하여 있다고 생각한다."

제10절 사무량심

1 부처님은 다시 말씀하셨다.

"가섭아, 법을 알고, 뜻을 알고, 때를 알고, 족한 것을 알고, 나와 대중과의 높고 낮음을 알고, 또 자 · 비 · 희 · 사의 사무량심四無量心을 닦아라.

가섭아, 여래는 헤아릴 수 없는 방편을 가지고 미처 날뛰는 중생을 다룬다. 중생이 만일 재물을 탐하면, 나는 그 사람을 위하여 어진 임금으로 화化해서 길이 그 요구를 따라 갖가지 물건을 주어 마음을 기쁘게 하여 주고, 그 뒤에는 저에게 무상정진의 도를 가르쳐서 편안하게 하여 준다.

또 중생이 만일 오욕을 탐하면, 나는 묘한 오욕으로써 그의 소원을 채워 주고 그 뒤에는 무상정진의 도에 들도록 권하여 편안하게 하여 준다. 또 중생이 만일 부귀영화를 누려 스스로 잘나고 높은 체하면, 나는 그 사람을 위하여 종이 되어, 잘 섬겨서 먼저 그의 마음에 들게 한 뒤에, 그로 하여금 무상정진의 도에 들게 한다. 또 중생이 만일 강경하게 제 고집을 세워 제가 하는 일만 옳다고 하면 나는 꾸짖고 달래어 그의 마음을 항복받고, 그 뒤에 그를 무상정진의 도에 들어 편안하게 하여 준다.

가섭아, 이러한 따위의 방편은 결코 허망한 것이 아니다. 여래는 연꽃과 같아서, 많은 죄악 가운데 있을지라도 더럽혀지는 일이 없는 것이다.

가섭아, 자慈를 닦으면 탐욕의 마음을 끊고, 비悲를 닦으면 성내는 마음을 끊고, 희喜를 닦으면 고통을 끊고, 사捨를 닦으면 탐욕과 성내는 마음과 차별差別을 보는 마음이 없어진다.

2 가섭아, 보살은 헤아릴 수 없는 많은 중생에 대하여 삼품三品의 구별을 가지고 있다. 친한 사람과 원한을 가진 사람과 그 중간의 사람들이다. 친한 사람 가운데도 또 삼품三品이 있고, 원한을 가진 사람에게도 또 삼품이 있다. 보살은 먼저 가장 친한 자에게는 좋은 즐거움을 주고, 중中 · 하下로 친한 자에게도 또한 좋은 즐거움을 준다. 그러나 가장 원한을 가진 자에게는 작은 즐거움을 주고, 중간쯤의 원한을 가진 자에게는 중간쯤의 즐거움을 주고, 최하의 원한을 가진 자에게는 증상增上의 즐거움을 준다.

보살은 부모와 원수를 대할 때에도 평등한 마음으로써 대하여 조금도 차별이 없다. 이것이 곧 자慈의 성취다. 그러나 대자大慈는 아니다. 대자는 실로 성취하기 어려운 까닭이다. 예를 들면, 완두콩이 마를 때에는 송곳도 안 들어가는 거와 같아서, 번뇌의 굳은 것은 비상한 것이다. 한 번 일어난 번뇌는 며칠을 지내도 마음을 얽어 놓아서 흐트러지지 않는다. 이것은 조복하기 어려운 것이다. 성내는 마음도 버리기 어려운 것이다. 마치 집을 지키는 개와 같은 것이다. 자慈는 잃어버리기 쉬운 것이 수

풀로 달리는 사슴과 같은 것이다. 그래서 성난 마음을 풀기 어려운 것은 돌에 글자를 새긴 것 같고, 인자한 마음은 쉽게 풀리기가 흘러가는 물 위에 글씨를 쓰는 거와 같다. 성나는 마음은 불덩어리와 같고, 인자한 마음은 번갯불과 같은 것이다.

가섭아, 보살이 초지初地에 머무를 때에는 대자大慈라고 이름할 수가 있다. 그것은 보살은 이때에는 극히 악한 사람을 대할지라도 마음에 차별이 없어서, 그의 허물을 보지 않고 또 성을 내지도 않는 까닭이다.

가섭아, 보살은 모든 중생을 위하여 이롭고 즐거움이 되지 않는 일은 없애 버리고 만다. 이것이 대자大慈다. 또 보살은 모든 중생을 위하여 이로움과 즐거움을 준다. 이것이 대비大悲다. 모든 중생을 대하여 마음의 환희를 내는 것은 대희大喜다. 그리고 일체의 법을 볼 때 평등하여 간격을 두지 않고, 나의 즐거움을 버리어 다른 사람에게 준다. 이것이 대사大捨다. 이 네 가지의 무량심無量心은 모든 선행의 근본이 되는 것이다.

3 가섭아, 보살이 보시를 행하는 것은 두려움을 위하여 하는 것이 아니요, 명예와 이익을 위하여 하는 것이 아니요, 다른 사람을 속이려고 하는 것도 아니다. 그러므로 보시를 했다고 하여 교만심을 낸다거나 또는 갚기를 바라서는 안 된다. 이 보시를 행할 때에는 자기도 돌아보지 말고 이것을 받는 자도 가려서는 아니 된다. 모든 중생을 대하여 자심평등慈心平等으로 하여 자식을 생각하는 것과 같이 하지 아니하면 안 되는 것이다.

병든 중생을 보거든 부모가 병든 자식을 보는 듯이 불쌍히 여기고 그 즐거워함을 볼 때에는 부모가 병든 자식의 병이 나은 것을 보는 듯이 기뻐하고, 이미 보시한 뒤에는 마치 부모가 자식이 장성한 뒤에 잘 살아가는 것을 보는 듯이 마음 든든하게 볼 따름이다.

가섭아, 보살이 자비와 희喜를 닦으면 극애일자지極愛一子地에 머무르게 된다. 가섭아, 무슨 까닭으로 극애極愛라고 이르고, 일자一子라고 이르는가? 부모는 그 아들이 편안한 것을 보면 크게 기뻐하고 그 아들이 근심하는 것을 보면 크게 근심한다. 보살도 이 일자지위一子地位에 들면 모든 중생 보기를 외아들과 같이 하여, 그의 선행을 닦는 것을 보면 매우 기뻐하고 그의 번뇌의 병에 얽혀 있는 것을 보면, 매우 괴로워하여, 온 몸의 털구멍에서 피가 흐르는 것이다. 또 가섭아, 부모가 외아들을 가졌을 때에는 그 자식의 잠자고 일어나고 먹고 입는 것을 항상 생각하며, 만일 허물이 있으면 이것을 잘 달래서 죄악이 커지지 않도록 인도한다. 보살도 모든 중생이 혹은 삼도三途에 빠지거나 혹은 인천人天에 날지라도, 항상 이것을 생각하여 잊어버리지 않는다. 설사 어떠한 악행을 할지라도 마침내 성내고 꾸짖어 중생들에게 더 큰 악행을 범하지 않도록 한다."

가섭은 부처님께 여쭈었다.

"보살이 일자지에 머물러 능히 이와 같이 한다면, 부처님께서는 무슨 까닭으로 옛적에 국왕이 되어 보살행을 닦으실 때에 한 바라문의 목숨을 끊으셨습니까? 또 무슨 까닭으로 제바달다를 꾸짖어 말씀하시기를 '이 어리석은 놈아, 너는 다른 사람의 가래침이나 받아먹을 놈이다'라고 말씀하시어, 그를 노엽게 하셨습니까?"

부처님은 말씀하셨다.

"설사 모기가 주둥이로 바다 물을 길어서 다하는 한이 있더라도, 여래는 결코 중생의 번뇌를 일으킬 인연을 만들지 않는다. 가섭아, 남에게 밥을 주는 것은 목숨을 주는 것이 된다. 그러므로 죽이는 것을 삼가고 말을 삼가는 것도 목숨을 주는 것이 된다. 옳은 일은 남에게로 돌리고, 나쁜 일은 자기에게로 돌려, 송사가 없게 하는 것도 목숨을 주는 것이 된다. 정진精進과 선정禪定과 지혜智慧를 닦는 것도 중생에게 목숨을 주는 것이 되는 것이다.

그러므로 보살은 결코 남의 목숨을 빼앗으려는 생각이 없지만, 그러나 때에 따라서는 그를 사랑하기 때문에 그의 목숨을 끊는 수도 있는 것이다. 그것은 악심이 있어서 그런 것이 아니다. 저 바라문은 죄를 원체 많이 지었기 때문에, 여러 사람을 위하여 내가 자비의 마음으로써 그의 목숨을 끊었다. 그러나 그는 달게 받고 죽은 뒤에 지옥에 들어가 그 인연을 관찰하고, 마침내 도를 믿고 부처님의 처소에 나서 이미 십 겁을 지내고 있다. 그렇거늘 어떻게 이것을 악의惡意로 죽였다고 말하겠느냐?

가섭아, 모든 여래가 말씀한 것은 불가사의한 것이다. 중생에게 혜택을 끼칠 일이면, 중생이 듣고 기뻐하지 아니하더라도, 나는 반드시 이것을 설한다. 이것은 실로 모든 여래는 방편을 아시고 하는 까닭이다. 그러기 때문에 나는 제바달다를 꾸짖은 것이 아니다. 제바달다도 또한 죄가 있는 것이 아니다. 그는 아주 선행을 끊은 자도 아니다. 그렇다고 하여 또 성문, 연각도 아니다. 가섭아, 그는 실로 이승二乘의 경계가 아니라는 것은 오직 모든 부처님만이 알고 보는 것이다."

제11절 바라밀

1 그때 광명이 회중 가운데로 환하게 비치더니,

유리광琉璃光보살이 동쪽으로부터 와서 부처님께 가르침을 구했다. 부처님은 말씀하셨다.

"너는 지금 의심의 그물과 독의 화살(毒箭)을 가지고 있다. 나는 이제 의사가 되어 이것을 뽑아 주리라. 너는 아직 불성佛性이라는 것을 충분히 알지 못하고 있다. 나는 지혜의 횃불로써 너를 비추어 주리라. 너는 이제 나고 죽는 생사의 큰 바다를 건너려 하고 있다. 나는 너를 위하여 뱃사공이 되어 주리라. 너는 내게 대하여 부모와 같은 생각을 가지고 나는 너에 대하여 자식에 대한 마음을 가지고 있다. 착한 남자야, 법을 듣는 데는 지금이 가장 좋은 때다. 이제 법을 듣거든 반드시 공경하고 믿지 않으면 안 된다.

정법正法에 대하여 결점缺點을 찾아내려고 하여서는 안 된다. 삼독三毒을 생각하여서도 아니 되고, 스승에 대하여 종족種族의 존귀를 생각하여서도 안 되며, 법을 듣고 교만을 내어서도 안 된다. 사람에게 공경을 받고 이양利養을 받으려고 법을 배워서는 안 된다. 다만 세상 사람을 건지기 위하여 하지 않으면 아니 된다. 삼보에 대하여는 평등한 생각을 내고, 생사에 대하여는 괴로운 생각을 내고, 열반에 대하여는 상常·락樂·아我·정淨의 생각을 일으키지 아니하면 아니 된다. 또는 먼저 자기를 편안하게 한 뒤에 남을 편안하게 하여 주려고 생각해도 아니 된다. 될 수 있는 대로 먼저 다른 사람을 위하여 하라."

그때 덕왕德王은 여쭈었다.

"부처님이시여, 번뇌를 끊고 열반을 얻는다고 하니, 번뇌를 아직 끊지 못하면 열반을 얻지 못합니까? 그렇다면, 열반의 성품은 먼저는 없었던 것이 이제 생긴 것이 아닙니까? 만일 그렇다면 열반도 무상하지 않을 수가 없는 것이니, 어찌 그것이 떳떳한 것이라고 하겠습니까?"

"열반의 성품은 먼저는 없었다가 이제 생긴 것이 아니다. 여래는 있든지 없든지 성상性相은 항상 있는 것이다. 모든 중생은 번뇌에 덮여서 이것을 보지 못하였기 때문에 없다고 이르는 것이다. 그러기 때문에 여래가 출현하여 지혜의 등불로 이것을 보여 주는 것이다. 그러므로 본래 없던 것이 이제 있는 것은 아니다. 예를 들면, 눈먼 장님이 의사에게 치료받아 일월을 보지만, 그 눈동자가 본래 없던 것이 생겨 일월을 보는 것이 아니요, 또 사람이 집을 버리고 타관에 나갔다가 돌아와서 부모와 형제를 만날 때, 본래 없었던 것을 만나는 것이 아닌 거와 같은 것이다.

덕왕아, 보살이 구걸하는 것을 보고 주는 것을 보시라고 한다. 그러나 이것이 바라밀은 아니다. 설사 구걸하는 자가 없더라도 마음을 열어서 스스로 줄 생각을 하면 이것이 선나바라밀禪那波羅蜜이다. 또는 때에 따라 보시하면 이것은 단순한 보시요, 선나바라밀은 아니다. 어느 때를 물론하고 항상 보시를 하여야 이것이 선나바라밀이다.

또 사람에게 보시하고 뉘우치는 생각을 내면 이것은 단순한 보시요 선나바라밀은 아니다. 보시를 한 뒤에는 뉘우침이 없어야 하는 것이다.

덕왕아, 여래는 항상 성행聖行을 닦고 있기 때문에 무루無漏다. 보살도 또 성행을 닦아서 길이 누漏를 끊고 항상 오근五根을 잘 거두어 선심善心을 닦아야 한다.

덕왕아, 어느 때에 어떤 나라에 여러 사람이 떼를 지어 모여서, 여러 십리에 뻗쳐 꽉 차 있었다. 왕이 어떤 신하에게 칙령하기를 '기름이 찰찰 넘치게 담은 한 사발의 기름 그릇을 들고, 그 군중 속을 헤치고 몇십 리나 되는 곳을 갔다가 오되, 만일 기름을 한 방울이라도 넘쳐 흘려서 떨어뜨리고 오면 네 목숨을 끊으리라'고 했다. 그리고 한 무사武士에게 칼을 들려 그 뒤를 따르게 하였다. 그 신하는 왕의 명령을 두려워하여 기름을 한 방울도 흘리지 않고 갔다가 왔다. 보살도 또한 이와 같아서 생사에 있으되 지혜를 버리지 않고, 오욕을 만나되 탐심을 내지 않으면, 오근이 청정하여 계행戒行을 갖추어 길이 모든 누漏를 끊게 될 것이다.

2 덕왕아, 예를 들면, 어떤 나라에 왕이 있어서, 상자 한 개에 독사 네 마리를 담아 한 사람에게 주고 말하기를 '이것을 잘 기르라. 만일 한 마리라도 성질을 거슬려서 성을 내는 일이 있으면, 너를 저자 가운데 끌고 나가 극형을 주어 죽여 버리고 말 것이다.' 하였다. 그 사람은 놀라고 두려워, 독사 담은 상자를 버리고 도망을 쳤다. 그래서 왕은 노하여 다섯 종놈을 시켜서 그 사람의 뒤를 좇게 하였다. 다섯 사람은 몰래 숨어서 의논하기를 다섯 사람 가운데서 한 사람이 저 사람을 속여 거짓 친한 체하여 데려오기로 하였다. 그러나 그 사람은 눈치가 빨라서 믿지 않고 한 촌락에 들어가 숨어 버리려고 이집 저집을 찾아다녀 보았으나, 사람이 살고 있지 않는 텅 빈 동네다. 그때 공중에서 소리쳐 말하기를 '이 부락은 빈 부락이다. 사람은 아무도 없다. 그런데 오늘밤에는 여섯 놈의 도적

이 올 것이다. 너는 이놈들을 만나면 죽을 것이다'고 외쳤다. 그 사람은 놀라고 두려워 다시 도망을 갔다. 도중에 한 강을 만났다. 이 하수는 물이 급하게 흘렀다. 이것을 건너가려고 해도 배가 없었다. 그래서 어떻게 할 수가 없어서 여러 개의 나무를 모아 떼를 만들어 놓고 생각하기를 '내가 만일 이곳에 머물러 있다가는, 저 독사와 다섯 사람의 종들과, 저 거짓 친하려는 자와 여섯 놈의 도둑에게 꼭 죽음을 당하고 말 것이다.' 이 하수를 건너가다가는 물에 빠져 가라앉을지도 모른다. 그러나 설사 물에 빠지더라도 저 뱀이나 도둑에게 물려 죽거나 맞아 죽기는 싫다.' 하고, 뗏목을 물에 띄워 이것을 타고 건너, 드디어 저쪽 언덕에 이르러 편안함을 얻게 되었다.

덕왕아, 위의 비유를 법합法合으로 풀이하면, 사람의 몸은 상자와 같은 것이요, 사대四大는 네 독사와 같은 것이다. 보살은 이것을 두려워하여 성도聖道로 달아나는 것이다. 그러나 오음五陰의 다섯 종놈들은 모든 번뇌에 싸잡혀서 자신을 감추고 좇아와서 해치려고 한다. 그렇지만 보살의 몸은 금강과 같이 단단하고, 마음은 허공과 같이 넓기 때문에 그렇게 쉽사리 무너지지 않는다. 하나의 탐애貪愛가 속이고 친하려 하지마는, 거기에도 속지 않는다. 육입六入의 마을은 실로 불선不善의 주처라고 본 이상에는 육진六塵의 도둑에게도 약탈을 당하지 않는다. 이렇게 하여, 도를 닦아 외곬로 나아가 돌아서지 않는다. 다시 나아가는 길 앞에서 번뇌의 큰 하수를 만났다. 그 깊이는 헤아릴 수가 없다. 그리고 또 그 하수의 가장자리도 보이지 않는다. 그 가운데도 가지가지의 악독한 고기가 숨어 있어서 중생을 해치려고 한다. 보살은 여기서도 모든 도품道品의 떼배를 만들어서 타고, 필경에는 상常·락樂·아我·정淨의 저쪽 언덕에 이르는 것이다.

보살이 열반의 도를 닦을 때에는 몸과 마음에 고통이 있다. 그러나 내가 만일 이것을 참지 않으면, 중생으로 하여금 번뇌의 하수를 건너게 할 수가 없다고 생각하고, 그는 잠자코 일체의 고통을 참는 것이다. 이렇게 참기 때문에 누漏가 생기지 않는다. 보살도 누漏가 없는데 여래가 어찌 누가 있을 것인가?"

제12절 큰 열반

1 덕왕은 다시 물었다.

"어떤 것이 큰 열반입니까?"

"큰 자비로써 일체 중생을 불쌍히 여기고 모든 중생을 부모와 같이 생각하며, 중생에게 생사의 바다를 건너게 하고, 널리 일실一實의 도를 보여 주면, 그것이 곧 큰 열반인 것이다. 또 큰 나(大我)가 있으므로 큰 열반이라고 이름하는 것이니, 큰 나(大我)라는 것은 '나 없음'으로써 자재自在한 것이다. 구하는 것이 없기 때문에 일체의 법을 얻을 수가 있고, 허공과 같이 일체의 곳에 두루 차서 있기 때문에 실로 볼 수는 없으나, 일체의 사람에게 자유롭게 보여 줄 수가 있는 것이다. 또 큰 즐거움이 있으므로 큰 열반이라고 이름하는 것이니, 큰 즐거움이라고 하는 것은 선善도 아니요 악惡도 아니다. 멀리 일체의 번뇌를 여의어서 지혜는 원만하고 몸은 항상 있어서 적정寂靜한 것이다. 또는 순일하게 깨끗한 까닭으로 큰 열반이라고 이름하는 것이니, 순일하게 깨끗하다는 것은 이십오유二十五有의 깨끗하지 못한 것을 끊어서 업業과 몸과 마음이 깨끗한 것이다.

덕왕아, 보살은 모든 중생에 다 불성佛性이 있음을 알고 있다. 불성이 있기 때문에 선행의 싹을 끊어 말려 버린 중생도, 그의 나쁜 마음을 버리면 반드시 다 무상정진無上正眞의 도를 얻는 것이다. 이것은 실로 이승二乘으로서는 알 수 없는 것이다.

덕왕아, 보살이 큰 열반을 닦는다는 것은 깊이 기울어지지 않는 뿌리를 얻는 것이니, 그것은 곧 게으르지 않는 불방일不放逸이다. 불방일은 도의 뿌리요 모든 선의 근본이다. 모든 발자국 가운데는 코끼리가 으뜸이요, 모든 광명 가운데는 햇빛이 제일인 것같이 불방일은 모든 선법 가운데서 제일이다. 또 보살은 이 몸이 곧 무상정진의 도를 얻는 그릇임을 생각하여 악마의 마음을 일으키지 말고, 좁은 생각을 가지지 않도록 하라. 또 일체 중생은 다 복밭(福田)이 되지 아니함이 없음을 관하라. 또 살해하려는 마음을 여의어서 이 선행으로써 중생에게 장수長壽와 신력神力을 얻기를 원하라. 도둑질하는 마음을 여의어서 이 선행으로써 중생에게 그 구하는 것을 만족시키기를 원하라. 또 음욕을 좋아하는 마음을 여의어서 이 선행으로써 중생에게 삼독三毒이 없고 기갈飢渴이 없기를 원하라. 거짓말을 하려는 마음을 여의어 이 선행으로써 중생에게 모든 불토佛土를 건설하여, 꽃이 향기롭게 피고 모든 중생의 소리가 묘하기를 원하라. 이간 중상하는 말질을 여의어 이 선행으로써 모든 중생이 화목하여 도道를 강설하기를 원하라. 악담 패설의 악한 말버릇을 여의어 이 선행으로써 모든 불국토에 돌자갈과 가시덤불 같은 것이 없어서, 모든 중생에게 그 마음이 평등하기를 원하라. 쓸데없는 허풍선이의 구업口業을 여의어 이 선행으로써 모든 중생에게 고뇌苦惱가 없기를 원하라. 탐심과 질투심을 여의어서 이 선행으로써 모든 중생에게 탐심과 질투심이 없기를 원하라. 남을 고달프게 괴롭게 하려는 마음을 여의어, 이 선행으로써 모든 중생이 한 가지로 대자大慈를 닦아 일자지一子地를 얻기를 원하라. 삿된 지견을 여의고 이 선행으로써 일체 중생이 다 마하반야바라밀을 얻기를 원하라. 그리하여, 이 원력願力과 인연因緣으로 부처를 이룰 때에는, 다 그 맹세盟誓를 성취하여 불국토를 깨끗하게 건설하고 모든 번뇌의 원적怨敵을 여의게 될 것이다.

덕왕아, 보시하는 자는 주리지 않고 또 목마르는 일이 없다. 이 가르침은 중생으로 하여금 이십오유의 갈애의 병을 여의게 한다. 보살은 이에 의하여 금강 삼매를 얻고, 이에 머물러 번뇌를 깨뜨리고 중생을 건지게 되는 것이다. 그러나 금강이 일체의 물건을 깨뜨릴지라도 자신으로서는 이것을 깨뜨렸다는 생각이 없다. 또 대지大地는 일체의 물건을 가지고 있지만, 자신으로서는 이것을 가지고 있다는 생각이 없는 거와 같이 보살은 번뇌를 깨뜨리고 중생을 건지지만, 내가 스스로 중생을 건졌다는 생각을 일으키지 않는다. 처음부터 그 마음에 교만한 생각이 없기 때문이다. 또 보살은 항상 오직 이 삼매에 의하여 이 교화를 펴고 있는 것으로 생각하고 있는 까닭이다.

2 덕왕아, 큰 열반을 가까이 하는 원인에 네 가지 종류가 있다. 첫째는 선지식善知識을 가까이하는 것이요, 둘째는 마음을 오로지하여 법문을 듣는 것이요, 셋째는 생각을 모아서 정법正法을 생각하는 것이요, 넷째는 정법과 같이 행을 닦는 것이다. 착한 남자야, 사람이 병이 들었을 때에, 널리 의사의 가르침을 받고 가르치는 대로 그 약을 먹으면 병이 나아 편안할 것이다. 선지식은 어진 의사이다. 보살이 잘 그 선지식의 가르침을 따르면 번뇌의 병을 제하고 열반의 편안함을 얻을 것이다.

선지식이란 무엇인가? 스스로 도를 닦고 또 사람에게 도를 배워 닦게 하는 것이 선지식이다. 항상 자기의 즐거움은 구하지 않고 중생을 위하여 즐거움을 구하며, 다른 이의 허물은 볼지라도 그의 단점은 말하지 않으며, 입으로는 착한 일만 말하는 것이 선지식이다.

덕왕아, 초하루에서 보름까지는 달이 차차 차듯이, 선지식도 또한 여러 학인學人이 그의 가르침을 듣고 차츰차츰 어리석음을 여의고 선행을 닦는 것을 본다. 이 세상에서 가장 제일로 일컫는 진실한 선지식은 여래와 보살이다. 그는 항상 부드러운 말과 또 나무람으로써, 잘 중생의 마음을 조복하는 까닭이다. 예를 들면, 설산雪山이 모든 영약靈藥의 본처本處인 것같이, 부처와 보살은 일체 선행의 본처다.

착한 남자야, 설산에 향기로운 좋은 약이 있으니, 이름이 사가다. 이 약은 보기만 해도 장수를 얻고 생각만 하여도 지혜를 얻는다고 이른다.

부처와 보살도 또한 그와 같아서, 누구든지 그들 보기만 하여도 일체의 번뇌를 끊고 악마에게 휘둘리지 않으며, 만일 그를 접촉하는 자가 있으면, 요사夭死를 면하고 정도正道에서 퇴타退墮하지 아니하며, 또 만일 그를 생각하는 자가 있으면, 무상정도無上正道를 얻는다. 그리하여 일체 중생은 법을 듣고 믿음을 갖추며, 믿음에 의하여 도를 행하고 마침내 부처의 지위에 이른다. 그러므로 선행을 얻는 것은 다 법을 듣는 데 있는 것으로 알지 않으면 안 된다. 보살이 법을 듣고 이것을 생각하면 그는 곧 사전도四顚倒를 끊고 열반을 가까이 하며, 생·로·병·사를 만나더라도 괴로운 생각을 내지 않고 나아가서 법다이 도를 닦는다.

착한 남자야, 열반에는 머무르는 곳이 없다. 다만 번뇌를 끊은 곳이다. 열반은 상常·락樂·아我·정淨이다. 그러나 그 즐거움은 애욕의 즐거움이 아니요, 묘한 적멸의 즐거움이다.

3 덕왕아, 선근을 끊은 무리는, 모든 부처님을 만나거나 만나지 못하거나, 단선斷善의 마음을 여의지 못한다. 그것은 선을 끊었기 때문이다. 그러나 만일 보리 마음을 내면 무상정진無上正眞의 도를 얻게 될 것이다.

착한 남자야, 어느 나라의 왕이 있었다. 그는 공후箜篌의 소리를 듣고, 그 묘한 소리에 도취되고 감동하여 무심할 수가 없었다. 왕은 신하에게 물었다.

'이런 소리는 어떤 것에서 나오는 것이냐?'

'공후에서 나오는 것입니다.'

'그러면 그 소리를 가지고 올 수 없겠느냐?'

'대왕이시여, 이것입니다.'

하고, 공후를 가져다 바쳤다. 왕은 공후를 보고 '소리를 내봐라' 했다. 그러나 소리는 나오지 않았다. 성급한 왕은 공후의 줄을 끊었다. 그래도 소리는 나오지 않았다. 왕은 공후를 깨뜨려 소리를 찾아보았다. 그러나 들을 수는 없었다. 왕은 노하여 신하에게 말했다.

'너는 어찌하여 나를 속였느냐?'

그래서 신하는

'대왕이시여, 소리를 들으시려면 그런 방법으로써는 아니 됩니다.' 했다.

'그러면 무슨 방법을 써야 소리를 들을 수 있느냐?'

이때에, 신하는 공순하게 여쭈었다.

'공후 소리를 들으시려면, 여러 가지 인연과 방편에 의하지 않으면 아니 됩니다'고 말했다.

착한 남자야, 중생의 불성佛性도 또한 이와 같다. 그 불성은 있는 곳이 없어서 오직 여러 가지 인연에 의해서만 볼 수가 있는 것이다. 여러 가지 선행善行을 닦아야 나타나는 것이다. 선근을 끊은 사람은 불성을 보지 못한다. 그러나 만일 저들이 불성이 있는 줄을 믿기만 하면, 삼악도三惡途에는 떨어지지 않을 것이다. 그래서 다시는 단선인斷善人이라고 말할 수 없을 것이다."

제13절 부처님의 병

1 그때 순다는 부처님 곁에서 떠나지 않고 모시고 있었다. 그리고 부처님의 병은 자기가 올린 공양의 탈이 아닌가 하고 생각이 들므로, 무척 마음이 괴롭고 초조하였다. 왜냐하면, 부처님은 순다의 공양을 받고, 병이 더 더치신 까닭이다. 그러는 동안에 아난이 밖에서 돌아오므로 물러 나왔다. 부처님께서는 순다가 근심하고 있는 것을 살피시고, 아난을 돌아보시고 말씀하셨다.

"아난아, 순다는 무슨 뉘우침이 있지 아니하냐?"

"부처님이시여, 순다는 공양 올린 것을 뉘우치고 있는 모양입니다."

"아난아, 너희들은 그렇게 생각을 하여서는 아니 된다. 내가 옛날에 대각大覺을 얻었을 때에, 난다와 난다바라라는 두 여자는 목자牧者의 딸로서 내게 공양을 올렸다. 그런데, 이제 열반에 다달아서는 순다가 최후의 공양을 올려 주었다. 그러므로 난다나 순다가 내게 공양을 올린 공덕은 꼭 같이 매우 큰 것이다. 너는 가서 순다에게 이르되 '마음을 괴롭게 하지 말라. 네가 공양을 올린 공덕은 큰 것이다. 길이 복을 얻을 것이다.' 부처님께서는 이러한 말씀을 너에게 들려주라고 하셨다고 말을 전갈하라. 아난은 부처님의 말씀하신 그대로 전갈했다. 순다는 이 말씀을 듣고 기쁨을 이기지 못하여, 부처님께 나와 여쭈었다.

"부처님이시여, 저는 죄송스럽게만 생각하였사온데, 그렇게까지 복을 쌓았는가 하고 생각하오니, 고맙기 비할 데 없나이다."

이때에 부처님은 게송으로써 말씀하셨다.

> 공양을 올리는 자 큰 공덕 있고, 자비로 받아 그 덕을 쌓아 주나니,
>
> 탐심 · 진심 · 치심의 삼독을 끊고, 마침내는 열반에 들게 하리라.

순다야, 너는 반드시 이 게송을 잘 널리 펴서, 듣는 자로 하여금 어두운 긴 밤에 편안함을 얻게 하여라."

2 부처님은 다시 아난에게 말씀하셨다.

"아난아, 나는 다시 등허리가 몹시 아프다. 나는 지금 눕고 싶다. 자리를 깔아 다오."

아난은 곧 자리를 깔아 드렸다. 부처님은 그 위에 누워 고요히 그윽한 생각에 드셨다. 조금 있다가 아난을 불러

"아난아, 칠각분七覺分을 말해 다오."

하셨다. 아난은 말씀대로 그것을 설명해 드렸다.

"지금 정진분精進分을 설하였느냐?"

"예, 정진분을 말했습니다."

"아난아, 오직 정진하여 빨리 도를 얻는 것이 좋다."

부처님은 이렇게 말씀하시고, 다시 그윽한 생각에 드셨다. 이때에 한 비구가 감격하여 생각했다.

"부처님께서는 정법의 왕이면서도 오히려 병을 참고 도를 들으시는구나. 하물며 나머지 사람이야 말할 나위가 있나. 꼭 마음을 오로지하여 가르침을 듣지 않으면 안 될 것이다."

3 그때 겁빈나 존자는 아난에게 와서,

"나는 잠깐 부처님께 여쭈어 볼 말씀이 있는데 어떻겠는가?"

아난은 얼굴에 난색을 보이며

"지금 부처님이 편찮으신데, 번거롭게 하는 것이 어떨까 생각되오."

하고 거절하였다. 이 말을 들으신 부처님은

"아난아, 겁빈나를 불러 오너라. 말하고 싶은 일이 있다"

고 말씀하셨다.

겁빈나는 기뻐하며 들어가 부처님께 절했다.

"묻고 싶은 일이 있거든 무어든지 물어라."

"부처님께서는 천상천하에 지극히 높으신 어른이 아니십니까? 그런데, 왜 모든 천신들은 약을 가지고 와서 병을 낫게 하여 드리지 않습니까? 저는 그것이 의문입니다."

"집도 지어서 오래 되면 다 무너지고 말지 않더냐? 그러나, 대지大地는 언제든지 편안한 것이다. 내 몸은 헌집과 같은 것이요, 내 마음은 대지와 같은 것이다. 몸은 병 때문에 아프고 괴롭고 위태하지마는 내 마음은 편안하다."

"제비새끼는 제 부모에게 양육되고 있습니다. 이제 만일 부처님께서 돌아가신다면 우리들은 누구를 의지하는 것이 좋겠습니까?"

"한 번 나서 죽지 않는 사람은 없다고 내가 항상 말하지 아니하였느나? 겁빈나야, 반드시 부처를 생각하고 또 계율을 존중히 여기는 것이 좋으리라."

겁빈나는 부처님의 말씀을 듣고 물러갔다. 부처님이 일찍이 이 근처에 계실 때에, 구시나가라의 연소한 사람들이 길을 수선하고 있었다. 그 사람들의 힘으로는 도저히 옮길 수가 없는 큰 바윗돌을 부처님이 옮겨 주신 일이 있었다. 그래서 여러 사람들은 아직까지도 부처님의 위신력을 탄복하고 있었다.

4 그때 부처님은 아난을 불러

"아난아, 나는 지금부터 구시나가라의 성밖에 있는 희련 하숫가에 있는 사라의 숲으로 가려고 생각한다."

고 말씀하셨다. 이때에 부처님의 얼굴은 설산과 같이 엄숙하게 빛났다. 카쿳타 하숫가를 버리시고 여러 제자들에게 둘러싸여, 희련 하수를 건너서 사라 숲 동산 밖에 도착하셨다. 그때 순다가 앞에 나서서 말하기를

"부처님이시여, 저는 멸도滅度하고자 합니다. 사랑의 애착도 없고 미움의 증오도 없는 곳인, 저 헤아릴 수 없는 공덕의 바다로 나아가고자 합니다."

하고 여쭈었다. 부처님은 말씀하셨다.

"때가 좋다. 네가 할 일은 이미 마쳤으니 생각대로 하여라."

순다는 부처님 앞에서 등불이 꺼지듯 숨을 거두고 목숨이 끊어지고 말았다.

그때 한 바라문이 구시나가라에서 파바로 가려고 수풀 앞을 지나다가, 뜻밖에 부처님을 뵙고 사모하는 생각을 이기지 못하여 여쭈었다.

"제가 사는 촌락은 여기서 그다지 멀지 않습니다. 부처님이시여, 원컨대 같이 가셔서, 하룻밤 주무시고, 내일 아침에 공양을 받으신 뒤에 이곳으로 오시는 것이 어떠하겠나이까?"

"그만 두라. 바라문이여, 너는 이제 나에게 공양을 올린 것과 다름이

없다."

바라문은 세 번이나 청하였으나, 부처님은 한결같이 거절하시고 허락하지 아니하셨다. 그리고

"아난이 뒤에 있으니 거기 가서 그 뜻을 말해 보는 것이 좋으리라."

고 하셨다. 바라문은 아난에게 가서 그 뜻을 말하고 애원하였다. 그러나 아난은

"그만 두시오. 그대는 그만해도 이미 부처님께 공양을 올린 셈이오. 날은 덥고 촌락은 멀리 떨어져 있는데 어떻게 가실 수 있겠소. 부처님께서는 지금 피로해 계시니 그만 두시오. 피로하신 어른을 번거롭게 하여 드릴 수가 없소."

하고, 아주 거절하고 말았다.

5 사라 숲은 구시나가라성 밖 희련 하숫가의 언덕이 쑥 내민 삼각형으로 된 모퉁이에 있어서, 하숫물이 그 세 방면을 돌아 흐르고 있다. 부처님은 이것을 바라보시더니 아난을 돌아보시고 말씀하셨다.

"아난아, 저 숲 끝에 쌍수雙樹가 나란히 서 있는 것이 보이지 않느냐? 저기 가서 자리를 깔고, 나를 북쪽으로 머리를 두게 하고 베개를 베게 하여 눕혀 다오. 나는 몹시 피로하였다. 오늘 밤중에는 저기서 열반에 들 것이다."

여러 제자들은 이 말씀을 듣고, 다시 슬퍼해 우는 자도 많이 있었다. 파바와 이 숲과의 거리는 십 리나 이십 리에 불과한 곳인데, 부처님은 이곳까지 오시기에 스물다섯 번을 쉬어 겨우 걸어오셨다. 아난은 비통한 나머지 눈물을 거두지 못하면서, 사라쌍수沙羅雙樹 밑에 이르러 깨끗하게 비로 쓸고, 물을 뿌리고, 법다이 자리를 만들어 놓고 돌아와 부처님께 여쭈었다.

"부처님이시여, 말씀대로 준비는 다 되었습니다."

부처님은 제자들과 같이 그 숲 속에 들어가 그 자리에 도착하셨다. 그

리하여 머리를 북쪽으로 두시고 얼굴은 서쪽으로 향하시고, 오른쪽 옆구리를 침상에 붙이시고, 두 발을 포개고 고요히 누우셨다. 그때에 하늘에서는 풍악이 진동하면서 천녀들의 노래가 들려왔다. 사라 나무는 때도 아닌데 꽃이 피었다. 그 빛깔은 흰 학과 같고 꽃송이에서 떨어지는 꽃잎은 빗발처럼 부처님이 누우신 위에 폴폴 날아 떨어졌다. 마치 겨울에 눈이 내리는 것 같았다. 부처님은 아난에게 물으셨다.

"너는 모든 천신과 수신樹神이 내게 공양을 올리는 것이 보이느냐?"

"진실로 보입니다."

"그러나 이와 같은 것은 진실로 나를 공경하고 나에게 갚는 길이 아니다."

"부처님이시여, 그러면 어떻게 하는 것이 부처님을 공경하고 부처님께 갚는 길이 되겠나이까?"

"나의 모든 제자로서, 남자든지 여자든지 물론하고, 법法에 머물고 법에서 걷고, 일의 대소大小가 없이 법에 의하여 행하는 자야말로, 참으로 나를 받들고 나를 공경하는 자이다. 그러므로 아난아, 나를 따르고 내게 은혜를 갚으려는 자는, 반드시 향화와 기악伎樂을 쓰지 말고, '원컨대 나로 하여금 법에 머물고, 법에서 걷고, 일의 대소가 없이 법에 의하여 행하게 할지이다.'하고 생각하면서, 남에게 권하는 것이 좋다. 이것이 곧 나를 향한 제일의 공양인 것이다."

제14절 보산 비유

1 그때 부처님은 여러 대중에게 말씀하셨다.

"너희들에게 만일 의심이 있거든 마음대로 물어라. 나는 잘 그 의심을 풀어 주리라."

회중에 사자후獅子吼라는 보살이 있었다. 그는 자리에서 일어나 부처님께 절하고 여쭈었다.

"부처님이시여, 불성佛性이란 것은 어떠한 것입니까?"

"불성은 제일의공第一義空이라고도 이름한다. 그것은 곧 지혜다. 공空과 불공不空을 관찰하고 상과 무상無常을 관찰하고, 고苦와 락樂과 아我와 무아無我를 관찰하는 것이다. 생사는 공한 것이요, 무상한 것이요, 괴로운 것이요, 무아無我인 것이다. 그러나 큰 열반은 불공不空이요, 떳떳하여 항상된 것이요, 즐거운 것이요, 나(我)인 것이다. 만일 한쪽만을 보고 다른 면을 보지 아니하면 중도中道라고 이를 수가 없는 것이다. 중도는 불성이요, 불성은 정진도正眞道의 종자種子다. 중생은 이것을 보지 못하는 까닭으로, 누에가 고치를 만들고 죽는 거와 같이, 스스로 업을 지어 손으로 놀리는 공처럼 생사 가운데 오르락내리락 하며 뒹구는 것이다. 그러므로 나는 여러 곳에서 말했다. 만일 사람이 인연因緣을 보면, 곧 법을 보는 것이요, 법을 보는 자는 곧 부처를 보는 것이니, 부처는 곧 불성이다. 그것은 모든 부처가 다 이것으로써 그 성품을 삼는 까닭이다.

사자후야, 일체 중생은 말세에 결정코 무상정진無上正眞의 도를 얻을 것이다. 사자후야, 비유하건대, 어떤 집에 우유와 낙酪이 있는데, 사람이 와서 소酥가 있느냐고 물으면 있다고 대답하는 것과 같은 것으로서, 젖(乳)과 낙酪은 소酥가 아니지마는, 반드시 거기서 소酥를 얻을 수가 있기 때문이다. 중생도 또한 그러하여 다 불성이 있다고 항상 이르는 것이다.

이것이 중생의 얻는 바 일승一乘으로서 모든 부처의 어머니인 것이다. 비유하건대, 새로 돋는 달은 볼 수가 없지만, 없다고는 이르지 못하는 거와 같아서, 일체의 범부는 불성을 볼 수는 없지마는 없다고는 말할 수 없는 것이다. 또 비유하건대, 설산에는 인욕초忍辱草라는 풀이 있는데, 소가 이것을 먹으면 제호醍醐를 낼 수가 있지만, 다른 풀을 먹으면 제호가 나지 않는다. 그때 설사 제호는 없다손 치더라도 설산에 인욕초가 없다고는 말할 수 없는 거와 같아서, 불성이 십이부경十二部經에는 없다고 할지라도 불성 자체가 없다고는 말하지 못할 것이다. 또 비유하건대, 시꺼먼 무쇠를 불 속에 넣으면 빨갛게 되지마는, 불 밖에 내어놓으면 다시 검은 쇠 빛으로 돌아가듯이, 일체 중생은 번뇌의 불만 꺼지면 곧 불성을 볼 수 있는 것이다.

2 사자후야, 열반이라고 하는 것은 곧 번뇌의 불이 꺼지는 것이다. 또 열반은 사람이 거처하는 방과 같아서, 능히 풍우를 막는 것이다. 사자후야, 범부의 눈으로 보면 밝지 못하지마는, 부처의 눈으로 보면 밝은 것이다. 보는 데에 두 가지가 있다. 눈으로 보는 것과 귀로 들어서 보는 것이다. 모든 부처가 눈으로 불성을 보는 것은 마치 손바닥 가운데 암라과(果)를 보는 것과 같은 것이다. 중생은 듣고 보는 것이기 때문에 밝지 못하지만, 만일 마음에 믿음을 내면 듣고 보는 문견聞見이라고 이름하지 못한다. 신信에는 두 가지의 원인이 있다. 귀로 법을 듣는 것과 마음으로 생각하는 것이 그것이다. 믿은 법을 듣는 데 의지하고 법을 듣는 것은 신심信心을 의지한다.

사자후야, 일체의 법은 인연에 의해서 나고 인연에 의해서 멸한다. 그렇지마는, 중생의 불성은 깨지지도 않고 무너지지도 않으며, 끌려가지도 않고 얽매이지도 아니하여, 마치 허공과 같은 것이다. 일체 중생에게는 다 이러한 불성의 허공이 있다. 만일 이것이 없다면, 가고 오는 것도 없고 다니고 머무는 것도 없고, 나고 크는 것도 없는 것이다. 그러나 허공에는 걸림이 없기 때문에 그런 것이 있는 것을 보지 못하는 것이다. 중생의 불성도 또한 그러한 것으로서, 보살이나 겨우 조금 볼 따름이다. 사자후야, 이것은 모든 부처의 경계境界로서 이승二乘의 알 바는 아니다. 중생은 이것을 보지 못하였기 때문에, 번뇌에 걸려서 생사에 괴로워하는 것이다. 만일 불성을 보면 생사를 해탈하고 열반을 얻을 것이다."

3 사자후는 또 여쭈었다.

"부처님이시여, 만일 중생에게 불성이 있다면 무슨 까닭으로 그것을 물리치는 마음이 있습니까?"

"사자후야, 중생에게도 실은 물리치는 마음이 없는 것이다. 만일 마음에 물리치는 일이 있다면 마침내 도를 얻지 못할 것이다. 다만 늦게 얻게 되는 것이므로 이것을 물리치는 것이라고 이르는 것이다. 그것은 모든 인연이 화합하지 못한 까닭이다. 그러므로 나는 정인正因과 연인緣因의 두 가지 원인을 말한다. 정인이라는 것은 불성이요, 연인이라는 것은 보리 마음을 내는 것이다. 이 두 가지의 원인을 가지고 있기 때문에, 마치 돌 바위 속에서 황금이 나오듯이, 무상정진의 도를 얻는 것이다.

사자후야, 보살로서 보리 마음에서 물러나는 것에 열세 가지가 있다. ① 믿지 않는 것 ② 짓지 않는 것 ③ 의심하는 것 ④ 몸과 재물을 아끼는 것 ⑤ 열반을 두려워하는 것 ⑥ 참지 못하는 것 ⑦ 순실하지 못한 것 ⑧ 근심하고 괴로워하여 즐겨하지 않는 것 ⑨ 방일하여 도에 나아가기를 원하지 않는 것 들이다. 그리고 ⑩ 악한 벗을 친하고 교만을 내며 ⑪ 스승의 허물을 구하며 ⑫ 생사를 즐거워하며 ⑬ 삼보를 공경하지 않는 것이다. 이것들은 보리 마음을 깨뜨리는 것이다.

그러나 이와 반대로, 뜻을 세워 도를 향하고, 항상 부처와 성자聖者를 친하기를 원하며 설사 고난을 만날지라도 이 마음을 잃지 않기를 원하고, 설사 모든 중생이 나를 해하려고 하더라도 이 사람에게 대하여 자비심을 내되, '이와 같은 사람들은 나를 위하여 보리의 인연을 증장시켜 주는 것이니, 만일 이런 일이 없으면 나는 무엇을 의지하여 도를 이룰 것인가.' 하고 기뻐하며, 교만심을 내지 않고, 항상 경전을 들으며 이것을 설하여 중생으로 하여금 이것을 믿도록 하기를 원하는 것이다. 많이 들어 아는 것보다 들은 것은 적더라도 충분히 진리를 알기를 원하라.

신身·어語·의意의 삼업을 악惡에 섞이지 말고, 몸과 목숨과 재물을 아끼지 말며, 남에게 은혜를 받거든 그 작은 것이라도 크게 갚으려고 생각하고, 세상 상태를 잘 알고, 독경하기를 게을리 말며, 말을 항상 부드럽게 하여 악한 일을 말하지 말고, 마음이 부드럽지 못한 사람을 부드럽게 하며, 근심이 있는 자를 근심이 없게 하고, 세상에 기근이 있거든 풍성하게 펴 주며, 사람이 병이 들거든 고쳐 주고, 난리가 나서 병화兵火가 일어나거든 중재하여 평화하게 하며, 부모와 스승을 공경하고, 원한이 있는 자에게 자비로써 대하라.

남을 위하여서는 무량겁에 지옥고를 대신 받더라도 마음에 뉘우치지 말고, 사람이 이익을 얻는 것을 볼지라도 질투심을 일으키지 말며, 과보를 얻기 위하여 과보의 인연을 모으지 말고, 현재의 쾌락에 탐착을 일으키지 말라. 이러한 선행에 의하여 보리 마음을 물리치지 아니하면, 능히 부처를 보고 불성을 맑게 깨칠 수 있을 것이다.

4 사자후야, 중생이 보리에서 물러나는 마음이 있다고 하여, 모든 중생에게 불성이 없다고 말하여서는 안 된다. 비유하건대, 어느 곳에 두 사람이 있었다. 그들은 이런 말을 들었다. '어떤 지방에 칠보로 만들어진 산山이 있는데, 산에는 샘물이 있어 맑고 달며, 이곳에 가기만 하면 많은 보배를 얻어 가난을 면하고 팔자를 고친다. 차고도 단 샘물은 마시면 수명이 길어진다. 그런데 다만 길이 멀고 험하기 때문에 가기가 어렵다.' 두 사람은 이 말을 듣고 같이 가려고 하여 떠났다. 한 사람은 행장을 차려서 떠나고, 한 사람은 행장을 차리지 않고 가는 도중에 칠보산에서 보배를 얻어 가지고 오는 사람을 만났다. 두 사람은 물었다. '여보시오, 그곳에 참으로 칠보산이 있습니까?' '나는 벌써 그 산에 가서 보배도 얻었고, 또 샘물도 먹고 오는 길이오. 그러나 길이 험하고 도둑놈이 많아서 가는 사람은 천만 명이나 되어도 목적을 달해 가지고 오는 사람은 아주 드무오.' 했다. 이 말을 듣고 한 사람은 후회하고 탄식하며 말했다. '내가 어떻게 그곳에 갈 것인가? 내게는 재산도 많이 있다. 만일 도중에서 도둑을 만난다면 재물이고 목숨이고 모두 허탕이 아닌가?' 하고, 도로 돌아오고

말았다. 그러나 다른 한 사람은 생각하기를 '이미 갔다가 오는 사람이 있는데 나라고 가지 못할 리가 있나? 만일 가기만 하면 원대로 재보도 얻고 물도 마실 것이요, 만일 가다가 사고가 생겨 목적을 달하지 못한대도 다만 죽을 뿐이 아닌가? 사람은 누구나 이 세상에 왔으면 죽게 마련인데, 한 번 죽지 두 번 죽나? 그러나, 만일 저곳에 이르러 소원을 성취하고 돌아온다면 부모에게 효행도 할 수 있고, 종친과 일가친척을 도와줄 수도 있지 않는가?'
하고 앞으로 나아갔다고 한다.

착한 남자야, 칠보산이라고 이르는 것은 큰 열반이요, 단샘이라는 것은 불성이요, 바로 간 자는 물러나지 않는 보살이요, 가지 않고 돌아온 자는 물러난 보살이다.

착한 남자야, 중생의 불성은 저 도와 같아서 항상 있어 변하지 않는 것이다. 뉘우치고 돌아가는 자가 있다고 하여 그것을 상주常住가 아니라고는 말하지 못한다. 사자후야, 보리의 도에는 결정코 물리치는 자가 없는 것이다. 그러기 때문에 일체 중생은 반드시 도를 얻을 수가 있는 것이다. 또 그러므로 일체 중생은, 설사 오역五逆과 사중四重의 단선斷善의 중생이라도 다 불성이 있다고 말하는 것이다.

사자후야, 비유하건대, 등불을 켜면 어둠이 없어지고 등불이 꺼지면 어둠이 생기듯이, 또는 밀로 만든 도장으로 진흙에 인을 치면, 도장은 없어지고 그 인을 친 자취에 문채만 남듯이, 중생의 업과業果도 그와 같은 것이다. 이 오음五陰이 없어지고 별다른 오음이 생긴다고 이르나, 일체 중생은 한 가지로 다 불성을 가지고 있는 것이다. 비유하면, 독약을 우유에 넣으면, 그 젖을 불에 끓이고 졸여서 소락酥酪이 되고 제호醍醐가 되더라도 그 독기毒氣는 남아 있다. 그래서 젖을 낙酪이라 이르지 못하고, 낙을 젖이라 이름하지 못한다. 제호도 또한 그와 같아서, 이름은 각각 변할지라도 독성은 없어지지 않는다. 실은 독약을 제호 속에 넣은 것은 아니로되, 만일 이 제호를 먹으면 먹은 사람은 죽을 것이다. 불성도 그와 같아서 오도五道에 머물러 몸을 받고 있으나, 불성은 항상 하나로서 변하는 일이 없는 것이다."

이때에 사자후가 다시 부처님께 물었다.

"어떤 비구가 이 사라 숲을 장엄해야 합니까?"

"만일 가르침을 잘 받아서 그 뜻을 밝히고, 중생을 위하여 잘 이것을 펴서 말해 주는 자라면, 이 숲을 장엄할 수 있을 것이다."

"그러면 아난이 되겠습니다. 그는 그릇에 담겨 있던 물을 다른 그릇에 옮기듯이 부처님을 따라다니며 잘 듣고, 또 들은 대로 다른 사람에게 펴서 연설한 까닭입니다."

"만일 하늘눈(天眼)을 얻어 시방세계를 보되, 손바닥 가운데 암라 과실을 보는 거와 같이 하는 자면, 또한 이 숲을 장엄할 수 있을 것이다."

"그러면 아나율이 되겠습니다. 그는 하늘눈을 가지고 밝게 세계를 보되 조금도 장애가 없는 까닭입니다."

"만일 욕심이 적어 족한 줄을 알고 적정을 즐겨하며, 부지런히 정진을 하는 자라면, 또한 이 숲을 장엄할 수 있을 것이다."

"그러면 큰 가섭이 되겠습니다."

"만일 중생을 위하여 공덕을 쌓을지언정, 자기의 이양利養 때문에 하지 않는 무쟁無諍 삼매에 든 자라면 또한 이 숲을 장엄할 수 있을 것이다."

"그러면 수보리가 되겠습니다."

"혹은 신통神通을 잘 닦고 혹은 지혜를 잘 성취한 자라면, 또한 이 숲을 장엄할 수 있을 것이다."

"그러면 목건련과 사리불이 되겠습니다."

"만일 중생에게 다 불성이 있음을 설하고, 금강불괴金剛不壞의 몸으로서 무애자재無碍自在한 자라면, 이 숲을 장엄할 수 있을 것이다."

"부처님이시여, 그것은 다만 부처님뿐이십니다. 원하건대 대자비심으로써 이 숲을 장엄하기 위하여 여기에 오래 머물러 주소서."

"머문다고 말하는 것은 교만이다. 교만으로써는 해탈을 얻을 수가 없는 것이다. 그러기 때문에 머무르지 않는 것이다. 여래는 영구히 일체 교만을 여의었거늘, 어찌하여 여기만 머물겠느냐? 또 머문다고 하는 것은 유위有爲의 법이다. 여래는 이미 유위의 법을 끊고 있거늘 어찌하여 이곳에만 머물겠느냐? 비유하건대, 허공은 시방十方 가운데 어디이고 머물지 않는 거와 같아서, 여래도 동·서·남·북·사유四維·상하上下의 어느 곳에든지 머무는 일이 없는 것이다.

5 사자후야, 열반은 상相이 없는 것이다. 상相이라는 것은 색色·성聲 향香·미味·촉解의 상과, 생生·멸滅의 상과, 남男·여女의 상이다. 열반은 이러한 상이 없으므로 무상無相이라고 이름하는 것이다. 이러한 상에 집착하는 자는 우치愚癡를 내고 만다. 우치가 있으면 애욕이 있고 애욕이 있으면 얽매임이 있고, 얽매임이 있기 때문에 생生을 받고, 생生을 받기 때문에 죽지 아니하면 아니 되는 것이다.

비구가 만일에 정定과 혜慧와 사捨를 닦으면 능히 이러한 상을 끊을 것이다. 나무를 뽑으려면 먼저 흔들어 놓고 뽑아야 쉽게 뽑혀지고, 의복을 세탁하려면 먼저 잿물에 빨고 다음에 맑은 물에 헹궈야 의복이 깨끗하여지고, 장수가 먼저 갑옷을 갖춰 입어야 적병을 무찌를 수 있듯이, 보살이 정행淨行을 닦는 것도 이와 같은 것이다.

사자후야, 혹은 락樂을 받는다고 해서, 혹은 법을 설한다고 해서, 혹은 보시를 행한다고 해서, 교만심이 날 때에는 잘 정定을 닦아야 한다. 혜慧를 닦아서는 아니 된다. 공부에 대하여 노력을 다하여도 각覺이 얻어지지 않는다고 뉘우치며, 근기根機가 둔해서 공부가 안 된다고 뉘우치며, 번뇌가 성하기 때문에 계戒를 지킬 수가 없다고 근심이 될 때에는, 잘 혜慧를 닦는 것이 좋다. 정定을 닦아서는 아니 된다. 만일에 정·혜의 두 가지 법이 평균하게 닦아지지 아니할 때에는 사捨를 닦는 것이 좋다. 만일 정과 혜를 닦아도 번뇌가 일어날 때에는 사捨를 닦아서는 아니 된다. 잘 경전을 읽고 또 염불을 하는 것이 좋은 것이다.

사자후야, 보살이 열 가지의 법을 실행하면 분명히 무상無相의 열반을 얻을 수가 있다. 그러면 그 열 가지는 무엇인가? 첫째, 믿음이니, 삼보三寶와 상주常住와 중생의 불성佛性을 믿는 것이다. 둘째, 계戒이니, 여자를 보고 조소한다거나 희롱하는 것은 이미 계행을 파하는 것이다. 설사 조롱하거나 희작질이 없을지라도, 여자의 말소리를 듣는다거나 그가 가진 패물이나 영락이나 반지 · 가락지의 쟁그랑거리는 소리를 듣고 마음이 끌리는 것도 이미 계행을 더럽히는 것이다. 그러므로 보살은 계戒만을 지키기 위해서도 아니요, 다른 이의 눈을 위해서만도 아니요, 이양利養을 받기 때문도 아니요, 보리만을 위함도 아니요, 오직 최상의 제일의第一義를 위하여 계를 지키면 자기 스스로 계를 갖춘 것이다. 셋째, 선지식善知識이다. 넷째, 적정寂靜이다. 다섯째, 정진精進이다. 여섯째, 육념六念이다. 일곱째, 부드러운 말이다. 여덟째, 법을 두호하는 것이다. 아홉째, 같이 배우는 도반道伴이 가난한 것을 보거든 남에게 구걸을 해서라도 주고, 그가 병이 난 것을 보거든 의식衣食과 와구를 주는 것이다. 열째, 지혜니, 지혜를 구족하여 여래의 상주常住와 중생의 불성을 관찰하는 것이다. 이렇게 관찰하면, 분명히 열반의 무상無相을 관찰할 수가 있는 것이다.

6 사자후야, 여래의 법신法身은 머무는 곳이 없다. 불성도 또한 머무는 곳이 없다. 그러므로 일체 중생은 그 주처가 없는 곳에서 물러남이 없이, 법신과 불성을 얻게 되는 것이다. 일체 중생이 반드시 보고 얻기 때문에 일체 중생에게도 다 불성이 있다고 말하는 것이다. 비유하건대, 어느 나라에 왕이 있어서, 대신들에게 한 마리의 코끼리를 몰아오게 하여, 여러 장님에게 보이고, 코끼리의 생긴 모습을 말해 보라고 하였다.

여러 장님은 각각 제 손으로 만져 보고 있었다. 왕은 그들을 불러 물었다. '코끼리가 어떻게 생겼느냐?' 이빨을 만져 본 장님은 코끼리는 큰

무 뿌리와 같다고 말하고, 귀를 만져 본 장님은 코끼리는 키와 같다고 말하고, 얼굴을 만져 본 장님은 돌이나 바위 같다고 말하고, 코를 만져 본 장님은 절굿공이와 같다고 말하고, 다리를 만져 본 장님은 나무절구와 같다고 말하고, 등허리를 만져 본 장님은 평상과 같다고 말하고, 배를 만져 본 장님은 독과 같다고 말하고, 꼬리를 만져 본 장님은 노끈과 같다고 대답했다.

사자후야, 저 여러 장님들의 코끼리에 대한 설명이 완전하지는 못하다. 그러나 전혀 말하지 못한 것은 아니다. 그와 같아서 중생도 혹은 오음五陰 속에 불성이 있다고 말하고, 혹은 오음을 여읜 나(我)가 곧 불성이라고 말하고 있다. 그러나 불성은 이 다섯 가지에 있는 것도 아니요, 또 이 다섯 가지를 여의고도 없는 것이다.

사자후야, 여래는 상주常住한 것이다. 그 법신은 무량무변하여, 걸림도 없고 나지도 않으며 멸하지도 않는 것이다. 이것을 나(我)라고 이르는 것이다. 중생에게는 실로 이와 같은 나(我)는 없는 것이다. 그러나 이것이 얻어짐이 틀림없으므로 불성이 있다고 이름하는 것이다.

7 사자후야, 대자비를 이름해서 불성이라고 한다. 그것을, 대자비는 항상 보살에게 붙어서 따라다니는 것이 마치 그림자가 형상을 따르듯 하므로, 모든 중생은 반드시 이것을 얻기 때문에 일체 중생은 다 불성이 있다고 말하는 것이다. 대자비는 불성이요 불성은 곧 여래다. 또 대희大喜·대사大捨를 이름하여 불성이라고 한다. 그것은 보살이 이십오유二十五有의 미혹을 버리지 아니하면 무상정진의 도를 얻을 수가 없는 까닭이다. 그러나 여러 중생은 반드시 이것을 얻음이 틀림없으므로 일체 중생에게 다 불성이 있다고 말하는 것이다. 큰 신심(大信心)은 불성이요 불성은 곧 여래다. 또 불성을 일자지一子地라고도 이름한다. 그것은 일자지에 의하여, 보살은 일체 중생에 대하여 평등한 마음을 가지고 있는 까닭이다. 그리하여 모든 중생은 반드시 이것이 얻어짐이 틀림없으므로 일체 중생은

다 불성이 있다고 말하는 것이다.

사자후야, 불성은 불가사의한 것이다. 여래와 성중聖衆도 또한 불가사의한 것이다. 보살도 또한 불가사의한 것이다. 그것은, 보살은 육도六度를 닦지마는 그 효과를 구하지 않고, 이것을 중생에게 베풀어 낱낱 중생으로 하여금 도를 성취시키려고 원하기 때문이다. 그리고 모든 중생들 때문에 항상 생사 가운데 있어서 물러나지 않을 뿐더러, 은혜를 받지 않고 항상 은혜를 베풀고도 그 보답을 구하지 않기 때문이다.

8 사자후야, 이렇게 가르침은 바다와 같아서, 그 밑을 다하려 하여도 다할 수가 없다. 그리고 그것은 한 맛(一味)으로서 함이 없다. 일체 중생은 한 가지로 불성을 가지고 있으므로, 다 해탈에 나아간다. 그 해탈은 동일한 것이다. 인因도 하나요 과果도 하나요, 그 경계의 공덕과 감로미甘露味도 또한 하나다. 그러므로 모든 것은 반드시 상주常住 · 묘락妙樂 · 자재自在 · 청정淸淨이 되는 것이다.

또 이 가르침을 가지는 이는 조숫물이 차서 밀려 들어와도 일정한 한도를 넘기지 않는 거와 같아서, 설사 생명을 잃을지라도 계행戒行을 범하지 않는다. 또 이 가르침에는 무량한 보배가 있고, 무량한 대인大人의 덕이 있기 때문에, 바닷물이 시체를 아니 받듯이 흉악한 역악逆惡도 이에는 붙지 못한다. 일체 중생은 평등하여 동일한 법성이기 때문에, 항상 더하고 덜 하는 증감增減이 없는 것이다."

제15절 손톱 위의 흙

1 어느 때에 부처님은 땅의 흙을 조금 쥐어 손톱 위에 놓으시고,

"이 흙이 많으냐? 시방세계 땅의 흙이 많으냐?"

고 제자들에게 물으셨다. 그래서 가섭보살이 대답하여 여쭈었다.

"부처님이시여, 손톱 위의 흙은 시방세계의 흙에 비하면 말할 거리도 되지 못합니다."

부처님은 다시 말씀을 하셨다.

"가섭아, 삼악도의 몸을 버리어 사람의 몸을 얻고, 그 뒤에 올바른 신앙을 갖추어, 바른 도를 닦고 해탈을 얻어 열반에 드는 자는 실로 손톱 위의 흙과 같이 드문 것이다. 그러나 악한 세계에 뒹굴어 다니면서 사대육신에 이목구비를 제대로 갖추지 못하고, 삿된 믿음으로 사도邪道를 닦아 해탈을 얻지 못해 열반에 들지 못하는 자는, 참으로 시방세계의 흙과 같이 많은 것이다.

가섭아, 여래에 대하여 두 가지가 있다. 하나는 생신生身이요 하나는 법신法身이다. 생신의 여래는 곧 응화신應化身으로서, 생·로·병·사를 가진 육체다. 내 제자들은 이 말을 듣고도 내 마음을 알지 못하기 때문에, 여래에 대해서 흔히 육신으로 알고 유위有爲한 것으로 생각하고 있는 것 같다. 다음에 법신의 여래는 곧 상常·락樂·아我·정淨의 몸으로서, 길이 생·로·병·사의 상相을 여읜 것이다. 그러므로 여래의 법신은 여래가 이 세상에 출현하거나 출현하지 않거나 변함이 없는 것이다.

가섭아, 내가 먼저 말한 일체청정一切淸淨의 행行은 선지식善知識에 의하여 나타나는 것이다. 일체 청정행의 원인은 헤아릴 수 없지만, 선지식은 전부가 선지식에 포함되어 다하는 것이다. 또 무상도無上道의 원인은 신심信心이다. 보리의 인因은 한량이 없지마는, 신심은 전부가 신심에 포섭되어 다하는 것이다. 가섭아, 신심에는 두 가지가 있다. 하나는 믿음이요, 하나는 구하는 것이다. 믿음이 있을지라도 구하지 아니하면 이것은 신심이 완전한 것은 아니다. 또 듣고서 믿기만 하고 이것을 생각해 보지 아니하면, 이것도 완전한 신심이 아니다. 또 다만 도道가 있다는 것만을 믿고 이 도를 체득한 사람이 있다는 것을 믿지 아니하면, 이것도 완전한 신심이라고 이를 수가 없는 것이다. 또 삼보를 믿을지라도 그 성상性相이

동일하다는 것을 믿지 아니하면, 이것도 완전한 신심이 되지 못하는 것이다.

2 가섭아, 번뇌를 깊이 관찰하여 그 인因과 과果와 또 경하고 중한 것을 알아서, 이것을 끊고 도를 닦으면, 이 사람은 번뇌 가운데에는 태어나지 않을 것이니, 곧 여래인 것이다. 그러므로 여래의 색色·수受·상想·행行·식識은 다 상주하는 것이다.

착한 남자야, 번뇌를 모르고, 그 인因과 과果를 모르고 그 가볍고 무거움까지도 몰라서, 도를 닦을 줄을 모르면, 이것은 번뇌 가운데 나는 자로서 곧 범부인 것이다. 그러므로 범부의 색·수·상·행·식은 다 무상無常한 것이다.

착한 남자야, 이 일체 번뇌의 근본은 무명無明이다. 그러므로 나는 무명을 탐진치貪瞋癡의 인因이라고 한다.

가섭아, 지혜 있는 자는 삼계의 모든 고苦는 다 번뇌의 업業에서 나온 줄로 알고 있다. 중생의 몸이 무너지기 쉬운 것은, 흙으로 만든 토기가 깨지기 쉬운 거와 같아서, 이미 몸을 받으면 이것은 뭇 고통을 담은 그릇이다. 그릇이 고苦이기 때문에 남겨지는 법도 또한 고인 것이다.

착한 남자야, 세상에는 믿을 만한 것이 없다. 해탈의 세계도 아니요, 적정한 곳도 아니요, 또 사랑할 만한 피안의 곳도 아니다. 또 상주常住·묘락妙樂·자재自在·청정淸淨의 법도 아니다. 만일 아무것도 아닌 이 육신을 탐한다면 어떻게 고苦를 여읠 것인가? 지혜 있는 자는 잘 이것을 관찰하여, 죽지 않으면 아니 될 일을 미리 헤아리고 있다. 목숨은 항상 무량한 적에게 포위되어 있는 것이다. 수명은 생각 생각에 감소해 갈지언정, 조금도 더 늘어날 리는 없는 것이다. 마치 산에서 흐르는 물이 머무르지 않고 흘러가듯이, 아침 이슬이 이내 녹듯이 사형을 받을 죄수가 걸음걸음 사형장으로 나가듯이, 무상하고 허망한 것이다. 마치 소가 도살장으로 끌려가는 것과 같은 것이다. 지혜 있는 자가 만일 항상 즐겁게 이 도를 닦아, 성내지 않고 질투하지 않으며, 교만심도 없이 삼매에 들어 자재한다면, 이것은 청정 해탈의 지자智者로서, 저쪽 언덕에 이른 자요, 여래의 비밀을 잘 깨달은 자다. 이 사람은 능히 삼계를 꾸짖고 삼계를 여의어 이것을 없애는 사람이다."

3 그때 우바마나優波摩那라고 하는 한 비구가 있었다. 그는 부처님이 옛날에, 아직 아난을 시자侍者로 세우기 전에, 항상 부처님을 모시고 시봉하던 자다. 부처님이 누우셨다는 말을 듣고 매우 근심하여, 부처님께 가까이 가서 그 앞에 서 있었다. 그때 부처님은 우바마나에게 "너는 내 앞에 서서는 안 된다. 비켜나라"고 하셨다. 그는 무참하게도 물러났다. 이것을 본 아난은 좀 이상하게 생각하고 물었다.

"부처님이시여, 저는 오래도록 부처님의 좌우에서 모시고 있었사오나, 지금까지 이러한 말씀을 들어 본 적이 없습니다. 더구나 지금 열반에 드시려고 하시면서 어찌하여 우바마나를 무참하게도 비켜나라고 하시나이까?"

"아난아, 나는 그를 싫어하거나 미워서 그런 것이 아니다. 모든 천신天神들이 이제 나를 보려고 다투어 와서 있는데, 우바마나가 내 앞에 서 있기 때문에, 저들은 그의 위덕에 눌려서 내게 가까이 할 수가 없게 된 까닭이다."

아난은 다시 물었다.

"부처님이시여, 우바마나는 과거에 어떠한 인행因行을 닦았기에 지금과 같은 위덕을 가지고 있습니까?"

"옛날 비바시불이 세상에 계실 때에 우바마나는 즐거이 손에 마른 풀로 만든 횃불을 들고, 저 부처님의 앞과 주위를 밝혀 드린 일이 있다. 그러므로 우바마나는 이러한 인행으로 말미암아 세세생생에 그 위덕이 놀라웠거니와 지금까지도 그 위광威光은 모든 하늘에까지 사무쳐서 모든 천신의 광명으로도 미칠 수가 없게 된 것이다."

제16절 네 곳을 생각하라

1 아난은 또 여쭈었다.

"부처님이 세상에 생존하여 계시면 천하에 현덕賢德을 가진 사람이나 독행篤行을 가진 노인들이 부처님을 찾아뵙지 않습니까? 그래서 저희들은 그네들 때문에 법문을 듣고 복을 얻게 되는 일이 많은데, 이제 부처님이 돌아가시면 그 사람들은 오지 않을 것입니다. 그렇게 되면 저희들은 어떻게 해야 좋겠습니까?"

"아난아, 근심할 것 없다. 내가 탄생한 가비라국의 룸비니 동산을 생각하는 것이 좋고, 또 내가 성도한 니련선하의 보리나무 밑을 생각하는 것이 좋으며, 또 내가 처음으로 설법한 바라나波羅奈의 사슴의 동산을 생각하는 것이 좋고, 다시 내가 열반에 든 이 구시나가라의 성밖에 있는 사라 수樹의 동산을 생각하는 것이 좋다. 그렇게 하면 너희들은 다 복을 얻으리라. 내가 말한 이 네 곳은 너희들의 의지할 곳이 되는 까닭이다.

아난아, 만일 신심이 있어서 여래의 공덕을 생각하고 한 줄기의 꽃이라도 허공에 흩으면, 그것으로도 능히 열반의 이치를 깨달아 거기에 이르게 될 것이요, 또 여래의 이름을 듣는 자는 열반의 진리를 깨달아 거기에 들어가게 될 것이다.

아난아, 여래는 모든 복전福田 가운데 제일이 되는 것이다. 그러므로 나는 모든 귀취歸趣가 없는 자에게는 귀취가 되고, 모든 집이 없는 자에게는 집이 되고, 어두운 가운데 있는 자에게는 등불이 되고, 눈이 먼 자에게는 눈이 되는 것이다."

2 아난은 또 묻기 어려운 말씀을 드렸다.

"천나闡那라고 하는 육군六群 비구의 괴수가 있지 않습니까? 그는 성품이 경망하고도 거칠어, 누구에게든지 욕을 하고 달려들기를 좋아하며, 많은 비구들과 허구헌 날을 매일같이 싸움으로 일을 삼고 있으니, 부처님이 돌아가신 뒤에는 이것을 어떻게 하면 좋겠습니까?"

"너희들은 그 사람과 상대하여 말을 하지 않는 것이 좋으리라. 그리하면 저도 반드시 회개하고 바른 길로 들어설 때가 있을 것이다."

"만일 많은 여자들이 찾아와서 비구들과 만나려고 할 때에는, 저희들은 그에 대하여 어떻게 하면 좋겠습니까?"

"만나 주어서는 안 될 것이다."

"만일 만나지 아니할 수가 없이 될 긴박한 때에는 어찌합니까?"

"설사 만나 주더라도 서로 얘기를 주고받지 않는 것이 좋을 것이다."

"만일에 도를 듣겠다고 청하면 어찌 합니까?"

"물론 그녀들을 위하여 법을 설하는 것이 좋을 것이다. 그러나 다만 늙은이는 어머니로 생각하고, 자기보다 조금 나이 많은 이는 누이로 생각하고, 조금 연소한 자는 손아래 누이동생으로 생각하고, 아주 어린 자는 딸자식으로 생각하여, 너희들의 몸과 말과 뜻에 깊이 주의하는 것이 좋으리라."

"부처님께서 생존하시던 때에 공양을 올리는 것과, 돌아가신 뒤에 공양을 올리는 것과 그 공덕이 차이가 있습니까?"

"조금도 차이가 없다. 그것은 여래의 법신은 영구히 존재하는 까닭이다. 아난아, 여래를 보는 것은 곧 성법聖法을 보는 것이요, 성법을 보는 것은 곧 성중聖衆을 보는 것이요, 성중을 보는 것은 곧 열반을 보는 것이다. 그러므로 삼보는 상주常住하여 변함이 없어서, 언제나 중생이 돌아갈 곳이 되는 것을 알지 아니하면 안 되는 것이다."

"부처님께서 열반에 드신 뒤에 어떤 방식으로 장례를 모시는 것이 좋겠습니까?"

"너는 이 일을 위하여 정신을 쓸 것은 없다. 오직 도를 지키는 것이 좋다. 나를 위하여 시봉한 여가에는 너의 선근善根을 위하여 너의 온몸을 바치는 것이 좋다. 또 내게서 들은 것을 기쁜 마음으로 다른 사람에게 설해 주는 것이 좋다. 장례식 같은 것은 천신天神이나 바라문이나, 왕이나, 청신사淸信士들 가운데서 어진 이들이 와서 내버린 몸을 잘 장사지내 줄 것이다."

"저네들은 어떤 방법으로 장례를 모실 것입니까?"

"모든 나라에서 제 나라의 왕을 장례하는 법에 의하여 지내리라."

"그 법은 어떤 것입니까?"

"내 시체를 거둔 다음에, 탕을 끓여서 깨끗이 씻고, 솜으로 싸서 금관金棺에 넣어서 향유香油를 뿌리고 좋은 향으로 싸서 관을 봉한 다음, 좋은 장소로 운반하여 불에 태우고 사리를 거두어 탑塔을 세울 것이다. 그래서 지나다니는 사람은 이에 절하고 꽃을 올리고 향으로 공양을 올려서 공덕을 닦을 것이다. 이것이 모든 왕을 장례하는 법식이다."

3 이 말씀을 들은 아난은 근심을 이기지 못하여 가만히 뒤에 있는 집으로 들어가 숨어서, 문설주에 몸을 의지하고 홀로 탄식하였다. 나는 아직 무학위無學位를 얻지 못한 학지學地에 있는 자로서 깊은 도를 얻지 못하였는데, 부처님께서는 이제 나를 버리시고 열반에 드시겠구나. 나는 어느 때나 되면 해탈의 길을 밟을 것인가? 이 뒤에 내가, 아침에는 물을 긷고 저녁에는 자리를 깔아 드리며, 걸식을 나갔다가 돌아오실 때마다 그 얼굴을 씻게 하고, 그 손과 발을 씻게 하여 드릴 이는 누구란 말인가? 이렇게 생각하고 한숨을 쉬고 있다가, 미친 듯이 뛰쳐나와서 손을 들어 나뭇가지에 기대고 가슴을 치며 울고 있었다.

4 부처님은 곁에 있는 비구들에게 물으셨다.

"아난은 어디 갔느냐?"

"저 나무 밑에 가서 울고 있습니다."

부처님은 한 비구를 불러 말씀하셨다.

"아난에게 가서 내가 찾는다고 말을 전하라."

비구는 아난에게 전했다. 아난은 돌아와서 부처님께 절하고 옆에서

있었다. 부처님은 아난을 보시고 측은하게 생각하시어

"아난아, 나는 이미 너를 위해 말하지 않았느냐? 일체의 모든 행行은 다 무상한 것이라, 만나는 자는 반드시 갈리지 아니하면 아니 된다고 가르치지 아니하였느냐? 그런데, 너는 이제 와서 왜 근심하고 울고만 있느냐? 아난아, 너는 옛날부터 내게 시봉해 왔고 나를 위해 무슨 일이든지 입의 혀처럼 힘써 주었다. 너의 신身·어語·의意는 항상 깨끗하여 티가 없었다. 이제부터라도 모든 생각을 비우고 힘써 정진하고 공부해야 한다. 그리하면 너의 얻어지는 복은 한량이 없을 것이다.

모든 비구들아, 아난이 저렇게 슬퍼하지 아니하면 아니 되는 까닭은, 저는 얼마 안 가서 해탈을 얻을 징조다.

비구들아, 옛날부터 모든 여래에게는 다 아난과 같은 시자侍者가 있었다. 또 이후의 모든 여래에게도 시자가 있을 것이다. 비구들아, 아난은 신심이 견고하고 마음이 정직하며 몸이 건강하여 항상 정진을 부지런히 하여 게으른 일이 없었다. 그의 지혜는 깊고 묘하여 내가 설한 법을 남김없이 기억하여 잊어버리지 않았다.

또 비구들아, 아난은 나의 기거동작과 모든 생활을 잘 알고 있었다. 만일 누가 와서 나를 만나려고 할 때에는 아난이 먼저 나를 위하여, 그 때가 좋은가 어떤가를 헤아려 만나게 하였다. 또 내가 어느 때에는 비구를 만날 것인가, 어느 때에는 비구니를 만나고, 어느 때에는 우바새와 우바이를 만나며, 어느 때에는 바라문·제왕·장자·거사와, 또는 모든 이학인異學人을 만날 것인가를 다 헤아리고 있었다. 그러므로 저들은 편리하게 와서 나를 만나고 또 내게서 법문을 듣고 많은 공덕을 얻게 된 것이다. 이것이 다 아난이 때의 적당함을 헤아려서 저들을 내게 안내하여 준 까닭이다.

비구들아, 성왕聖王이 거동을 하여 지방을 갔을 때에, 이 왕의 모습을 보는 자는 바라문이나 다른 왕자나 바이샤나 또는 수드라나, 모두 기뻐하여 왕의 말을 듣든지 왕의 모양을 보면, 다같이 환희하며, 또 갈리게 될 때에는 애석히 여겨 견디지 못해 한다. 마치 주린 사람이 배가 불러도 그것을 모르고 덤비는 것과 같이 한다. 사람들이 아난을 대하는 것도 또한 이와 같다. 아난은 온화한 덕을 넘쳐 흐르게 가지고 있다. 비구가 오면 그는 그 건강을 물어 주고, 비구니가 오면 부드러운 말씨로 그들을 경계하되 '누이와 동생들이여, 성계聖戒를 잘 받들어 지키시게' 하고, 다시 청신사나 청신녀가 올 때에는 '삼보에 귀의하시고 성계를 지키며 집에 계신 부모님을 공경하고 성자聖者에게 공양을 올리시오.' 하고 격려하여 준다. 그래서 아난의 이런 말을 잘 듣는 자들은 모두 환희하고 즐겨 한다. 만일 그들이 아무 소리도 안 하고 있는 것을 보면, '어찌하여서 아무 말씀이 없습니까?' 하고, 말을 붙여서 묻기도 했다. 그래서 그들이 내게 왔다가 돌아갈 때에는 아난의 덕을 사모하고 친절과 의리를 생각하는 자가 많았다. 비구들아, 아난은 이렇게 특별한 덕을 가지고 있다."

부처님은 여러 비구들에게 이렇게 아난을 찬양하여 말씀하신 뒤에, 다시 아난에게 말씀하셨다.

"그러므로 아난아, 내가 열반에 들더라도 해탈을 얻을 기회가 없지 않을까 하는 생각을 가지고 괴로워하거나 슬퍼하지 말라. 내가 성도한 뒤로 너에게 말한 일체의 가르침과 계율은 다 너의 스승이니, 너는 이것을 지키고 믿어야 한다.

나는 세상의 아버지요 세상의 벗이다. 그래서 아버지로서 또는 벗으로서 하지 아니하면 안 될 일을 다 하여 마쳤다. 그러므로 너는 내가 돌아간 뒤라도 이것을 생각하고 이것을 실행하여 게을리 하지 않도록 하고, 마하가섭과 같이 세상을 인도하고 크게 불사佛事를 닦아 주어야 한다. 아난아, 부질없이 몸과 마음을 피로하게 하지 말라. 너는 반드시 해탈을 얻어 나의 정법을 널리 유포하고 인천人天을 지도할 것이다."

5 이 말씀을 듣고 아난의 근심은 다소 덜해졌다. 그래서 부처님께 다시

말씀을 여쭈었다.

"부처님이시여, 저는 부처님의 가르치심을 듣고 마음이 다소 깨어졌습니다. 대단히 후련하여졌습니다. 그러나 다시 하나 여쭈어 볼 말씀이 있습니다. 원컨대 가르쳐 주소서."

"무슨 말이냐?"

"부처님이시여, 여기서 그다지 멀지 아니한 곳에 비사리가 있고, 마가다 국의 왕사성이 있고, 가비라국의 사위성이 있고, 바라나가 있고, 참파가 있어서, 어느 곳이든지 국태민안하고 시화연풍하여, 백성들이 번영하고 불법도 또한 성황하지 않습니까? 부처님이시여, 그런데도 불구하고, 어째서 그러한 훌륭한 곳으로 가시지 않고 이 시골구석의 나라인 구시나가라로 오셔서 열반에 드시려고 하시는 것입니까?"

"그런 말을 하여서는 안 된다. 아주 미천하고 가난한 집이라도 왕이 만일 거동을 하면 귀해지는 것이요, 아무리 값이 싼 약이라도 이 약을 먹고 병이 나으면 사람들이 기뻐하지 않겠느냐? 아난아, 이 성城은 비록 보잘 것이 없으나, 묘한 공덕이 장엄되어 있는 곳이다. 그것은 이곳이 모든 여래와 보살의 수행하던 곳인 까닭이다. 전세前世에 나는 여기 와서 왕이 된 일도 있었다. 그때 이 성은 번영하여 전당殿堂은 아름답고 시가市街는 기름졌으며 왕의 위엄은 하늘 같았다. 그리고 백성들도 다 온순하였다. 그러나 나는 생각하되 '부귀영화도 오래 보전할 수가 없는 것이요, 색신도 무상하여 썩어 갈 그릇이요, 오직 도道가 진실할 뿐이라, 이것을 받들어야 한다는 것을 알 뿐이다.' 하고 왕위를 버리고 오로지 도를 닦았다. 이 성은 이만큼 내게 숙연宿緣이 있는 곳이다. 이제 내가 와서 열반에 드는 것은 이 땅의 옛날의 은혜를 갚고자 생각한 까닭이다."

"세상에도 불가사의한 일입니다. 이 땅에 그렇게까지 숙연이 있으셨습니까? 저는 결코 이제부터는 이 땅이 변변치 않은 곳이라고 다시는 입에 올리지 않겠습니다."

6 부처님은 아난에게 다시 말씀하셨다.

"너는 성안에 들어가서 여러 시민들에게 오늘밤에 석가 여래가 열반에 들 것이니, 너희들은 의심나는 일이 있거든 급히 와서 물어보라고 이르고 오너라. 때를 놓치면 후회하여도 소용없을 것이니, 시각을 다투어 빨리 오도록 하여라."

그래서 아난은 비구들을 데리고 성으로 나갔다. 그때 성 중에는 마침 큰 일이 있어서, 모든 말라 족族 사람들은 군데군데 길목에 모여 앉아 잡담을 하고 있었다. 아난과 비구들은 그런 곳마다 찾아가서 널리 부처님의 말씀을 전달하였다. 이 소식을 들은 사람들은 놀라고 슬퍼하여 느껴 우는 소리가 장바닥에 넘쳤다. 이 소문은 왕의 궁전에까지 들렸다. 왕은 이상히 여겨 좌우에 있던 시종들에게 명령하되 '부처님께서 오늘밤에 돌아가시겠다는 말이 들리니, 사실의 진부를 알아 보라'고 하였다. 시종들은 급히 시가에 나와 사실의 여부를 조사하고 왕에게 고하되 '틀림없는 사실로 아뢥니다.' 하였다. 왕은 이 말을 듣고 놀라서 그의 아들 아신 태자에게 명령하여 '너는 곧 부처님이 계신 곳으로 달려가서 내가 올리는 말씀이라 하고, 부처님께서는 궁전宮殿으로 들어오셔서 열반에 듭시는 것이 아비의 소원이니, 곧 들어오시라 하고, 어떻게 하든지 곧 청하여 모시고 들어오도록 하라'고 일렀다.

아신 태자는 인마人馬를 갖추어 급히 달려 부처님이 계신 곳으로 쏜살같이 달려갔다. 아신 태자는 아난을 통해 그 소원을 부처님께 여쭈었다. 이때에 부처님은 '아신을 이리 불러라.' 하셨다. 아신 태자는 나아가 절하고 여쭈었다.

"모든 중생은 깊은 바다 속에 빠져 잠기려 합니다. 오직 부처님만이 이것을 건져 주실 수 있습니다. 그런데 지금 열반에 드시겠다고 하신다니, 얼마나 놀라운 일이겠습니까? 실로 뜻밖의 일입니다. 부처님의 열반은 왜 이렇게도 빠르십니까?

천지가 캄캄합니다. 부처님이시여, 천하를 비추어 주던 해도 서산으로 넘어가거든, 부처님의 열반을 누가 막겠습니까? 그러나 이미 열반에 드시려거든, 원하건대 저의 아비의 궁전으로 들어오셔서 들어주시고, 이 수풀 속에서 돌아가시지 않기를 원하나이다. 이것은 저의 소원뿐만 아니라, 제 아비의 소원입니다."

부처님은 대답하셨다.

"아신아, 세상은 참이 아니기 때문에 즐거운 것이 될 수가 없는 것이다. 그러므로 지혜가 있는 자는 반드시 여래를 만나 법문을 듣기를 원하고, 신信을 갖고 계戒를 지키며, 시施를 베풀고 많이 듣고 널리 배우는 것이다. 그러므로 세상의 더러운 티끌을 여의고 세세생생에 부귀를 받고 이름이 널리 알려지며 필경에는 열반을 얻게 되는 것이다.

아신아, 돌아가서 나를 대신하여, 너의 아버지에게 고마운 인사 말씀을 일러다오. 그러나 이 땅은 나의 숙연이 깊은 곳으로서, 나의 최후의 몸을 이곳에 두려고 생각한다. 그러므로 궁전으로 들어갈 생각은 전혀 없으니 그리 알고 이 사유를 너의 아버지에게 간곡히 전하여라."
하고, 궁전으로 들어오시라는 것을 거절했다. 아신 태자는 궁전으로 돌아가 이 사유를 아버지에게 고하였다. 왕은 울면서 부처님이 오늘밤에 돌아가신다는 소식을 성 중에 전하고, 그 남녀의 시민들과 같이 바로 사라 숲으로 나아갔다. 때는 이 월 십오 일. 해는 막 어두워지려 했다. 날은 저물었다.

7 사라 숲은 부처님의 임종을 보려고 나온 수천 명의 남녀로 인산인해를 이루었다.

아난은 이 많은 사람에게 하나하나씩 부처님을 뵙게 하려면 밤을 새워도 다할 수가 없어 몇백 명씩을 한곳에 모이게 하여 집단적으로 나와서 뵙게 하였다. 그리고 아난은 부처님께 사뢰었다.

"부처님이시여, 구시나가라의 모든 말라 인들이 여기 함께 모여서 부처님의 발 아래 절합니다."

부처님은 그들에게 예배를 받고 위로하셨다.

왕은 부처님 앞에 엎드려

"부처님이시여, 원컨대 가르쳐 주십시오. 우리들은 삼가 가르침을 받들어 실행하겠나이다."

하고 사뢰었다.

부처님은 그들에게 말씀하셨다.

"인천人天은 다 죽음으로 나아간다. 이 세상에 나서 죽지 않는 자는 없다. 너희들은 슬퍼하지 말라. 나는 이제 다함이 없는 깨끗한 곳으로 간다. 저곳은 항상 고요하고 영원히 근심이 없는 곳이다. 너희들은 조금도 나를 위하여 근심하지 말라.

너희들은 선행을 생각하고 악행을 멀리하며, 전일의 잘못을 고치고 돌아올 선복善福을 닦아라. 덕행을 힘쓰고 어진 사람을 친하며, 일이 생길 때에는 생각을 깊이 해 처리하고 졸속으로 처리하지 말라. 사람의 목숨은 얻기 어려운 것이니, 마땅히 만민萬民을 불쌍히 여겨라. 지혜가 밝은 자는 귀하게 여기고, 어리석고 미련한 자는 용서하며, 가난한 자에게는 베풀어주고, 없는 자는 도와주라. 백성을 대하되 아들과 같이 하고, 정사를 바로 하여 모든 사람에게 원망이 없게 하고, 모든 백성에게는 이익을 주어 상하가 한가지로 즐기게 하라. 이것이야말로 영겁에 복이 되는 길이다. 이렇게 하면, 다만 나를 볼 뿐이 아니라, 모든 고통의 그물에서 벗어날 수가 있는 것이다.

도를 행하는 것은 마음에 있는 것이다. 반드시 나를 보는 것만이 필요한 것이 아니다. 마치 병자가 의사를 만나지 못할지라도 그의 처방에 의하여 약을 지어 먹으면 병고를 제하는 것과 같은 것이다. 만일 내가 가르친 대로 행하지 않는다면 나를 만날지라도 아무 이익이 없는 것이요, 설사 나와 같이 한곳에 있을지라도 나를 떠나서 멀리 있는 거와 같은 것이다. 만일에 도를 행한다면, 설사 나와 갈려서 멀리 있을지라도 나를 가까이 한 자라고 이를 수 있는 것이다. 너희들은 방일하지 말고 부지런히 도를 닦아라. 세상에는 모든 악이 있고 고통이 핍박하고 있다. 그래서 모두 마음이 산란하여 편안한 때가 없다. 마치 바람 앞의 등불과 같다. 바라건대 너희는 내가 돌아간 뒤라도 수명이 장원하고 병고가 없기를 바라 마지 않는다."

8 그때 라후라는 생각하되 '내게 무슨 기쁨이 있어서 부처님의 돌아가시는 것을 보고 있겠는가.' 하고, 숲에서 나와 동북쪽으로 달려가 앉아 있었다. 그러나 아버지를 생각하면 눈물이 흐르고 목이 메었다. 다시 생각하매 '밤이 밝으면, 나는 다시 보름달이 모든 별에 둘러싸인 것같이, 모든 비구들에게 둘러싸여서 법문을 설하시던 아버지의 얼굴을 다시는 볼 수가 없겠구나.' 하고, 숲으로 돌아와 부처님 곁에 앉아 있었다. 부처님은 라후라에게 말씀하셨다.

"라후라야, 슬퍼하지 말고 탄식하지 말라. 너는 아비에 대해서 할 것을 다하였고, 나는 너에게 대하여 할 것을 다하였다.

라후라야, 마음을 수고롭게 하여서는 안 된다. 나는 너희들과 같이 일체 중생을 위하여 두려움이 없이 가르침에 전력하여 원망도 사지 않고, 해로움도 끼치지 않았다.

라후라야, 나는 이제 열반에 들면 다시 다른 이의 아버지가 되지 않을 것이요, 너도 반드시 열반에 들어 다시 다른 이의 아들이 되지 않을 것이다. 나와 너는 함께 어지럽게도 말고 또 성질도 내지 말아야 한다. 라후라야, 여래의 법은 상주하는 것이다. 너는 잘 무상無常한 법法을 버리고 오직 해탈을 구하지 않으면 안 된다. 이것이 곧 나의 가르침이다."

부처님이 이렇게 말씀하시자, 라후라를 비롯한 모든 사람들은 기뻐하였다. 그리고 부처님의 성법聖法은 불가사의한 것이라고 찬탄하였다.

9 그때 구시나가라성 가운데 나이 많은 이학자異學者 한 사람이 있었다.

그는 이름이 수발다라須跋陀羅였다. 그는 백이십 살이나 먹은 노인으로서, 박학다문하여 사람들에게 존중한 대접을 받고 있었다. 그는 이날 밤에 자다가 깨어 보니, 광명이 비쳐 온 성 중에 꽉 차 있었다. 집안에는 사람 하나 없었다. 자기 집뿐만 아니라 옆에 사는 집에도 사람은 없었다. 그는 문득 저녁나절에 부처님이 오늘밤에 열반에 드신다더라고, 제자들이 와서 시민에게 알려주고 갔다는 말을 들은 기억이 되살아났다. 그래서 성 중 사람들은 모두 부처님의 최후 임종을 모시러 간 줄을 깨달았다. 그러나 그는 다시 의심했다.

'나는 도道에 대한 여러 가지의 책을 보았다. 부처님이 세상에 출현하시는 것은 우담바라 꽃과 같아서, 극히 드물다고 씌어 있다. 그리고 내 마음 가운데에는 아직 의심이 있다. 부처님이 아니면 이것을 누가 밝혀 주겠는가? 비록 밤은 좀 깊었지마는, 가서 물어봐야 되겠다. 때를 놓치면 큰일이다.' 하고, 자다가 뛰어나와 부처님이 계신 사라 숲 나무 밑으로 달려갔다. 우연히도 숲 밖에서 아난을 만났다.

"나는 구담께서 열반에 든다는 말을 듣고 면회하러 왔소. 청하건대 그분이 열반에 들기 전에 나를 안내하여 그 가르침을 받게 하여 줄 수가 없겠소?"

"수발다라 노인이시여, 그 뜻은 거룩하나 그만두시는 것이 좋을 줄로 압니다. 부처님께서는 임종 시간이 멀지 않았습니다. 번거롭게 사뢸 수가 없습니다."

"그러나 아난 존자여, 부처님이 세상에 출현하시는 것은 우담바라 꽃이 피는 거와 같아서, 진기한 일이라고 모두들 이르고 있소. 어쨌든지 한 번만이라도 좋으니 부처님을 좀 보게 하여 주시오."

"도저히 안 됩니다. 곧 숨을 거두실 판인데 면회가 다 무엇입니까? 염치없는 말씀 마세요."

"아난 존자여, 여북 답답하면 백이십 살이나 먹은 이 늙은이가 이 밤중에 찾아왔겠소? 그러지 마시고 내가 왔다는 말씀이라도 전하여 주시오. 나의 마지막 소원이오. 애원입니다."

"안 돼요, 안 됩니다. 어서 저 밖으로 물러가시오. 바로 임종하시는 거나 모시고 보겠다면 모르지만, 곧 돌아가실 어른에게 청법이 다 무업니까? 그게 될 법이나 한 말씀입니까?"

수발다라 노인은 몸이 달아 이렇게 세 번이나 요청했으나 아난은 끝내 거절했다. 이때에 부처님은 두 사람의 옥신각신하는 소리를 들으시고 아난을부르셨다.

"아난아, 내 최후의 제자 될 사람을 막아서는 안 된다. 수발다라의 요청을 허락하고, 내게로 그를 데리고 오너라. 나는 그를 만나고 싶다. 그는 마음이 곧고 지혜가 총명한 사람이다. 그는 내게 와서 의심을 풀어 보려고 하는 것이지, 결코 지식 자랑이나 희롱을 하기 위하여 온 사람은 아니다."

아난은 어찌 할 수가 없어서, 곧 수발다라를 인도하여 부처님 앞으로 데리고 갔다. 수발다라는 너무 좋아서 어쩔 줄을 모르고, 기쁨에 넘쳐 부처님 발에 절하고 꿇어앉아 물었다.

"부처님이시여, 긴급하게 묻고 싶은 것이 있어서 이렇게 왔습니다. 병환 중에 어려우시기는 하겠지만 허락하여 주시기를 바랍니다."

"무슨 일이 그렇게 긴급하단 말인지, 마음대로 유감없이 물어보시오."

"부처님이시여, 세상에는 여러 종류의 학자가 있어서 다 제각기 큰 스승이라고 떠들고 있습니다. 부란나가섭, 말가리구사리, 산사야비라지자, 아기다시사흠바라, 가라구타가전연, 니건다야제자 등이 다 이런 분들입니다. 이분들은 다 그 설하는 바를 정견正見이라 이르고, 다른 이의 것을 사견이라고 이르며, 자기의 소행을 해탈의 인因이라 이름하고, 다른 이의 소행은 생사의 인因이라고 배척하며 서로 싸우고 있습니다. 부처님이시여, 어떤 것이 결정적으로 생사의 인이 되고 해탈의 인이 되는 것입니까? 저네들도 일체의 것을 다 알고 있다고 하리까? 또는 모르는 것도 더러 있다고 하리까? 청하건대 일러 가르쳐 주시기를 바랍니다."

"그렇게 번거롭게 물어서는 안 되오. 그것은 이익이 없는 일이오. 수발다라여, 딴소리는 그만두고 다만 내 말만 자세히 듣는 것이 좋소. 나는 그대를 위하여 설하겠소.

팔성도八聖道가 해탈의 도道요. 이 도道를 가지면 해탈의 인이 되고, 이 도를 가지지 않으면 생사의 인이 되오. 수발다라여, 저 외도外道 육사六師들은 사견邪見을 가지고 있으니, 금세와 후세에 대하여 스스로 지은 바 과보果報를 받지 않으면 아니 되는 것이오. 그러나 그것을 믿지 않고 즐거이 귀신에게 제사를 드리고 점을 쳐서 복을 구하려고 하고 있소. 저들은 삿된 생각(邪思)을 가지고 있으니, 그 생각은 욕심과 노怒함을 가지고 있는 까닭이오. 저들은 삿된 말(邪語)을 가지고 있으니, 거짓말과 엉터리로 꾸미는 말과 비방과 아첨하는 말을 쓰는 까닭이오. 저들은 삿된 업(邪業)을 범하고 있으니, 함부로 살생을 하고 또 음란한 것을 좋아하는 까닭이오. 저들은 삿된 생활(邪命)을 하고 있으니, 악을 그치지 않고 선을 행하지 않는 까닭이오. 저들은 삿된 노력(邪精進)을 하고 있으니, 도道에 의지하지 않고 의식을 탐하는 까닭이오. 저들은 삿된 염원(邪念)을 가지고 있으니, 항상 즐거움을 탐하고 어진 사람을 미워하는 까닭이오. 저들은 삿된 선정(邪定)을 가지고 있으니 그것은 범천梵天에 나서 쾌락을 받는다는 욕심만 키우고 생사 해탈의 큰일을 돌아보지 않는 까닭이오. 그러면 저들의 그것은 어느 것이나 정견의 인이 아니고 해탈의 인이 아닌 것이오.

수발다라여, 내가 옛날 왕궁에 있을 때에, 세상은 저들에게 유혹을 당하여 미혹하고 있었소. 내가 출가하여 도를 닦기 시작하여 삼십오 세 때에는 보리나무 밑에서 팔성도를 궁구窮究하였고, 도를 깨친 뒤 사십오 년 동안 바른 소견 · 바른 생각 · 바른말 · 바른 행 · 바른 생활 · 바른 정진 · 바른 염원 · 바른 선정을 닦아 이것을 펼쳐 왔소.

수발다라여, 여러 사람들은 흔히 생각하기를 업業이 다하여야 고苦가 다하는 줄로 생각하고 있소. 그러나 실은 그렇지 않은 것이오. 번뇌가 다 하여야 업고業苦가 다하는 것이오.

수발다라여, 만일 업인연業因緣을 끊고 해탈을 얻는다면, 일체 성자聖者도 해탈을 얻지 못할 것이오. 그것은 과거의 본업本業에는 처음과 마지막이 없는 까닭이오. 그러나 팔성도는 능히 처음과 마지막이 없는 두려운 업業을 막는 것이오. 만일 고행만을 힘써서 도가 얻어진다면 일체의 축생畜生들도 또한 다 도를 얻을 것이오. 그러므로 먼저 마음을 조복하여야 도를 얻는 것이오. 몸을 조복한다 하여 고생만 시킨다고 도가 얻어지는 것은 아니오. 그러므로 이 팔성도가 참된 해탈의 인인 줄로 알지 않으면 안 되는 것이오.

수발다라여, 나는 이 삼계 가운데 홀로 말하고 홀로 걸어다니고 있소. 여래는 실로 이것이 일체종지一切種智인 것이오. 또 의심이 있거든 물으시오. 나는 결코 싫어하지 않소."

이 말씀을 들은 수발다라는

"부처님이시여, 나는 잘 깨달아 알았습니다. 나는 지금까지 오랫동안 신봉하여 오던 하천下賤한 도道를 버리고 청정한 행行을 취하고자 합니다. 청하건대 나를 불쌍하게 생각하시어 출가出家를 허락하여 주십시오."

하고 애원했다. 그래서 부처님은 곧 허락하셨다.

10 수발다라는 곧 머리를 깎고 비구가 되어 가사를 입고, 뜻을 다하여 성심성의로 가르쳐 주신 것을 생각하였다. 그의 마음은 청정한 달과 같았다. 부처님은 또 그를 위하여 '사제'四諦의 도를 설하시자, 수발다라는 곧 도를 얻었다. 부처님은 아난에게 말씀하셨다.

"나는 옛날에 처음 아야교진여阿若橋陳如 등 다섯 사람을 구제하였는데, 오늘은 최후로 수발다라를 제도하였다. 나는 이제 제도할 자를 이미 다 제도하여 마쳤다. 이제부터 너희들은 나의 도를 받들고 서로서로 전하여 가르치기를 게을리 하지 아니하면 나의 도는 영겁의 미래세까지 항상 머물러 멸하지 아니할 것이다. 아난아, 수발다라는 나의 가르침과 내용을 전혀 달리하는 외도外道의 이학자異學者였다. 그러나 나는 그의 선근善根이 익은 것을 알고 허락하여 도道에 들게 하였다. 내가 돌아간 뒤라도 모든 이학자로서 와서 불도에 들기를 구하는 자가 있거든, 너희들은 사 개월 동안 이것을 시험하고 그의 뜻을 살핀 뒤에, 그의 행을 보아서 이것을 허락하여라."

수발다라는 부처님께 사뢰었다.

"부처님이시여, 사 개월은 너무 헐합니다. 내게는 설사 사십 년 동안을 경을 배우게 하고 그 뒤에 입도入道를 허락하신다 하더라도 저는 잘 순종하겠습니다. 하물며 일이 년이나 삼사 년을 행자로 지낸 뒤에 사미로 들게 함입니까? 사 개월 같은 것은 물건의 수에 참례도 안 되리라고 생각합니다."

"수발다라여, 네 말과 같다. 어쨌든 틀림없는 말이다. 나는 너의 뜻이 돈독함을 잘 알고 있다. 너의 말은 거짓이 없다."

고, 부처님은 말씀하셨다. 그때에 수발다라는 다시 여쭈었다.

"부처님이시여, 저는 부처님께서 열반에 드시는 것을 차마 뵐 수가 없습니다. 그러므로 제가 먼저 열반에 들고자 하오니 허락하여 주소서."

이렇게 청하여, 부처님의 허락을 얻은 뒤에 부처님 앞에서 먼저 이 세상을 떠나 버리고 말았다.

제17절 최후의 임종

1 그때 밤은 자취도 없이 일각일각 깊어 갔다. 곧 자정이 가까워질 시각이다. 달은 밝고 별은 맑은데, 숲 속은 지극히 고요하였다. 수천 명이 모

인 숲 속이지마는 한 사람도 없는 것같이 고요하였다. 사람들은 슬픔에 벅차서 긴장이 되어 있었다. 그래도 간혹 가다가 속살거리는 소리가 들렸다. 이때에 부처님은 최후로 말씀을 남기셨다.

"너희들은 고요히 하여라. 지껄여서는 안 된다. 때는 이미 왔다. 나는 이제 열반에 든다."

이렇게 말씀하시고 고요히 적정에 드셨다. 성체聖體는 조금도 움직임이 없었다. 아난은 아나율에게 물었다.

"부처님께서는 이미 열반에 드셨습니까?"

"아직 드시지 않았소."

"어떤 상태에 계십니까?"

"조용히 하시오. 부처님께서는 모든 선정禪定을 차례로 지나, 고요히 천상에서 내려오신 어머니 마야 부인에게 하직을 고하고 열반에 드시려고 하오."

대중은 죽은 듯이 숨소리도 없었다.

"아직도 하직 인사의 끝이 아니 나셨습니까?"

"그렇게도 급히 알고 싶은가? 부처님께서는 이제 열반에 드셨소."

시자의 책임이 중한 아난은 널리 이것을 대중에게 전하였다. 그때 대지는 진동하고 하늘에서는 북이 울리더니 하늘의 꽃이 비처럼 내렸다. 이때에 비구들의 울음은 터졌다. 슬픔을 이기지 못하여 주먹으로 가슴을 치며 목이 메어 우는 자도 있고, 땅에 쓰러져 몸부림을 치는 자도 있었다. 대중 가운데서는 혼잣말로 '세상의 눈은 어찌하여 이렇게도 빨리 없어지는고? 오늘부터 이 중생을 누가 인도하며 중생은 누구를 의지하여야 좋은가? 삼악도의 길은 항상 우리들 앞에 열려 있는데, 해탈의 문은 다시 닫힌단 말인가?'

여기저기서 탄식하며 이렇게 부르짖는 자도 많았다. 아나율 존자는 그것을 제지시키며,

"여러 비구들은 울음을 그치고 정신을 차리시오. 그렇게 근심하고 슬퍼하여서는 안 되오. 부처님께서는, '모든 행行은 무상하여 나고 죽는 법이라, 나는 자는 반드시 죽고, 만나는 자는 반드시 갈리며, 높은 자는 반드시 떨어지고, 오래간다는 것도 반드시 다하고 마니라. 그러므로 생사를 초월하고 생멸을 벗어나야 열반의 적멸락寂滅樂을 누릴 수가 있다'고 하시지 아니하였는가?"
하고 위무하여 주었다.

2 사람들은 슬픔이 지나쳐서 가슴이 터져나가고 간장을 우벼내는 것 같았다. 그래서 돌아가신 성체라도 다시 더 한 번 뵙고자 하여 아난 존자에게 청했다.

"아난 존자시여, 우리에게 한 번만이라도 좋으니, 다시 한 번 친히 부처님의 성체를 뵙게 하여 주십시오. 부처님의 출현은 두 번 만나기 어려운 일입니다."
하면서 보챘다. 이 가운데는 부처님을 한 번도 뵙지 못한 사람도 많이 끼어 있었으므로, 더욱이 간청하는 이가 많았다. 아난도 '부처님이 세상에 생존하여 계실 때에는 여자로서 뵙는 이가 퍽 드물었다. 비구나 왕이나 대신이나 거사나 바라문들은 끊일 사이 없이 왕래가 빈번하였고, 비구 대중이 항상 시위하고 있었기 때문에 여자들에게는 기회가 좀처럼 닥치지 않았다. 그러므로 이번에는 그들에게 원만히 성체를 보여 주리라.' 생각하고 많이 모여 있는 비구니를 비롯하여 청신녀들로 하여금 성체 앞에 나아가 절하기를 허락하였다. 여자들은 너무도 감격하여 가지가지의 꽃을 올리고 절을 하였다.

그 가운데는 한 사람의 노파가 있었다. 그는 나이가 백 살이나 된 사람으로, 몹시 가난하여 아무것도 올릴 것이 없음을 슬퍼하며

"바라건대 나는 미래세未來世에 어느 곳에 가서 태어나 살든지, 항상 부처님께 가까이하여 예배를 드리면서 살게 하여 주십시오."

이렇게 말하면서 절하고, 부처님 발에 엎드려 울었다. 그래서 그의 눈물이 부처님의 발등을 적시었다. 이윽고 모든 여자들이 물러난 뒤에는 아난은 남자들로 하여금 성체에 절을 시켰다. 사람들은 모두 나아가 절을 하고 꽃 공양을 올리고 슬퍼하며 물러섰다.

아나율과 모든 비구들은 다같이 성체를 좌우에서 지키고 성도聖道를 얘기하면서 밤을 새웠다.

3 그때 아나율은 아난에게

"아난이여, 구시나가라성에 나가 부처님께서 돌아가셨다는 소식을 모든 말라 사람들에게 전하고 오시오."

아난은 성중에 들어가 부처님의 열반에 든 사실을 전했다. 그 소식을 듣고 사람들은 슬퍼하며 달려와서 사라 숲에 모였다. 먼저 보여譜輿를 만들어 성체를 그 위에 모시고 향을 피우고 꽃을 올리고 음악을 연주했다. 그리고 찬불讚佛 노래를 높이 불렀다. 부처님이 열반에 드신 뒤로 칠일 동안은 말라 사람들의 원을 좇아 공양을 올리게 하였다. 칠 일이 지나서는 말라의 젊은 사람들은 부처님이 아난에게 말씀한 바에 의하여 깨끗한 새 솜으로 성체를 싸고, 금관金棺에 옮겨 모신 뒤에 전단향 향수를 뿌리고 아름다운 꽃을 올렸다.

말라 사람들은 이미 칠 일이 지났으므로 성체를 다비荼毘(火葬)에 붙여 모시자고 했다. 그래서 금관을 모시고 길을 깨끗이 소제하여 물을 뿌렸다. 그리고 금관이 들어 있는 보여를 메고 성내를 경유하여 성밖으로 나갔다. 고요히 흐르는 희련 하수를 건너서 보관사寶冠寺에 도착하여, 금관을 모신 보여를 그 절의 전당殿堂 앞뜰 가운데 내려놓았다. 그리고 그 뜰 가운데에 향나무를 장작더미처럼 쌓아 올리고, 금관을 그 위에 모셔 놓고 향유를 부었다. 이때에 인천 대중은 모두 목이 메도록 울었다.

말라의 대신大臣 노이는 큰 횃불을 들고 나무에 불을 붙였으나, 불은 도무지 붙지 않았다. 세 번이나 불을 붙였으나 불은 붙지 않았다. 사람들

은 이상히 여겨 아나율에게 물었다. 아나율은

"마하가섭을 기다리시느라고 이런가 보오. 가섭은 지금 이리로 오는 도중에 있소."

라고 대답했다.

4 이보다 먼저 마하가섭은 탁차나기리 국에서 포교하다가, 부처님이 열반에 드셨다는 말을 듣고 오백 명의 제자들과 같이 곧 파바를 지나 구시나가라를 향해 빨리 걸음을 재촉하였다. 때가 마침 오정이 되어 더위가 심했으므로 길 옆에 있는 나무 밑에서 쉬고 있었다. 여러 비구들도 가섭을 둘러싸고 앉아서 성도聖道를 얘기하고 있었다. 이때에 우연하게도 한 사람의 니건다의 무리인 아이유라는 자가 손에는 지팡이를 짚고 머리에는 아름다운 꽃을 꽂고 그 앞을 지나갔다. 가섭은 그를 보고

"너는 어디서 오는 길이냐?"

고 물었다. 그는

"구시나가라에서 옵니다."

고 했다. 그래서 가섭은 다시 물었다.

"너는 우리 스승을 알고 있느냐?"

"그는 구담이 아닙니까?"

"그렇다."

"그는 구시나가라성 밖에 있는 사라 숲 쌍수雙樹 사이에서 칠일 전에 열반에 드셨소. 그래서 그 유체는 그 제자들의 손에 의하여 지금 보관사 절에서 다비에 붙이려는데, 인천 대중이 충만하여 서로 공양을 올리기를 다투고 있습니다. 내가 지금 머리에 꽂은 꽃도 거기서 얻어 가지고 오는 길이오."

하고 대답했다. 여러 비구들은 이 말을 듣고 슬퍼하여, 땅에 엎드려 울고 있었다. 가섭은 말했다.

"슬퍼하고 괴로워하지 말라. 모든 행行은 다 무상한 것이다. 부처님까

지도 열반에 드셨는데 어떤 사람이라고 이것을 면하겠는가? 육도六途 가운데는 편안한 곳이 없는 것이다. 오직 열반만이 즐거운 것이다. 너희들은 힘써 고통을 여의도록 노력하고 공부하는 것만 같지 못하다."

가섭은 다시 앞길을 재촉하여 말했다.

"우리는 얼른 의발을 정리하고 보관사로 가서 부처님의 다비에 참례하지 아니하면 안 된다. 자, 어서 가자."

여러 비구들은 가섭의 명령에 따라 혹은 울고 혹은 탄식하며, 바쁜 걸음으로 정신없이 달려서 보관사에 도착하였다.

가섭은 향나무 장작가리 위에 모신 성관聖棺에 절하고 통곡하며, 세 번 주위를 돌았다. 그리고 게송을 높이 불렀다.

부처님의 거룩하고 높으신 그 덕, 이루 헤아려 다할 수 없으니
묘하고 높아 세상에 뛰어났네. 내 이제 엎드려 예배합니다.
부처님은 세상에 지극히 높아 무엇으로 거기에 비하리까?
때 없이 맑으신 인천의 지존至尊님 내 이제 엎드려 예배합니다.
삿된 길을 돌이켜 바른 길로 드시어
무상無上의 성자로서 정적지靜寂地에 드시니,
내 이제 그 법신法身에 귀명합니다.

가섭이 이 게송을 외워 끝낼 때, 성관聖棺에서는 저절로 불이 일어나, 삽시간에 향나무와 금관이 타고 사리를 남기었다. 조금 있다가 비가 내려서 땅을 적시니, 사람들은 열반에 드실 때보다 더욱 서러워하여 목을 놓고 통곡했다.

모든 말라 사람들은 금 항아리를 가지고 와서 사리를 담아 모시고, 성중으로 들어가 전당을 새로 짓고, 거기에 안치하고 꽃을 올리어 공양하였다. 이 다비의 끝을 본 인천 대중은 공경히 절하고 헤어졌다.

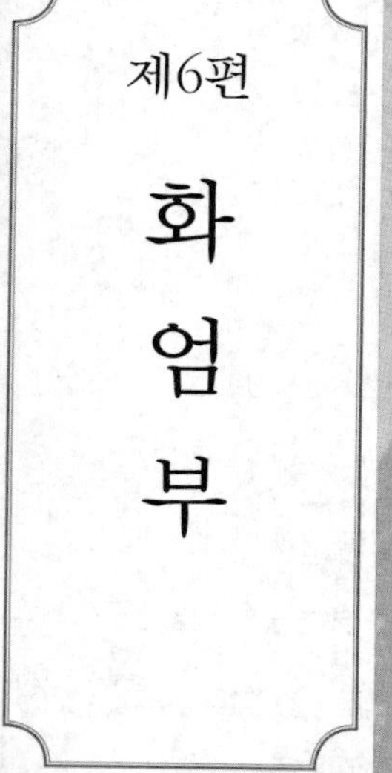

제6편 화엄부

대승 경전의 정화라고 할 수 있는 『화엄경』의 주요 대목을 압축적으로 정리하여 석가모니 부처님께서 성취하신 무상정등정각無上正等正覺의 실체를 엿볼 수 있게 해줌으로써 모든 불자가 나아가야 할 궁극의 목표를 제시하고 있다.

제6편 화엄부

여래를 믿고 정법을 믿고 성중聖衆을 믿어라. 항상 부끄러워하는 마음을 갖고, 많이 듣기를 즐겨하며, 마음을 어지럽게 말고 즐겁게 가르침을 실행하며, 기쁘게 지혜를 닦아라.

…

여래의 정법正法은 깊고 넓기가 바다와 같은 것이다. 바다 안에는 무수한 크고 작은 생물이 살고 있는 것과 같이, 여래의 법 바다도 또한 그와 같은 것이다. 여기에는 이미 도를 얻은 자도 있지마는, 아직 얻지 못한 자도 있는 것이다. 그러므로 너희들은 이것 때문에 걸리는 마음을 내어서는 아니 되는 것이다. 예의작법禮儀作法을 알든지 모르든지, 그것은 본인에 맡기거나 여래에게 공양을 올리는 것은 마침내 복덕으로 돌아가는 것이다. 마치 그것은 여러 군데의 냇물과 강물이 다 바다로 들어가는 거와 같은 것이다.

제1장 성불과 보살의 노래

1 태자 싯다르타는 마가다 나라 보리수 아래서 비로소 크게 깨달았다. 그때 땅은 금강으로 되었고, 여러 가지 보배로 찬란하게 장식되었다. 보리수는 부처님의 신통한 도력으로 가지와 잎과 줄기가 모두 칠보로 꾸며졌고, 또 보배로 된 부처님의 자리(사자좌)에서는 구름 같은 광명이 솟아나와 여러 세계를 두루 비추었다.

부처님의 지혜는 지나간 세상과 오는 세상이 평등함을 깨달았고, 몸은 모든 세계에 두루 가득하였으며, 말씀은 여러 세계의 모든 중생들과 통하시었다.

부처님의 지혜는 바다처럼 깊고 허공같이 넓으며, 광명은 온갖 어두운 세상에 비추어 중생들을 교화하였다. 그래서 시방十方 세계의 온갖 중생들은 마치 고요한 바다에 하늘의 별들이 또렷이 비치듯이, 부처님의 마음에 한꺼번에 나타났다.

2 수없는 보살들과 하늘사람과 신장들이 구름같이 몰려 와서, 제각기 노래를 불러 부처님의 거룩한 공덕을 찬탄하였다.

그지없이 평등한 미묘한 법계에 부처님의 거룩한 몸 가득 찼어라
나도 않고 죽도 않아 고요하건만 의지가 되시려고 세상에 나오셨네.
법의 왕인 부처님 세상에 나시어 위없이 묘한 법문 널리 펴시니
깨달으신 그 경지 한량이 없어 온 누리에 마음대로 자재하시네.

알 수 없는 부처님의 신통하신 힘 좁고 좁은 털구멍 속에서라도
위없이 고요한 법문 펼치어 우리에게 두루두루 일러주시니.
부처님은 우리들을 어여삐 여겨 업 짓고 과보 받는 모양을 보이니,
마치 밝은 햇빛 아래서는 온갖 모양이 그대로 나타나듯.
아득한 오랜 세월 드나들면서 자비심 닦아 익혀 부처 되시고
중생을 건지시려 좋은 법문을 우리에게 맞도록 일러주시다.
중생이 어리석어 온갖 업에 얽혀 교만한 생각으로 이 세상 쏘다니매
부처님 묘한 법문 일러주시니 기쁘고 즐거운 일 어떻다 하리.
온 세계 중생들이 귀의하는 부처님, 우리들 건지시고 괴로움 없애시니
부처님 뵈려는 중생의 정성 동산에 달뜨기를 기다리는 듯.
방편으로 닦아 익힌 크신 자비 우리들 몸에 살뜰히 배어들어
중생들의 마음을 죄다 조복받고 깨끗한 눈을 열어 널리 보도록.
한량없는 공덕을 생각하고 즐겁고 기쁜 마음 내어
부처님을 잠깐만 사모하여도 나쁜 갈림길 길이 여의리.
부처님 지혜광명 한량이 없어 시방세계에 널리 비추며
우리들로 부처님을 뵙게 하여 여러 가지 방편으로 교화하시다.
부사의한 광명을 널리 비추시니 온 세계가 두루두루 깨끗하여지고
사람들은 도덕의 마음을 내어 즐거워하는 생각 한량이 없다.
캄캄한 소경들의 세상과 같이 중생의 어두운 눈 뜨게 하려고
지혜의 등불 높이 드시어 여래의 깨끗한 몸 보게 하시다.
우리는 좋은 복락 멀리 여의고 한량없는 괴로움에 빠지었더니
이제야 부처님 법문을 듣고 기쁜 마음 한없이 시원하여라.
자비의 큰 구름 두루 덮이니 부사의한 부처님 몸 중생과 같고
단 이슬 널리널리 뿌려 주시니 이것은 부처님의 가장 큰 방편.
끝없는 걱정과 고생 바다를 부처님은 남김 없이 떨어 버리고
대자대비 고마우신 방편으로써 우리들의 마음눈 열어주시니.

훌륭하고 묘한 법 한량이 없어 바다의 깊이가 그지없듯이,
우리들 소원대로 듣게 하시는 명랑한 음성 우레와 같이.
부처님 바른 법을 말씀하시어 중생들의 즐거움 가득 채우고
우리의 즐거운 맘 내게 하시니 불법의 기쁜 소식 가슴에 가득.
중생의 죄업, 한없이 두터워 억만년 지내어도 부처님 못 보고
생사에 헤매면서 고통만 받는 이네들 구하려고 부처님 나셨네.
한없이 지어 온 우리의 죄업 공교한 수단으로 없애 주시고
미묘한 바른 법문 얻게 하시니 이것이 부처님의 방편이라오.
지나간 오랜 세월 수행하실 때 시방의 부처님네 찬탄하였기
높고 거룩한 여래의 이름 온 세계에 골고루 들리시다.
부술 수 없는 부처님 신력 모든 세계에 두루 나타나
청정한 도량에 앉으시니 여러 중생들 모두 뵙네.
구름처럼 퍼지는 찬란한 광명 갖가지로 원만하게 장식을 하고
온 세계에 고루고루 비추어서 부처님의 묘한 법문 보여주시다.

3 그때 부처님이 앉으신 자리를 온갖 꽃과 보배와 누각樓閣으로 장엄하였고, 낱낱 장엄구莊嚴具마다 부처님 세계를 부순 티끌처럼, 그렇게 많은 보살들이 나타나, 여러 가지 꽃을 흩어 허공에 가득하고, 갖가지 향을 사르는 연기가 구름처럼 피어올랐다. 또 한량없는 광명을 비추고, 온갖 풍악을 잡히며, 수없는 보배를 뿌리어 즐거운 마음으로 부처님과 대중에게 공양하였다. 저마다 자기의 위치에서 보배로 만든 연꽃 자리에 앉아서 부처님을 향하고 있었다.

이때에 여러 곳에서 몰려온 보살과 천신들이 여러 가지 법문에 대하여 부처님께 여쭈려고 생각하였다. 그리하여 부처님의 위신력으로, 모든 공양거리에서 저절로 노랫소리가 새어나왔다.

한량없는 세월 두고 행을 닦아 깨달음 이루어 이 세상에 나시니,
끝없는 오는 세상 법을 말하여 가뭄에 비처럼 목마름을 적시리.
세상 티끌처럼 수많은 보살들 일심으로 합장하고 부처님 우러르며,
우리가 원하는 모든 경계에 의심 끊고 바른 법 깨닫게 하소서.
부처님 세계에 빨리 들어가 깊은 경계에서 물러나지 않고
부처님의 한량없는 공덕을 하루바삐 뵙게 하여지다.
부처님 경계와 중생의 세계와 모든 법계와 중생 조복하는 일과
부처님 지혜와 교묘한 방편을 우리들로 하여금 알게 하여지다.

이때에 부처님은 보살들의 생각을 아시고, 얼굴과 이 사이에서 찬란한 광명을 놓았다. 그 밝은 빛이 온 세계에 두루 번졌다. 보살들은 이 광명을 뵌 공덕으로 연화장장엄세계해蓮華藏莊嚴世界海를 보게 되었다. 그리고 부처님의 위신력으로 눈부신 빛 속에서 이러한 노래가 들려왔다.

한량없는 세월을 공덕 닦으시고 수많은 부처님께 공양하고
중생들을 교화하신 그 공덕으로 비로자나 부처님 깨달으시니.
깊은 마음으로 믿음을 장식하고 저 언덕 가는 길을 닦았으며
온 세계 티끌같이 헤일 수 없는 모든 힘에 편안히 머무시었네.
미묘한 음성 누리에 두루 하고 진실한 지혜 중생 마음 채우시며
수없는 방편으로 교화하시니 사자의 영각이신 미묘한 법문.
많은 보살들 부처님께 나아가 한량없는 공양거리 이바지하고
중생을 교화하는 법문 들으려 한결같은 마음으로 공경하여라.
수없는 경전을 한 소리로 말하며 셋 세상 부처님의 더없는 원을
우리에게 분별하여 일러주시니 어서 나아가 부처님을 뵈어라.
비로자나 부처님 한량없는 지혜 광명도 끝이 없이 두루 비추며
진실한 법을 그대로 아시고 모든 법문을 비추어 밝히시다.

4 그때에, 시방세계에서 수없는 보살들이 잠깐 동안에 그지없는 중생을 교화하며, 광명 속에서 부처님을 찬탄하였다.

광명 속에서 아름다운 음성으로 보살의 온갖 행을 말씀하시니
많은 공덕 모두 다 성취하여 시방세계에 널리 덮여 있으리.
한 줄기 광명 속 한없는 자비 있고 낱낱 티끌에 무수한 몸 있고
수없는 세계 그 가운데 나타나 한 생각 동안에 다 보게 되나니.
온갖 보현행 모두 갖추었고 중생의 마음 깨끗하여지며
자유로운 법을 두루 갖추어 털구멍마다 사자의 외침….

그때 보현보살이 부처님의 위신력을 받들어 모든 세계와 온갖 중생과, 그들의 업과 소원과, 그리고 삼세의 부처님들을 살피고, 바다같이 모인 보살들에게 "불자들이여, 부처님 세계가 일어나고 망가지는 것과 깨끗한 지혜는 생각할 수도 없는 일이지마는, 부처님의 위신력을 의지하여 말하여서, 중생들로 하여금 부처님의 지혜를 알게 하리라." 하였다

그리하여 보현보살은 삼매에서 일어났다. 이때 모든 세계는 여섯 가지로 진동하고, 중생들은 편안함을 느꼈으며, 여러 가지 보배로 장식한 대중 가운데는 열 가지 보배 구름으로 덮이었다. 부처님의 온갖 광명에서는 이러한 노래가 들렸다.

여러 세계의 연꽃 사자좌에 보현보살이 가득히 앉으시어
한량없는 행을 닦으며 화평한 음성으로 법문 말하다.
모든 삼매에 자재하시며 훌륭한 경계를 모두 아시고
여러 세계에서 한결같으심은 비로자나 부처님의 원력이라오.
보현보살의 몸 허공과 같아 진리에 의지하고 세계를 벗어나
우리의 깜냥대로 구원하려고 한량없는 몸을 나타내시다.

5 이때에 보현보살은 대중을 기쁘게 하기 위하여 게송으로 노래했다.

부처님의 깊은 지혜와 많은 공덕 넓고 넓은 세계에 가득하시어
중생들의 갖가지 기틀을 따라 불법 수레를 굴리시다.
중생의 바다 헤아릴 수 없고 부처님 경계 요량하기 어렵거늘
사람들은 나쁜 소견만 고집하고 더없이 거룩한 법 알지도 못해.
공덕 바다에 마음 기르고 선지식을 가까이 섬기면
부처님의 보호를 항상 받아서 위없는 지혜를 얻게 되리라.
굽은 소견 여의어 마음 깨끗하고 너그러운 자비심 한량없으며
진실하게 믿는 마음 가이없어서 불법 얻어 듣고 즐거워하리.
그 많은 세계와 많은 부처님 내 몸 속에서 걸림이 없어
한 털구멍 속에서도 부처님 경계 나타나시리.

6 보현보살은 다시 말을 이었다.

"불자들이여, 법계의 수없는 세계는, 세계를 부순 티끌같이 많은 인연으로 세워지는 것이다. 그것은 부처님의 신통한 힘, 으레 그러한 이치, 중생의 업력, 보살의 도를 얻은 까닭, 보현보살의 착한 일, 부처님의 위없는 선근의 결과로 세워지는 것이다."

중생의 마음 헤아릴 수 없고 그들의 업으로 세계가 생기니
마음이 부정하매 세계도 더럽고 한량없는 업으로 세계도 갖가지.
보살이 보현행을 닦으면 항상 깨끗한 세계에 다니고
공덕이 부처님 같으면 한없는 불 세계가 생기나니.
티끌같이 많은 여러 세계도 보현보살 한 생각에 일어나고
오랜 세월에 중생을 교화 자재하신 힘 법계에 가득.
티끌 속마다 세계가 벌어지고 부처님 구름 두루 덮이어

한 티끌 속에 신통이 자재. 티끌 속마다 모두 그러해.
가지가지 세계 마음으로 생기니 여러 가지 모양 한량이 없고
깨끗한 세계, 더러운 세계. 괴롭고 즐거움 항상 다르네.
오랜 세월에 선지식 섬기며 청정한 행을 많이 닦았고
자비가 흘러 중생 도우매 온갖 세계가 모두 깨끗해.
한량이 없는 깨끗한 마음, 진실하게 부처님 믿고
참는 힘 깨끗해 때 없으므로 모든 세계를 아름답게 꾸미리.
한량없는 부처님의 방편 온갖 세계를 일으키시고
중생들의 소원을 따라 부처님이 세상에 나타나시리.
부처님 법신法身 생각할 수 없고 모양 없고 빛 없어 견줄 데 없으나
중생들 위하여 나타내는 몸 교화를 받을 인 모두 뵈옵다.
헤아릴 수 없는 부처님 방편 자비의 바다 세계에 넘치고
갖가지로 장엄한 문으로 드니, 중생들 앞에 나타나시다.

7 보현보살은 또 부처님의 세계를 이렇게 말씀하셨다.

"불자들이여, 이 연화장세계는 비로자나불이 보살행을 닦을 때에, 한량없는 오랜 겁에 아름답게 꾸민 것이다. 겁겁마다 수없는 부처님께 공양하면서, 낱낱 부처님 처소에서 한량없는 원과 행을 닦은 것이다."

이 세계들을 보배로 꾸미거든 보배마다 빛나는 구름을 내어
인간의 온갖 괴로움 지워 주시고 올바른 불도에 머물게 하다.
저 넓은 세계를 둘러싼 향물 바다 깨끗한 향수는 넘쳐흐르고
그 속에 연꽃 빛 사방에 퍼져 아름다운 소리 메아리치다.
진주로 꾸며진 찬란한 난간 보배로 이루어진 가로수며
화평한 음악 저절로 흘러나와 아름다운 소리로 삼보를 칭송.
보배 그물이 서로 부딪쳐 부처님 음성 그치지 않고

불법, 보현행, 부처님의 원력. 이러한 노래 저 언덕에 들리리。
비로자나 부처님 여러 세계에 변화한 많은 몸 나타내실 때
오는 일도 가는 일도 모두 없지만 못 보는 이 없음은 부처님 원력。
한쪽에 있는 여러 세계가 부처님 세계에 들어오듯이
시방의 세계가 다 들어와도 세계는 늘거나 줄지도 않아。
한 세계가 시방에 가득히 차고, 시방세계 한 세계에 들어가지만
세계의 본 모양 다름없으니 이것이 알 수 없는 부처님 공덕。
모든 세계의 티끌 속마다 비로자나불의 자재하신 힘
크신 서원으로 떨치는 음성 온갖 중생들 조복하시다。
가지가지 나무에 갖가지 열매 가지가지 세계엔 갖가지 중생,
종자가 다르므로 열매도 각각 업이 각각이니 세계도 다를밖에…。
공중에 오고가는 여러 구름들 용왕의 신통으로 일으킨다고,
부처님 크신 원력 그와도 같이 모든 세계를 일으키시다。
백천 폭 그림도 한 화가 솜씨 여러 가지 세계는 중생의 업보
중생의 마음이 같지 않으니 여러 가지 세계가 모두다 요술。
생각마다 생기는 수없는 세계 부처님 힘으로 때없이 맑고,
흙으로 된 세계 깨끗지 못해 나쁜 중생 사는 덴 낮에도 깜깜。
진흙 세계는 번뇌와 공포 박복한 중생들 거기서 살고,
어떤 세계는 괴로움 투성, 부처님 광명 비추어 주리。
짐승의 세계는 형상도 갖가지 전생의 업보로 고통이 끝없고,
저승의 세계는 기갈에 쪼들려, 칼 숲과 불 구렁 소름만 끼치네。
중생의 복 따라 여러 몸 나타내며 언제나 좋은 법문 말씀하건만
번뇌에 얽매인 흐린 중생들 부처님 고마운 뜻 받지 못하리。
어떤 세계는 좋은 일 쌓아 광명이 솟는 소리 보살의 소리
서원을 내는 소리 도 닦는 소리 셋 세상 부처님네 이름 들리다。

제2장 문수보살과의 문답

1 그때 시방의 여러 세계에서 수없는 보살들이 구름같이 이 회중會中에 몰려들었다. 문수보살이 이것을 보고 매우 기뻐서 대중을 보고 말하였다.

"부처님 계시는 데, 부처님 법, 부처님이 세상에 나심, 부처님 나라가 생기는 것들이 모두 부사의한 일이다. 부처님들이 법을 말씀하실 때에는 중생들의 마음을 아시고 그들의 정도에 맞도록 교화하시므로 한량없는 방편과 한량없는 문이 있다."

부처님은 두 발에서 백억 광명을 놓아 삼천 대천세계를 비추었다. 이 세계에 있는 모든 것들이 모두 광명 속에 나타나고, 또 부처님의 위신력으로 수없는 보살들이 이곳으로 몰려 왔다. 문수보살은 게송으로 법을 말하였다.

부처님은 모든 번뇌 죄다 여의고 세상일에 고집하지 않는다고,
이렇게 아는 사람 어디 있으면 그는 도의 눈이 밝지 못한 사람.
부처님은 온갖 것이 없는 줄 보시며 모든 법이 없어지는 이치 아신다고
이렇게 생각하는 이가 있다면 그는 곧 부처를 이루게 되리.
불법에 마음이 평등하여 둘 아닌 법문을 알았거나,
나와 부처님이 평등한 줄 보았다면 그는 부사의한 사람이라 하리.
하나에서 한량없음을 알거나 한량없는 데서 하나를 안다면
없어지고 생겨남 참이 아니니 그런 지혜 있으면 두려울 것 없네.

어리석은 중생 괴로움에 쪼들리고 애욕의 덤불에 얽힌 줄 알거든,
끊임없이 불도를 구하라! 부처님 법이 또한 이러하니라.
있다 없다는 소견 여의고 바른 법 바뀌지 않는 줄 알아
예전에 펴 보지 못하던 법문, 그런 법으로 중생을 가르치리.
한량없는 오랜 세월에 크나큰 서원 세우시고
나고 죽는 바다를 건너가나니 이것은 진정 부처님의 법.
모든 악마를 항복받고 그 용맹 이길 이 없고
부드러운 말로 공포를 여의는 것 위없는 대자비는 이런 것이다.
속으로 깊은 지혜를 얻어 모든 번뇌를 없애 버리고
잠깐 동안에 온갖 것 본다면 그것은 자재한 힘 나타나는 것.
무수한 경계 망가지지 않고 한량없는 세계로 다니면서도
모든 것에 고집하지 않으면 부처님과 같이 자재하리라.
한 사람 한 사람의 중생을 위하여 아비지옥에 들어가서
한없는 세월을 시달린대도 깨끗한 마음 부처님 같으리.
내 몸과 목숨 아끼지 않고 부처님 법을 항상 수호하며
욕되는 일을 끝끝내 참으면 부처님 도를 얻게 되리라.
인간과 천상의 복락 여의고 자비한 마음 항상 있어서
모든 중생들 건져 주나니 이것은 부처님의 미묘한 공업.
이 몸의 참된 모양 보게 되면 온갖 것이 모두 고요하여져
나다 아니다 하는 고집 없나니 이것은 부처님의 미묘한 공업.
한량없는 세계를 측량도 하고 모든 바다 물을 죄다 삼키어
신통한 지혜 이뤄지리니 이것은 부처님의 미묘한 공덕.
물건의 성품을 보는 힘으로 부처님을 뵈려 하는 것은
삼선 눈으로 잘못 보는 것 이것은 참된 법을 못 보는 까닭.
부처님의 몸매와 잘 생긴 모양 세상 사람은 볼 수 없는 일,
억천만 겁에 생각하여도 묘하신 위신력 그지없어라.

모양과 몸매는 부처 아니니, 모양을 여의어 고요하건만
온갖 모양을 모두 갖추어 원하는 대로 나타나시다.
부처님 바른 법 측량 못하고 무슨 말로도 설명 못하니
모임도 흩어짐도 모두 아니어 그 성품 본디부터 고요하여라.
살로 된 몸은 부처님 아니니 겉모양 떠나서 참 모양 본다면
자재한 힘 얻어 보게 되거나 말로나 생각으로 할 수 없는 일.
이 몸과 이 마음 평등하게 본다면 몸속과 바깥 것 모두 벗어나
끝없는 세월에 한결같은 마음 깊고 먼 지혜 거칠 것 없으리.
미묘한 광명 너르게 놓아 세상 경계를 두루 비추며
온갖 지혜의 깨끗한 눈 아무런 이치도 자재하리라.
온 데도 간 데도 없는 이 몸 허망하건만 갖가지로 나타나
모든 세상이 허망한 생각 허망한 성품 어디서 찾으랴.
허망이 없는 참된 모양은 부처님만이 분명히 아나니
이러한 소식을 아는 이는 이것이 부처님 배우는 길.
지혜 한량없고 묘한 법 짝이 없어 죽고 나는 바다를 건너만 가면
생명은 끝없고 번뇌 사라져 크나큰 공덕을 이루는 것이.
부처님네의 깊고 묘한 법 깨달으면 모두 제 성품 같다
삼세의 법을 매양 보아도 게으른 생각나지 않으리.
주위의 환경 분명히 알고 허망한 생각나지 않으면
그의 즐거움 한량이 없어 중생도 세계도 걸린 것 없다.
마음으로는 선정을 즐기고 밖으로 모든 법 깨달으면
바른 생각에 순일한 마음 열반 경지에 언제나 다니리.
행하기 어려운 법 받아 가지고 밤이나 낮이나 꾸준히 나아가
게으른 마음 일지 않으면 무명 바다 건너가 큰소리치리.
나고 죽는 물결 따라 헤매고 애정과 욕심에 빠지면
의혹의 그물 겹겹이 맺히고 캄캄한 속에서 두렵게 되리라.

괴롭고 외롭고 돌볼 이 없어 나쁜 갈래에 빠지게 되면
삼독의 불길 모질게 이는 아비지옥에서 누굴 믿으랴.
어리석은 마음 앞길을 잃고 잘못된 길만 따라간다면
나라는 소견에 고집이 생겨 나고 죽는 일 한이 없으리.
지혜의 등불을 켜 들고서 중생에게 바른 법 보이시며
불법 배 만들고 다리를 놓아 생사의 바다를 건너 주시다.
죽고 나고 하는 끔찍한 감옥 지독한 고통 한량이 없고
늙고 병들고 죽는 괴로움 밤이나 낮이나 쉴 새가 없다.
깊고 묘한 법 항상 배우고 방편과 지혜 일심으로 닦아
이러한 고통 없이 하는 것 이것을 일러 부처님 경계라고.
부처님의 가르치는 법을 듣고 마음에 믿어 의심 없으면
여러 세계를 맘대로 다니며 천상인간에 스승 되리라.
큰 소문을 떨치신 부처님 나고 죽는 곤란을 여의시고
여러 세계로 다니시면서 미묘한 법문 일러주시다.
부처님께 공양한 그때부터 분하고 원통한 일 즐겨 참으며
깊고 묘한 삼매에 들어가 진실한 이치 살펴 알았고.
여러 중생을 인도하면서 부처님 향하는 기쁜 마음
보살이 이런 일을 한다면 위없는 보리를 이루게 되리.
여래는 공하고 고요하여 요술과 같다고 말하지 말라.
배 안에 소경이 빛깔을 보는 듯 아무리 보아도 알지 못하리.
허망한 마음이 모양에 얽매이면 이 사람은 부처님 못 보려니와,
모든 것 없는 줄 분명히 알아야 부처의 참 모양 보게 되리라.
허공에 있는 수없는 세계 오는 것 아니고 가는 것 아니고
생김도 없고 꺼짐도 없듯이, 부처님 몸은 허공에 가득.

2 시방에서 모여온 보살들은 어느 때에 이러한 문답을 하였다. 문수보

살이 각수보살에게 물었다.

"마음은 하나인데 어째서 여러 가지 과보果報가 있어 좋은 곳에 나기도 하고 나쁜 곳에 나기도 하고, 이목구비가 구족한 이도 있고 불구자도 있고, 잘난 이도 있고 못난이도 있고, 복락을 누리는 이, 고통을 받는 이가 있습니까? 업은 마음을 알지 못하고 마음은 업을 알지 못하며, 받는 것은 과보를 알지 못하고 과보는 받는 것을 알지 못하며, 마음은 받는 것을 알지 못하고 받는 것은 마음을 알지 못하며, 인因은 연緣을 알지 못하고 연은 인을 알지 못하며, 또 어째서 지혜는 법을 알지 못하고 법은 지혜를 알지 못합니까?"

각수보살은 이렇게 대답하였다.

"모든 것은 자재한 것이 아니어서 참된 성품이 없으므로, 온갖 법은 서로 알지 못합니다. 마치 빨리 흐르는 물결이 항상 흘러서 끊임이 없지만, 앞 물결과 뒤 물결이 서로 알지 못하는 것처럼…. 그리고 등잔에 타는 불꽃이 타오르고 타올라서 쉬지 않지만, 먼저 불꽃과 나중 불꽃이 서로 알지 못하는 것이며, 거세게 부는 바람이 불고 불어서 흔들리는 세력이 생기지만, 제각기 서로 알지 못하는 것이며, 넓은 땅덩이가 질펀하게 이어져 있지만, 서로 알지 못하는 것처럼…. 우리의 눈·귀·코·혀와 몸과 마음이 제각기 온갖 고통을 느끼지만, 사실은 느껴지는 것이 없는 것입니다. 법의 성품은 본래 옮아가는 것이 아니지만, 표현되는 것으로 변천함이 있는 듯합니다."

3 이번에는 보수보살에게 물었다.

"모든 중생들은 사대四大로 된 것이어서 '나'도 아니고 '내 것'도 아닌데, 어째서 중생들은 괴로움도 받고 즐거움도 받으며, 나쁜 짓도 하고 착한 짓도 하며, 여러 가지 다른 과보를 받습니까? 그러나 법의 성품은 본래 착한 것도 아니고, 나쁜 것도 아닌데…."

보수보살은 대답했다.

"지은 업을 따라서 받는 과보가 있기는 하지만, 짓는 이는 없는 것입니다. 마치, 밝은 거울에는 대하는 얼굴을 따라 그림자가 나타나지만, 안에도 밖에도 아무 것도 없듯이, 업의 성품도 그런 것입니다. 또 밭과 씨앗이 서로 알지 못하지만, 저절로 인이 되듯이 업의 성품도 그런 것이며, 지옥에 있는 중생이 고통을 받지만, 그 고통은 오는 데가 없듯이 업의 성품도 또한 그런 것입니다."

4 문수보살은 또 덕수보살에게 물었다.

"부처님은 한 가지 법을 깨달으셨는데, 어째서 여러 가지 법을 말씀하여, 온갖 세계에 두루 들리며, 한량없는 중생을 교화하는 것입니까? 그러나 법의 성품은 분별이 없는 것인데."

덕수보살은 말했다.

"땅의 성품은 하나이지만 가지가지 물건을 받아 가지며, 불의 성품은 하나이지만 갖가지 물건을 태우는 것이며, 바다의 물은 여러 강에서 들어오지만 맛은 다르지 않으며, 바람의 성품은 하나이지만 여러 가지 물건에 부는 것이며, 땅은 하나이지만 여러 가지 싹을 내는 것이며, 허공에 뜬 해가 구름이 없으면 여러 곳에 비치더라도 광명에는 차별이 없듯이, 부처님의 법도 그러합니다."

5 이번에는 법수보살에게 물었다.

"부처님 말씀에 바른 법을 들으면 번뇌가 끊어진다 하였는데, 어찌하여 중생들이 법을 듣고도 번뇌를 끊지 못합니까?"

법수보살은 이렇게 대답했다.

"당신이 물으신 참뜻은, 많이 듣기만 한 것으로는 부처님의 법문에 들어가는 것이 아닙니다. 마치 물에 떠내려가는 사람이, 빠질까 겁이 나서 물을 먹지 않다가 목이 말라 죽듯이, 듣기만 하고 실행하지 않는 것도 그러합니다. 여러 가지 맛난 음식을 받아 가지고도 먹지 않고 굶어 죽듯이, 여러 가지 약방문을 잘 아는 의사가 자기 병을 고치지 못하듯이,

가난한 사람이 밤낮으로 남의 돈을 세어도 자기는 한 푼도 쓰지 못하듯이, 귀먹은 사람이 풍류를 잡히어 다른 이를 기쁘게 하면서도 자기는 듣지 못하듯이, 어떤 사람이 많은 군중 가운데서 좋은 법문을 연설하면서도 자기의 가슴에는 참된 공덕이 없듯이, 듣기만 하고 실행이 없는 사람은 그와 같은 것입니다."

6 문수는 또 지수보살에게 물었다.

"불법 중에는 지혜가 제일이온데, 부처님은 어찌하여 중생들에게 보시도 말씀하고, 지계 · 인욕 · 정진 · 선정과 자慈 · 비悲 · 희喜 · 사捨 들을 말씀하셨습니까? 이런 법들은 모두 위없는 보리를 얻는 것이 아닐 텐데."

지수보살은 이렇게 대답했다.

"셋 세상(三世) 부처님은 한 가지 법만으로 보리를 얻는 것이 아닙니다. 부처님들은 중생의 성품이 같지 아니함을 아시고 그 성품을 따라서 알맞은 법문을 말씀하십니다. 인색한 이에게는 보시를 찬탄하고, 계행을 지키지 않는 이에게는 지계持戒를, 성을 잘 내는 이에게는 인욕을, 게으름뱅이에게는 정진을, 마음이 어지러운 이에게는 선정을, 어리석은 이에게는 지혜를, 잔인한 이에게는 대자大慈를, 해칠 생각을 하는 이에게는 대비大悲를, 근심하는 이에게는 기쁨을, 미워하고 사랑하는 생각이 강한 이에게는 버리는 것(捨)을 찬탄하십니다. 이렇게 닦아 익히면 점차로 온갖 법을 알게 됩니다.

마치 집을 지으려면 터를 잘 닦아야 하듯이, 보시와 지계는 보살의 수행하는 근본입니다. 견고한 성곽이라야 대적을 막을 수 있듯이, 인욕과 정진은 보살을 수호합니다. 임금의 위덕으로 천하를 평정하듯이 선정과 지혜는 보살을 평안하게 합니다. '전륜성왕'이 온갖 복락을 모두 받듯이, 자 · 비 · 희 · 사는 보살에게 즐거움을 줍니다."

7 이번에는 현수보살에게 물었다.

"여러 부처님은 다만 일승법으로써 생사를 벗어나는 것인데, 어찌하여 법문을 말씀하여 중생을 교화하는 방법이 세계마다 같지 않습니까? 모든 불법을 넉넉하게 갖추지 않고는 보리를 성취할 수가 없는 것 아닙니까?"

현수보살이 대답했다.

"법이 으레 그렇듯이, 부처님은 오직 한 가지 법이며, 온갖 것에 거리끼지 않는 사람들은 한길로 생사에서 벗어납니다. 부처님네의 몸은 한 법신 · 한 마음 · 한 지혜뿐이며, 힘이나 두려움이 없음도 그러하지만, 중생들이 제각기 업이 다름을 따라 보리를 구하는 마음이 같지 아니하므로, 부처님 세계와 모이는 사람과 법문 말씀하시는 것이 모두 같지 아니합니다.

부처님의 세계는 평등하게 장엄하였건만, 중생의 업에 따라 소견이 다르므로, 부처님과 부처님 법을 보지 못하거니와 마음이 깨끗하고 모든 소원이 구족한 이라야, 참된 이치를 보게 되니, 이 사람은 지혜가 열린 사람입니다. 중생들이 구하는 마음과 업과 과보에 따라서 제각기 참된 이치를 보게 하심은 부처님의 힘이 자재한 탓입니다.

세계는 다르지 아니하고, 부처님은 사랑하고 미워함이 없으시건만, 중생이 행과 업을 따라 그렇게 보는 것입니다."

제3장 깨끗한 행과 보리심 찬탄

1 지수智首보살이 문수보살에게 물었다.

"어떻게 하면 보살이 몸과 말과 뜻으로 하는 짓을 잘못되지 않게 하고, 훌륭한 지혜를 얻어서 중생들의 집이 되고, 구원할 이가 되고, 의지할 데가 되고, 등불이 되고, 지도하는 이가 될 수 있겠습니까?"

문수보살은 이렇게 말하였다.

"보살이 몸·말·뜻의 세 가지 업을 깨끗이 하고 훌륭한 공덕을 얻으려 하면, 이렇게 마음을 가져야 합니다.

집에 있을 때에는 중생들과 함께 집안의 어려운 일을 여의고 법이 모두 공하다고 생각할 것이며, 부모를 섬길 적에는 온갖 것으로 봉양하여 영원한 평화를 누려야 하며, 처자들과 모일 적에는 애정의 감옥에서 벗어나 연모하는 마음이 없어야 하며, 음악을 들을 적에는 불법의 즐거움을 얻어 모든 것이 요술과 같은 줄로 보아야 하며, 방안에 있을 적에는 거룩한 이의 경지에 들어가 더러운 욕심을 여의어야 하며, 귀중한 보시를 받을 적에는 온갖 것을 모두 버리고 탐욕스러운 마음이 없어야 하며, 여럿이 모일 적에는 끝까지 해탈하여 여래의 모임에 이르러야 하며, 위험한 일을 만날 적에는 마음대로 자재하여 거리낌이 없기를 원해야 할 것입니다.

부처님께 귀의할 때에는 중생들과 함께 대도大道를 알아서 보리를 구하려는 마음을 낼 것이며, 교법에 귀의할 적에는 중생들과 함께 경장經藏

에 깊이 들어가 바다 같은 지혜를 얻고자 할 것이며, 스님네에게 귀의할 적에는 중생들과 함께 대중을 통솔하여 걸림이 없고자 할 것이며, 옷을 입을 적에는 선근善根 옷을 입어 부끄러움을 알아야 하며, 대소변을 볼 적에는 더러운 것을 씻어 버리고 탐욕 · 성냄 · 어리석은 마음이 없게 할 것입니다. 올라가는 길을 볼 적에는 위없는 길에 올라서 삼계를 초월하려 할 것이며, 내려가는 길을 볼 적에는 겸손하고 부드럽게 불법에 들어가려 할 것이며, 무성한 나무를 볼 적에는 도덕으로 몸을 덮어 선정에 들어갈 것이며, 흐르는 물을 볼 적에는 불법의 흐름을 얻어 불법 바다에 들어가려 할 것이며, 다리를 볼 적에는 불법 다리를 놓아서 사람들을 제도하려 할 것이며, 근심하는 사람을 볼 적에는 변천하는 물건에 대하여 싫은 생각을 낼 것이며, 즐거워하는 사람을 볼 적에는 위없는 락을 얻어 근심 없는 신세가 되려 할 것이며, 건강한 사람을 볼 적에는 강철 같은 몸을 얻어 늙지 않는 사람이 되려 할 것이며, 병난 사람을 볼 적에는 이 몸이 고요하고 공한 줄 알아 고통에서 해탈하려 할 것이며, 사문을 볼 적에는 조용하게 마음을 조복하여 끝까지 이르고자 할 것이며, 변론하는 사람을 볼 적에는 훌륭한 변재를 얻어 외도들을 굴복하고자 할 것이며, 임금을 볼 적에는 불법의 왕이 되어 거리낌 없는 법륜을 굴리려 할 것이며, 맛이 나는 음식을 만나거든 절약하고 탐심을 적게 하여 마음에 집착이 없게 할 것이며, 거친 음식을 만나거든 세간의 즐기는 음식을 멀리 여의려 할 것입니다. 더위가 심할 적에는 번뇌의 뜨거움을 여의고 시원한 선정을 얻으려 할 것이며, 추운 겨울에 얼음이 얼거든 끝까지 해탈하고 서늘한 신세를 얻으려 할 것이며, 경전을 익힐 적에는 모든 법문을 받아 지니고 잊지 않으려 할 것이며, 부처님을 뵐 적에는 부처님 눈을 얻어 가장 훌륭한 것을 보려 할 것이며, 밤에 잠 잘 적에는 모든 행동을 쉬고 마음이 깨끗이 하려 할 것이며, 아침에 잠을 깰 적에는 모든 일을 깨달아서 세상의 모든 것을 버리지 않으려고 원해야 할 것입니다.

불자여, 이렇게 하는 것이 보살이 몸과 말과 뜻을 깨끗이 하여 훌륭한 공덕을 얻는 것입니다.”

2 문수보살은 보리심의 공덕을 더욱 드러내기 위하여 다시 현수보살에게 물었다.

“보살의 깨끗한 수행은 내가 말하였거니와, 그의 못한 행과 큰 공덕을 말씀하소서.”

현수보살은 게송으로 대답하였다.

나고 죽는 데서 마음을 내어 보리를 구하는 생각이 굳어지면
잠시 동안 공덕도 그지없어서 한없는 세월에도 말할 수 없네.
보살의 공덕 조금만 말하면 끝없는 허공을 새가 밟듯이
땅에서 한 티끌 일어나듯이 인도 있고 연도 있는 것이니.
삼보를 믿고 공경하여서 보리를 닦을 마음 내었으므로
욕락이나 편안을 위하는 것 아니고 중생들의 괴로움을 없이함이라.
부처님과 바른 법 지성으로 믿고 보살들의 행하는 도를 믿어서
지극한 정성으로 보리를 구하려고 보살들이 처음 마음을 냄이라.
믿음은 도와 공덕의 어머니 모든 착한 법 키워 늘이고
망설이는 의심 없이하여 위없는 보리를 나타내노라.
믿음은 마음이 맑아지고 때를 여의어 교만은 없어지고 공경은 늘고
믿음은 보배 찾는 가장 좋은 일 깨끗한 손으로 덕행을 받나니.
믿음은 여러 가지 고집 없애고 미묘한 불법을 알게 하며
믿음은 여러 가지 공덕을 이루어 부처님 경지에 가고야 만다.
믿음은 모든 선근을 분명하게 하여 견고한 그 힘 깨뜨릴 수 없고
온갖 나쁜 짓 없애 버리어 부처님 공덕에 이르게 하다.
믿음은 불법에 막힘이 없고 여덟 가지 어려운 일 여의게 하며,
믿음은 악마의 장난을 초월해 위없는 해탈 길 보여 주노라.

믿음은 견고한 공덕의 종자 제일 가는 보리 나무 여기서 나고
위없는 지혜를 길러 주어서 부처님네를 뵙게 하네.
믿음은 훌륭하나 얻기는 어려워 마치 우담바라 꽃과도 같고
뜻대로 나오는 화수분도 같아 모든 공덕이 거기서 나다.
부처님 공경할 줄 믿으면 가르친 말씀 그대로 행하고
거룩한 스님네 공경한다면 그러한 믿음은 깨뜨릴 수 없어.
믿음이 굳어지면 뿌리박혀 총명하고 깨끗하여 흐리지 않고
나쁜 벗 멀어지고 선지식 친하여 한량없는 공덕을 닦게 되리라.
훌륭한 해탈 법문 이루게 되면 부처님과 보살의 보호를 받고
위없는 보리심 내게 되어 여래의 집안에 나게 되리라.
깨끗하고 미묘한 마음 얻으면 썩 좋은 보리 마음 얻게 되고
여섯 가지 바라밀다 닦아 행하여 위없는 보살행을 갖추게 되리.
대승의 깊은 마음 갖추 닦으면 부처님께 정성으로 공양을 하고
부처님 사모하는 선정이 굳어져 온 법계의 부처님 뵙게 되리.
부처님 늘 계신 줄 알게 되면 그에게는 영원한 법 있을 것이요
막힐 것 없는 변재를 얻어 한량없는 법문을 말하게 되리라.
법문을 말하여 중생을 제도하고 제도하는 대로 자비심 견고하여
불법을 좋아하고 허물은 여의어 세상을 이익하며 생사를 벗어나리.
이러한 사람들의 힘으로써 바른 법이 세상에 늘 있고
열 가지 공덕과 여러 가지 수행 그지없는 법 보배 나타나리라.
불붙는 집에서 나올 줄 모르고 나고 죽는 데 사로잡혔으므로
보살은 재산과 나라 모두 버리고 집을 벗어나 고요한 길 구하다.
어떤 중생은 오래도록 살면서 갖가지 번뇌로 이 세상 좋아할새
이런 중생들 위하여서 나고 늙고 병들어 죽는 일 보이시다.
욕심 많고 성 잘 내고 어리석은 이 번뇌의 타는 불길 성한 이에게
나고 죽고 병드는 일을 보이어 수많은 중생들을 건지시니라.

세간 일 따라서 중생 건지되 연꽃처럼 물들지 아니하고
잘못된 소견이 일어나면 바른 법으로 참 이치 보게 하다.
부처님을 나타내기도 하고 교법과 스님네도 나타내고
탑이나 불상들도 보이어서 중생을 건지심은 선현善現이란 광명.
찬란한 광명으로 중생 깨우쳐 보리심 내어 욕심 바다 건너고
해탈법 보여 애정을 끊으며 기쁜 다음으로 불법을 즐기도록.
어떤 광명은 이름이 지혜등불 여러 중생들 깨닫게 하여
모든 물건이 있는 것도 아니고 없는 것도 아닌 줄 알리어 주리.
아지랑이나 물에 비친 달 같고 꿈도 같고 거울 속 그림자같이
모든 것이 고요하고 비어 있어서 이리하여 지혜광명 이루게 하다.
법자재法自在란 광명 중생을 깨우쳐 끝없는 다라니 장으로써
불법 지니는 이를 공경하고 여러 거룩한 이를 수호하다.
어떤 광명은 중생을 깨우쳐 부처님을 뵙고 찬탄도 하고
자재한 신통 말도 하면서 그리하여 부처님 지혜 이루다.
어떤 광명 이름은 법을 좋아함 법문 듣고 말하고 쓰기도 하고
꺼지려는 불법을 수호도 하여 법을 구하는 뜻 만족하게 하다.
또 광명은 이름이 묘음이라고 무수한 불자들을 깨우쳐 주고
이 세상에 있는 온갖 소리를 부처님 음성으로 듣게도 하다.
소경은 햇빛을 볼 수 없지만 눈뜬 이는 분명하게 잘 보듯이
나쁜 소견 있는 이는 보지 못하나 지혜 있는 이라야 부처님 보네.
여의주 궁전에 보배 연 타고 아름다운 음식 훌륭한 장엄
공덕 있는 이라야 갖출 수 있는 일 덕 없는 사람이 어찌 얻으리.
알 수 없는 일 많기도 많아 중생의 업보, 용왕의 신변神變
삼매의 힘, 성문의 자재력, 지혜가 밝은 이야 알 수 있으리.
맑은 물가에 군인들 서면 칼과 총과 대포가 모두 비치나
그림자에는 밉고 고음 없듯이 이런 것이 부처님 선정의 경계.

자유자재한 법문을 얻으면 누구나 중생 건질 공덕 있는데,
악마를 항복받는 자비한 마음 중생들을 기쁘게 못할 리 있으랴.
용왕이 비 주려고 일으킨 구름 여러 가지 빛깔이 각각 다르고
그 속에서 오는 비 다 다른데, 법 바다 다 아는 보살이리요.
지금 말한 이 신통을 뉘라서 아나 한량없는 지혜를 얻은 보살들
이렇게 신기한 법 자세히 듣고 다른 이를 위하여 널리 말하라.

현수보살이 이런 법문을 말할 적에 시방세계는 여섯 가지로 진동하고, 악마의 궁전은 칠과 같이 캄캄하여졌으며, 빛나는 광명이 널리 비치어, 나쁜 갈래는 없어지고 부처님들이 앞에 나타나셨다.

제4장 십주 법문과 초발심 공덕

1 그때에 부처님은 그의 위신력으로써 마가다 국 보리수 아래에서 떠나지 않고, 수미산 꼭대기에 올라가 제석천왕의 궁전으로 향하셨다. 제석천왕은 부처님을 맞아 묘승전妙勝殿의 사자좌에 앉게 하셨다. 시방세계의 한량없는 보살들이 구름같이 몰려와서, 부처님의 신통력을 받들어 각기 이렇게 말하였다.

법혜보살, "부처님의 위신력으로 온갖 세계 사람들이 자기의 앞에 부처님이 계시다고 제각기 말하지만, 우리가 보기에는 제석천궁 묘승전에 지금 계신다. 지혜를 얻으려고 마음을 낸 이는 깨끗한 소원을 세우고 보살행을 닦아야 한다."

일체혜보살, "오랜 세월에 항상 부처님을 뵙더라도 바른 법의 참된 이치를 알지 못하면, 의심 그물만 늘어서 나고 죽는 데서 바퀴 돌 듯 하면서, 소경처럼 부처님을 못 보느니라."

승혜보살, "부처님의 깊은 지혜를 측량하기 어려워 참된 법을 알지 못하고, 세상 사람들이 모두 의혹하며, 어리석은 이들이 허망한 생각으로 모든 법에 얽매이므로 부처님을 보지 못한다. 어둠 속에 있는 보배를 등불 없으면 보지 못하듯이, 참된 법을 일러 주는 이 없으면 지혜 있는 사람도 알지 못한다. 눈이 밝지 못하면 미묘한 빛을 볼 수 없듯이, 깨끗하지 못한 마음으로는 부처님의 가르친 말씀을 알지 못한다."

공덕혜보살, "온갖 물건이 허망하건만, 사람들이 어리석어 참인 줄로 고집하므로, 영원히 나고 죽는 속에서 쳇바퀴 돌 듯 하고 있다. 훌륭한 법이 아닌 것을 훌륭한 법으로 생각하거니, 여덟 가지 바른 길을 알지 못하면서 어떻게 제 마음을 알겠느냐.

뒤바뀐 생각으로 말미암아 나쁜 짓을 기르게 되고, 모든 것이 공한 줄을 보지 못하므로, 한량없는 고통을 받게 되느니라. 본다는 소견이 없어야 참된 법을 보려니와 모든 것을 본다고 생각하면 그는 벌써 참된 법을 보는 것이 아니다."

정진혜보살, "본다고 하는 것은 물든 것이매 그는 참된 것을 보지 못하거니와, 부처님은 본다는 것을 여의었으므로 보는 것이 깨끗하니라. 세간에서 쓰는 말은 헛된 것이고 참이 아니니, 세간법이 인연으로 생긴 줄 알면, 나고 죽는 데서 벗어나리라."

선혜보살, "본다고 할 것이 없는 것을 보는 것이라 하고, '나'라 할 것이 없는 것을 중생이라 하거니와, 본다는 것과 중생이라는 것이 둘이 모두 다 있는 것이 아니다. 있는 법 없는 법을 한 모양으로 평등하게 닦으면 부처님을 보고 참다운 이치에 머물게 되리라."

지혜보살, "가장 훌륭한 교법을 듣고 지혜의 광명이 나서 시방세계에 두루 비치어 많은 부처님들을 모두 본다 하더라도, 중생이 있다고 생각하면 이것이야말로 가장 어려운 일이다. 법에는 본래 참된 주재主宰가 없고 말만이 있을 뿐이다. 사람들이 어리석어 자기의 참된 성품을 알지 못하니, 여래는 있다 없다 하는 형상을 여의었으므로, 이 사람은 부처님을 보지 못한다.

마음의 티끌이 지혜 눈을 가려 부처님을 보지 못하므로, 한량없는 세월에 나고 죽는 바다에 헤매거니와 헤매는 것은 나고 죽는 것, 헤매지 않는 것은 열반이니, 나고 죽는 것이나 열반이나 두 가지가 모두 있는 것이 아니다. 허망한 말만을 하는 이는 생사와 열반이 다르다고 하여 성현의 법을 의심하므로, 위없는 도를 알지 못한다. 이렇게 형상만 따르는 이는 부처님이었다고만 말하고, 뒤바뀐 생각이 바르지 못하므로 부처님을 보지 못한 것인데, 이 참된 법이 고요한 진여眞如인 줄만 알면, 부처님을 뵙고 말로 하는 모양을 초월하리라. 허망하게 법을 말하더라도 법은 참으로 있는 것이 아니므로, 모든 부처님들을 찾을 수 없다. 지나간 세상과 다음에 올 세상과 지금 이 세상까지 끝끝내 고요한 줄을 분명히 아시므로 부처님이라 하느니라."

지혜보살, "차라리 한량없는 고통을 받으면서 부처님 음성을 들을지언정, 부처님 이름을 듣지 못하면서 여러 가지 즐거움을 받지 아니하리라. 수없는 세월에 이런 고통을 받으면서 나고 죽는 바다에서 헤매는 것은, 부처님 이름을 듣지 못한 까닭이니라.

지금 부처님이 인연으로 생긴 것이 아님과 같이, 지난 세상 부처님이나 다음 세상 부처님도 인연으로 생긴 것이 아니다. 모든 법은 모양이 없으니, 이 모양 없는 법이 부처님의 참 성품인 것이다. 모든 법의 참된 이치를 이렇게 보기만 하면, 여러 부처님의 진실한 법신을 보게 되리라. 깨친 이도 깨친 것이 없어야 그것이 참으로 부처님의 묘한 법이니, 부처님들은 모두 이렇게 알았으므로 하나도 아니고 둘도 아니다.

한 법이 여러 가지 법이고 여러 가지 법이 한 법인 줄을 알면, 법이 의지한 데 없거니 무엇을 화합이라 하리오. 지은 이도 없고 지은 것도 없으니, 이렇게 알면 모든 법을 찾을 수 없다. 이 찾을 수 없는 것이 부처님의 의지할 데라, 법은 의지한 데가 없으므로 깨친 이는 집착할 것이 없느니라."

무상혜보살, "지혜 햇빛이 시방세계에 비치어 모든 어둠을 소멸하지만, 비칠 것이 있지도 않고 비침이 없는 것도 아니며, 고요한 법을 늘 좋아하고 의지할 것을 길이 여의어 해탈하고 해탈할 데 없는 데서 온갖 법에 물들지 않느니라."

견고혜보살, "중생들은 은혜를 모르지만, 부처님은 자비와 지혜로 어두운 중생을 이익하게 하려고 세간에 나시느니라. 자비한 마음으로 중생을 살펴보시니, 한량없는 고통을 받으면서 나쁜 세상에 얽매어 있는 것이 아닌가. 천상·인간에 부처님을 제하고는 의지할 데가 없느니라. 부처님이 이 세상에 나타나시어 중생들의 지혜 눈을 열어 주시고, 다함없는 즐거움을 얻게 하시니, 누구라도 부처님을 뵈면 가장 큰 이익을 얻을 것이며, 부처님의 이름을 듣고 기뻐하는 이는 이 세상에 우뚝한 탑이 되리라."

2 그때 법혜보살이 부처님의 위신력으로 보살의 한량없는 방편 삼매에 드시어, 시방 부처님의 가피를 받고 나서 이렇게 말하였다.

"불자들이여, 삼세의 부처님이 모두 보살의 열 가지 머무는 십주행十住行을 말씀하시느니라.

첫째는 초발심주初發心住. 만나기 어려운 부처님을 만나 법문을 듣고, 끝없는 고통을 받는 중생을 보고 그들을 위하여 도를 구하려는 마음을 내어, 모든 지혜를 얻으려 하면서, 열 가지 지혜 힘을 얻고, 열 가지 법을 배우며, 선지식을 가까이 섬기고 훌륭한 법문을 들어서, 고통 받는 중생들의 의지할 바가 되며, 한 번 들은 법은 다른 이의 도움을 받지 않고 스스로 깨닫는 것이다.

둘째는 치지주治地住. 모든 중생들을 위하여 자비스런 마음으로 구호할 생각을 내며, 열 가지 법을 배우면서 탐욕을 여의는 선정을 닦고, 바른 법의 깊은 이치를 통달하며, 한 번 들은 법은 자기의 힘으로 깨닫는다.

셋째는 수행주修行住. 모든 법이 무상하고 괴롭고 공하고 '나'라고 할 것이 없고, 즐거울 것이 없다는 것들의 열 가지로 관찰하고, 또 열 가지 법을 배우면서, 모든 중생들과 온갖 법과 여러 세계들을 분별하여, 법을 듣고 자기의 힘으로 깨닫는 것이다.

넷째는 생귀주生貴住. 이 보살이 바른 교법에서 나서 부처님을 믿고 불법을 끝까지 연구하고, 고요한 선정으로써 중생과 세계와 업보와 나고 죽는 것과 열반의 법을 닦고, 열 가지 법을 배우면서 부처님의 법문을 닦고 넉넉히 갖추어, 모든 부처님을 평등하게 관찰하고 들은 법을 스스로 깨치는 것이다.

다섯째는 구족방편주具足方便住. 열 가지 법을 듣고 닦아서 얻은 선근으로 중생을 구호하고 중생을 이롭게 하고 중생들로 하여금 나고 죽는 데서 벗어나 열반을 얻게 하며, 열 가지 법을 배우면서 중생들이 수없이 많고 공하고 자재하지 못하고, 자성이 없는 줄을 알고서는 중생들의 마음을 깨끗하게 하기 위하여 들은 법을 자기의 힘으로 깨닫는 것이다.

여섯째는 정심주正心住. 불과 법과 승, 삼보를 찬탄하거나 훼방하거나 간에 불법에 대한 마음이 흔들리지 아니하며, 중생이 한량이 있다거나 없다거나, 중생이 때가 있다거나 없다거나, 구원하기 쉽다거나 어렵다거나 하는 말을 듣더라도 마음이 흔들리지 아니하고, 열 가지 법을 배우면서 온갖 법에 모양이 없고 자성이 없고 닦을 것도 없고 진실하지 아니하여 허공과 같은 줄을 알고는 무생법인無生法忍에서 물러나지 않기 위하여, 법을 들어 스스로 깨닫는 것이다.

일곱째는 불퇴전주不退轉住. 삼보가 있다거나 없다거나, 보살행으로 생사를 벗어날 수 있다거나 없다거나, 부처님의 지혜가 끝이 있다거나 없다거나 함을 듣더라도 마음이 견고하여 물러나지 않고, 열 가지 법을 배우면서 하나가 여럿이고 여럿이 하나이며, 맛을 따라 뜻을 알고, 뜻을 따라 맛을 알며, 없는 것이 있는 것이고 있는 것이 없는 것임을 알고서, 온갖 방편을 갖추기 위하여 들은 법을 스스로 깨닫는 것이다.

여덟째는 동진주童眞住. 열 가지 법에 마음이 편안하여 몸과 말과 뜻으로 행하는 것이 깨끗하며, 마음대로 태어나서 중생의 마음과 욕망과 성품과 업보와 세계가 생기고 없어짐을 알고, 또 열 가지 법을 배우면서 모든 세계들이 진동하고 유지되는 것을 알고, 여러 세계에 나아가서 묘한 법문을 물으며, 여러 가지 음성을 알고 잠깐 동안에 한량없는 부처님께 공양하고, 모든 법에서 초월하는 방편을 성취하기 위하여 들은 법을 스스로 깨닫는다.

아홉째는 법왕자주法王子住. 이 보살은 중생이 태어나는 것과 갖가지 번뇌와 온갖 버릇과 방편 지혜와 모든 세계와 세간법과 출세간법을 잘 이해하고, 또 열 가지 법을 배우면서 부처님의 계신 데와 부처님의 행하는 위의와, 부처님 자리에 들어가고 분별하는 것과, 부처님 법을 받아 가지고 부처님을 찬탄하는 법을 알고 걸림이 없는 지혜를 얻기 위하여 들은 법을 스스로 깨닫는다.

열째는 관정주灌頂住. 이 보살은 열 가지 지혜를 성취하여 한량없는 세계를 진동시키며, 비치어 머물러 유지하며 모두 장엄하고, 여러 세계로 다니면서 중생들의 근기를 알아서 제도하고 조복하는 것이다. 그러므로 저 보살의 몸으로 짓는 업이나 신통이나 지혜나 경계를 알 수 없으며, 저 보살이 열 가지 지혜를 배워 삼세를 아는 지혜, 불법을 아는 지혜, 법계에 걸림이 없는 지혜, 모든 세계에 가득하고 비치고 유지하는 지혜, 중생을 잘 분별하는 지혜들을 두루 갖추었으며, 일체종지一切種智를 갖추기 위하여 들은 법을 스스로 깨닫고 다른 이의 가르침을 의뢰하지 아니하느니라."

이때에 부처님의 신통한 도력으로 시방의 한량없는 세계들이 여섯 가지로 진동하였으며, 이 사천하四天下의 수미산 꼭대기에서 십주법을 말씀하듯이, 시방의 모든 세계에서도 모두 그러하였다.

3 정념천자正念天子는 법혜法慧보살에게 물었다.

"보살이시여, 보살들이 출가하여 불법을 배우는 이가 어떻게 범행을 닦아야 보살의 십주十住를 구족하여 위없는 보리를 빨리 성취합니까?"

법혜보살은 이렇게 대답하였다.

"보살이 위없는 보리를 얻으려면, 몸과 몸으로 짓는 업과, 말과 말로 짓는 업과, 뜻과 뜻으로 짓는 업과, 불보·법보·승보와 계율을 분별하여야 하는 것이다. 이렇게 모든 법이 제 성품이 없어 허공과 같이 평등한 줄을 살피고, 또 여래의 열 가지 힘이 한량이 없는 줄을 살피고, 대자대비한 마음을 넉넉하게 기르며, 중생을 생각하여 버리지 아니하고, 좋은 업을 지어 훌륭한 과보를 구할 것이며, 모든 법이 꿈과 같고 메아리와 같은 줄을 관찰하면, 작은 방편으로도 부처님의 공덕을 얻을 것이다. 이것이 '처음 발심할 때에 깨달음을 이루고, 모든 법의 참된 성품을 알아 지혜를 구족한다'는 것이니라."

법혜보살은 또 제석천왕에게 이렇게 말하였다.

그지없는 부처님의 힘으로 물러나지 않는 지혜를 얻고
자비한 광명 온 세계에 비치어 중생들의 의지할 바 되시다.
부처님의 모든 경계 사모하고 보살들이 항상 뵈려 할 때
부처님 감로수로 머리에 부어 믿는 마음 금강과 같게 하시다.
부처님 지혜 걸림이 없어 참된 이치 고요한 줄 알며
중생의 마음을 꿰뚫어 보고 방편을 갖추어 저 언덕 가리.
온갖 방편 두루 갖추고 시방세계로 다니는 보살
자비한 마음 중생을 위해 뜨거운 애정 덜어 주시다.
중생을 염려하는 보살의 자비 시방세계 온갖 중생들에게
두려움 없는 공덕 베풀어 이렇게 진실한 일 부처님같이.
믿는 힘 견고하고 지혜 이루어 깨끗한 마음으로 참 이치 알며
영원한 장래에 사람 구하려 끝없는 생사 속에 줄곧 애쓰다.
여러 지옥에서 고통 받으면서 자비한 마음 세상을 따라
공하고 나 없는 줄 알리시려고 수없는 법문을 말씀하시니.
허공은 설사 헤아린다 하여도 보리의 마음은 알기 어려워
그의 자비심 그지없어서 시방세계에 두루한 까닭.
모든 부처님 초발심을 기리며 한량없는 공덕으로 그 마음 장엄

청정한 저 언덕에 이르게 되면 부처님 성품이나 다르지 않아.
초발심한 공덕으로 말미암아서 부처님과 중생의 즐거움 생기니
모든 세계를 장엄도 하고 중생들에겐 지혜를 주리.

법혜보살은 또 정진혜보살에게 이렇게 말하였다.

"보살이 이미 발심한 공덕을 얻었으면, 다음에는 어리석은 마음을 여의고, 부지런히 수호하여 방탕한 마음을 없앨 것이다. 부처님의 말씀대로 행을 닦아 모든 희론과 방탕한 행동을 버리고 항상 바른 법을 구하며, 들은 법에 대하여는 진실한 관찰을 하고 교묘한 지혜를 내어, 부처님의 자재한 경지에 들어가서 마음이 결정하고 산란치 아니하며, 좋은 일, 궂은일을 들을 적에도 기쁘거나 걱정되지 아니하고 중생을 평등하게 보며, 항상 선지식과 법사를 공경하고 공양할 것이다.

또 보살은 선행을 닦아 부처님을 기쁘게 하되, 부지런히 행하여 물러나지 아니하며, 몸을 아끼지 말고, 이익을 구하지 말고, 온갖 법을 닦되 허공과 같이 하며, 교묘한 방편으로 법을 살피되 법계와 같이 하며, 모든 법을 분별하되 마음이 의지할 데 없이 하며, 항상 큰 소원을 세우고 깨끗한 지혜 광명을 얻으며, 이롭고 해로운 법을 잘 알아서 온갖 법문을 청정하게 행할 것이다.

불자여, 보살이 이렇게 행을 닦으면 삼보가 흥성하여 끊이지 아니하리니, 중생을 교화하여 도를 구하는 마음을 일으키므로 불보가 끊이지 아니하고, 깊고 묘한 법을 일러 주므로 법보가 끊이지 아니하고, 모든 행동과 교법을 배운 대로 지키므로 승보가 끊이지 않는 것이다. 또 모든 큰 서원을 찬탄하므로 불보가 끊이지 아니하고, 열두 가지 인연의 이치를 해석하여 말하므로 법보가 끊이지 아니하고, 여섯 가지 화법을 받들어 행하므로 승보가 끊이지 아니하니라.

또 중생이란, 밭에 부처님 종자를 심으면 깨달음의 움이 나므로 불보

가 끊이지 아니하고, 목숨을 돌아보지 아니하고 바른 법을 보호하므로 법보가 끊이지 아니하고, 대중을 잘 거느려 근심이 없으므로 승보가 끊이지 않는다. 이렇게 삼세 부처님의 가르침을 어기지 아니하고 그대로 받들어 행하므로 삼보가 길이길이 홍왕하다."

제5장 부처님, 야마천궁에 올라가시다

이때에 부처님은 다시 위신력으로써 보리수 아래와 제석천궁에서 떠나지 않은 채, 야마천의 보장엄寶莊嚴 궁전으로 올라가셨다. 보장엄 궁전은 갑자기 넓어져 시방세계의 보살들이 구름처럼 몰려와서 제각기 게송으로 찬탄하였다.

공덕림功德林보살

깨끗한 광명으로 시방세계 비치어 사람마다 걸림 없이 부처님 뵙노라.
야마천궁 연꽃자리 의젓이 계시니 온 세계 중생들이 이상타 하네。
보리나무 아래도 부처님 계신데 야마천 궁전에서 또 뵙다니
아무도 알 수 없는 부처님 신통 우리의 소원 따라 나타나시나?。
부처님 공덕 한량이 없어 여러 몸 한 몸 되고 한 몸이 여러 몸
여러 세계 다니십 걸림이 없고 형용할 수 없는 일 허공과 같아。

혜림慧林보살

헤아릴 수 없는 오랜 세월을 못 만나던 스승님 우리의 도사導師
번뇌가 없어진 여러 보살들 이번에도 만나기 가장 어려워。
지혜의 밝은 빛 온 세상 비치고 미묘한 법문으로 우리들 가르치고
여섯 가지 바라밀다 행을 닦아서 여러 세계 사람들 건져주시다。
한량없고 끝없는 오랜 세월을 온갖 행 닦으면서 도를 구하여

위없는 깨달음 이룩하시고 온 세계 중생들 제도하시다.

승림勝林보살

구름 없는 하늘에 뚜렷한 보름달 깨끗한 밝은 빛 한이 없어서
눈 있는 사람들도 헤아릴 수 없는데 하물며 저 소경 어찌 하리오.
부처님의 광명도 그와 같아서 온 데도 없고 가는 데도 없건만
나지도 않고 멸하지도 아니해 예나 이제에 분별할 이 누구랴.
광명과 같이 불법도 그러하여 어제도 내일도 오늘도 없어
제 성품 없는 줄 행여나 알면 참 이치 깨달아 의심 없으리.

무외림無畏林보살

가없는 이 자리 법계와 같아 온 세계 어디나 안 간 데 없으니
이러한 이치를 믿는 이 있으면 삼악도 고통을 아주 여의리.
부처님 자재한 힘들은 이로서 결정코 믿어 의심 없으면
이 사람 이 세상에 가장 거룩해 정각을 이루어 법을 말하리.
끝없는 세월 지내고 지내도 이러한 법문 만날 수 없으니
행여나 이 법문 만난다면 이것도 부처님의 크신 원력.

참괴림慚愧林보살

참된 법을 듣고 기특히 여겨 즐겁게 믿는 이는 의심 없어지고
모든 것 아는 사람 이 법문 말하거늘 부처님 다 아시니 생각 못할 일.
지혜에서 생기지도 아니하고 지혜 없는 데서 생기지도 않건만
모든 법을 분명히 알아 어두운 세상 밝혀 주시다.
빛 있고 빛 없는 것 같지 않듯이 슬기롭고 어리석음 또한 그렇고
생사와 열반이 둘 다 허망해 꼭 있고 없는 이 참이 아니다.
첫 마음 나중 마음 같지 않듯이 여섯 군데 알음알이 서로 다르고

이름난 가타 약 온갖 병 고치듯 지혜는 모든 번뇌 없애버린다。

정진림精進林보살

법들이 차별 없음 부처님이 아시며 온갖 것 모두 통달 지혜바라밀
금과 금빛이 다르지 않듯이 법과 법 아닌 것 성품은 한 가지。
중생이나 중생 아닌 것이나 둘이 다 참되지 아니하나니,
법과 법 아닌 것 또한 그러해 제 성품이 모두 다 있지 않나니。
내일엔 어제 모양 없는 것같이 모든 법 참된 것은 하나도 없고,
생사나 열반이나 말로만 두 가지 모든 법 그와 같아 다르지 않다。
백이니 천이니 셈법이 많지만 하나씩 붙어서 열이 되고 백이 되고
아무리 많아도 근본 셈 하나뿐 사람들 잔꾀로 적다고 많다고。
시방의 허공은 다르지 않지만 사람이 지어서 남이니 북이니
허망한 분별에 고집이 생기면 언제고 부처님 볼 수 없으리。

역성취림力成就林보살

모든 중생들 삼세에 잡히고 삼세의 중생은 오음에 잡히니
오음은 업에서 업은 마음에서, 마음이 요술쟁이며 중생도 요술。
세간이 세간을 진 것 아니고, 다른 이도 세간을 안 지었건만,
참된 성품을 알지 못하여, 나고 죽는 데 항상 헤매다。
세간이 달라짐은 괴로움이 달라짐, 사람은 몰라서 생사에 헤매고
세간도 비세간도 참된 것 아닌데, 중생이 어리석어 고집만 세우는가。
삼세와 오음의 세간이라 하지만, 허망으로 있을세 없으면 출세간
오음이 달라짐을 보지 못하고, 세간이 항상 타고 고집만 부려。
뒤바뀐 나쁜 소견 없애 버리면, 진실한 참 성품 분명히 보아
모든 것을 아시는 부처님께서 우리들 앞에 항상 계시리。

견고림堅固林보살

온갖 모양과 빛깔의 성품 본다고는 하나 알 수 없듯이
알음알이와 부처님 모양 나타나지만 어떻게 하리.
모든 세계에 나타나는 부처님 몸도 부처 아니고 부처도 몸 아녀
뚜렷하고 깨끗한 미묘한 법신 끝까지 저 언덕에 이르시나니.
부처님 묘한 법신 보는 이 있으면 이 사람 불법에 의혹이 없고
지나간 모든 법 열반과 같이 보면 부처님 뵙고 법왕자 되리.

여래림如來林보살

화가가 다루는 물감처럼 빛깔은 다르지만 사대는 한 가지
사대와 채색이 다르다 하지만 사대를 떠나선 채색이 없다.
마음이 빛 아니고 빛도 마음 아니지만 마음을 떠나서는 채색의 빛 없고
채색을 떠나서도 마음 없으니 마음도 변하오니 알 길이 없다.
그림에 나타나는 여러 가지 물감 제각기 서로서로 알지 못하듯,
그림의 마음을 화가도 모르니 모든 법 성품이 그런 것인가?.
마음은 그림을 하는 화가 같아서 가지가지 오음을 그려내듯이
이 세상에 있는 온갖 물건들 모두 다 마음으로 만들어진 것.
마음이 그렇듯 부처도 그렇고 부처가 그렇듯 중생도 그러해
마음이나 부처나 중생들이나 세 가지가 조금도 다르지 않다.
모든 것이 죄다 마음으로 된 줄 부처님은 모두들 분명히 아시니
이같이 알고 있는 사람 있다면 그 사람은 참 부처님 뵈었으리라.
마음이 몸 아니고 몸도 마음 아니건만 모든 불사佛事를 마음대로 하나니
셋 세상 부처님을 알려는 사람 마음이 부처인 줄 알아야 하리.

지림智林보살

허공은 깨끗하고 모양이 없어 물건을 의지해야 볼 수 있건만

그 가운데 온갖 모양 나타내는 건 그 성품을 우리가 볼 수 없듯이.
지혜 있는 부처님과 보살들이 한량없는 모든 모양 나타내는 것
우리들의 깜냥으론 알 수 없기에 이 세상 누구라도 보지 못한다.
부처님의 음성을 듣기는 하나 음성은 본래부터 부처 아니고
음성을 여의고는 부처 또한 없으니 이 이치를 분별할 이 그 누구일까?.

제6장 십회향 법문

1 부처님은 보리수 아래와 수미산 꼭대기와 야마천궁에 앉으신 채로 다시 도솔타천궁兜率陀天宮에 올라가 여의주로 된 자리에 앉으셨다. 시방세계에서 수없는 보살들이 모여 와서 부처님을 모시고 둘러앉았다.

금강당金剛幢보살이 삼매에서 일어나 여러 보살에게 말하였다.

"보살은 원수나 친한 이가 없이 평등하게 대하므로 언제나 자비한 눈으로 중생들을 봅니다. 설사 어떤 중생이 나쁜 마음으로 보살에게 원망하는 마음을 내더라도, 보살은 그들의 좋은 벗이 되어 깊고 묘한 법을 말하여 들려줍니다. 마치 큰 바다는 어떠한 독약으로도 못쓰게 만들 수 없는 것같이, 모든 중생들이 어리석어서 은혜 갚을 줄을 모르고 성을 내거나 계행을 깨뜨리는 등, 한량없는 나쁜 마음이 있더라도 보살의 도심을 흔들지 못하는 것이며, 해가 떠서 비칠 때에 소경이 보지 못하더라도 해는 구름 속에 숨는 일이 없는 것과 같습니다. 또 보살은 생각하기를 '보리심을 낸 것은 오로지 부처님의 힘이니 넓고 평등하게 게으르지 아니하여, 오랜 세월을 두고 닦더라도 얻을 수 없어서 부처님과 평등하다.' 합니다.

보살이 이렇게 선근을 살피므로 믿는 마음이 깨끗하여 자비심을 기르며, 모든 선근으로 여러 사람에게 회향하되 입으로 말만 하는 것이 아니라, 즐거운 마음, 명랑한 마음, 부드러운 마음, 자비한 마음, 사랑하는 마음, 거두어주는 마음, 이롭게 하려는 마음, 기쁘게 하려는 마음을 내어 그들에게 선근으로 회향합니다.

또 생각하기를 '모든 중생들이 한량없는 나쁜 업을 짓고, 업으로 말미암아 한량없는 괴로움을 받으며, 부처님을 보지 못하고, 바른 법을 듣지 못하고, 좋은 스님네를 알지 못하며, 이 중생들이 한량없는 나쁜 업으로 무수한 고통을 받을 것이니, 내가 저 삼악도에 들어가서 그 고통을 대신 받아서 해탈을 얻게 하되, 그 대신 받는 고통이 괴롭다고 하여서 마음이 물러나거나, 두려워서 중생을 버리지 아니하리라'고.

이 사천하의 낱낱 중생을 위하여 낱낱의 해가 뜨는 것이 아니라 다만 한 해가 떠서 사천하의 모든 중생에게 두루 비치는 것이며, 또 중생들이 자기의 광명으로 밤낮이 있는 줄을 알고 할 일을 하는 것이 아니라, 해가 비침으로써 모두 활동하는 것입니다. 또 생각하기를 '중생이 자기를 비춰볼 지혜 광명도 없거니, 어떻게 다른 사람을 비추랴. 다만 나 한 사람만이 모든 선근을 닦아 중생들에게 회향하여 그를 제도하고 거두어 주어 깊은 법에 들어가게 하고, 기쁨을 얻어 모든 의혹을 끊게 하리라.' 이것이 열 가지 회향 중에 첫째 회향인 '모든 중생을 제도하면서도 중생이란 고집을 여읜 회향'입니다.

2 또 보살이 모든 중생에게 선근을 회향하여 부처님(佛)을 보고 바른 법法을 듣고 스님네(僧)에게 친근하며, 한결같은 마음으로 삼보三寶를 생각하게 합니다.

또 보살이 집에서 처자와 함께 있더라도, 보리심을 잠깐도 여의지 아니하고 지혜의 경계를 생각하여, 자기를 제도하고 남을 제도하며, 마음이 평등하여 방편으로 아내와 권속을 두는 것뿐입니다. 대자대비란 마음으로 집에 있어서 처자를 두더라도 보살도를 닦는 데 조금도 장애가 없으며, 비록 옷을 입고 음식을 먹고 앉고 눕고 하더라도 온갖 행동이 모두 청정하며, 몸과 마음을 잘 조복하여 모든 행동에 잘못되는 일이 없는 것입니다.

불자여, 마치 '나'라고 할 것이 없으므로 모든 법을 여의지 아니함과 같이, 나의 선근도 그러하여, 모든 부처님을 받들어 모시는 것입니다. 그것은 공경하고 공양하는 까닭이며, 온갖 법을 거두어 가지니 장애를 여읜 까닭이며, 모든 보살을 거두어 가지니 끝까지 선근이 같은 까닭이며, 보살의 모든 행을 거두어 가지니 온갖 원이 만족한 까닭이며, 모든 중생을 거두어 가지니 보현보살의 행을 갖춘 까닭이며, 부처님의 성품을 거두어 가지니 모든 불법을 받아 지니는 까닭입니다.

보살이 이렇게 선근을 회향하여 모든 중생으로 하여금 청정한 공덕을 성취하게 하며, 부처님의 성품을 수호하며, 모든 세계의 성품을 청정하게 하며, 둘이 아닌 법성을 평등하게 관찰하며, 시방세계로 다니면서 욕심을 떠난 성품을 말씀하며, 해탈의 성품을 갖추어 모든 근성을 비치는 것이니, 이것이 넷째 '온갖 곳에 이르는 회향'입니다.

3 불자여, 이 보살이 임금이 되면 훌륭한 국토를 얻어, 나라가 태평하고, 백성이 안락하고, 큰 적을 항복받고, 바른 도리로 정치를 행하여 공덕이 천하 각국에 떨칠 것입니다. 여러 나라가 귀순하여 명령을 어기지 아니하며, 무력을 쓰지 않더라도 저절로 태평하며, 용모가 단정하고 체력이 건강하여 모든 장애가 없고, 보시를 행하여 백성들을 즐겁게 하며, 옥중에서 고통을 받는 죄수들을 보면 자비한 마음으로 자신이 옥에 들어가 고통을 받는 중생을 구제하며, 사형선고를 받은 죄수를 위하여서는 자기의 몸을 버리어 대신 받으며, 어떤 이가 중생의 몸을 해치는 것을 보면 자비심을 내어 구원하여 주고, 큰 소리로 널리 외쳐 중생으로 하여금 불법을 듣게 하고, 절을 지어 불법을 수행하게 하며, 몸과 마음으로 삼보에 봉사합니다. 제가 가진 모든 것을 보시하여, 나쁜 마음을 여의며, 중생의 마음을 깨끗하게 하기 위하여 살아가는 데 필요한 물건을 보시하되, 마음에 아낌이 없으며, 과보도 바라지 아니합니다.

또 보살이 등불을 보시할 때에는 회향하기를 '이 선근으로 중생을 이롭게 하여 한량없는 광명을 얻어 불법을 비치게 하며 어리석음을 여의는 광명을 얻어서 중생계가 공한 줄을 알게 하며, 부처님 광명을 얻어서 한량없는 세계를 비치게 하리라.' 합니다.

또 약으로 보시할 적에는 이렇게 회향합니다. '이 선근으로써 중생으로 하여금 병든 몸을 버리고 부처님의 깨끗한 법신을 얻고, 약의 성품을 성취하여 좋지 못한 병을 없애고, 번뇌의 독을 뽑으며, 성현들을 가까이 하여 청정한 행을 얻고, 지혜의 광명을 얻으며, 나쁜 것을 물리치는 법을 알고 중생들의 여러 가지 병을 다스리겠노라'고. 또 훌륭한 수레로 부처님과 보살과 선지식에게 보시할 적에는 이렇게 회향합니다. '이 선근으로써 중생들로 하여금 선지식의 은혜를 알고 갚게 하며, 선지식을 친근하고 공경하고 공양하며, 정직한 마음으로 선지식을 따르며, 목숨을 아끼지 않고 그의 가르침을 순종하며, 바른 법을 듣고 그대로 행하게 하려 하노라'고. 또 대중들로 하여금 불법을 듣고 그대로 받아 가지게 하며, 들은 공덕이 헛되지 않게 하여 저 언덕에 이르게 하며, 들은 법문을 그대로 남에게 말하여, 항상 부처님의 가르침을 좋아하고 외도의 나쁜 법을 덜어 버리게 합니다.

또 여러 가지 짐대(幢)와 깃발(幡)을 보시할 적에는 이렇게 회향합니다. '이 선근으로써 모든 중생으로 하여금 선근 공덕의 짐대와 모든 법에 자재하는 짐대를 세워 바른 법을 수호하고, 지혜의 등불을 켜서 널리 중생을 비추고, 망가지지 않는 짐대가 되어 모든 악마들을 항복받게 하겠다.'

또 보살이 법을 구할 적에는 어떤 이가 말하기를 '그대가 만일 일곱 길 되는 불 구렁에 몸을 던진다면 좋은 법을 일러 주리라.' 한다면, 보살이 생각하기를, '법을 듣기 위해서는 내가 아비지옥에 들어가 온갖 고통을 달게 받을 것인데, 이 인간의 조그만 불 구렁에 들어가는 것쯤으로 법을 들을 수 있다면 그것은 매우 쉬운 일이다. 어서 법을 말하여 다오. 나는 곧 불 구렁에 들어가리라.'

또 부처님이 세상에 나시게 되면 보살은 큰소리로 '부처님이 나셨다! 부처님이 나셨다!'고 외쳐 중생들에게 알립니다. 중생들로 하여금 부처님 음성을 듣고 그들의 교만과 게으름을 버리고 염불 삼매에 굳게 머물러서, 부처님의 경계를 닦아 잠깐도 폐하지 아니하며, 한량없는 중생들이 부처님의 힘으로 깨끗하여지고 부드러워집니다. 또 보살이 몸으로 남에게 시중을 들 때에는, 교만한 마음을 버리고, 겸손한 마음, 남에게 즐겁게 시중들려는 마음, 모든 고통을 참는 마음, 무슨 일에나 싫어하지 않는 마음, 게으르지 않는 마음, 미천한 사람들에게 선근을 주는 마음, 귀한 이나 높은 이나 어린 아이들에게까지 공경하는 마음, 훌륭한 교법을 의지하여 선근을 닦는 마음을 가집니다.

또 보살이 몸으로 부처님께 봉사할 적에는, 모든 부처님께 은혜 갚을 마음과 부모와 같은 마음을 내며, 부처님에게 청정한 마음을 내어 명랑한 마음으로 보리 도를 받아 가집니다. 부처님 법을 얻고는 세간법을 버리며, 부처님 집에 나서 바른 법을 수호하며, 마군의 경계를 멀리하고 부처님 경계를 닦으며, 자기의 몸으로 모든 부처님의 법기를 성취합니다.

또 보살은 모든 중생으로 하여금 법왕法王의 법을 얻어 번뇌의 원수를 항복받고, 자재하고 위없는 법륜을 굴리며, 공교한 방편을 내어 법에 자재함을 얻고, 영원히 불법을 수호하여 끊어지지 않게 합니다.

또 보살은 생각하기를 '나는 모든 중생에게 그지없는 기쁨을 주며, 청정한 법문을 열어 주어 삼계에서 초월하게 하며, 위없는 보리를 주어 소원을 만족케 하며, 여러 중생의 부모가 되어 지혜로 모든 세계를 보게 하고, 선근을 내어 소원을 채워 주겠다.'

또 중생을 외아들같이 생각하여, 와서 구하는 이가 있으면, 즐거운 마음으로 '이는 나의 선지식이다'고 기쁘게 생각할 것입니다. 그리하여 자비한 마음, 환희의 마음, 망가질 수 없는 마음, 보시하려는 마음을 기릅니다. 보살이 이렇게 회향할 적에 안에 집착하지도 않고 밖에 집착하지도 않고, 모든 것에 집착하지 아니하며, 온갖 법에 얽매이지도 않습니다. 왜냐하면, 온갖 법은 나는 것도 없어지는 것도 아니어서, 일정한 제 성품이 없습니다. 하나도 아니고 둘도 아니고, 많은 것도 적은 것도 아니며, 수량이 있는 것도, 없는 것도 아닙니다. 선도 악도 깊은 것도 옅은 것도 아니며, 고요한 것, 산란한 것, 법도 법 아닌 것도, 성품도 성품 아닌 것도, 있는 것도 없는 것도 아닙니다. 이렇게 볼 때에는 법은 곧 법이 아니어서 말로 형용할 수 없는 까닭입니다.

법 아닌 것을 법이라 하면서도 모든 업의 자취를 깨뜨리는 것도 아니며, 보살의 행을 두루 닦아 일체지에서 물러나지도 아니합니다. 업과 인연이 꿈 같고 메아리와도 같으며, 거울 속에 그림자 같기도 하며, 모든 법이 요술과 같은 줄을 알면서도, 인연과 업보를 어기는 것도 아닙니다. 깊고 깊은 업의 이치에 들어가 법의 참뜻을 알므로 행함도 지음도 없으나, 행과 업의 도리를 어기는 것도 아닙니다.

보살은 이와 같이 모든 선근으로서 일체지에 회향하고, 시방세계로 두루 다니면서 중생을 교화하니, 이것이 여섯째 '온갖 견고한 선근을 수순하는 회향'입니다.

4 또 보살은 생각하기를 '모든 중생으로 하여금 부처님의 지혜를 만족하게 하여 청정한 마음을 얻고, 지혜로써 잘 분별하여, 마음이 안으로는 고요하고 바깥 인연에 흔들리지 아니하면, 삼세 부처님의 집에 나게 되리라.'

중생도 없고 물건도 없이 모든 세상이 고요하면
지을 것도 지을 이도 없는데 그래도 업의 이치는 없어지지 않는다.
고요하고 산란한데 거리낌 없이 평등한 마음으로 살피어 보면
세간 만물을 참으로 알아 허망한 어리석음 여의게 되리.
이런 이는 불법으로 화생하는 것 온갖 공덕을 모두 다 회향하리니,

평등하게 모든 중생을 따라가는 일곱째 회향이라 이름하노라.

이 보살이 지혜를 이루어 편안히 머물며, 어리석음을 여의고 바른 생각으로 견고한 업을 성취하여, 여러 가지 선근으로 모든 중생에게 회향할 적에, 모든 부처님의 나라를 평등하게 하니 여러 세계를 깨끗이 한 까닭이며, 여러 세간을 평등하게 하니 깨끗한 법륜을 굴리는 까닭이며, 모든 보살을 평등하게 하니 모든 지혜와 원력을 내는 까닭이며, 부처님들을 평등하게 보니 둘이 없는 까닭이며, 모든 법을 평등하게 보니 제 성품을 깨뜨리지 않는 까닭이며, 모든 보살의 행이 평등하니 지은 바 선근을 모두 회향한 까닭이며, 온갖 시간을 아나니 때를 따라 불법을 닦는 까닭이며, 모든 업보가 평등하나니 세간에 집착하지 않고 세간을 여의는 선근을 내는 까닭이며, 신력神力이 자재하기 부처님과 평등하니 세간을 따라서 불사佛事를 나타내는 까닭입니다. 이것이 여덟째 '진여의 모양으로 회향'하는 것입니다.

5 보살의 마음 편안히 머물러 어리석음 없고 항상 바르며
모든 일 참고 시끄러움 떠나 한량없는 공덕 닦아 모으다.
그의 마음엔 원한이 없어 바르고 항상 깨끗하오며
모든 업으로 세계를 꾸며 여러 일을 바르게 분별하다.
보살이 생각는 일 한량이 없어 중생을 이롭게 할 일 항상 닦으며
세상을 따라 기쁘게 하고 중생을 따라 잘도 행한다.
성내고 어리석음 길이 여의고 모든 업과 이치를 죄다 알고서
부처님 자리에 항상 머물러 여러 중생들 이롭게 하리.
모든 모양이 참된 것같이 없어지고 나는 것 그와 같으며
진여의 성품이 참된 것같이 여러 가지 짓는 일 모두 그러해.
진여의 자체가 한량없으매 여러 가지 짓는 업 모두 그러해

얽힌 것 없으니 풀 것도 없고 세간의 모든 업 깨끗하고녀.
부처님네의 참된 아들은 편안히 머물고 변동 없기에
지혜의 힘을 이루어 가지고 부처님의 방편 광에 들어갔느니.
부처님의 법 깨닫고 보면 얽힌 것 없고 고집할 것 없어
거리낄 것 없으매 마음도 편안 흔들릴 물건 어디 있으리.
법신에 딸리는 업이란 것은 중생의 모양을 따라가면서
참된 모양에 깊이 이르면 그 모양 또한 모양 없으리.
이렇게 생각할 수 없는 현상은 생각으론 끝낼 수 없는 것이니
생각할 수 없는 데 깊이 들면 생각도 아닌 것도 모두 고요해.
이렇게 생각하는 방법으로써 온갖 일을 날날이 분별하여서
모든 번뇌를 없애버리면 이것을 일러서 공덕의 왕王.
마음은 안에도 밖에도 안 있고 마음 자체도 있는 데 없건만
허망한 고집으로 법이 있나니 고집만 없으면 고요할 밖에.
모든 법 공하여 제 성품 없나니 가장 좋은 일 무아無我를 알면
중생과 진여가 평등하리니 법의 성품은 본래 그런 것.

보살은 모든 선근에 대하여 경솔한 마음을 내지 않습니다. 생사에서 초월하려는 마음, 선근을 거두어들이는 마음, 선근을 구하는 마음, 허물을 뉘우치는 마음, 선근을 따라 기뻐하는 마음, 부처님께 공경하는 마음, 탑과 불상에 예배하는 마음들을 경솔히 여기지 아니하고, 항상 모든 선근을 거두어 기르며, 선근에 편안히 머물며, 선근을 생각하며, 부처님 경계의 선근을 따라서 자재한 신력을 보는 것이니, 이것이 아홉째 '얽힘도 없고 집착도 없는 해탈로 하는 회향'입니다.

시방세계에 계시는 부처님께 잠깐도 홀만한 마음이 없고
그의 닦으시던 공덕을 따를 뿐 경솔한 마음을 일으킨 적 없다.

그의 닦으신 모든 공덕과 사업 자기나 다른 이를 위한 것 아니고
얽힘 없고 집착 없는 해탈한 마음 중생에게 회향하여 이롭게 할 뿐。

6 열째는 '법계와 평등한 한량없는 회향'인데, 이 보살이 온갖 범행을 고루 닦아서 저 언덕에 이릅니다. 왜냐하면, 자기는 범행을 닦지 아니하면서 다른 이로 하여금 범행을 닦게 할 수는 없는 것이며, 자기는 범행을 좋아하지 아니하면서 다른 이로 하여금 범행을 좋아하게 할 수는 없으며, 자기는 범행에 머물지 아니하고 다른 이로 하여금 범행에 머물게 할 수 없는 것입니다. 보살은 말한 대로 실행하므로 참된 말을 하고 참된 행을 닦는 까닭에, 보살은 몸소 마음을 바르게 하고 남의 마음을 바르게 하며, 참는 행으로 자기의 마음을 조복하고야 다른 이로 하여금 마음을 조복하여 욕되는 일을 참게 하며, 자기부터 의혹을 여의고 환희의 마음을 얻고야, 다른 이로 하여금 의혹을 여의고 신심을 얻게 합니다.

보살이 이러한 선근으로 회향할 때에 중생으로 하여금 부처님을 뵙고 불사를 짓게 하며, 마음이 깨끗하고 즐겁게 하며, 한량없는 보살의 힘을 내게 하며, 그 법문을 잊지 아니하려는 것입니다. 이렇게 회향하여 중생으로 하여금 법계에 주재主宰가 없는 것, 법계의 자성이 없는 것, 법계가 진여와 같은 것, 법계가 의지할 데 없고, 허망하지 않고, 모양을 여의었고, 고요한 것과, 법계는 가는 것도 없고, 모이는 것도 없는 일을 알게 하기 위한 것입니다.

또 중생으로 하여금 큰 법사法師가 되어 부처님의 한량없이 자재한 가운데 있게 하며, 불법을 옳게 지니는 법사가 되어 구족하게 법을 말하여 한결같은 맛을 잃지 않게 하며, 원만한 빛을 구족한 법사가 되어 부처님의 지혜 광명을 놓아 모든 법을 비치며, 악마의 유혹을 잘 아는 법사가 되어 모든 악마를 깨뜨리게 합니다.

한량없는 법보를 깨달은 보살 큰 법사란 칭호를 받고서는
중생을 이끄는 스승이 되어 모든 법을 비치어 알게 하노라。
만나기 어려운 법 널리 말하여 여러 중생을 바른 문에 들게 하며
큰 구름 일으켜 단비를 주고 밝은 해로 비치어 이롭게 하다.
지혜의 밝은 빛 마음 비치고 이 세상에 두려움 없이
법을 말하여 올바른 문 열고 감로를 뿌려 공덕을 기르다。
중생에게 진정한 법 광을 보여 지혜의 몸을 만족하게 이루고
보살의 좋은 법에 편안히 머물러 부처님네의 찬탄을 받다。
한 생각에 중생과 부처님 보고 털구멍에 모든 불법을 나타내
온갖 중생의 끝없는 수행을 보살들이 모두 알고 계시다。

제7장 십지 법문

1 어느 날 부처님은 홀연히 타화자재천궁他化自在天宮에 올라가 마니보전에서 여러 보살들과 함께 계셨다.

그때 금강장金剛藏보살이 부처님의 위신력을 받들어 보살대지혜광명菩薩大智慧光明 삼매에 들어서 걸림 없는 변재와 청정한 지혜를 얻고, 삼매에서 일어나 여러 보살들에게 이렇게 말하였다.

"불자들이여, 보살의 원력은 결정된 것이어서 깨뜨릴 수 없으며, 넓고 크기 법계와 같으며, 끝 간 데 없는 것이 허공과 같으며, 모든 부처님의 두호하시는 바이니, 그것은 보살이 삼세 부처님네의 지혜 자리에 들어가는 까닭입니다. 이 지혜 자리에는 환희지歡喜地 · 이구지離垢地 · 명지明地 · 염지焰地 · 난승지難勝地 · 현전지現前地 · 원행지遠行地 · 부동지不動地 · 선혜지善慧地 · 법운지法雲地의 열 계단이 있습니다.

보살들의 닦는 행 가장 어려워 십지를 분별함이 근본이 되나
보기도 어렵고 생각도 할 수 없어 지혜로 난 것이매 들으면 답답해.
금강처럼 굳은 마음을 먹고 부처님의 지혜를 깊이 믿어서
나도 법도 없는 것이 묘한 줄 알면 그제야 마음에 의심 없으리.
부처님 지혜 고요하고 모양 없어 분별하여 말하기 가장 어렵고
허공에다 그림을 그리는 듯 손으로 바람을 붙잡는 듯.
부처님 지혜를 생각하려면 말로나 생각으로 할 수가 없어

중생은 아무도 믿을 이 없기에 입 다문 채 말하지도 않노라。

그때 부처님은 양미간의 백호상白毫相으로 보살의 힘인 광명을 놓았다. 백천 아승지 광명이 권속이 되어 시방세계에 비치었다. 그래서 삼악도의 고통이 모두 쉬고, 여러 세계 부처님의 회상會上에 비치고는, 허공으로 올라가서 구름이 되었고, 부처님의 위신력으로 그 구름 속에서 저절로 노래가 들리었다.

2 금강장보살은 대중에게 이렇게 말하였다.

"불자들이여, 보살이 환희지歡喜地에 이르면 기쁘고 믿고 부드럽고 참으며, 말다툼을 좋아하지 않고, 다른 이를 귀찮게 하지 않습니다. 그리고 부처님을 생각하고 불법을 생각하고 보살을 생각하므로, 기쁜 마음을 내며, 공포를 여의고 기쁜 마음을 내었으므로, 살지 못할까, 나쁜 이름을 얻지 않을까, 죽지 않을까, 삼악도에 떨어지지나 않을까 하는, 두려움과 여러 사람을 두려워하는 공포가 모두 없어집니다.

보살은 나라는 고집을 벗어나 이 몸도 탐내지 아니하고, 사는 데 필요한 물건도 구하지 아니하므로, 살지 못할까 하는 두려움이 없고, 나를 존경하고 공양함을 바라지 아니하므로 나쁜 이름을 얻을 두려움이 없고, '나'라는 소견을 떠났으므로 죽을까 두려움이 없고, 이 몸이 죽으면 다시 나서 불보살을 뵐 줄 알므로 삼악도에 떨어질 두려움이 없고, 나의 즐거움과 같을 이도 없는데, 어찌 나보다 나을 이가 있으랴. 그러므로 여러 사람을 두려워할 공포가 없습니다. 그러므로 환희지보살은 모두 공포가 없는 것입니다.

이 보살은 대자대비한 마음이 으뜸이 되었으므로 모든 사람을 원망하는 마음이 없고, 바른 마음이 자연히 깨끗하며, 나아가서 모든 선근을 닦습니다. 이른바 믿는 마음이 많고, 부끄러운 줄 알고, 화순하여 모든 일을 잘 참고, 불법을 공경하고 선지식을 존중하고, 법을 듣는 데 만족한 생각이 없고, 들은 법을 올바르게 살피며, 명예를 구하지 않고 이익을 탐하지 않으며, 아첨하지 아니하고 말한 대로 실행하며, 항상 진실한 말을 하여 불법을 더럽히지 아니하며, 온갖 지혜를 내는 마음이 산과 같이 움직이지 아니하며, 보리를 도울 일을 행하기에 만족한 줄을 모르며, 훌륭한 가운데서도 더욱 훌륭한 도를 구하는 것입니다. 이와 같이 깨끗한 법을 이룩하는 것을 '환희지에 머문다'고 합니다.

또 환희지에 머문 보살은 여러 부처님께 공양하고 많은 교법을 그대로 받아 지니려 하는데, 그 원력의 크기가 법계와 같고, 끝 간 데 없음이 허공 같아서, 오는 세상이 끝나도록 부처님의 교법을 수호하려 합니다.

또 생각하기를 '모든 보살이 마음을 같이 하고 모든 선근을 함께 행하며, 원망하거나 미워함이 없고, 같은 경계에 평등한 마음으로 화합하여 서로 떠나지 아니하고, 필요함을 따라 부처님 몸을 나타내며, 마음으로 부처님의 경계와 신통과 지혜를 알고, 여러 세계로 다니면서 부처님의 회상마다 몸을 나타내고 보살의 수행을 원만하게 하리라.'

또 생각하기를 '부처님의 올바른 법이 이렇게 깊고 묘하고, 이렇게 크고 넓어 한량이 없는데, 범부들은 마음이 나쁜 소견에 떨어져 어둡고 어리석음이 지혜를 가리었으므로, 교만은 짐대 같고 애정은 그물 같아서, 항상 아끼고 미워하는 생각으로 삼계에 태어날 밑천을 만들고, 탐욕과 노여움과 어리석음으로 업을 지으며, 원한의 바람이 죄업의 불길을 불러일으키며, 행하는 일은 모두 뒤바뀐 일이어서, 아득한 무명 번뇌만 늘이어 가니, 먼저 이렇게 고통 받는 중생을 구제하여 불법의 즐거움을 얻게 하리라.'

어떤 사람 착한 일 닦아 모아서 깨끗한 마음으로 부처님 섬겨
청정한 믿는 힘과 자비심으로 한량없는 부처님들 지혜 일으키려.
자비한 마음에 지혜가 으뜸 되어서 방편과 수단으로 행을 닦으면

곧고 깊은 마음 한결같아서 그로부터 나는 힘 한량없으리.
진실한 마음을 일으킨 보살 범부를 떠나 부처 행에 이르고
부처님네 집안에 태어나서는 위없는 보리를 이루게 되리.
그런 마음 날 적에 초지初地에 들어 흔들리지 않는 마음 태산과 같고
환희의 모양 깨끗이 드러나 부처님의 크신 일 잇게 되리.
다투는 일을 즐기지 않고 성내는 마음 생기지 않고
부끄럽고 공손하기 즐겨 익히면 바른 마음 닦아서 중생 건지리.
가는 곳마다 부처님 나라에 보살네들 가득가득 차 있어서
마음을 함께 모아 정성 다하면 듣는 일 보는 일 헛되지 않으리.

3 보살이 둘째인 이구지離垢地에 이르면 자연히 온갖 살생하는 일을 여의게 되어, 칼과 몽둥이를 버리고 원망하는 마음조차 없는데, 어찌 남을 해롭게 하랴. 여러 가지 훔치는 일이 없지만 생활하는 물자가 넉넉하고, 나쁜 음행을 여의어 자기의 아내에 만족하고, 잠깐도 다른 여자를 생각지 않으며, 항상 진실한 말만 하리라.

또 생각하기를 '중생들이 나쁜 소견을 가지고 나(我)요 남이라 하는 분별을 내어 서로 다투며, 매양 재물을 탐내어 만족할 줄을 모르며, 무명 번뇌에 가려서 나고 죽는 험한 길에서 한량없는 고통을 받으니, 진실로 불쌍한 일이다. 내가 먼저 그들을 바른 길로 인도하여 정당한 생활을 하게하고, 번뇌의 불길을 꺼버리고 지혜의 눈을 얻게 하리라.'

중생들이 받는 여러 가지 심한 고통 지옥과 축생과 아귀의 불타는 몸
나쁜 마음으로 생기는 이런 것들 나는 이제 깡그리 여의었노라.
여러 가지 고통을 이미 여의고 진실한 보리 도를 닦고 행하니
이 세상 오는 세상 온갖 즐거움 날날이 선한 일로 생겨나는 것.
보살이 이구지에 올라간 이는 흔히들 전륜왕으로 태어나서

모든 중생을 인도하여 열 가지 선한 길에 들게 하니라.

4 또 보살이 셋째인 명지明地에 이르면 모든 법의 참된 성품을 살피게 됩니다. 모든 하염 있는 법은 모두 항상 하지 않고, 괴롭고, 나라고 할 것이 없고, 깨끗하지 못하여 머지않아서 없어질 줄을 알며, 법의 참된 성품은 지어짐도 없고 생기지도 않고, 오는 것도 아니고 가는 것도 아님을 깨달습니다.

이 세상 모든 물건 등창 병 같고 애정이 얽혀서 걱정 생기니
탐욕과 성내는 모든 불길이 시작도 끝도 없이 타기만 하네.
삼계의 모든 고통 벗어나려면 부처님 지혜를 찾아 배우라,
깊고 넓어서 끝난 데 없고 서늘하고 깨끗해 고통 모르리.
중생들 가난하고 복이 없어서 지옥에 들어가고 번뇌에 헤매어
눈 어두워 법보를 잃어버리고 나고 죽고 하면서 괴로움만 받네.
저 고통 건지려면 부처님 지혜 듣고 배워야 지혜 생기니
꾸준히 나아가고 쉬지 않으면 바른 법 얻으리라, 중생을 위해.

5 또 넷째 염지焰地에 이르면 백천만억 부처님을 만나 공경하고 찬탄하며 여러 가지로 공양하고, 깊은 마음이 깨끗하여지고, 믿는 마음이 더욱 명랑하며 오랜 세월을 지낼수록 선근이 더욱더 훌륭하여집니다.

세상을 건지려고 스승을 공경하고 말씀을 따라 모든 행을 닦으면
은혜를 알고 은혜를 갚은 이 가르치기 쉬워 성낼 것 없으리.

6 또 다섯째 난승지難勝地에 이른 이는 큰 원력을 얻어 자비심으로 중생을 구제하기 위하여, 모든 성인의 진실한 지혜를 배우며, 여러 가지 복과

지혜를 닦아 밑천을 삼고 중생들을 지도하여 마침내 열반에 이르게 합니다.

복과 지혜 두 가지로 양식을 삼고 여러 가지 방편으로 법을 보면서
부처님의 보호로 지혜를 얻고 고·집·멸·도 네 가지 법 살피니라.
가련한 중생들 무명 속에 빠져 애욕의 인연으로 얽히었는데
이 세상은 일과 갖은 고통을 이 보살이 모두 다 없애어주다.

7 또 보살이 여섯째 현전지現前地에 이르면 열두 가지 인연(十二因緣)의 이치를 자세히 살피게 됩니다. 업이 밭이 되고, 식識이 씨가 되고, 무명無明으로 덮어주고, 애욕의 물을 대어 주면, 가지가지 나쁜 소견이 자라서 명색名色이란 움이 트고, 명색으로 말미암아 근根이 나고, 근과 합하여 촉觸이 있고 촉으로 인하여 수受가 생기고, 수를 좋아하여 애愛가 나고, 애가 늘어서 취取가 있고, 취의 인연으로 유有가 있고, 유로 말미암아 오음五陰이 나는 것을 생生이라 하고, 오음이 변하여지는 것을 노老라 하고, 오음이 없어지는 것을 사死라 하며, 노·사의 인연으로 우비고뇌憂悲苦惱가 있습니다. 또 무명이 없어지면 행이 없어지고 그와 같이 생이 없어지면 노·사·우비고뇌가 없어지는 것을 자세하게 관찰합니다.

모든 법의 성품과 모양을 알면 있다 없다에 흔들리지 않고
자비한 마음으로 중생을 건지리니 이런 이를 부처님의 아들이라고.
마음 깨끗하건만 계행을 지키고 해로움 없으나 욕됨을 참아
법성을 알면서도 정진을 하며 번뇌가 없더라도 선정을 닦다.
공한 줄 알면서도 법을 가리고 고요한 지혜로도 세간을 도우며
여러 가지 나쁜 짓 없애 버리면 이런 이를 일러서 큰 사람이라고.
탐하는 마음에서 삼계가 생겼고 열두 가지 인연도 마음인 줄 알면

생사도 마음에서 일어나는 것 마음이 없어지면 생사도 끝나리.
무명으로 말미암아 업을 짓고 업을 의지하여 고통이 오나니
무명을 따르면 세간이 생기나 따르지 않으면 세간도 없으리.
이러한 인연을 살펴보고는 지혜 있는 이는 공을 닦아서
일이 없어지고 계속하지 않으면 모양 없는 행(無相行)에 들어가리라.

8 또 일곱째 원행지遠行地에 이르면 한량없는 방편으로 많은 중생을 교화하여 열 가지 바라밀행을 닦게 하며, 또 열반을 매우 사랑하면서도 생사 속에 들어가며, 삼계에 태어나면서도 세상에 물들지 아니하며, 마음은 항상 고요하면서도 방편의 힘으로써 부처님 지혜를 부지런히 따르며, 부처님의 법장法藏에 있으면서도 악마의 세계를 나타내며, 외도의 행을 행하면서도 불법을 버리지 아니합니다.

지혜로써 공한 줄을 보면서도 복덕 닦기를 싫어하지 않고
세계를 훌륭하게 장식하면서도 마음은 언제나 멀리 여의다.
마음이 항상 고요하건만 나쁜 짓 없애는 일 일으키고
공하여 둘 없는 줄 알지만 자비한 마음 항상 행하다.
부처님 몸 모양 없음 알지만 삼십이상과 팔십종호 닦으며
음성은 말로 할 수 없는 것이나 부처님 음성을 찬탄하다.
한 생각에 성도함을 알지마는 때와 곳을 보여 중생을 인도해
이렇게 여러 가지 법문을 알면 이것이 원행지에 들어가는 일.

9 또 보살이 여덟째 부동지不動地에 들어가는 때를 깊이 수행하는 보살이라 합니다. 세상 사람으로는 헤아릴 수 없으며, 모든 생각과 온갖 탐욕을 여의고, 여러 가지 정진과 방편과 몸과 입으로 행하는 일이 저절로 쉬워집니다. 마치 꿈에 깊은 물을 건너가려고 모든 방편을 서두르다가, 문득

꿈을 깨면 모든 방편이 하나도 소용이 없듯이 이 보살이 처음부터 지금까지 많은 정력으로 여러 가지 행을 닦았으나, 이 부동지에 이르면 모든 뜻과 생각이 나타나지 않으며, 불심이나 보리심이나 열반심까지도 일어나지 않는 것인데, 세상에 대한 마음이 어찌 다시 생기랴.

아! 선남자여, 그대들이 지금 이 가장 깊고 고요한 해탈을 얻어 불법을 따르지만, 세상 범부들은 이 고요한 법을 얻지 못하고 번뇌의 침해를 받는 터이니, 그대들은 이 중생들을 불쌍히 여길 것입니다. 선남자여, 그대들은 마땅히 본래의 소원을 생각하여 중생을 이롭게 하고, 부사의한 지혜 얻기를 원할 것입니다. 모든 법의 성품과 모양은 부처님이 계시거나 안 계시거나 항상 머물러 다르지 않습니다. 여러 부처님은 이러한 법을 얻었다고 해서 부처님이라고 하는 것이 아니니, 성문이나 연각들로 이 고요하고 분별없는 법을 얻은 것입니다. 선남자여, 그대는 우리들의 한량없는 청정한 몸과 한량없는 지혜와 한량없는 세계와 한량없는 방편과 광명을 보라. 그대는 지금 법이 고요하여 분별이 없는 것만을 얻었으나, 우리는 한량없는 지혜를 얻었으니 그대도 부지런히 이러한 법을 얻기를 힘쓸 것입니다.

불자들이여, 만일 부처님이 지혜를 일으킬 만한 인연을 보살들에게 주지 않았더라면, 보살들은 열반에 들어가서 중생을 이롭게 하려는 일을 버리게 되었으리라. 그러나 부처님이 이 보살에게 한량없는 지혜를 일으킬 문을 열어 주었으므로, 한 생각에 내는 지혜도 초지로부터 칠지까지에 이르면서 얻은 지혜에 견주면 엄청나게 많아서 어떠한 비유로도 견줄 수 없습니다. 이를테면 큰 바다를 건너려는 사람이 바다까지 이르는 동안에 애쓴 노력이 많지만 배를 타고 순풍을 만나 바다를 건너갈 때에는 아무런 노력을 하지 않아도, 하룻 동안 가는 길이 바다까지 온 길에 비기면 백천 년 동안 걸은 길보다도 많으리라. 그와 같이 보살이 제팔지에 이르면, 큰 방편 지혜에서 무공용無功用한 마음이 생기고, 보살의 길에 있으면서 부처님 지혜의 세력을 생각하며 세계가 생겨나고 없어지는 인과 연을 알게 되리라. 마치 해와 달이 모든 물속에 그림자를 나타내듯이, 보살은 중생의 몸이 제각기 다름을 따라서 여러 가지 몸을 나타내어 제도하며, 또 목숨과 마음과 재물과 업과 나는 것과 원력과 믿고 아는 데와 뜻과 지혜와 법에 자재하는 힘을 얻게 됩니다.

10 또 보살이 아홉째 선혜지善慧地에 이르면 보살의 비밀한 법장法藏에 들어가서 모든 법의 차별과 마음의 차별을 알며, 또 중생들의 태어나는 여러 가지 모양을 알므로, 곧 지옥·아귀·축생·아수라·인간·천상들 여러 가지 모양과, 업은 밭, 애정은 물, 무명은 덮는 것, 식은 씨, 몸은 움, 명名과 색色이 함께 생겨 떠나지 않는 것, 어리석음과 사랑이 서로 계속되는 것과, 나려 하고 지으려 하고 사랑하려 하면서 열반을 좋아하지 않는 것을 알며, 그리하여 삼계의 차별이 서로 계속되는 것까지 속속들이 아는 것입니다.

11 또 중생의 업과 번뇌로 일어나는 습기習氣를 알고 중생의 정정正定·부정不定·사정邪定의 모양을 모두 압니다. 이리하여 보살은 열째 법운지法雲地에 들어가서 한량없는 지혜로 부처님 자리에 가까워지면 때를 여읜 삼매, 법계가 각각 다른 삼매, 해인삼매海印三昧등을 얻게 됩니다. 이런 삼매가 나타날 때에 보배로 된 큰 연꽃이 생기니 그 둘레는 백만 삼천 대천세계와 같고, 여러 가지 보배로 장식하였으며, 보살의 몸이 수승하여 그 연꽃 위에 앉으면 모든 세계가 진동하고, 악도들은 한꺼번에 쉬어지며, 또 보살이 많은 지혜를 이루어 보리를 수순하므로 잠깐 동안에 시방의 한량없는 부처님 앞에 나아가 한량없는 법문의 비를 받나니, 마치 큰 바다가 아무리 많은 비라도 모두 받아 두는 것 같습니다. 또 큰 바다는 ① 점점 깊어지고 ② 송장을 받아 두지 않고 ③ 다른 강물이 모두 본 이름을 잃어버리고 ④ 한 맛이고 ⑤ 보배가 많이 있고 ⑥ 들어갈 수 없이 엄청나게 깊고 ⑦ 가를 알 수 없이 넓고 ⑧ 큰 중생이 많이 살고 ⑨ 조수

가 때를 어기지 않으며 ⑩ 아무리 큰 비가 와도 넘치지 않는 것같이, 보살도 십지의 인연이 있으므로 무슨 힘으로나 깨뜨릴 수 없습니다.

환희지에서는 굳은 원이 점점 일어나고, 이구지에서는 파계한 사람과 함께 있지 아니하고, 명지에서는 모든 이름을 버리고, 염지에서는 깨뜨릴 수 없는 이름을 얻고, 난승지에서는 여러 가지 방편과 신통이 생기고, 현전지에서는 깊은 인연을 살피고, 원행지에서는 큰마음으로 모든 법을 살피고, 부동지에서는 큰 장엄을 일으키고, 선혜지에서는 깊은 해탈을 얻어 세간의 행을 통달하고, 법운지에서는 여러 부처님의 큰 법 비를 받습니다."

제8장 보현보살의 행과 원

1 부처님이 사슴의 동산에서 기사굴산으로 돌아와 많은 대중과 함께 계실 때에, 보현보살은 이렇게 말하였다.

"불자여, 보살은 모든 법이 이름이 없고, 제 성품이 없고, 오고 가는 것이 없고, '나'라고 할 주재가 없는 것을 잘 압니다. 그리하여 세상 법에 집착하지도 않고 제일의第一義 법에 얽매이지도 않으며, 허망하게 모든 법을 고집하지도 않고, 글자 생각을 일으키지도 않고, 고요한 성품을 따르면서 모든 원을 버리지 아니하며, 참다운 제일의를 따라서 좋은 방편으로 모든 법문을 말하지만, 변재가 다하지 않습니다. 글자가 없는 경계에서 글자를 마련하여 내지만, 글자의 성품을 깨뜨리지 아니하며, 여러 가지 말을 알아서 중생을 지도하며, 의심을 없애고 때를 잃지 않고 법의 비를 널리 내립니다.

불자여, 보살이 진실한 법을 듣고도 놀라지 않고 두려워하지 않으며, 믿고 알고 받아가져, 즐거운 마음으로 따라 들어가 닦아 익히고 편안히 머물면, 이는 소리를 따라서 수순하는 음향인音響忍을 얻는 것입니다.

또 보살이 고요함을 따라서 모든 법이 평등함을 보고, 바른 마음으로 법에 어김이 없이 깊은 법성에 들어가면, 이는 법의 성품에 일치하는 순인順忍을 얻는 것입니다.

또 나아가서 모든 법이 생기는 것과 없어지는 것을 보지 아니하면, 이는 무생법인無生法忍을 얻는 것이니, 모든 것이 나지 않으면 없어지지 않을 것이고, 없어지지 않으면 다함이 없고, 다함이 없으면 때를 여의고, 때를 여의면 망가짐이 없고, 망가짐이 없으면 흔들리지 않고, 흔들리지 않으면 고요한 곳이고, 고요한 곳이면 욕망도 없고 행할 것도 없으리니, 이 곧 큰 원력이요, 장엄에 머무는 것이니 이것이 셋째 무생법인입니다.

불자여, 또 여래의 음성이 안으로도 밖으로도 안팎으로도 나는 것이 아닌 줄을 알고, 음성을 듣는 이도 안과 밖과 안팎에 있지 않으면서 지혜를 내어 모든 소리가 인연으로 생기는 줄을 알면서도 법으로 보시함을 쉬지 아니하고, 음성의 비밀에 들어가 뒤바뀌지 아니하고 온갖 것을 배우면, 이는 여향인如響忍이라 합니다.

모든 물건이 마음으로 생기어 허망하기 요술과 같은 것,
요술쟁이가 모든 물건 만들어 사람들을 홀리나 실상은 없다.
부처님과 모든 것이 요술이지만 한량없는 행원으로 도사導師도 요술,
넓고 큰 자비로 중생을 깨끗하게 깨끗함도 요술이나 원력으로 나타나.
지혜는 허공같이 원만하여서 가지가지 장애를 덜어 버리나
허공의 제 성품 섞인 것 없어 세간의 모든 일도 허공과 같아.
허공은 성품 없이 끊을 수 없고 지혜도 허공과 같아 차별이 없으며,
허공은 처음도 끝도 중간도 없어 지혜도 그와 같아 다름이 없다.
아주 작은 털끝에도 보현 있듯이 하나하나 털끝마다 세계가 있고
한량없는 보배로 그 세계 장엄 많고 많은 이름으로 법문 말하다.
말할 수 없는 부처님들의 노래 그 노래에 말할 수 없는 진리가 있고
소리마다 말할 수 없는 법륜이 구르고 법륜마다 말할 수 없는 경전 설하다.
훌륭한 성품 말할 수도 없고 부처님 뵙는 것 말할 수 없고
가지가지 방편도 말할 수 없으나 그대로 따르면 불성에 들어가리.

2 불자여, 부처님은 안으로 큰 자비를 품고 모든 중생들을 버리지 아니

하며, 마음이 항상 고요하면서도 중생을 잘 살펴서 때를 잃지 아니하며, 공교한 선근으로 중생을 조복합니다. 또 부처님은 여러 가지 악마의 떼를 깨뜨리며 외도들을 항복받고 중생을 교화하여 기쁘게 합니다.

부처님을 참으로 바르게 생각하는 중생이 있으면, 그 앞에 나타나서 대승을 말하며, 중생들의 선근을 길러주며, 교화할 시기를 놓치지 아니하며, 자재한 신력이 끊일 때가 없으며, 청정한 법계에서 중생을 위하여 법을 연설합니다.

또 부처님은 눈으로 봄으로써 귀로 듣는 불사를 지으며, 들음으로써 코로 맡는 불사를 지어, 이와 같이 여섯 기관이 서로 넘나들며 여러 경계에서 불사를 짓습니다. 또 부처님은 그지없는 공덕장功德藏이시므로 중생으로 하여금 믿는 마음을 내어 즐겁게 하며, 보리심을 내지 못한 이는 보리심을 내게 하고, 마음을 낸 이는 지혜를 갖추게 하되, 다른 이를 말미암지 않고 깨닫게 하며, 혹은 중생으로 하여금 세상을 싫어하고 부처님 마음을 따르게 하며, 혹은 목숨이 짧을 것을 말하며, 혹은 세상이 즐거울 것 없음을 말하며, 혹은 깨끗한 마음으로 부처님을 생각하면 부처님을 본다고 말하며, 모든 고통을 없애고 깨끗이 불도를 구하게 하며, 여러 세계의 중생을 거두어 부처님의 깊은 경계에 들게 하며, 방탕한 중생을 거두어 깨끗한 계행을 가지게 합니다."

3 부처님은 보수寶手보살에게 이렇게 말씀하시었다.

"보살이 도솔천에서 큰 광명을 놓아 여러 세계에 비추면, 지옥의 중생들이 광명을 받고 크게 기뻐하고, 목숨을 마친 뒤에는 도솔천에 태어나 하늘의 아름다운 음성을 듣는 것이니 여러 하늘 사람들이여, 비로자나 부처님 계신 데 가서 공경하여 예배하라. 마치 겁이 끝날 때에 수미산을 태워 버리듯이, 다섯 가지 욕심도 부처님만 생각하면 모두 소멸된다. 그러한 은혜를 생각하고 부처님을 공경하라. 만일 은혜를 알지 못하면, 이 목숨이 마친 뒤에 다시 삼악도에 들어가게 되리라. 너희들이 지옥에 있다가 광명의 은혜를 입고 천상에 태어났으니 그 선근을 잘 길러야 하리라."

그때 하늘 사람들은 이 소리를 듣고 매우 기뻐서 이렇게 물었다.

"어떻게 하면 허물을 뉘우칠 수 있겠습니까?"

그 대답은 이러하였다.

"하늘사람이여, 업장이란 것은 다른 데서 와서 내 마음에 모이는 것이 아니고, 잘못된 소견에서 생기는 것이다. 중생의 탐냄·성냄·어리석음으로 생긴 업은 진실한 자체가 없으므로, 여러 곳으로 구하여도 찾을 수 없다. 소리란 것은 나는 것도 아니고 없어지는 것도 아님과 같이, 모든 업도 나는 것 없어지는 것 아니거니와, 다만 업을 따라서 과보를 받는 것이다. 마치 내 음성이 오랜 세월을 지내도 다하지 않음과 같이, 만일 음성이 가고 올 바가 있다고 하면 그것은 한편에 치우치는 것이니라.

또 깨끗한 거울 속에 여러 세계의 모든 물건이 나타나더라도 그 그림자는 밖에서 와서 거울 속으로 들어간 것도 아니며, 거울에서 나와서 다른 데로 가는 것도 아님과 같이, 모든 업보도 오는 것도 아니고 가는 것도 아니지만, 여러 가지 과보를 내는 것이다. 이렇게 아는 것이 참으로 허물을 뉘우치는 것이리라."

지나간 세상 부처님들이 광명을 놓아 시방에 비추었으니
나도 세상의 등불이 되어 공덕과 지혜를 얻으려 하네。
이 세계 중생들 삼독불 성하여 나쁜 곳에 받는 고통 없애 줄까나,
이러한 서원 안 물러가면 보살행 닦아 큰 힘 얻으리。

4 그때 부처님이 미간 백호상에서 '여래의 법 밝히는 광명'이 나와 한량없는 광명으로 권속을 삼고 모든 세계에 비치었다. 부처님의 자재한 신력으로 여러 보살의 마음을 깨우쳤으며, 모든 악도의 고통을 없애고, 모

든 대중을 두루 돌고는 여래성기묘덕보살如來性起妙德菩薩의 정수리로 들어갔다. 묘덕보살은 대중을 대신하여 보현보살께 물었다.

"불자여, 여래의 성품이 일어난 법을 말씀하여 주소서."

보현보살은 다음과 같이 말했다.

"불자여, 여래의 성품이 일어난 법은 말하거나 생각할 수 없으니, 그것은 한량없는 인연으로 정각을 이루고 세상에 나신 까닭입니다. 한없는 보리심을 내어 모든 중생을 버리지 아니하며, 한없는 오랜 세월에 깊고 바른 마음으로 선근을 닦았으며, 한없는 자비로 중생을 구호하였으며, 한없는 수행으로 큰 서원을 버리지 않았으며, 한없는 방편과 지혜를 내어 모든 법의 참된 이치를 연설한 탓입니다. 큰 구름에서 비를 내릴 적에 어떤 중생도 그 방울 수효를 알지 못합니다. 만일 그 수효를 헤아리려면 마음이 미칠 지경인 것같이, 부처님이 세상에 나시어서 여래성기如來性起의 비를 내리심도 그와 같아서, 온갖 중생과 성문과 연각들도 헤아릴 수 없습니다.

불자여, 구름이 꼭 같은 비를 내리더라도 그 오는 곳에 따라서 각각 다르듯이, 부처님의 자비하신 법의 비도 교화를 받을 근기를 따라 같지 아니합니다. 이 여래성기의 법은 여러 부처님의 평등한 지혜광명에서 일어나는 것이니, 부처님의 꼭 같은 지혜에서 한량없는 공덕을 내는데 중생들은 이 모든 공덕을 부처님이 내시느라고 생각하지만, 이것은 부처님의 신력으로 내는 것이 아닙니다. 불자여, 한 보살이라도 일찍 부처님께 선근을 심지 아니하였으면 부처님의 조그만 지혜도 믿을 수가 없습니다. 다만 부처님은 중생들의 선지식이 되었으므로, 중생은 그로 말미암아 큰 지혜를 얻을지언정, 짓는 공덕도 없고 짓는 이도 없습니다.

불자여, 대자大慈는 중생의 의지할 데며, 대비大悲는 중생을 구제하므로, 대자대비로 중생을 이롭게 하니, 대자대비는 여래의 방편과 지혜를 의지하였고, 방편과 지혜는 여래를 의지하였거니와, 여래는 의지한 데 없이 걸림이 없는 지혜 광명으로 시방세계를 비추는 것입니다.

불자여, 여래의 성품이 일어나는 법은 그 행이 한량없으므로 공덕이 한량없고, 오고 가는 것이 없으므로 시방에 가득하고, 몸이 없으므로 마음과 뜻을 여의었고, 모든 것에 평등하므로 허공과 같고, 끝나는 일이 없으므로 모든 중생들은 '나'도 없고 '내 것'도 없습니다. 또 옮아감이 없으므로 모든 세계가 다하지 아니하고, 물러감이 없으므로 오는 세상이 끊이지 아니하고, 생멸하는 법과 생멸하지 않는 법을 평등하게 관찰하므로 여래의 지혜가 걸림이 없고, 본래의 행과 원을 회향하여 자재하고 만족하므로 중생들을 평등하게 이롭게 합니다.

> 모든 물건 변하여 달라지지 않음은 그 성품이 공하여 지음 없는 탓,
> 부처님의 성품도 허공과 같아서 있는 것도 없는 것도 모두 아니다.
> 바른 법의 성품을 말로 할 수 없으매 어느 곳에서든지 항상 고요해,
> 부처님 경계도 말로 할 수 없으매 고요한 모양 허공의 새 발자국.
> 끝없는 원력으로 깨끗한 몸 이루어 열 가지 공덕으로 큰 신통 나투니,
> 여래의 깊은 법문 알려는 이는 그 마음 깨끗함을 허공과 같이.
> 허망한 생각과 나쁜 소견 떠나서 청정한 도를 닦아 마음 깨끗하게,
> 부처님의 큰 공덕 말할 수 없건만 중생을 깨우려고 조금만 연설.

5 불자여, 마치 해가 뜨면 어둠이 없어지고 모든 물건을 자라게 하며, 찬 습기를 없애고 허공에 비쳐서는 중생을 이롭게 하고, 못에 비쳐서는 연꽃을 피게 하고, 온갖 모양과 빛깔을 나타내며, 모든 세상일을 이루게 하니 한량없는 광명을 놓아 보내는 까닭입니다.

부처님 해도 그와 같아서 나쁜 것을 없애고 착한 것을 기르며, 지혜의 빛으로 중생의 어둠을 없애고, 큰 자비로 중생들을 이롭게 하여 저 언덕에 이르게 합니다.

해가 처음 들 적에는 높은 산에 먼저 비치고
차례로 낮은 산과 높은 땅 필경엔 평지까지 비치느니라.
부처님 지혜의 해도 그와 같아서 보살들에게 먼저 비치고
그 다음엔 연각과 성문 중생들까지 모두 비치느니라.
지혜의 해는 비친다는 생각 없지만 믿음 없는 이에게도 이익 주나니,
앞 못 보는 소경들도 해가 뜨면 밥도 먹고 저 할 일을 모두 하듯이.
부처님 음성이 법계에 가득하며 간 곳마다 들리지 않는 데 없어
중생의 인연으로 나는 것이니 듣기만 하면 나고 죽음 벗어나리라.
골짜기에 울려서 메아리 나듯 인연으로 나는 소리 듣는 이 각각,
부처님 음성은 세상의 메아리 교화 받을 중생들 듣고 기뻐해.

6 불자여, 부처님의 마음을 보살들이 어떻게 아는가? 그것은 부처님의 지혜가 한량없으므로 마음도 한량없을 줄을 아나니, 마치 허공이 모든 물건의 의지할 데가 되거니와, 허공은 다른 데 의지하지 않듯이, 부처님의 지혜도 모든 지혜의 의지가 되지만, 다른 데 의지하지 아니합니다.

또 큰 바다가 사천하의 땅과 팔십억 섬들을 축여 주므로 중생들이 파는 데마다 물을 얻지만, 바다는 중생들에게 물을 이바지한다는 생각이 없듯이, 부처님 지혜도 모든 중생의 마음을 축여 주므로, 중생들이 제각기 가지가지 법문을 의지하여 선근을 닦으면 모두 지혜의 광명을 얻지만, 부처님은 중생에게 지혜를 준다는 생각을 하지 아니합니다.

또 불자여, 부처님의 지혜는 이르지 않는 곳이 없나니, 그것도 모든 중생이 부처님의 지혜를 갖추지 못한 이가 없는 까닭입니다. 다만 중생들이 뒤바뀐 생각으로 부처님의 지혜를 알지 못하거니와, 뒤바뀐 생각을 여의기만 하면 일체지와 스승 없이 얻는 지혜와 걸림 없는 지혜를 일으키게 됩니다.

또 불자여, 삼천 대천세계와 같이 큰 경전에 삼천 대천세계의 모든 사실을 기록한 것이 티끌 속에 있어서 중생에게 이익을 주지 못하는데, 어떤 지혜 있는 사람이 그것을 가엾이 생각하고, 티끌을 털어 버리고 경전을 꺼내어 중생을 이롭게 하듯이, 중생의 몸 가운데 부처님의 한량없는 지혜가 있건만, 잘못된 번뇌가 가려서 알지 못하고 보지 못하고 믿지 못하는데 부처님이 보시고 탄식하기를 '이상하다, 중생들의 몸속에 여래의 지혜를 두루 가지고서도 알지 못하는구나! 내가 저들에게 가르쳐 성인의 도를 닦게 하여, 잘못된 생각을 여의고 몸속에 있는 여래의 지혜를 깨닫게 하리라.' 하고 중생을 교화합니다.

진여는 다함없고 생멸도 아니며 있는 데 없어 찾아 볼 수 없듯이,
부처님 경계도 다함이 없고 삼세를 여의어서 항상 그러해.
새들이 허공에 백천 번 날아도 간 곳 안 간 곳 알 수 없듯이
부처님 행하심 백천 번 말하여도 말한 것 못한 것 헤아리지 못하리.
가루라가 허공에서 용궁을 엿보고 죽게 된 용들을 차다가 먹듯이,
여래 행에 머무시는 부처님들도 선근이 익은 중생 건져내시다.
해와 달이 허공에 두루 다니며 사람을 이익하나 그런 생각 없듯이,
부처님은 법계에 다니시면서 중생을 건지시나 건진다 아니하네.

7 불자여, 부처님의 지혜는 이치를 알아 의혹을 없애며, 양 극단을 여의고 중도에 머물며, 모든 글자와 말을 알고, 중생의 마음과 마음 수효를 알며, 근기와 번뇌와 습성을 알고, 한 생각에 삼세의 모든 법을 압니다.

마치 바다 속에 모든 중생의 모양이 나타나기 때문에 해인海印이라 하듯이, 부처님의 지혜 바다에는 모든 중생의 마음과 감각하는 기관이 나타나면서도 나타나는 바가 없으므로, 부처님을 일체각一切覺이라 합니다.

불자여, 부처님이 깨달음을 얻을 적에 방편으로 모든 중생들과 같은

몸을 얻으며, 모든 법과 모든 세계와 모든 삼세와 모든 여래와 모든 말과 모든 법계와 열반계와 같은 몸을 얻으며, 음성과 걸림이 없는 마음도 역시 그러합니다.

불자여, 또 모든 글자와 말들은 모두 법륜을 굴리는 것임을 알 것이니, 여래의 음성이 이르지 못하는 데가 없는 까닭이며, 법륜이 메아리 같은 줄을 알 것이니 참된 법성인 까닭이며, 모든 음성이 한 음성임을 알 것이니, 여래가 이것으로 법륜을 굴리지만, 부처님의 법륜 굴리심이 주재가 없는 까닭입니다.

불자여, 여래는 중생을 즐겁게 하기 위하여 세상에 나시며, 중생으로 하여금 근심하고 슬퍼하고 사모하게 하기 위하여 열반에 드는 것을 보이거니와, 여래는 참으로 세상에 나는 일도 없고 열반에 드는 일도 없습니다. 여래는 항상 계시는 것이 법계와 같은 까닭에, 해가 세상에 비칠 적에 여러 가지 물그릇에 그림자가 나타나지마는, 해는 '내가 여러 물그릇에 비친다'는 생각이 없습니다. 만일 어느 한 그릇이 깨어지면 해 그림자가 비치지 않는데, 그것은 해의 허물이 아니고, 그릇이 깨어진 탓입니다.

불자여, 여래의 지혜해가 한 생각 동안에 나타나서 모든 세계의 여러 중생에게 비치어 번뇌의 때를 없앨 적에, 깨끗한 마음에는 비치지 않는 데가 없지만, 마음이 흐리고 깨어진 중생은 여래의 법신 그림자를 보지 못하므로 부처님이 열반에 드심을 보고야 비로소 놀래어 제도가 됩니다. 그러므로 부처님이 열반에 드심을 보이거니와 실상은 여래는 나지도 않고 없어지지도 않고 영원히 열반에 드심이 없습니다.

또 큰 불이 일어나서 모든 세계에서 초목 따위를 모두 태우다가도, 만일 초목과 마을이 없는 곳에 이르면 저절로 꺼집니다. 그러나 사실은 온 세계의 불이 모두 꺼진 것이 아니듯이, 부처님이 모든 세계에서 중생을 제도하다가 한 세계의 중생을 제도하여 마치고는 열반에 드는 것이고, 모든 세계에서 열반에 드시는 것은 아닙니다.

8 불자여, 보살들은 과거 · 미래 · 현재를 통하여 중생의 행에 들어가며, 그의 선근행과 불선근행에 들어가며, 번뇌와 습기의 행에 들어가며, 깨끗한 세계와 부정한 세계에 들어가며, 큰 세계와 작은 세계에 들어가며, 젖혀진 세계와 엎어진 세계에 들어가며, 부처님 있는 세계와 없는 세계에 들어갑니다.

또 보살이 사랑하는 마음을 내는 것은 모든 중생을 구호하려 함이고, 어여삐 여기는 마음을 내는 것은 모든 중생을 대신하여 고통을 받으려 함이며, 보시하려는 마음을 내는 것은 가진 것을 버리려 함이고, 모든 지혜를 얻을 생각을 내는 것은 불법을 구하려 함입니다.

또 생각하기를 '법을 증득證得하는 것은 마음이 근본이니, 마음이 깨끗하면 모든 선근을 모아 쌓을 것이며, 마음이 자재하면 위없는 지혜를 얻고 큰 행을 닦고 큰 원을 이루어 중생을 교화할 것이라'고.

불자들이여, 보살은 경계에 자재하니 깨달은 경계를 나타내고, 고요한 경계에서도 산란한 경계를 버리지 아니하며, 또 자비와 지혜와 원력으로 중생을 불쌍히 여기어서, 번뇌가 흐린 나쁜 세상에 일부러 들어가서 다섯 가지 쾌락을 받느라고 처자와 권속을 기르니 중생을 교화하기 위한 까닭입니다.

또 보살은 여러 가지 손이 있습니다. 불법을 끝까지 받아 가지기 위해서는 믿는 손이 있고, 구걸하는 이를 즐겁게 하기 위해서는 재물에 애착하지 않는 손이 있고, 끊임없는 공덕을 쌓기 위해서는 부처님께 공양하는 손이 있고, 중생의 의심을 덜기 위해서는 많이 아는 손이 있고, 번뇌의 흐름에 떠도는 중생을 건지기 위해서는 저 언덕에 보내는 손이 있고, 번뇌를 없애고 불법의 광명을 보이기 위해서는 지혜의 손이 있습니다.

9 또 보살에게는 열 가지 악마가 있습니다. 오음 마五陰魔는 오음을 탐하는 것, 번뇌 마는 번뇌에 물드는 것, 업마業魔는 장난을 일으키는 것, 마음 마는 교만하는 것, 죽는 마는 태어난 데서 떠나는 것, 하늘 마는 교만하

고 방탕한 것, 선근을 잃는 마는 뉘우치지 않는 것, 삼매 마는 선정을 맛들인 것, 선지식 마는 스님네에게 집착을 내는 것, 보리를 모르는 마는 큰 소원을 내지 못하는 것입니다. 이런 마는 좋은 방편으로 빨리 여의어야 합니다.

또 여러 가지 마업魔業이 있는데, 보리심을 잃고 선근을 닦는 것과 나쁜 마음으로 보시하고, 성내는 마음으로 계행을 가지고 나쁘고 게으른 중생을 버리며 산란하고 지혜 없는 중생을 업신여기는 것, 불법을 아끼고 법기法機가 되는 이를 꾸짖으며, 이양을 탐내어 법문을 말하며, 법기가 아닌 이에게 묘법을 말하는 것, 선지식을 멀리하고 나쁜 이를 가까이하며, 소승을 좋아하는 것, 바른 법을 비방하여 경전을 듣지 않거나 들어도 찬탄하지 않는 것, 법사가 법을 말하더라도 공경하며 하심下心하지 아니하고 그 말을 그르다는 것, 세간 학문을 좋아하고 자격이 없는 이에게 묘한 법을 말하는 따위가 모두 악마의 업입니다.

보살은 또 마군에게 붙들리는 일이 있는데, 게으른 마음을 내거나, 부처님 법을 버리거나, 탐심이 많거나, 자기만 해탈하기를 생각하거나, 큰 원력을 내지 않거나, 번뇌를 여의고 고요한 데를 즐기거나, 나고 죽는 번뇌를 끊으려거나, 중생을 교화 성취하려는 마음을 버리거나, 바른 법에 의심을 내어 불법을 비방하면 마에게 붙들립니다. 이런 일은 빨리 여의어야 합니다.

또 보살이 만일 모든 법이 무상한 줄 알면 법에 붙들리고, 고통인 줄 알면 법에 붙들리고, 온갖 법이 '나'라고 할 것이 없는 줄 알거나, 열반이 고요하다거나 하면 법에 붙들리고, 또 정당치 못하게 생각하면 무명無明·행行 내지 노사老死가 일어나고, 정당치 못한 생각이 없어지면 무명·행 내지 노사도 없어진다 하면 법에 붙들리고, 모든 세계와 법과 중생과 세간 따위가 부처님 경계라 하면 법에 붙들리고, 모든 생각을 끊고 고집을 버리고 열반을 따르면 법에 붙들리게 되는 것입니다."

제9장 선재동자가 선지식을 찾다

1 어느 날 부처님께서는 사위성(사위국) 기타 숲에 있는 외로운 이 돕는 절 큰 강당에서 보현보살, 문수보살을 비롯한 오백 보살들과 함께 계셨다. 그 자리에 모인 대중들은 모두 이렇게 생각하였다. '부처님의 수행과 부처님 지혜의 경계와, 부처님의 힘을 우리에게 보여 주지 않으시려는가?'

부처님은 대중의 생각을 아시고, 자비스런 방편으로 사자분신삼매師子奮迅三昧에 드셨다. 기타 숲 동산과 큰 강당이 별안간에 넓어지면서 수없는 세계가 되었고, 여러 가지 보배로 장식한 누각과 숲과 강에서는 찬란한 빛이 솟아 구름에 비치고, 하늘에서는 아름다운 음악이 흘러나와 부처님을 노래하였다. 보살들은 수없는 권속들과 함께 사방에서 구름처럼 몰려와 부처님을 찬탄하였다.

깨달은 경지 한량이 있거나 없거나 부처님은 이런 것을 초월하셨네
어둠을 사르는 밝은 해처럼, 보름달처럼 걸림이 없으시니.
바닷물이 맑고 고요하듯이 부처님은 목마름을 더시고,
수미산이 바다 위에 우뚝 솟듯이 부처님은 법 바다에 머무르시다.
여의주 보배 곳곳에 나타나듯 부처님 등불 모든 법속에 밝으시고,
물 맑히는 구슬 흐린 물 맑히듯이 부처님 뵈오니 몸과 맘이 깨끗해.
푸른 빛 보석이 모든 것을 푸르게 하듯 부처님 뵈면 지혜 슬기롭고,
티끌 속마다 자재하신 부처님 수없는 보살들을 맑게 하시네.

깨끗한 생각 어리석음 여의고 온갖 법문을 들어 지니며,
부처님의 끝없는 미묘한 법 바다 깊고 밝은 지혜로 분별하리.
믿음과 지혜 뚜렷이 갖추어 의심은 없어지고 고달픔 몰라
나고 죽는 가운데 있으면서도 이 마음 항상 물들지 않네.
보살들 하시는 일 헤아리기 어려워 온 세상 사람들 누가 알건가,
보리의 밝은 빛 시방에 비치니 어둠은 부서지고 중생을 제도하다.
끝없고 셀 수 없는 오랜 세월에 부처님 음성 못 들었거든
받들어 뵙고 의심 풀기란 하늘에 올라가 별을 따는 것.
온갖 법 다 아시는 세상의 등불 중생을 건지시는 위없는 복밭
부처님의 거룩하신 몸매 한없이 뵌들 싫다 하리까.
공덕이 원만하신 부처님 햇빛 우리의 복과 덕 길러 주시니
그 빛 받는 이, 나쁜 길 여의고 괴로움 없어지고 지혜 몸 되리.
우리들 건지시려 부처님 나시어 자비한 마음 법 수레 굴리며
끝없는 세월 고통을 대신 받은 부처님 은혜 어이 갚으리.

2 그때 문수보살은 조용히 자리에서 일어나 많은 권속을 데리고 남쪽으로 붓다가야의 성 동쪽에 가서 장엄당사라 숲 속에 있는 큰 탑 속에 들어갔다. 그곳은 지나간 세상 부처님들이 보살행을 닦으실 적에 고행하시던 곳이었다. 성 안에 있는 사람들은 문수보살이 큰 탑 속에 있다는 소문을 듣고 앞을 다투어 몰려들었다.

문수보살은 몰려온 사람들에게 법문을 말하여 주려고, 먼저 그들의 마음을 살피다가 그 가운데서 선재동자善財童子를 발견하였다. 선재동자는 지난 세상에 보살도를 닦으면서 착한 일을 많이 하였고, 이 세상에 태어날 적에는 여러 가지 보배가 하늘에서 내려와, 여러 광에 가득 찼으므로 선재善財라고 이름 지었다.

문수보살은 선재동자에게 말하였다.

"너에게 부처님의 미묘한 법을 말하여 주리라."

여러 가지 법을 말한 뒤, 문수보살은 위신력으로써 그 자리를 떠나지 않고 남쪽으로 갔다.

선재동자는 문수보살에게서 부처님의 거룩한 공덕을 듣고, 보리를 얻으려고 게송으로 노래하였다.

삼계는 성이 되고, 아만은 탐이 되고
육취는 성곽이요 애욕은 참호로다.
무명에 가리고 삼독이 치성하여
악마를 임금으로 그 속에 살았었네.
탐욕에 얽매이고 아첨이 앞을 서고
의혹이 눈을 가려 험한 길 헤매오니,
보살의 크신 자비 깨끗한 지혜의 해로
번뇌 바다 말리우고 굽어 살펴 주사이다.
보리 마음 구족하고 공덕을 많이 쌓고
여러 중생 건지시는 거룩한 보살님,
지혜의 횃불 들어 세상을 비치시니
험난한 이곳에서 바른 길 일러주오.
세상을 비춰 주는 해와 같은 부처님
의젓이 오며가며 중생을 건지시되,
모든 업보 분별하고 법의 성품 아시니
제일가는 대승 법문 제게 보여 주소서.
청정한 자리 위에 선정 아씨 모시었고
아름다운 불법 풍악 보살도를 밝혀 주며
네 가지로 거둬 주는 그 공덕 그지없어
훌륭한 지혜광명 바른 길 비춰지다.

3 문수보살은 선재동자에게 이렇게 말하였다.

"선남자여, 네가 이미 깨달으려는 마음을 내었으니, 이제부터 선지식을 찾아다니면서, 한결같은 마음으로 가까이 모시고 공양하라. 그리고 '어떻게 보살도를 닦으며, 어떻게 보살의 행을 합니까?'고 묻는 것이 좋으리라. 여기서 남쪽으로 가면, 가락可樂국의 화합산和合山에 공덕운功德雲이라는 비구가 있는데, 그이에게 가서 보살도 닦는 방법을 물어라."

선재동자는 문수보살에게 하직하고, 보살의 말씀대로 가락국의 화합산에 올라갔다. 이레 동안을 찾아다니다가 산꼭대기에서 천천히 거닐고 있는 공덕운 비구를 만나, 보살행 닦는 법을 물었다. 공덕운은 이렇게 말하였다.

"선남자여, 아뇩다라삼먁삼보리 마음을 내고 보살행을 묻는 것은 진실로 어려운 일이다. 나는 해탈의 힘으로 지혜의 눈이 깨끗하여져서, 모든 세계를 살펴보는 데 조금도 막힘이 없었다. 그리하여 수효를 알 수 없는 부처님네가 교화할 만한 중생을 따라서 자재한 보리 법을 보이시며, 대중에서 사자후하시는 것을 보았노라. 나는 이 보문광명삼매만은 알지만, 보살들의 원만한 지혜와 수행은 나로서는 알지 못하노라. 여기서 남쪽으로 가서 해문海門국에 있는 해운海雲 비구에게 물어 보는 것이 좋으리라."

4 선재동자는 이 가르침을 듣고 기뻐하면서, 남쪽으로 해운 비구를 찾아가 이렇게 물었다.

"거룩하신 이여, 저는 온갖 지혜의 큰 바다를 건너려 하옵니다. 보살이 어떻게 하여야 나고 죽는 성품을 여의고, 부처님 집에 태어나서 큰 서원을 내고 여러 중생들을 건집니까?"

해운 비구는 이렇게 대답했다.

"선근善根을 깊고 깊게 심지 아니하고는 도를 구하려는 마음을 낼 수 없는 것인데, 선지식을 가까이 모시고 공양하며, 목숨을 아끼지 않고 부처님의 경계를 좋아하는 것이 보리심을 내는 것이니라. 내가 이 해문국에 있은 지 열두 해 동안에 바다를 대상으로 생각하여 보았다. 바다는 넓기 가이 없고 깊기 밑이 없으며, 한량없는 보배가 들어 있고 엄청난 물이 모였다. 바다는 여러 가지 빛깔을 가졌고 큰 고기가 사는 데이며, 많은 구름이 덮인 곳으로써 바닷물은 늘지도 줄지도 않는 곳인 줄을 생각하였노라.

나는 또 이렇게도 생각하였다. '이 세상에 바다보다 더 넓고 더 깊고 더 장엄한 것이 또 있을까?' 그러자 바다 속에서 보배로 된 연꽃이 저절로 솟아나고 수백만의 천왕과 용왕과 귀신들이 예배하고 찬탄하며, 연꽃 위에는 수없는 대중에게 둘러싸인 부처님이 알 수 없는 신통한 도력을 나타내셨다.

그때 그 부처님이 오른손을 들어 나의 정수리를 만지시면서, 『보안경』普眼經을 말씀하셨는데, 부처님의 경계를 보여 주며 보살의 행을 나타내시는 것이었다. 나는 천이백 년 동안 그의 가르침을 받들어 왔으므로 이 한 가지 법문은 알지만, 어떻게 보살의 모든 행을 알 수 있으랴? 여기서 남쪽으로 육십六十 유순을 가면 해안국海岸國이 있는데, 그곳에 선주善住 비구가 있을 것이다. 거기 가서 법을 물으라."

5 선재동자는 그의 말을 생각하면서 해안국에 가서 선주 비구를 찾았다. 선주 비구는 허공에서 거니는데, 많은 하늘 무리들이 꽃을 흩으며 풍악으로써 공양하였다. 선재동자는 합장하여 예배하고 이렇게 여쭈었다.

"거룩하신 이여, 어떻게 하면 보살의 행을 닦으오리까?"

선주 비구는 말하였다.

"선남자여, 나는 보살의 걸림 없는 법문을 이루었으며, 밝고 깨끗한 지혜의 광명을 얻었고, 그리하여 중생들의 마음을 살피는 데 조금도 막힘이 없노라. 일부러 짓는 것이 없는 신통을 얻었으므로, 시방세계의 많은 부처님이 말씀하신 이치를 모두 듣고 기억하며, 어떤 중생이나 나를 보기만 하면 모두 삼약상보리를 얻을 것이다. 나는 이 걸림이 없는 한 가지 법문만은 알지만 보살들의 수없는 공덕이야 어떻게 알겠는가? 여기서 남쪽으로 가면 자재국自在國에 축약성祝藥城이 있고, 거기 미가 장자라는 의사醫師가 있을 것이다. 그이에게 가서 도를 물으라."

6 선재동자는 다시 축약성을 찾아갔다. 일만 대중에게 둘러싸여 『윤자장엄광경』輪字莊嚴光經을 말하는 미가 의사에게 예배하고 이렇게 여쭈었다.

"거룩하신 이여, 저는 삼약상보리 마음을 내었는데, 어떻게 하면 보살의 행을 배우며, 생사 중에 있으면서도 보살의 지혜를 잃지 아니할는지 알지 못하오니, 가르쳐 주시기 바라나이다."

이때에 미가 의사는 자리에서 내려와 선재동자에게 공손히 절하며, 여러 가지 향과 꽃과 옷으로 공양하고 이렇게 말하였다.

"좋다! 좋다! 선남자여, 그대는 이 위없는 보리 마음을 내었구나! 이 마음을 내는 이는 온갖 부처의 성품을 지키고 모든 부처님 세계를 깨끗하게 하고, 모든 중생을 교화하게 되어, 부처님과 하늘들의 보호를 받고, 깨끗한 광명이 보살도를 비춰줌을 얻게 되리라.

선남자여, 보살은 중생의 부모가 되어 그들의 고통을 덜어 줄 것이며, 땅이 되어 모든 선근을 길러 줄 것이며, 바다가 되어 한량없는 공덕 보배를 갖출 것이며, 햇볕이 되어 세간의 어리석은 어둠을 없애 버릴 것이며, 서늘한 달이 되어 모든 중생을 시원하게 할 것이며, 맹렬한 불이 되어 탐심과 애욕을 태울 것이며, 다리가 되어 나고 죽는 바다를 건너게 하리라.

나는 시방세계 모든 중생들의 말을 알아들어서 '보살의 하는 말이 헛되지 않는 법문'만을 이룩하였으니, 어떻게 보살의 행을 말할 수 있겠는가? 여기서 남쪽에 주림住林 나라가 있고 그 나라에 해탈 장자解脫長者가 있으니 그 사람에게 가서 보살도를 물으라."

7 선재동자는 이 법문을 듣고 신심을 내어 선지식에게서 훌륭한 지혜를

얻는 줄 확신하고 남쪽으로 향하여 길을 떠났다.

선재동자는 보살의 하는 말이 헛되지 않는 법문을 생각하면서 열두 해만에 주림 나라에 이르러 해탈 장자를 뵙고, 생각하였다. '선지식은 만나기 어렵고, 가까이 모시고 있으면서 그의 뜻을 따르기는 더욱 어려운 일이구나.'

그는 이렇게 여쭈었다.

"거룩하신 이여, 저는 이미 위없는 보리를 구하려는 마음을 내었고, 이제는 부처님네의 모든 서원을 만족하고, 부처님네의 지혜 광명을 얻으려 하오니, 바른 법에 나아가는 문을 열어 의혹의 가시를 뽑아 주소서. 어떻게 하면 보살의 행을 닦습니까?"

해탈 장자는 대답했다.

"나는 부처님의 막힘 없는 장엄 법문을 성취하였으므로 시방세계의 모든 부처님을 뵙거니와, 부처님네가 여기 오시는 것도 아니고, 내가 그리로 가는 것도 아니어서, 부처님네는 오고가는 모양이 없고, 그대로 막힘없는 힘을 갖추었느니라. 그러므로 보살은 자기의 마음으로 불법을 얻고 보살행을 닦으며, 자기의 마음으로 큰 원력을 일으켜 중생을 교화하는 것이다. 지혜의 광명으로 자기의 마음을 비춰보고 부처님같이 자재한 마음을 내어야 하느니라.

나는 이 막힘 없는 법문만을 알고 있으므로, 보살의 걸림 없는 지혜와 수행을 끝까지 갖추려면, 남쪽으로 가서 장엄염부제정壯嚴閻浮提頂 나라의 해당海幢 비구에게 물으라."

8 선재동자는 매우 기뻐서 장자의 공덕을 찬탄하고 만족한 생각도 없이 우러러보면서 눈물을 흘렸다. 그리고 선지식의 은혜를 생각하면서 장자에게 하직하고 남쪽으로 향하였다.

해당 비구는 고요히 앉아서 삼매에 들었는데, 숨을 쉬는 기척도 없이 몸을 움직이지도 않았다. 그러나 그 몸의 여러 곳으로 한량없는 작용이 생기며, 광명을 놓아 마군을 항복시키며 사람들의 나쁜 마음을 소멸하고, 법을 말하여 많은 중생들을 교화하였다.

선재동자는 일심으로 해당 비구의 부사의한 삼매 법문을 생각하고 있었다. 오래된 뒤에 해당 비구는 삼매에서 일어났다.

선재동자는 이렇게 물었다.

"거룩하신 이여, 이 삼매는 깊고 넓고 자재한 것이 진실로 생각할 수 없습니다. 지혜 광명으로 모든 세계를 비추어서 나쁜 갈래의 고통을 없애고 중생들로 하여금 기쁘게 하니, 이 삼매는 무엇이라 이름합니까?"

해당 비구는 말하였다.

"선남자여, 이 삼매는 깨끗한 광명이 찬란한 반야바라밀 경계라 한다. 나는 반야바라밀을 닦아서 이 삼매를 얻을 적에 백만 아승지 삼매를 한꺼번에 얻게 되었다. 나는 이 삼매는 알지만 보살들이 깊은 지혜에 들어가 청정한 법계를 분별하는 것들이야 어떻게 말할 수 있겠는가."

9 선재동자는 해조국海潮國 보장엄普莊嚴 동산에 있는 휴사休捨 우바이에게서 법문을 듣고, 그의 지시에 따라 비목다라 선인을 찾아 갔다. 큰 수풀 속에서 나무껍질로 만든 옷을 입고 풀 자리에 앉은 신선을 보고 도를 물었다.

"나는 망가지지 않는 지혜 법문을 얻었노라." 하면서 오른손으로 선재의 머리를 만지고, 또 손을 잡았다. 선재는 별안간에 자기의 몸이 시방세계의 수없는 부처님 앞에 있는 것을 깨달았다. 그 부처님들의 몸매와 권속과 광명을 뵙고, 걸림 없는 지혜와 광명을 따라 부처님의 신력을 생각하면서 한 부처님 앞에서 하루를 지내기도 하고, 또 다른 부처님 앞에서 이레 낮 이레 밤을 지내기도 하며, 혹은 한 달, 한 해, 백 년, 천 년, 한량없는 오랜 세월을 지내는 줄을 스스로 알았다. 그리고 '망가지지 않는 지혜'에 비치어졌으므로 가지각색의 삼매와 지혜를 얻었다.

이때에 선인은 선재의 손을 놓았다. 선재는 자기의 몸이 본고장에 돌아온 것을 알았다.

"지금 기억하는가?"고 선인이 물었다.

"거룩하신 이의 힘으로 지금도 기억합니다."

"내가 아는 것은 이것뿐이로다. 저 보살들의 한없는 지혜로 부처님의 지혜 등불을 얻는 것이라든지, 잠깐 동안에 삼세의 일을 아는 것이라든지, 모든 세간에 지혜의 몸을 나타내는 것들은 나로서는 알지 못하노라. 남쪽으로 진구국進求國에 가서 방편명方便命 바라문을 보고 보살도를 물으라."

제10장 바라문들의 법문

1 선재동자는 기쁨을 이기지 못하여 선인에게 예배하고 길을 떠나 진구국에 다달았다. 방편명 바라문은 고행을 닦느라고 사면으로 맹렬한 불이 타는 높고 험한 칼산에서 뛰어내려 불 속으로 몸을 던지고 있었다. 그 바라문은 공순하게 절하고, 법을 묻는 선재에게 이렇게 말했다.

"그대가 만일 이 칼산에 올라가서 저 불구덩이에 몸을 던지면 보살의 행이 저절로 깨끗하여지리라."

선재는 이렇게 생각했다. '사람으로 태어나서 선지식을 만나기가 어렵고, 바른 법문을 듣는 것은 더욱 어렵다더니, 이 바라문은 악마이거나 악마의 심부름꾼으로서, 일부러 선지식의 모양을 짓는 것이 아닌가? 지금 나에게 목숨을 재촉하니 이것은 불법을 멀리 여의게 하려 함에 틀림없으리라.'

바로 이때에, 허공중에서 십만의 범천들이 다음과 같은 말로 선재동자를 타일렀다.

"선남자여, 그런 생각을 하지 말라. 이 사람은 대성인이다. 금강 같은 지혜 광명으로 모든 중생들의 탐욕 바다를 말리는 것이다. 이 사람이 불구덩이에서 몸을 구울 적에, 큰 광명이 솟아나와 하늘 세계를 비추면, 우리들은 오욕락五欲樂을 즐기지 않게 되며, 하늘 사람들을 그곳으로 오게 하여 법을 일러주며, 또 그 광명이 아비지옥에 비치어 고통 받는 중생들을 천상에 나게 한다."

선재동자는 범천의 말을 듣고 기쁜 마음으로 방편명 바라문이 진정한 선지식인 줄을 알고, 잘못된 것을 뉘우치면서 칼산에 올라가 불구덩이로 뛰어 들었다. 미처 불구덩이에 이르기도 전에 '편안히 머무는 삼매'를 얻고, 불구덩이에 들어가서는 '고요하고 안락한 삼매'를 얻었다. 그리고는 이렇게 말하였다.

"거룩하신 이여, 참으로 신기합니다. 이 칼산과 불구덩이도 내 몸에 닿을 적에는 편안하고 쾌락함을 주나이다."

방편명은 말했다.

"선남자여, 나는 그지없는 보살 법문을 알았을 뿐, 모든 원을 만족하고 중생의 번뇌를 소멸하는 보살들의 큰 행이야 어떻게 설명할 수 있겠는가. 남쪽으로 다른 선지식들을 찾아가서 보살행을 물으라."

2 선재동자는 남쪽으로 가면서 여러 나라에서 여러 선지식을 찾아 좋은 법을 많이 듣고, 다음에 만당성滿幢城의 만족왕滿足王을 찾아갔다. 그 성에 이르러 만족왕이 궁전에서 나라를 다스리는 정사를 한다는 말을 듣고, 선재는 궁전으로 들어갔다. 만족 왕은 금강으로 만든 자리에 앉아서 머리에는 염부단금으로 반달(半月)을 장식한 보관을 쓰고, 머리카락은 검푸르고, 귓바퀴는 길게 늘어지고, 몸에는 여의주 영락을 걸었으며, 위에는 진주로 꾸민 일산이 덮였고, 곁에는 야광주로 꾸민 당번幢幡을 세워 찬란한 빛이 사방에 비치었다. 일만 대신과 장군들이 왕을 모시고 정사를 하고 있었다.

선재는 또 무수한 백성들이 나라의 법을 어기고 형벌을 받는 것을 보았다. 혹은 다섯 군데에 결박을 지웠고, 혹은 손발을 끊기었고, 귀와 코를 잘리었고, 두 눈을 뽑혔고, 허리를 찍힌 것, 끓는 양잿물에 삶는 것, 기름 가마에 볶는 것, 전으로 싸고 기름을 붓고 불로 태우는 등 끔찍한 고통을 겪고 있었다. 선재는 속으로 생각하기를 '나는 지금 모든 중생들을 이롭게 하려고 보살도를 배우는 터인데, 이 만족왕은 사람으로는 할 수

없는 혹독한 형벌을 마음껏 하고 있으니, 나쁜 사람 중에도 가장 악독한 사람이구나.'

이때에 허공에서 하늘사람들이 선재에게 권하였다.

"이 왕에게 가르침을 청하라. 보살의 방편을 중생으로는 생각하지 못하느니라."

만족왕은 정사를 끝마치고 나서 선재의 손을 잡고 궁전에 들어가, 어마어마한 궁전의 설비와 장엄이며, 하늘아가씨 같은 시녀들 오백 명이 시위하고 있는 것들을 보여 주고 말했다.

"선남자여, 나는 보살의 요술 같은 법문을 성취하였노라. 이 나라 백성들로서 남의 물건을 훔치거나, 사람을 죽이거나, 남의 아내를 범하거나, 나쁜 소견을 가지는 사람들이 많은데, 이런 사람은 말로만 교화하여서는 그 나쁜 버릇을 고칠 수 없으므로, 이런 요술을 부려서 그들로 하여금 나쁜 버릇을 버리고 착한 일을 하게 하느라고 이러한 여러 가지 혹독한 고통을 보여 주노라. 선남자여, 내 성품이 조그만 개미 한 마리도 해롭게 할 마음을 내지도 못하는데, 하물며 사람을 두고서랴. 사람은 모든 선근을 내는 복밭임을 알아야 하느니라."

3 선재동자는 이번에는 가릉가파제迦陵伽婆提 국國의 사자분신師子奮迅 비구니를 찾아 갔다. 그 나라에 이르니, 사자분신 비구니가 일광日光 숲 가운데서 중생들을 위하여 법문을 말하고 있었다. 광명이 번쩍이는 여러 가지 나무 밑에 수없는 사자좌가 놓였고, 비단 방석을 깔고, 보배 그물을 드리웠고, 한량없는 권속들이 둘러앉았으며, 비구니는 부사의한 신력으로 말미암아 여러 곳 사자좌에 낱낱이 앉아 있었다. 얼굴과 몸매는 한없이 단정하였고, 행동거지는 아름답기 비길 데 없으며, 안정된 마음, 단아한 태도는 마니 구슬 같았고, 잔잔한 호수와도 같았다.

사자분신 비구니는 정성을 다하여 보살행을 묻는 선재동자에게 이렇게 대답했다.

"선남자여, 나는 보살의 지혜를 끝까지 궁구하는 법문을 성취하였으므로, 누구나 나를 찾아오는 사람에게는 모두 반야바라밀 법문을 일러주지마는, 사람이란 생각을 내지 아니하며, 온갖 말을 모두 알지만 말에 고집하지도 아니하며, 모든 부처님을 뵙지만 부처님이란 집착을 내지도 아니하노니, 법신法身을 깊이 아는 까닭이며, 또 한 생각 동안에 온갖 법계에 가득 차지마는 법계란 생각에 집착하지도 아니한다. 그것은 모든 법이 요술과 같은 줄을 아는 까닭이니라."

4 선재동자는 사자분신 비구니의 지도를 따라서 험난국險難國의 보장엄성寶莊嚴城으로 바수밀다 아가씨를 찾아갔다. 보장엄성에 들어가 바수밀다 아가씨가 있는 데를 물으니, 그 아가씨가 훌륭한 지혜를 가진 줄을 모르는 사람들은 '보아하니 얌전한 동자인데 어째서 그런 여자를 찾는가?' 하고, 아는 이들은 선재를 칭찬하면서 이 성 안의 깊은 궁전에 있다고 가르쳐 주었다.

아가씨가 있는 집은 크고 넓어서, 담은 열 겹을 둘렀는데, 다라나무를 줄지어 심었고, 참호도 열 겹인데 팔공덕수八功德水가 가득 차고, 밑에는 금모래가 깔리고, 각색 연꽃이 아름답게 피어 있었다. 보배로 꾸민 궁전과 누각에는 향기가 풍기고 처마 끝에 드리운 풍경에서는 꽃향기를 불러오는 바람을 따라 아름다운 소리를 내고 있었다. 아가씨의 얼굴은 아름답기 짝이 없고 태도가 단정하며, 음성이 보드라웠다. 또한 문장이 놀랍고 글씨도 명필이며, 모든 기예를 모르는 것이 없고, 못하는 것이 없었다. 보살도를 공손히 묻는 선재에게 대답하는 법문은 이러하였다.

"선남자여, 나는 애욕을 여읜 깨끗한 법문을 이루었노라. 그리하여 하늘 사람이 나를 볼 때에는 내가 하늘 사람이 되고, 이 세상 사람이 나를 볼 적에는 이 세상 사람이 되는데, 그 미묘한 태도는 천상, 인간에 비길 이가 없다. 음욕에 반한 사람이 나를 찾아오면 음욕을 여의는 법문을 가르쳐서 애착 없는 삼매를 얻게 하고, 나의 얼굴을 보는 이는 환희 삼매를 얻게 하고, 나와 말을 주고받는 이는 아름다운 음성을 얻게 하고, 나의 손목을 잡는 이는 부처님 세계에 가는 비밀을 얻게 하고, 나와 한 자리에서 자는 이는 해탈하는 광명을 얻게 하고, 나를 끌어안은 이는 모든 중생을 구호하는 삼매를 얻게 하고, 나의 입을 맞추는 이는 비밀한 공덕장功德藏을 얻게 하노니, 누구든지 내게 오기만 하면 모두 애욕을 여의는 법문을 얻게 되느니라."

5 선재동자는 또 남해에 있는 보타락가산補陀落迦山으로 관세음보살을 찾아갔다. 산의 서쪽 가는 데마다 흐르는 시내와 맑은 샘이 있고, 수목이 무성하였다. 관세음보살이 야들야들한 풀 위에 금강보좌를 놓고, 가부좌하고 앉아 둘러앉은 보살들에게 『대자비경』을 말하고 있었다. 선재동자는 합장 정례하고 보살도를 배우려고 왔다는 뜻을 여쭈었다.

관세음보살은 이렇게 말하였다.

"선남자여, 그대가 능히 더없는 보리심을 내었구나. 나는 대자비大慈悲의 법문과 광명의 행을 성취하고, 모든 부처님들의 계신 곳에서 중생을 교화하노니, 혹은 보시로 거두어 주고 혹은 일을 함께 하면서 교화하고, 어떤 때에는 부사의한 몸을 나타내기도 하고, 어떤 때는 광명을 놓아서 번뇌를 덜어 주기도 하고, 아름다운 음성으로 교화하기도 하고, 위의를 갖추고 법을 말하기도 하여, 자재한 신력으로 방편을 베풀어 깨닫게 하기도 하며, 또는 그들과 같은 몸을 나타내어 그들을 건져주며, 모든 중생들을 거두어 주려는 서원을 세우고, 그들의 험난한 길에서 헤매는 공포, 번뇌의 공포, 어리석은 공포, 얽매이는 공포, 살해를 당하는 공포, 빈궁한 공포, 다투는 공포, 죽는 공포, 나쁜 곳에 떨어지는 공포, 사랑하고 미워하는 공포들을 구원하여 주며, 또 나를 생각하거나 나의 이름을 일컫거나 나의 몸을 보는 중생들로 하여금 모든 공포를 여의게 하노라. 나는 다만 이 대자비의 법문과 광명의 행을 알고 있지만, 보살들이 남을 이롭게 하려는 큰 서원과 보현의 큰 행은 나로서는 알지 못하는 바로다."

제11장 밤차지 하늘들의 법문

1 선재동자는 가는 데마다 선지식들의 법문을 듣고, 가르침을 받았다. 가비라성에 이르러서는 파사파타 밤차지 하늘(主夜神)을 찾았다. 동쪽 문으로 들어가. 성중에 있는데, 초저녁쯤 되어서 파사파타 밤차지 하늘이 성 위의 공중에 나타났다. 금빛 같은 몸에 주홍빛 옷을 입고 보배로 단장하였는데, 눈과 머리카락은 검푸른 빛이고, 정수리에는 북상투를 틀고 있었다. 몸에서는 샛별 같은 빛이 솟아나와 한량없는 사람들을 교화하여 삼악도를 멀리 여의게 하고 있었다. 선재동자는 이런 훌륭한 모양을 보고 기쁜 마음으로 밤차지 하늘의 발에 절하고 보살도를 물었다. 파사파타는 이렇게 말하였다.

"선남자여, 나는 광명으로 모든 법을 비추어 중생의 어리석음을 없애는 법문을 성취하였노라. 그리하여 밤이 깊고 인적이 고요하여져서 귀신과 도둑들이 돌아다닐 때나, 구름이 흐리고 안개가 자욱하여 햇빛이 캄캄할 때에, 중생들이 바다나 산골짜기나 벌판에서 길을 잃고 헤매거나, 여러 가지 험난한 일을 만나게 되면, 내가 배도 되고 말도 되고 바다의 신장도 되어 주며, 달도 되고 횃불도 되고 별도 되어 그들의 어려운 경우를 구원하여 벗어나게 하노라.

또 중생들이 국토에 애착하여 모든 고통을 받는 이에게는 부처님의 지혜 경계에 머물게 하고, 고향이나 촌락에 애착하여 고통을 받는 이에게는 법을 말하여 애착을 여의게 하며, 어떤 중생이 갈 곳을 몰라 동쪽을 서쪽이라 하거나 남쪽을 북쪽이라 하면, 방편으로 가르쳐 잘못된 생각을 깨닫게 하며, 나가려는 이에게는 문을 열어 주고, 길을 잃은 이에게는 바른 길을 가르치고, 강을 건너려는 이에게는 배를 마련하여 주어서 구제하며, 또 중생들이 무상無常한 것을 떳떳하다 하고, 괴로운 것을 즐겁다 하고, '나'라고 할 것이 없는 것을 '나'라 하고, 부정한 것을 깨끗하다 하여 굳이 고집하여서, 원인과 결과를 믿지 않고, 선과 악을 분별하지 못하며, 함부로 살생을 하거나, 잘못된 생각으로 부모에게 불효하거나, 삼보에 공양하지 않는 이가 있으면, 나는 깨끗한 지혜의 빛으로 어리석음을 없애 주어 도를 배우려는 마음을 내게 하노라."

선재동자는 게송으로 노래하여 밤차지 하늘을 찬탄하였다.

거룩하신 이의 깨끗한 몸매 꾸미는 일 없어도 의젓하시어
문수보살님 상호와도 같고 보배로 쌓아 올린 산과도 같네.
으리으리한 광명 온 세계에 비치고 옥같이 깨끗한 마음 허공과 같아,
털구멍마다 흘러나오는 빛은 모든 세계에 공덕 구름을 내리나니.
털구멍마다 화신化身이 쏟아져 시방세계에서 중생을 구제,
그 이름 듣거나 형상만 보아도 큰 공덕 얻어 도를 구하리.

2 선재동자는 또 마가다 국으로 이구광명 밤차지 하늘을 찾아갔다. 보살도를 묻는 선재에게 이구광명 밤차지 하늘은 이렇게 법을 말하였다.

"선남자여, 나는 '고요한 선정禪定으로 정진을 좋아하는 법문'을 이루었으므로 부처님들의 신력과 이름을 알고, 또 부처님의 한량없는 목숨, 미묘한 음성, 청정한 법신이 법계에 가득한 줄을 알지만, 부처님의 그러한 모양에 집착하지 아니한다. 그 이유를 말하면, 세상의 모든 집착을 없앴으므로 여래는 지나간 것이 아니며, 일어남이 없으므로 여래는 장차 올 것이 아니며, 태어난 몸이 없으므로 여래는 지금 있는 것이 아니며,

말로 할 수 없으므로 여래는 꺼지는 것이 아니며, 요술 같은 법을 나타낸 것이므로 여래는 참이 아니며, 중생들을 이롭게 하려고 이 세상에 나셨으므로 여래는 거짓이 아니며, 여기서 죽어 저곳에 나는 것이 아니므로 여래는 갈 데가 없으며, 법의 성품은 없어지는 것이 아니므로 여래는 깨뜨릴 수 없으며, 말할 길이 끊어졌으므로 여래는 한 성품이며, 법을 끝냈으므로 여래는 성품이 없느니라.

선남자여, 나는 이 '고요한 선정으로 정진을 좋아하는 법문'을 얻었으므로, 자비한 마음으로 중생을 구원하며, 중생으로 하여금 다섯 가지 욕심을 여의고 바른 법을 좋아하게 하며, 집이 집 아닌 줄을 믿고 집을 떠나 도를 배우게 하며, 선정을 익히기 위하여 시끄러운 소리를 막으며, 광명을 놓아 어둠을 없애며, 삼보와 선지식을 찬탄하여 나쁜 짓을 쉬고 착한 일을 하게 하노라."

3 선재동자는 다시 묘한 공덕으로 중생을 구호하는 밤차지 하늘을 찾아갔다. 그 하늘은 선재에게 모든 세상을 교화하는 보살의 경계를 나타내어 보이고, 양미간의 백호상으로 광명을 놓았다. 그 광명이 모든 세계를 비추고, 선재의 정수리로 들어가서 온몸에 가득 찼다. 그때 선재는 '때를 여읜 원만한 삼매'를 얻었고, 그 삼매의 힘으로 낱낱 티끌 속에서 수없는 세계와 여러 산에 둘러싸인 큰 바다와 용왕의 궁전과 아수라의 성곽과 지옥과 아귀와 축생들의 사는 데를 보았고, 여섯 갈래의 중생들이 죽고 나는 것을 보았다. 이러한 모든 세계 가운데 이 밤차지 하늘이 있어 한꺼번에 여러 중생들의 앞에 나타나서 중생들을 제도하는 것을 보았다. 이 하늘이 지옥 중생을 위해서는 모든 고통을 쉬게 하고, 축생에게는 죽이고 해치는 공포를 덜어 주고, 아귀에게는 기갈을 없애 주고, 사람들을 위해서는 캄캄한 공포, 나쁜 놈이란 공포, 죽는 공포 따위를 없애 주었다. 모든 중생들의 어리석은 어둠 속에 있으면서 지혜의 광명을 내게 하기 위하여 교화하고 있었다.

선재동자는 이 하늘의 부사의한 보살 경계를 보고 한량없이 기뻐하여 공순하게 예배하고, 일심으로 우러러보고 있었다. 하늘은 선재에게 말하였다.

"나는 티끌같이 많은 오랜 옛적에 이 세상에 나신 부처님께 공양하고, 그 부처님이 말씀하신 법문을 그대로 듣고 받들어 한 구절도 잊지 아니하였으며, 수없이 많은 부처님 앞에서 깊고 묘한 법계와 청정한 법신을 얻고 모든 지혜의 광명을 널리 비추어 지금까지 증득하지 못하였던 보현의 큰 행을 모두 만족하였노라."

4 선재동자는 이 하늘의 지도로 멀지 않은 데 있는 적정음寂靜音 밤차지 하늘을 찾아갔다. 그 하늘은 보배 연꽃 사자좌에 앉아서 백만억 하늘사람들의 호위를 받으면서, 보살도를 묻는 선재에게 이렇게 말하였다.

"선남자여, 나는 '한량없는 기쁨으로 장엄한 법문'을 얻었으므로, 모든 중생의 마음을 맑게 하며, 나고 늙고 병들고 죽는 여러 가지 고통을 덜어주고, 여러 위없는 쾌락을 얻게 하며, 법문을 일러 주어 점점 일체종지一切種智를 얻게 하노라. 선남자여, 나는 노사나 부처님의 부사의한 상호장엄相好莊嚴을 뵙고 한량없는 기쁨을 일으키며, 그 부처님의 털구멍마다 수없는 광명을 놓아 모든 세계에 비치며, 청정한 음성을 내어 법문을 말씀하여 중생을 교화하심을 보고 한량없는 즐거움을 일으키며, 온 법계 중생에게 일체종지를 주었으므로 얻은 것도 얻는 것이 아니며, 본 것도 본 것이 아니며, 제도한 것도 제도한 것이 아니며, 만족한 것도 만족한 것이 아니니, 법계의 성품을 분명히 안 까닭이며, 지나간 법 오는 법이 모두 한 성품임을 이해한 까닭이니라.

불자여, 이 법문은 가이 없으니 모든 법의 바다를 끝까지 통달한 까닭이며, 이 법문은 다함이 없으니 중생의 망상을 끝낼 수 없는 까닭이며, 깊고 넓으니 고요한 지혜의 경계인 까닭이며, 파괴할 수 없으니 지혜로 아는 까닭이며, 이 법문이 곧 두루 넓은 문이니 한 모양 속에 모든 것에 자재한 힘을 포함한 까닭이니라.

또 이 법문은 땅과 같아서 모든 중생을 이롭게 하며, 물과 같아서 중생을 윤택하게 하며, 불과 같아서 탐욕과 애정을 마르게 하며, 바람과 같아서 중생들의 지혜를 내어 주며, 구름과 같아서 감로법을 내리며, 해와 같아서 어둠을 없애며, 그림자와 같아서 모든 업보를 어긋나지 않게 한다. 그러나 이런 비유는 비유될 수도 없는 것이니라."

선재는 물었다.

"보살님은 무슨 법을 닦아서 이 법문을 얻었습니까?"

그 하늘은 이렇게 대답했다.

"열 가지 묘한 법을 닦아서 이 법문을 얻었으니 보시를 닦아 중생을 기쁘게 하고, 계행을 지키어 공덕을 만족하고, 인욕을 행하여 법의 참된 성품을 알고, 부지런히 정진하여 일체종지에서 물러나지 않고, 선정을 닦아 중생의 번뇌를 없애 주고, 지혜를 닦아 온갖 법을 분별하고 방편으로 중생을 교화하고, 큰 원력으로 끝없는 세월에 보살행을 닦고, 모든 힘을 닦아서 생각 생각에 모든 세계에서 정각正覺을 이루고, 끊임없는 지혜를 닦아 삼세의 온갖 법을 깨달았느니라."

제12장 구이 부인과 마야 부인의 법문

1 선재동자는 이번에는 가비라성 중에 있는 구이瞿夷 부인을 찾아갔다. 그 성 중에 있는 장엄 강당에 이르니, 묘덕천妙德天이 일만 천인天人과 함께 선재를 맞으면서 이렇게 말했다.

"어서 오십시오, 큰 지혜를 가지신 이여, 당신을 뵈니, 용맹하게 보살도를 닦으면서 조금도 게으른 마음이 없고, 몸가짐이 단아하고 이목구비가 모두 조화되었으니, 오래지 않아 부처님의 삼업三業을 얻으리다."

선재동자는 다음과 같이 말하였다.

"천인의 말씀과 같이 나는 사람들의 번뇌를 없애고 편안한 쾌락을 얻게 하기를 원합니다. 저 중생들은 여러 가지 죄업을 짓고 삼악도에 떨어져서 한량없는 고통을 받고 있으니, 보살이 이것을 보고 안타깝게 걱정을 하는 것은, 마치 어떤 사람이 애지중지하는 외아들을 두었는데, 뜻밖에 몹쓸 사람이 와서 손발을 잘라 버렸다면, 부모의 애달픈 마음이 그지없는 것과 같습니다."

이때에 선재동자가 법당으로 올라가려 할 때에 묘덕천인과 백만 천인들은 아름다운 향과 꽃을 선재에게 뿌리면서 노래하였다.

억 천년 지내어도 만나기 어렵던 공덕의 해 이 세상에 나타나
의혹에 뒤덮인 중생의 어두움 환히 비추어 없애버리다.
어리석은 중생들 어여삐 여겨 자비한 마음 몸까지 잊고

거룩한 선지식 찾아다니며 보리의 바른 길 얻어 보려고
보살의 수행 닦아 익히며 훌륭한 공덕 두루 배우고
지혜의 빛이 온 세계 비치어 세간을 여의지도 고집도 않네.
여러 세계 다녀도 걸림이 없어 허공을 불어가는 바람과 같고,
보살도 구하는 맹렬한 생각 끄기 어려운 겁화劫火와 같네.

그때 구이 부인은 보배 연꽃자리에서 자비를 으뜸으로 삼고, 중생들을 외아들같이 생각하는 팔만사천 왕녀들에게 둘러싸여 앉아, 보살도를 구하는 선재동자에게 이렇게 법문을 말하였다.

"선남자여, 나는 이미 모든 보살의 삼매들을 분별하고 관찰하는 법문을 성취하였으므로, 이 사바세계의 중생과 여러 나라와 선업 악업을 짓는 것과, 여러 부처님들의 마음을 내고 보살행을 닦는 것과 서원과 중생을 교화하는 것들을 알며, 또 중생의 마음과 그들의 선근 쌓은 것과 모든 중생들의 성품을 알며 또 모든 성문과 연각과 보살과 부처님네의 자재하신 법문을 알고 있습니다."

선재동자는 물었다.

"대성인께서 보리심을 내신 지는 얼마나 오래 되었습니까?"

구이 부인은 이렇게 대답했다.

"불자여, 한없이 오랜 옛적에 증상공덕增上功德 태자가 있어 훌륭한 수레를 타고 향아산香牙山에 가서 놀다가 이구묘덕離垢妙德 아가씨를 만났다. 사랑하는 맘을 내어 혼인할 뜻을 말하면서, 아가씨를 데리고 온 그의 어머니와 세 사람은 이러한 말을 주고받았다.

태자, '나는 위없는 보리를 얻기 위하여서는 처자까지도 보시할 생각을 가졌으니, 그대가 이것을 사양하지 않는다면 아내로 맞이할 뜻이 있노라.'

아가씨, '태자여, 나를 태자비로 맞아드린다면, 설사 여러 백 천년 동

안 지옥에 들어가서 지긋지긋한 고통을 받는다고 하더라도 사양할 리 있습니까?'

어머니, '비단같이 보드라운 몸을 가지고 아름다운 연꽃 속에 태어난 내 딸, 도를 닦는 태자의 아내 된다면, 오래오래 기다리던 소원입니다.'

이리하여 태자는 아가씨를 데리고 승일광勝日光 부처님 계신 데로 가서, 부처님의 법문을 듣고, 아뇩다라삼먁삼보리에 물러나지 않는 지혜를 얻었습니다.

선남자여, 그때의 태자는 지금의 석가모니 부처님이시고, 아가씨는 이 몸이었소. 그 뒤부터 한량없는 부처님을 만나 법문을 듣고, 들은 대로 닦아 행하였으나, 보현보살의 행하는 법문만은 알아볼 도리가 없으니, 그 보살의 법문은 허공 같아서 요량할 수 없는 까닭입니다.

선남자여, 나는 끝없는 오랜 세월을 두고 보현보살의 몸을 뵙더라도 만족한 생각이 없었으며, 또 보살의 털구멍마다 한량없는 세계가 있는 것을 보았습니다."

2 선재동자는 구이 부인이 가르치는 대로 가비라성의 마야 부인을 찾아갔다. 마침 보안寶眼이라는 성차지 천인이 있어 거룩한 형상으로 허공에 나타나 선재동자에게 이렇게 말하였다.

"선남자여, 생사를 벗어나기 위하여 마음의 성(心城)을 수호할 것이며, 부처님의 열 가지 힘을 얻기 위하여 마음성을 장엄할 것이며, 인색하고 아첨한 마음을 여의기 위하여 마음성을 깨끗이 할 것이며, 모든 삼매를 계속하고 자재한 힘을 얻기 위하여 맹렬하게 타는 마음의 성을 꺼 버릴 것이며, 지혜의 빛으로 부처님 바다와 그 권속들을 비추기 위하여 마음성을 비출 것이며, 부처님의 공덕 바다를 받아들이기 위하여 마음성을 구족할 것이며, 끝없는 자비로 모든 중생들을 구제하기 위하여 마음의 성을 튼튼히 할 것이다."

또 법묘덕法妙德 천인은 아름다운 음성으로 마야 부인을 찬탄하고, 광명을 놓아 한량없는 세계를 비추고, 다시 돌아와서 선재의 정수리로 들어가서는 온몸에 가득히 퍼지었다. 그때 선재는 때 없이 빛난 눈을 얻어 어리석음을 없애고, 중생의 참된 성품을 알고, 부처님 몸을 뵈었다.

이때에 큰 보배 연꽃이 땅에서 솟아났다. 꽃 위에 누각이 있고, 그 안에 마니로 된 사자좌가 있는데 마야 부인이 그 위에 계시어 가지가지 미묘한 몸을 나타내고서 선재에게 이렇게 말하였다.

"선남자여, 나는 큰 원과 지혜의 요술 같은 법문을 성취하였다. 그리하여 비로자나 여래의 어머니가 되었고 이 남섬부주에서는 가비라국의 정반왕 궁에서 싯다르타 태자를 낳아, 부사의한 신력을 나타내었노라. 선남자여, 내가 정반왕의 왕궁에 있으면서 도솔천에서 내려오는 보살의 몸을 보니, 털구멍마다 큰 광명을 놓고, 그 광명은 수없는 보살들의 태어나는 여러 모양을 나타내었고, 또 모든 세계를 두루 비추고 나서 나의 정수리에 닿으면서 나의 몸으로 들어갔다. 그때 내 몸은 허공과 같아서 시방 보살의 장엄한 궁전을 받아들였다."

제13장 미륵보살과 보현보살의 법문

1 선재동자는 다시 남쪽에 있는 묘의화문성妙意華門城으로 덕생동자德生童子와 유덕동녀有德童女를 찾아 갔다. 그들은 '남쪽에 있는 해간국海澗國을 찾아가서 대장엄장大莊嚴藏 숲 속에 계시는 미륵보살에게 법을 물으라.' 하면서, 선재를 위하여 선지식의 공덕을 찬탄하였다.

"선남자여, 선지식을 찾아가려면, 땅과 같은 마음을 내어야 한다. 모든 사물을 이바지하는 데 게으른 마음이 없는 까닭이니라. 또 그의 뜻을 따르기 위하여 내 몸이 없다는 마음과 스스로 낮추는 마음을 낼 것이며, 또 자신에는 병들어 고통 하는 생각을 하고 선지식에게는 의사라는 생각을 하는 것이 좋으니라. 그 까닭을 말하면 정직한 마음으로 선지식을 보게 되고 그의 가르침을 따라 선근이 자라는 것이, 마치 설산을 의지하여 모든 약초가 나는 것 같으니라. 불법의 그릇이 됨에는 바다가 여러 강물을 받아들이듯 하며, 보리심을 깨끗이 함에는 금을 단련하듯 하여, 세간 일에 물들지 않음은 물속의 연꽃같이 하며, 세계를 널리 비치기는 햇볕과 같이 하며, 보살의 몸을 자라게 함은 어머니가 아기를 기르듯 하여야 하느니라.

선남자여, 이러한 여러 가지 법은 선지식이 근본이 되나니 그를 의지하여 일어나고, 그를 의지하여 생겨나고, 그를 의지하여 머물고, 그를 의지하여 얻는 것이니라."

선재동자는 이 말을 듣고 한없이 기뻐하면서 걷고 걸어서 해간국에 이르렀다. 미륵보살이 계시는 누각을 향하여 공손히 엎드려 절하면서 이렇게 생각하였다. '이는 부처이며 보살이며 선지식이며 법보가 계시는 곳이며, 온갖 법계의 경계다.' 또 생각하기를 '모든 법은 꿈과 같고, 메아리 같다. 인연으로 생긴 것이므로 있는 것도 아니고 없는 것도 아니며, 업의 원인을 따라 과보를 받는 것이며, 믿는 마음으로야 바른 깨달음을 이룰 것이다. '나'와 '내 것'이란 고집을 여의고야 인과의 깊은 이치를 깨달아 법제의 실상實相에 들어갈 것이로다'고.

절하고 일어나기도 전에, 법이 이러한 줄을 알았고, 부사의한 선근을 얻었으며, 몸과 마음이 부드러워졌다. 그는 이렇게 노래하였다.

크게 자비하신 미륵보살님 미묘한 공덕으로 중생을 건지시며,
관정위灌頂位에 머무시는 여래의 맏아들 고요히 이 법당에 머무르시다.
탐·진·치 잘못된 마음 모두 다 끊어 없애버리고
고요함을 좋아하시는 이가 조용히 이 법당에 머무르시다.
나고 죽는 바다에 깊이 들어가 번뇌의 용을 쳐 물리치고
부처님 지혜 보배 캐어 가진 이 편안히 이 법당에 머무르시다.
수많은 중생들을 대신하여 오는 세상이 다하도록
갖은 고통을 받아주실 이 의젓이 이 법당에 머무르시다.
부처님 제자 이 집에 머물러 중생과 세계와 세월들까지
모든 것이 모두 다 자성 없는 줄 언제나 그렇게 보고 계시다.
중생이 평등하고 법도 평등하고 원력과 세계와 삼세가 평등해
미륵보살의 걸림 없는 수행 손을 모아서 정례합니다.

이리하여 선재동자는 문안에 서서 미륵보살을 멀리 바라보았다. 보살은 수없는 천룡팔부天龍八部와 대중에게 호위되어서 위엄도 거룩하시게 부처님의 경계에 들어가셨다. 선재는 합장하고 여쭈었다.

"성인이시여, 어찌하면 본마음을 저버리지 않고, 삼보를 거스르지 않고, 하늘사람과 중생들을 속이지 않고, 보살의 본집인 여래의 바른 법이 얻어집니까?"

미륵보살은 대중을 둘러보시고 선재동자를 가리키면서 말씀하셨다.

"그대들은 이 동자가 보살도 구하기를 머리에 붙는 불을 끄듯이 하는 것을 보았는가? 이 동자는 문수보살의 말씀을 듣고 많은 선지식들을 찾으면서 조금도 게으른 생각 없이 지금 나에게까지 온 것이다. 그는 모든 중생을 구원하려는 마음을 내고, 나쁜 갈래와 나쁜 소견과 위험한 길을 벗어나, 어리석은 이에게는 지혜의 등불을 켜고, 생사에 헤매는 이에게는 바른 길을 가리키고 지혜의 문으로는 삼계의 옥을 열어 주고, 지혜의 칼로 나쁜 소견에 얽매인 것을 끊어 주며, 정법의 비를 맞아도 싫은 생각을 내지 않고, 모든 공덕을 용맹하게 궁구하며 몸과 생명도 아끼지 않고 선지식을 찾았다. 깨닫는 데 나아갈 길을 닦을 뿐, 이익을 탐내지 않으며, 보살의 정직한 마음을 버리지 않고 집안 살림에 애착하지 않으며, 오욕락五欲樂에 물들지 않고, 부모와 친척에게 끌리지 않으면서, 오로지 일체종지를 닦을 뿐이니, 이런 사람은 참으로 만나기 어려우니라."

그러고 나서 선재에게는 이렇게 말하였다.

"선재여, 그대는 기뻐하라. 오래지 않아서 큰 과보를 얻으리라. 모든 보살들은 오랜 세월을 두고 보살행을 닦았는데, 그대는 이번 생에서 한꺼번에 얻게 되는구나. 이것은 곧은 마음으로 꾸준히 나아간 탓이니라. 누구든지 이런 법을 얻으려는 이는 마땅히 선재동자와 같이 닦고 배워야 할 것이니라. 선재여, 그대는 지금 문수보살에게 나아가 모든 법문과 지혜의 경계와 보현의 행을 물으라."

2 선재동자는 이 말을 듣고 눈물을 흘렸다. 어느덧 문수보살은 멀리서 팔을 펴 보배 영락을 선재에게 주었다. 선재는 영락을 받고 기뻐하면서 미륵보살에게 공양하였다. 미륵보살은 오른손으로 선재의 정수리를 만

지면서
"그대도 오래지 않아서 나와 같이 되리라"고 찬탄하였다.
선재는 기뻐 뛰면서 게송으로 노래하였다.

> 한량없는 세월에도 만나기 어려운 훌륭한 선지식을 나는 뵈었네.
> 거룩하신 문수보살 크신 공덕님 선지식 외우듯 가까이 모셔지다.

미륵보살은 선재동자에게 이렇게 말하였다.

"선남자여, 그대는 다행히 사람의 몸을 얻었고, 부처님이 세상에 나심을 만났고, 또 문수사리 대선지식을 뵈었다. 그대는 법을 담을 그릇이라, 선근이 성숙하고 욕심을 깨끗하게 하여, 선지식의 거두어 줌을 입고 부처님의 두호하심이 되었느니라. 그 까닭을 말하면, 보리심은 부처님의 종자니 모든 불법을 내는 까닭이니라. 보리심은 좋은 밭이니 중생의 깨끗한 법을 기르는 까닭이니라. 보리심은 맑은 물이니 모든 번뇌의 때를 씻는 까닭이니라. 보리심은 밝은 눈이니 올바른 길과 잘못된 길을 분명히 보는 까닭이니라. 보리심은 큰 길이니 지혜의 성에 들어가게 하는 까닭이니라. 보리심은 큰 바다이니 모든 공덕을 받아들이는 까닭이다. 보리심은 좋은 약이니 모든 번뇌의 병을 잘 치료하는 까닭이니라. 보리심은 훌륭한 악기니 깊고 묘한 소리가 법계에 들리는 까닭이니라. 보리심은 깨끗한 거울이니 모든 법문을 비춰 주는 까닭이니라.

선남자여, 몸을 숨기는 약을 가지면 모든 사람들이 보지 못하듯이, 보리심을 얻은 이는 모든 악마들이 보지 못하느니라. 또 물 맑히는 구슬을 흐린 물속에 넣으면 그 물이 곧 맑아지듯이, 보리심의 구슬도 모든 번뇌의 흐림을 없애 주느니라. 또 사람이 물에 뜨는 구슬로 만든 영락을 몸에 걸치면 깊은 물속에 들어가도 빠지지 않듯이, 보리심의 영락을 얻으면 나고 죽는 바다에 들어가도 빠지지 않느니라. 또 한 등잔불로 백천 등잔에 불을 댕기어도 조금도 불이 덜리지 않듯이, 보리심의 등불은 삼세 부처님네의 지혜 등불을 댕기어도 덜리지 아니하느니라. 등불을 들고 어두운 방에 들어가면 방안에 어두운 것이 금세 사라지듯이, 보리심의 등불도 마음의 어둠을 없애고 밝은 지혜를 갖추게 되느니라. 사자의 힘줄로 거문고 줄을 만들어 타면, 다른 젖이 모두 끊어지듯이, 보리심의 공덕 음성은 오욕락과 소승법을 좋아하는 마음 줄을 끊어 버리느니라. 소나 양의 젖을 한 그릇에 담고 사자 젖 한 방울을 그 속에 떨어뜨리면 다른 젖이 모두 녹아 없어지듯이, 보리심의 젖을 백천 겁 묵은 번뇌 젖 가운데 넣으면 모두 녹아 없어지느니라. 선남자여, 보리심은 이렇게 한량없는 공덕을 성취하는 것이니, 사람이 만일 보리심을 내면 이러한 한량없는 공덕을 갖추게 되느니라."

3 그때 미륵보살이 오른손가락을 퉁기자 누각 문이 저절로 열리고, 선재동자가 안으로 들어가니 문이 도로 닫히었다. 선재는 누각을 살펴보았다. 넓기는 허공과 같고, 보배로 땅이 되었으며, 수많은 창호가 있고, 칠보로 난간이 되었고, 무수한 짐대와 깃발과 일산과 영락이 찬란하게 드리워 있었다. 풍악소리는 아름다운 새 소리와 어울리고, 여러 가지 하늘 꽃들은 바람을 따라 흩날리며, 누각 안에 또 여러 가지 누각이 있으나 서로 거리끼지 아니하고 아름답게 조화되었다. 선재동자는 이 높은 누각의 휘황찬란한 장엄을 보고 즐거워 어쩔 줄 몰랐다. 마음이 부드러워지면서, 허망한 생각은 없어지고 어리석은 마음도 사라졌다.

선재는 걸림 없는 몸으로 공손히 예배하였다. 미륵보살의 위신력으로 말미암아 여러 누각에서 자기의 몸을 보게 되는 것이, 마치 거울에 그림자가 비치는 듯하며, 이 보살이 가지가지 형상을 나타내어 천상 사람과 세간 사람들을 교화하는 것을 보았다. 마치 꿈에 아름다운 산과 숲, 강과 궁전을 보고 좋아하는 것같이, 선재도 큰 보살의 위신력으로 허망을 떠나서 삼계의 법을 보는 것이 모두 꿈인 양하였다. 또 용궁에 들어간 사람이 보름이나 백 년을 지내면서도 잠깐이라 여기는 것같이 선재도 이 큰 보살의 궁전에 들어가서 백천 겁 동안을 잠깐이라 생각하였다.

드디어 미륵보살이 신력을 거두고 손가락을 튕기어 선재를 삼매에서 일어나게 하였다. 그리고 선재의 물음에 이것은 '삼세에 들어간 지혜로 올바르게 생각하는 장엄장 법문'(入三世智正念思惟莊嚴藏法門)이라고 대답하였다.

4 선재동자는 미륵보살을 하직하고 떠났다. 이렇게 하여 일백십 성城을 지나서 마침내 보문普門성 밖에 이르렀다. 어떻게 하면 문수보살을 다시 뵐 수 있을까, 일심으로 생각하였다. 이때에 문수보살은 오른손을 펴서 멀리 백십 유순을 지나와서 선재동자의 정수리를 만지시며 말씀하였다.

"장하다, 선남자여! 만일 믿음이 아니었던들, 근심에 빠져서 고행을 갖추지 못하고 끈기를 잃었을 것이며, 조그만 공덕에 만족하고 보살행을 일으키지 못하여, 선지식의 거두어 주심과 부처님의 생각하여 주심을 받지 못하였을 것이다. 그렇게 되었더라면 이러한 법의 성품 이러한 이치 이러한 행을 알지 못했을 것이다."

문수보살은 이렇게 선재동자를 가르쳐서, 한량없는 지혜광명과 한량없는 서원과 삼매와 신통과 지혜를 성취하게 하고, 또 보현행 도량에 들어가게 하여, 자기가 머무는 곳에 선재동자를 둔 뒤, 문수보살은 나타나지 않았다.

5 이때에 선재동자는 삼천 대천세계 티끌 수와 같은 선지식들을 만나서 그들이 가르치는 대로 일체종지와 대자비장大慈悲藏을 늘이었고, 고요한 법문에 머물러 모든 경계를 분별하고, 부처님네의 공덕의 바다에 들어갔으며, 많은 겁 동안에 보살행을 닦아 대원을 크게 이루었다. 그리하여 보현보살의 이름과 행과 원과 공덕을 듣고, 일심으로 보현보살을 뵈려 하였다.

선재동자는 바른 생각으로 보살행을 닦아 부처님의 열 가지 힘을 얻으려는 마음을 내었다. 부처님의 신력과 보현보살의 선근력으로 말미암아, 모든 세계에 나쁜 갈래가 없어지고, 모든 중생들은 자비한 마음으로 염불 삼매를 닦는 것을 보았다. 또 여러 세계의 낱낱 티끌 속에 모든 부처님의 광명을 놓아 보현보살의 큰 행과 큰 원을 칭찬하는 것도 보았다.

선재동자는 한결같은 마음으로 뵈려 하였는데, 그때 마침 보현보살이 금강장도장金剛藏道場에서 여래의 앞에 있는 연화장사자좌에 앉으신 것을 보았다. 많은 대중에게 둘러싸였는데, 마음은 허공과 같아서 걸릴 것이 없고, 일체지에 머물러 중생을 교화하며, 삼세의 부처님네를 관찰하고 있었다.

선재동자는 보현보살의 불가사의한 신통력을 보고 부술 수 없는 지혜를 얻었다. 곧 잠깐 동안에 한 몸으로서 모든 세계에 가득하게 여러 부처님 앞에 나아가서 법문을 듣고, 불가사의한 부처님의 지혜와 모든 중생의 욕망과 성품을 아는 지혜와, 보현보살이 얻은 반야바라밀 법문을 얻게 되었다.

그때 보현보살은 오른손으로 선재동자의 정수리를 만졌다. 그리하여 선재동자는 한량없는 삼매와 신통과 공덕을 얻었다. 선재동자가 지금까지 수없는 선지식을 가까이 섬기면서 얻은 공덕을 이 보현보살을 뵙고 얻은 공덕에 비기면, 백천만분의 일에도 미치지 못했다.

선재동자는 보현이 행하는 모든 서원을 끝까지 갖추어서, 오래지 아니하여 모든 부처님과 같이 되었다. 한 몸이 모든 세계에 가득 차며, 국토와 몸과 행이 같고, 깨달음과 자재한 힘과 법문을 굴리는 일이 모두 같으며, 대자대비와 부사의한 법문까지 모두 같게 되었다.

6 보현보살은 이러한 이치를 게송으로 말하였다.

뚜렷한 지혜의 해 번뇌 어둠 없애고 모든 법문 비치어 중생을 즐겁게,
무수 겁 지내고야 부처님 나시나니 우담바라 꽃처럼 만나기 어려워.
중생을 위하여 오래오래 고생하고 세상일을 따라도 마음은 물 안 들어

사람들의 자격과 소원을 따라 바른 법 일러주어 교화하시다.
간 데마다 부처님 앉으셨지만 죄 많은 중생들은 보는 이 없고
아름다운 음성으로 말하는 법문 귀 있는 사람들도 듣지 못한다.
한 말로 연설하는 부처님 법문 중생들 깜냥 따라 듣는 이 각각
혹은 일승 혹 이승 삼승 또 오승 모두들 제멋대로 듣고 알더라.
행과 지혜 다르지만 해탈은 하나 허공의 성품이 여러 가지 아니듯,
부처님 묘한 음성 그와 같아서 그들의 깜냥 따라 달리 들으리.
입으로 놓으시는 미묘한 광명 그 수효 얼마런가 팔만 또 사천
온 세계 중생들에게 널리 비추어 가지가지 번뇌를 끊어 주시다.
허공에 솟는 달빛 차고 이질지만 물속의 그림자를 반딧불론 못 비겨,
부처님 지혜의 달 더하고 덜도 하나 마음 물에 비치면 이승二乘은 가려져.
진주 보배 많이 쌓인 깊은 바다에 여러 중생 모양들이 나타나듯이,
공덕 보배 그지없는 인연의 바다 부처 몸에 안 비치는 형상이 없다.
검은 구름 덮이고 비가 내리면 이 몸에 열이 식고 서늘하듯이,
부처님 자비 구름 감로수 뿌려 중생의 삼독불 덜어주시다.
부처님 청정 법신 세상에 짝 없어 있는 것도 없는 것도 모두 아니니,
의지 없는 실상이 못갈 데 없어 허공의 꽃도 같고 꿈과도 같이.
모양이 있지 않고 없지도 않고 빛깔도 그와 같아 무어라 할까
화수분서 모든 물건 쏟아지듯이 중생들의 광명도 있달 수 없어.
부처님이 허공에 나타나는 것 진여나 법성이나 고요한 열반
삼독을 끊어버린 상보리까지 모두가 차별 없는 한 가지 성품.
티끌 같은 중생 마음 세일 수 있고 바다의 물방울 수 모두 다 알고
허공과 부는 바람 얽어맨대도 부처님의 공덕은 말할 수 없어.
부사의한 이 법문 듣고 즐기고 믿는 마음 굳어져 의심 없으면
위없는 보리 도를 빨리 이루어 시방세계 부처님과 평등하리라.

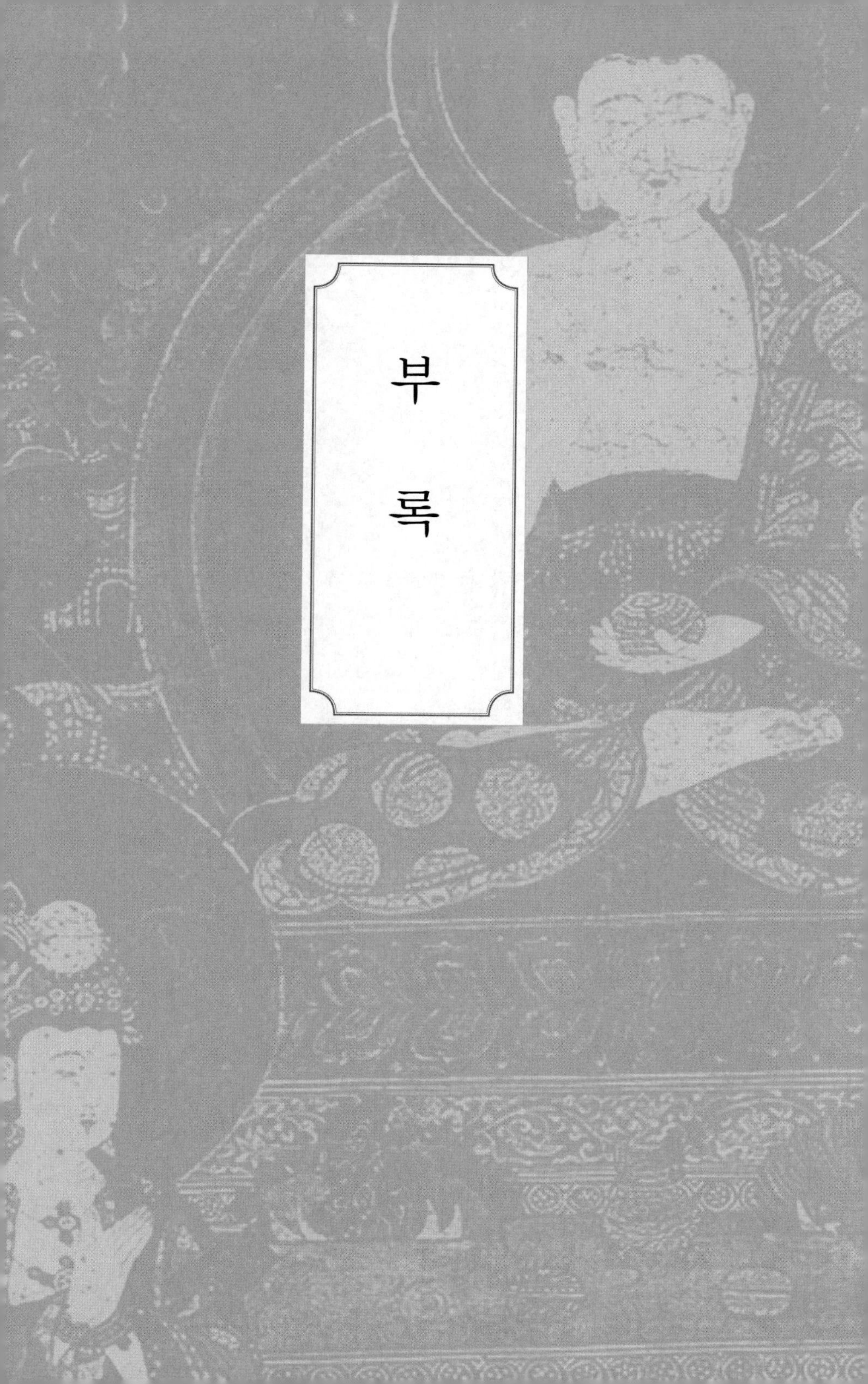

부 록

부록편

제1장 『우리말 팔만대장경』 역출 경전 해제

진현종

1. 『우리말 팔만대장경』이 출간되기까지의 여정

세존 석가모니 부처님께서는 삼십오(35) 세에 성도하시고 팔십(80) 세에 열반에 드시기까지 인도 갠지스 강 중하류의 넓은 지역을 유행遊行하시며 무수한 사람들에게 가르침을 펴셨다. 부처님 가르침의 가장 큰 특징은 구체성具體性과 현장성現場性이라고 할 수 있다. 부처님께서는 추상화된 철학적 가르침을 펴지 않으셨고, 각계각층의 구체적인 사람과 구체적인 사건을 염두에 두고 설법하셨다. 그렇기에 사람들은 그 가르침을 그 자리에서 쉽게 받아들일 수 있었던 것이다. 부처님께서는 적지 않는 세월 동안 하루도 쉬지 않고, 심지어는 열반에 드시기 직전까지 이런 식으로 설법을 해서 중생들이 해탈을 얻게 하셨으므로, 그 설법의 횟수와 내용의 방대함은 감히 세어볼 엄두조차 나지 않는다.

부처님께서는 당신의 설법을 문자로 정리하여 남기지 않으셨다. 그렇기에 부처님의 설법은 구체적인 장소에 참석해 있던 사람들의 뇌리 속에만 남아 있을 수밖에 없었다. 그러다 부처님께서 열반에 드시자 모든 불제자佛弟子들이 슬피 우는데, 어느 한 제자는 도리어 기뻐하며 이렇게 말했다고 한다.

"슬퍼할 일이 뭐란 말이오? 부처님께서는 생전에 우리에게 금지하시는 일이 너무 많아서 불편하고 힘들기 짝이 없었소. 이제 부처님께서 세상을 떠나 마음 내키는 대로 할 수 있게 되었으니, 오히려 기쁜 일이 아니오?"

경전 결집의 시작과 전파

그 말을 들은 십대 제자의 한 사람인 마하가섭은 이런 식으로 가다보면 나중에는 불법佛法의 존립이 위태롭겠다는 생각이 들어 그로부터 삼(3) 개월 후 오백 명의 아라한을 선발해서 영취산의 칠엽굴七葉窟에서 부처님께서 남기신 가르침을 결집하였다. 이것을 불교사에서는 제일一 결집이라고 한다. 결집의 방식은 부처님을 곁에서 가장 오래 시봉했던 아난 존자를 비롯하여 여러 대 비구들이 부처님께서 생전에 하신 설법을 회상하여 말하면, 나머지 비구들이 기억을 되새겨 그 진위를 확인하는 것이었다. 이렇게 해서 오늘날 우리가 보는 경전의 기본적인 형식이 정형화되었으나, 이것은 여전히 문자로 기록되지 않았고 다만 암송을 통해 전해졌다. 불법이 문자로 정리된 것은 불멸 오백여 년 후 쿠샨 왕조의 카니시카 왕이 캐시미르에서 협脅 존자를 상좌로 해서 거행한 제사四차 결집에서였다고 한다. 이 결집의 주요한 성과는 경장經藏·율장律藏·논장論藏, 즉 삼장三藏을 각각 십만十萬 송頌으로 만들고 해석과 주석을 달아 확정하는 것이었다.

이후 삼장은 여러 종류의 언어로 옮겨져 여러 나라로 전파되었다. 그러나 시대적 · 지리적 한계, 즉 기술과 교통 등의 한계로 삼장은 전체가 온전히 번역되어 전파되지 못했다. 처음에는 전도의 길에 나선 천축과 서역의 불제자들의 기억과 소지품에 의해서, 그리고 나중에는 구법승들의 제한된 수집을 통해서 삼장, 즉 불경은 일부분씩 한자문화권으로 유입되었다. 중국으로의 불경의 유입과 번역은 당나라 현장 스님 시기에 정점을 찍은 뒤 송나라 무렵에는 거의 마무리되었다.

중국에서의 대장경 간행사

일 세기인 후한의 효명제 시기부터 한역漢譯되기 시작한 불경은 당나라 초기인 팔(8) 세기에 이르러서는 삼장을 비롯하여 고승전기류까지 합하여 이미 약 이천삼백(2,300)여 종에 칠천(7,000) 권이 넘어섰다. 이에 한자문화권 불교계에서는 이를 정리하여 한데 묶으려는 분위기가 조성되기 시작했다. 마침내 송 태종 태평흥국 팔년(983) 한자로 된 대장경의 효시라고 할 수 있는 "북송관판대장경"이 완성되었다. 그 이후 송나라에서는 계속해서 이른바 사판私版 대장경 사오(4-5) 종이 판각되었다. 그리고 그 즈음 송나라를 핍박할 정도로 강성해진 거란도 요나라 중희 이십삼년(1054)에 대장경을 완성했다. 요나라에 이어서 들어선 여진족의 금나라 역시 일천일백칠십삼년(1173)에 속칭 "금판대장경"을 완성한 것으로 알려져 있다. 원나라 시절에도 대장경이 여러 번 조성되었지만, 내용의 범위가 송나라 관판대장경의 범위를 넘지 못하고, 오류가 많아서 이른바 정전正典으로서의 권위를 가질 수 없었다.

계속해서 중국에서는 명나라 시기에도 남장南藏과 북장北藏의 대장경 두(二) 종이 조성되었고, 목판본 대장경의 마지막을 장식한 것은 청나라 고종삼년(1738)에 판각을 마친 "흠정대장경"이었다.

고려의 대장경 간행: 초조대장경-팔만대장경

한편 거란의 침입으로 개경이 함락당하는 국가적 위기를 맞은 고려에서는 부처님의 가호를 빌어 국난을 극복하고자 현종이년(1011)에 발원하여 선종사년(1087)에 처음으로 대장경을 완성했다. 이것이 바로 고려 "초조初彫대장경"이다. 그러나 이 초조대장경은 대각국사 의천이 그 뒤를 이어 고승들의 저술을 모아 편찬한 "속장경"과 함께 몽고군의 침입으로 불타버리고 말았다. 이에 고려는 다시 고종 이십삼년(1236)에 시작하여 고종 삼십팔년(1251)에 "재조再彫대장경"을 완성했다. 이것이 현재 합천 해인사에 보관되어 있는 속칭 "팔만대장경"이다.

일본에서의 대장경 간행

한자문화권 나라 가운데 유독 일본만은 헤이안(平安) 시대 이래 여러 차례 대장경 판각을 시도했지만, 결국 완성본을 조성하지 못했다. 그러나 근대화를 가장 먼저 이루면서 서양의 인쇄술을 이용해서 메이지(明治)연간에 "축쇄장경"을 선보이고 타이쇼(大正) 원년에는 "속대장경"을 펴냈다. 그리고 그 뒤 우리의 자랑스러운 고려 "팔만대장경"을 저본으로 삼고 여러 나라의 불경을 참조하여 활자본 "대정신수대장경"(100권)을 펴냈다. 현재 세계 불교학계에서는 이 대정신수대장경을 표준적인 출전 근거로 활용하고 있다.

현대 한국에서의 대장경 간행

한편 한국에서는 동국대학교부설 동국역경원이 일천구백육십오년(1965) 『장아함경』을 첫권으로 발간한 뒤 이천(2000)년 말까지 모두 삼백일십삼(313)권을 펴냈으며, 고려대장경연구소는 일천구백구십삼(1993)년부터 팔만대장경의 전산화를 시작하여 이천년(2000)에 마무리하였다. 이것으로 부처님께서 남기신 거의 모든 가르침, 즉 삼장은 인류 문명이 존속하는 한 계속 보존될 수 있는 발판을 마련하게 되었다.

이렇게 이천년이 넘는 장구한 세월을 거쳐 한자문화권에서 삼장은 마침내 영구 보존의 토대를 마련했지만, 그것을 보통의 불자와 일반인들이 언제 어디서든 쉽게 접할 수 있는 길은 여전히 요원했다. 근대 이전에는 한자로만 기록된 까닭에 지식인이 아니면 설령 목판 인쇄본이 곁에 있더라도 볼 엄두를 내지 못했고, 근대 이후에는 동국역경원의 노력으로 한글화가 완료되었지만 그 방대함으로 인하여 일반인들에게는 여전히 범접하기 어려운 것으로 남아 있을 수밖에 없었다. 불경의 방대함으로 인하여 그 내용 파악에 어려움을 겪었던 것은 사실 오늘날만의 일이 아니다. 그것은 근대 이전에도 마찬가지였다. 그래서 양무제梁武帝 시절에는 수많은 불경 가운데 중요한 부분을 가려 뽑아 『경율이상』이라는 책이 만들어지기도 했던 것이다.

『우리말 팔만대장경』과 팔만대장경의 대중화

부처님의 소중한 가르침이 빠짐없이 담겨있는 팔만대장경을 보통의 불자佛子와 일반인들이 쉽게 이용할 수 없는 것은 참으로 안타까운 일이 아닐 수 없었다. 이에 지금으로부터 약 일백년 전에 만해 한용운 스님은 팔만대장경을 일람하며 중요하다고 생각되는 구절 일천칠백사십(1740)여 조條를 뽑고 여러 항목으로 분류하여 일천구백십사년(1914)에 『불교대전』이라는 이름으로 출간하였다. 팔만대장경의 핵심을 근대적인 편제의 책으로 출간한 그야말로 획기적인 시도였다. 그러나 시대적 한계 등으로 만해 스님은 국한문 혼용으로 대장경의 주요 구절을 풀이해 둔 까닭에 일반 불자들의 신행의 지침서로 활용되기에는 한계가 많았다.

그로부터 약 오십년 뒤, 당시의 불교계 석학들이 모두 모여 힘을 합해 『우리말 팔만대장경』을 일천구백육십삼(1963) 년 유월 일 일에 출간하기에 이르렀다. 마침내 보통의 교육을 이수한 일반인들이 어렵지 않게 읽을 수 있는 한글대장경의 핵심판이 국내에 첫선을 보이게 된 것이다. 이 『우리말 팔만대장경』 출간됨으로써 일반인들이 팔만대장경의 방대한 내용을 개괄적으로 파악할 수 있게 되었고, 이 선구적인 작업으로 말미암아 동국역경원이 일천구백육십오년(1965)부터 한글대장경을 내기 시작하게 되었으므로 한국 불교의 경전 편찬사에 있어 『우리말 팔만대장경』이 차지하는 독보적이고 선구적인 역할은 아무리 강조해도 지나침이 없다고 할 수 있다. 좀 과장해서 말한다면 초조대장경 이래 약 일천(1,000)년

만에 한자로 된 대장경의 신비가, 일반 대중들에게 드디어 공개되었다고 할 수 있었으니, 당시 열악한 불교계의 상황을 염두에 둘 때 부처님의 가피 없이는 이룩할 수 없는 일대 쾌거라고 하지 않을 수 없었다. 이렇게 오늘날 우리가 『우리말 팔만대장경』을 보게 되기까지는 장구한 세월에 걸친 수많은 사람들의 노력이 있었음을 감안할 때 이것은 그저 하나의 책, 하나의 경전에 그치는 것이 아니라, 한국인의 법보(法寶) 그 자체라 해도 과언이 아닐 것이다.

2. 『우리말 팔만대장경』의 특장

우리의 자랑스러운 팔만대장경에는 총 일천오백일십사(1,514) 종의 불경이 들어 있는데, 이것을 책으로 엮으면 약 육천오백육십구(6,569) 권이라는 방대한 분량이 된다. 하루에 한 권씩 읽는다고 해도 무려 십팔년의 세월이 필요하다. 따라서 전문적인 불교학자나 스님이라 해도 팔만대장경을 모두 정독하는 일은 거의 불가능에 가깝다고 하지 않을 수 없다. 또한 설령 누군가 팔만대장경을 초인적인 노력을 기울여 그 적지 않은 세월에 걸쳐서라도 읽겠다는 발원을 세운다 해도, 어디서부터 어떻게 읽어가야 효과적일지 하는 문제가 대두된다. 무턱대고 맨 처음부터 읽는다고 해서 부처님의 가르침을 체계적으로 이해할 수 있는 것은 아니다. 가령 팔만대장경의 첫머리에는 『대반야바라밀다경』이 자리 잡고 있는데, 이것은 불교 경전 가운데서도 가장 난해하기로 이름난 반야부 경전의 대표인 데다가 분량도 육백(600) 권에 이르므로, 현대의 책처럼 도입부인 이상 쉬울 것으로 예상하고 덤벼들었다가는 하루도 못 넘기고 그 커다란 발원을 슬그머니 취소하는 일이 벌어지고 말 것임이 분명하다.

부처님의 거의 모든 가르침, 즉 팔만대장경을 체계적으로 읽는 방법은 이미 오래 전부터 불교계의 난제였다. 이 난제를 획기적으로 가장 유효하게 해결했다고 평가되는 방법은 수나라 지의智顗대사가 창안한 오시五時의 교판敎判이라고 할 수 있다.

지의대사는 부처님의 설법을 그 순서에 따라 다음과 같이 다섯 가지로 나누었다.

제일 화엄시華嚴時 : 부처님께서 성도하신 뒤 이십일(21) 일에 걸쳐 화엄경을 설하신 시기

제이 녹원시鹿苑時 : 부처님께서 화엄경을 설하신 뒤 십이년(12)에 걸쳐 십육 개 대국에서 소승의 사四 아함阿含을 설하신 시기

제삼 방등시方等時 : 부처님께서 녹원시 이후 팔년에 걸쳐 유마경과 승만경 등의 대승을 설하신 시기

제사 반야시般若時 : 부처님께서 방등시 이후 이십이년에 걸쳐 여러 반야경을 설하신 시기

제오 법화열반시法華涅槃時 : 부처님께서 마지막 오년 동안 법화경과 열반경을 설하신 시기

물론 이 오시는 역사적 실제 상황과 부합하지 않는다. 앞서 말했듯이 부처님께서는 하루도 쉬지 않고 지적 수준이 다른 각계각층의 사람들에게 설법을 하셨으므로, 특정 시기에 특정한 가르침만 폈다고 볼 수는 없기 때문이다. 그러나 적어도 부처님의 가르침을 그 심도에 따라 분류하여 체계적으로 접근할 수 있는 방법론으로는 여전히 타당성을 잃지 않고 또 후학들에게 시사하는 바가 크다고 할 수 있다. 사실 『우리말 팔만대장경』의 편제를 유심히 살펴보면, 당시의 석학들이 오시의 교판을 응용하여 일반인들이 팔만대장경을 전모와 핵심을 파악할 수 있도록 노심초사한 흔적을 엿볼 수 있다.

오시의 편제에 따라 정리된『우리말 팔만대장경』

먼저『우리말 팔만대장경』제1편 <부처님의 나타나심>은 석가모니 부처님의 전생담과 탄생과 초기 이야기를 다루고 있는 일종의 간략한 전기라고 할 수 있는데, 이 부분은 위의 오시에 직접 포함되지는 않으나, 오시의 토대이자 시작이 되는 부분이라고 할 수 있다.『우리말 팔만대장경』의 편찬자들은 팔만대장경이 석가모니 부처님의 가르침을 담고 있는 이상 무엇보다 먼저 역사적 존재로서의 부처님을 알아둘 필요가 있다고 보았기 때문에, 제1편이 이렇게 시작하고 있는 것이다. 그리고 제2편 <아함경 법문>은 녹원시에 그대로 부합한다. 편찬자들은 제1편과 제2편을 서술함에 그 정확성을 높이기 위해 남방불교의 팔리Pali 삼장을 일본에서 번역한『남전대장경』南傳大藏經을 병행해서 사용하고 있다. 북방불교, 특히 한국불교에서 남방불교는 소승으로 폄훼되어 왔고, 소승의 경전들은 그 중요성이 무시되어 왔던 점을 감안할 때 이는 당시로서는 매우 획기적인 시도라고 하지 않을 수 없다. 근래에 이르러 한국불교에서는 그동안 경시되어 왔던 소승 삼장에 대한 연구와 유포가 활발히 전개되고 있는 만큼, 이 시도는 상당히 선구적인 것이라고 할 수 있다. 제3편인 <방등경 법문>은 방등시에 부합하고, 제4편인 <반야 · 계율부>는 반야시에 율장을 덧붙인 것이다. 그리고 제5편 <법화 · 열반부>는 법화열반시에 다름 아니다. 그리고 제6편 <화엄부>는 화엄시 바로 그것이다. 이렇게 보면 편찬자들은 지의대사의 오시를 응용하여 팔만대장경의 교리를 낮은 데부터 시작해서 차츰 높은 곳으로 나아가서는 이윽고 부처님 깨달음의 본질을 설명하는 것으로 끝맺고 있음을 알 수 있다.

따라서『우리말 팔만대장경』의 특장은 다음과 같이 간략하게 정리해 볼 수 있겠다.

첫째, 부처님 가르침을 온전하게 전하기 위해서 대승과 소승을 가리지 않고 결집하였으며, 또한 한역 경전에만 국한시키지 않았다.

둘째, 『우리말 팔만대장경』은 고려팔만대장경의 단순한 소개서나 요약본이 아니다. 한마디로 "팔만대장경"을 보통의 불자나 일반인들이 부처님의 가르침을 체계적으로 이해할 수 있도록, 교리를 그 심도에 따라 순서대로 정교하게 배치한 것이다. 따라서 이 한 권만으로도 불자들의 교리 공부와 신행 활동의 지침에 부족함이 전혀 없다.

셋째, 대장경의 국내외 현존 축약본 내지 요약본은 원문을 번역했다기보다는 재정리 및 재편집한 경우가 많아 원전과의 연계성이 높지 않다. 그러나 『우리말 팔만대장경』은 각 편의 소절小節에 이르기까지 그 내용이 근거하고 있는 출전의 범위를 하나하나 정확히 명기함으로써 원전과의 연계성을 극대화했다. 해당 항목의 원전을 어렵지 않게 찾아볼 수 있도록 배려했기에 보다 고급한 불교 교리 공부를 원하는 이들과 교리 공부를 지도하는 스님과 법사들에게 더할 나위 없이 유용한 공구서 역할도 겸하고 있다.

넷째, 반 세기 전에 초판이 나왔음에도 불구하고 번역문이 매우 깔끔하며 현대어로 서술되어 있어 오늘날의 독자들이 쉽게 읽어 나가는 데 아무런 문제가 없다.

3. 『우리말 팔만대장경』 주요 역출 경전

본서의 전반적인 내용 개관은 첫머리에서 이미 다루어지고 있다. 따라서 여기에서는 각각의 편에서 지시하고 있는 주요 출전을 간략하게 소개해 보고자 한다. 이렇게 해서 출전의 전반적인 내용을 파악하면 『우리말 팔만대장경』의 전모를 이해하는 데 더욱 많은 도움이 되리라고 본다. 출전이 중복될 때는 그 출전이 가장 많이 등장하는 편에서 설명한다. 『남전대장경』南傳大藏經의 출전은 한역과 대동소이하므로 별도로 설명하지 않고, 병기된 한역 경전 설명으로 대신한다. 이 간략한 소개는 주로 <북한판 팔만대장경 해제>(1992.10.30, 사회과학출판사)를 저본으로 삼아 축약하여 작성했음을 밝혀 둔다.

〈제1편의 주요 역출 경전〉

『과거현재인과경』過去現在因果經

오五 세기 중엽 인도에서 온 구나발타라가 번역한 한 권으로 된 경전. 부처님께서 전생에 신선으로 있을 때 보광불의 수기授記를 받은 때부터 시작해서, 인간계에 내려와 수도하여 성도한 후 일천이백오십 명의 비구를 거느리게 되기까지의 내력과 전생의 인연 그리고 현세에서 얻은 결과를 다루고 있다.

『수행본기경』修行本起經

이二 세기 말 서역 출신의 축대력과 강맹상이 공역한 이二권 오五품으로 구성된 경전. 석가모니 부처님이 사람으로 출생하여 비구가 되고 마침내 불도를 깨닫기까지의 경위를 다루고 있다.

『불설태자서응본기경』佛說太子瑞應本起經

삼三 세기 중엽 월지국 출신의 지겸이 번역한 두 권으로 된 경전. 부처님의 전생과, 싯다르타 태자로 태어나 출가하고 수도하여 성도한 뒤, 가섭 형제를 비롯해서 여러 사람들을 제자로 삼기까지의 이야기를 담고 있다.

『불본행집경』佛本行集經

육六 세기 말 인도에서 온 사나굴다가 번역한 육십권 육십품으로 구성된 경전. 불전문학의 대표적인 작품이며 산문으로 평가받고 있는 전기다. 부처님의 생애를 전면에 걸쳐 체계적으로 서술함으로써 전기류 가운데 가장 권위 있는 자리를 차지하고 있다.

『방광대장엄경』方廣大莊嚴經
칠七 세기 말 인도에서 온 지바하라가 번역한 십이권 이십칠품으로 구성된 경전. 부처님께서 천인天人 정거천의 물음에 대답하여 당신의 생애에 대하여 이야기한 내용을 다루고 있다.

『불설보요경』佛說普曜經
『방광대장엄경』의 이역본異譯本. 사四 세기 초 월지국 출신의 축법호가 번역한 팔八권 삼십三十품으로 구성된 경전.

『중본기경』中本起經
삼三 세기 초 서역 출신의 담과와 강거국 출신의 강맹상이 공역한 이二권 십오十五품으로 구성된 경전. 부처님께서 성도成道한 후 여러 곳을 돌아다니시면서 여러 사람들을 교화한 과정을 다루고 있다.

『본사경』本事經
칠七 세기 중엽 당나라의 현장이 번역한 칠七권 삼三 품으로 구성된 경전. 비구들이 불도를 닦을 때 염두에 두어야 할 교리들에 관하여 부처님께서 설법하신 내용을 다루고 있다.

『불승도리천위모설법경』佛昇忉利天爲母說法經
삼三 세기 말 월지국 출신의 축법호가 번역한 세 권으로 구성된 경전. 부처님께서 도리천에 계시는 어머니를 교화하기 위해 설법한 내용과 월

씨라는 천귀天鬼가 공空의 도리를 깨닫고 성불하리라는 수기를 받은 이야기를 다루고 있다.

『마등가경』摩登伽經

삼三 세기 초 인도에서 온 축율념과 지겸이 공역한 이二권 칠七품으로 구성된 경전. 한 처녀가 우물가에서 우연히 부처님의 제자 아난을 보고 그 잘생긴 모습에 미혹된 것을, 부처님께서 깨우쳐 비구니로 만든 경위와, 그 처녀의 전생담 그리고 별들의 위치를 보고 사람의 길흉을 점치는 이야기를 다루고 있다.

『불설마등녀경』佛說摩鄧女經

『마등가경』의 이역본. 마등이라는 노파의 딸이 아난을 사모하다가 부처님의 설법을 듣고 비구니가 된 과정을 다루고 있다.

『불설신모희수경』佛說身毛喜豎經

십일十一 세기 중엽 송나라의 유정 등이 번역한, 세 권으로 구성된 경전. 삼보를 비방하면 지옥에 떨어진다는 것과, 외도의 그릇된 소견을 따르지 말고 불도를 믿고 따라야 좋은 세상에 나며 소원도 성취될 수 있다는 이야기를 다루고 있다.

〈제2편의 주요 역출 경전〉

『불설장아함경』佛說長阿含經

오五 세기 초 불타야사와 축불념이 함께 공역한 이십이권 삼십경으로 구성된 경전. 불타야사는 인도 계빈국 바라문 출신으로 십삼十三 세에 불교에 귀의한 뒤 이십칠二十七 세에 비구계를 받고 스님이 되었다. 나중에 사륵국에 가서 태자인 달마불다의 존경을 받아 궁중에서 공양을 받기도 했다. 그곳에서 그는 역경승으로 이름 높은 구마라집을 만나 『아비담』과 『십송률』을 배웠다. 나중에 구마라집이 중국에 있다는 말을 듣고는 장안으로 왔다. 축불념은 중국 양주 출신의 스님으로 인도에 유학한 적도 없었지만, 범어에 아주 정통해서 중국인 역경승 가운데 최고라고 불릴만 했다. 그가 인도나 서역 출신의 역경승의 도움을 받지 않고 홀로 번역한 경전만 해도 십이 부 칠십사 권이나 된다.

『불설장아함경』은 내용을 크게 사분四分으로 나눌 수 있다. 제일분에는 과거칠불過去七佛과 석가모니 부처님의 열반에 관한 이야기가 나오고, 제이분에서는 인도의 사성제도四姓制度에 대한 비판이 실려 있다. 제삼분에는 당시 인도의 지배적 종교였던 바라문교와 여러 외도에 대한 비판이 전개되고 있으며, 제사분에서는 불교의 창세기라고 할 수 있는 세계의 기원에 관한 이야기도 나온다.

아래에서 『우리말 팔만대장경』의 출전이 되고 있는 『불설장아함경』 소속의 소경전들을 살펴본다.

「**청정경**」清淨經 : 외도들의 사악한 견해와 수행법을 버리고 청정한 불도를 닦을 것을 권하고 있다. 니건자라는 외도가 죽자 그의 제자들이 두 편으로 나뉘어 서로 옳다고 싸운다는 말을 듣고, 부처님께서 니건자의 견해와 수행법을 비판한 내용을 다루고 있다.

「**견고경**」堅固經 : 어느 장자의 아들인 견고는 부처님에게 바라문 등이 찾아오면 비구들로 하여금 신통력을 보여 주게 할 것을 부탁했다. 그러자 부처님께서 세 번이나 단호하게 거절하면서 불법의 요지는 신통력과 거리가 먼 것이며, 또 설사 신통력이 있어도 보여 주어서는 안 되는 이유를 설명하고 있다.

「**폐숙경**」弊宿經 : 폐숙이라고 하는 바라문이 윤회도 없고 인과응보도 없다고 주장하는 것을 가섭 존자가 멋진 비유를 들어 논파하는 내용이 실려 있다. 가섭 존자가 열두 가지 비유를 통해 인과응보가 실재하는 것임을 역설하자, 폐숙도 결국 그 말을 인정하고 스님들에게 보시한 선행을 하게 되었다.

「사문과경」沙門果經 : 아버지를 죽인 폭군인 아사세 왕이 부처님을 찾아와 '출가한 비구들에게 무슨 좋은 과보가 있는가.' 하고 물었다. 이에 부처님께서는 지혜의 광명을 얻어 마음의 평안을 얻는 것이 바로 불도를 닦는 비구들이 현세에 얻는 과보라고 설명해 주셨다. 아사세 왕이 계속되는 설법을 듣고 지난 날의 죄악을 참회하고 불교에 귀의하게 된 이야기가 나온다.

「사니사경」闍尼沙經 : 아난은 '부처님께서는 왜 유독 마가다 국 사람들에게는 사후에 좋은 곳에 태어나리라는 수기를 주지 않는가.' 하고 여쭈었다. 이에 부처님께서 그 문제를 생각하고 계셨는데, 사니사라고 하는 귀신이 나타나 자기는 생전에 이 세상의 왕이었는데, 부처님을 믿고 공양한 공덕으로 비사문천왕의 태자로 다시 태어나 복락을 누리고 있다는 이야기를 들려 드렸다. 결국 마가다 국 사람들도 그와 마찬가지로 부처님을 믿고 불법이 잘 퍼지도록 도와야 천상에 날 수 있다는 내용이다.

「소연경」小緣經 : 불교에 귀의한 바라문인 바실타와 바라타가 범천의 입에서 난 바라문이 사성 가운데 최고인데, 왜 부처님을 따르냐고 욕을 먹은 이야기를 하자, 부처님께서 불법에서는 사성을 차별하지 않고 그 어떤 특권도 인정하지 않으며 사람의 고귀함은 종성이 아니라 오로지 자기의 행업行業에 달려있다고 하신 가르침을 다루고 있다.

「선생경」善生經 : 부처님께서 선생善生의 아들이 뜻도 모른 채 그 아버지의 유언에 따라 동서남북과 상하의 여섯 방향(六方)에 절을 하는 것을 보시고는, 공경의 대상이 되는 진정한 여섯 방향은 부모 · 스승 · 아내 · 친척 · 종 · 수행자임을 알려주시는 내용이다.

「산타나경」散陀那經 : 니구타 바라문은 산타나 거사를 면전에 두고 부처님을 비방했다. 그러자 부처님께서 몸소 그곳에 오셔서, 바라문의 물음에 대하여, 진정한 고행은 공양과 존경을 받을 욕심으로 사서 고생을 하는 것이 아니라 대가를 바라지 않는 것이고, 제일 훌륭한 고행은 오계와 십선 그리고 사무량심을 닦는 것이라고 말씀하신 내용이 들어 있다.

「삼명경」三明經 : '세 가지 밝은 길을 얻었다고 해서 삼명이라고 불리는 바라문들의 도를 믿고 닦는 것은 범천의 세계에 올라가겠다고 허공에 사다리를 놓는 것과 같이 허망한 일이다. 왜냐하면 삼명 바라문은 질투와 원한과 분노를 떨쳐 버리지 못했고, 처와 재산을 가지는 등 갖가지 욕망에 붙들려 있으니 그의 가르침을 좇아서 어떻게 욕망이 없는 범천의 세계에 날 수 있는가.' 하고 부처님께서 비판하신 내용이 들어 있다.

「종덕경」種德經 : 종덕은 갖가지 경서와 고전에 통달하여 오백 제자를 거느린 존경 받는 바라문이었다. 종덕이 살고 있는 곳에 부처님께서 오시자 사람들은 앞다투어 부처님을 뵈러 갔다. 이에 종덕 역시 부처님을 뵈러 가고자 했으나 제자들이 대바라문으로서 격에 맞지 않는다며 만류했다. 그러나 종덕은 끝내 겸손한 마음으로 부처님을 찾아가 설법을 듣고 오계를 받드는 재가 불자가 되었다.

「노차경」露遮經 : 노차라고 하는 바라문은 부처님의 설법을 듣고도, 비구와 바라문들이 아는 것이 많지만 남을 위해 알려주는 일이 없다고 비난했다. 마침 노차의 초대로 그 집에서 공양을 하게 된 부처님께서는 그 일을 아시고는 비록 시시한 일이라 해도 나쁜 마음으로 비방을 하면 결국은 지옥에 떨어지게 된다고 일러주셨다. 이에 노차는 뉘우치며 불교에 귀의하였다.

「아누이경」阿㝹夷經 : 명녕국의 아누이성에서 부처님께서 선숙 비구의 이야기를 빌려, 방가바 바라문에게 외도인 니건자와 구라제의 헛된 고행을 비판하신 내용이 들어 있다.

『중아함경』中阿含經

사四 세기 말 인도 계빈국 출신의 구담승가제바가 번역한 육십권 십팔품 이백이십이경으로 구성된 경전. 중국식 이름이 중천衆天인 그는 혜원 그리고 축불념과 더불어 주로 논서를 많이 번역했다. 기존의 『아함경』 번역이 상당히 미흡하다고 여긴 그는 다시 『중아함경』의 번역에 착수해서 약 칠 개월 만에 끝냈다고 한다. 『중아함경』이라는 이름은 비교적 긴 경전으로 구성되어 있는 『장아함경』과 비교적 짧은 경전으로 구성되어 있는 『잡아함경』의 중간 정도 길이의 경전을 주로 싣고 있다 해서 붙인 이름이다. 그러나 사실은 아주 긴 경전도 들어 있고, 오백 자 미만의 아주 짧은 경전도 들어 있다. 『중아함경』에는 사제와 십이인연 등의 교리 그리고 부처님의 인연담과 비유, 또한 여러 불제자들의 수행담이 풍부하게 실려 있다.

아래에서 『우리말 팔만대장경』의 출전이 되고 있는 『중아함경』 속의 소경전들을 살펴본다.

「삼십이상경」三十二相經 : 부처님께서 갖추고 계셨다고 하는 신비한 서른두 가지 상호를 설명하고 있다.

「분별성제경」分別聖諦經 : 불교의 근본 교리인 사성제를 구체적으로 설명하고 있다.

「상적유경」象跡喩經 : 사리불 존자가 모든 동물 가운데 코끼리의 발자국이 가장 큰 것처럼 불교의 모든 교리 가운데 사성제가 가장 큰 자리를 차지한다는 것을 설명하고 있다.

「고음경」苦陰經 : 부처님께서 욕심이 모든 고통의 근원임을 설명하고 있다.

「비사경」蜱肆經 : 비사라는 왕이 구마라가섭의 설법을 통해 과거를 뉘우치고 불교에 귀의하게 된 과정을 다루고 있다.

「염처경」念處經 : 자기의 몸과 세상을 관찰하는 네 가지 명상법을 설명하고 있다.

「소공경」小空經 : 부처님께서 아난에게 공의 이치를 처음 배우는 비구들에게 애초부터 모든 것이 다 공하다고 가르치지 말고, 일정한 기간 동안은, 예를 들어 땅은 공이 아니라 존재하는 것이라고 가르쳤다가 차차 공이라는 생각을 갖게 하고, 나중에는 그 생각마저 버리게 해야 한다고 말씀하신 내용을 담고 있다.

「누진경」漏盡經 : 부처님께서 걱정과 슬픔을 비롯한 모든 번뇌를 끊어 버리는 일곱 가지 방법에 대해서 설법하고 계신다.

「주나문견경」周那問見經 : 부처님께서 주나에게, 지혜를 체득해야 세상이 허망하다는 이치를 깨우칠 수 있음을 설명하고 계신다.

「바라바당경」婆羅婆堂經 : 부처님께서 바라문인 바라바에게 바라문만이 최상이라고 하는 견해의 부당함을 설명하고 계신다.

「우바리경」優波離經 : 본래 외도였던 우바리가 부처님과의 논쟁을 통해 불제자가 된 과정을 설명하고 있다.

「우담바라경」優曇婆羅經 : 부처님께서 우담바라라는 숲에서 외도의 무에의 잘못을 깨우쳐 준 이야기가 실려 있다.

「목적유경」木積喩經 : 부처님께서 모든 향락을 버리고 모든 고통을 스스로 끌어안고 참아 내야 불도를 이룰 수 있다는 설법을 하고 계신다.

「심예경」心穢經 : 부처님께서 마음의 때라고 할 수 있는 갖가지 번뇌를 없애 마음을 깨끗이 하고 계율을 지켜야 함을 설법하고 계신다.

「모리파군나경」牟犁破群那經 : 성내고 싸우기를 좋아하던 모리파군나라고 하는 비구에게 부처님께서 그런 나쁜 성질을 고치기 위해서는 자비심을 키워야 한다는 설법을 하고 계신다.

「구법경」求法經 : 부처님께서 불도를 닦을 때는 교리를 배우는 일 외에 다른 생각을 품지 말아야 할 것을 설법하고 계신다.

『증일아함경』增一阿含經

구담승가제바가 번역한 오십일권 사백칠십이경으로 구성된 경전. '증일아함'이라는 이름은 부처님의 가르침을 일법一法에서 십일법十一法까지 법문 수에 따라 편찬한 것에서 따온 것이다. 이 경전은 십념, 오계, 안반安般, 삼三보, 사四제, 육중六重, 팔난八難, 결금結禁, 대애도열반大愛道涅槃 등의 항목을 모두 오십이품으로 분류해서 다루고 있다.

『잡아함경』雜阿含經

오五 세기 중엽에 중인도 바라문 출신인 구나발타라가 번역한 총 오십권 일천삼백육십이(1,362)경으로 이루어진 경전. 그는 어릴 때부터 천문, 수학, 의술, 주술 등에 능통했다고 한다.『아비담잡심론』을 읽고 불교에 귀의한 그는 삼장에 통달하고 나서 대승불교를 배워 여러 나라를 돌아다니다가 사백삼십오년(435) 해로를 통해 중국에 와서 역경사업에 참여했다.『잡아함경』은 앞서 살펴본 다른『아함경』에는 들어 있지 않은 초기 경전들을 모아 놓은 것으로서 경전의 가장 원시적인 모습을 띠고 있다. 이 경전은 불교의 근본교리인 고, 공, 무상, 무아, 팔정도 등에 관한 내용을 아주 간단한 형태로 싣고 있는데, 모든 것을 허망한 것으로 여기는 불교의 기본적인 입장과는 달리 모든 것은 실제로 존재한다는 일체유부一切有部의 교리를 보여 주는 경들도 포함되어 있는 것이 특징이라 하겠다. 이 경전과 유사한 것으로는 일권 이십칠경을 수록하고 있는 역자 미상의『잡아함경』과 십육권 삼백육십사경을 싣고 있는 역자 미상의『별역잡아함경』別譯雜阿含經이 있다.

『불설인본욕생경』佛說人本欲生經

이二 세기 중엽 안식국 출신의 안세고가 번역한 한 권으로 된 경전. 부처님께서 사람의 무명과 애욕과 생사에 대해 설법한 내용을 다루고 있다.

이역본으로는 『대연방편경』大緣方便經과 『대인경』大因經이 있다.

『불설대생의경』佛說大生義經

십일 세기 초 인도에서 온 시호가 번역한 한 권으로 된 경전. 세상의 모든 존재는 인연에 의해 생긴다는 이치를 다루고 있다.

『불설대집법문경』佛說大集法門經

인도 출신 시호가 번역한 두 권으로 된 경전. 이 경전에서는 불교의 갖가지 교리를 한 데 모아서 설명하고 있다.

『불설인선경』佛說人仙經

십 세기 말 인도에서 온 법현이 번역한 한 권으로 된 경전. 인선이 천상에 태어나게 된 인연과 몇 가지 교리에 대해 설명하고 있다.

『불설니구타범지경』佛說尼拘陁梵志經

인도 출신 시호 등이 번역한 두 권으로 구성된 경전. 고행만으로는 도를 제대로 닦을 수 없으며 오히려 번뇌만 늘어난다는 점을 지적하고 있다.

『수마제경』須摩提經

팔 세기 초 인도에서 온 보리류지가 번역한 한 권으로 된 경전. 수마제라는 소녀가 불교에 귀의한 이야기를 통해 여자도 성불할 수 있다는 설법이 전개되고 있다.

『불설앙굴마경』佛說鴦掘摩經

사 세기 초 월지국 출신의 축법호가 번역한 한 권으로 된 경전. 잘못된 가르침에 따라 사람을 마구 죽이던 앙굴마가 부처님의 설법을 듣고 자기 죄를 뉘우치고 나서 비구가 된 과정을 담고 있다.

『불설미생원경』佛說未生寃經

삼 세기 중엽 월지국 출신의 지겸이 번역한 한 권으로 된 경전. 독실한 재가불자인 병사왕은 왕위를 빼앗으려는 아들 때문에 옥에 갇혀 숨을 거두었다. 그러나 그는 자기가 겪고 있는 고통이 전생에 지은 죄과의 갚음이라는 교리를 굳게 믿고 있었기에 죽을 때까지 누구도 원망하지 않았다. 그래서 죽은 뒤에 천상에 태어나게 되었다는 이야기가 실려 있다.

『불설관무량수불경』佛說觀無量壽佛經

오 세기 중엽 서역 출신의 강량야사가 번역한 한 권으로 된 경전. 극락세계에 태어나는 방법에 대해 무량수불이 설법한 내용이 실려 있다.

〈제3편의 주요 역출 경전〉

『대보적경』大寶積經

팔 세기 초 인도에서 온 보리류지가 편집한 일백이십구권 사십구회로 구성된 경전. 이 경전은 구성 과정이 좀 특이하다. 보리류지는 하나의 범본 원전에서 번역한 것이 아니라 축법호, 구마라집, 의정, 실차난타, 현장 등이 이미 번역한 이십삼 종의 불경을 그대로 싣고, 기존에 번역되었으나 미비하다고 여겨지는 불경 십오 종은 재번역하고, 아직 번역되지 않은 원전 십일 종은 직접 새로 번역하여 한데 묶었다. 이 경전은 한 교파의 주장을 일관되게 싣고 있는 다른 경전들과는 달리 수십 종에 달하는 독집적인 불경들을 모아 편집했기에 대승 여러 교파의 상이한 교리와 심지어는 소승불교의 주장까지 섞어서 담고 있다.

아래에서 『우리말 팔만대장경』의 출전이 되고 있는 『대보적경』의 주요 회를 살펴본다.

「삼률의회」三律儀會 : 삼률의는 세 가지 계율을 뜻한다. 이 회는 비구가 불도를 닦는 데 반드시 지켜야 할 의무 사항과 금지 사항을 다루고 있다.

「선비보살회」善臂菩薩會 : 보살이 중생을 구제하기 위해 닦는 불도의 여섯 가지 방법을 다루고 있다.

「대신변회」大神變會 : 일체가 허망하다고 하면서도 교묘한 방편으로 중생을 구제하는 부처님과 보살의 능력은 공의 이치를 원만하게 깨달은 데서 오는 것이라고 설명하고 있다.

「아사세왕자회」阿闍世王子會 : 부처님께서 아사세 왕의 왕자에게 불도를 닦으면 큰 보람이 있음을 설법하고 계신다.

「대승방편회」大乘方便會 : 보살은 마땅히 대승의 여러 가지 방법과 수단, 즉 방편을 써서 중생을 구제해야 한다는 내용이 다루어지고 있다.

「보명보살회」普明菩薩會 : 보살이 닦아야 할 교리와 보살의 보람에 대한 설법이 실려 있다.

『불설결정비니경』佛說決定毘尼經

이 경의 역자는 돈황삼장이라고만 되어 있다. 한 권으로 된 이 경전은 보살이 불도를 닦을 때 유의해야 할 문제 몇 가지와 보살이 지켜야 할 계율에 대해서 설법하고 있다.

『유마힐소설경』維摩詰所說經

오 세기 초 구자국 출신의 구마라집이 번역한 삼권 십사품으로 구성된 경전. 이 경전은 소승불교와 대승불교의 대립 구도를 부처님의 십대제자와 유마거사와의 관계를 통해서 보여 주고 있는 매우 의미심장한 경전이다. 특히 정묘한 대승의 가르침을 보여 주고 있는 점 때문에 선가禪家에서도 즐겨 읽는 경전이다. 『승만경』과 함께 대승불교의 재가주의在家主義

를 천명하고 있는 것으로 유명하다. 이역본으로는 『불설유마힐경』과 『설무구칭경』이 있다.

아래에서 『우리말 팔만대장경』의 출전이 되고 있는 『유마힐소설경』의 주요 품을 살펴본다.

「불국품」佛國品 : 『유마힐소설경』의 서두에 해당되는 품으로 중생이 불도를 깨달으면 이 세상에서 곧 부처님의 세상을 볼 수 있다는 내용이 전개되고 있다.

「방편품」方便品 : 이 경전의 주인공인 유마거사가 방편으로 병을 앓으면서 병문안을 온 여러 사람들을 교화한 이야기가 실려 있다.

「제자품」弟子品 : 유마거사가 뛰어난 언변을 갖고 있으며 대승의 가르침에 정통하다는 점을 부처님의 십대제자가 찬양하는 이야기가 나온다.

「보살품」菩薩品 : 미륵보살을 비롯한 여러 보살이 유마거사에게 병문안을 가라는 부처님의 말씀을 듣고도 그와 상대할 수 있는 자격이 되지 못한다며 사양한 이야기를 담고 있다.

「문수사리문질품」文殊師利問疾品 : 병문안을 온 문수보살에게 유마거사가 자기가 병을 앓게 된 이유와 공의 이치를 설명하고 있다.

「관중생품」觀衆生品 : 유마거사가 보살은 커다란 자비심으로 산 목숨을 구제해야 한다는 이야기를 하고 있다.

「입불이법문품」入不二法門品 : 이 품의 뜻은 둘이 아닌 오직 한 가지의 불도에 들어간다는 것이다. 부처님께서 깨달은 오직 한 가지의 신비로운 경지는 그 어떤 말로도 표현할 수 없음을 설명하고 있다.

『대승입능가경』大乘入楞伽經

육 세기 초 우전국 출신의 실차난타가 번역한 칠권 십품으로 구성된 경전. 이 세상의 모든 것은 다 마음에서 생겨났고, 부처님의 가르침은 그 어떤 말로도 표현할 수 없는 신비로운 것임을 역설하고 있다. 구나발타라의 『능가아발다라보경』과 보리류지의 『입능가경』이 이역본이다.

「라바나왕권청품」羅婆那王勸請品 : 야차의 왕인 라바나가 갖가지 보물을 바치면서 부처님에게 대승의 깊은 교의를 설법해 달라고 청하는 이야기가 나온다.

「집일체불법품」集一切佛法品 : 세상의 모든 존재는 마음이 발현된 것이라고 하는 불교의 교의를 외도의 견해와 구별하기 위해 삼십여 가지 항목에 걸쳐 설명하고 있다.

「무상품」無常品 : 사람의 몸과 마음을 비롯한 모든 것이 매순간마다 변하는 마음의 발현이라는 점을 설명하고 있다.

『불설미증유인연경』佛說未曾有因緣經

육 세기 초 중국의 담경이 번역한 두 권으로 된 경전. 부처님과 비말리왕 등의 전생 이야기로써 라후라와 바사니 왕을 교화한 내용이 나온다.

『대불정여래밀인수증료의제보살만행수능엄경』大佛頂如來密因修證了義諸菩薩萬行首楞嚴經

팔 세기 초 인도에서 온 반자밀제가 번역한 열 권으로 구성된 경전. 이 경의 제목은 '무한히 큰 절대 깨달음을 성취한 부처님이 되기 위해 닦는 보살의 완전무결하고 견고한 육도만행 수행법을 설한 경'이라는 뜻이다. 제목에서 알 수 있듯이 이 경전은 중인도 나란타사에서 비밀리에 전수해온 것으로, 밖으로 유출되는 것을 금할 정도로 소중히 여겼던 것이라고 한다. 이 경전은 모든 번뇌의 근원은 욕망이고 욕망은 망상에서 생겨나므로 망상을 끊기 위해서는 선정에 들어야 한다는 것과, 이 선정을 방해하는 악마를 물리치기 위한 수능엄진언에 대해 설명하고 있다. 흔히 『능엄경』이라고 줄여서 부르는 이 경전은 『원각경』, 『금강경』, 『기신론』과 함께 우리나라 불교 강원의 사四교과로 쓰이는 중요 경전이다.

『대방광원각수다라료의경』大方廣圓覺修多羅了義經

팔 세기 중엽 계빈국 출신의 불타다라가 번역한 한 권으로 된 경전. 이 경전의 제목을 풀어 보면 '크고 방정하고 광대한 원각을 설명함이 모든 경전 중에서 으뜸이 되는 경'이라는 뜻이다. 이 경은 모든 사람들이 가지고 있는 불성을 닦는 것이 원만한 깨달음이라고 하면서 여러 대상별로 그것을 닦아 나가는 방법을 설명하고 있다. 이 경은 불교 수행의 기본적은 틀을 제시하고 있는 중요한 경전으로 평가받고 있다. 또한 이 경은 이미 십오 세기에 우리말로 번역된 적이 있다.

『불설무량수경』佛說無量壽經

삼 세기 중엽 인도에서 온 강승개가 번역한 두 권으로 구성된 경전. 무량수불이 극락세계를 건설한 경위와 생전에 선업을 많이 쌓고 무량수불을 생각하며 그 명호를 늘 외우면 죽은 뒤에 극락세계에 갈 수 있다는 내용을 삼고 있다. 이 경과 『아미타경』은 범어 제목이 같기 때문에 흔히 전자를 대경 그리고 후자를 소경이라고 부른다.

『대방등대집경』大方等大集經

모두 육십 권으로 구성된 이 경은 제일권-제이십육권(1-26) 그리고 제삼십일권-제삼십삼권(31-33) 부분은 오五 세기 초 인도에서 온 담무참이, 제이십칠권-제삼십권(27-30)은 같은 시기에 중국의 지엄과 보운이, 제삼십사권-제육십권(34-60)은 육 세기 말 인도에서 온 나련제야사가 각각 번역했다. 이 경은 본래 독립되어 있는 십삼 종의 대승경전들을 분 또는 품이라는 단위로 분류하고 다시 엮어 대집경이라는 이름을 붙인 것이다. 이 경의 주요 내용은 보살이 닦아야 할 불도를 『반야경』의 '공' 사상에 근거하여 설법한 것이다.

「보녀품」寶女品 : 보녀의 전생 이야기와 보살이 지녀야 하는 품성 그리고 부처님의 상호를 다루고 있다.

「허공장보살품」虛空藏菩薩品 : 허공장보살의 전생이야기와 허공장보살의 질문에 대한 부처님의 대답 그리고 허공장보살의 공에 대한 설명과 악마의 항복을 받은 이야기가 다루어지고 있다.

「무진의보살품」無盡意菩薩品 : 보살이 닦는 불도에는 무진장한 내용이 담겨져 있다는 것을 설명하고 있다.

『허공장보살경』虛空藏菩薩經

오 세기 초 계빈국 출신의 불타야사가 번역한 한 권으로 된 경전. 허공장보살은 사람들의 모든 소원을 들어준다는 이야기와 소원 성취를 위해 축원하는 방법 그리고 그 이익에 대해서 설명하고 있다. 이역본으로 담마밀다의 『허공장보살신주경』과 사나굴다의 『허공장보살경』이 있다.

『대집대허공장보살소문경』大集大虛空藏菩薩所問經

팔 세기 중엽 인도에서 온 불공이 번역한 팔권으로 구성된 경전. 허공장보살의 스물여섯 가지 질문에 부처님께서 대답을 하시면서 불도를 성취하는 근본은 깨달음을 이루려는 마음이라는 것을 설법하고 있다. 또한 이 경은 마귀와 장애 그리고 화를 막고 복을 얻는 진언도 다루고 있다.

『대승대집지장십륜경』大乘大集地藏十輪經

칠 세기 중엽 당나라 현장이 번역한 십권 팔품으로 구성된 경전. 부처님께서 지장보살을 칭찬하고 나서 불멸 후 불법을 펴나가는 방법과 무불시대의 혼란 속에 나타날 수 있는 죄행을 조목별로 열 가지씩 묶어서 설법하고 계신다. 이역본으로 역자 미상의 『대방광십륜경』이 있다.

「선업도품」善業道品 : 부처님께서 금강장보살에게 십선을 행하면 반드시 좋은 과보가 있다는 내용의 설법을 하고 계신다.

『지장보살본원경』地藏菩薩本願經

육 세기 초 우전국 출신의 실차난타가 번역한 이권 십삼품으로 구성된 경전. 갖가지 방편으로 모든 중생을 교화하고자 하는 지장보살의 노력과 죄업으로 인해 고통 받는 모든 중생을 평등하게 해탈하게 하려는 큰 서원을 설명하고 있다.

『불설불명경』佛說佛名經

역자는 미상이고 육 세기 중엽에 번역된 것으로 알려졌으며 삼십 권으로 구성된 경전 부처님의 명호를 열거하고 그 이름에 담긴 공덕을 설명하고 있다. 이역본으로 보리류지의『불설불명경』이 있다.

『분신왕문경』奮迅王問經

육 세기 중엽 인도에서 온 반야류지가 번역한 두 권으로 구성된 경전. 보살이 대승의 교의를 원만히 깨닫고 그것을 통해 중생을 교화하기 위해서는 네 가지 일에 통달해야 함을 설법하고 있다.

『오고장구경』五苦章句經

사 세기 말 서역 출신의 축담무란이 번역한 한 권으로 된 경전. 모든 중생은 끝없이 윤회를 하면서 고통을 겪는다는 것과 그 고통에서 벗어나려면 불도를 닦아 죄를 짓지 말아야 한다는 내용을 다루고 있다.

『불설사천왕경』佛說四天王經

오 세기 중엽 중국의 지엄과 보은이 공역한 한 권으로 된 경전. 매달 팔(8), 십사(14), 십오(15), 이십삼(23), 이십구(29), 삼십(30) 일에 사천왕이 모든 중생의 행동을 살펴보고 제석천왕에게 보고한다는 이야기와 착한 일에는 좋은 과보가 있고 나쁜 일에는 나쁜 과보가 있다는 내용을 다루고 있다.

『불설천불인연경』佛說千佛因緣經

오 세기 초 구자국 출신의 구마라집이 번역한 한 권으로 된 경전. 부처님께서 왕사성의 영취산에서 여러 보살의 질문을 받고 일천 부처님의 전생 이야기를 들려 주신 내용이다.

『대방광보협경』大方廣寶篋經

오 세기 중엽 인도에서 온 구나발타라가 번역한 세 권으로 구성된 경전. 모든 중생이 불성을 가지고 있다는 것과 문수보살의 신기한 법력 그리고 보살이 갖추어야 하는 서른두 가지 품성을 다루고 있다. 이역본으로는 축법호의 『불설문수사리현보장경』이 있다.

『문수사리소설불사의불경계경』文殊師利所說不思議佛境界經

칠 세기 말 인도에서 온 보리류지가 번역한 두 권으로 구성된 경전. 부처님께서 이룩한 깨달음의 경지는 신묘하고 불보살이 가지고 있는 신비한 힘은 한량없다는 것을 설법하고 있다.

『약사유리광여래본원공덕경』藥師琉璃光如來本願功德經

칠 세기 중엽 당나라의 현장이 번역한 한 권으로 된 경전. 약사유리광여래를 믿으면 온갖 화를 막고 복을 누릴 수 있다는 내용을 다루고 있다. 이역본으로는 달마급다의 『불설약사여래본원경』 등이 있다.

『불설대방광미증유경선교방편품』佛說大方廣未曾有經善巧方便品

십일 세기 초 인도에서 온 시호가 번역한 한 권으로 된 경전. 불도를 닦는 좋은 방법인 보시의 공덕에 대해서 설명하고 있다.

『불설해의보살소문정인법문경』佛說海意菩薩所問淨印法門經

십일 세기 중엽 송나라의 유정이 번역한 십팔권으로 구성된 경전. 정인 삼매에 들자면 언행과 마음가짐을 바로 해야 하며, 악마들이 장난치지 못하게 하려면 대승의 교리를 바로 배워야 한다는 내용을 다루고 있다.

『불설문수회과경』佛說文殊悔過經

사 세기 초 월지국 출신의 축법호가 번역한 한 권으로 된 경전. 처음으로 도를 닦는 보살들을 위해 문수보살이 참회의 방법과 내용에 대하여 설명하고 있다.

『대방광여래비밀장경』大方廣如來秘密藏經

역자 미상으로 사 세기경에 번역되었다고 알려진 두 권으로 구성된 경전. 부처님께서는 너그러운 덕을 가지고 계시며 모든 죄과는 불교를 믿음에 따라 용서받을 수 있다는 내용을 다루고 있다.

『현겁경』賢劫經

삼 세기 말 월지국 출신의 축법호가 번역한 팔권으로 구성된 경전. 현겁에 출현하는 부처님들을 숭상하며 중생을 구제하기 위해서는 이천일백(2,100) 가지 불도와 팔만사천 가지 선정을 닦아야 함을 설법하고 있다.

「제도무극품」諸度無極品 : 부처님께서 칠 일 동안 깊은 선정에 들었다가 깨어나셔서 중생을 구제하기 위해 보살이 닦아야 할 불도를 삼백오십(350) 조항에 걸쳐 설명하고 계신다.

「팔등품」八等品 : 가장 초보적인 단계의 선정부터 모든 생각을 완전히 없애 버린 선정에 이르기까지 보살이 닦아야 하는 여섯 가지 불도를 설명하고 있다.

『대승변조광명장무자법문경』大乘遍照光明藏無字法門經

칠 세기 말 인도에서 온 지바하라가 번역한 한 권으로 된 경전. 보살이 경계해야 할 여덟 가지 사항과 부처님께서 깨달은 한 가지 내용에 대해서 설법하고 있다.

『혜상보살문대선권경』慧上菩薩問大善權經

사 세기 초 월지국 출신의 축법호가 번역한 두 권으로 구성된 경전. 중생을 교화할 때 부처님께서 사용하신 여러 가지 묘한 방편에 대해서 설명하고 있다.

『사익범천소문경』思益梵天所問經

오 세기 초 구자국 출신의 구마라집이 번역한 사권 십팔품으로 구성된 경전. 부처님의 지혜와 깨달음 그리고 보살의 수도 방법에 대해서 설명하고 있다.

「담론품」談論品 : 이 품에서는 보살은 자기뿐만 아니라 남을 교화하기 위해서 불도를 닦는 자라고 규정하고 있다. 구체적으로는 바른 행실과 너그러운 마음을 갖추고 보답을 바라지 않고 남의 고통을 덜어 주는 사람이라고 말하고 있다.

『불설성구광명정의경』佛說成具光明定意經

이 세기 말 서역 출신의 지요가 번역한 한 권으로 된 경전. 성불하려면 육바라밀을 닦고 성구광명이라고 하는 선정에 들어야 한다는 것을 설명하고 있다.

『불설견정경』佛說見正經

사 세기 말 인도에서 온 축담무란이 번역한 한 권으로 된 경전. 부처님께서 견정이라는 비구가 내세의 문제에 대해 가지고 있는 의구심을 풀어 주고 계신다. 더불어 윤회는 있지만 불변하는 영혼은 없다고 설명하고 계신다.

『불설충심경』佛說忠心經

사 세기 말 인도에서 온 축담무란이 번역한 한 권으로 된 경전. 불도를 닦으려면 마음가짐을 바로 해야 한다는 내용을 다루고 있다.

『불설효자경』佛說孝子經

역자 미상으로 삼 세기 말-사 세기 초에 번역된 것으로 알려진 한 권으로 된 경전. 건타 왕이 바라문교를 믿다가 불교에 귀의하게 된 이야기와 건타 왕과 그를 깨우쳐 준 소의 전생 이야기를 다루고 있다.

『불설호국존자소문대승경』佛說護國尊者所問大乘經

십 세기 말 인도에서 온 시호가 번역한 사 권으로 구성된 경전. 보살이 닦는 불도를 게송으로 정리했다.

『불설아난문사불길흉경』佛說阿難問事佛吉凶經

이 세기 중엽 안식국 출신의 안세고가 번역한 한 권으로 된 경전. 부처님을 진심으로 섬기고 계율을 잘 지키며 미신을 믿지 말아야 좋은 복을 얻게 된다는 내용을 다루고 있다.

『불설무상경』佛說無常經

팔 세기 초 당나라의 의정이 번역한 한 권으로 된 경전. 생로병사는 가장 혐오스럽고 고통스러운 일이지만 그것을 피할 수 있는 사람은 아무도 없다. 다만 부처님의 가르침을 듣고 믿는 사람만이 그 고통에서 벗어날 수 있다는 내용을 다루고 있다.

『최무비경』最無比經

칠 세기 중엽 당나라의 현장이 번역한 한 권으로 된 경전. 불교를 믿으며 쌓은 공덕 가운데 삼보에 의지해서 쌓은 공덕보다 큰 것은 없다는 내용이 나온다.

『불설법상주경』佛說法常住經

역자 미상으로 삼 세기경에 번역된 것으로 알려진 한 권으로 된 경전. 불도에는 여러 갈래가 있기는 하지만 결국 그것의 목적은 한 가지 이치를 깨닫는 데 있다는 점을 설명하고 있다.

『불설이구시녀경』佛說離垢施女經

삼 세기 말 월지국 출신의 축법호가 번역한 한 권으로 된 경전. 영원한 안락을 누리려면 대승불교를 믿어야 한다는 내용을 다루고 있다. 이역본으로 반야류지의 『득무구녀경』이 있다.

『불설대정법문경』佛說大淨法門經

사 세기 초 월지국 출신의 축법호가 번역한 한 권으로 된 경전. 문수보살이 음탕한 자녀와 장자의 아들을 교화한 이야기를 통해 사람의 본성은 본래 청정하다는 공의 이치를 설명하고 있다.

『승만사자후일승대방편방광경』勝鬘獅子吼一乘大方便方廣經

오 세기 중엽 인도에서 온 구나발타라가 번역한 일권 십오장으로 된 경전. 대승의 교의만이 중생을 구제한다고 역설하면서 대승의 가르침을 믿고 불도를 닦으면 성불할 수 있다고 한다. 흔히 줄여서 『승만경』이라고 부른다.

『불설자애경』佛說自愛經
사 세기 말 인도에서 온 축담무란이 번역한 한 권으로 된 경전. 나라가 태평하려면 사람들이 언행을 조심하고 마음가짐을 바로 해야 한다는 내용을 다루고 있다.

『욱가라월문보살행경』郁迦羅越問菩薩行經
사 세기 초 월지국 출신의 축법호가 번역한 일권 팔품으로 된 경전. 재가보살과 출가보살이 지켜야 하는 불도에 대해서 설명하고 있다.
「상사품」上士品 : 재가 보살은 삼보를 잘 공양해야 한다고 설법하고 있다.
「시품」施品 : 소유는 고통과 번뇌를 가져올 따름이므로 부모·처자에 대한 애착을 버리고 재물에 대한 욕심도 버려서 자기가 가진 모든 것을 남에게 베풀어야 한다고 권하고 있다.

『대위등광선인문의경』大威燈光仙人問疑經
육 세기 말 인도에서 온 사나굴다를 비롯해서 여러 명이 공역한 한 권으로 된 경전. 부처님과 바라문 사이의 문답을 통해 불법이 외도의 교리보다 뛰어나다는 것을 설명하고 있다.

『불설태자화휴경』佛說太子和休經
역자 미상으로 삼 세기 말-사 세기 초에 번역된 것으로 알려진 한권으로 된 경전. 왕자가 부처님에게 귀의하게 된 이야기를 다루고 있다.

『불설발보리심파제마경』佛說發菩提心破諸魔經
십일 세기 초 인도에서 온 시호가 번역한 두 권으로 구성된 경전. 갖가지 번뇌와 악마들을 물리치고 깨달음을 얻게 한다는 보리심의 공덕을 설명하고 있다.

『불설연도속업경』佛說演道俗業經

오 세기 초 중국의 성견이 번역한 한 권으로 된 경전. 장자와 비구에 각각 세 가지 부류가 있음을 설명하고 있다.

『불설수뢰경』佛說須賴經

사 세기 말 월지국 출신의 지시륜이 번역한 한 권으로 된 경전. 가난한 수뢰가 탐욕스럽고 포악한 바사닉왕을 비롯해서 여러 사람들을 교화한 이야기를 담고 있다.

『불설여래불사의비밀대승경』佛說如來不思議秘密大乘經

십일 세기 중엽 인도에서 온 법호 등이 번역한 이십권 이십오품으로 구성된 경전. 부처님과 같은 언행을 하고 마음가짐을 바로 하면 불가사의한 대승의 교의를 이해해서 모든 번뇌를 떨쳐 버리게 된다는 내용을 다루고 있다.

「호세품」護世品 : 부처님께서 금강수보살의 공양을 받으시고 이 세상을 수호할 것을 부탁하고 계신다.

『불위승광천자설왕법경』佛爲勝光天子說王法經

팔 세기 초 당나라의 의정이 번역한 한 권으로 된 경전. 왕은 마땅히 불법으로 나라를 다스려야 한다는 내용을 싣고 있다.

『천청문경』天請問經

칠 세기 중엽 당나라의 현장이 번역한 한 권으로 된 경전. 부처님께서 기원정사에 계실 때 천귀가 찾아와 제기한 질문과 답변을 다루고 있다.

『문수사리문보살서경』文殊師利問菩薩署經
이 세기 말 월지국 출신의 지루가참이 번역한 한 권으로 된 경전. 부처님께서 불도를 닦으신 대로 불도를 닦고 오로지 부처님만 믿으면 깨달음을 얻을 수 있다는 내용을 다루고 있다.

『불설해룡왕경』佛說海龍王經
사 세기 초 월지국 출신의 축법호가 번역한 사권 이십품으로 구성된 경전. 바다의 용왕과 귀신들이 부처님의 설법을 듣고 불도를 닦을 것을 다짐함으로써 부처님께 수기를 받은 이야기가 나온다.

「십덕육도품」十德六度品 : 부처님께서 십선업을 쌓고 육바라밀을 닦아야 깨달음을 얻을 수 있다고 용왕에게 설법하고 계신다.

『십선업도경』十善業道經 : 팔 세기 초 우전국 출신의 실차난타가 번역한 한 권으로 된 경전. 몸과 입과 마음으로 지켜야 하는 열 가지 계율에 대하여 설명하고 있다.

〈제4편의 주요 역출 경전〉

『금강반야바라밀다경』金剛般若波羅蜜經
오 세기 초 구자국 출신의 구마라집이 번역한 일권 삼십이분으로 된 경전. 전반적인 내용이 공사상을 가리키고 있으면서도 '공'이라는 용어를 단 한 번도 사용하지 않고, 대승보살의 수행법을 이야기하면서도 보살이 마땅히 갖추어야 하는 마음가짐인 '보리심'이라는 용어도 전혀 사용하지 않는 것으로 보아 아주 초기에 성립된 대승경전으로 여겨지고 있다. 흔히 줄여서 『금강경』이라고 하는 이 경전은 한중일 삼국에서 가장 많이 독송되고 있는 경전이다. 그리고 삼론종, 법상종, 화엄종, 천태종 등의 교종은 물론 선종에서도 근본 경전으로 삼고 있을 만큼 그 내용이 심오하다.

『마하반야바라밀경』摩訶般若波羅蜜經

오 세기 초 구자국 출신의 구마라집이 번역한 이십칠권 구십품으로 구성된 경전. 이 경은 공사상에 근거하여 중생을 구제하는 방법에 대해 설명한 대표적인 반야경이며 반야부에서 『대반야바라밀다경』(600권) 다음으로 큰 경전이다. 구마라집은 십권 이십칠품으로 된 반야경도 번역했다. 그래서 혼동을 피하기 위해 분량의 많은 앞의 것을 『대품반야경』이라 부르고, 분량이 적은 뒤의 것을 『소품반야경』이라고 부른다.

『반야바라밀다심경』般若波羅蜜多心經

칠 세기 당나라의 현장이 번역한 한 권으로 된 경전. 이백육십 자의 한자로 이루어져 있는 까닭에 가장 작은 불경에 속하지만, 그 내용은 『대반야바라밀다경』의 중심인 공사상을 요약하고 있다. 이 경전은 초종파적으로 예불이나 각종 의식에서 빠짐없이 독송되고 있다.

『사분율』四分律

오 세기 초 계빈국 출신의 불타야사와 중국의 축불념이 공역한 육십 권으로 이루어진 율전. 비구가 지켜야 하는 이백오십(250) 조 계율과 비구니가 지켜야 하는 삼백사십팔(348) 조 계율의 유래와 그 적용 세칙에 대해서 아주 상세하게 설명하고 있다. 이 율전은 불교 부파 가운데 법장부에서 전해져 내려온 것으로 알려져 있다.

『마하승기율』摩訶僧祇律

오 세기 초에 인도에서 온 불타발타라와 중국의 법현이 공역한 사십 권으로 구성된 율전. 제일권-제삼십오권(1-35)까지는 비구와 비구니 모두 지켜야할 계율이 들어 있고, 제삼십육권-제사십권(36-40)까지는 비구니가 지켜야 할 계율이 들어 있다. 『마하승기율』은 진보적인 대중부에 전하는 율임에도 불구하고 내용상으로 볼 때 상좌부의 율 못지않게 자유로움을 전혀 허용하지 않는 면이 매우 흥미롭다.

『불설우바새오계상경』佛說優婆塞五戒相經

오 세기 중엽 계빈국 출신의 구나발마가 번역한 한 권으로 된 경전. 남성 재가 불자인 우바새가 지켜야 하는 다섯 가지 계율을 적용하는 데서 발생하는 여러 가지 문제를 다루고 있다.

『사미십계법병위의』沙彌十戒法竝威儀

역자 미상으로 사 세기 경에 번역된 것으로 알려진 한 권으로 된 율전. 사미가 지켜야 하는 열 가지 계율과 평소에 준수해야 하는 예의범절 팔십팔 조목을 다루고 있다.

『대애도비구니경』大愛道比丘尼經

역자 미상으로 오 세기경에 번역된 것으로 알려진 두 권으로 된 경전. 비구니가 되겠다는 대애도의 간절한 소원을 부처님께서 거절하다가 마지못해 들어 주셨다는 이야기와 여자이기 때문에 여러 가지 제한과 까다로운 요구를 하셨다는 이야기 등이 나온다.

『불설재경』佛說齋經

삼 세기 중엽 월지국 출신의 지겸이 번역한 한 권으로 된 경전. 부처님께서 유야라는 여인에게 재계와 그로부터 얻는 공덕을 설법하시자 그녀가 이후 재계를 하게 되었다는 이야기가 실려 있다. 이역본으로 『우바이타사가경』 등이 있다.

『범망경노사나불설보살심지계품』梵網經盧舍那佛說菩薩心地戒品

오 세기 초 구자국 출신의 구마라집이 번역한 두 권으로 된 경전. 보살이 지켜야 하는 대승계율을 포괄적으로 서술하고 있다. 하권만을 별도로 뽑아 <보살계본>이라고 해서 우리나라에서 크게 유행하고 있다.

〈제5편의 주요 역출 경전〉

『묘법연화경』妙法蓮華經

오 세기 초 구자국 출신의 구마라집이 번역한 칠권 이십칠품으로 구성된 경전. 연꽃과 같이 미묘한 부처님의 가르침은 오로지 하나밖에 없으니, 누구나 이것에 근거하여 불도를 닦으면 성불할 수 있다는 일불승一佛乘을 중심 내용으로 삼고 있다. 보통 줄여서 『법화경』이라고 한다.

「서품」序品 : 하늘땅이 진동하는 불가사의한 현상을 보고 문수보살은 곧 『법화경』 설법이 있을 것이라고 대중들에게 설명한다.

「방편품」方便品 : 불법은 심오한 내용을 담고 있으므로 여러 가지 방편을 사용해서 수준에 맞게 설법하여 중생을 깨우쳐 주어야 한다는 점을 설명하고 있다.

「비유품」譬喩品 : 세 가지 수레의 비유를 들어 일불승의 수승함을 강조하고 있다.

「신해품」信解品 : 부처가 될 큰 마음을 먹도록 방편을 써서 사람들을 깨우치는 것이 바로 일불승임을 궁자窮子의 비유를 통해 설명하고 있다.

「약초유품」藥草喩品 : 약초를 비롯한 모든 초목이 비를 맞고 자라나듯이 모든 사람들은 오로지 부처님의 교화를 통해서만 성장할 수 있음을 말하고 있다.

「**수기품**」授記品 : 부처님께서 수도를 잘 해 온 비구들에게 앞으로 언제 어떤 부처가 될 것이라는 수기를 주고 계신다.

「**화성유품**」化城喩品 : 조화를 부려서 만든 성곽의 비유를 통해 삼승은 일불승에 도달하기 위한 수단임을 설명하고 있다.

「**오백제자수기품**」五百弟子授記品 : 십육 왕자의 과거 인연 이야기를 들음으로써 본원을 깨닫게 된 부루나와 교진여 등을 비롯한 오백의 제자들이 부처님으로부터 수기를 받는 내용이 나온다.

「**수학무학인기품**」授學無學人記品 : 아난과 라후라를 비롯한 이천의 성문이 수기를 받는 이야기가 나온다.

「**법사품**」法師品 : 법화경을 설하는 자가 지녀야 할 품성을 논하고 있다.

「**견보탑품**」見寶塔品 : 땅에서 다보 여래의 거대한 다보탑이 솟아오르고 그 속에서 커다란 음성이 울려퍼짐으로써 석가모니 부처님의 설법이 진실함을 증명하는 내용을 담고 있다.

「**제바달다품**」提婆達多品 : 부처님을 해치려고 했던 제바달다 같은 악인이나 용왕의 딸이라 해도 법화경을 받들면 성불할 수 있다는 이야기가 나온다.

「**상불경보살품**」常不輕菩薩品 : 석가모니 부처님께서 전생에 상불경보살로 계실 때 법화경을 굳게 믿으며 어떤 모욕도 참고 견딘 이야기가 나온다.

「**종지용출품**」從地湧出品 : 무수한 보살들이 땅속에서 튀어나와 석가모니 부처님에게 문안을 드리는 이야기를 통해 석가모니 부처님께서는 싯다르타 태자로 태어나기 이전에 이미 구원久遠의 부처님임을 밝히고 있다.

「**여래수량품**」如來壽量品 : 부처님의 수명은 영원함을 설명하고 있다.

「**법사공덕품**」法師功德品 : 법화경을 설하는 법사가 얻는 공덕을 설명하고 있다.

「관세음보살보문품」觀世音菩薩普門品 : 관세음보살이 온갖 모습과 신통력으로 고통에 빠진 무수한 중생들을 구제한다는 이야기가 나온다.

『반니원경』般尼洹經

역자 미상으로 오 세기 초에 번역된 것으로 알려진 두 권으로 구성된 경전. 부처님의 입멸 전후의 역사적 실제 사건들을 주로 다루고 있다. 이역본으로 백법조의 『불반니원경』과 법현의 『대반열반경』 등이 있다. 이러한 경전을 함께 아울러 속칭 『소승열반경』이라고 한다.

『대반열반경』大般涅槃經

오 세기 초 인도에서 온 담무참이 번역한 사십권 십삼품으로 구성된 경전. 부처님과 불성 및 열반에 대해 주로 철학적 · 종교적 의미를 강조하고 있다. 이 경과 혜엄 등이 번역한 삼십육권 이십오품의 『대반열반경』 그리고 법현이 번역한 육권 십팔품의 『불설대반니원경』 등을 흔히 일러 『대승열반경』이라고 한다. 또한 담무참이 번역한 것을 속칭 『북본 열반경』 그리고 혜엄 등이 번역한 것을 『남본 열반경』이라고 한다. 후세의 열반경 연구는 대개 남본을 기초로 삼았다.

〈제6편의 주요 역출 경전〉

『대방광불화엄경』大方廣佛華嚴經

오 세기 초 인도에서 온 불타발타라가 번역한 총 육십권 삼십사품으로 구성된 경전. 이 경전의 주요 내용은 석가모니 부처님께서 보리수 아래서 성도한 뒤 십사 일째 되는 날 금강보좌를 떠나지 않고 해인海印삼매에 든 채, 문수보살이나 보현보살 같은 상근기의 보살들을 위해 당신이 깨달으신 내용을 설하신 것이라고 한다. 또한 성불하기 위한 보살도의 원리와 규범을 전면적으로 정립하여 보여 주고 있다. 세칭 육십화엄이라고 부르는 이 경이 바로 예로부터 화엄종의 소의경전所依經典의 자리를 차지해왔다. 이 경은 구역舊譯이라고 부르기도 한다. 이에 반해 칠 세기 말에 실차난타가 한역한 팔십권 삼십구품의 화엄경은 신역이라 하고 흔히 팔십화엄이라는 이름으로 불린다. 신역은 구역에 비해 내용이 비교적 완비되어 있고, 구역에서 빠뜨린 부분을 보충하고 품을 세분화했다는 평가를 받고 있다. 한편 팔 세기 말 계빈국 출신의 반야가 번역한 사십권 일품으로 된 화엄경도 전해지고 있으니, 이것은 보통 사십화엄이라고 부른다. 사십화엄은 육십화엄과 팔십화엄의 「입법계품」에 해당되는 내용을 다른 범본 원전에 근거해서 번역한 것으로 알려져 있다. 그 품의 이름은 「입불사의해탈경계보현행원품」이다.

「세간정안품」世間淨眼品 : 깨달음을 얻으신 부처님의 맑고 밝은 눈에 의해 온 세상이 열리고 모든 중생이 부처님의 위신력으로 조화를 이루고 있음을 보여주고 있다.

「여래명호품」如來名號品 : 한량없는 세계의 수만큼 부처님 역시 한량없이 많으시다는 내용을 다루고 있다.

「광명각품」光明覺品 : 문수보살이 부처님이 갖추고 계신 밝은 깨달음을 찬양하고 있다.

「정행품」淨行品 : 무엇을 믿고 의지해야 번뇌가 없는 청정한 경지에 이를 수 있는가 하는 문제를 다루고 있다.

「불승수미정품」佛昇須彌頂品 : 부처님께서 도리천으로 올라가서 교화하신 내용이 나온다. 이 품은 이어지는 품들의 머리말 구실도 하고 있다.

「보살운집묘승전상설게품」菩薩雲集妙勝殿上說偈品 : 십 명의 보살들이 부처님의 덕을 기리며 찬양하는 내용이 주류를 이루고 있다.

「십주품」十住品 : 법혜보살이 부처님을 대신해서 보살이 불도를 닦음에 반드시 거쳐야 하는 십 단계를 설명하고 있다.

「범행품」梵行品 : 법혜보살이 정념천자에게 깨끗한 수행과 보살의 지위를 이루어 부처님과 같은 깨달음을 얻을 것을 권고하고 있다.

「초발심공덕품」初發心功德品 : 법혜보살이 제석천왕에게 초발심을 하는 보살의 보람이 크다는 이야기를 하고 있다.

「명법품」明法品 : 법혜보살이 정진혜보살에게 불도를 닦으려면 밝은 법을 이해하는 데서 시작해서 끊임없는 실천으로 나아가야 함을 설명해 주고 있다.

「불승야마천궁자재품」佛昇夜摩天宮自在品 : 야마천의 궁전에서 벌어지는 설법회의 화려한 광경이 묘사되고 있다.

「야마천궁보살설게품」夜摩天宮菩薩說偈品 : 시방세계로부터 열 명의 보살이 모여와서는, 성불할 수 있고 세상을 구제할 수 있는 방편을 주시는 부처님의 덕행과 수행의 경지를 찬양하고 있다.

「금강당보살십회향품」金剛幢菩薩十廻向品 : 금강당보살이 모든 중생을 성불하는 길로 돌려 세우는 열 가지 단계의 불도를 설명하고 있다.

「십지품」十地品 : 금강장보살이 해탈월보살에게 보살이 근본으로 삼아야 하는 마지막 십 단계의 불도를 설명해 주고 있다.

「십명품」十明品 : 보현보살이 심왕보살에게 열 가지 아는 힘이 무엇인지를 설명해주고 있다.

「십인품」十忍品 : 보현보살이 불도의 수행에서 반드시 거쳐야 하는 열 가지 체험에 관해 설명하고 있다.

「아승기품」阿僧祇品 : 불보살의 위신력이 한량없음을 설명하고 있다.

「불불사의법품」佛佛思議法品 : 청련화보살이 사람의 생각과 말을 초월한 경지인 부처님의 원만한 지혜에 관하여 설명하고 있다.

「불소상광명공덕품」佛小相光明功德品 : 부처님께서 보수보살에게 부처님의 몸에서 뿜어 나오는 광명의 위력에 대해 말씀하고 계신다.

「보현보살행품」普賢菩薩行品 : 보현보살이 자기가 불도를 닦아 얻은 열 가지 바른 교의와 열 가지 바른 지혜의 내용을 설명하고 있다.

「보왕여래성기품」寶王如來性起品 : 보현보살이 성기묘덕보살에게 부처님께서 이룬 깨달음의 내용을 설명해 주고 있다.

「이세간품」離世間品 : 보현보살이 범부가 사는 세계를 벗어나는 여러 가지 불도의 내용을 다시 한 번 설명하고 있다.

「입법계품」入法界品 : 선재동자가 불도의 세계로 들어가는 모든 과정을 한 편으로 드라마 형식으로 이야기하고 있다.

제2장 역출 경전 색인

제1편 부처님의 나타나심

제1장 부처님의 과거세

절	항	경전	권
제1절		인과경因果經	1
		수행본기경修行本起經	1
		태자서응경太子瑞應經 上	
		불본행집경佛本行集經	1,2
제2절	1–3	인과경因果經	1
		불본행집경佛本行集經	2,3
		수행본기경修行本起經 上	
	4–6	인과경因果經	1
		대장엄경大莊嚴經	1
		보요경普曜經	1,2

제2장 부처님의 탄생

절	항	경전	권
제1절	1–3	불본행집경佛本行集經	
		현겁왕종품賢劫王種品	
	4–6	불본행집경佛本行集經	7
		대장엄경大莊嚴經	3
		인과경因果經	2
		수행본기경修行本起經	
		보살강신품菩薩降身品	
		태자서응경太子瑞應經 上	
	7–8	인과경因果經	2
		불본행집경佛本行集經	10
		대장엄경大莊嚴經	8
제2절	1	인과경因果經	2
		수행본기경修行本起經 上	
		불본행집경佛本行集經	11
		대장엄경大莊嚴經	4
		보요경普曜經	7

제3장 도를 구하다

제4장 도를 이루다

제5장 법륜을 굴리다

제8절	1		법구경法句經 註	
	2		법구경法句經 註	P1384以下
제9절		(南藏)	본생담本生譚	4375
			잡아함雜阿含	35,43
		(北藏)	증일아함增一阿含	23
제10절	1-5		마등가경摩鄧伽經	
			마등가여경摩鄧伽女經	
	6-7		법구경法句經 註三	

제8장 부처님의 과덕

제1절	1		잡아함雜阿含	6-1,2
	2-3		증일아함增一阿含15 고당품高幢品	
	5	(南藏)	중아함中阿含	3
			대사자후경大師子吼經	
		(北藏)	신모희수경身毛喜竪經	
			증일아함增一阿含	50,6
			잡아함雜阿	684
	6		미얀마 불전佛傳	P261
제2절	1-3	(南藏)	장아함長阿含	30
			삼십이상경三十二相經	
		(北藏)	중아함中阿含 二, 삼십이상경三十二相經	
	5	(南藏)	중아함中阿含	
			숫타니파타 대품大品 제삼第三 세라 경經	
제3절	1-4		잡아함雜阿含	3-1
	5		법구경法句經 註	3-437
		(南藏)	중아함中阿含	141經
			중아함中阿含	7

제2편 아함경 법문

제1장 근본 교리

제1절			증일아함增一阿含 사제품四諦品	
제2절		(南藏)	장부長部 대연경大緣經	1-22
		(北藏)	장아함長阿含	10
			대연방편경大緣方便經	
			중아함中阿含	24

		잡아함雜阿含	3-3
1-2		잡아함雜阿含	56,31
		잡아함경雜阿含經	15,42
제10절	(南藏)	중아함中阿含	146
		난다카 교계경敎誡經	
		잡아함경雜阿含經	11-4
제11절	(南藏)	잡아함雜阿含	4
	(北藏)	잡아함雜阿含	21
제12절	(南藏)	중아함中阿含	63
		동자경童子經	
		중아함경中阿含經	225
		전유경箭喩經	
제13절	(南藏)	장아함長阿含	8
제14절	(南藏)	중아함中阿含	3
		사유경蛇喩經	

제2장 삼세인과론의 변증

제1절	(南藏)	장부폐숙경長部弊宿經	
	(北藏)	장아함長阿含	6
		폐숙경弊宿經	
		중아함中阿含	16
		비사장蜱肆藏	
제2절		비사장蜱肆藏	
제3절		비사장蜱肆藏	

제3장 도 닦는 법

제1절	(南藏)	장부長部	
		대념처경大念處經	
	(北藏)	중아함中阿含	24
		염처경念處經	
제2절	(南藏)	장부長部	15
		대연경大緣經	
		동삼삼同三三	
		등송경等誦經	7
	(北藏)	장아함長阿含	10
		대연방편경大緣方便經	
		중아함中阿含	

제4장 수도인의 현재 과보

제5장 수도생활과 득도

제6장 신행 공덕과 인과응보

제7장 계급 평등의 사회

제8장 사회생활의 규범

제10장 증일아함의 교훈

제11장 법구경의 교훈

제12장 그때그때의 교훈

			심황야경心荒野經	
		(北藏)	중아함中阿含	206
			심예경心穢經	
제4절		(南藏)	중부中部	21
			거유경鋸喩經	
		(北藏)	중아함中阿含	193
			모리파군나경牟犁破群那經	
제5절	4–1	(南藏)	중아함中阿含	3–1
		(北藏)	중아함中阿含	88
			법구경法求經	
			법시경法施經	
	2–3		잡아함雜阿含	41
		(南藏)	잡아함雜阿含	16–3
	2–4	(南藏)	율소함부律小含部	5–7
제6절		(南藏)	잡아함雜阿含	6,21
제7절		(南藏)	잡아함雜阿含	1–6以下
제8절		(南藏)	잡아함雜阿含	6–1,5
제9절	2–1		앙굴마경鴦掘摩經	
	2–3		본생담本生譚	417

제13장 가비라성의 비극

제1절			법구경法句經 註	1–337以下
			증아함增阿含	26–2
제2절	1–2		오분율五分律	3
	3–5		십송율十誦律	4
			오분율五分律	3
			사분율四分律	46
제3절		(南藏)	중아함경中阿含經	19,58
			무외왕자경無畏王子經	
제4절	1		오분율五分律	3
	2		불설미생원경佛說未生寃經	
	3		불설관무량수경佛說觀無量壽經	
	4		사분율四分律	4
	5		오분율五分律	3
	6		불설미생원경佛說未生寃經	
	7		유부비나야파승사有部毘奈耶破僧事	1

	8		증일아함경增一阿含經	47
제5절	1	(南藏)	중아함中阿含	145
			부루나 교계경敎誡經	
			잡아함경雜阿含經	13–8
		(南藏)	잡아함雜阿含	35–88
	2		장아함경長阿含經	26
			전륜왕사자후경轉輪王獅子吼經	

제3편 방등경 법문

제1장 보적경을 말씀하심

제1절		대보적경大寶積經	3
		삼률의회三律儀會	제1–3
제2절		대보적경大寶積經	81
		선비보살회善臂菩薩會	26–1
제3절	1	대보적경大寶積經	86
		대신변회大神變會	제22–1
	2	대신변회大神變會	87
		대신변회大神變會	22–2
제4절		대신변회大神變會	106
		아사세왕자회阿闍世王子會	37
제5절		아사세왕자회阿闍世王子會	106
		대승방편회大乘方便會	38–1
제6절		대승방편회大乘方便會	106
		대승방편회大乘方便會	38–1
제7절		대보적경大寶積經	107
		대승방편회大乘方便會	38–2,3
제8절		대승방편회大乘方便會	112
		보명보살회普明菩薩會	43
제9절		보명보살회普明菩薩會	112
		보명보살회普明菩薩會	43
제10절		보명보살회普明菩薩會	112
		보명보살회普明菩薩會	43
제11절		대보적부大寶積部 下	
		불설결정비니경佛說決定毘尼經	

제12절 불설결정비니경佛說決定毘尼經

불설결정비니경佛說決定毘尼經

제2장 유마힐경을 말씀하심

제1절 유마힐소설경維摩詰所說經 불국품佛國品

제2절 유마힐소설경維摩詰所說經 방편품方便品

제3절 1 유마힐소설경維摩詰所說經 제자품弟子品

제4절 유마힐소설경維摩詰所說經 보살품菩薩品

제5절 유마힐소설경維摩詰所說經 문수사리문질품文殊師利問疾品

제6절 유마힐소설경維摩詰所說經 관중생품觀衆生品

제7절 유마힐소설경維摩詰所說經 입불이법문품入不二法門品

제3장 능가경・미증유인연경을 말씀하심

제1절 능가경楞伽經 라바나권청품羅婆那勸請品

능가경楞伽經 集一 절법품切法品

제2절 능가경楞伽經 上

제3절 능가경楞伽經 上

제4절 능가경楞伽經 上 무상품無常品

제5절 불설미증유인연경佛說未曾有因緣經 中

제4장 능엄경・원각경을 말씀하심

제1절 수능엄경首楞嚴經

제2절 수능엄경首楞嚴經

제3절 수능엄경首楞嚴經

제4절 수능엄경首楞嚴經

제5절 수능엄경首楞嚴經

제6절 원각경圓覺經

제7절 원각경圓覺經

제5장 정토법문을 말씀하심

제1절 대무량수경大無量壽經 上

제2절 대무량수경大無量壽經 上

제3절 대무량수경大無量壽經 上下

제4절 대무량수경大無量壽經 下

제5절 대무량수경大無量壽經 下

제6절 대무량수경大無量壽經 下

제7절 십육관경十六觀經

제6장 대집경・허공장경을 말씀하심

제1절 대방등대집경大方等大集經 五 보녀품寶女品

제4편 반야 · 계율부

제1장 반야경을 말씀하심

제2장 계율을 말씀하심

장아함長阿含 第四 유행경遊行經

제5편 법화 · 열반부

제1장 법화경을 말씀하심

제1절		법화경法華經 자품字品	
제2절		방편품方便品	
제3절		비유품譬喩品	
제4절		신해품信解品	
제5절		약초유품藥草喩品	
제6절		수기품授記品	
제7절		화성유품化城喩品	
제8절		오백제자수기품五百弟子授記品	
제9절		수학무학인기품授學無學人記品	
제10절		법사품法師品	
제11절		견보탑품見寶塔品	
제12절		제바달다품提婆達多品	
제13절		상불경보살품常不輕菩薩品	
제14절	1–2	종지용출품從地湧出品	
	3	여래수량품如來壽量品	
제15절		법사공덕품法師功德品	
제16절		관세음보살보문품觀世音菩薩普門品	

제2장 열반에 드심

제1절		반니원경般泥洹經 上	
제2절		반니원경般泥洹經 上	
제3절		반니원경般泥洹經 上	
		불반니원경佛般泥洹經 上	
제4절		불반니원경佛般泥洹經 上	
		불반니원경佛般泥洹經 上	
제5절		불반니원경佛般泥洹經 上	
		불반니원경佛般泥洹經 上	
제6절		대반열반경大般涅槃經	2–10
제7절		반니원경般泥洹經 上	
		불반니원경佛般泥洹經 上	
		대열반경大涅槃經	10

제6편 화엄부

제1장 성불과 보살의 노래

제2장 문수보살과의 문답

제3장 깨끗한 행과 보리심 찬탄

제4장 십주 법문과 초발심 공덕

제5장 부처님, 야마천궁에 올라가시다

제3장 내용 색인

[ㄱ]

[ㄴ]

[ㄷ]

[ㄹ]

[ㅁ]

[ㅂ]

[ㅅ]

[ㅇ]

[ㅈ]

[ㅊ]

[ㅋ]

[ㅌ]

[ㅍ]

[ㅎ]

부록

제4장 훈화 생활 색인

제5장 용어 인명 색인

【용어편 · 인명편】

[ㄱ]

[ㄹ]

[ㅁ]

[ㅂ]

[ㅇ]

[ㅊ]

[ㅋ]

[ㅌ]

[ㅍ]

[ㅎ]

【용어편・인명편】

[ㄱ]

[ㄴ]

[ㄷ]

[ㄹ]

[ㅁ]

[ㅂ]

[ㅅ]

[ㅇ]

[ㅈ]

[ㅊ]

[ㅋ]

인천人天은 다 죽음으로 나아간다. 이 세상에 나서 죽지 않는 자는 없다. 너희들은 슬퍼하지 말라. 나는 이제 다함이 없는 깨끗한 곳으로 간다. 저곳은 항상 고요하고 영원히 근심이 없는 곳이다. 너희들은 조금도 나를 위하여 근심하지 말라.

. . .

만일에 도를 행한다면, 설사 나와 갈려서 멀리 있을지라도 나를 가까이 한 자라고 이를 수 있는 것이다. 너희들은 방일하지 말고 부지런히 도를 닦아라. 세상에는 모든 악이 있고 고통이 핍박하고 있다. 그래서 모두 마음이 산란하여 편안한 때가 없다. 마치 바람 앞의 등불과 같다. 바라건대 너희는 내가 돌아간 뒤라도 수명이 장원하고 병고가 없기를 바라 마지 않는다.

신편 우리말 **팔만대장경**

편역자 | 대한불교청년회 성전편찬위원회
감 수 | 월운 큰스님
경전해제 | 진현종

초판 발행 | 2011년 9월 20일
5쇄 발행 | 2021년 11월 30일

발행인 | 박길수
편집인 | 소경희
편 집 | 조영준
관 리 | 위현정
디자인 기획 | 이주향

캘리그래피 | 권도경
디자인 | 네오애드앤씨 · 윤현정

인 쇄 | 피오디북(031-955-8100)
배 본 | 문화유통북스(031-937-6100)
출판등록 | 제1-1071 (1994.7.1)
펴낸곳 | 도서출판 모시는사람들
03147 서울시 종로구 삼일대로 457(경운동 수운회관) 1207호
전 화 | 02-735-7173, 02-737-7173 팩 스 | 02-730-7173
홈페이지 | http://www.mosinsaram.com/

ISBN 978-89-90699-97-8 03220

이 도서의 국립중앙도서관 출판예정도서목록(CIP)은 서지정보유통지원시스템 홈페이지(http://seoji.nl.go.kr)와 국가자료공동목록시스템(http://www.nl.go.kr/kolisnet)에서 이용하실 수 있습니다.(CIP제어번호: CIP2011003610)

삼귀의三歸依

귀의불歸依佛 양족존兩足尊

귀의법歸依法 이욕존離欲尊

귀의승歸依僧 중중존衆中尊